南宁年鉴

2019 NANNING NIANJIAN

南宁市地方志编纂委员会　编

图书在版编目（CIP）数据

南宁年鉴. 2019 / 南宁市地方志编纂委员会编. —
北京：方志出版社，2019. 12
ISBN 978-7-5144-4108-6

Ⅰ. ①南… Ⅱ. ①南… Ⅲ. ①南宁—2018—年鉴
Ⅳ. ①Z526.71

中国版本图书馆 CIP 数据核字（2019）第 300591 号

南宁年鉴(2019)

编　　者：南宁市地方志编纂委员会
责任编辑：李志瑜
出 版 者：方志出版社
地址　北京市朝阳区潘家园东里 9 号（国家方志馆 4 层）
邮编　100021
网址　http://www.fzph.org
发　　行：方志出版社图书经销中心
电话（010）67110500
经　　销：各地新华书店
印　　刷：广西发展改革委机关服务中心印刷厂
开　　本：890mm × 1240mm　1/16
印　　张：33.75
字　　数：1525 千字
版　　次：2019 年 12 月第 1 版　2019 年 12 月第 1 次印刷
印　　数：001 ～ 800 册
ISBN 978-7-5144-4108-6　定价：198.00 元

编 辑 说 明

一、《南宁年鉴》是南宁市人民政府主办的地方综合年鉴，以马克思列宁主义、毛泽东思想、邓小平理论、“三个代表”重要思想、科学发展观、习近平新时代中国特色社会主义思想为指导，坚持辩证唯物主义和历史唯物主义的立场、观点和方法，系统地记述南宁市自然、政治、经济、文化、社会等方面情况的年度资料性文献，是社会各界和海外人士认知南宁的窗口、成就事业的助手。

二、《南宁年鉴》1996年创刊，每年出版一卷。本年鉴着重记载2018年南宁市的基本情况。南宁市地方志编纂委员会主持编纂，编辑部（设在南宁市人民政府地方志编纂办公室）负责编纂出版。载录内容主要由南宁市相关部门、区县、开发区及驻市有关单位供稿并审核。

三、本年鉴内容分综合情况、动态信息、辅助资料三大部分。综合情况设专记、特载、大事记、南宁概貌4个专栏。动态信息设中国—东盟博览会·商务与投资峰会在南宁举办、南宁与东盟、脱贫攻坚、投资开发与经济协作、公有制与非公有制经济、农业水利、工业、建筑业房地产业、商贸服务业、交通运输邮政、会展业、旅游、信息服务业、金融、经济管理与监督、新区开发区、城市规划建设与管理、中国共产党南宁市委员会、南宁市人民代表大会、南宁市人民政府、中国人民政治协商会议南宁市委员会、中国共产党南宁市纪律检查委员会南宁市监察委员会、民主党派工商联、群众团体、法治、军事、教育、科学、文化、体育、卫生、社会生活、生态建设、区县概览、人物35个类目。辅助资料设图片专辑、附录2个类目。类目中穿插相关小知识、小资料、图表及彩色照片；图片专辑以彩色照片集中反映全市物质文明、政治文明、精神文明、社会文明、生态文明建设重大成就。内容层次设置，利于读者分类系统阅读和检索，并表示类目与条目之间的层次关系，不反映严格的科学分类体系，机构、企事业单位等排序和层次一般不表示地位和规模。

四、本年鉴采用分类编辑法，按类目、分目、条目3个层次的体例编辑，部分分目下设次分目。以不同字体、字号及版式设计区分不同层次，条目标题均加【】表示。

五、本年鉴所记述的“自治区”“广西”指广西壮族自治区；“自治区党委”指中国共产党广西壮族自治区委员会；“市委”指中国共产党南宁市委员会；“市政府”指南宁市人民政府；“邕”指南宁市；“七城区五县”指南宁市辖兴宁、江南、青秀、西乡塘、邕宁、良庆、武鸣7个城区和横县、宾阳、上林、马山、隆安5个县；“两会”指第15届中国—东盟博览会、第15届中国—东盟商务与投资峰会；相关单位名称在各类目首次出现时用全称，以后均用简称，如“南宁市安全生产监督管理局”简称“市安监局”。因机构改革，部分单位名称不同时段有不同名称，允许内文所载单位与供稿单位名称不一致，如市卫计委、市卫生健康委。

六、本年鉴涉及历史纪年，清及清以前使用帝王年号纪年，括注公元纪年；民国纪年使用阿拉伯数字，括注公元纪年。数字、计量用法按国家法定规定书写，面积单位由于记述需要有的地方使用“亩”。

七、本年鉴主要数据以市统计局编印的《南宁统计年鉴》《南宁市情统计手册》所公布的数据为准；其他数据以供稿部门提供的为准；少数数据由于部门之间统计口径不尽一致，数值也不尽相同。

八、本年鉴图片专辑、特载、附录所记述的内容不受年度限制；为保持年鉴内容的连贯性、完整性，个别条目记述时间适当上溯或下延。

九、本年鉴配备双重检索系统：书前刊有中英文目录，书后备有索引。索引采用内容分析法，款目按汉语拼音字母顺序（同音字按声调）排列，索引范围详及条目、文献、图片、表格等。使用方法详见索引说明。

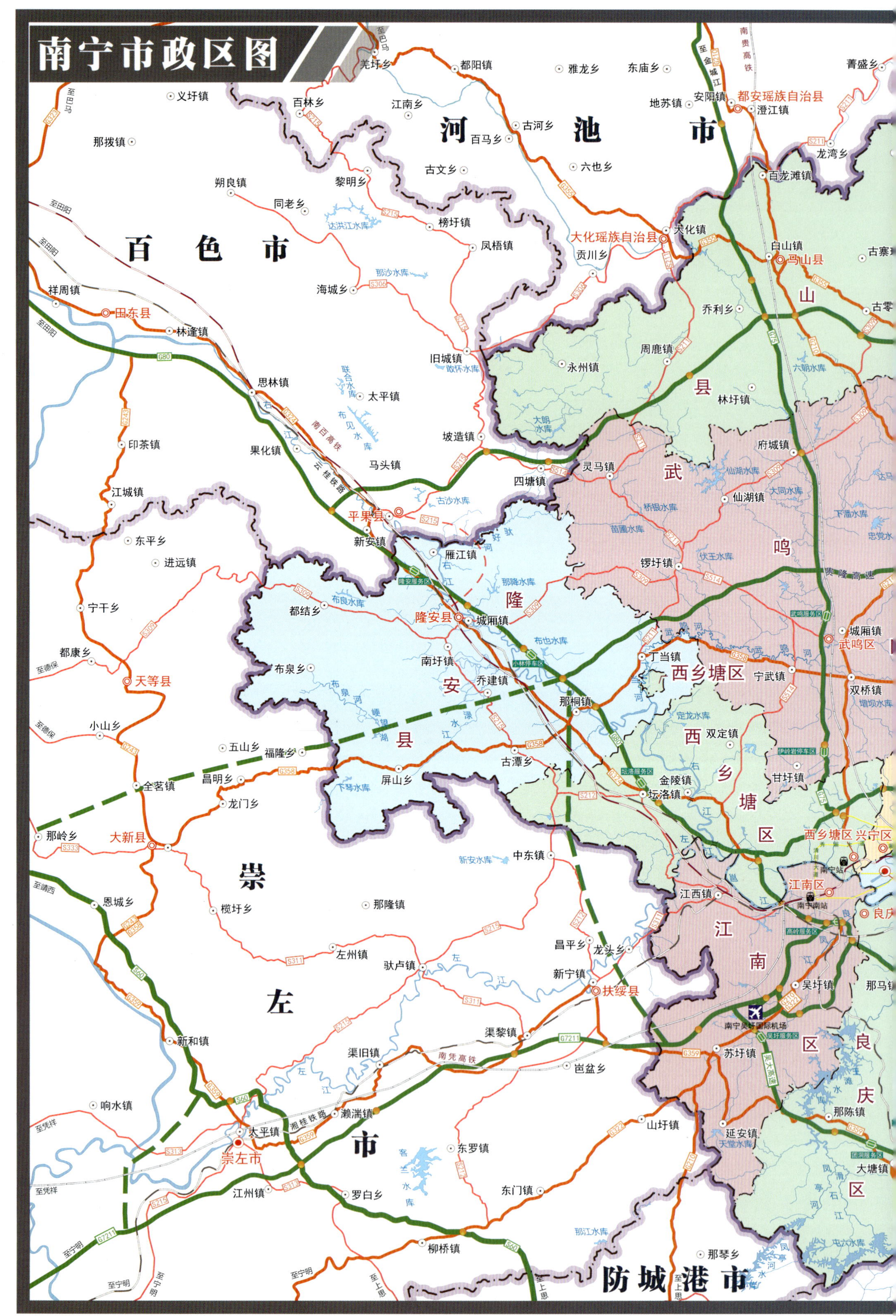
南宁市政区图
河池市
百色市
崇左市
防城港市
都安瑶族自治县
大化瑶族自治县
马山县
隆安县
武鸣区
西乡塘区
江南区
良庆区
兴宁区
田东县
平果县
天等县
大新县
扶绥县
崇左市
义圩镇
那拨镇
朔良镇
同老乡
黎明乡
百林乡
江南乡
都阳镇
羌圩乡
雅龙乡
东庙乡
百马乡
古河乡
古文乡
六也乡
地苏镇
安阳镇
澄江镇
菁盛乡
龙湾乡
百龙滩镇
榜圩镇
凤梧镇
大化镇
贡川乡
白山镇
古寨
乔利乡
古零
周鹿镇
永州镇
林圩镇
海城乡
祥周镇
林逢镇
旧城镇
思林镇
太平镇
印茶镇
果化镇
坡造镇
马头镇
灵马镇
府城镇
仙湖镇
四塘镇
江城镇
新安镇
东平乡
进远镇
雁江镇
锣圩镇
宁干乡
都结乡
城厢镇
都康乡
布泉乡
南圩镇
乔建镇
丁当镇
宁武镇
双桥镇
那桐镇
双定镇
小山乡
五山乡
福隆乡
古潭乡
屏山乡
全茗镇
昌明乡
龙门乡
金陵镇
坛洛镇
甘圩镇
那岭乡
中东镇
恩城乡
榄圩乡
那隆镇
江西镇
左州镇
驮卢镇
昌平乡
龙头乡
新宁镇
吴圩镇
那马镇
新和镇
渠黎镇
渠旧镇
苏圩镇
岜盆乡
响水镇
濑湍镇
太平镇
山圩镇
那陈镇
延安镇
东罗镇
大塘镇
江州镇
罗白乡
东门镇
柳桥镇
那琴乡
南宁吴圩国际机场
南宁站
南宁东站
达洪江水库
那沙水库
联合水库
布见水库
古沙水库
那降水库
布良水库
布也水库
仙湖水库
大同水库
桥银水库
苗圃水库
伏王水库
下滋水库
忠党水库
大朗水库
六朝水库
定龙水库
增坝水库
下琴水库
新安水库
客兰水库
那江水库
天堂水库
屯六水库
右江
左江
邕江
武鸣河
布泉河
八尺江
凤亭河
南百高铁
云桂铁路
湘桂铁路
南凭高铁
南贵高铁
至巴马
至田阳
至德保
至靖西
至凭祥
至宁明
至上思
至金城江
G80
G75
G72
G7211
G359
G358
G322
G210
G355
G356
G241
G243
S60
S215
S306
S311
S313
S333
S309
S312
S514
S211
S212
S226

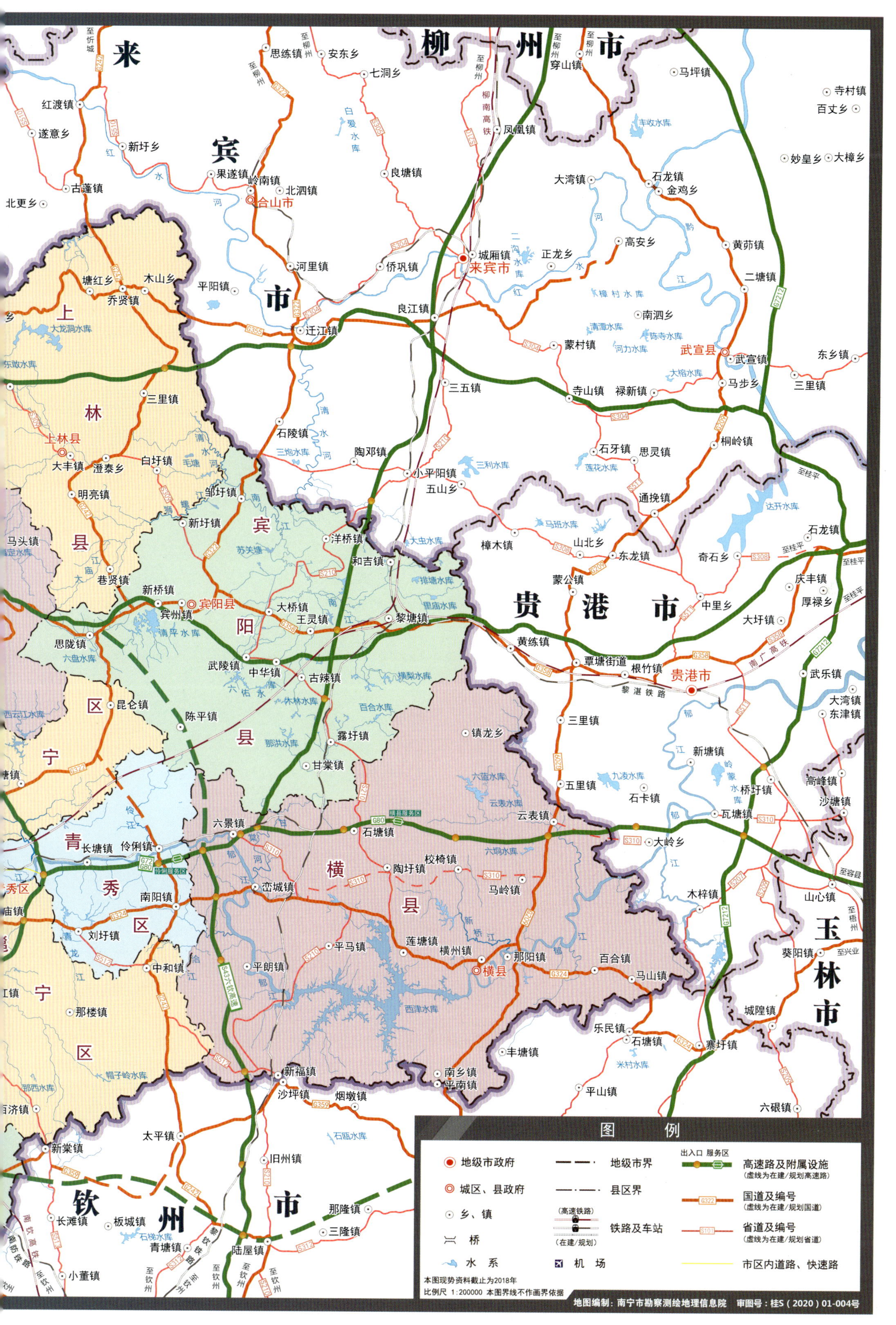
来
宾
市
柳
州
市
贵
港
市
玉
林
市
钦
州
市
上
林
县
宾
阳
县
横
县
青
秀
区
邕
宁
区
思练镇
安东乡
七洞乡
穿山镇
马坪镇
寺村镇
百丈乡
红渡镇
遂意乡
新圩乡
凤凰镇
丰收水库
妙皇乡
大樟乡
果遂镇
岭南镇
北泗镇
良塘镇
古蓬镇
北更乡
合山市
大湾镇
石龙镇
金鸡乡
白马水库
高安乡
黄茆镇
城厢镇
来宾市
正龙乡
河里镇
侨巩镇
二塘镇
木山乡
塘红乡
乔贤镇
平阳镇
樟村水库
南泗乡
良江镇
大龙洞水库
迁江镇
清潭水库
陈寺水库
蒙村镇
河力水库
武宣县
武宣镇
东乡镇
东敢水库
大榕水库
马步乡
三里镇
三五镇
寺山镇
禄新镇
三里镇
上林县
石陵镇
桐岭镇
三炮水库
大丰镇
澄泰乡
白圩镇
陶邓镇
石牙镇
思灵镇
三利水库
莲花水库
小平阳镇
五山乡
明亮镇
邹圩镇
通挽镇
达开水库
新圩镇
马班水库
马头镇
洋桥镇
大虫水库
樟木镇
山北乡
石龙镇
苏关塘
东龙镇
奇石乡
和吉镇
巷贤镇
蒙公镇
排塘水库
庆丰镇
新桥镇
宾阳县
厚禄乡
里庙水库
中里乡
大桥镇
宾州镇
王灵镇
黎塘镇
大圩镇
清平水库
思陇镇
黄练镇
六盘水库
覃塘街道
根竹镇
贵港市
武陵镇
中华镇
古辣镇
武乐镇
横梨水库
黎湛铁路
南广高铁
大湾镇
六佑水库
昆仑镇
休林水库
百合水库
东津镇
陈平镇
三里镇
镇龙乡
露圩镇
新塘镇
那洪水库
甘棠镇
六蓝水库
九凌水库
高峰镇
桥圩镇
五里镇
石卡镇
沙塘镇
云表水库
瓦塘镇
云表镇
六景镇
横县服务区
石塘镇
大岭乡
长塘镇
伶俐镇
伶俐服务区
六垌水库
校椅镇
陶圩镇
木梓镇
马岭镇
峦城镇
南阳镇
山心镇
刘圩镇
平马镇
莲塘镇
横州镇
那阳镇
百合镇
葵阳镇
中和镇
平朗镇
横县
马山镇
西津水库
城隍镇
那楼镇
乐民镇
石塘镇
寨圩镇
丰塘镇
米村水库
帽子岭水库
新福镇
南乡镇
平南镇
那西水库
沙坪镇
烟墩镇
平山镇
六硍镇
石瓯水库
太平镇
新棠镇
旧州镇
长滩镇
板城镇
那隆镇
石梯水库
三隆镇
青塘镇
陆屋镇
小董镇
南钦铁路
南钦高铁
黎钦铁路
S431六钦高速
至忻城
至柳州
至桂平
至容县
至梧州
至兴业
至钦州
图例
地级市政府
城区、县政府
乡、镇
桥
水系
地级市界
县区界
高速铁路
在建/规划
铁路及车站
机场
出入口 服务区
高速路及附属设施
(虚线为在建/规划高速路)
国道及编号
(虚线为在建/规划国道)
省道及编号
(虚线为在建/规划省道)
市区内道路、快速路
本图现势资料截止为2018年
比例尺 1:200000 本图界线不作画界依据
地图编制：南宁市勘察测绘地理信息院 审图号：桂S（2020）01-004号

南宁市中心城区街道图

武鸣区
西乡塘区
江南区
至都安
至武鸣
马定水库
龙门水库
天雹水库
南宁绕城高速
南百高速
南宁快速环路
水南高速
机场高速
机场第二高速
罗文大道
大学东路
大学西路
秀厢大道
高新大道
科园大道
江北大道
江南大道
白沙大道
五象大道
星光大道
民族大道
沙井大道
亭洪路
五一路
五一东路
石埠路
相思湖公园
南湖公园
人民公园
良凤江国家森林公园
自治区政府
自治区人大
南宁市动物园
江南区政府
西乡塘区政府
西乡塘区行政中心
广西民族大学
广西大学
良庆经济开发区管委会
沙井收费站
石埠收费站
那洪收费站
高岭收费站
那洪大桥
良凤江大桥
罗文大桥
英华大桥
凌铁大桥
金鸡火车站(货运)
云桂铁路
南宁市铁路林管所
至机场、凭祥
至吴圩
鹤鸽井水库
老虎岭水库
三塘村
中备
银岭
象鼻台
坛肚普
凤门岭
罗山寺
西岸
鲁石水库
罗屋
芦村
八冬
那造
乐洲
巷口
太阳岛
三家村
千斤岭
牛头
那塘坡
罗村
罗村水库
龙潭水库
那强
那杜
木村
双桥
那荘
土地岭
古思
浪塘
那甲
平生里坡
平生
那丹
盘山
六强
新联
独木村
那寻水库
那歌岭
关刷水库
宁村
宁村
莫村
丁村

兴宁区
青秀区
邕宁区
良庆区
中国—东盟国际商务区
南宁快速环路
外环高速
昆仑大道
五象大道
玉洞大道
六福大道
柳南铁路
南广铁路
湘桂铁路
南宁火车东站
中里火车站（货运）
三岸服务区
南宁东收费站
南宁南收费站
南宁国际园博园
顶蛳山贝丘遗址
青秀山风景区
广西民族博物馆
南宁学院
市人大
邕宁区政府
青秀区政府
良庆区政府
五塘镇政府
三塘镇政府
图例
区党委、人大、政府、政协
市党委、人大、政府、政协
城区政府
乡镇政府
学校
医院
酒店大厦
火车站
企事业单位
汽车站
商场超市
G322 国道及编号
S101 省道及编号
河流
高速公路
快速环路
现状路
铁路
城区界线
绿化线
快速路
BRT快速公交
BRT快速公交（在建）
地铁1号线
地铁2号线
地铁3号线（在建）
地铁4号线（在建）
地铁5号线（规划）
比例尺 1：80000
本图界线不作权属划界依据.
地图编制：南宁市勘察测绘地理信息院
桂S(2019)82号

魅力南宁

城市荣誉

全国流通领域现代供应链体系建设重点城市
（商务部，2018 年 6 月）

第三批跨境电商综合试验区试点城市
（国务院，2018 年 7 月）

2018 年中国城市治理智慧化优秀城市奖
（中国城市和小城镇改革发展中心，2018 年 8 月）

2018 美丽山水城市
（中国生态文明研究与促进会，2018 年 12 月，全国唯一蝉联的城市）

2016～2017 年度全国无偿献血先进城市
（国家卫生健康委、中国红十字会总会、中央军委后勤保障部卫生局，2018 年 10 月）

城市数字

土地面积 22099 平方千米

城市建成区面积 397.07 平方千米

年末户籍人口 770.82 万人，增长 1.8%

地区生产总值增长 5.4%

　第一产业增加值增长 4.3%

　第二产业增加值增长 2.2%

　第三产业增加值增长 7.8%

三次产业比重为 10.5 ∶ 30.4 ∶ 59.1

人均地区生产总值增长 4%

万元地区生产总值能耗下降 2.83%

固定资产投资增长 11.8%

全社会消费品零售总额增长 9%

外贸进出口总额 738.79 亿元，增长 21.7%

区外境内实际到位内资 900.56 亿元，增长 15.9%

全口径实际利用外资 13.69 亿美元，增长 43.0%

财政收入 753.20 亿元，增长 9.5%

　一般公共预算收入 358.96 亿元，增长 8.1%

全体居民人均可支配收入 26798 元，增长 7.3%

城镇居民人均可支配收入 35276 元，增长 6.2%

农村居民人均可支配收入 13654 元，增长 9.1%

在岗职工年平均工资（非私营单位）83452 元

脱贫人口 105608 人，脱贫摘帽贫困村 104 个

每万人口发明专利拥有量 9.89 件，增长 18.24%

接待旅游总人数 1.32 亿人次，增长 18.98%

旅游总消费 1387.54 亿元，增长 23.08%

城镇化率（按常住人口）62.40%

建成区绿化覆盖率 42.67%

城市环境空气质量（AQI）指数优良率 93.4%

金融机构存款余额 10093.13 亿元，增长 7.8%

　住户存款余额 3542.83 亿元，增长 11.5%

金融机构贷款余额 12052.13 亿元，增长 15.1%

　住户贷款余额 3616.53 亿元，增长 28.4%

2018 年 9 月 12 日，第 15 届中国—东盟博览会签约仪式现场

陈峰　摄

2018 年 9 月 12 日，中国—东盟企业家联合会筹备圆桌会现场

彭寰　摄

2018年9月12日至15日，第15届中国—东盟博览会、第15届中国—东盟商务与投资峰会在南宁举办，主题为“共建21世纪海上丝绸之路，构建中国—东盟创新共同体”，11位中外领导人和前政要，259名部长级贵宾（东盟及区域外122名），有关国际组织代表、各国外交使节、商（协）会会长、知名企业家、专家学者、社会各界知名人士等出席，8.50万名客商参展参会。

2018年9月12日，第15届中国—东盟博览会、第15届中国—东盟商务与投资峰会开幕大会在南宁国际会展中心举行

夏文宁　摄

2018年9月13日，第10届中国—东盟金融合作与发展领袖论坛在南宁国际会展中心举行　　市贸促会提供

2018年9月13日，第15届中国—东盟博览会展示的光粒子全息3D空气屏　　赖有光　摄

2018 年 9 月 11 日，第 20 届南宁国际民歌艺术节“大地飞歌 ·2018”晚会在广西文化艺术中心大剧院举办

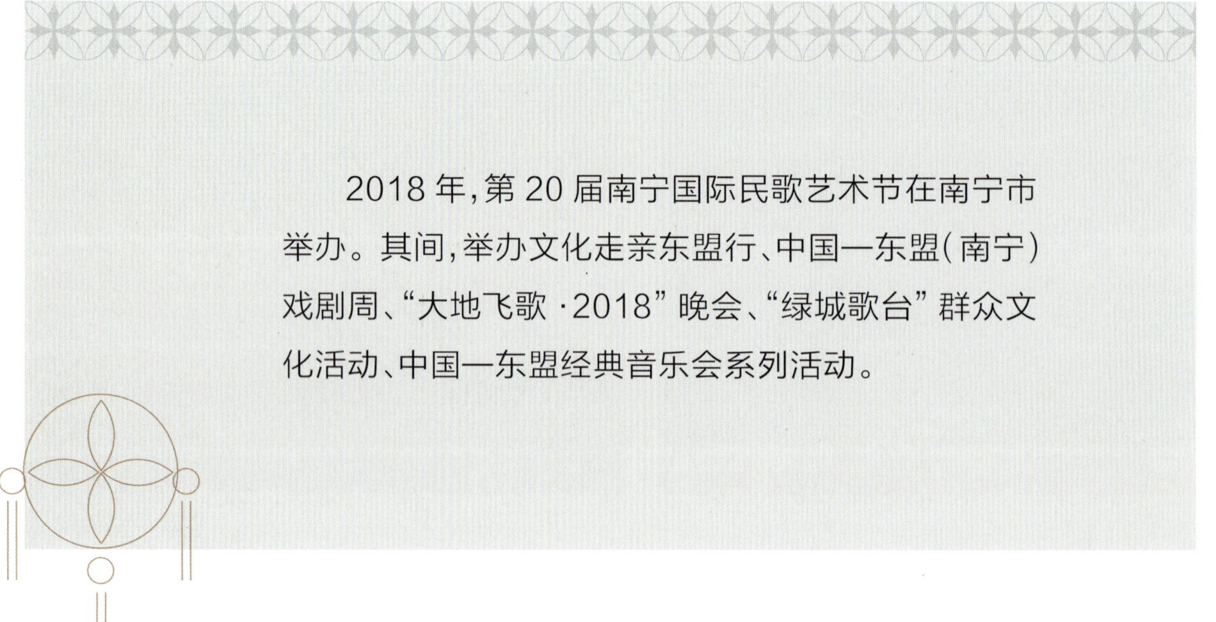

2018 年，第 20 届南宁国际民歌艺术节在南宁市举办。其间，举办文化走亲东盟行、中国一东盟（南宁）戏剧周、“大地飞歌 ·2018”晚会、“绿城歌台”群众文化活动、中国一东盟经典音乐会系列活动。

2018 年 9

潘浩　摄

2018 年 9 月 12 日，中国—东盟（南宁）戏剧周柬埔寨文化艺术团演出现场

段柳健　摄

2018 年 9 月 13 日，“大地飞歌·2018”晚会梢丽组合演唱《美丽姑娘赶歌圩》

宋延康　摄

第 20 届南宁国际民歌艺术节邕宁歌台现场

滕忠　摄

2018年9月13日，越人合唱团在“大地飞歌·2018”晚会演唱《绿水青山都是歌》

宋延康　摄

2018 年 12 月 10 日，自治区成立 60 周年庆祝大会在首府南宁广西体育中心举行。图为南宁代表队节目《共享未来》演出现场

梁枫　摄

2018 年 12 月 10 日，自治区成立 60 周年庆祝大会会场

梁枫　摄

2018 年是改革开放 40 周年，也是广西壮族自治区成立 60 周年。南宁市各族各界人士通过文艺会演、诗歌朗诵、图书展览、摄影展览、书画展览等方式庆祝改革开放 40 周年、自治区成立 60 周年。

2018年9月21日，南宁市文艺界庆祝改革开放40周年、自治区成立60周年主题优秀摄影作品展在广西美术馆举办

潘浩　摄

2018年12月10日，南宁各族民众观看自治区成立60周年庆祝大会电视直播　叶子榕　摄

2018年12月9日，南宁市举办庆祝自治区成立60周年灯光秀　卢伊琳　摄

中共十一届三中全会召开后，南宁市开始改革开放摸索。1984 年，被列为全国 72 个城市经济体制改革综合试点城市之一。1992 年邓小平同志发表南方谈话后，以建立社会主义市场经济体制为目标，深化各领域改革。1992 年，实行沿海开放城市政策。2003 年至 2012 年，以体制改革和扩大开放为抓手，完善社会主义市场经济体制。党的十八大特别是十八届三中全会召开后，以供给侧结构性改革为主线，持续深化经济体制改革，推进简政放权；全面提升开放型经济水平，主动融入广西构建“南向、北联、东融、西合”全方位开放发展新格局，全面深化与东盟国家在贸易、投资、金融、基础设施等领域的合作，在加快建设面向东盟开放合作的区域性国际城市、“一带一路”有机衔接的重要门户城市的新征程上稳步迈进。

“文化大革命”结束之后，中共南宁市委的领导核心作用充分发挥，各项政治活动逐步开展。1980 年 6 月 21 日至 28 日，南宁市第七届人民代表大会第一次会议召开。图为大会会场

市方志办资料

1979 年 8 月 16 日，南宁市在永新区和郊区心圩人民公社进行基层选举试点，恢复县、乡级人大代表选举。图为永新区公布辖区选民榜情形

市方志办资料

1981 年，第一家外商投资企业南宁——琼斯有限公司落户南宁，为改革开放以来广西对外合资的先例。图为中澳代表为公司菠萝种植基地剪彩　　　　市方志办资料

1979 年后，南宁市餐饮业出现国有、集体、私营、个体等多种经济组织共同经营的格局，全市有中山路夜市、南铁夜市、农院路夜市等 8 处较成规模的夜市。图为中山路夜市　　　　市方志办资料

1984 年 10 月，南宁市人才交流服务中心成立。图为该服务中心举办的军转干部双向选择洽谈会　　　　市方志办资料

南宁晚报
国务院决定
南宁对外开放
实行沿海开放城市政策
中央给了政策

南宁晚报
NANZNINGZ VANJBAU
抓住时机 放胆大干
加快高新技术产业开发
市政府颁发有关政策规定

南宁晚报
NANZNINGZ VANJBAU
共同唱好改革开放这台戏
市委领导向各民主党派通报情况

南宁晚报
NANZNINGZ VANJBAU
抓住机遇 放胆大干
市府批准放开经营试点企业实施意见
放宽劳动用工权 放宽内部分配权

1992年6月15日，国务院批准南宁市进一步实施对外开放、实行沿海开放城市政策。图为《南宁晚报》刊登的相关报道

市方志办资料

1992年，南宁高新技术产业开发区列为国家级高新技术产业开发区；2005年，初步形成以生物工程与制药、机电一体化、电子信息、汽车零配件、现代农业为主导的产业体系

市方志办资料

1992年10月，南宁开通模拟移动电话网，手机开始走进市民生活。2001年12月31日，南宁模拟电话退网，移动通信电话实现数字化

市方志办资料

1993 年 2 月，南宁市正式实施《南宁市城市住房制度改革实施方案》。1994 年，南宁市开始实施经济适用房建设。图为 2005 年竣工的富宁新兴苑小区内的经济适用房　　市方志办资料

1996 年，南宁百货大楼股份有限公司成为广西商业企业第一家上市公司；2006 年 11 月 16 日，被国家商务部授予“中华老字号”称号，为全国百家最大零售企业。图为市民在南宁百货大楼商场消费　　市方志办资料

1997 年，南宁市对国有资产管理体制进行改革，重新组建国有资产经营公司；6 月 20 日，南宁振宁资产经营有限责任公司成立。图为公司生产车间

市方志办资料

1985年5月，南宁市第二中学被确定为自治区首批办好的16所重点高中之一；2003年与南宁市第三中学、武鸣县高级中学一并列入自治区第一批示范性普通高中。图为市第二中学校园　　市地方志资料

1983年起，南宁市将南宁解放日——12月4日定为每年的长跑日。图为2017年第十二届南宁国际马拉松比赛暨第三十五届南宁解放日长跑活动现场　　市体育局提供

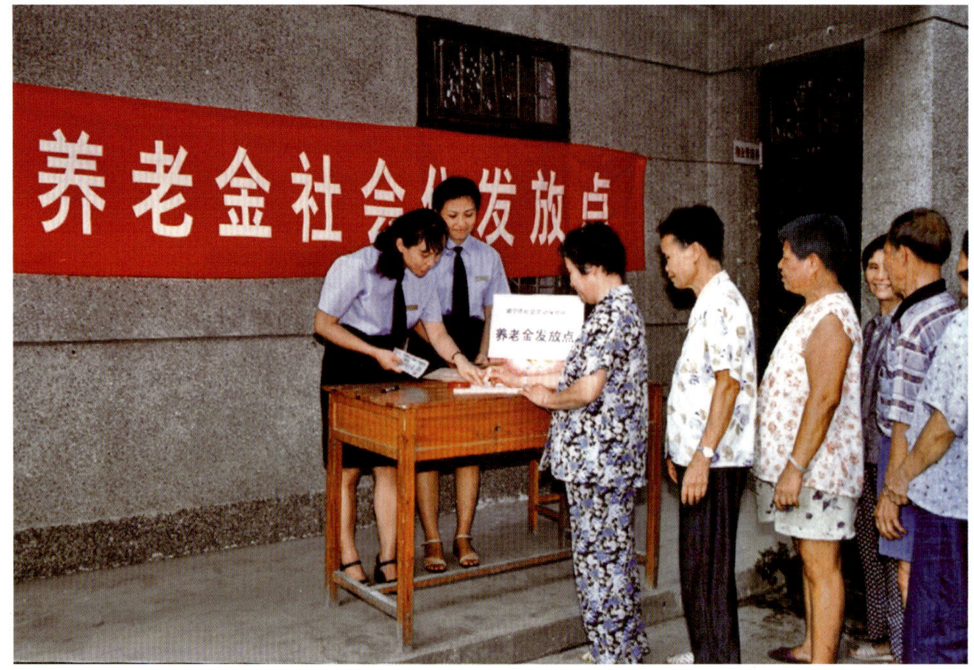

2000年6月15日，南宁市实行养老金社会化发放。图为市社保工作人员到新阳造纸厂发放养老金

市方志办资料

1997年12月25日，南宁开通至曼谷的国际航线　　市方志办资料

2001年11月6日至25日，第三届南宁国际民歌艺术节举行，民歌节已成为南宁独特的城市品牌。图为“大地飞歌·2001”开幕式晚会

市方志办资料

2004年，南宁万达商业广场建成，沃尔玛、百盛、华纳等著名企业进场经营　　周家志　摄

2004 年 11 月 3 日，首届中国—东盟博览会在南宁国际会展中心开幕　市方志办资料

2004 年 11 月 3 日至 4 日，首届中国—东盟商务与投资峰会在南宁荔园山庄国际会议中心举办　市方志办资料

2010 年 1 月 7 日，中国—东盟自由贸易区建成庆祝仪式在南宁荔园山庄举行　市方志办资料

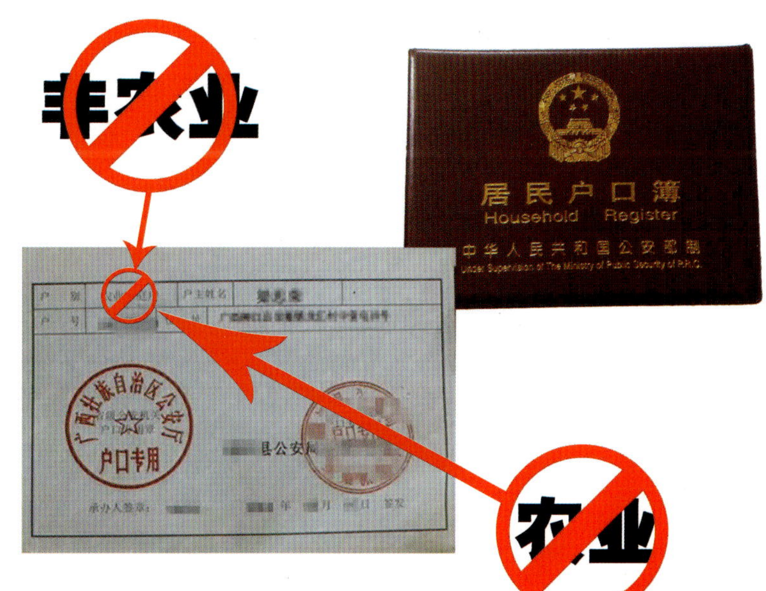

2012 年 8 月 21 日，南宁市取消农业、非农业户口性质划分方式，实行城乡统一的户口登记管理制度

伍彬提供

2014 年 12 月 26 日，南（宁）广（州）高速铁路全线正式开通运营。南宁由“路网末梢”逐步转变为区域性国际交通枢纽。图为首趟 D201 次南广动车　　　周家志　摄

2011 年至 2015 年，南宁市深化行政审批制度改革。2015 年 12 月 28 日，南宁市行政审批局挂牌成立

市行政审批局提供

2015 年 5 月 1 日，广西、广东、福建、海南四省区实现区域通关一体化，“泛珠”四省区 11 海关通关如一关。图为南宁港牛湾作业区　　段柳健　摄

2015 年 4 月，广西南南铝业有限公司年产 20 万吨高性能铝合金板带型材项目投产。图为公司冷轧制造中心

南南铝加工有限公司提供

2016 年 12 月 28 日，南宁轨道交通 1 号线完成全线开通试运营。图为市民等候乘车

南宁轨道交通集团有限责任公司提供

2016 年 1 月 29 日，南宁市获首批“国家生态园林城市”称号。图为 5 月 28 日，南宁市副市长魏凤君（右二）代表南宁市接受住建部颁发的“国家生态园林城市”牌匾

徐伍蒂　摄

2017 年，南宁市推进医养结合。3 月 18 日，自治区首家智慧社区健康小屋——新竹社区幸福颐养健康小屋投入使用　　赵敏　摄

2018 年 12 月，南宁市获中国生态文明研究与促进会授予“2018 美丽山水城市”称号，是全国唯一蝉联此称号的城市。图为市民在邕江边的亭子码头公园玩乐　　陈武　摄

2018 年 12 月 6 日，第十二届中国（南宁）国际园林博览会开幕　　彭远贺　摄

2018 年 12 月 6 日，第十二届中国（南宁）国际园林博览会在南宁开幕，主题为“生态宜居　园林圆梦”。国内城市 44 个、东盟及“一带一路”沿线国家城市 19 个参展；会期 2018 年 12 月至 2019 年 6 月。园区由中国工程院院士崔愷领衔设计，设六大主题 80 个展园（中华城市展园 44 个、东盟园 10 个、丝路园 9 个、广西园 1 个、设计师园 5 个、企业园 11 个），有清泉阁、宜居·城市馆、中国—东盟友谊馆、体验馆、顶蛳山遗址博物馆等标志性建筑及游客服务中心、演艺中心。

2018 年 12 月 6 日，游客在南宁园博园罗汉松园参观游玩

宋延康　摄

2018 年 12 月 7 日，记载南宁史前文化的南宁园博园顶蛳山遗址博物馆开馆　　南宁园博园提供

2018 年 12 月，南宁园博园中国—东盟友谊馆外景　　黄传真　摄

2018 年 12 月，南宁园博园的标志性建筑——清泉阁　　黄传真　摄

2018 年 12 月 23 日，“老南宁·三街两巷”历史文化街区开街迎客。片区内汇聚南宁市近 60% 的自治区级、市级文物保护单位及历史建筑，为南宁市规模最大的历史文化街区。主要文化景点有兴宁路骑楼街、金狮巷民居群、南宁城隍庙、苏缄事迹陈列馆、苏缄纪念碑亭、邓颖超纪念馆、南宁建制博物馆、中华大戏院、壮锦山河·旧裳新尚博物馆、南宁市瓯骆汉风陶瓷博物馆、广西(国际)纸本艺术中心等。

2018 年 12 月，“老南宁·三街两巷”历史文化街区俯瞰　　赖有光　摄

2018 年 12 月，“老南宁 · 三街两巷”历史文化街区的兴宁路骑楼街　　赖有光　摄

2018 年 12 月，“老南宁 · 三街两巷”历史文化街区金狮巷内民间手工艺人展示技艺

赖有光　摄

2018 年 12 月，“老南宁 · 三街两巷”历史文化街区的城隍庙　　覃涓铌　摄

2018 年 12 月，“老南宁·三街两巷”的邕州知州苏缄殉难遗址　　赖有光　摄

2018 年 12 月，“老南宁·三街两巷”历史文化街区的邓颖超纪念馆　　覃涓铌　摄

目录

专 记

特 载

大事记

南宁概貌

中国—东盟博览会・商务与投资峰会在南宁举办

南宁与东盟

脱贫攻坚

投资开发与经济协作

公有制与非公有制经济

农业　水利

工　业

建筑业　房地产业

商贸服务业

交通运输　邮政

会展业

旅 游

信息服务业

金 融

经济管理与监督

新区　开发区

城市规划建设与管理

中国共产党南宁市委员会

南宁市人民代表大会

南宁市人民政府

中国人民政治协商会议南宁市委员会

中国共产党南宁市纪律检查委员会　南宁市监察委员会

民主党派　工商联

群众团体

法　治

军 事

教 育

科　学

文　化

体　育

卫　生

社会生活

生态建设

区县概览

人　物

附　录

索　引

CONTENTS

Special Recordation

Special Issue

Chronicle of Events

Introduction to Nanning

China—ASEAN Expo & China—ASEAN Business and Investment Summit held in Nanning

Nanning and ASEAN

Poverty Alleviation

Investment Development and Economic Cooperation

Public Sectors and Non–public Sectors of Economy

Agriculture & Water Conservancy

Industry

Construction Industry & Real Estate Industry

Commercial Service Industry

Transportation & Post Industry

Exhibition Industry

Tourism

Information Service Industry

Finance

Economic Administration and Supervision

New Districts & Development Zones

Urban Planning , Construction and Administration

Nanning Committee of the Communist Party of China

People's Congress of Nanning

Municipal Government of Nanning

Nanning Committee of the Chinese People's Consultative Committee

Nanning Discipline Inspection Committee of the CPC & Nanning Supervisory Committee

Democratic Parties & Federation of Industry and Commerce of Nanning

南宁年鉴

Mass Organizations

Rule of Law

Military Affairs

Education

Science

Culture

Sports

Sanitation

People's Livelihood

Ecological Construction

Districts and Counties

Figures

Appendix

Index

砥砺奋进四十年　改革开放硕果丰

——南宁市改革开放40周年综述

改革开放以来，南宁市始终高举中国特色社会主义旗帜，坚定地沿着中国特色社会主义道路不断前进，全市各族人民解放思想、开拓创新、克难攻坚、艰苦创业、真抓实干，城乡面貌焕然一新，交出了一份壮丽的"南宁答卷"。1978年，百废待举、百业待兴的南宁市"穷家薄业"：全市地区生产总值14.74亿元，人均地区生产总值331元，财政收入2.32亿元，全部工业总产值13.68亿元，农林牧渔业总产值8.16亿元，社会消费品零售总额5.44亿元。1978年12月18日至22日，中国共产党十一届三中全会在北京召开，党和国家的工作重心开始转移到经济建设上来，实行改革开放。乘着改革开放的浩荡春风，南宁市和全国各地一样，迎来大发展、大进步的历史机遇期，南宁人在接下来的40年里，始终不渝地推进改革开放，坚定不移地发展经济，坚持不懈地建设家园。2017年，全市地区生产总值4118.83亿元，为1978年的279倍；人均地区生产总值57948元，为1978年的175倍；财政收入687.98亿元，为1978年的296倍；全部工业总产值4070.88亿元，为1978年的297倍；农林牧渔业总产值704.72亿元，为1978年的86倍；社会消费品零售总额2204.16亿元，为1978年的405倍。许多南宁人见证了首府绿城发生翻天覆地的变化，百里秀美邕江美丽绽放，民族大道华丽蝶变，"南宁蓝"常相伴，高铁、地铁开通运营，老城区焕发新生机，新片区展露芳容……百姓拥有了满满的获得感、幸福感和安全感。40年风雨兼程，值得浓墨重彩，昭示后人。

第一阶段：1978年12月至1983年，改革开放探索起步

1978年中共十一届三中全会召开后，南宁市以中共中央提出的国民经济"调整、改革、整顿、提高"八字方针为重点，在坚决积极稳妥调整国民经济的同时，开始改革开放摸索。

改革探索。探索建立以家庭经营为基础的家庭联产承包责任制；改革农产品流通体制和供销社体制，放开三类农副产品，减少派购物品品种；扩大企业经营自主权，试行企业承包经营责任制，进行合同工制度试点，打破劳动就业上长期以来实行的"铁饭碗"制度；允许和鼓励个体经商；探索试行财政包干制度。

开放起步。1978年，南宁市利用外资领导小组成立（后更名南宁市进出口领导小组）。1979年，市被服厂、衬衣厂等企业首先开展来料加工业务，为最早利用外资的形式。1981年7月，成立南宁市进出口服务公司。1982年2月，南宁—琼斯有限公司开业，开创广西对外合资先例，为中国最早批准的48家中外合资企业之一。1979年至1983年，通过对外经济交流合作，开展"三来一补"（来料加工、来料装配、来样加工，补偿贸易）业务，制定优惠政策，引进资金和技术，引进设备18项。先后与澳大利亚、美国、日本等国家，中国香港地区客商开展合资、合作及租赁项目21个，投入生产和经营项目11个，为进一步对外开放奠定基础。

第二阶段：1984年至1991年，改革开放全面铺开

1984年中共十二届三中全会做出《关于城市经济体制改革的决定》，南宁市实施"举龙头，抓优势，突出大流通，带动大引进，促进大开发，实现大发展"的改革开放思路。

加快改革。1984年，被列为全国72个城市经济体制改革综合试点城市之一；10月，南宁市经济体制改革办公室成立。农村改革加强承包合同管理，加强农户家庭经营的产前、产中、产后服务，逐步向统分结合的双层经营体制发展；建立农业生产基地，发展多种经济实体和兴办乡镇企业，向专业化、社会化、生产化、市场化转变，向集约型、开放型、效益型经济转变。城市改革全面推行企业承包经营责任制和深化企业内部改革；企业扩大自主权改革试点，坚决把企业的计划、生产、经营、销售、投资、开发、联营、劳动、人事分配等自主权下放给企业；稳妥推行企业承包经营责任制，推行厂长（经理）负责制；引入竞争机制。1991年，跻身"中国城市综合实力50强"行列。

扩大开放。1984年3月，南宁市人民政府外事办公室成立，行使市政府外事职能；6月，经济技术协作办公室成立，负责组织、联络、协调服务和开展国内横向经济联合协作；积极发展多种所有制经济，采取措施促进个体私营经济、中外合资经济发展；积极调整对外开放政策，通过实施出口创汇优惠政策、调整出口产品结构、发展外贸商品基地、扩大利用外资。南宁市国际经济合作是从1986年在香港开办第一家境外公司，1988年在孟加拉首次投标承包公路工程发展起来的。

第三阶段:1992 年至 2002 年,改革开放力度进一步扩大,建立社会主义市场经济体制

1992 年邓小平同志发表南方谈话后,南宁市改革开放主要以建立社会主义市场经济体制为目标,逐步深化各领域改革,实行沿海开放城市政策。

改革力度加强。1992 年,南宁市成为沿海开放城市之一,在经济社会领域全面推进各项改革;之后,先后被列为全国综合配套改革试点城市、国家优化资本结构试点城市,完善各项改革措施。1993 年,组建南宁市商业国有资产投资经营公司、南宁市商业国有资产管理委员会。1994 年,先后组建南宁市国有资产工业投资经营公司、南宁市投资开发公司、南宁市城市建设投资发展总公司和南宁市国有资产管理委员会,初步构建城市国有资本营运体制的 3 个层面(领导决策层、资本营运层、投资控股层)。1997 年,组建"振宁、壮宁、沛宁"3 个资产经营有限责任公司。2002 年 4 月,组建南宁威宁资产经营有限责任公司,经市政府授权,统一接收、管理、经营南宁市所有行政事业性国有资产,成为备受全国关注的"威宁模式"。南宁市印刷电影机械集团公司以发起设立、定向募集的方式,组建广西第一家股份制企业;以建立现代企业制度为目标进行产权制度改革,成功推动南宁百货、南宁糖业、南宁化工等多家企业在证券交易所挂牌上市。在流通领域推行经营、价格、分配、用工"四放开"改革,扩大市场调节范围,商业业态快速发展。打造会展经济,成功举办国内最早以学生用品为主题的展会"南宁国际学生用品交易会",打造文化与经贸结合的"南宁国际民歌艺术节"。2000 年起,农村土地使用权加快向大户、主导产业和主导产品聚集,推进农业和农村经济结构调整和农业产业化进程。

建设西南出海通道枢纽。1992 年 6 月,国务院批准南宁市实行沿海开放城市优惠政策,南宁市实施"走出去、引进来"战略,大力发展横向经济联合和对外经济技术合作,改革外贸体制,制定一系列扩大对外贸易、引进资金和技术、发展外资企业的优惠政策,外向型经济得到较快发展。1996 年 10 月,李鹏总理为南宁题词"发挥南宁区位优势,建设出海枢纽城市"。2001 年 12 月 11 日,中国正式加入 WTO(世界贸易组织),南宁市做好入世对应工作,进一步扩大对外开放,拓宽领域、突出重点,加大招商引资、扩大外贸出口。办好南宁国际民歌艺术节、南宁国际学生用品交易会等活动,提高国内国际知名度。加强与东部沿海发达地区交流与合作,继续扩大与昆明、贵阳经济交流和合作,共同打造南贵昆经济区,推进与北海市、钦州市、防城港市的合作,促进南北钦防经济区的发展;广泛开展与东盟各国经贸往来和合作,积极融入粤港澳和东盟经济发展圈。西南出海通道枢纽城市、"南北钦防"综合性核心城市得以完善。

第四阶段:2003 年至 2012 年,以体制改革和扩大开放为抓手,完善社会主义市场经济体制

2003 年中共十六届三中全会通过《关于完善社会主义市场经济体制若干重大问题的决定》,南宁市改革开放步入社会主义市场经济体制完善阶段。

改革不断深入推进。改革主要围绕优化市场环境、转变政府职能、打造服务型政府展开,经济体制、政治体制、文化体制、社会体制改革协同推进。改革内容主要包括产权制度改革,确立以公有制为主体、多种所有制经济共同发展的基本经济制度;推进农村税费改革,实现农民种田"零税赋";规范农村土地承包管理;推动以农家店为代表的万村千乡市场工程;深化投资体制改革,推进项目建设市场化,按照审批、核准、备案权限进行管理;建立健全社会征信体系,建设统一开放竞争有序的现代市场;深化行政管理体制改革,强化政府的社会管理和公共服务职能,建立中国第一套城市应急系统;改革商贸流通体制,打造东部加工贸易产业转移最佳承接地;实施"东建西扩"战略,开发相思湖新区和五象新区;深化就业和分配体制改革,健全就业、收入分配和社会保障制度。2006 年,启动五象新区建设,开启南宁市向南发展又一个历史性进程。

"南宁渠道"初步形成。2003 年,加大对东南亚和中国港台地区招商引资力度,组团赴东南亚等国家和地区招商;发挥企业积极性,创新招商手段,拓展招商领域,在城市基础设施、房地产、交通运输、娱乐、餐饮、商业等领域取得新突破。是年,中国—东盟博览会落户南宁。2004 年起,每年举办中国—东盟博览会、中国—东盟商务与投资峰会、南宁国际民歌艺术节,南宁与东盟国家开展全方位、多层次、宽领域的开放交流合作。2010 年 1 月,中国—东盟自由贸易区建成。南宁作为多区域合作交流的重要交汇点,以中国—东盟博览会为平台,发挥中国—东盟自由贸易区桥头堡作用,与东盟及欧美、日韩等国家和地区的合作领域不断拓展,与泛珠三角、长三角、港澳台及钦北防等区域合作全面深化,加快西南大通道建设,"南宁渠道"作用进一步增强。

第五阶段:党的十八大以来,全面深化改革,持续提升"南宁渠道"影响力

党的十八大特别是十八届三中全会召开后,南宁市坚持发展第一要务,勇啃改革硬骨头,拓宽开放新渠道,厚植适宜创业创造创新发展的土壤。

(一)打好改革攻坚战

激发经济发展新活力。以供给侧结构性改革为主线,持续深化经济体制改革,推进简政放权,进一步激发市场和社会创造活力,助力经济持续健康发展。供给侧结构性改革深入推进,"三去一降一补"(去产能、去库存、去杠杆,降成本,补短板)任务有效落实,"僵尸企业"去产能工作基本完成。纵深推进"放管服"(简政放权、放管结合、优化服务)改革,市行政审批局正式运营,实现"一枚公章管审批"。金融、投融资和财税领域改革取得明显成效,建立全国首个个人房产交易"互联网 + 自助办税"系统。不断健全科技创新平台体系,成功创建南宁 · 中关村创新示范基地,实现南宁和北京中关村协同创新、共同发展。全面启动"智慧南宁"建设,成立云宝宝大数据产业发展公司,"爱南宁"APP 等应用陆续建成投入使用。在全区率先出台支持企业专利权质押融资政策,推动科技成果转移转化全面提速。2017 年,南宁地区生产总值、固定资产投资、全部工业总产值均突破 4000 亿元大关。

书写生态文明新篇章。践行"绿水青山就是金山银山"的理念,坚持"治水、建城、为民"的城市工作主线,稳步推进城市建设管理和生态文明体制改革,建设美丽南宁。创新手段联合整治泥头车,严格相关权限审批程序,推广新型密闭化运输。扬尘污染治理长效机制创新取得实效,2017 年市区空气质量优良率 92.3%。创造性地推出电动自行车管理"南宁经验",实行"以学促管"新模式。电动自行车、城市工程运输车管理模式获公安部交管局向全国推广。创新形成城市管理"南宁模式",创新网格化、信息化监控管理方式,实现多领域网格融合。深入推进海绵城市试点建设,那考河项目、石门森林公园、五象湖综合配套工程等入选国家海绵城市案例,那考河流域综合整治项目获"中国人居环境奖"范例奖。南宁 PPP 改革进程和项目落地数量均走在全区前列,那考河流域治理等多个项目入选财政部 PPP 示范项目名录。2018 年 12 月,举办第十二届中国国际园林博览会。

美丽乡村更添新魅力。加快推进农村改革,为农村经济发展夯实基础。加快农村集体产权制度改革,全市农村土地承包经营权确权登记颁证工作已基本完成。印发南宁市国有林场改革实施方案,有序推进集体林权改革。加快构建现代农业经营体系。深化农村金融改革,行政村"三农金融服务室"覆盖面努力向全覆盖迈进,武鸣区农村承包土地经营权抵押贷款试点工作成效明显。创新脱贫攻坚工作管理机制,2018 年南宁市实现 10.56 万人脱贫、104 个贫困村摘帽,贫困人口减至 112183 人,贫困村减至112个，贫困发生率降至2.57%。西乡塘区“美丽南方”入选国家级田园综合体建设试点，忠良村获“中国最美休闲乡村”，横县现代农业产业园入选创建第一批国家现代农业产业园，南宁市现代特色农业示范区建设经验成为全区实践示范。

人民群众更有幸福感。始终坚持以人民为中心的发展思想，聚焦教育、医疗、住房、养老等民生热点，将公共财政支出向民生倾斜，集中推出一批重点改革举措，更多百姓享受到城市发展带来的红利，成为最动人的改革景象。完成教育行政审批“审管分离”改革，建档立卡贫困户子女从学前教育阶段到高中教育阶段就学15年免费教育，学前教育探索采用“公建民营”、政府购买服务等方式，职业教育探索产教融合校企合作办学机制，城乡义务教育“两免一补”（免杂费、免书本费、补助寄宿生生活费）政策全覆盖，率先普及高中阶段教育。实施医疗卫生服务县乡一体化改革，建立分级诊疗制度，深化公立医院综合改革，打造智慧社保“诊疗一卡通”自助平台，开展城乡居民大病保险试点，实现城镇居民医保缴费参保人员全覆盖，推进自治区流动人口基本公共卫生计生服务均等化试点，启动实施统一的城乡居民医保制度，推进全国养老服务业综合改革试点、国家级医养结合试点城市建设，探索建立食品安全全质量追溯系统和实时监控网络，获评“国家卫生城市”。探索建立县区经济发展和扩大就业联动机制，打造“城镇15分钟、农村30分钟”就业服务平台，对人才小高地载体单位实施考核评估，探索建立人才工程平台优胜劣汰激励竞争机制和评价退出机制。体育赛事层出不穷，成功举办第四十五届世界体操锦标赛、南宁·东盟国际龙舟邀请赛、南宁国际半程马拉松邀请赛等，全民健身氛围热烈。

加强党的建设为改革保驾护航。全面加强党的建设，扎实推进全面从严治党，不断深化党性教育和作风建设，逐级落实党建工作责任制，不断深化干部人事制度改革，稳步推进基层党组织建设，大幅提高村（社区）干部待遇，逐步改善基层组织办公条件。推动党委的领导核心地位进一步增强、作用进一步发挥，党风政风焕然一新，党的执政基础和群众基础更加巩固，非公企业和社会组织党组织覆盖进一步优化，党的统一战线工作取得新进展，工青妇等群团工作成效明显，干事创业活力进一步激发。反腐倡廉的制度性系统化规范化得到加强，实现区县纪委派驻机构全覆盖，监察体制改革试点稳妥推进。

（二）持续做好开放文章

“南宁渠道”内涵不断丰富。作为中国—东盟博览会举办地，按照“三大定位”新使命和“五个扎实”新要求，主动融入“南向、北联、东融、西合”全方位开放发展新格局，不断拓展“南宁渠道”功能。至2018年，举办15届中国—东盟博览会、中国—东盟商务与投资峰会，有79位中国和东盟国家领导人、3100多位部长级贵宾出席，74.60万名客商参展参会，举办会议论坛241个，涵盖领域40多个，建立多领域合作机制，启动和实施一批重大项目。南宁综合保税区、中国—东盟信息港南宁核心基地、中国—东盟国际物流基地等集聚资源、推动开放发展的重要载体逐步兴起，也让“南宁渠道”内涵不断丰富。6个东盟国家在南宁设立总领事馆，国际友城达21个，对外交往不断拓展。

“路网末梢”变身“交通枢纽”。立足建设北部湾城市群核心城市，围绕航空、铁路、高速公路及港口等交通基础设施建设，打造区域性国际综合交通枢纽中心、综合交通运输网络和综合运输服务体系取得可喜成就。南宁机场通航城市107个，基本形成覆盖东盟国家和国内主要城市的“东盟通”“省会通”航线网络格局。高铁从无到有，初步形成以南宁为中心的“12310”高铁经济圈。高速公路内通外联，出海出边，逐步形成“一环五射一横一纵”高速公路网络。立体水运交通成网络，目前2000吨级货船从南宁可直达粤港澳，1000吨级船舶从百色经南宁直通珠三角地区。开放的南宁正在不断拉近与世界的空间距离，构建其全方位开放发展新格局。

全面提升开放型经济水平。不断深化区域合作，深度参与北部湾经济区、珠江—西江经济带建设，积极承接粤港澳大湾区产业辐射、产业转移，全面提升开放型经济水平。深化与以东盟为重点的“一带一路”沿线国家和地区合作，南宁与全球175个国家和地区开展贸易往来。参与全国通关一体化，进一步提升贸易便利化水平，通关时间在2016年压缩50%的基础上，2017年进一步压缩30%。深入实施加工贸易倍增计划，外经贸发展形势持续向好。外贸进出口总值、实际到位资金两项指标连续多年保持较高水平增长，南宁入围全国外贸百强城市。强化招大商、引强企，入驻南宁的世界500强、中国500强企业分别达28家、49家。2018年12月15日，中国（南宁）跨境电子商务综合试验区正式开区运营。

回望历史，脚步不停，在改革开放40周年之际，壮乡首府“将改革开放进行到底”，让改革开放成为新时代的主旋律、最强音，为经济社会向更高质量发展提供源源不竭的澎湃动力。南宁市主动抢抓机遇，主动融入广西构建“南向、北联、东融、西合”全方位开放发展新格局，继续做好南向开放这篇大文章，主动适应区域合作的新趋势，全面深化与东盟国家在贸易、投资、金融、基础设施等领域的合作，扩大人文交流，在加快建设面向东盟开放合作的区域性国际城市、“一带一路”有机衔接的重要门户城市的新征程上稳步迈进。（市改革办　市方志办）

责任编辑　姚宗秀

百里秀美邕江

——邕江综合整治和开发利用工程

2012年，南宁市启动邕江综合整治工程。2015年7月，中共南宁市委、市政府部署邕江综合整治和开发利用项目规划建设，围绕“治水、建城、为民”的城市工作主线，运用PPP模式、信息化手段等打造“百里秀美邕江”。2016年3月，市政府批复《邕江综合整治和开发利用控制规划（修编）》。2018年11月，邕江综合整治和开发利用工程中心城区段（清川大桥至三岸大桥）基本建成启用。工程西起老口航运枢纽、东至邕宁水利枢纽，两岸148千米河道滩涂地，用地面积约2254公顷，总投资220亿元，建成水利枢纽、两岸景观、护岸工程、沿岸建筑，改造景观灯光亮化，集防洪、饮用水源保护、通航能力提高、水质改善提升、水资源开发利用、市民休闲景观建设于一体，防洪标准由50年一遇提高至200年一遇，原本杂草丛生、污水横流、菜地遍野的邕江两岸变成繁花似锦、绿道贯通、便民设施丰富的休闲娱乐好去处，绿城品质大幅提升，“中国绿城”品牌形象更深入人心，市民幸福感、获得感全面增强。

组织规划增强引领　一张蓝图描绘到底

2014年7月，南宁市出台《南宁市郁江流域水污染防治条例》，实施水功能区监督管理、入河排污口监督管理等制度；2016年，对《南宁市河道与堤防建设管理条例》第二次修正，进一步明确邕江河道与堤防管理与保护职责范围。2015年7月，南宁市“中国水城”建设及邕江综合整治和开发利用工作领导小组成立，自治区党委常委、市委书记王小东，市长周红波担任组长，副市长张文军担任常务副组长；领导小组下设具体项目总牵头协调单位(2018年3月前为市海绵城市与水城建设工作领导小组办公室，2018年3月后为市城乡建设委员会)，协调推进项目规划建设，开展“水上人家”安置、“两库工程”项目建设、邕江两岸景观建设、直排口整治及取水口上移等工作。2016年3月，《邕江综合整治和开发利用控制规划(修编)》公布。规划范围为西起邕江老口水利枢纽，东至六律大桥的邕江两岸，邕江正常水位至两岸防洪堤(道路)之间的用地，全长约85千米，面积2253.63公顷。规划实现从“工程水利河”向“活力带、发展带”转变，从“绿满邕江”向“城市灵魂，多姿多彩”转变以及从“重形象”向“为民便民”三大转变，重新将邕江定位为“引领城市发展的主轴，展现城市个性与灵魂的窗口和名片，亲民便民的滨江活力文化休闲带，保障城市安全的母亲河。”功能结构：“一江、两岸、双核、四心、七段、多廊、十八园”。“一江”，即邕江城市功能空间发展轴；“两岸”，即邕江两岸功能景观带；“双核”，即2个滨江城市功能景观核心；“四心”，即4个功能中心；“七段”，即水绿民俗生态段、泽国花海游乐段、科教产业花园段、邕城生活核心段、双湾城市过渡段、五象青秀新区段、绿野欢歌绿城段；“多廊”，即多条纵向的河湖绿脉生态廊道；“十八园”，即依托滩涂用地，打造18个城市滨江公园。实施过程中，聘请上海市政总院作为技术总控单位，解决阶段技术力量分散薄弱问题。2017年9月，印发《南宁市全面推行河长制工作方案》，自治区党委常委、市委书记王小东任南宁市第一总河长，市长周红波担任南宁市总河长，38条流域面积200平方千米以上的江河由区县(开发区)领导担任河长，开展“清洁水源”巩固提升、侵占河道和岸线整治、最严格水资源“三条红线”整治，实行河长绩效考核和责任追究。

筑坝修堤变患为利　守护安康河晏江清

历史上邕江多次暴发洪水。有资料记录洪水24次，其中一般大洪水13次，大洪水7次，特大洪水4次；新中国成立后大洪水2次，发生在1968年、2001年；2006年后有超警戒水位洪水7次。老口航运枢纽和邕宁水利枢纽是邕江防洪的关键工程。老口航运枢纽位于邕江大桥上游约24千米处，于2012年3月开工、2015年12月竣工，建有拦河坝、船闸、13孔泄水闸、水电站、鱼道及相应配套设施，整治库尾航道123千米、里和坝下航道24千米；船闸高30米、长190米、宽23米，可同时容纳6艘1000吨级船只通行，水库正常蓄水位为75.50米，防洪总库容3.60亿立方米；2015年7月实现首台发电机组并网发电，2016年8月实现5台机组全部并网发电，电站总装机容量15万千瓦，年平均发电量6.39亿千瓦时。邕宁水利枢纽位于青秀区仙葫开发区牛湾半岛处，上距老口航运枢纽74千米，2015年3月开工、2018年10月下闸蓄水，邕江水位从62米抬升至67米，水面加宽40米左右，水面面积率由8%提高至10.50%；建有拦河坝、船闸、发电厂房、库区防护工程、鱼道及相应配套设施等；水库总库容7.10亿立方米，有贯流式机组6台，总装机容量57.60兆瓦，年均发电量2.21亿千瓦时。老口航运枢纽、邕宁水利枢纽联合上游百色枢纽调蓄江水，南宁市区段防洪标准由50年一遇提高至200年一遇；蚂蟥沙滩、豹子滩头、泮滩3个险滩被覆盖，解决西津至老口河段航运水位衔接问题，通航能力由300吨提高至1000吨船舶，达Ⅲ级航道标准。

清理两岸大堤和护岸上违章建筑、菜地，扩大邕江行洪断面；对邕江河道护岸工程进行除险加固，改造北岸邕江一桥至江滨医院段防浪墙栏杆，总长4.80千米，总投资1930万元；对重点部位防洪闸进行单闸变双闸改造；加紧修建仙葫半岛和五象新区等地两岸防洪堤。进行防洪工程和设施设备升级改造，在水情雨情预报信息系统、内河水位遥测系统、三维地理信息系统、远程视频监控系统、城市防洪应急指挥决策系统和泵站自动化系统的基础上，更新升级泵站机电设备，整合气象、水文、防洪等信息化项目的建设，探索“智慧防洪”。至2017年，南宁市现代化城市防洪系统已抵御超设防水位洪水64次，避免经济损失300多亿元。

绿色长龙花开如瀑　璀璨夜色繁华似歌

邕江两岸曾一度出现杂草丛生、污水横流、菜地遍野的情况。自新中国成立以来，南宁对邕江的治理未曾停止，从建设堤路园工程到开展邕江综合整治和开发利用工程，以保护生态为前提，梳理邕江全线原生植被，结合滩、堤、路、建筑、山体特点，建设园林景观，生态涵养绿地，打造“水清、岸绿、景美”的“百里花江”。2018年，邕江两岸累计建设绿道163千米、亲水步道115千米，新建和改建主题公园15个，建成亭子码头及配套设施；种植乔木22.60万株、铺设草皮548万平方米，建设运动场地254处、游泳平台10处、亲水观江平台93个；邕江南岸绘制2838平方米涂鸦墙，中心城区段60千米沿江立面景观竣工，郊野段88千米沿江立面基本完成地形塑造；建设景观桥23座，其中中心城区段10座、郊野段13座；安装座椅、标识牌、垃圾桶等约6000个(中心城区段2300个，郊野段3700个)，移动厕所92座(中心城区段25座，郊野段67座)；完成沿岸24.10千米14座跨江桥梁、59个小区200多栋建筑灯光亮化，安装灯光秀投影机94台、灯具15.20万盏，其中滩涂亮化灯具5万盏、建筑楼宇和桥梁亮化10.20万盏，打造500米大堤灯光秀、畅游阁3D灯光秀。11月21日，邕江夜游正式启航，市民、游客搭乘游船欣赏邕江两岸繁华璀璨的夜景，途经景点40处，年内接待游客1.10万人次。通过挖掘邕江历史民族文化资源，围绕民俗生态、科创产业、古城文化、民俗码头、红色开埠、青秀山水、现代五象、山水民俗、贝丘生态打造滨江文化分区9个，邕江文化休闲旅游带不断凸显，为南宁旅游的黄金水脉与城市休闲中轴。

外江内河标本兼治　碧水蓝天绿城品质

2016年，南宁市采取截污纳管、河道整治、清淤排水、景观绿化多项措施治理建成区黑臭水体，成立市城管支队水上执法监察大队，对邕江托洲大桥至六律大桥河段水面进行24小时巡

2018年11月21日，邕江夜游启航，市民可搭乘游船欣赏邕江夜景　陈贵贤　摄

查，开展邕江饮用水水源保护工作，通过部门联合执法，清理整治江面的“三无”船只，打击破坏邕江生态环境的违法行为。2017 年，建成区黑臭水体基本消除，治理 13 条内河 38 个河段黑臭水体 99.40 千米，建成区内邕江支流河段水质均达到住建部考核标准。2018 年，南宁市按照“控源截污、内源治理、活水循环、清水补给、水质净化、生态修复”的技术路径，对直排污水实施截污纳管或分散处理，统一输送污水处理厂或设置一体化污水处理站进行处理，完成两岸直排口整治 65 个。加快修订完善《南宁市饮用水水源保护条例》《南宁市郁江流域水污染防治条例》等地方性法规，搭建河长制信息化管理平台，实行“互联网 + 河长制”治水新方式，整合环保、水利等多个部门基础数据等信息，实现实时动态监控主要河流水体水质、巡河管理、突发水污染事故预警、日常监督考核等功能。清理船只 4328 艘，船民上岸 1050 户、3803 人，涉及经费 2.10 亿元。

2018 年，整治后的邕江碧波荡漾、芦苇萋萋、白鹭依依，尽显生态之美。图为青山大桥 鲁利 摄

在邕江的上下游左江、右江、郁江设水质自动监测站 9 个，进行 24 小时实时监测，每月对水质数据进行统计分析并形成综合分析报告。2017 年，启动邕江取水口上移工程，建设内容包括老口取水泵站、可利江增压泵站、心圩江增压泵站、原水输水管线及江北引水干渠结构、工艺改造，上移邕江饮用水取水口至距老口枢纽 3 千米处，保留原有取水口作为备用水源取水点，实现双水源供水，5 个饮用水取水口各项指标均达三类水质要求，水源达标率 100%。2018 年，市流域累计查封沿岸非法排污企业 7 家，清理沿岸畜禽养殖场（户）131 个，完成 431 个规模化养殖场（户）粪污利用设施整改，清理网箱 3.88 万个；4 个国控断面水质达标率为 100%，流域水质明显改善。

“南宁渠道”丝路交响 开放包容活力展现

东邻粤港澳、南滨北部湾、面向东南亚、背靠大西南的壮乡首府，已从边陲小城向南国明珠嬗变，一幅幅面向东盟、开放包容的美丽新画卷徐徐展开。2013 年，西江航运干线南宁至贵港Ⅱ级航道工程整治完工，南宁至珠三角地区全线航道具备通航 2000 吨级船舶的能力。老口航运枢纽工程竣工，左江、右江航道通航能力从 300 吨级～500 吨级提高至 1000 吨级。2014 年 7 月，南宁港中心城港区牛湾作业区开港运营；2016 年 3 月，南宁港六景作业区接通铁路线，前港后站无缝对接，成为云桂西部货物经铁路转水路联运的最早下水点。现代化港口逐步向大型化、规模化方向发展，泊位吨级不断增大，物流能力大幅提升，日益完善的南宁港吸引大量投资者参与港口、运输、物流和产业发展建设，邕江步入新的发展阶段。2018 年 10 月，邕宁水利枢纽工程下闸蓄水后，邕江水位抬升至 67 米，解决西津至老口河段航运Ⅱ级航道水位衔接问题，全线达到常年可通 1000 吨级船队的Ⅲ级航道标准，货船驶上“高速路”。

实施邕江综合整治和开发利用工程，是南宁市加强海陆统筹、江海联动，推动“南宁渠道”升级的有力举措，促进珠江—西江经济带开放发展互动，加快与粤港澳大湾区融合。南宁肩负承接大西南经济腹地与珠江三角洲资源互通重要使命，将充分发挥高速公路、铁路、水路、航空“四位一体”的交通区位优势，实施西江航运干线与北部湾经济区港口联动的水运整体发展计划，通过水铁联运、水水转运、水陆换运，加快连接黔、滇、桂、粤等省区的内河高等级航道建设，形成西部物资“通江达海”的立体水运交通网络。加强南宁港与广西钦州保税港区、广西凭祥综合保税区、东兴互市贸易区等沿江沿海沿边区域项目的有效互动，与沿江地区、沿海地区、沿边地区的优势实现互补、互促、互动，在更大范围、更深层次上实施“江海联动”战略，打造成珠江—西江黄金水道上集物流、商贸、金融、信息功能于一体的物流港、智慧港、创新港。 （市住建局 南宁日报社）

责任编辑 梁富鑫

2018 年 10 月 14 日，邕宁水利枢纽下闸蓄水，邕江水位抬升至 67 米，通航能力提高至 1000 吨船舶。图为千吨级船舶驶过邕江 张艺军 摄

政府工作报告

——2019年2月15日在南宁市第十四届人民代表大会第四次会议上

市长 周红波

各位代表：

现在，我代表市人民政府向大会报告政府工作，请予审议，并请各位政协委员和列席会议的同志提出意见。

一、2018年工作回顾

过去一年，面对严峻复杂的国际国内形势，我们坚持以习近平新时代中国特色社会主义思想为指导，全面贯彻落实习近平总书记关于广西工作的重要指示精神，在自治区党委、政府和市委的正确领导下，在市人大、政协的监督支持下，坚持稳中求进工作总基调，坚持新发展理念，按照“三大定位”新使命和“五个扎实”新要求，坚定不移推动高质量发展，全市经济社会保持了持续健康发展的良好态势。全市地区生产总值增长5.4%，财政收入增长9.48%，规模以上工业总产值增长5.2%，固定资产投资增长11.8%，社会消费品零售总额增长9%，居民人均可支配收入增长7.3%，居民消费价格上涨2.5%，超额完成自治区下达的节能减排降碳任务。

各位代表！2018年是南宁改革发展进程中浓墨重彩的一年，我们迎来了改革开放40周年，隆重庆祝了自治区成立60周年，办成了许多实事难事，办好了许多喜事盛事。全市上下团结协作、善作善成，以强烈的责任担当和务实高效的作风，圆满完成了自治区成立60周年庆祝活动服务保障等各项任务，向党中央、自治区和全市各族人民交出了一份靓丽的答卷。中央代表团对自治区成立60年、改革开放40年，特别是党的十八大以来我市经济社会发展和维护民族团结等工作给予肯定。在党的民族政策光辉照耀下，首府南宁由昔日的南疆边陲小城变成中国面向东盟开放合作的区域性国际城市和北部湾经济区的核心城市，我们倍增感恩奋进、砥砺前行的自豪感、责任感、使命感，更加坚定了走好新的长征路的信心和决心！

2018年，我们持续推进产业转型升级，重点打造的南宁·中关村创新示范基地聚集了150个创新主体，三大重点产业规模以上工业产值占全市比重达42%，财政收入达753.2亿元、总量占全区的26.99%，非税收入占一般公共预算收入比重比自治区低6.09个百分点，首府经济步入高质量发展新阶段。

创新发展能力明显提升。南宁·中关村创新示范基地辐射带动和溢出效应不断显现，合作高校32所，新增入驻重点企业24家、总数达57家，新增入孵创新团队41个、总数达93个；南宁·中关村科技园挂牌运营，成为继滨海新区、雄安新区之后，北京中关村与外地合作重点打造的第三个科技园。与东北大学、华中数控分别签约共建国家级广西先进铝加工创新中心、轻量化电动汽车设计院，其中高端铝合金热处理重大短板装备项目通过工信部评审。南宁·东盟启迪创新中心启动。南宁网易联合创新中心运营。工业重大科技项目“汽车车身用高性能铝合金宽幅薄板的开发应用”实现产业化，填补了国内空白。完成科技成果转移转化项目80项，荣获中国专利优秀奖2项。新增国家企业技术中心2个、实现零的突破。新增高新技术企业超200家、占全区新增总量的三分之一，高技术产业产值增长15%。

工业新动能加速集聚。持续推动“二产补短板”，做好产业发展、园区建设、企业培育三篇文章。新旧动能转换实现标志性突破，电子信息产业产值首超食品工业、增长25.8%，成为对工业增长贡献最大的产业，富士康南宁科技园产值突破480亿元。完成电子信息、新能源汽车、高端铝产业链全景图编制，引进瑞声科技、歌尔股份、李宁体育等重点产业项目98个，工业招商走出新路。市本级出让工业用地3052亩，申龙汽车、中车等一批重大项目扎实推进，瑞声科技（一期）、科天水性等34个重点项目竣工投产，新增当年投产入规企业46家。高新区与武鸣区合作打造的“飞地园区”——南宁高新区武鸣产业园签约揭牌，产业园区协同发展步伐加快。新增2项广西工业企业质量管理标杆、82个广西名牌产品，2家企业荣获第四届自治区主席质量奖，南南铝高端铝合金材料成功应用到航空航天、轨道交通、汽车轻量化等领域并达到国际先进水平。工业用电量增长

15.4%、比上年提高 17.6 个百分点，工业基本面积极向好。

服务业优势更加突出。持续推动“三产强优势”，第三产业增加值增长 7.8%，对经济增长贡献率达 76%。区域性国际金融中心建设扎实推进，平安银行南宁分行、国富人寿保险公司开业，中信保广西分公司、中银香港东南亚业务营运中心落户，渤海银行南宁分行批筹，新增上市和新三板挂牌企业 7 家，金融业增加值增长 7.4%。获批全国流通领域现代供应链体系建设重点城市、国家物流枢纽承载城市，新增 3A 级以上物流企业 8 家，公路、水路客货运周转量分别增长 9%、18.2%，快递服务企业业务收入增长 36%。电子商务重点企业交易额超 2900 亿元、增长 16%，马山县获批国家电子商务进农村综合示范县。16 家企业（机构）入驻中国—东盟新型智慧城市协同创新中心，软件和信息技术服务业主营收入增长 7.7%。东盟文化博览园（方特东盟神画）建成开放，新增园博园、马山弄拉等 4 个国家 4A 级旅游景区，全年接待旅游总人数、旅游总消费分别增长 18.98%、23.08%。邮政、电信业务总量分别增长 56.6%、159.6%。南宁广告产业园获批国家广告产业园区。新增广西服务业品牌企业 37 家、占全区总数的 50%。

农业基础持续打牢。持续推动“一产显特色”，深入实施现代特色农业产业“10+3”提升行动，粮食总产量 211.42 万吨，新增“三品一标”农产品 12 个，“南宁香蕉”成为首个“邕字头”地理标志商标，“古辣香米”“武鸣砂糖橘”被评为国家地理标志保护产品，已形成沃柑、火龙果、桑蚕等助推乡村经济发展的优势产业。南宁农产品交易中心投入使用。新增市级以上农业产业化龙头企业 19 家、农民专业合作社 645 个、家庭农场 176 家，全市规模以上农产品加工企业超 120 家，新增流转土地 8.92 万亩，“新型经营主体 + 社会化服务 + 适度规模经营”成为我市现代农业发展的重要模式。新增自治区级现代特色农业核心示范区 12 个、自治区农业科技园 2 个，成功打造 8 个广西休闲农业与乡村旅游示范点，“美丽南方”田园综合体项目获第四届广州国际城市创新奖专家推荐城市奖。

重大项目稳投资作用有效发挥。546 项区市层面统筹推进重大项目完成投资 1004.79 亿元。476 项城建计划建设项目完成投资 482.25 亿元。50 项重大交通基础设施项目完成投资 160.8 亿元。5000 万元以上项目完成投资增长 19.7%。工业投资增长 8.7%，其中电子信息、汽车制造业投资分别增长 130.5%、481.9%。第三产业投资增长 11.8%。基础设施、社会事业投资分别增长 16.1%、51.9%。引进民间资本参与公共设施、水环境治理等领域建设，民间投资增长 8%。落地 PPP 项目累计达 23 个、总投资 321.57 亿元。

2018 年，我们持续推进“南宁渠道”升级，深度融入“一带一路”建设，与全球 165 个国家和地区开展经贸往来，在全区构建“南向、北联、东融、西合”全方位开放发展新格局中发挥了示范引领作用，首府开放发展取得新成效。

城市影响力持续提升。第十二届中国（南宁）国际园林博览会开幕，俄罗斯等“一带一路”沿线国家和东盟各国的 19 个国外展园及 61 个中华城市展园、专业园建成开放，实现“冬季到南宁看园博”，园博园成为首府绿色新地标。圆满完成第 15 届中国—东盟博览会和商务与投资峰会各项服务保障任务。成功办好了“中国杯”足球赛、环广西自行车赛（南宁站）、南宁国际马拉松赛、中国围棋大会等重大赛事活动。以南宁国际民歌艺术节、“春天的旋律”跨国春晚、“文化走亲东盟行”“南宁渠道·丝路交响”跨国采访等品牌活动为载体的“以走促亲”对外文化交流体系进一步充实、拓展。国际友城和友好交流城市持续增加，世界朋友圈不断扩大。

平台支撑不断夯实。积极参与西部陆海新通道建设，中新南宁国际物流园开工建设，南宁至兰州冷链集装箱班列开通。中国—东盟信息港南宁核心基地累计建成 13 个项目，大数据产业园等 39 个项目加快建设。南宁综合保税区入驻企业 61 家，实现进出口总额 23.09 亿美元。获批设立国家跨境电商综合试验区，成功引进河南保税集团，与中国邮政广西分公司、高新区合资注册成立南大门公司总体运营综试区，并在第三批 22 个综试区中率先开区运营；蚂蚁洋货等一批国内知名跨境电商企业签约落户综试区。以五象新区总部基地金融街为重要载体的面向东盟金融开放门户集聚区建设加快。南宁吴圩国际机场年旅客吞吐量突破 1500 万人次。

经贸合作务实推进。深入实施第二轮加工贸易倍增计划，加工贸易进出口总值 539.39 亿元、占全区比重达 58.9%。坚持“引进来”与“走出去”并重，成功引进一力制药、冠昊生物、京东电商等一批行业龙头企业，新设外资企业 62 家，全市实际到位资金增长 13.5%，全口径实际利用外资增长 43.02%；备案非金融类对外投资企业 21 家，对外投资范围覆盖 14 个国家和地区。深化通关一体化改革，货运监管实现“三个一”，邮件监管环节由 17 个整合为 6 个。全市外贸进出口总值 738.79 亿元、增长 21.7%。

2018 年，我们持续推进深化改革升级，破除藩篱激发活力，南宁公共资产负债管理智能云平台、“一事通办”等改革成果走在全国、全区前列，不动产登记“24 小时不打烊”南宁样本在全国推广，首府改革创新呈现新亮点。

“放管服”改革向纵深推进。943 个事项办理实现“最多跑一次”，“容缺受理”范围扩大至 30 个部门 476 项政务服务事项，“全链条审批”新模式压缩重复材料 533 项，施工许可证审批时限由 37 个工作日压缩至 5 个，“证照分离”、压缩企业开办时间等商事制度改革扎实推进，“双随机、一公开”监管全面推行，平均每天新增市场主体 363 户、市场主体存量和新增量稳居全区第一。市公共资源交易大数据分析应用被评为全国公共资源交易平台创新成果。强化金融服务实体经济发展，全市新增各项贷款 1575 亿元；组织开展政银企对接活动 17 次，参与企业约 200 家，涉及金额超 600 亿元。全年累计为企业降本减负约 350 亿元。

重点领域改革加快。市级明确的 136 项改革任务基本完成，承担的 30 项国家级、25 项自治区级改革试点扎实推进。积极推进南宁糖业股权重组，全面完成南南铝加工公司战略增资重组，对市属九大集团实行分类管理考核，国资系统监管企业累计实现利润 14.48 亿元、增长 56%。政府各项收支全部纳入预算管理，环境保护税改革顺利实施，事业单位政府购买服务改革试点顺利推进。土地二级市场试点通过自然资源部验收。农村承包地确权登记颁证工作基本完成。“三农金融服务室”覆盖面达 95%。沿边金融综合改革试验区建设通过国家验收，中国—东盟（南宁）金融服务平台上线运行，跨境人民币结算量达 204.45 亿元、增长 20.1%。

重大风险有效防控。积极探索防范化解重大风险制度机制，在全国首创的南宁公共资产负债管理智能云平台作用不断发挥，划定了债务“预警线”，筑牢了风险“防火墙”。稳妥化解政府隐性债务，市本级和县区债务风险安全可控。保持房地产市场调控政策的连续性稳定性，“稳增长、控房价、防泡沫、防风险”工作较好落实。持续清理整顿各类交易场所，开展 P2P 网络借贷等互联网金融风险专项整治，加大防范和处置非法集资力度，有效防范化解金融风险。

2018 年，我们持续推进绿城品质升级，坚持治水、建城、为民,五象新区现代化新城魅力初显,"百里秀美邕江"全面展现,"老南宁·三街两巷"历史文化街区开街迎客,南宁蝉联美丽山水城市称号,首府生态宜居城市建设取得新突破。

五象新区核心区基本成型。年内新区完成投资420.06亿元、增长18.32%,投资额相当于"十二五"时期投资总额的46%,其中社会资本投资占78.25%。累计入驻全球最具价值百强品牌7个,世界500强企业28家,国内500强企业20家,金融机构总部或省级(一级)分支机构16家。承载新区高端服务业发展的总部基地金融街及周边的蟠龙、五象湖、自治区重大公益性项目等片区基本成型,总部基地金融街117座高层建筑封顶率超75%,竣工投入使用项目20个、入驻办公的企业300多家,连通片区公共空间6.2万平方米、地下停车泊位约3万个的总部基地地下空间综合利用项目通车运行。新区配套设施基本完善,通车道路总数累计达126条、覆盖面积60平方公里,广西国际壮医医院、市图书馆(新馆)等公共服务配套项目建成启用,累计建成公办中小学校22所。经过10多年的开发建设,"再造一个新南宁"正从蓝图变为现实。

绿城品质不断提升。18项迎接自治区成立60周年重大公益性项目基本建成。全力推进邕江综合整治和开发利用,建成148公里景观带和15个公园,邕宁水利枢纽下闸蓄水,邕江枯水期平均水位从62米抬升至67米,江畅、水清、岸绿、景美的"百里秀美邕江"展露芳容,夜游邕江成为市民生活新体验。邕江综合整治和开发利用工程成功入选中宣部"庆祝改革开放40周年·百城百县百企调研行"重点报道主题。交通出行更加畅通有序,吴圩至大塘高速公路、城市东西向快速路等建成通车,清川立交等一批立交桥通车,综合整治3个快环交通堵点,打通5条"断头路",完成沿地铁2号线路面修复提升;地铁1、2号线单日最高客流量突破90万人次,3号线开始联调联试,2号线东延线和4、5号线加快建设,快速公交2号线开通试运营,凤岭综合客运枢纽站建成运营并实现高铁、公路客运、地铁零换乘。棚户区改造开工1.32万套。新建成管廊13.16公里,地下综合管廊试点建设在全国第二批15个试点城市中2018年绩效评价结果第一。建成区增加公园绿地面积549公顷。

城市管理更加精细。深入开展城市治理"制度建设年"活动,全面梳理、完善相关制度文件,加快构建形成综合施治、共管共治的城市治理新格局。深入开展"美丽南宁·整洁畅通有序大行动",查处"五乱"案件110万起,在80条城市道路推行"以克论净·深度清洁"作业模式,主次干道机械化清扫率达85%以上,道路平均完好率达94%,共享单车、网约车规范管理稳步推进。规范停车泊位管理,实现全市一个"二维码"收费。生活垃圾分类及无害化处置全面启动。拆除违法建设面积457万平方米,推进房屋使用安全信息化建设,开展电动车停放、仓储物流等11类重点消防安全整治,城市运行安全保障不断强化。"五个礼让"成为文明新风尚。初步通过"国家卫生城市"暗访复审。新型智慧城市建设成效初显,"爱南宁APP"提供便民服务事项超60项,"一码通城"在全国率先实现公共服务多场景互联互通,荣获2018年中国城市治理智慧化优秀城市奖,南宁作为中国唯一受邀的城市亮相在新加坡举办的东亚峰会智慧城市展。

生态优势更加凸显。全力抓好中央环保督察"回头看"反馈意见整改。在全区率先建立河长制信息化监管平台,实现河长制信息扁平化管理。强力推进黑臭水体治理,实施"五大攻坚战",新建污水管网128公里,清除内河淤泥22.7万立方米。开展流域环境综合整治,清拆非法养殖网箱9万个,全市流域断面水质均达到或优于国家考核标准。邕江取水口上移工程稳步推进,集中式饮用水水源地保护不断加强,邕江、县级在用饮用水水源地水质达标率100%。持续深化扬尘污染治理,创新开展道路积尘负荷走航监测,市区空气质量优良率达93.4%,比上年提高1.1个百分点,"南宁蓝"保持常态。开展土壤污染治理,实施南化等污染地块环境调查和治理修复,基本完成宾阳沙江河重金属污染综合整治。强化环境监管执法,拆除关停取缔"小散乱污"企业180家。获批为国家资源循环利用基地。成功承办中国生态文明论坛(南宁)年会,邕宁区获第二批全国"绿水青山就是金山银山(两山)"实践创新基地称号。

2018年,我们把实施乡村振兴战略摆在优先位置,乡村振兴"六项行动"全面实施、稳扎稳打,脱贫攻坚尽锐出战、精准施策,县域经济持续壮大,首府"三农"工作取得新进展。

脱贫攻坚成效明显。年度共筹集各级财政专项扶贫资金27.31亿元投入脱贫攻坚,全力打好"五场硬仗",预计104个贫困村和10.6万名贫困群众实现脱贫摘帽。易地扶贫搬迁累计搬迁入住62302人、实际搬迁入住率100%,出台专门政策支持隆安县易地扶贫搬迁震东集中安置区可持续发展。尽锐出战,精准发力,深度贫困村实现厅级以上领导挂点联系全覆盖,出台专门政策支持深度贫困县马山县,连续3年每年额外支持专项资金8000万元。全市建设扶贫车间113个,已脱贫户均实现有1项以上增收产业或技能。支持上林县探索"双培双带双促"扶贫模式,并获全国脱贫攻坚组织创新奖。贫困村村级集体经济收入达3万元以上420个、达5万元以上263个。使用好广东省、茂名市以及东风、宝武、中粮三大央企帮扶资金9521.3万元,实施项目29个,扶贫协作全面深化。

县域经济加快发展。大力发展县域主导产业和特色产业,县域对全市经济发展支撑作用不断增强。宾阳县、青秀区荣获广西科学发展先进县区,马山县、兴宁区荣获广西科学发展进步县区。横县茉莉花和茉莉花茶综合品牌价值达197亿元。隆安县入规工业企业数量、西乡塘区新增限额以上商贸企业数量居全市前列。江南区"菜篮子"工程项目获评全国民生示范工程。邕宁区地区生产总值和规模以上工业增加值、良庆区财政收入和固定资产投资增速均排名全市首位。武鸣区沃柑产业产值突破50亿元。县域旅游业蓬勃发展,上林县创建国家全域旅游示范区扎实推进、旅游消费增长35.6%,马山县获评广西特色旅游名县,兴宁区、青秀区获评自治区全域旅游示范区。

乡村环境持续改善。启动实施农村人居环境综合整治三年行动,马山县成功创建自治区级生态县,全市新增"美丽广西"乡村建设示范村14个、广西"绿色村屯"56个,完成改厨改厕25万户、村屯公共照明试点项目147个,建成102个"美丽南宁"乡村建设农村生活污水整治项目,农村生活污水集中处理行政村覆盖率达39.7%。深入实施"服务惠民"专项活动,全市行政村按"六有"标准建成并挂牌村级综合服务中心,农村基本公共服务实现全覆盖。实施"县域路网"工程,完工130个农村公路项目共308.8公里,硬化非贫困村通屯道路400公里,完成农村公路安全隐患整治79.1公里,提前实现具备条件的建制村全部通客车目标,青秀区获评"四好农村路"全国示范县。竣工农村饮水安全巩固提升工程308处,建设防渗渠道175.15公里,新增、恢复、改善灌溉面积38.29万亩。治理水土流失面积42.78平方公里,植树造林27万亩。"美丽南宁·宜居乡村"活动顺利完成。

2018年,我们持续推进民生福祉升级,集中资源做好普惠性、基础性、兜底性民生建设,财政涉民生支出占一般公共预算支出的77.26%,居民人均可支配收入达26798元,社会大局持续稳定,首府群众获得感幸福感安全感提上新水平。

社会事业全面进步。坚持教育优先发展,建成幼儿园18所,建成使用公办中小学校21所、新增学位3.91万个，提前两年全部县区达到全国义务教育发展基本均衡县评估认定标准，在我市接受义务教育的进城务工人员随迁子女总人数约15万人、占全区三分之一以上，各项学生资助投入资金8.34亿元、受惠学生约68.51万人次。滨湖路小学入选首届全国文明校园十个巡礼宣传典型。南宁教育园区累计开工建设学校11所。以“上林模式”为重点，深化县乡医疗服务“一体化”管理改革，县域医共体实现县级全覆盖；江南、良庆区人民医院（一期）建成使用，城市医院集团建设取得新成效；扎实推进智慧健康信息平台建设，完成200多万人口健康信息和电子病历数据采集，率先在全区实现医疗系统与医保结算系统整合。圆满完成自治区成立60周年庆祝大会群众文艺表演《共享未来》主题演出，舞剧《刘三姐》作为广西唯一入选作品角逐第十一届中国舞蹈“荷花奖”，小品《懒汉脱贫》荣获首届中国相声小品大赛第五名，举办惠民文艺演出7000余场，广西文化艺术中心完成演出260场。扎实推进全民健身和全民健康深度融合试点市建设，建成各类体育场地和设施项目622个。

民生保障持续加强。城镇新增就业6.97万人，城镇登记失业率2.71%，发放创业担保贷款1102笔9100.8万元，“稳就业”目标实现。社会保险参保总人次1250.65万人，企业退休人员养老金“十四连涨”，在全国率先实现手机刷脸领取失业保险金，在全区首推个人账户“家庭共享”购买商业健康保险，“基本医保＋大病保险＋医疗救助＋二次报销”一站式即时结算平台上线运行。发放城市低保4050.3万元、农村低保2.69亿元、特困人员救助1.43亿元。建成智慧养老服务平台，社区居家养老社会化运营达81%，医养结合两证齐全机构达24家，东盟经开区社会福利院和8家城市养老服务中心建成运营。累计建成政府投资公租房66894套、分配入住62846套。为民办实事项目基本完成，解决了一批群众关切的热点难点问题。

社会治理不断创新。扎实推进平安南宁建设，完善“智慧警务”运用，深入开展扫黑除恶专项斗争，严厉打击涉枪涉爆、黄赌毒、电信网络诈骗、传销等违法犯罪活动，开展“扫黄打非”“清朗”等系列专项行动。坚持领导干部接访和包案制度，积极化解矛盾纠纷。应急管理、安全生产防控责任体系不断完善，安全生产形势总体稳定可控。食品药品现代化治理水平不断提高，荣获广西食品安全示范城市称号。社会信用体系建设加快，成为首批加入“一带一路”国际合作城市信用联盟的城市。新登记成立社会组织245家，建立健全社会协商机制，基层社会治理能力不断增强。

2018年，我们持续推进法治南宁升级，全面加强政府自身建设，切实增强政府公信力和执行力，在落实重大部署、推进重大项目、服务重大活动过程中，克难攻坚、善作善成，首府干部群众担当作为展现新气象。

坚持以全面从严治党统领政府各项工作，加强党风廉政建设，抓好巡视发现问题整改，严查群众身边的腐败和作风问题，全面推进领导干部经济责任审计，促进廉洁行政。严格落实中央八项规定精神，严守国务院“约法三章”，进一步压缩“三公”经费，驰而不息纠正“四风”。认真谋划机构改革各项工作。举办电视问政节目10期，31个问题基本完成整改。法治政府建设扎实推进，认真组织开展向宪法宣誓活动，提请市人大常委会审议地方性法规草案4件，出台政府规章2件、规范性文件40件，废止政府规章2件，圆满完成“七五”普法中期督查考核，村级公共法律服务机构实现全覆盖，公共法律服务体系进一步完善。认真执行市人大及其常委会的决议、决定，依法接受市人大及其常委会的法律监督和工作监督，主动接受人民政协的民主监督和社会舆论监督，人大代表议案和建议、政协提案办结率100%。提升政府服务效能，通过广西一体化网上政务平台可办理927项市本级事项，社保等20项便民服务事项可在双休日正常办理，1067项依申请行政权力事项和公共服务事项进驻市民中心，群众办事基本实现“只进一扇门”。推进政府信息公开透明，市政府例行新闻发布常态化制度化规范化，市政府门户网站在第十七届中国政府网站评估中名列省会城市第5。强化政府执行力建设，动员全市上下锐意进取、勇于担当、实干苦干，严格落实了一系列重大部署，圆满服务和举办了一系列重大活动，顺利实施了一系列重大项目，涌现出全国“十大杰出消防卫士”张章煌、全国白求恩式好医生邓建宁等一批先进典型。

此外，宗教、保密、台湾事务、档案、统计、侨务、人防、机关事务管理、政府采购、地方志、供销、双拥、出版、海关、海事、出入境边防检查、贸促、税务、调查、测绘、气象、水文、文史、哲学和社会科学等工作扎实推进，妇女、儿童、老年人、残疾人、慈善、红十字等事业健康发展。

各位代表！非知之难、行之惟难。过去一年，我们在经济下行压力不断加大、动能转换阵痛加剧的情况下，主动适应高质量发展要求，实现了经济社会持续健康发展，成绩来之不易。这是以习近平同志为核心的党中央坚强领导的结果，是自治区党委、政府和市委正确领导的结果，也是全市各族人民团结奋斗、拼搏进取的结果。在此，我代表市人民政府，向全市各族人民，向人大代表、政协委员，向各民主党派、工商联、无党派人士和人民团体，向驻邕部队、武警官兵、政法干警，以及所有参与、关心和支持南宁发展的各界人士，表示衷心的感谢和崇高的敬意！

各位代表！在看到成绩的同时，我们也清醒地认识到，我市发展面临的环境仍很复杂，经济发展稳的基础还不够牢固，结构性深层次矛盾仍然突出；民生短板有待补齐，脱贫攻坚任务还比较艰巨；一些改革举措和政策落实不到位，营商环境亟待进一步优化；少数干部不敢担当、不善作为问题依然存在，等等。为此，我们要主动适应新形势新要求，增强责任意识，强化责任担当，迎难而上，克难攻坚，以改革创新的精神破解难题，以抓铁有痕的韧劲狠抓落实，努力在应对困难和挑战中取得新成就。

二、2019年工作安排

各位代表！对成绩最充分的肯定，是再创辉煌；对人民最真挚的承诺，是不懈奋斗。展望2019，我们将把发展的方向、工作的重点和主观的努力有机结合起来，敢于担当作为，勇于克难攻坚，全面落实强首府战略，推动思想再解放走在前作表率、改革再深入走在前作表率、开放再扩大走在前作表率、创新再提速走在前作表率，只争朝夕、快马加鞭、提速发展，提高首位度，成为核心增长极，增强辐射带动全区发展的能力。

今年政府工作的总体要求是：坚持以习近平新时代中国特色社会主义思想为指导，深入贯彻党的十九大和十九届二中、三中全会精神以及中央庆祝改革开放40周年大会、中央经济工作会议精神，全面落实自治区党委十一届五次全会、全区经济工作会议和市委十二届七次全会的决策部署，按照建设壮美广西、共圆复兴梦想的总目标总要求，持续深入落实“三大定位”新使命和“五个扎实”新要求，全面落实强首府战略，坚持稳中求进工作总基调，坚持新发展理念，坚持推进高质量发展，坚持以供给侧结构性改革为主线，坚持深化市场化改革、扩大高水平开放，加快建设现代化经济体系，持续打好三大攻坚战，扎实推进生态宜居城市建设，推动民生事业全面进步，保持经济持续健康发展和社会大局稳定，为全面建成小康社会收官打下决定性基础，在建设壮美广西、共圆复兴梦想新征程中谱写首府高质量发展新篇章,以优异成绩迎接新中国成立70周年。

今年全市发展的主要预期目标是:地区生产总值增长7%以上,财政收入增长6%,固定资产投资增长9%,规模以上工业增加值增长5.5%,社会消费品零售总额增长9.5%,居民人均可支配收入增长8.5%,完成自治区下达的节能减排降碳目标任务。

围绕上述目标,我们将着力做好以下九个方面工作:

(一)防风险抓脱贫治污染,持续打好三大攻坚战。

坚持问题导向和目标导向,攻坚克难,持续打好三大攻坚战。

打好防范化解重大风险攻坚战。坚持债务规模与经济发展相适应,全市综合债务率控制在风险预警线内,风险地区债务率指标逐步改善。依法依规开展各项融资工作,稳妥推进政府隐性债务存量化解,做到坚定、可控、有序、适度。持续开展交易场所清理整顿和互联网金融风险专项整治工作,保持打击非法集资高压态势,协调解决好涉企金融风险问题。坚持"房住不炒",推进住房租赁市场培育试点建设,以稳地价稳房价稳预期为目标,综合施策,分类指导,促进房地产市场平稳健康发展。

坚决打赢打好脱贫攻坚战。聚焦"两不愁三保障",按照"核心是精准、关键在落实、确保可持续"的要求,盯紧深度贫困、产业扶贫、易地扶贫搬迁、脱贫成果巩固等重点工作和关键环节,采取超常规措施精准施策,持续打好"五场硬仗",确保实现"上林、马山、隆安3个国家扶贫开发工作重点县和101个贫困村摘帽,5.97万贫困人口脱贫"的目标(最终以自治区下达目标为准)。建立健全脱贫攻坚作战指挥体系,以决战决胜的态势压紧压实各级各部门扶贫责任。全面对标对表国家、自治区脱贫摘帽考核评估标准,逐村逐户排查甄别,确保县、村、户、人四级达标。打好深度贫困地区脱贫攻坚硬仗,继续在政策、资金、用地、项目等方面予以倾斜,确保有劳动能力的极度贫困户每户安排1个公益性岗位,合力攻克"困中之困、贫中之贫"。打好易地扶贫搬迁硬仗,切实解决好搬迁户的综治、入学、就医、社保等生存与发展问题,特别要落实并完善隆安震东集中安置区可持续发展体制机制。打好产业扶贫硬仗,重点支持发展桑蚕、晚熟柑橘等产业,推广扶贫车间模式,加强贫困村扶贫示范园建设,确保贫困村扶贫示范园全覆盖。打好村级集体经济发展硬仗,出台发展壮大村级集体经济的若干政策措施,支持集体经济组织领办创办农业服务队、运输公司、劳务公司、益农信息社等服务实体,确保年底每个贫困村村级集体经济收入达4万元以上。打好粤桂扶贫协作硬仗,深入推进南宁与茂名扶贫协作各项重点工作。发挥农村低保制度在脱贫攻坚中的兜底保障作用。落实脱贫摘帽后的扶持政策,建立脱贫成效巩固提升监测机制,巩固已有脱贫成果。抓好扶贫专项巡视问题整改。完善脱贫攻坚督查考评和激励,关爱脱贫一线干部。研究解决那些收入水平略高于建档立卡贫困户的群体、城市贫困群体缺乏政策支持等新问题。

坚决打好污染防治攻坚战。坚持源头治理,避免简单粗暴,抓平时、抓重点时段,持续抓好中央环保督察"回头看"及固体废物环境问题专项督察反馈意见整改,建立防治长效机制。狠抓水污染防治。突出全流域、全要素系统治理,深入开展"五大攻坚战"。严格城市和工业园区排水设施运营监管,加快推进"厂—网—河(湖)"一体化长效管理,搭建水环境全要素"蓝色智慧"管控平台。完善黑臭水体治理院士工作站和专家顾问团队,优化技术路线和管理体系。全面落实河长制、湖长制,集中整治江河湖库"四乱"等突出问题,加快建立"一河一档",落实"一河一策"。强化大气污染防控。持续抓好大气污染联防联控,建好用好扬尘治理"慧眼"系统,深入实施扬尘、工业废气、机动车尾气等污染治理工程和清洁能源替代工程,确保市区空气质量优良率达91.6%以上,PM2.5平均浓度不超过35微克/立方米,共同守护好"南宁蓝"。有效管控土壤环境风险。加强农用地分类管理,持续开展化肥农药使用减量等行动。严格土壤污染、涉重金属企业污染风险管控与修复治理。

(二)强龙头补链条聚集群,推进工业高质量发展。

持续做好产业发展、园区建设、企业培育三篇文章,集中力量抓好投资、项目、服务三项工作,全力培植"工业树",育护"产业林"。

强化龙头企业带动。突出扶优扶强导向,培育一批龙头企业,推行"一企一策"服务,加快产业迈向中高端。加快富士康南宁科技园千亿产业建设,支持富士康开展5G认证检测工作及研发新型路由器、交换机、移动终端技术等;支持瑞声科技加快发展3D玻璃、精密加工件、声学元器件等精密模组制造项目;支持歌尔股份发展智能耳机、音箱和无人机等;支持南南铝推进高端铝产业研发,加快南南电子汽车新材料加工基地(二期)建设,开工南南铝年产2万吨电子外观件用铝合金新材料等项目,加快建设南宁高端铝产业基地,吸引产业链中下游企业落户我市。扶持一批"瞪羚"企业和"独角兽"企业,推动中小企业向专精特新尖方向发展。更加重视发展本土企业,鼓励使用本地产品。深入推进质量强市,打造一批"南宁制造"知名品牌。全年新增产值超10亿元企业3家,新增当年投产入规企业50家。

加快补齐产业链条。着力建链补链强链,以更大力度发展三大重点产业,全年三大重点产业产值占全市工业产值比重提升1个百分点以上。电子信息产业重点发展网络通信、智能终端、新型显示三条产业链,推进瑞声科技(二期)、歌尔南宁智能终端生产基地等项目竣工投产,加快建设区域性电子信息制造业基地。先进装备制造业突出发展新能源汽车、轨道交通装备两条产业链,推动申龙新能源汽车生产基地建设,积极引进乘用车、商用车等整车项目,加快打造集整车及零部件的研发、生产、销售、检测、服务为一体的新能源汽车生产基地;加快中车轨道交通基地(二期)等项目建设,加快打造面向东盟的城轨、高铁车辆制造和运营维护基地;加快推进机器人等智能装备制造业发展,加快建设南宁智能制造城。生物医药产业重点支持壮瑶药、生物技术药物以及各类功能保健品、海洋生物制品开发,推动新型药物和仿制药研发,推动医大仙晟、百会药业等项目竣工投产。同时,大力发展新一代信息技术、新材料、节能环保等新兴产业;促进传统产业"二次创业",用新装备、新技术、新业态、新模式改造提升食品加工、建材、化工等产业。

提升园区支撑能力。实施园区产业引导和负面清单,推动园区特色化、差异化发展。调整优化国家级开发区差异化考核指标体系,鼓励国家级开发区通过托管、代管、合作共建等方式与县区积极发展"飞地园区",全年三大国家级开发区规模以上工业总产值增长10%以上。完成县域工业园区规划调整工作,积极探索市属产业平台公司与县区工业园区合作共建新模式,完善县区工业园区基础设施建设。全面开展闲置和低效工业用地处置工作,年内闲置用地处置率达70%,低效用地处置率达50%。

(三)优结构提质量创品牌,促进服务业高质量发展。

以建设集聚区为抓手,积极发展现代服务业,鼓励发展各类新兴业态,努力满足市场需求、扩大消费。

着力发展高附加值服务业。加快发展现代金融业。做大金融总量,发挥财政金融协同作用,扩大信贷投放和直接融资规模,积极培育和发展保险市场,为实体经济提供更优质金融服务。围绕打造面向东盟金融开放门户集聚区目标,积极吸引各类金融机构来邕设立地区总部、分支机构和后台服务中心，加快推进渤海银行南宁分行、国任财险广西分公司开业运营，中银香港东南亚业务营运中心尽快建成，争取法人证券公司取得新突破。用好资本市场扶贫绿色通道政策，挖掘和培育后备企业资源，力争新增4家上市（挂牌）企业。促进现代物流业发展。加快建设中新南宁国际物流园，推动中新南宁国际物流园一期（新中智慧园）如期开园。扎实做好全国流通领域现代供应链体系建设试点工作，重点培育农产品供应链和跨境电商供应链。充分发挥我市作为国家物流枢纽承载城市作用，推进南宁国际铁路物流中心、空港物流园等重点园区建设，打造多式联运体系。大力发展电子商务。运营好中国（南宁）跨境电子商务综合试验区，推动跨境电商在技术标准、业务流程、监管模式和信息化建设等方面先行先试，力争实现进出口货物线上申报“秒通关”；培育跨境电商产业链和生态链，逐步形成一套适应和引领中国—东盟跨境电商发展的管理制度和规则，推动综试区上规模上档次。统筹推进京东南宁电商产业园等重点项目建设。

推动发展特色服务业。积极促进会展业发展，强化中国—东盟博览会等展会品牌效应，提升发展中国—东盟商品交易中心，建设会展企业总部基地，打造面向东盟的大型国际展会集聚区。发展大健康产业，围绕生物医药、医疗、体育、养老等产业，加快布局泰康医养社区等一批大健康产业项目，推进公建民营、民办公助等养老产业发展，建设富有壮乡山水特色的健康养生基地。发展壮大旅游业，加快创建国家全域旅游示范区和国家中医药健康旅游示范区，推出“旅游＋体育”“旅游＋展会”“旅游＋健康”模式，推进大明山景区、昆仑关景区、百里秀美邕江等创建国家5A级旅游景区，建设中国—东盟旅游出入境中心，打造首府旅游品牌。鼓励发展楼宇经济、总部经济，支持青秀区、兴宁区、西乡塘区等服务业占比较高的城区加快服务业转型升级。统筹推进科技研发、咨询设计等现代服务业发展。

推进数字经济协同发展集聚区建设。聚力“建、用、融、管”关键环节，加快推进数字南宁建设，打造区域性数字经济高地、智慧城市标杆、数字丝路枢纽。提升数字基础设施支撑能力。推进“光网南宁”和“无线南宁”建设，大力实施“百兆光纤进家庭、千兆光纤进小区”工程，加快宽带网络优化升级；推进4G网络优化和深度覆盖，加快5G商用试点工作。全面推进新型智慧城市建设，持续拓展“爱南宁APP”等平台功能，全面推行“一码通城”。加快推动数字产业化。依托中国—东盟信息港建设，大力发展大数据、云计算、物联网、人工智能等数字产业，建设中国—东盟空间信息技术创新示范基地，推进新型中高端电子产品等数字装备制造基地建设，加快数字产业集聚发展。加快推动产业数字化。推动传统制造业实现数字化升级，全年完成200家工业企业的两化融合评估诊断和对标引导，开展富士康工业互联网平台、各基础电信运营企业云平台和物联网公共平台服务推广，促进企业上云。加快数字技术和智能装备在农业生产经营全过程的广泛应用。推进智慧物流建设，完善城乡一体化物流配送网络。

积极扩大消费市场。加快消费升级，培育健康、养老、家政、休闲、文化、体育、信息等新的消费热点，深挖住宿、餐饮等传统消费潜力，鼓励发展夜间经济。提升城市消费，完善朝阳、埌东、凤岭商圈，加快建设五象新商圈，打造“老南宁·三街两巷”高品质步行街，引导特色街区与商、旅、文融合发展。激活农村消费，推进电商进农村，畅通工业品下乡和农产品进城渠道，扎实推进“党旗领航”电商扶贫活动；强化农商对接，推动农批、农超、农企等产销对接，实现县域“小农业”对接全国“大市场”。改善消费环境，落实个人所得税专项附加扣除政策，增强消费能力，举办各类促消费活动，严厉打击侵害消费者权益行为，让老百姓吃得放心、穿得称心、用得舒心。

（四）建平台育主体优生态，推动创新要素汇聚。

坚定不移实施创新驱动发展战略，按照“前端聚焦、中间协同、后端转化”的要求，贯彻落实好“三百二千”创新工程，构建创新与产业相互连通的桥梁，激发实体经济活力。

建设新型创新平台。加快创建国家级自主创新示范区。充分发挥南宁·中关村创新示范基地辐射带动作用和溢出效应，加快建设南宁·中关村科技园。深化南宁高新区国家双创示范基地建设。支持国家级广西先进铝加工创新中心、南宁华数轻量化电动汽车设计院等一批创新平台加快发展。鼓励和支持企业、高校、科研院所等建设院士专家工作站和创办（联办）科技创新基地、新型研发机构等，力争新增市级以上企业技术中心、研发中心10家和创新创业载体5个，引进和建设高水平新型产业技术研究机构5家以上。

加快创新主体培育。加快建设“高层次人才创新创业团队—科技型中小企业—高新技术企业—‘瞪羚’企业—上市企业”的科技型企业梯队培育模式，着力培育一批科技含量高、市场潜力大、发展前景好的创新型企业。大力实施高新技术企业倍增计划，落实高新技术企业奖补、研发费用加计扣除和后补助等政策，力争高新技术企业保有量突破760家。继续举办海外人才创新创业大赛等重大创新创业活动。

营造良好创新生态。实施全民科学素质行动计划。创新科技管理机制，整合科研力量，优化科研项目和经费管理制度，推进第三方专业机构管理科技项目试点和科技创新券试点。开展“南宁市科技成果转化大行动”，实施科技成果转移转化项目80项。以新兴产业为重点，实施工业、农业、科技惠民等重大科技计划项目10项。落实国家科技成果转化激励改革举措，完善多元化创新投入机制，让创新者敢于创新、安于创新、乐于创新。

（五）优服务破难题活机制，以良好环境激发市场活力。

更好发挥改革引领发展作用，推动改革创新成果转化为实实在在的发展成效。

开展重大项目建设攻坚突破年活动。发挥投资对优化供给结构的关键性作用，加强项目策划和储备，形成有梯度、有支撑的滚动项目库。区市层面统筹推进重大项目计划完成投资700亿元以上，其中新开工146项、续建222项、竣工97项。重大基础设施项目计划投资353亿元，其中新开工25项、续建56项、竣工30项。重大产业项目计划投资213亿元，其中新开工71项、续建109项、竣工32项。重大社会民生项目计划投资75亿元，其中新开工28项、续建45项、竣工26项。重大生态环保项目计划投资101亿元，其中新开工20项、续建10项，竣工八尺江环境综合整治（一期）、物流园污水处理厂（一期）等8个项目，新增污水处理能力40万吨/天以上。同时，黑臭水体治理项目计划投资101亿元，其中新开工36项、续建25项；轨道交通项目计划投资80亿元。全力服务好农业、工业、服务业、建筑业投资额排名前30位的重大项目建设。

开展产业大招商攻坚突破年活动。建立健全招商引资制度，制定完善招商引资考核办法，完善重大招商引资项目快速落地机制。加快建设南宁市投资信息服务中心，提升招商引资信息化水平。落实“一个产业、一名领导、专题招商、强力推进”招商模式，开展数字经济及大健康、文化旅游、现代农业、新制造及新材料、商贸物流金融等五大产业专题招商行动，确保实际到位资金突破1000亿元，实际利用外资2亿美元（商务部口径），新签5000万元以上招商引资项目500个，其中工业项目200个；当年签约当年开工的项目占比达20%,上一年度签约的项目开工率达50%,战略性新兴产业到位资金同比增长15%以上。

开展优化营商环境攻坚突破年活动。集中整治营商环境突出问题,开展营商环境评价。组织实施机构改革,构建系统完备、科学规范、运行高效的政府机构职能体系。深入推进“放管服”改革,对行政审批事项目录、中介服务事项目录、公共资源交易目录实行动态管理。加快推进行政审批标准化试点项目,推行“一事通办”,优化“全链条审批”新模式,推行“套餐定制式”一体化、精准化政务服务。持续推进“354560”改革,进一步压缩企业开办时间。落实项目审批“五个优化”“五个简化”政策措施,推动“多评合一”“方案合审”“多图联审”,提高工程建设项目审批效率,建成工程建设项目审批体系和管理系统。推进线上“一网通办”,提升服务企业效能。深化“互联网+不动产”登记改革。加快数字政府建设,完成电子政务云平台升级改造,各部门非涉密业务专网(线)逐步有序迁入电子政务外网,促进政务数据资源共享和业务协同。探索推进“智慧城市+信用南宁”建设,健全信用联合奖惩机制,推进城市信用分在公共交通、看病就医、公共资源交易等领域的广泛应用。

持续深化重点领域改革。深化供给侧结构性改革。认真贯彻落实“巩固、增强、提升、畅通”八字方针,大力推进过剩产能出清,落实降本减负各项措施,切实降低企业生产经营成本。深化国资国企改革。不断完善南宁公共资产负债管理智能云平台功能,推进资产负债管理项目优化升级。推进融资平台公司市场化转型,依法依规开展市场化融资。完成威宁集团改组国有资本运营公司试点,打造全国一流的国有资本运营平台。完善国有企业投资管理制度,加强投资跟踪管理和投资后评价。深化金融改革。推动跨境人民币结算业务开展,加快中国—东盟(南宁)金融服务平台建设,提升南宁跨境金融信息服务基地功能。探索金融服务的新产品、新业态和新模式,大力发展科技金融、绿色金融和普惠金融。深化财税改革。研究制定市以下具体领域财政事权和支出责任划分改革方案,健全市对下转移支付体制机制。持续推进部门预算管理改革,探索建立部门预算项目库,探索开展项目支出标准体系建设。强化税务机构改革后业务融合,深化社会保险费和非税收入征管职责划转工作。

发展壮大民营经济。着力解决民营企业融资难融资贵问题,发挥市“两台一会”贷款平台作用,推进应急转贷资金业务,缓解企业资金周转困难;搭建政银企对接平台,常态化办好项目、企业融资对接会;推动金融超市、企业融资服务中心等融资平台建设运营。健全政府性融资担保体系,完善管理体制和考核机制,积极发展“4321”“532”等多种新型政银担风险分担模式,为“三农”、小微企业发展提供优质的担保服务,为企业融资增信。坚持“非禁即入”原则,放宽民间资本市场准入,加大养老服务市场、民间办学、民办体育等公共服务领域开放力度,鼓励民间资本以独资、合作、联营、参股等方式投资建设公共服务事业项目。依法处理政府承诺不兑现问题,集中整治“新官不理旧账”等失信行为,维护民营企业合法权益。民营企业和民营企业家是我们自己人,要真心诚意用情服务,让民营企业和民营企业家吃下定心丸,安心谋发展。

(六)夯基础强合作提水平,构建全方位开放发展新格局。

按照“南向、北联、东融、西合”全方位开放发展新格局部署,积极参与西部陆海新通道建设,用好大平台、建好大通道、推动大开放。

推进开放平台升级。做好第16届中国—东盟博览会和商务与投资峰会各项服务保障工作,打造东博会升级版,进一步畅通“南宁渠道”。全面融入粤港澳大湾区,积极承接东部产业转移,落实CEPA先行先试政策,加快培育自治区级CEPA先行先试示范基地。深化与珠江—西江经济带城市在产业发展、招商引资等方面合作。积极推进粤桂黔高铁经济带建设,探索粤桂产业合作新模式。加快建设以南宁为核心的首府经济圈,辐射带动北部湾城市群协同发展。加快南宁综合保税区建设,竣工投产百事超等一批项目,打造加工贸易产业集聚高地。加快吴圩空港经济区开发建设,谋划建设临空经济示范区,积极复制推广自贸区改革试点经验。

夯实通道发展基础。打通陆路通道,建设南宁区域交通物流枢纽,推进南宁至贵阳高铁以及南宁至崇左、南宁至玉林城际铁路建设;建成贵港至隆安、开工南宁吴圩国际机场至隆安、续建柳州经合山至南宁和大塘至浦北等高速公路,完成六景至宾阳高速公路前期工作。建设水运设施,加快南宁港牛湾作业区(二期)、宝塔和鹤笋作业区(一期)建设,加快推进西津二线船闸工程。完善航空配套,加快南宁国际空港综合交通枢纽工程、南宁吴圩国际机场改扩建及配套设施等建设。

提升开放型经济水平。深入实施第二轮“加工贸易倍增计划”,鼓励加工贸易龙头企业扩能增产。加快服务外包示范城市建设,重点培育中盟科技园、联讯U谷等园区,促进离岸在岸业务协同发展。打造我市“走出去”品牌,引导对外投资企业采取产业链抱团投资、同质企业有序合作等方式实现互利共赢。依托国际友城、友好人士、国际组织等对外合作资源,增强经济、贸易等领域合作实效。

(七)强功能提品质树形象,推动生态宜居城市建设。

深入贯彻落实习近平生态文明思想,坚持治水、建城、为民,突出“形、实、魂”,持续推动绿城品质升级。

巩固提升生态优势。持续推进国家生态文明建设示范市创建。树牢生态底线思维。加快落实第三次国土调查工作,提升土地节约集约利用水平,年内耕地保有量不低于677580公顷,基本农田不低于542190公顷。深入推进山水林田湖草生态保护与修复试点。加大自然保护区和野生动植物保护力度,分级强化湿地保护修复,加强森林生态修复,优化大王滩等库区树种结构。强化饮用水水源地监管保护,建成邕江上游引水工程(一期)。大力发展生态经济。推进绿色制造体系建设,支持博世科等一批本土生态环保企业做大做强。发展循环经济,开工南宁糖业蔗渣发电热电联产等项目。加强电力、建材等重点耗能行业、企业的节能降耗监管,推进工业企业燃煤小锅炉“煤改气”。推进城市绿化美化。持续深化邕江综合整治和开发利用,认真抓好整治工程相关收尾、质量和运行管理工作。启动那平江防洪堤建设。深化园林管理体制改革,将邕江沿岸公园等园林绿化管养权限下放属地。做好“后园博时代”运营工作。积极创建公园城市和国际花园城市,做好四季鲜花下地、立体绿化提升、古树名木保护等工作。

推动五象新区高质量发展。推动新区由“形”向“实”转变,以城聚产、以产兴城、产城联动、融合发展。大力推进中国—东盟信息港南宁核心基地建设,加快建设大数据中心、信息港小镇等项目,打造连接中国与东盟的“信息丝绸之路”。推进跨境金融创新发展,把总部基地金融街建设成为服务西南、面向东盟的金融开放门户重要载体。推动五象新区范围内的产业园区整合。支持新区在行使市政府委托的市、城区有关行政管理权上先行先试,推进审批制度二次改革,增强新区竞争力。提升五象新区设计品质和整体形象,持续完善基础设施,做精公共服务配套,加快国家级绿色生态示范区建设,推动新区绿色、循环、低碳发展。

着力提升城市综合功能。以新一轮城市总体规划为基础，开展国土空间规划体系建立工作。加快南宁第二高速环路建设。推进地铁2号线东延线和3、4、5号线建设，确保3号线今年6月底建成运营，加快地铁小镇开发建设。优化城市主次干路、支路系统，推进高速路改快速路建设，加快金桥路等分流道建设，打通金湖北路、高坡岭路等“断头路”，开展街区制试点，畅通交通“微循环”。持续推进快速公交及公交专用道网络建设，优化公交线网，强化常规公交与地铁的接驳。着力推进地下综合管廊、停车场和充电桩等市政设施建设。积极探索旧城、城中村改造新模式，加快政府购买棚改服务项目的实施落地。

推进城市治理现代化。结合深化创新“美丽南宁·整洁畅通有序大行动”，大力开展“城市精细化管理年”活动，提升城市治理体系和治理能力现代化水平。突出人性化管理，搭建智慧停车公共服务平台，缓解重点区域停车难问题。加快建设自治区级装配式建筑试点城市。加强工程质量监管，提升市政工程全寿命周期质量。以城中村为重点推进“两违”整治，完成建成区90%以上的存量违法建设治理任务。全面推行生活垃圾分类制度，抓好平里静脉产业园和餐厨垃圾无害化处理扩容工程建设，加快江南循环经济产业园、易腐垃圾就地处理等一批固废处理设施项目建设和建筑垃圾治理减量化、资源化、无害化处置工作。

促进城市文化繁荣文明进步。大力弘扬文明新风。践行社会主义核心价值观，提升城市“精气神”。大力推进文明城市等“五大创建”活动，持续深化“五个礼让”活动，推进志愿服务制度化，形成“因知而爱、因爱而行、因行而果”的浓厚氛围。拓展城市文化品牌。扎实推进“老南宁·三街两巷”（二期）等项目建设，加快创建国家历史文化名城。充分挖掘邕江两岸文化内涵，做好周家坡古民居群文物保护工作，扎实推进市非物质文化遗产展示中心建设，加快建设壮族歌圩文化（南宁）生态保护区，着力打造顶蛳山遗址等一批文化遗产旅游精品。丰富群众文化生活。围绕新中国成立70周年主题，打造一批文艺精品，巩固提升民歌湖周周演群众文化活动和“美丽南宁大舞台”艺术精品惠民演出，持续推进“送戏进校园”工作。精心打造“东盟牌”，深化拓展“以走促亲”对外文化交流体系，举办好中国—东盟（南宁）戏剧周等系列活动。鼓励文学创作，培育文创产业，促进哲学社会科学、新闻出版、广播影视等事业繁荣发展。

（八）兴产业美环境富农村，深入实施乡村振兴战略。

坚持农业农村优先发展，推动农业全面升级、农村全面进步、农民全面发展。

推进农业高质量发展。深入实施现代特色农业产业“10+3”提升行动，加快完成255万亩粮食生产功能区和139万亩糖料蔗保护区划定，确保粮食产能稳定在209万吨。争创特色农产品优势区，突出打好农业“生态牌”“绿色牌”“富硒牌”，打响“邕”系农业品牌，做大做强茉莉花、香蕉、火龙果、晚熟柑橘等优势产业，建设全国最具特色的优质晚熟杂交柑橘产区和火龙果产区。继续实施现代特色农业示范区建设增点扩面提质升级三年行动，新增自治区级示范区5个，市级示范区8个，县级示范区18个，乡级示范园100个，村级示范点408个。提升创建“三区三园一体”，加快建成横县国家农业现代产业园。实施休闲农业和乡村旅游精品工程，建成15个休闲农业示范区和5个乡村振兴示范村。启动农产品加工集聚区建设，加强农产品产后分级、包装、营销，加快建设农产品冷链物流体系，健全农村一二三产业融合发展利益联结机制，尽可能把产业链留在县域，让农民更多分享产业增值收益。强化农业科技推广，建设知识型、技能型、创新型农业经营者队伍。抓好农产品标准化生产，加快建设农产品质量检测和追溯体系。做好动植物疫情防控工作，特别是非洲猪瘟疫情防控工作。

深化农村各项改革。着力推进农村产权制度改革，有序推进农村集体资产清产核资工作，加快完成区、市改革试点任务。不断完善承包地“三权分置”制度，建立农村土地信息系统数据库，适时推进数据库与农村产权交易管理平台结合，引导土地经营权有序流转、规范交易。持续深化农村金融改革，加快推进“三农金融服务室”和农村信用“四级联创”工作，构建农村金融组织、信用、支付、保险、抵押担保和村级金融服务等六大体系。

推动县域经济提档升级。建好县域产业园区，加强县域与中心城区产业对接互动。推进县域特色产业布局优化，加快横县电力、造纸、茉莉花产业加工，宾阳县电子信息、建材，隆安县生物医药等特色化产业发展；加快上林县“三湖一寨两江两园”以及马山县乔老河片区连片开发、攀岩特色体育小镇等项目建设，助推生态旅游业发展。加快推进中国茉莉小镇等一批特色小镇建设。大力实施乡村振兴产业发展基础设施公共服务能力提升三年行动计划，持续推进“四好农村路”建设，着力改善能源、信息网络、农田水利基础设施，增强县域经济发展支撑保障能力。

开展“美丽南宁·幸福乡村”建设。巩固提升“清洁乡村”“生态乡村”“宜居乡村”建设成果，集中开展“美丽南宁·幸福乡村”“三美”专项活动。大力推进“十镇特色、百村示范、千屯升级、万屯整治”创建工程和“村屯整治”助推乡村生态振兴行动，结合农村人居环境整治和乡村风貌提升三年行动，抓好村容村貌整治提升、农村生活垃圾和污水治理、“厕所革命”、农业生产废弃物资源化利用等重点任务落实，建成2个、启动建设1个市级生态宜居小城镇，打造一批生态宜居提质升级村屯。

（九）保基本兜底线促均衡，推动民生事业全面进步。

坚持以人民为中心的发展思想，尽力而为、量力而行，多办利民实事，多解民生之困，不断增强群众获得感幸福感安全感。

加强就业和创业工作。把稳就业摆在突出位置，重点解决好高校毕业生、农民工、退役军人等群体就业，年内城镇新增就业6万人。强化职业技能培训，加强劳务对接，完善就业困难群体的就业援助长效机制。推进“邕城创业行”等品牌建设，培育农民工创业园、创业孵化基地、众创空间等创业服务平台，为创业创新营造良好条件。

坚持教育优先发展。继续破解“择校热”“大班额”、普惠性学前教育供给不足等问题。建成幼儿园12所，推进幼儿园小学化专项治理。统筹推进义务教育城乡一体化，建成公办中小学校12所。持续推进高中阶段教育普及攻坚工作。全面启动中职学校布局调整和专业结构优化，增强职业教育服务我市经济社会发展能力。大力发展高等教育，加快推进南宁教育园区建设，年内开工建设学校3所、投入使用3所。深化教育职称制度改革。探索解决中小学教师编制不足问题，推进全市教师考试招聘工作。着力提升各级学校的教育质量和科研水平。加大对民办教育的支持力度，为民办教育预留发展空间，提高政府购买学位比例。提升继续教育、社区教育、特殊教育、老年教育和智慧教育水平。

持续推进健康南宁建设。深化医药卫生体制改革，加快推进医保支付方式改革，以上林县为试点推进医疗、医药、医保“三医”联动，加快建立现代医院管理制度。着力推进分级诊疗制度建设，做实医联体特别是城市医院集团和县域医共体。加快“互联网+医疗健康”发展，实现县区数字化门诊全覆盖。加强基本公共卫生信息化建设。加快基层医疗机构标准化建设，新建、改扩建一批社区卫生服务中心，实现每个乡镇都有标准化卫生院、每个行政村都有标准化卫生室。健全全科医生培养和使用激励机制,强化乡村医生定向培养及队伍建设。持续开展爱国卫生运动。健全重大疾病防控机制,扎实推进国家慢性病综合防控示范区建设。完善公共卫生应急体系。完善全面两孩政策配套措施,深入开展幸福家庭活动。强化妇幼健康服务保障,做好儿童青少年近视防控工作。新增或更换100套户外全民健身路径器材,持续推进企事业单位和学校体育设施向社会开放,加速推进全民健身和全民健康深度融合试点市建设,争创全国全民运动健身模范市。办好2019年苏迪曼杯世界羽毛球混合团体锦标赛、"中国杯"足球赛、环广西自行车赛(南宁站)、南宁国际马拉松赛等一系列大型国际赛事活动。

扎牢织密民生保障网络。全面实施全民参保计划。继续落实好阶段性降低社会保险费率政策。抓好南宁国家级"医养结合"试点、全国养老服务业改革综合试点、居家和社区养老服务改革试点工作,实施社区"长者饭堂"试点项目,加快推进智慧养老服务平台建设运营。提高城乡低保保障标准和平均补助水平,落实城乡低保、特困人员供养、医疗救助、临时救助等制度,建成第二社会福利院,推进马岭公益性公墓等项目建设。开展农村危房改造实施情况"回头看",确保危改户达到住房有保障的要求。加快推进保障房信息化建设,全面提升保障房精细化管理和运营服务水平;优化城市物业管理。大力发展残疾人事业,推进残疾人托养康复中心等项目建设。全面落实保障农民工工资支付工作,积极构建和谐劳动关系。

推动社会治理创新。发挥基层群众性自治组织作用,创新完善自治、法治、德治相结合的基层治理体系,打造人人有责、人人尽责的社会治理共同体。强化信访责任,化解突出矛盾纠纷问题,落实市四家班子领导包案制,切实维护群众合法权益。完善"雪亮工程",深入开展扫黑除恶专项斗争和治乱行动,大力实施打击整治网络传销、电信网络诈骗等涉众型经济犯罪专项行动。开展净化社会文化环境集中整治行动,专项治理网络生态。加快创建国家食品安全示范城市,用"四个最严"捍卫市民舌尖上的安全。严格落实安全生产责任制,坚决防范重特大安全事故发生。扎实做好防范医务人员、中小学幼儿园学生遭受不法侵害工作。加强国防教育基地建设,创建全国双拥模范城市,做好退役军人服务管理工作,推进军民融合深度发展。强化应急管理和救援能力建设,加快构建全方位的防灾减灾救灾工作体系。落实第四次全国经济普查任务。抓好优抚安置、社会福利、社会组织、慈善等工作。

全力办好为民办实事。扎实推进自治区级和市本级为民办实事工程,让发展成果更多惠及百姓。

三、建设对党忠诚、人民满意的服务型政府

新时代既要新担当,更要新作为。我们将严格按照习近平总书记提出的"五个过硬"要求,对党忠诚,为民服务,锐意进取,担当作为,奋力开创政府工作新局面。

坚定政治立场。深入学习贯彻习近平新时代中国特色社会主义思想,树牢"四个意识",坚定"四个自信",坚决维护习近平总书记党中央的核心、全党的核心地位,坚决维护党中央权威和集中统一领导。认真开展"不忘初心、牢记使命"主题教育,扎实推进"两学一做"学习教育常态化制度化。

坚持依法行政。坚持全面依法治市,严格遵守宪法法律,加大力度推进法治政府建设。大力实施"七五"普法规划,巩固提升公共法律服务体系。坚持严格规范公正文明执法,有权不可任性,用权必受监督。依法接受人大及其常委会的法律监督和工作监督,自觉接受人民政协的民主监督,主动接受社会和舆论监督,提高办理人大代表议案和建议、政协提案的满意率。广泛听取民主党派、工商联、无党派人士和各人民团体意见。拓宽公众参与法治政府建设渠道,积极打造"南宁仲裁"品牌。落实重大行政决策专家咨询论证机制,建设新型智库,充分发挥政府参事、专家咨询委员会等的决策咨询作用。

更加担当作为。强化风险意识,着力防范化解政治、经济、意识形态、社会、外事外经等领域和自然灾害等重大风险。以机构改革为契机,推进政府职能转变,强化政府部门间的团结合作、协调联动、同频共振。全面推行"一线工作法",坚持在一线发现问题、在一线解决问题、在一线服务项目和企业。激励干部增强干事创业的精气神,工作要有干劲、狠劲、拼劲和韧劲。坚持解放思想,开拓创新,在矛盾面前迎难而上,在困难面前担当作为,打造忠诚干净担当的高素质干部队伍。进一步创新体制机制,改进工作方法,落实容错纠错机制,为担当者担当、为负责者负责,构建更加便捷、高效、优质的服务体系。

坚持勤政廉政。坚决落实全面从严治党政治责任,认真落实"一岗双责",严肃党内政治生活。持之以恒落实中央八项规定精神,把整治形式主义、官僚主义作为正风肃纪、反对"四风"的首要任务、长期任务,时刻防范"四风"隐形变异新动向。巩固发展反腐败斗争压倒性胜利,强化审计结果运用,完善审计与纪检监察、司法的协调衔接,一体推进不敢腐、不能腐、不想腐。向群众身边不正之风和腐败问题亮剑,持续深化扶贫领域腐败和作风问题专项治理,维护好群众切身利益。

各位代表!新时代,旗帜高扬;新征程,风帆正满。让我们更加紧密地团结在以习近平同志为核心的党中央周围,坚持以习近平新时代中国特色社会主义思想为指导,按照"三大定位"新使命和"五个扎实"新要求,践行"担当为要、实干为本、发展为重、奋斗为荣"的理念,全面落实强首府战略,真抓实干、善作善成、造福于民,不断推动首府各项工作迈上新台阶,为建设壮美广西、共圆复兴梦想做出新的更大贡献,以优异成绩迎接新中国成立70周年!

全力办好为民办实事。推进自治区级和市本级为民办实事工程,让发展成果更多惠及百姓。 (市政府办公厅)

责任编辑 覃涓铌

1月

10日 市长周红波在市政府会见尼泊尔博卡拉市市长曼·巴阿杜里率领的代表团一行，双方签署《建立友好城市关系意向书》。

12日至15日 中国人民政治协商会议第十一届南宁市委员会第三次会议在南宁人民会堂举行。

13日至16日 南宁市第十四届人民代表大会第三次会议在南宁人民会堂举行。

15日 南宁市通过住房和城乡建设部、国家发展和改革委员会2017年国家节水型城市复查。

19日 南宁市首款城市服务软件——“爱南宁APP”正式上线，实现城市生活、交通出行、政务服务、卫生健康4大领域36项应用。

25日 第十二届南宁国际马拉松比赛获中国田径协会授予“金牌赛事”称号。

30日 南宁市举行2018年第一次重大项目开(竣)工现场会。至年末，举办开(竣)工活动11次。

2月

6日 南宁市举行驻邕领事机构新春座谈会，市长周红波、副市长伍娟、马来西亚驻南宁总领事黄奕瑞、泰国驻南宁总领事蔡乐·蓬蒂窝拉卫、缅甸驻南宁总领事梭岱南、越南驻南宁总领事黄玉荣、老挝驻南宁代总领事坎平·苏立亚翁、柬埔寨驻南宁总领事馆领事宋索撇等市政府领导和驻南宁领事机构官员出席座谈会。

19日 南宁市春节城市灯光秀、青秀山风景区春节景象获中央电视台《新闻联播》的“启航新时代”栏目全国各地城市灯光秀专题报道。

26日 中央电视台新闻频道首度推出全国人大、政协“两会”节目《开卷两会》，青秀山风景区为获报道的5处全国著名赏花胜地之一。

27日 南宁市首家“农业部全国农业技术推广服务中心种子市场观察点”在西乡塘区挂牌。

3月

1日 南宁高新技术产业开发区的润建通信股份有限公司在深圳证券交易所中小板上市(股票代码002929)。

13日 “百色一号”冷藏集装箱首次搭乘中欧班列(南宁—河内)跨境集装箱班列到达越南的安员火车站，中欧班列进入常态化运行。

同日 南宁市通过第一批全国水生态文明建设试点验收。

22日至26日 2018“中国杯”国际足球锦标赛在广西体育中心举行，中国队、乌拉圭队、威尔士队、捷克队4支队伍参赛，乌拉圭队获冠军，威尔士队获亚军，捷克队获季军。

25日 南宁电视台2018年第1期《向人民承诺——电视问政》节目播出。至年末，播出10期，内容涉及作风建设、食品问题、社会保障等。

30日 南宁市滨湖路小学入选中央文明办集中宣传的全国文明校园典型。4月4日，中央电视台综合频道、新闻频道播出文明校园巡礼新闻报道《南宁滨湖路小学：梦开始的地方》。

同日 《南宁市保留为行政审批必要条件的中介服务事项目录》公布，全市保留行政审批中介服务事项58项。

4月

2日 自治区推进“证照分离”(将企业经营所需要的营业执照和能分离的许可类证相分离)改革试点启动仪式在南宁高新技术产业开发区举行，广西滨地文化传媒有限公司成为自治区首家享受“证照分离”改革政策的企业。

5月

5日至6日 2018中国—东盟山地户外体育旅游大会·攀岩大师赛在马山县攀岩特色体育小镇三甲乡村旅游区举行，中国、美国、波兰、哈萨克斯坦等20多个国家和地区的118名选手参赛。中国选手瞿海滨获男子综合组第一名，波兰选手阿历克斯山德罗获女子综合组第一名。

15日 南宁市邮政管理局、市快递行业协会联合举行南宁市快递电动三轮车规范通行启动仪式，向顺丰、京东等“五统一”(统一车型、统一标识、统一牌号、统一备案、统一培训)企业车辆发放牌号。

22日 波兰格鲁琼兹代表团到南宁开展友好访问交流；23日，市卫生计生委与格鲁琼兹地区专家医院签署《格鲁琼兹中医针灸推拿及慢性疼痛治疗中心合作共建运营协议》。

同日 南宁市人力资源和社会保障局印发《关于职工医保个人账户资金购买商业健康保险和缴纳医保费有关事项的通知》,6月1日起南宁市参保职工医保个人账户资金可用于支付本人及其配偶、子女、父母、配偶父母购买的经保监部门备案的商业健康保险(含意外伤害医疗保险等),也可用于支付职工本人及其配偶、子女、父母、配偶父母在南宁市参加医疗保险所需缴纳的费用。

24日 第十届泛北部湾经济合作论坛暨第二届中国—中南半岛经济走廊发展论坛在南宁举行,中国和东盟政府相关部委及有关省府市官员、港口城市、国际组织等500多人参加,形成并发布《十届泛北论坛总结与展望——优化中国—东盟陆海统筹发展新模式》报告。

29日 2018第七届中国—东盟音乐周在广西文化艺术中心音乐厅开幕,27个国家和地区的近300名音乐家、23个中外演出团体参加。活动为期7天,举行音乐会21场、高峰论坛3场、钢琴独奏作品比赛1场、当代音乐评论比赛1场、中国—东盟音乐家联盟年会暨学术研讨会1场、大师班讲座5场。

6月

5日 南宁国际会展中心在2018中国会展产业发展大会暨改革开放40周年中国会展产业颁奖盛典上获"改革开放40年,40个品牌会展场馆"称号。

6日 南宁市10款新能源汽车车型入选工业和信息化部2018年第6批《新能源汽车推广应用推荐车型目录》。

8日 市长周红波在市政府会见意大利拉斯佩齐亚市市长裴路易吉·贝拉基尼率领的代表团一行,双方签署《建立友好城市关系意向书》。

同日 2019年道达尔·苏迪曼杯世界羽毛球混合团体锦标赛在南宁民歌湖大舞台举行启动仪式,并公布赛事口号"激情南宁 羽梦同行"、会徽"飞跃"、吉祥物"小迪""小曼"。

10日 南宁市公安局交警支队车辆管理所获公安部交通管理局评为2016年至2017年度"全国一等车辆管理所",连续四次获该荣誉;宾阳县公安局交管大队车管所获评为"全国一等县级车辆管理所"。

12日 南宁市公安局、南宁市教育局、广西警察学院等研发的全国首套校园安全主题拓展游戏在南宁市第三中学初中部青秀校区首发。

16日 第十四届中国—东盟(南宁)国际龙舟邀请赛暨2018年广西龙舟系列赛(南宁站)在南宁孔庙附近邕江段举行,56支国内外队伍1100多人参加。广西民族大学龙舟队、广东水藤龙舟俱乐部队、隆安县周家小龙队分获冠军2项;老挝队获公开国际组12人龙舟300米冠军。

23日 南宁市中考开考,首次实现南宁市、北海市、钦州市、防城港市、崇左市、来宾市六市同考。

27日 摄录南宁等地萤火虫生命传奇的纪录片《萤火虫》入选国家广播电视总局2018年第一批优秀国产纪录片目录。

29日 《人民日报》刊发《广西南宁:一本村史 几多乡愁》,反映南宁市因地制宜建村史室、修村史志、办村史展,引领乡风文明事迹。

7月

2日 中央电视台综艺频道《舞蹈世界》栏目播出南宁市艺术剧院有限责任公司创作、演出的《骆越先歌》等节目8个。

3日 南宁市、北海市、钦州市、防城港市在南宁联合召开水产品食品安全监管合作联席会议,签订水产品食品安全监管合作框架协议,共同建立水产品产销对接监管合作机制。

9日 广西交通科学研究院有限公司技术中心、广西田园生化股份有限公司技术中心获评为2017年(第24批)国家级企业技术中心。

13日 南宁市获国务院批准新设跨境电商综合试验区。

13日至15日 第二十二届南宁国际学生用品交易会暨2018年中国·东盟国际教育展览会、第七届广西教育装备展示会在南宁国际会展中心举行。设立展位570多个,开展400位教师说课比赛、500名小创客切磋比拼、3000名小童星现场秀才艺等活动。

16日 南宁市青少年活动中心"唱乐团"表演的原创北路壮剧戏歌表演唱《壮家少年志在四方》获第二十二届中国少儿戏曲"小梅花荟萃"活动集体节目赛原创类最佳表演奖。

26日 "南宁市北斗位置综合服务系统""南宁市国土资源电子政务综合云平台"项目获2018年全国地理信息科技进步二等奖,"南宁市现代测绘基准体系基础设施建设""南宁市不动产房地数据融合及落宗项目"分别获2018年中国地理信息产业优秀工程银奖、铜奖。

28日 南宁昆仑关旅游风景区入选全国第二批"港澳青少年内地游学基地"。

8月

8日 南宁东盟文化博览园方特东盟神画主题乐园开园,当天接待游客1万多人次。9日,《人民日报》刊发《方特东盟神画主题乐园展示特色文化》,探讨"文化交流助推区域旅游"。

同日 南宁市启用首条智能斑马线。

8日至15日 2018中国围棋大会在南宁举行,围绕人工智能与围棋运动的融合应用,举办城市围棋联赛、"围棋+人工智能"成果展等赛事活动40余项,来自世界各地的职业棋手、围棋业余爱好者逾万人参加。

9日 南宁市工商局外资登记窗口为广西业桐仁生态农业有限公司企业代表颁发首张通过广西商事登记全程电子化系统自主登记并设立的外商投资企业营业执照。

10日 南宁市代表——广西艺术学院附属中等艺术学校群舞《蛙鼓声声》获全国舞蹈第五届"荷花少年"称号。

18日至19日 第十届中国—东盟(南宁)武术大会在南宁市第二中学举行,来自中国、越南、缅甸、印尼、泰国、马来西亚的61支队伍664人参加1038项武术套路、武术散打比赛。

同日 南宁市代表队参加全国U18U17举重冠军赛,获金牌12枚、银牌3枚、铜牌4枚,获女子团体第一名、男子团体第四名。

21日 南宁糖业股份有限公司在2017/2018年榨季全国食糖产品质量评比中,获亚硫酸法一级白砂糖第一名,碳酸法优级、一级白砂糖第一名,实现亚法类白砂糖十六连冠、碳法类白砂糖十三连冠。

23日 全国电子社保卡试点地区首发仪式在南宁国际会展中心举行,市民阮女士在首发仪式现场"刷脸"后获南宁市首张电子社保卡,南宁市正式步入电子社保卡时代。

29日 "壮乡六十载 南宁新画卷"2018全国网络媒体南宁行大型采访活动启动仪式在南宁举行,全国近40家主流网络媒体展现自治区成立60年来壮乡发展成就;9月2日结束。展示南宁的稿件阅读量及各平台点击量3000万次。

31日　广西博世科环保科技有限公司、广西南宝特电气制造有限公司、南南铝业股份有限公司入选工业和信息化部2018年信息化和工业化两化融合管理体系贯标试点企业名单，成为国家级两化融合管理体系贯标试点企业。

9月

1日　南宁市台湾同胞投资企业协会会长周代祥到南宁市公安局凤岭派出所申领全国首张中国台湾居民居住证。

2日　第十二届中国(南宁)国际园林博览会形象宣传广告在中央电视台综合频道、新闻频道播出。

6日　《南宁日报》获第十一届中国传媒经营大会“2017—2018中国传媒经营价值百强榜”，首次跻身全国副省级、省会城市日报十强。

11日　中共中央政治局常委、国务院副总理韩正在南宁分别会见出席第15届中国—东盟博览会、中国—东盟商务与投资峰会的柬埔寨首相洪森、缅甸副总统敏瑞、越南副总理王庭惠、老挝副总理宋迪。

12日至15日　第15届中国—东盟博览会、中国—东盟商务与投资峰会在南宁国际会展中心举行，主题为“共建21世纪海上丝绸之路，构建中国—东盟创新共同体”。11位中外领导人、259名部长级贵宾(东盟及区域外122名)出席，8.50万名各客商参会。其间举办一系列高层友好交流活动，35个高层论坛。

12日　第二十届南宁国际民歌艺术节“大地飞歌·2018”晚会在广西文化艺术中心大剧院上演，主题为“唱响新时代·民歌咏芳华”，分《大美壮乡》《丝路情缘》《新时代颂》3个篇章。南宁国际民歌艺术节期间，举办文化走亲东盟行、中国—东盟(南宁)戏剧周、“绿城歌台”群众文化活动、中国—东盟经典音乐会系列活动。

13日　南宁香蕉、南宁老友粉和五色糯米饭、横县校椅镇石井村分别入选农业农村部公布的“中国农民丰收节”100个品牌农产品、100个乡村美食、100个特色村寨。

14日　南向通道(南宁—兰州)冷链集装箱86704次班列驶出南宁铁路物流中心，开往甘肃省兰州市。为南向通道班列开行以来，广西发出的首趟冷链集装箱班列，也是广西壮族自治区与甘肃省之间开行的首趟上行南向通道班列，桂陇南向通道班列实现上下行贯通。

17日　南宁市民吴先生领到南宁市首本不动产电子证照，为全国率先颁发的不动产电子证照。

20日　南宁市举行中国第18批援尼日尔医疗队尼日尔共和国卫生荣誉勋章授予仪式，南宁市妇幼保健院新生儿科医生岑玉群，南宁市第一人民医院副调研员李新萍、胃肠外科副主任杨洪范，南宁市第三人民医院普外科医生龙仁平，南宁市中医医院烫伤骨外科医生赵炜5名医务人员获尼日尔驻华大使伊努萨穆斯塔法授予勋章、证书。

22日　“骑行天下　醉美广西”2018年广西公路自行车赛暨环广西公路自行车世界巡回赛预热赛(南宁站)、第九届中国—东盟国际山地自行车挑战赛在大明山风景旅游区开赛，300多名选手参赛。湖南长沙顺时针车队陈凯获第一名。

26日　南宁市被列为“中国女性宫颈健康关爱项目”全国首批实施试点城市。

27日　南宁市亭洪路延长线上跨铁路立交工程主桥左幅成功转体，转体角度120度，创中国跨高铁桥梁转体新纪录。

10月

2日　中央电视台《朝闻天下》栏目播出新闻《舞剧〈刘三姐〉全新演绎经典》。5日，中央电视台综艺频道《舞蹈盛典——2018国庆舞蹈精品展演》节目播出舞剧《刘三姐》“对歌”选段。舞剧《刘三姐》由中共南宁市委宣传部、南宁文化新闻出版广电局联合出品，南宁市艺术剧院有限公司创作排演。

4日　《经济日报》刊发《划定债务“预警线”　筑牢风险“防火墙”》，报道南宁市依托智能云平台构建起风险预警和防控机制，实现公共资产负债全面动态监管。

11日　动漫IP(知识产权)《白垩纪》恐龙文创产品合作开发签约仪式在南宁软件园动漫展厅举行，首创国内原创恐龙动漫IP。

13日　邕宁水利枢纽正式下闸蓄水，蓄水后邕江上游水位提高至67米，水面加宽40米左右，水面面积率由8%提高至10.50%。

14日　“南宁香蕉”地理标志商标获国家市场监管总局知识产权局核准注册并正式启用。

15日　市长周红波在市政府会见柬埔寨金边市代表团一行，双方签署《建立友好城市关系意向书》。

18日　2018年环广西公路自行车世界巡回赛第三赛段南宁绕圈赛在南宁开赛，国际自行车联盟18支车队参赛，快步地板车队的荷兰运动员法比奥·雅克布森获南宁绕圈赛段冠军、总成绩红衫、冲刺王蓝衫、最佳年轻车手白衫4个奖项。19日，2018环广西公路自行车世界巡回赛第四赛段南宁—弄拉景区比赛举行，天空车队的詹尼·莫斯孔获本赛段冠军、总成绩红衫、最佳年轻车手白衫3个奖项，快步地板车队的荷兰运动员法比奥·雅克布森获冲刺王蓝衫奖项。

20日　南宁市成为首批加入“一带一路”国际合作城市信用联盟峰会的城市。

22日　《人民日报》、新华社、中央广播电视总台等27家中央和部分省区市媒体106名记者走进南宁市，开展“辉煌60年·壮美新广西”大型采访活动、新时代·幸福美丽新边疆暨“庆祝广西壮族自治区成立60周年”网络主题活动，聚焦壮乡首府新时代、新气象、新作为，反映广西壮族自治区成立60年以来南宁市经济社会发展成就。

25日　南宁中心血站火炬路捐血屋在“2018年全国最美献血点”评选中获固定献血屋类第三名。

27日　南宁市代表在西江经济带城市共同体及市长联席会议第三次会议暨西江经济发展论坛上作发言，并签署《西江经济带城市共同体及市长联席会议第三次会议纪要》《西江经济带城市共同体市长联席会议制度》。

30日　南宁市第6次获“全国无偿献血先进城市”称号。由国家卫生健康委、中国红十字总会、中央军委后勤保障部卫生局联合表彰。

11月

4日　中国山地马拉松系列赛2018中国—东盟山地马拉松赛暨“奔跑吧广西”生态马拉松系列赛(马山站)在马山县举行，中国、美国、英国、法国、德国等12个国家和地区的3000多名选手参赛。贵州选手管油胜和云南选手陆阳春分别获42千米个人赛男子组、女子组冠军，广西选手明定邦与黄玉宏分别获21千米个人赛男子组和女子组冠军。

6日　中央广播电视台“心连心”艺术团慰问演出会场录制在南宁国际会展中心广场举行。12月1日，《锦绣壮乡踏歌来——庆祝广西壮族自治区成立60周年中央广播电视总台“心连心”艺术团赴广西慰问演出》实况在中央电视台综合频道、综艺频道播出。

7日 《经济日报》刊发《南宁:百里邕江入画来》,反映南宁市围绕"治水、建城、为民"全面开启的邕江综合整治和开发利用工程建设取得的成效。14日,《人民日报》刊发《道不尽的邕江美》《治水、建城、为民 南宁再现百里秀美邕江》,介绍南宁市打造"百里秀美邕江",推动"中国绿城"生态宜居品质升级的城市治理经验。

14日 《经济日报》头版"辉煌60年·壮美新广西"专栏刊发《南宁有个"中关村"》,介绍南宁·中关村创新示范基地。22日,中央电视台《新闻联播》播出《辉煌60年·壮美新广西——"鸟枪换炮"背后的故事》,聚焦南宁市传统铝产业"二次创业"热潮。24日,中央电视台《新闻联播》播出《辉煌60年·壮美新广西——广西:破立并举 做好水文章》,介绍南宁市内河流域黑臭水体综合治理及海绵城市建设经验。

同日 南宁市小型微型企业创业创新公共服务示范基地、联讯U谷双创基地入选工信部2018年度国家小型微型企业创业创新示范基地名单。

23日 市委常委、副市长何颖在市政府会见乌拉主派桑杜省代表团一行,双方签署《建立友好城市关系意向书》。

30日 广西千万家餐饮管理有限公司代表屈先生在南宁市经济技术开发区政务服务中心领到南宁市全程电子化系统升级改造后的首张电子营业执照。

12月

2日 第十三届南宁国际马拉松比赛暨第三十六届南宁解放日长跑活动在民族广场举行,起点民族广场,全程马拉松终点南宁园博园、半程马拉松终点广西体育中心、10公里跑终点李宁体育园、4公里健康跑终点金湖广场、老年人健身走终点园湖路口,参跑者2.60万人。

6日 第十二届中国(南宁)国际园林博览会在南宁开幕。国内44个城市、东盟国家及"一带一路"沿线国家19个城市参展,展会持续至2019年6月。

7日 市长周红波在市政府会见乌克兰伊万诺-弗兰科夫斯克市长马丁西科·鲁斯兰率领的代表团一行,双方签署《建立友好城市意向书》。

9日 中共中央政治局常委、全国政协主席、中央代表团团长汪洋率中央代表团抵达南宁市,出席广西壮族自治区成立60周年庆祝活动和向广西壮族自治区赠送纪念品仪式,中央代表团向广西赠送习近平总书记题词贺匾、珐琅瓶等纪念品。

10日 广西壮族自治区成立60周年庆祝大会在广西体育中心举行,中共中央、全国人大常委会、国务院、全国政协、中央军委发来贺电,中共中央政治局常委、全国政协主席、中央代表团团长汪洋出席庆祝大会并讲话。

15日 中国(南宁)跨境电子商务综合试验区开区运营仪式暨跨境电商展示促销活动在南宁举行,南宁综合试验区在国务院2018年批复设立的22个综合试验区中率先实现开区运营。

15日至16日 中国生态文明论坛南宁年会及高峰论坛在南宁举行,主题为"生态文明 绿色发展——深入学习贯彻习近平生态文明思想,建设天蓝、地绿、水清的美丽中国",向社会发出《生态文明·南宁宣言》。南宁市获授予"2018美丽山水城市"称号,邕宁区获命名为"两山"(绿水青山就是金山银山)实践创新基地。

23日 南宁市创建国家历史文化名城重点项目、迎接广西壮族自治区成立60周年大庆重点建设项目——老南宁·三街两巷历史文化街区开街迎客。

责任编辑 李 康

自然地理

【地理位置】 南宁市位于广西南部，北纬22° 12′～24° 02′、东经107° 19′～109° 38′，面向东南亚、背靠大西南，东邻粤港澳、南临北部湾，具有沿江（邕江穿城而过，是珠江干流西江的上游段），近海（距钦州市110千米、防城港市170千米、北海市200千米），近边（距中越边境的东兴市200千米、凭祥市230千米），沿线（湘桂、黎湛、南昆、南广、南防、黎钦、邕北、云桂、柳南客专9条铁路在南宁交会）地缘优势，是面向东盟开放合作的区域性国际城市，衔接"一带一路"的重要门户城市，以及联动珠三角、沟通中南西南地区、引领北部湾城市群的区域性综合交通枢纽城市。2018年，南宁市总面积22099平方千米，其中城市建成区面积397.07平方千米。

（钟　情）

【土地资源】 2018年，南宁市行政区域面积220.99万公顷，其中耕地67.77万公顷、林地97.04万公顷、建设用地18.73万公顷、水域7.41万公顷、其他用地30.04万公顷。市本级土地面积98.36万公顷，市辖五县土地面积122.63万公顷。

【矿产资源】 2018年，南宁市勘查发现矿产资源63种，主要有能源矿产褐煤、无烟煤、石煤，地热（热矿水）；黑色金属矿产铁、锰、钒、钛；有色金属矿产铜、铅、锌、铝土矿、镍、钴、钨、铋、钼、锑，贵金属矿产金、银；化工原料非金属矿产磷、硫铁矿、芒硝、砷、泥炭、重晶石；冶金辅助原料非金属矿产萤石、耐火黏土；建材和其他非金属矿产压电水晶、熔炼水晶、滑石、叶蜡石、石膏、水泥用石灰岩、建筑石材用灰岩、高岭土、膨润土、陶粒用黏土、砖瓦用黏土、玻璃用砂、玻璃用砂岩、水泥配料用砂岩、粉石英、水泥配料用黏土、砖瓦用页岩、水泥配料用页岩、饰面用花岗岩、建筑用花岗岩、方解石、硅灰岩、建筑用砂（河沙），水汽矿产矿泉水等。优势矿产有钨、银、钒、铜、金、石灰岩、花岗岩、芒硝、耐火黏土、滑石、水晶、砂岩；平势矿产有煤、锰、铝、铅、锌、硫、铁矿、膨润土、高岭土、石膏。在规划开采区内，根据矿产资源分布特点，综合考虑地质构造及地形上的相对独立性，资源赋存状态，开采技术条件，勘查开采现状等因素，第三轮矿产资源总体规划规划开采区块89个，总面积128.46平方千米。（莫厚杰）

【植物资源】 2018年，南宁市分布有野生维管束植物248科1254属3988种。国家一级重点保护野生植物有4种（钟萼木、石山苏铁、望天树、水松），国家二级重点保护野生植物有27种（亨利原始莲座蕨、苏铁蕨、粗齿桫椤、大桫椤、黑桫椤、桫椤、金毛狗脊、七指蕨、水蕨、福建柏、白豆杉、香木莲、地枫皮、樟树、闽楠、土沉香、蚬木、海南椴、格木、任豆、花榈木、半枫荷、蒜头果、红椿、紫荆木、蛇根木、普通野生稻）。广西重点保护植物有黄枝油杉、海南五针松、大明山松、长苞铁杉、鸡毛松、长叶竹柏、百日青、小叶罗汉松等162种。主要分布在广西大明山国家级自然保护区、广西龙山自治区级自然保护区、广西龙虎山自治区级自然保护区、广西三十六弄—陇均自治区级自然保护区、广西弄拉自治区级自然保护区。

【动物资源】 2018年，南宁市有野生脊椎动物5纲41目135科408属727种。国家一级保护动物有5种（黑叶猴、熊猴、蟒、林麝、金钱豹），国家二级保护动物有猕猴、苏门羚、河麂、斑林狸、穿山甲、大灵猫、小灵猫、黑熊、原鸡、白鹇、海南虎斑鳽、褐翅鸦鹃、小鸦鹃、冠斑犀鸟、黑翅鸢、黑冠鹃隼、灰背隼、红隼、猛隼、燕隼、游隼、斑头鸺鹠、领鸺鹠、雀鹰、苍鹰、凤头蜂鹰、赤腹鹰、松雀鹰、草原鹞、鹰雕、蛇雕、

表1　　2018年南宁市及市辖五县地类面积结构表　　单位：万公顷

名　称	总　计	耕　地	林　地	建设用地（城镇村及工矿用地、交通运输用地）	水　域	其他用地
市本级	98.36	32.03	39.86	10.07	3.69	12.71
市辖五县	122.63	35.74	57.18	8.66	3.72	17.33
全市总计	220.99	67.77	97.04	18.73	7.41	30.04
所占比例(%)	100	30.67	43.91	8.48	3.35	13.59

鹊鹞、鸳鸯、凤头鹃鹛、草鸮、红角鸮、褐鱼鸮、雕鸮、长耳鸮、鹦鹉(所有种)、长尾阔嘴鸟、大壁虎(蛤蚧)、虎纹蛙、地龟、凹甲陆龟等117种。广西重点保护动物有华南兔、红腹松鼠、红白鼯鼠、豪猪、黄猄、中华竹鼠、豹猫(野猫、抓鸡虎)、环颈雉(雉鸡、野鸡、七彩山鸡)、黄脚三趾鹑、栗色黄鹂、红嘴相思鸟、黄眉柳莺、大山雀、变色树蜥、长鬣蜥、眼镜蛇、蝰蛇、黑眶蟾蜍、斑腿树蛙等110种。"三有"保护动物(国家保护的有重要生态、科学、社会价值的陆生野生动物)有刺猬、狼、椰子狸、野猪、松鼠、绿头鸭、环颈山鹧鸪、珠颈斑鸠、广西疣斑树蛙、中国林蛙、黑颈水龟、广西棱蜥、广西林蛇、广西后棱蛇、黑颈噪鹛、石鸡、豆雁、锡嘴雀、白腰文鸟等48种。主要分布在广西大明山国家级自然保护区、广西龙山自治区级自然保护区、广西龙虎山自治区级自然保护区、广西三十六弄—陇均自治区级自然保护区、广西弄拉自治区级自然保护区、良庆区那兰鹭鸟市级自然保护区、西津水库库区。

【湿地资源】 2018年，南宁市湿地面积6.31万公顷，其中自然湿地(湖泊湿地、河流湿地、沼泽湿地)2.56万公顷，占湿地面积40.56%；人工湿地3.75万公顷，占59.46%。南宁市湿地有4类9型：湿地类中，河流湿地2.44万公顷、占38.58%，湖泊湿地1014.69公顷、占1.61%，沼泽湿地219.90公顷、占0.35%，人工湿地3.75万公顷、占59.46%；湿地型中，永久性河流2.42万公顷、占38.37%，季节性河流湿地40.18公顷、占0.06%，洪泛平原湿地90.36公顷、占0.14%，永久性淡水湖758.11公顷、占1.20%，季节性淡水湖256.58公顷、占0.41%，草本沼泽219.90公顷、占0.35%，库塘湿地3.35万公顷、占52.99%，运河(输水河)592.70公顷、占0.94%，水产养殖场3496.11公顷、占5.54%。

(易贝贝)

【水资源】 2018年，南宁市水资源总量144.20亿立方米，过境水量382.50亿立方米，地下水资源量42.53亿立方米(皆为地表水径流补给)。年际水资源变化幅度较大。人均水资源占有量(不含过境水量)1988立方米，比全国平均水平的2200立方米略低。总供水量41.89亿立方米。南宁市全年用水总量41.89亿立方米，人均综合用水量578立方米；万元地区生产总值用水量104立方米，万元工业增加值用水量119立方米，农田灌溉水有效利用系数0.49。南宁市境内主要河流有郁江(含邕江段)、右江、左江、八尺江、武鸣河、渌水江、清水河、西江干流红水河段8条，市区主要饮用水水源地有邕江三津、邕江陈村、邕江西郊、邕江中尧、邕江河南、那马泉、大王滩水库、西云江水库、天雹水库、龙潭水库、峙村河水库、老虎岭水库、东山水库13个。

(卢明发)

【气候】 2018年，南宁市气温、降雨、日照与常年平均值的距平在5%以内，属正常年景。区县年平均气温21.80℃，比常年偏高0.10℃。全市平均降水量1476毫米，比常年偏多4%。年日照时数1512小时，与常年持平。汛期(4月至9月)全市平均降雨量1116毫米，比常年偏多15毫米，属正常年景。全年出现暴雨天气过程19次，其中全市性暴雨2次，区域性暴雨5次，局地性暴雨12次。年内，南宁市出现暴雨、冰雹、大风、雷暴、台风、高温、寒露风、霜冻等灾害性天气；1月中旬，出现冬季暴雨过程；3月中旬，冰雹天气影响南宁；5月至6月，区域性、局地性暴雨频发；7月，受北部湾热带低压影响；9月，受台风"山竹"正面影响；10月中下旬，出现持续时间较长的寒露风天气过程；12月底，出现低温寒冷天气过程。

(张薇)

【水文】 2018年1月至3月，南宁市江河主要控制水文站的降水量与历年均值比较，属正常年景。4月至9月，辖区内江河主要控制站降水量944.40毫米～1178.20毫米；汛期降水总量与历年同期相比，南宁站、上林站、马山站与历年同期持平，横县站、宾阳站、隆安站比历年同期分别偏少。全市汛期降水量比多年均值偏少7.70%，属正常水年景。汛期4月至9月，台风带来强降雨过程2次。第22号超强台风"山竹"、第23号台风"百里嘉"影响区域重叠，造成7城区降雨量85.60毫米、横县降雨量106.70毫米、宾阳县降雨量105.10毫米、上林县降雨量139.20毫米、马山县降雨量89.80毫米、隆安县降雨量127.60毫米；暴雨中心分布在江南区、西乡塘区、良庆区；累积降雨量较大的有宾阳县陈平镇185毫米、上林县大丰镇223毫米、隆安县乔建镇179.50毫米。市水文水资源局监测南宁市水功能区30个、城市重要饮用水水源地1个、跨设区市界河流交接断面6个，水功能区水质类别为一类至四类，水质达标率100%；城市饮用水水源地水质类别为二类至三类，水质合格率100%；6个跨设区市界河流交接断面水质类别为一类至三类，水质达标率100%。

(卢静)

【自然灾害】 2018年，南宁市遭受台风、暴雨、洪涝、风雹、森林病虫害等自然灾害。全市受灾人口48.47万人，因灾死亡1人、伤病1人，紧急转移安置2.51万人；农作物受灾面积2.73万公顷，其中成灾面积1.06万公顷，绝收0.16万公顷；居民住房倒塌105户190间，严重损坏44户97间，一般损坏43户59间；直接经济损失1.39亿元，其中农业损失1.27亿元，基础设施损失692.10万元，家庭财产损失435.19万元，工矿企业损失16.50万元。林业有害生物新发生面积3329.60公顷，成灾面积53公顷，主要种类为马尾松毛虫、桉树枝枯病、桉大蝙蛾、油桐尺蛾、八角叶甲、松墨天牛、茶袋蛾(茶蓑蛾)、松梢螟、松材线虫病、桉树青枯病、八角炭疽病、桉树叶斑病、桉树紫斑病、桉袋蛾(桉蓑蛾)等，兴宁区、江南区、青秀区、西乡塘区(含高峰林场)、武鸣区、横县、宾阳县、上林县、马山县、隆安县不同程度受灾。

(韦琨　易贝贝)

历史人文

【历史变迁】 南宁历史悠久，一万多年前的旧石器时代，南宁先民已在这块土地上活动，之后逐步从栖息山洞转移到依山傍水的江河台地定居开拓、繁衍生息，从事渔猎和原始农业生产，逐步形成母系氏族部落组织；新石器时代，随着原始农业发展和社会生产力的提高，南宁先民的活动空间逐步向远离江河的丘陵地区拓展，生产方式由原先的采集、渔猎为主，兼营农业，向以农业为主，兼营采集、渔猎转变，原始先民开始进入父系氏族社会，形成原始村落，留下牛栏石遗址、灰窑田贝丘遗址、豹子头贝丘遗址、隆安娅怀洞遗址、顶蛳山贝丘遗址等史前文化遗存。商晚期至春秋时期，南宁先民已用翠羽、珠玑、玳瑁等土特产与中原商贾交换商品，掌握青铜冶铸技并开始铸造青铜器，创造出干栏文化、铜鼓文化、龙母文化和反映宗教、表达情感的祭祀、巫卜、神话、山歌、舞蹈等，留下元龙坡古墓群、安等秧古墓群等文化遗存。

南宁古属百越之地，秦隶属桂林郡，汉初隶属南越国，西汉隶属郁林郡领方县。秦汉时期，铁制农具、牛耕、灌溉、施肥等农作方法的推广和中原先进手工业制造技术传入，推动土地开垦，带动南宁手工业的发展。三国为吴辖地，隶属郁林郡临浦县(临浦县为领方县改称)，一直延续至西晋。东晋大兴元年(318)，郁林郡分立晋兴郡，隶属广州，治所晋兴(今南宁)，晋兴县成为南宁的第一个地名，晋兴郡成为今南宁市属地最早的行政建制，晋城为南宁最早的古城。南朝的梁、陈时代，今南宁仍称晋兴郡。隋开皇十八年(598)撤销晋兴郡，改设宣化县，治所宣化城(今南宁)。唐武德四年(621)以宣化县地置立南晋州;贞观六年(632),南晋州因州西南有邕溪水而更名邕州,为邕州都督府,是南宁成为桂西南地区行政中心的开始,也是南宁简称"邕"之始。宋朝初,继袭邕州之称。唐宋两代,以水运和驿道为主的邕州水陆交通网络基本形成,成为岭南地区交通枢纽之一;金、银、铜、锡、铅、钵等矿藏丰富和采矿业兴旺,邕州一度成为唐宋两代朝廷指定的"贡金、贡银州";白绂、缲子布等大量运销中原;商业活动得到发展,唐景云(710至711)年间设置的逢卯圩农贸(杂货)市场(今桃源路尾至教育路一带)盛行200余年,宋代邕州僚市(今西乡塘区石埠街道)远近闻名,邕城和邕州横山寨为全国重要马市场之一。元至元十六年(1279),改邕州为邕州路;泰定元年(1324),改邕州路为南宁路(取南疆安宁之意),为南宁得名之始。明代,南宁已经发展成左、右江的商品集散中心,有"小南京"之称。明洪武元年(1368),南宁路改南宁府,治所在今南宁城。清朝承袭明朝建置,光绪三十二年(1907)十一月十七日,南宁开埠,允许外国商船进出、外国人到邕经商,订立《南宁开埠章程》,声明南宁为自开商埠,外国不得设立租界。南宁为中国近代第一个自开商埠的内陆沿海城市。南宁开埠后,外国工业品不断经此销往内地,内地农副产品、土特产品也经此销往国外。城市商业迅速发展,商铺林立,商贾云集,呈现百业兴隆的景象,行业涉及银行业、私营银钱业、金铺、经纪行、百货业、绸布业、五金建材业、医药业、香烟行、旅栈业、照相业、钟表业、爆竹业、典当业、外商和代理商等,来自五湖四海的外地人在南宁先后成立同乡会,建立粤东会馆、新会会馆(又称新会书院)、江西会馆、豫章会馆、福建会馆和玉林五属会馆等,南宁因此有"天南一大都会"之称。电信、公路、电力、航运和工矿企业等代表先进生产力要素相继出现,科技文化教育卫生事业得到发展。民国元年(1912)十月至25年(1936)十月,南宁为广西省会,是广西政治、军事、经济、文化中心。抗日战争时期,日本侵略者在民国28年、民国33年占领南宁,南宁被破坏殆尽。抗日战争胜利后,内战又起,国民党政权滥发钞票,造成南宁金融市场动荡,工商业难以经营,市场萧条,农业停滞不前。

1949年12月4日,南宁解放,接着筹建南宁市,属省辖市,为广西省会。1958年3月,广西壮族自治区成立,南宁为自治区首府。全市人民艰苦奋斗,经过曲折历程,迎来社会持续稳定发展。1978年12月中共十一届三中全会后,南宁经济进入自我发展、自我完善的改革开放的新时期。1992年6月15日,国务院批准南宁市进一步对外开放、实行沿海开放城市政策。2000年,国务院把广西列入国家实施西部大开放的重点区域,南宁成为享受中西部地区优惠政策的城市。2001年,国家"十五"计划纲要首次提出重点开发"南(宁)贵(阳)昆(明)经济区",南宁成为国家发展的重中之重。2004年11月,首届中国—东盟博览会在南宁举办,南宁成为中国—东盟博览会永久举办地。至2018年,南宁由昔日南疆边陲小城变成中国面向东盟开放合作的区域性国际城市和北部湾经济区的核心城市,首府经济步入高质量发展新阶段,"南宁渠道"升级,深度融入"一带一路"建设,与全球165个国家和地区开展经贸往来;绿城品质升级,"南宁蓝"常相伴,百里秀美邕江展新颜,五象新区现代化新城魅力初显,老城区老街区焕发新生机,群众获得感、幸福感和安全感提上新水平。

(金　尼)

【历史文化遗存】 2018年,南宁市分布不可移动文物579处,可移动文物32万件。公布为全国重点文物保护单位5处,自治区级文物保护单位43处,市、县级文物保护单位235处;主要有古建筑、古遗址、古墓葬、近现代重要史迹及代表性建筑、石窟寺及石刻等。12月29日,"老南宁·三街两巷"历史文化街区、中山路历史文化街区、蒲庙老街历史文化街区、陈东村历史文化街区、宾州古城历史文化街区、雁江古镇历史文化街区被自治区人民政府确定为第三批自治区级历史文化街区,其中"老南宁·三街两巷"历史文化街区是全市最大的历史文化街区,片区内汇聚南宁市近60%的自治区级、市级文物保护单位及历史建筑。

(周梅清)

【人　口】 2018年年末,南宁市户籍人口770.82万人,比上年增加13.96万人,增长1.8%,其中市区人口387.13万人、增加11.75万人、增长3.1%。全市人口出生率13.1‰,增长2.1个千分点;人口死亡率5.4‰,下降0.3个千分点;人口自然增长率7.7‰,增长1.8个千分点。常住人口725.41万人,增加10.08万人,增长1.4%,其中市辖区常住人口441.76万人,增加8.27万人,增长1.9%;城镇常住人口452.61万人,增加13.79万人,增长3.1%;乡村常住人口272.8万人,减少3.7万人,下降1.3%。全市常住人口出生率15.1‰,下降0.7个千分点;常住人口死亡率5.6‰,增长0.1个千分点。

(赵　旭)

【民　族】 南宁市是一个以壮族为主体、多民族聚居的首府城市。居住着壮、汉、瑶、苗、仫佬、侗、回、满、毛南、土家、布依、水、黎、京、彝、蒙古、白、朝鲜、傈僳、畲、仡佬、傣、哈尼、鄂温克、高山、藏、土、锡伯、纳西、拉祜、羌、维吾尔、达斡尔、景颇、佤、普米、布朗、基诺、东乡、裕固、哈萨克、保安、柯尔克孜、赫哲、俄罗斯、怒、塔塔尔、鄂伦春、德昂、塔吉克、独龙51个民族,其中人口总数超过1000人的依次为壮、汉、瑶、苗、仫佬、侗、回、满、毛南、土家、布依、水12个民族。壮族是世代居住在本地的土著民族,汉族为秦汉以后陆续迁入,回族为元朝以后迁入,瑶族和苗族大多为清代以后迁入,其余民族多于中华人民共和国成立后尤其是改革开放以后陆续从全国各地迁入。2018年,南宁市总人口773.84万人,其中少数民族人口448.66万人,占总人口57.98%;壮族人口430.17万人,占55.59%。少数民族人口总数居全国5个少数民族自治区首府城市之首。城区少数民族人口占城区总人口比重排序:邕宁区(93.15%)、武鸣区(86.06%)、良庆区(84.42%)、兴宁区(61.72%)、江南区(51.49%)、青秀区(45.88%)、西乡塘区(44.29%);县少数民族人口占县总人口比重排序:隆安县(96.32%)、上林县(84.10%)、马山县(81.74%)、横县(39.59%)、宾阳县(21.69%)。隆安县是壮族人口比例最高的县。汉族在各区县均有分布,以宾阳县、横县和除邕宁区、良庆区以外的城区较为集中;瑶族主要聚居在马山县(瑶族人口4.58万人)、上林县(瑶族人口2.54万人);苗族在各区县均有分布,以城区较为集中;回族、满族、侗族等其他少数民族主要居住在城区。全市有民族乡3个,分别为马山县古寨瑶族乡、里当瑶族乡,上林县镇圩瑶族乡。

【语言文字】 2018年,居住在南宁市的50个少数民族中,除回族、满族全部转用汉语外,其他少数民族保留自己的语言,部分少数民族保留自己的传统文字。普通话、规范汉字为公务用语用字,国家机关工作人员、教师从业人员实施普通话水平测试。全市推广普通话、推行规范汉字,公共服务行业基本以普通话为服务用语。

汉语方言　主要有白话(粤语)、平话、桂柳话(西南官话)、普通话4种。南宁市近郊农村汉族普遍使用平话,城区内汉族多使用普通话、白话,部分使用桂柳话。中心城区贸易及社会交往的汉语方言以南宁白话、普通话为主。

壮　语　壮语是壮族主要的语言交际工具,使用较为广泛的区域为横县、上林县、马山县、隆安县、邕宁区、良庆区、武鸣区,以及兴宁区、江南区、青秀区、西乡塘区的边远乡镇。南宁壮语分为南部方言区、北部方言区,大致以邕江为界,并向西北伸展连接右江,邕江的南部地区属南部方言区,邕江的北部地区属北部方言区,俗称"南壮""北壮"。北部方言区的壮话与武鸣壮话大同小异;南部方言区的壮话与邕宁壮话基本相同。壮语南部方言和北部方言语法结构、基本词汇大致相同,语音差异比较明显。如南部方言有一套送气的清音声母 ph、th、kh 等,北部方言一般无送气声母;此外,北部方言有独立的 r 声类(有多种方音变体,多数地方读 Y),南部方言多无此独立声类。词汇方面,南部方言区的壮语与北部方言区的壮语有 30%~40% 的词汇不相同,在语法上也存在一些差异。南宁市壮族聚居的村庄、圩镇,日常交际用语为当地壮语方言,壮族聚居的县城及乡镇行政驻地集市贸易的主要用语为当地壮语方言,其周边及杂居的汉族居民多数兼通壮语。由于壮、汉民族长期和睦相处,普通话的推广使用,以及广播、电视的普及和覆盖面的扩大,南宁市城乡壮族兼通普通话或白话的现象也较为普遍。

壮　文　古壮字、壮语拼音文字的简称。古壮字也叫土俗字,壮语称为 Sawndip,萌芽于秦汉时期,产生于唐代,是由壮族一些受汉文化教育的文人(包括巫师)借助汉字或汉字偏旁部首创造的,其构字方式大体有形声字(利用汉字的偏旁部首和意符组合成的字)、会意字(利用汉字本体的意义,加上一些特殊符号,或是以两个以上的汉字合并而成的字)、借汉字(直接借用汉字音或义,借音是借用汉字的正音或谐音记录壮语字,一经借用,其原来汉语语义不复存在,表示壮语语义;另一种是既借音又借义的字)、象形字(依物赋形,依事描样,以简单而富有概括力的笔画,勾画出物体基本形象的字)。古壮字兴于唐宋,盛于明清,民间普遍用于记录或书写神话、故事、传说、歌谣、谚语、剧本、楹联、碑刻、药方、家谱、族谱、契约、诉讼、经文、记账等。南宁市区县壮族地区民间仍流传有使用古壮字记录、抄录的山歌唱本、师公唱本,大部分民间老艺人、师公(师公戏)传承人在抄录、创作唱本时仍然在使用古壮字和沿用古壮字的创字方法。壮文拼音文字是 1952 年至 1955 年国家少数民族语言调查工作队到广西,根据壮族地区 47 个县 52 个点的壮语方言材料,以拉丁字母为基础,以武鸣双桥音为标准音,创制的拼音壮文,1957 年经政务院批准并公布实施,有字母 32 个(非拉丁字母 11 个),并以 z、j、x、q、h 等字母分别作第二、第三、第四、第五、第六调的调号标注于字尾,20 世纪 50 年代中后期开始在壮族地区推行使用。受"文化大革命"冲击,壮文推行中断 10 余年。1980 年 5 月,中共广西壮族自治区委员会、自治区政府决定在壮族地区恢复使用壮文。1981 年 9 月起,壮文开始陆续进入壮族地区的部分小学进行壮汉双语教学试点实验。由于原壮文方案夹杂有非拉丁字母 11 个,影响整个文字形体的一致性,造成壮文在学习、运用等方面的困难,1982 年在中国社会科学院、中央民族学院配合下,部分修改原壮文方案,于同年 2 月 2 日获国家民委批准颁布。壮文方案从原来的 32 个字母减至 26 个字母,全部为拉丁字母。2004 年,市政府颁布实施《南宁市社会用字管理暂行规定》,明确壮文的使用纳入社会用字管理范畴,党政机关、社会团体、企事业单位名称牌匾、公章大都使用壮、汉两种文字,公共场所设置的部分挂牌、路牌、标志牌按规定同时标注壮文拼音文字。2013 年 5 月 15 日,《南宁市壮文社会使用管理办法》颁布,明确同时使用壮、汉两种文字的场合、设施。2014 年 4 月 16 日,南宁市印发《南宁市贯彻〈国家中长期语言文化事业改革和发展规划纲要(2012—2020)〉实施方案》要求"科学保护少数民族语言文字及汉语方言文化、启动对南宁世居少数民族语言少数民族濒危语言的调查抢救和保护工作"。2016 年,将《南宁市壮文社会使用管理办法》贯彻落实工作纳入全市年度绩效考评体系。2017 年 11 月 30 日,《南宁市壮文社会使用管理条例》作为历史文化保护方面项目列入《南宁市第十四届人大常委会五年立法规划》。2018 年,将《广西少数民族语言文字工作条例》纳入新任公务员培训内容,将壮语文基础知识、民族知识纳入第十二届中国(南宁)国际园林博览会志愿者通用知识专题培训;青秀区把"按规定同时使用壮文、汉文两种文字"纳入青秀区绩效考评指标,按 10 分分值考评、督查,城区 104 个社区(村)的牌匾,37 个建制村、291 个坡(街)的地名标志均按规定使用壮、汉两种文字;良庆区完成城区范围内建制村、自然村的壮文翻译,乡镇、街道标牌全部含壮、汉两种文字;推动南宁轨道交通播报用语增加壮语,南宁轨道交通在建线路站点标牌、指示牌、南宁快速公交(BRT)2 号线站名使用壮文。

瑶　语　主要属汉藏语系苗瑶语族苗语支或瑶语支,也有一些属壮侗语族(瑶族居地广阔,支系繁多,各语支差异颇大,所以不同语支的瑶族之间语言不通)。由于瑶族长期与壮族、汉族杂居,共同相处,交往密切,故受壮语、汉语影响较深。瑶语中借入大量汉语、壮语词。居住在马山县、上林县一带的瑶族和宾阳县、隆安县的瑶族大都兼通壮语,他们以瑶语、壮语为日常语言交际工具。居住在城区的瑶族兼通汉语,也有部分使用瑶语作为日常语言交际工具。

【宗　教】 2018 年,南宁市有佛教、伊斯兰教、天主教、基督教,经批准登记开放的宗教活动场所 45 个(含以堂带点 5 个)。其中:佛教活动场所 14 个(青秀山观音禅寺、水月庵、泰国园,横县宝华山应天寿寺、横州佛教活动点,宾阳县黎塘龙岩寺,上林县三教寺、莲音寺、大明山法性寺、三里观音阁,马山县灵阳寺、圆觉寺、普陀寺、佛教居士林);伊斯兰教活动场所 1 个(新华街 25 号的清真寺);天主教活动场所 5 个(望州路天主教主教府、南宁圣家女修会、康乐路天主堂、武鸣区联新村六塘屯天主教堂、宾阳县新宾天主教堂);基督教活动场所 25 个(含以堂带点 5 个,市级活动场所主要是中山路教堂、共和路教堂,其他场所分布在除隆安县外的 11 个区县)。信教群众近 23 万人。全市认定备案宗教教职人员 89 人。有南宁市佛教协会、南宁市伊斯兰教协会、南宁市天主教爱国会、南宁市基督教"三自"(自治、自养、自办)爱国运动委员会、南宁市基督教协会 5 个市级爱国宗教团体。宗教团体协助中共地方组织和政府学习宣传中共十九大精神、习近平新时代中国特色社会主义思想和关于宗教工作的重要论述,贯彻落实宗教方针政策和新修订的《宗教事务条例》等法律法规,坚持独立自主自办方针,办好教务,自我管理。开展宗教政策法规学习月活动,发挥网站、微信、微博、QQ 群等新媒体作用,扩大宗教政策法规宣传覆盖面和影响力;开展"宗教慈善周"活动,为留守妇女、儿童、老人、残疾人等特殊群体捐赠善款、慰问品。团结广大信教群众,爱国爱教,遵守国家有关法律法规及教义教规,维持正常宗教生活。 (刘建安)

建置区划

【建置沿革】 南宁古属百越之地。秦始皇帝三十三年(前 214),秦统一岭南地区,设南海郡、桂林郡、象郡,今南宁市境域秦属桂林郡(今南宁市辖大部分区县)、象郡(原邕宁县一部分,横县中南部,隆安县)。

汉高祖元年至汉武帝元鼎元年(前 206 至前 116),今南宁市境域为南越国地;元鼎六年(前 111),析置领方、安广、增食等三县,隶属郁林郡,辖域相当于今宾阳县、横县、隆安县、武鸣区、南宁(含原邕宁县域)、马山县、上思县、扶绥县等地。领方县治今宾阳县宾州镇古城村,安广县治今横县境西南与原邕宁县(今为南宁市城区一部分)毗邻交界一带,增食县治于今隆安县东。

三国吴黄武五年(226),领方、安广两县依旧隶吴国广州郁林郡。后于今横县地置平山、连道、昌平3个县,隶合浦(珠官)郡。末帝孙皓元兴元年(264),领方县更名临浦县,依旧隶郁林郡。

西晋初,临浦县复更名领方县,隶郁林郡。晋武帝太康元年(280),合浦北部都尉增置辖吴安县,连道县更名兴道县,昌平县更名宁浦县。太康七年(286),合浦北部都尉改宁浦郡,并增置润阳县。东晋元帝大兴元年(318),析郁林、合浦等郡部分县地置晋兴郡及其晋兴等县,隶属广州。晋兴郡领晋兴、熙注、广郁、桂林、增翊、安广、晋城、晋阳等县,辖及今南宁市、崇左市及百色市、河池市、柳州市等部分县地。晋兴县与郡同置,为郡治。晋兴县成为南宁第一个地名,晋兴郡成为今南宁市属地最早行政建制。东晋年间,宁浦郡亦移治润阳县(治今横县江口村古城)。

南朝齐移宁浦郡治安广县。梁置简阳郡,治辖简阳县(治今横县江口村古城);置岭山郡,治辖领岭山县(治今横县西部郁江南岸);置乐阳郡,治辖乐山县(治今横县东北郁江北岸)。以上三郡均隶龙州(治今柳城县)。梁还置领方郡,治辖领方县(郡县同治今宾阳县宾州镇古城村);置安城郡,治辖安城县(天监二年由绥宁县改名,治今宾阳县东)。两郡均隶始置于天监二年(503)之桂州。梁陈晋兴郡改隶桂州,简阳、岭山、乐阳三郡改隶兴州。

隋开皇八年(588),领方、安城两郡废,领方、安城两县改属南定州。次年,两县改隶尹州。开皇十年(590),乐阳郡改乐阳县,岭山郡改岭县。次年,废宁浦、简阳两郡改置简州。开皇十四年,晋兴郡及其晋兴县废。另在今南宁市江南区雷村(白沙)置晋兴县,隶尹州。开皇十八年,简州更名缘州,乐阳县更名乐山县,岭县更名岭山县,晋兴县更名宣化县。大业二年(606),废缘州,岭山、乐山、宁浦、宣化、领方、安城等县均改隶郁州;次年,岭山等六县改隶郁林郡。

唐武德四年(621),以原郁林郡之宣化县置南晋州,辖宣化一县(治今南宁市青秀区中山街道一带),为今南宁市城区属地地方最高行政建制之始。置南方州,州治今上林县澄泰镇古城村。置南尹州,治安城县。复置简州,治宁浦县。置淳州,治永定县(今横县峦城镇北邕江东岸)。武德五年,南晋州析置横山县于今兴宁区五塘镇,置朗宁县于今西乡塘区那龙,置晋兴县于今武鸣区南,并复置武缘县于今青秀区伶俐圩;于今江南区苏圩镇置如和县,隶钦州。武德六年,简州更名南简州。贞观五年(631),析南方州之岭方、琅琊、思干和南尹州之安城等县置宾州,以州内有宾水而名,治今宾阳县境。贞观六年,南晋州因其州西南有邕溪水而更名邕州,为邕州都督府,是南宁成为桂西南地区行政中心的开始,也是南宁简称"邕"之始("邕"字来自唐《元和郡县图志》"因州西南邕溪水为名"的记述)。贞观八年,以横槎江为名,改南简州为横州;南方州更名澄州。景云二年(711),邕州增划辖原属钦州之如和县。天宝元年(742),邕州、澄州、宾州、横州、淳州分别改朗宁郡、贺水郡、安城郡、宁浦郡、永定郡。乾元元年(758),上述五郡又分别复名邕州、澄州、宾州、横州、淳州,由州领县,隶属同年由监察区演变成政区的岭南道(治今广州市)。永贞元年(805),为避朝讳,以州内最多山峦为名,将淳州更名峦州。咸通三年(862),分岭南为两道节度,以广州为岭南东道,邕州为岭南西道,邕州、澄州、宾州、横州、峦州均隶岭南西道;岭南西道,治邕州,旧址在今南宁市城区,是南宁相当于今省级政权治所开始。唐末,邕州领宣化、武缘、晋兴、朗宁、思笼、如和、封陵7个县,辖今南宁市各区(含原邕宁县)及武鸣、隆安等县地;横州领宁浦、从化、乐山3个县,辖今横县等地;峦州领永定、武罗、灵竹3个县,辖今宾阳、横县部分县地;宾州领岭方、琅琊、保城3个县,辖今宾阳等县地;澄州领上林、无虞、止戈、贺水4个县,辖今上林、忻城、武鸣等县部分属地。

五代晋天福七年(942),邕州因避朝讳改名诚州,仍设建武军节度。南汉(947至950),复名邕州。

宋开宝五年(972),峦州废入横州;澄州及其止戈、无虞、贺水等县俱省入上林县,上林县改隶邕州;宾州省废,岭方县改隶邕州;晋兴县更名乐昌县。次年,复置宾州,领岭方县。端拱元年(988),邕州、横州、宾州属广南西路;上林县改隶宾州。天禧四年(1020),宾州增划辖由思刚羁縻州改置的迁江县。熙宁四年(1071),横州废永定县入宁浦县。元丰三年(1080),邕州迁治今南宁市兴宁路西二里。元祐三年(1088),复置永定县并更名永淳县。故宋末,邕州领宣化、武缘两县和48个羁縻州及其8个羁縻县,大致辖及今南宁市、崇左市及其辖县和百色市部分市县;宾州领岭方、上林、迁江3个县;横州领宁浦、永淳2个县。

元至元十三年(1276),邕州改置邕州安抚司,隶广南西道宣抚司(旧治今桂林市);次年,横州改设横州安抚司,与宾州同隶广南西道宣慰司。至元十六年,邕州安抚司改邕州路,横州安抚司改横州路,宾州改宾州路。元贞元年(1295),邕州、横州、宾州三路改属广西两江道宣慰司。元贞初,横州路复改横州。大德五年(1301),宾州路复改宾州。泰定元年(1324),邕州路改称南宁路(取南疆安宁之意),宣化县隶属南宁路,南宁得名取于此。至正九年(1349),南宁路和横州、宾州改属广西行中书省。元末,南宁路领辖宣化、武缘2个县;横州领宁浦、永淳2个县;宾州领岭方、上林、迁江3个县。

明洪武元年(1368),南宁路改南宁府,治所在今南宁城;横州改隶浔州路;次年,岭方县省入宾州,宾州改隶柳州府,横州改隶浔州府。洪武十年五月,横州降改横县,改隶南宁府。洪武十三年,横县复改横州。嘉靖七年(1528),原治今马山县乔利圩的思恩府迁治今武鸣区府城镇,始开今南宁属地同时置有相当于今两个地级行政建制之先河,置领都阳、安定、白山、古零、兴隆、那马、定罗、旧城、下旺等土司和奉议州、上林土县等(这些土司和州县分别治今马山、大化、都安、田阳等县地)。隆庆六年(1572)二月,南宁府析宣化等县地置新宁州(治今崇左市扶绥县),将武缘县划新宁州领辖。万历七年(1579),思恩府划辖武缘县。万历三十二年,思恩府置辖上映土州。明南宁府治今朝阳路19号。明末,南宁府领宣化、永淳、隆安3个县,横、上思、新宁3个州和归德、果化、忠、下雷4个土州及迁隆峒土巡检司;思恩府领武缘县、奉议州和都阳、安定、白山、古零、兴隆、那马、定罗、旧城、下旺9个土司及上林土县、上映土州。

清朝承袭明朝建置。至清末,南宁府治宣化,辖宣化、隆安、永淳3个县,新宁、横州2个州及忠、归德、果化3个土州;思恩府辖领武缘、上林、迁江3个县和那马厅、宾州及白山、兴隆、定罗、旧城、都阳、古零、安定7个土司。

民国元年(1912),宣化县省入南宁府,武缘县废入思恩府,并将思恩府改武鸣府;横州、宾州分别改横县、宾阳县;10月,广西军政府自桂林迁治南宁府,省府治今南宁民族大道西头与兴宁路南段西侧(时属中山路),南宁成为广西省会。民国2年(1913)6月,置邕南道,治南宁县(南宁府废改县),隶广西省,领南宁、武鸣(武鸣府废改县)、新宁(今属扶绥县)、那马(今属马山县)、上思、横县、宾阳、永淳(今分属横县、宾阳县和青秀区、邕宁区)、上林、隆安10个县,归德(今属柳江县)、果化(今属平果县)、忠(今属扶绥县)3个土州,都阳(今属大化瑶族自治县)、安定(今属都安瑶族自治县)、白山(今属马山县)、古零(今属马山县)、兴隆(今属东兰县)、旧城(今属平果县)、定罗(今属马山县)、迁隆峒(今属宁明县)8个土司。民国3年1月,南宁县为避云南省南宁县同名而易名邕宁县;6月,邕南道易名南宁道。民国4年8月,南宁道新置隆山(今属马山县)、都安、果德(今属平果县)3个县;9月,南宁道新置绥渌县(今属扶绥县)。民国15年,南宁道废,所领14个县改隶广西省政府。民国18年7月,设南宁市政府,与邕宁县合置办公;11月,撤市建制。民国19年,置邕宁民团区,驻邕宁县,辖扶南(今属扶绥县)、上思、邕宁、绥渌、左县(今属崇左市江州区)、同正(今属扶绥县)、永淳、横县8个县;置宾阳民团区,驻宾阳县,辖宾阳、武鸣、隆山、果德、隆安、那马、上林、都安、迁江(今属来宾市兴宾区)9个县。民国21年4月,邕宁、宾阳2个民团区合并置南宁民团区,治武鸣,并将邕宁民团区的左县划归龙州民团区,原属宾阳民团区的果德县划归百色民团区;不久,增划辖百色民团区之果德县。民国22年,广西省政府迁至今青秀区中山街道植物路广西军区内。民国23年3月,南宁民团区改南宁行政监督区,仍治武鸣,辖武鸣、邕宁、扶南、上思、绥渌、永淳、同正、横县、隆安、宾阳、迁江、那马、隆山、上林、都安、果德16个县;11月,南宁行政监督区划辖原属柳州行政监督区来宾县。民国25年10月,南宁行政监督区划辖原属百色行政监督区平治县;广西省政府由南宁迁至今桂林市。民国26年,南宁行政监督区析出同正县改属龙州行政监督区;10月,南宁行政监督区又划辖同正县,并析出来宾、迁江两县改属浔州行政监督区。民国28年2月,南宁行政监督区析出都安、平治、果德、那马、隆山、上林、武鸣、宾阳8个县,另置武鸣行政监督区,治武鸣县。南宁行政监督区因此改驻南宁。民国29年4月17日,武鸣、南宁2个行政监督区分别改第八区、第九行政督察区,辖县依旧。民国31年3月,第八区、第九区合并为第四区,治南宁。民国37年10月,第四区析出武鸣、上林、隆山、那马、果德、平治、都安、隆安8个县,另置第十一区,治武鸣县。民国38年9月,第四区辖邕宁、永淳、横县、宾阳、上思、同正、扶南、绥渌8个县;第十一区辖县不变。

1949年10月,南宁行政区专员公署成立,辖邕宁、绥渌、横县、同正、上思、永淳、扶南、宾阳8个县。是月下旬,设立武鸣专区,治武鸣,辖武鸣、平治(今属平果县)、果德、那马、隆山、都安等县;12月4日,南宁(原邕宁县治)、邕宁、武鸣解放,邕宁县人民政府驻今南宁市江南区亭子路南宁糖业股份有限公司一带。1950年2月8日,广西省人民政府正式成立,确定南宁为省会(1958年3月广西省改称广西壮族自治区,南宁市为自治区首府);是月,析邕宁县城(今南宁旧城区部分)及附近的21个自然村(街)新置南宁市,直隶广西省;8月,邕宁县治迁至今南宁市邕宁区蒲庙镇。1951年1月25日,撤销武鸣专区,所属武鸣、都安、隆山、上林、迁江5个县划归南宁专区管辖,隆安、镇结2个县划归龙州专区(10月改称崇左专区)管辖,平治、果德、那马3个县划归百色专区管辖,忻城县划归宜山专区管辖;7月9日,南宁专区又划辖原系郁林专区的贵县(今属贵港市);8月10日,南宁专区改名宾阳专区,治宾阳县新宾,辖邕宁、横县、宾阳、上林、武鸣、马山(由隆山、那马两县合并而置)、贵县、永淳、迁江9个县。1952年7月宾阳专区、崇左专区合并改称邕宁专区,专署机关于11月从宾阳县新宾镇搬迁到南宁市白苍岭建舍办公;12月9日,设置桂西僮(壮)族自治区(1956年3月2日更名桂西僮族自治州),区治南宁(今南宁市西乡塘区明秀东路238号),辖宜山专区、宾阳专区、崇左专区、柳州专区、百色专区及所属辖县和钦州专区所属的上思等34个县或县级自治区。是年,南宁市设立第一、第二、第三、第四、第五区和郊区。1953年,邕宁专区撤销,所属的邕宁、宾阳、横县、武鸣、上林、马山、崇左、隆安、龙津(今龙州县)、大新、镇都(今天等县)、扶绥、上思、宁明14个县改由桂西僮族自治区直接管辖。1957年12月20日,撤销桂西僮族自治州,其直辖县市改属复置的邕宁专区,专区驻南宁(今南宁市西乡塘区明秀东路238号),辖原直隶桂西僮族自治州的14个县和凭祥市、都安瑶族自治县。1958年7月28日,南宁市区分设江宁、兴宁、永宁3个区;9月,南宁市委与邕宁地委实行统一领导,邕宁地委更名南宁地委;11月14日,南宁地委复称南宁专区。1959年2月6日,南宁市改由南宁专区代管。1961年12月23日,南宁市复改由自治区直辖。1965年5月18日,南宁专区析出都安瑶族自治县,划归河池专区;6月26日,南宁专区析出上思县,划归钦州专区。1968年3月,成立南宁市郊区革命委员会。1971年11月,南宁专区更名南宁地区。1978年2月,撤销南宁市郊区。1979年2月26日,南宁市设立新城、永新、江南、朝阳、衡阳5个市辖区(县级);次年4月5日,朝阳区更名兴宁区,衡阳区更名城北区。1983年10月8日,南宁地区析出邕宁、武鸣两县划入南宁市,次年1月26日正式移交南宁市。1984年6月23日,南宁市设立郊区(县级)。2001年12月5日,南宁市郊区撤销。2002年12月23日,国务院批准撤销南宁地区,原属南宁地区的横县、宾阳县、上林县、马山县、隆安县划入南宁市,次年6月27日五县正式划归南宁市。2004年9月15日,国务院批准南宁市部分行政区划调整,撤销城北区、永新区和邕宁县,设立西乡塘区、邕宁区、良庆区,新城区更名青秀区,次年3月18日正式调整。2015年2月16日,国务院批准南宁市部分行政区划调整,撤销武鸣县,设立武鸣区,次年5月27日武鸣县正式撤县设区。2018年,南宁市辖兴宁、江南、青秀、西乡塘、邕宁、良庆、武鸣7个区,横县、宾阳、上林、马山、隆安5个县。

(书　弄)

【行政区划】 2018年,南宁市行政区划为兴宁区、江南区、青秀区、西乡塘区、邕宁区、良庆区、武鸣区和横县、宾阳县、上林县、马山县、隆安县12个区县,89个镇、10个乡、3个民族乡、25个街道。

(莫毅恒)

表2　2018年南宁市区县、乡镇(街道)、村(社区)情况表　单位:个

区县	乡镇(街道)				村	社区	乡镇	街道
	镇	乡	民族乡	街道				
兴宁区	3			3	37	37	三塘镇、五塘镇、昆仑镇	朝阳、民生、兴东
江南区	4			5	68	48	吴圩镇、苏圩镇、延安镇、江西镇	江南、福建园、那洪、沙井、金凯
青秀区	4			5	46	58	长塘镇、伶俐镇、刘圩镇、南阳镇	建政、新竹、中山、津头、南湖
西乡塘区	3			10	79	73	金陵镇、坛洛镇、双定镇	西乡塘、衡阳、北湖、安吉、安宁、新阳、华强、上尧、石埠、心圩
邕宁区	5				65	10	蒲庙镇、那楼镇、新江镇、百济镇、中和镇	

续表 2

区 县	乡镇(街道)				村	社 区	乡 镇	街 道
	镇	乡	民族乡	街 道				
良庆区	5			2	57	21	良庆镇、那马镇、那陈镇、大塘镇、南晓镇	大沙田、玉洞
武鸣区	13				198	24	城厢镇、太平镇、双桥镇、宁武镇、锣圩镇、仙湖镇、府城镇、罗波镇、陆斡镇、两江镇、甘圩镇、灵马镇、马头镇	
横 县	16	1			276	32	横州镇、石塘镇、云表镇、马岭镇、百合镇、那阳镇、峦城镇、六景镇、陶圩镇、校椅镇、新福镇、莲塘镇、南乡镇、平马镇、马山镇、平朗镇、镇龙乡	
宾阳县	16				192	42	宾州镇、思陇镇、新桥镇、新圩镇、邹圩镇、大桥镇、和吉镇、洋桥镇、武陵镇、中华镇、古辣镇、露圩镇、甘棠镇、黎塘镇、王灵镇、陈平镇	
上林县	7	3	1		115	19	大丰镇、巷贤镇、白圩镇、三里镇、明亮镇、乔贤镇、西燕镇、澄泰乡、木山乡、塘红乡、镇圩瑶族乡	
马山县	7	2	2		134	22	白山镇、周鹿镇、百龙滩镇、古零镇、金钗镇、永州镇、林圩镇、乔利乡、加方乡、古寨瑶族乡、里当瑶族乡	
隆安县	6	4			118	13	城厢镇、乔建镇、那桐镇、雁江镇、丁当镇、南圩镇、都结乡、布泉乡、屏山乡、古潭乡	

说明：1. 江南区含南宁经济技术开发区，西乡塘区含南宁高新技术产业开发区，武鸣区含广西—东盟经济开发区；
2.2018 年 11 月 16 日，邕宁区中和乡、横县马山乡和平朗乡由乡建制改为镇建制，行政区域、隶属关系、政府驻地均不变

物产　风俗

【物　产】南宁市物产丰富，以特色农产品、著名工业产品、传统手工艺品、地方传统食品著称。

特色农产品　有稻谷(优质稻)、糖料蔗、黑皮果蔗、西(甜)瓜、香蕉、杧果、茉莉花、茉莉花茶、菠萝、菠萝蜜、木薯、扁桃、龙眼、荔枝、沃柑、杨梅、板栗、火龙果、中药材、食用菌、甜玉米、茶叶、桑蚕茧、黑山羊、叮当鸡等。2018 年，全市火龙果产量 15.40 万吨，柑橘产量 65.02 万吨，龙眼产量 8.04 万吨，荔枝产量 3.50 万吨，蕉类产量 151.93 万吨，主要分布于西乡塘区、邕宁区、良庆区、武鸣区、横县、隆安县。江南区、南宁经济技术开发区西瓜连片种植 1 万公顷以上，是全国大型的西瓜生产基地之一；广西—东盟经济技术开发区网纹甜瓜连片种植大棚面积 200 公顷以上，是广西最大的设施网纹甜瓜生产基地；横县玉米种植面积 1.62 万公顷，是中国西南地区最大的甜玉米生产加工基地县，被全国甜玉米产业大会组委会授予“全国甜玉米生产第一县”称号。“南宁香蕉”地理标志商标获国家市场监管总局知识产权局核准注册并正式启用，“武鸣砂糖橘”获国家地理标志登记保护农产品认证；全市累计有横县茉莉花、横县大头菜、南山白毛茶、横县茉莉花茶、黎塘莲藕、古辣香米、上林大米、上林八角、马山黑山羊 9 个国家地理标志保护产品。“隆安火龙果”“横县甜玉米”入选第二批广西特色农产品优势区创建项目。全市茉莉花种植面积 2133.33 公顷，产茉莉鲜花 8.50 万吨；横县茉莉花(茶)品牌综合价值 197.45 亿元，为第 15 届中国—东盟博览会国宾招待用茶、国礼茶。全市食用菌主要品种有双孢蘑菇、杏鲍菇、秀珍菇、凤尾菇、香菇、木耳、平菇、茶新菇等，种植面积 2074.25 公顷、产量 21.67 万吨，西乡塘区金科食用菌合作社利用残次食用菌作为饲料打造生态型金福菇鸡，隆安县发展猪肚菇、灵芝等药食同源珍稀品种种植。全市中药材种植面积 1.80 万公顷，产量 5.91 万吨，主要品种有穿心莲、牛大力、金银花、铁皮石斛等。

著名工业产品　有白砂糖、红糖、赤砂糖、乳制品、卷烟、酒精、蔗渣浆、纸制品、复合肥、塑料制品、水泥、水泥制品、平板玻璃、铝型材、石材、黏土矿、商品混凝土、建筑陶瓷、防水卷材、小型拖拉机、矿山机械、建筑机械、水泥生产设备、发电机组、电缆线缆、搅拌机、电器设备、压缩式垃圾专用运输车等。2018 年，南宁市拥有“古府”“云欧”“明阳”“大明山”牌白砂糖、“皇氏”牌爱克酸奶、“卡西雅”牌生活用纸、“锦虹纺织”牌纱线、“华宏”牌普通硅酸盐水泥、“普罗施旺”牌普滋钙中量元素水溶肥、“南林”牌环氧树脂干式变压器、“博世科”牌博世科热脱附系统、“正田玻璃”牌玻璃幕墙、“南南”牌航空专用 6061 铝合金挤压型材、“桂昌”牌架空绝缘电缆等广西品牌产品 80 个。

传统手工艺品　有壮锦(包括壮锦被面、床单、坐垫、披巾、壁挂、挂包等)、壮族服饰、壮族刺绣、渡河公吉祥物、竹木根雕、石雕、红陶、油纸伞、牛角工艺品、竹编产品、桂作家具、壮刀、茶具等。2018 年，南宁市选送的作品花山古韵(釉下五彩瓷对瓶)、锦绣八桂(坭兴陶套壶)、壮乡年味(竹刻作品)获中国工艺美术“金凤凰”创新产品设计大奖赛金奖；鼓声之魂(坭兴陶)、壮乡歌圩(坭兴陶)、锦衣华服(壮族织锦)、一路(鹭)祥和(银器)、葫芦胎髹漆酒金——莲花盛器(漆器)获“百花杯”中国工艺美术精品金奖；壮韵(瓷器)、壮乡木楼(木根雕)、漆饰·物语——银胎漆首饰组件(漆器)、嫦娥妹妹竹编包等 17 个作品获广西工艺美术作品“八桂天工奖”金奖；追潮(木根雕)、壮锦亲子服(壮锦)、“骆越清思”提梁壶(瓷器)、火与陶(坭兴陶)、一屏一梦一世界(坭兴陶)、祥瑞(瓷器)、钟鸣盛世　福泽八桂(金属工艺)、壮刀——复兴·骆越之魂(金属工艺)8 个作品获广西工艺美术大师精品创作工程“精品奖”。

地方传统食品　有老友面(粉)、生榨米粉、干捞粉、卷筒粉、炖粉糕、酸粉、凉粉、粉虫、粉饺、粉利、油炸粽、蕉叶糍、艾

糍、凉粽、猪肉绿豆粽、五色糯米饭、黄花饭、豆蓉糯饭、瓦煲饭、八仙粉、八宝饭、酿苦瓜、炒田螺、粥品、汤品、鱼扣、脆皮扣、柠檬鸭、鱼生、酸肉、羊酱、羊红、清水羊肉汤、牛杂、腊肉、糯米血肠、土制红糖、米酒、腌菜、酸料等。2018年，横县茉莉香宴、横县特色全鱼宴在第十九届中国美食节上被评为“中国名宴”；茉莉创意美食暨“横县鱼生”金刀争霸赛评出金奖13人，“横县茉莉花养生大席”被广西烹饪餐饮行业协会评为“广西桂菜名宴”。2018“邕宁味道”生榨米粉文化旅游美食节举办广西米粉C位争夺战、嗦粉大赛等活动，现场设置广西首个以生榨米粉为主题的“榨粉江湖”邕宁生榨米粉博物馆，通过工具实物展示、文字墙、视频影像等展现邕宁美食和榨粉工艺。9月10日，中国烹饪协会举办2018向世界发布“中国菜”活动暨全国省籍地域经典名菜、主题名宴发布会，柠檬鸭、横县鱼生被列入广西十大经典名菜。12月18日，首届中国米粉产业发展高峰论坛在邕宁区政府礼堂举行，中国米粉产业发展高峰论坛组委会为黄记那楼传统榨粉、复记老友粉、猪霸王鲜料米粉等10个米粉品牌颁奖，并发布《关于中国健康米粉的倡议书》。

【风　俗】南宁市地方风俗以民俗节庆、民俗仪式、民俗艺术、民间传统体育、饮食习俗为主要表现形式。

民俗节庆　南宁市在沿袭中国传统节日过程中，形成富有地方特色的节日风俗。春节是全年最重要的节日，壮族民众焚香点烛，在供桌上放猪肉、整鸡、粽子、年糕、米酒等，烧纸钱、放鞭炮，祭拜祖先诸神灵；正月初二起，亲戚之间开始走访拜年贺岁，举行舞狮、舞龙、舞春牛等传统文娱活动。2018年春节期间，南宁市景区、乡村旅游区举办多场活动，市民到青秀山风景区、金花茶公园、台湾花卉产业园等地观赏郁金香、兰花、茶花、格桑花等，到隆安金穗生态园、那贵坡樱花园生态景区看灯光秀，开展游园活动等。宾阳县每年农历正月十一举办炮龙节，人们通过点睛仪式、游彩架、吃灯酒、舞炮龙、炸炮龙、钻龙肚、抢龙珠等活动祈求风调雨顺、添丁增财。2018年宾阳炮龙节开展百龙舞宾州、非物质文化遗产展演、炮龙开幕式晚会、项目投资推介会、电商年货节、体育庙会、“文化宾阳·休闲农旅”文化旅游等活动，参与群众36万人次。农历二月初二又称“春耕节”“农事节”，预示新一年农事活动的开始；2018年上林县木山乡新甫庄在“二月二”举行卢於春社活动，附近市、县、乡镇群众聚集于卢於寺开展春耕开犁、斗牛、斗狗、斗鸡、山歌对唱、打陀螺、甘蔗搬运等民俗活动，参与群众约2万人。壮族“三月三”既是壮族传统歌节，也是壮族祭祖扫墓节，每年农历三月初三前后，南宁各地举办山歌会、山歌擂台赛、千人竹竿舞、抛绣球、抢糍粑、龙狮表演、民族服饰展、壮家美食展、土特产商品交易会等活动；壮族人民返回家乡祭祖扫墓，通过除草添土、修整墓地、上坟烧香、供上祭品、跪拜敬茶酒、焚烧冥钱冥物、插标挂钱、燃放鞭炮等方式祭奠祖先，祈求家人幸福安康。壮族“三月三”是南宁民族特色文化品牌。2018年壮族“三月三”期间，南宁市组织举办“民歌湖畔三月三”文化活动、中国壮乡·武鸣“三月三”歌圩暨骆越文化旅游节、“魅力良庆　欢乐三月三”三百人壮族“嘹啰山歌毯丝歌会”、横县“壮族三月三　花乡壮韵浓”文艺展演等活动80多场次，群众参与或关注30多万人次。农历四月初八是壮族牛魂节，人放犁、牛脱轭，主人家清扫牛栏，给牛沐浴，举行敬牛仪式，演社戏、唱山歌，办百家宴，以示对牛的祝福。宾阳县露圩镇蓝衣壮民俗风情文化艺术(圩逢)旅游节、隆安县那桐镇“四月八”农具节民俗文化活动延续壮族敬牛传统习俗，增加文艺表演、非物质文化遗产推介、娱乐竞技、美食街、农具展销等活动，参与群众10万多人。农历五月初五端午节，上林县三里镇群众齐聚河边将彩布、艾草缝制的“渡河公”人偶、粽子置小船上，点上红烛，沿河漂流，并吟咏祈祷词、哼唱山歌以纪念祖先，祈祷家人幸福安康；2018年上林县三里镇“渡河公”民俗文化旅游节举行“渡河公”巡游祈福放渡仪式、山歌对唱、篝火晚会、民族传统体育竞技、“渡河公”渡河船评比大赛等活动。瑶族达努节是瑶族人民不忘母恩的纪念日，每年农历五月二十九，瑶族人民着盛装、杀猪宰羊、杀鸡染蛋、宴请宾客、大摆歌台，表演铜鼓舞、舂米舞、雷公舞等，举办赛马、斗鸡、赛弓箭、“上刀山下火海”、踩花灯等活动，借此告诫后代慈孝为先、不忘母恩，宣扬瑶乡尊老爱幼、勤俭持家的传统美德。南宁市瑶族达努节活动主要集中在上林县镇圩瑶族乡、马山县里当瑶族乡，2018年两个瑶族乡沿袭瑶族达努节民俗习惯，围绕民俗文化旅游节开展瑶乡民俗文艺表演、瑶乡百家宴、山歌擂台赛、瑶乡土特产展销、瑶寨迎亲、瑶乡绝技表演、篝火晚会等活动，参与群众2万多人。农历七月十四是壮族的祭祖魂节，俗称“鬼节”，相传为壮族始祖布洛陀逝世的日子，人们置办鸡鸭、祭品，举行祭拜仪式、聚餐，入夜时，各家在门口燃香点烛，洒水饭等。庙会是中国民间宗教及岁时风俗，武鸣区有祭祀骆越始祖的罗波庙会，横县有祭拜马援将军的横县伏波庙会、祭神祈福的南山应天寺庙会、纪念三国历史英雄的三相庙庙会，上林县有祭祀万寿公韦阙的万寿节庙会等。

民俗仪式　古代傩仪式、师公舞发展而成的师公戏仍流传于江南区、西乡塘区、邕宁区、武鸣区、横县、宾阳县、上林县、马山县等地，在节庆、庙会时举行师公傩祭仪式，通过唱、念、做、舞等表演形式驱邪逐恶、祈求吉祥；西乡塘区上尧街道陈东村仍保留师公“大酬雷”祭祀仪式，每逢农历正月至二月初二，当地农民用傩祭形式表演水稻生产、酬雷求雨。农历二月初二，上林县木山乡举行春耕开犁仪式，祈求耕牛健壮、风调雨顺、五谷丰登。农历三月初三，上林县塘红乡举行“三月三·龙母”祭祀大典，“九龙祭母”仪式演绎龙母龙子慈孝故事，弘扬母慈子孝美德；武鸣区罗波镇罗波社区举行骆越祖母王祭祀大典，以骆越祖母王神像巡游、公祭骆越祖母王仪式纪念祖先，追根溯源不忘本。农历四月初八春耕结束，宾阳县露圩镇举行神牛祭祀仪式，感念牛给予农民的恩惠，祈求消灾免疫、六畜兴旺；隆安县那桐镇举行向天、地水三界神求雨祭祀仪式，祈求风调雨顺。农历六月初六，隆安县乔建镇举办稻神祭(芒那祭)，祭祀人员在娅王庙举行求雨、祭农具、招稻魂、驱田鬼、请稻神仪式，沿田埂、城镇道路开展稻神巡游仪式，感恩稻神“娅王”庇佑，祈愿稻神赐福于民。达努节期间，瑶族群众举行“上刀山下火海”仪式，以赤足爬刀梯、过火炭、走灯排、踏火犁头的方式祭祀刀神、火神，祈福消灾，显示所向无敌的气概。随社会的进步，南宁各地民俗仪式增加现实内容，逐步发展成各类民俗节庆、重大活动上的技艺展示、文化表演。

民俗艺术　南宁市在文学、音乐、舞蹈、戏剧、手工技艺方面形成独特的民俗艺术。文学方面有壮族民间伦理道德长诗《传扬歌》，反映南宁人民劳动、生活、习俗、时政和思想感情的南宁民谣、白话童谣，起源于古代南宁驯象养象时期的五象传说，口头交流与古壮字结合的歌体书信壮族信歌，反映农村生活的宾阳“老穷”故事，流传于横县的壮族民间故事《百鸟衣》，发源于邕江、左江、右江和红水河流域的传说妈勒访天边等；马山县壮族人民在节日、婚嫁、丧葬、劝和、集会上不同程度沿用《传扬歌》，并随时代更新、充实传唱内容；南宁现代城市建设融入五象传说元素，建成五象喷泉雕塑等地标和城市雕塑；大型壮族歌舞剧《百鸟衣》《妈勒访天边》成为每年展演、巡演的精品。2018年7月21日，马山县召开“壮族传扬歌”保护传承专家研讨会，研究探讨壮族传扬歌的形成发展、历史背景、核心思想、主要功能和价值，并就保护、传承发展壮族传扬歌提出意见、建议。音乐方面有南宁平话民歌、隆安县壮话排歌、上林县镇圩瑶族乡瑶山歌、壮族哭嫁歌、多声部民歌(兴宁区松柏汉族二声部平话山歌、邕宁区和良庆区嘹啰山歌、武鸣区二声部民歌、上林县四六联民歌、马山县壮族三声部民歌)、壮族高腔民歌(马山县永州镇高腔、武鸣区二声部高腔、隆安县高腔、上林县西燕镇高腔、西乡塘区坛洛镇高腔)、壮族八音(流传于邕宁区、宾阳县、上林县的吹打音乐)、马山县壮族会鼓等。江南区平话文化旅游节举办平话山歌歌会,展示江南平话情韵;第20届南宁国际民歌艺术节、"绿城歌台"广场群众文化活动继续传承、创新南宁民歌传统;隆安县开展更望湖壮族歌圩、原生态歌坡活动,举行更望湖壮族歌圩传承基地揭牌仪式;南宁市"壮族三月三"代表性传承人卢超元成为第五批国家级非物质文化遗产代表性项目代表性传承人。舞蹈方面有青秀区长塘镇芭蕉香火龙舞、麒麟舞,江南区苏圩镇春牛舞,良庆区良庆镇缸瓦窑村香火龙舞,横县百合镇茅山舞,上林县瑶族猴鼓舞、蚩尤舞,隆安县雁江镇"九莲灯"花手舞,武鸣区玉泉镇壮族骆垌舞,南宁傩舞、壮族师公舞等;社会进步和现代文化艺术使民间舞蹈的艺术性、表演性更加突出,南宁各地民间舞蹈表演者组成职业、半职业的演出团体,在节庆、旅游活动中演出传统舞蹈。戏剧方面有邕剧、南派粤剧、平话师公戏、壮族师公戏、丝弦戏、傩戏、壮族采茶戏、横县校椅镇临江壮歌剧等;民间在丧葬习俗、拜祖先、祭祀上依然盛行师公戏,加入更多现代内容。年内,南宁市推进邕州剧场地方戏曲月月演活动,演出粤剧7部、邕剧2部;南宁市非物质文化遗产(粤剧、邕剧)传承保护基地进入施工建设、设备采购和布展阶段;打造及试演大型邕剧《顶蛳山人》;在第十届广西戏剧展演中,邕剧小戏《邓县令断婚》获桂花银奖,大型邕剧《玄奘西行》、邕剧小戏《红杏醉酒》获桂花铜奖;南宁市粤剧代表性传承人冯杏元成为第五批国家级非物质文化遗产代表性项目代表性传承人。手工技艺方面有壮族刺绣、壮族织锦、壮族服饰制作、壮族拼布、宾阳县大罗毛笔制作、宾阳县油纸伞制作、隆安县构树手工造纸、隆安县雁江镇红良打铁、邕州陶制作等;市二轻联社协助市文化、工信、财政等部门制订《南宁市第一批市级传统工艺振兴目录》《南宁市传统工艺振兴计划》;协调联系广西工艺美术大师卢权智与横县峦城镇杨村开展红陶制陶技术培训、产品研发指导服务合作,拨付资金2万元扶持杨村红陶文化产业建设;拨付资金20万元扶持规划建设"美丽南方·老木棉·匠园"传统工艺美术精品展示中心;邕宁区联社组织中国工艺美术大师、广西工艺美术大师及能工巧匠17人,研发创作具有邕宁文化和地域特色的旅游工艺品;11月24日,中国工艺美术大师谭湘光"非遗传承基地"在宾阳县湘光织锦坊挂牌,香港玩包包集团与谭湘光签订战略合作框架协议,壮锦传统技艺及壮锦服饰精品创作首期农民工培训班开班。

民间传统体育　南宁民众在世代生产生活中形成划龙舟、打扁担、跳竹杠、打鸡毛球、打陀螺、壮族迪尺、斗竹马、投绣球、斗牛、斗鸡、抢花炮、香火球、打磨秋、壮拳、射弩、板鞋竞速等民间传统体育形式,随社会发展形成固定体育赛事或体育表演,进一步融入当地教育、体育事业和旅游、经济开发中。每年农历二月初二,邕宁区中和、百济、那楼、新江、蒲庙等乡镇举行抢花炮活动,中和乡孙头坡的活动规模最大、历史最悠久(600多年);活动包括"还炮""抢炮""送炮"3个环节,抢花炮是整个活动的高潮。2018年,中和乡孙头坡的抢花炮活动吸引游客2万多人。斗竹马是踩在竹竿上比赛的壮族民间竞技活动,意在斗志、斗勇、斗强、斗胆,主要流传于青秀区长塘镇及邕宁区、良庆区等地;板鞋竞速起源于壮族土司的三人木枷练兵法,若干人为一队,同穿一对长板鞋赛跑,参加者须步调一致、同心全力;壮族迪尺又名"打鸡头""打勒则",源于壮族人狩猎的投掷练习,2人为对手,打尺数多者赢;投绣球源于古时作战、狩猎的甩投飞砣练习,后演变为传情表意、娱乐身心、竞技强身的抛接绣球活动,纳入南宁市中小学体育课程;香火球起源于良庆区南晓镇古元村,由农民保护庄稼的措施发展为类似羽毛球的体育活动,流传于良庆区南晓镇、大塘镇一带,与其他传统体育活动发展为旅游、节庆和运动会的娱乐表演、竞赛项目。4月17日至20日,广西"壮族三月三·民族体育炫"暨体育庙会南宁主会场活动在武鸣区举行,主会场活动有舞龙大赛、抛绣球比赛、抢花炮比赛、伏唐屯斗鸡斗鸟活动、大伍屯民间脚斗士争霸赛等。6月16日,第14届中国·东盟国际龙舟邀请赛在南宁邕江孔庙段附近水域举行,国内外、自治区内外56支队伍、1100多人参赛。10月24日至30日,广西第十四届少数民族传统体育运动会在崇左市举办,南宁市组织运动员256人参加珍珠球、花炮、龙舟、毽球、抛绣球、射弩、蹴球等15个项目比赛,获奖牌76枚。11月9日,南宁市第十一届中小学生少数民族传统体育运动会在新兴民族学校举办,34所学校350多名运动员参加抛绣球、毽球、踢毽子、板鞋竞速、滚铁环等项目比赛。

饮食习俗　南宁主食以稻米为主,以玉米、薯芋、麦类和其他杂粮为辅;稻米大多加工成饭、粥、米粉、粉利供日常食用,通过煮、蒸、焖、炒及添加其他原料等方式制成南瓜饭、竹筒饭、黄花饭、豆饭、八宝饭、肉末粥、菜粥、瓜粥、艾草粥、汤粉、炒粉等;糯米多制成节日食用或祭祀用的五色饭、糍粑、粽子、米糕、汤圆、油团和其他小吃;利用薯芋、豆类加工成粉丝、粉条、豆腐等副食品。壮族人多喜食腌、生、酸、辣之物,在副食品加工制作上形成腌菜、生食生拌的特殊技法,常用白菜、芥菜、萝卜、盛豆、刀豆、豆角、番木瓜、辣椒、姜、笋等以清水浸泡,或辅以盐、醋、酱制成腌菜;以辛香料、盐、醋等拌食生鱼片,以猪、鸭等动物生血拌以盐、醋、辣椒和姜末制成蘸酱,或拌和炒制的动物内脏、蔬菜食用。壮族人有饮酒、饮茶习惯,多以糯米、玉米、薯类等原料酿酒,用中药材泡制药酒。形成特有的大粽、沙糕、黄皮酱料、豆豉、鱼生、南山白毛茶、茉莉花茶等传统制作技艺,及老友粉(面)、生榨米粉、卷筒粉、柠檬鸭、横县鱼生、横县芝麻饼、宾阳酸粉、扬美沙糕、炒田螺等特色菜品,直接影响南宁餐饮业发展,饮食文化的挖掘、特色旅游餐饮的开发成为南宁旅游经营效益中新的增长点。2018年,南宁市餐饮业经营的桂菜系列主要由桂北风味菜、桂东南风味菜、桂西风味菜、滨海风味菜和少数民族风味菜,及风味小吃组成,形成以明园新都大酒店、西园饭店、荔园山庄、南宁饭店等为代表的桂菜经营饭店、酒店。全市住宿与餐饮业企业6.14万户,住宿和餐饮业营业额增长10.4%,其中餐饮业增长10.1%。　（金　尼）

经济建设

【概　况】2018年,南宁市加快产业转型升级,持续推动"二产补短板、三产强优势、一产显特色"战略,首府经济步入高质量发展新阶段。地区生产总值比上年增长5.4%。第一产业增加值增长4.3%,第二产业增加值增长2.2%,第三产业增加值增长7.8%;三次产业结构比例10.5∶30.4∶59.1;三次产业对经济增长拉动力分别为0.5个百分点、0.8个百分点、4.1个百分点。财政收入753.20亿元,增长9.5%。固定资产投资增长11.8%,社会消费品零售总额增长9%。外贸进出口总值738.79亿元,首次突破700亿元,增长21.7%,连续4年保持两位数增速。全口径实际利用外资13.69亿美元,增长43%。城镇居民人均可支配收入3.53万元,增长6.2%;农村居民人均可支配收入1.37万元,增长9.1%;农村居民人均可支配收入增速连续8年高于城镇居民人均可支配收入增速,城乡差距进一步缩小。居民消费价格总指数102.5。

【供给侧结构性改革】2018年,南宁市以供给侧结构性改革为主线,巩固提升"三去一降一补”（去产能、去库存、去杠杆、降成本、补短板）成果。去产能方面，化解过剩水泥产能60万吨，全市99家国有“僵尸企业”（已停产、半停产、连年亏损、资不抵债，主要靠政府补贴和银行续贷维持经营的企业）基本退出主业生产，清理吊销长期停业未经营的空壳企业6513家；自治区下达2017年工业行业淘汰落后和过剩产能项目全部通过验收；对已淘汰的落后产能项目开展专项检查，钢铁、水泥、电解铝、平板玻璃等行业无违规新增产能。去库存方面，新建商品房销售面积1745.19万平方米、比上年增长13.02%，其中商品房住房销售面积1438.25万平方米、增长9.98%；商业用房、非住宅用房去库存周期分别为32.31个月、27.31个月，分别下降25.7个百分点、0.3个百分点；非住宅商品房消化周期由27.39个月降至24.60个月。去杠杆方面，支持企业发行公司债、企业债等实现直接融资，企业通过债券市场融资1083亿元；开展政银企对接活动17次，签约融资近170亿元；政府债务余额1016.89亿元，控制在限额1125.01亿元以内。降成本方面，重点在税费、用工、用能等环节减轻企业负担，为企业减负约350亿元，其中税收优惠政策减免293亿元，降低税负31亿元、涉企收费5亿元、用能成本6亿元、用工成本12亿元。补短板方面，财政资金向交通、就业、社保、教育、医疗等民生领域倾斜，财政民生支出539.21亿元，占一般公共预算支出77.26%。补齐第二产业“短板”，电子信息、生物医药等高技术制造业投资增长11.70%，高于工业投资3个百分点。

（黄凯婧　农　抗）

【工　业】 2018年，南宁市全部工业总产值比上年增长5.3%，规模以上工业增加值增长1.5%。高技术产业产值占全市规模以上工业总产值26.9%，增长15.4%，拉动全市工业产值增长3.8个百分点。电子信息、先进装备制造、生物制药三大重点产业产值增长6.4%，占全市规模以上工业总产值42.1%，对全市产值贡献率51.6%；其中电子信息产业产值增长25.8%，首次超过食品工业，为对工业增长贡献最大的产业，高技术产业逐渐成长为全市工业经济增长的新动能。完成电子信息、新能源汽车、高端铝产业链全景图编制；引进瑞声科技、歌尔股份、李宁体育等重点产业项目98个，瑞声科技南宁产业园（一期）、南宁科天水性科技产业园无毒全屋定制家具生产线等34个重点项目竣工投产。南宁高新技术产业开发区与武鸣区合作打造的“飞地园区”——南宁高新区武鸣产业园签约揭牌。富士康南宁科技园工业产值484亿元，产值保持28%以上的增速，为全市首家产值突破480亿元的工业企业。全市工业产值超亿元的企业456家，完成产值占全市工业产值总量92%，拉动工业产值增长9.8个百分点。富士康工业互联网股份有限公司的富士康工业互联网平台BEACON（由“B—行业应用价值、E—服务型制造、A—智慧应用、C—工业云和大数据、O—智慧工厂、N—工业互联网／智能装备”六大环节组成）获工业互联网产业联盟首批工业互联网平台可信服务评估认证；广西南南铝业股份有限公司、广西博世科环保科技股份有限公司、广西南宝特电气制造有限公司被工业和信息化部确定为两化融合管理体系贯标试点企业。12月8日，广西先进铝加工创新中心、广西南南铝加工有限公司等联合实施的“高端高精铝材关键热处理重大短板装备项目”通过国家重大装备工程先行先试项目评审，为国家重大短板装备专项工程的开篇。广西南南铝加工有限公司、广西路桥工程集团有限公司获第四届自治区主席质量奖。

【服务业】 2018年，南宁市第三产业增加值比上年增长7.8%，占地区生产总值59.1%，对经济增长贡献率76.1%，拉动全市经济增长4.1个百分点。创新设立南宁市现代服务业信贷风险补偿基金，安排基金规模2000万元。金融业增加值增长7.4%，对经济增长贡献率15.66%；中国出口信用保险公司广西分公司、中银香港东南亚业务营运中心落户南宁，平安银行南宁分行、国富人寿保险股份有限公司开业，新增上市和新三板挂牌企业7家；五象新区总部基地金融街基本成型，入驻金融机构25家。现代物流业新增AAA级以上物流企业8家、累计25家；快递服务企业业务收入增长36%；南宁市获批建设全国流通领域现代供应链体系建设重点城市、国家物流枢纽承载城市。电子商务重点企业交易额2900亿元、增长16%；农村电子商务交易额2.80亿元、增长75%，农村电子商务覆盖率85%；中国（南宁）跨境电子商务综合试验区开区运营；中国—东盟（南宁）跨境电子商务产业园综合进出境业务1213.73万票，货值7507.27万美元；邮政、电信业务总量分别增长56.6%、159.6%。新增南宁园博园、南宁万达茂、那贵坡樱花园、马山弄拉旅游景区4个国家AAAA级旅游景区，东盟文化博览园（方特东盟神画）建成开放，邕江夜游项目上线运营，“老南宁·三街两巷”历史文化街区开街；全市接待游客1.32亿人次、增长18.98%，旅游总消费1387.54亿元、增长23.08%。营利性服务业增加值增长19.4%，对经济增长贡献率30.7%，拉动全市经济增长1.7个百分点。累计有自治区级服务业集聚区9个、市级服务业集聚区27个，新增华尔街工谷科技服务业集聚区、联讯U谷科技服务业集聚区、403禾集、百益·上河城文创科创孵化产业园、中国—东盟电子商务产业园5个现代服务业集聚区；南宁广告产业园获批国家广告产业园区。全市新增广西服务业品牌企业37家、占自治区总数50%，累计有广西服务业品牌企业家75家。

【现代特色农业】 2018年，南宁市农林牧渔业总产值725.27亿元，比上年增长4.5%。其中：农业产值422.77亿元，增长4.9%；林业产值40.41亿元，增长6.9%；畜牧业产值188.02亿元，增长1.8%；渔业产值33.4亿元，增长9.4%；农林牧渔服务业产值40.67亿元，增长8.7%。实施现代特色农业产业“10+3”（粮食、糖料蔗、水果、蔬菜、茶叶、桑蚕、食用菌、罗非鱼、肉牛肉羊、生猪10个种养产业，富硒农业、有机循环农业、休闲农业3个新兴产业）提升行动，蔬菜产量562.23万吨，总量保持自治区第一；水果产量282.73万吨，其中柑橘、火龙果产量分别增长147.8%、100.7%；茉莉鲜花产量8.50万吨，茉莉花（茶）综合品牌价值197.45亿元。新增“三品一标”（无公害农产品、绿色食品、有机农产品、农产品地理标志）农产品12个、富硒农产品认证10个，入选首批广西农业品牌目录农产品25个；“南宁香蕉”地理标志商标获国家市场监管总局知识产权局核准注册并正式启用，“武鸣砂糖橘”获国家地理标志登记保护。有农业产业化重点龙头企业212家，其中国家级14家、自治区级36家、市级162家；新增市级农业产业化重点龙头企业19家、农民专业合作社645个、家庭农场176家；规模以上农产品加工企业超120家，“新型经营主体＋社会化服务＋适度规模经营”成为南宁市现代农业发展的重要模式。南宁农产品交易中心投入使用；建设农产品产地预冷和冷链物流，西乡塘区群南柑橘产业示范区、邕宁区香流溪热带水果产业示范区、邕宁区坛里沃柑产业示范区、武鸣区伊岭溪谷休闲农业示范区建成果实自动分拣生产线，柑橘、火龙果实现商品化包装和分级上市。全市各级现代农业示范区建立、引进电商企业245家。新增自治区级现代特色农业核心示范区12个、自治区农业科技园2个，打造广西休闲农业与乡村旅游示范点8个。（黄凯婧）

【县域经济】 2018年，南宁市出台《南宁市关于进一步加快县域经济发展的实施意见》，实施特色现代产业发展、城乡基础设施改善、新型城镇化建设、乡村振兴战略、保障和改善民生、扩大县域开放合作、深化重点领域改革创新7大举措。横县、宾阳县、上林县、马山县、隆安县地区生产总值分别比上年增长7.1%、8.8%、3.2%、5%、4.5%，规模以上工业增加值分别增长2.9%、9%、-13.8%、26%、-1.9%，固定资产投资分别增长14.15%、10.5%、3.1%、13.3%、3.6%。横县建设农业优势特色产业生产基地片区68个、蔬菜基地3个；横县茉莉花茶为第15届中国—东盟博览会国宾招待用茶和国礼茶；在第二届中国当代茶文化发展论坛上，全国茉莉花茶交易博览会被评为“中国茶事样板十佳”；横县茉莉花（茶）品牌综合价值197.45亿元；横县与阿里巴巴（中国）教育科技有限公司签订电子商务人才培训合作协议，成为“淘宝大学”首个广西培训基地；横县农村电子商务交易额17.07亿元、增长32%。宾阳县建设“优质粮食工程”全国行动示范县，划定粮食生产功能区2.98万公顷、糖料蔗生产保护区1.96万公顷；古辣香米现代特色农业示范区面积133.33公顷以上；全县实现电商服务网点村级全覆盖，农产品网络销售1.20亿元，增长30%；宾阳县空间发展、贵（港）隆（安）高速入城片区控制性发展、足球特色小镇修建等9个规划编制完成；搭建“数字宾阳”系统，建成数据库、地理信息公共服务平台等；柳（州）南（宁）高速公路改扩建工程（宾阳段）完工，县城炮龙文化广场（一期）、高铁宾阳站服务中心二期等竣工。上林县《县城总体规划（2014—2035）》通过县级评审，完成县城控制性详细规划评审稿、南丹卫城控制性详细规划和核心区修建性详细规划、县域乡村规划编制的专家评审，编制进城大道扶贫产业带规划；引进“微生物+”技术，创建生态循环养殖示范点26个；“三湖一寨二江三园”（龙母湖、金莲湖、云里湖、鼓鸣寨、大庙江、澄江河、万古茶园、农耕文化园、淘金乐园）旅游项目投资1亿元，发展农家乐、乡村旅游景点130多个。马山县投入1.46亿元建设马山县白山镇民族种桑养蚕示范园、古零镇新黄村生猪养殖产业示范区等乡镇现代特色农业示范区11个；推进乔老半岛自然乐园青少年户外活动基地详细规划设计方案、马山县全域旅游总体规划、马山县旅游集散中心详细性修建规划、马山大弄拉石漠化国家公园总体规划、马山县乡村旅游规划编制；以体育、旅游为龙头的第三产业对经济增长贡献率69.10%。隆安县那之乡火龙果产业核心示范区被认定为自治区现代特色农业四星级核心示范区；“隆安火龙果”、“绿水江”香蕉、“伊蜜”火龙果、雁江香米及广西金穗农业集团有限公司分别入选自治区首批农产品区域公用品牌、农产品品牌、农业企业品牌目录；引进华润集团全国首批农林废弃秸秆综合利用项目，三礼电子有限公司等8家劳动密集型企业入驻产城融合区；修改完善震东扶贫生态项目控制性规划、那桐镇总体规划，完成县城总体规划修编、震东扶贫生态移民与城镇化结合示范区控制性详细规划修编；震东易地扶贫移民搬迁安置区交付使用。

（黄凯婧　金　尼）

政治建设

【概　况】2018年，南宁市持续推进法治南宁建设升级，首次开展法规表决前评估，建立立法助理制度；完成“七五”普法中期督查考核，入选全国“七五”普法中期先进城市推荐名单；《中国法治政府评估报告（2018）》显示南宁市法治政府建设评估总分720.72分，高于全国平均水平66.38分，在全国100个被评估城市中排名第十八，在西部20个城市中排名第三。出台全面从严治党主体责任清单，建立完善作风建设制度规定及措施办法，深化扶贫领域腐败和作风问题专项治理。围绕社会热点难点，开展多层次协商，全面加强政协系统党的建设，开展提案办理“回头看”监督。推进行政审批制度改革。

（金　尼）

【从严治党】2018年，南宁市组织开展习近平新时代中国特色社会主义思想和党的十九大精神集中轮训，培训县处级干部1899人、乡镇党政正职干部197人；推进“两学一做”（学党章党规、学系列讲话，做合格党员）学习教育常态化制度化，依托“绿城党旗红”“南宁两新党建”等平台开展党的十九大精神网络自学、知识竞赛，参与人数超过27万人次；举办主体班、专题培训班44期次，轮训干部4670人次；强化理想信念教育，培训农村、城市社区、机关、新经济组织、新社会组织等领域党员11.62万人。组织党员干部1.80万人次集中观看《广西三起县级扶贫办主任严重违纪案件警示录》428场次，到市反腐倡廉警示教育基地接受教育87批次1.12万人次。出台《中共南宁市委员会履行全面从严治党主体责任清单》，梳理具体责任61项，专项治理作为重要内容纳入主体责任范围；立案审查失职失责类问题264件，给予党纪政务处分242人。查处违反中央八项规定精神问题182起286人，通报、曝光典型案例38批次96起；查摆形式主义、官僚主义10个方面问题720个，查处400起419人，提出整改措施1200多项；整治领导干部利用名贵特产类特殊资源谋取私利问题，专项整治“私车公养”“小金库”等问题，查纠问题500多个。出台《中共南宁市委员会深入治理扶贫领域形式主义官僚主义若干规定（试行）》，建立完善作风建设制度规定及措施办法160多项；深化扶贫领域腐败和作风问题专项治理，立案审查822件，给予党纪政务处分781人，组织调整或处理200人，移送司法机关4人，通报、曝光典型案例130批次294件；实行扶贫领域违纪违法案件提级审理，审核区县上报扶贫领域案件308件。查处涉黑涉恶腐败和“保护伞”问题25个，给予党纪政务处分15人。查处党内失职失责问题90个，问责党组织8个、党员领导干部112人，给予党纪处分79人；查处违反政治纪律问题20起，给予党纪政务处分14人。

（林世才）

【人大工作】2018年，南宁市人大及其常委会组织召开代表大会1次、常委会会议7次，作出决议决定25项；审议地方性法规案11件，开展立法调研8项；听取审议“一府两院”工作报告13个，开展专题询问1次、专项工作评议1次、执法检查5项、专题调研9项。备案审查规范性文件38件、政府规章5件；复查近3年报备的市政府规章。首次将专项资金支出绩效情况随同决算草案一并审议，组织第三方对现代特色农业示范区建设、商贸服务业专项资金进行绩效评价。制定市政府向市人大常委会报告国有资产管理情况、预算审查前听取人大代表和社会各界意见建议等制度。市十四届人大三次会议期间收到代表提出建议213件（含议案转建议77件），分别交由50个承办单位办理；代表建议被采纳、问题得到解决或正在解决的比例超过88%，代表对办理结果表示满意192份、基本满意16份、不满意5份；对不满意件，按规定重新交办并跟踪督办。市十四届人大三次会议选举产生市监察委员会主任，常委会依法任命监察委员会副主任和委员；任免国家机关工作人员57人次。落实市人大代表联系人民群众制度，701个“人大代表之家”平台接待群众8.41万人次；全年受理群众来信来访来电268件次，办结率100%。市人大首次与《南宁日报》、南宁电台、南宁电视台合作开办“人大之声”专题栏目，全年“两台一报”各刊播30期。

（韦杉娜）

【法治政府建设】2018年，南宁市持续推进法治南宁升级，全面加强政府自身建设，组织开展向宪法宣誓活动，提请市人大常委会审议地方性法规草案4件，出台政府规章2件、规范性文件40件，废止政府规章2件。32个市级部门通过南宁市网上行政执法暨电子监察系统办理行政处罚一般程序立案1756件,结案782件;延长市行政执法监督员任期,续聘27人;在自治区率先启用南宁市政府法制网·公开征求意见平台,建立政府立法、制度建设和行政决策统一公开征求意见制度。建成全国公安系统首个350兆宽带警用无线通信网络;完成“七五”普法中期督查考核;村级公共法律服务机构实现全覆盖。(金 尼)

【政治协商】 2018年,南宁市政协全面加强政协系统党的建设,深入区县开展党建工作大调研,制定完善党组议事规则等6项党务工作制度。召开专题议政性常委会议2次、专题协商会2次、双月协商座谈会7次、对口协商会7次、提案办理协商会25次,形成全体会议为龙头,专题议政性常委会议和专题协商会为重点,双月协商座谈会、对口协商会、界别协商会、提案办理协商会等为常态的多层次协商议政格局。聚焦重大决策、中心工作、脱贫攻坚、服务重大项目建言献策,形成大会发言材料、调研报告48份,协商报告16份、视察调研报告22份,供市委、市政府决策参考。改进调研视察工作,将重点调研课题纳入政协常委会工作要点,调研视察活动由主席会议成员牵头开展,落实主席会议研究审议调研视察计划和报告;开展提案办理“回头看”监督,提高提案和提案办理质量;出台《中国人民政治协商会议南宁市委员会大会发言规则》,完善发言协商遴选机制;修订完善常委会工作、界别活动、机关管理等32项制度,建立健全市政协领导及专委会分工联系界别小组工作机制,密切专委会之间工作联动协作。落实《中国人民政治协商会议南宁市委员会委员履职工作规则(试行)》,建立履职档案,完善履职管理信息平台。(余 菁)

【民主党派与无党派人士参政议政】 2018年,南宁市出台《2018年度南宁市政党会议协商计划》,中共南宁市委推动完善“党委出题、党派调研、政府采纳、部门落实”工作机制,推进重点课题调研制度化、程序化、规范化,召开经济工作专题协商座谈会、政党调研协商座谈会,专题听取重点课题调研成果汇报;市政府举行《政府工作报告》征求意见座谈会,征求民主党派(党外人士)意见、建议。各民主党派市委会、市工商联、市无党派人士联络组围绕全市中心工作、社会热点和难点问题开展重点课题调研,形成《关于南宁市深度贫困地区脱贫攻坚的调研》(中国国民党革命委员会南宁市委员会)、《关于大力推进南宁市地铁经济发展的建议》(中国民主同盟南宁市委员会)、《关于促进困境企业救助和僵尸企业清理中府院联动机制研究》(中国民主建国会南宁市委员会)、《构建产教融合的职教体系 促进南宁经济转型升级》(中国民主促进会南宁市委员会)、《南宁市体医融合发展情况的调查》(中国农工民主党南宁市委员会)、《中新互联互通“南向通道”之南宁枢纽建设研究》(中国致公党南宁市委员会)、《关于南宁市科技推进农业产业发展的调研报告》(九三学社南宁市委员会)、《关于支持电商企业参与脱贫攻坚工作的建议》(南宁市工商业联合会)、《关于推进农村一二三产业融合发展的建议》(南宁市无党派人士联络组)、《多措并举 进一步促进台胞在邕投资创业》(台湾民主自治同盟南宁市支部委员会)重点课题调研报告10篇。民主党派成员中的人大代表、政协委员在各级“两会”上提交议案、建议和提案301件,自治区采用7件。组织民主党派成员、无党派人士30多人参加扶贫领域监督执纪问责工作巡查调研,开展民主监督。(詹任南)

文化建设

【概 况】 2018年,南宁市培育践行社会主义核心价值观,深入开展群众性精神文明创建,在文明城市年度测评中获83.10分,在全国文明城市中的28个省会(首府)、副省级城市中排名14;城市综合信用指数83.88,在全国排名14,比上年上升17位,年度跃升幅度全国第一,获国家发展改革委点名表扬。推进文化产业建设与发展,加强文化产业引导,培育文化产业集群,推动南宁文化产品“走出去”。(金 尼)

【培育践行社会主义核心价值观】 2018年,南宁市重点打造万象城、民族影城等社会主义核心价值观主题商业街区。征集“讲文明树新风”公益广告,参赛作品200多件,评出优秀作品39件参加第六届自治区“讲文明树新风”公益广告征集活动;市属电台、电视台播放公益广告11万多次、6万多分钟,市属报刊刊登版面203个,社会宣传媒介月均发布公益广告宣传画面10万余平方米。开展“我推荐、我评议身边好人”活动,向中央、自治区文明办推荐候选人60人,有7人荣登“中国好人”榜,5人事迹获中国文明网“好人365”专栏报道。举办传统活动100多场次,开展“互联网+文明创建”线上、线下活动11场,制作专题16个。全市172.70万人参加自治区“传承红色基因向国旗敬礼”网上签名寄语活动。组织未成年人开展“缅怀革命先辈传承红色基因”活动,参与“网上祭英烈”活动33万人。征集评选优秀童谣,评出一等奖15首、二等奖40首、三等奖65首;福建路小学谭宇宸的《文明礼让斑马线》获全国优秀童谣征集活动二等奖。选派滨湖路小学山语城校区、广西大学附属中学代表参加未成年人庆祝自治区成立60周年“社会主义核心价值观主题歌曲传唱”会演,获小学组第一名、中学组第三名。开展南宁市未成年人庆祝自治区成立60周年暨“文明校园·家乡最美”微电影、微视频征集评选,评出一等奖30个、二等奖50个、三等奖48个。举办“童心向党阳光成长”中小学艺术节,600多所学校选送2万多件艺术作品参评;举办“童心向党阳光成长”南宁市中小学庆祝改革开放40周年、自治区成立60周年暨培育和践行社会主义核心价值观文艺会演,20多所中小学校1000多名师生参演。青秀区新竹社区获首批“自治区社会主义核心价值观建设示范点”称号。推进诚信建设制度化,出台《南宁市信用体系建设工作领导小组制度》《南宁市关于集中治理诚信缺失突出问题 提升全社会诚信水平的实施方案》。7月12日,南宁市信用联合会成立,会员单位42家;10月20日,南宁市作为首批城市加入“一带一路”国际合作城市信用联盟;12月7日,南宁市信用联合会、上海市社会信用促进中心等9家单位发起组建城市信用体系建设社会组织合作联盟。南宁首部信用体系建设宣传动漫片《守信处处受益失信寸步难行》在南宁新闻综合频道《新闻夜班》栏目播放;首次向全市征集诚信示范典型48个;首次在南宁新闻网首页开设“信用南宁”专栏,发布信息873篇。广西南宁人才智力交流开发中心、广西四方汇通人才服务有限责任公司、广西锦绣前程人力资源股份有限公司、广西嘉路人力资源顾问有限责任公司4家人力资源服务机构获“全国人力资源诚信服务示范机构”称号。

【文化产业建设与发展】 2018年,南宁市加强文化产业引导,中华电影院项目建设、百鸟剧场、“欢雅娜·马山景秀”马山壮族三声部民歌系列文化品牌节目长期展演项目、茉莉花文化创意产品开发示范基地、《春天的旋律·2019》5个项目获自治区文化产业发展专项资金370万元扶持;《海豚帮帮号》《飞天小鼯鼠》《白头叶猴之嘉猴壮壮》《喀斯特神奇之旅》、花山岩画VR体验项目、“一带一路”动画项目《熊猫与小象》应用型、“一带一路”动漫内容输出链式营销发行服务7个动漫项目获广西动漫产业发展引导资金260万扶持;百益·上河城智慧型文化创意产业园、老木棉·匠园传统工艺美术创业园、缸瓦窑

2018年12月7日,南宁市信用联合会、上海市社会信用促进中心等9家单位举行城市信用体系建设社会组织合作发起签约仪式　　市信用办提供

文化艺术村建设项目、"一带一路"铜鼓文化VR展示项目、宾阳县露圩镇《醉美蓝衣水彩思源》5个项目列为广西特色文化产业发展重点项目。培育文化产业集群,南宁广告产业园、美丽南方·老木棉匠园2个园区入选第二批自治区级文化产业示范园区;培育403禾集、百益·上河城文创科创孵化产业园2个市级文化创意服务业集聚区,命名南宁万达茂文化产业有限公司等20家文化企业为第六批南宁市文化产业示范基地;打造万达茂·万达乐园、方特东盟神画主题乐园、融晟极地海洋世界等特色文化园区。推荐南宁信创投资管理有限公司、南宁万达茂文化产业有限公司、广西千年传说影视传媒股份有限公司3家企业列入自治区服务业龙头企业库;南宁市艺术剧院有限责任公司等15家企业纳入南宁市紧缺人才企业名录库;广西乐达传媒有限公司等6家企业纳入南宁市"双五十"服务业重点企业名录库。广西中视嘉猴影视传媒投资有限责任公司的《嘉猴壮壮》系列动画片翻译成外语在缅甸播出,广西千年传说影视传媒股份有限公司的原创动画连续剧《铜鼓传奇》《喀斯特神奇之旅》在泰国中央电视台播出;南宁峰值文化传播有限公司携《海豚帮帮号》等优秀作品赴法国推介商洽,与菲律宾GMA集团签署中菲区域影视版权合作协议,拓展文化产业海外市场。

(葛应俊)

【文化活动】 2018年,南宁市筹办开展第20届南宁国际民歌艺术节系列文化活动,发起建立中国—东盟(南宁)戏剧合作交流机制,与27家艺术院团、文化机构签署《中国—东盟戏剧合作交流机制谅解备忘录》;公开发布关于东盟国家戏剧文化研究的理论著作《东南亚戏剧概观》《东南亚戏剧剧本丛书·剧本卷》(越南卷、泰国卷)3部;创作排演2018年新年音乐会暨广西文化艺术中心首演音乐会、南宁市新年戏曲晚会、南宁市军民迎新春文艺晚会、中国—东盟经典民歌音乐会等大型文艺活动;举办"美丽南宁大舞台"艺术精品惠民演出6场,演绎中外经典舞剧、原创精品剧目;开展邕州剧场地方戏曲月月演活动,演出粤剧7部、邕剧2部、高甲戏2部、魔术1场;打造"壮族三月三·八桂嘉年华"、民歌湖"百姓大舞台"周周演等特色活动品牌,举办大型民歌专场文艺演出10余场。参与自治区成立60周年庆祝大会群众文艺表演活动,完成南宁市代表队节目《共享未来》主题表演。组织艺术院团赴菲律宾、印度尼西亚、泰国开展文化交流活动;组织舞剧《刘三姐》参与中央电视台综艺频道《舞蹈盛典——2018国庆舞蹈精品展演》的录制,并赴香港巡演5场。南宁电视台联合13个国家和地区的19家媒体打造《春天的旋律·2018》跨国春节晚会;赴老挝、泰国、柬埔寨、马来西亚、奥地利、波兰6个国家开展2018"南宁渠道 丝路交响"跨国采访行动,播出系列报道17集;与中央电视台中文国际频道对接播出《海外南宁人》系列片7集。　　(宋良慧)

社会建设

【概　况】 2018年,南宁市持续推进民生福祉升级,集中资源做好普惠性、基础性、兜底性民生建设,财政涉民生支出539.21亿元,比上年增长7.90%,占一般公共预算支出77.26%。筹集财政专项扶贫资金27.31亿元,增长17.10%,主要用于贫困村特色产业扶贫示范园、基础设施建设等项目,年度脱贫攻坚任务完成;投入73.86亿元支持社会保障和就业创业,投入129.55亿元支持教育深入发展,投入68.38亿元支持卫生医疗发展,投入0.83亿元支持"中国杯"国际足球锦标赛等重大国际赛事开展。筹措为民办实事项目资金91.25亿元,增长10.60%;为民办实事项目20项68个子项目全部完成。　　(罗宝顺)

【脱贫攻坚】 2018年,南宁市筹捐各级扶贫资金27.31亿元,开展深度贫困脱贫、产业扶贫、易地扶贫搬迁、村级集体经济、精准帮扶、党建促脱贫等工作。全市脱贫摘帽贫困村104个、贫困人口10.56万人,贫困发生率由2017年5.02%降至2018年2.57%。选派56名优秀科级干部到深度贫困村担任第一书记,深度贫困村实现厅级以上领导挂点联系全覆盖;组织64家龙头企业帮扶深度贫困地区。全市建设扶贫车间113个,已脱贫户均实现有1项以上增收产业或技能。建设贫困村特色产业扶贫示范园项目250个。易地扶贫搬迁累计搬迁入住6.23万人,安排专项资金4000万元推进隆安县易地扶贫搬迁震东集中安置区可持续发展。开展粤桂扶贫协作,贫困人口向广东省转移就业6882人。贫困村村级集体经济收入达3万元以上420个、达5万元以上263个。上林县获2018年全国脱贫攻坚奖组织创新奖。　　(谭春兰)

【乡村振兴】 2018年,南宁市出台《中共南宁市委员会关于实施乡村振兴战略的决定》,深入推进质量兴农、环境优化、乡风文明培育、乡村治理提升、惠民富民、精准脱贫攻坚等乡村振兴"六项行动"。做强做优特色农业产业,全市柑橘、火龙果产量分别增长147.8%、100.7%;建成果实自动分拣生产线,柑橘、火龙果实现商品化包装和分级上市;茉莉花(茶)综合品牌价值达197.45亿元;"隆安火龙果""横县甜玉米"入选第二批广西特色农产品优势区创建;新增自治区级现代特色农业核心示范区12个,打造广西休闲农业与乡村旅游示范点8个;良庆区大塘镇、上林县白圩镇获批开展2018年全国农业产业强镇示范建设。启动实施农村人居环境综合整治三年行动;完成改厨改厕改圈25万户、农村生活污水整治项目102个、农村公共照明项目147个,竣工农村饮水安全巩固提升工程308处,改造农村危房6184户;完工130个农村公路项目308.80千米;新增、恢复、改善灌溉面积2.55万公顷,治理水土流失面积42.78平方千米,完成植树造林1.80万公顷;新增自治区级生态乡镇18个、自治区级生态村40个、市级生态村62个,创建"绿色村屯”1116个。培育乡风文明,实施《南宁市文明村镇创建三年行动计划(2018—2020年)》;新增县级以上文明村213个,文明乡镇13个;建立乡风文明村示范点216个,修订完善村规民约的村1131个,建立“四会”组织3862个;市级、区县级新时代文明实践中心全部挂牌成立;建成村史室922个;组织开展农村文化活动5302场,288万人次受惠。提升乡村治理,加强农村基层党组织建设,整顿转化提升软弱涣散村党组织147个,578个村党组织获自治区命名星级农村基层党组织;全市15个区县(开发区)、128个乡镇综治中心全部建设完成。抓好乡村民生建设,落实农村义务教育学生营养改善计划3.26亿元,42万人受益;打造“城市15分钟,农村30分钟”就业服务圈,813个就业服务平台网点建成使用;完成农村劳动力转移7.13万人,组织农民工1.71万人参加技能培训;建成村卫生室1384个,配备乡村医生3069人,基本构建覆盖全市的农村基层医疗卫生服务网络。 (廖锦鹏)

【平安南宁建设】 2018年,南宁市开展“平安校园”“平安医院”等系列创建活动,将基层平安创建工作纳入常态化管理;全市37家二级以上医疗机构补设警务室,28家医院添装一键式报警装置;开展“法治南宁讲堂”宣讲活动64场次,解答群众法律咨询5000余次。投入6.55亿元建设“雪亮工程”(公共安全视频监控建设联网应用),布建视频监控探头2万多个,联网社会视频探头3万多个,建成电子治安卡口778个;开发具备人脸智能识别比对工程的平安智慧云眼系统。城乡社会网格化管理工作格局基本形成,划分网格7046个,专职网格员7159人,聘请网格信息员2.58万人。开展清查整治行动638次,捣毁传销窝点262个,打掉团伙122个,查获传销人员1.41万人。打掉涉黑组织5个、涉恶犯罪团伙370个,破获涉黑、涉恶案件800起,刑拘犯罪嫌疑人3037人。排查矛盾纠纷2.42万起,调解成功2.35万起。群众年度安全感满意度95.71%。南宁市被自治区食品安全委员会授予“广西食品安全示范城市”称号,被自治区社会治安综合治理委员会评为2018年度自治区“平安市”;12个区县被评为2018年度自治区“平安县(区)”。 (傅荣华)

【科技事业】 2018年,南宁市实施市级科学研究与技术开发计划项目248项,财政科技经费投入9973.61万元,年增产值27.64亿元。每万人口发明专利拥有量9.89件,比上年增长18.42%,居自治区首位。高新技术企业750家,占自治区高新技术企业总数40.15%。完成广西科技成果转化大行动项目80项,技术交易额6921.32万元。全市科技成果获国家科学技术奖1项、自治区科学技术奖34项。开展科普活动51场次,受益群众20.10万人次。广西南南铝加工有限公司承担完成的市级重大科技项目“汽车车身用高性能铝合金宽幅薄板的开发应用”实现产业化,填补国内轻量化铝合金车身板的空白,新增产值1.03亿元。南宁·中关村创新示范基地(相思湖区)、南宁·中关村科技园揭牌;南宁高新技术产业开发区入选首批国家中小企业双创升级特色载体项目;中国—东盟检验检测认证高技术服务集聚区有6个东盟中心项目入园;安吉·华尔街工谷、联讯U谷获南宁市科技服务业集聚区认定;江南区沙井电子信息创新小镇、南宁高新区新一代信息技术产业创新小镇、横县茉莉创新小镇入选自治区创新小镇培育试点名单。 (吕 阳)

【教育事业】 2018年,南宁市建成使用市第四中学凤凰校区等中小学校21所,新增学位3.91万个;新建成西乡塘区金光幼儿园等幼儿园18所,新增学位6570个。创建全国青少年校园足球特色学校及校园篮球特色学校,市第十四中学等19所学校入选全国“足球特色学校”,市第四职业技术学校等37所学校入选全国“篮球特色学校”。首次组织“南宁市中小学师德巡回大讲堂”活动,巡回宣讲16场,师生和家长代表7873人参与。西乡塘区被评为全国中小学校责任督学挂牌督导创新县;江南区、邕宁区、良庆区、横县、宾阳县、上林县6个区县通过义务教育均衡发展国家督导评估认定;全市12个区县均通过义务教育均衡发展国家评估认定,提前两年完成自治区规划目标任务。接收进城务工人员随迁子女入学15万人。全市投入助学资金8.34亿元,受惠学生68.51万人次。开展中小学生校内课后服务,试点托管学校80多所;设培训点30个,培训210校次,受益学生17.55万人次。1449所学校接入互联网,接入率99.73%;南宁市教育资源公共服务平台、教育管理公共服务平台启动试运行。广西首个区县级社区教育学院——青秀区社区教育学院在市第四职业技术学校挂牌成立。 (市教育局)

【卫生医疗】 2018年,南宁市公立医疗机构开始全面执行药品采购“两票制”(药品生产企业到流通企业开一次购销发票,流通企业到医疗机构开一次购销发票),药占比(病人买药费用占总费用的比例)从33.31%降至28.34%。指导区县以“上林医改模式”为蓝本,建设人财物统一管理的医疗共同体,医疗共体实现县级全覆盖。初步构建以市第一人民医院、市第二人民医院为核心的城市医疗集团。打造市13家定点医院+4个质控中心+120急救的网络串联形式,在自治区率先搭建覆盖市区范围的急性脑卒中救治体系。在自治区率先实现医疗系统与医保结算系统整合,贫困户住院实际报销93.05%,门诊慢性病实际报销87.96%,大病救治率99.48%。市儿童医院主体工程完工,江南区人民医院、良庆区人民医院开诊。推进智慧健康信息平台建设,完成200多万人的健康信息和电子病历数据采集。市第七人民医院与波兰格鲁琼兹市共建的格鲁琼兹中医针灸推拿及慢性疼痛治疗中心开业运营,南宁中医专家4人进驻诊疗。 (市卫健委)

【体育事业】 2018年,南宁市举(承)办“中国杯”国际足球锦标赛、环广西公路自行车世界巡回赛(南宁站)、中国—东盟卡丁车邀请赛、“酷动先锋”城市系列挑战赛等重大体育赛事16项。全市体育产业总规模80.92亿元,增加值38.37亿元;从事体育产业及相关产业的法人单位1857家,从业人员2.35万人;培育国家级体育产业品牌项目7个、自治区级13个。设立市本级体育产业引导资金500万元,评估、扶持南宁国际卡丁车赛场、广西奥运城滑草场、那贵樱花园极速小镇、南宁体育产业博览会、体育电影《梦寐以球》5个首批体育产业项目。南宁市体育场地面积1181.13万平方米,人均体育场地面积1.65平方米,经常参加体育锻炼人口占总人口46%;国民体质监测5万人次以上,合格率90%。南宁市及青秀区、宾阳县、马山县开展全民健身与全民健康深度融合试点市(区、县)建设;南宁市全民健身和全民健康指导中心在市体育局大院揭牌成立;自治区首个“互联网+全民健身”服务平台——运动绿城APP投入使用。南宁市被广西全民健身工作厅际联席会议办公室评为首批广西全民健身和全民健康深度融合示范市,马山县被评为示范县,邕江两岸体育设施建设规划等8个项目被评为广西全民健身和全民健康深度融合示范项目。 (市体育局)

【社会保障】 2018年,南宁市继续实施“全民参保登记计划”,社会保险参保1250.65万人次。城乡居民基本养老保险参保220.31万人,参保率97.72%,享受待遇67.27万人。企业退休人员基本养老金实现连续14年增长,人均每月2328.36元;机关事业单位退休人员基本养老金第二次调整,人均每月4886.32元。基本医疗保险参保695.89万人,职工医保和城乡居民医保统筹基金年度最高支付限额分别提高至34.01万元、16.99万元。发放低保、特困人员供养资金81.31万户次、159.32万人次、4.44亿元;发放医疗救助、临时救助救济16.73万人次、6781.64万元。南宁市成为中央财政第三批支持居家和社区养老服务改革试点城市，获试点资金3124万元。11月6日，南宁市首家区县(开发区)300张～500张床位公办示范性养老福利机构——南宁华侨投资区社会福利院投入运营。南宁市智慧养老服务平台三胞集团安康通中心站点、北京普天中心站点建成运营。继续开展“人脸识别”养老保险待遇资格认证，认证22.49万人。实现基本医保+大病保险+医疗救助+二次报销“一站式”结算，为建档立卡贫困人口即时结算医疗费用14.98万笔2.08亿元。“共享医保”允许个人账户资金为本人及家人购买商业健康保险和缴纳医保费，全市职工个人账户购买商业健康保险成交2452单51.49万元，2894人为本人或家人缴交基本医疗保险费3758人次157.50万元。通过手机APP“刷脸”申领失业保险金1105人、申领失业保险提升职业技能补贴454人。发放社保卡182.57万张。南宁市被列为全国首批电子社保卡试点城市，签发电子社保卡4.91万张。　　（廖书恒）

生态文明建设

【概　况】2018年，南宁市持续开展节能降碳，在工业、城市景观亮化、机关单位、供电等重点领域实施节能调控措施，加快风电、光伏发电、生物质发电等新能源项目开发建设；持续深化扬尘污染治理，创新开展道路积尘负荷走航监测；在自治区率先建立河长制信息化监管平台，与崇左市、百色市建立流域环境安全隐患联合排查、处置机制；“美丽南宁·宜居乡村”建设收官。全年万元地区生产总值能耗下降2.80%，城市空气质量优良率93.4%，市县集中式饮用水水源地水质达标率100%，公众绿色出行率82.50%。南宁市资源循环利用基地获国家发展改革委、住房城乡建设部批复同意建设。邕宁区获第二批全国“绿水青山就是金山银山(两山)”实践创新基地称号，南宁市被中国生态文明研究与促进会评为“2018美丽山水城市”。　　（金　尼）

【生态保护与建设】2018年，南宁市有自然保护区7个，总面积5.17万公顷，其中国家级1个(广西大明山国家级自然保护区)，自治区级5个(广西三十六弄—陇均自治区级自然保护区、广西龙虎山自治区级自然保护区、广西龙山自治区级自然保护区、广西弄拉自治区级自然保护区、广西横县六景泥盆系地质自治区级自然保护区)，市级1个(良庆区那兰鹭鸟市级自然保护区)；有国家湿地公园2处，其中南宁大王滩国家湿地公园面积5520公顷，横县西津国家湿地公园面积1855.69公顷。南宁市配合自治区完成《广西生态保护红线划定方案》编制，指导上林县在自治区率先开展生态保护红线勘界定标试点，12月15日在大丰镇东春村安装广西生态保护红线第一桩，生态保护红线进入实际监管阶段。隆安县完成《广西西大明山自治区级自然保护区(南宁市辖区)面积和界线确定方案》编制，上报自治区通过评审。做好广西左、右江流域革命老区(百色、崇左、南宁)山水林田湖草生态保护与修复工程项目策划，推进工程项目实施，累计获中央奖补资金2.15亿元。印发《南宁市自然保护区管理建设联席会议制度》，建立自然保护区多部门联合监管工作机制，组织召开上半年联席会议；印发《南宁市“绿盾2018”自然保护区监督检查专项行动实施方案》，组织开展“绿盾2018”自然保护区监督检查专项行动，排查发现2017年、2018年涉自治区级自然保护区问题18个，完成整改销号9个。完成植树造林1.80万公顷，屋顶绿化52处、面积8.18万平方米，墙面绿化等立体绿化51处、面积1.36万平方米，挡墙护坡绿化263处、面积14.30万平方米。

（易贝贝　市环境保护局）

【“南宁蓝”打造】2018年，南宁市持续深化扬尘污染治理，出台《南宁市环境空气质量持续稳定达标规划》《南宁市大气污染防治2018年度实施计划》《南宁市大气污染防治攻坚三年作战方案》，编制《南宁市机动车和非道路移动机械排气污染防治条例》通过市人大常委会三审论证和审议。扬尘治理视频综合管理系统24小时实时监控扬尘污染，发现扬尘污染违规案件2622起，办结1867起；购买第三方专业技术团队服务创新开展道路积尘负荷走航监测，全年走航监测道路1827千米。开展违规露天烧烤、露天垃圾焚烧专项整治，查处违规露天烧烤1.28万起。建立南宁市机动车“冒黑烟”及尾气超标排放实时监控网络系统，采集79.59万辆次机动车尾气排放数据，抽查4.80万辆车尾气检测，责令相关检测机构召回重检车辆60余辆次；检测重型柴油车3.95万辆，尾气超标车4098辆经维修后达标排放；处理整改“冒黑烟”车辆123辆次。在污染高发的春、秋、冬季，开展人工增雨作业60次。新增大气网格化自动监测站点26个，将环境空气自动监测延伸至街道(乡镇)；宾阳县开发建设生态环境网格化精准监控及决策支持平台，在全市首个实现大气、地表水、噪声一体网格化监控及决策支持。首次将五县及武鸣区纳入常态化考评，市政府与区县(开发区)签订环境保护“一岗双责”目标责任书。全年城市空气质量优良率93.4%，空气质量达标340天(优169天、良171天)，二氧化硫、二氧化氮、臭氧日最大8小时、细颗粒物(PM2.5)、颗粒物(PM10)、一氧化碳6项空气质量评价指标全部达国家二级标准，市区空气质量综合指数在全国169个重点城市中排名第二十。　　（市环境保护局）

【“美丽南宁·宜居乡村”建设】2018年，南宁市发展村级集体经济项目836个，村级集体经济收入6236.62万元；打造现代农业生产示范基地1774个，培育新型农业经营主体3561个，建设农村电子商务服务点1900个。完成改厕12.53万户、改厨12.47万户、改圈3户；完成农村生活污水整治项目102个、中小型有机垃圾沼气化处理项目15个、农村公共照明项目147个；农村危房改造竣工4463户；完成2座35千瓦变电站主体工程建设，新增、更换配电变压器540台，新建、改造输配电线路1090.70千米，改造电表一户一表1.62万户；完成114个建制村宽带通信村村通工程。竣工农村饮水安全巩固提升工程308处，建设防渗渠道175.15千米，新增、恢复、改善灌溉面积2.55万公顷；治理水土流失面积42.78平方千米。实施“县域路网”工程，完工130个农村公路项目308.80千米，硬化非贫困村通屯道路400千米，完成农村公路安全隐患整治79.10千米，提前实现具备条件的建制村全部通客车目标。全市新增兴宁区三塘镇福禄村、横县那阳镇上茶村等14个“美丽广西”乡村建设示范村；创建西乡塘区、横县2个市级宜居乡村活动综合示范县区，青秀区南阳镇、马山县古零镇等6个综合示范乡镇、横县校椅镇石井村等12个综合示范村屯。全市认定市级生态综合示范区(带)7个、乡土特色示范村屯31个；创建完成“绿色村屯”1116个，其中广西“绿色村屯”56个、市级“十佳”绿色村屯10个；评出宾阳县古辣镇大陆村、横县六景镇利垌村委仁和村等10个“首府十大最美乡村”，10个“互联网+”创新发展、农旅融合发展等乡村建设“十佳范例”，100个市级百佳农户“美丽庭院”。

（市乡村办）

【河长制推行】2018年，南宁市建立市、县、乡、村四级河长、湖长组织体系，设四级河长3047人(市级11人、县级168人、乡级1066人、村级1802人)，四级湖长45人(市级6人、县级7人、乡级9人、村级23人)，落实自治区第1号、第2号总河长令和南宁市第1号总河长令，编制4条主要河流、17条内河、7个湖泊、31座备用水源地水库“一河(江湖库)一策”方案。推行河长制工作方案及河长会议、信息共享、信息报送、工作督察、考核问责和激励、验收、巡查7项制度,完善江河湖库管理保护长效机制。强化巡检和督导考核,自治区党委常委、市委书记、市第一总河长王小东带头巡河巡湖28次,市长、市总河长周红波带头巡河巡湖23次,河长湖长巡河巡湖12.12万人次(市级134人次、县级2424人次、乡级3.21万人次、村级8.65万人次)。创新“河长制+精准脱贫”治水模式,聘用1000多人贫困群众为河道巡查员、保洁员,聘请627名“民间河长”、社会监督员参与河长制监督,处置涉河问题14类4376个。在自治区率先建成河长制信息化监督管理平台,实现实时动态监控。累计整合7727个村级河段基础数据和1170块河长公示牌、10个自动水质监测点、34个国控省控市控水质监测断面、85个排污口和28个邕江监控视频等信息,下发处置指令444个(次),问题办结率61.13%。宣传河长制,印发宣传资料3.50万份,在微信公众号更新工作动态671篇,在报刊、网站、电台、电视台报道1033篇次,在南宁地铁滚动播放视频、标语420次。向社会公布举报电话及“南宁河长”微信公众号,接受群众投诉199起,整改完成114起。南宁市通过自治区河长制湖长制工作验收考评,在自治区河长制湖长制工作推进会暨江河湖库“清四乱”(清理乱占、乱采、乱堆、乱建)专项行动推进会上作典型发言。

【水环境综合治理】 2018年,南宁市开展流域水环境整治“百日攻坚战”大行动、农村生活污水整治、郁江及饮用水水源保护区网箱清理、保护母亲河清河大行动,邕江综合整治和开发利用工程,清理养殖网箱7.92万个,处置“四乱”问题484个,拆除大王滩水库水源地养殖棚舍建筑1.01万平方米,打击非法采砂案件9起,结案5起,罚款5万元,“清四乱”问题773个,年内整改销号484个;清理整治违章建筑、“三无”船只、水环境违法行为,开展专行动81次,协调处理涉水案件13起。推进黑臭水体治理,开展污水厂建设、管网建设、清淤、生态修复、征地拆迁五大水环境综合治理,新建污水管网128千米,清除内河淤泥22.70万立方米,清理岸线垃圾8945吨、水面漂浮物2924吨、清理菜地28.30万平方米、拆违29万平方米。沙江河流域综合整治PPP项目完工,整治河道8.66千米,建成自治区首座全地埋式污水处理厂——沙江河再生水厂。市海绵城市建设项目库收录项目322个,开工319个,完工287个,竣工243个;海绵建设完成面积51.93平方千米,海绵城市试点区18个内涝积水点消除。推进南湖海绵化改造,完成水质改善项目、南湖环湖景观亮化提标工程,建成雨水花园12个,打造生态岛4个。南宁市与崇左市、百色市签署《加强左江和右江流域生态环境保护联防联控合作备忘录》,建立流域环境安全隐患联合排查、处置机制。邕江综合整治和开发利用工程建成启用,市区段防洪标准由50年一遇提高至200年一遇;邕宁水利枢纽下闸蓄水后,邕江水位从64米抬升至67米,水面面积率由8%提高至10.50%,南宁市跻身城市水面第一分区行列;邕江航道全线常年可通1000吨级船舶,达三级航道标准。 (市海绵水城办)

【节能降碳】 2018年,南宁市针对社会用电量、供电线损、火力发电量攀升等异常变化,在工业、城市景观亮化、机关单位、供电等重点领域实施节能调控措施;执行高耗能高排放项目联席会议审查制度。关停武鸣区灵水水源地附近的广西苍鹰化工投资有限责任公司武鸣氮肥厂,依法拆除横县恒丰建材有限责任公司落后机电设备;实施新兴生态产业发展工程、资源型产业生态化改造工程、产业园区生态化建设工程等生态经济项目34项,完成投资16.36亿元。全市风电项目投产并网容量148.40兆瓦;建成光伏发电项目装机容量326.50兆瓦;广西得力木业开发有限公司生物质热电二期(30兆瓦)、上林县生物质发电项目(40兆瓦)、横县生物质发电项目(20兆瓦)纳入《广西农林生物质发电建设规划修编(2016—2020)》;市政府与南方电网调峰调频发电有限公司签订《南宁抽水蓄能电站项目开发合作协议书》,启动抽水蓄能电站项目前期工作,南宁抽水蓄能电站位于武鸣区,为自治区首座抽水蓄能电站,规划装机容量120万千瓦,建设单机容量30万千瓦的水泵水轮机组4台。推广使用清洁能源锅炉、管道天然气,安排3382.19万元补助89家工业企业燃煤锅炉“煤改气”工程燃气入网费、燃气锅炉购置费和燃料费。南南铝业股份有限公司的铝合金产品精深加工全流程绿色关键工艺系统集成项目被列入国家工信部绿色制造系统集成项目,获专项扶持资金1200万元;广西丰林人造板有限公司获“自治区清洁生产企业”称号,广西中烟工业有限责任公司南宁卷烟厂、广西侨旺纸模制品股份有限公司通过自治区清洁生产企业换证复审;广西巨星医疗器械有限公司、广西田园生化股份有限公司入选自治区第一批绿色制造示范名单,类型为绿色工厂。制定《南宁市严厉打击和取缔“地条钢”长效监管工作总体方案》,设立公开严防“地条钢”死灰复燃举报电话,未发现违法生产销售“地条钢”、违规使用中频炉生产法兰盘现象,未接到有关“地条钢”举报信息。完成绿色建筑设计方案审查150项,总建筑面积1265.04万平方米,太阳能热水系统应用面积362.85万平方米,太阳能光伏发电系统装机容量1092.12千瓦。累计获绿色建筑设计评价标识的建筑项目195个,总面积2827.06万平方米;获绿色建筑运行评价标识的建筑项目11个,总面积167.11万平方米。市区内公交500米覆盖率99.50%,公众绿色出行率82.50%;采购投放新能源和清洁能源公交车501辆、纯电动出租汽车300辆、纯电动短途客运车5辆;淘汰黄标车96辆;南宁首座大型集中式公共充电站——浩天花园充电站启用;国内首个地铁“海绵车辆段”——南宁轨道交通3号线心圩车辆段基本完成,节约用水2.01万吨。 (黄凯婧)

责任编辑 覃涓铌

2018年12月27日,南宁市首座大型集中式公共充电站——浩天花园充电站投入使用

宋延康 摄

中国—东盟博览会·商务与投资峰会在南宁举办

“两会”概览

【总体情况】 2018年9月12日至15日，第15届中国—东盟博览会(简称“东博会”)、中国—东盟商务与投资峰会(简称“商务与投资峰会”，与“东博会”一起简称“两会”)在南宁举办。中共中央政治局常委、国务院副总理韩正，柬埔寨首相洪森、副首相贺南洪，菲律宾众议长阿罗约，缅甸第一副总统吴敏瑞，越共中央政治局委员、越南副总理王庭惠，老挝副总理宋迪，坦桑尼亚桑给巴尔革命政府第二副总统伊迪，巴基斯坦前总理肖卡特?阿齐兹，老挝前副总理宋沙瓦，泰国前副总理王鹏狄11位中外领导人和前政要，259名部长级贵宾(东盟及区域外122名)，有关国际组织代表、各国外交使节、商协会会长、知名企业家、专家学者、社会各界知名人士等出席，8.50万名客商参展参会。“两会”以“共建21世纪海上丝绸之路，构建中国—东盟创新共同体”为主题，紧扣“一带一路”倡议和中国—东盟自由贸易区升级版建设，围绕“中国—东盟创新年”深化创新合作，开展一系列富有成效的高层对话、经贸对接、多领域交流活动。各国政要高规格出席，高度评价推动中国—东盟战略伙伴关系深入发展(举办一系列高层友好交流活动，形式新颖、内涵丰富的中国—东盟建立战略伙伴关系15周年暨东博会、商务与投资峰会15周年系列纪念活动，以及柬埔寨举办的主题国活动)15年合作成果。东博会推动中国—东盟自由贸易区升级版建设，深化“一带一路”框架下的经贸合作取得新成效；高层系列论坛和交流活动丰富务实，深化多领域合作取得更多务实成果(框架下举办35个高层论坛，其中会期举行23个；举办南宁国际民歌艺术节等系列民间友好和人文交流活动)。商务与投资峰会搭建合作平台，进一步推动中国和东盟商界交流。落实中共中央赋予广西的“三大定位”(构建面向东盟的国际大通道、打造西南中南地区开放发展新的战略支点、形成“一带一路”有机衔接重要门户)，提升“两会”带动力，推动广西融入“一带一路”建设和构建全方位开放发展新格局取得新进展。参会各方高度关注，展会影响力进一步扩大(171家媒体、1570名记者到会报道；柬埔寨NICE TV进行直播活动，为“两会”首次跨国直播；官方微博对“两会”话题阅读量超过5600万人；抖音观看人数超过100万人)。

【开幕大会】 2018年9月12日上午，第15届中国—东盟博览会、中国—东盟商务与投资峰会开幕大会在南宁国际会展中心金桂花厅举行。中共中央政治局常委、国务院副总理韩正，柬埔寨首相洪森、副首相贺南洪，缅甸第一副总统吴敏瑞，越共中央政治局委员、越南副总理王庭惠，老挝副总理宋迪，坦桑尼亚桑给巴尔革命政府第二副总统伊迪，以及中国、东盟和相关国家多部门的部长级官员、外交使节、地方行政长官，金融机构负责人、商协会会长，有关国际组织负责人、企业家、专家学者，广西壮族自治区有关领导，参展参会客商和各界人士代表等出席。大会开始前，柬埔寨、坦桑尼亚的艺术家分别进行独具特色的暖场表演。开幕大会以“吐丝织锦，化茧成蝶”为主题，广西壮族自治区主席陈武和柬埔寨商务部部长潘索萨共同主持。韩正发表主旨演讲时提出加强战略对接、促进贸易和投资合作、加强国际产能合作、推进互联互通合作、深化创新合作、密切人文交流合作6点建议。洪森致辞时表示，衷心地希望能够不断地巩固和发展与东盟在科学技术与创新方面的合作；吴敏瑞致辞时强调，再次承诺缅甸将加强在共建21世纪海上丝绸之路和共建中国—东盟创新共同体上，与中国及其他东盟国家密切合作；王庭惠致辞时指出，15年来东盟—中国的合作成为亚太地区成功合作的重要典范之一；宋迪致辞时说，中国的开放政策，尤其是“一带一路”倡议，对于促进中国—东盟贸易关系的进一步发展起至关重要的作用；伊迪致辞时说，诚邀中国和东盟国家企业到坦桑尼亚投资兴业；广西壮族自治区党委书记鹿心社、中国商务部副部长王炳南、中国国际贸易促进委员会副会长陈洲先后致辞。会上，中国和东盟国家的科技部长共同启动“东盟国家青年科学家创新中国行”。韩正宣布：第15届中国—东盟博览会、中国—东盟商务与投资峰会开幕！韩正、贺南洪等16位嘉宾共同为“两会”启幕。

【主要成效】 2018年，“两会”在15周年纪念活动、科技创新合作、数字经济、中新互联互通南向通道建设、农业合作、国际产能合作、企业家合作、金融合作、智库合作、投资合作等方面取得标志性成果，深化广西与各方的务实合作，带动广西开放发展迈上新台阶。

15周年纪念活动 出席“两会”的各国领导人、部长、外交使节等高度评价中国—东盟15周年合作成果，围绕《中国—东盟战略伙伴关系2030年愿景》发出积极信号，表达打造更高水平的中国—东盟战略伙伴关系、构建更紧密的中国—东盟命运共同体的共识和愿望。

科技创新合作 启动“东盟国家青年科学家创新中国行”；举办中国—东盟技术转移与创新合作大会等；发布中国首个与东盟国家在中医药领域的标准化

合作倡议——《传统中医药区域标准化合作倡议》和首部由中国专家联合东盟7国专家共同完成的传统药物研究学术专著《中国—东盟传统药物志》;签署《中泰创新合作谅解备忘录》等,促进“一带一路”科技创新行动计划的实施。

数字经济　举办中国—东盟信息港论坛,成立信息港数字经济产业联盟和基金;举行中柬卫星导航应用等项目签约,以及中国—东盟空间信息技术创新示范基地企业入驻签约;发布“北斗+行业应用”综合服务平台,启动中国(南宁)跨境电子商务综合试验区和中国电子北部湾信息港人才基地共建。

中新互联互通南向通道建设　韩正到南宁、钦州、北海调研南向通道,对下一步工作提出明确要求;东博会首次设置南向通道展示区;举办南向通道国际供应链合作圆桌会等系列专场活动,举行中国—东盟国际供应链指数运行启动仪式,发表《中国—东盟国际供应链合作倡议》。南向通道首趟冷链集装箱班列发车,实现东南亚水果和广西农产品向北输送,以及北方土特产向南输送并走出国门的“双向对流”。

农业合作　举办农业国际合作展等,发布《中国农村创业创新典型县案例精选》(英文);越南、缅甸、俄罗斯等国的企业与国内企业在“南向通道”农业投资合作及贸易方面签订项目14个。

国际产能合作　中国中铁、中国铝业、广西投资集团等知名企业展示铁路、桥梁、水电、建筑、通信等重点领域产能合作项目;举办中缅经济走廊论坛等,签署电力、产业园区等一批产能合作项目。

企业家合作　举办中国—东盟企业家联合会等筹备圆桌会,搭建中国—东盟民营企业合作新平台;联合会创始会员发起成立中国—东盟企业家投资合作基金,并发表《南宁共识》;签署《中国—东盟货运协会多式联运联盟成立合作备忘录》《中国—东盟农产品供应链管理平台》;成立中国中小商业企业协会东盟服务中心和商务与投资峰会专家咨询委员会;发布《“一带一路”国别法律研究项目报告》、东亚商务理事会《10+3货物通关指南》等;柬埔寨首相洪森与中国企业家CEO圆桌对话会推动双方项目合作;举办第15届东博会企业家暨支持商协会交流大会,充实完善东博会支持商协会机制。

金融合作　举办中国—东盟合作与发展领袖论坛;广西壮族自治区人民政府与中国银行等金融机构签订战略合作协议,以及在南宁市设立中银香港东南亚业务营运中心的合作意向书,中国再保险集团与柬埔寨国家再保险公司签订“一带一路”保险联合体合作备忘录。

智库合作　举办中国—东盟大学(国别与区域研究)智库联盟论坛、庆祝中国—东盟建立战略伙伴关系15周年国际研讨会等,与会专家学者总结15周年成果和经验,为未来深化合作建言献策;中国—东盟智库战略对话论坛形成深化双方战略伙伴关系的咨政报告。

投资合作　东博会签订经济合作项目459个,投资总额比上届有所增长。

【“两会”闭幕】 2018年9月15日下午,中国—东盟博览会组委会、中国—东盟商务与投资峰会组委会在南宁国际会展中心新闻中心举行新闻发布会,中外83家媒体、106名记者参会。发布会由中国商务部外贸发展局副局长韩圣健主持,中国—东盟博览会秘书处秘书长王雷、中国—东盟商务与投资峰会秘书处副秘书长丁元龙、东盟秘书处代表罗密欧出席,并回答记者提问。王雷受组委会委托发布新闻,介绍“两会”情况、下届安排。会上,还举行“15年支持,15年辉煌”客商致谢颁奖仪式和“魅力之城”交接仪式。第15届中国—东盟博览会、中国—东盟商务与投资峰会闭幕。

2018年9月11日,柬埔寨王国首相洪森亲王与中国企业CEO圆桌对话会在南宁举办

广西博览局提供

服务保障

【概　况】 2018年,中共南宁市委、市政府率领全市各级各部门统筹谋划、系统安排、形成整体效应,高标准、高质量地完成“两会”各项服务保障任务。把服务“两会”工作列入市委常委会工作要点和政府主要工作目标任务,通过统筹协调、强化监督检查、监督资金运行等,使整体工作有序运转;多维度、全媒体报道“两会”,广视角、多层次营运社会氛围;多措并举,确保安保和社会维稳工作万无一失;突出重点,务求实效,落实市容环境、食品安全、志愿服务等服务保障工作。

【基础设施与市容环境改善】 2018年,南宁市重点对南宁国际会展中心进行升级改造,通过原有场馆的技术改造和提升,以及场馆二期工程完成,新增展区面积和配套设备。同时,完善南宁国际会展中心周边路网工程,并在会展中心各路口安装防冲撞设施,大幅提升会展中心的服务功能。对全市21条重点线路、6个主要活动场所、14个主要接待场所、8个窗口单位、44条城市主要道路进行城市面貌、市容环境美化和提升。重点做好扬尘污染治理、市政设施维护、环卫保洁、市容乱象整治、亮化提升等工作,为“两会”营造“洁、齐、蓝、美”的城市环境。

【南宁国际会展中心服务保障】 2018年,南宁市对南宁国际会展中心场馆存在问题进行地毯式排查,完成整改项目908个;完成场馆8项内容的强制性检测,对电梯等各种设备进行全面维修保养,确保场馆处于良好的运行状态;配合完成1614个标准展位搭建,完成49座大小门楼、28顶展篷,61个功能区、服务区,163个市内外指示牌的装搭。“两会”期间,组建服务团队,为22间会议室及金桂花厅举办51场会议等活动做好服务。同时,在咨询、餐饮、配合办证、信息宣传等全方位提供便民服务。

【宣传服务】 2018年“两会”期间,南宁市组织市属媒体开设“两会”专题,刊播稿件逾1100篇,用多种方式报道“两会”。实施2018“南宁渠道　丝路交响”跨国采访活动，协调中央电视台国际频道等国内主流媒体，直观展示"南宁渠道"在对外开放实践中发挥的重要作用，节目覆盖170多个国家和地区。同时，邀请人民日报社、新华社、中央电视台等媒体，对"两会"和南宁国际民歌艺术节的活动进行全方位报道。依托网站、官方微博、微信等发起话题讨论、文章推送，创新形式报道"两会"。利用高杆广告牌等社会资源，在民族大道、吴圩机场等精品线路和重要节点广泛设置"两会"宣传标语；在主干道、公交车站等设置"两会"宣传画面；在各类电子屏高密度播放宣传片、宣传标语；在南宁国际会展中心等重要节点和道路，种植时花91.30万盆，营造热烈浓厚的"两会"宣传及社会氛围。

【安全保卫与社会维稳】 2018年，南宁市按照"从严从细抓落实，严防严控保安全"的要求，全力以赴做好"两会"安全保卫和社会维稳。把安全责任分解落实到人，构筑起"陆水空地"立体式现代化安保体系，筑牢安全保卫防线。在路面，设置安全检查站；在邕江水域，派驻警力坚守河段；在空中，出动直升机，并对"低慢小"飞行器进行有效管控；在地下，加强部署，确保地铁线路秩序良好和绝对安全。开展服务"两会"社会治安综合整治统一行动和志愿者义务大巡防活动，为"两会"创造良好的社会治安环境。优化交通组织，实现勤务交通与社会交通的和谐运转。对"两会"活动场馆开展监督检查，并进行全面火灾防控检查，发现隐患即行整改，杜绝火灾事故发生。

【安全生产监督管理】 2018年，南宁市制定方案、成立机构，通过持续开展安全生产检查督查，落实监管和预防措施，确保"两会"期间安全生产零事故、零伤亡。组建督察组，分别到"两会"重要活动场所和企业一线开展安全生产专项督查。组织对"两会"重点活动场所、接待宾馆建筑改造工程的施工和竣工使用情况，"两会"接待宾馆、饭店的安全生产，全市供水、供电和城市燃气管道系统等进行检查，督促落实安全生产责任制，对发现的安全隐患和问题落实整改。加强对城市客运、危化品运输、人员密集场所等事故多发易发行业及领域的安全监管，杜绝较大以上事故。同时，结合"强监管、严执法""防范矿山生产安全事故""加强重点行业领域企业安全管理"专项行动，督促企业、特别是存在危险化学品重大危险源的企业，落实好重大危险源、重点岗位的监管监控，确保不发生安全事故。

【医疗卫生保障】 2018年，南宁市通过前期开展重要场所公共卫生监督监测，实施现场医疗卫生保障，为"两会"的举办提供有力支撑。出动技术人员、卫生监督人员700多人次，车辆80多辆次，对"两会"重点接待酒店、重要活动场所进行卫生监测，对发现的问题限期整改，并重新组织监测，确保全面达标；对重点传染病进行监测，及时处理病例，无疫情传播；同时，在市区范围内开展病媒生物控制监测。"两会"期间，成立现场医疗保障组，组织医务人员213人次、救护车65辆次执行现场医疗保障任务，处置患者39人，转运8人。

【食药安全保障】 2018年，南宁市成立酒店保障、快餐保障、展馆巡查、应急处置等7个专项保障工作组，通过开展食品药品专项检查，落实责任，做好"两会"期间食品药品保障，完成保障任务，实现"零事故、零投诉"。重点检查定点接待餐饮服务单位的软硬件，以及食品生产经营单位的资格审核，排查食品安全风险；对药品、保健食品、化妆品和医疗器械经营企业进行检查，禁止违法经营无证产品或夸大宣传行为。"两会"期间，划分网格管理，责任到人。对定点接待餐饮单位提供餐饮服务实施全程监督和食品现场快速检测；对快餐供应单位和供应点进行监督，严禁未经批准的餐饮食品和快餐盒饭供餐；对美食节食品的加工操作过程进行监督巡查，对食品原料和高危食品进行检查或排查；对参展的"四品一械"（药品、餐饮食品、保健食品、化妆品，医疗器械）进行全面检查，禁止以个人名义展示和现场销售。酒店保障用餐4.80万人次，保障快餐13.70万份次；服务"两会"专项督查抽检样本395批次；美食节巡查抽检6000多次，快速检测192份。

【通信保障】 2018年，南宁市在会展中心增设通信直放站，重点保障南宁国际会展中心周边的基站工作。提前对相关通信系统进行全面检查维护，排除设备故障和隐患，优化设备参数，把设备调至最佳工作状态，并做好重要数据的备份；根据"两会"工作需求，对对讲设备进行巡检校验，按需配发使用；"两会"期间，加强对设备的监控力度，以及通信机房和中心基站技术值班力量，确保通信畅通。同时，通过加大网络安全管控力度，落实网站巡检巡查，提升"两会"现场服务能力，保证信息系统网络安全。

【交通运输保障】 2018年"两会"期间，南宁市结合实际，有针对性地采取措施，做好交通运输保障服务。临时增加相关公交线路运营班次，并优化线路，开通临时免费公交专线，成立公交运输保障应急队伍处置突发状况；抽调400辆出租汽车服务"两会"，并指定停车区域候客服务；轨道交通延长营运时间，并增加备用车，满足"两会"活动需要。同时，专门调集车辆，为接待和工作提供用车。

【供电与供水保障】 2018年，南宁市供电部门成立保证供水用电领导小组和9个专项组、4个重点组，并明确任务、落实责任，通过对供电能力、风险管控水平、精益保电的再提升，并强化内外联动、凝聚合力，为"两会"保障供电做好各项准备。"两会"期间，出动人员5290人次、车辆1295辆次、发电机110台次、UPS(不间断电源)65台次，完成供电保障任务145项。供水部门出动人员1054人次、车辆566辆次，对"两会"重点线路和场所的水务设施检查巡查；同时，做好供水调度和水质监测、生产运营管理、供水应急保障工程建设等；实行供水服务24小时值班制，以及重要场所现场值班制，处置供水突发事件，保障"两会"期间安全供水万无一失。

【气象服务】 2018年，南宁市气象部门制定方案，落实责任，开展气象服务交流，对全市气象仪器设备和场馆气象保障设施进行检查，为"两会"气象服务保障做好充分准备。9月1日起，滚动提供市区未来3天逐12小时天气预报；9月10日起，提供市区、吴圩机场、南宁国际会展中心等未来逐3小时短临天气预报，对影响市区的突发性天气0小时~2小时内预报、预警。"两会"期间，向相关机构和人员提供专项服务信息21期、发送气象保障服务短信6万多条次。通过在"南宁气象"官方微信中设置"东博会天气"专栏、召开天气新闻发布会等，使公共气象服务智能化、广覆盖。同时，与民航、交警、环保、城管等部门合作联动，应对恶劣天气的不利影响。

【志愿服务】 2018年，南宁市招募4684名志愿者，为"两会"提供专业、场馆、城市和窗口文明单位岗位等志愿服务1.50万人次。选拔105名有计算机、礼仪及外语翻译特长的志愿者，在机场、博览会客服务等场所，提供专业性强的志愿服务；组织约40名志愿者为第20届南宁国际民歌艺术节系列活动提供道具发放、观众引导等现场志愿服务；组织1080人次志愿者、21个行业的青年文明号集体青年志愿者，在15个城市志愿服务站提供信息咨询、导游导购、城市道路指引等服务；在27个文明交通劝导路口，开展排队礼让的文明引导活动。（南　亚）

责任编辑　李志楠

综 述

【南宁与东盟交往概览】 2018年,南宁市持续推进"南宁渠道"升级,深度融入"一带一路"建设,与东盟各国经贸往来继续保持高速发展,商品进出口额89.54亿元,比上年增长13.80%。以南宁国际民歌艺术节、"南宁渠道·丝路交响"跨国采访等品牌活动为载体的"以走促亲"对外文化交流体系进一步充实、拓展。维系与东盟国家友好城市良好关系,与柬埔寨金边市签署建立友好城市关系意向书。南宁—菲律宾马尼拉、南宁—菲律宾卡利博、南宁—越南富国岛航线开通、复航。南宁在广西构建"南向、北联、东融、西合"全方位开放发展新格局中发挥示范引领作用,对外开放发展取得新成效。

【南宁与东盟交往主要特点】 2018年,南宁市对东盟各国贸易方式主要有一般贸易、加工贸易、对外承包工程出口货物及保税监管场所进出境货物4类,其中以一般贸易为主,加工贸易其次,其余两类贸易方式所占份额较小。进出口贸易额89.54亿元,其中对越南、马来西亚、泰国等主要进出口国家进出口额占对东盟进出口额70%以上;东盟国家累计在南宁投资企业125家,投资总额超1000万美元企业24家;南宁在东盟国家投资备案项目11个,投资额超1000万美元项目7个。与东盟国家贸易在南宁对外贸易中所占比重呈下降趋势,从比重最高2013年27.30%降至2018年12.12%,东盟变为继中国香港地区、美国之后南宁第三大进出口贸易市场。贸易逆差进一步加大,2018年南宁对东盟贸易逆差为35.94亿元。南宁与东盟文化交流从过去分散的、自发的团体交流发展到由政府主导的、大规模的、优化合理的组织交流。文化交流内容不断丰富,涉及教育、学术、出版、旅游等,遍及物质文化、精神文化、制度文化等层面。文化交流形式多样化,从单纯工艺品展览交换、文艺演出等,向组织文化研讨、留学生人才培养、文化考察等交流模式转变,途径和手段不断更新换代。 (梁佳和)

经贸往来

【概 况】 2018年,南宁市跨境电商快速拓展,经营主体增多、交易规模不断扩大、产业链持续完善、多元化经营逐步形成、地区集聚日趋显现。南宁市与东盟国家商品进出口额89.54亿元(出口26.80亿元、进口62.74亿元),比上年增长13.80%。备案(核准)非金融类境外投资企业21家,实现中方对外协议投资额2.71亿美元。新批合同外资投资项目19个,新批合同外资总投资11.37亿美元,注册资本11.35亿美元,新批合同外资10.09亿美元。东盟累计在南宁投资企业125家,总投资超1000万美元企业24个。中国—东盟(南宁)跨境电子商务产业园实现综合进出境业务1213.73万票(进口161.08万票、出口1052.65万票),货值7507.27万美元。 (市商务局)

【进出口贸易】 2018年,南宁市与东盟进出口额89.54亿元(出口26.80亿元、进口62.74亿元),比上年增长13.80%;其中马来西亚23.76亿元(出口1.37亿元、进口22.39亿元),越南20.14亿元(出口15.18亿元、进口4.97亿元),泰国18.13亿元(出口6.50亿元、进口11.63亿元),印度尼西亚9.72亿元(出口2.25亿元、进口7.47亿元),菲律宾9亿元(出口0.81亿元、进口8.20亿元),新加坡7.86亿元(出口0.19亿元、进口7.67亿元),缅甸4745.10万元(出口2105.50万元、进口2639.50万元),柬埔寨3588.10万元(出口2350.80万元、进口1237.20万元),老挝775.90万元(出口433.70万元、进口342.20万元),文莱187万元(出口134.50万元、进口52.50万元)。主要进出口贸易商品有农产品、电器及电子产品、电子技术、集成电路、贵金属或包贵金属的首饰、未锻轧的铝及铝材、未锻轧的锰、灯具照明装置及零件等。南宁国资监管企业与东盟国家经济往来主要是大米贸易:市储备粮管理有限责任公司获进口大米配额1711吨,其中9月、10月分别从越南进口糯米499.8吨、1211.2吨;南宁威宁捷信贸易股份有限公司进口柬埔寨茉莉香米490千克、交易额0.24万元,在宁家连锁便利店竹塘店、桂春店等25家门店销售。

(市商务局 市国资委)

【东盟企业在邕投资】 2018年,东盟在南宁新设投资企业19家,新批合同外资总投资11.37亿美元,注册资本11.35亿美元,新批合同外资10.09亿美元。其中:新加坡14家,总投资1009.42万美元,注册资本865.84万美元,合同外资额581.54万美元;马来西亚4家,总投资11.26亿美元,注册资本11.25亿美元,合同外资额10.03亿美元;越南1家,总投资30.61万美元,注册资本30.61万美元,合同外资额30.61万美元。涉及建筑业、交通运输、仓储和邮政业、信息传输、计算机服务和软件业、批发和零售业、房地产业、租赁和商业服务业、科学研究和技术服务业等。规模较大的企业有广西中德湘桂电力开发有限公司,位于青秀区金浦路16号,总投资10.89亿美元,注册资本10.89亿美元,经营范围包括风光磁发电站及新能源发电系统、水电发电系统研发;广西首联国际贸易有限公司,位于青秀区桂雅路96号,总投资2269万美元,注册资本2269万美元,经营范围包括自营、代理一般经营项目商品和技术的进出口;广西云昇泰贸易有限公司,位于青秀区金湖路67号,总投资1298万美元,注册资本1298万美元,经营范围包括货物或技术进出口、市政工程、机电设备安装工程、环保工程技术服务、技术咨询等。累计东盟在南宁投资企业125家,总投资24.19亿美元,注册资本17.26亿美元,实际利用外资4.74亿美元,总投资超1000万美元企业24个。（市投促局）

【南宁企业在东盟投资】 2018年,南宁市企业在泰国、柬埔寨、越南、印度尼西亚、马来西亚、新加坡6个东盟国家投资备案项目11个,投资额1.56亿美元。投资额超1000万美元项目7个,分别为广西新影响华文文化创意股份有限公司在泰国投资新影响文化(泰国)有限公司1800万美元,经营范围包括互联网平台开发及运营、计算机和移动端软件开发;广西新影响华文文化创意股份有限公司在柬埔寨投资柬埔寨新影响文化传媒有限公司2700万美元,经营范围包括广告设计制作和发布、大型活动策划和执行、杂志设计和印刷、投资电视台等;广西万生隆投资有限公司在越南投资亚欧商品交易中心有限责任公司1000万美元,经营范围包括大宗物资产品国际离岸交易以及配套的仓储、物流设施建设与管理服务;广西御丰实业有限公司在柬埔寨投资柬埔寨粮食集团有限公司3000万美元,经营范围包括大米加工、水稻种植、农副产品收购和国际贸易;广西恒宝丰农业发展有限公司在柬埔寨投资连运(柬埔寨)生态农业发展有限公司1715万美元,经营范围包括农作物种植、禽兽养殖、淡水养殖、食用油加工及销售等;广西万生隆投资有限公司在越南投资越南万生隆投资有限公司1000万美元,经营范围包括货物、服饰、纺织物品、鞋类等产品进出口贸易;广西哈宜投资有限公司在马来西亚投资中鑫资源再生(马来西亚)有限公司2939万美元,经营范围包括造纸和纸制品业。（市商务局）

【商贸代表团互访】 2018年9月12日,老挝金三角经济特区管委会副主席詹他庄·王发胜率代表团访问南宁,并与南宁威宁投资集团座谈,在农产品加工业合作、五百公顷农业生产示范区、物流保税区项目、农产品物流及商贸流通等领域进行交流。10月28日至10月30日,应马来西亚怡保市政府邀请,南宁市外事侨务办公室、南宁市商务局和南宁威宁投资集团有限责任公司组成代表团赴马来西亚怡宝市开展商务考察,参观务边沉香山茶园及绿环市场公司,了解马来西亚沉香、榴梿产品情况,并与当地政府和合作意向商探讨下一步合作的大宗商品进出口业务。12月8日,马来西亚霹雳州政府行政议员杨祖强率代表团访问南宁威宁投资集团有限责任公司,就农产品、商贸、房地产、教育等领域的合作进行交流,就加强来往、增进相互了解达成共识。（市国资委）

【2018南宁国际友好城市商品市集】 2018年9月13日在三祺广场举行。市政府主办,市外事侨务办公室、市商务局、市人民对外友好协会、南宁威宁投资集团承办。柬埔寨、泰国等国友好城市代表团参加。市集集中展示菲律宾达沃市、澳大利亚班达伯格市等国际友城的特色物产商品,促进各国际友城经贸往来合作。集市商品通过友城间渠道引进,价格实惠,吸引众多市民购买。

【2018马来西亚(南宁)燕窝节】 2018年3月31日至4月1日在南宁航洋国际城南广场举行。马来西亚农业与农基工业部、自治区政府指导,马来西亚驻华大使馆、马来西亚驻南宁总领馆、自治区商务厅、南宁市人民政府、中马钦州产业园区管委会主办。燕窝节分为展览展销、高端产业论坛,马来西亚燕窝企业50余家、燕农代表200余人参加。展销现场举办燕窝产品抢购、二维码抽奖、折扣销售、燕窝知识有奖问答等活动,商家向市民介绍燕窝价值、采摘、制作、品质分级等知识。（梁佳和）

【2018年中国—东盟(缅甸仰光)产品展览会】 2018年5月17日至19日在缅甸仰光MEP会展中心举办。广西国际博览事务局主办。南宁市参展企业有广西泽溥工贸有限公司、广西南宁财运星贸易有限公司、广西南宁代顿斯贸易有限公司、广西坤锭投资有限公司、广西南宁和德盛贸易有限公司、广西盛虎金属制品有限公司6家,展位6个。参展产品有纺织面料、手扶拖拉机、柴油机免摇启动器、服装、日产40吨排粉生产线等。

【2018中国—东盟博览会柬埔寨展】 2018年3月30日至4月1日在柬埔寨金边砖石岛会展中心举办。广西国际博览事务局主办。南宁市参展企业6家,展位6个,参展商品有日用护理产品、工艺品、礼品、风扇电机、风扇网罩、电路板、吸尘器电机、LED灯饰、保健品、厨房用品、化工产品等。其间,展会举办产品专场对接会,与当地客商进行洽谈或达成采购意向,实现贸易成交100多万元,签订意向合同额近1000万元。（市商务局）

文化交流

【概 况】 2018年,南宁市与东盟各国开展形式多样的文化交流活动,在文化产业、艺术创作、文化遗产、节庆活动、艺术教育等多个领域拓展对话合作空间,形成中国—东盟(南宁)戏剧周、中国—东盟(南宁)孔子文化周等极具影响力的品牌活动,多元文化融合、碰撞创新迸发,为中国与东盟各国人民了解民族特色文化搭建平台,推进中国与东盟各国文化发展,增进中国与东盟各国相互理解与信任。

【中国—东盟人文交流活动暨大型文化纪录片《丹行线》发布会】 2018年9月12日在南宁万达嘉华度假酒店举行。中国—东盟中心、中国驻东盟使团,自治区外事侨务办公室、自治区文化厅和南宁市人民政府主办,为南宁市服务“两会”对外人文交流活动历届最高规格。外交部部长助理陈晓东、中国—东盟中心秘书长陈德海、中国驻东盟大使黄溪连、东盟副秘书长黄英俊、广西壮族自治区政协副主席刘正东、南宁市市长周红波、东盟常驻代表委员会,以及来自中国、东盟国家有关政府部门、相关机构、媒体等约300名嘉宾出席。主题为“跨越地域界限感受心灵共鸣”。外交部部长助理陈晓东、中国—东盟中心秘书长陈德海、南宁市市长周红波分别致辞。活动举行南宁与东盟国家文化旅游合作项目签约仪式,签署中国—东盟戏剧合作交流机制、《春天的旋律·2019》跨国春晚媒体合作、南宁市与老挝博物馆馆际合作和中柬国际航线合作项目。

【2018中国—东盟(南宁)孔子文化周】 2018年9月28日至10月3日在南宁举行。市文化新闻出版广电局、市精神文明建设委员会办公室、市外事侨务办公室、市教育局、共青团南宁市委、市妇女联合会、中国孔庙保护协会主办,南宁

孔庙管理所、市民族文化艺术研究院、南宁广播电视技术开发总公司、广西中华传统道德文化促进会承办。活动分为祭孔大典、“中华好家风”大型公益晚会、拜师礼、成人礼、越南传统婚礼展演、国学印象礼乐展演、龙狮争霸赛、中华文化系列讲座等。9月28日，举行祭孔大典，市领导、孔子后代代表、市中小学学生和东盟留学生代表共数百人参加，进行献馔、敬献花篮、献锦、宣读祭文等传统祭孔大典流程；9月29日，举行拜师礼，南宁市第三中学初中部青秀校区师生1000多人参加。参照古代拜师流程进行“告天”（向昊天昭告活动的目的与意义）、净手入庙、“游泮”（穿过状元门，登阶步上状元桥）、行三献礼（献香、献果、献花）、行三拜礼、拜师、宣誓弘志、击鼓鸣志等。10月3日，举行龙狮争霸赛，东盟国家及广东、广西12支精英龙狮代表队参加，是南宁规格最高、规模最大的龙狮比赛，广东省中山市永宁龙狮团获南狮高桩一等奖，南宁国东龙狮团、马来西亚国际洪拳永胜堂龙狮总会获二等奖，广西藤县藤城龙狮团、广西北流市正心堂龙狮团、广西北部湾龙狮团获三等奖。

【2018年南宁·东盟人才交流活动月】 2018年9月6日，2018年南宁·东盟人才交流活动月开幕暨第五届南宁市海外高层次人才（“千人计划”专家）与项目对接会在南宁召开；邀请中国科学院院士、西北工业大学常务副校长黄维，以及10名国家“千人计划”专家、53名海外高层次人才参加。围绕“深化人才发展体制机制改革，激发人才创新创业能力”主题，开展项目对接会、“广西籍学子回家看看”、海外人才创新创业大赛、人工智能技术应用及发展论坛、专家服务企业等活动20多项。近100个项目、80多家企业对接洽谈，黄维院士、国家“千人计划”专家吴洪流、海外高层次人才琪塔丰·钱西里拉芙分别与南宁高新技术产业开发区、南宁中诺生物工程有限责任公司、广西达译商务服务有限责任公司签订项目合作协议。与会领导为高层次创业创新人才（团队）代表颁发项目资助资金，并为在创新创业大赛中获奖代表颁发奖牌。

【第12届“红铜鼓”中国—东盟艺术教育成果展演】 2018年9月9日至13日在南宁举行。文化和旅游部、自治区政府主办。中央民族大学、中国传媒大学、广州美术学院、四川美术学院、广西艺术学院及柬埔寨艺术中学、老挝国立艺术学校、缅甸Shwe Lawun艺术文化学校等142所院校参展。设舞台艺术作品展演、学生优秀美术作品展、艺术教育优质课堂展示、艺术教育优秀论文评选4个板块。参展美术作品3445件，评出最佳美术作品150个、优秀美术作品190个。

【2018中国—东盟博览会动漫游戏展】 2018年4月29日至5月1日在南宁国际会展中心举办。中国—东盟博览会秘书处、中国动漫集团有限公司、自治区文化厅、自治区商务厅、自治区教育厅、自治区新闻出版广电局主办，为国内同类展会中唯一以促进中国和东盟动漫游戏产业合作为主题的展会。展览面积2万平方米，中国、埃塞俄比亚、喀麦隆、意大利、印度、毛里求斯、蒙古、孟加拉、尼泊尔、巴基斯坦、塔吉克斯坦、马来西亚、菲律宾、越南、缅甸、泰国、印度尼西亚、老挝18个国家的知名动漫文化机构和企业参加。其间，举行商务洽谈会和项目签约仪式、48H动漫创意与视效预览邀请赛、中国—东盟电竞互动嘉年华、金龙奖cosplay大赛广西分赛区决赛、星舞银河全国宅舞大赛广西分赛区决赛、广西次元外文歌曲大赛、车身动漫秀等活动。

【2018中国—东盟职业院校学生烹饪技能大赛】 2018年11月8日至9日在南宁职业技术学院举行。自治区教育厅、香港职业训练局主办，桂港现代职业教育发展中心、南宁职业技术学院承办。旨在通过烹饪技能比拼，展示中国内地、中国香港地区、中国台湾地区及东盟各国饮食文化，促进饮食文化交流，服务“一带一路”。中国内地、中国香港地区、东盟国家的13支代表队58名选手参加，比赛项目分为中餐烹调、西式烹调和特色创新烹调。南宁职业技术学院获团体金奖，青岛酒店管理职业技术学院、浙江旅游职业学院、广西职业技术学院获团体银奖，江苏食品药品职业技术学院、广西生态工程职业技术学院、顺德职业技术学院、香港中华厨艺学院获团体铜奖。

【2018“越友趣”国际文化交流活动】 2018年5月25日在南宁职业技术学院举行。南宁职业技术学院主办，广西民族大学、广西艺术学院、广西华侨学校、广西外国语学院、南宁职业技术学院、南宁学院6所高校越南语专业师生，以及约60名各高校越南留学生参加。两国留学生表演越南斗笠舞、广西壮族舞蹈、中越传统服饰展示等节目，制作品尝越南春卷、糯米饭、咖啡、果蔬干、水果捞等特色美食，参加竹竿舞、踢毽子等中式、越式民间体育游戏，体验茶艺、糖艺、中越书法、手工制作中越特色美食等趣味活动。

【第九届东盟文化周】 2018年5月15日至18日，第九届东盟文化周暨东盟青年文化交流营活动在南宁举行。广西国际商务职业技术学院主办，泰国、印度尼西亚、老挝、柬埔寨等国家的24名青年师生及广西高校师生约1500人参加。主题为“理念共通 繁荣共享 责任共担 共建中国—东盟创新共同体”，举办中国—东盟青年文化交流论坛、中国文化体验、壮乡民俗体验、城市考察、校园参观等活动。文化周现场有汉服体验、风情活动展示、国际产品体验展、中国传统文化展、中华书法体验、中华茶文化展、壮族体育竞技“抛绣球”、中华传统器乐展示与教学、川剧变脸等活动。其间，举办中国—东盟青年学生论坛，与会青年通过主题发言和讨论，就合作创新课题、共享创新理念进行交流。

【高校国际交流与合作】 2018年11月7日，菲律宾特里斯顿国际学院卡罗来纳·阿巴尼尔等一行4人访问南宁职业技术学院，就国际学分互认人才培养模式及餐饮业、旅游业学科建设（含实验实训室建设）进行洽谈，围绕专业合作、师资互换等进行探讨，并初步达成合作意向。11月8日，受南宁学院邀请，泰国清迈大学数字创新国际学院代表团访问南宁学院，围绕创新创业领域开展国际合作进行交流，签署《南宁学院创新创业学院与泰国清迈大学数字创新国际学院合作备忘录》，在进行学术交流、相互协作开展创新创业合作计划、推选师生进修和从事创新创业研习等方面达成合作意向。12月12日，老挝8个职业技术学院15名学员组成的老挝服装设计专业师资团队培训班在南宁职业技术学院艺术工程学院开班。 （梁佳和）

责任编辑 梁富鑫

综　述

【概　况】 2018年，南宁市扶贫开发办公室设综合科、资金科、项目科（南宁市革命老区建设委员会办公室）、社会扶贫科、考评科。行政编制23名，在编18人；事业编制10名，在编5人；机关后勤服务人员控制数3名，在编2人。二层机构有南宁市扶贫信息中心，相当正科级全额拨款事业单位。全市实施脱贫攻坚战三年行动，聚焦"两不愁、三保障"（不愁吃、不愁穿，义务教育、基本医疗、住房安全有保障），以深度贫困地区脱贫攻坚为重点，继续实施"七个一批"（发展生产脱贫一批、转移就业脱贫一批、易地搬迁脱贫一批、生态补偿脱贫一批、教育脱贫一批、医疗救助脱贫一批、社会保障兜底脱贫一批）、"七大工程"（道路硬化、安全用水、安全用电、危房改造、互联网＋扶贫、文化设施建设、乡村环境建设），探索"南宁经验"，打造"南宁品牌"。年初，全市有国家扶贫开发工作重点县3个（马山县、隆安县、上林县），其中马山县是深度贫困县；贫困村216个（深度贫困村55个）；深度贫困乡镇1个（隆安县都结乡）；建档立卡贫困人口218795人，贫困发生率5.02%。至年末，实现10.56万人脱贫、104个贫困村摘帽，贫困人口减至112183人，贫困村减至112个，贫困发生率降至2.57%。全市筹措各级扶贫资金27.31亿元，其中财政专项扶贫资金20.87亿元，主要用于农村基础设施建设、产业发展、危旧房改造等。全市组织64家企业帮扶深度贫困地区，其中62家企业帮扶56个深度贫困村、1家企业帮扶1个深度贫困乡、1家企业帮扶1个深度贫困县。脱贫村（含2018年脱贫村）产业覆盖率均80%以上（无劳动能力或主要劳动力长期外出务工的贫困户除外）。年内，104个脱贫摘帽村集体经济收入3万元以上，达标率100%。从广东省茂名市（含茂名籍）、珠三角地区（含广东籍）引导23家企业到结对地区投资兴业，实际到位投资额近2亿元，吸纳103名贫困劳动力到企业就业；南宁市和茂名市举办粤桂扶贫专场招聘会56场，帮助南宁贫困人口转移至广东省就业6882人。上林县获2018年全国脱贫攻坚组织创新奖；广西澳益农业发展有限公司董事长、国务院扶贫办粤桂两省（自治区）贫困村创业致富带头人培训中心基地主任潘健章获创新奖。主要存在产业支撑能力不足，发展村级集体经济渠道不多，易地扶贫搬迁后续工作压力大等问题。

【双培双促双带扶贫模式】 2018年，上林县依托粤桂扶贫协作，实施贫困村创业致富带头人培育工程，创新"两培两带两促"（培育创业致富带头人、培育扶贫产业，带动贫困户增收脱贫、带动贫困村提升发展，促进本土人才回引创业，促进农村基层党建）致富带头人培育模式，开辟具有上林县特色的致富带头人带动贫困户减少贫困人口道路，获国务院扶贫办肯定。上林县培训创业致富带头人培育对象526人，培育并认定扶贫创业致富带头人398人，带动8100户贫困户参与产业发展。3月，全国贫困村创业致富带头人培育工作现场会在上林县召开。7月，上林县作为唯一县级单位在全国东西部扶贫协作工作推进会上作经验发言。10月17日，上林县获2018年全国脱贫攻坚组织创新奖。

【全国贫困村创业致富带头人工作现场会】 2018年3月23日，国务院扶贫办在南宁市上林县召开全国贫困村创业致富带头人工作现场会。国务院扶贫办副主任洪天云，自治区副主席方春明，自治区政府副秘书长、自治区扶贫办主任蒋家柏，南宁市市长周红波出席会议。与会代

2018年3月23日，全国贫困村创业致富带头人工作现场会在上林县召开　市扶贫办提供

表到上林县贫困村创业致富带头人服务中心、广西山水牛创业孵化实训基地、粤桂两省区贫困村创业致富带头人实训孵化基地(高州市—上林县扶贫协作产业综合示范园)、上林县澄泰乡大坡村达谋生态种养示范实训基地等地现场观摩。

扶贫开发

2018年9月10日,武鸣区太平镇扶贫车间发工资　　黄谦　摄

【产业扶贫】 2018年,南宁市落实“5+2”〔区县从自治区出台的《全区有扶贫任务县(市、区)特色产业目录和认定标准》中确定5个主导特色产业,还可从目录中增选2个自选特色产业;区县的5个主导特色产业不能随意变动,“2”可根据实际每年进行调整〕、“3+1”〔“3”必须从本区县5个主导特色产业里选,“1”可从区县增选的2个自选特色产业里选1个或从《全区有扶贫任务县(市、区)特色产业目录和认定标准》中自选;3个主导特色产业不能随意变动,“1”可根据实际每年进行调整〕特色产业发展,因户施策选准产业,在尊重贫困户意愿的基础上,通过科学规划扶持产业;完善扶贫产业“以奖代补”实施方案,增加贫困户收入,提高扶贫产业贫困户参与度。安排市财政补助资金1.58亿元用于建设250个贫困村特色产业扶贫示范园项目,重点投入香樟、桑蚕、晚熟柑橘和贫困村“3+1”特色产业的规模发展。指导区县用好用活中央和自治区财政专项扶贫资金,集中投向深度贫困地区集中连片点发展产业,整合产业扶持资金2.59亿元,发展种植项目6533.33公顷、家禽养殖110.06万羽、家畜养殖6.41万头、水产养殖约109.53万千克。全市脱贫村(含2018年脱贫村)产业覆盖率均80%以上(无劳动能力或主要劳动力长期外出务工的贫困户除外),每个村培育致富带头人3人以上;扶贫开发工作重点区县均建成1家及以上特色现代农业(林业)示范区,引进培育农业龙头企业3家以上;认定就业扶贫车间113家,吸纳农村劳动力1.08万人,其中建档立卡贫困劳动力1269人;实现脱贫户有1项以上增收产业或1门以上增收技能。完善项目库建设,严格落实项目报备、数据录入和月报季报制度,通过购买第三方服务对项目进行抽检,确保项目精准实施。

【转移就业扶贫】 2018年,南宁市贫困劳动力实现转移就业1.29万人。创建并认定就业扶贫车间113个,提供就业岗位1.08万个,吸纳劳动力就业1.02万人,其中建档立卡贫困劳动力1269人,全市发放“就业扶贫车间”吸纳贫困劳动力就业一次性补贴26.90万元。2016年至2018年,累计开发3648个公益性岗位安置贫困劳动力就业。依托51家市级创业孵化基地,全年扶持贫困劳动力创业1178人。在马山县、上林县、隆安县、宾阳县创建农民工创业园4个。继续实施“职业培训支持精准脱贫计划”,依托职业培训机构深入贫困村屯开展职业技能“就地培训”“上门培训”,培训建档立卡贫困劳动力5613人;推进技工院校结对帮扶建档立卡贫困家庭“两后生”(未继续升学的适龄初、高中毕业生,含退学、辍学等)职业技能培训,组织959名“两后生”到驻邕技工院校就读。开展农民实用技术培训,培训建档立卡贫困农民1500人次。

【易地搬迁扶贫】 2018年,南宁市推进易地扶贫搬迁项目建设和搬迁入住。全市易地扶贫搬迁安置项目28个,分布在上林县、马山县、隆安县、良庆区,2016年至2018年计划建设住房1.51万套,搬迁建档立卡贫困人口6.23万人;至2018年,全市完成竣工住房1.51万套、住房竣工率100%,搬迁入住6.23万人、搬迁入住率100%,住房建设及搬迁入住任务全面完成。10月,市委办公厅、市政府办公厅联合印发《南宁市关于促进隆安县易地扶贫搬迁震东集中安置区可持续发展的实施方案》,采取加大资金投入、专项安排新增建设用地指标等措施支持全市最大规模安置点可持续发展。

【生态补偿扶贫】 2018年,南宁市完成2672名生态护林员(建档立卡贫困户)选聘工作任务,受益覆盖7个区县59个乡镇324个贫困村,1.10万贫困人口。发放生态补助资金1773.23万元,其中江南区发放19.83万元,武鸣区发放112.67万元,马山县发放808.56万元,上林县发放329.64万元,宾阳县发放31.17万元,隆安县发放351.88万元,横县发放119.48万元。

【教育扶贫】 2018年,南宁市资助建档立卡贫困学生23.58万人次,发放、拨付建档立卡贫困户学生免(学前教育免保教费、高中免学杂费、中职免学费)、奖(中职奖学金)资金2.01亿元。农村义务教育学生营养改善计划受益学生约42万人;统筹安排市区内29所市级义务教育阶段学校与区县35所学校结成帮扶对子,12所市级普通高中与16所县级普通高中结成帮扶对子;劝返辍学学生4900人,其中建档立卡贫困户子女898人。2.28万名建档立卡贫困家庭中高职学生获补助款3419万元,1575名建档立卡贫困家庭本科学生获补助款787.50万元。推进乡镇公办幼儿园建设,马山县、上林县、隆安县、邕宁区37个乡镇公办中心幼儿园覆盖率91.89%。开展“推普脱贫攻坚计划·学前学会普通话”行动,在马山县、上林县、隆安县、邕宁区举办青壮年普通话培训班,培训460人。

【医疗救助扶贫】 2018年,南宁市医疗救助建档立卡贫困人口2.53万人次,救助资金1679.55万元。全市符合条件参加城乡居民基本医疗保险的62.10万名(含2014年、2015年退出户)建档立卡贫困人员100%参保。1月1日起,参加城乡居民基本医疗保险的贫困人口基本医保个人缴费部分的财政补助比例从60%提高至100%(2018年度贫困人员基本医保个人缴费财政补助金额220元)。参加城乡居民医保的建档立卡贫困人口(含未脱贫贫困人口、两年继续扶持期内脱贫人口、退出户)在统筹区域内定点医疗机构住院的,取消住院基金起付标准,报销比例提高5%;使用国家基本药物目录内的药品,按照自治区现行甲类药品报销比例给予支付;在统筹区域外住院治疗的,住院医疗费用报销比例较同等情况下非建档立卡贫困人口参保人员提高5%。建档立

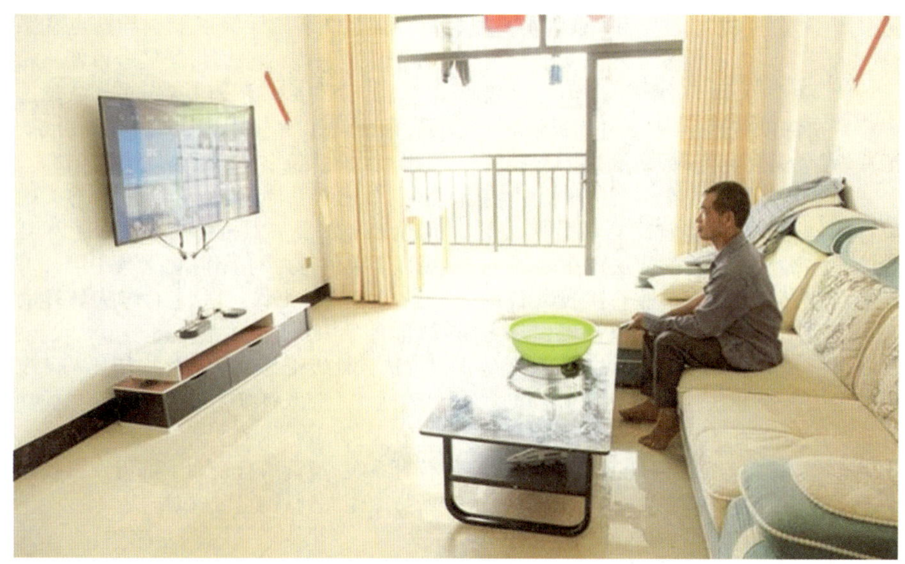

2018 年，隆安县震东安置区搬迁户喜迁新居　　市扶贫办提供

卡贫困人口(含未脱贫贫困人口、两年继续扶持期内脱贫人口、退出户)治疗全区统一确定的 29 种门诊特殊慢性病的，取消起付线，报销比例在现有城乡居民医保政策规定提高报销比例的基础上再提高 5%，累计提高 10%。建档立卡贫困人口全年门诊慢性病实际报销比例 87.57%，贫困户住院实际报销比例 93.25%，全市投入兜底资金 9996.05 万元。建档立卡贫困人口即时结算医疗费用 14.98 万笔、2.08 亿元，其中报销费用 1.81 亿元。

【社会保障扶贫】 2018 年，南宁市符合条件参加城乡居民基本养老保险的建档立卡贫困人口 44.34 万人(含 2014 年、2015 年退出户)，参保率 100%。1 月 1 日起，参加城乡居民基本养老保险的建档立卡未标注脱贫的贫困人员和脱贫后继续扶持 2 年的人员，代缴养老保险费每人每年 100 元。全市农村低保对象 9.86 万人，其中建档立卡贫困人口 6.08 万人。7 月 1 日起，全市农村居民最低生活保障标准提高至每人每年 3800 元。为 661 名建档立卡贫困人口发放临时救助 95.46 万元。扶持 1300 户贫困残疾人，发放种苗、饲料等生产资料价值 156 万元，人均增收 2200 元以上。

【扶贫基础设施建设】 2018 年，南宁市实施路通村屯项目建设贫困村通屯道路 741 条 888.62 千米；安全饮水项目建设农村饮水安全巩固提升工程 473 处，受益人口 55 万人；住房保障项目计划实施农村危房改造 6184 户(建档立卡贫困户 5278 户)，实际开工 7242 户(建档立卡户 5721 户)、开工率 117.11%，竣工 6675 户(建档立卡户 5299 户)、竣工率 107.94%；有电用工程实施贫困村(屯)供电网络和老旧设施更新改造项目 276 个；贫困村有线电视村村通工程实施项目 53 个。截至 6 月，贫困户 100% 通生活用电；截至 12 月，全市所有行政村通村道路硬化，基本实现贫困村 20 户以上自然村(屯)通硬化路；全市 421 个贫困村全部实现有线电视信号覆盖。2018 年起提高建档立卡贫困户危房改造补助标准，在原补助标准的基础上增加补助每户 1.35 万元，其中对无任何自筹能力的建档立卡极端贫困户(需兜底解决的)增加补助每户 3 万元，减轻贫困户危房改造自筹资金负担。（谭春兰）

【旅游扶贫】 2018 年，南宁市组织深度贫困县、旅游扶贫重点县上林、马山、隆安 3 个县到柳州、靖西、茂名、湛江、北京、广州等地参加“2018 乐游广西乡村旅游·嘉年华”活动、2018 广西乡村旅游电商扶贫宣传推介活动、“粤桂扶贫”专场旅游推介会和路演活动、2018 国际旅游博览会等活动。市旅游发展委与茂名市旅游局签订《南宁·茂名旅游扶贫协作框架协议》，协调上林、马山、隆安 3 个县 A 级景区推出针对广东游客的门票减免优惠政策。利用电视、报刊等传统媒体和微博、微信等新媒介，加大对旅游扶贫的宣传推广。继续培育绿城南宁“马(山)上(林)大(明山)”“环大明山”乡村旅游线路，运营南宁旅游扶贫直通车，辐射带动周边乡村旅游产业发展。支持帮扶村屯发展乡村旅游，宾阳县欧阳村成功申创自治区四星级乡村旅游区，江南区同江村同江公社成功申创自治区三星级乡村旅游区。新增自治区星级乡村旅游区 24 个(累计 62 个)、星级农家乐 21 家(累计 117 家)。组织开展旅游扶贫就业招聘活动，94 家旅游企业提供 5297 个就业岗位，达成就业意向 501 人。（黄志才）

【电商扶贫】 2018 年，市商务局以《南宁市促进电商精准扶贫工作实施方案》为政策指导，以建设电子商务进农村综合示范县为契机，鼓励引导示范县引进电商运营企业、规划县级电商公共服务中心、电商产业园、乡村电商服务站(点)及农村物流配送体系等，搭建县域电商扶贫服务体系，助推贫困地区农产品上行。全市有横县、宾阳县、上林县、马山县 4 个电子商务进农村综合示范县，建成县级电商服务中心 6 个、农村电商产业园 6 个，完成村级服务点(体验店)约 1800 个，其中贫困村电商服务点 268 个，农村电商覆盖率 80%。重点培育出横县茉莉花及系列产品、横县木瓜丁、宾阳古辣香米、上林大米、马山黑山羊等县域特色农产品品牌。各区县开展电子商务系列培训班 60 场，培训 1.9 万人次，培训基层帮扶人员 1800 多人，贫困户 3057 户，培训新型经营主体 3400 多个。甄选广西金岸网络科技有限公司、南宁市供销电子商务有限公司、广西乐村淘网络科技有限公司、中国邮政集团广西分公司分别与隆安县都结乡深度贫困村荣朋村、新风村、陇割村、龙民村开展一对一结对帮扶。举办 2018 广西“壮族三月三”电商节南宁分会场暨线上线下促销月活动，主题为“互联网 + 新时代”“广西特产网上行”。现场展销会设立电商扶贫专区，展出马山金银花、隆安黄豆、上林大米等一批贫困地区农特优产品。在淘宝、京东、苏宁、广西电子商务公共服务平台等电商平台举办为期一个月的线上促销活动，在电商节专题页面设置农特产品电商销售专区。活动期间，南宁万象城、南宁江南万达广场、南宁青秀万达广场、南宁安吉万达广场等商业综合体销售额 9646 万元，比上年同期增长 36.98%。南宁市重点电商平台线上和线下销售额超 5000 万元，线上客流超 10 万人次，线下各展位接待人数超 5 万人，销售金额超 2000 万元，总销售额 1.5 亿元。（廖翠彬）

扶贫管理

【扶贫信息管理】 2018 年，南宁市做好扶贫信息管理，对全国扶贫开发信息系统中的信息进行动态管理、数据更新，采集更新建档立卡贫困人口信息数据，严格控制错评率、错退率。动态管理期间，全市新识别贫困户 931 户 3200 人，退出户返贫认定 240 户 872 人，剔除错评贫困户 661 户 2304 人，剔除错评老人户 135 户 199 人；市扶贫办组织协调市编办、市教育局、市财政局、市公安局、市人社局、市国土资源局、市住房局、市工商局、市国税局、市农委、市民政局等部门开展财产检索，检索 1.30 万人次，为开展贫困人口动态调整工作提供依据；根据自治区扶贫办下发的疑似问题数据清单，开展 14 次数据清洗核实，重点对贫困人口重复、身份证号码不符合校验规则、贫困户无帮扶责任人等60余项指标存在的疑似问题进行再核实、修正,核查疑似问题数据68万余条。

【扶贫资金管理】 2018年,南宁市筹措各级扶贫资金27.31亿元,其中财政专项扶贫资金20.87亿元。按资金来源分:中央和自治区资金8.75亿元,市本级资金7.78亿元、区县资金4.34亿元、债券资金3.11亿元、调整整合财政涉农资金1.39亿元、其他资金1.94亿元;资金下达至:市本级3.20亿元、兴宁区0.25亿元、江南区0.38亿元、青秀区0.64亿元、西乡塘区0.46亿元、邕宁区1.65亿元、良庆区0.84亿元、武鸣区1.13亿元、横县2.04亿元、宾阳县1.65亿元、上林县4.23亿元、马山县5.65亿元、隆安县5.19亿元。加强财政专项扶贫资金、扶贫小额信贷监管,开展联合督导9次,聘请第三方审计单位对2016年财政专项扶贫等资金开展审计。成立南宁市清理闲置扶贫资金工作领导小组,制定《南宁市清理闲置扶贫资金工作方案》,开展闲置扶贫资金清理清查2次。

扶贫协作

【茂名南宁扶贫协作】 2018年1月10日,南宁市与广东省茂名市签订《茂名市人民政府 南宁市人民政府“十三五”(2018—2020年)扶贫协作框架协议》,明确茂名市的高州市、电白区、化州市对口帮扶南宁市的上林县、马山县、隆安县,从高层互访、互派干部、资金支持、产业合作、劳务协作、教育协作、医疗合作、旅游合作等方面开展扶贫协作。6月,南宁市出台《南宁市与茂名市扶贫协作优惠政策》。年内,从茂名市(含茂名籍)和珠三角地区(含广东籍)引导23家企业到结对地区投资兴业,实际到位投资额近2亿元,吸纳103名贫困劳动力到企业就业。南宁市和茂名市举办粤桂扶贫专场招聘会56场,帮助南宁贫困人口转移至广东省就业6882人(其中上林县、马山县、隆安县4758人)。帮助上林县、马山县、隆安县贫困劳动力提升劳动技能,举办培训班95期,培训3421人次。茂名市援助上林县、马山县、隆安县资金8490万元,实施项目11个。南宁市和茂名市互派9名干部交流挂职;茂名市选派教师135人次、优秀医护人员51人次到上林县、马山县、隆安县等中小学校开展支教、医疗援助,南宁市选派教师134人次、医护人员40人次到茂名市跟岗学习。50万人次以上广东籍游客到马山县、上林县、隆安县旅游,促进经济发展。茂名市分别帮助上林县5834名贫困人口、马山县6320名贫困人口、隆安县5704名贫困人口脱贫。

【企业帮扶】 2018年,南宁市组织64家企业帮扶深度贫困地区,其中62家企业帮扶56个深度贫困村,华润集团帮扶深度贫困乡隆安县都结乡,广西中烟工业有限责任公司帮扶深度贫困县马山县。企业结合主业优势,重点帮扶深度贫困村发展产业,62家帮扶企业直接投入价值2436万元资金、物品,以借贷、授信等方式间接投入1562万元,扶持56个深度贫困村发展。企业扶持马山县加方乡忠党村的产业示范园、马山县金钗镇龙印村的土鸡养殖基地、隆安县南圩镇銮正村和都结乡平养村的肉牛养殖基地、马山县加方乡龙岗村和上林县塘红乡弄陈村的扶贫车间等一批产业项目,促进深度贫困地区产业发展,增加村集体经济收入,带动贫困户脱贫致富。

【定点帮扶】 2018年,南宁市强化机关定点帮扶,调整76个市直机关和有关单位帮扶的78个贫困村,调整后239个(增加32个)市直单位(含二层机构)参与新一批定点帮扶贫困村活动,增强深度贫困村的帮扶力量。全年自治区、市、县直定点帮扶单位在贫困村直接投入帮扶资金1.86亿元,引进资金5732万元。其中:区直单位直接投入1035万元,引进417万元;市直单位直接投入帮扶资金4264万元,引进资金2727万元;县直单位直接投入1.33亿元,引进资金2588万元。实施帮扶项目1046个,引进项目323个。其中:区直和市直帮扶单位在贫困村实施帮扶项目468个,引进项目206个;县直单位在贫困村实施帮扶项目578个,引进项目117个。在全市41名副厅级以上领导包抓区县、乡镇和挂点联系贫困村的基础上,落实37名副厅级以上领导挂点联系56个深度贫困村。2月,开展全市新一轮“美丽广西”乡村建设(扶贫)工作队员选派,精准选派3656名干部驻村开展帮扶工作(工作队长12名、工作分队长102名、第一书记421名、工作队员3121名),确保全市421个贫困村均有3名以上区县级以上单位选派的工作队员(其中第一书记1名)驻村工作。驻村工作队员补助标准由每人每天60元提高至100元。5月,选派处级干部到马山县挂任县人民政府副县长、选派科级干部到马山县挂任县直有关部门副职,选派市卫生计生系统、教育系统、市管国有企业干部以及科技特派员124人到马山县挂职帮扶。

【结对帮扶】 2018年,南宁市加强“一帮一联”干部结对帮扶,安排县、乡、村干部4.20万名结对帮扶贫困户15.85万户(含2014年至2017年退出户、脱贫户),联系贫困生10.09万名,实现贫困户贫困生“一帮一联”全覆盖。全市组织4.14万名干部参加遍访活动,走访贫困户12.87万户,解决问题1.77万个。市内8个经济较发达城区、开发区(青秀区、西乡塘区、兴宁区、江南区、经开区、高新区、广西—东盟经济开发区、五象新区)结对帮扶马山县、隆安县、上林县、邕宁区4个扶贫开发工作重点区县,投入对口帮扶资金3520万元。

【对口帮扶】 2018年,南宁市推进自治区内对口帮扶,南宁市帮扶百色市的靖西市、那坡县各300万元,用于靖西市渠洋镇坡乐村古求屯示范村的项目建设(建设戏台、房屋立面改造、灯光篮球场、太阳能路灯、进屯大门等),那坡县贫困村道路硬化6.66千米。 (谭春兰)

责任编辑 钟婉悦

2018年10月14日至28日,上林县组织贫困村致富带头人到广东九江培训基地参加粤桂两省(区)贫困村创业致富带头人培训 市扶贫办提供

综　述

【概　况】 2018年，南宁市固定资产投资比上年增长11.80%；区外境内实际到位内资900.56亿元，增长15.90%；外贸进出口总值738.79亿元，增长21.70%。全口径实际利用外资13.69亿美元，增长43.02%。与全球165个国家和地区开展经贸往来。

（市政府办公厅　市统计局）

【投资开发】 2018年，南宁市固定资产投资比上年增长11.80%，其中项目投资增长9.20%，房地产开发投资增长15.50%。按投资主体划分：国有经济投资增长13.30%，集体经济投资下降1.40%，私营个体投资增长11.10%，港澳台商投资增长4.90%，外商投资增长125.90%，其他经济投资增长0.70%。按产业划分：第一产业投资下降0.90%，第二产业投资增长13.90%(工业投资增长8.70%，其中电子信息、汽车制造业投资分别增长130.50%、481.90%)，第三产业投资增长11.80%。增长较快主要有采矿业、建筑业、教育业、文化体育和娱乐业等行业。房地产开发投资1106.36亿元，增长15.50%，其中商品住宅投资772.04亿元、增长13.70%，办公楼投资62.95亿元、下降4.50%，商业营业用房投资98.41亿元、增长27%。区外境内实际到位内资900.56亿元、增长15.90%。外贸进出口总值738.79亿元，增长21.70%，其中出口总值355.09亿元、增长28.80%，进口总值383.70亿元、增长15.90%。全口径实际利用外资13.69亿美元，增长43%。全市有三资企业1191家，其中建成投产622家。546个自治区市层面统筹推进重大项目完成投资1004.79亿元，476个城建计划建设项目完成投资482.25亿元，50个重大交通基础设施项目完成投资160.80亿元。5000万元以上项目完成投资增长19.70%。基础设施、社会事业投资分别增长16.10%、51.90%。引进民间资本参与公共设施、水环境治理等建设，民间投资增长8%。落地PPP(公私合营)项目累计23个，总投资321.57亿元。

（市统计局）

【经济协作】 2018年，南宁市持续推进“南宁渠道”升级，深度融入“一带一路”建设，与全球165个国家和地区开展经贸往来。第15届中国—东盟博览会、中国—东盟商务与投资峰会期间，签约项目88个，总投资503.10亿元。参与西部陆海新通道建设，中新南宁国际物流园开工建设，南宁至兰州冷链集装箱班列开通。中国—东盟信息港南宁核心基地累计建成项目13个，大数据产业园等39个项目加快建设。南宁综合保税区入驻企业61家，实现进出口总额23.09亿美元。获批设立国家跨境电商综合试验区，引进河南保税集团，与中国邮政广西分公司、南宁高新区合资注册成立南大门公司总体运营综合试验区，在第三批22个综试区中率先开区运营；蚂蚁洋货等一批国内知名跨境电商企业签约落户综试区。以五象新区总部基地金融街为重要载体的面向东盟金融开放门户集聚区建设加快。南宁吴圩国际机场年旅客吞吐量突破1500万人次。深入实施第二轮加工贸易倍增计划，加工贸易进出口总值539.39亿元、占自治区比重58.90%。引进一力制药、冠昊生物、京东电商等行业龙头企业，新设外资企业62家，实际到位资金增长13.50%，全口径实际利用外资增长43.02%；备案非金融类对外投资企业21家，对外投资范围覆盖14个国家和地区。深化通关一体化改革，货运监管实现“三个一”(一次申报、一次查验、一次放行)，邮件监管环节由17个整合为6个。全市外贸进出口总值738.79亿元、比上年增长21.70%。

（市政府办公厅）

固定资产投资

【概　况】 2018年，南宁市固定资产投资比上年增长11.80%，其中工业投资增长8.70%，房地产开发投资增长15.48%。固定资产投资施工项目2832个、下降43%，其中投资额5000万元以上项目1209个、增长7.66%，投资额1亿元以上项目887个、增长5.22%。新开工项目1442个、下降58.12%，其中投资额5000万元以上项目289个、下降21.89%，投资额1亿元以上项目161个、下降32.92%。竣工投产项目938个、下降75.79%，其中投资额5000万元以上项目211个、下降4.52%，投资额1亿元以上项目118个、下降11.94%。主要存在在库项目大幅减少，固定资产投资增长支撑不足等问题。

【重点领域项目实施】 2018年，南宁市重大交通基础设施总投资292.10亿元(含城市轨道交通项目投资102.10亿元)，完成重大交通基础设施投资236.60亿元(含轨道交通项目)，占计划投资81%；其中民航项目完成投资1.60亿元，铁路项目完成投资13.20亿元，公路及运输场站项目完成投资95.20亿元，航运枢纽及港口项目完成投资11.70亿元，快速公交(BRT)项目7.70亿元，社会交通投资4亿元，城市轨道交通项目完成投资103.20亿元。重点推进柳(州)南(宁)第二高速、贵港至隆安、南宁吴圩国际机场至大塘等高速公路和南宁国际空港交通枢纽、南宁吴圩国际机场改扩建工程、T3航站楼等航空项目的规划建设。城市基础设施完成投资482.25亿元,完成年度计划99.80%。安排产业园区城市基础设施项目60个以上、年度投资100亿元以上。推进海绵城市试点、综合管廊试点城市、第十二届中国(南宁)国际园林博览会项目建设,11月18日园博园全面进行压力测试。11月19日,快环综合整治6个立交全线贯通,东西向快速路正式通车,邕江综合整治和开发利用工程城市段基本完成建设,郊野段进行工程收尾。南宁市第四中学五象校区、南宁市月湾路小学、武鸣区标营新区小学等21所中小学校落成,新增学位3.91万个。推进江南区人民医院(二期)、横县中医医院、市中西医结合医院(兴宁区人民医院)等项目建设;市图书馆、顶蛳山遗址博物馆等项目建成。全社会用电量222.64亿千瓦时,比上年同期增长12.39%,电网基建投资23.64亿元,农网改造投资3.28亿元。500千伏金陵送变电工程开工建设,220千伏定石线等重点工程实现投运,完成主供地铁2号线的110千伏朋云、秀灵两座变电站送电服务,110千伏那马送变电工程等实现投产,全年投产送电项目2103个。县县通天然气工程建设取得较大进展,横县支线、隆安—武鸣支线完成扫线37.26千米,完成焊接30.18千米;完成投资3821万元。横县、宾阳县、隆安县、上林县、马山县和武鸣区实现罐(箱)方式通达天然气。马山协合杨圩风电一期项目(40.90兆瓦)并网投产,武鸣安凤岭风电场一期(50兆瓦)25台风机完成吊装,宾阳马王风电场一期工程项目(100兆瓦)并网12兆瓦,横县南乡新福风电场、宾阳双桥风电场、马山杨圩风电场(二期)开工建设。南宁市风电项目并网容量148.40兆瓦,太阳能光伏建成并网容量326.50兆瓦。

【统筹推进重大项目】 2018年,南宁市实施自治区层面重大项目90个(含增补),完成投资341.34亿元,完成年度计划120.34%;市级层面重大项目456个,完成投资663.45亿元,完成年度计划107.81%。南宁市羁押中心、南宁教育园区基础设施建设项目(三期)、南宁市陈村水厂三期工程、广西申龙新能源汽车有限公司新能源客车及物流车生产、广西乐林林业开发有限公司年产25万立方米高密度薄板生产线技改、宾阳双桥风电场、南宁市智能数控机械加工装备及PC生产基地等117个自治区市层面重大项目开工建设;南宁园博园、园博园田园风光区(EPC)公益性建设、沙江河流域综合整治PPP工程、南宁市凤岭综合客运枢纽站(长途客运站部分)一期工程、广西职业技能公共实训基地(一期)、南宁农产品交易中心(一期)、南宁东盟文化旅游、南宁禾田信息港、广西丰林木业集团股份有限公司年产30万立方米均质刨花板生产线技改、广西建工集团第一安装有限公司智能制造等98个自治区市层面重大项目竣工。

【区县与开发区投资】 2018年,南宁市固定资产投资总额比上年增长11.80%,其中横县增长14.15%、宾阳县增长10.45%、上林县增长3.08%、马山县增长13.29%、隆安县增长3.62%,西乡塘区增长14.25%、兴宁区增长16.52%、江南区增长16%、青秀区增长11.01%、良庆区增长17.1%、邕宁区增长17%、武鸣区增长9.81%,南宁高新技术产业开发区增长8.41%、南宁经济技术开发区增长14%、广西—东盟经济开发区增长11.54%。

【投资结构】 2018年,南宁市固定资产投资比上年增长11.80%。按产业结构划分:第一产业下降0.90%;第二产业增长13.90%,其中工业增长8.70%;第三产业增长11.80%,其中房地产投资增长14.40%(住宅投资772亿元,增长13.70%)。按投资构成划分:建筑安装工程增长8.60%,其他费用增长26%,设备、工具、器具购置下降0.40%。按经济类型划分:国有经济投资增长13.30%,集体经济投资下降1.40%,私营个体投资增长11.10%。按行业划分:农林牧渔业下降0.90%,采矿业增长159.70%,制造业增长0.60%,电力、燃气及水的生产和供应业增长35%,建筑业增长221.20%,批发和零售业下降33.70%,交通运输、仓储及邮政业增长10.60%,住宿和餐饮业下降11.30%,信息传输、计算机服务和软件业下降29%,金融业下降51.50%,房地产业增长14.40%,租赁和商务服务业下降22.10%,科学研究、技术服务和地质勘察业投资下降22.1%,水利、环境和公共设施管理业增长19.60%,居民服务和其他服务业下降80%,教育投资增长57.10%,卫生、社会保障和社会福利业下降17.70%,文化、体育和娱乐业增长52.20%,公共管理和社会组织下降26%。

【投资来源】 2018年,南宁市固定资产投资资金来源总计3350.70亿元,其中上年末结余资金727.90亿元、比上年增长43.50%,本年资金来源2622.80亿元、增长15.10%。本年资金来源:国家预算内资金90.95亿元,下降19.30%;国内贷款477.51亿元,增长8.40%;债券8.68亿元,增长149%;利用外资1.10亿元,增长13.30%;自筹资金915.07亿元,增长8.90%;其他资金来源1129.50亿元,增长28.10%。

【民间投资】 2018年,南宁市民间投资活力不足,比上年同期增长8%。低于全国民间投资增速0.7个百分点,低于自治区民间投资增速4.2个百分点。

(刘　欣)

招商引资

【概　况】 2018年,南宁市投资促进局设办公室、政策法规科、国内投资促进科、外国与港澳台投资促进科、投资项目科、区域合作科、外商投资管理科、外资企业科、项目督办科及机关党总支部,编制44名,在编41人,后勤服务人员控制数5人。实施"招商引资三年行动计划",聚焦产业集聚,开展精准招商,实际到位资金950.30亿元,比上年增长13.50%;全口径实际利用外资13.69亿美元,增长43.02%。蝉联自治区招商引资专项考评第一名,实现"三连冠"。主要存在部分企业对外投资意愿不强,招商引资难度加大,激励保障机制亟待完善等问题。

【招商引资三年行动计划】 2018年,《南宁市招商引资三年行动计划(2016—2018)》实施第三年,南宁市招商引资呈现如下特点:工业招商新变化。编制产业链全景图,围绕链条、盯住龙头、大小通吃、快慢结合,引进瑞声科技、歌尔股份等重点产业项目98个。自治区、市、县三级联动,围绕电子信息、先进装备制造、生物医药、大健康、物流、金融等重点产业开展精准招商,引进蓝水星、申龙新能源客车二期、一力制药、泰康养老、京东电商、菜鸟网络、中银香港、中信保等龙头企业和重点项目。强化招商引资网络。挂牌设立市投资促进委员会驻深圳联络处,在上海、北京选聘市投促顾问、筹备招商联络处,依托全联科技装备业商会会长单位、深圳工商联主席单位研祥集团开展以商引商,引进东部地区高质量的企业落户;拓展中国台湾、香港地区招商联系网,以珠三角、长三角、京津冀地区为基点,在国内重点地区探索建立南宁市招商引资网络架构。　(彭臣帅　王晶晶)

【国内招商引资】 2018年,市投促局组织招商小分队赴深圳、广州、北京等地开展招商活动,参加或举办第七届中国(广州)国际金融交易·博览会、第十七届中国西部国际博览会、南宁市（广州）金融交流座谈会等招商洽谈、宣传推介活动，拜访企业高层、行业协会，推进招商引资项目落实，签订《南宁市人民政府　兰州市人民政府经济交流合作框架协议》，签约广西蓝水星智能通讯产业链终端生产项目、南宁经开区智能终端配件主板生产项目、西乡塘区综合利用动植物油脂生产工业精油项目、良庆区广西桂润环保科技有限公司环保设备生产研发基地项目，广西仁泰生物科技有限公司与湖南东安霞栖农业股份有限公司、福建鑫浦国际贸易有限公司合作的横县工厂化双孢菇无公害标准生产基地改扩建项目，横县食用菌低温脱水油炸加工项目。南宁市与歌尔股份有限公司举行战略合作框架协议签约仪式，根据协议，歌尔股份公司计划分两期在南宁高新区投资建设南宁项目，一期项目10月启动。深圳优必选科技股份有限公司副总裁聂炎、美国商业地产公司SRS公司的子公司衡达（亚洲）有限公司董事兼总经理岳东临、德国ODW-ELEKTRIK有限公司董事长Martin　Ehret等国内外知名企业负责人到南宁考察投资环境，洽谈投资事宜。（李珍珍）

【国（境）外及中国港澳台地区招商引资】2018年，市投促局派员随自治区投资促进代表团到中国香港地区、缅甸、芬兰、俄罗斯等地，拜访香港金宁发展有限公司、缅甸迪拉瓦经济特区管委会、芬兰斯道拉·恩索集团、俄罗斯亚太地区合作中心等当地相关机构、企业，参加在中国香港地区举办的第二届创智营商博览。组团到中国台湾地区、奥地利、日本、韩国、马来西亚等地，拜访台湾生技绿能有限公司、奥地利BIIFINGER生物医药工程有限公司、日本阳光电源日本株式会社、韩国韩亚银行、马来西亚马来亚银行等相关机构、企业，在台北举行企业座谈会，向20多位台商推荐南宁市投资环境，与台湾松田花艺观有限公司、龙佃海洋生物科技股份有限公司、台湾企通宝科技股份有限公司企业有关负责人进行对接，推动在谈项目进程，在日本、韩国举办投资推介会2次，推动电子信息、精密仪表、医疗器械、能源利用等项目落户南宁。（黄嘉莹）

【委托招商】2018年，市投促局将委托招商与以商招商、中介招商结合起来，选聘私享桥（上海）企业发展有限公司作为专业投资中介咨询机构，选聘南宁市研祥装备科技有限公司总经理陈卓华、广西巨星医疗器械有限公司总经理廖长香、北京广西企业商会副会长兼秘书长卢爱任3人为南宁市首批投资促进顾问，协助开展专题招商活动。10月14日至15日，市投促局与广西巨星医疗器械有限公司联合举办“2018中国（南宁）医疗器械产业商务与投资交流会”，26家30多位国内医疗器械及有关行业企业代表参会。11月30日，市投促局与重庆西加科技有限公司签订委托招商服务协议，宣传推介南宁市铝加工投资环境和重点招商领域，通过协会收集会员企业的发展动向及投资需求信息，与招商目标企业建立联系对接渠道，推进南宁市铝产业链招商。

【平台招商】2018年，市投促局借助第15届中国—东盟博览会、中国—东盟商务与投资峰会平台签约项目88个，总投资503.10亿元；参加第七届中国（广州）国际金融交易·博览会、广州博览会、第十七届中国西部国际博览会、兰州贸易洽谈会、中国铝业工业展览会等全国性、区域性大型贸易洽谈及展会，签约项目3个。借助自治区组织的大型活动平台，参加自治区政府及自治区直属单位举办的“2018广西加工贸易产业投资商机推介会”“新时代　新征程　2018广西（深圳）投资合作推介会”、第十四届广西名特优农产品（广州）交易会暨2018年粤桂农业产业投资合作项目推介会、“喜迎60华诞，助推广西高质量发展—全国大型民营企业广西行”“2018年珠江—西江经济带沿线城市联合招商推介会与产业对接活动”等大型活动。借助“中德工业城市联盟”平台，参加中德工业城市联盟第六次全体会议及中德（佛山）智能制造合作大会、第四届中国（广东）国际“互联网+”博览会等系列经贸活动。（李珍珍）

【招商引资服务】2018年，市投促局印发招商引资政企服务沟通、代办服务、投资投诉实施方案，推进全市投资服务体制机制建设。成立服务项目工作组，由市领导联系推进，明确牵头责任部门、配合单位，实行“一个项目、一名领导、一个班子、一个方案”的项目推进机制。在市、区县及自治区级以上园区管委会建立招商引资项目代办服务机制，落实专人为外来投资者提供投资项目行政审批的法律法规、政策和办事程序等咨询、指导，对符合产业导向的本级重大项目，除按有关规定必须由投资者交纳的费用外，免费代办服务。建立“统一受理、按责承办、强化监督、限时办结”的投资投诉举报服务平台，构建高效、规范、统一的投资投诉举报管理服务机制。审核认定歌尔南宁智能终端生产基地、京东南宁电子商务产业园及运营结算中心（一期）、路远智能自动装备、诺佰克南宁微生态谷（一期）、年产修复48万平方米建筑铝合金模板、谊科年产50万平方米建筑铝合金模板、泰康南宁养老社区、亿联建材家居五金城8个项目列入年度重大招商引资快速落地项目。加大宾阳县亿联建材家居五金城、兴宁区首创奥特莱斯、江南区路远自动贴片机生产3个10亿元以上产业项目服务督办力度。（古　璇）

2018年7月5日，兰州市人民政府　南宁市人民政府经济合作交流恳谈会暨签约仪式在兰州举行　黄为谦　摄

区域经济合作

【概　况】2018年，南宁市推进共建“一带一路”倡议，深化与泛北部湾经济区、粤港澳大湾区、粤桂黔高铁经济带等重点区域经济交流合作。进出口总值738.79亿元，比上年增长21.70%，其中出口355.09亿元，增长28.80%；进口383.70亿

元,增长15.90%。与东盟国家进出口总值89.54亿元,增长13.80%。与103个"一带一路"倡议参与国进出口总值172.02亿元,占全市23.30%,增长86.80%。主要存在区域经济合作成本要素比较优势难以凸显等问题。

(市商务局　市统计局)

【面向东盟融入"一带一路"】 2018年,南宁市制定《南宁市深入贯彻落实习近平总书记重要讲话精神加快"一带一路"有机衔接重要门户建设实施意见的任务分解表》,全面对接融入"一带一路"。出台《南宁市招商引资三年行动计划(2016—2018)》《南宁市加快外经贸发展三年行动计划(2016—2018年)》《南宁市沿边金融综合改革试验区建设加快金融业发展扶持政策》等政策文件。实施外经贸发展三年行动计划,外贸进出口总值738.79亿元,比上年增长21.70%,其中出口增长28.80%。实施第二轮加工贸易倍增计划,加工贸易进出口总值539.39亿元,增长33.70%,占全市外贸进出口总值73%。中国—东盟(南宁)金融服务平台上线运行,全市跨境人民币结算量204.50亿元、增长20.10%。深化通关一体化改革,邮件监管环节由17个整合为6个。实际到位资金950.30亿元,增长13.50%。中国(南宁)跨境电子商务综合试验区率先在全国第三批综合试验区中开区运营。南宁综合保税区建设加快推进,入驻企业61家。推进中国—东盟信息港南宁核心基地建设,累计建成项目13个,大数据产业园等39个项目加快推进。南宁·中关村科技园正式揭牌。与北京、上海、广州等全国16个省市及区内11个城市对开高铁,基本形成以南宁为中心的"12310"(1小时通达南宁周边城市,2小时通达全区设区市,3小时通达周边省会城市,10小时左右通达国内主要中心城市)广西高铁经济圈。实现"县县通高速";南宁港2000吨级货船直达粤港澳,投入运营使用泊位105个、年吞吐能力1718万吨,成为西江黄金水道重要港口;南宁吴圩国际机场基本实现"东盟国家通""国内省会通",成为年旅客吞吐量千万级大港。制定印发《南宁市参与中新互联互通南向通道建设(2018—2020年)工作方案》,中新南宁国际物流园一期等南向通道重点项目建设加快推进。推进"贯通欧亚大陆的公铁联运冷链物流通道示范工程",初步构建成中国—中南半岛冷链多式联运运输走廊。出入境检验检疫管理职能划入海关,通关查验程序监管环节由17个整合为6个,执行"一次申报、一次查验、一次放行"通关作业模式。《中国—东盟信息港建设总体规划(2017—2025)》基本完成修编工作,待国务院批复。建立中国—东盟信息港南宁核心基地重大项目库,筹划建设重大项目99个,其中广西东盟信息交流中心一期(中国联通集团南宁总部基地)、中国移动广西公司五象信息交流中心、广西电子政务外网云计算中心一期、中国—东盟传统医药信息交流平台(广西国际壮医医院)、中国—东盟网络视听产业基地(广西新媒体中心)一期、南宁启迪东盟创新中心等项目竣工并投入使用。位于南宁综合保税区的南宁跨境贸易电子商务综合服务平台竣工验收,中国—东盟电子商务产业园、大数据产业园、南宁·中关村科技园等37个项目加快建设。

(严浩宇)

【广西北部湾经济区区域经济合作】 2018年,南宁市落实《广西北部湾经济区升级发展行动计划》,实施《南宁市落实广西北部湾经济区升级发展行动计划重大项目(工程、事项)责任分工》,争取广西北部湾经济区发展专项资金(重大产业发展专项)项目2个,获补助资金6500万元。实施《南宁市贯彻落实广西北部湾经济区同城化纵深发展重点工作分工方案的通知》,南宁市与北部湾经济区范围内的北海、钦州、防城港、玉林、崇左5个地市实现交通一卡通互联互通,旅游、交通物流、人力资源、教育资源同城化取得实质性进展。实施《南宁市加快打造北部湾城市群核心城市实施方案的通知》,完成第十届泛北部湾经济合作论坛等大型国际活动的服务。

(蒋龙周)

【泛珠三角区域经济合作】 2018年,南宁市实施招商引资"三年行动计划",推进招商引资"六大专项行动",招大引强取得突破,引进深圳蓝水星、香港万商等龙头企业和重点项目,推动中银香港东南亚运营总部项目落地。搭建珠江—西江经济带合作平台,印发实施《南宁市贯彻落实珠江—西江经济带发展规划广西实施意见2018年工作指标表》,从推进基础设施互联互通、促进产业转型升级、建设特色多元沿江城镇体系、深化开放合作、共建生态安全屏障、推进公共服务6个方面,制定年度指标127项,促进珠江—西江经济带沿线城市在基础设施、产业、生态环保、扶贫开发等方面合作;搭建珠江—西江经济带合作平台,主办西江经济带城市共同体及市长联席会议第三次会议暨西江经济发展论坛。组团参加泛珠区域高铁经济带建设工作现场会暨第四届粤桂黔高铁经济带合作联席会议,与粤桂黔高铁沿线12个市(州)共同签署《粤桂黔高铁经济带乡村振兴共同行动倡议》。实施《南宁市全面对接粤港澳大湾区建设总体工作方案》,推荐全面对接粤港澳大湾区重大项目(2018—2020)17个,包括基础设施、生态环保、产业等3大领域,计划总投资1079.10亿元。

(严浩宇)

【中德工业城市联盟活动】 2018年4月10日,德国ODW-ELEKTRIK有限公司董事长马丁·埃雷特率销售与市场部总监法尔科·美亚等4人到南宁市投资考察。8月8日至11日,市投促局参加中德工业城市联盟秘书处在江苏省太仓市举办"走进太仓"学习交流活动暨2018中方成员年中座谈会,参观太仓城市规划馆、太仓德国中心、苏州史太白技术转移咨询有限公司及太仓市代表性德国企业或项目,学习太仓中德产业合作模式,交流对德招商引资、企业服务等方面先进经验。10月23日至25日,市投促局派员

2018年4月10日,德国ODW-ELEKTRIK有限公司董事长马丁·艾雷特(右二)等4人到南宁市投资考察　市投资促进局提供

赴广东省佛山市参加中德工业城市联盟第六次全体会议及中德（佛山）智能制造合作大会、第四届中国（广东）国际“互联网+”博览会等经贸活动。 （程曼婷）

利用外资及中国港澳台地区资金

【概　况】 2018年，南宁市赴芬兰、俄罗斯、奥地利、捷克、瑞典等欧洲国家推进经贸交流；赴缅甸、柬埔寨、菲律宾、泰国、马来西亚等东盟国家及日本、韩国开展招商活动，涉及电子信息、生物医药、金融、物流、现代工业、现代农业、服务业、光伏及矿业开采等产业；利用自治区“惠台80条措施”和CEPA先行先试政策赴中国港澳台地区开展招商推介活动。全口径实际利用外资13.69亿美元，比上年同期增长43.02%；外商投资企业申报482家；销售（营业）收入474.20亿元，下降36.80%；利润53.42亿元，下降0.76%。主要存在外资来源地单一，以港资为主；新批项目不多，利用外资后劲不足；区县（开发区）外资到位不平衡等问题。

（何伟洁　黄嘉莹）

【利用外资及中国港澳台地区资金特点】 2018年，南宁市利用外资超1000万美元项目30个，全口径实际利用外资排前10名为广西唐昇投资有限公司（1.78亿美元）、广西嘉和置业集团有限公司（1.21亿美元）、南宁领泰房地产开发有限公司（8600万美元）、南宁市美曦房地产开发有限公司（8356万美元）、南宁润颐五象房地产有限公司（7070万美元）、南宁绿地海悦投资有限公司（7305万美元）、南宁宜家家居有限公司（5575万美元）、华润置地（南宁）有限公司（5401万美元）、南宁华润置地北湖房地产有限公司（5384万美元）、南宁市美旭房地产开发有限公司（4844万美元）。港资企业全口径实际利用外资8.79亿美元，占64.16%。其他有库克群岛2.93亿美元、维尔京群岛6434万美元、瑞典5575万美元、新加坡3792万美元、中国澳门地区1856万美元、中国台湾地区1615万美元、开曼群岛228万美元、韩国237万美元、美国26万美元、马来西亚25万美元、澳大利亚3万美元。全口径实际利用外资前三位的行业分别是房地产业10.70亿美元，占78.17%；制造业1.45亿美元，占10.62%；批发和零售8512万美元，占6.22%。

【外商投资企业生产经营】 2018年，南宁市外商投资企业申报482家，总投资95.23亿美元，注册资本52.59亿美元。其中：外方出资39.20亿美元，实缴资本29.98亿美元；销售（营业）收入474.20亿元，比上年同期下降36.80%；利润53.42亿元，下降0.76%；纳税33.07亿元，下降17.13%；从业人数4.17万人，其中外籍人数308人。盈利企业185家，占38.38%，盈利65.67亿元。盈利行业：制造业77家（17.47亿元），房地产业30家（34.14亿元），交通运输、仓储和邮政业16家（4.13亿元），批发和零售业21家（2.08亿元），电力、燃气及水的生产和供应业4家（2.01亿元），住宿和餐饮业5家（1.37亿元），金融业4家（2亿元），租赁和商务服务业10家（0.32亿元），农、林、牧、渔业3家（1171.51万元），科学研究、技术服务和地质勘查业3家（59.93万元），水利、环境和公共设施管理业1家（394.58万元），居民服务和其他服务业4家（9807.19万元），文化、体育和娱乐业2家（28.64万元），建筑业2家（9556.80万元），卫生和社会工作1家（1669.63元），信息传输软件业2家（310.85万元）。十大盈利企业：广西嘉和置业集团有限公司、华润置地（南宁）有限公司、广西荣和有限责任公司、南宁绿地鸿恺置业有限公司、南宁中海宏洋置业有限公司、华润水泥（南宁）有限公司、广西金鲤水泥有限公司、南宁娃哈哈恒枫饮料有限公司、阳光新业地产股份有限公司、广西法电电力有限公司。销售（营业）收入50亿元以上1家（广西红水河水泥股份有限公司65.27亿元）；10亿元至50亿元10家，分别为广西嘉和置业集团有限公司、南宁双汇食品有限公司、南宁富泰宏精密工业有限公司、南宁中海宏洋置业有限公司、华润置地（南宁）有限公司、丰达电机（南宁）有限公司、南宁中达桂宝汽车服务有限公司、广西金鲤水泥有限公司、南宁绿地鸿恺置业有限公司、华润水泥（南宁）有限公司。利润1亿元以上15家，5000万元～1亿元8家，1000万元～5000万元42家。纳税1亿元以上6家，5000万元～1亿元10家，1000万元～5000万元30家，500万元以上84家。

（何伟洁）

【外资备案与管理】 2018年，市投促局联合市行政审批局，为外商投资企业和项目业主办理业务80项，未发生超时限办结及企业投诉、申请听证、行政复议、行政诉讼等情况。新批外商投资企业62家，投资总额18.49亿美元，注册资本14.95亿美元，合同外资额12.85亿美元，其中备案审核的大项目主要有国家电投集团广西电力有限公司合同（2.33亿美元）、中霸电子科技（南宁）有限公司合同（5658万美元）、广西中信龙电电气有限公司合同（1590万美元）、广西首联国际贸易有限公司合同（1588万美元）、南宁市三礼电子有限公司合同（1262万美元）、广西中德湘桂电力开发有限公司合同（1089万美元）、广西捷凯鸿企业管理有限公司合同（1000万美元）。市投促局政务服务窗口按时办结率100%，满意率100%，一次性告知率100%，配合市行政审批局做好“一事通办”利企便民清单编制试点，编制外商投资企业设立及变更备案清单，企业在申请材料齐全、符合法定受理条件前提下，从受理申请到做出办理决定、形成办理结果的全过程“最多跑一次”。

（杨　琼）

【外资企业管理与服务】 2018年，市投促局对全市已批尚有资金存量的外资项目进行分析和筛选，明确年内可进资的项目及资金存量，做好利用外资预测，把目标任务分解到责任单位。鼓励、推动外企增资扩股，对部分外资存量大的企业深入开展服务，解决企业在扩大生产经营中遇到的问题，跟踪外资到位情况。中国—东盟博览会期间，为50多家外资企业110名代表办理专业观众证，组织企业代表参加投资促进活动9个场次。 （何伟洁）

责任编辑　李　康

南宁年鉴

公有制与非公有制经济

综 述

【概 况】 2018年,南宁市公有制与非公有制经济保持中高速发展势头,其中个体经济与私营经济迅速发展,外商与港澳台投资企业发展较快,集体经济、股份制经济、农民专业合作社、家庭农场平稳发展。国有经济数量比上年有所减少,但是经济实力继续增强。新登记市场主体13.26万户,注册资本6266.96亿元,外币13.50亿美元;累计市场主体64.65万户,注册资本17141.21亿元,外币76.57亿美元。大多数市场主体参加年报(农业专业合作社年报率96.49%、个体工商户年报率83.85%、企业类型经济主体年报率90%)。南宁市平均每天新增市场主体363户、市场主体存量和新增量居自治区首位。"两台一会"(市中小企业服务中心为融资平台、市南方担保公司担保平台、市企业信用协会)投放贷款193.80亿元,贷款余额40.19亿元。招商引资非公企业项目493个,合同引进资金637.94亿元,实际到位资金787.39亿元。非公有制经济规模以上工业企业981家(产值超亿元以上企业435家),规模以上非公有制经济工业增加值占全市规模以上工业增加值比重65.18%。民间投资比上年同期增长8%,占全市固定资产投资总额49.20%,拉动全市固定资产投资增长4.1个百分点。非公有制经济提供税收462.32亿元,占全市税收收入的69.40%。非公有制企业进出口总额634.28亿元,占全市总量的85.85%,其中非公有制企业出口339.92亿元、进口294.36亿元;非公有制单位新增就业人数4.90万人,占全市城镇新增就业人数70.28%。主要存在集体经济、股份制经济发展缓慢;个体经济、私营经济虽然发展势头快,但是经济实力不强,对国民经济拉动能力有限等问题。

【国有经济实力继续增强】 2018年,南宁市新登记国有企业54家、比上年减少72家,累计1390家(企业法人436家)、减少31家,注册资金43.38亿元、减少757万元。主要国有企业有南宁城市建设投资集团有限责任公司、南宁威宁投资集团有限责任公司、南宁建宁水务投资集团有限责任公司、南宁交通投资集团有限责任公司、南宁轨道交通集团有限责任公司、南宁产业投资集团有限责任公司、南宁大地飞歌文化产业集团有限责任公司、南宁农工商集团有限责任公司、南宁金融投资集团有限责任公司9大企业集团公司,国有资产总额3075.44亿元、增长16.84%,净资产1100.17亿元、增长24.33%,营业收入233.48亿元、下降3.63%,利润14.48亿元、增长56.04%;国有资产保值增值率101.58%。

【个体经济与私营经济迅速发展】 2018年,南宁市新登记个体工商户8.79万户,比上年增长26.47%,为增长数量最多的市场主体。新增从业人员17.57万人、增长15.74%,新增注册资金83.67亿元、增长30.96%。累计有个体工商户32.29万户,从业人员84.59万人,注册资金399.27亿元,分别增长15.89%、13.36%、25.12%。新登记私营企业4.09万户、增长13.54%,投资者7.18万人、增长14.73%,雇工8.57万人、增长27.74%,注册资金5982.72亿元、增长1.11倍。累计私营企业23.75万户(分支机构2.18万户)、增长12.73%,投资者50.89万人、增长12.22%,雇工87.34万人、增长6.69%,注册资金15608.03亿元、增长55.45%。

【外商与港澳台投资企业发展快】 2018年,南宁市新登记外商与港澳台投资企业292家,累计2100家,比上年分别增长16.80%、11.82%;新增投资14.48亿美元,比上年减少12.80亿美元,下降46.92%;累计125.23亿美元,增长9.06%;新增注册资金13.50亿美元,减少3.96亿美元,下降22.68%;累计76.57亿美元,增长19.77%。

国有经济

【概 况】 2018年,南宁市新登记国有企业54家,累计国有企业1390家(企业法人436家),比上年减少2.18%;注册资金43.38亿元,减少0.18%。第一产业140家(企业法人51家),注册资金3.96亿元,分别占10.07%、9.14%;第二产业276家(企业法人141家),注册资金9.29亿元,分别占19.86%、21.42%;第三产业974家(企业法人244家),注册资金30.12亿元,分别占70.07%、69.43%。主要国有企业有9大企业集团公司,国有资产总额3075.44亿元,增长16.84%;净资产1100.17亿元,增长24.33%;营业收入233.48亿元,下降3.63%;利润14.48亿元,增长56.04%;国有资产保值增值率101.58%。主要存在国有经济规模不大,企业转型升级缓慢,新动能新产业支撑作用不强;部分国有企业集团发展思路不宽,路径不多,主业不突出,盈利能力差,核心竞争力不强,品牌优势、创新发展与发达地区有较大差距;企业管理制度、内控机制、人才引进管理制度需进一步改革完善;国企历史遗留难点问题一时难以彻底解决等问题。

(谢应辉 秦 庆)

表 3　　2018 年南宁市国有经济行业分布情况表

行　业	数量(家)	企业法人(家)	注册资金(万元)
农、林、牧、渔业	140	51	39632
采矿业	12	2	2010
制造业	159	92	57868
电力、热力、燃气及水生产和供应业	38	27	2807
建筑业	67	20	30249
批发和零售业	280	51	36363
交通运输、仓储和邮政业	257	17	17293
住宿和餐饮业	43	26	3263
信息传输、软件和信息技术服务业	8	5	100214
金融业	13	2	457
房地产业	36	35	60544
租赁和商务服务业	108	15	2818
科学研究和技术服务业	127	26	5663
水利、环境和公共设施管理业	12	4	3939
居民服务、修理和其他服务业	36	29	15008
教　育	8	8	1545
卫生和社会工作	1	1	3
文化、体育和娱乐业	22	15	1357
其　他	23	10	52739
合　计	1390	436	433772

【南宁城市建设投资集团有限责任公司】 市属国有独资企业。2018 年,注册资金 87.21 亿元,资产总额 1016 亿元,员工 2200 多人。子公司有南宁市城市建设投资发展有限责任公司、广西华宏水泥股份有限公司、南宁城市路桥投资管理有限责任公司、南宁纵横时代建设投资有限公司、南宁城建管廊建设投资有限公司、南宁市富申建设投资有限责任公司、南宁市万町工程项目管理有限责任公司、南宁市西部时代房地产开发有限责任公司、南宁市城投小额贷款有限责任公司、南宁富航资产管理有限责任公司、南宁城市建设集友智投资有限公司、南宁城市建设晟湾银投资有限公司、南宁航空服务有限公司 13 家,托管南宁市基础工程总公司。年内,完成固定资产投资 133.35 亿元,比上年增长 10.06%;营业收入 20.88 亿元,减少 23.82 亿元;利润 1.87 亿元,减少 46.88%;缴税 3.01 亿元,增长 31.44%;融资 69.22 亿元,增长 30.31%。建成道路 17 条、城市立交 12 座,人行天桥 6 座,路桥通车里程 100 千米,建成综合管廊约 12 千米。重大道路交通及配套项目有会展中心场馆扩建及周边配套完善工程,快环综合整治项目改造工程主线,沙井大道清川桥底改造及五一路口主线、南乡路口立交工程主线,沙江路主线,柳南高速公路改快速路工程,高速公路东环改快速路一期工程—凤岭南路立交,城市东西向快速路西段,清川立交清川方向主线、大学路方向主线、玉洞大道拓宽工程(银海大道—玉象路、平乐大道—那黄大道)、精品线路沿线风貌改造提升工程(玉洞大道)等 59 个。成品油销售、水泥混凝土销售业务大幅增长,房地产开发、路桥收费、小额贷款业务持续稳定,建设施工、富士康宿舍厂房租赁管理业务收益较好;接收公租房小区 31 个、拆迁安置小区 2 个、人才公寓 4189 套、回购经适房 810 套、竞配产权移交住房小区 12 个,累计国有产权房 300 万平方米。清理广西华宏古庙塑料有限公司、南宁龙图建设工程有限公司、南宁创宁登华房地产投资有限责任公司、广西天地源广告公司、广西平朗生态农业投资有限责任公司、贵州省仁怀市忆当年酒业有限责任公司、南宁市忆当年茶业有限责任公司、南宁市九川酒业有限公司、广西基隆那溪酒业有限公司 9 家"僵尸企业",整合重组南宁市泰展工程技术有限责任公司、南宁市风采物业服务有限公司,优化调整股权,完成南宁市龙津建设投资有限责任公司股权转让。梳理盘点集团公司名下未确权、未入账、未办证资产,确权并办理土地证、房产证等证件,盘点登记房产、地产、设备等存量资产(含闲置资产),通过资产租赁、授权经营、合作经营、重新开发利用等形式提高资产利用率、经营收益。建立差异化业绩考核模式、办法,对子公司进行功能界定、分类管理,分别定为商业一类企业、二类企业、三类企业,公益一类企业。（张　彧）

【南宁威宁投资集团有限责任公司】 市属国有独资企业。2018 年,注册资本 84.62 亿元,资产总额 332 亿元,净资产 137 亿元,员工约 4000 人。一级监管企(事)业有南宁威宁资产经营有限责任公司、南宁百货大楼股份有限公司、南宁学院、南宁威宁市场发展有限责任公司、南宁威宁建设投资有限责任公司、南宁市储备粮管理有限责任公司、南宁威宁房地产开发有限公司、南宁威宁酒店投资股份有限公司、南宁威宁邻家投资股份有限公司、南宁威宁文化体育发展有限公司、南宁威宁捷信贸易股份有限公司、南宁市融达小额贷款有限责任公司、广西粮食物流产业园区有限公司、南宁信创投资管理有限公司、南宁威沃教育投资有限公司 15 家,其中广西粮食物流产业园区有限公司是由自治区企业广西粮食发展有限公司和南宁威宁投资集团有限责任公司旗下南宁市储备粮管理有限责任公司、南宁威宁市场发展有限责任公司联合投资组建。完成固定资产投资 28.30 亿元,比上年下降 41.40%;营业收入 68.49 亿元,增长 10.50%;利润 1.11 亿元,增长 5.44%;累计获授信 187 亿元,融资 70.64 亿元,增长 65.05%;入围中国服务业企业 500 强第 426 名,广西企业 100 强第 49 名、广西服务业企业 50 强第 21 名。年内,推进农产品与商贸流通业态升级,大宗贸易实现营业收入 20.75 亿元,增长 22.45%,毛利 5288.82 万元,增长 81.99%。南宁百货大楼股份有限公司文化宫店、家电金湖店转型,入围 2018 年广西企业 100 强第 82 名、广西服务企业 50 强第 33 名;威宁捷信公司创新采购模式、营销模式、合作经营模式,重新装修地铁门店 19 家,与南宁范记食品公司在南宁轨道交通 1 号线宁家便利店门店开展合作经营(增收 120 万元),

减亏188万元;威宁邻家公司与77个符合百姓生活需求基础服务业态的品牌商家合作,威宁邻家广场项目被评为“年度城市商业新地标”项目;储备粮公司加快布局放心粮油专营店,推进放心粮工程建设,在五象粮油仓储加工基地配备高标准生产车间和智能粮库,配备年加工20万吨稻谷的大米生产线,被列入国家级重点支持粮油产业化龙头企业,生产的“桂井”粮油被评为广西粮食加工行业和食用油行业百姓口碑榜品牌、广西著名商标。强化酒店旅游门店管理,将薪酬分配权下放至门店店长,威宁酒店公司营业收入首次突破1亿元,住宿率68.40%,增长32%;银河大酒店加强经营管理,提升服务质量,经营利润比上年同期增长164%;以宁家商旅酒店朝阳店为试点打造智慧客房;五象山庄完成9号、11号楼升级改造及花园厅、湖畔礼堂建设,户外婚礼特色项目投入运营后增收325万元,被评为“中国酒店业最受欢迎会议酒店”,入围“亚洲都市景观奖”。房地产竣工36.76万平方米,销售20.65万平方米、增长62%,销售收入12.43亿元、增长78%。推进南宁学院升格南宁大学基础性工作,实施深化应用技术大学建设暨迎接本科合格评估三年行动计划,新增本科专业3个;与中联集团(广西)教育科技有限公司合作设立工程审计专业,获批自治区教改项目16项,签订产学合作协议20项,申请专利445件;推进中国质量研究与教育(南宁)基地、中国—东盟质量研究与教育中心建设,与广西灵山三科农商城共建产学研创新基地,在邕宁区百济镇设“大学生写生基地”。把握金融贷款规模,月均贷款余额3160万元,追回历年不良贷款本息1149万元;新增授信10亿元,融资到位资金突破70亿元,综合融资成本控制在基准利率上浮10%以内;获广西体育中心准公益性资产融资12亿元,获光大银行内保外债额度1500万美元,提款1240万美元;发行短期融资券2期、永续中期票据1期、北金所债权融资计划1期,债券注册规模32亿元,到位18.80亿元;与国家开发银行广西区分行签订开发性金融合作协议,与中国建设银行南宁分行签订融资100亿元战略合作协议;通过资金结算中心归集资金49.64亿元。配合武警广西总队、南宁警备区等驻邕部队完成委托管理项目整治;推进国有产权房接收,签订东盟国际商务区10国商务联络部资产接收协议,总建筑面积4万平方米;新确权入账土地3宗、房产15宗;签订南宁学院原北湖校区10.20公顷土地预收回协议;举办公开竞价活动108期,375宗租赁资产成交租金溢价27.22%;完成东盟商务区服务中心市场化招租、广西体育中心配套裙楼招租。广西体育中心举办中国杯足球赛等活动(赛事)74场,入场人数近42万人次,其中商业类活动48场、收入1246万元。广西文化艺术中心投入运营,举办新年音乐会、第20届南宁国际民歌艺术节等225场演出活动,上座率77%。承担“老南宁·三街两巷”一期核心区项目、南宁市图书馆新馆项目、广西体育中心场地修缮提升项目3个自治区成立60周年大庆项目建设,建设自治区、市级重点建设项目23个,自营项目26个。集团公司与香港金宁公司、光达公司整合重组,出清“僵尸企业”28家、分流安置乡镇企业供销公司职工,撤销地产业公司、乡镇红砖质检站事业单位编制,南宁国际经济技术合作公司生活小区移交青秀区人民政府,实行属地化管理;转让南宁农产品交易中心有限责任公司、广西南南铝箔有限责任公司,关闭宁家便利店门店12家。(毛　雄)

【南宁建宁水务投资集团有限责任公司】市属国有独资企业。2018年,注册资本16.13亿元,资产总额250.17亿元,净资产66.92亿元,员工2340人。子公司有广西绿城水务股份有限公司、广西万丰房地产开发有限公司、广西金水建设开发有限公司、南宁市排水有限责任公司、南宁水城旅游开发有限公司、南宁市流量仪表检测有限公司、南宁市凉元帅工贸有限公司、南宁市武鸣供水有限责任公司、南宁市三好物业服务有限公司9家,参股公司有南宁市华信小额贷款有限公司、南宁市区农村信用合作联社、广西南宁化学制药有限责任公司、南宁开通塑管有限公司、南宁北排水环境科技有限公司、南宁北排水环境发展有限公司、南宁博湾水生态科技有限公司、光大水务(南宁)有限公司、广西南宁北投心圩江环境治理有限公司、南宁市国冶基础设施建设投资有限公司、广西棕榈生态城镇环境发展有限公司11家。完成固定资产投资49.49亿元,比上年增长39.48%;营业收入27.11亿元,增长1.32%;利润3.81亿元,下降17.40%;缴税4.84亿元,增长25.41%;工业总产值13.42亿元,增长6.40%;国有资产保值增值率115.55%。坚持“治水、建城、为民”工作主线,投资35.56亿元,建设城建项目95个,完成邕江综合整治和开发利用工程(负责标段)并向市民开放,开工邕江上游引水工程一期工程,加快推进琅东污水处理四期工程、江南污水处理厂水质提标及三期工程等。敷设供水管道81.60千米,迁改给水管21千米,东盟水厂一期扩建工程具备通水条件,开工建设陈村水厂三期工程和邕武路、武华大道、坛兴路、平陆供水加压站4个;完成南宁铁路局、龙潭水厂供水区域业务接收;优化供水服务,12项水务业务实现“零跑腿”“零上门”;供水水质综合合格率、管网水水质综合合格率、管网压力合格率均100%,年售水近4.33亿立方米。建成污水提升泵站5个,敷设污水管网17千米,接收市政污水管网约500千米,完成污水处理3.75亿立方米,化学需氧量削减量4.07万吨,氨氮削减量0.71万吨,资源化外运处置污泥16.23万吨;开工、续建污水处理厂6个(新增设计日污水处理能力57万立方米),启动那平江、五象一期扩建、仙葫3个污水处理厂项目前期工作;推进朝阳溪、亭子冲、那平江等内河水环境治理,完成年度南宁市黑臭水体治理60天攻坚战、雨污管道错漏接改造。平里静脉产业园大型生活垃圾中转站和填埋场完成垃圾转运处理67万吨,填埋处理52万吨,分别增长3.08%、6.12%。新新传说项目一期工程(含部分安置房)竣工验收并交房,推进富乐拆迁安置房三期工程等4个危旧房改住房项目建设。(班馨月)

【南宁交通投资集团有限责任公司】市属国有独资企业。2018年,注册资本8.68亿元,资产总额407.29亿元,员工4550人。全资子公司有南宁公共交通有限责任公司、南宁交投凯通实业有限责任公司、南宁交投能源发展有限责任公司、南宁市航电投资有限责任公司、南宁高速公路建设发展有限公司5家,控股子公司有南宁交通资产管理有限责任公司、广西赛扬文化传媒有限公司、南宁交投创新投资有限公司、南宁交投场站投资管理有限公司、南宁交投桂隆建设工程有限责任公司、南宁交投桂晟建设工程有限责任公司、南宁交投桂祥建设工程有限责任公司、南宁交投桂昶建设工程有限责任公司、南宁交投桂弘建设工程有限责任公司、南宁交投桂乾建设工程有限责任公司、南宁市市民卡信息服务有限责任公司11家。完成固定资产投资37.48亿元,比上年减少22.41%;营业收入15.78亿元,增长30.95%;利润1.08亿元,增长52.41%;融资29.90亿元,增长57.62%。重大建设工程有邕江综合整治和开发利用工程北岸的清川大桥—五象大桥一期、二期景观、护岸工程,11月15日建成开放;邕宁水利枢纽工程,10月完成主体工程,12月5日第一台发电机组并网发电,12月28日验收;南宁凤岭综合客运枢纽站(长途客运站部分)一期工程,基本完工(2019年1月18日试运营);南宁园博园东侧配套路网项目,11月16日通过竣工验收。投入运营昆仑、金华、洪历加油站3座,步江公交、南宁东站长堽公交、安吉加气站3座,累计加油加气站21座。完成中泰路、西乡塘客运站南、发展大道振兴路交叉路口、江宇世纪城东、凤岭南路、龙腾路、白沙大道、石牌路、松柏路、虎岭大道、三塘61支路、天德路、昆仑大道13个停车场项目规划选址、用地预审、土地初审手续。完成民生旅游码头主体建设,建造完成邕江水上旅游项目配套设施趸船,11月21日对外营业。7月,“出行南宁APP”上线,实现公交车二维码扫码乘车功能;建成路边停车泊位管理试点建设智慧停车系统、充电服务系统平台,建成并实现凤岭客运站刷脸、刷身份证进站智能化服务。新开公交线路7条,优化调整线路28条,新投入空调公共汽车153辆,完成首批300辆纯电动出租汽车招标采购、投放运营,累计营运公共汽车1760辆,出租汽车450辆。南宁电子市民卡实现区县公交车、广西大学校车、智慧医疗(红十字会医院)、公园景区(青秀山旅游风景区、南宁园博园、花花大世界)、政企一卡通、图书馆应用等,与青秀区合作开展南宁市民卡“时间银行”管理平台项目。与广西北部湾银行等共同投资设立“湾银交投市政基础设施建设发展私募投资基金”,到位资金20亿元。 (蒋欣静)

【南宁产业投资集团有限责任公司】 市属国有独资企业集团。2018年,注册资本60.11亿元,资产总额300.39亿元,负债201.06亿元,所有者权益99.33亿元。员工1.30万人。全资子公司有南宁壮宁物业发展有限责任公司、南宁壮宁广和食品有限责任公司、南宁七彩虹印刷机械有限责任公司、南宁壮宁工贸园有限责任公司、广西南宁市新业房地产开发总公司、南宁锦虹棉纺织有限责任公司、南宁广发重工集团有限公司、南宁产投通用航空有限责任公司、南宁产投工业园区开发有限责任公司、南宁统一资产有限责任公司、广西南宁创侨建设投资开发有限责任公司、南宁创宁恒达商贸有限责任公司12家,控股公司有南宁五菱桂花车辆有限公司、广西金牛股份有限公司、南宁南机环保科技有限公司、南宁同达盛混凝土有限公司、南宁振宁工业投资管理有限责任公司、南宁振宁物业服务有限责任公司、南宁振宁商贸投资管理有限责任公司、南宁振宁开发有限责任公司、广西南宁凤凰纸业有限公司、南宁壮宁食品冷藏有限责任公司、南宁天就置业有限责任公司11家,参股公司有广西南南铝加工有限公司、南宁糖业股份有限公司、广西玉柴专用汽车有限公司、南宁康诺生化制药有限责任公司、南宁华数轻量化电动汽车设计院有限公司、广西先进铝加工创新中心有限责任公司、南宁化工股份有限公司、广西南宁化学制药有限责任公司、斐讯通信南宁有限公司、南南铝业股份有限公司、南宁五丰联合食品有限公司、南宁金浪浆业有限公司、南宁绿洲化工有限责任公司13家,授权管理企业有南宁市伞厂、广西壮族自治区南宁筑路机械厂、广西壮族自治区南宁机械厂、南宁市第一轻工业局供销公司、南宁市包装装潢研究所、南宁化学医药供销公司、南宁市自行车总厂7家,其他企业有南宁市矿务局砖厂、南宁市工业基本建设公司2家。完成固定资产投资4.80亿元;融资90.58亿元,比上年增长119.99%;营业收入76.06亿元,增长8%;利润2.88亿元,增长10倍;工业总产值106.88亿元,增长10%;缴税7.98亿元,增长8%。指导广西南南铝加工有限公司申请舰船高端铝合金材料国产化研制及应用验证项目,获科研经费3930万元,广西南南铝加工有限公司获工信部授牌认定为全国70家“2017年度国家技术创新示范企业”。建设南宁高端铝产业基地,签订《广西南南铝加工有限公司增资扩股协议书》,计划重组广西南南铝加工有限公司,由广西投资集团银海铝业公司持股51%,南宁产投集团持股48.58%,南南铝业股份公司持股0.42%。投资3000万元与东北大学共同合作,创建广西先进铝加工技术创新中心,重点打造中高端铝加工业产业链条,构建铝合金新材料—铝加工—高端装备制造产业体系,形成以高端铝合金精深加工百亿产业为支撑的铝加工千亿产业集群;投资1500万元与华中数控合作,创建新能源汽车轻量化研究中心;投资8500万元参与湖北美科精毅科技有限公司整体壁板生产线项目,合作开发更先进高效的整体壁板展平设备。建成产投(江南)企业公园项目一期约30万平方米,取得预售证。盘活存量工业用地资源,利用南宁同达盛混凝土有限公司搬迁后所腾出的土地开发大型食品冷链项目;租赁开发南宁绢纺厂闲置土地和危旧厂房,建设“百益·上河城”项目,打造南宁首个“科技创新+文化创意”主题综合型文化科创孵化产业园;通过兼并、破产收购、联营开发等形式,推动凤凰纸业公司土地、燃气轮机厂土地、蒲庙造纸厂土地收储,完成职工安置、主要债务清偿、土地预收储、资产解封解押、资产处置。推进企业重组,将持有的南宁糖业7681.38万股(占23.70%)无偿划转给广西农村投资集团有限公司;集团所属南宁振宁资产经营有限责任公司持有南宁糖业股份5995.50万股,占18.50%。 (郑北杰)

【南宁轨道交通集团有限责任公司】 市属国有独资企业。2018年,注册资本51.14亿元,资产总额717亿元,员工6555人,分公司有南宁轨道交通集团有限责任公司建设分公司、南宁轨道交通集团有限责任公司运营分公司、南宁轨道交通集团有限责任公司资源开发分公司3家,全资子公司有南宁轨道地产集团有限责任公司、南宁轨道交通二号线建设有限公司、南宁轨道交通五号线建设有限公司3家,控股公司有南宁轨道江南混凝土有限公司、南宁轨道交通四号线建设有限公司、南宁轨道交通二号线东延工程建设有限公司3家,参股公司有南宁轨道交通三号线建设有限公司、南宁中车轨道交通装备有限公司、南宁中铁广发轨道装备有限公司、南宁市市民卡信息服务有限责任公司、广西南宁机场综合交通枢纽建设有限公司、广州城市轨道交通培训学院股份有限公司、云宝宝大数据产业发展有限责任公司7家。完成固定资产投资117.37亿元,比上年增长0.50%;融资94.46亿元,营业收入17.79亿元,增长10.80%;利润2.56亿元,增长56.50%;缴税2.19亿元,增长78%。推进重点项目南宁轨道交通2号线东延工程、3号线一期、4号线一期、5号线一期工程,线网总长79.24千米,投资概算592.18亿元,年度投资115.83亿元。其中:2号线东延工程(2号线二期工程)长6.30千米,设站5座,工程概算48.98亿元,2017年5月开工,至2018年累计完成土方开挖100%、主体结构100%、区间工程54%、附属结构37%,年度投资8.66亿元;3号线一期工程长27.96千米,设站23座,工程概算206.81亿元,2015年6月开工,2018年完成基础建设、全线热滑及附属工程98%、机电工程90%,开始进行综合联调,年度投资55.99亿元;4号线一期工程长24.60千米,设站19座,工程概算174.09亿元,2016年6月开工,至2018年累计完成主体围护结构95%、土方开挖93%、主体结构84%、区间盾构80%、附属结构33%,15座车站主体结构封顶,18段单线区间贯通,建成出入口11个,风亭8座,年度投资27.15亿元;5号线一期工程长20.38千米,设站17座,工程概算162.31亿元,2017年9月开工,至2018年累计完成围护结构98%、土方开挖71%、主体结构40%、区间盾构15%,年度投资18.47亿元。运营轨道交通1号线、2号线,总长53.10千米,全年线网总运营里程589万列千米,客运总量2.14亿人次(1号线1.42亿人次、2号线0.72亿人次),单日线网客运峰值93.30万人次(12月31日),票务收入(税后)4.58亿元,增长92.60%,列车正点率99.99%,运行图兑现率99.99%,安全运营916天无安全事故。修编南宁轨道交通线网规划(2020年),规划2020年南宁城区轨道交通线网7条,线网总长269.40千米,设站157座,6月28日获市政府批复。房地产项目注入土地10宗36.79公顷,开工项目5个(海鲜市场项目、石柱岭项目、绢纺厂项目、地铁壹号城项目、良庆大桥南项目),面积45.58万平方米;房地产销售5.13万平方米,利润1.39亿元。推进下属企业整合重组,开展混合所有制改革,处置“僵尸企业”4家。开发地铁附属资源,经营收入1.35亿元。 (朱振华)

【南宁大地飞歌文化产业集团有限责任公司】 市属国有独资企业。2018年,注册资本1.07亿元,资产总额6.11亿元,员工600人。集团下辖6家子公司,其中3家全资子公司:南宁国际会议展览有限责任公司、南宁大地飞歌文化传播有限责任公司、南宁民族影业文化娱乐有限责任公司;1家控股子公司:南宁天恒电影有限责任公司(51%国有股权);1家参股子公司:南宁市新华书店有限责任公司(35%国有股权);1家托管子公司:南宁市演出公司(事业单位)。完成固定资产投资1835万元;营业收入2.36亿元,比上年减少3.69%;利润533万元,减少1201万元;缴税1502万元,增长3.94%。服务第15届中国—东盟博览会、中国—东盟商务与投资峰会,搭建标准展位1614个,设置功能区、服务区61个、指示牌163个,完成会议现场服务保障51场,开通“党员先锋号”摆渡车1260班接送1.30万人,接待咨询5000多次。筹办“第20届南宁国际民歌艺术节大地飞歌·2018晚会”,9月12日至13日在广西文化艺术中心上演。承接展览活动68场,会议544场,其中大型会展有第22届南宁国际学生用品交易会暨2018中国—东盟(南宁)国际教育展览会(第7届广西教育装备展示会),设展厅8个,展览面积3.50万平方米,参展企业550家,同期举行广西中小学实验说课活动、中小学创新实验室优秀案例展示交流活动、八桂少年钢琴家邀请赛、广西北部湾创客教育大赛、广西培训教育发展大会等活动;举办2018夏季南宁吃货节、协办中国生态文明论坛(南宁)年会、2018中国—东盟博览会动漫游戏展、2018中国围棋大会、2018广西工业和信息产品展示会、第8届中国(南宁)国际茶产业博览会、2018中国—东盟博览会林产品及木制品展、2018广西电商年货节、2018广西书展等展会。举办“民族影城·东盟电影展映活动(2018年泰国电影展映)”,泰国驻南宁总领事馆副总领事季缇玛女士、泰国旅游局昆明办事处副主任朱玉珍女士等人出席。4月14日,举办壮族原生态世界音乐剧《壮源》首演(“壮族三月三·八桂嘉年华”系列文化活动之一)。5月26日,举办“大明山旅游少儿形象使者才艺选拔赛”初赛。6月1日,举办“大地飞歌·2018大明山歌圩6月场暨大明山旅游少儿形象使者才艺选拔赛”复赛。11月8日,在浦北县举办“山水浦北·常来长寿”2018浦北旅游文化节晚会。年内,举办“喜迎全国两会”“好书伴我成长”“书香绿城·全民阅读”“庆祝建国69周年”“纪念改革开放40周年和自治区成立60周年”等为主题的大型图书展和读书活动10多场次,设置主题展台200多个;举办“我爱你祖国——朗读沙龙”“我为祖国庆生——创意手抄报沙龙”等主题读书沙龙活动100多场次;邀请王勇英、邓秀茵、王峰、陈林等多位著名作家,走进40多所中小学校,举办40多场读书讲座;发行《习近平谈治国理政》《新时代面对面:理论热点面对面2018》《梁家河》《习近平新时代中国特色社会主义思想三十讲》等重点出版物。旗下南宁民族影业文化娱乐有限责任公司、南宁天恒电影有限责任公司放映电影2.80万场,观众100万人次,票房收入约3400万元。南宁天恒电影有限责任公司中华电影院落架重修项目2017年列为“老南宁·三街两巷”历史文化街区旧改项目,落架重修后更名“中华大戏院”。 (杨青林)

【南宁金融投资集团有限责任公司】 市属国有独资企业。2018年,注册资本16.34亿元,资产总额27.28亿元,员工223人。全资子公司有南宁金控大数据服务有限公司、南宁投融通互联网金融服务有限责任公司、南宁市恒富小额贷款有限责任公司、南宁金融资产交易中心有限责任公司、南宁投资引导基金有限责任公司、南宁市恒桂基金管理有限责任公司、广西南宁北部湾经济区基础设施投资引导基金管理有限公司、广西融通拍卖有限责任公司8家,控股公司有广西联合产权交易所有限责任公司、南宁市南方融资担保有限公司、南宁市华信小额贷款有限公司、广西联合股权托管中心有限责任公司4家,参股公司有广西黄金投资有限责任公司、南宁红土邕深创业投资有限公司、广西北部湾股权交易所股份有限公司、广西北部湾银行股份有限公司、交通银行股份有限公司、广西文投文化产权交易中心有限责任公司、北京金马甲产权网络交易有限公司、广西信金服科技有限公司8家,受托管理南宁市创业投资引导基金、南宁产业发展基金、南宁城市发展基金3只政府引导基金、南宁市小微企业融资担保有限公司1家国有企业。完成固定资产投资2358万元,融资2500万元,营业收入1.42亿元、比上年增长28.91%,利润8790万元、增长75.56%,缴税2182万元、增长23.73%。担保小贷业务发生工程履约业务54笔6190.01万元,投标保函业务50笔2175.60万元,政采贷业务(政府采购供应商信用融资贷款)21笔3296.36万元,发放贷款1697笔3.43亿元,贷款余额1.10亿元,应急转贷资金业务21笔近1.73亿元;为110户小微企业和“三农”提供5.07亿元融资担保,其中新增担保83户113笔,金额4.28亿元,解保20户29笔,金额7821.85万元。年末在保90户115笔,余额4.29亿元,户数增长328.57%,余额增长484.22%。要素交易业务挂牌项目394宗,成交256宗,挂牌价28.90亿元,成交16.38亿元,竞价率53.91%,增值率14.07%;处置市本级事业单位、国有企业公务用车519辆,评估价819.11万元,成交367辆,成交价1211.65万元,增值392.55万元,溢价47.92%;上线发行融资项目512期,融资24.59亿元,注册会员1.60万人。推动设立南宁城市发展基金参股子基金、南宁产业发展基金参股子基金,合计规模35.45亿元,撬动社会资本近32亿元;推动设立南宁市创业投资引导基金第二批子基金,首笔对外投资4700万元。旗下南宁投资引导基金有限责任公司通过中国证券投资基金业协会私募基金管理人备案申报,获私募股权、创业投资基金管理人资质,实现首支私募股权投资基金——南宁金控大数据发展基金私募投资基金备案。建成并试运营中国—东盟信息港南宁智慧城市综合信息服务中心的智慧南宁大数据中心项目,总投资3057万元;南宁市灾备中心,总投资2089万元,为89个政府应用系统提供容灾备份服务;产业地图项目,总投资896万元。 (谢牡丹)

【南宁农工商集团有限责任公司】 市属国有独资企业。2018年,注册资本8.52亿元,资产总额55.37亿元,员工659人,全资子公司有南宁农业投资集团有限公司、南宁市罗文实业有限责任公司、广西南宁华顺房地产有限责任公司、南宁市柳沙企业有限责任公司、广西秀宁房地产有限公司、南宁共圆房地产开发有限责任公司、南宁市石埠实业有限责任公司、南宁市神农大地现代农业有限责任公司8家,控股公司有南宁农产品交易中心有限责任公司1家,授权管理企业有南宁市名优水果业发展中心、南宁市扶贫开发中心、南宁市江西粮油管理所、南宁市坛洛粮油管理所、南宁市那龙粮油管理所、南宁市沙井粮油管理所、南宁市金陵粮油管理所、南宁市富庶粮油管理所、南宁市郊区心圩粮油管理所、南宁市那洪粮油管理所、南宁市三塘粮油管理所、南宁市双定粮油管理所、南宁市郊区石埠粮油贸易中心、南宁市江西粮油贸易中心、南宁市坛洛粮油贸易中心、南宁市郊区心圩粮油贸易中心、南宁市那洪粮油贸易中心、南宁市金陵粮油贸易中心、南宁市富庶粮油贸易中心、南宁市津头粮油贸易中心、南宁市明秀粮油贸易中心、南宁市沙井粮油贸易中心、南宁市三塘粮油贸易中心、南宁市西乡塘粮油贸易中心、南宁市那龙粮油贸易中心、南宁市双定粮油贸易中心、南宁市五一粮油贸易中心27家。完成固定资产投入12.41亿元，比上年减少8.54%；营业收入4.40亿元，增长25.07%；税金1.15亿元，增长115.66%；利润2114.80万元，增长55.39%；资产物业经营收入6018.86万元（物业租金4869.42万元、土地租金1149.44万元）。继续推进重组改革，将集团公司大部分有效资产及子公司广西新农商贸易有限公司、南宁市秀成置业有限责任公司、南宁市崇善颐养服务有限公司、南宁市金谷隆粮油购销有限责任公司、南宁市秀和物业服务有限责任公司、南宁市红星鲜活禽市场有限责任公司等股权划转至南宁农业投资集团，为打造市级农业投资平台准备。销售农工商产业大厦，销价3.85亿元；加快“东方皇城”处遗项目，收回转让款1.50亿元；清算注销西乡塘粮贸中心等10家粮贸中心，吸收合并三塘粮所等15家粮所粮贸中心；投入2746.76万元分流安置20家粮所粮贸中心职工，其中安置86人、退休142人、享受离休待遇退休人员1人、供养人员2人；出清“僵尸企业”32家，职工家属小区供水、供电、物业管理移交7个。投资约28亿元，建成南宁农产品交易中心一期项目，签约商户1000余家，12月29日开业试运营；承接五里亭果蔬批发市场职能。广西农业会展中心举办“2018中国—东盟农业机械展·中国甘蔗机械化博览会”，展览规模3.20万平方米，展览展示农机器械1200多台（套），参展企业170多家，观众2.50万人。南宁农业公园项目前期工作完成基础资料收集、正摄影像图绘制、地形图测量和概念性规划编制，面积约13平方千米。向银行贷款融资8亿元建设南宁农产品交易中心有限责任公司项目，南宁农产品交易中心有限责任公司获2017年自治区服务业发展专项资金800万元。（陆锡健）

集体经济

【概　况】2018年，南宁市新登记集体企业79家，注册资金2万元。累计集体企业1601家（企业法人746家），注册资金8.66亿元。第一产业28家（企业法人23家），注册资金0.12亿元，分别占总数1.75%、1.39%；第二产业347家（企业法人297家），注册资金4.61亿元，分别占21.67%、53.20%；第三产业1226家（企业法人426家），注册资金3.93亿元，分别占76.58%、45.38%。主要存在集体经济实力较弱，发展后劲不足，规模小、产值少、行业分布窄，主要从事批发和零售业及制造业等问题。

【行业分布】2018年，南宁市集体经济行业分布：农、林、牧、渔业28家（企业法人23家），注册资金1162万元，分别占总数1.75%、1.34%；采矿业8家（企业法人8家），注册资金421万元，分别占0.50%、0.49%；制造业281家（企业法人249家），注册资金2.81亿元，分别占17.55%、32.45%；电力、热力、燃气及水生产和供应业14家（企业法人10家），注册资金211万元，分别占0.87%、0.24%；建筑业44家（企业法人30家），注册资金1.73亿元，分别占2.75%、19.98%；批发和零售业982家（企业法人245家），注册资金2.20亿元，分别占61.34%、25.40%；交通运输、仓储和邮政业31家（企业法人24家），注册资金3798万元，分别占1.94%、4.39%；住宿和餐饮业46家（企业法人36家），注册资金2346万元，分别占2.87%、2.71%；信息传输软件和信息技术服务业9家（企业法人7家），注册资金1453万元，分别占0.56%、1.68%；金融业4家（企业法人4家），注册资金498万元，分别占0.25%、0.58%；房地产业7家（企业法人6家），注册资金2215万元，分别占0.44%、2.56%；租赁和商务服务业38家（企业法人35家），注册资金1874万元，分别占2.37%、2.16%；科学研究和技术服务业14家（企业法人12家），注册资金1547万元，分别占0.87%、1.79%；水利、环境和公共设施管理业2家（企业法人1家），注册资金3万元，分别占0.12%、0.003%；居民服务、修理和其他服务业46家（企业法人42家），注册资金2116万元，分别占2.87%、2.44%；教育13家（企业法人13家），注册资金786万元，分别占0.81%、0.91%；文化、体育和娱乐业3家（企业法人1家），注册资金12万元，分别占0.19%、0.01%；其他31家（非企业法人），注册资金800万元，分别占1.94%、0.92%。

混合所有制经济

【概　况】2018年，南宁市新登记内资非私营公司1632家，注册资本200.57亿元。累计有股份制企业10941家（公司法人7112家），注册资金1072.62亿元（实收资金583.92亿元）。第一产业257家（公司法人218家），注册资金19.67亿元，分别占总数2.35%、1.83%；第二产业1330家（公司法人914家），注册资金238.02亿元，分别占12.16%、22.19%；第三产业9354家（公司法人5980家），注册资金814.93亿元，分别占85.49%、75.98%。主要存在发展仍不充分，缺乏对行业发展具体辐射带动作用的龙头企业等问题。

【行业分布】2018年，南宁市内资非公司企业行业分布：农、林、牧、渔业257家（企业法人218家），注册资金19.67亿元，分别占总数2.35%、1.83%；采矿业39家（企业法人27家），注册资金1.53亿元，分别占0.36%、0.14%；制造业602家（企业法人505家），注册资金117.52亿元，分别占5.50%、10.96%；电力、热力、燃气及水生产和供应业93家（企业法人43家），注册资金14.74亿元，分别占0.85%、1.37%；建筑业396家（企业法人339家），注册资金104.33亿元，分别占5.45%、9.73%；批发和零售业3787家（企业法人2502家），注册资金109.68亿元，分别占34.61%、10.23%；交通运输、仓储和邮政业354家（企业法人191家），注册资金27.13亿元，分别占3.24%、2.53%；住宿和餐饮业192家（企业法人111家），注册资金3.49亿元，分别占1.75%、0.33%；信息传输软件和信息技术服务业373家（企业法人203家），注册资金21.91亿元，分别占3.41%、2.04%；金融业1397家（企业法人90家），注册资金79.20亿元，分别占12.77%、7.38%；房地产业501家（企业法人477家），注册资金111.65亿元，分别占4.58%、10.41%；租赁和商务服务业1446家（企业法人1316家），注册资金330.44亿元，分别占11.22%、30.81%；科学研究和技术服务业655家（企业法人613家），注册资金56.47亿元，分别占5.99%、5.26%；水利、环境和公共设施管理业59家（企业法人51家），注册资金6.88亿元，分别占0.54%、0.64%；居民服务、修理和其他服务业322家（企业法人255家），注册资金36.3亿元，分别占2.94%、3.38%；教育29家（企业法人27家），注册资金3794万元，分别占0.27%、0.04%；卫生和社会工作34家（企业法人28家），注册资金22.15亿元，分别占0.31%、2.07%；文化、体育和娱乐业113家（企业法人88家），注册资金5.30亿元，分别占1.03%、0.49%；其他92家（企业法人28家），注册资金8.85亿元，分别占0.84%、0.37%。

个体经济

【概　况】2018年，南宁市新登记个体工商户8.79万户，新增从业人员17.57万人，新增资金83.67亿元。累计有个体工商户32.29万户，从业人员84.59万人，注册资金399.27亿元，其中城镇个体工商户19.36万户，从业人员33.82万人，注册资金数额159.55亿元，分别占总数

表 4　　2018 年南宁市个体经济行业分布情况表

行　业	数量(户)	从业人员(人)	注册资金(万元)
农、林、牧、渔、业	8008	23507	332807
采矿业	32	460	3055
制造业	11369	48774	146080
电力、热力、燃气及水生产和供应业	52	136	1291
建筑业	408	1651	11402
批发和零售业	183439	391745	2067245
交通运输、仓储和邮政业	8915	9211	313699
住宿和餐饮业	56910	202210	611146
信息传输、软件和信息技术服务业	850	1838	14246
金融业	20	53	246
房地产业	44	142	756
租赁和商务服务业	7391	18552	81917
科学研究和技术服务业	468	1573	5356
水利、环境和公共设施管理业	22	73	243
居民服务、修理和其他服务业	41740	133464	317369
教　育	184	499	2800
卫生和社会工作	1865	6844	21332
文化、体育和娱乐业	1140	5096	57231
其　他	21	55	1486
合　计	322878	845883	3992707

59.96%、89.98%、39.96%。第一产业 8008 户，从业人员 2.35 万人，注册资金 33.58 亿元(城镇 4805 户，从业人员 9403 人，注册资金 13.43 亿元)，分别占 2.48%、2.78%、8.41%；第二产业 1.19 万户，从业人员 5.10 万人，注册资金 16.18 亿元(城镇 7116 户，从业人员 2.04 万人，注册资金 6.47 亿元)，分别占 3.69%、6.03%、4.05%；第三产业 30.30 万户，从业人员 77.14 万人，注册资金 349.51 亿元，分别占 93.83%、91.19%、87.54%。主要存在经营规模不大，管理水平较；发展资金不足，基本上是自筹资金为主；行业分布不够合理，主要从事劳动密集型、低技术产业；个体经营户文化水平普遍较低，发展意识不强等问题。

【个体贸易业】 2018 年，南宁市新登记个体贸易业 4.45 万户，从业人员 7.79 万人，注册资金 31.18 亿元。累计有 18.34 万户，从业人员 39.17 万人，注册资金 206.72 亿元。

【港澳地区居民个体工商户】 2018 年，南宁市无新登记；有中国港澳居民个体工商户 15 户(为中国香港居民)，从业人员 39 人，注册资金 212 万元。其中：零售业 10 户，从业人员 26 人，注册资金 91 万元；餐饮业 3 户，从业人员 10 人，注册资金 110 万元；理发及美容保健服务 1 户，从业人员 1 人，注册资金数额 10 万元；汽车、摩托车维修与保养 1 户，从业人员 2 人，注册资金 1 万元。

【台湾地区居民个体工商户】 2018 年，南宁市无新登记；有中国台湾居民个体工商户 23 户，从业人员 102 人，注册资金 331 万元。其中零售业 18 户，从业人员 69 人，注册资金 231 万元；餐饮业 5 户，从业人员 33 人，注册资金 100 万元。

私营经济

【概　况】 2018 年，南宁市新登记私营企业 4.09 万户，新增投资者 7.18 万人，新增雇工 8.57 万人，新增注册资本(出资金额)5982.72 亿元。累计有私营企业 23.73 万户(分支机构 2.18 万户)，投资者 50.89 万人，雇工 87.34 万人、注册资本(出资金额)15608.04 亿元。第一产业 8835 户，投资者 1.53 万人，雇工 3.42 万人，注册资本 381.29 亿元，分别占总数 3.72%、3.01%、3.92%、2.44%；第二产业 2.32 万户，投资者 4.97 万人，雇工 10.78 万人，注册资本 1720.99 亿元，分别占 9.78%、9.77%、12.34%、11.03%；第三产业 20.52 万户，投资者 44.39 万人，雇工 73.14 万人，注册资本 13505.76 亿元，分别占 86.50%、87.22%、83.74%、86.53%。主要存在从事第三产业为主，整体发展水平不高，经营规模较小，缺乏发展资金、人才和长远发展目标等问题。

【行业分布】 2018 年，南宁市私营经济行业分布：农、林、牧、渔业 8835 家(分支机构 747 家)，注册资金 381.29 亿元，分别占总数 3.72%、2.44%；采矿业 451 家(分支机构 15 家)，注册资金 24.66 亿元，分别占 0.19%、0.16%；制造业 7245 家(分支机构 457 家)，注册资金 511.98 亿元，分别占 3.05%、3.28%；电力、热力、燃气及水生产和供应业 548 家(分支机构 176 家)，注册资金 147.29 亿元，分别占 0.23%、0.94%；建筑业 1.48 万家(分支机构 1474 家)，注册资金 1037.07 亿元，分别占 6.24%、6.64%；批发和零售业 9.88 万家(分支机构 9074 家)，注册资金 2440.13 亿元，分别占 41.64%、15.63%；交通运输、仓储和邮政业 4509 家(分支机构 833 家)，注册资金 147.85 亿元，分别占 1.90%、0.95%；住宿和餐饮业 4052 家(分支机构 883 家)，注册资金 74.39 亿元，分别占 1.71%、0.48%；信息传输软件和信息技术服务业 8516 家(分支机构 650 家)，注册资金 254.61 亿元，分别占 3.59%、1.63%；金融业 1121 家(分支机构 293 家)，注册资金 4060.50 亿元，分别占 0.47%、26.02%；房地产业 7877 家(分支机构 1194 家)，注册资金 530.71 亿元，分别占 3.32%、3.40%；租赁和商务服务业 4.66 万家(分支机构 3411 家)，注册资金 4479.56 亿元，分别占 19.64%、28.70%；科学研究和技术服务业 2.44 万家(分支机构 1202 家)，注册资金 1182.03 亿元，分别占 10.28%、7.57%；水利、环境和公共设施管理业 410 家(分支机构 31 家)，注册资金 37.09 亿元，分别占 0.17%、0.24%；居民服务、修理和其他服务业 4587 家(分支机构 761 家)，注册资金 94.66 亿元，分别占 1.93%、0.61%；教育 463 家(分支机构 57 家)，注册资金 9.88 亿元，分别占 0.20%、0.06%；卫生和社会工作 414 家(分支机构 66 家)，注册资金 48.17 亿元，分别占

0.17%、0.31%;文化、体育和娱乐业 2981 家(分支机构 131 家),注册资金 139.21 亿元,分别占 1.26%、0.89%;其他 727 家(分支机构 383 家),注册资金 6.96 亿元,分别占 0.31%、0.04%。

外商与港澳台投资企业

【概　况】 2018 年,南宁市新登记外商与中国港澳台地区投资企业 292 家,投资总额 14.48 亿美元,注册资本 13.50 亿美元(外方认缴 1.81 亿美元)。累计有外商与中国港澳台投资企业 2100 家,投资总额 125.23 亿美元,注册资本 76.57 亿美元(外方认缴 51.66 亿美元),比上年分别增长 11.82%、9.06%、19.77%。中外合资企业 345 家,投资总额 50.73 亿美元,注册资本 36.65 亿美元(外方认缴 13.27 亿美元);中外合作(法人)企业 37 家,投资总额 10.87 亿美元,注册资本 7.86 亿美元(外方认缴 6.60 亿美元);外资企业 583 家,投资总额 62.50 亿美元,注册资本 31.28 亿美元;外商投资股份有限公司 5 家,投资总额 1.15 亿美元,注册资本 7758.55 万美元(外方认缴 5108.80 万美元);其他外商投资企业(合伙企业)2 家(普通合伙企业),注册资本 19.23 万美元(外方认缴 10.73 万美元);外商投资企业分支机构 1128 家。主要存在资金来源渠道较窄,以中国香港地区为主;投资领域较窄,主要从事批发和零售业、房地产业和租赁和商务服务业,对行业影响、辐射带动作用有限等问题。

【外商与港澳台投资资金来源】 2018 年,南宁市外商与中国港澳台地区投资企业资金(不含分支机构)来自世界六大洲 28 个国家和地区。其中:亚洲 757 家,总投资 105.40 亿美元,注册资本 66.08 亿美元,分别占总数 78.04%、84.17%、86.30%;非洲 4 家,投资总额 2257.84 万美元,注册资本 1007.84 万美元(外方认缴 926.06 万美元),分别占 0.41%、0.18%、0.13%;欧洲 50 家,总投资 4.68 亿美元,注册资本 2.14 亿美元(外方认缴 1.78 亿美元),分别占 5.15%、3.74%、2.79%;拉丁美洲 38 家,总投资 6.94 亿美元,注册资本 4.41 亿美元(外方认缴 4.18 亿美元),分别占 3.92%、5.54%、5.75%;北美洲 88 家,总投资 4.89 亿美元,注册资本 2.55 亿美元(外方认缴 1.85 亿美元),分别占 9.07%、3.90%、3.33%;大洋洲 32 家,总投资 3.08 亿美元,注册资本 1.28 亿美元(外方认缴 1.16 亿美元),分别占 3.30%、2.46%、1.67%。在亚洲 757 家中,中国港澳台地区 597 家,占亚洲总数 78.86%。其中:中国香港地区 398 家,总投资 82.93 亿美元,注册资本(认缴出资金额)48.76 亿美元(港方认缴 37.18 亿美元);中国澳门地区 18 家,总投资 2.26 亿美元,注册资本(认缴出资金额)1.30 亿美元(澳方认缴 1.06 亿美元);中国台湾地区 181 家,总投资 2.69 亿美元,注册资本(认缴出资金额)1.79 亿美元(台方认缴 1.33 亿美元)。日本、韩国及其他亚洲国家和地区 160 家,占亚洲总数 21.14%。

表 5　　2018 年南宁市外商与中国港澳台地区投资企业行业分布情况表

行　业	数量(家)	占比(%)	注册资金(万美元)	占比(%)
农、林、牧、渔业	53	2.52	81845.98	10.69
采矿业	5	0.24	302.09	0.04
制造业	236	11.24	114793.59	14.99
电力、热力、燃气及水生产和供应业	13	0.62	116829.91	15.26
建筑业	20	0.95	11316.88	1.48
批发和零售业	586	27.90	76502.38	9.99
交通运输、仓储和邮政业	46	2.19	16310.93	2.13
住宿和餐饮业	127	6.05	9414.39	1.23
信息传输、软件和信息技术服务业	179	8.52	10579.12	1.38
金融业	71	3.38	8287.00	1.08
房地产业	229	10.90	137600.59	17.97
租赁和商务服务业	345	16.43	97295.58	12.71
科学研究和技术服务业	128	6.10	69924.07	9.13
水利、环境和公共设施管理业	3	0.14	861.86	0.11
居民服务、修理和其他服务业	36	1.71	2091.55	0.27
教　育	1	0.05		
卫生和社会工作	2	0.10	4827.54	0.63
文化、体育和娱乐业	20	0.95	4848.40	0.63
其　他	23	1.10		
合　计	2100	100	765701.87	100

农民专业合作社与家庭农场

【农民专业合作社】 2018 年,南宁市新登记农民专业合作社 853 户(分支机构 2 户),出资总额 13.99 亿元,成员总数 6150 个;累计 5720 户(分支机构 45 户),出资总额 84.51 亿元(货币出资 80.37 亿元、非货币出资 4.14 亿元),成员总数 4.32 万个。成员中农民成员 4.16 万个,非农民成员 1382 个,企业单位成员 181 个,事业单位成员 15 个,社会团体成员 14 个,其他 8 个。按业务范围分:从事农业生产资料购买 641 户,农产品销售 625 户,农产品加工 163 户,农产品运输 121 户,农产品贮藏 211 户,与农业生产经营有关的技术、信息等服务 700 户,种植业 747 户,养殖业 594 户,其他 4555 户。按出资总额分:100 万元~500 万元 1538 户,500 万元~1000 万元 243 户,1000 万元~1 亿元 108 户,1 亿元以上 3 户。

【家庭农场】 2018 年,南宁市新登记注册家庭农场 176 家,累计 992 家;新增自治区级示范家庭农场 7 家。市本级落实家庭农场能力建设补助资金项目 26 个,扶持金额 284 万元。　　(谢应辉)

责任编辑　陈洪毅

综　述

【概　况】 2018年，南宁市农业委员会设办公室、综合规划科、法制科、农村经济管理科（市现代特色农业示范区建设办公室）、农村改革科（市统筹城乡改革发展办公室）、市场与经济信息科、农产品质量安全监管科（市屠宰监管办公室）、科技教育科、粮食油料作物科、蔬菜糖料作物科、经济作物科、渔业渔政科、畜牧与饲料科、动物防疫检疫监督科（市人民政府重大动物疫病防治指挥部办公室）、兽医医政药政科、农业机械化管理科、农机安全生产监督科、人事科、农作物种子管理科、植物检疫与农药管理科、农业资源与渔监管理科21个科室和机关党委；行政编制83名、在编75人，后勤服务人员控制数7名、在编7人。设委属事业单位17个，编制357名、在编328人，后勤服务人员控制数25名、在编23人。其中，市农业综合行政执法支队（市动物卫生监督所），公益一类事业单位，参照公务员法管理，相当副处级，编制105名、在编98人，后勤服务人员控制数15名、在编15人；市动物疫病预防控制中心（市动物产品质量安全监测中心），公益一类事业单位，相当副处级，编制35名、在编34人；市农业科学研究所（市蔬菜研究所、市农产品质量安全检测中心），公益二类事业单位，相当副处级，编制31名、在编26人，后勤服务人员控制数3名、在编2人。南宁市加强农业基础建设，加快农业产业发展，有规模以上农产品加工企业120多家，其中年产值100亿元以上企业1家、20亿元以上企业3家，年销售额10亿元企业9家；有农业产业化重点龙头企业210家；有全国休闲农业和乡村旅游示范县1个（马山县），全国农业旅游示范点5个（广西现代农业科技示范园、广西现代农业技术展示中心、南宁乡村大世界、南宁扬美古镇、南宁坛洛镇金满园休闲观光果园），全国休闲农业与乡村旅游示范点3个（南宁乡村大世界、广西现代农业技术展示中心、西乡塘区美丽南方休闲农业旅游区），广西休闲农业与乡村旅游示范点27个，市级休闲农业示范区15个。全市农林牧渔业总产值725.27亿元，第一产业增加值440.22亿元，分别比上年增长4.50%、4.30%。其中，农业产值422.77亿元，林业产值40.41亿元，畜牧业产值188.02亿元，渔业产值33.40亿元，农林牧渔服务业产值40.67亿元，分别增长4.90%、6.90%、1.80%、9.40%、8.70%。粮食总产量211.42万吨，下降0.70%；糖料蔗总产量1109.21万吨，增长1.44%；蔬菜总产量596.76万吨，增长2.90%；水果总产量274.37万吨，增长13.10%；西（甜）瓜总产量124.10万吨，增长0.30%；鲜茧总产量8.93万吨，增长2.06%；肉类总产量65.74万吨，增长1.41%；水产品总产量21.91万吨，增长12.31%。农村居民人均可支配收入13654元，增长9.10%，高于国内生产总值增幅，高于城镇居民收入增幅。拥有农机具131.65万台（套），农机总动力483.11万千瓦；农作物耕种收综合机械化率63.10%，水稻耕种收综合机械化率84.94%，甘蔗耕种收综合机械化率58.35%。没有发生重大农产品质量和农机安全事故、重大动物疫情。继续实施科教兴农战略，引进水稻新品种80个，蔬菜新品种45个，实施基层农技推广补助项目17个，实施测土配方施肥32.75万公顷，推广节水技术31.50万公顷，培育新型职业农民培育3258人，开展农业实用技术培训626期11.21万人次。投入专项资金1.06亿元，建设标准化种养基地75个（粮食安全保障基地16个、特色经济作物产业提升示范基地14个、蔬菜基地9个、禽畜基地21个、渔业基地15个）；累计建设富硒农产品生产基地49个，面积2146.68公顷。强化农产品品牌建设，获自治区富硒农产品认证10个，累计37个；种植业有效期内“三品一标”（无公害农产品、绿色食品、有机农产品和农产品地理标志）产品131个；养殖业有效期内无公害农产品24个；入选首批广西农业品牌目录品牌25个；“南宁香蕉”地理标志公用品牌证明商标获国家知识产权局注册，成为南宁市第四个农产品地理标志注册保护商标；“武鸣砂糖橘”获国家地理标志登记保护农产品认证，“隆安火龙果”“横县甜玉米”获批第二批广西特色农产品优势区创建项目；横县茉莉花、横县茉莉花茶上榜中国质量认证中心主办的2018年中国区域品牌价值评价百强榜，综合品牌价值197.45亿元；横县在中国茶叶流通协会主办的第14届中国茶业经济年会上被评为2018中国茶业品牌影响力全国十强县（市）、2018中国茶业百强县。主要存在农业基础设施不够完善；耕地撂荒、粮食作物改种经济作物问题突出，粮食播种面积和产量呈现持续下滑趋势；农产品产销信息不畅，市场供需关系仍然存在较大矛盾和风险；农业产业链不长，农产品加工存在短板；农业生产组织化程度低，农民增收难度大等问题。

（廖锦鹏）

【农业产业化发展】 2018年，南宁市新增市级以上农业产业化重点龙头企业10家（自治区级认定6家，分别是广西华兴食品集团有限公司、广西力拓米业集团有限公司、广西佳年农业有限公司、广西汇生牧业发展有限公司、广西石埠乳业有限责任公司、广西商大科技股份有限公司，取消2家；市级认定19家，取消7家），累

2018 年 12 月，隆安县金穗香蕉产业（核心）示范区达到年加工鲜香蕉 25 万吨生产能力。图为加工车间　　市农业农村局提供

计农业产业化重点龙头企业 210 家（国家级 14 家、自治区级 33 家、市级 163 家），比上年增长 5%。新登记农民专业合作社 645 家，累计 5279 家；新增自治区级示范合作社 6 家（宾阳县黎塘镇钲阳农民专业合作社、南宁市三江坡香葱农民专业合作社、南宁市正阳农机专业合作社、宾阳县金池现代农业农民专业合作社、南宁市宾阳县高岭蛔养蛇农民专业合作社、隆安县亿品佳果蔬综合服务专业合作社），累计 48 家，增长 14.28%；市本级落实农民专业合作社能力建设补助资金项目 39 个，扶持金额 616 万元。新登记注册家庭农场 176 家，累计 992 家；新增自治区级示范家庭农场 7 家（宾阳县龙劲家庭农场、横县峦城养贤大家庭农场、横县心怡花卉种植家庭农场有限公司、横县平朗刘氏家庭农场、武鸣区陆斡镇科丽丰家庭农场、南宁市六局家庭农场、南宁市美羊羊家庭农场）；市本级落实家庭农场能力建设补助资金项目 26 个，扶持金额 284 万元。有现代林业产业龙头企业 18 家。市级以上农业产业化重点龙头企业和农民专业合作社示范社发展产业化基地种植 25.16 万公顷，饲养牲畜 191 万头、禽类 8620 万羽，养殖水产面积 3513.42 公顷；与农户年订单总额 76.33 亿元，履约成交额 66.51 亿万元，履约率 89.13%，带动农户 102.15 万户；农户从事产业化经营增收 23.22 亿元。　（黄丽红　苏洁霞）

【农业农村基本建设投资】 2018 年，南宁市财政安排 4.97 亿元支持农业基本建设。安排 2550 万元（中央财政资金 350 万元、市本级财政 2200 万元），支持畜禽标准化生态养殖示范基地建设，实施粮改饲试点。投入资金 5337.80 万元（自治区财政扶持资金 522 万元、市财政专项资金 272 万元），建设“林业富民”示范项目 20 个（自治区级 12 个、市级 8 个），面积 66.67 公顷。水利工程建设项目 807 个，投资 10.85 亿元。获中央及自治区农机购置补贴 1.20 亿元，结算补贴资金 8412.34 万元（中央资金 7149.19 万元、自治区资金 1263.15 万元），拉动农民（企业）购买机具 3.68 亿元。落实资金 6.25 亿元，建设水库移民新村基础设施、实施乡村振兴战略，建成水库移民建设项目 142 个，硬化水库移民村屯道路工程 19 条 31.35 千米。　（许丽丹　尹桂芳）

【农业对外交流合作】 2018年1月21日，南宁市在第十一届广西（贵港）园林园艺博览会获奖 14 项（城市展园造园艺术奖 1 项，插花艺术展团体金奖 1 项、一等奖 1 项、二等奖 2 项，盆景展银奖 3 项、铜奖 4 项、优秀奖 2 项）。3 月 30 日至 4 月 1 日，参加 2018 年中国—东盟博览会柬埔寨展，与柬埔寨绿色农业生态科技有限公司达成农业科技合作意向，签署“共建南宁市农业科学研究所柬埔寨磅通巴莱县试验示范基地”合作协议。5月18日至22日，参加农业农村部、浙江省人民政府共同举办的第 2 届中国国际茶叶博览会，签订购销合同 1.92 亿元。6 月 12 日，参加自治区农业厅、自治区投资促进局联合举办的 2018 年广西食用菌投资洽谈会，签约食用菌产业项目 8 个，投资额 7.55 亿元，达成初步合作意向 4 个，投资额 1600 万元。7 月 6 日至 8 日，参加第四届粤桂黔名优农产品食品展示博览会，展出火龙果、凤梨、茉莉花茶、乳制品等产品。8 月 24 日至 26 日，参加第 14 届广西名特优农产品（广州）交易会暨 2018 年粤桂农业产业投资合作项目推介会，现场交易 7.76 吨，销售额 30.46 万元；签约意向订单 43 笔，意向交易 1068.10 吨、3151.02 万元；签约订单 9 笔，签约金额 3.50 亿元。11 月 1 日至 5 日，参加第 16 届中国国际农产品交易会。12 月 6 日，在南宁园博园主办第十二届中国（南宁）国际园林博览会，各省（直辖市、自治区）人民政府，阿联酋、英国、希腊等国驻邕驻穗总领馆官员，世界城市与地方政府组织、外宾代表等 900 多人出席，《人民日报》、新华社、《广西日报》、广西电台、广西电视台等 30 多家媒体出席。12 月 7 日至 11 日，参加第 15 届广西名特优农产品交易会。　（易贝贝　韦燕珍）

【集体土地流转】 2018 年，南宁市新增集体土地流转面积 5900 公顷，累计集体土地流转面积 11.39 万公顷。流转耕地占已确权的农户承包地总面积 27%，涉及农户 35.50 万户。　（黄丽红）

种植业

粮食作物

【概　况】 2018 年，南宁市推进粮食生产供给侧改革，培育新型农业经营主体，多措并举抓粮食生产提质增效。全市粮食种植面积 42.58 万公顷，比上年下降 2.40%，其中优质稻种植 24.22 万公顷、占粮食种植总面积 56.88%；粮食总产 211.42 万吨，下降 7%，粮食单产每公顷提高 86.01 千克。粮食作物、经济作物种植面积比例 1∶1.3。主要存在由于国家已取消种粮补贴，粮食生产效益相对较低，农民种粮积极性不高，加上受农村青壮年劳动力外出等多种原因影响，全市种植结构发生调整，粮食产量连续三年减少等问题。

【稻谷生产】 2018 年，南宁市调整和优化水稻品种结构，在宾阳县、横县、上林县、马山县、隆安县、武鸣区、邕宁区 7 个主产区发展优质稻，在横县、宾阳县、隆安县 3 个优势区发展绿色稻、富硒稻，在宾阳县、青秀区、邕宁区发展有机稻。全市水稻播种面积 26.72 万公顷，比上年减少 2.10%，其中全市优质稻种植面积 90% 以上，实际种植优质稻 24.22 万公顷。水稻公顷产 5477.55 千克，减少 2.18%；总产量 146.37 万吨，减少 0.03%。主要品种有百香 139、珍桂矮、佛山油粘、丝香一号等；杂交稻有特优 7571、特优 831、野香优 2 号、野香优 9 号、中浙优 8 号等品种。

【玉米生产】 2018 年，南宁市继续调减

非优势区玉米种植面积,重点在玉米主产的横县、马山县、隆安县、武鸣区发展优质杂交玉米,适度发展鲜食甜玉米、功能玉米和青贮玉米等。全市玉米播种面积10.99万公顷,比上年减少2.97%;公顷产5131.50千克,增长0.62%;总产量56.41万吨,减少2.37%。推广应用玉米套种大豆、玉米套种木薯、玉米套种花生种植模式。主推正大808、迪卡008、迪卡007等品种。

【豆类生产】 2018年,南宁市豆类播种面积2.36万公顷,比上年增长0.77%;公顷产1524.45千克,减少1.26%;总产量3.60万吨,增长0.27%。主要种植桂春6号、桂春8号、桂夏3号等品种。

【薯类生产】 2018年,南宁市水稻播种面积连续缩减趋势下,把冬种马铃薯成为稳定粮食生产的保障。全市薯类播种面积2.44万公顷,比上年减少0.11%;公顷产2016.90千克,增长3.47%;总产量4.96万吨,减少3.14%。以公司(企业)、种植大户为主体连片开发,采用"果薯套种""蕉薯套种"等种植模式,马铃薯播种面积7946.67公顷,减少5.77%;总产量2.06万吨,减少3.74%。主推荷兰15号(费乌瑞它)、希森3号、合作88、大西洋、丽薯6号、桂农薯、内蒙古系列等品种。

(田乙凤　李思琦)

经济作物

【概　况】 2018年,南宁市经济作物种植面积19.77万公顷。其中:糖料蔗种植面积13.78万公顷,油料种植面积5.33万公顷、下降0.20%。其他农作物种植面积31.56万公顷,增长2.40%,其中蔬菜播种面积24.82万公顷,增长2.90%。水果面积14.10万公顷,增长1.98%;桑园面积3.73万公顷,增长3.03%。经济作物(含其他农作物)种植面积占农作物总播种面积56.30%。主要存在传统品种如香蕉、荔枝维护成本高、外来水果冲击等因素影响,种植积极性减弱,产量分别下降12.85%、1.00%。　(谭雅中　陆　丹)

【蔬菜生产】 2018年,南宁市继续实施蔬菜产业发展提升行动,扶持蔬菜基地建设面积221.33公顷,市本级财政安排蔬菜基地建设项目资金1690万元,其中4个贫困区县557万元、其他8个区县1133万元;推进蔬菜标准化生产,扶持和督促蔬菜生产企业和合作社按照蔬菜标准化生产的要求经营蔬菜基地,开展蔬菜产品"三品"(绿色食品、有机产品、无公害农产品)认证申报,蔬菜产业向规模化生产发展,产品品质提高。全市蔬菜播种面积24.82万公顷、总产量569.76万吨,分别比上年增长2.90%、2.90%,总量保持自治区第一。其中:甜玉米种植2.31万公顷,产量34.55万吨;普通白菜1.82万公顷,47.91万吨;大白菜1.58万公顷,35.44万吨;辣椒1.56万公顷,25.89万吨;南瓜1.46万公顷,28.60万吨;冬瓜1.28万公顷,35.33万吨;芥菜1.09万公顷,27.15万吨。

【糖料蔗生产】 2018年,白糖市场价格回暖,甘蔗收购价上升,南宁市继续推进高产高糖糖料蔗生产基地建设,落实基地建设面积1.60万公顷,完成种植面积1.38万公顷(全程机械化种植1.25万公顷),拨付良种补贴自治区财政资金6482.62万元。根据基地创建达到的标准,给予项目片区农户每公顷3000元~9750元物化补贴。市政府办公厅出台《南宁市粮食功能区和糖料蔗生产保护区划定工作方案》,划定涉及11个区县(除兴宁区外)的糖料蔗生产保护区,经公告公示,核实确认划定面积9.38万公顷,其中横县是自治区试点县,完成划定面积1.53万公顷。全市糖料蔗种植面积13.78万公顷,总产量1109.21万吨,增长1.44%。主要种植新台糖22号、桂柳05136、桂糖42号、粤糖93-159、桂糖46号、粤糖00-236种植、粤糖94/128、桂糖49号、福农41号等品种。　(黄兰芳)

【油料生产】 2018年,南宁市油料作物播种面积4.99万公顷,比上年增长0.12%;总产量14.78万吨,减少1.72%。发展高产优质油料新品种,重点推广中花11、桂花17、桂花21、梧油7号、桂花红35、桂花红95、桂花772等花生品种。

(田乙凤　李思瑶)

【食用菌生产】 2018年,南宁市在隆安县发展猪肚菇、灵芝等药食同源珍稀品种种植;建设广西鲜沥沥农业投资有限公司、南宁市宇辉食用菌种植场等食用菌生产基地,通过温控、喷淋循环降温、高低温菇循环种植等技术,实现食用菌周年工厂化生产。市财政投入资金280万元,扶持食用菌生产基地建设,其中扶持广西鲜沥沥农业投资有限公司兴宁区三塘镇无公害食用菌标准化基地建设180万元、广西南宁北部湾现代农业有限公司横县马岭镇双平村日产2万秀珍菇菌棒厂房改造项目100万元。引导企业延长产业链,广西南宁北部湾现代农业有限公司把秀珍菇、草菇烘干包装销售,西乡塘区金科食用菌合作社利用残次食用菌作为饲料养殖本地土鸡,打造生态型金福菇鸡,产品均获市场认可。全市食用菌种植面积2074.25公顷、产量21.67万吨,分别比上年增长4.20%、1.80%。主要种植双孢蘑菇、杏鲍菇、秀珍菇、凤尾菇、香菇、木耳、平菇、茶新菇等品种。　(黄兰芳)

【木薯生产】 2018年,南宁市调整木薯产业结构,木薯种植面积1.90万公顷,比上年减少31.70%;产量23.20万吨,减少34.10%。面积、产量减少主要原因是低产能污染木薯生产企业淘汰、木薯收购价格低迷、生产效益低、农民积极性不高等影响。木薯基地主要分布在武鸣区、隆安县,主要种植华南205、南植199木薯品种。

【茶叶生产】 2018年,南宁市有茶园969个(面积66.67公顷以上茶园2个、6.67公顷至66.67公顷茶园16个、6.67公顷以下茶园951个),茶园面积2320公顷,比上年增长1.80%;产量0.45万吨;干毛

2018年,广西—东盟经开区现代特色农业示范区绿霖食用菌工厂可栽培面积2.50万平方米,年栽培能力1万吨,年加工能力1万吨。图为生产车间　　市农业农村局提供

茶产值2.07亿元，增加6.68%。主要分布在武鸣区、横县、上林县，主要栽培南山白毛茶、六堡茶、福云六号、福鼎大白、瑞灵1号、云南大叶茶、铁观音等品种。通过有机产品认证茶叶基地3个（广西南山白毛茶茶业有限公司、广西金花茶业有限公司、横县桔扬茶业有限公司），面积150公顷；通过无公害认证企业2个（横县南方茶厂、广西顺来茶业有限公司），面积66.67公顷。

【茉莉花（茶）生产】 2018年，南宁市种植茉莉花的农户6.80万户、33万人，种植面积2133.33公顷，产茉莉鲜花8.50万吨，加工茉莉花茶6.50万吨，综合产值90亿元；有茉莉花茶加工企业130多家，其中年营业收入2000万元以上规模企业22家，产值50多亿元，累计引进北京张一元、台湾隆泰、浙江华茗园等国内外知名企业，培育金花、顺来、南方等本地茉莉花茶加工龙头企业。茉莉花（茶）综合品牌价值197.45亿元。茉莉花种植和茉莉花茶加工主要在横县，茉莉花种植品种主要是双瓣茉莉花，连片种植面积大，具有较高的集约化生产水平；有规模以上茶叶生产企业154家（地级龙头企业6家），从业人员4.50万人，生产的茶叶品牌有“金花”“周顺来”“圣种”牌南山白毛茶、“圣种”牌六堡茶、圣山茶、六凤茶等。

【西（甜）瓜种植】 2018年，南宁市西瓜种植主要分布在江南区、南宁经开区、西乡塘区、良庆区、武鸣区、横县，是全国西瓜主产区之一，主要栽培品种有小麒麟、黑美人、小富、花无籽等，江南区和南宁经开区西瓜连片种植1万公顷以上，是全国大型的西瓜生产基地之一；甜瓜种植主要分布在西乡塘区、武鸣区、青秀区、广西—东盟经开区，其中广西—东盟经开区网纹甜瓜连片种植大棚面积200公顷以上，是广西最大的设施网纹甜瓜生产基地，主要栽培广蜜1号、丰甜1号、珍珠香瓜等薄皮甜瓜及北海1号厚皮甜瓜。西（甜）瓜种植推广膜下滴灌等技术和间套种栽培模式，厚皮甜瓜主要采用大棚栽培模式。全市西（甜）瓜种植面积4.79万公顷，比上年增长0.30%，产量124.01万吨，与上年持平。其中：西瓜种植4.09万公顷、产量109.70万吨，分别下降1.52%、2.22%；甜瓜种植0.70万公顷、产量14.09万吨，分别增长11%、19.14%。

【中药材生产】 2018年，南宁市投入财政专项资金220万元，扶持建设中药材种植标准化基地3个。全市中药材种植面积1.80万公顷，比上年增长38.89%，产量5.91万吨，产值2.88亿元。主要分布隆安县、马山县、宾阳县、青秀区、江南区。主要品种有穿心莲、牛大力、金银花、铁皮石斛等。 （谭雅中）

【桑蚕生产】 2018年，南宁市推进蚕业转型发展，采用“超密集桑园建成＋条桑育＋简易大棚＋轨道喂桑＋升降式方格蔟”技术，实现降本提质增效。全市有桑蚕合作社77家，家庭农场10个，桑蚕产业示范区、示范园14个，规模养蚕大户（3.33公顷以上）85个；有桑园面积3.73万公顷、比上年减少3.03%，发放蚕种249.84万张，产鲜茧8.93万吨、增长2.06%，蚕茧产值44.65亿元、减少4.90%。依托在武鸣区实施《南宁市石漠化地区桑蚕标准化生产示范基地建设》、在邕宁区建设《南宁市贫困村农民桑蚕实训基地》项目，为贫困村建设村级蚕桑产业示范园培育更多领头人；发展果桑为主的休闲观光旅游，果桑种植466.67公顷。宾阳县、上林县、武鸣区等依托蚕桑综合试验站项目，开展桑、蚕新品种品比试验，加强桑、蚕新品种的引进试验示范，做好桑、蚕的基础性研究。全市有缫丝加工企业19家，缫丝机组7.74万绪、增加2.65%；生丝产量4745吨，持平，生丝质量3A～6A级；缫丝企业产值18.57亿元，减少17.34%。 （宋桂荣）

【水果生产】 2018年，南宁市水果种植面积14.10万公顷、比上年下降1.98%，投产面积10.16万公顷、增长3.86%，总产量274.37万吨、增长13.10%。其中：蕉类种植3.78万公顷，产量151.93万吨，产值66.31亿元；火龙果种植9810.20公顷，产量15.40万吨，产值10.18亿元；柑橘种植5.37万公顷，产量65.02万吨，产值42.63亿元；龙眼种植9189.93公顷，产量8.04万吨，产值4.26亿元；荔枝种植8260.37公顷，产量3.50万吨。主要分布武鸣区、隆安县、西乡塘区、良庆区、横县、邕宁区。10月14日，“南宁香蕉”国家地理标志公用品牌获国家工商总局注册，为南宁市第四个农产品地理标志注册保护商标。 （陆　丹）

林　业

【概　况】 2018年，南宁市有现代林业产业龙头企业17家。全市林业产业总产值792.80亿元，其中第一产业产值273.99亿元，第二产业产值426.25亿元（木材加工和造纸产值401.90亿元、林产化工业产值7.27亿元），第三产业产值92.56亿元。人造板产量647.80万立方米，花卉产业产值40.18亿元；森林旅游收入与休闲服务产值64.65亿元，林下经济产值51.13亿元。完成植树造林1.80万公顷，封山育林2082.70公顷，石漠化治理封山育林2920公顷，优化树结构桉树更新改造1033.50公顷，森林覆盖率48.73%；发生森林火灾76起，无重、特大森林火灾和人员伤亡事故发生，森林受害率控制在0.09‰。政策性森林保险完成投保面积33.99万公顷，其中商品林完成投保4.35万公顷，公益林完成投保29.64万公顷；林权抵押贷款余额2.12亿元，涉及林地面积6640公顷。累计建成农村户用沼气池50.60万户。主要存在森林资源培育、保护管理难度较大，集体林地林权登记发证查缺补漏纠错、国有林场被侵占林地回收等重点领域改革推进受阻的问题。

【森林资源】 2018年，南宁市林地面积110.66万公顷，森林覆盖率48.73%。按林地权属分：国有林地面积12.88万公顷，集体林地面积97.78万公顷；按森林类别分：商品林地78.33万公顷，公益林地32.33万公顷。全市有野生维管束植物248科1254属3988种，主要树种有桉树、松树等；野生脊椎动物5纲41目135科408属727种。

【森林保护】 2018年，南宁市严厉打击破坏森林资源违法行为，结合森林督查、绿网飓风等专项行动，刑事案件立案866起（特大案件227起、重大案件187起），破案490起（重大案件61起、特大案件85起），取保候审413人，监视居住1人，刑事拘留129人，逮捕120人，起诉405人；受理行政案件923起，查处923起。接收处理非正常来源陆生野生动物（含死体、冻体，下同）208单1484只（条），其中国家一级保护动物35只（条），国家二级保护动物526只（条），广西重点保护动物812只（条），三有保护动物（国家保护的有重要生态、科学、社会价值的陆生野生动物）111只（条）。开展保护陆生野生动植物专项执法行动、打击走私陆生野生动物及其产品违法犯罪专项行动等系列专项行动，野生动物刑事案件立案8起，破案5起，刑事拘留8人，逮捕4人，取保候审2人，起诉3人；受理动植物行政案件39起，查处39起，处罚39人次。收缴野生动物1768只（条），其中国家一级保护动物14只（条），国家二级保护动物120只（条）；收缴象牙制品255克。新建自然保护小区17个，总面积4530.75公顷，分别为武鸣区陇羊石山苏铁自然保护小区271.30公顷，武鸣区陇旧石山苏铁自然保护小区308.20公顷，上林县龙贵石山生态系统自然保护小区850.57公顷,上林县佛子石山生态系统自然保护小区1015.93公顷,宾阳县白山村黄枝油杉自然保护小区3.57公顷,宾阳县白山村猕猴自然保护小区152.59公顷,宾阳县古莲村猕猴自然保护小区285.04公顷,宾阳县古莲村香樟自然保护小区2.80公顷,横县大圣山中山生态系统自然保护小区145.65公顷,隆安县念夺蚬木自然保护小区126.40公顷,隆安县果肥蚬木自然保护小区92.50公顷,隆安县陇点蚬木自然保护小区45.30公顷,隆安县加固蚬木自然保护小区158.60公顷,隆安县空林蚬木自然保护小区146.50公顷,兴宁区白凿山山地生态系统自然保护小区183.60公顷,江南区那投石山苏铁、猴类自然保护小区469公顷,江南区岜蕾岭石山苏铁、猴类自然保护小区273.20公顷。

【植树造林】 2018年,南宁市植树造林1.80万公顷,其中荒山造林1418.50公顷,迹地更新造林1.45万公顷,封山育林2082.70公顷,石漠化治理封山育林2920公顷,优化树结构桉树更新改造1033.50公顷。完成森林抚育4.80万公顷,其中中幼林抚育4.14万公顷;全民义务植树1018.70万株。石漠化治理封山育林2920公顷。

【国有林场】 2018年,南宁市有国有林场10个,其中市属1个(丁当林场),区县管辖9个(横县石塘林场、横县镇龙林场、宾阳县黎塘林场、马山县光明山林场、马山县永州林场、隆安县礼智林场、邕宁区八里亭林场、良庆区南州林场、武鸣区朝燕林场);在编职工836人。经营管理面积60.65万公顷,其中有林面积46.53万公顷,活立木蓄积量224.70万立方米。完成荒山造林266.67公顷、迹地更新造林840公顷、幼林抚育2853.33公顷。木材产量8.62万立方米、松香产量2.10万吨、松节油0.21万吨,林业产业总产值2.25亿元。

【林下经济】 2018年,南宁市获自治区财政扶持资金522万元,投入市级专项资金272万元,建设自治区级"产业富民"林下经济示范项目12个、市级林下经济示范项目8个,扶持林下种植金花茶、牛大力,林下养猪、养土鸡等。"产业富民"项目种植面积66.67公顷,养殖数量101.1万羽(头),投入资金5337.80万元(含业主自筹和财政扶持资金),带动农户252户,带动农户收入306.30万元,形成产值1.12亿元,销售利润845万元。全年林下经济产值51.13亿元,林下经济发展面积15.66万公顷,从事林下经济林农17.30万户,惠及林农75万人。

【森林旅游】 2018年,南宁市有森林公园8处,总面积7612.74公顷。其中国家级森林公园2处(良凤江国家级森林公园、横县九龙瀑布群国家森林公园),自治区级森林公园6处(武鸣朝燕森林公园、七坡森林公园、南宁市五象岭森林公园、老虎岭自治区级森林公园、金鸡山自治区级森林公园、高峰自治区级森林公园),国家湿地公园2处,南宁市森林和野生动物类型自然保护区6个。被广西森林旅游资源开发利用与服务质量评定专家委员会评为"广西森林康养基地"6个(南宁良凤江国家森林公园森林康养基地、南宁大明山森林康养基地、南宁金花小镇森林康养基地、大明山汉江欢乐谷森林康养基地、南宁花雨湖森林康养基地、马山水锦顺庄森林康养基地),"广西花卉苗木观光基地"3个(南宁花雨湖花卉苗木观光基地、南宁台湾花卉产业园花卉苗木观光基地、南宁卉苑园林伊岭岩花卉苗木观光基地),"四星级森林人家"4个(南宁金谷乐苑森林人家、南宁凤凰谷森林人家、马山水锦顺庄森林人家、七坡林场立新森林人家)。累计获评定国家A级森林旅游景区6家,其中国家AAAAA级景区1家(南宁青秀山风景旅游区),国家AAAA级景区4家(广西大明山风景旅游区、南宁市良凤江森林旅游区、隆安龙虎山风景区、横县九龙瀑布群景区),国家AAA级景区1家(南宁市凤凰谷景区)。森林公园投入建设资金2.20亿元,森林旅游与休闲产业收入66.17亿元,接待游客2040.46万人次。

【森林防火】 2018年,南宁市发生林火76起(一般森林火灾54起,较大森林火灾22起),火场总面积464.22公顷,其中受害森林面积101.09公顷,森林受害率控制在0.09‰,无重、特大森林火灾和人员伤亡事故发生。

【森林有害生物发生与分布】 2018年,南宁市森林有害生物新发生面积3329.60公顷,成灾面积53公顷。主要有害生物种类为马尾松毛虫、桉树枝枯病、桉大蝙蛾、油桐尺蛾、八角叶甲、松墨天牛、茶袋蛾(茶蓑蛾)、松梢螟、松材线虫病、桉树青枯病、八角炭疽病、桉树叶斑病、桉树紫斑病、桉袋蛾(桉蓑蛾)等。马尾松毛虫新发生812.73公顷,主要发生在马山县林圩镇和周鹿镇、青秀区伶俐镇和长塘镇、武鸣区朝燕林场、横县马山镇等。桉树枝枯病新发生742.60公顷,主要发生在武鸣区锣圩镇、隆安县南圩镇和屏山乡等。桉大蝙蛾新发生720.53公顷,主要发生在横县六景镇和石塘镇、武鸣区太平镇、锣圩镇和朝燕林场、马山县周鹿镇等。油桐尺蛾新发生427.27公顷,主要发生在武鸣区锣圩镇、甘圩镇和朝燕林场、宾阳县中华镇、上林县乔贤镇、马山县周鹿镇等地。八角叶甲新发生194.67公顷,主要发生于上林县大丰镇、西燕镇、龙山林场等。松墨天牛新发生95.47公顷,主要发生在兴宁区五塘镇、武鸣区宁武镇、马头镇和朝燕林场等。茶袋蛾(茶蓑蛾)新发生53.80公顷,主要发生在隆安县屏山乡。松梢螟新发生53.33公顷,主要发生在武鸣区。松材线虫病新发生51.69公顷,主要发生在兴宁区、西乡塘区(含高峰林场)、江南区(含经开区)。桉树青枯病新发生41.07公顷,主要发生在马山县百龙滩镇、乔利乡。八角炭疽病新发生40.60公顷,主要发生在隆安县屏山乡和礼智林

2018年,武鸣区朝燕林场营造林面积5853.60公顷,树种活立木蓄积量35.60万立方米

市林园局提供

场。桉树叶斑病新发生23.33公顷，主要发生在宾阳县武陵镇和中华镇。桉树紫斑病新发生14.53公顷，主要发生在隆安县雁江镇。桉袋蛾(桉蓑蛾)新发生3.20公顷，主要发生在江南区。

【林政资源管理】 2018年，南宁市许可采伐林木蓄积量452.95万立方米，占限额85.38%。获上级主管部门审核建设项目长期使用林地175宗，使用林地面积796.44公顷，突出保障民生、扶贫、自治区市重点重大项目使用林地需求。森林公安机关立刑事案件866起(特大案件227起、重大案件187起)，破490起(重大案件61起、特大案件85起)，刑事拘留129人，逮捕120人，直接起诉405人；受理行政案件923起，查处923起。完成南宁市森林资源管理平台和森林资源规划设计数据库建设，录入及调试调查数据。

【山林纠纷调处】 2018年，南宁市排查出跨市、跨区县山林纠纷案件93起(跨市45起、跨区县48起)。列入2018年至2019年自治区“三大纠纷”(土地、山林、水利纠纷)重点案件集中化解加强年活动实施方案20起(跨市14起、跨区县6起)。与市政府调处办、相邻市调处办、林业局和区县调处办、林业局组织召开“三大纠纷”调处工作会议40次，质证会5次，开展现场调查、勘验15次，调取证据2次。重点调处涉及轨道交通、贵南(贵港—隆安)高铁、邕江两岸整治、征地拆迁等重点项目纠纷案件。接待来访群众102人次，处理群众来信18件。

(易贝贝　梁惠萍)

表6　　2018年南宁市现代林业产业龙头企业情况表

企　业	地　址	年产能(产量、规模)	备　注
广西华劲纸业集团有限公司	良庆区良庆镇	产能15万吨	国家农业产业化龙头企业和自治区现代林业产业龙头企业
广西丰林木业集团股份有限公司	江南区白沙大道22号	产能15万立方米	国家林业重点龙头企业和自治区现代林业产业龙头企业
广西高峰林浆纸业(集团)有限责任公司	青秀区东葛路107号		第一批自治区现代林业产业龙头企业
广西壮族自治区南宁良凤江国家森林公园	江南区友谊路78号良凤江	面积1348公顷	第四批自治区现代林业产业龙头企业
广西东正集团有限公司	青秀区民族大道143号	产能20万立方米	第六批自治区现代林业产业龙头企业
广西乐林林业开发有限公司	隆安县华侨管理区富侨大道	产能5万立方米	第六批自治区现代林业产业龙头企业
广西国旭林业发展集团股份有限公司	西乡塘区邕武路13号	产能8万立方米	2012年广西现代林业产业龙头企业
广西洲际林业投资有限公司	青秀区中越路东盟财经中心B座	营造林2.33万公顷	2013年广西现代林业产业龙头企业
广西南宁碧湾园林工程有限公司	兴宁区322国道767千米加170处(九曲湾农场内)	产值7563万元	2014年广西现代林业产业龙头企业
广西横县威林木材市场投资有限公司	横县石塘林场红旗林站	产能50万立方米	2014年广西现代林业产业龙头企业
南宁帝旺村木业有限公司	西乡塘区石埠街道办老口村卢村30、31队	产能6万立方米	2015年广西现代林业产业龙头企业
广西恒亚养殖发展有限公司	武鸣区城红岭大道香山府第小区2栋903号房	产量600张皮，养殖规模4500只	2015年广西现代林业产业龙头企业
广西绿城园林工程有限公司	青秀区民族大道131号航洋国际城2号楼1609室	销售额300万元，种植规模33.33公顷	2016年广西现代林业产业龙头企业
广西润展农业投资有限公司	西乡塘区石埠街道办事处忠良村忠良三队乌树片	产值100万元，种植规模6公顷	2016年广西现代林业产业龙头企业
南宁市锦一方园林绿化有限公司	隆安县华侨管理区浪湾大道109号	产值4000万元，种植规模200公顷	2016年广西现代林业产业龙头企业
广西源之源生态农业投资有限公司	青秀区长塘镇巴兰坡	产值1470万元，种植600公顷	2017年广西现代林业产业龙头企业
广西深根园林工程有限公司	兴宁区三塘镇松柏路31号	产量370万株，种植规模33.33公顷	2017年广西现代林业产业龙头企业

说明：2018年南宁市有现代林业龙头企业17家，其中广西高峰林浆纸业(集团)有限责任公司注册地在南宁，但生产经营由旗下不在南宁的子公司完成

畜牧业

【概　况】 2018年，南宁市改善畜牧业生产基础条件，推动养殖产业扶贫，扶持短平快的养殖产业，畜禽养殖市场整体供应充足。全市肉类总产量65.74万吨，比上年增长1.41%；禽蛋产量2.93万吨，增长2.55%；牛奶产量1.25万吨，下降1.53%。生猪出栏502.80万头，增长0.94%；家禽出栏1.37亿羽，下降0.03%；牛出栏14.86万头，增长2.14%；羊出栏18.38万只，增长1.40%。生猪存栏315.10万头，增长2.16%；家禽存栏5509.58万羽，增长

2.20%;牛存栏 50.86 万头,下降 1.75%;羊存栏 24.82 万只,下降 0.83%。牧业产值 188.02 亿元,增长 1.80%,占农林牧渔业比重 25.90%。牧业农民人均纯收入 1004 元,增长 9.80%。主要存在受环保政策压力及禁养区整治等因素影响,畜牧业中小型养殖场(养殖户)退出加速等问题。

【畜禽养殖】 2018 年,南宁市生猪出栏 502.80 万头,比上年增长 0.94%;生猪存栏 315.10 万头,增长 2.16%;建成投产横县良圻狮子岭、宾阳正邦、宾阳兴业俐、西乡塘大兴等大型规模猪场,广西扬翔股份有限公司、广西利源农牧有限公司、广西汉世伟食品有限公司等 10 多家龙头企业以“龙头企业 + 基地规模场 + 家庭农场”生猪养殖模式发展产业,新增养殖户 300 多户。牛出栏 14.86 万头,增长 2.14%;牛存栏 50.86 万头,下降 1.75%。羊出栏 18.38 万只,增长 1.40%;羊存栏 24.82 万只,下降 0.83%。在青秀区、武鸣区、横县、宾阳县、隆安县发展节粮型草食动物养殖,推广优质牧草种植,降低养殖饲料成本,提高养殖效益;培育建设隆安汇生桂西牛、上林山水牛、横县金桂源种羊、青秀四野牧业、武鸣绿世界墨羊等牛羊种源基地;实施品种改良,完成牛杂交配种 6.10 万头。其中:本交 9721 头(黄牛 3338 头、水牛 6342 头,奶牛 41 头),占牛杂交配种 15.94%;人工授精配种 5.13 万头(黄牛 3.24 万头,水牛 1.40 万头,奶牛 4871 头),占牛杂交配种 84.06%;生产杂交牛犊 4.39 万头(黄牛 2.78 万头,水牛 1.39 万头,奶牛 2223 头)。家禽出栏 1.37 亿羽,下降 0.03%;年末家禽存栏 5509.58 万羽,增长 2.20%;肉鸡肉鸭“公司 + 农户”养殖模式成为肉禽养殖的主要方式,广西富凤农牧有限公司、广西华兴集团有限公司等企业通过种苗、饲料、兽药、技术、销售等“一条龙”保价回收,实现企业和农户双赢。江南区、青秀区、上林县等实施精准扶贫发展蛋鸡,促进南宁市禽蛋生产。

【生态养殖】 2018 年,南宁市继续推进生态养殖,推广生态化栏舍建设改造及微生物、酶制剂养殖技术应用。累计通过自治区畜禽现代生态养殖场认证畜禽规模养殖场 467 家(五星级 38 家、四星级 213 家、三星级 216 家),占规模场总数 74%。实施“产业富民”“基础便民”生态养殖进村行动,指导建设生态养殖助农增收合作社示范点 13 个、生态养殖示范村 8 个,完成村屯栏舍生态改造工程任务 3 个。

【畜禽产业转型升级】 2018 年,南宁市畜禽产品供应充足,价格基本平稳。生猪产业受周期性及非洲猪瘟防控形势影响,生猪价格每千克 10 元～15 元,生猪产业转型升级加快,规模场和家庭农场依托龙头企业,栏舍生态化、自动化、设施化程度及养殖效益提升。富凤、温氏、山凤、农利来、华兴、实隆等龙头企业“公司 + 农户”的家禽养殖户数量增长快;肉鸭旱养技术推广,旱鸭年出栏近 1600 万羽,占肉鸭总量 65%。草食动物发展速度保持增长,肉牛价格每千克 25 元～30 元,肉羊价格每千克 38 元～44 元。市本级财政资金投入 2200 万元,其中贫困地区安排 1390 万元,支持建设畜禽标准化生态养殖示范基地,带动产业扶贫增收;中央财政资金投入 350 万元,在青秀区、武鸣区、隆安县等实施粮改饲试点项目,以养带种推进种植结构调整,以种带养发展草食动物养殖,种植饲草面积 1166.67 公顷,收储饲草料 5.25 万吨。推进畜禽良种培育工程,指导服务永新良圻、横县绿健达、马山精菲、宾阳正邦、西乡塘金陵双定基地、邕宁一遍天(二期工程)等畜禽良种基地建设重大项目,培育建设隆安汇生桂西牛、上林山水牛、横县金桂源种羊、青秀四野牧业、武鸣绿世界墨羊等种源基地,辐射带动全市发展肉牛羊产业。

【生鲜乳生产】 2018 年,南宁市存栏奶牛 7251 头,牛奶产量 1.25 万吨。设生鲜乳收购站(点)15 个(奶企奶站 8 个,养殖场奶站 2 个,合作社奶站 5 个);从事生鲜乳运输的车辆 15 辆(乳制品企业自有 14 辆,运输服务公司车辆 1 辆);开展生鲜乳专项整治行动,累计出动人员 397 人次,检查奶站 108 站次、检查运输车 52 辆次;完成生鲜乳质量安全监测 1624 批次(实验室例行监测 88 批次、现场快速检测 1536 批次),主要检测生鲜乳中的三聚氰胺、β－内酰胺酶、皮革水解蛋白、碱类物质、青霉素残留、四环素残留等情况,检测合格率 100%。 (黄　琦　许丽丹)

【畜牧强制免疫】 2018 年,南宁市免疫生猪、牛、羊牲畜口蹄疫分别为 756.27 万头、62.49 万头、26.23 万只,免疫鸡鸭鹅高致病性禽流感分别为 1.23 亿羽、3453.27 万羽、61.75 万羽,免疫生猪猪瘟、高致病性猪蓝耳病分别为 737.63 万头、623.90 万头,免疫家禽鸡新城疫 1.16 亿羽,免疫羊小反刍兽疫 24.30 万只,免疫犬狂犬病 30.09 万只。组织供应兽用疫苗 1.60 亿毫升,发放 1.61 亿毫升。全年动物疫情平稳,未发生重大动物疫情。

【动物检疫】 2018 年,南宁市加强对上市畜禽及其产品的产地检疫、屠宰检疫。全市产地检疫电子出证实施率 100%,125 个动物产地检疫申报点按规定实施电子出证,113 个畜禽定点屠宰场屠宰检疫电子出证实施率 100%。继续加强对各区县产地检疫、屠宰检疫的监督管理,督促区县动物卫生监督机构加强对辖区内官方兽医动物检疫的监管;全市动物产地检疫申报受理率、到场实施检疫率均 100%;产地检疫生猪 428.72 万头(检出并无害化处理病猪零头),牛 10.33 万头(检出并无害化处理病牛 4 头),羊 0.29 万头(检出并无害化处理零头),禽 1.81 亿羽(检出并无害化处理病禽 7095 羽),其他 1.97 万只(检出并无害化处理零只);列入统计范围的 143 个畜禽屠宰场点(生猪 104 个、牛羊 32 个、家禽 2 个、其他 5 个),动物卫生监督机构全部入驻实施检疫,屠宰场(点)受检率 100%;屠宰检疫生猪 356.71 万头(检出并无害化处理病猪 1552 头),牛羊 7.24 万头、只(检出并无害化处理病畜 389 头、只),禽类 431.91

2018 年,上林县山水牛扶贫产业示范区养殖场牛存栏 700 头,牛出栏 500 头

市农业农村局提供

万羽(检出并无害化处理病禽2213羽),其他5万只(检出并无害化处理零头)。完成52个产地检疫申报点规范化建设改造,通过自治区验收,发放动物检疫申报点规范化建设经费208万元;利用市财政资金65万元,规范化建设屠宰检疫室13个、改造屠宰检疫室113个。监督检查15个区县(开发区)动物卫生监督机构,抽查全市125个动物检疫申报点、113个畜禽屠宰场(点),出具《动物卫生监督管理督导意见书》14份、督办函4份,全市没有发现买卖空白检疫证明、虚开检疫证明等违法违规行为,没有发生因管理不善导致检疫票证遗失。

【动物疫病监测】 2018年,南宁市完成15个区县(开发区)、27个乡镇、30个村、270户散养户、58个规模养殖场现场检查,高致病性禽流感、口蹄疫、猪瘟、小反刍兽疫应免畜禽群体免疫密度均100%。全年采集检测畜禽血清2868份,血清免疫抗体合格2813份,总体免疫合格率98.10%。禽流感、口蹄疫、猪瘟等重大动物疫病日常免疫抗体血清监测1.89万份,动物疫病病原学检测1.16万份,均未检出病原学阳性。采取疫情排查、部门联动、强化培训等措施防控非洲猪瘟,全年未发生非洲猪瘟。8月9日至12月31日,出动人员7.35万人次,排查养猪场5.07万家次,排查生猪1696.50万头次,排查生猪散养村6.08万个次、生猪屠宰场1.10万家次、无害化处理场(点)0.51万个次,未发现异常情况;从养殖场(户)、屠宰场采样88份,检测冻肉产品110份,送自治区冻肉产品17个批次86份,结果均为阴性。组织开展小反刍兽疫、羊痒病、疯牛病流行病学调查,巡查养羊户88户、养牛户87户、羊9600只、牛6930头,均未发现疫情;从113个农贸市场抽取样品4335份检测,未检出H5、H7病毒阳性。

【病死动物监管】 2018年,南宁市各级农业主管部门和动物卫生监督机构落实专人负责养殖环节病死猪无害化处理报表的统计上报和补助申报核实管理等工作。2017年3月至2018年2月,全市养殖环节统计上报监督处理病死猪21.04万头(区间数),补助经费1683.52万元(中央1262.64万元、自治区210.44万元、市105.22万元、区县105.22万元)。区县按要求公示,通过"一卡通"形式发放养殖环节病死猪无害化处理补助经费。

【人畜共患病监测】 2018年,南宁市组织开展奶牛布鲁氏菌病和结核病集中监测,检测家畜布病血清2.28万头次,奶牛结核病血清7848头次,检出并无害化处理布病阳性家畜237头、结核病阳性牛13头;血吸虫病检测810份;开展宠物犬狂犬病抗体检测117份次,抗体阳性率98.30%。制定《市场活禽区定期消毒和轮流休市管理制度》《禽类交易市场消毒指南(试行)》,对辖区内的农贸市场摸底调查,掌握农贸市场内活禽经营市场消毒和休市制度建设情况,指导市场建立消毒休市制度,按照全市监测计划对家禽进行H7N9禽流感监测。 (李开鹏)

【兽药安全监管】 2018年,南宁市有兽药生产企业11家,兽药经营企业585家。检查全市11家兽药生产企业、59家兽用生物制品经营企业,抽查195家普通兽药经营企业,重点检查兽药追溯实施情况兽药产品批准文号申报现场核查情况,处罚存在违法行为企业14家,处罚金额16.40万元。 (林 贤)

渔 业

【概 况】 2018年,南宁市水产养殖面积2.04万公顷,比上年增加1.42%,其中池塘养殖面积8436公顷,水库养殖面积1.02万公顷,河沟养殖面积1350公顷,其他养殖面积390公顷。水产品总产量21.91万吨,增长12.31%,其中淡水养殖产量20.77万吨,淡水捕捞产量1.15万吨。3月1日至6月30日,在全市范围内的天然水域开展珠江禁渔。主要存在因对非法养殖网箱进行全面清理整治,对全市后续水产品供给产生影响等问题。

【水产养殖】 2018年,南宁市水产养殖面积2.04万公顷,比上年增加1.42%,其中池塘养殖面积8436公顷,水库养殖面积1.02万公顷,河沟养殖面积1350公顷,其他养殖面积390公顷。水产品产量21.91万吨,增长12.31%,其中淡水养殖产量20.77万吨,淡水捕捞产量1.14万吨。

【特色水产养殖】 2018年,南宁市安排市本级财政渔业产业提升示范项目15个,带动小龙虾、加州鲈等优质特色水产品发展。特色渔业品种有小龙虾、罗非鱼、斑点叉尾鮰、鳗鱼、加州鲈、黄颡鱼、黄沙鳖等,其中小龙虾养殖面积173.33公顷,年产小龙虾260吨,产值1560万元,规模养殖小龙虾基地分布在江南区、良庆区、上林县、隆安县;罗非鱼4.18万吨、斑点叉尾鮰2762吨、鳗鱼210吨、加州鲈102吨、黄颡鱼924吨。

【渔业产业化生产】 2018年,南宁市安排市本级财政渔业产业提升示范项目15个,项目总投资2283.80万元,市财政扶持890万元。依托项目带动打造县级农业核心示范区2个(良庆区乔板小龙虾产业示范区、江南区桥头休闲渔业示范区);新建循环水养殖示范基地1家(宾阳县黎塘拓鑫养殖有限公司)、龟甲加工企业1家(南宁名农家庭农场有限公司);改建渔业种业示范基地4家(南宁市山水好鱼苗繁育场、南宁市必兴龟鳖养殖农村专业合作社、广西南宁市宝泓水产有限责任公司、南宁市武鸣区平地温泉水产养殖场)。

【水产品安全监管】 2018年,南宁市开展水产品质量安全专项整治4次,检查养

2018年,广西泉景生态农业有限公司隆安县南圩镇古信村莲花山草鱼养殖基地,面积5.33公顷,年销售额600万元。图为养殖基地 市农业农村局提供

南宁年鉴

殖场41家,完成水产品例行抽检380例(自治区例行抽检样品144份,市本级例行抽检样品236份),水产品快速检测288例,检测合格率99.40%。

【渔政执法】 2018年,南宁市开展联合执法行动5次,出动执法车316辆次、执法船238艘次、执法人员1710人次;检查渔船394艘次;发放宣传资料和悬挂横幅标语等1.30万份(条);查办渔业违规违法案件12起,查获涉案人员12人,移送司法处理案件1件,移送司法处理人员1人,没收涉案渔获物170.91千克;完成全市1584艘渔业船舶年度检验;投入财政资金采购1600块标准船牌,完善渔船牌照管理;对360名渔业船员进行业务培训。禁渔期间,查获违反禁渔期规定“三无”(无船名船号、无船舶证书、无船籍港)船只19艘,查获、拆除违法渔具213件。 (何姝祯)

农业农村经济管理

【概　况】 2018年,南宁市推进农村综合改革,基本完成农村土地承包经营权确权登记颁证;发展基础农业、特色农业、特色林业,加快农业林业三产融合与产业化发展;推广应用农业农机新品种、新技术,巩固农业基础地位,促进农业和农村经济发展。强化农业招商引资服务,引进自治区外农业项目27个,合同投资额18.09亿元,到位资金17.83亿元(含续建项目)。加快农业信息化建设,实施信息进村入户工程,完善农业农村信息服务体系,建成西乡塘区、横县、宾阳县、马山县、隆安县县级运营中心5个、益农信息社1839个,实现益农信息社覆盖村级超过50%目标;举办网上交易(展销)节活动2次。主要存在农业规模化、产业化、标准化、机械化程度较低,农产品销售难的现象仍然在一定程度上存在;农业产业结构调整有待进一步加强;现代化农业产业建设发展不平衡,部分区县农业生产投入不足,基础配套设施不够完善的问题。 (李亦菁)

【农业农村综合改革】 2018年,南宁市基本完成农垦改革“两个三年”(用3年左右时间,将国有农场承担的社会管理和公共服务职能纳入地方政府统一管理;用3年左右时间,基本完成农垦国有土地使用权确权登记发证任务)工作任务,农垦国有农场(企业)与区县签订社会职能移交和人员接收协议37家,完成移交项目257项,移交退休人员1.07万人,完成农垦国有土地测量、权属调查4025.41公顷。全面铺开农村集体资产清产核资实施村委878个(占57.46%),村民小组1.86万个(占55.83%);启动农村集体产权制度改革试点,江南区为自治区试点单位,江南区江南街道为市级试点单位,区县试点单位13个。完成农村土地承包经营权确权登记42.06万公顷,重新完善(签订)土地承包合同104.70万户,占农户总数98.21%;累计完成确权登记面积42.44万公顷,重新完善(签订)土地承包合同105.05万户,占农户总数98.53%;实际颁证100.11万本,颁证率94.01%,基本完成农村土地承包经营权确权登记颁证。 (陆叶青)

【粮食生产功能区与糖料蔗生产保护区划定】 2018年,南宁市成立粮食生产功能区和糖料蔗生产保护区划定工作领导小组,出台《南宁市粮食生产功能区和糖料蔗生产保护区划定工作方案》。落实经费1978.10万元,开展宣传培训,培训工作人员1209人,发放宣传资料1.30万份;完成资料准备、底图制作和实地勘查、公告公示和核实确认,划定(未经自治区验收)粮食生产功能区18.17万公顷(横县3.92万公顷,宾阳县2.98万公顷,上林县1.36万公顷,马山县1.38万公顷,隆安县1.44万公顷,兴宁区0.37万公顷,江南区0.82万公顷,青秀区0.49万公顷,西乡塘0.69万公顷,邕宁区1.15万公顷,良庆区0.63万公顷,武鸣区2.84万公顷,经开区0.10万公顷),其中,水稻13.95万公顷,玉米4.22万公顷。划定糖料蔗保护区面积9.38万公顷(横县1.54万公顷、宾阳县1.96万公顷、上林县0.48万公顷、马山0.27万公顷、隆安县1.06万公顷、江南区0.47万公顷、青秀区0.40万公顷、西乡塘区0.14万公顷、邕宁区0.58万公顷、良庆区0.80万公顷、武鸣区1.68万公顷)。横县是自治区糖料蔗生产保护区划定试点县,划定面积1.59万公顷。 (黄兰芳)

【农业生态环境治理】 2018年,南宁市开展田间农业废弃物清理,清捡田园面积25.75万公顷,清洁技术推广面积31.71万公顷,建立清洁田园示范点254个,回收农药瓶179.80万个,清捡废弃物(秧盘、薄膜等)475.66吨。完成绿肥种植1.45万公顷,秸秆还田41.99万公顷,实施中低产田改良2.11万公顷。推进化肥农药零增长行动,化肥使用量接近零增长;农药使用量1437.80吨,比上年减少7%。率先在自治区范围内实行农药经营许可证制度,5月31日核发广西首张农药经营许可证,全年核发许可证1965张。推进生态养殖和粪污资源化利用,完成畜禽生态养殖认证169家,累计467家。开展畜禽养殖禁养区整治,完成禁养区畜禽养殖场清理整治517家,牵头清拆郁江及其主要支流与南宁市饮用水水源保护区的非法网箱9万个,完成率75.90%。 (廖锦鹏)

【农产品质量安全】 2018年,南宁市继续推进农产品质量追溯体系建设,完成农产品质量追溯体系建设项目4个,累计18个。试行食用农产品合格证制度,选取90多个果蔬生产企业和广西海吉星水果批发市场、淡村农贸市场作为“合格证制度”试点,探索食用农产品基地产出与市场准入有效衔接机制。落实《南宁市农产品质量安全“红黑名单”制度》,将5家具有“红名单”所列情形的生产经营单位列入“红名单”管理,提高诚信经营意识。指导区县建立健全南宁农资和农产品生产经营主体信用档案数据库,实现信用信息平台共享。加强种子、肥料、农药质量市场监管,抽检71家企业(门店)种子样品102个(主要农作物样品86个、蔬菜样品16个),抽检肥料样品225个,农药样品210个,查处涉及种子、农药、化肥案件129件,核发农药经营许可证1854张。实施蔬菜水果例行监测及乡镇监测(定性)样品13.57万个,合格13.56万个,合格率99.98%。 (周　琼)

【农业执法】 2018年,南宁市办理农业行政执法普通案件36件(养殖业案件5起、动物卫生监督案件9起、渔业渔政案件8起、种植业案件14起),结案28起,罚款并上缴国库36.12万元。开展专项执法行动47次,监督检查畜禽养殖场(饲养场)、动物交易场、动物诊疗机构、禽畜屠宰场、畜禽产品、农资农机生产经营企业、渔业船舶、水产养殖经营企业、植物种苗市场等对象4325个次。排查生猪私宰窝点29个次、打击查处私宰窝点21个,查获私宰生猪产品6.75吨、生猪53头;没收渔获物19千克,收缴地笼网6张、刺网825米,登临检查渔船27艘次,处理水资源污染事故2起,向水生野生动物救助中心移交活体保护动物大鲵3只;检查出农资产品涉嫌违法问题581例(农药问题317例、肥料问题110例、种子及植物检疫问题154例)。送检涉嫌违法问题农资样品42个、供上市农产品样品13个。完成肥料质量监督抽检170个,农药质量抽检221个;对兽药产品二维码现场核查、兽药细菌耐药性监测、非洲猪瘟防控、水产品质量安全抽样检测(例行监测)等工作。完成农业部、自治区、南宁市本级水产品安全例行监测(抽样检测)440份;抽检养殖业投入品质量1138批次(畜禽产品586批、兽药产品66批、饲料及饲料添加剂产品398批、生鲜牛乳88批),风险监测168批。开展农资打假专项整治，出动执法人员1.01万人次，检查企业8703个次，整顿市场1140个次，立案查处违法违规案件156件，结案128件。开展兽用抗菌药物专项整治，查处企业非法添加兽用抗生素违法行为，养殖户使用原料药、假劣兽药、超范围超剂量使用兽药行为，线上无证经营兽药或销售假冒兽药行为，检查生产企业93家、经营企业637家、养殖户6621户，发放宣传资料1.01万份，出动执法人员2039人次，查处问题56起，行政执法立案18起，涉案金额4.39万元，罚没金额8.78万元。开展生鲜乳违禁物质专项整治，指导养殖户规范养殖，重新审查婴幼儿配方乳粉企业奶源的奶站和运输车资质条件，开展生鲜乳收购“两证一单”（收购许可证、准运证、交接单）检查2次，出动执法人员414人次，车辆138辆次，检查生鲜乳收购站12家、运输车辆20辆、规模养殖场15家，监测生鲜乳品1659批次，检测合格率100%。

（文　亮　廖锦鹏）

农业科技

【概　况】2018年，南宁市有农业专业技术人员1779人，林业专业技术人员571人。年内，市农委落实科教兴农战略，完善农业科技创新体系，在横县、宾阳县、上林县、马山县、隆安县、武鸣区实施种植业、养殖业、农机系统基层农技推广体系改革与建设补助项目17个。建设农业科技人才队伍，开展新型职业农民中等职业教育、农业实用技术培训、新型职业农民示范培育、青年农场主培养、农业职业经理人培养等，培训和服务近20万名农民。开展农业干部培训、“村两委”干部示范培训、基层农技人员培训等，培训人员1160人。推进农业先进科技成果转化应用，引进推广农作物新品种100多个，推广普及绿色高效农业技术20多项，实施病虫害统防统治15.63万公顷，测土配方施肥面积32.75万公顷。获2018年度广西农牧渔业丰收获农业技术推行奖3个、农业技术成果奖1个、贡献奖9个。加强农业科技培训，培训基层农技人员695人、农民素质培育3258人，开展农业适用技术培训19.47万人。获自治区农业技术推广成果奖二等奖3个，农业技术推广成果奖三等奖1个。广西—东盟经开区农业科技园区、青秀区农业科技园区、江南区农业科技园区被自治区认定为自治区农业科技园区。主要存在农民科技意识不强，农业科技服务人才匮乏、农业科技经费投入不足等问题。

【农业科技推广体系建设】2018年，南宁市落实中央、自治区财政专项资金718万元，在横县、宾阳县、上林县、马山县、隆安县、武鸣区实施种植业、养殖业、农机系统基层农技推广体系改革与建设补助项目，优选水稻、甘蔗、蔬菜、桑蚕、水果、玉米、木薯、花生、茉莉花种植业主导产业9个，本地生猪、肉牛、旱鸭、淡水鱼、肉羊水产畜牧业主推品种5个；在武鸣区创建全国甘蔗生产全程机械化示范县（区）项目1个，承担自治区农机创新示范项目2个（丘陵山区澳洲坚果生产全程机械化创新示范基地建设项目、火龙果生产全程机械化创新示范基地建设项目）；在武鸣区、横县、宾阳县实施市本级农机示范推广项目3个（宾阳县水稻生产全程机械化示范推广项目、武鸣区农机化新机具新技术示范推广项目、横县农机化新机具新技术示范推广项目）；建设农业科技示范基地63个，示范推广农业绿色高效技术25项、现代生态养殖技术4项；成立种养专家组13个，遴选包村联户技术员348名，农技推广服务特聘农技员8名，服务对象抽样满意度98%以上。培育农业科技示范主体1146个，形成“专家定点联系到县、农技人员包村到户”工作机制、“专家＋试验示范基地＋农技推广人员＋科技示范户＋辐射带动户”的技术模式和县乡村三级农业科技试验示范基地网络，实现产业技术体系、基层农技推广体系、农户之间无缝对接和互动，服务对象抽样满意度98%以上。加快移动互联网、云计算等新一代信息技术与现代农业的融合，普及推广基层农技推广“农技宝”云平台、农业部中央农业广播学校新型职业农民培育信息管理平台、中国农技推广APP、云上智农APP等，打造“互联网＋农业科技”新型农业科技信息服务模式。其中：开展“农技宝”培训和推广68次，发布农业信息258篇、农事提醒31篇，“农技宝”云平台注册用户数6308户；新型职业农民培育信息管理平台管理培训对象3600多人，师资库30多人，培育基地25个；中国农技推广APP安装用户997户，使用次数2811次，市县区农业部门上传农业资讯、农技知识、农情农事等农业信息20多篇；云上智农APP安装人数1791人。

（陆琬佳）

【新技术新品种引进与推广】2018年，南宁市实施水稻新品种“看禾选种”行动，展示引种优质晚稻80多种，让农民自主选择；示范推广水稻新品种“野香优丝苗”“百香优125”“兆香1号”“和两优1号”。开展水稻机械旱旋＋喷施除草剂整地栽培新技术示范、水稻施用花生麸新技术示范、多年生水稻试验示范，加强“稻—鸭”“稻—鱼”“稻—虾”“稻—蛙”等生态种养技术示范与推广，在横县、隆安县建立示范片区2个，面积333.33公顷；开展农作物间套种技术示范，引进优质谷、优质玉米、优质花生等品种，综合展示柑橘套种香米、果树套种花生、玉米等间套种综合技术，推广应用水稻集中育秧技术8.23万公顷，水稻控肥、控苗、控病虫“三控”施肥技术3.73万公顷，水稻水气平衡栽培技术5.67万公顷，超级稻12万公顷，玉米“一增三改”技术（合理增加种植密度，改种高产品种、改粗放用肥为配方施肥、改人工作业为机械化作业）2.60万公顷，粮食间套种2.13万公顷，地膜玉米栽培技术9266.67公顷，玉米免耕栽培技术2.61万公顷。针对香蕉枯萎病漫延，加快抗耐病品种试验与示范推广，严控疫区苗扩散，引进试种“桂蕉9号”“中蕉9号”耐病品种，联合南方报业传媒集团南宁农村报社探索枯萎病防控方法，组织企业和种植户参加广西农科院举办的香蕉育种和枯萎病防控专题讲座和培训；针对百香果茎腐病、茎基腐病为害，推广无病嫁接苗、土壤消毒与轮作。

（梁启新　陆　丹）

【现代特色农业示范区（基地）建设】2018年，南宁市实施现代特色农业示范区建设增点扩面提质升级三年行动计划，筹措资金18.73亿元建设乡级以上示范区，建成示范区核心区0.60万公顷；累计投入125.10亿元（财政资金30.91亿元、工商企业及社会资资金94.19亿元），建成示范区核心区2.90万公顷（土地流转面积2.29万公顷）。获认定自治区级核心示范区12个（累计30个），市级示范区9个（累计53个）、县级示范区36个（累计62个）、乡级示范园108个（累计137个）、村级示范点595个，乡级以上示范区累计入驻农业企业、农民合作社、家庭农场901家，累计引进新品种687个、应用新技术651项、购置农业生产及加工设备1201台（套），帮扶解决农民就业6.79万人，带动9.31万户。建设富硒农产品生产基地49个，核心示范园6个，设污染监测点5个，农作物生产面积2147公顷，食用菌生产面积18万平方米，猪、牛23.97万头、鸡8万羽、鸡蛋25万枚、鱼苗25万千克，参与企业40家；开发富硒农产品有大米、蔬菜、食用菌、水果、甜玉米、茶等植物类产品，以及猪、牛、鸡、蛋、鱼等动物类产品，获广西认证产品10个（累计37个），评上广西名优富硒产品6个，中国名优硒产品1个。青秀区长塘金花茶产业示范区、隆安县那之乡火龙果产业示范区等12个示范区被自治区认定为广西现代特色农业核心示范区，青秀区“田园青秀”

田园综合体、宾阳县“稻花香里”田园综合体被列入2018年自治区级田园综合体试点项目。 （苏洁霞　粟学军）

【绿色食品企业】 2018年，南宁市有效期内广西绿色食品产品有大米(香丝苗大米、泰皇茉莉香米、紫砂香黏米、状元油黏米、八桂稻花香米)、水果(沃柑、砂糖橘、红肉脐橙、贡柑、茂谷柑、香蕉、番石榴、百香果、火龙果、红心火龙果、东魁杨梅)、蔬菜(莜麦菜)、白砂糖、饮用天然矿泉水、肥料(水溶肥料、生物有机肥料)6类41个，生产企业29家。 （韦悦妮）

【农业科技管理】 2018年，南宁市组织申报2018年度广西农牧渔业丰收奖10个、广西优秀一村一品村镇1个、广西粮食生产先进合作社与广西种粮大户(家庭农场)5个，养殖业提质增收贡献奖5个。获农业技术推广成果奖二等奖3个：“优质芭蕉芋新品种选育及大面积示范推广”“肉鸭旱养技术应用与推广”“农业优势特色产业高效生产集成技术示范”，其中，优质芭蕉芋新品种选育及大面积示范推广项目累计建立繁种基地247.33公顷次，高产栽培示范基地407.66公顷次，繁育良种1.21万吨，推广种植面积1.10万公顷；肉鸭旱养技术应用与推广项目3年累计出栏旱鸭3889.07万羽，总经济效益4185.40万元，年经济效益1395.13万元；农业优势特色产业高效生产集成技术示范项目建设示范区3个，累计示范面积1200公顷，实现总产量1.05万吨。获农业技术推广成果奖三等奖1个：“横县甜玉米新品种及其标准化栽培技术示范推广应用”，推广甜玉米种植16.62万公顷，总产89万吨；获农业技术推广贡献奖4人：横县农业科教站覃培松，宾阳县农业广播电视学校李新，马山县农业技术推广站黄莉、韦政民；获广西粮食先进合作社1个：宾阳县联丰农机服务农民专业合作社；获广西种粮大户(家庭农场)3个：宾阳县武陵镇马王村吴贞文，宾阳县露圩镇浪利村覃献智，横县云表镇福塘村黄先海；获广西优秀一村一品村镇1个：横县校椅镇石井村民委员会；获广西养殖业提质增收贡献奖个人奖5人：横县动物疫病控制中心谢向萌、覃小柳，马山县农业和林业局蓝慧京，马山县动物疫病控制中心黄明学、蓝金红。 （陆琬佳）

【农作物种子生产与管理】 2018年，南宁市持有农作物种子生产经营许可证企业85家(生产经营主要农作物种子企业22家)，市内外生产杂交作物种子2.20万吨(超级稻0.15万吨、常规稻0.18万吨、杂交玉米1.80万吨、其他品种0.07万吨)。制订《南宁市“农作物种子质量年专项行动”实施方案》，开展连续三年(2018年至2020年)“种子质量年专项行动”。开展主要粮食作物品种情况调查，掌握全市水稻优良品种生产布局情况；每季度调查主要农作物产销情况，统计作物种子供种数量、种子企业人员、财务状况、经营业绩和现金流量信息，分析春夏两季种子市场形势。抽查种子市场质量3次，抽检作物种子样品102个(水稻玉米样品96个、蔬菜样品16个)，涉及企业(门店)71家；检查种子生产基地1次，抽检样品6个，涉及种子生产基地4个、51.93公顷；抽检转基因检测样品86个，涉及企业、经营门店、种子生产基地55个，未检测出杂交稻和杂交玉米样品含有转基因成分。接到种子质量反映12起；调查完成上林县正大719玉米品种多苞怪苞减产原因系异常天气影响，协调种子经销商与损失较大农户补偿并化解矛盾。 （高　佳）

【植物检疫】 2018年，南宁市开展农业植物检疫12次，出动人员65人次，发放宣传资料4800份，检查生产经营企业82家，检查涉嫌违法问题49条，立案8起，结案8起；赴海南省三亚市、昌江县等地，检查注册地为南宁市的制种企业或科研单位制种基地4家，未发现问题。强化以柑橘黄龙病和柑橘木虱为主的疫情防控，安排资金140万元(自治区财政支农资金40万元，中央农业生产专项救灾100万元)，开展普查1次；设立动态调查监测点18个，定期监测40次，发布预测预报或防控技术指导材料29期，指导用药覆盖至乡镇，指导用药覆盖率100%；执行自治区技术规程，推广无病苗木，及时清除病株，补种大苗，推广频振式杀虫灯、黄板、性诱等绿色植保防控技术；建设柑橘黄龙病综合防控示范区27个，面积1400公顷；举办柑橘黄龙病防治技术培训70期，培训果农1.20万人，电视宣传9期；引进快速检测设备，强化柑橘种苗的产地检验检疫和市场监管，检查广西农科院里建柑橘育苗基地、武鸣果苗市场、广西海湾农资综合市场、鸣鸣果业生产基地26个，检查经营门店87间。 （谭雅中）

【病虫鼠草害防治】 2018年，南宁市实施广西重大病虫观测场建设项目2个，在横县、隆安县布设自动虫情测报灯、病虫害远程实时监控系统，实现自动化智能化田间监测。有登记备案专业化防治服务组织286个，有高效植保机械2443台(套)，从业人员3511人，日作业能力超过8666.67公顷。年内，发生农作物重大病虫害面积173.68万公顷次，其中水稻45.45万公顷次、玉米8.85万公顷次、甘蔗20.75万公顷次、果树20.01万公顷次、蔬菜16.76万公顷次、花生3.83万公顷次，大豆1.16万公顷次、农田鼠害17.04万公顷次、草害39.83万公顷次，重大病虫发生程度为中等局部中等偏重，比上年偏轻、与常年基本持平。农业部门发布病虫情报149期(市本级11期)，平均测报准确率87.50%；实施农作物病虫害防治面积166.65万公顷次，挽回损失105.27万吨，总体防效86.7%；统防统治15.63万公顷，其中无人机作业1.04万公顷，主要粮食作物专业化统防统治覆盖率35.5%；防控主要农作物病虫害112.61公顷次(草、鼠除外)，覆盖率49.2%；绿色防控55.66公顷次，建成农作物病虫害绿色防控集成示范区42个，减少化学农药8吨，实现农药使用量零增长，每公顷粮食作物节本增效585元、经济作物3210元。林业有害生物实际成灾面积53公顷，成灾

2018年8月16日，市农委、市人社局、市总工会联合举办首届牛人工授精职业技能大赛 市农业农村局提供

表 7　　2018 年广西绿色食品企业名录(41 家)

获证企业	产品名称	产证书有效期
广西佳年农业有限公司	红心火龙果	2016 年 1 月 13 日至 2019 年 1 月 12 日
广西香果人家农业投资有限公司	百香果	2016 年 1 月 22 日至 2019 年 1 月 21 日
广西滨地生态农业投资有限责任公司	香蕉	2016 年 4 月 20 日至 2019 年 4 月 24 日
广西农垦糖业集团金光制糖有限公司	白砂糖	2016 年 5 月 20 日至 2019 年 5 月 19 日
广西金穗农业投资有限责任公司	香蕉	2016 年 6 月 29 日至 2019 年 6 月 28 日
广西力拓农业开发有限公司	香丝苗大米	2016 年 7 月 1 日至 2019 年 6 月 30 日
广西力拓农业开发有限公司	泰皇茉莉香米	2016 年 7 月 1 日日至 2019 年 6 月 30 日
广西力拓农业开发有限公司	紫砂香黏米	2016 年 7 月 1 日至 2019 年 6 月 30 日
广西力拓农业开发有限公司	状元油黏米	2016 年 7 月 1 日至 2019 年 6 月 30 日
南宁糖业股份有限公司	白砂糖	2016 年 7 月 13 日至 2019 年 7 月 12 日
南宁糖业股份有限公司	白砂糖	2016 年 7 月 13 日至 2019 年 7 月 12 日
南宁糖业股份有限公司	白砂糖	2016 年 7 月 13 日至 2019 年 7 月 12 日
南宁糖业股份有限公司	白砂糖	2016 年 7 月 13 日至 2019 年 7 月 12 日
广西金穗农业投资有限责任公司	火龙果	2016 年 7 月 15 日至 2019 年 7 月 14 日
广西九龙腾农业科技有限公司	大米	2016 年 10 月 19 日至 2019 年 10 月 18 日
广西桂洁农业开发有限公司	贡柑	2016 年 11 月 26 日至 2019 年 11 月 25 日
广西桂洁农业开发有限公司	砂糖橘	2016 年 11 月 26 日至 2019 年 11 月 25 日
武鸣区罗波镇天马村伟成果蔬种植专业合作社	百香果	2016 年 12 月 12 日至 2019 年 12 月 11 日
广西横县西津矿泉水有限公司	饮用天然矿泉水	2017 年 3 月 11 日至 2020 年 3 月 10 日
广西鸣鸣果业有限公司	沃柑	2017 年 4 月 28 日至 2020 年 4 月 27 日
广西金福农业有限公司	红心火龙果	2017 年 5 月 2 日至 2020 年 5 月 1 日
广西南宁市绿滋宝农业科技公司	红心火龙果	2017 年 5 月 8 日至 2020 年 5 月 7 日
广西金穗生态科技股份有限公司	生物有机肥	2017 年 8 月至 2020 年 8 月
广西垂青生物科技有限公司(生资)	含腐殖酸水溶肥料(大量元素型)	2017 年 9 月至 2020 年 9 月
广西南宁碧湾园生态农业开发有限公司	莜麦菜	2017 年 12 月 2 日至 2020 年 12 月 1 日
横县六瓨番石榴种植专业合作社	番石榴	2017 年 12 月 20 日至 2020 年 12 月 19 日
南宁振企农业科技有限公司	火龙果	2017 年 12 月 23 日至 2020 年 12 月 22 日
广西国泰粮食集团有限公司	八桂稻花香米	2018 年 1 月 25 日至 2021 年 1 月 24 日
广西海泉农业有限公司	火龙果	2018 年 2 月 2 日至 2021 年 2 月 1 日
广西农垦糖业集团良圻制糖有限公司	白砂糖(一级)	2018 年 3 月 6 日至 2021 年 3 月 5 日
宾阳县佳年农业有限公司	火龙果	2018 年 6 月 19 日至 2021 年 6 月 18 日
广西桂洁农业开发有限公司	红肉脐橙	2018 年 7 月 3 日至 2021 年 7 月 2 日
广西农垦国有明阳农场	沃柑	2018 年 8 月 2 日至 2021 年 8 月 1 日
广西绿园农庄农业科技有限公司	东魁杨梅	2018 年 8 月 21 日至 2021 年 8 月 20 日
广西联翔农业投资有限责任公司	沃柑	2018 年 8 月 27 日至 2021 年 8 月 26 日
广西惠旺尔农业科技有限公司(生资)	多砒、图形牌微量元素水溶肥料	2018 年 8 月 31 日至 2021 年 8 月 30 日

续表 7

获证企业	产品名称	产证书有效期
广西惠旺尔农业科技有限公司(生资)	甜家、图形牌含腐殖酸水溶肥料	2018 年 8 月 31 日至 2021 年 8 月 30 日
广西桂洁农业开发有限公司	沃柑	2018 年 10 月 20 日至 2021 年 10 月 19 日
广西桂洁农业开发有限公司	茂谷柑	2018 年 10 月 20 日至 2021 年 10 月 20 日
广西三桦生态农业开发有限公司	沃柑	2018 年 11 月 30 日至 2021 年 11 月 29 日
隆安县高明农业水果种植专业合作社	沃柑	2018 年 12 月 07 日至 2021 年 12 月 6 日

率 0.05‰。林业部门投入林业有害生物防治经费 827 万元,监测调查面积 732.72 万公顷次,实施防治作业 3339.47 公顷,实施种苗产地检疫 1365.60 公顷,木材调运检疫签证 240.86 万立方米;开展春、秋两季松材线虫病普查,监测调查面积 32.49 万公顷次,发现和清除枯死松木 5456 株,松材线虫病发生面积 53.02 公顷(兴宁区 51.54 公顷、西乡塘区 1.47 公顷、江南区 0.01 公顷)。开展红火蚁有害外来生物防控,市农委协调市林园局开展红火蚁扑杀 1 处;开展南宁园博园红火蚁防控检查、疫情监测防控,未发生疫情事件;累计发生红火蚁面积 1020.80 公顷,防治面积 1306.47 公顷(多次防治),灭杀处理苗木 10 株。 (农珍玉　易贝贝)

【测土配方施肥】 2018 年,南宁市有耕地土壤质量监测点 87 个(国家级 3 个、自治区级 4 个、县级 80 个)。投入财政预算资金 1160.06 万元(市本级 104.38 万元、区县 1055.68 万元)改造提升耕地质量,通过增施有机肥、秸秆还田、冬种绿肥、配方施肥、深耕深松、聚垄耕作、开沟治潜、节水灌溉、坡改梯、地膜覆盖等措施,改良中低产田 4.58 万公顷。采集土壤样品 1023 个;建立测土配方施肥中心示范点 108 个,示范面积 5800 公顷;测土配方施肥 32.76 万公顷(水稻 21.65 万公顷、玉米 3.87 万公顷、甘蔗 7.24 万公顷);冬种绿肥 1.45 万公顷(专用绿肥 0.61 万公顷、兼用绿肥 0.84 万公顷);秸秆还田 39.92 万公顷(水稻 21.02 万公顷、玉米 5.53 万公顷、其他作物 13.37 万公顷)。推广节水技术 16.57 万公顷,其中,水肥一体化技术 7.03 万公顷。 (粟学军)

【农业科技队伍建设】 2018 年,南宁市有农业专业技术人员 1779 人,其中高级专业技术职务任职资格 48 人、中级 859 人、初级以下 872 人,分别占专业技术人员总数 2.70%、48.29%、49.01%。林业系统有专业技术人员 571 人。年内,市农业委员会选送 65 人参加贵州大学"2018 年南宁市农业系统乡村振兴专题研讨班";在横县、宾阳县、上林县、马山县、武鸣区开展 2018 年新一届村"两委"干部示范培训,培训 400 人;开展基层农技人员培训班,培训 695 人,其中依托 2018 年基层农技推广体系改革与建设补助项目,选派基层农技人员参加农业院校、科研院所脱产培训,培训 250 人。

【农民教育培训】 2018 年,南宁市实施新型职业农民培育工程,示范培育农民 3258 人,认定高、中、初级新型职业农民 207 名;遴选推荐自治区第二批新型职业农民培育示范基地 25 个(实训基地 15 个、农民田间学校 2 个、综合类基地 8 个),在横县横州镇大和村委许村,宾阳县陈平镇和平村、古辣镇联泉村,上林县西燕镇岜独村、木山乡木山村、三里镇龙联村三帽庄,马山县古寨瑶族乡本立村,隆安县城厢镇旺中村,武鸣区锣圩镇伏王村、城厢镇文合村定新屯 10 个示范村实施整村推进新型职业农民培育。新增遴选培养(自治区级)现代青年农场主 84 名,第一批遴选培养(自治区级)农业职业经理人 41 名。开展农民职业教育,市级农业广播电视学校实施新型职业农民培育提升行动,培训中级、部分优秀初级新型职业农民 150 人;县级农业广播电视学校(科技教育站)开展新型职业农民中等职业教育,招生及教学管理 137 人。围绕产业发展开展农业实用技术培训,受益农民 19.47 万人,发放资料 20 多万份。 (陆琬佳)

农业综合开发

【概　况】 2018 年,南宁市农业综合开发项目筹集、投入资金 3.42 亿元(中央财政资金 1.70 亿元、自治区财政资金 1.03 亿元、市级财政资金 6350.92 万元、区县财政资金 595 万元),实施农业综合开发项目 22 个(土地治理项目 7 个、产业化发展项目 7 个、试点项目 7 个、农业部门项目 1 个)。土地治理项目建设高标准农田 2380 公顷(含 2018 年新批项目 4 个 1706.67 公顷),实现粮食增产 179.30 万千克,糖料蔗增产 437.80 万千克,蔬菜增产 765.20 万千克,其他农产品增产 251.74 万千克,促进项目区农民收入增加 966.92 万元。主要存在项目实施过程中部分区县未及时完成投资计划、未及时提供报账材料;个别项目资金使用存在大额现金支付的情况等问题。

【农业综合开发项目】 2018 年,南宁市获批国家农业综合开发土地治理项目 4 个,总投资 3750 万元(中央财政资金 2500 万元、自治区财政资金 1155 万元、区县级财政配套资金 95 万元),建设高标准农田 1706.67 公顷。获批国家农业综合开发产业化经营财政补助项目 6 个,总投资 3160.03 万元(中央财政资金 500 万元、自治区财政资金 250 万元、自筹资金 2410.03 万元)。获批国家农业综合开发产业化经营贷款贴息项目 1 个,项目贷款额 5000 万元,财政贴息 100 万元(中央财政资金 67 万元、自治区财政资金 33 万元)。获批国家农业综合开发试点项目 22 个,总投资 2.47 亿元(中央财政资金 9500 万元、自治区财政资金 3800 万元、市级财政资金 500 万元、区县财政配套资金 350 万元,自筹 8559.63 万元,银行贷款 2000 万元)。其中:西乡塘区获批田园综合体建设试点项目 12 个,总投资 1.23 亿元(中央财政资金 5500 万元、自治区财政资金 2200 万元、市级财政资金 500 万元、城区财政配套资金 50 万元,自筹 4053.21 万元);宾阳县获批现代农业园区项目 6 个,总投资 8414.04 万元(中央财政资金 2500 万元、自治区财政资金 1000 万元、县财政配套资金 150 万元、自筹 2764.04 万元,银行贷款 2000 万元);江南区获批特色村镇建设试点项目 4 个,总投资 3992.38 万元(中央财政资金 1500 万元、自治区财政资金 600 万元、城区财政配套资金 150 万元、自筹 1742.38 万元)。获批国家部门财政补助土地治理项目 1 个(宾阳县六冯中型灌区节水配套改造项目),投资 800 万元(中央财政资金 400 万元、自治区财政资金 400 万元)。自治区农业综合开发田园综合体试点项目 9 个,总投资 3035.50 万元(自治区财政资金 2000 万元、自筹 1035.50 万元)。

市本级立项农业综合开发土地治理项目3个(兴宁区五塘镇土地治理项目、江南区江西镇土地治理项目、横县高标准农田建设项目),投资1480万元(市级财政资金1390万元,区县财政资金70万元,自筹20万元);立项农业综合开发田园综合体试点项目2个(武鸣区"伊岭溪谷"田园综合体、上林县"壮族老家"田园综合体),总投资7139万元(市级财政资金1000万元、区县财政资金配套80万元、自筹6059万元)。

【项目验收】 2018年,南宁市验收农业综合开发竣工项目35个,计划总投资2.40亿元,实际完成2.17亿元。其中:2016年国家财政贴息项目2个,贴息168万元;2017国家立项项目25个,总投资1.99亿元,实际完成1.81亿元;2017年自治区立项项目3个,总投资238.55万元,实际完成242.62万元;市本级立项项目5个,总投资3536.09万元,实际完成3358.44万元元。建设任务、主要经济指标基本完成,无县级财政配套资金不足额到位、滞留财政资金,以及挤占、挪用、抵顶项目资金的现象。 (梁毅红)

表8 2018年南宁市农业综合开发验收项目情况表

项目名称	级别	计划投资(万元)	完成投资(万元)	完成率(%)
"美丽南方"才子塘四季花果乐园扩建项目	国家级	165.49	165.56	100.00
"美丽南方"木兰田园合作社特色种养殖基地建设项目		100.00	104.94	104.94
"美丽南方"农园乐生态农业示范项目		350.00	385.87	110.25
"美丽南方"有机固体废弃物生物降解无害化处理技术建设项目		160.00	173.26	108.29
"美丽南方"胤龙生态农业产业园建设项目		400.00	未提供资料	未验收完成
"美丽南方"蜜枣种植温室大棚和生态温室建设项目		60.00	60.00	100.00
"美丽南方"葡馨园生态葡萄基地建设项目		100.29	102.54	102.24
"美丽南方"乐活农事体验园项目		110.00	112.70	102.46
"美丽南方"生态立体农业产业园项目		1150.00	1186.66	103.19
"美丽南方"鹏宇农副产品展销深加工项目		503.28	503.28	100.00
"美丽南方"无为谷葡萄基地建设项目		200.00	204.68	102.34
"美丽南方"高标准农田套种百香果建设试点项目		63.70	64.08	100.60
"美丽南方"高标准农田建设项目		4660.00	4668.92	98.09
西乡塘区坛洛镇合志村高标准农田建设项目		825.00	769.10	93.22
宾阳县2017年现代农业园区高标准农田建设项目		1680.00	1561.42	未验收完成
宾阳县道华、高楼坝灌片高标准农田建设项目		1425.00	1315.25	未验收完成
宾阳县鸿发米业有限公司烘干加销售贷款贴息项目		120.00	32.68(按报账额)	100.00
宾阳县古辣育秧基地项目		1100.20	668.37	60.75
南宁经济技术开发区自动化饲养米蛾扩繁螟黄赤眼蜂100亿头基地新建项目		470.00	473.13	100.66
横县横州镇高标准农田建设项目		1575.00	1151.83	未结算
江南区延安镇延安社区高标准农田项目		750.00	750.60	100.08
武鸣区陆斡高标准农田建设项目(存量)		1500.00	1163.74	77.58
武鸣区玉米良种繁育及加工基地建设项目		324.50	385.65	118.84
广西—东盟经济技术开发区铁皮石斛示范基地建设项目		953.15	954.74	100.17
广西—东盟经济技术开发区年产10万吨高档猪用预混浓缩料生产线建设项目		1175.94	1105.50	94.01
南宁市30万吨粮油食品精深加工搬迁技改项目〔二期工程粮食周转库项目(2016年项目)〕		73.00	73.00	100.00

续表 8

项目名称	级别	计划投资（万元）	完成投资（万元）	完成率(%)
南宁市收购6万亩林木资源贷款贴息项目(2016年项目)	国家级	95.00	95.00	100.00
"产业富民"专项活动广西烟农柑橘地头冷库建设示范项目	自治区级	150.00	150.00	100.00
青秀区伶俐火龙果地头冷库建设示范基地项目		65.55	69.58	106.15
宾阳县甘棠供销合作社地头冷库建设示范项目		23.00	23.04	100.17
江南区560亩优质高产金菠萝种植示范基地新建项目	市本级	1340.28	1340.28	100.00
武鸣区200亩优质高产柑橘种植示范基地建设项目		657.05	657.63	100.09
武鸣区红鹰800亩柑橘种植基地建设项目		734.76	742.23	101.02
良庆区大塘镇市级农业综合开发高标准农田建设项目		400.00	304.78	76.20
良庆区那陈镇市级农业综合开发高标准农田建设项目		404.00	313.52	77.60

农业机械化

【概　况】 2018年，南宁市新增机具0.97万台(套)，累计有农机具131.65万台(套)。农机总动力483.11万千瓦。推广农用植保无人机、自走式粉垄机、轨(索)道运输机等丘陵山区优势特色农作物生产急需机械装备。市农业委员会被评为自治区农机化工作市级先进单位，隆安县农业局、青秀区农林水利局被评为自治区农机化工作县级先进单位。主要存在农机社会化服务组织发展不平衡等问题。

【农业机械拥有量与类型】 2018年，南宁市新增农机具0.97万台(套)。累计有农机具131.65万台(套)，其中拖拉机12.19万台(大型及以上拖拉机1328台、中型拖拉机8867台、小型拖拉机11.17万台)，耕整地机械17.74万台，种植机械0.43万台，农业动力机械28.85万台，排灌机械14.25万台，田间管理机械1.16万台，收获机械1.78万台(联合收割机0.44万台)，收获后处理机械13.54万台，农产品初加工机械10.77万台(套)，畜牧机械2.16万台，水产机械0.34万台，农田基本建设机械0.13万台，农用航空机械57台，其他农业机械28.25万台。农机总动力483.11万千瓦。有水稻机械化育秧中心12个。

【农机技术推广应用】 2018年，南宁市武鸣区创建全国甘蔗生产全程机械化示范县(区)项目实施，丘陵山区澳洲坚果生产全程机械化创新示范基地建设项目、火龙果生产全程机械化创新示范基地建设项目分别由广西绿澳园农业科技有限公司、广西金穗农业集团有限公司负责实施，项目资金分别为150万元、200万元，项目通过自治区验收。

【农机购置补贴】 2018年，南宁市获中央及自治区补贴资金总量1.20亿元，其中承担自治区为民办实事工程——农机购置补贴绩效考评资金任务3930万元。发放农机购置补贴申请表3652份，涉及户数3071户，补贴机具3931台(套)，使用补贴资金9972.86万元，结算补贴资金8412.35万元，拉动农民(企业)购买机具3.68亿元，财政资金引导效果1∶3.3。

【农业生产全程机械化】 2018年，南宁市推进农机化全程全面发展，推进农机农艺融合、机械作业信息化以及宜机化改造，在武鸣区创建全国甘蔗生产全程机械化示范县；组织武鸣区、横县、宾阳县开展水稻农机农艺融合技术研究与示范，加强技术指导与培训服务，探索解决水稻生产全程机械化发展突出问题的可行路径。推广适合丘陵山区优势特色农产品机械化、半机械化模式作业，破解丘陵山区农机化发展难题。

【农机化作业水平】 2018年，南宁市农业耕种收综合机械化水平61.03%，居自治区首位；水稻耕种收综合机械化水平84.94%，居自治区首位；甘蔗耕种收综合机械化水平63.10%，居自治区第三。农机作业总值30亿元。完成机耕79.76万

2018中国—东盟农业机械展·中国甘蔗机械化博览会注册登记购机补贴"一站式"服务现场

市农业农村局提供

表 9　　2018 年南宁市农机购置补贴资金使用情况表

区县(开发区)	中央补贴分配资金(万元)	中央补贴使用资金(万元)	自治区补分配资金(万元)	自治区补使用资金(万元)	中央补贴结算资金(万元)	中央补贴使用比例(%)	自治区补使用比例(%)	中央补贴结算比例(%)
兴宁区	70.00	51.35	0	0	51.35	73.36	0	73.36
江南区	150.03	149.00	1.31	0	149.00	99.32	0	99.32
青秀区	5000.00	4129.03	1880.00	1405.43	3605.43	82.58	74.76	72.11
西乡塘区	300.71	164.80	0	0	156.46	54.80	0	52.03
邕宁区	30.00	30.00	0	0	30.00	99.99	0	99.99
良庆区	32.02	32.02	0	0	32.02	100.00	0	100.00
武鸣区	2550.00	1281.54	506.21	469.40	1044.14	50.26	92.73	40.95
南宁高新区	0	0	0	0	0	0	0	0
南宁经开区	35.00	32.73	0	0	32.73	93.52	0	93.52
广西—东盟经开区	32.26	32.26	0	0	32.26	100.00	0	100.00
横　县	900.00	877.98	50.10	50.09	778.01	97.55	100.00	86.45
宾阳县	954.82	770.50	80.00	19.98	770.50	80.70	24.98	80.70
上林县	250.95	250.40	14.65	9.46	250.40	99.78	64.58	99.78
马山县	60.52	60.52	0	0	60.52	100.00	0	100.00
隆安县	350.00	156.38	5.00	0	156.38	44.68	0	44.68
合　计	10716.29	8018.50	2537.26	1954.36	7149.19	74.83	77.03	66.71

公顷、机械深耕 12.76 万公顷、机播(插) 29.45 万公顷、机械灌溉作业 18.04 万公顷、机械施肥 9.88 万公顷。检修农机具 41.39 万台(套)。　(尹桂芳)

【农机产品质量监督】 2018 年,南宁市组织武鸣区和横县开展 2016 年至 2017 年购买且享受农机购置补贴部分甘蔗种植机调查,调查 6 家企业、9 个型号产品,涉及用户 89 户,其中武鸣区 65 户(台),横县 24 户(台);被调查农机产品安全性、可靠性、适用性和售后服务状况的单项、综合项评价均为满意。受理农机质量投诉案件 4 起,调结 4 起。　(林为兵)

【农机社会化服务】 2018 年,南宁市有农机服务组织 416 个、农机专业合作社 156 个、农机户 26.83 万户,其中拥有农机原值 20 万元以上的农机户 0.12 万户,乡村农机从业人员 49.16 万人。有市农机化中介服务组织 33 个,服务人员 618 人。农机销售以个体经营为主,有农机维修网点 660 个、维修人员 1871 人,农机专项修理点 184 个,维修人员 385 人。全年维修拖拉机 11.04 万台次、联合收割机 3157 台次、运输机械 5.17 万台次、水稻插秧机 854 台次、其他农机具 24.78 台次,农机修理总收入 1.89 亿元。有农机经销企业 40 家、从业人员 240 人,农机经销点 424 个、从业人员 833 人。156 家农机专业合作社有机具 1.47 万台(套),大型拖拉机 8559 台,联合收获机 3581 台;有社员 2040 户,农机从业人员 5.52 万人,作业服务面积 6.22 万公顷,作业收入 2.28 亿元。南宁市武鸣区起凤农机专业合作社被农业部评为 2017 年全国农机合作社示范社。　(尹桂芳)

【农机安全管理】 2018 年,南宁市参与道路运输拖拉机 8.02 万台,新机入户 675 台,完成年检 2.78 万台;登记在册联合收割机 2749 台(新机入户 118 台);拖拉机驾驶员 5.99 万人(新增 702 人)。开展农机安全宣传活动 1023 次,出动宣传车 1292 辆次、人员 8096 人次,发放宣传资料 30.63 万份,受教育群众 51.07 万人次;开展农机安全执法检查 9586 人次,检查农业机械 2.62 万台次,纠正违章 2117 次。举办农机化教育培训班 22 期、培训 3817 人,其中农机管理人员 102 人,农机技术人员 598 人,农机操作与维修人员 3117 人。11 月 23 日,在隆安县城厢镇西宁村乡村道路举行南宁市 2018 年农机事故应急救援演练,参加演练 220 人。年内,隆安县被评为 2018 年全国“平安农机”示范县;隆安县、横县被评为 2018 年广西“平安农机”示范县。　(林为兵)

水　利

【概　况】 2018 年,南宁市水利局设办公室、规划计划财务科、水资源科(市节约用水办公室)、政策法规科(行政审批办公室)、建设管理和质量监督科(科学技术科)、农村水利科、水土保持科、防汛抗旱指挥部办公室、河长制工作科、河道与水库管理科、水库移民工作管理科、人事科及机关党委,编制 69 名,在编 59 人。有事业单位 15 个(正处级单位 1 个、副处级单位 3 个、科级单位 11 个),编制 659 名,在编 458 人。其中:南宁市邕江防洪排涝工程管理中心,正处级,编制 154 名,在编 83 人;南宁水利电力设计院,相当副处级,编制 92 名,在编 74 人;南宁

2018年3月24日，南宁市开展保护母亲河(邕江)清河公益活动，志愿者、市民等700多人到邕江沿岸清理垃圾　　市水利局提供

水利电力工程处，相当副处级，编制125名，在编45人；市大王滩水库管理处，相当副处级，编制72名，在编63人。南宁市境内有主要河流8条，水库753座(大型水库10座、中型水库26座、小型水库717座)；水资源总量139.90亿立方米，过境水量382.50亿立方米。当年下达南宁市水利工程建设项目503个、资金8.93亿元，实际建设项目807个(含续建)，投资额10.85亿元；完成中央财政农田水利项目63个、除险加固病险水库(水闸)工程29个、农村饮水安全巩固提升工程378个，续建中小河流治理项目18个，新修、加固堤防2.46千米，新修建防渗渠道175.15千米，渠道清淤70.47千米，建成高效节水灌溉项目210个。3月13日，南宁市全国水生态文明城市建设试点通过水利部、自治区验收。主要存在水利项目工程投资计划执行偏低，发展不平衡；河长制(湖长制)管理机制有待进一步理顺；水环境污染问题仍然比较突出，部分村屯饮水不安全现象严重；防汛抗旱能力不强，监测预警手段不够完善，305座水库进库道路530千米仍然是泥结石路等问题。

【水利改革】 2018年，南宁市水利改革涉及机构改革、小型水利工程管理体制改革和农业水价综合改革试点。1月27日，市水利局局属事业单位南宁市水利工程管理站、南宁市水利水电工程质量与安全监督站撤销(2017年12月27日市编制办批复同意)，22人分流至市水利局系统单位；2月1日，南宁市水库移民工作管理局职能和人员17人划入市水利局。小型水利工程管理体制改革涉及1.86万处；4月，市水利局召开推进会，通过聘请专家解读、开展督导、区县约谈、发放提醒函等方式，督促区县(马山县列为2015年自治区试点)按照“谁投资、谁所有、谁受益、谁负担”的原则明晰工程产权，落实管护主体及责任。至年末，明晰工程产权18573处，占总数99.70%；发证产权证书18497本，占99.30%；落实管护主体11.86万处，占99.70%。农业水价综合改革试点以宾阳县、隆安县、青秀区、武鸣区、江南区为项目区县，探索建立农业灌溉用水量控制、定额管理制度，初步形成科学合理的农业水价；江南区六冬水库灌区配套终端智能水表，用户预存水费，凭卡用水，水费按终端智能水表计算收取，实现“计量供水、核算到户、收费到户”。

【中央财政农田水利项目建设】 2018年，南宁市开工建设中央财政农田水利项目63个，投资1.21亿元。其中：切块下达邕宁区、隆安县、上林县、马山县4个贫困区县农田水利项目建设6580万元，完成100%；续建五化灌区节水配套改造项目，投资1662万元；新建桂中治旱乐滩水库引水灌区二期工程宾阳支渠(宾阳县境内)项目，投资1500万元，完成征地、通电通水通路和地面平整等前期工作；续建完善武鸣区桥响灌区节水配套改造项目，投资850万元；续建宾阳县百合灌区节水配套工程，完成投资1528.30万元。

【农村饮水安全巩固提升工程】 2018年，南宁市计划实施项目473个(分五批次下达)，计划投资2.67亿元；完成投资1.80亿元，完工378个，受益35.84万人。其中：中央预算内投资、市本级农口第一批投资、市本级冬春水利基础设施建设三类计划项目224个，计划投资1.36亿元，年内完成投资1.04亿元，完工180个，受益20.80万人；切块下达邕宁区、马山县、上林县、隆安县4个贫困区县农村饮水安全巩固提升工程7649.09万元，建成冬修水利及水利发展资金项目198个，完成率100%，受益15.04万人。年内，自治区水利厅第一批部门预算水利项目(不计入项目数量)投资205.72万元，进行农村饮水安全巩固提升工程维修养护，完成率100%；自治区水利厅第二批项目21个(计划投资905.16万元)、南宁市2018年冬修水利建设项目28个(计划投资4383.12万元)，因下达时间晚未开工。

【节水灌溉与农田水利基本建设工程】 2018年，南宁市筹集资金3.71亿元，建成高效节水灌溉项目210个，灌溉面积1.67万公顷(横县2270公顷、宾阳县2900公顷、隆安县2390公顷、江南区1510公顷、青秀区640公顷、邕宁区630公顷、武鸣

2018年，新建成的五化灌区古辣干渠(宾阳县境内)安排实施渠道清淤清障48.19千米、渠道防渗改造0.41千米　　市水利局提供

区6040公顷、其他区县330公顷)。2018年至2019年度全市冬春农田水利基本建设计划投资5.87亿元(自治区3.55亿元、市本级2.32亿元),完成投资2.98亿元,新修、加固堤防2.46千米,新修防渗渠道175.15千米,渠道清淤70.47千米,新增高效节水灌溉面积1.65万公顷,新增、恢复灌溉面积1.94万公顷,改善灌溉面积6150公顷,受益人口5.86万人。

【水库除险加固工程】 2018年,实施中型水库(水闸)除险加固项目11个,其中横县云表水库、武鸣区暮定水库、马山县大朗水库、隆安县布良水库、横县清江水闸、武鸣区西江水闸、明秀水闸7个项目基本完工,新开工建设宾阳县道华水闸、横县东安水闸,马山县大坛水闸、兴宁区西云江水库4座。实施小型水库除险加固工程39座,其中续建灾后薄弱环节小型水库除险加固工程22座,完工20座;新建项目17座,开工16座,其中完工2座。建成水库进库硬化道路3.86千米,投资256.43万元。

【水行政执法】 2018年,南宁市结合"世界水日""中国水周"和实施河长制,开展水法规宣传活动;完成2013年至2018年南宁市批准的1232项水土保持方案信息录入全国水土保持监督管理系统。开展水土保持项目检查246个,立案调查水保案件3起;开展执法巡查156次、联合执法45次,查扣非法采砂船2艘、运砂船3艘,查处涉水案件72起,征收水资源费1579.79万元;办理行政处罚44起,办理行政强制案件4起。

2018年,邕江综合整治和开发利用工程为自治区成立60周年献礼项目。图为建成开放的亭子码头 陈贵贤 摄

【抗洪救灾】 2018年,南宁市入汛正常。5月中旬,主要江河出现第一次明显的涨水过程;郁江中上游控制站南宁水文站记录洪峰10次,年度水位最高值出现在8月9日9时72.27米,未超过警戒水位(74.90米),低于历年最高水位均值;出现超警戒水位的监测河段8条,其中郁江邕宁河段6次,右江隆安河段1次,渌水江乔建河段1次,双桥河段1次,新江河段2次,沙江保盖河段1次,青龙江楞仲河段3次,四塘河段2次。水利部门管理的水库744座(大中型水库29座、小型水库715座),有效蓄水量9.26亿立方米,占有效库容55.50%,年内最低值为2月中旬至6月中旬6.44亿立方米,占有效库容38.60%;汛期水库蓄水量逐渐增加,10月31日达到年度峰值10.30亿立方米,比历年同期多2.90亿立方米,比上年同期少0.23亿立方米。受台风"山竹""山神"及持续降雨影响,发生洪涝灾害9次,受灾区县(开发区)11个、乡镇(街道)84个,受灾人口41.67万人,转移人口1056人,无因灾死亡人口;因灾倒塌房屋197间,农作物受灾2.10万公顷,其中成灾8630公顷,绝收960公顷;因灾减产粮食0.70万吨,直接经济损失1.26亿元,其中农林牧渔业直接经济损失8482.15万元,水利损失337.50万元。7月24日17时,良庆区平乐村内涝受灾房屋80多栋,淹没田地17.33公顷。全年发送洪涝灾害预警信息23.10万条,启动防汛应急响应11次,其中洪涝灾害Ⅳ级应急响应5次,城市防洪Ⅳ级应急响应3次,防御台风Ⅳ级、Ⅲ级、Ⅱ级应急响应各1次。 (卢明发)

责任编辑 陈洪毅 李 康

综 述

【概 况】 2018年，南宁市工业和信息化委员会设办公室、节能与循环经济科、政策法制科、中小企业发展科、综合科、人事科、信息安全协调科、投资和技术改造科、重大项目科、糖业发展科、工业园区科、科技科、重工业科、轻工业科、电子信息和软件科、教育培训科、经济运行科、安全生产指导科、规划科、信息化推进科、离退休人员工作科、机关党委，编制81名、在编74人，后勤人员控制数11名、在编10人。二层事业单位有市工业和信息化综合行政执法支队、市中小企业服务中心(市中小企业培训中心、市中小商贸流通企业服务中心)。南宁市召开全市工业高质量发展大会；围绕电子信息、先进装备制造、生物医药三大重点产业编制完成手机、电子面板、新能源汽车、高端铝产业等产业链全景图。组建成立广西先进铝加工创新中心，中心的高端铝合金热处理项目通过工业和信息化部论证评审，为国家重大短板装备专项工程的开篇。全年规模以上工业总产值比上年增长5.2%，工业投资增长8.7%；富士康产值突破480亿元。新增新投产企业入规46家。电子信息产业产值总量首次超过食品工业，为全市增长最快、总量最大的产业。建筑业总产值1687.08亿元，比上年增长14.80%；建筑业增加值增长4%，现价增长10.60%。主要存在工业下行压力之下，工业经济回升缺乏牢固基础；工业总量不大；传统产业增长乏力，战略性新兴产业处于培育阶段，新旧动能转换未完成；园区总量小，产业承载力较弱等问题。 (谭颜言 吴保民)

【工业主要经济指标】 2018年，南宁市全部工业总产值比上年增长5.3%，其中规模以上工业总产值增长5.2%；全部工业增加值增长1.6%，其中规模以上工业增加值增长1.5%；规模以上工业企业1005家，主营业务收入2503.11亿元、增长5.4%，利润总额125.41亿元、下降2.3%；规模以上工业企业从业人员平均人数19.4万人。 (胡 雯)

【工业重点产业规划】 2018年，市工信委推进重点专项规划研究编制，完成《南宁市工业和信息化发展"十三五"规划中期评估报告》，评估《南宁市工业和信息化发展"十三五"规划》实施成效和存在问题，提出规划调整建议。编制完成《推进南宁工业高质量发展规划研究报告》《南宁吴圩空港经济区工业发展规划》《南宁市高端装备制造城产业发展规划》《"一带一路"背景下南宁工业区域合作发展研究》《南宁江南智慧城(科创园)产业发展研究》《南宁市木材加工业发展思路研究》等重点课题。 (曹春晓)

【工业产业转型升级】 2018年，南宁市电子信息、先进装备制造、生物医药三大重点产业完成规模以上工业产值比上年增长6.4%，占全市工业总产值42.1%，其中电子信息产业产值增长25.81%，总量首次超过食品工业，成为全市增长最快、总量最大的工业产业，实现新旧动能转换的标志性突破，以电子信息产业为代表的新兴产业引领工业发展的新格局初步形成。高新技术产业产值增长15.4%，增加值增长6.5%，制造业向中高端迈进。

(王建波)

【新兴工业产业】 2018年，南宁市新一代信息技术产业重点发展网络通信设备、电子器件、电子视听设备、软件和信息技术服务业等产业，其中软件和信息技术服务业在软件开发运用、两化融合、电子信息服务和集成方面规模居自治区之首；智能装备制造产业重点发展智能制造装备、轨道交通装备、汽车及其关键零部件、建筑机械及工程机械等产业；节能环保产业重点发展高效节能(节能建材、节能通用设备、节能变压器等)、先进环保(环保专用设备、污水处理及再生利用等)和资源循环利用(垃圾焚烧发电、餐厨废弃物资源化和无害化技术、污泥回收利用技术、农林废弃物循环利用、废旧家电回收集中拆解处理)；新材料产业重点发展航空及轨道交通用铝合金型材、汽车用铝合金等高端铝材、石墨烯、水性环保材料、锑基新材料等，其中广西南南铝加工有限公司技术装备水平进入世界同行业前5，成为国内第3家具有硬铝合金生产能力的企业；新能源汽车产业形成集新能源汽车整车及零部件的研发、生产、销售、检测、服务为一体的新能源汽车生产基地；大健康业形成南宁高新技术产业开发区、南宁经济技术开发区、隆安宝塔医药产业园3个生物医药产业密集区，呈现产业集聚化发展态势。 (海 明)

【工业招商引资与项目投资】 2018年，南宁市引进瑞声科技(南宁)有限公司、南宁歌尔电子有限公司等手机产业链核心企业落户，填补南宁市智能终端、网络通信产业链多项空白，吸引深圳市路远智能装备有限公司、广西蓝水星智能科技有限公司、深圳市百事超科技有限公司、广西万利丰科技有限公司等产业链前端和智能终端整机制造产业落户。全年引进重点工业项目98个，计划总投资245亿元。 (潘志勇)

【工业项目建设】 2018年，南宁市工业投资比上年增长8.70%，其中制造业投资增长 0.55%,工业技术改造投资增长 10.08%。重点行业工业投资中计算机通信和其他电子设备制造业增长 130.54%、汽车制造业增长 481.89%,通用设备制造业增长 22.27%,电气机械与器材制造业增长 11.80%。推进新开工、续建重点工业项目,新开工 81 个(亿元项目 64 个)、续建项目 46 个(亿元项目 45 个)、投产 34 个(亿元项目 31 个)。150 个重点工业项目实际完成投资 83.63 亿元,完成率 62.81%。主要项目:广西桂芯半导体科技有限公司集成电路芯片封装项目、瑞声科技(南宁)有限公司南宁产业园一期项目、广西拓航科技有限公司 SMT 贴片项目、广西迪斯奥光电科技有限公司 LED 显示屏及 LED 应用品生产项目、南宁浮法玻璃有限公司生产线整体搬迁升级改造项目等投产;加快建设广西申龙汽车制造有限公司年产 1 万辆新能源客车、3 万辆新能源物流专用车生产基地项目、南宁科天水性科技产业园项目,南南铝业股份有限公司的南南电子汽车新材料精深加工技术改造项目等。 (张栋木)

【工业技术创新与新产品开发】 2018 年,南宁市实施创新驱动发展战略。南宁·中关村科技园挂牌运营,成为北京中关村与外地合作打造的第 3 个科技园,新增入驻重点企业 24 家。与东北大学、武汉华中数控股份有限公司分别组建广西先进铝加工创新中心、南宁华数轻量化电动汽车设计院,广西先进铝加工创新中心高端铝合金热处理项目通过工业和信息化部论证评审。广西田园生化股份有限公司、广西交通科学研究院有限公司 2 家企业获认定为国家级企业技术中心,新增自治区级企业技术中心 5 家、广西技术创新示范企业 2 家、广西工业企业质量管理标杆 2 项,3 家企业、6 个产品、8 个产品(作品)分别获首届广西企业创新创业工业企业十佳奖、优秀新产品奖、工业设计奖,1 家工业企业获主席质量奖、64 个工业产品获“广西名牌产品”称号。富士康工业互联网平台通过首批工业互联网平台可信服务评估认证,新增 3 家企业入选国家两化融合管理体系贯标试点名单,组织 229 家企业开展两化融合评估诊断和对标引导。 (白国盛)

【亿元工业企业培育】 2018 年,南宁市选择年产值 10 亿元以上的传统骨干工业企业和产值增速较快的新兴重点工业企业进行培育发展;健全、完善服务企业和企业减负长效机制,加大对亿元工业企业的扶持力度,帮助企业协调解决征地、拆迁、融资、煤电油运等方面的困难和问题。全市产值超亿元工业企业 456 家,占规模以上工业企业 45.4%。其中:产值超 400 亿元的工业企业 1 家,产值 100 亿~200 亿元工业企业 2 家,产值 50 亿~100 亿元工业企业 1 家,产值 30 亿~50 亿元工业企业 2 家,产值 10 亿~30 亿元工业企业 23 家。亿元企业完成产值比上年增长 11.2%,拉动产值增长 9.78 个百分点。 (农 抗)

【中小工业企业扶持】 2018 年,南宁市“两台一会”(南宁市中小企业服务中心为融资平台、南宁市南方融资性担保有限公司为担保平台、南宁市企业信用协会为项目推介协会)中小企业贷款平台服务中小工业企业 800 余家,贷款余额 40.19 亿元,完成计划 114.82%;累计直接解决中小企业流动资金贷款 193.8 亿元,比上年增长 21.81%。其中:“合作贷款”业务累计完成 109.82 亿元,贷款余额 22 亿元;“助保贷”累计完成 63.17 亿,贷款余额 12.09 亿元;互联网金融业务累计完成 18.16 亿元,贷款余额 3.45 亿元;基金累计投放 2.65 亿元,余额 2.65 亿元。在马山县、宾阳县、南宁经开区等区县(开发区)组织银企对接会 13 场,收集企业 244 家、24.41 亿元融资需求。设立南宁高新工业企业发展投资基金、国人通信产业子基金,基金入股南宁瑞声科技精密模组制造合作项目,定向为新兴产业项目落户南宁提供资金支持。 (莫逸云)

【工业节能降耗】 2018 年,南宁市节能降耗完成年度目标任务,全市规模以上万元工业增加值能耗比上年下降 1.64%,超额完成自治区下达年度下降 1.50% 的节能目标任务。广西农垦糖业集团良圻制糖有限公司、南宁糖业股份有限公司香山糖厂、伶俐糖厂完成年度实施清洁生产审核计划。年内,全市无淘汰落后产能任务。 (黎平平)

食品工业

【概 况】 2018 年,南宁市食品工业有

表 10 2018 年南宁市主要工业产品产量情况表

名 称	计量单位	产 量	比上年增长(%)
配混合饲料	吨	5081192	9.0
成品糖	吨	1093518	20.2
软饮料	吨	1685576	14.0
啤酒	千升	285441	-12.1
卷烟	万支	3530049	-2.1
人造板	立方米	5520524	14.6
纸浆	吨	276144	47.2
机制纸及纸板	吨	261249	27.2
水泥	吨	15132857	8.7
平板玻璃	重量箱	4587195	63.4
铝材	吨	411732	1.3
小型拖拉机	台	9558	-91.1
电力电缆	千米	205153	53.8
乳制品	吨	112257	6.6
合成复合肥料	吨	545557	-52.0
塑料制品	吨	408545	-0.5
商品混凝土	立方米	26317763	14.4
发电机组(发电设备)	千瓦	96100	117.6
配电或电器控制设备	台(套、面)	605888	-24.9
家用电风扇	台	313691	-28.0

规模以上企业 216 家;工业总产值比上年下降 1.53%,占全市工业总产值 22.70%;主营业务收入下降 0.11%;利润下降 33.57%。主要食品工业产品产量:成品糖增长 20.21%;乳制品增长 6.63%;饮料增长 13.96%;啤酒下降 12.12%;卷烟下降 2.11%;配混合饲料增长 9.03%。主要存在龙头企业数少,优势品牌少,有待进一步培育等问题。

【农副食品加工业】 2018 年,南宁市有规模以上农副食品加工业企业 123 家;工业总产值比上年下降 4.80%,占食品工业总产值 54.09%;工业增加值下降 0.50%;主营业务收入 319.58 亿元,下降 1.33%;利润总额 2.17 亿元,下降 80.92%;平均用工人数 2.18 万人。

【食品制造业】 2018 年,南宁市有规模以上食品制造业企业 43 家;工业总产值比上年下降 7.57%,占食品工业总产值 8.21%;工业增加值下降 3.60%;主营业务收入 49.10 亿元,下降 7.33%;利润总额 3.47 亿元,下降 19.49%;平均用工人数 6884 人。

【酒、饮料和精制茶制造业】 2018 年,南宁市有规模以上酒、饮料和精制茶制造业企业 48 家;工业总产值比上年增长 2.55%,占食品工业总产值 16.51%;工业增加值增长 0.10%;主营业务收入 95.53 亿元,增长 1.79%;利润总额 9.53 亿元,下降 2.03%;平均用工人数 1.08 万人。

【烟草制品业】 2018 年,南宁市有规模以上烟草制品业企业 2 家;工业总产值比上年增长 7.29%,占食品工业总产值 21.19%;工业增加值增长 3.30%;主营业务收入 107.88 亿元,增长 5.74%;利润总额 5.48 亿元,下降 3.81%;平均用工人数 1361 人。

【项目建设与投资】 2018 年,南宁市食品工业主要新开工项目有广西中烟工业有限责任公司总投资 14.96 亿元的兴宁区广西中烟仓储科技园项目二期,广西美味源糖业有限公司总投资 10 亿元的 50 万吨糖蜜深加工产业园,金光制糖有限公司总投资 2.84 亿元的 5 万头高档肉牛养殖及屠宰深加工,广西锦琦商务投资有限公司总投资 2.80 亿元的白糖储运及精深加工基地,广西壮方生物科技有限公司总投资 2.50 亿元的王老吉凉茶生产,广西志盛新创食品有限公司总投资 2.50 亿元的乳酸菌奶饮料及绞股蓝保健饮品生产,南宁市奔浪食品有限责任公司总投资 2 亿元的金银花含片生产,南宁嘉能可食品股份有公司总投资 1.80 亿元的饮料生产,广西鸿京食品有限公司总投资 1.50 亿元的百香果仓储深加工,广西力拓稻源香商贸有限公司总投资 1.50 亿元的力拓优质大米智能加工厂及稻谷烘干中心建设,南宁漓源粮油饲料有限公司总投资 1.30 亿元的年产 24 万吨生物饲料生产项目。主要续建项目有南宁市储备粮管理有限责任公司总投资 7.90 亿元的万象粮油食品加工仓储基地,广西普乐益生物科技公司总投资 2 亿元的年产 2.40 万吨酵母粉及相关产品生产(5 月投产),南宁东鹏食品饮料有限公司总投资 5.30 亿元的饮料生产(7 月投产),百跃羊乳(南宁)有限公司总投资 2.10 亿元的万吨智能配方羊乳粉标准厂房(9 月投产),广西石埠乳业有限责任公司总投资 1.60 亿元的蛋白饮料、谷物饮料加工迁建(11 月投产),广西马中粮油有限公司总投资 1.20 亿元的稻谷深加工项目。

【技术创新与产品开发】 2018 年,南宁市认定的企业技术中心有广西金花茶业有限公司技术中心、广西东蒙乳业有限公司技术中心、南宁大北农饲料科技有限责任公司技术中心。认定为广西名牌产品:皇氏集团股份有限公司的爱克酸奶(红枣味、原味、益生菌风味发酵乳、浓缩酸奶、益生元风味酸奶)、玻璃瓶奶(鲜牛奶、水牛鲜牛奶、AD 奶、铁锌奶),南宁富莱欣生物科技有限公司的富莱欣牌大豆磷脂软胶囊、褪黑素维生素 B6 片、鱼油软胶囊、惠普生牌纤纤片,横县东糖糖业有限公司的晨露牌白砂糖,广西南宁东糖新凯糖业有限公司的蜜蜂牌白砂糖,南宁良庆东糖糖业有限公司的唐牌白砂糖,广西南宁宾阳县聚丰米业有限公司的帝之享牌国色天香米,广西南宁新源泉饮料有限公司的新然牌瓶(桶)装饮用水,广西富凤农牧集团有限公司的泽威尔牌柠檬酸钙,广西九翔农牧有限责任公司的快而美牌猪配合饲料,广西金花茶业有限公司的金花牌茉莉花茶,南宁糖业股份有限公司(明阳糖厂)的明阳牌白砂糖(复评),南宁糖业股份有限公司(伶俐糖厂)的云鸥牌白砂糖(复评),南宁糖业股份有限公司(香江糖厂)的大明山牌白砂糖(复评),南宁糖业股份有限公司(东江糖厂)的古府牌白砂糖(复评),广西辽大农业科技集团股份有限公司的辽大牌猪配合饲料(复评)。

(刘巧稚)

制糖工业

【概　况】 2017/2018 年榨季,受前三个榨季糖料蔗收购价格提高、制糖企业蔗款兑付速度加快、蔗农种蔗积极性提高等因素影响,南宁市糖料蔗种植面积保持平稳恢复性增长态势,全市糖料蔗产量、食糖产量分别恢复至 800 万吨、100 万吨以上。2017/2018 年榨季生产期 2017 年 11 月 15 日南宁糖业股份有限公司明阳糖厂开榨开始,2018 年 4 月 28 日南宁糖业股份有限公司香山糖厂收榨结束,历时 165 天,比上榨季长 13 天。8 月 1 日至 2 日,在重庆市召开第 30 届全国糖业质量工作会议进行的 2017/2018 年榨季全国食糖产品质量评比中,南宁糖业股份有限公司揽获亚硫酸法一级白砂糖第一名,碳酸法优级、一级白砂糖第一名,实现亚法类白砂糖十六连冠、碳法类白砂糖十三连冠,下属伶俐糖厂为国内甘蔗制糖行业第一家通过 HACCP(鉴别、评价和控制对食品安全至关重要的危害的一种体系管理体系认证的企业)。主要存在受国际国内食糖价格持续低迷下行等因素影响,全市食糖价格自 2017/2018 年榨季开榨以来持续下跌,榨季中后期,制糖企业再次出现产品销售价格和成本倒挂现象等问题。

【糖料蔗生产与成本】 2017/2018 年榨季,南宁市蔗区分布在 12 个区县、南宁经开区、广西—东盟经济技术开发区等地的 100 个乡镇和 20 个农场,其中江南区、武鸣区、横县、宾阳县、隆安县列入自治区 500 万亩糖料蔗生产重点县(市、区)名单。全市糖料蔗种植面积 10.88 万公顷,比上年增加 0.24 万公顷,增长 2.25%;进厂糖料蔗 856.07 万吨,增加 166.47 万吨,增长 24.14%;平均工业单产每公顷 78.6 吨,每公顷增加 13.8 吨,增长 21.30%;甘蔗平均含糖分 13.34%,降低 0.27 个百分点,下降 1.98%。平均甘蔗成本每吨 561.87 元,降低 0.21 元,下降 0.04%;平均甘蔗价款每吨 515.46 元,增加 5.35 元,增长 1.05%。糖料蔗主要品种:新台糖 22 号、新台糖 25 号、桂糖 29 号、桂糖 42 号、桂糖 46 号、桂柳 05136 号、粤糖 93/159、粤糖 94/128、粤糖 00-236 等。

【糖料蔗收购】 2017/2018 年榨季,南宁市糖料蔗收购价格继续执行自治区统一普通糖料蔗收购首付价政策,糖料蔗收购价格继续采取蔗糖价格挂钩联动、二次结算的管理方式。每吨普通糖料蔗收购价格 500 元,与每吨一级白砂糖平均含税销售价格 6800 元挂钩联动,食糖销售价格超过每吨 6800 元的部分,在糖料蔗收购首付价基础上,蔗糖挂钩联动价格按 6% 的联动系数二次结算,当食糖销售价格低于每吨 6800 元时,蔗价不再进行二次结算,蔗农不需将多得的蔗价款退还制糖企业。糖料蔗实行优良品种加价、劣质淘汰品种减价政策，在普通品种糖料蔗收购首付价500元的基础上，桂糖29号、桂糖42号、桂糖46号、粤糖93/159、桂柳05136号5个优良品种每吨加价30元，粤糖89/113、新台糖28号2个劣质淘汰品种每吨减价30元，粤糖94/128、桂糖12号、桂糖16号、里建1号、工氏1号、台糖98/0432、西大引11号7个劣质淘汰品种每吨减价60元，无名蔗和历年已列为劣质淘汰减价的品种每吨减价80元。各制糖企业按自治区、南宁市物价部门规定的首付价与蔗农结算首付蔗价款，一个月内兑付完毕。全市2017/2018年榨季糖料蔗价款不再进行二次结算，各制糖企业收购的普通糖料蔗按每吨500元与糖料蔗生产者结算蔗款。

【制糖企业生产经营】 2017/2018年榨季，南宁市有15家糖厂开榨生产，主要产品有白砂糖、红糖、赤砂糖、蔗渣浆、机制纸、复合肥等。自治区要求制糖企业统一在12月1日以后适时开榨，南宁市制糖企业开榨时间集中在12月上、中旬(往年集中在11月上、中旬开榨)。全市一级白砂糖累计平均售价由刚开榨时2017年11月20日的每吨6700元降至榨季末2018年10月31日的每吨5573.46元，降幅20.21%。全市15家糖厂平均日榨蔗能力9.18万吨，比上年增加500万吨，增长0.55%；机制糖产量995.90万吨，增加17.81万吨，增长21.78%；平均白砂糖单位产品生产成本每吨4658.25元，降低23.53元，下降0.50%；白砂糖单位含税成本每吨6332.74元，降低198.74元，下降3.04%；白砂糖含税平均售价每吨5702.84元，降低1052.22元，下降15.58%；实现工业总产值(现价)55.74亿元，增加3.02亿元，增长5.74%；工业增加值8.16亿元，减少4.62亿元，下降36.13%；工业销售产值50.84亿元，减少1.54亿元，下降2.95%；利税−2.35亿元，减少8.57亿元，下降137.71%；万吨蔗税利−27.43万元，减少117.69万元，下降130.39%；利润−4.66亿元，减少7.61亿元，下降258.03%；全市15家开榨糖厂有14家亏损，亏损企业比上榨季增加12家。1月30日，南宁糖业股份有限公司下属子公司的广西侨旺纸模制品股份有限公司挂牌“新三板”(全国中小企业股份转让系统)。

【企业兼并重组】 2018年8月，经自治区政府批准，广西糖业集团成立，为国有企业，由广西农垦集团、广西华盛集团、广西建工集团、广西荣桂物流集团、广西柳工集团5家国有企业共同出资组建，总资产90多亿元；有原料蔗基地8万多公顷，年可处理甘蔗总量超过640万吨，年产糖量超过80万吨，年产食用酒精5万吨、朗姆酒1万吨、生物有机肥5万吨、糠醛1万吨、蔗渣浆9.50万吨、文化用纸15万吨、高档肉牛5万头。原广西农垦糖业集团良圻制糖有限公司、广西农垦糖业集团金光制糖有限公司和广西华盛集团廖平糖业有限责任公司糖厂重组并入广西糖业集团运营。

【项目建设与投资】 2018年，南宁市制糖工业主要投资项目有南宁糖业股份有限公司明阳糖厂总投资7354.59万元的节能提标及自动化信息化装备升级改造应用示范项目，南宁云鸥物流有限责任公司总投资1.50亿元的食糖电子商务及后加工仓储智能配送中心，广西农垦糖业集团良圻制糖有限公司总投资633.44万元的制糖物联网技术开发与应用，广西农垦糖业集团金光制糖有限公司总投资641.16万元的白砂糖全自动码垛包装系统改造，广西糖业发展有限公司(广西泛糖产品市场营销有限公司)总投资1200万元的广西泛糖产品现货电商交易平台，广西甘蔗生产服务有限公司总投资600万元的广西甘蔗生产服务可视化综合管理运维中心，南宁糖业股份有限公司总投资855万元的伶俐糖厂制糖装备升级及2号锅炉节能提标清洁燃烧技术创新示范二期项目，南宁糖业宾阳大桥制糖有限责任公司总投资664万元的热能中心提效降耗升级改造，广西马山南华糖业有限责任公司总投资703.32万元的引进小包装自动化生产线延伸马山南华红糖产业链，上林南华糖业有限责任公司总投资399.30万元的物料包装码垛自动化工程，广西隆安南华糖业有限责任公司总投资816.12万元的那桐糖厂成糖设备自动化和智能化应用，横县东糖糖业有限公司石塘分公司总投资978万元的澄清蒸发技改，广西卡西亚科技有限公司总投资339万元的甘蔗地物精细化管理系统建设与示范应用，广西马山南华糖业有限责任公司总投资206.56万元的红糖生产人工智能化，广西农垦糖业集团良圻制糖有限公司总投资586万元的制糖数据信息平台升级建设，南宁糖业宾阳大桥制糖有限责任公司总投资1198万元的制糖装备提效降耗升级改造等。南宁糖业股份有限公司明阳糖厂节能提标及自动化信息化装备升级改造应用示范、南宁云鸥物流有限责任公司食糖电子商务及后加工仓储智能配送中心、广西农垦糖业集团良圻制糖有限公司制糖物联网技术开发与应用、广西农垦糖业集团金光制糖有限公司白砂糖全自动码垛包装系统改造、广西糖业发展有限公司(广西泛糖产品市场营销有限公司)广西泛糖产品现货电商交易平台6个项目获2018年第一批自治区糖业发展专项资金1140万元，广西卡西亚

表11　2017/2018年榨季南宁市制糖企业主要经济指标情况表　单位：万元

企业名称	工业总产值	工业销售产值	利税总额
横县东糖糖业有限公司	69694.61	69694.61	5478.51
广西农垦糖业集团良圻制糖有限公司	32819.81	32819.81	1178.91
广西华盛集团廖平糖业有限责任公司糖厂	37442.00	25917.85	1014.80
南宁糖业宾阳大桥制糖有限责任公司	55127.93	68072.88	429.67
广西马山南华糖业有限责任公司	12319.44	2353.25	−335.09
广西南宁东糖新凯糖业有限公司	19056.65	19056.65	−375.18
南宁糖业股份有限公司伶俐糖厂	54635.20	48777.90	−705.77
南宁良庆东糖糖业有限公司	21514.44	21514.44	−708.96
上林南华糖业有限责任公司	19004.33	19764.50	−1039.52
广西农垦糖业集团金光制糖有限公司	25513.00	24025.00	−2752.25
南宁糖业股份有限公司明阳糖厂	87899.73	58617.60	−3664.59
隆安南华糖业有限责任公司(含南圩糖厂、那桐糖厂)	26713.46	25110.12	−5503.40
南宁糖业股份有限公司香山糖厂	52589.50	48526.90	−6747.86
南宁糖业股份有限公司东江糖厂	43042.53	44118.22	−9731.59

科技有限公司甘蔗地物精细化管理系统建设与示范应用、广西马山南华糖业有限责任公司红糖生产人工智能化、广西农垦糖业集团良圻制糖有限公司制糖数据信息平台升级建设、南宁糖业宾阳大桥制糖有限责任公司制糖装备提效降耗升级改造4个项目获2018年第二批自治区糖业发展专项资金402万元。

【技术创新与新产品开发】 2018年,南宁市糖业技术创新和产品开发主要有南宁糖业股份有限公司明阳糖厂总投资1656万元的蔗场液压翻板卸蔗系统及压榨机双喂料器装备技术提升应用,广西侨旺纸膜制品有限公司总投资1000万元的年产1440吨甘蔗渣环保餐具智能工厂建设,广西农垦糖业集团金光制糖有限公司总投资866万元的白砂糖全自动码垛包装系统改造,广西轻工业科学技术研究院总投资550万元的制糖生产过程低品质蒸汽机械压缩系统开发研究,广西金穗生态科技股份有限公司总投资440万元的糖蜜干粉开发,广西力源宝科技有限公司总投资408万元的蔗糖产业智能化施肥管理公共信息平台建设,广西农垦糖业集团金光制糖有限公司总投资150万元的乙糖分蜜机升级改造,广西金穗生态科技股份有限公司总投资146万元的利用糖蜜酒精浓缩液生产生物有机肥工艺,南宁市泽威尔饲料有限责任公司总投资114万元的蔗糖铁生产工艺改善,广西石埠乳业有限责任公司、广西大学总投资80万元的轻工食品、制糖制纸产业新产品新工艺研发,广西化工研究院总投资10万元的用蔗糖为原料发酵制备右旋糖酐技术。南宁市糖业有自治区级企业技术中心2家:南宁糖业股份有限公司技术中心、广西农垦糖业集团良圻制糖有限公司技术中心。 (唐亚亚)

纺织工业

【概　况】 2018年,南宁市有规模以上纺织工业企业27家(纺织业23家,纺织服装、服饰业4家),从业人员6880人。规模以上纺织企业工业总产值比上年增长5.45%;纺织服装、服饰业的工业总产值增长17.65%。主要存在产业规模偏小,产业链印染环节缺失,发展无优势等问题。

【纺织业】 2018年,南宁市有规模以上纺织业企业23家,工业总产值比上年增长5.45%,主营业务收入31.25亿元,增长2.80%,利润总额1.37亿元,增长9.94%。

【纺织服装服饰业】 2018年,南宁市有规模以上纺织服装、服饰业企业4家,工业总产值比上年增长17.65%,主营业务收入1.96亿元,增长16.10%,利润总额0.16亿元,增长75.99%。

【项目建设与投资】 2018年,南宁市纺织工业列入全市工业项目建设工程重点项目的有广西桂华丝绸有限公司年产150万米高档真丝绸缎精深加工项目,总投资5205万元,年度投资5200万元。广西桂华丝绸有限公司出席2018南宁投资贸易洽谈会暨重大项目签约仪式,签约项目1个,总投资1.50亿元。

【技术创新与产品开发】 2018年,广西桂华丝绸有限公司获"广西技术创新示范企业"称号。广西桂华丝绸有限公司桂华牌蚕丝被、南宁锦虹棉纺织有限责任公司锦虹纺织牌涤粘AB纱线系列、粘棉混纺纱线系列获2018年"广西名牌产品"称号。 (朱丹江)

造纸与纸制品工业

【概　况】 2018年,南宁市有规模以上制浆造纸及纸制品企业54家,从业人数8050人,规模以上造纸企业实现工业总产值比上年增长14.81%,占全市比重3.14%。主营业务收入增长14.16%;利润总额增长137.61%。产值超10亿元的企业有南宁市嘉宝纸业有限公司。主要产品产量:纸浆27.61万吨,增长47.23%,机制纸及纸板26.12万吨,增长27.15%。因涉及环境保护问题,主要存在产业链不全,技术创新无进展等问题。

【纸浆制造】 2018年,南宁市规模以上纸浆制造企业工业总产值比上年增长59.42%,实现主营业务收入3.03亿元,增长11.33倍;利润总额0.11亿元,增长259.54倍。

【机制纸及纸板制造】 2018年,南宁市有规模以上纸制品企业34家,工业总产值比上年增长6.74%,主营业务收入47.39亿元,增长1.8%;利润总额1.02亿元,下降9.84%。

【项目建设与投资】 2018年,南宁市造纸与纸制品工业列入全市工业项目建设工程重点项目有金红叶纸业(南宁)有限公司总投资1.60亿元年产3.50万吨生活用纸及纸制品项目,广西横县江南纸业有限公司总投资1.50亿元,完成投1.50亿元年产5万吨高档生活用纸项目。

【技术创新与产品开发】 2018年,南宁市佳达纸业有限责任公司卡西雅牌生活用纸、广西侨旺纸模制品股份有限公司一次性纸浆模塑餐具获"广西名牌产品"称号。 (朱丹江)

印刷工业

【概　况】 2018年,南宁市有印刷企业456家,正常生产的企业433家;其中内部资料性出版物印刷企业6家,排版制版装订专项企业8家,数字印刷企业17家,其他印刷品印刷企业154家。工业总产值51.82亿元(含复印打印),比上年增长11.05%;其中排版制版装订专项1517.39万元、增长5.67%,专营数字印刷3799.67万元、增长4.16%,其他印刷品印刷企业3.33亿元、增长9.45%。主营业务收入52.25亿元,增长17.05%;利润1.65亿元,下降7.74%。从业人员1.22万人。全市有规模以上重点印刷企业(年工业总产值超过5000万元)21家,其中超亿元企业10家;工业总产值31.58亿元,增长11.14%;收入32.38亿元,增长22.33%;利润9777.51万元,下降27.53%。主要存在原材料价格上涨,用工成本增加,企业新增设备等投入加大,行业竞争加剧,印刷工价下降,数字印刷、排版制版装订专项企业的工业总产值比例比较小,行业面临环保考验等问题。

【出版物印刷】 2018年,南宁市有出版物印刷企业68家。工业总产值10.52亿元,比上年下降8.97%;实现收入10.43亿元,下降10.40%。

【包装装潢印刷】 2018年,南宁市有包装装潢印刷企业180家;工业总产值37.26亿元,比上年增长18.23%;实现收入37.54亿元,增长29.86%。

【项目建设与投资】 2018年,南宁市印刷工业主要建设项目有位于武鸣区的中国—东盟特色创意印刷产业园,实际投资2亿元,园区面积30公顷,园内有印刷企业15家,印刷总产值2.30亿元。

【技术创新与产品开发】 2018年,南宁市印刷工业企业研发投入379.86万元,其中规模以上重点印刷企业15万元。全市通过绿色印刷认证企业21家,使用粉尘、纸毛、墨雾、废气收集装置企业39家,生产绿色印刷出版物919种109万册(份)。 (海　明)

化学工业

【概 况】 2018年,南宁市有规模以上化学工业企业143家,工业总产值比上年下降14.67%,其中化学原料及化学制品制造业下降16.69%,橡胶和塑料制品业下降14.39%,石油加工业增长101%。实现主营业务收入下降13.6%;利润总额下降22.23%。主要产品产量:合成复合肥料54.55万吨,下降52%;塑料制品40.85万吨,下降0.5%。主要存在企业少、规模小,与国内大企业竞争压力大等问题。

【石油加工业】 2018年,南宁市有规模以上石油加工业企业4家,工业总产值比上年增长101%;主营业务收入5.2亿元,增长99.6%;利润总额0.08亿元,下降19.51%。

【化学原料及化学制品制造业】 2018年,南宁市有规模以上化学原料及化学制品制造业企业86家,工业总产值比上年下降16.69%;主营业务收入120.81亿元,下降17.45%;利润总额8.77亿元,下降26.98%。

【橡胶和塑料制品业】 2018年,南宁市有规模以上橡胶和塑料制品业企业52家,工业总产值比上年下降14.39%;主营业务收入60.12亿元,下降11.01%;利润总额2.87亿元,下降4.64%。

【项目建设与投资】 2018年,南宁市化学工业主要投资项目有广西神宇新材料有限公司年产1000万平方米防水卷材生产红及1000吨防水涂料、砼外加剂生产基地项目,总投资2亿元,完成投资1.75亿元。广西富利时投资有限公司塑胶制品生产项目总投资1.80亿元,完成投资5966万元。南宁科天水性科技有限责任公司水性科技产业园项目计划总投资28.80亿元,完成投资5.40亿元,累计完成投资16亿元。

【技术创新与产品开发】 2018年,南宁市化学工业新增市级企业技术中心1个:武鸣县红鹰肥业有限公司技术中心。获广西工业名牌产品4个:广西勤德科技股份有限公司“活力高”牌有机肥料、广西雄塑科技发展有限公司“HOMS0雄塑”牌塑料管、广西易多收生物科技有限公司“易多收”牌复58%甲·灭·敌草隆可湿性粉剂、西牛皮防水科技有限公司“橡皮金”自能长效防水膏。 (农 刚)

建材工业

【概 况】 2018年,南宁市有规模以上建材工业企业121家,实现工业总产值比上年增长21.06%。其中,非金属矿物制品业实现工业总产值增长21.75%;非金属矿采选业实现工业总产值增长3.46%。实现主营业务收入增长21.2%;利润总额增长73.5%。主要产品:水泥、水泥制品、平板玻璃、镀膜玻璃、玻璃纤维、砖、砂、石材、粘土矿、排水管、水泥压力管、水泥电杆、水泥枕轨、商品混凝土、建筑陶瓷、高温耐火材料、防水卷材等。主要产品产量:水泥1513万吨,增长8.7%;商品混凝土2631.8万立方米,增长14.4%;平板玻璃458.7万重量箱,增长63.4%。

【非金属矿采选业】 2018年,南宁市有规模以上非金属矿采选业企业11家,工业总产值比上年增长3.46%。主营业务收入5.69亿元,增长4.21%;利润总额0.66亿元,下降21.16%。

【非金属矿物制品业】 2018年,南宁市有规模以上非金属矿物制品业企业110家,工业总产值比上年增长21.75%。主营业务收入200.09亿元,增长20.74%;利润总额24.97亿元,增长79.17%。全市散装水泥供应量962.25万吨,比上年增长2.49%,水泥散装率65.15%;生产预拌砂浆41.61万吨,增加27万吨,增长180.13%。

【项目建设与投资】 2018年,南宁市建材工业主要新投资项目有广西云燕特种水泥建材有限公司总投资5.50亿元的特种水泥搬迁改造项目,通过产能等量转换建设4×60米新型转窑特种水泥生产线1条及配套设施,完成投资2.76亿元;广西金鲤水泥有限公司石灰石皮带输送技改工程项目,建设从云表马壮山矿区至金鲤水泥公司约20千米皮带输送工程,主要建设2套能力为每小时800吨的石灰石破碎系统和1套每小时1800吨的石灰石皮带输送系统,总投资3.24亿元,完成投资5000万元;宾阳县建丰混凝土有限公司年产50万立方米商品混凝土生产线,完成投资6000万元;隆安海螺水泥有限责任公司年产200万吨各等级石灰石建筑骨料项目,完成投资2640万元;南宁市万丰水泥制品有限公司钢筋混凝土管道、地铁隧道管片生产项目,项目总投资1.5亿元,完成投资2100万元;南宁浮法玻璃有限公司浮法玻璃生产线整体搬迁升级改造项目,完成投资3.96亿元,累计完成投资9.56亿元;广西建工集团智慧制造有限公司建筑材料智能生产项目,完成投资2.95亿元,累计完成投资4.22亿元。

【技术创新与产品开发】 2018年,南宁市建材工业企业新增广西工业名牌产品9个,主要有广西正田节能玻璃有限责任公司的“正田玻璃”牌明框玻璃幕墙、单元式玻璃幕墙、节能玻璃产品;广西福美耀节能门窗有限公司“福美耀”牌FM160重型推拉门、FM55节能环保高性能内开窗、FM100窗纱一体节能防盗窗;广西景典钢结构有限公司“景典钢构”建筑钢结构等。 (农 刚)

机械工业

【概 况】 2018年,南宁市有规模以上机械工业企业182家,工业总产值比上年下降7.25%;完成营业收入下降6.5%,完成利润总额下降15.4%。主要产品:电力电缆20.5万千米,增长53.8%;发电机组9.61万千瓦,增长117.6%;小型拖拉机9558台,下降91.1%;配电或电器控制设备60.59万台(套),下降24.9%。主要存在因国内经济影响,下行压力加大,传统装备制造业企业转型较慢,新的高端装备制造业企业还没发展起来,产业聚集程序低,缺乏大型知名企业和品牌等问题。

【通用设备制造业】 2018年,南宁市有规模以上通用设备制造业企业16家,营业收入30.34亿元,下降4.15%;利润总额1.64亿元,下降35.74%。

【专用设备制造业】 2018年,南宁市有规模以上专用设备制造业企业53家,营业收入101.38亿元,增长2.17%;利润总额7.34亿元,下降12.23%。

【项目建设与投资】 2018年,南宁市机械装备制造业投资增长较快,其中通用设备制造业增长22.27%,电气机械和器材制造业增长11.80%。主要投资项目有广西南宁都宁通风防护设备有限公司人防通风防护设备二期项目,完成投资5073万元,累计完成投资1.50亿元;广西桂泰耕源投资有限公司智能数控机械加工装备及PC生产基地项目,完成投资1.09亿元;广西建工集团第一安装有限公司总投资5.61亿元的智能制造项目,完成投资3.57亿元,累计完成投资4.99亿元;广西申龙客车有限公司年产1万辆新能源客车、3万辆新能源物流专用车生产基地项目完成投资4.10亿元;森达美信昌机器工程(广西)有限公司再制造项目,完成投资6098万元,累计完成投资7742万元;南宁美斯达矿山机械设备有限公司总投资3.30亿元的履带移动式破碎筛分设备项目,完成投资6300万元,累计完成投资9900万元;南南铝业股份有限公司南南电子汽车新材料精深加工技术改造项目,完成投资3.81亿元,累计完成投资12.22亿元。

【技术创新与产品开发】 2018年,南宁市机械工业企业新增广西名牌产品24个,主要有广西南宝特电气制造有限公司的“南林”牌油浸式电力变压器等3个产品、南宁市南昌电缆有限责任公司的“桂昌”牌塑料绝缘控制电缆等3个产品、广西南南铝加工有限公司的“南南”牌超高塑性3XXX铝合金氧化圆片等4个产品。 (农 刚)

【市手表厂生产经营】 2018年,南宁市手表厂有从业人员463人。完成工业总产值2534万元,比上年下降18.55%;入库产量41.38万只,下降21.81%;销售38.33万只,下降26.9%;销售收入2767.47万元,下降22.68%;利润146.14万元,增长1551%。市手表厂研发7100表、4820表、2868表,改进7002-5L表,其中7002-5L表、2868表完成小批量生产交付客户;与合作厂家研发试制的NN2066-1表小批量生产;编制《环境应急预案及编制说明》《南宁市手表厂环境风险评估报告》《南宁市手表厂环境应急资源调查报告》《南宁市手表厂突发环境事件应急预案文本》等环境应急预案;修订《南宁市手表厂科员及二层机构分配考核办法》《南宁市手表厂岗位工资考核方案》《南宁市手表厂科员及二层工资考核方案(试行)》等相关制度。5月,市手表厂获中华全国总工会和应急管理部授予“2016—2017年度全国‘安康杯’竞赛优胜单位”称号,厂夹板车间主夹板工段获2016—2017年度全国“安康杯”竞赛优胜班组。 (张夏芸)

铝加工业

【概　况】 2018年,南宁市有规模以上铝加工企业8家(电线电缆企业1家、铝生产和深加工企业7家)。铝加工业完成规模以上工业总产值89.70亿元,比上年增长-4.56%。主要产品产量:铝材41.17万吨,增长1.28%;电力电缆20.52万千米,增长53.76%。主要存在企业规模偏小,产业链不够长等问题。

【项目建设与投资】 2018年,南宁市铝加工业投资重点投资项目有南南电子汽车新材料精深加工项目,总投资21.13亿元,项目一期工程3月29日竣工投产,完成固定资产投资3.81亿元,累计完成固定资产投资12.23亿元;广西先进铝加工创新中心完成辊底炉设备详细设计和审查,正式进入设备制造阶段;南宁华数轻量化电动汽车设计院项目加紧开发新车型,新的8米公交车样车进入调试阶段,装配观光车样车,白车身自动化生产线签订合同,完成生产线技术设计。

【技术创新与产品开发】 2018年,南宁市在航空航天领域,突破航天用超薄蒙皮板、航天用耐热铝合金锻件关键技术,实现7055四代航空铝合金产品批量生产和供货;汽车领域,铝合金汽车内外板技术攻关解决6016铝合金时效稳定性、改善罗平线、控制毛化轧制表面均匀性、表面改性等技术难题,宝马、丰田、本田、蔚来、广汽、众泰等车企均对南南铝加工公司开展认证;在轨道交通领域,完成高铁5系、6系板材和6系型材工程化,实现高铁项目从十吨级到千吨级生产量的跨越,加深与中车青岛四方机车车辆股份有限公司和中车株洲电力机车有限公司合作,联合开发新型高铁高端铝材项目;船舶领域,研制1561、5059等船板并交付应用,获应用方及船级社认可;3C电子领域,与三星A6、GalaxyTab等手机平板项目研发产品销量近5000吨。 (孙 惠)

生物医药工业

【概　况】 2018年,南宁市生物医药工业有规模以上医药制造企业48家,平均用工人数8082人。规模以上医药制造业工业总产值比上年下降24.41%,占全市工业总产值2.80%,其中,化学药品原料药制造增长24.26%;化学药品制剂制造增长4%;中药饮片加工下降15.22%;中成药生产下降31.70%;兽用药品制造下降11.10%;生物药品制品制造下降37.97%;卫生材料及医药用品制造下降15.35%;药用辅料及包装材料下降1.30%。工业增加值下降13.40%;主营业务收入下降23.29%;利润总额下降42.98%。存在龙头企业缺失,企业规模不大,高科技新药研发不足,创新不够,传统中药资源优势没有发挥出来等问题。

【化学药品制造】 2018年,南宁市生物医药工业有规模以上化学药品制造企业6家,工业总产值增长18.91%,占生物医药工业总产值13.44%。业务收入7614万元,比上年增长18.30%;利润总额370万元,增长47.21%

【中药饮片加工】 2018年,南宁市生物医药工业有规模以上中药饮片加工企业6家,工业总产值下降15.22%,占生物医药工业总产值8.06%。业务收入7132万元,比上年增长12.70%;利润总额38万元,下降89.18%。

【中成药生产】 2018年,南宁市生物医药工业有规模以上中成药生产企业26家,工业总产值下降31.70%,占生物医药工业产值56.12%。业务收入4.08亿元,比上年下降31.30%;利润总额2182万元,下降52.53%。

【兽用药品制造】 2018年,南宁市生物医药工业有规模以上兽用药品制造企业2家,工业总产值下降11.10%,占生物医药工业总产值7.02%。业务收入5072万元,比上年下降12.47%;利润总额443万元,下降5.64%。

【生物药品制品制造】 2018年,南宁市生物医药工业有规模以上生物药品制品制造企业4家,工业总产值下降37.97%,占生物医药工业总产值7.88%。业务收入6024万元,比上年下降37.99%;利润总额657万元,下降36.64%。

【卫生材料及医药用品制造】 2018年,南宁市生物医药工业有规模以上卫生材料及医药用品制造企业2家,工业总产值下降15.35%,占生物医药工业总产值6.68%。业务收入4925万元,比上年下降14.82%;利润总额465万元,下降33.61%。

【药用辅料及包装材料】 2018年,南宁市生物医药工业有规模以上药用辅料及包装材料企业2家,工业总产值下降1.30%,占生物医药工业总产值0.80%。业务收入588万元,比上年下降5.02%;利润总额100万元,增长56.89%。

【项目建设与投资】 2018年,南宁市生物医药工业投资比上年下降35.80%;主要续建项目有南宁诺博科技有限公司总投资5.18亿元的诺博医疗科技产业园,广西维威制药有限公司总投资5亿元的葫芦娃品牌系列药品南宁生产基地项目(7月投产),广西恒拓医药投资集团有限公司总投资2.80亿元的清川仁源制药生产楼项目，广西柳州医药股份有限公司总投资2.50亿元的广西南宁中药制剂生产基地二期项目，广西华永丰科技有限公司总投资2.30亿元的医疗器械生产项目，广西修正医药科技有限公司总投资2.20亿元的南宁修正健康产业基地项目，广西广明制药有限公司总投资2.01亿元的GMP技改扩建项目(二期)。新开工项目有广西湾昊生物科技有限公司总投资5.72亿元的广西湾昊生物科技园项目，重庆博士泰生物技术有限公司总投资2.10亿元的体外诊断产品广西生产研发基地项目，南宁多灵生物科技有限公司总投资1.11亿元的多灵壮药技术系列产业产业化项目，广西康尔净化设备有限公司总投资8000万元的年产200万平方米新型医用防火净化板、医用实验室设备项目。

【技术创新与产品开发】 2018年，南宁市生物医药工业列入自治区技术创新项目2个：广西万德药业有限公司的甾体激素原料药产业化项目、恒拓集团广西圣康制药有限公司的胶囊剂技改(祛瘀散结胶囊等新药产业化生产)项目。通过南宁市认定的企业技术中心：广西万通制药有限公司技术中心、广西巨星医疗器械有限公司技术中心；认定为自治区技术创新示范企业：广西昌弘制药有限公司；认定为广西名牌产品：广西巨星医疗器械有限公司的医用牙科X射线胶片。(刘巧稚)

电子信息工业

【概 况】 2018年，南宁市电子信息制造业工业总产值609.07亿元，比上年增长25.81%；软件业实现收入132亿元(不含中国电信、中国联通、中国移动三大运营商)，增长1.53%，主营业务收入超过亿元的企业13家，主营业务收入107.18亿元，占全市总量76.56%。南宁富桂精密工业有限公司、广西鸿盛达科技股份有限公司、广西格思克实业有限责任公司分别位居南宁市电子信息产品制造业企业的前三，软件业重点企业有润建通信股份有限公司、广西广播电视信息网络股份有限公司、广西壮族自治区通信产业服务有限公司等，在软件开发运用、两化融合、电子信息服务和集成方面规模居自治区之首。主要存在电子信息制造业产业链比较短，招商引资比较困难，处于补产业环节阶段；软件业的专业园区严重缺乏等问题。

【项目建设与投资】 2018年，南宁市计算机通信和其他电子设备制造业投资增长130.54%，有6项新开工项目、5项续建项目列入南宁市工业项目建设工程重点工业项目。主要新开工项目有广西桂芯半导体科技有限公司集成电路芯片封装项目，总投资约10亿元，在南宁高新区总部基地原富士康厂房A4/A5/A6(共3.5万平方米)实施电子封装项目，完成投资3.81亿元，一期工程3月竣工投产；广西拓航科技有限公司的南洋国际SMT贴片项目，总投资2亿元，在南宁综合保税区投资建设智能家居中控、存储设备、游戏开发的生产加工贸易基地；广西迪斯奥光电科技有限公司LED显示屏及LED应用品生产项目，总投资1亿元，建设LED生产线2条，10月投产；广西弘电半导体器件制造有限公司的LCD生产线项目，总投资7亿元，完成投资1.50亿元，总建筑面积1.43万平方米，完成厂房整体装修，设备进场安装试生产；瑞声科技南宁产业园项目，总投资2亿元，完成投资1.40亿元，安装电子声控元件生产线，项目一期8月投产；南宁富桂精密工业有限公司的工业互联网平台建置项目，总投资1.31亿元。主要续建项目有南宁禾田信息港项目计划投资15亿元，占地3.40公顷，包含技术研发中心、软件测试中心、软件工程招标中心、数据中心、人才交流与评测中心、研究开发实验室、产品技术展示厅、设备房及银行等配套服务区，项目12月竣工；信息产业电子第十一设计研究院科技工程股份有限公司的十一科技南宁电子信息产业园项目，总投资12亿元，完成投资4290万元；南宁市研祥装备科技有限公司的研祥集团&科技装备业商会东南亚总部集群项目，建设约50万平方米的厂房及办公等配套设施，首批引进骨干企业30家，总投资约30亿元，完成投资1.10亿元，项目一期28栋研发厂房竣工验收，引进25家企业，正式签约进驻开始运营；厦门弘信创业工场投资集团股份有限公司的移动互联产业园区项目，计划建设45万平方米专业厂房及配套厂商生产区(硬件)、软件及内容服务产业区(软件)、“iTechTower”数据中心、商务中心、研发中心、融资租赁服务中心，拟投资30.80亿元，完成投资0.82亿元；上海斐讯数据通信技术有限公司的斐讯南宁电子产品生产加工、商留综合服务园区项目总投资10亿元，完成投资5837万元，完成1号厂房、1号仓库和2号仓库等项目建设装修。

【技术创新与产品开发】 2018年，南宁市电子信息制造业重点发展网络通信设备、电子器件、电子视听设备等。软件产品主要以应用软件(系统)为主，其中广西一铭软件股份有限公司的服务器(操作)系统，广西桂能软件有限公司的CAD系列设计软件，广西德意数码股份有限公司的软件中间构件、税控系统，广西宏智科技有限公司的糖厂生产智能信息平台，广西海蓝数码有限公司的海量图文数据处理系统等产品达到国内先进水平。

(乔 可)

清洁能源工业

【概 况】 2018年，南宁市有规模以上清洁能源工业企业19家。全市规模以上工业企业综合能源消费量438.96万吨标准煤，比上年下降0.16%；农副食品加工业、造纸及纸制品业、化学原料及化学制品制造业、非金属矿物制品业、电力热力的生产和供应业5大重点耗能行业综合能源消费量378.77万吨标煤，增长1.16%。南宁市节能降耗完成年度目标任务，全市规模以上万元工业增加值能耗比上年下降1.64%，超额完成自治区下达年度下降1.50%的节能目标任务；全年无淘汰落后产能任务。

【可再生能源】 2018年，南宁市生物质发电量3.63亿千瓦时，比上年同期增长11.32%；水力发电量25.57亿千瓦时，增长21.00%；太阳能发电量0.34亿千瓦时，减少1.50%；风力发电量2.73亿千瓦时，减少3.32%；天然气发电量0.97亿千瓦时，增长1.48%；垃圾焚烧发电量2.94亿千瓦时，增长0.20%。

【工业节能减排】 2018年，南宁市将年度工业节能目标任务分解下达并与各区县(开发区)和企业签订年度目标责任书，实行节能目标问责制，按照《南宁市工业节能目标责任考核办法》做好目标完成情况和节能措施落实情况的评价考核。在工业企业推广应用燃煤锅炉(窑炉)改造、热电联产、余热余压利用、电机系统节能、能量系统优化等重点节能工程，推进获得节能技术改造财政资金奖励项目建设，确保项目如期建成投产并发挥节能效益。组织企业申报2018年自治区工业和信息化发展专项资金项目，有1个工业绿色发展项目、2个电机能效提升奖励项目、5个配电变压器能效提升项目和3个锅炉能效提升项目获自治区工业和信息化发展专项资金(工业绿色发展)补助734.47万元，总投资2.20亿元。制定印发《南宁市供给侧结构性改革去产能实施方案(2017—2020年)》。根据《南宁市木薯淀粉酒精产业发展规划(2013—2020年)》《南宁市木薯淀粉酒精产业整合实施方案(2013—2015年)》，调整优化全市产业结构布局。实施《南宁市大气污染防治重

2018年,广西申龙汽车制造有限公司新能源车生产基地总装车间内景　　黄运明　摄

点工业行业清洁生产技术改造实施计划(2013—2017年)》,推进工业企业实施清洁生产技术改造,完成清洁生产技术改造实施计划。实施《南宁市水污染防治重点工业行业清洁生产技术改造实施计划》《关于大力发展生态经济深入推进生态文明建设的意见》《关于建设生态产业园区的实施意见》,加快推进南宁高新区低碳工业园区建设及东盟经开区、南宁经开区循环化园区改造;南宁高新区完成国家低碳工业园区自评估;广西—东盟经开区计划实施重点循环化改造项目35个,总投资22.56亿元;南宁经开区计划实施循环化改造项目26个,总投资45.99亿元。组织实施绿色制造体系建设,南南铝业股份有限公司"铝合金产品精深加工全流程绿色关键工艺系统集成项目"列入工信部绿色制造系统集成项目,获专项扶持资金1200万元;新增广西田园生化股份有限公司、广西巨星医疗器械有限公司2家自治区级绿色工厂,累计建成国家级绿色工厂2家,自治区级绿色工厂2家;广西博环环境咨询服务有限公司等7家评估机构入选自治区第一批工业节能与绿色发展评价中心名单。全市有国家级和自治区级工业节能与绿色发展评价中心9家。实施《南宁市人民政府关于加快工业转型升级的若干政策意见》,财政补贴使用清洁能源的89家工业企业3382.19万元。全市累计127家企业开展工业锅炉煤改气,累计用于"煤改气"用户使用的市政管线84.65千米。实施《南宁市电机能效提升实施方案(2013—2015年)》《广西壮族自治区配电变压器能效提升奖励实施细则》,组织重点用能企业制定并实施电机、配电变压器、锅炉能效提升计划及淘汰落后方案,加快淘汰落后机电设备。完成项目2个,淘汰低效电机216台(合计功率6972.20千瓦),新装高效电机216台(合计功率6973.70千瓦);实施完成项目6个,淘汰低效变压器53台(合计容量5.63万千伏安),新装高效配电变压器48台(合计容量5.66万千伏安);实施完成项目9个,其中旧锅炉改造类项目改造锅炉11台(合计蒸发量每小时430蒸吨),新锅炉替代旧锅炉类项目淘汰每小时8蒸吨旧锅炉1台,新装每小时8蒸吨生物质锅炉1台,淘汰旧锅炉改为集中供热类项目淘汰旧锅炉6台,合计蒸发量每小时56蒸吨。　　(黎平平)

卷烟工业

【概　况】2018年,广西中烟工业有限责任公司有南宁卷烟厂、柳州卷烟厂2家不具有独立法人资格的卷烟生产厂,设办公室(外事办公室)、董事会办公室、企业管理部(综合计划部)、法律与改革部、财务管理部、审计部、人力资源部(职业技能鉴定站挂靠人力资源部)、党建工作部、纪检监察部、安全管理部(人民武装部)、国际业务部、生产管理部、市场营销中心、技术中心(互联网研究中心)、物资供应部、原料供应部、物流中心、信息中心、后勤服务中心、群团工作部(工会办公室、离退休人员管理办公室)、教育培训中心、技改工程部、规范管理办公室(议事协调机构),从业人员2996人。有广西中烟天成投资管理有限责任公司、广西真龙物流有限责任公司等14家全资、控股公司。总资产229.37亿元,其中固定资产(净值)33.83亿元、流动资产160.07亿元,资产负债率38.10%。年内,广西中烟公司落实84.10万担烟叶采购计划;卷烟生产总量(含合作生产、出口烟)700.05亿支(140.01万箱),卷烟销量(含合作生产、出口烟)728.01亿支(145.60万箱),卷烟销售收入218.68亿元;公司所属多元化企业销售收入14.40亿元,税利2.82亿元,利润2.02亿元,社会化业务收入7920.88万元,其中"真龙优选"品牌系列产品销售1496万元。广西中烟公司捐款1763.96万元用于社会公益活动。

【原料保障】2018年,广西中烟公司实施"一主三早"(主动出击,早衔接、早调拨、早加工)采购策略,落实84.10万担烟叶采购计划,完成率100%。加强烟叶质量控制,上等烟比例、核心产区烟叶等级质量比上年周期分别提升1.20%、2.60%。2018烤季精片选损耗率0.67%,较上一烤季下降0.13%,A片复检合格率90.33%、B片复检合格率87.66%。推广"3+1"("大垄、高垄深栽技术""平衡施肥技术""精细化烘烤技术""成熟采收管理")烟叶

2018年11月7日,自治区直属机关工委在南宁卷烟厂卷包车间党员之家举行自治区"巾帼文明岗"授牌仪式　　黄雪梅　摄

生产技术，提高广西区内烟叶耐熟性、成熟度，下等烟叶下降13.20%。《提升"真龙"品牌保山基地烟叶工业可用性的关键技术研究与应用》等19个科技项目结题；实施《土壤厌氧消毒法(ASD)改良土壤及防控烤烟土传病害的研究》等科研项目5项；《一体式烟秆拔秆粉碎机》等获授权专利3项，申报《一种采用光伏发电、热泵、密集烤房的烟叶烘烤工艺》等专利10项。

【卷烟生产】 2018年，广西中烟公司卷烟生产总量(含合作生产、出口烟)700.05亿支(140.01万箱)，比上年下降2.94%，其中一类卷烟产量46.87亿支(9.37万箱)、增长1.58%，二类卷烟产量203.84亿支(40.77万箱)、增长30.54%，三类卷烟产量375.94亿支(75.19万箱)、下降8.02%，四类卷烟产量49.71亿支(9.94万箱)、下降16.47%，五类卷烟产量23.69亿支(4.74万箱)、下降53.32%。高价位卷烟产量0.15亿支(0.03万箱)，下降48.02%；高端卷烟产量15.11亿支(3.02万箱)，下降7.19%；细支卷烟产量41.06亿支(8.21万箱)，增长114.35%。出口卷烟产量2.05亿支(0.41万箱)，增长60.49%。品牌合作生产总量312.50亿支(62.50万箱)，其中江苏中烟卷烟"南京"67.50亿支(13.50万箱)，浙江中烟卷烟"利群"95.50亿支(19.10万箱)、"大红鹰"28.50亿支(5.70万箱)、"雄狮"1亿支(0.20万箱)，广东中烟卷烟品牌"双喜"120亿支(24万箱)。与重庆中烟合作生产卷烟"真龙"7.50亿支(1.50万箱)、"甲天下"10亿支(2万箱)。全年生产"真龙"系列卷烟366.1亿支(73.22万箱)、增长3.80%，生产"甲天下"系列卷烟21.45亿支(4.29万箱)、下降44.30%。全年万元产值综合能耗8.66千克标准煤，万支卷烟生产综合能耗2.69千克标准煤。水、电平均消耗分别为每万支0.09吨、每万支11.09千瓦时。三项费用(经营费用、管理费用、财务费用)率8.09%(含多元化企业)，增加0.72个百分点。收入成本率31.49%，减少1.58个百分点。

【卷烟经营】 2018年，广西中烟公司实现卷烟销量(含合作生产、出口烟)728.01亿支(145.60万箱)，与上年持平，其中一类卷烟销量47.99亿支(9.60万箱)、增长6.08%，二类卷烟销量205.13亿支(41.02万箱)、增长33.18%，三类卷烟销量385.90亿支(77.18万箱)、下降5.77%，四类卷烟销量51.80亿支(10.36万箱)、下降16.23%，五类卷烟销量37.19亿支(7.44万箱)、下降35.17%。"真龙"系列卷烟销量400.85亿支(80.17万箱)，增长17.10%，其中广西区内销量322.5亿支(64.50万箱)、增长13%，广西区外销量78.30亿支(15.66万箱)、增长37.60%。"真龙"高端卷烟销售16.05亿支(3.21万箱)、增长1%，"真龙"细支卷烟销售40.30亿支(8.06万箱)、增长127.50%。"甲天下"系列卷烟销售35亿支(7.01万箱)，下降20.60%。卷烟销售收入218.68亿元，增长5.88%；税利154.56亿元，增长7.27%；利润11.17亿元，下降2.83%(公司本级口径)。全年"真龙"品牌在广西区内市场份额提高至41.50%，14个地市销量比上年同期提升；广东省、新疆维吾尔自治区、湖南省、山东省、重庆市、四川省6个省区市场"真龙"销量超过万箱，16个省区增长超50%。

【技术改造】 2018年，广西中烟公司投入技改资金5.46亿元。南宁卷烟厂"十二五"技术改造项目完成项目单项及专项验收、建安工程结算、合同审计，进入竣工结算审计、竣工决算阶段。柳州卷烟厂"双喜"卷烟品牌专用生产线技术改造项目，一期工程动力中心、综合管理楼、标准库房完成竣工验收备案；二期工程制丝工房完成土建和机电安装施工，工艺设备完成分段联动调试，香糖料库、香糖料调配站通过消防验收；三期工程完成建设方案调整，出具卷包工房、辅料一级库施工图。武鸣红岭C区新建仓库项目和物流中心库建设项目，完成土建、装饰及配套安装工程合同签订。

【技术创新】 2018年，广西中烟技术中心(互联网研究中心)开展科技计划项目151项，其中对外合作项目80项；在研省部级项目44项，承担及参与行业重点项目5项。完成可可香颗粒、中支五星空管滤棒等卷包新材料开发与应用。《角鲨烯减害关键技术创新与应用》获广西科技进步奖三等奖，《高吸附性能多孔淀粉的研制、产业化及应用研究》《基于辨证论治及方剂组分配伍理论的生物学减害技术研发应用》获2017年度中国商业联合会科学技术奖三等奖，《非燃烧抽吸雾化系统专利微导航》列入自治区科技计划项目，获自治区财政扶持资金25万元。通过知识产权管理体系第一次监督审核。全年获授权专利52件，其中发明专利19件；累计获授权专利410件，其中发明专利135件。

【广西中烟工业有限责任公司南宁卷烟厂】 2018年，南宁卷烟厂有从业人员888人，生产卷烟品牌有"真龙""利群""大红鹰""雄狮"。生产卷烟353.00亿支(70.60)万箱，比上年减少7.63亿支(1.52)万箱，下降2.11%，其中一类烟47.50亿支(9.50万箱)、二类烟138.20亿支(27.64万箱)、三类烟155.80亿支(31.16万箱)、四类烟10.51亿支(2.10万箱)、五类烟1.00亿支(0.20万箱)。万支卷烟生产综合能耗2.42千克标准煤。　(陶海游)

电　力

发　电

【概　况】 2018年，南宁境内有水力发电厂5个(广西西津水力发电厂、广西桂冠电力股份有限公司百龙滩电厂、邕宁水利枢纽南宁市牛湾电厂、大唐广源水力发电有限公司隆安金鸡滩水力发电厂、广西郁江老口枢纽工程水电站发电厂)，发电量约31亿千瓦时；投产风力发电场2个(霞义山风电场、马山协和杨圩风电场)，发电量3.67亿千瓦时；开工建设风电场2个(武鸣安凤岭风电场、宾阳双桥门头岭风电场)；获自治区发改委批准建设1个(良庆壜清岭风电场)；火力发电厂1个(国电南宁发电有限责任公司南宁电厂)，发电量44.24亿千瓦时。上林鑫安40兆瓦光伏扶贫电站项目投产，总投资2.80亿元，装机容量40兆瓦。部分区县分布有水电站，其中横县有农村小水电站6座，发电量0.03亿千瓦时；上林县有水电站20座，发电量0.36亿千瓦时；隆安县有驮玉、那降、布良、三乐、巴洋、合肥、头塘、丁当来派、古信、布泉10座水电站，发电量0.19亿千瓦时。年内，南宁市风电项目核准容量210兆瓦，投产并网容量148.40兆瓦；建成的光伏发电项目装机容量247.38兆瓦；广西得力木业开发有限公司生物质热电二期(30兆瓦)、上林县生物质发电项目(30兆瓦)、横县生物质发电项目(30兆瓦)纳入《广西农林生物质发电建设规划(2016—2020)修编》；市政府与南方电网调峰调频发电有限公司签订《南宁抽水蓄能电站项目开发合作协议书》，启动南宁抽水蓄能电站项目前期工作；南宁抽水蓄能电站位于武鸣区，是自治区首座抽水蓄能电站，规划装机容量120万千瓦。

【水力发电】 2018年，南宁境内有西津水力发电厂、百龙滩电厂、南宁市牛湾电厂、隆安金鸡滩水力发电厂、老口水电站发电厂5个水力发电厂；发电量31亿千瓦时。广西西津水力发电厂装机4台、总容量242兆瓦，兼航运、防洪、灌溉等功能；对外输出线有7回(220千伏3回，送横县、燕岭；110千伏4回送横县)；完成发电量12.22亿千瓦时、完成率108.40%，电费回

2018 年,横县霞义山风电场风机　　广西龙源风力发电有限公司提供

收率 100%,经营成果货币化 100%;累计实现抢发增发电量 6666.59 万千瓦时,发电增收近 1000 万元。百龙滩电厂发电量 8.78 亿千瓦时。12 月 12 日,南宁市牛湾电厂首台发电机组正式投产,至年末发电 403 万千瓦时。金鸡滩水力发电厂装机容量 7.20 万千瓦,发电量 3.66 亿千瓦时;老口水电站发电厂装机容量 150 兆瓦,发电量 6.40 亿千瓦时。

【风力发电】 2018 年,南宁境内有横县霞义山风电场(150 兆瓦)、马山协和杨圩风电场投产。霞义山风电场是广西龙源风力发电有限公司在广西投产运营的首个风电场,总投资 8.30 亿元,装机容量 95.50 兆瓦,年发电量 2.60 亿千瓦时;年内,新建 110 千伏升压站 1 座,出口电压等级 110 千伏,自建送出线路 14.81 千米,接入南方电网;全年发电 2.63 亿千瓦时。龙源广西横县其中的一期六景风电项目入选国家第七批可再生能源补贴目录,获补贴 5477 万元,全年设备发电 2757 小时,比上年增加 49 小时,电费回收结算率 100%;5 月 25 日,获“中国电力优质工程奖”。马山协和杨圩风电场一期投资 4 亿元,总装机容量 40.90 兆瓦,发电量 1.04 亿千瓦时。武鸣安凤岭风电场工程完成全部 25 台风机安装;宾阳双桥门头岭风电场工程完成道路清表 8 千米、路基施工 5 千米、平台开挖 4 基;升压站、集电线路、风机基础等施工单位进场,与 90% 村民签订征地协议;良庆enze清岭风电场工程获自治区发展改革委批复同意建设。宾阳马王风电场工程完成塔基及线路移位项目工程勘察设计、施工图设计及审查;龙源南宁青秀风电场工程在进行环境综合评价;邕宁百济风电场、马山苏仅风电场进行可行性研究调查。

【火力发电】 2018 年,南宁境内有火力发电厂 1 个(国电南宁发电有限责任公司南宁电厂),规划装机容量 3320 兆瓦。一期工程新建两台 660 兆瓦国产超临界燃煤供热机组,配套建设烟气脱硫、脱硝等设施,总投资约 46 亿元,由国家能源投资集团有限责任公司、深圳能源集团有限公司、广西中稷电力投资有限公司出资建设。南宁电厂为南方电网“西电东送”主网架提供电源支撑,并为南宁六景工业园区提供优质热源和工业水源。年内,最大用汽需求为每小时 138 吨,累计完成售热量 408.60 万吉焦;二期良圻农业科技园区供热项目完成可行性研究报告并备案。南宁电厂全年发电量 44.24 亿千瓦时,完成产值 15.38 亿元,税收 7078 万元;累计发电 299 亿千瓦时。

（韦斯步　谢萍萍）

供　电

【概　况】 2018 年,南宁供电局设办公室(党委办公室)、计划发展部、财务部(财务共享中心)、生产技术部(带电作业中心)、安全监管部(应急指挥中心)、市场营销部、建设管理部(项目管理中心)、审计部、党建人事部、人力资源部(人才培训与评价中心)、企业管理部、监察部(纪委办公室、网区纪检监察中心)、工会、电力调度控制中心(系统运行部);业务支撑实施机构(分局、所、中心)有输电管理所、变电管理一所、变电管理二所、供电服务中心、计量中心、项目管理中心、信息中心、物流服务中心、综合服务中心(离退休服务中心)、青秀供电分局、兴宁供电分局、城西供电分局、江南供电分局、五象供电分局;县级供电企业有邕宁供电局、武鸣供电有限公司、横县供电局、宾阳供电局、隆安供电局、马山供电局、上林供电局。全系统劳动合同制、劳务派遣制人数 5572 人(合同制 5479 人、派遣制 93 人),县级供电企业劳动合同制、劳务派遣制人数 3445 人(合同制 3410 人、派遣制 35 人)。南宁网区用电客户 280.44 万户,客户装见容量 3455.46 万千伏安,售电结构以大工业、一般工商业、居民生活用电为主,分别占 31.24%、30.06%、35.36%,其他用电占 3.34%。服务 110 千伏及以上电压等级电力用户及发电厂投产 6 个:碗窑风电场、天武风电场、轨道荔园站、马山水锦水风场、牛湾电厂(邕宁水利枢纽)、上林鑫安光伏扶贫项目。全口径售电量 200.48 亿千瓦时,比上年增长 11.92%。年内,南宁供电局新投产 35 千伏及以上变电站 9 座,总容量 23.40 万千伏安。其中:500 千伏变电站 1 座(金陵变电站),容量 150 万千伏安;220 千伏变电站 3 座[亭洪送变电工程、智城(上林)送变电工程、翰峰(高峰)送变电工程],容量 60 万千伏安;110 千伏变电站 5 座[平陆送变电工程、竹岭(长湖)送变电工程、V 银凯(富宁)送变电工程、古安(古辣)送变电工程、兴贤送变电工程],容量 24 万千伏安。新增 110 千伏及以上线路 340.55 千米;35 千伏及 10 千伏以下电网新增公用线路 1579.20 千米,新增容量 83.10 万千伏安。供电面积覆盖南宁市七区五县,用电客户 280.44 万户,客户装见容量 3455.46 万千伏安。南宁电网有在运 35 千伏及以上变电站 219 座,主变压器 373 台,变电总容量 16543 兆伏安。其中:500 千伏变电站 3 座(南宁、邕州、金陵),主变压器 9 台;220 千伏变电站 21 座,主变压器 40 台;110 千伏变电站 77 座,主变压器 129 台;35 千伏变电站 119 座,35 千伏变压器 198 台。年内,南宁电网投入运行的 500 千伏～35 千伏输电线路(架空和电缆)有 76 条 749.08 千米,其中交流 500 千伏线路 7 条 52.29 千米,220 千伏线路 13 条 191.37 千米,110 千伏线路 36 条 314.01 千米,35 千伏线路 20 条 191.41 千米。主要存在外部破坏事件多发导致线路跳闸等影响电网安全的问题依然存在;南宁市“获得电力”指标排名靠后,低电压、频繁停电等电能质量问题依然突出;客户服务水平和投诉管控能力需进一步提升等问题。

【电网规划与建设】 2018 年,南宁供电局主导编制宾阳县、隆安县、兴宁区 3 个区域专项规划,批复《变电站及高压走廊布局规划》,将远景网架中的 380 座 35 千伏及以上变电站站点全部纳入新一轮南宁市总体规划修编。投产 220 千伏亭洪站、220 千伏翰峰站、220 千伏智城站等工程,主配网同步投产,投产项目 27 个,新增容量 2344.10 千伏安,新增线路659.15千米，投产项目数及新增容量、线路长度创历史之最。确保国务院扶贫开发领导小组办公室系统与现场实际情况对应准确率100%；吸纳166个总装机容量5.13万千瓦的村级光伏扶贫项目并网发电，建设完成管辖25个（全市28个）易地扶贫搬迁点外部电网配套工程；建成2018年农村电网改造升级工程及电力扶贫项目2100余项，按期投产农村电网改造升级精准扶贫项目276个，提前2年实现南宁市全部1403个村通动力电、贫困户100%通生活用电。1月15日，南宁供电局投资建设的光伏扶贫项目在邕宁区望塘坡竣工投入运行，为南宁市第一个光伏扶贫供电项目，采用非电网延伸方式（独立光伏发电系统）对贫困户进行供电，总投资9.20万元。完成武鸣区小康电示范县建设目标，并形成《配网投资精益化工作手册》。广西电网公司与市政府签订《新时代全面深化“十三五”电力合作协议》；市政府发布《关于进一步推进政府主导电网建设实施方案》，出资3亿元在市核心区既有道路上建设电力管沟，建设1小时区域电网；完成城中村电网改造任务15个，启动“四网融合”（电网、互联网、电视网、电话网）示范项目。完成南方电网首批智能电网示范城市的规划研究，将智能电网规划融入“智慧城市”建设，提出南宁城区智能电网重点任务23项、智能示范项目5个；促成“智能电网智慧生活”展厅入驻南宁园博园。

【供电服务】 2018年，南宁供电局在宾阳供电局、马山供电局开展“客户经理+设备主人”网格化管理模式试点，青秀供电分局、兴宁供电分局实行客户服务助理制；隆安供电局服务调度与配网调度合署办公。实现服务窗口无纸化业务办理和电子发票发送，新添“爱南宁APP”缴费新渠道，42万客户关注南网统一服务平台；提前2个月完成148万户低压客户集抄覆盖，智能电表覆盖率100%；低压集抄覆盖率100%。售电量比上年同期增长11.93%，创近5年最好水平。通过完成重点基建项目、解决重过载受限台区、农网改造和推进德源冶金110千伏专用变电站增容及外部供电线路改造，拉动电量增加1.41亿千瓦时，促进企业多用电2.32亿千瓦时。落实一般工商业降价10%政策，促进工商业多用电1.10亿千瓦时。5月28日，南宁供电局供电服务窗口进驻南宁市民中心。6月15日，南宁市首个充电桩建设维护管理的公司天天快充充电桩服务有限责任公司投入运营。10月，广西最大的商业综合体充电站——梦之岛水晶城电动汽车充电站投入运行，竹溪立交充电站委托广西天天快充公司托管运营。11月，南方电网首个以充电站+服务区的模式建设的浩天花园充电站投入试运行，全市累计建成充电桩577个，南宁供电局投资并参与经营的充电桩充电量累计800万千瓦时。政府主导常态化协调机制高效运转，召开专题协调会20次，解决110千伏文化站、万象站等项目中建设受阻问题65个。完成自治区成立60周年庆祝活动、中国—东盟博览会等重大保供电任务142项。

【用电计量（费控）管理】 2018年，南宁供电局完成专用变压器新装验收1655户，完成16座县级供电公司小水电的计量验收移交，更换老旧终端844台，故障处理1308户。完成金鸡滩电厂等68个省级关口计量装置周期检验；完成8个新建变电站验收及建档。开展南宁供电局本部专变客户智能电能表的全覆盖，实现10千伏及以上变电站、专变用电客户智能电能表覆盖率100%。组织开展远程自动费控技术攻关，优化短信发送策略，完成功能改善43项；远程费控建档用户63.64万户（全流程自动费控用户5.77万户）。9月，南宁供电局成为南方电网首个实现专用变压器客户“抄维合一”（抄表、计量运维、台区线损管理职责合并，由责任人统一管理）的供电局，高压电子化结算率提升27个百分点。10月，实现对网区供电关口536个点，所有变电站计量点的数据监控。对南宁供电局6个主要行业177个重点用户、供售电量、趸售电量的电量采集，全年数据指标监控异常处理1914起，处理率100%，统调电厂电子化结算应用率100%。

【电费电价管理】 2018年，南宁供电局管辖的26个大客户完成市场化交易电量158.11万兆瓦时，累计为客户节省成本4193.80万元；应对电价电费政策调整13次。

【营销稽查】 2018年，南宁供电局构建电费差错稽查工作模型，围绕“量、价、费”开展专项稽查，完成稽查样本6.95万份，发现差错1630起，涉及差错电量21.29万千瓦时，差错金额306.88万元；连续8年电费回收率100%。10月，实现南宁网区应收电费集中复核及电费数据集中管理。

【安全生产】 2018年，南宁供电局抓好高风险作业工序施工专项方案的编制审核及现场管控，印发《南宁供电局纵深推进依法治安构建本质安全型企业“1+8”工作方案》。完成构建本质安全型企业工作任务568项；印发《南宁供电局职能部门安全职责规定和安全管理人员重点生产作业现场风险管控到位标准》，通过“现场查+微信报”抓各级专业管理人员安全监督履责到位情况，开展专业监督检查2982人次、综合监督检查1.75万人次，查处违章625起；梳理出安全检查典型重复性问题38项，建立单位领导挂牌督办机制，典型重复性问题整改完成率100%。修订应急管理业务指导书11册，编制《2018年南宁供电局应急队伍训练大纲（试行）》，印发《南宁供电局应急预案配置目录指导意见》，完成广西电网公司《应急处置卡编制工作指引》编制，修订、评审和备案局总体和专项应急预案，修订《南宁供电局应急装备配置定额标准（2018年版）》；完成2018年应急装备购置项目。承办南宁市工业和信息化委员会“2018年南宁市大面积停电应急演练”项目；评估完成7个县级供电企业开展应急能力。全年安全生产365天。

【500千伏金陵变电站投入运行】 2018年12月27日，南方电网公司重点项目、南宁市第3座500千伏变电站——500千伏金陵变电站投入运行；总投资6.82亿元，投产主变压器1台，新增变电容量750万千伏安。从根本上解决南宁市西部电网网架薄弱、城市核心区域负荷缺额15%的问题，为广西南部电源基地分散接入、广西500千伏环网和沿海电源送出、抽水蓄能电站500千伏接入创造条件。 （李沅洺）

饲料工业

【概 况】 2018年，南宁市有饲料获证生产企业112家；从业人员7141人。生产许可证144张（获双证企业21家），其中配合饲料、浓缩饲料、单一饲料生产许可证82张，添加剂预混合饲料生产许可证36张，饲料添加剂生产许可证26张。饲料（配混合饲料）生产总量546.95万吨，比上年增长17.52%。其中：配合饲料产量526.79万吨，占总产量96.31%；浓缩饲料产量8.68万吨，占1.59%；预混合饲料及添加剂11.48万吨，占2.10%。全市饲料产值175.31亿元，增长39.08%。企业产能及产量更趋向集中，年产值亿元以上企业47家。

【饲料安全监管】 2018年，南宁市继续开展饲料质量安全和粉尘防爆安全专项整治行动，结合日常监管、饲料质量安全管理规范加大抽检范围、频次，抽样监测全覆盖。抽检饲料产品、原料抽样检测样品437批次，抽检合格率99.30%；查处饲料生产企业违法行为6起，立案6起，罚没金额3.98万元。 （黄 琦）

责任编辑 梁 坤 谢萍萍 李 创

建筑业　房地产业

建筑业

【概　况】 2018年，南宁市落实《南宁市人民政府关于促进建筑业加快发展的若干意见》，整顿和规范建筑市场，加强建筑行业管理，强化服务城市经济建设意识，抓质量提高工效和文明施工。全市具有资质等级的建筑企业410家，比上年减少12家。建筑施工企业（资质企业）完成施工产值1687.08亿元，比上年增长14.80%。其中兴宁区306.33亿元、增长18%，青秀区474.18亿元、增长14.30%，江南区137.97亿元、增长11.20%，西乡塘区509.80亿元、增长11.70%，良庆区44.36亿元、增长71.30%，邕宁区78.42亿元、增长1.10%，武鸣区76.06亿元、增长28.80%，隆安县3.45亿元、增长9.90%，马山县4.43亿元、增长4.70%，上林县2.86亿元、增长3.70%，宾阳县18.20亿元、增长18.80%，横县31.03亿元、增长18.50%。全市建筑业增加值增长4%，现价增长10.60%。开展装配式建筑试点，印发《南宁市人民政府关于加快推动装配式建筑发展实现建筑产业现代化实施意见》《南宁市人民政府关于加快工业转型升级的若干政策意见》《南宁市装配式建筑发展规划（2017—2020）》等文件，推动装配式建筑发展。推进农民工工资支付和清欠工作的落实；出台《南宁市房屋建筑和市政基础设施工程总承包试点实施细则（试行）》，完成工程总承包招标56项，中标总金额72.19亿元；市本级监督办理单项交易1034项、工程造价517.30亿元，邀请招标93项、工程造价108.05亿元，直接发包133项、工程造价177.54亿元。

【整顿规范建筑市场】 2018年，南宁市出台《南宁市建筑施工企业信用管理办法》，信用评价结果运用到工程招标活动，建立施工企业“黑名单”管理制度；出台《南宁市建筑行业相关从业人员信用行为考核办法》，将建筑行业的建设单位、勘察企业、设计企业、监理企业、施工企业、施工图审查机构、检测机构的单位法人、项目负责人、注册执业人员、专职安全生产管理人员等关键岗位从业人员纳入信用考评范围，将从业人员信用划分为A、B、C、D四个等级，建立“红黑名单”制度，考核结果运用到工程招投标活动。市建筑管理部门通过日常巡查、协调拖欠工程款、上级部门和兄弟单位移交案件等途径，收集证据，扩大“三包一靠”（违法发包、转包、违法分包和挂靠）违法行为调查检查并处理。开展建筑企业诚信库入库承诺制试点，931家企业提交入库承诺书，实现信息自行上传入库。开展安全生产专项整治、预防高处坠落事故专项检查、工程质量治理“两年”行动、住宅工程质量常见问题治理、重大活动期间及汛期安全生产大检查、建设工程“安全生产月”活动等督促企业落实安全主体责任，质量安全检查出动检查人员6724人次，检查工地2609次，下发整改通知书1076份，停工通知114份。

【建设工程招投标管理】 2018年，南宁市建设项目单项交易（包括施工、监理、检测、勘察和设计招标）1034个，造价517.30亿元，邀请招标93个，造价108.05亿元；直接发包133个，造价177.54亿元。4月12日，印发《南宁市房屋建筑和市政基础设施工程总承包试点实施细则（试行）》，全市完成工程总承包招标56个（房屋建筑工程39个、市政工程17个）。中标总金额72.19亿元。6月1日，依法放开非国有资金投资工程必须招标的限制。过程监督和事后跟踪直接发包项目，重点检查承包单位是否具有相应资质，工程施工合同及专业分包合同是否依法签订和履行，联动监管各方责任主体建筑市场和建筑现场行为。优化直接发包办事流程，通过扫描施工企业三证官方二维码查询及核对企业信息，推行清单工程量、控制价材料电子化，减少企业所需递交纸质资料数量。

【农民工工资支付与清欠】 2018年，市城乡建委采取试点企业引领、示范企业观摩、编制资料模块样板、培训约谈、现场抽查督办等措施落实农民工工资支付和清欠；督促区县（开发区）住建局整改自治区督查组保障农民工工资支付工作专项整治攻坚行动第一、第二、第三轮督查存在问题，确保农民工工资保证金、实名制信息管理、分账制、按月足额发放工资、银行代发工资、现场设置维权告知公示牌、签订劳动合同、签订责任状8项工作100%达标；办理73个企业的农民工保障金证书，办理299份建设单位、39份施工单位的退还农民工工资保障金申请；接待拖欠工程款和农民工工资投诉63起，涉及工程款2.06亿元、劳务工资6200万元；要求建筑企业建立清欠应急预案，筹集应急资金，落实专人24小时值班制报送清欠最新情况，发生群众事件启动应急预案平息事态；对多次发生工程纠纷且不按规定途径限期解决问题或配合政府、司法部门调处工作的责任单位、责任人，劳动保障、建设、房产等部门启动清欠联动机制，采取重点监控、暂停办理手续、全市通报批评、诚信扣分等措施，全年无扣分。

【装配式建筑试点】 2018年，南宁市开展装配式建筑试点，新开工装配式建筑项目16个，面积152万平方米；推进市政设施项目采用装配式建造方式，明确8条地下综合管廊开展装配式建造试点，其中玉洞大道北侧道路(那黄大道—龙岗大道)地下综合管廊完成预制段施工，预制管廊长度1.60千米，为自治区首个装配式综合管廊项目；秀灵—友爱立交、邕武立交等一批立交开展装配式建造试点；对凤岭片区和五象新区核心区试点片区存量用地项目采取应用部分预制构件或在部分楼栋建设装配式建筑的方式试点，项目单体建筑预制装配率15%至25%，“三板”(预制叠合楼板、预制楼梯、预制内外墙板)应用比例原则上不低于60%；要求新出让商品住宅地块装配率30%，完成出让装配式建筑项目地块15宗(20地块)，总用地59.33公顷，总建筑面积180万平方米，兴宁大唐果项目开工。明确邕宁区五合临港产业园区、青秀区伶俐工业园区、南宁六景工业园区为装配式建筑产业发展集中区，年内签约引进华润、广西建工、中民筑友等大型建筑产业现代化企业；引导高新区、宾阳县黎塘镇打造建筑行业全产业链生产要素聚集区；华润鸿基、广西景典、广西领伦航3家装配式PC构件生产基地建成投产，产能15万平方米，广西泰和远大生产基地、万德铝模装配式建筑生产基地开工建设，华润五合生产基地落地，在建产能70万平方米；推动墙材生产企业开发生产符合装配式建筑需求的装配式隔墙板。　　　（陈　琳）

表12　2018年南宁市房地产开发与销售主要指标及增长速度表

指　标	单　位	绝对数	比上年增长(%)
房地产开发投资	亿元	1106.36	15.50
其中:住宅	亿元	772.04	13.70
商品房施工面积	万平方米	8129.81	13.40
其中:住宅	万平方米	5290.67	12.50
商品房新开工面积	万平方米	1709.74	15.00
其中:住宅	万平方米	1200.76	17.50
商品房竣工面积	万平方米	792.21	37.00
其中:住宅	万平方米	584.23	32.60
商品房销售面积	万平方米	1745.19	13.00
其中:住宅	万平方米	1438.25	10.00
商品房销售额	亿元	1358.14	13.10
其中:住宅	亿元	1107.06	9.90
本年实际到位资金小计	亿元	1669.81	17.30
其中:国内贷款	亿元	256.56	13.60
自筹资金	亿元	403.80	4.80
定金及预收款	亿元	586.30	44.90
个人按揭贷款	亿元	322.74	−1.60

房地产业

房地产开发

【概　况】2018年，南宁市加强房屋交易监管，严格执行商品住房预售价格会审制度，推行商品房预售许可审批“一站式”服务，深化商品房预售价格会审和联席审批工作机制；推行存量房交易网签管理，规范二手房交易行为，房地产业投资、开工、交易三方面均有不同程度增长。年内，全市房地产开发投资1106.36亿元，比上年增长15.50%。其中：商品住宅投资772.04亿元，增长13.70%；办公楼投资62.95亿元，下降4.5%；商业营业用房投资98.41亿元，增长270%。商品房施工面积8129.81万平方米，增长13.4%；商品房竣工面积792.21万平方米，增长370%；商品房销售面积1745.19万平方米，年增长13%；商品房销售额1358.14亿元，增长13.10%。

【区县房地产开发】2018年，南宁市商品房销售面积1745.19万平方米，比上年同期增长13%。其中：兴宁区243.39万平方米，增长3.01%；青秀区183.28万平方米，下降31.30%；江南区191.28万平方米，下降1.20%(江南区本级94.52万平方米、增长19.10%，经济技术开发区96.76万平方米、下降15.40%)；西乡塘区241.94万平方米，增长87%(西乡塘区本级111.83万平方米、增长92%，高新技术开发区130.11万平方米、增长82.90%)；良庆区385.32万平方米，增长14.20%；邕宁区154.56万平方米，增长34.10%；武鸣区130.33万平方米，增长16.80%(武鸣区本级76.51万平方米、下降15.80%，广西—东盟经济开发区53.81万平方米、增长159.80%)；横县64.60万平方米，增长44.30%；隆安县37.04万平方米，增长28.40%；马山县11.45万平方米，增长77.90%；上林县47万平方米，增长58.50%；宾阳县55.01万平方米，增长24.30%。横县在建房地产项目17个，完成投资14.46亿元，建成商品房45.87万平方米，办理商品房预售21份，预售面积49.12万平方米，商品房销售面积64.60万平方米。上林县有碧桂园、龙湖新城、龙湖一品、永安丽水新都、天盛丽景、金色港湾、莲花山御府、尚书楼、丰泽苑、元泰中央城、澄洲水街、金山城、振林锦绣园等房地产项目；马山县有荷花苑B区、浩森·中央公园、悦恒天润城、威马商贸城、兰竹春畔住宅小区5个在建房地产楼盘。隆安县有震东扶贫生态移民安置的昌泰铭城、和鑫家园、东森悦府3个小区和宝塔工业园生活配套中心一区、泰鑫·宝塔家园、那城、桂香云顶花园、东森华府8个房地产开发小区项目，投资4.62亿元；批准预售商品房995套14.63万平方米，登记销售商品房1376套15.40万平方米，总销售金额5.69亿元。

（市住建局　市统计局）

房地产市场

【房地产市场调控】2018年，南宁市坚持调控目标不动摇、力度不放松，保持调控政策连续性、稳定性，印发《南宁市供给侧结构性改革去库存实施方案》，化解市房地产市场住宅商品房库存偏紧、非住宅商品房库存较高、结构不平衡等问题。房地产市场呈现投资、开工、交易三增长，总体运行平稳。新建商品房销售面积1705.80万平方米，比上年增长14.51%，其中商品房住房销售面积1368.90万平方米，增长12.48%；商品住房价格总体平稳，符合调控要求。非住宅商品房消化周期由 2017 年 27.39 个月降至 24.60 个月，去库存效果明显。

【房地产中介行业管理】 2018 年，南宁市在市房产交易中心备案的房地产经纪机构有 300 多家，房地产评估机构 400 多家，房地产测绘机构 200 多家。市住房保障和房产管理局办结房地产中介机构网签资格认证 111 家，核准进入市城市房屋拆迁机构备选库的估价机构 8 家，办理库内 27 家估价机构信息变更。市房地产中介行业管理协会有会员单位近 300 家，开展行业自律，规范行业行为，房地产中介服务知识和技能培训，房地产信息、法律和经营等咨询服务。（黄　泰）

【物业行业监管】 2018 年，南宁市建立市、城区、街道、社区四级物业管理体制，结合“美丽南宁·整洁畅通有序大行动”，督促物业服务企业按合约提供小区物业管理与服务，约谈物业服务企业 60 多家。开展物业管理知识培训，区县（开发区）住建局、房管所、街道办事处和社区居委会物业管理工作人员 85 人参加。

房产管理

【概　况】 2018 年，南宁市住房保障和房产管理局设办公室、政策法规科、房产信息管理科、保障住房建设科、保障住房审核租赁管理科（市落实私房政策办公室）、住房制度改革管理科、房地产开发监管科、房屋登记和市场交易监管科、物业服务和房屋安全监管科、房产资金监管科、财务科、人事科及机关党委，编制 56 名，在编 51 人。二层机构有市房屋产权交易中心、市保障住房建设管理服务中心、市保障住房资格审核和管理中心、市房屋安全鉴定所、市白蚁防治所、市房产信息管理服务中心、市房产资金管理中心 7 个（6 月，市房地产监察支队事业单位建制撤销，人员编制划归市城市管理综合行政执法支队）。完成保障住房审核及查档 8 万多宗；审核新增公共租赁住房资格 2.82 万户，比上年下降 26.71%；新增签订租赁合同 9772 套；签订公租房货币补贴协议 687 户，发放低收入保障家庭住房补贴 4854 户、914.79 万元。办结房屋网签 17.51 万条，发放商品房预售许可 747 份、现售备案 219 份，房屋租赁合同备案 5221 份，中介机构网签资格认证 111 家，核准进入市城市房屋拆迁机构备选库的估价机构 8 家，办理库内 27 家估价机构信息变更。受理 16 个单位危旧房改住房改造非还建住房准购申请 20 个项目 52 批，审核发放危旧房改住房改造非还建住房准购证 961 份。完成市级层面为民办实事项目 112 个老旧居住小区环境综合整治改造。推行国有产权房管办分离，完成 21 个项目、2683 套、27.77 万平方米国有产权房移交。主要存在房地产市场调控任务仍然艰巨、培育和发展住房租赁市场难度大，保障住房供需不平衡的形势比较严峻等困难及问题。

【房屋安全监管】 2018 年，南宁市在武鸣区、西乡塘区、兴宁区、良庆区、邕宁区、南宁经济技术开发区 11 个点试点老旧危险房屋动态监测预警，组织培训 4 期，培训 412 人。印发宣传资料 1.19 万份，完善房屋安全管理专家库。鉴定房屋安全 374 栋，下达危险房屋告知书 172 份。出动检查人员 1.24 万人次，检查老旧危险房屋 2.55 万栋（次），发现安全隐患 715 处，完成整改 702 处。

【房产资金管理】 2018 年，南宁市严管商品房预售资金，纳入监管预售资金 4206 亿元，其中重点监管额度 1187 亿元，存入预售资金监管账户 1041 亿元，拨付预售资金 899 亿元，涉及房地产开发企业 321 家、商品房项目 505 个、楼房 3474 栋，预售面积 4045 万平方米。归集房改资金 6850.46 万元，拨付 1085.98 万元；收取转完全产权差价款 1003 户，金额 1.10 亿元；收取超面积差价款 265 户，金额 475.36 万元；归集物业专项维修资金 13.02 亿元，累计归集 79.76 亿元；拨付维修资金 894 万元。受理房改维修基金使用申请 112 件，审核回拨房改维修基金 264.42 万元。

【白蚁防治】 2018 年，市白蚁防治所承接新建房屋白蚁预防工程项目 560 个，面积 4590.75 万平方米，完成新建白蚁灭治工程 1309 个；承接旧房白蚁灭治工程 582 个。实施现场监督 977 个，其中新建预防现场监督 345 个、回访复查与新建灭治现场监督 632 个。取样检验 480 个，出具检测报告 480 份，其中新建房屋白蚁预防土壤样品 432 份、农药样品 48 份。新建灭治工程项目发出满意度调查短信 1612 条，电话回访 628 次，满意率 98%。白蚁防治动漫科普片《千里之堤，溃于蚁穴》获自治区科普视频竞赛一等奖。南宁市成为自治区白蚁智能监测控制技术试点城市。举办南宁·东盟白蚁防治专业人才交流研讨会，老挝、柬埔寨、越南驻南宁总领事馆官方代表、住建部全国白蚁防治中心领导、业内著名专家学者等 120 多人参加。（尹君君）

责任编辑　谢萍萍

2018 年，南宁市房地产市场投资、开工、交易三增长。图为南宁东盟商务区楼盘远景　黄传真　摄

商贸服务业

综　述

【概　况】 2018年，南宁市商务局设办公室、综合业务科、市场秩序科、市场体系建设科、流通业发展科、市场运行和消费促进科、物流科、对外贸易科、加工服务贸易科、电子商务和信息化科、对外经济合作科、口岸规划科、财务科、人事科、打击走私贩私综合治理科、离退休人员工作科及机关党组织，行政编制67名、在编65人，后勤服务人员控制数8名、在编7人。二层机构有商务综合行政执法支队，行政编制15名、在编14人，后勤服务人员控制数2名、在编2人。年内，南宁市社会消费品零售总额比上年增长9%，批发、零售、住宿业、餐饮业分别增长14%、11%、12%、10%。外贸进出口总值738.79亿元，增长21.70%，增速高于全国、自治区12个百分点以上，提前实现“十三五”规划进出口发展目标(总值高于目标151.82亿元、增速高11.70个百分点)，其中出口355.09亿元、增长28.80%，进口383.70亿元、增长15.90%。加工贸易进出口539.39亿元，增长33.72%，增速高于全区20个百分点，加工贸易倍增计划指标完成排名自治区第一。货运总量3.84亿吨，增长9.22%；新增AAA级以上物流企业8家，累计25家。农村电子商务交易额2.80亿元，增长75%，农村电商覆盖率85%；重点企业电子商务交易额2900亿元，增长16%。新增业绩企业47家，承接服务外包合同金额8.05亿美元、增长16.13%，执行金额5.59亿美元、增长42.02%。非金融类对外投资备案企业21家，其中新增备案企业12家，中方协议投资额2.71亿美元；13家企业在“一带一路”沿线7个国家投资，中方协议投资总额1亿美元。优化精简通关查验程序，旅客进出境原有8个环节整合为5个，邮件监管由原来17个环节整合为6个。主要存在社会消费品市场增长后劲不足，物流业发展专业化和信息化水平不高、管理协调机制不完善、城乡物流配送体系尚未建立，电商龙头企业带动力不强、农村电商公共服务能力不足，外贸进出口企业运营成本居高不下、外贸发展动能与后劲不足、外贸进出口结构失衡等问题。　（徐万东）

【消费品市场发展特点】 2018年，南宁市社会消费品零售总额比上年增长9%，增速降低2.83个百分点，低于自治区(9.26%)0.26个百分点，与全国持平。限额以上消费品零售额增长3.50%，增速降低8.10个百分点，低于全国(5.70%)、自治区(4.80%)增速。批发业增长14.11%；零售业比上年同期下降2.10%，销售额增长10.99%，增速下降3个百分点；住宿餐饮业增长12.02%，餐饮业营业额增长10.10%。限额以上批发零售住宿餐饮销售(营业)额增长14%、7%、11.40%、8.30%。新增限额以上企业285家，在库统计限额以上企业累计1567家。粮油食品类、服装鞋帽针纺织品类、化妆品类、日用品类、体育娱乐用品类、书报杂志类等商品保持平稳增长，其中家用电器和音像器材、体育娱乐用品、化妆品、书报杂志等消费升级类商品增速分别为8.60%、8.30%、7.50%、10.90%，粮油食品、服装鞋帽针纺织品、日用品等生活必需品类商品增速分别为8.60%、5.60%、6.70%；受到已退出的汽车购置税政策提前释放消费需求的影响，汽车类商品零售呈现缓慢增长趋势，增速0.80%；成品油销售价格上涨，石油及其制品类商品平稳较快增长，增速12.50%。　（曾维一）

【电子商务】 2018年，南宁市重点企业

2018年12月15日，中国(南宁)跨境电子商务综合试验区开区运营。图为顾客在选购商品
韦静　摄

电子商务交易额2900亿元，比上年增长16%。扩大电商投资领域，引进河南保税集团，成立广西南大门跨境电商运营有限责任公司；引进京东、阿里巴巴、苏宁、唯品会等电商企业，引进小红书、网易考拉、唯品会(全速通)等跨境电子商务企业；京东南宁电子商务产业园项目完成一期项目土地竞拍；促成广西南大门跨境电商运营有限责任公司与开元国际、泊伊美汇、海外仓集团、南宁震洋物流、蚂蚁洋货、北港优选、中大门网络科技公司、申通国际越南公司签约，中国邮政广西分公司与南宁市科芝欧供应链管理有限公司、广西海带宝电子商务有限公司、广西铭之顺网络科技有限公司签约，南宁百货与中大门网络科技公司战略合作签约。有跨境电子商务企业200余家，大型跨境电子商务线下体验店5家，中小型跨境电子商务线下体验店近百家；出台《南宁市贯彻落实自治区优化通关环境畅通南向通道若干措施实施方案》；南宁市高新技术产业开发区升级改造南宁综合保税区辅助系统和智能卡口系统，完善南宁跨境贸易电子商务通关服务平台项目、南宁跨境贸易电子商务政府公共服务平台项目；12月，中国(南宁)跨境电子商务综合试验区正式开区运营；年内，中国—东盟(南宁)跨境电子商务产业园实现综合进出境业务1213.73万票(进口161.08万票、出口1052.65万票)，货值7507.27万美元。农村电子商务交易额2.80亿元，比上年增长75%；完善农产品溯源体系，横县、宾阳县、上林县建立防伪溯源数据库，累计为20多家企业赋码150万枚；5月、12月，南宁市农业委员会在广西农产品贸易网和南宁农业信息网上分别举办2018年南宁市春夏季蔬菜瓜果暨贫困村特色农产品网上交易节和2018年南宁市名特优农产品网上展销节，发布农产品信息226条、浏览量655次；推进农村县级电子商务公共服务中心建设，完善县乡村三级农村电商服务体系，建成县级电商服务中心6个、农村电商产业园6个、村级服务点约1800个，农村电子商务覆盖率85%；上林县创建电子商务进农村综合示范县，建设乡镇级电子商务服务站11个、乡村级电子商务服务点70个(含贫困村服务点65个)、覆盖行政村53%，贫困村电商服务站点全覆盖，贫困村微电商终端总数3000多个，各类农村电商平台村级服务站186个，电商平台日均下单量超过100件，电商交易额近3300万元；培育横县茉莉花茶、甜玉米、木瓜丝酱菜、富硒香米、粽子等农副产品电商品牌，宾阳县古辣香米、洋桥芋头、新圩土制红糖、百桂米粉、胜哥沙糕，上林县大米、八角，马山县黑山羊等传统农产品专业合作组织线上交易。 (廖翠彬 刘 静)

商业贸易

【批发与零售业】 2018年，南宁市新登记221户，注册资本(金)17.95亿元、2565.24万美元；累计28.81万户，注册资本(金)2762.67亿元、7.90亿美元。其中：内资(非私营)企业5355户，注册资本(金)115.82亿元；私营企业9.88万户，注册资本(出资)2440.13亿元；外商投资企业586户，注册资本(认缴出资)7.65亿美元；个体工商户18.34万户，资金数额206.72亿元。

(周 旻)

【促销费活动】 2018年6月1日至7月15日，举行南宁消费购物节，市商务局主办、新浪广西承办，6月1日在安吉万达广场开幕，主题为“绿城南宁 消费盛宴”。购物节期间，依托“党旗领航 电商扶贫”网销平台，与京东、天猫、苏宁等商家自有网上商城打通，设百货、超市、家电、餐饮、汽车、电商、IT通讯、家居建材、扶贫、县区特色、线上线下联动、2018第五届南宁物流周12个主题，百货行业6家商家参与，举办促销活动10场；6月29日至7月2日，举行2018第七届广西国际汽车文化节，参展汽车品牌80余个，展出车型800台，观展2.80万人。2018年12月7日至2019年2月20日，举行南宁欢乐消费季，市商务局主办、新浪广西承办，12月7日在南宁百货新世界店开幕；主题为“乐惠南宁幸福升级”，覆盖百货、超市、家电、餐饮、汽车、电商、IT通讯、家居建材8大行业，推出“幸福南宁，60年商贸业发展图片展”“冬游南宁，旅游宣传推广活动”专题促消费活动、扶贫农特产品专题促消费活动。 (冯筱斐)

【商圈提档升级】 2018年，南宁市以打造区域性精品商圈和区域性消费中心城市为目标，以朝阳商圈、埌东—凤岭商圈、五象新区商圈3个城市商业发展核心区为重点，提升改造商圈功能。朝阳商圈结合南宁市轨道交通1号线、2号线通车，以及民族大道、朝阳路、大学路等城市干道的恢复设计，在商圈之间建立BRT公交、地铁、小客车互联互通快速通道网络；在商业消费区域内规划设计地下商业街区或地上过渡广场、楼宇间空中连廊、区域间快速通道等，构建商圈核心区无迂回人流组织网络；推进“老南宁·三街两巷”历史文化街区改造，打造成以明清岭南民居及近代骑楼为主的历史文化街区，集民俗体验、文化展示、旅游服务、商住、大型商场五大功能于一体，带动朝阳商圈转型升级为传统与现代相结合的历史文化街区，年末，“老南宁·三街两巷”历史文化街区改造完成。埌东—凤岭商圈实施南宁国际会展中心改扩建工程，展览面积增至9.30万平方米，设展位4500个、停车位3000个，提升会议展览配套设施、交通物流等功能，会展西侧环道、石园路、会展七支路建成通车，连通南宁人民会堂通道和地铁人行通道，将南宁国际会展中心与航洋商圈、轨道交通1号线互联互通；提升改造航洋商业区之间的衔接，建设慢行系统，改善会展中心环境，提升沿线绿化、路灯、休闲座椅等，营造会展、休闲、购物、旅游协调发展环境。五象新区商圈推进五象新区总部基地金融街商贸中心区建设，南宁绿地中心、海尔青啤(东盟)联合广场、富雅国际生活广场、万科大厦、大唐总部1号、裕达国际大酒店6个商业楼宇项目、80多家餐饮及批发零售店面、2家酒店951间客房竣工开业，商业开业面积7万平方米。

2018年12月23日，南宁市“三街两巷”历史街区核心片区(一期)“老南宁·三街两巷”历史文化街区正式开街 市商务局提供

2018 年 12 月 29 日，南宁农产品交易中心开业试运营。图为交易中心全景

市商务局提供

【农产品流通市场建设】 2018 年，南宁市推进南宁农产品交易中心、广西（中国—东盟）粮食物流产业园五象粮油食品加工仓储基地等建设，改造提升金桥农产品批发市场、广西海吉星农产品物流中心等大型农产品流通平台，策划区县（开发区）农批农贸建设项目，完善果蔬农产品主产区集配送、分拣加工、预冷、信息追溯等一体化服务功能，构建市、县、乡现代农产品流通网络体系。南宁农产品交易中心 12 月 29 日开业试运营，完成广西农业会展中心、17 个果蔬大棚、16 个活禽市场交易大棚建设，12 月 28 日至 29 日“2018 中国东盟农业机械展中国甘蔗机械化博览会”在广西农业会展中心举办。广西（中国—东盟）粮食物流产业园五象粮油食品加工仓储基地完成 6 个拱板平房仓、4 个中转仓、仓储检测车间等 11 个单体建设，基本完成加工区设备安装、调试等。广西万乡河农产品冷链配送中心规划占地 3.32 公顷，建筑面积 2.42 万平方米，新建大型冷库 2500 立方米，配套建设集物流配送、分拣加工、产品检测、批发市场交易等为一体化服务设施，年内完成交易市场及冷库基础设施建设，制冷、制冰设备安装及调试。广西海吉星农产品国际物流中心水果市场交易量 128.19 万吨，比上年下降 6.47%，蔬菜市场年交易量 95.95 万吨。广西五洲金桥农产品批发市场交易量约 200 万吨。

【主要商业街区与城市商业综合体】 2018 年，南宁市特色商业街区主题突出，市区商业街经营的商品涉及服装、电动自行车、汽车汽配、餐饮、装饰装潢、茶叶、盆景石艺等，有邕州老街、江南水街、兴宁路步行街、民生路步行街、亭洪路 10+1 商业大道、南宁中国—东盟国际商务区商业街、人民路装饰材料一条街、星湖路电子科技信息一条街、东葛路通讯商品一条街、白沙大道汽车销售一条街等，也有以文化、休闲为主题的特色民歌湖餐饮酒吧区、金汇如意坊、欧洲风情小镇、唐人文化园等。南宁市城区百货、超市街区主要集中在朝阳商圈、埌东—凤岭商圈，从经营档次看，南宁梦之岛百货、南宁百货大楼、南宁万象城、青秀万达广场等主要经营中高档次百货商品为主，北京华联、南城百货、沃尔玛、人人乐、华润万家等百货、超市经营中档次百货商品为主，交易场、和平商场、大和平商场、大和平华西商业城等经营大众化百货商品为主。美食商业街有中山路小吃一条街、长湖路餐饮一条街、民歌湖现代艺术酒吧街、青秀山东南亚美食街、江北大道酒吧一条街、邕州老街文化旅游美食一条街、水街特色小吃街、建政路小吃街、明秀路青岛啤酒吧一条街、农院路小吃街、仙葫开发区富兴路美食街等。南宁市城市商业综合体建设发展呈上升趋势，主要有南宁华润中心、南宁会展航洋城、南宁青秀万达广场、南宁三祺广场、南宁盛天地购物中心、南宁安吉万达广场、南宁万达茂、江南万达广场、江南盛天地、南宁绿地中央广场、南宁新城吾悦广场、融晟天河海悦城等，其中南宁绿地中央广场 289 上海天地购物中心、融晟天河海悦城·融晟极地海洋世界、南宁新城吾悦广场年内开业。

（潘贤新）

社会服务业

【信息传输、软件与信息技术服务业】 2018 年，南宁市新登记 72 户，注册资本（金）0.33 亿元、1381.45 万美元；累计 9945 户，注册资本（金）288.10 亿元、1.06 亿美元。其中：内资（非私营）企业 400 户，注册资本（金）32.07 亿元；私营企业 8516 户，注册资本（出资金额）254.61 亿元；外商投资企业 179 户，注册资本（认缴出资）1.06 亿美元；个体工商户 850 户，资金数额 1.42 亿元。

【租赁与商务服务业】 2018 年，南宁市新登记 405 户，注册资本（金）79.14 亿元、0.36 亿美元；累计 5.60 万户，注册资本（金）4822.26 亿元、9.72 亿美元。其中：内资（非私营）企业 1627 户，注册资本（金）1334.51 亿元；私营企业 4.67 万户，注册资本（出资）4479.56 亿元；外商投资企业 345 户，注册资本（认缴出资）9.72 亿美元；个体工商户 7391 户，资金数额 8.19 亿元。

【居民服务与其他服务业】 2018 年，南宁市新登记 16 户，注册资本（金）0.63 亿元；累计 4.68 万户，注册资本（金）73.64 亿元、2091.55 万美元。其中：内资（非私营）企业 429 户，注册资本（金）38.02 亿元；私营企业 4587 户，注册资本（出资）9.88 亿元；外商投资企业 36 户，注册资本（认缴出资）2091.55 万美元；个体工商户 41740 户，资金数额 31.74 亿元。

【卫生与社会工作经营性服务业】 2018 年，南宁市新登记 23 户，注册资本（金）1.36 亿元；累计 2317 户，注册资本（金）118.94 亿元、4827.54 万美元。其中：内资（非私营）企业 36 户，注册资本（金）22.15 亿元；私营企业 414 户，注册资本（出资）94.66 亿元；外商投资企业 2 户，注册资本（认缴出资）4827.54 万美元；个体工商户 1865 户，资金数额 2.13 亿元。

【文化服务业】 2018 年，南宁市新登记 25 户，注册资本（金）1.59 亿元；累计 3144 户，注册资本（金）144.65 亿元、4818.40 万美元。其中：内资（非私营）企业 143 户，注册资本（金）5.44 亿元；私营企业 2981 户，注册资本（出资）139.21 亿元；外商投资企业 20 户，注册资本（认缴出资）4818.40 万美元。个体工商户 1140 户，资金数额 5.72 亿元。

【交通运输、仓储与邮政服务业】 2018 年，南宁市新登记 65 户，注册资本（金）4.29 亿元、649.80 万美元；累计 1.41 万户，注册资本（金）208.51 亿元、1.69 亿美元。其中：内资（非私营）企业 668 户，注册资本 29.29 亿元；私营企业 4509 户，注册资本（出资）147.85 亿元；外商投资企业 46 户，注册资本（认缴出资）1.63 亿美元；个体工商户 8915 户，资金 31.37 亿元。

（谢应辉）

【家庭服务业】 2018年,南宁市家政服务业企业约2700家,从业人员5万人。其中:注册资本超过10万元的家政服务业企业近20家,超过50万元的5家;年均经营收入超过10万元的家政服务业企业35家,超过50万元的3家。年内,全市家政服务业的服务内容扩展到10多个门类、60多个项目,经营范围向综合化、专业化方向转变,在传统的保姆服务、保洁服务、维修服务、搬家服务基础上,衍生家庭管家、月子中心、照料中心、托管中心、家具家电保养等新型服务业态。有南宁市家庭服务行业协会1家,会员单位135个,开展家政行业自律,规范行业行为,家政服务业知识和技能培训,家政信息、法律和经营等咨询服务。南宁市对符合条件的、吸纳建档立卡贫困家庭劳动力、困难人员就业的家庭服务业企业给予社会保险费补贴、一次性带动就业奖补等政策扶持。

(金　尼)

【养老服务业】 2018年,南宁市养老服务分为居家养老、机构养老、社区日间照料等,居家养老是主要养老模式。5月,南宁市被确定为中央财政第三批支持开展居家和社区养老服务改革试点地区,获3124万元试点资金支持。推进"互联网+居家养老"服务,将包含市养老服务监管平台、社区居家养老服务平台、市养老机构管理信息化平台的南宁市智慧养老服务平台纳入为民办实事项目;12月27日,南宁市智慧养老服务平台三胞集团安康通中心站点、北京普天中心站点揭牌运营。南宁市委托运营企业为1.30万名五类困难老年人开展服务,提供居家养老服务补贴每人每年600元~1200元。出台《南宁市加快发展养老服务业实施意见》等文件,吸引民间资本进入养老服务业市场,推动落实太和自在城和合众优年生活社区二期项目,引进1800张床位的泰康医养综合社区项目、1600张床位的华润悦年华项目,以总投资5600万元的广西喜康中颐养老服务有限公司为代表一批中小型养老企业入驻南宁;采用PPP模式建设和运营2000张床位的市第二社会福利院项目、600张床位的武鸣区社会福利院搬迁扩建项目。有公建民营养老机构12家,全市50%的公办福利机构、80%的社区日间照料中心和城市养老服务中心实行公建民营。市政府投入280万元经费用于社区居家养老运营补助,投入社会化运营的社区居家养老日间照料中心50个,培育老来福、12349、佳益居家养老服务中心等品牌。推广实施《南宁市养老机构服务规范化、标准化制度与流程模版》《南宁市居家养老服务规范化、标准化制度与流程模版》。年内,评出星级养老机构15家,其中三星级4家(市康乐护老院、市金色阳光护理院、邕宁区社会福利院、上林县福寿老年公寓)、二星级11家。

(庞俊琳)

【拍卖业】 2018年,南宁市辖区有合法拍卖企业147家,从业人员801人,其中拍卖师184人。主要经营项目包括工商行政管理、海关和司法机关等罚没的物品、抵债物品、无主物品、闲置物品、积压物品、生活资料、艺术品、房地产、无形资产、银行不良资产、土地使用权、生产经营权、股权、市政设施广告经营权等。举办拍卖会1464场,拍卖成交总额55.22亿元,其中房地产成交额12.35亿元,土地使用权成交额33.13亿元,机动车成交额0.40亿元,农副产品成交额0.90亿元,股权、债权、产权成交额4.90亿元,文物艺术品成交额190万元。

【典当业】 2018年,南宁市辖区有合法典当企业74家、典当分支机构1个,从业人员291人。典当业务1734笔,典当余额4.20亿元;资产总额8.30亿元,负债总计4439.07万元,主营业务收入1636.56万元。

(周　旻)

住宿与餐饮业

【概　况】 2018年,南宁市住宿与餐饮业新登记1.93万户,新增注册资本(金)21.63亿元;累计6.14万户,注册资本(金)139.55亿元、9685.73万美元。其中:内资(非私营)企业292户,注册资金4.05亿元;私营企业4052户,注册资本(出资金额)74.39亿元;外商投资企业127户,注册资本(认缴出资)9414.39万美元;个体工商户5.69万户,资金数额61.11亿元。南宁市限额以上住宿业营业额增长11.40%、限额以上餐饮业营业额增长8.30%,存在限上餐饮企业转型速度慢、餐饮业难以保持高速增长问题。

(谢应辉)

【酒店住宿类型】 2018年,南宁市有星级酒店49家,其中五星级2家、四星级13家、三星级34家。高档酒店有广西沃顿国际大酒店、红林大酒店、南宁富力万达文华酒店、南宁富力万达嘉华度假酒店、国悦·九曲湾温泉别墅度假酒店、南宁会展豪生大酒店、南宁伟鑫万豪酒店、南宁邕江宾馆、南宁饭店、南湖名都大酒店等。经济型商务酒店有如家酒店、城市便捷酒店、7天连锁酒店、锦江之星连锁酒店、汉庭快捷酒店、格林豪泰酒店、维也纳酒店、雅斯特酒店等全国连锁酒店,精通酒店、格子微酒店、星波便捷酒店、好来登酒店等本地连锁酒店,其他零散经营门店分布各处。南宁的民宿(利用当地闲置资源,民宿主人参与接待,为游客提供体验当地自然、文化与生产生活的小型住宿设施)产业渐成规模,分布于各商圈、旅游景点附近,提高居民收入同时,让游客通过民宿体验感受南宁魅力。较热门的有南宁云舍度假村,西乡塘青瓦房古村落,武鸣伏唐山庄、伊岭岩岩舍、石头寨,马山加国农居、中凯农舍、三甲屯·南院等。

(姚宗秀)

【桂菜经营】 2018年,南宁市餐饮业经营的桂菜系列主要由桂北风味菜、桂东南风味菜、桂西风味菜、滨海风味菜和少数民族风味菜,以及各种风味小吃组成,桂菜有微辣、带甜、有酸、新鲜的特色,风味独特,别具一格。南宁、梧州、玉林等地方风味菜讲究鲜嫩爽滑、用料多样,常以岭南瓜果入菜,如玉林三宝(牛巴、牛腩、牛肉丸)、菠萝焗饭,梧州纸包鸡,南宁腰卷、邕州鱼角、猪肚鸡、荔浦芋头鸭等;少数民族风味菜多就地取材,讲究实惠,制法独特,具有浓郁的乡土气息,如客家皇蒸鸡、壮乡田螺猪手等;桂北(桂林、柳州等地)风味菜品味醇厚、色泽浓重,擅长以山珍野味入菜,如桂林黄焖鸡、"酿三宝"等。桂菜原料采用鱼、鸡、虾、蟹、猪、牛、羊等,素料有芋头、马蹄、莲藕、竹笋等,在佐料上采用豆腐乳、辣椒酱、白酒、黄皮酱、柠檬等,烹调方式采用扣、蒸、炖、酿、焖、炒、炸,成为以清甜、鲜香、脆嫩风味特色。成菜讲究粗物细作、形量协调,形成香气蕴藉、色彩清丽的广西风味菜。代表菜有巴马烤整猪、苗家竹板鱼、侗乡竹笋肉、瑶山泥巴鸡、壮家粉芭肉、毛南烤香猪、京族花衣蜇皮、脆皮扣肉、脆皮狗肉、白切狗肉、纸包鸡等。南宁市较有特色的桂菜经营餐馆主要有明园新都大酒店、荔园山庄、南宁饭店、味江南邕城家宴、甘家界柠檬鸭、南宁肥仔饭店、瑶王府、小南国、老友王、味道制造、漓雨村私房菜、八桂坊、金龙寨、明桂御膳坊、邕城小福楼、沙头醋血鸭馆、阿谋美食、诚如金餐厅、桂林仔、文家油茶、桂小厨、桂嘢新派广西菜餐厅等。

【传统食品】 2018年,南宁市主要有老友粉、生榨米粉、粉饺、脆皮扣、佛手酥、油炸粽、锅烧牛杂粉、糯米水圆、绿豆大肉粽、蕉叶糍等传统食品,富于地方特色。

老友面(粉)　制作方法:先将精面粉加适量水和鸡蛋反复搓揉,用竹杠反复压打成面片,精切成细条(现在用机器压榨成湿面条,极少有人工制作),再以爆香的蒜泥、豆豉、辣椒、酸笋、碎肉、醋、骨头汤等配料与之烹煮而成。

米　粉　制作方法：选用大米淘净浸透加水磨浆，掺入用开水冲兑的适量熟浆拌匀（或用适量米饭与米一同磨浆）放入金属托盘（米浆仅铺过盘底），蒸成薄片，折叠切成条，叫作切粉；在舀米浆入托盘后加入碎肉、葱花、香菇末、碎虾米等配料，蒸煮后卷成筒状称卷筒粉，在梧州及广东一带叫肠粉；将用布滤干成粉团的米浆煮至五成熟，放在石臼中舂成软硬适度有韧性的稠浆（现代多用机械搅拌）用粉榨器就着沸水锅压榨入锅煮熟，叫生榨粉。

干捞粉　制作方法：取切粉置于捞篱内放入开水锅中汆一下，装碗后加入叉烧或牛锅烧、焯过水的绿豆芽、炸黄豆或炸花生仁，淋上用10多种配料熬成的酸甜卤水及少许熟花生油拌匀即可食用。

宾阳酸粉　宾阳县传统小吃。制作方法：精选上好的晚稻大米，经24小时浸泡并淘洗，用土制的石磨磨浆。经过7天时间反复的漂浆，其间，根据气温的不同进行不定时换水。蒸制时采用大铛木盖浮托法蒸米粉，蒸熟一条折叠一条并抹上一层花生油。配菜有叉烧、炸波肉、炸牛肉巴、炸灌风肠、炸花生或黄豆和腌制的新鲜黄瓜。用纱布包好陈皮、八角、葱条等10多种香料，加水、盐、蚝油、味精等煮制卤水，再用糖、盐、米醋调制糖醋至酸甜适口。切好米粉放在碗内，叉烧等配料平摊在米粉上，再放些鲜红的生辣椒和蒜茸、香菜，浇上卤水及糖醋，加些花生油即成。

八仙粉　制作方法：选用带有韧性的新鲜切粉，煮粉前先在热锅里盛入大半碗猪骨熬成的上汤，汤沸后放入鱼饺、肉片、熟鹌鹑蛋、香菇、黄花菜、鱿鱼、鸡肉丝、瘦猪肉片、鱼片、新鲜嫩蔬菜等各两三件，猛火煮沸片刻，再倒入200克切粉，待锅中汤水再沸后加少许香葱、香油、盐、味精等调味，即可装碗食用。

炖粉糕　制作方法：将大米淘净，兑水磨成米浆，分成几盆调入可食用的红、黄色素，用浅陶盆置锅中分层勺入米浆，先蒸一层原色米浆，待第一层蒸熟后，再依次分别加入黄色、红色米浆，反复依次加入各色米浆，每层约0.20厘米厚直至蒸满盆，在面上洒入些碎肉、花生仁、葱花即可，称夹层炖粉糕。

凉　粉　制作方法：将凉粉果中的白色粉粒加工榨出液体，加热冷却后形成晶莹透明的晶体，将熬过的红糖水加入，捣碎晶体作凉拌吃。

粉　虫　制作方法：用黏米洗净浸透、磨成稀稠适宜的米浆，滤成湿粉团置锅内煮至半熟，起锅揉搓至软硬适度有韧性的粉团，然后搓成条状，扯下小段在专用竹箕背搓几下，成虫状，置于蒸笼蒸熟。

粉　饺　制作方法：选用黏米浸透磨成稀稠适度的米浆，滤成湿粉团置沸水中煮至半熟，加入适量薯粉（生粉），将粉团反复搓揉至有韧性，搓成条状擀成薄片饺皮，包入拌食盐、香油、味精、五香粉的碎猪肉、虾米、香菇、马蹄或凉薯末合成的馅心，置托盒蒸熟。食用时配以黄皮酱、海鲜酱、豉熟油及少许葱花、芫荽之类的佐料。

粉　利　制作方法：将浸透的大米加水磨成浆，滤成湿米粉，搓揉成团，放入沸水锅蒸至半熟，置于案板揉搓至有韧性，搓成直径4.50厘米的圆条状，切成段，置笼屉蒸熟。蒸熟的粉利须入水保存，以防干裂。食用时切成片，配以各种肉类制成“炒粉利”“粉利汤”，亦可作打火锅的食材。

油炸粽　制作方法：将糯米淘洗浸透，捞起沥干，取100克～150克加少许绿豆，用粽叶包成长12厘米、宽7厘米、厚5厘米扁形粽子，置锅中煮熟，然后捞起晾干，剥去粽叶，放到烧滚约180摄氏度的油锅内炸至外皮色泽金黄即可。

蕉叶糍　制作方法：选用糯米淘净浸透磨浆，用布袋滤干成湿粉团，经搓揉捏成长条状，用经热水烫软洗干净并刷上食油的芭蕉叶把粉团包好，置蒸笼蒸约20分钟即可食用。可制成咸味、甜味2种。做甜味的方法是将糖煮成浓浆，加入猪油与湿米粉搓匀；咸味的即在湿粉中加入些许盐搓匀，或包入炒干的横县头菜末、碎猪肉、花生之类的咸馅。

艾　糍　也称艾粑粑。制作方法：摘下野生的艾草或白头翁草嫩叶用石灰和水浸泡两三天以去污（白头翁草洗净即可），然后洗净捞起剁碎（越碎越好），加入赤砂糖和水，煮艾叶或白头翁草碎成糊，将其和入糯米粉中，艾糍外衣即成；炒花生仁舂碎后拌入赤砂糖和炒过的白芝麻（味甜而不腻且香）作馅；将馅包入已和好的艾叶糊的面团中（像包汤圆一样）压扁，把摘来的新鲜柚子叶或芭蕉叶剪成巴掌大小洗净（再放些油入热水中略煮更好），再给每个包好的艾糍附上一小片柚子叶或芭蕉叶，环状放入蒸笼蒸15分钟～20分钟即可食用。

凉　粽　制作方法：将糯米浸透，拌入少许枧水，用几张竹叶包成条状，用细线捆扎牢，置沸水锅煮熟。食用时除去竹叶，蘸以糖浆。

猪肉绿豆粽　制作方法：将去皮肥猪肉洗净切条，加入佐料腌制半天待用；绿豆磨碎淘洗去皮，选用大糯米淘净沥干，将粽叶若干张洗净摊开，放上适量糯米，在中间开凹沟，放入绿豆和一条腌制猪肉，再盖一层绿豆，加一层糯米覆盖好豆、肉，然后包起，中部微突隆，用粽绳扎牢，置沸水锅中煮半天左右即可。

五色糯米饭　制作方法：分别将旱米果、香饭花或姜葱、枫叶或枫树皮、红蓝草捣烂加水加热制成大红色、黄色、黑色、紫红色液体，将糯米分别浸泡在各色液体中，待米粒通体染上颜色后滗去余汁，分别入甑蒸煮，出甑后再将各色熟饭放入大铁锅中搅匀，便呈黑、红、紫、黄、白5种色彩。

黄花饭　制作方法：先将黄花树的黄花置锅中加水煮沸，水变黄，滤去渣，留水蒸饭即成黄花饭。

豆蓉糯米饭　制作方法：摊档主将大口陶盆放在箩中，盆内盛满糯米饭，饭旁放着绿豆蓉；不论冬夏，盆底均置一炭炉，盆上放着一钵油炸糯米锅巴，另一钵则放着一块块卤熟的半肥瘦肉或腊肠。出售时档主用双手将糯米饭捏好，夹入绿豆蓉、油炸锅巴或猪肉或腊肠在糯米饭中间，捏成饼状，沾上香酥芝麻、葱花、生晒豉油，放在一块清洁的荷叶上，顾客即可拿着食用。

瓦煲饭　制作方法：选优质米入沙煲，采用转炉煮饭，炉的一半有火，一半无火。先用猛火烧沸，然后转到无火焗饭。焗饭时，将配好佐料的肉类菜蔬，铺陈于饭面，饭熟菜熟。

八宝饭　制作方法：选用优质的香糯浸洗后用竹箕滤干水，置蒸笼或饭甑蒸熟，倒在盘里加些猪油、白糖拌匀，然后将少许蜜枣、杏仁、莲子、冬瓜糖、桂圆肉、葡萄干、蜜饯等干果放入碗内摆好，再将一些干果拌入饭中，盛入碗里压实，中间压成窝状，放些豆蓉馅，再用糯饭盖住压平，重新置蒸笼内蒸三四十分钟即可。食用时把碗里的八宝饭扣于碟中，浇上少许用糖和菱粉调制的芡汁。

酿苦瓜　制作方法：选用中粗直的青嫩苦瓜，洗净切成每节长圆寸的瓜筒，掏出瓜瓤，将猪肉与花生仁剁成肉泥，与浸透的糯米、猪油、盐、香葱、香料拌匀作馅，填入瓜筒中，置锅中蒸熟即可上碟食用。

炒田螺　制作方法：将田螺置清水盘中养数日，常换水，让田螺吐尽泥污，然后洗净外壳的泥苔，用刀敲碎螺尾顶尖，剥去螺盖后入锅，加入少许食油、姜、盐、酒等配料爆炒片刻，以除去腥味，再加些水煮至熟透，最后加入紫苏、假蒌、香葱、蒜苗、酸笋、啤酒及适量油、盐调味拌匀，便可上桌食用。

粥　品　制作方法：选用上好大米，明炉微火煮至米烂待用。食用时可根据口味，明火现煮配制成猪肉粥、牛肉粥、鸡肉粥、鱼片粥、猪杂粥、鸡杂粥、皮蛋瘦肉粥、三鲜粥、猪红粥等，上碗时加入姜丝、葱花、胡椒粉即成为美味粥品。

鱼　扣　邕宁区蒲庙镇那路村一道传统的特色菜肴。制作方法：选择500克左右的鲮鱼做原料。将活鱼洗净，去头、去皮,取鱼肉,把鱼肉剁成泥(也可用绞肉机绞)倒入盆里摔打20分钟后(以把一小块鱼泥投入水中能浮上来即可),加入适量的食盐、胡椒粉,拌均匀后待用(用作包鱼扣的皮)。接着制作鱼扣馅。鱼扣馅使用瘦猪肉、虾米、香菇、马蹄、花生、芝麻、头菜、葱等8种材料。把花生、芝麻用文火炒香,把其他馅料剁碎,加入适量的生粉和少许鱼肉泥(使蒸熟的鱼扣切开时馅不容易散开)及舂碎的花生、芝麻,搅拌均匀后即成鱼扣馅,把馅包入先前制作好的鱼肉泥中即制成鱼扣(包好的鱼扣形状像只大包子),再把鱼扣放入烧开的锅里煮30分钟,待鱼扣从锅底浮到水面即可捞起,趁热滴上几滴老抽抹匀,冷却后,将鱼扣放入油锅里炸至表面金黄后捞起冷却,切成片状装盘,再放入蒸笼蒸20分钟即可以上桌(蒸得越软越好吃)。

脆皮扣　良庆区、邕宁区一带的特色菜肴。制作方法:选上好皮薄的五花肉1000克,清洗干净,改刀切成500克一块的大块,取干净的锅,放入改刀后的五花肉,加入冷水,放入姜块葱条和酒,猛火烧开,改小火煮20分钟,捞出放在盘中,然后在肉皮上均匀地抹上盐和大红浙醋;取炒锅,垫上锅箅,将抹好醋的肉皮向下放到锅中箅子上。然后倒入花生油,至泡到猪皮但不超过猪皮为好,盖上锅盖,大火烧制,待油发出爆炸声后,关至中小火,炸40分钟,待皮炸到金黄时即可捞出,切片食用。

高峰柠檬鸭　起源于武鸣区一带的一道特色菜,尤以武鸣区高峰境内酒家饭店最优故得名。制作方法:将鸭宰后洗净、去内脏切成块,入锅用猛火炒至六成熟,再将切成丝的酸辣椒、酸姜、酸柠檬、酸藠头、酸梅、生姜、蒜泥等佐料入锅同炒,拌匀后改文火至八成熟后加入豆瓣酱同炒至熟透,淋上适量香油即可出锅上碟。

横县鱼生　横县传统食俗。制作方法:将1.50千克～2.50千克重的活鲩鱼杀死去皮,把鱼两侧面的肉削除出来,用卫生纸包好吸干水分,将鱼肉切成"双飞"薄片,摆在盘里。然后用冷开水将生姜、紫苏、鱼腥草、柠檬叶、大头菜、洋葱等佐料洗干净,甩干水分后切成细丝,指天椒、蒜瓣、酸藠头等切成片。将酱油、花生油、酸醋、胡椒粉等放入小碗拌匀作调料。食用时各取少许青料、姜丝、花生米、酸藠头,连同蘸了调料的鱼生片一起吃。

酸　肉　壮族传统食品。制作方法:把猪肉(最好是五花肉)的皮面置锅中煮成金黄色,加入蒸熟的玉米粉(小米粉更好)、精熟盐(每千克猪肉掺60克～70克,以不太咸为宜),经反复搓揉,至肉变软后置瓷罐中密封,两个星期后肉即变酸,便可吃用。酸肉有2种吃法:一是切片后即吃;二是把黄豆或玉米炒熟和酸肉一起吃。

羊　酱　又叫"羊精""羊瘪"。制作方法:羊杀好后,将羊的一段细嫩的小肠割下,分绑两头,入锅用油煎至小肠爆裂、黄熟,内溶物溢出后,加水煮10分钟,将小肠捞起滴水沥干,切成小块,再放入锅中,配以适量的羊血和剁碎的羊肉、羊杂以及盐、姜、辣椒等佐料制成。

羊　红　制作方法:用刚宰杀的黑山羊鲜血和炒好的羊内脏(俗称"羊下水""羊杂"),加上香菜、花生等佐料制成。

清水羊肉汤　马山县特色菜。制作方法:将黑山羊羊肉砍块,放入有清水的锅中烧开去除血水,沥水后用清水洗净,再倒进放有枸杞、花菇、红枣、生姜等开沸的锅中煮熟后,蘸料汁即可吃。蘸料以新鲜香椿嫩芽为主料。

2018年,在音味有你音乐主题餐吧内,顾客享受美食同时欣赏歌手现场表演　　黄泰　摄

腊　肉　南宁传统风味食品。制作方法:冬天腊月时人们将新鲜猪肉搓适量的盐放在盘里腌到农历二月,用菜叶清洗除去肉表里油腻盐质,然后串挂起来,风干即成腊肉。

糯米血肠　壮族普遍喜爱的传统食品,壮语称为"楞棒"。制作方法:把蒸到半熟的大米或糯米趁热拌上鲜猪血以及各种香料,紧紧灌入洗干净的猪肠内封口蒸熟即成。食用时可切成片,或用油煎炸,或用甑蒸热。　　(书　弄)

【时尚餐饮】2018年,南宁市大街小巷出现多种"抖音网红"食品,如雪花酥、脏脏奶、爆浆芝士蛋糕、欧包、火鸡泡面、冰淇淋火锅、小龙虾等。时尚餐饮店众多,比较受欢迎的有宁家鲜生、胡桃里、乌玛市集、文和友龙虾馆、海鲜君、大龙燚火锅、稻香迎囍皇宫、杂咖西餐厅、音味有你音乐主题餐吧等。　　(唐　娟)

盐业专营

【概　况】2018年,广西盐业集团有限公司南宁分公司(南宁市盐务管理局)设综合办公室、计财科、市场经营科、资产管理科,在职员工55人,下辖黎塘支公司。6月29日,南宁市食盐质量安全管理、市场监管、盐政执法职能从南宁市盐务管理局移交南宁市食品药品监督管理局。提供"桂盐""桂山"品牌食盐和普通精制碘盐、海藻碘盐等食盐品种,推广澳洲系列海盐4个新品。全年盐品购进2.98万吨,完成年计划87.60%;盐品销售2.76万吨(直接食用盐销售2.14万吨、加工用盐销售6219.90吨、小工业盐销售2145.90吨),完成81.13%;销售收入5219万元,完成84.59%;利润2141.19万元,完成129.77%。存在食盐监管难度增大,市场监管形势加剧等问题。

【盐政执法】2018年1月至6月,南宁盐务管理局会同食品药品监督、工商、卫生、物价等部门开展联合执法行动,出动执法车辆110辆次,盐政执法人员588人次,查处涉盐违法违规案件80余起,其中责令改正50余起、扣押10余起、登记保存10余起、没收1起,查处涉案盐品184吨,其中扣押违法盐品7吨、登记保存32.43吨、责令整改(含下架、退回)盐品140余吨。8月23日起,联合南宁食药监部门开展为期两个半月的食盐安全专项整治行动,开展执法检查9次,出动人员108人次,检查食盐零售经营户300余户次,食品加工用盐户20户次,工业盐用户15户次,查

处涉盐案件7起，查获违法盐品230.26吨，移交公安机关1人。（李琳芳）

烟草专卖

【概　况】2018年，南宁市烟草专卖局（公司）辖（设）12个区县烟草专卖局（营销部），从业人员894人。销售卷烟138.98亿支（27.80万箱），比上年增长0.81%；税利21.98亿元，增长7.35%。企业总资产23.10亿元。获广西烟草商业2018年度"先进单位奖""经营业绩特别贡献奖（一等奖）""市场监管突出贡献奖"。主要存在因假烟、走私烟等非法卷烟对南宁市场冲击造成税收流失，在侦破涉烟违法大案要案、净化全市卷烟市场秩序方面力度不够等问题。

【卷烟营销】2018年，南宁市烟草专卖局（公司）销售卷烟实现单箱销售额3.10万元，比上年增长3.83%。全国重点品牌卷烟销量25.73万箱，增长3.50%，真龙品牌占比52.60%，10元以上真龙卷烟销售10.77万箱，增长11.90%。推进现代终端建设，新增1583户，累计建设现代终端6659户。推进卷烟消费环境建设，自主投入建成室外吸烟点176个，引导现代终端客户建立消费体验区768个。加强物流管理，推进同城联运、包装箱循环利用、异型烟分拣线技改、分拣业务外包、中转站撤并，人均卷烟配送效率1311箱，增长0.81%；人均卷烟分拣效率每小时1308条，增长12.38%，单箱物流成本227.72元，下降0.41%。

【专卖管理】2018年，南宁市烟草专卖局查处涉烟违法案件2974起、比上年增长4.28%，查获非法卷烟1.13亿支、增长31.43%，查获烟叶烟丝52.11吨、烟草机械3台套，破获国标案件8起；移送公安机关立案查处案件179起，拘留152人，逮捕58人，判刑7人。与市邮政管理局成立联合执法办公室，各区县局设派驻联合执法工作站，物流寄递环节查获案件147起，查获非法卷烟2808.80万支；开展"春雷"专项整治行动及重大节日市场综合治理行动，查处无证经营案件2154起，罚没金额259.59万元。监督检查零售许可办理环节和实际使用情况，抓好"三统一"系统（融合证件管理、案件管理、队伍管理3项功能的专卖管理综合信息系统）应用。

【企业管理】2018年，南宁市烟草专卖局（公司）开展企业标准和流程诊断，健全企业标准化基础工作程序，承办全区烟草商业企业精益机关管理现场会。加强资产和资金管理，搭建预算管理平台。强化审计监督，完成审计项目87项，提出审计建议65条，核减金额3226万元。修订出台采购制度21项。深化办事公开民主管理，公开招标金额比例96.60%，比上年提高5.18个百分点。落实行政执法监督、法律服务保障，降低企业经营管理活动法律风险。（黄建超）

石油商业

【成品油经营管理】2018年，南宁市有成品油批发企业12家，成品油零售企业383家（座），其中管理性公司12个，加油站372座（中石化南宁分公司加油站161座、中石油南宁分公司加油站58座、其他国有控股成品油企业加油站37座、社会办加油站116座）。成品油销售129.45万吨（汽油84.65万吨、柴油44.80万吨），同比增长11.90%。成品油销售调价24次，时间分别为1月13日、1月27日、2月10日、3月1日、3月29日、4月13日、4月27日、5月12日、5月26日、6月9日、6月26日、7月10日、7月24日、8月7日、8月21日、9月4日、9月18日、10月1日、10月20日、11月3日、11月17日、12月1日、12月15日、12月29日。年末，每升油品零售价格：92号（国Ⅴ）车用汽油6.51元、95号（国Ⅴ）车用汽油7.03元、98号汽油7.90元、0号（国Ⅴ）车用柴油6.11元。南宁市开展打非治违行动116次，取缔非法经营窝点52个、查封非油储油罐87个、查扣非法流动加油车131辆，罚没汽油、柴油528吨。（兰　贞）

【中国石油天然气股份有限公司广西南宁销售分公司】2018年，中国石油广西南宁分公司设综合管理部、业务运作部、财务部、市场开发部，员工547人。在营加油站58座，主要经营柴油、汽油、润滑油、食品、农副产品、汽车零配件、日用百货、化工产品等。升级置换58座加油站国Ⅵ油品。开展"10惠"（每月10号充值有优惠）、昆仑好客日等主题活动日，推广"中油好客e站"APP和微信公众号营销功能；打造精品店，推进自有汽服业务，打造"人车生活"驿站。成品油销售收入28亿元，非油品经营收入5600万元。开展"桂A闪光辉"和"今日我值班"活动，通过930老友记微信公众号、微博等新媒体渠道宣传中石油IC卡；开展"五进"（进学校、社区、企业、政府部门、4S店）活动，推广变形金刚系列加油卡，推进油卡非润一体化。年内，发放IC卡近19万张，服务顾客2000余万人次。与南宁市总工会联合举办第三届"温暖回家路　中油伴你行"大型公益活动，在国道、省道设置爱心驿站4个，为返乡顾客提供加油、驻点休息等服务。（李庆璇）

【中国石化销售有限公司广西南宁石油分公司】2018年，中国石化广西南宁分公司设经理办公室、政工办、人力资源科、实物资产科、发展基建科、安全数质量科、零售管理部、商业客户部、非油品经营部、财务核算部、信息服务部、实物资产科、仓储配送部；下辖邕宁、武鸣、横县、宾阳、上林、马山、隆安7个县级分公司；在岗员工781人。在营加油站161座，在用油库2座，通过西南管线下载成品油。主要经营汽油、柴油、天然气、润滑油（脂）及以便利店形式经营日用百货、食品、洗车服务、道路普通货物运输等。成品油销售收入84.30亿元，非油品经营收入2.70亿

2018年3月15日，宾阳县烟草专卖局开展"3·15"系列宣传活动　张世源　摄

2018 年,中石油南宁分公司与市总工会联合举办第三届"温暖回家路 中油伴你行"大型公益活动。图为工作人员为返乡顾客提供茶歇服务　　中石油南宁分公司提供

元。9 月,开展微信加油卡试点;至年末开通并实现微信加油 65 座,南宁市城区全覆盖,微信加油站点汽油销量比上年增加 1820.80 吨,增长 2.29%,21 座加油站持卡消费率 80% 以上。新建加油站 4 座(龙岗 2 站、世乐站、金海站、相思湖 7 站),其中龙岗 2 站、世乐站、金海站投入营运;新租赁加油站 1 座(马山永州站);续租 2 座(武鸣客运站、武鸣腾翔站)。完成防渗改造项目 22 个,提量改造项目 5 个,隐患整改项目 4 个,环保隐患治理项目 31 个,非油品改造项目 36 个。全年未发生安全环保上报事故,质量等级责任事故,未发生重大维稳、舆情事件。

(中国石化销售有限公司
广西南宁石油分公司)

粮食流通

【概　况】 2018 年,南宁市归口粮食行政主管部门管理独立核算的国有(控股)粮食企业 71 家,从业人员 780 人。粮食企业总资产 24.83 亿元,总负债 20.44 亿元,资产负债率 82.32%。全市国有(控股)粮食企业购进粮食 48.13 万吨,销售粮食 43.33 万吨。国有(控股)粮食企业实现粮油商品(产品)销售收入 13.98 亿元,实现利润 1174.59 万元。广西(中国—东盟)粮食物流产业园区一期粮油仓储项目投资 7.90 亿元、建设 15.80 万吨粮食仓容的市本级中心粮库竣工投入使用。9 月,投资 9112 万元的南宁市军粮供应站新站项目开工建设。至年末,粮食库存 18.08 万吨。主要存在粮食流通基础设施和市场体系建设相对落后,地方储备粮转储成本增加,国内粮食市场粮价低迷,储备稻谷出库销售困难,企业轮换储备粮亏损严重,粮食质量监管体系不够完善,区县尚未建立粮油质量检验监测机构,粮食部门粮油检验检测技术设施落后等问题。

【粮食安全保障】 2018 年,南宁市国有粮食企业、重点非国有粮食经营企业购进粮食 557.07 万吨,销售(转化)粮食 552.24 万吨,全市粮食实现总量、购销、品种供求平衡,市场供应、粮食价格基本稳定。实施《南宁市储备粮管理办法》。继续实施"粮安工程"(粮食收储供应保障工程),粮食流通基础设施建设项目 24 个,完成投资 1.39 亿元,新建粮食仓容 14.83 万吨,维修改造仓容 2.72 万吨。在横县、上林县、马山县、隆安县、武鸣区、邕宁区、市储备粮管理有限责任公司的 7 个粮食储备库新建库区网络系统和储粮安全防护体系;完成粮库智能化升级改造仓容 24.80 万吨;武鸣区推广应用充氮气调储粮新技术,新增充氮储粮仓容 1650 吨。开展秋季粮油安全储存和安全生产大检查,检查粮油承储粮食企业 21 家,存粮点 88 个,仓库 858 间,粮食仓容 35.46 万吨,检查库存粮食 20.53 万吨,油脂 1295 吨。全市储备粮储存安全、质量良好。

【粮食库存检查】 2018 年 6 月,南宁市组织 140 人次,检查区县 23 家粮食企业 93 个存粮点地方储备粮及企业商品粮库存粮食。6 月 14 日至 19 日,抽查宾阳县、邕宁区、武鸣区的 4 家粮食储存企业、7 个库点的库存粮食,占全市检查范围总量 25.38%。地方储备粮及国有粮食企业的商品粮库存数与保管账、统计账、会计账相符,库存数量真实准确,库存粮食品质良好。市、区县政策性粮食承储企业储粮安全防范措施落实到位,仓储作业安全防护设施符合技术要求,储粮药剂管理严格遵守有关制度规定;市、区县级储备粮的轮换符合要求;没有挪用农业发展银行贷款、"买陈顶新""低收高转"等问题。

【粮食流通监督检查】 2018 年,市粮食局开展粮食流通监督检查 192 次,出动检查人员 1603 人次,检查粮食经营企业 531 家次。3 月至 5 月,开展全市范围粮食收购资格核查,对象为在南宁市办理《粮食收购许可证》的企业,抽取粮油样品 13 个批次、492 份。开展全市粮食收购政策执行情况专项检查,检查承担直补订单粮食收购任务的 3 区 4 县(青秀区、邕宁区、武鸣区,横县、宾阳县、上林县、隆安县)落实直补订单粮食收购政策情况。专项检查市区粮食经营者执行粮食统计制度情况。组织粮油科技人员到区县开展军队粮油供应质量安全专项检查、全市应急成品粮油质量安全专项检查。做好全市《粮食收购许可证》新旧证办理衔接。

【粮食直接补贴政策实施】 2018 年,自治区下达南宁市对种粮农民实行直接补贴与储备粮订单收购挂钩收购任务计划 14.54 万吨(青秀区 0.08 万吨、邕宁区 1.10 万吨、武鸣区 0.83 万吨、横县 1.80 万吨、宾阳县 6.83 万吨、上林县 3.40 万吨、隆安县 0.50 万吨);落实到户的粮食数量一般每户在 500 千克以上,对有订单计划的村屯单户售粮数量不足 500 千克的,允许周边户联合推选一户代表与村委会签订售粮计划,每个联合户不宜超过 10 户农户。新型粮食生产经营主体根据种粮情况自主申报,乡镇政府审核公示填发《粮食直补农户售粮协议书》。收购粮食品种、价格:普通早籼稻每千克 2.48 元,普通中、晚籼稻每千克 2.60 元,早籼优质稻、专用稻每千克 2.62 元,晚籼优质稻每千克 2.78 元。粮食直接补贴标准:普通稻谷每千克补贴 0.20 元,优质稻每千克补贴 0.38 元。粮食部门累计收购农民订单粮食 14.38 万吨,完成任务 98.90%,其中青秀区、横县、宾阳县、上林县、隆安县完成 100%,邕宁区完成 98.79%,武鸣区完成 81.90%。全市发放粮食收购直接补贴资金 4761.30 万元,惠及种粮农户 3.99 万户。

【粮食产业化经营】 2018 年,市粮食局组织粮食企业发展粮食产业化经营,实施"优质粮食工程"项目,参与优质稻产业示范区建设,在主产粮区县选育、引进米质优、产量高且适合本地口味、适销对路的优质稻新品种,建立优质稻生产、加工基地。参与"中国好粮油"行动,加入"广西香米"产业联盟创建及"广西香米"区域公用品牌建设,开展粮油精加工、深加

2018年8月，南宁市储备粮有限责任公司五象粮库竣工交付使用。图为粮库外景
市粮食储备局提供

工，打造“广西香米”区域“南宁香米”品牌。市储备粮管理有限责任公司参与“宾阳古辣万顷香米产业示范基地”、上林县优质大米基地建设，采取“公司+科研+基地+合作社”的经营模式，实行产、供、销、加工的粮食产业化经营链；依托“放心粮油”网络，开展“互联网+粮食”桂井粮油电商线上销售，生产加工“桂井”牌系列优质香米2.49万吨、食用植物油624吨，实现利润712.08万元。市军粮供应站加强粮油科技创新，加工生产“万田”牌系列优质米、面、油，粮油销售收入5960万元，利润242.82万元。南宁市粮食产业化经营种植面积10.22万公顷(签订“订单”面积2.21万公顷)，订单收购农民优质稻10.45万吨，加工销售优质米6.59万吨，利润1310.35万元；区县粮食产业化经营，江南区利润15.21万元、青秀区5.21万元、邕宁区2.21万元、武鸣区5.69万元、横县21.91万元、宾阳县137.28万元、上林县156.03万元、隆安县12.21万元。

【粮油食品饲料加工】 2018年，南宁市纳入市粮食局日常统计范围的粮油加工企业106家(大米加工企业61家、食用植物油加工企业4家、饲料加工企业39家、酒精企业2家)。按企业性质类型分：国有及国有控股粮食企业5家、民营企业101家(外商及港澳台商投资企业4家)。粮油加工生产能力分别为日处理稻谷5214吨、日处理花生10吨、日调配制成调和油50吨、日灌装小包装油脂102吨、日饲料生产能力2.02万吨。加工转化产品产量：大米30.81万吨，精炼食用植物油4031.90吨，饲料475.07万吨。粮油加工企业资产总额101.48亿元，其中大米加工企业19.41亿元、食用植物油加工企业0.63亿元、饲料加工企业81.44亿元；实现工业总产值153.60亿元，其中大米加工企业16.02亿元、食用植物油加工企业0.38亿元、饲料加工企业137.20亿元；销售收入164.40亿元，其中大米加工企业22.07亿元、食用植物油加工企业1.03亿元、饲料加工企业141.30亿元；实现利润7.42亿元，其中大米加工企业0.50亿元、食用植物油加工企业0.01亿元、饲料加工企业6.91亿元。

【粮食政策法规宣传】 2018年，南宁市各级粮食行政主管部门结合《中华人民共和国食品安全法》，组织开展粮食政策法律法规宣传，投入宣传经费24万元，发放宣传资料2.80万份，悬挂宣传横幅262幅，出版宣传板报125版。5月19日至26日，市粮食局组织区县粮食局开展“粮食科技周”宣传活动，以“科技创新、强业兴粮”为主题，悬挂条幅76幅，制作活动展板26块，发放宣传资料8000余份，接待咨询群众6000余人次。7月28日，市粮食局组织直属企事业单位在“放心粮油”专卖店举办2018年“食品安全宣传周·粮食质量安全宣传日”活动。10月16日，市粮食局组织直属企事业单位举办第37个“世界粮食日”和粮食安全系列宣传活动。 （陆兆强）

供销合作

【概　况】 2018年，南宁市供销合作联社设理事会办公室、人事科、合作指导科、经济发展科、财会资产科、社有企业管理科、监事会办公室(审计科)和机关党委，干部职工29人；有南宁市供销投资有限公司、南宁冠昌资产经营有限责任公司、南宁市桂果香果品有限公司、南宁市冠腾综合贸易公司、南宁市冠邕农资有限责任公司、南宁市鸣欢烟花爆竹有限公司、南宁市供销电子商务有限公司7家出资企业，原南宁市冠邕农资有限责任公司并入南宁市供销投资有限公司。区县供销合作联社12个，县级社有企业34家、基层供销合作社78个。全系统有农资和日用消费品配送中心20个(农资配送中心8个)，商品交易(批发)市场9个、商场超市67家、农家店1230多家。商品购进101.68亿元，比上年增长25.56%；商品销售117.62亿元，增长26.03%，其中消费品零售56.32亿元、增长31.56%；再生资源回收1.41亿元，增长21.27%；利润5081万元，增长45.05%，首次突破5000万元。获2018年自治区供销合作社系统综合业绩考核二等奖。主要存在市本级出资企业面临维稳与发展双重压力，创办“三农”金融服务室业务受到金融政策制约，历史遗留问题没有得到有效解决，区、市、县计划合作开发的项目推进缓慢等问题。

【供销系统综合改革】 2018年，南宁市供销合作社系统综合改革铺开，累计开展基层供销合作社改造59个。改造或新建乡镇综合服务站15个，其中获自治区综合改革资金扶持项目8个、177万元，获市县两级综合改革资金扶持项目5个、1452万元，获青秀区综合改革资金扶持项目2个、120万元；改造或新建村级综合服务社9个，获自治区综合改革资金扶持105万元。完成武鸣区城厢、江南区延安、沙井街道办邕津村3家“三农金融服务室”建设，累计办理信用储蓄卡2249张，吸收存款1.59亿元，发放贷款5036.50万元。全系统电子商务销售1.37亿元，比上年增长115.74%。

【农资商品供应】 2018年，南宁市供销合作社系统做好农资供应淡季储备，保障农业生产用肥、用药、用膜的需求，配合开展农资商品打假。全系统农资销售42.35亿元，比上年增长26.50%；化肥销售137.38万吨，增长16.19%；农药销售1.38万吨，增长4.29%；农膜销售3151吨，增长10.45%。

【农副产品购销】 2018年，南宁市供销合作社系统收购蚕茧、马铃薯、木薯、辣椒等农副产品20.80亿元，比上年增长41.99%。南宁市桂果香果品有限公司五里亭蔬菜批发市场因旧城改造需要12月29日关闭，全年市场交易量110.15万吨、下降33.55%，市场交易额48.63亿元、下降9.12%。

【再生资源回收】 2018年,市供销合作联社印发《南宁市2018年为民办实事工程废弃农资包装物回收集中处置项目实施方案》,联合市财政局下达2018年为民办实事工程废弃农资包装物回收集中处置项目财政资金计划,安排专项资金1380.50万元,其中市级财政补助资金836.22万元、区县级配套财政资金544.28万元。开展县、乡镇业务培训37期,培训3500多人。横县、青秀区设立回收网点208个,建成仓储点7个,初步建成回收体系,回收废弃农药包装物瓶(袋)1272万只,试点区县废弃农资包装物回收率80%以上,回收包装物无害化处置率100%。全系统完成再生资源回收1.41亿元,比上年增长21.27%。

【供销合作项目建设】 2018年,南宁市供销合作社系统实施"新网工程"项目建设,获市本级财政资金扶持"新网工程"项目5个,投资730万元,财政扶持资金240万元;完成建设4个。地头冷库建设示范项目南宁市长寿仙无花果冷库建设项目,投资额83万元,获自治区扶持资金22万元,11月竣工验收。

【农业产业化经营】 2018年,南宁市供销合作社系统领办专业合作社及联合社。市本级财政安排给每个区县供销社补助资金4万元,新发展专业社81个,新成立县级"农合联"8个(横县供销乡情种养专业合作社联合社、邕宁区邕销农业专业合作社联合社、武鸣区兴旺农民专业合作社联合社、宾阳县昆合农民专业合作社联合社、马山县信民种植专业合作社联合社、隆安县隆牧一家动物防疫技术服务专业合作社联合社、上林县合赢农民专业合作社联合社、南宁市良供农民专业合作社联合社)。宾阳鸿福专业社被评为自治区农民专业合作社示范社。开展土地托管服务,土地托管面积42.93平方千米。

【烟花爆竹经营管理】 2018年,南宁市供销合作系统有南宁鸣欢烟花爆竹有限公司和横县、宾阳县、隆安县4家烟花爆竹配送中心,烟花爆竹销售额2.09亿元,比上年增长90%。

【社有资产管理】 2018年8月8日,市供销合作联社与市城乡建设委员会、西乡塘区房屋征收补偿和征地拆迁办公室签订《南宁市五里亭片区旧城区改建项目房屋征收补偿协议书》,补偿金额4.73亿元(不包括机械设备),12月29日五里亭蔬菜批发市场关闭。市供销合作社系统实施"县基合一"(乡镇供销社的人财物统一交由县级供销合作联社管理)管理新机制,武鸣区、横县、宾阳县、马山县资产公司实现规范运营管理。区县政府解决供销社地方政策性财务挂账307.10万元(武鸣区28.60万元、横县58.30万元、宾阳县14.70万元、上林县21.60万元、马山县157.90万元、隆安县26万元),系统原有地方政策性财务挂账421.90万元全部解决。通过诉讼程序,原直属企业南宁市国欢日用杂品有限公司同意将北大南路31号原教学楼4至6层房产退还市供销合作联社。 (章著辉)

物流业

【概　况】 2018年,南宁市培育物流龙头企业,推动现代物流产业发展。全市物流业完成货运量3.84亿吨,比上年增长9.22%;新增国家AAA级以上物流企业8家,全市国家AAA级以上物流企业累计25家。中新南宁国际物流园一期开工建设,展示中心一期建成使用;"南宁—达卡"全货机国际航空货运航线恢复通航。6月,南宁市获批流通领域现代供应链体系建设试点城市。中新南宁国际物流园、南宁现代化建材加工及物流配送中心一期、玉洞物流港、五象粮油食品加工仓储基地、钜荣汽车园、招商局物流集团广西物流中心、广西南宁中央直属食糖储备库、南宁国际综合物流园三期(西南超市仓储配送中心)、广西军粮配送中心、中新南宁国际物流园(一期)、万纬南宁金海物流园项目、广西(中国—东盟)粮食物流产业园区一期、广西南宁国家粮食储备库、中国—东盟供销云仓储智能信息园14个项目入驻中国—东盟国际物流基地;安港现代电商物流仓储项目、民生电商(南宁)现代金融物流产业园2个项目入驻南宁吴圩空港物流基地,南宁邮政陆运及跨境电商中心、南宁顺丰创新产业基地、宇培(南宁)电商冷链产业园、唯品会东盟电商现代物流中心4个项目签入区协议。举办2018年度南宁物流行业季度交流会、第五届南宁物流周活动。

【物流园区】 2018年,南宁市物流园区建设发展较快,主要有中国—东盟国际物流基地及南宁吴圩空港、沙井、火车东站、安吉、金桥、金陵等物流基地或集聚区。

中国—东盟国际物流基地　位于五象新区西南部,规划面积2901公顷,主要发展现代物流、保税物流、电子商务、大数据等产业,布局有南宁综合保税区、中国—东盟电子商务产业园等功能组团。2018年,中国—东盟国际物流基地(不含综合保税区)引进仓储物流项目2个。南宁现代化建材加工及物流配送中心一期建成投入使用,推进招商局物流集团广西物流中心建设,广西南宁国家粮食储备库开展前期工作。推进中国—东盟电子商务产业园园区道路等基础设施与中国电信东盟国际信息园项目建设,中国移动(广西)数据中心入驻。至年末,南宁综合保税区入驻企业61家,实现进出口额23.09亿美元(出口额11.52亿美元),增长591%,其中加工贸易企业10家、加工贸易进出口额20.79亿美元(出口额10.32亿美元)。

南宁吴圩空港物流基地　位于明阳一级路与友谊路交叉口西侧,计划总用地面积569.40公顷,设电商快递枢纽基地、东盟生鲜物贸基地、跨境电商枢纽基地。安港现代电商物流仓储项目运营,民生电商(南宁)现代金融仓储项目在建,南宁邮政陆运及跨境电商中心、南宁顺丰创新产业基地、宇培(南宁)电商冷链产业园、唯品会东盟电商现代物流中心4个项目签订入区协议。

沙井物流集聚区(南宁江南工业园区)　位于南宁市西南沙井片区。至年末,入驻物流仓储企业20多家,乾隆物流园、广西海吉星农产品国际物流中心项目建成运营。推进南宁国际铁路港建设,占地376公顷,投资约20亿元,规划为一级铁路物流基地,开通集装箱作业区和长大笨货运功能作业区。

火车东站物流集聚区(南宁农产品交易中心)　位于南宁火车东站东北面,总规划面积200公顷。一期占地52公顷,总投资31亿元,25个单体建筑面积63万平方米,以水果、蔬菜交易为主,粮油、干杂副食交易为辅。12月,南宁农产品交易中心建成运营。

安吉物流集聚区　布局在南宁市高速环道以南,秀厢大道以北,南宁高新技术产业开发区以东,北湖北路以西之间,规划总面积500公顷。有钢材、医药、机电产品、汽车销售、家具等专业市场,主要提供钢材商贸物流服务、建材物流服务、公共物流服务。5月,南宁大商汇商贸物流中心通过市发展改革委验收,年内推进广西虎邱东盟钢材交易中心土地征收。

金桥物流集聚区(金桥信息文化物流商贸中心)　位于兴宁区东沟岭新区和昆仑大道经济带,规划面积258公顷。累计完成土地出让153公顷,苏宁广西地区管理总部及配送中心、太华医药物流等14个项目入驻,其中苏宁广西地区管理总部及配送中心、太华医药物流、南宁市金桥农产品批发市场、广西晟奥奥迪汽车4S店、广西恒骊沃尔沃汽车4S店5个项目建成营业,海尔(东盟)商贸物流中心、世源冷气公司仓储物流中心、康誉物流仓

2018 年 6 月 29 日，第五届南宁物流周开幕式现场　　　　潘丽娜　摄

储中心、广西中烟工业有限公司真龙仓储中心库、广西玉柴物流中心、广西大衍仓储中心、广西拓驰仓储中心、广西桂海汽车、广缘汽车 4S 店 9 个项目在建，总投资约 30 亿元。

金陵物流集聚区　位于西乡塘产业园区—东南产业园，规划面积约 300 公顷，提供农产品集疏散、商贸物流服务。南城百货现代智慧物流园入驻，占地 24 公顷，计划投资 6 亿元，总建筑面积 27 万平方米，分三期建设；12 月，完成一期、二期用地平整土方工程，1 号仓库结构封顶。

【现代物流企业】 2018 年，南宁市新增国家 A 级物流企业 9 家（国家 AAA 级以上 8 家），全市国家 AAA 级以上物流企业 25 家。其中，AAAAA 级物流企业 4 家：广西玉柴物流集团有限公司、南宁铁路局、广西物资集团有限责任公司、广西北部湾国际港务集团有限公司；AAAA 级物流企业 13 家：广西邮政速递物流有限公司、南宁云鸥物流有限责任公司、广西北港物流有限公司、广西先飞达物流股份有限公司、广西南天物流有限公司、广西圣天物流有限公司、广西兴桂物流有限公司、广西顺丰速运有限公司、南宁震洋物流有限公司、广西玉柴物流股份有限公司、广西九州通医药有限公司、广西中外运物流有限公司、泛湾物流股份有限公司；AAA 级物流企业 8 家：广西桂网物流有限责任公司、广西壮族自治区通信产业服务有限公司物流分公司、广西江舟物流有限公司、广西德邦物流有限公司、广西超大运输集团有限责任公司、广西北投星联国际供应链管理有限公司、广西海格国际物流有限公司、广西泛航国际物流有限公司。广西北部湾国际港务集团有限公司、广西新中产业投资有限公司、泛湾物流股份有限公司、广西玉柴物流股份有限公司、广西中外运物流有限公司、广西海格国际物流有限公司、南宁云鸥物流有限责任公司、南宁震洋物流有限公司、广西圣天物流有限公司、广西南宁华晨物流有限公司被南宁市商务局评为 2018 年度十佳物流企业。物流企业显现出快递、电商、零担、医药、物流地产等细分物流市场品牌集中、企业集聚、市场集约的趋势。

【第五届南宁物流周活动】 2018 年 6 月 29 日至 7 月 5 日举办，主会场设在南宁国际会展中心，南宁市商务局主办，以“发展现代物流　建设南向通道”为主题，内容包括物流高峰论坛、参观考察、体育比赛、音乐会、学术交流、物流讲堂进校园、物流展会等。国内外 200 余家物流企业参加。（尹　钊）

对外经济贸易及与中国港台地区经济贸易

【概　况】 2018 年，南宁市外贸进出口总值 738.79 亿元，比上年增长 21.70%，高于全国 12 个百分点，高于自治区 16.70 个百分点。其中：出口 355.09 亿元，增长 28.80%；进口 383.70 亿元，增长 15.90%。新增对外贸易经营者备案企业 569 家。有进出口实绩企业 784 家，其中进出口值 1 亿元以上企业 53 家，出口 500 万元以上企业 183 家，进口 500 万元以上企业 92 家。

【贸易往来】 2018 年，南宁市与各大洲贸易进出口：与亚洲进出口 503 亿元，比上年增长 27.70%，占全市与各大洲贸易进出口 68.08%；与北美洲进出口 115.83 亿元，增长 16.40%，占 15.68%；与大洋洲进出口 39.88 亿元，下降 0.40%，占 5.40%；与非洲进出口 38.41 亿元，增长 16.50%，占 5.20%；与欧洲进出口 27.72 亿元，增长 28.50%，占 3.70%；与拉丁美洲进出口 13.93 亿元，下降 26.30%，占 1.90%。与主要贸易国家进出口：与美国进出口 110.34 亿元，增长 23.30%；与澳大利亚进出口 37.87 亿元，下降 0.80%；与南非进出口 25.70 亿元，增长 18.60%。与东盟进出口 89.54 亿元，增长 13.80%；与 103 个“一带一路”倡议参与国进出口 172.02 亿元，增长 86.80%。与中国香港地区进出口 228.64 亿元，增长 80.70%；与中国台湾地区进出口 68.79 亿元，下降 22.80%。（王聪仁）

【加工贸易】 2018 年，南宁市继续实施第二轮“加工贸易倍增计划”（2017—2020 年实现加工贸易进出口总额再翻一番）。加工贸易进出口 539.39 亿元，比上年增长 33.72%，占对外贸易出口总额 72.95%，占自治区加工贸易出口总额 59%。其中：加工贸易进口 256 亿元，增长 31%，占对外贸易进口总额 66%，占自治区加工贸易进口总额 64%；加工贸易出口 283 亿元，增长 36%，占对外贸易出口总额 79%，占自治区加工贸易出口总额 55%。（黄明明）

【出口贸易】 2018 年，南宁市出口贸易总额 355.09 亿元，比上年增长 28.80%。出口额较大的商品有贵金属或包贵金属的首饰、未锻轧的铝及铝材、未锻轧的锰、灯具照明装置及零件、塑料制品、未锻轧的锑、粉末及废碎料、汽车零配件、天然硫酸钡（重晶石）等。主要出口至美国、越南、泰国、澳大利亚、日本、伊朗、韩国、荷兰、英国等国家和中国香港、台湾地区。

【进口贸易】 2018 年，南宁市进口贸易总额 383.70 亿元，比上年增长 15.90%。进口额较大的商品有电器及电子产品、电子技术、集成电路、计算机与通信技术、机械设备、煤及褐煤、铁矿砂及其精矿等。主要进口来自澳大利亚、美国、南非、马来西亚、韩国、日本、泰国、菲律宾等国家和中国香港、台湾地区。

【对外贸易活动】 2018 年，南宁市组织广西怡凯家居用品有限公司、南宁鼓峰工贸有限公司等 131 家企业参加第 123 届、第 124 届中国进出口商品交易会（广交会），设展位 263 个，意向合同成交额 2219.60 万美元，参展商品有家居用品、大型机械及设备、化工产品、汽车配件、纺织原料面料、箱包、编织

2018年10月16日，南宁市人民政府、歌尔股份有限公司战略合作框架协议签约仪式在南宁举行　　陈卓凡　摄

及藤铁工艺品等。3月30日至4月1日，广西国际博览事务局在柬埔寨金边砖石岛会展中心举办2018中国—东盟博览会柬埔寨展，南宁市组织广西广宁工业科技有限公司等6家企业和单位参展，设标准展位6个，贸易成交100多万元，签订意向合同金额近千万元。5月17日至19日，广西国际博览事务局在缅甸仰光MEP会展中心举办2018年中国—东盟（缅甸仰光）产品展览会，南宁市组织广西泽溥工贸有限公司、广西南宁财运星贸易有限公司、广西南宁代顿斯贸易有限公司、广西坤锭投资有限公司、广西南宁和德盛贸易有限公司、广西盛虎金属制品有限公司等企业参展。7月29日至8月7日，伍娟副市长为团长的南宁市经贸代表团访问印度尼西亚、新加坡、老挝，调研商贸物流发展、投资环境、进出口贸易等情况。11月5日至10日，南宁交易分团组织企业和机构参加首届中国国际进口博览会，实际参会企业98家，达成意向合约51单，意向采购金额3427.84万美元，主要采购食品及农产品、医疗器械及医药保健产品、智能及高端装备、服装服饰及日用消费品等；南宁交易分团组织广西北港电子商务有限公司、南宁威宁市场发展有限责任公司等5家企业参加“扩大进口贸易，构建中新互联互通南向通道政策说明会”；组织南宁威宁市场发展有限责任公司参加虹桥国际经贸论坛的平行论坛。　（王聪仁）

责任编辑　姚宗秀

表13　　2018年南宁市对外贸易主要进出口企业情况表

排名	名称	累计进出口值（万元）	比上年同期增长（%）	累计出口值（万元）	比上年同期增长（%）	累计进口值（万元）	比上年同期增长（%）
1	南宁富桂精密工业有限公司	3807233	22.66	1983451	27.60	1823782	17.70
2	南宁市和正顺兴珠宝有限公司	375763	.	375763	.	.	.
3	广西北港资源发展有限公司	355850	1.66	.	.	355850	1.66
4	广西格思克实业有限责任公司	297892	506.68	146437	544.11	151455	474.41
5	广西柳钢国际贸易有限公司	209102	−0.42	.	.	209102	−0.42
6	广西拓航科技有限公司	164512	120.36	91701	169.89	72811	78.99
7	广西迪斯奥光电科技有限公司	148965	13372.19	75726	.	73240	6523.70
8	广西铁投商贸集团有限公司	108502	−20.20	.	.	108502	−20.20
9	丰达电机（南宁）有限公司	99801	−48.96	74586	−45.96	25214	−56.16
10	中信大锰（广西）矿业投资有限责任公司	73377	23.84	64069	13.45	9309	234.82
11	广西金孟锰业有限公司	63386	−1.94	5444	.	57942	−10.36
12	广西巨星医疗器械有限公司	62942	−3.43	326	4.04	62616	−3.47
13	广西交投商贸有限公司	60314	56.38	.	.	60314	56.38
14	广西林业集团桂谷实业有限公司	56350	476.83	.	.	56350	476.83
15	广西南南铝加工有限公司	51368	1.06	51222	1.12	146	−16.28
16	广西日星金属化工有限公司	48870	66.22	48207	95.37	663	−85.96
17	广西金运进出口贸易有限公司	48082	184.52	.	.	48082	184.66
18	广西西投国际贸易有限公司	36075	327.89	.	.	36075	327.89
19	广西大锰锰业集团有限公司	34634	−35.20	.	.	34634	−35.20

续表 13

排名	名称	累计进出口值（万元）	比上年同期增长(%)	累计出口值（万元）	比上年同期增长(%)	累计进口值（万元）	比上年同期增长(%)
20	广西建工集团第一安装有限公司	32848	148.15	31390	152.86	1458	77.12

说明：进出口前 20 名企业进出口合计金额 6135866 万元，占全市进出口金额 83.10%

表 14　2018 年南宁市对外贸易进出口主要国别(地区)情况表

名称	进出口		出口		进口		比上年同期增减(%)		
	累计金额（万元）	比重(%)	累计金额（万元）	比重(%)	累计金额（万元）	比重(%)	进出口	出口	进口
总额	7387917		3550930		3836988		21.70	28.80	15.90
亚洲	5030044	68.08	2403742	67.69	2626302	68.50	27.70	40.70	17.70
北美洲	1158341	15.68	861736	24.27	296604	7.73	16.40	7.00	56.30
大洋洲	398797	5.40	65429	1.84	333368	8.69	−0.40	20.60	−3.70
非洲	384141	5.20	18159	0.51	365982	9.54	16.50	−0.30	17.50
欧洲	277247	3.70	155482	4.38	121766	3.17	28.50	22.60	36.90
拉丁美洲	139348	1.89	46382	1.31	92966	2.42	−26.30	4.10	−35.70
东盟	895374	12.12	268005	7.55	627369	16.35	13.80	8.10	16.50
欧盟	214362	2.90	144825	4.08	69538	1.81	31.10	24.90	46.00
中国香港	2286390	30.95	1895526	53.38	390864	10.19	80.70	49.80	314793.50
美国	1103367	14.93	846142	23.83	257225	6.70	23.30	6.20	161.10
中国台湾	687892	9.31	39209	1.10	648683	16.91	−22.80	67.90	−25.30
澳大利亚	378717	5.13	63755	1.80	314962	8.21	−0.80	21.80	−4.40
南非	257021	3.48	4632	0.13	252390	6.58	18.60	25.80	18.40
马来西亚	237589	3.22	13682	0.39	223907	5.84	13.90	31.50	12.90
越南	201356	2.73	151790	4.27	49566	1.29	1.60	18.90	−29.70
韩国	201191	2.72	42355	1.19	158836	4.14	35.00	−19.80	65.10
日本	184147	2.49	60107	1.69	124040	3.23	−19.90	−22.80	−18.50
泰国	181307	2.45	65024	1.83	116283	3.03	16.50	8.00	21.90

交通运输　邮政

综　述

【概　况】2018年，南宁市交通以新一轮城市总体规划为基础，打通陆路通道，建设南宁区域交通物流枢纽，推进南宁至贵阳高铁及南宁至崇左、南宁至玉林城际铁路建设，加快南宁国际铁路物流中心建设。加快第二高速环路建设，推进高速路改快速路建设，柳南高速公路改快速路、南宁城市东西向快速路、邕宁区那美大道（玉洞大道—工业规划四路）、南宁吴圩机场至大塘镇高速公路建成通车。优化城市主次干路、支路系统，加快金桥路分流道建设，打通建兴路、衡阳东路、亭洪路延长线和滨湖北路延长线"断头路"4条，推进立交桥建设，快环三座立交桥、清川立交桥、沙井五一南乡立交桥、亭洪路延长线上跨铁路立交桥建成通车，综合整治3个快环交通堵点，开展街区制试点，畅通交通"微循环"。建设水运设施，加快南宁港牛湾作业区（二期）、宝塔和鹤笋作业区（一期）建设，推进西津二线船闸工程。推进快速公交及公交专用道网络建设，优化公交线网，快速公交2号线开通试运营。推进地铁2号线东延线和3号、4号、5号线建设，3号线开始联调联试，地铁1号、2号线单日最高客流量突破90万人次，加快地铁小镇开发。强化常规公交与地铁接驳，南宁凤岭综合客运枢纽站建成，实现高铁、公路客运、地铁零换乘。完善航空配套，加快南宁国际空港综合交通枢纽工程、南宁吴圩国际机场改扩建及配套设施等建设。南宁邮政快递业务量排全国第42位，快递业务收入排全国第38位；邮政业务收入与增幅继续保持在自治区首位。　（卢一方）

【交通投资】2018年，南宁市完善综合交通运输网络、促进新型城镇化和产业集聚区建设、推动城乡区域统筹发展，行业固定资产投资比上年增长11.70%。吴圩至大塘高速公路、柳州至南宁高速改扩建项目建成通车，贵港至隆安高速公路总体形象进度完成85%，那容至南宁东收费站段改扩建工程、大塘至浦北高速公路完成征地分别超70%、80%。建成邕宁水利枢纽航运过坝工程、亭子码头，西津二线船闸工程形象进度完成60%。南宁至贵阳高铁征拆工作基本完成，主体工程建设全面推进，南宁至崇左城际铁路开工建设。推进南宁吴圩机场第二跑道及相关设施项目，初步确定南宁伶俐通用机场单体设计方案。11月26日，南宁凤岭综合客运枢纽站竣工，2019年1月18日开业试运营，实现高铁、公路客运、地铁零换乘；开工建设牛湾物流园。

【综合交通运输】2018年，南宁市公路、水路和城市公共交通综合交通运输体系日臻完善。城市公共交通（轨道交通、公共汽车）客运量5.50亿人次。公路客货运周转量、水路货运周转量分别增长9%、18.24%。首次开通邕江水上旅游线路。南宁港水铁联运量比上年增长68.30%；集装箱TEU增长79.45%；引导北港集团、中外运物流等企业申报广西服务"一带一路"多式联运示范工程。推进县级道路客运运力发展，二级以上客运站实现与全广西联网售票；南宁—越南河内国际直达道路货运常态化。铁路开行南宁至兰州、中越（南宁、凭祥—越南河内）、中欧柳州至南宁铁路客运专线高速运营。南宁吴圩国际机场年旅客吞吐量突破1500万人次，开通南宁—莫斯科航线，实现欧洲航线零突破。

【交通营商环境】2018年，市交通运输局落实"放管服"（简政放权、放管结合、优化服务）要求，结合信用交通建设，加大事中事后监管力度。推进简政放权，道路运输客运站场、机动车驾驶员培训、机动车维修经营等领域管理事权下放至城区交通运输部门。启用市民中心交通运输服务窗口和网上办事渠道；机动车维修行业取消行政许可，对5项报备事项实行"多证合一"；梳理84项依申请权力和公共服务事项清单与流程；编制完成74项"一事通办"利企便民改革事项清单；推进"减证便民"，清理市县两级事项126项，梳理容缺受理事项273项、材料700件。推进证照分离，以"双随机、一公开"（即在监管过程中随机抽取检查对象，随机选派执法检查人员，抽查情况及查处结果及时向社会公开）为基础完善行业事中事后监管体系；完成市场主体服务质量信誉考核；严查交通运输违法违章行为，把违法超限运输"黑名单"记录83条、行政执法"双公示"信息4176件纳入行业信用管理。货车通行南宁市城市道路桥梁可减免50%通行费(7月1日起实施)；货运经营者持广西IC卡道路运输电子证件可减免2%至5%高速公路通行费。对待网约车等新业态，鼓励引导，落实政策、审慎管理，开展网约车经营线上服务能力认定，累计有持证网约车平台公司10家，持证网约车7534辆，持证网约车驾驶员1.36万人，市区持证网约车数量首次超过巡游出租汽车数量。

【绿色交通建设】2018年，南宁市公众绿色出行率82.50%，优于国家生态文明建设示范市公众绿色出行率（大于或等于50%）要求；完成行业节能3.90万吨标准煤，高于节能3万吨标准煤年度目标。投放新能源公交车108辆，新能源与清洁能源公交车占88%；投放纯电动出租汽车300辆，运营出租汽车全部是新能源和清洁能源车辆；投放纯电动短途客运车辆5辆，建设公交充电桩127个；建成首座以建筑废料循环再利用为材料和绿色3D打印技术的一体化智能公交站台。加强营运车辆尾气治理，检查公交车1.30万辆；编制《防治船舶及其有关作业活动污染水域环境应急能力建设规划》。承办第8届中国生态文明论坛南宁年会。

【交通运输安全生产】 2018年，中国铁路南宁局集团公司无责任行车事故，其中南宁站连续保持9699天记录。市交通运输局加强南宁绕城高速公路日常巡查，组织2700多人次24小时全天候巡查，发现、消除道路行车安全隐患239起，现场整改210起，责令限期整改29起。召开安全生产工作例会4次；组织人员540人次，检查企业180家次，发现问题36起，下达限期整改通知书2份。港航安全生产零事故，连续实现22年无责任事故发生。与28家港航企业、8个区县签订《安全生产责任书》。组织安全检查34次，检查港航企业65家次、渡口15处次、渡船31艘次。联合水利、国土、城管和交通综合执法等部门开展运政巡查1次，检查沙场非法装卸点11处。注销航运企业经营资质5家。举办港航企业负责人（经理）安全管理培训班，培训104人；组织开展航运消防、落水救援、逃生、抗大风、防危险易爆货物泄漏应急演练5次。组织完善《南宁市城市客运交通行业推进企业安全生产标准化建设三年提升行动实施方案》《南宁市城市客运交通管理处安全生产事故应急预案》《南宁市城市客运交通管理处市区防内涝应急抢险工作预案》，城市客运交通企业安全生产标准化达标18家；开展春运、五一、安全生产月、"两会"、国庆、中秋应急演练6次；与各城市客运交通企业签订《2018年度城市客运行业安全生产目标管理责任状》。召开行业安全生产例会4次，出动检查人员700余人次，排查安全生产隐患70处；警示约谈发生事故企业8次，督导事故善后。南宁吴圩国际机场修订航空安全保卫方案，挂牌成立安保控制中心；开展安全检查100余次，下发整改通知书（含建议书）52份，涉及整改116项；与运输、公安部门联合开展整治非法营运行为专项行动，开展联合整治34次，出动707人次、执法车108辆次，查扣非法营运车辆63辆，结案50辆，摸排疑似非法营运车辆223辆。

（侯宗豪）

铁路运输

【概　况】 2018年，南宁市境内铁路有湘（湖南）桂（广西）、黎（塘）湛（江）、南（宁）昆（明）、邕（南宁）北（海）、南（宁）防（城港）、黎（塘）钦（州）、南（宁）广（州）、云（云南）桂（广西）、柳（州）南（宁）客运专线等9条通车铁路（湘桂、黎湛、南昆铁路为国家铁路，南广、南防、黎钦、邕北、云桂铁路和柳南客运专线为合资铁路）。境内铁路总里程775.90千米（不含复线），其中湘桂铁路境内全长175.40千米，黎湛铁路境内全长12.50千米，南昆铁路境内全长75千米，南广铁路境内全长119.50千米南防铁路境内全长75.50千米，黎钦铁路境内全长44.60千米，邕北铁路境内全长66.30千米，云桂铁路南宁至百色段境内全长101千米，柳南客运专线境内全长106.10千米。铁路职能机构、单位有中国铁路南宁局集团有限公司（简称南宁局集团公司）经营管理机构27个，生产机构1个，附属机构29个，党群部门9个，公安部门驻南宁机构2个；南宁局集团公司下属单位驻南宁26个，其中运输单位11个（南宁车站、南宁客运段、南宁车务段、南宁货运中心、南宁机务段、南宁车辆段、南宁南车辆段、南宁工务段、南宁电务段、南宁供电段、南宁通信段）、运输辅助单位2个（物资供应段、房产生活段）、非运输单位13个（国际物流公司、铁路旅游公司、建筑公司、铁路建设公司、工程项目公司、天道信息公司、信息所、科研所、质监所、南宁铁路工程建设指挥部、广西沿海铁路公司、新闻影视融媒体中心、机关服务所）。南宁市境内职工3.09万人。境内铁路运输单位发送旅客3503.42万人，发送货物217.88万吨，到达货物358.01万吨。完成客货运输收入39.59亿元。南宁车站保持"铁路总公司安全生产标准化直属站""全国文明单位"称号。主要存在经营管理粗放，客运产品供给不够丰富，货运离现代物流企业标准差距明显，非运输业的规模效益与运输体量不相匹配，运输效率制约因素较多等问题。

【客货运输】 2018年，南宁车站旅客发送量3275.83万人，比上年增长15.30%，客运收入33.95亿元，增长18.10%。"三月三"旅客发送量创下单日16.81万人历史新高。帮助、救助旅客2658人次，收到旅客表扬信494封、锦旗56面。南宁客运段担当图定列车173.50对，其中动车组列车开行140.50对（直通78.50对、管内62对，G字头动车17对，D字头动车122.50对，C字头动车1对），运用118组动车组车底（CRH380A型27组、CRH2A型91组），开行94组交路（CRH380A型11组、CRH2A型83组）；普速列车开行33对（直通22对、管内11对），运用75组车底。完成列车总工作量93.73万千辆千米（含动车），增长8.89%。安全运送旅客1.26亿人，增加1639.40万人，增幅15%。完成93.80万千辆车辆千米，增长8.90%；完成车补税后收入2.23亿元，超年度考核目标15.54%。运输业务有权支出2.76亿元，比有权支出预算节支1708.40万元，节支率5.83%。收到表扬4905次，增加3449件，增幅236.88%。南宁车务段发送旅客587万人，完成计划103.90%，增长11.50%；运输收入3.13亿元，完成计划103.60%，增长10.50%；中时完成4小时，比计划压缩0.10小时，与上年持平；停时完成21.70小时，比计划压缩0.30小时，比上年延长0.70小时；日均办理车数1.48万辆；货车出发正点率南宁南站98.10%、黎塘站98%。南宁货运中心货物发送量605万吨，运输收入8.30亿元。

【铁路运输维修】 2018年，南宁机务段

2018年1月24日，南宁东站刷脸进站核验闸机投入使用。图为旅客刷脸进站

徐海涛提供

配属机车308台。完成机车牵引总重787.8亿吨千米,机车总走行7.49万千机千米,机车日车千米487千米,机车日产量112.40万吨千米,技术速度每小时53.70千米,平均牵引总重每列3156吨。机车检修完成电力机车中修347台(C4修56台、C3修3台、C2修123台、C1修165台);内燃机车小修213台、辅修191台;机车整备4.70万台次。电力机车每万吨千米单耗96.83千瓦时,节电1.06万千瓦时;内燃机车每万吨千米单耗30.74千克,节油98吨。综合能耗完成802.29吨标煤,占计划80%;新鲜水实际消耗39.45万吨,占计划98%;化学需氧量排放量1674千克,占计划70%;二氧化硫排放量完成434.85千克,占计划87%。

表15　2018年南宁市境内铁路火车站运输完成情况表

	旅客发送量(万人)	货物发送量(万吨)	货物到达量(万吨)	运输收入(万元)
南　宁	3275.83	0.10	0.10	339657.80
南宁南		45.90	209.90	25209.30
南宁西	2.58			128.02
黎　塘	26.41	129.80	81.80	15207.09
宾　阳	160.42			8524.11
六　景		13.50	35.20	1979.50
邕　宁		0	0.50	1.80
屯　里		24.20	23.30	2246.40
金鸡村		0.20	2	0
隆　安		4.18	5.21	82.99
隆安东	38.18			2841.26
合　计	3503.42	217.88	358.01	395878.27

表16　2018年南宁市境内铁路车站分布情况表

湘桂铁路	黎湛铁路	南昆铁路	南防铁路	黎钦铁路	南广铁路	邕北铁路	柳南客专	云桂铁路
黎　塘	凤　鸣	南武康	那　罗	横　州	南宁东	五象南	宾　阳	南宁西
稔　竹		定　顿	吴　圩	大　崇	五　塘	大　塘	五　塘	隆安东
沙　江		那　桐	大王滩	飞　龙	宾　阳		南宁东	
六　景		隆　安	宁　村	玉洞岭				
伶　俐			大　元					
邕　宁			那　铺					
玉　洞			百　浪					
沙　井			大　拟					
屯　里								
南宁东								
南　化								
南宁南								
金鸡村								
江西村								
维　罗								

南宁电务段信号管辖2394.31千米线路,186个站(场)信号设备,换算道岔5.87万组。通信管辖里程1676千米线路,担负103个站(场)、换算7.70万皮长千米、折算3.70万换算道岔组工作量的通信设备养护维修任务。主要设备维护长途光缆4407.63千米,长途电缆880.90千米,无线漏泄同轴电缆195.01千米,光传送网设备24台,SDH数字传输设备508台,接入网设备272台(套),数字调度设备137套,铁路数据网设备215套,动车车载设备219套,GSM-R基站设备144台,直放站设备423台,无线列调固定设备478台(套),通信铁塔429座,综合视频监控点457处,客运广播系统15套,铁路现场应急通信设备35台(套)。完成大修项目96项9662万元,结转次年5项3221万元;完成更新改造项目14项2899万元,结转次年40项2799万元。南宁车辆段配属动车组129组,配属客车1595辆,代管邮政车4辆。图定开行动车131对(高峰线7.50对),图定开行客车32对76组。完成动车组检修2.02万组次。走行千米5.99万千组千米,普速客车段修785辆,车辆走行千米57.11万千辆千米;动车平均运用率74.62%。普客平均运用率75.29%。完成临客、旅游专列226列3919辆,军运211列584辆等特殊任务。南宁南车辆段管辖区段1789千米,安全保证区段4024千米。完成国铁段修7100辆、临修5741辆,列检作业9.28万列、441.02万辆,TFDS检测完成4.08万列、196.96万辆。配合完成军特运、沿线解备作业2.95万辆。南宁工务段管辖正线1662.90千米,站特线559.07千米,道岔1801组,桥梁540座,隧道58座,涵渠2981座。营业里程623.27千米。完成普铁整组更换道岔45组,更换水泥枕1.34万根,更换钢轨34.50千米,处置伤轨1070处,清挖翻浆7385孔,拔锚轨枕锈蚀螺栓6.80万颗,工电联合整治道岔662组,无缝线路应力放散157处(122.19千米),补碴2.38万立方米。完成桥梁维修保养40座,隧道3座,涵洞126座,更换桥梁步行板7167块,整治隐患防抛网151处(6126米),抽换失效桥枕520根。完成高铁线路大机捣固282.56千米、钢轨打磨255.10千米,道岔打磨11组,精调改道43.20千米,外观整治233.50千米,整治隧道空洞等病害134处。

【水电供应】 2018年,南宁供电段完成牵引供电受电量3.89亿千瓦时,比上年上升0.38%,供电量3.83亿千瓦时,上升5.45%;牵引供电损失率5.07%,高于南宁局集团公司定指标的0.07%;功率因素0.97,上升0.48个百分点;完成电力受

2018年7月2日，南宁货运中心南宁南货场吊箱作业现场　　徐海涛提供

电量1.84亿千瓦时、供电量1.68亿千瓦时，分别下降1.83%、4.63%；力率99%，与上年持平；负荷率76.76%，下降0.05个百分点；变压器利用率35.41%，下降0.01个百分点；电损率8.90%，上升2.67个百分点；供水量1513.31万吨，下降9%；水损18.40%，下降0.26%；净水合格率100%、消毒水合格率100%；扬水耗电量605.10万千瓦时，减少13%；完成路外售电收入3846.62万元，路外售水收入1475.45万元，水电费回收率99.89%。完成大修工程28项、更新改造工程9项，完成与铁建挂钩工程项目5010万元，完成年度计划100.20%。

【通　信】2018年，南宁通信段管辖湘桂铁路柳州至崇左、柳南客专柳州至南宁、南昆铁路江西村至平果、南昆客专南宁至平果、来合铁路来宾至合山、南环铁路邕宁至南宁南，主要管理接入网、传输网、数据网及其承载的GSM-R系统、防灾监控系统、应急通信系统、综合视频监控系统、会议电视系统、电源及环境监控等系统。管辖运营里程1024.32千米，其中高铁车站14个、运营里程443.57千米，普铁车站39个、运营里程580.75千米。通信设备换算8.78万皮长千米。完成年度维修任务。

【物资保障】2018年，物资供应段完成物资供应13.68亿元，其中受理7.23万笔运营物资需求计划，完成供应额（不含税）7.28亿元，柴油供应6.40亿元。供应道砟24.65万立方米，比上年增长78.41%。完成383万无缝化改造专项工程物资和168万站车"厕所革命"专项物资供应。未发生责任物资配送问题，专用柴油供应兑现率、其他物资供应兑现率、招标物资节支率、重点物资质量合格率4项专项指标均动态达标。

【房产生活服务】2018年，房产生活段出动巡查人员2.29万人次，检查设备9.10万栋（件），发现问题2801个，整治处理2753个。投入1.31亿元整治设备损害，完成大修维修及更新改造任务。砼站名牌整治完成558块，30个站45座厕所大修项目完工，排查整治屋面上人洞盖板安全问题477个。推进"三供一业"移交〔指对国有企业职工家属区供水、供电、供热（气）和物业管理的设备、设施进行必要维修改造，达到城市基础设施平均水平，分户设表、按户收费，交由专业化企业或机构实行社会化管理〕，配合清查小区254个，清理住宅档案4376卷，复印档案资料1521盒，完成51个站区技术档案核对和登记。加强营业线施工管理，完成天窗施工维修和配合施工作业。验收房建设备2407栋件，验收合格率100%。接待乘务员93.37万人次，汽车接送乘务员4.58万趟次、12.13万人次；完成送餐任务8.39万份，安全叫班28.02万趟次，乘务员满意率95.10%。

【项目建设】2018年，南宁主要铁路工程建设有南宁国际铁路物流中心建设项目，4月获铁路总公司I类变更设计批复。5月11日，开通集装箱及长大笨功能区。7月上旬，车辆段改扩建工程项目开始施工。贵阳至南宁引入枢纽工程项目，年内开工建设。柳南、南黎、云桂引入枢纽工程质量遗留问题（含项目尾工及缺陷问题72项，其中高铁问题18项），年内完成问题整治。更新改造项目建设31项，完成8项，在建14项，未开工9项。

（徐海涛）

公路运输

【概　况】2018年，南宁市交通运输局设办公室（应急管理办公室）、政策法规科、规划计划科、财务科、综合交通科、政务服务科、道路运输管理科、水运管理科、城市客运交通管理科、公路建设管理科、安全监督科、科教信息科、人事科及机关党委（机关纪委），挂南宁市交通战备办公室牌子；编制74名（含市交通战备办公室4名），在编63人；后勤人员控制数6名（含市交通备战办公室1名），在编5人。二层事业单位有市公路建设养护中心、市水路建设养护中心、市城市客运交通管理中心、市交通运输综合行政执法支队、市交通运输信息中心5个。南宁市境内有高速公路9条，总里程760千米（不含机场高速18.44千米、机场第二高速20.51千米）。其中国家高速公路网南

2018年12月5日，南宁南站驼峰整组换岔作业现场　　徐海涛提供

宁境内总里程521千米,省级高速公路网南宁境内总里程239千米。建成吴圩至大塘高速公路、柳州至南宁高速公路改扩建工程,在建高速公路项目6个。管辖农村公路1.29万千米,其中国道20千米、县道1674千米、乡道2406千米、专道66千米、村道8783千米;全市建制村1385个,公路通畅率100%。有道路客运企业25家(不含子公司、分公司),其中一级客运企业4家、二级4家、三级7家、四级2家、未定级8家,驻地在城区23家、县域2家;有营运客车3156辆,总客位12.41万个,多为中高级客车;有等级客运站73个(国家一级客运站7个、二级14个、三级9个、四级37个、五级6个),各县城均有二级客运站,部分乡镇建有等级客运站。开通公路客运班线1469条,基本涵盖自治区内各市县及周边省市;开通南宁至越南河内、岘港、下龙湾、海防和南宁至中国香港地区等地的国(省)际客运班线。营业性道路运输客运量5196万人,客运周转量94.08亿人千米,比上年分别下降5.22%、5.34%。有货运经营业户2.26万户(含区县),其中危险货物运输企业37家,普通货运企业3272家(有车辆100辆以上的企业257家)。登记在册营运货车15.86万辆,总吨位96.80万吨,持有道路运输从业资格证12.30万人。公路货运量累计完成3.43亿吨,增长9.89%,货运周转量615.87亿吨千米,增长9.25%。市交通运输局获2018年度自治区农村公路建设管理养护检查评比综合排名二等奖。主要存在道路货运行业结构小散多,发展质量不高;农村公路建设指标低,等级不高,安保设施不完善等问题。

【高速公路建设】 2018年,南宁市高速公路计划建设项目10个,计划投资99.60亿元,在建6个(那容至南宁东收费站改扩建工程、贵港至隆安高速公路、柳州经合山至南宁高速公路、大塘至浦北高速公路、隆安至硕龙高速公路、南宁绕城高速西段玉洞至安吉路面改造工程)。至年末,完成投资98.06亿元,占计划98.48%。那容至南宁东收费站改扩建工程完成投资2.11亿元,占计划投资105.30%。贵港至隆安高速公路项目(南宁段)已完成投资58.61亿元,占114.22%。柳州经合山至南宁高速公路项目(南宁段)完成4.20亿元,占43.79%。大塘至浦北高速公路项目(南宁段)完成2.12亿元,占107.20%。隆安至硕龙高速公路完成0.05亿元,占1.08%。吴圩至大塘高速公路项目完成11.44亿元,占102.91%。柳州至南宁高速公路改扩建工程(南宁段)完成18.25亿元,占179.26%。南宁绕城高速西段玉洞至安吉路面改造工程完成1.21亿元,占121%。吴圩机场至隆安高速公路完成0.03亿元,占44.64%。南宁至钦州、钦州至防城港段改扩建工程完成0.04亿元。

【农村公路建设】 2018年,自治区下达南宁市农村公路建设项目106个(含续建项目),建设里程571.37千米,桥梁1046延米,计划总投资3.65亿元,完成投资4.88亿元。下达农村公路新建设计划项目70个,建设里程271.90千米,桥梁226延米,计划投资3.90亿元,完成6711万元。其中:一般地区村通硬化路项目4个,建设里程13.90千米,计划投资947万元,完成557万元;贫困地区村通硬化路项目3个,建设里程14.10千米,计划投资1107万元,因扶贫资金统筹暂停;一般地区窄路基、路面加宽项目2个,建设里程14.80千米,计划投资513万元,完成82万元;一般地区县乡联网项目5个,建设里程73.80千米,计划投资2.52亿元,项目前期工作未完;贫困地区县乡联网项目3个,建设里程41.70千米,计划投资3344万元,完成50万元;一般地区村际联网项目33个,建设里程67.20千米,计划投资4245万元,完成4245万元;贫困地区村际联网项目18个,建设里程46.40千米,计划投资1757万元,完成1757万元;贫困地区渡改桥和新建桥梁项目2个,桥梁226延米,计划投资896万元,完成20万元。下达农村公路续建项目36个,建设里程299.47千米,桥梁820延米,计划总投资8.15亿元,完成2.97亿元,累计完成4.21亿元。

【农村公路养护】 2018年,南宁市农村公路养护里程1.29万千米,县道优良路率51.20%,乡道(含专用道)优良路率37.30%,村道优良路率33.10%,完成自治区公路管理局下达任务指标。自治区下达南宁市养护工程项目77个(含续建项目),计划总投资7396万元,完成投资5324万元。其中:路网结构改造(村道危桥改造)项目2个,计划总投资545万元,完成投资65万元;路网结构改造(安防)项目41个,处治隐患里程146千米,计划总投资2747万元,完工29个,完成投资1502万元;养护大中修项目14个,计划总投资2363万元,完工11个,完成投资2016万元;下达农村公路续建项目20个,计划总投资1741万元,完成1409万元,累计完成1741万元。

【路政管理】 2018年,市交通运输局以"打非治违"为重点,提升路政执法水平,查处交通运输违法案件6172起,比上年增长11.40%。其中非法营运类案件2346起(货车14辆,危货5辆,克隆出租汽车138辆,小客车、小轿车、面包车409辆,电动自行车615辆,摩托车73辆,网约车1092辆),占38.01%,增长35.84%;其他类案件3826起(普通货运车辆违规经营2604起,道路危险货物运输车辆违规经营27起,道路旅客运输车辆违规经营217起,道路货物运输车辆超限超载620起,巡游出租车违规经营220起,网约车违规经营103起,电动车地铁口违规定停放27起,教练车违规经营1起,水上运输企业违法经营2起,道路运输业户违规经营5起),占61.99%,增长3.04%。路巡路查南宁绕城高速公路,处理涉路案件,对符合办理涉路施工备案项目条件的涉路施工依法办理施工备案。办理施工备案项目37个,处理车辆损毁路产案件21起,办结21起。

【公路应急管理】 2018年,市交通运输局完善应急预案及措施,落实应急救援队伍和物资设备,保养各类应急抢险车辆及机械设备,落实信息报送制度,完善领导带班24小时值班制度。组织南宁市"两客一危"(从事旅游的包车,三类以上班线客车,运输危险化学品、烟花爆竹、民用爆炸物品的道路专用车辆。)道路运输企业和重点普货运输企业安全生产分管领导和安全管理人员198人参加2018年南宁市客货运企业安全生产管理应急演练;2月7日,组织开展2018年春运应急接驳演练。

【交通运输行业质量信誉考核】 2018年,市交通运输局组织实施道路运输行业经营与服务精细化管理,完成客运、货运、驾培、维修行业质量信誉考核。考核道路客运企业48家,其中获AAA级41家、AA级7家;考核道路危险货物运输企业36家,其中获AAA级11家、AA级20家、A级4家、B级1家;考核50辆车以上道路普通货物运输企业288家,其中获AAA级39家、AA级160家、A级21家、不合格等次68家。

【公路运输市场监管】 2018年,市交通运输局升级改造南宁市道路运输动态监管平台,实现与自治区运政数据同步,对道路运输企业动态监控情况每月通报、每周总结和每日动态信息发布。同步开发动态监管平台APP,实现移动办公。定期(每周)将"两客一危"车辆不入网或者长期不能保持在线等情况报送给市交通运输综合行政执法支队依法进行查处,为"两客一危"精准监管提供数据支持。

【运政投诉处理】 2018年,南宁市交通运输综合行政执法支队处理、答复行政复议、诉讼案件24起,其中当事人撤诉8起,判决撤销1起,胜诉15起。受理、转交、反馈投诉举报2289起，接待当事人申诉972人次，依法举行听证会7次，均已处理、反馈完毕。

【驾驶员培训】 2018年，南宁市有驾培机构110家（市区80家、县域30家），其中一级驾培机构13家、二级43家、三级54家，教练员5636人，教练车4898辆。参加道路运输从业资格证考试7893人（1.02万人次），通过考试6886人，通过率87.24%。8月起，开展机动车驾驶培训行业专项整治行动，通报45家，处罚8家。

【春运旅客运输】 2018年春运期间（2月1日至3月12日），南宁市日均投放客车4039辆（其中日均加班156辆，日均包车7辆），日均总座位16万个，总开行27.16万个班次（其中加班3237个班次、包车86个班次），完成客运量373.38万人次，比上年下降14%。春运期间，南宁市客运市场运力供给充足，车辆档次提升，应急运力储备到位，道路客运企业客流高峰期旅客疏运能力达标，未发生旅客滞留现象。

【站场基础设施建设】 2018年，武鸣区城南客运站主体工程完工，进入装修阶段，累计完成投资6000万元。完成农村便民候车亭建设15个，总投资79.30万元。11月26日，南宁凤岭综合客运枢纽站竣工，位于凤岭北路北侧、南宁铁路东站南广场东侧，占地面积8.78万平方米，总建筑面积11.36万平方米，采取"上进下出"交通立体组织模式，整体分为地面三层、地下两层，年度投资3.76亿元，总投资额9.72亿元，是广西最大的国有公路客运站、国家一级汽车客运站，由南宁交通投资集团建设、运营，主要分担南宁东站铁路客流、青秀片区公路客流和旅游集散地功能，设计年均日发送旅客3万人次，发班线路40多条、班次约180个，站内实现高铁、公路客运、地铁零距离换乘，2019年1月18日开业运营。（侯宗豪）

水路运输

【概　况】 2018年，南宁市有水路运输企业51家，其中经营沿海运输企业9家、内河省际运输40家（含持有港澳航线运营资质企业5家）、自治区内运输企业2家。应核查船舶908艘，通过核查843艘，未通过核查16艘，未参加核查49艘，核查率94.60%，合格率98.10%。港口企业21家、水路运输辅助企业46家（其中船舶管理业5家、船代货代企业41家）。有运输船舶1123艘、总净载重量103.27万吨、载客量0.77万客位，其中沿海船舶46艘、净载重25.72万吨，远洋船舶27艘、净载重5.84万吨。水路运输完成货运量3853.8万吨，比上年增长4.23%；货运周转量完成244.94亿吨千米，增长18.24%。港口吞吐量736.40万吨，减少46.64%。集装箱吞吐量9570TEU（标准箱），增长79.45%。水路基础建设完成固定资产投资13.29亿元，其中西江黄金水道基础建设项目完成7.32亿元；船舶技术改造投资完成4100万元。货船平均净载重量1227吨/艘，增长9.50%。主要存在水路运输行业结构小散多，发展质量不高的问题。

【水路运输监管】 2018年，市航港管理部门与市环保局、市水利局、市城管局等联合执法，出动巡查车辆49辆次，巡查人员198人次，巡查港口码头堆场174个次，对港口企业的扬尘治理严格管控，填报相关表格49期。10月，交通运输部水运局对南宁市水路运输企业"双随机"（在监管过程中随机抽取检查对象，随机选派执法检查人员，抽查情况及查处结果及时向社会公开）。抽查广西长海船务有限公司、南宁永浩航运有限公司对海务、机务人员变更情况未进行备案，被分别给予2000元行政处罚、公示；广西南宁桂丰运输有限公司未对事故应急救援综合预案进行修编、印发执行，被责令整改。12月，市航港管理部门对参与西津水利枢纽二线船闸工程施工单位、设计单位开展2018年度信用评价考核。

【水路运输节能减排】 2018年，南宁市内河船型标准化船舶拆解、改造223艘，其中西江干线过闸小吨位船舶拆解152艘，老旧运输船舶拆解68艘，生活污水防污染改造3艘；新建内河天然气（LNG）动力示范船22艘。按自治区财政厅下拨船舶燃油补贴进度，发放补助577万元；补发上年度船舶燃油补贴302.21万元。

【水路运输基础设施建设】 2018年，市聚泽置业有限公司建成亭子旅游码头客船泊位3个（400客位1个、200客位2个），民生旅游码头客船泊位3个（200客位）。市水路建设养护中心建成南宁港牛湾作业区上锚地、牛湾作业区下锚地、六景作业区锚地。南宁港鹤笋码头（3个2000吨级泊位）完成设计并开工建设，设计年通过能力138万吨。明确南宁港青山旅游码头项目选址。（侯宗豪）

航空运输

【概　况】 2018年，南宁吴圩国际机场设办公室、党群工作部、规划经营部、服务营销部、安全监察部（航务管理部）、基建设备部、人力资源部、财务部、安全检查站、地勤服务部、候机楼管理部、运行指挥中心、修缮动力部、航空信息部、地面运输部、消防安保部、广西民航国际旅游有限公司、广西翔飞航空食品有限公司18个机构，有员工2730人。实现旅客吞吐量1509.16万人次，比上年增长8.45%，保障航班起降11.30万架次，增长5.07%。执飞航线172条，其中国内航线138条、国际及地区航线34条。累计通航城市108个，其中国内城市77个、国际和地区城市31个。年内，南宁机场旅客吞吐量首次突破1500万人次，单日旅客吞吐量突破5万人次，最高5.37万人次。南宁机场"蓝凤凰"志愿服务队被中国青年志愿者协会、共青团中央评为优秀志愿者团队；机场安检站第一团支部被评为全国五四红旗团支部，机场团委被评为全国民航五四红旗团委，机场航旅公司团支部被评为全国民航五四红旗团支部；南宁机场获自治区工商行政管理局颁发"2017年度守合同重信用企业"称号；机场地勤服务部向阳花班组获"全国民航青年文明号"称号。主要存安全生产形势严峻，保障能力相对不足等问题。

【市场经营】 2018年，南宁吴圩国际机场受全国民航业把控运行总量，调整航班结构，以提升航班正点率政策影响，被列为航班时刻辅助协调机场，航班增量受限；南宁机场找准市场定位，调整拓航思路，取得新增南宁—沈阳、南宁—万州—太原等61条航线；新开辟淮安、常州等14处新航点；四川航空开通杭州—南宁—新加坡航线，填补南宁—新加坡航班无公务舱的空白；菲律宾航空开通南宁—马尼拉航线，实现东盟国家航线网全覆盖；俄罗斯依可亚航空和艾菲航空开通南宁—俄罗斯莫斯科航线，实现欧洲航线通航。四川航空成立南宁运行过夜基地，奥凯航空成立广西分公司，南宁机场基地公司增至5家，驻场运力超40架，在南宁机场运营的航空公司超50家，实现宽体客机定期执飞南宁—北京航班。新开陆川、博白等市县机场地面大巴接送班线，自治区内大巴接送班线增至19条，通达32个市县。

【绿色机场建设】 2018年，南宁吴圩国际机场推进节能降耗，加强巡视检查力度，完成机场计量装置改造；与机场驻场单位签订水、电等能耗协议，规范水、电费收费标准；加强节能降耗宣传；监督机场车辆使用管理、设备维护和水电管网巡查，维护保养。单位航班架次耗水量比上年减少0.62%，单位航班架次耗电量减少9.39%，用油量下降12.35%。继续推进V1至V5号道口花台、旅客过夜用房、航信楼周边、生活区周边及工作区道路双侧绿化提升，建设绿色机场。

【民航服务】 2018年，南宁吴圩国际机场航班放行正常率80.02%，比上年增长15.30%，达到民航局航班可调整标准。推行始发航班于起飞前40分钟开始登机，起飞前40分钟停止办理乘机手续，实施飞机推出同步启动发动机、增开滑行道出口等措施，减少飞机推出等待时间，将05号跑道设为非全跑道起飞模式，缩短航班起飞间隔。加强与驻场空军、民航广西空管分局、航空公司协调机制，成立南宁机场运行协调管理委员会，建立各成员单位间运行会商协调程序和决策机制。开展“民航服务质量提升”专项行动，提升服务特殊旅客服务水平。推出“无纸化”通关项目。完善机场至崇左方向指引标识牌，制作大巴引导指示牌，增设市区线路旅客候车座椅。推出“安检乐力”(由有表演特长的安检员上台表演，让旅客在等候安检时舒缓情绪，愉悦身心)，引进共享按摩椅、自助唱吧等自助服务项目。社会停车场启用智慧收费模式。做好延误航班后勤保障。 (粟 妮)

邮 政

【概 况】 2018年，南宁市邮政管理局设办公室、普遍服务科(机要通信科)、市场监管科，编制12名，在编11人。全市有许可快递企业200家，分支机构748个。中国邮政集团公司南宁市分公司(简称南宁市邮政分公司)设综合职能部门6个，市场经营部门2个，经营支撑部门4个，城区营业局、郊区分局、广西鑫达保安押运服务有限公司南宁市分公司3家直属单位，横县分公司、宾阳县分公司、上林县分公司、马山县分公司、隆安县分公司及武鸣区分公司6家区县分公司。全市邮政业务总量51.04亿元，比上年增长56.71%，占全市GDP比重突破1%；业务收入43.24亿元，增长33.11%。快递业务量排全国第42位，快递业务收入排全国第38位。邮政业务收入与增幅继续保持在自治区首位。中国邮政集团公司南宁市分公司(简称南宁市邮政分公司)被评为中国邮政集团公司“邮政系统企业文化建设示范单位”、中国邮政广西分公司2015—2018年度“桂邮党旗红”主题实践活动先进党委、中国邮政广西分公司企业文化示范点。中国邮政速递物流股份有限公司南宁市分公司被评为“2018年通信行业用户满意企业”。主要存在高端供给不足，产业链水平不高，新动能发展不充分等问题。

【市邮政分公司寄递事业改革】 2018年，南宁市邮政分公司按照中国邮政集团公司寄递事业改革部署，市邮政分公司与邮政速递物流EMS合体经营。10月15日，市邮政分公司包裹快递板块与中国邮政速递物流股份有限公司南宁市分公司合署经营中国邮政集团公司南宁市寄递事业部(简称“南宁市寄递事业部”)正式揭牌成立，整合后邮政寄递物流业务市场占有率比上年年末增长5%。全年业务收入比上年增长27.50%，其中电商快包业务增长154.80%，晋升全国邮政电商快包“新百团城市”第二组首位。自主试开南宁—南京、南宁—杭州、南宁—广州3条冷链定制运输直达邮路，新增红星、柳园、万恒、西明、友谊5个邮件盘驳点，建成望州邮件分拨中心，组建南宁邮政指挥调度中心。

【快递包裹业务】 2018年，市邮政管理局与市交警部门协调，以快递行业协会为主导，为率先完成“统一车型、统一标识、统一牌号、统一备案、统一培训”的广西顺丰、京东、圆通等11家快递企业2600余辆快递电动三轮车发放市区通行牌照。“双十一”期间，发放“快递业务旺季保障”通行证589张，提升快递企业旺季末端服务能力。全年快递服务企业业务量完成2.51亿件，比上年增长55.63%；业务收入31.28亿元，增长35.85%。其中：同城业务量完成5585.63万件，增长71.85%，占业务总量22.26%；异地业务量完成1.93亿件，增长50.84%，占76.98%；国际与中国港澳台地区业务量完成190.89万件，增长184.29%，占0.76%。

【函 件】 2018年，市邮政分公司稳住传统账单、商函传统木本业务及传统户外大牌广告业务规模，引入广告代理服务商，开发微信朋友圈、抖音短视频、今日头条等潮流媒体广告业务。第15届中国—东盟博览会、第十二届中国(南宁)国际园林博览会期间，推出《中国—东盟博览会15周年纪念邮资封》和配套纪念戳、《第十二届中国(南宁)国际园林博览会邮资明信片》《第十二届中国(南宁)国际园林博览会纪念封》。全年邮政函件业务完成1776.07万件，比上年增长8.08%，收入增长5.80%。

【报刊业务】 2018年，市邮政分公司经营报刊1.23万种，利用节日、主题、项目类产品的特性开展专项营销活动，继续开发校园报刊、畅销报刊、精品图书、政务图书及图书巡展等重点市场。与中国少年儿童新闻出版总社联合打造广西首家绘本主题邮局——“红袋鼠邮乐园”；与快乐老人报社联合建立的快乐老人大学南宁邮政校区正式对外开放。全年完成报纸业务量6082.16万份，比上年减少3.13%；杂志业务量566.36万份，增长1.80%。

【集 邮】 2018年，市集邮协会在册会员1.50万人。市邮政分公司开展集邮进校园、进商场等活动8场；在广西国际商务职业技术学院建成自治区首个大学生邮局主题园地，首次启用壮汉双文字邮戳；在金浦路建立集邮与书画文化相融合的“书香墨宝”主题邮局。1月5日，《戊戌年》生肖邮票在南宁万象城首发。第十二届中国(南宁)国际园林博览会期间，推出《第十二届中国(南宁)国际园林博览会邮折》。全年集邮业务收入比上年增长6.60%。

【邮政普遍服务】 2018年，南宁市邮政分公司下设邮政储蓄网点118个、邮政营业网点197个，有员工2965人，服务面积2.20万平方千米，服务人口724.43万人；有投递段道1097条，其中城市投递段道740条、单程投递段道长度1.97万千米，农村投递段道357条、单程投递段道长度

2018年1月5日，中国邮政全国发行《戊戌年》特种邮票1套2枚 卢一方提供

2018 年 2 月 8 日，广西首家邮政专题文史馆南宁邮政文史馆正式开馆。图为文史馆内景
谢世思提供

1.10 万千米（新统计口径）；有生产用汽车 462 辆、电动投递三轮车 1152 辆、投递摩托车 161 辆。完成邮政普遍服务业务 1.84 亿元，比上年增长 127.88%；邮政寄递服务业务 1.03 亿件，增长 10.75%；业务收入 2.76 亿元，增长 62.74%；包裹业务 9.41 万件，下降 6.37%；汇兑业务 25.06 万笔，下降 23.08%。

【邮政代理金融】 2018 年，市邮政分公司代理金融业务收入比上年增长 4.30%。业务向移动支付转型，手机银行年激活户数、快捷绑卡年新增网上支付业务收入、云闪付年累计新增有效户数等各项指标均超额完成上级下达目标。推进支付场景建设，建成城区民主东金牛桥、横县城北农贸 2 个移动支付商圈示范点，城区亭洪、中兴及马山县同富 3 个自治区“邮惠购”活动示范网点。

【邮政商务服务】 2018 年，市邮政分公司新建（含撤并）“邮乐购”邮政电商服务点 180 个，全辖“村邮乐购”电商服务点 1303 个。推进邮政营业网点加载“电商 + 金融 + 寄递”等功能，部分邮政营业网点增加车驾管业务、代征税业务等服务。南宁邮政微商城会员总数 4050 人，“邮助手”绑定站点 1149 个。

【客户服务】 2018 年，市邮政管理局通过“12305”邮政行业消费者申诉电话和国家邮政局申诉网站受理、结案消费者申诉 1.11 万起，其中邮政服务 528 起、占总量 4.76%，快递业务 1.06 万起、占 95.24%。处理有效申诉（确定企业责任的）500 起，比上年下降 45.05%，其中邮政服务 63 起、占 12.60%，快递业务 437 起、占 87.40%。调解处理消费者申诉，为消费者挽回经济损失 34.25 万元，消费者对邮政管理部门处理申诉满意率 99%，对企业处理申诉满意率 97.70%。年内，市邮政分公司开展“平安邮政”安全生产建设，开展绿色运输工程和绿色包装工程，推进“电商扶贫”，投入扶贫物资 29.07 万元，累计进村开展“守住钱袋子”、防电信诈骗等主题宣传活动 160 场，发展保障型保单、简易险保障金额 2.10 亿元，“善行 99 邮爱传递”线上宣传劝募 1.35 万元。实施“科技兴邮”战略，新增 32 台智能包裹柜、276 个有效人工包裹自提点，研发集空间地理信息和大数据运用于一体的“南宁邮政电子地图”系统，研发智能信箱（筒）系统、微信支付功能、故障报修系统、邮政业务营销业绩管理系统等 10 项科技创新成果，提升客户的服务体验。全辖直派工单及时处理率、关联工单及时处理率、有理由申诉率、申诉满意率等指标达到考核要求，社会客户满意度 89.35 分。

【邮政行政执法】 2018 年 10 月，南宁市邮政业安全中心正式成立，以政府购买服务的形式配备安全检查员 8 名；推进依法治邮，完善邮政行政权力清单、责任清单和市场准入负面清单。全年检查企业及分支机构 381 家次，出动检查人员 1306 人次，纠正、查处违法违规行为 22 起，下达行政处罚决定 22 份，罚款 45.80 万元。

【南宁邮政文史馆开馆】 2018 年 2 月 8 日，南宁邮政文史馆正式开馆，为广西首家邮政专题文史馆。位于青秀区保爱路 66 号，建筑面积 437 平方米，珍藏邮政历史物件 57 件，珍稀邮品 206 枚，集邮政历史发展、文史教育、活动体验、文化传播等功能于一体；成为了解南宁邮政历史的窗口。

（钟　哲　谢世思）

责任编辑　卢景林

会展业

综　述

【概　况】 2018年，南宁市有南宁国际会展中心、广西农业会展中心、南宁华南城、广西展览馆4个专业会展展馆，形成“一主三辅”会展场馆新格局，展馆建筑面积超40万平方米，室内展览面积超12万平方米，会议室面积超6万平方米。全市规模以上备案展会总数108场，其中超过1万平方米以上展会36场。南宁国际会展中心承接展览68场，会议544场，新增1万平方米以上展会7个，上缴财政收入5696万元，比上年增长113.60%。南宁国际会展中心入选中国会展产业大会组委会评选的“改革开放40年，40个品牌会展场馆”之一，被中国会展高峰论坛组委会评为2018年度中国会展之星·最佳会展中心。主要存在会展产业总量处于中等偏下水平，展馆综合使用率较低(维持18%左右)，招展引展有待加强，展会题材以消费展、综合展居多，缺乏专业展、品牌展、规模以上展会，展会结构有待优化，办展环境软实力欠缺，官方媒体平台对重点会展活动宣传推介、会展项目招商引资推广支持力度不够等问题。　（张　豪）

【会展场馆建设】 2018年，南宁市主要进行南宁国际会展中心改扩建工程、广西农业会展中心、南宁华南城“1668创业园一区”项目三大会展场馆建设，总建筑面积约37万平方米。8月27日，南宁国际会展中心改扩建工程竣工。工程是促进中国—东盟博览会升级和持续发展的专项工程，是自治区成立60周年大庆重点项目；包括写字楼、酒店、商业街以及周边道路交通等配套设施，占地面积3.70万平方米，总建筑面积15.80万平方米，总投资25.58亿元。会展豪生酒店、会展大厦均进入运营筹备期；完成周边道路交通包括横跨快速环道、连接会展中心与金浦路的跨线桥和会展中心展馆西侧的交通环道；会展中心片区逐步向多种业态综合运营的南宁国际会展商务圈转变。12月，广西农业会展中心建成使用，并作为今后承接中国—东博会农业展的主展区；建筑面积5.93万平方米(含地下车库面积)，容纳国际标准展位988个，设停车位1300个。12月22日，南宁华南城“1668创业园一区”项目在南宁华南城园区举行开工仪式。项目位于南宁市江南区华南大道北面，仁和路以东；占地面积3.90万平方米，总建筑面积15.50万平方米，主要用于商务办公、产品实体展示等。

【展览展会】 2018年，南宁国际会议展览有限责任公司承接展览68场，会议544场，新增1万平方米以上展会7个：《炫彩大地飞歌》选拔赛广西站、2018广西电商年货节、2018广西门业博览会暨定制家居展、广西书展、2018青秀区·网易广西国际动漫嘉年华、2018年全国农产品产销对接行(广西)暨庆祝自治区成立60周年广西特产行销全国成果展、中国生态文明论坛南宁年会；新增1万平方米以下展会9个：2018广西柑橘产销对接暨全产业链博览会、2018年工业高质量发展银企对接会、广西首届艺术设计周、广西饲料展览会、第二届广西临床医药(器械)渠道对接会、广西沿边金改成果展暨面向东盟金融门户宣传活动、2018农资与市场万商赋能大会、少儿春节联欢晚会、金雨伞2018年千人渠道峰会。上缴财政收入5696万元，比上年增长13.60%。南宁华南城承办“广西有礼”伴手礼评选发布暨产销对接活动、第三届“开心购物走进江南”南宁华南城爱心扶贫年货节、南宁市2018年春风行动启动仪式暨大型招聘会、2018“三月三·赶大圩”南宁华南城第四届民俗文化购物节、南宁·东南亚国际旅游美食节、第15届中国—东盟博览会轻工展、首届驻桂商会创新发展大会暨“党旗领航·助力脱贫”洽谈展销会、2018广西会展经济发展研讨会等展会和活动。广西展览馆承办台铃电动车促销专场、南宁渔具户外展、广西节能宣传周和低碳日活动、“梦想图书·爱满广西”台铃第三季公益骑行送书活动、南宁招聘网第62届—63届大型综合人才招聘会、第15届中国—东盟博览会农业展等展会和活动，并设新春年货会、家具展览展销等。（金　尼）

重要展会

【2018广西电商年货节】 2018年1月24日至28日在南宁国际会展中心举办。自治区商务厅、广西电视台指导，广西国际电子商务中心、广西卫视、广西公共频道、广西国际频道联合主办，是广西第一次尝试将电商元素与传统年货展销相融合，主题为“广西好风物”，展览面积1.50万平方米，展销广西特产核心品牌75个、伴手礼品牌、中华·广西老字号、电子商务进农村示范县优品、贫困地区家乡土货、跨境电商海淘爆款、旅游电商精品线路等广西风物。日均人流量超2万人次。现场交易额650万元，网上销售额两周突破3亿元。

【2018广西书展】 2018年4月20日至23日在南宁国际会展中心举办。自治区党委宣传部、自治区新闻出版广电局主办，广西出版传媒集团、广西新华书店集团股份有限公司承办，广西书刊发行业协

会协办，主题为“全民阅读，书香八桂”，展览面积1.16万平方米。设党的十九大主题展区、社会主义先进文化出版物展区、革命文化出版物展区、中华优秀传统文化出版物展区、桂版精品图书展区、广西8家出版社主题展区、百家优秀出版社精品书及新书展区、少儿阅读体验区、八桂特色书店展区、台湾及外文图书展区、特色综合展区11个展区，展销图书13万种。安排作家与读者见面会、图书分享会、主题演讲、脱口秀、绘本互动等文化交流活动50余场。其间，举办2018中国全民阅读年会，主题为“新时代，新阅读”；举行“广西公益阅读助读行动”捐赠仪式，资助实现阅读计划贫困学子2000人，向贫困家庭学生赠送购书券近60万元。

【2018年全国科技活动周广西活动暨第二十七届广西科技活动周创新驱动发展成就展】 2018年5月19日至22日在南宁国际会展中心举办。自治区政府主办，自治区科技厅、自治区科技创新发展办公室、自治区知识产权局、市政府承办，主题为“科技创新强国富民　发明创造赶超跨越”，展览面积1.50万平方米，设广西重大创新成就、主题城市创新发明成果、明星高企创新发明成果、地市创新发明成果、高校科研院所创新发明成果、乡村振兴创新成果、科普体验和发明创造联展、成果专利发布及科技招商区8大展区，超过650家企业及机构带来参展项目1200多个。其间，举办创新成果专利转移对接系列活动、广西青少年机器人竞赛等科技专题系列活动12项。

【第12届广西—东盟新能源电动车及零部件展览会】 2018年5月24日至26日在南宁国际会展中心举办。广西—东盟经贸促进会、广东省电动车商会、市自行车电动车行业协会联合主办，天津市自行车电动车行业协会支持，广西南宁共好时代会展有限公司、天津市华轮展览有限公司、广州道智展览有限公司承办，主题为“立足广西，面向东盟”，展览面积1.20万平方米，参展企业约260家。其间，举行2018第8届中越(南宁)电动车采购订货会、中越老柬缅五国电动车产业专场对接会。

【2018年广西生态养殖发展交流大会暨第二届广西水产畜牧业博览会】 2018年6月22日至24日在南宁国际会展中心举办。广西水产畜牧业龙头企业促进会主办，主题为“生态养殖　绿色发展”，展览面积7600平方米。设名优特渔牧产品馆、生态养殖技术设备展、饲养产品展馆、各市水产畜牧发展成就展；展示产品700多个，有先进养殖设备、饲料兽药、动物保健品和鸡鸭鹅、猪牛羊、特色养殖、水产海鲜生鲜食材、农民自产自销无公害农产品等。设大型生态养殖技术交流会7场，邀请中国农业大学博士、教授为养殖企业技术人员、养殖户、养殖行业投资者、系统工作人员讲授生态养殖技术与政策。

【第22届南宁国际学生用品交易会暨2018中国·东盟(南宁)国际教育展览会】 2018年7月13日至15日在南宁国际会展中心举办。市政府、中国国际贸易促进委员会广西分会主办，广西教育装备行业协会、市教育局、市人力资源和社会保障局、市文化新闻出版广电局、南宁国际会议展览有限责任公司、南宁国际学生用品交易展览有限责任公司承办。设展厅8个，展览面积3.50万平方米，参展企业550家。设教育装备展区、国际教育展区、高校毕业生“双选会”、青年文化创意博览会、创客大赛展区。展出国内最新教育前沿产品“智慧教育”型教育产品——智慧校园整体解决方案、人工智能创客特色实验室、智慧考试管理等教育信息化产品。其间，举行自治区中小学实验说课活动、自治区中小学创新实验室优秀案例展示交流活动、八桂少年钢琴家邀请赛、广西北部湾创客教育大赛、广西培训教育发展大会等活动。（雷　燕）

【2018中国—东盟博览会农业展】 2018年9月12日至15日在广西展览馆举办。商务部、东盟10国政府经贸主管部门、东盟秘书处主办，展览面积1万平方米，设标准展位500个。设水果特色优势展区、蔬菜特优农产品优势展区、茶叶特色农产品优势展区、桑蚕特色农产品优势展区、畜牧特色优势展区等展区。展示商品有渔牧产品，绿色农产品，包装食品，茶叶，东盟特色咖啡、食品等，参展企业246家。东盟博览会秘书处与越南企业促进中心在广西展览馆举办食品专场采购对接会，组织约30家采购商到会采购，约45家农业展企业参会洽谈。人流量2.50万人次。（张　豪）

【2018广西工业和信息产品展示会】 2018年10月26日至28日在南宁国际会展中心举办。自治区工业和信息化厅主办，自治区投资促进局、商务厅、公安厅、交通运输厅、国资委、广西企业与企业家联合会协办，展览面积约2万平方米，有458家名优特新企业和206个“第一书记”帮扶村参展。展示无人机、增材制造(3D打印)、石墨烯等新材料、新一代信息技术产品、智能设备、新能源汽车、生物医药等高新技术产品，汽车、工程机械、动力机械、机械装备、充电桩等产品，碳酸钙、陶瓷、铝材、管材、线材等化工产品，食品、医药、纺织、电子等消费品。首次设置高质量发展成果展，展示广西企业创新创业、工业绿色高效发展、产业转型升级、高新技术等成就。

【第8届中国(南宁)国际茶产业博览会】 2018年11月9日至12日在南宁国际会展中心举办。深圳市茶文化促进会主办，深圳市华巨臣实业有限公司、广西华巨臣会展服务有限公司承办，展览面积2万平方米，标准展位1100个，设全国名茶区、普洱茶区(黑茶区)、老茶一条街、紫砂展区、工艺品(茶具区)、港澳台(国际展区)6个展区，国内外知名茶企参展600余家。其间，举办茗星茶艺师第五届全国评选大赛东盟分赛区决赛、2018中国—东盟茶文化论坛、2018广西茶产业新零售峰会暨2018茗星茶馆全国评选大赛颁奖典礼、“邕城禅境”茶空间品鉴区等活动。

【第九届中国—东盟矿业合作论坛暨推介展示会】 2018年11月15日至18日在南宁国际会展中心举办。自然资源部、自治区政府主办，国家地质调查局、自然资源部国际合作司、自治区自然资源厅、自治区地质矿产勘查开发局、广西地矿投资集团有限公司承办，主题为“聚焦丝路合作，发展绿色矿业”，有东盟国家、中亚、西亚和非洲等“一带一路”沿线国家人士参会，论坛规模由“10+1”(中国与东盟10国)扩大为“11+N”(中国与东盟10国、“一带一路”沿线部分国家)。围绕矿业绿色发展政策与实践、绿色矿山企业发展、矿业项目与技术合作、重要矿产资源开发与利用、地学合作机制、矿业信息服务与矿产地质线上数据库建设6大议题探讨交流，组织矿业新技术、矿山机械、珠宝玉石展览。其间，举办中国—东盟矿业绿色发展政策与实践研讨会、中国—东盟地学合作研讨会、中国—东盟地学合作中心揭牌仪式以及中国—东盟矿业项目签约、推介、洽谈会等活动10余场。首次举办老挝国家矿业专场推介会、柬埔寨国家矿业专场推介会，签约矿业合作项目10个，总金额23.40亿元。

【2018中国—东盟博览会林产品及木制品展】 2018年11月16日至19日在南宁国际会展中心举办。国家林业和草原局、自治区政府主办，中国—东盟博览会秘书处、中国林产工业协会、自治区林

业厅承办,主题为“绿色、创新、合作”,为2018中国—东盟博览会系列专业展之一。展览面积2万平方米,设林业装备、人造板及木结构、红木家具及红木工艺品、家具及木竹根雕工艺品、花卉苗木、林下经济产品、森林旅游、林业经济发展及合作展区8个。越南农业与农村发展部首次作为支持单位组团参展。越南、印度尼西亚等东盟林业资源发达国家企业参展参会。其间,举办第八届中国(南宁)林产品国际贸易论坛、投资东盟介绍会(越南农、林业专场)、2018第九届中国—东盟木文化活动暨匠心手作体验馆等系列专业论坛及多场投资贸易促进活动。

【2018年工业高质量发展银企对接洽谈会】 2018年11月22日至23日在南宁国际会展中心举行。自治区政府主办,自治区金融办公室、自治区工业和信息化厅、自治区发展和改革委员会、自治区工商联、自治区投资促进局、广西国际博览事务局、中国人民银行南宁中心支行、广西银保监局筹备组和自治区各市政府承办,120多人参加启动仪式。企业、金融机构代表1000多人参加现场签约会,签约项目500多个。63家金融机构现场设立洽谈室,参与洽谈工业企业2000多家,达成签约1680项,融资规模1308亿元,涉及企业覆盖自治区14个地市、111个县(市、区)。

2018年12月7日至8日,全国农产品产销对接行(广西)暨庆祝自治区成立60周年广西特产行销全国活动在南宁国际会展中心举办。图为开幕式　　南宁国际会展公司提供

【2018年全国农产品产销对接行(广西)暨庆祝自治区成立60周年广西特产行销全国成果展】 2018年12月7日至8日在南宁国际会展中心举办。商务部、自治区政府主办,自治区商务厅、自治区农业农村厅、中国蔬菜流通协会承办,主题为“加强产销对接　助力精准脱贫”,展览面积1.20万平方米,设广西农产品主题展、广西特产行销全国主题展、广西对外开放成果展示区、广西米粉主题展、广西特色产品一、二、三产融合发展主题展示及广西农垦、林业、农村投资、中国检验认证集团、苏宁、供销社等集团单位展区。参展品类有蔬菜、果品、肉类、水产等农副产品,以及广西特产行销全国核心品牌产品。广西名特优企业300多家,采购企业200多家参展。　(雷　燕)

【2018中国—东盟农业机械展·中国甘蔗机械化博览会】 2018年12月28日至29日在广西农业会展中心举办。中国农机化协会、中国农机工业协会、中国农机流通协会联合主办,设农业机械展览展示,中国—东盟现代农业装备合作与发展论坛,技术交流、产品推介,农机“一站式”服务及政策法规宣传4大板块活动。展览面积3.20万平方米,参展商170余家。其间,共有21家企业88个产品参与让利促销,累计销售甘蔗收获机、大马力拖拉机、粉垄机、无人植保机等机具36台,总价1932万元、让利近150万元。人流量约2.50万人。　(张　豪)

责任编辑　班彩梅

表17　　2018年南宁国际会展中心展会情况表

时　间	展会名称	使用展厅	主办单位
2017年12月30日至2018年1月1日	龙发幸福家装节	D7	北京龙发建筑工程有限公司南宁分公司
1月4日至14日	东阳合一全国巡展南宁站	D1	东阳合一商贸(大连)有限公司
1月12日至15日	2018广西柑橘产销对接暨全产业链博览会	D1、D2	广西纤艺良品农业有限公司
1月24日至27日	2017《炫彩大地飞歌》选拔赛广西站	E	广西悦星文化产业投资有限公司
1月24日至28日	2018广西电商年货节	B2、金桂花厅	广西电视台
1月26日至2月12日	第6届南宁迎春年货博览会	D2、D3、西侧平台	深圳市华巨臣实业有限公司
2月20日至22日	2018南宁月邪动漫冬季盛典	B1、B2、金桂花厅	南宁良牙文化传播有限责任公司
3月8日至18日	东阳合一全国巡展南宁站	D3	东阳合一商贸(大连)有限公司
3月9日至10日	2018年春季全区人才交流大会	D1、D5、D6、D7、D8、D11、D12、D13、D14、D15	广西智汇佳人力资源有限公司
3月14日至18日	2018第五届广西汽车交易会	会展广场	南宁尚格会展服务有限公司

续表 17

时 间	展会名称	使用展厅	主办单位
3月21日至25日	第29届北部湾医疗器械及第12届公共安防产品博览会	D1、D2、D3	广西南宁力帮展览有限公司
3月21日至25日	2018年第十九届广西广告展	D6、D7、D12、D13、D14	南宁南春展览服务有限公司
3月24日至25日	2018款吉利博越华南区上市暨交车仪式南宁站	会展广场、迎宾厅	杭州德润广告有限公司
4月16日至24日	广西书展	B2、金桂花厅	广西新华书店集团股份有限公司
4月22日至26日	2018年广西国际糖业技术设备展示交流会	D1	南宁南春展览服务有限公司
4月25日至29日	2018广西门业博览会暨定制家居展	B1	南宁易之泓展览策划有限公司
4月26日至5月2日	2018北部湾(南宁)第十八届汽车展暨北部湾(南宁)五一车展	会展广场	广西南宁合众会展服务有限公司
4月26日至5月2日	2018年广西(南宁)房地产博览会	D2	广西日报传媒集团有限公司
4月27日至5月1日	2018广西(南宁)房地产博览会家装建材展览会	D1、D3、D5、D14	广西南宁共好时代会展有限公司
4月27日至5月1日	2018中国—东盟博览会动漫游戏展	B2	广西南博国际会展有限责任公司
5月16日至23日	2018全国科技活动周暨第27届广西科技活动周亲驱动发展成就展	B2、金桂花厅	广西壮族自治区技术市场
5月22日至26日	2018第12届中国西南(广西)新能源电动车及零部件展览会	D5、D6、D13、D14	广西南宁共好时代会展有限公司
5月25日至27日	第四届广西孕博会	金桂花厅	南宁市麦琪新派孕婴摄影会所
5月30日至6月3日	2018广西少年儿童艺术嘉年华	B2、金桂花厅	广西电视台公共频道
6月5日至6日	第二届广西临床医药(器械)渠道对接会	金桂花厅	武汉药联众科技有限公司
6月7日至10日	2018星艺装饰文化节	办证大厅	广西南宁共好时代会展有限公司
6月21日至24日	第二届水产畜牧业博览会暨广西生态养殖交流大会	D1、D2	南宁环博会展服务有限公司
6月24日至26日	广西2018年普通高校招生咨询会	B1	广西招生考试服务中心
6月25日至7月3日	2018第七届广西国际汽车文化节	D5-D15	南宁尚格会展服务有限公司
6月28日至7月1日	2018青秀区—网易广西国际动漫嘉年华	B1、B2、金桂花厅	广西诚炽网络科技有限公司
7月7日至8日	第33届广西婚博会	朱槿花厅	好友缘国宴饭店有限公司
7月11日至15日	第22届南宁国际学生用品交易会	D5、D6、D7、D8、D11、D12、D13、D14	南宁学生用品交易有限公司
7月16日至18日	乐土生物虽隐必诛产品爆品发布暨全国首批市场经销代理权招商会	B2、金桂花厅	广西乐土生物科技有限公司
7月20日至21日	2018农资与市场万商赋能大会	D1	名品(郑州)广告文化传播有限公司
7月25日至29日	第十六届广西食品糖酒餐饮美食博览会暨中秋月饼品牌展	D1、D2、D3	南宁环博会展服务有限公司
7月26日至29日	2018美好生活节暨首届广西电台家博会	D7、D8	广西南宁共好时代会展有限公司
7月27日至29日	2018月邪动漫夏季盛典	B1、B2、金桂花厅	南宁良牙文化传播有限责任公司

续表 17

时　间	展会名称	使用展厅	主办单位
8月1日至5日	2018年广西国际装备制造业及船舶工业博览会、第八届广西太阳能热泵及制冷空调展览会	D2	南宁南春展览服务有限公司
8月6日至16日	2018中国围棋大会	D1、D2	华智城围联体育产业股份公司
8月22日至27日	2018广西工艺美术作品展示会	D2	自治区二轻工业联社
9月12日至15日	第15届中国—东盟博览会	全馆	
9月19日至22日	广西饲料展览会	D1、D3	广西饲料工业协会
9月28日至30日	蓝色经典·梦之蓝群星演唱会	会展广场	南宁市金岳岸文化传播有限公司
9月29日至10月3日	2018南宁国际车展暨广西车交会	D5、D6、D7、D12、D13、D14	南宁尚格会展服务有限公司
9月30日至10月2日	2018CLIMAX动漫游戏嘉年华	B2	南宁曦景商贸有限责任公司
10月10日至13日	2018全国新型肥料交易会、第16届南方农资、种子、节水灌溉、农业机械展览会暨中国柑橘博览会	B1、B2	南宁正威展览服务有限公司
10月20日至27日	时光发声全国巡回演唱会南宁站	会展广场	深圳市时光发声文化传播有限公司
10月23日至28日	2018广西工业和信息化产品展示会	D5、D6、D7、D12、D13、D14	广西壮族自治区工业和信息化委员会
10月25日至11月4日	东阳合一全国巡展南宁站	D3	东阳合一商贸(大连)有限公司
11月2日至3日	第二季格力电器工厂巡展	B2	广西蓝图时代文化传媒有限公司
11月2日至4日	第五届广西孕博会	金桂花厅	南宁格林斯堡文化传媒有限公司
11月7日至11日	2018第三届广西新能源汽车电动车博览会	D5、D6、D7、D8、D11、D12、D13、D14	南宁市全能展览服务有限公司
11月7日至12日	第8届中国(南宁)国际茶产业博览会	B1	深圳市华巨臣实业有限公司
11月8日至15日	广西沿边金改成果展暨面向东盟金融门户版宣传活动	D3	广西国广鼎新文化传媒有限公司
11月13日至18日	2018中国—东盟矿业新技术矿山机械、珠宝玉石展览会	B1、B2、金桂花厅	广西研格传媒有限公司
11月14日至20日	2018中国—东盟博览会林木展	D5、D6、D7、D12、D13、D14	广西南博国际会展有限责任公司
11月16日至17日	2018年全区中高级人才交流会	D2	广西南宁人才智力交流开发中心
11月19日至21日	第六届南方(广西)口腔医学大会暨南方牙科器械与耗材展览会	D1	广州日晖会展服务有限公司
11月19日至25日	IGW电音节	会展广场	深圳天下新能源文化传媒有限公司
11月21日至23日	2018年工业高质量发展银企对接会	B1、金桂花厅	广西壮族自治区金融工作办公室
11月21日至25日	2018年第二届广西商品交易会	D1、D2	南宁环博会展服务有限公司
11月21日至25日	2018年四季度全区“双百”促销费活动启动仪式	D3	广西壮族自治区商务厅
11月22日至25日	2018中国(南宁)高端美容院产品及化妆品产业博览会	B2	郑州美展文化传播有限公司
11月22日至26日	广西首届艺术设计周	D6	广西格洛伊文化传播有限公司

续表 17

时　间	展会名称	使用展厅	主办单位
11 月 28 日至 12 月 2 日	2018 南宁体育产业博览会	B2、金桂花厅	广西中动体育产业股份有限公司
12 月 4 日至 8 日	2018 年全国农产品产销对接行(广西)暨庆祝自治区成立 60 周年广西特产行销全国成果展	B2、金桂花厅	广西壮族自治区商务厅
12 月 12 日至 17 日	中国生态文明论坛南宁年会	B2、金桂花厅	南宁市环保局
12 月 15 日至 25 日	2018 第十一届中国—东盟(南宁)国际汽车展览会	D1、D2、D3、D5、D6、D7、D8、D9、D11、D12、D13、D14	南宁尚格会展服务有限公司

表 18　　2018 年广西展览馆展会情况表

时　间	展会名称	使用展厅	主办单位
1 月 23 日至 2 月 12 日	2018 年新春年货展	广场、东厅	上海伟灵展览策划有限公司
3 月 3 日至 4 日	南宁招聘网综合人才招聘会	西下一、二、三厅	广西南宁领航人力资源有限公司
3 月 16 日至 4 月 2 日	2018 年春季精品服装、服饰展销会	正厅、球厅	浙江台州丰源展览展销有限公司
3 月 16 日至 18 日	2018 年三月台铃电动车促销专场	广场水池西侧	南宁市硕元衔城商贸有限责任公司
3 月 17 日至 18 日	南宁招聘网综合人才招聘会	德国大篷	广西南宁领航人力资源有限公司
3 月 24 日	南宁招聘网综合人才招聘会	德国大篷	广西南宁领航人力资源有限公司
3 月 31 日	南宁招聘网综合人才招聘会	德国大篷	广西南宁领航人力资源有限公司
4 月 13 日至 15 日	团车网线下车展	球厅	团车互联网信息服务(北京)有限公司
4 月 19 日至 22 日	2018 年四月台铃电动车促销专场	广场	南宁市硕元衔城商贸有限责任公司
4 月 21 日	南宁招聘网综合人才招聘会	德国大篷	广西南宁领航人力资源有限公司
5 月 17 日至 20 日	2018 年五月台铃电动车促销专场	广场	南宁市硕元衔城商贸有限责任公司
5 月 31 日至 6 月 3 日	2018(南宁)渔具及户外用品博览会	正厅、球厅	沈阳明日科技展览贸易有限公司
6 月 7 日至 10 日	广西 2018 年节能宣传周和低碳日	正厅、球厅	广西壮族自治区发改委
7 月 13 日至 15 日	南宁招聘网综合人才招聘会	西下一、二、三厅	广西南宁领航人力资源有限公司
7 月 19 日至 22 日	2018 年七月台铃电动车促销专场	广场西侧	南宁市硕元衔城商贸有限责任公司
8 月 16 日至 18 日	南宁招聘网综合人才招聘会	西下一、二、三厅	广西南宁领航人力资源有限公司
8 月 29 日至 9 月 2 日	2018 年八月台铃电动车促销专场	德国大棚	南宁市硕元衔城商贸有限责任公司
9 月 12 日至 15 日	中国—东盟博览会农业展	一楼展厅	广西壮族自治区博览局
10 月 18 日至 28 日	2018 年秋季精品服装、服饰展销会	广场	南宁市繁和会展服务有限公司
11 月 1 日至 25 日	2018 年秋季精品服装、服饰展销会	正厅、球厅、广场	浙江台州丰源展览展销有限公司
11 月 16 日至 17 日	南宁招聘网综合人才招聘会	德国大篷	广西南宁领航人力资源有限公司
11 月 30 日至 2019 年 1 月 8 日	2018 年冬季精品服装、服饰展销会	正厅、球厅、广场	上海伟灵展览策划有限公司
12 月 14 日至 15 日	南宁招聘网综合人才招聘会	德国大篷	广西南宁领航人力资源有限公司

综 述

【概 况】 2018年，南宁市旅游发展委员会设办公室、政策法制科、市场推广科、规划财务科、产业促进科、监督管理科、人事科及机关党总支部，行政编制25名、在编23人，后勤服务人员控制数3名、在编3人。辖市旅游质量监督管理所，事业单位，编制12名、在编11人；市旅游发展服务中心，事业单位，编制10名、在编10人。全市有国家AAA级以上景区62家，全国及广西工农业旅游示范点24个，广西星级乡村旅游区62个，全国及广西休闲农业与乡村旅游示范点30个，广西星级农家乐117家，旅游星级饭店50家，旅行社105家。全市推行"放管服"改革，优化旅游营商环境，完善旅游行业"红黑名单"制度，加强旅游诚信体系建设，推动景区景点评星升级。打造"壮乡歌海、中国绿城、东盟风情、养生之都"特色旅游品牌，推出月月旅游节系列活动20个。接待旅游总人数1.32亿人次，旅游总消费1387.54亿元。主要存在创建国家全域旅游示范区、国家中医药健康旅游示范区各部门之间沟通不畅；旅游宣传不多、声势不大、影响不深，没有形成旅游业发展的浓厚氛围；旅游基础设施建设投入不足，"农家乐"餐馆受资金投入等诸多限制，分布零散，经营特色不明显；土特产品开发不够，品种较少，包装不够精美，携带不方便；缺乏大的游乐项目和竞争力强的旅游产品等问题。

【旅游资源】 2018年，南宁市旅游资源分布广、种类齐、数量多，相对集中在市区和县域附近，具有浓郁的壮族风情和南亚热带风光特色。主要有青秀山、五象岭、昆仑关等栽种松树、杉树及绿阔乔木林，形成的绿色森林植被景观；伊岭岩、金伦洞等喀斯特地貌景观，其中金伦洞是广西喀斯特地貌最长、最大、最深的原始石漠山洞；邕江、左江、右江、红水河两岸景观，瀑布景观以大明山龙尾瀑布、横县九龙瀑布群较有名；南湖、凤凰湖、金沙湖、大龙湖、西津湖、龙潭、灵水等湖泊景观，其中大龙湖水库是世界十大岩溶水库之一；广西药用植物园（世界最大的药用植物园）、金花茶公园（有全国乃至世界最大的金花茶基因库）、大明山自然保护区、龙虎山自然保护区、良凤江国家森林公园、老虎岭森林公园、五象岭森林公园、横县九龙瀑布群森林公园等动植物景观；新石器时代顶蛳山贝丘遗址、豹子头贝丘遗址、灰窑田贝丘遗址、唐代智城垌古城垌遗址等古遗址，始建于南明的兴陵、清代的新会书院、两湖会馆、粤东会馆、思恩府试院、邕江防洪古堤、民初的明秀园等古建筑和始建于明代的龙象塔（20世纪80年代重修），清代的秀峰塔、文江塔、承露塔等古塔；青秀山观音禅寺、水月庵，明清伏波庙，宋代应天寺，清代五圣宫、北帝庙，以及天主教堂、基督教堂、清真寺等宗教建筑；唐代智城碑、唐代六合坚固大宅颂碑石刻（被誉为岭南第一碑）、青秀山摩崖石刻、青龙崖石刻，明代灵水石刻，清代起凤山石刻、凿字山石刻、六公祠碑刻、雷婆岭摩崖石刻等古代摩崖石刻与古碑石刻；中共广西省"二大"旧址、共青团南宁地委旧址、昆仑关战役旧址、桂南战役阵亡将士纪念亭、昆仑关战役博物馆、邓颖超纪念馆等近现代文物；南宁国际会展中心、广西人民会堂、地王大厦、广西体育中心、广西文化艺术中心、广西新媒体中心及横跨邕江的大桥等当代城市建筑。保留有"三月三"歌圩、炮龙节、春牛舞、师公戏、抢花炮、打扁担舞、壮族三声部民歌和那桐农具节、邕州老街庙会、蒲庙开圩纪念日、关公磨刀诞等壮族风情与地方文化习俗。 （黄志才）

【全域旅游】 2018年，南宁市完成《南宁市全域旅游总体规划》《邕江创建国家AAAAA级旅游景区规划》《环大明山旅游集聚区提升规划》《南宁创建国家中医药健康旅游示范区规划》《壮乡旅游目的地规划》等规划编制工作，启动《环首府生态旅游圈提升策划》编制，着力打造"壮乡风情、东盟风情、养生之都"三大旅游主题品牌。以项目为支撑，推进南宁东盟文化旅游项目、南宁国际旅游中心、上林县鼓鸣寨养生旅游度假基地项目、广西壮都等重大旅游项目。推进"百里秀美邕江"、南宁园博园、方特东盟神画等项目建设。推动大明山风景旅游区、广西药用植物园、昆仑关景区创建国家AAAAA级旅游景区。推动南宁园博园、万达茂、那贵樱花园、马山弄拉生态旅游景区等11家景区申报创建国家AAAA级旅游景区。古朗瑶乡金银花公园、横县西津国家湿地公园沙埠景区、徐汉林红色教育基地示范点等12家景区被评定为国家AAA级旅游景区，马山乔老半岛汽车营地等6家汽车营地成功创建星级营地。聘请专家指导全市11个县区按照规划设计推进创建工作，重点指导上林县做好迎接国家全域旅游示范区验收评定。兴宁区、江南区、青秀区、西乡塘区、良庆区、武鸣区、横县、宾阳县8个区县入选自治区级全域旅游示范区创建单位；其中，兴宁区、获评自治区级全域旅游示范区。 （邹仲卿）

【游客接待】 2018年，南宁市接待旅游总人数1.32亿人次、比上年增长18.98%，

表 19　　2018 年南宁市入境旅游者按客源国划分情况表

客源国	人数(人次)	比上年同期增长(%)	客源国	人数(人次)	比上年同期增长(%)
亚洲小计	316067	−0.97	欧洲小计	51578	−0.69
日本	8752	−34.11	英国	7669	18.92
韩国	11112	−61.11	法国	6361	−5.90
蒙古	12225	−9.18	德国	5508	−6.28
印度尼西亚	30552	−0.41	意大利	5707	4.05
马来西亚	34375	1.41	瑞士	4633	−12.3
菲律宾	29355	−2.74	瑞典	3885	−11.24
新加坡	31726	−7.09	俄罗斯	6767	14.17
泰国	34969	1.10	西班牙	4177	−21.1
印度	17954	−13.48	欧洲其他	6871	5.97
越南	58523	79.39	美洲小计	20597	13.38
缅甸	8827	−14.02	美国	8925	31.23
朝鲜	4799	−25.12	加拿大	6596	9.79
巴基斯坦	4999	−15.00	美洲其他	5076	−5.26
文莱	5612	−10.52	大洋洲小计	12401	1.99
柬埔寨	6635	41.05	澳大利亚	5411	13.70
老挝	5891	27.26	新西兰	3919	−2.00
亚洲其他	9761	10.49	大洋洲其他	3071	−9.70
非洲	3246	−3.02	其他	2765	−4.82

旅游总消费 1387.54 亿元、增长 23.08%。其中:接待国内旅游者 1.31 亿人次,增长 19.03%;国内旅游消费 1368.42 亿元,增长 23.30%。接待入境旅游者 64.43 万人次(外国旅游者 40.66 万人次、中国台湾地区旅游者 8.73 万人次、中国香港地区旅游者 8.96 万人次、中国澳门地区旅游者 6.07 万人次)、增长 8.97%,国际旅游消费 2.89 亿美元、增长 11.14%。旅游总消费、接待游客、入境游客分别占自治区 18.20%、19.26%、11.46%。纳入国家统计局统计的 19 家旅行社营业收入增长 23.87%。国内主要客源依次为广东省、湖南省、四川省,分别占 34.69%、14.22%、10.84%;国外主要客源依次为越南、泰国、马来西亚、新加坡、印度尼西亚、菲律宾、印度、蒙古、韩国、美国。接待东盟国家游客 24.65 万人次,占全市入境旅游者 38.25%。接待国内过夜游客 4322.80 万人次、增长 11.93%,消费 645.20 亿元、增长 16.64%;一日游旅客(不过夜)8771.80 万人次、增长 22.87%,消费 723.22 亿元、增长 29.93%。一日游游客占国内游客 66.99%(外地游客 23.07%、本地游客 43.92%)。自治区内游客是南宁市主要的客源市场,占入邕游客 56.18%。国内游客以观光游览、休闲度假、商务为主、分别占 47.96%、29.06%、22.98%。旅游方式以自驾为主,占 45.96%,旅行社组团占 15.70%,其他 38.34%。

【旅游营商环境优化】 2018 年,南宁市落实审管分离、审管联动制度,实施“多证合一、一照一码”“最多跑一次”“零跑腿”政务服务改革,梳理旅游政务服务事项办事流程和一次性告知清单,清理各类办事证明,制定“一事通办”清单。旅行社注销事项办理由 4 个工作日减为 3 个,旅游服务质量保证金提取由 20 个工作日减为 10 个,出境团队名单表审核实现即时办理。旅游政务服务事项全电子化审批、审核报备,企业信息实时推送,行业管理逐步实现智能化。换发导游证 600 个,办理出境名单表审核 5785 件。项目完整率、执行率、群众满意率 100%。

【智慧旅游】 2018 年,南宁市在南宁国际旅游中心设立南宁旅游大数据中心、南宁旅游应急指挥中心。完成南宁国际旅游中心智能化展示项目功能建设,在南宁旅游大数据中心实现触摸屏旅游信息查询系统公共服务功能、广西旅游应急指挥监控系统南宁站功能和南宁旅游产业大数据的集中展示。在南宁东站、凤岭综合客运枢纽站和城市候机厅中转的市民游客可通过触摸屏查询全要素旅游信息;广西旅游应急指挥监控系统南宁站接入全市 40 多家 A 级景区视频监控;市旅游产业大数据展示系统为全市旅游产业运行监测、景区规划、旅游公共服务、旅游营销和旅游统计业务提供数据支撑。完成南宁市全域旅游数据中心项目初步设计方案,启动南宁旅游 APP 及南宁旅游微信小程序项目,实施移动运营商手机客户端南宁旅游问候短信与南宁旅游官方微信绑定推广南宁旅游。　(黄志才)

景区景点

【概　况】 2018 年,南宁市新增国家 AAA 级以上旅游景区 16 家,其中南宁园博园、南宁万达茂、马山弄拉景区、那贵坡樱花园获批国家 AAAA 级旅游景区,广

2018年11月16日至12月23日,青秀山风景区举办以庆祝改革开放40周年暨自治区成立60周年为主题的2018年第三届青秀山大型菊花展　　青秀山管委会提供

西金花茶工业旅游园、横县西津沙埠景区、马山三甲攀岩小镇、马山小都百旅游景区、马山灵阳寺旅游景区、马山古朗瑶乡金银花公园、市新秀公园、顶蛳山田园风光区、福瑞生态休闲农场、广西香流溪谷农业生态旅游区、徐汉林红色教育基地示范点、上林不孤湖景区获批国家AAA级旅游景区。上林大龙湖景区获批广西生态旅游示范区。8月,方特东盟神画开业。10月,大明山重新开放。11月,邕江水上游线开航。12月,南宁园博园开园、"老南宁·三街两巷"历史文化街区开街。大明山、广西药用植物园、昆仑关景区创建国家AAAAA级旅游景区,完成《园博园·百里秀美邕江创建国家AAAAA级旅游景区规划》。　　(黄志才)

【青秀山风景名胜旅游区】　位于青秀区凤岭南路6号,海拔82米~189米,占地1354公顷。2018年,南宁市青秀山风景名胜旅游区管理委员会设党政办公室、人事劳动和社会保障局、财政局、风景园林管理局、旅游和经济发展局、建设局、安全生产监督管理局;有机关事务管理局、城市管理综合行政执法队、建设工程质量安全监督分站3个事业单位,青秀山风景名胜旅游开发有限责任公司1家企业;行政编制50名、在编45人,事业编制36名、在编33人。派驻机构有市税务局青秀山风景区分局、市公安局青秀山风景区分局、市规划管理局青秀山分局、市环保局青秀山风景区分局、市工商行政管理局青秀山风景区分局。财政收入5.43亿元,财政支出5.66亿元。年初,中央精神文明建设指导委员会复查审核,风景区继续保留"全国文明单位"称号。有千年苏铁园、兰园、雨林大观、观音禅寺、状元泉、董泉、龙象塔以、棕榈园、抗日学生军纪念碑、桃花岛、广西珍贵树种展示园、桂花园、水月庵、中泰友谊园等50多个景点。北门区工程新增投资1000万元,累计完成投资3亿元。樱花园景观工程投资5337万元;竹园工程投资6050万元;桂花园工程投资1900万元。良庆大桥两侧边坡及南宁东盟文化园周边绿地景观改造提升工程投资1179万元。营造林工程道路、水体和绿化3个标段及海绵化改造工程完成竣工验收和审计结算,累计完成投资4.69亿元。投资600万元,完成兰园、樱花园、桂花园新建景点的视频监控系统、客流监控统计系统、售检票系统改造项目、智能停车场管理系统建设。举办2018年青秀山旺旺新春嘉年华活动、青秀山风景区第二十四届桃花节、第二届青秀山读书文化节、青秀山水生花卉展、首届中国农民丰收节南宁启动仪式暨2018年青秀山金秋丰收狂欢节、青秀山第二届重阳登高节、第三届青秀山菊花展等活动。至年末,景区游客316万人次、比上年增长1.95%,旅游收入9718万元、增长8.30%。　　(何晓吟)

【大明山风景旅游区】　位于武鸣区东北部,横跨武鸣、上林、马山、宾阳"三县一区",总面积1.70万公顷,平均海拔1200米,主峰龙头山海拔1760.40米,为桂中第一峰。2018年,广西大明山国家级自然保护区管理局(南宁大明山风景旅游区管理委员会)设党政办公室、财务科、规划建设科、科学研究科、旅游发展科、经营管理科、资源保护科、安全生产监督科、人事科、宣传法规科、综合管理科、接待办公室、防火站(西燕护林防火站、天坪护林防火站、铜矿护林防火站、汉江护林防火站),事业编制198名,在编180人(其中参照公务员法管理事业编制43名、在编39人,后勤服务人员控制数10名、在编9人)。被自治区体育局、自治区文化和旅游厅命名为"广西体育旅游示范基地"。大明山保护区森林覆盖率98.90%,公益林管护率、保持率及森林病虫害防治监测率均100%。保护区监测到国家一级重点保护野生动物黑叶猴,国家二级重点保护野生动物苏门羚、中华鬣羚,国家"三有"(有重要生态研究、有科学研究、有社会经济价值)动物白眉山鹧鸪及黄猄、野猪、豹猫、松鼠、白鹇等动物727只。保护区4个重点生态区域增设负氧离子等环境指标监测。设揽胜之旅(有鱼跃龙门、山花浪漫、大地峰林、观雪亭、云龙佛光、橄榄大峡谷景点)、养生之旅(有不朽古松、神女披纱、化石铁杉、

2018年9月22日,大明山上山公路(三宝至天坪段)建成通车　　李龙　摄

养生台、秀峰古隘、仙人台、天然氧吧、骆王点兵、滴水花瓶、金龟瀑布景点)、休闲之旅(沿着龙湖仙境步行游览观赏)、神奇之旅(有爱心草坪、天书草坪、北回归线科普廊、观阳亭、北回归线标志塔、腾龙叠水、玉脉石英景点)、仙境之旅(有天然药浴谷、杜鹃花长廊、高山望兵、飞鹰峰、龙母恬睡、梦想成真石、虎猴相伴、骆越王庙景点)5条游览线路。有基础设施建设项目69个,年度完成投资6057万元。10月1日,景区重新开放,举办"每月一主题,月月推新篇"歌圩活动、"飞跃大明山"山地运动大会等活动,打造大明山888海拔求财点、云龙佛光祈福廊、飞鹰峰求运庙三个民俗祈福点,策划祈红福、行大运、领红包等系列配套活动。至年末,接待游客3.80万人次,旅游总收入580万元。 (邓金春)

【昆仑关风景区】 位于兴宁区南梧公路(322国道)昆仑镇。规划总面积106.66公顷,博物馆建筑面积3500多平方米。2018年,南宁昆仑关战役遗址保护管理委员会(南宁昆仑关旅游风景区管理委员会)设办公室、文物保护开发科、旅游发展科、规划建设科,事业编制14名、在编12人,后勤服务人员控制数2名、在编2人。有昆仑关战役旧址博物馆1个事业单位,事业编制5名、在编5人,后勤服务人员控制数1名、在编1人;南宁昆仑关文化旅游有限公司1家企业。7月4日,昆仑关战役旧址被自治区关心下一代工作委员会、自治区党史研究室命名为"广西关心下一代党史国史教育示范基地"。28日,南宁昆仑关旅游风景区获文化和旅游部办公厅下文公示为"第二批港澳青少年游学基地"。10月31日,南宁昆仑关战役遗址被教育部命名为"全国中小学生研学实践教育基地"。11月28日,南宁昆仑关战役遗址保护管理委员会获自治区党委、自治区政府授予"广西壮族自治区民族团结进步模范集体"称号。12月22日,经市政府审批昆仑关军事主题文旅小镇被列入第二批南宁特色小镇培育名单。博物馆设序厅、中国抗战展厅、昆仑关战役展厅、广西与抗战展厅、缅怀英烈5个展厅和3D影厅1个,以"血色雄关民族魂"为主题,展示1000多件抗战时期文物史料及图片。有南牌坊、北牌坊、纪战碑亭、草帽山、纪念塔、古驿道、古关楼、石景碑林园、兵器广场等景点,设重温抗战精神、重走英雄之路、重访雄关漫道等旅游线路。举行2018年南宁昆仑关民俗文化旅游节、"5·18"博物馆日、"7·7"抗战纪念活动、"9·3"中国人民抗日战争暨世界反法西斯战争胜利73周年、"12·18"昆仑关大捷79周年纪念活动等活动。10月1日,《南宁市昆仑关保护管理条例》颁布实施,景区免费开放,全年接待游客22.66万人次,旅游收入151.40万元。

(杜 芳)

【南宁园博园】 位于邕宁区八尺江畔的顶蛳山地块,总占地276公顷。2018年,南宁园博园管理中心为相当副处级事业单位,设办公室、园容管理科、治安管理科、服务科、植物研究室;编制40名,在编14人。12月7日开园运营。2018年12月至2019年5月,第十二届中国(南宁)国际园林博览会在南宁园博园举办,主题为"生态宜居园林圆梦";打造"三湖六桥十八岭、一阁四馆两中心、八十展园八大景"整体格局,彰显"生态园博、文化园博、共享园博"特色。园区作为永久性公园绿地对市民开放,集示范、观赏、科普教育、文化休闲于一体。设中华城市展园、东盟园、丝路园、广西园、设计师园、企业园6大主题展区80个展园。主要景点有中国—东盟友谊馆、芦草叠塘、园博商街、无忧乐园、东南亚特色植物园、凤凰花冠、星空草坪、清泉阁、宜居·城市馆、童趣·体验馆、演艺中心(赛歌台)、罗汉松园、杜鹃松岭、槿桃园、清泉花溪、紫薇花园、小石林、榕荫怀古、小肉园、茉莉花园、狮子山、清水泉、乡土果园、特色树木园、浊水泉、小马牧场、玫瑰花坪、情人湾、顶蛳山遗址、顶蛳山遗址公园、顶蛳山遗址博物馆、八桂天境园(广西园)、七彩湖、玲珑岛。12月25日,被自治区旅游资源规划开发质量评定委员会评为国家AAAA级旅游景区。至年末,接待游客17.22万人次,旅游收入687.82万元。

【南宁万达茂】 位于五象新区(邕江东岸,良堤路6号),总占地46.87万平方米,总建筑面积145.80万平方米,总投资140亿元,2017年6月17日开业运营。是万达集团在世界首创的集文化旅游、休闲度假、购物娱乐、办公居住于一体的文旅商新型综合体。2018年,万达茂商业中心经营面积16万平方米,汇聚万达集团合作品牌200余家,吸引全球各地特色餐饮店约40家进驻;万达茂影城设影厅10个,座位2000个;万达嘉华酒店提取传统壮族民居元素进行设计,为首家桂系风情设计酒店,有设施完备、私密观景阳台客房224间;南宁万达乐园是大型广西民族文化为主题的全天候室内乐园,一期、二期总投资11亿元,总面积3.50万平方米,设欢庆小寨、青秀山水2大特色主题游乐区,16项娱乐设施。12月25日,被自治区旅游资源规划开发质量评定委员会评为国家AAAA级旅游景区。至年末,接待游客1198万人次,旅游收入1.11亿元。

【那贵樱花园】 位于邕宁区蒲庙镇东部。总占地约200公顷,选址在邕宁区一带一路发展节点示范村那贵坡。2017年10月1日开业运营,以打造"农业＋民族＋特色＋旅游＋度假＋互联网"的国家级综合示范村为发展攻略,2.5天周末度假休闲度假为目的,集旅游观光、休闲娱乐为载体的旅游度假区和国家政策精准扶贫基地。有餐厅、烧烤场、QQ农场体验区、蔬果采摘区、户外拓展区、水上攀爬基地、空中滑索、休闲垂钓区、"三角梅"长廊、景观休闲湖。2018年12月25日,被自治区旅游资源规划开发质量评定委员

2018年11月,昆仑关管委会组队出访日本,开展抗战文化交流、文物征集。图为与立命馆大学和平博物馆人员合影 昆仑关管委会提供

会评为国家 AAAA 级旅游景区。至年末,接待游客 50 万人次,旅游收入 1041 万元。(黄志才)

【马山弄拉生态旅游景区】 位于马山县东南部,距县城 25 千米,景区内有一村落弄拉屯而得名。2018 年,全屯人口 123 人,有弄场 12 个,海拔 500 米~700 米,总面积 170.33 公顷,其中石山峰丛地带 166.47 公顷,占 97.70%;人均耕地面积 200 平方米,森林覆盖率 72%,是典型的喀斯特岩溶高寒石山区。弄拉屯有林地面积 133.30 公顷,柑橘、龙眼、柿子、枇杷等果树 40 公顷,种植金银花、两面针、土党参、苦丁茶等中草药 270 多种,形成"山顶林、山腰竹、山脚药果、地上粮桑"的生态山弄,有"石漠绿洲"和"喀斯特地貌区的香格里拉"美誉,被评为"自然科学文明村",定为国家级药物自然保护区。村民自发成立旅游专业合作社,采取"农户 + 公司"发展生态旅游模式——"弄拉模式"。景区规划主要分为科普游憩区、生态体验区和祈福文化区。至年末,景区完成投资:金茶花园区 980 万元、祈福观景区平台建设 456 万元、金刚经摩崖石刻 368 万元、生态体验区 351 万元、景观亭走廊 257 万元。12 月 25 日,被自治区旅游资源规划开发质量评定委员会评为国家 AAAA 级旅游景区。至年末,接待游客 102 万人次。(陆惠华)

【"老南宁·三街两巷"历史文化街区】 位于南宁市中心城区中部,是南宁老城和核心商圈——朝阳商圈重要组成部分。2018 年 12 月 23 日正式开街,开街商业面积近 6000 平方米,有古色古香的建筑群、人文气息浓厚的文艺展馆及各类特色店铺,为集文化文创、生态旅游、休闲娱乐于一体的文旅综合项目,是老南宁文化最具代表性的核心区域,也是南宁市首个历史街区项目。规划用地 4.27 公顷,范围主要涉及当阳街、民族大道、民生路、兴宁路等道路合围的市中心传统街区,包含兴宁路、民生路、解放路 3 条街道和金狮巷、银狮巷 2 条古巷,及南宁商会旧址、新会书院、两湖会馆、金狮巷民居群、苏缄殉难遗址、广西高等法院旧址等自治区级、市级文物保护单位。按照"建新如旧、修旧如旧"的原则,以保护和传承老南宁历史脉络为核心,对年久失修且安全隐患较大的现代大板房推倒重建,"建新如旧";对具有文化价值的文物保护单位和历史建筑则"修旧如旧",留住老南宁的"根",延续历史文脉,丰富文化内涵,展现城市风貌。

【"百里秀美邕江"游】 2018 年 11 月,邕江综合整治和开发利用工程中心城区段(清川大桥至三岸大桥)建成启用。"百里秀美邕江"是市委、市政府按"治水、建城、为民"建设思路,将南宁的山水风光融入城市,主要打造老口航运枢纽与邕宁水利枢纽之间市区段 74 千米河道景观带,建设内容包括水利枢纽、两岸景观、护岸工程和灯光亮化,总投资 220 亿元。挖掘邕江历史民族文化资源,围绕民俗生态、科创产业、古城文化、民俗码头、红色开埠、青秀山水、现代五象、山水民俗、贝丘生态打造滨江文化分区 9 个。11 月 21 日,邕江夜游正式启航,市民、游客搭乘游船欣赏邕江两岸夜景,途经景点 40 处。至年末,接待游客 1.10 万人次。

【方特东盟神画】 位于青秀区青环路 66 号,大型室外主题乐园,占地 65.33 万平方米。2018 年 8 月 8 日开园,园区有东南亚风情街、5 大主题餐厅、11 项室内项目、30 余项室外游乐项目。拥有 VRSoaring 高空飞翔体验项目"伴你飞翔"、超大弧形巨幕影院"走进吴哥"、魔球表演剧场"千岛之歌"、360° 环幕影院"塔銮盛典"、木质过山车"丛林飞龙"、经典回旋式过山车"极地快车"等 200 多项休闲景观项目。至年末,接待游客 80 万人次,营业收入 1.27 亿元。(班彩梅)

2018 年 8 月 8 日,南宁方特东盟文化景区开园　　市旅游发展委提供

旅游市场开发

【市场交流合作】 2018 年,南宁市针对中国香港、澳门、台湾地区,日本、韩国等国家及国际友好城市等客源地市场开展专项促销,参加香港第五十二届香港国际工业出品展销会、日本熊本第三届中日观光交流会、广西韩国旅游专场推介会、台湾两岸观光博览会、越南广宁五十周年大庆活动、美国、墨西哥旅游宣传推广活动、英国伦敦国际旅游交易会及南宁旅游大篷车走进缅甸、柬埔寨、越南等境外旅游推广活动。赴茂名、湛江开展粤桂扶贫旅游推介会,赴福州、南京、上海开展"壮族三月三·相约游广西"专场推介会,赴江苏江阴市开展"霞客万里行·眷恋在上林"南宁·上林旅游招商推介会及路演活动,在成都和重庆开展南宁旅游专场路演活动,做好兰州、银川 2018 "山水暖你壮乡等你——冬游广西"促销推广活动。邀请文莱、韩国等国家及自治区内外等主要客源地的旅行商、摄影家、媒体人 4 批到南宁采风、踩线,宣传、展示南宁旅游形象。开展"留学生看南宁"活动,邀请驻邕各高校留学生开展南宁旅游体验活动,对外宣传推广南宁旅游。

【区域旅游合作】 2018 年,市旅游发展委组织北部湾(广西)旅游联盟城市(北海市、钦州市、防城港市、玉林市、崇左市)赴成都、重庆、兰州、银川开展旅游宣传促销专场活动 4 场。在柳州市举行的中国北部湾城市群旅游合作座谈会上,市旅游发展委被推选为中国北部湾城市群[广西、广东、海南三省(自治区)及自治区内 15 个市、县]旅游合作联席会议秘书处。推进、融入泛珠三角区域合作,参与粤桂黔高铁经济带旅游产业联盟及昆明、南宁、贵阳三市联盟,向 12 个高铁沿线市(州)推介旅游资源,展示南宁城市风采,推进城市间资源共享、市场互动、客源互送。

【旅游促销宣传】 2018 年,市旅游发展委利用《中国旅游报》《广西日报》《南宁日报》、中央电视台、广西电视台宣传南宁旅游资源、"三创"(创建全域旅游示范区、创建国家中医药健康旅游示范区、创建广西特色旅游名县)工作、旅游产业融合推进情况。利用报纸、广播、电视及互联网、微博、微信、抖音、Facebook 等媒体渠道,开展线上线下联合宣传促销;南宁旅游微博、南宁旅游微信公众号发文 5000 多条,阅读人数 3500 多万人次,南宁旅游微博在全国市级旅游官方微博影响力排名前十。出版《南宁旅游》杂志 6 期。

(黄志才)

旅游活动

【概 况】 2018 年,南宁市挖掘民俗、节庆文化旅游资源,推出 20 个旅游节庆活动构成的"2018 南宁月月旅游节"系列活动。1 月,南宁花雨湖生态休闲旅游区举办广西首届玫瑰花节,宾阳县举办"百龙舞宾州"炮龙节。2 月,南宁青秀山风景区举办青秀山新春嘉年华暨第二十四届桃花节,良凤江公园举办 2018 年良凤江国家森林公园新年民俗文化庙会。3 月,花花大世界景区举办第九届南宁山水桃花节。4 月,武鸣区举办 2018 年中国壮乡·武鸣"壮族三月三"歌圩暨骆越文化旅游节,上林县举办 2018 年中国旅游日南宁主会场暨上林生态旅游养生节。5 月,隆安县举办 2018 年隆安"那"文化旅游节。6 月,南宁昆仑关旅游风景区举办 2018 年昆仑关民俗文化旅游节。7 月,花花大世界景区举办泼水狂欢节。8 月,横县举办 2018 年中国(横县)茉莉花文化节。9 月,江南区举办 2018 南宁·东南亚国际旅游美食节暨 2018 年江南区平话文化旅游节,兴宁区举办兴宁区文化旅游节,邕宁区举办 2018 "邕有味道"生榨米粉文化旅游美食节。10 月,青秀区举办 2018 青秀区国际创意文化旅游节,良庆区举办中国嘹啰山歌之乡良庆区 2018 年民俗文化旅游节,西乡塘区举办西乡塘 2018·美丽南方休闲农业嘉年华。11 月,马山县举办中国黑山羊之乡——马山第十二届生态文化旅游美食节。12 月,南宁市举办 2018 南宁购游节。

(黄志才)

【宾阳炮龙节】 2018 年 2 月 25 日至 26 日在宾阳县举办。举行传统舞炮龙表演、非物质文化遗产展演、炮龙节开幕式晚会、项目投资推介会、首届南宁市体育庙会、电商年货节、"文化宾阳·休闲农旅"等活动。25 日,宾阳龙鼓、炮龙、彩凤、仙马、采茶戏、丝弦戏、游彩架、石村高跷等非物质文化遗产和民俗文艺表演在县文化广场举行,邀请马山壮族会鼓、青秀区壮族芭蕉香火龙、河池环江傩舞、上林瑶山鼓等参加表演。26 日,分别在宾阳县炮龙广场和炮龙老庙举行百龙舞宾州活动开光仪式,宾阳县炮龙广场精品龙 6 条和炮龙老庙 12 条炮龙点睛开光,参与活动群众超过 10 万人次。炮龙节期间举办首届南宁市体育庙会,设终极格斗(MMA)、象棋、羽毛球等项目 10 个,参赛运动员 3000 多人。宾阳县在炮龙节投资推介会签约项目 3 个,分别与湖州市湖丰丝绸实业有限公司、广西永鑫实业有限公司、南宁市凯明玻璃有限责任公司签订年产 600 万米坯绸项目、年产 30 万立方米沥青混凝土项目、玻璃深加工项目,总投资 2.60 亿元。接待游客 36.80 万人次,旅游收入 1.92 亿元。

(卓家林)

【武鸣"壮族三月三"歌圩暨骆越文化旅游节】 2018 年 4 月 16 日至 20 日在武鸣区举办,主题为"壮族三月三·八桂嘉年华·古韵骆越风"。举行文化、体育、旅游、经贸 4 大项 19 个分项活动,分别为壮家大甑五色糯米饭蒸尝、中国舞龙大赛暨第十四届中国民间文艺"山花奖·民间艺术表演奖"评奖、千人竹竿舞、千人武术、千人壮歌舞、骆越祖母王祭祀大典、脚斗士争霸赛、伏唐屯斗鸡斗鸟及民间竞技等。活动举办地从主城区扩大到周边景区,在 13 个镇开展民俗活动。18 日上午,举行"中国骆越文化之乡""中国龙母文化之乡"授牌仪式。接待游客 18.45 万人次,旅游收入 186.40 万元。

【上林生态旅游养生节】 2018 年 5 月 19 日至 20 日,2018 年"中国旅游日"南宁主会场·上林生态旅游养生节暨党旗领航·电商扶贫"我为家乡代言"电商大集活动在上林县举办。举行非物质文化巡游、壮族文化艺术作品展、背包客重走霞客路线、"党旗领航·电商扶贫,我为家乡代言"、扶贫超市·农产品展销、百名媒体记者集中采访、乡村旅游区特色展示、民族传统体育项目(抛绣球、打陀螺、滚铁环、板鞋)、广西壮族山歌邀请赛等系列主题活动。19 日开幕式当日,电商大集现场销售收入 12.60 万元,上林优选官方电商平台及县各自营电商网店、微店销售额 128 万元。大健康产业投资推介会暨项目签约会签约项目 5 个,投资额 28.20 亿元。粤桂劳务协作旅游企业扶贫专题招聘会,参加招聘企业 35 家,达成就业意向 141 人。接待游客 10.27 万人次,旅游总消费 1.08 亿元。

(黄志才)

【隆安"那"文化旅游节暨"四月八"农具节】 2018 年 5 月 22 日至 6 月 5 日在隆安县那桐镇举办。举行"那"文化展演、非物质文化遗产大展演、"那"文化民俗风情晚会、"那"产品展销会、"那"美食展销、"那"农耕生态体验、"那"猕猴宝宝抢先看、"四月八"农具节系列文体活动。主要旅游景区设立活动分会场,有龙虎山景区山歌排歌对唱,金穗生态园景区旱地插秧、耕田犁地等一系列农耕体验活动。同期举行第五届隆安县"那"美食和"隆"特产品展销会设标准展位 480 个,参展商 467 家,交易金额 4650 万元。

(黄东明)

【中国(横县)茉莉花文化旅游节】 2018 年 8 月 31 日至 9 月 2 日在横县举办,主题为"好一朵茉莉花"。举行全国茉莉花茶形势分析会、全国茉莉花茶制作大赛、

2018 年 4 月 7 日,武鸣区"相约武鸣·踏竹追梦"千人竹竿舞展演活动

市旅游发展委提供

2018年5月26日，市旅游发展委在民歌湖举办的“文明旅游 为中国加分”百城联动活动广西启动仪式现场　　市旅游发展委提供

“好一朵茉莉花”音乐节、茉莉花诗词大会、茉莉花书画摄影大赛、千狮闹横州、千人茶艺秀、千人花艺秀、茉莉创意美食暨“横县鱼生”金刀争霸赛等活动15项。9月1日，横县礼物征集活动，对2018年全国茉莉花茶制作大赛获奖单位、个人进行颁奖，有1000多人参加。签约东糖集团有限公司无元素氯漂白及产业转型升级技改、广西云燕特种水泥生产线、广西林业集团年产22万立方米定向刨花板生产线等项目8个，意向投资30亿元。接待游客30万人次。（韦斯步）

【南宁·东南亚国际旅游美食节】 2018年9月8日在南宁华南城举办，主题为“品天下美食赏东盟风情”。举行美食、旅游推广、文化、购物四大版块活动。主会场设美食展位140余个，旅游商品展位100余个，旅游推广展位20个，非物质文化遗产展位10个。旅游推广展位集中向游客展示南宁市、北部湾旅游联盟城市景点景区及东南亚国家旅游资源。接待游客87.20万人次，旅游收入4500万元。

【马山第十二届文化旅游美食节】 2018年11月3日在马山县举办，主题为“奔跑祥寿马山·乐游鼓乡歌海”。举行第十二届文化旅游美食节、中国山地马拉松系列赛“云星杯”2018中国—东盟山地马拉松赛暨“奔跑吧广西”生态马拉松系列赛（马山站）、2017—2018全国青少年U系列攀岩联赛总决赛暨全国攀岩希望之星总决赛等活动，融入“体育＋民俗＋旅游＋文化＋扶贫”业态发展模式（马山模式）。接待游客72.60万人次，旅游收入3948.10万元。（黄志才）

旅游行业管理

【概　况】 2018年，南宁市在重点场所以及节假日开展文明旅游宣传，发放文明旅游宣传手册、宣传资料3万多份，指导景区、景点设立文明游园标识。在广西沃顿国际大酒店、广西红林大酒店、南宁景都大酒店、南宁世纪君悦大酒店、广西怡养花园大酒店分别设立志愿服务站。指导16家星级饭店提升软硬件配套服务及更新改造评星，新增三星级饭店6家。换发电子导游证导游3201人，领队备案798人。从严查办违法违规经营行为，查办重大案件被国家文旅部通报表扬。受理旅游投诉203件，为群众挽回经济损失32万元。举办旅游“安全生产月”暨旅游安全警示教育与食品安全宣传咨询日活动1次、旅游安全应急演练1次，全年无重大旅游安全责任事故。组织选手参加全国红色故事讲解员大赛，广西和平国际旅行社导游张珊、广西烈士陵园讲解员韦江丽分获中共中央宣传部、文化和旅游部授予全国第一批“全国爱国主义教育示范基地、全国红色旅游经典景区‘金牌志愿讲解员’‘优秀讲解员’”称号。金牌导游郝莹屹牵头推动成立金牌导游广西联合工作室。

【旅游饭店管理】 2018年，市旅游发展委对南宁会展豪生大酒店、名洋国际大酒店、千禧国际大酒店等16家饭店进行星级评定指导，指导饭店提升软硬件配套服务及更新改造。对南宁简约酒店、广西风采宾馆、嘉年华大酒店、南宁市银河大酒店、横县横州国际大酒店、南宁手球训练基地上林大明山景兴山庄、上林圣龙大酒店、上林翔源大酒店、马山县易珑山庄、南宁市迎宾饭店10家星级饭店开展复核，除嘉年华大酒店因租赁期满、南宁市迎宾饭店因旧城改造拆除，其余8家酒店通过复核。做好南宁凤凰宾馆、南宁圣展酒店、广西怡养花园大酒店、上林天龙湾国际大酒店四星级饭店复核指导和迎检。马山汇龙大酒店、名洋国际大酒店、湘鸿大酒店、广西马可波罗假日酒店、广西艾美酒店、广西南宁沃沃商务酒店评定为三星级旅游饭店。

【旅行社管理】 2018年，南宁市成立旅行社18家，注销旅行社3家，成立旅行社分社4家、门市部24家；累计旅行社145家、旅行分社64家、门市部346家。南宁市开展旅行社服务质量保证金缴存及旅行社责任险购买情况清查，服务质量保证金缴存率100%，统保示范率80%以上，对拒不整改的广西新越国际旅行社、广西北部湾国际旅行社有限公司予以吊销旅行社经营许可证。组织开展旅游企业负责人和导游人员依法经营及素质提升培训班，培训旅游经理、质监员及导游共1200余名。走访旅行社35家，收集意见建议22条。

【旅游市场整治】 2018年，南宁市开展旅游市场秩序综合整治检查26次，出动检查人员158人次，检查导游120人次、旅游企业96家次，下达整改意见28份。查处案件29起，转办案件2起，予以行政处罚17起，罚款18.57万元，没收违法所得4.96万元，下达责令改正通知书12份，吊销旅行社经营许可9家，受理旅游投诉203件，为群众挽回经济损失32万元。

【旅游诚信体系建设】 2018年，南宁市完善南宁市旅游行业“红黑名单”制度、“双公示”专栏、行政处罚信息“双公示”目录。市旅游发展委与法院、工商、交通等部门建立信用主体联合惩戒，启用广西协同监管平台，实行旅行社事前承诺制度。报送旅游行业信用信息、工作动态50余篇，依法公开行政处罚公告17起。有40家企业和个人进入南宁市旅游行业“红名单”、19家企业和个人成为失信典型列入旅游行业“黑名单”。广西中国国际旅行社、广西南宁中国旅行社、南宁中国青年旅行社、广西康辉旅行社、广西运得国际旅行社等5家旅行社为国家公共信用信息中心公布的50家全国旅行社公共信用“优”级企业。（黄志才）

责任编辑　班彩梅

2018年南宁市AAA级以上景区(点)

AAAAA级景区(点):南宁青秀山风景名胜旅游区

AAAA级景区(点):南宁大明山风景旅游区 昆仑关旅游风景区 嘉和城景区 九曲湾温泉度假村 广西药用植物园 南宁乡村大世界 南宁市人民公园 广西现代农业技术展示中心(八桂田园) 南宁市动物园 广西科技馆 广西民族博物馆 凤岭儿童公园 民歌湖景区 广西规划馆 伊岭岩风景区 花花大世界 良凤江国家森林公园 龙虎山风景区 金伦洞景区 金莲湖景区 大龙湖景区 九龙瀑布群国家森林公园 水锦·顺庄 龙门水都文化生态旅游景区 南宁园博园景区 南宁万达茂景区 广西马山弄拉旅游景区 南宁市那贵坡樱花园

AAA级景区(点):南宁凤凰谷生态景区 南宁海底世界 南宁金花茶公园 云顶观光旅游景区 华南城 扬美古镇 大王滩风景区 农耕文化园景区 霞客桃源景区 鼓鸣寨景区 西津湖景区 中华茉莉园景区 白鹤观旅游景区 蔡氏书香古宅 狮山公园 花雨湖生态休闲旅游区 云里湖景区 万古茶园景区 莲塘圣茶谷 向阳红现代农业庄园 海王生命与健康科普馆 广西金花茶业工业旅游园 横县西津国家湿地公园沙埠景区 马山县三甲攀岩小镇 马山县小都百旅游景区 马山县灵阳寺旅游景区 马山县古朗瑶乡金银花公园 南宁市新秀公园 顶蛳山田园风光区 福瑞生态休闲农场 广西香流溪谷农业生态旅游区 徐汉林红色教育基地示范点 南宁不孤湖景区

表20

2018年南宁市星级酒店情况表

名 称	星 级	地 址	名 称	星 级	地 址
广西沃顿国际大酒店	五星级	民族大道东段88号	广西天妃商务酒店	三星级	明秀东路238号
广西红林大酒店		民族大道129号	南宁市状元坡宾馆		秀灵路77—1号
南宁明园饭店	四星级	新民路38号	南宁简约酒店		桂春路11-1号
广西路桥瑞丰大酒店		中华路17号	宾阳花园大酒店		宾阳县广场路小区广场南路地段
广西南宁凤凰宾馆		朝阳路63号	广西宾阳县金世纪大酒店		宾阳县商贸城城中大道西排21号
南宁圣展酒店		金湖路49号	宾阳黎都大酒店		宾阳县黎塘镇金龙大道2号
南宁喜相逢大酒店		长湖路28号	南宁市银林山庄		邕武路23号
南宁市世纪君悦大酒店		金湖路71号	横县横州国际大酒店		横县横州镇茉莉花大道
南宁景都国际大酒店		茶花园路31-1号	南宁手球训练基地上林大明山景兴山庄		大明山风景旅游区
南宁邕州饭店		新民路59号	上林圣龙大酒店		上林县政府路30号
广西相思湖国际大酒店		大学东路188号	上林翔源大酒店		上林县大丰镇明山大道
广西怡养花园大酒店		长堽路189号广西药用植物园内	马山县易珑山庄		马山县金伦大道666号
上林天龙湾大酒店		上林县大丰镇林康路17号	南宁麦尔顿酒店		茶花园路8号
广西金旺角国际大酒店		民族大道182号	南宁威宁生态园乡村大世界		三塘镇邕宾路
南宁国宾美景养生酒店		桃源路63号	南宁市江南宾馆		星光大道40号
广西满江红大酒店	三星级	祥宾路63号	马山汇龙大酒店		马山县白山镇金伦大道593号
南宁万兴酒店		北宁路42-1号	名洋国际大酒店		邕宁区龙亭路8号学术交流中心1楼
南宁市银河大酒店		朝阳路84号	南宁市湘鸿大酒店		邕宁区龙岗大道龙华路58号
广西新华大酒店		民族大道69号	广西马可波罗假日大酒店		金湖南路37号
南宁市富满地大酒店		桃源路43号	广西艾美酒店		教育路4-1号
广西凤采宾馆		葛村路23号	广西南宁沃沃商务酒店		五一路150号
广西绿都大酒店		七星路133号	南宁市铁道饭店	二星级	中华路84号
南宁华星酒店		七星路125号	南宁市教育宾馆		桃源路64号
广西发改委培训中心		葛村路1号	广西南宁百利佳宾馆		桃源路57号
南宁大王滩度假村		良庆区那马镇南宁大王滩风景区内	南宁市园湖饭店		园湖北路27号

综　述

【信息基础设施建设】 2018年，南宁市光缆纤芯长度83.10万芯千米，其中长途光缆纤芯21万芯千米、本地网中继光缆纤芯29万芯千米、接入网光缆纤芯33.10万芯千米；移动电话基站2.81万个，其中4G（第四代移动通信技术）基站1.35万个；互联网宽带接入端口385万个，其中FTTH/FTTO（光纤到户/光纤到办公室）端口213万个；互联网出口总带宽2680千兆字节；城市光网覆盖率98%以上，3G（第三代移动通信技术）网络实现城市地区连续覆盖。行政村光纤接入全覆盖，自然村光纤接入通达率83%，其中50户以上自然村光纤接入通达率91%。4G移动网络实现行政村全覆盖，自然村覆盖率97%。提高宽带在小区、商业楼宇、沿街商铺、浅覆盖小区等区域的覆盖广度与深度，城市小区FTTH通达率99.90%以上。加速千兆宽带小区建设，普及千兆端口、提升千兆覆盖率，千兆宽带覆盖小区360多个。建设中国联通南宁总部基地，带动广西区域国际软件与信息产业、物联网产业、国际呼叫中心等外包服务行业的发展。中国联通南宁总部基地在中国—东盟信息港建设区域性国际通信业务出入口局，成为中国联通在国内继北京市、上海市、广州市之后的第4个国际通信业务出入口局。 （市工信局）

【数字南宁建设】 2018年，中共南宁市委、市政府出台《关于加快数字南宁建设的意见》，印发《南宁市推进数字政府建设三年行动计划》《南宁市数字经济发展三年行动计划》《南宁市新型智慧城市建设三年行动计划》3个配套文件，从政府治理和政务服务、城市治理和社会民生、产业融合和经济发展3个方面推动数字南宁建设；市发展改革委、市财政局印发《2018年南宁市推进新型智慧城市建设实施方案》，全市智慧城市建设项目计划投资1.30亿元，安排项目78个。1月19日，城市级公共服务移动应用平台“爱南宁APP”发布上线，汇集各部门便民应用；不动产登记综合服务平台“24小时不打烊”自助打证、领证功能作为“南宁样本”在全国、自治区推广；签发自治区第一张电子社保卡，实现手机社保缴费、就医购药；在全国首创河长制信息化管理平台；建成中国首个公共资产负债管理智能云平台。升级、改造市公共信用信息共享平台，与自治区公共信用信息共享平台进行数据交换，与市直部门业务系统直连；修订南宁市公共信用信息目录，归集信用信息2844万条，为全市40万户企业、770万个人建立信用档案；完善“信用中国（广西南宁）”网站功能，累计访问量超350万人次。举办中国—东盟信息港智慧城市论坛，首次对外推介新型智慧城市建设“南宁模式”。在第四届中国智慧城市国际博览会上，南宁市治理智慧化水平在全国位列第二十二，在省会城市中位列第九，获2018年中国城市治理智慧化优秀城市奖。市政府门户网站在第十七届（2018年度）中国政府门户网站绩效评估中在省会城市位列第五，在2018年自治区政府网站绩效评估中获第1名。国家发改委向外交部推荐南宁作为唯一城市，代表中国参加在新加坡举办的第13届东亚峰会和第33届东盟峰会智慧城市展览。主要存在跨部门数据共享和系统互联互通难度大，跨层级数据共享不到位；信息惠民普及广度和程度较低；网络安全保障能力有待加强；资金投入不足，制约智慧城市的发展等问题。

【数字经济发展】 2018年，南宁市推进中国—东盟信息港南宁核心基地建设，引进浪潮集团有限公司、华中科技大学、科大讯飞股份有限公司、朗新科技股份有限公司等一批企业落户，与浙江蚂蚁微小金融服务集团股份有限公司、360企业安全技术（北京）集团有限公司、金蝶软件（中国）有限公司、科大讯飞股份有限公司、中国移动通信集团广西有限公司等企业签订共建智慧城市合作协议。创建中国—东盟新型智慧城市协同创新中心，承办中国—东盟信息港智慧城市论坛，组织中国—东盟新型智慧城市协同创新大赛。联系新加坡等东盟国家，推进东盟国家建立智慧城市联盟。完成电子信息、新能源汽车、高端铝产业链全景图编制，引进瑞声科技、歌尔股份有限公司等重点产业项目，新旧动能转换实现标志性突破，电子信息产业产值首超食品工业、比上年增长25.80%。国家跨境电子商务综合试验区、全国流通领域现代供应链体系建设重点城市、国家物流枢纽承载城市获批，电子商务重点企业交易额超2900亿元、增长16%，邮政、电信业务总量分别增长56.60%、159.60%。 （刘　静）

【信息化与工业化融合】 2018年，南宁市新增广西博世科环保科技有限公司、广西南宝特电气制造有限公司、广西南南铝业股份有限公司3家国家级两化融合管理体系贯标试点企业，累计11家；新增皇氏集团股份有限公司、广西中烟工业有限责任公司2家通过国家级两化融合管理体系评定企业；新增两化融合评估诊断和对标引导的规模以上工业企业44家，累计229家；南宁市工业云服务平台和清洗机器人数字化生产线项目2个两化融合重点项目获自治区专项资金支持。2月，富士康工业互联网平台BEACON通过国家首批工业互联网平台可信服务评估认证，并被工业互联网产业联盟评为2017年工业互联网优秀应用案例。

（市工信局）

【信息安全】 2018年，南宁市组织中国科学院软件研究所、北京大学等安全专家完成《南宁市大数据关键信息基础设施安全体系研究》课题，策划一批储备项目；开展“智慧南宁”关键信息基础设施风险评估、“智慧南宁”网络安全体系规划、“智慧南宁”运维专业指导、网络安全形势调研等工作，引入第三方网络安全专家顾问服务团队为南宁市重要信息系统和网站提供安全防护。4月，聘请专业网络安全机构协同开展全市工业控制系统信息安全检查。完成上林县、马山县等10家单位电子政务领域网络安全现场抽查、组织整改和复查。政府门户网站等三级信息系统完成网络安全等级保护测评，协调、指导全市信息系统定级备案。加强政务网络平台和云平台业务系统安全检测、实行24小时值班制度，保障全国“两会”、中国—东盟博览会期间电子政务网络安全。处理网络安全隐患排查事件5起。

（刘　静）

【互联网服务】 2018年，南宁市推动互联网发展及相关保障体系建设，软件和信息技术服务业快速发展。广西固定互联网宽带接入用户1426.60万户。其中：光纤到户(FTTH/O)用户占比88.30%；100M及以上宽带用户1176.50万户。手机网民规模4434万户，比上年增长8%。全市有IPv4地址数45.21万个，排名自治区第一。有网站3.83万个，比上年增长12.25%。其中：出版类网站5个，药品和医疗器械类网站33个，文化类网站7个，广播电影电视节目类网站4个，新闻类网站12个；按主办者性质分，政府机关备案网站178个，事业单位备案网站450个，企业备案网站1.86万个，社会团体备案网站343个，个人备案网站4316个，其他类型网站196个。全市经营互联网信息服务业务企业465家，其中经营互联网数据中心业务、互联网接入服务业务、国内互联网虚拟专用网业务及在线数据处理与交易处理业务的企业100家。

（金　瑾）

电子政务

【概　况】 2018年，南宁市完善电子政务基础设施支撑体系，建成全市统一的“一朵云”——智慧城市基础设施支撑平台。市电子政务机房按照B级电子信息系统机房标准建设，面积约1800平方米，机柜314个，托管服务器等设备1092台。市电子政务网横向覆盖区县(开发区)、市直机关及重点企事业单位(电子政务外网接入172家、内网接入134家)，完成12个区县、3个开发区外网建设，向下延伸至乡镇(街道办)，并与自治区外网互联互通。智慧南宁云平台为各部门应用提供云计算、网络、安全、存储等基础支撑，累计分配虚拟机1225台，部署应用系统124个。其中：政务外网云分配虚拟服务器877台，部署应用系统108个；政务内网云分配虚拟机28台，部署应用系统4个；智慧云分配虚拟机320台，部署应用系统12个。数据灾备中心包含本地备份中心、江南区同城备份中心、梧州异地备份中心，备份容量720太字节。开展政务信息系统清审、数据资源梳理和分析评估，初步形成南宁市政务信息系统清单和南宁市政务信息资源目录，摸清全市信息系统和数据资源底数；归集单位37家、信息系统68个、数据资源目录431条，政务数据583.33万条。市发展改革委、市行政审批局牵头实施《南宁市推进“一事通办”改革若干措施》，构建南宁市一体化在线政务服务平台。建立常态化政府网站普查管理制度，对网站68个管理部门(单位)的69个网站采用监测软件系统，对其政府网站的内容保障情况和运行健康状况等进行实时动态监测，全市政府网站总体合格率100%。

【首推不动产登记电子证照】 2018年，市国土资源局在南宁市率先推出不动产登记电子证照，9月17日颁发全国首本不动产权电子证书，南宁市成为全国首个实行不动产证书和登记证明电子化并覆盖全业务的城市。群众申请办理的不动产登记业务办结后，市国土资源局下属的不动产登记部门数据管理系统自动生成对应的不动产电子证照(包括不动产权电子证书和不动产登记电子证明)，不动产权利人可通过“爱南宁APP”、南宁市不动产登记中心微信公众号、“邕e登”APP查看和下载保存。不动产登记各受理点继续发放纸质证书，两种介质的不动产权证书并存。不动产电子证照加入不动产平面图、街区实景、房屋三维户型图等信息，开通不动产权利状态的动态更新功能，减少出现纸质证书记载与实际状态不一致情况，构建不动产电子证照的核验渠道。不动产电子证照与工商、住房、税务、公安、教育、金融机构等部门互认，权利人到相关部门办理业务无须再提交纸质证书，相关部门可通过统一渠道查验电子证照真伪。通过市国土资源局信息管理平台汇总，市国土资源局已核发不动产权电子证书6.30万本、不动产登记电子证明11.11万本。

（刘　静）

【民生服务信息化】 2018年1月19日，“爱南宁APP”正式上线发布，陆续接入数字证照、社保、公积金等政务、民生服务应用60余项。至年末，“爱南宁APP”注册用户超120万人，日活跃用户3.70万人。建设全市统一的互联网票务平台，以市信用信息平台为支撑、“爱南宁APP”为面向市民的服务端口，汇集公共交通、文艺演出、体育赛事、公园景区等应用场景，提供信息查询、网络购票、实名认证、手机扫码进场等服务，可在南宁地铁、BRT、公交、青秀山公园、南宁动物园、园博园、单位食堂、门禁等场景使用二维码过闸或者付费。推进智慧停车项目建设，以市发展改革委大院停车场为试点，为群

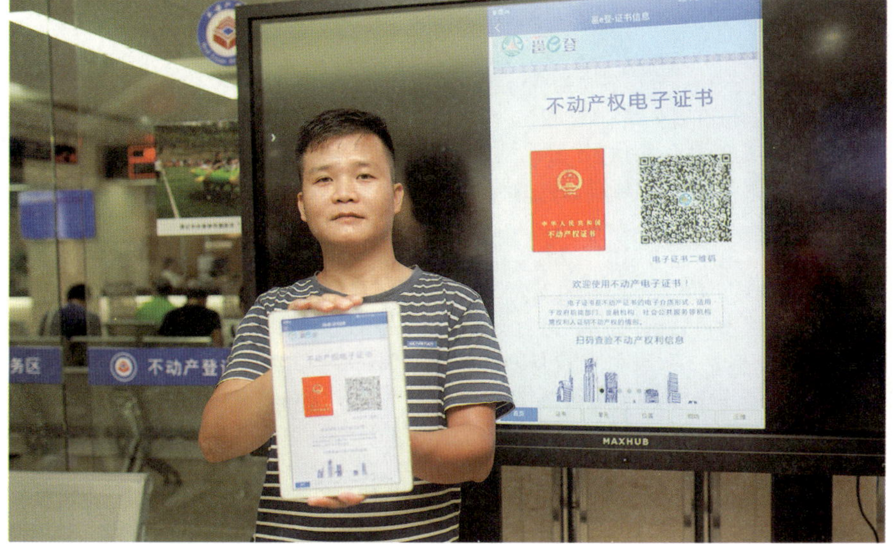

2018年9月17日，南宁市颁发全国首张不动产电子证照。图为首位领取不动产电子证照的市民吴先生展示不动产权电子证书　　陈宗仁　摄

众提供车位查询预定、智能诱导、车位共享、信用停车和多种支付方式。南宁市人力资源和社会保障局依托"爱南宁APP"搭建电子社保卡发放平台,8月23日签发南宁市第一张电子社保卡;11月12日,在南宁"智慧人社"APP、支付宝APP上开通电子社保卡签发功能,至年末签发电子社保卡7.21万张。12月18日,南宁市"智慧人社"信息化系统正式上线,南宁人社业务实现"线上一网通、线下一门办"和"全市通办"。9月,南宁市智慧养老服务平台3家企业中心站点(三胞集团、中国普天大健康公司、太和集团)投入运营,对5类特殊困难老人开展入户核查、上门签约及生活照料、医疗护理、文化娱乐、心理慰藉等居家养老服务。设立南宁旅游大数据中心、南宁旅游应急指挥中心,完善南宁旅游应急指挥监控中心功能,启动南宁旅游APP及南宁旅游微信小程序项目。市体育局完成"互联网+全民健身"服务平台项目建设,市民通过运动绿城APP,实现城市社区"十分钟健身圈"地图搜索及导航、场地预定和费用支付,组队约战、赛事报名等功能。开展信息进村入户工程项目建设,完善农业农村信息服务体系,完成西乡塘区、横县、宾阳县、马山县、隆安县5个县级运营中心及1839个益农信息社的建设,其中标准站745个、专业站566个、简易站528个;全市益农信息社在行政村覆盖率超50%。"南宁市环保信息发布系统(一期)"项目完成建设,全市环境噪声自动监测能力提升。

（刘　静　李亦菁）

【食品药品监管信息化】 2018年,市食品药品监管局研发市场食用农产品质量检测监控系统,收集报送数据169万条;开展农药残留检测152.55万批次,检测结果录入系统8.70万批次。自主研发化妆品电子监管GPR平台,经营户监管记录可自动生成二维码供消费者查询。建设重点食品生产企业食品安全追溯体系,在皇氏集团股份有限公司、南宁双汇食品有限公司开展试点;使用信息化手段进行食品安全溯源管理,江南区海吉星批发市场使用二维码技术加强食品溯源管理,淡村商贸城自建电子监管系统。12月14日,南宁市牛羊肉追溯体系试点及肉菜流通追溯体系升级项目试运行,市区运行追溯系统试点节点243个,覆盖市区机械化屠宰企业和大型连锁超市门店,标准化农贸市场覆盖率50%以上。西乡塘区食品药品监管局研发手机监控系统,通过扫码进行餐饮食品安全实时视频监控;邕宁区、青秀区分别推行"智慧食堂""阳光餐饮"工程;马山县在40家药店推行远程视频监管模式。（严晔炜）

【医疗信息化】 2018年,南宁市卫生计生委建立全市DRGs(疾病诊断相关分类)区域医疗管理平台,医疗机构、医师和护士电子化注册管理改革实现全覆盖。继续实施智慧健康二期工程,完成南宁市智慧健康信息云平台建设,采集全市200多万人口健康信息和电子病历数据,建立电子病历数据库、电子健康档案数据库、市级区域影像和心电诊断中心平台等系统,市级平台与自治区平台互联互通,52家医疗机构安装远程会诊系统,实现上下级医院之间远程医疗协同,检验检查结果共享调阅。率先在自治区整合医疗系统与医保系统,实现全市范围医保一站式结算。

（市卫生计生委）

【教育信息化】 2018年,南宁市1449所学校(不含教学点)接入互联网、接入率99.73%,1096所学校多媒体教室全覆盖、占全市中小学校79.77%,780个教学点实现数字教育资源全覆盖。投入1700万元为区县中小学校配备自动化录播室60间;南宁市教育资源公共服务平台、教育管理公共服务平台启动试运行;升级改造市外国语学校等12所学校安防监控系统,65%的市教育局直属学校接入"平安校园"可视化数据监控平台。选送课程参加自治区中小学信息技术与学科教学深度融合优秀课例展示评选,获一等奖7个、二等奖4个、三等奖5个;市第十四中学等6所学校参加第三届全国基础教育信息化应用成果展示交流活动,市第十四中学"创客"成果获自治区推荐到教育部展区展示。市第二中学信息化典型案例入选全国优秀典型案例,市第六职业技术学校、市第四职业技术学校信息化典型案例入选自治区教育厅优秀典型案例。市第四中学、武鸣区双桥镇中心学校等16所学校通过自治区教育信息化试点单位中期验收。（市教育局）

【住房管理信息化】 2018年,自治区首个住房租赁服务监管平台南宁住房租赁服务监管平台上线试运行;完成2017版房产交易监管系统开发建设及数据迁移,与不动产登记数据实时共享;建成公租房选房分配系统与南宁市既有房屋安全管理平台;完成"一事通办"清单编制,其中商品房预售许可等行政权力事项7项、公共服务事项1项,开通自治区政务服务平台网上办事通道。市住房公积金中心微信公众号注册用户30多万,每日办理提取业务1000余笔;10月,《住房公积金基础数据标准》《接入住房公积金银行结算数据应用系统接口标准》"双贯标"建设项目通过住房城乡建设部验收,与全国住房公积金结算应用系统直连,新住房公积金核算系统同步启用,与市民政局、市住房局共享数据。"智慧房管"APP上线运行,开通商品房预售许可、商品房现售备案、经济适用房资格审核、公共租赁住房资格审核、经济适用住房上市交易审批5项业务线上申请功能;开通房产交易网上便民服务,证明文件可在线打印。

（覃雨冰　刘　静）

【交通信息化】 2018年,市交通运输局升级"两客一危"(旅游包车、三类以上班线客车和运输危险化学品、烟花爆竹、民用爆炸物品)动态监控系统、驾培计时监管服务系统,"两客一危"运输车辆、公交车、出租汽车数据信息100%接入行业管理动态监控平台。建成南宁市网络预约出租汽车监管平台;推出"南宁驾培"APP、"出行南宁"APP,"出行南宁"APP扫码支付覆盖快速公交、常规公交线路193条、公交车3000多辆;升级"南宁便民交通"APP,并推出从业资格考试网上报名缴费、自主约考、人脸识别身份验证、自动安排考试、微信推送信息等服务。中国铁路南宁局集团有限公司完成更新改造项目9项,包括南宁铁路局地区城域网、卫生监督所网络通道、铁路外部服务数据通信骨干网建设,升级客货运输统计信息系统,MQ(传递主干)传输平台设备、信息中心机房接入交换机、货票系统应用服务器更新,数据采集与监视控制系统普速机房不间断电源设备、信息所台式一体机购置。启动焦柳、黎湛、益湛铁路综合计算机网与数据网融合工程、反恐指挥情报综合应用平台建设工程、信息中心机房精密空调更新项目3项。升级货运应用系统700余次,客运应用系统14次。

（侯宗豪　徐海涛）

【社会治理信息化】 2018年,市公安局建成全国公安系统第一个350兆宽带警用无线通信网络,在市内设置宽带基站23个;南宁市公安局信息资源服务平台与南宁铁路公安局、市民政局、市信用办、市人社局等部门联网,为火车实名购票、居民信用、社保办理等业务提供个人信息实时互联采集和更新;与市国土资源局、市不动产登记局、市卫生计生委、市交通运输局数据整合对接,为开展基础地图数据、不动产登记信息、医疗卫生提供共享应用服务。南宁市"雪亮工程"项目横向整合19个市直部门视频监控资源,纵向整合市15个区县(开发区),128个乡镇街道(含乡镇级开发区)视频汇聚点(综治中心),在全市近1000个村、社区、城中村、三无小区安装高清视频监控探头1.85万个,覆盖主城区的城中村、治安重点区域。10月,南宁市社会监控报警联网系统三期

2018年3月31日，参加2018年“网友看南宁活动”的30多名网友到市城市管理监督评价中心参观　　赖有光　摄

第二阶段建设完成，新装高清监控摄像头4500个；建设全市公共安全视频监控联网应用，初步联网整合社会视频监控资源2万多个；在市区重点区域、重点路段安装具备人脸识别功能的视频监控设备500个。市社会治安综合管理委员会印发《关于进一步完善县区、开发区网络化管理工作机构的指导意见》《南宁市推动基层综治中心建设的实施意见》，完成那桐镇、朝阳街道、福建园街道、仙葫经济开发区、北湖街道、安吉街道网络化管理示范点建设；全市7159名专职网格员依托综治信息系统录入实有人口数据730多万人，特殊人群1.60万人、重点场所1万个、大中小学3792所，网格员通过手机上传信息110多万条。数字城管系统整体升级改造项目通过验收并运行，接入“平安南宁”、交通、扬尘治理监控；依托市电子政务平台、云平台等与南宁市部分电子政务应用系统共享数据，为市城管局、市林园局、市河长办等提供数字城管共享数据。

（市方志办）

【财税审计信息化】 2018年，南宁市税务局推进广西制糖企业税收综合管理系统建设应用，推广“广西双实名税收风险阻断系统”，电子税务局上线运行。南宁市数字化审计平台通过初步验收，完成1465个财务账套及财政、医院等业务数据转换，采集数据量2.24千兆，构建审计分析模型174个，运用于部门预算审计、经济责任审计、扶贫审计；江南区审计局、隆安县审计局结合“金审工程”探索建设数字化审计平台。

（吴丽霞　市税务局）

【国土规划信息化】 2018年，市规划信息技术中心完成市规划局有关勘测技术成果、规划编制审批数据管理库等工作，包括遥感监测图斑核查，负责图斑矢量化和区域划分，其中涉及总规强制性内容图斑48个，第一期遥感监测图斑485个，统计各类型住宅、保障性住宅总建筑面积，核定、填报历史建筑（群）数据等；完成市勘测院提交的石埠河、石灵河等20条内河1∶500地形图分幅CAD图5035幅、那平江1∶2000地形图CAD分幅图34幅数据整理及入库；完成2018年11月拍摄的西明江（8.94平方千米）、朝阳溪（16.03平方千米）、那平江（106.88平方千米）、心圩江（28.18平方千米）、二坑溪（7.38平方千米）、亭子冲（11.14平方千米）、水塘江（25.57平方千米）0.2米分辨率影像图的数据整理及入库。完成南宁市多规合一业务协同平台数据库及可视化项目、市规划政务电子信息系统（三期）升级改版、市综合交通数据中心和市综合交通查询子系统等信息化系统建设；启用主管局审批系统2000国家大地坐标系。宾阳县开展数字宾阳地理空间框架项目建设，总投资845万元，完成规划国土“一张图”综合管理系统、宾阳工业园区管理信息系统、以地控税管理信息系统3个示范应用研发。

（刘　静　黄剑兰）

【区县政务信息化】 2018年，南宁市完成12个区县和3个开发区的电子政务外网建设，实现网络纵向五级（国家、自治区、市、区县及开发区、乡镇）互通，横向互联市级各部门。市公共资源交易平台市县一体化整合，武鸣区、横县、宾阳县、上林县、马山县、隆安县6个分支机构完成平台建设并正式运行；市公共资源交易平台交易项目8795项，交易总金额1151.98亿元，节约或溢价金额106.67亿元。良庆区完成政务中心五馆合一（政务服务中心、综合档案馆、基层就业和社会保障服务中心、文化馆图书馆、司法局司法业务用房合一）项目网络建设，解决良庆区政务服务中心办公面积过小、配套设施不全、群众办事不方便的问题。广西—东盟经济技术开发区建成网上办事服务平台并通过验收，涵盖日常公文管理流转、行政事项审批、微信公众号信息发布、项目推进等模块。

（刘　静）

通信服务

【概　况】 2018年，南宁市电信业务总量444.39万元，比上年增长139.19%。至年末，有移动电话用户1096.35万户，有住宅电话用户62.12万户。主要有中国电信股份有限公司南宁分公司、中国移动通信集团广西有限公司南宁分公司、中国联合网络通信集团有限公司南宁分公司3家通信运营商。通信主营业务收入80.58亿元。其中：电信南宁分公司主营业务收入27.29亿元，比上年同期增长14.06%；移动南宁分公司主营业务收入40.59亿元，增长3.25%；联通南宁分公司主营业务收入13亿元，下降5.40%。据自治区通信管理局不完全统计数据，全市从事增值电信业务运营企业207家；增值电信业务从业人员8494人，实现增值电信主营业务收入88.37亿元。

（班　铭）

【中国电信股份有限公司南宁分公司】 2018年，电信南宁分公司设市场部、渠道运营部、政企客户部、客户服务部、企业信息化中心、网络运营部、办公室、财务部、人力资源部、采购供应中心、监察部、党群工作部（企业文化部）、安全管理部（信息安全管理部）、工会；下辖南宁市兴宁区、江南区（五象新区）、青秀区、西乡塘区、城郊（邕宁区）、武鸣区、横县、宾阳县、上林县、马山县、隆安县11个区县分公司。有人员3628人，其中合同制员工1375人（含离岗待退人员），第三方人员2253人。主营业务收入27.29亿元，比上年同期增长14.06%；净利润4.75亿元，税息折旧及摊销前利润完成率37.39%。固定电话52.84万部。移动用户净增63.02万户，出账用户175.15万户，过网用户市场份额26.91%，提升6.97个百分点。宽带终端用户108.54万户，净增11.36万户；FTTH用户100万户，净增21.40万户，宽带市场份额56.72%。宽带提速、品质服务、智能组网相结合，加厚产品价值，智能组网发展用户17.14万户，拉动收入

2018年11月22日，中国移动南宁分公司在桂春营业厅开展总经理客户接待日活动
移动南宁分公司提供

2632万元，交互式网络电视(IPTV)用户82.16万户。新建网点651个，累计有销售网点1740个。引入创新零售模式，涵盖京东、英米家、苏宁五大主流新零售模式，有试点营业厅23家，客流提升22%。强化云网融合，规模拓展细分市场，专线发展8288户，云主机整体发展4235核，物联网整体完成4.55万户。FTTH全网端口总数257.83万个，实占数124万个。全网城市小区4390个，FTTH覆盖4375个；农村自然村1.12万个，FTTH覆盖9267个。全网FTTH宽带用户占所有宽带用户比例94.70%，比上年提升4.50%，全网光衰达标率91.35%，月均宽带故障率降至2.94%，降幅25.40%。移动业务服务满意度82.56分，宽带业务服务满意度83.27分。获中国电信集团股份有限公司2018年度“最佳地市分公司”称号。主要存在天翼过网份额提升率、宽带用户净增和新增提升率、新增宽带融合率均低于自治区平均水平，ICT(信息和通信技术)项目获取能力不均衡，移动用户发展质量及移动过网用户份额的提升、宽带活跃用户渗透率提升等存在短板；部分农村自然村FTTH覆盖率、光功率达标率低，超忙小区数量多，宽带故障率、基站故障率高；人才队伍年龄偏大，需建立培养机制，优化人工成本资源配置和员工薪酬激励模式；部分渠道成本超进度使用，需改善营销成本投放节奏，加强用户暂存款管理，治理隐性负债等问题。 (许辉坚)

【中国移动通信集团广西有限公司南宁分公司】 2018年，移动南宁分公司设综合部、财务部、人力资源部、市场经营部、品质管理部、工程维护部、党群工作部(党委办公室)、纪检监察部、工会、集团客户中心、网络运营中心、客户响应中心、工程建设中心、采购供应服务中心。分管西区销售分公司、东区销售分公司、邕城、武鸣、横县、宾阳、上林、马山、隆安9个分公司，有员工1798人。自有渠道69个，社会渠道1713个。主营业务收入40.59亿元，比上年同期增长3.25%。自有渠道69个，社会渠道1713个。客户规模600万户。网络覆盖率98.69%，交换机容量27.71万爱尔兰。有移动基站2万多个，市区覆盖率99.01%，乡镇覆盖率95.12%。联合中国建筑第八工程局有限公司、南宁五象新区建设投资有限责任公司完成五象新区总部基地300多个智慧井盖、800多盏智慧路灯试点建设；与良庆区、宾阳县、隆安县政府合作建设电子政务外网网络，为300多个部门及乡镇政府提供网络保障；协助市水利局开发河长制管理信息系统平台，记录巡河7.26万人次，发现问题记录5000多件，处理公众投诉200多起；建设企业云计算大数据中心，为企业提供云主机、云存储、云安全、云应用等数字化服务，其中面对中小企业的云应用(SaaS)161个，企业上云(IaaS)774家；与江南区公安局、邕宁区公安局、市委政法委、市公安局交警支队等单位合作“天网工程”“微卡口”“雪亮工程”“道路交通防控体系”等公共安全视频监控类项目，建设网络线路1000条和交通治安监控点位2000个；与上林县、马山县政府签订信息化战略合作协议，投入3000万元建设基础通信设施，发放贫困户和帮扶干部终端、话费补贴。完成骨头站点攻坚211个，FDD(时双分工)基本完成连续覆盖，在虎邱村、万秀村开展城中村覆盖提升试点，对25个城中村进行勘察设计等。开展骚扰电话综合整治、不良信息治理、打击伪基站、勒索病毒治理等专项行动，处理12321举报电话核查系统正查工单近300张，关停号码近300个，联合中国移动广东公司茂名分公司、中国移动福建公司龙岩分公司核查关停移动南宁分公司号码漫游到外省涉嫌诈骗的号码，核查号码2000多个，关停涉嫌诈骗号码1800个。协助公安机关破获伪基站案件2起，抓获犯罪嫌疑人8人，缴获伪基站设备5台。被自治区总工会授予“广西工人先锋号”称号。主要存在市场份额与收入呈下降趋势，集团客户有线资源预覆盖、产品和成员营销融合不足，重点信息化产品发展缓慢；个人类数字服务产品黏性不高，重点应用客户规模不足，增收能力有待提

2018年11月20日，中国联通南宁分公司与市工信委在南宁举行“云光慧企，一点上云”战略合作签约仪式暨产品推介会。图为专业人员介绍云计算机、办公OA、微信小程序等云光慧企“云+网+X”产品应用
常露 摄

升；外呼骚扰、服务质量投诉量仍需下降，窗口服务在速度和便捷上离客户期望还有差距，客户关怀面临成本压降，关怀效率的要求提高等问题。

（杨　眉）

【中国联合网络通信集团有限公司南宁分公司】 2018年，联通南宁分公司设办公室（工会兼党委办公室）、财务部、党群工作部（党委宣传部）、人力资源部（党委组织部）、派驻纪检组、营销部、政企客户事业部、网络部、电子商务运营中心、综合服务支撑中心、客户服务中心、网络优化中心、网络维护中心，下设基层营销单元21个；有员工1006人，其中合同制员工266人、第三方人员740人。主营业务收入12.70亿元，比上年同期下降5.40%。客户规模200万户。主要推广广西冰激凌套餐、流量王套餐、腾讯王卡系列大流量和无漫游产品；拓展ICT、IDC（互联网数据中心）、互联网应用业务、大数据、物联网业务等创新业务。收入市场份额15.60%，下降1.50个百分点。移动网络业务发展比上年同期增长18.50%。移动网络用户整体规模197.60万户、增长11.30%，宽带业务发展用户6.50万户，宽带用户整体规模27.60万户。宽带业务中100兆以上高速率宽带占比提升6.99个百分点。新增3G基站253个、4G基站716个，境内高铁网络全覆盖完善市区语音连续覆盖；新建NB-IOT（窄带物联网）基站1893个，物联网实现市区、县城重点区域连续覆盖及重点乡镇点覆盖。新建室内分布站点98个，新增覆盖楼宇644栋、覆盖室内人口11.73万人。922个小区完成光纤改造，提供可接入端口9.21万个；164个小区接入联通宽带，提供可接入端口6.41万个；完成80栋商务楼宇的光宽带接入覆盖，提供可接入端口6104个。推进"四梁八柱"（骨干传输网络）隐患专项整改，整改"四梁八柱"网络隐患1188处，减少故障次数591次，下降26.53%，使传输网络结构更清晰、提升网络安全稳定性、合理利用资源、降低维护成本。全年应急保障108次，其中自治区成立60周年、中国—东盟博览会等一级保障14次，二级保障57次，其他类应急通信保障37次。主要存在营销组织推动力不足，外部竞争形势变化带来的压力制约公司发展等问题。

（李　蕊）

无线电管理

【概　况】 2018年，广西壮族自治区工业和信息化厅南宁市无线电管理处设监测科、综合科、业务科、财务科，编制9名、在编7人。全年监测无线电2.54万小时。开展辖区内无线电发射设备网上备案，通过电话查询、实地核查完成无线电设备销售公司销售备案39家、无线电发射设备型号登记345个。加强对"伪基站""黑广播"的监测巡查，定位"黑广播"窝点53个，查获非法发射设备49套，主要集中在城乡接合部及县城；协助公安部门鉴定"伪基站"设备7台（套）。为考试提供无线电安全保障22次，阻断数传作弊信号1起。获2018年度自治区无线电管理技术演练比赛第1名。主要存在人手不足等问题。

【无线电监测】 2018年，市无线电管理处执行固定监测站和移动监测站相结合的日常监测制度，专人负责日常监测，每月根据计划使用固定站、小型站、移动站等监测设备完成监测，无线电日常监测2.54万小时。7月，对5G网络试点频段内频率使用情况进行核查，核查全市卫星地球站并上报核查结果。10月，派出技术人员4人，与自治区监测站赴钦州市、北海市等地开展边境、海域地区无线电环境监测，为航空航海通信安全及干扰查处提供技术支持。

【无线电频率台站管理】 2018年，市无线电管理处规范行政审批流程，规范行政许可有关申请文书格式，受理并审批行政许可事项82项，审批频率29个、台站862个（设置797个、停用65个），核发电台执照797份，指配业余呼号22个。按承诺时限20个工作日内办结率100%，无投诉事件发生。全年行政执法49次。受理干扰申诉18起，均在收到干扰申诉5个工作日内安排查找并解决。

【无线电安全保障】 2018年7月9日至12日第二届东盟地区论坛城市应急救援研讨班活动期间，市无线电管理处出动移动监测车对公安、电视转播、公众通信等多个频段定点监测，重点监测无人机使用频段，保障重点频率使用安全。9月12日至15日第15届中国—东盟博览会举办期间，启用固定监测站4站次，出动监测车16辆次、人员19人次，监测时长近400小时。10月18日至19日，完成2018年环广西公路自行车赛（南宁段）无线电保障，在梧州市、崇左市和百色市无线电管理处的协助下，市无线电管理处设置多个移动监测点，出动监测车21车次、人员62人次，便携式设备8套，启动固定监测站4个，监测、清频300多个小时。12月自治区成立60周年庆祝活动期间，利用固定站监测近2000小时，出动监测车30辆次、保障人员109人次，提供中央电视台直播团队专用频率，取缔黑广播4个，排查干扰1起。年内，派出车辆45辆次、人员138人次，启用设备60台（套），为考试提供无线电安全保障22次，保障考点150个。

（覃　巍）

责任编辑　班　铭

2018年12月10日，市无线电管理处技术人员在自治区成立60周年庆祝大会现场为同声传译系统排查干扰　　陆乾　摄

综　述

【概　况】 2018年，南宁市金融工作办公室设综合科、小贷担保监管科、金融发展科、资本市场科、银行保险科5个科室，编制19名，在编19人；二层参照公务员法管理事业单位有南宁市金融行业服务管理办公室1个，编制15名，在编14人。南宁市把握服务实体经济、深化金融改革、防范金融风险三项任务，畅通企业融资渠道，防范化解金融风险，推动金融改革创新，强化金融组织建设、营造良好金融生态环境，加快推进沿边金融综合改革和区域性国际金融建设，全市金融业增加值比上年增长7.40%，金融业增加值贡献率15.66%。至年末，人民币存贷款余额22145.26亿元，增长11.76%。其中：存款余额10093.13亿元，增加725.60亿元，增长7.75%；贷款余额12052.13亿元，增加1575.03亿元，增长15.11%。保费收入201.68亿元，增长11%。证券交易总额14916.57亿元，下降6.72%。小额贷款公司贷款余额402.79亿元，增长5.38%；融资担保公司担保余额302.54亿元，增长28.98%。主要存在金融业增加值增速下行压力加大；金融组织体系有待完善，社会融资结构有待优化，直接融资占社会融资比重偏低，金融改革和创新能力不足，金融服务小微企业、"三农"（农业、农村、农民）等实体经济重点领域和薄弱环节力度不够，金融生态有待改善等问题。

【区域性金融中心建设】 2018年，南宁市有银行机构42家、保险机构42家、证券机构28家（含筹建），新增银行1家（平安银行南宁分行）、保险公司1家（国富人寿保险股份有限公司）、证券机构3家（国盛证券广西分公司、民生证券广西分公司、申港证券广西分公司）。实施"引金入邕"战略，推动中国出口信用保险公司南宁营业管理部升格为中国出口信用保险公司广西分公司；实施企业上市（挂牌）培育工程、企业上市（挂牌）攻坚工程、上市公司质量提升工程（简称企业上市"三大工程"），召开全市企业上市（挂牌）"三大工程"专题会，举办资本市场培训、路演活动5场，统筹推进企业上市（挂牌），支持企业通过资本市场直接融资做大做强，全市新增上市公司1家（润建通信股份有限公司），新三板挂牌公司6家（广西侨旺纸模制品股份有限公司、广西绿友农生物科技股份有限公司、广西华南通信股份有限公司、广西华讯信息技术股份有限公司、乐美电商股份有限公司、广西华信工程设计股份有限公司），上市（挂牌）后备企业154家；加快推动金融集聚区建设，实施《支持五象新区总部基地金融街商业开业暂行办法》，五象新区总部基地金融街建设基本成型，入驻金融机构25家。6月29日，国富人寿保险股份有限公司开业运营。8月28日，平安银行南宁分行开业运营，渤海银行南宁分行、国任财产保险股份有限公司广西分公司获批筹建。9月13日，南宁市与中银香港签订合作意向书，推动在邕设立中银香港东南亚业务营运中心。

【沿边金融综合改革】 2018年11月，南宁市沿边金融综合改革通过中国人民银行、国家发展改革委、中国银保监会、中国证监会国家四部委评估验收。2013年11月21日，经国务院批准同意，中国人民银行等部委联合印发《云南省　广西壮族自治区建设沿边金融综合改革试验区总体方案》，促进广西深化与东盟开放合作，探索跨境金融改革创新，推动沿边地区和民族地区经济金融和谐发展，南宁市被纳入沿边金融综合改革试验区范围；2014年4月15日，南宁市印发《南宁市人民政府关于印发南宁市建设沿边金融综合改革试验区实施方案的通知》，提出经过5年将南宁市打造成为面向东盟开放合作的区域性国际金融中心。2015年5月6日，推动南宁金融投资集团有限责任公司挂牌成立；11月26日，南宁跨境金融信息服务基地挂牌成立。2018年9月，中国—东盟（南宁）金融服务平台上线运营。其间，出台《南宁市沿边金融综合改革试验区建设加快金融业发展扶持政策》《南宁市鼓励和扶持企业上市（挂牌）若干规定》等扶持政策，设立金融业发展专项资金，每年安排金融产业发展专项资金5000万元（累计安排金融产业发展专项资金2.20亿元）。全市金融业增加值年均增速11.4%，逐步成为南宁市重点支柱产业之一，新增银行业金融机构7家、保险公司8家、证券分公司20家，新增上市公司4家、新三板挂牌公司30家。全市跨境人民币结算量204.45亿元，比上年增长20.07%；跨境人民币结算量累计1062.64亿元，自治区排名第三，仅次于防城港市、崇左市。

【农村金融改革】 2018年，南宁市推广百色市田东县"农金村办"模式，区县与辖区涉农金融机构合作在1241个行政村设立"三农"金融服务室，协助金融机构为农户提供存取款、贷款、保险等金融服务，宣传金融法律法规和金融基本知识；开展农村信用"四级联创"（创建信用户、信用村、信用乡镇、信用县），创建信用户67.01万户、信用村669个、信用乡镇55个，创建面分别为56.15%、51.46%、53.92%；推进全市农村信用信息系统建设，完成农户信用信息数据录入86.63万户，入库率72.59%。支持银行机构和非银行支付机构在乡村布放刷卡机、自动柜员机等金融基础设施，建设发展助农取款（惠农支付）服务点，驻邕银行业金融机构在乡村设立助农取款（支付）点1815个，行政村覆盖率100%。推进武鸣区农村土地承包经营权抵押贷款试点，武鸣农信社、武鸣漓江村镇银行、广西北部湾银行东盟支行、农业银行武鸣支行、邮政储蓄银行武鸣支行5家金融机构参与承包土地经营权抵押贷款试点；发放农村承包土地经营权抵押贷款52笔，金额9777万元，贷款余额8847万元。开展农村金融服务进村试点示范活动，申报创建七城区五县各1个自治区级农村金融服务进村示范点通过验收。指导横县、上林县、马山县、隆安县结合自身农业产业发展情况开发肉牛、肉羊、肉鸡、竹鼠、澳洲淡水龙虾养殖险及百香果、茉莉花、蜜柚种植险等县级特色险种。至年末，全市政策性农业保险完成保费收入1.77亿元，其中中央险种保费收入1.40亿元、自治区险种保费收入2626.21万元、县级特色险种保费收入1134.45万元。

【政府性融资担保体系建设】 2017年12月18日，广西农业信贷担保公司南宁办事处设立运营，南宁市出资7300万元成立专项风险担保准备金，促进农村信用担保体系"532"（广西农业信贷融资担保有限公司、农业信贷担保业务发生地所在市（县）人民政府、银行金融机构按照50%、30%、20%比例共同承担信贷风险）"82"（广西农业信贷融资担保有限公司、银行金融机构按照80%、20%的比例共同承担信贷风险）等风险分担模式为新型农业经营主体提供融资担保增信，在马山县、横县、隆安县设立办事点。全年投放融资担保业务2.86亿元，增加0.76亿元，增长36.19%；年末在保余额2.80亿元。2018年，南宁市小微企业融资担保公司有合作银行16家，均签订"4321"（市级担保机构、自治区再担保机构、合作银行、县区政府分别按照40%、30%、20%、10%比例共同承担信贷风险）政银担（政府、银行、担保机构）合作框架协议、小微企业比例再担保业务合作三方协议。获银行准入授信36亿元，投放融资担保业务4.33亿元、比上年增加3.60亿元、增长489.92%，实现全市15个区县、开发区业务全覆盖，平均担保费率1.32%（含0.45%代收再担保费），至年末在保余额4.29亿元。

【政银企对接平台】 2018年，南宁市组织开展政银企对接活动17次，参与企业约200家，涉及金额超600亿元。11月12日，召开南宁市政银企对接会，金融机构与20家企业现场银企签约融资金额近170亿元。11月23日，广西工业高质量发展银企对接签约会在南宁国际会展中心召开，全市59家企业现场实现银企签约融资金额80多亿元，通过银企对接活动促成工业企业和金融机构达成可签约项目280个，签约金额284亿元。

【金融风险防控】 2018年，南宁市防范和处置非法集资领导小组办公室受理非法集资举报线索175条，梳理移交公安机关64条；在自治区率先开展防范非法集资宣传教育进社区系列活动，驻南宁市金融机构开展入社区活动177次。5月，开展防范和处置非法集资集中宣传月活动，印刷海报、展板、横幅4000多版（条），发放传单、手册、购物袋等宣传品近30万份。5月至7月，开展涉嫌非法集资风险专项排查活动，排查企业3747家，涉及民间投融资中介机构、互联网金融行业等8个重点领域，发现存在非法集资风险企业25家。8月至9月，开展涉嫌非法集资广告资讯信息排查清理活动，现场检查排查广告、信息1.27万条，涉及广告经营（发布）者2700多个（家），非现场监测各类广告和资讯信息1.44万余条，查处、清理涉及广告资讯信息9900余条，查处、清理传单等印制品2.30万份。9月，经市金融、财政部门和公安机关审查通过，兑付首笔非法集资举报奖励1950元，举报奖励办法在自治区率先落实。

（陈　威　刘清威　李如玲）

2018年11月12日，南宁市政银企对接会现场，企业与金融机构代表洽谈　刘清威　摄

银　行

【概　况】 2018年，南宁市驻市银行有央行分支机构1家（中国人民银行南宁中心支行）；政策性银行3家（国家开发银行、中国进出口银行、中国农业发展银行）；国有商业银行5家（工商银行、农业银行、中国银行、建设银行、交通银行）；股份制商业银行9家（光大银行、浦发银行、华夏银行、兴业银行、中信银行、招商银行、民生银行、广发银行、平安银行）；城市商业银行3家（广西北部湾银行、柳州银行、桂林银行）；外资银行4家（星展银行、南洋银行、汇丰银行、东亚银行）；资产管理公司4家（华融资产管理股份有限公司、长城资产管理股份有限公司、东方资产管理股份有限公司、信达资产管理股份有限公司）；非银行机构3家（北部湾金融租赁有限公司、南方电网财务有限公司广西分公司、广西交通投资集团财务有限责任公司）；农村商业银行3家（隆安农村商业银行、马山农村商业银行、上林农村商业银行）、农村信用社联社6家（广西农村信用合作联社、南宁市区农村信用合作联社、南宁市邕宁区农村信用合作联社、南宁市武鸣区农村信用合作联社、横县农村信用合作联社、宾阳农村信用合作联社）、村镇银行8家（南宁江南国民村镇银行、南宁隆安长江村镇银行、南宁马山长江村镇银行、广西上林国民村镇银行、南宁兴宁长江村镇银行、南宁武鸣漓江村镇银行、宾阳北部湾村镇银行、广西横县桂商村镇银行）；邮政储蓄银行广西区分行1家。南宁辖区银行业金融机构营业网点数1247个，从业人员2.30万人；银行业金融机构资产总额18153.02亿元，比年初增加709.07亿元，增长4.06%。存款余额10185.13亿元，增加692.96亿元，增长7.30%；贷款余额12559.86亿元，增加1662.21亿元，增长15.43%。

【银行业监管】 2018年，广西银监局引

领银行业满足实体经济融资需求，助力重大项目建设，督促银行机构主动加强与政府沟通交流，为基础设施领域补短板提供金融支持。促进传统优势产业转型升级，发挥广西银行业债权人委员会支持优质企业、扶持困难企业机制，联合工信部门确定重点帮扶企业，开展联合授信试点。通过银团贷款（由获准经营贷款业务的一家或数家银行牵头，多家银行与非银行金融机构参加组成的银行集团，采用同一贷款协议，按商定期限和条件向同一借款人提供融资的贷款方式）、联合授信等多种方式支持广西战略性新兴产业、现代工业、现代服务业发展。推动污染防治，制定构建绿色金融体系实施意见，推动银行业金融机构建立绿色信贷专营机构，加大对绿色企业和项目支持。降低实体经济融资成本，推动优化营商环境行动，持续规范银行服务收费行为，落实无还本续贷等监管政策，挖掘为实体经济企业减费让利空间。制定广西银行业保险业支持民营经济发展工作意见，从扶持龙头企业、加大创新力度、建立激励机制、畅通信息和服务渠道、用好用足扶持政策、优化融资环境等8个方面督促银行保险机构强化民营企业融资服务。推动金融消费者权益保护，联合司法部门组建广西银行业人民调解委员会暨南宁银行业消费者投诉纠纷调解中心。（颜　峻）

【中国人民银行南宁中心支行】 2018年，中国人民银行在南宁市设分支机构7个（南宁中心支行，武鸣支行、宾阳县支行、横县支行、隆安县支行、马山县支行、上林县支行）。至年末，南宁市金融机构本外币存款余额10185.13亿元，比年初增加692.96亿元，增长7.30%，增速上升2.48个百分点；本外币贷款余额12559.86亿元，增加1662.21亿元，增长15.43%，增速上升5个百分点。全市开办跨境人民币业务银行22家、分支机构71个，办理人民币跨境结算企业428家，涉及国家和地区54个；推进广西沿边金融综合改革广西跨境人民币结算总量204.45亿元，增长20%。12月，《广西建设面向东盟金融开放门户总体方案》获国务院批准，由人民银行、发展改革委、财政部等13个部委联合实施，标志着广西建设面向东盟的金融开放门户进入实施阶段。打造人民币对东盟国家货币区域银行间交易平台，发生人民币对柬埔寨瑞尔银行间市场区域交易4笔、成交金额80万元。全市小微企业贷款余额1333.60亿元，增长15.86%，占贷款余额10.62%；12月，小微企业贷款加权平均利率5.59%，下降0.64个百分点；通过办理再贷款、再贴现为南宁金融机构和实体经济增加可用资金304亿元；南宁支小再贷款余额17亿元、增长88.89%，再贴现余额125.67亿元、增长91.42%，再贴现余额投向小微企业占57.78%，提高39.68个百分点。全市涉农贷款余额2012.77亿元，比年初新增31.07亿元，增长0.72%；使用支农再贷款为金融机构提供资金支持，引导金融机构加大对“三农”领域支持力度，支农再贷款余额0.50亿元；推进农村“两权”（农村承包土地经营权、农民住房财产权）抵押贷款试点，试点地区承包土地经营权抵押贷款8847万元，增长73.20%；农村地区银行网点全面接入人民银行大小额支付系统、农信银资金清算系统等支付系统；农村支付环境建设提档升级，累计创建金融服务进村示范点102个（新增90个），银行机构“支付+电商”新模式得到发展。全市各金融机构推出“金穗甜蜜贷”“惠农e贷”“边民贷”“扶贫供应贷”等特色信贷产品，推动金融扶贫和产业扶贫融合发展；发行非金融企业债务融资工具407亿元，在自治区非金融企业债务融资工具发行额中占77.52%。落实稳健中性货币政策，改善实体经济融资环境，兴业银行、中信银行、柳州银行、桂林银行申请使用再贴现、支小再贷款等货币政策工具，助力民营企业小微企业融资；各地方法人金融机构配合人民银行推动信贷资产质押再贷款；兴业银行、交通银行、民生银行发展直接融资支持企业债券发行；北部湾银行首次发行信贷资产证券化4.40亿元，扩大支持实体经济发展资金供给总量。开展“一事通办”审批服务外汇管理改革，超过80%外汇行政许可承诺办结时限控制在5个工作日内，比法定办结期限平均缩短74.30%；推动广西边贸口岸互联互通体系建设，与南宁海关签订边民互市贸易数据交换协议，成为全国首家获得海关边民互市数据的省级外汇分局，促进互市贸易结算业务发展；打造东盟国家货币现钞区域性跨境调运中心，南宁辖区各商业银行办理现钞跨境调运业务2.50亿泰铢、增长108.30%，2017年9月8日泰铢跨境调运业务启动以来，银行现钞交易手续费累计下降50%；南宁市全口径跨境融资签约9.33亿美元，增长690.70%，其中民营企业签约7185万美元、占比7.70%。南宁辖区立案查处外汇违法案件5起，收缴罚没款69.34万元人民币。推进中小企业和农村信用体系建设，依托金融信用信息基础数据库为南宁市4.98万户与银行未发生信贷关系的企业建立信用信息档案，金融机构给予1.01万户企业信贷支持，南宁辖区各区县均建立农户信用信息系统，全年建立农户信用档案86.63万户，评定信用户67.01万户、信用村669个、信用乡镇55个，金融机构向31.57万信用农户累放贷款265.61亿元。南宁市利用应收账款融资服务平台注册机构211家，促成融资交易391笔、金额73.61亿元。

（王诗宇）

2018年11月10日，广西沿边金融综合改革成就展在南宁举办

中国人民银行南宁中心支行提供

【中国工商银行股份有限公司南宁分行】 2018年，中国工商银行股份有限公司南宁分行辖支行12家（民族支行、琅东支行、南湖支行、共和支行、新城支行、江南支行、高新支行、五象支行、武鸣支行、横县支行、宾阳县支行、隆安县支行），经营性网点115个，员工2284人。全辖本外币存款余额1161.45亿元，比年初增加68.63亿元，其中储蓄存款余额507.96亿元、增加58.45亿元，对公存款（不含同业）余额618.34亿元、增加10.53亿元；贷款余额1088.15亿元、增加84.05亿元。发放项目贷款264.72亿元，重点支持南宁

市“三街两巷”（兴宁路、民生路、解放路、金狮巷、银狮巷）改造、南宁市2018年至2020年棚户区改造(第二批)、南宁轨道交通4号线、5号线及2号线东延长线、邕江引水工程、南宁市心圩江环境综合整治工程等重大项目；为自治区成立60周年重点项目提供约138亿元融资支持。南宁分行利用工行广西分行与自治区22家优秀骨干民营企业签订战略合作协议契机，为市民营企业提供融资、零售等金融服务；成立普惠金融事业部，开展“工银普惠行”活动，推进普惠金融战略，其中“4321”（再担保业务各业务合作方担保公司、广西再担保有限公司、银行、各地政府在信贷业务中代偿风险责任承担比例为4：3：2：1)政策性担保业务余额近4400万元；推出“蔗担贷”（由制糖企业推荐客户名单且协助进行糖料蔗结算款划转，由广西农业信贷担保有限公司为贷款提供保证担保，向糖料蔗种植户及经营户发放用于满足生产经营资金需求的贷款)，与南宁市小微企业融资担保有限公司推出广西首笔信用担保贷款“易贷保”，针对信用贷款存量客户(小微企业，含个体工商户、个人)，对申请人情况等综合分析，给予总授信额度300万元(含)以下信用类融资担保产品。推出精装修住房“住房＋消费”贷款新品种；推广“按揭系统直连”业务，强化和优质房企客户合作沟通，提高个人贷款受理效率；成为“桂建通”广西建筑农民工实名制管理公共服务平台合作银行，推出专属建工卡“桂建通卡”；构建“线上＋线下”“人工＋智能”“推送＋互动”立体服务体系，落地人人优泊无感停车、“融e点”智慧点餐等项目，打造信息查询、缴费支付等金融服务生态圈。强化科技创新和业务支持，在二维码、聚合支付等移动支付领域实现突破。（尹湘竹　卢东浩）

【中国农业银行股份有限公司南宁分行】
2018年，中国农业银行股份有限公司广西壮族自治区分行营业部更名中国农业银行股份有限公司南宁分行，辖一级支行14个(城区8个、县域6个)，员工2321人；设营业网点158个(城区117个、县域41个)。至年末，本外币贷款余额890.04亿元，比年初增加85.84亿元；本外币存款余额1039.92亿元。全年累计发放贷款329亿元、增加19亿元，增长6.13%；重点服务南宁高新技术产业开发区、南宁经济技术开发区、广西—东盟经济技术开发区等国家级、自治区级园区产业升级改造项目；服务“1+3”重点区域(五象新区、空港经济区、武鸣区和三塘—五塘片区)核心产业项目建设。支持南宁市基础设施、轨道交通、电力等项目建设，牵头筹备组建金额57亿元银团贷款——贵隆高速公路银团贷款，累计投放28.34亿元支持贵港至隆安高速公路、玉林至湛江高速公路、南宁市邕江综合整治与开发利用、六怀山风电场等南宁市基础设施项目；助力传统优势产业改造提升，重点服务“双高”（高糖、高产）糖料蔗基地建设，推进糖业“二次创业”；服务交通运输、电力、水利、生态环保、旅游、房地产等17个行业领域，新增投放20.95亿元支持青秀区园艺场农民安置棚户区改造、荣和“五象学府”、恒大“悦龙台”等房地产项目。推进普惠金融，成立普惠金融事业部，开展专项行动，加大“税银通”“微捷贷”“微易贷”营销拓展。全行银保监会监管口径普惠金融重点领域贷款余额16.75亿元，比年初增加0.85亿元；央行降准提档口径普惠金融贷款余额26.28亿元，增加3.49亿元。支持农网改造建设，推进惠农通工程互联网化升级，推广“惠农e贷”，开展专项营销，突破“蔗农贷”模式，加快“惠农便捷贷”“特色产业”模式推广，全年本外币涉农贷款余额214.68亿元、增加10.18亿元，1528个“金穗惠农通”服务点实现互联网化升级，“惠农e贷”发放2902户、贷款余额2.93亿元，累计发放“惠农e贷—蔗农贷”436笔、贷款4830万元；出台《南宁分行关于做好2018年金融扶贫工作的意见》推动金融精准扶贫，上林县、马山县、隆安县3个贫困县贷款新增7.50亿元，增长18.15%；精准扶贫贷款新增1.51亿元，惠及建档立卡贫困人口4.90万人；推广“桂农担”系列农业担保产品，累计投放“桂农担”贷款277户，金额1.43亿元，满足贫困户脱贫致富金融需求。推进网点布局和运营体系优化，打造标杆网点，完成标杆网点导入及固化；做好核心网点和轻型网点转型试点，加快超级柜台等综合型智能设备布放，迁址并投入使用网点6个、网点轻型化20个，完成朝阳支行、凤翔支行、黎塘支行3个网点智能化升级改造试点；开通网银＋掌上银行＋短信银行全渠道，开通面向生产企业、销售行业、农村超市电子商务平台，提供一站式电子银行服务。打造安全银行，全辖一级支行、营业网点及金库达标优秀率100%；南宁辖区营业网点堵截案(事)件20起，堵截涉及金额86.91万元，协助警方抓获犯罪嫌疑人10人；反诈中心累计受理公安部门查询2223笔，冻结银行卡119张，累计冻结金额6662万元；超级柜台业务替代率95%。（曾　敬）

【中国银行股份有限公司南宁分行】
2018年12月24日，中国银行股份有限公司南宁市邕州支行升格为中国银行股份有限公司南宁分行，在南宁市古城路15号揭牌成立，原隶属广西区分行的邕城、西乡塘、青秀、江南、武鸣4家城区支行和武鸣、宾阳、横县3家直属县支行调整由南宁分行管辖。南宁分行辖邕城、西乡塘、青秀、江南、武鸣5家管辖支行，宾阳、横县2家县支行，1家市分行直管经营性支行；网点63个，员工1157人。本外币核心存款(不含同业存款、表内理财)余额622.87亿元，比上年增加37.07亿元，增长6.33%；贷款余额720.51亿元，增加96.93亿元，增长15.54%；累计办理国际贸易结算业务量31.56亿美元，市场份额22.79%；办理跨境人民币业务结算12.39亿元，市场份额12.14%。继续推广网点智能化改造，组织智能柜台进驻59个网点，全辖网点覆盖98.30%，网点业务迁移率提升至94.64%，每天网均业务量172笔；

2018年12月24日，中国银行南宁分行在古城路15号揭牌成立　林艺　摄

手机银行交易客户 27.97 万户；分行个人网络金融业务规模 748.58 亿元，公司网络金融交易规模 4245.35 亿元。发行农民工“桂建通”卡 2.90 万张。利用来聚财(中国银行为中小微商家提供的收款工具)搭建线下消费、社交场景，新增商户 5908 户，累计交易笔数 153.51 万笔、交易金额 9263.06 万元。新增有效卡 6.70 万张，有效客户 3.33 万户；信用卡消费额 85.07 亿元，增长 22.08%；信用卡分期交易量 11.89 亿元，增长 86.49%；新增银行卡非息收入 1.32 亿元，增长 43.79%，对公贷款累计投放 102 户。发放普惠金融贷款余额 11.10 亿元，新增 3.57 亿元，增量占自治区 65.93%；贷款增速 47.24%。9 月，中国银行(香港)有限公司与南宁市政府签订在南宁建设中银香港东南亚业务营运中心意向合作协议，推动广西打造面向东盟的金融开放门户。年内，南宁市东葛支行被中国金融工会评为全国金融先锋号。(黎哲辛)

【中国建设银行股份有限公司广西壮族自治区分行】 2018 年，中国建设银行广西区分行有经营机构 374 个，员工 6846 人，其中南宁辖区经营机构 112 个、员工 2472 人。至年末，一般性存款日均余额 3020.24 亿元，日均新增 117.51 亿元，其中对公存款日均余额 1636.04 亿元，新增 3.08 亿元；储蓄存款日均余额 1384.20 亿元，新增 113.71 亿元。贷款余额 2668.53 亿元，新增 261.92 亿元、增长 10.88%，其中对公贷款余额 1448.47 亿元、新增 115.24 亿元，个人贷款余额 1220.06 亿元、新增 146.68 亿元。其中对公贷款余额 1448.47 亿元、新增 115.24 亿元，个人贷款余额 1220.06 亿元、新增 146.68 亿元。信用卡贷款余额 154.96 亿元、新增 26.97 亿元；个人住房贷款余额 995.72 亿元、新增 122.12 亿元；中间业务收入 24.95 亿元。不良贷款余额 14.41 亿元，不良率 0.54%。落实“三管五到位”(党委管、全面管、主动管，责任到位、管理到位、监督到位、人员到位、考核到位”)风险管理，运用大数据预警系统为信贷业务“深度体检”，防范、堵截外部侵害风险事件 38 起。支持自治区“南向、北联、东融、西拓”重点项目，为自治区重大项目融资超过 200 亿元(南宁市超 95 亿元)，投放基本建设贷款 137 亿元(南宁市 76 亿元)；向“一带一路”及“走出去”项目提供融资支持折合人民币 11 亿元；通过内保外贷、跨境融资性风险参与业务、境外发债、债务融资工具承销、发行理财产品等方式为企业拓宽融资渠道，为企业融资近百亿元；开展战略合作，提供综合金融服务，为自治区近 3 万企事业单位客户(南宁市 1.40 万户)、近 60 万个人客户(南宁市 20 万户)搭建信息科技化和资源共享平台；住房租赁业务实现自治区 14 个地级市全覆盖，上线 47 个租赁服务平台近 13 万套房源，其中南宁市上线 4 个平台 6.53 万套房源，为自治区建立租购并举住房供应与保障体系提供支持；深化住房租赁战略，创新“租房 + 养老”新模式，打造“安心养老云平台”；支持铝工业、制糖业等传统优势产业转型升级，帮助蔗农脱贫致富；帮助近 3 万户小微企业解决融资难、融资贵问题；推进人民银行移动支付示范工程建设，打造“智慧安居　乐享八桂”生活服务金融品牌，以菜市、阳光早餐、出租车、自动售货机等为切入点，构建移动支付便民生态网络；搭建“智慧学校”银校平台项目，覆盖学生超 50 万人；持续加大绿色贷款投放，绿色信贷累计投放 50.71 亿元，其中南宁投放 40.40 亿元，重点支持南宁市沙江河流域综合治理、邕江综合整治、地下综合管廊 PPP(政府、企业合作项目)、扩建、提标污水处理厂等生态项目；涉农贷款新增 14.40 亿元，普惠金融“两增”贷款新增 40.84 亿元，精准扶贫贷款新增 8.28 亿元(不含已脱贫贷款)。完成自主创新 49 项、移植创新 77 项；自主创新司法资金智能化管理平台、农民工工资保证金易监管平台、智能交通 APP(软件应用)缴费平台、“运德互联”线上购票聚合商户平台、企易行、住房维修资金网上营业厅等，提升客户资金交易便利性；推出云税贷、蜜农贷、助销 e 贷等产品，全国首创公租房租金质押贷款；创新银校办学模式，推动“建行大学”建设，与广西大学银校合办首期“建行大学”主题培训——“金智惠民·普惠金融中小微民营企业家培训班”。推进物理渠道智慧转型，为客户提供“一站式、智能化、多样化”服务，布放智慧柜员机 1052 台，其中南宁市 320 台，智慧柜员机迁移率 92.71%；加速“裕农通”服务点铺设，净新增 1157 户(南宁市 154 户)，实现扶贫点、机构空白县域、城乡接合处“3 个全覆盖”；增强网点服务社会能力，“劳动者港湾”建设实现网点全覆盖，服务社会公众超 5 万人次。中国建设银行广西区分行获中国人民银行南宁中心支行授予示范商圈街区拓展奖、菜场及周边生活圈拓展奖；中国建设银行南宁新华支行获中国银行业协会“千佳示范单位”称号。(刘轶菲)

【广西北部湾银行】 2018 年，广西北部湾银行设一级分支机构 23 家，其中南宁辖区 10 家、辖区外 12 家(含村镇银行 3 家)、专营机构 1 家(小企业金融服务中心)；筹建县域支行 15 家，年内开业 4 家；营业网点 119 个，其中同城支行 76 家、县域支行 9 家、社区支行 19 家、小微支行 3 家、村镇银行营业网点 12 个；自助设备及 CRS(自动存取款一体机)535 台。有从业人员 2549 人。资产总额 1891.47 亿元，较年初增加 288.10 亿元，增幅 17.97%；存款余额 1207.96 亿元，较年初增加 179.60 亿元，增幅 17.46%；贷款余额 938.57 亿元、较年初增加 276.96 亿元，增幅 41.86%。其中：南宁市贷款余额 606.81 亿元，增加 176.23 亿元、增长 40.93%；存款余额 852.08 亿元，增加 148.30 亿元、增长 21.01%。网银用户 87.73 万户、新增 19.86 万户，客户端手机银行用户 66.81 万户、新增 25.78 万户，电子银行渠道交易替代率 91.05%，增长 20.35%。实现营业总收入 77.20 亿元；利润总额 12.32 亿元，增加 1.96 亿元，增长 18.92%；净利润 9.38 亿元，增加 1.27 亿元，增长 15.66%；核心一级资本充足率 11.07%，资本充足率 11.50%；通过城市与产业发展基金、债权融资计划等新投入资

2018 年 12 月 18 日，广西北部湾银行南职院社区支行暨大学生银行产教融实训基地、互联网金融大数据协同创新中心揭牌开业　卢宣蓉提供

金223亿元;购买地方债近30亿元。11月,在自治区政府举办的2018年工业高质量发展银企对接洽谈会和签约会上,签约项目105个,意向融资金额150亿元。助推广西打造中国—东盟金融开放门户,为"一带一路"重点合作项目提供融资支持;参与承办2018中国—东盟市长论坛、参展东博会金融展、参加中国—东盟金融论坛,深化金融同业交流合作;与越南安平银行、外贸银行、工商银行签订边贸结算合作协议,与越南农业与农村发展银行谅山市支行、西贡商信银行广宁分行互开清算账户推进业务合作;全年实现国际结算量18.72亿美元、结售汇交易量12.92亿。加大惠普金融、民营企业、小微企业贷款投放力度,单户授信小于1000万元小微企业增至1.33万户,贷款余额72.32亿元,增加24.30亿元、增长50.60%;涉农贷款余额75.59亿元,新增10.25亿元、增长15.69%;发放农民工按揭贷款21.22亿元。启动新一代信息科技系统建设,科技监管获广西银保监局AAA评级;取得信贷资产证券化业务资格,发行首期总规模4.48亿元资产证券化产品,发行标准信用卡、联名信用卡启航卡3.26万张、借记卡(含桂民卡、桂建通、社保卡、市民卡等)发卡量超310万张,比年初增加57万张,卡内存款余额201亿元,比年初新增77亿元。其中"桂建通"农民工工资联名卡3.81万张,有3.58万张"桂建通"卡成功绑定农民工实名制管理公共服务平台,绑卡率94.09%。获得代理黄金交易业务资格,取得境外旅客购物离境退税代理机构资格。年内,广西北部湾银行在英国《银行家》(The Banker)杂志"2018全球银行1000强"中排名升至第501,居中国银行业第82位;被《中国地方金融论坛》评为全国十佳城商行,被广西银行协会评为2017年度服务八桂综合贡献奖,被广西企业和企业家联合会评为广西优秀企业、广西企业100强,被中国企业联合会、中国企业家协会评为全国服务业500强、广西服务业50强。 (卢宣蓉)

【南宁市区农村信用合作联社】 2018年,南宁市区农村信用合作联社有营业网点65个,自助服务区(点)100个,有员工688人。资产总额450.28亿元,比上年增加9.62亿元,增长2.18%;负债总额404.69亿元,增加4.84亿元,增长1.21%;净资产45.59亿元,增加4.78亿元,增长11.71%。财务总收入17.94亿元,增加1.30亿元,增长7.81%;利润7.88亿元,增加0.76亿元,增长10.72%;纳税1.74亿元,与上年基本持平。至年末,存款余额395.27亿元、增加5.48亿元、增长1.41%,其中储蓄存款余额184.36亿元,对公存款余额210.91亿元;各项贷款余额327.43亿元、增加27.16亿元、增长9.05%,其中涉农贷款余额137.93亿元,小微企业贷款余额153.53亿元,扶贫小额贷款余额0.51亿元,与上年基本持平。国际业务结算量折算人民币8.63亿元、增加6.76亿元、增长361.92%,其中跨境人民币结算业务1.53亿元、增加0.47亿元,即期结售汇业务5164.66万美元、增加4582.39万美元,外汇结算业务5160.08万美元、增加4539.28万美元。全年累计投放贷款178.77亿元,其中投放涉农贷款78.28亿元、小微企业贷款78.24亿元、为小微企业办理"无还本续贷"贷款16.65亿元、办理"4321"新型政银担合作贷款1.19亿元。设立个人贷款按揭中心,个人类贷款余额73.69亿元,占贷款余额22.51%,增加24.57亿元,增长50%;桂盛借记卡发卡量183.19万张、增加11.08万张,其中桂盛南宁市民卡发卡量123.49万张、增加8.41万张;桂盛信用卡发卡量5.03万张,增加1.92万张;手机银行有效用户16.48万户,增加9.11万户;布放自助服务设备564台,在亭子信用社首次布放硬币回笼机,自助设备运营率93.08%,电子银行交易替代率96.34%。落实广西银行业协会营业网点休业制度,实行周末双休和法定节假日休业营业网点22个,实行周日单休和法定节日当天休业营业网点29个。实行企业开户咨询及预约制度,在开户免填单系统内开发使用"企业开户信息录入助手"子模块,全年开立企业账户3486个,增长49%;继续实行柜面卡(折)自治区内通存通兑免收手续费,桂盛卡自助取款机全球取款免费,手机银行交易免费,网上银行行内转账、跨行快汇免费,全国农信银行卡在桂盛通刷卡机上存取款、转账免费,电话银行交易免费等优惠活动,累计减免客户手续费813万元。7月,联社营业部、金融广场信用社正式开办外汇现钞业务,提供美元、港币现钞兑换服务。8月,在金融广场信用社办理广西农村合作金融机构首笔进口信用证开证业务。 (廖英奇)

保 险

【概 况】 2018年,南宁市有法人保险公司2家(北部湾财产保险股份有限公司、国富人寿保险股份有限公司总公司),筹建自治区级分支机构2家(国富人寿保险股份有限公司广西分公司、国任财产保险股份有限公司广西分公司),自治区级保险分公司40家,其中驻市财产保险公司37家、人寿保险公司24家。保险公司地市级分公司和中心支公司18家,支公司及营业部132家,营销服务部187家;保险代理公司法人机构19家、分支机构73家,保险经纪公司分支机构38家,保险公估公司法人机构1家、分支机构8家。保险业为南宁市提供风险保障17.2万亿元。全市保险公司实现原保险保费收入204.30亿元,比上年增长10.70%,占自治区总保费32.50%,居自治区首位。其中,财产险公司保费收入86.70亿元,增长16.50%;人身险公司保费收入117.60亿元,增长6.90%。南宁保险业支付赔款、给付保险金73.20亿元,增长27.50%。其中,财产险公司赔付支出约42亿元,增长24.80%;人身险公司支付赔款、给付保险金31.20亿元,增长31.30%。

【保险经营】 2018年,广西出口信用保险为1481家出口企业提供风险保障190.50亿元,海外投资保险为自治区12家企业提供投资风险保障144亿元。保险公司通过债券、股票等形式在广西新增投资203.30亿元,涉及电力、交通等多个重点基础设施建设领域。南宁市农业保险保费收入2.89亿元、增长48.73%,为全市72.60万户次农户提供农业生产风险保障160.90亿元,参保农户、保障金额分别增长22.37%、22.35%,农业保险赔付支出2.04亿元,受益农户19.48万户次、增长118.58%。推动税优健康险发展,承保人数增长53.15%。6月,职工医保个人账户购买商业健康保险项目在南宁落地,承保2539人,保额47.21亿元。9月7日,中国银行保险监督管理委员会、自治区政府在南宁市联合主办第四届中国—东盟保险合作与发展论坛,东盟和"一带一路"沿线国家及地区政府、保险监管机构、保险行业协会、保险公司代表就保险领域热点问题进行对话交流,中国人民财产保险股份有限公司与越南保越保险总公司签署战略合作协议。9月,广西商业车险自主定价改革试点完成,改革后商业车险车均保费较改革前下降29个百分点,投保率提升1.57个百分点。

【保险业监管】 2018年,中国银行保险监督管理委员会广西监管局推进市场乱象整治,督促保险机构完善制度205项,对90名高管、915名工作人员内部问责。优化稽查工作机制,把握农业保险、大病保险、互联网保险等重点领域及销售误导、理赔难等重点环节,打击侵害消费者合法权益的违法违规行为,整治车险市场虚列费用、虚开发票等违法违规乱象,对南宁辖区保险机构下发处罚决定书15份,行政处罚保险分支机构9家、保险中介机构6家、责任人23名,罚款259万元。 (李如玲)

表 21　　2018 年驻南宁市保险公司名录

保险公司类型	保险公司名称
财产保险公司(37 家)	北部湾财产保险股份有限公司
	中国人民财产保险股份有限公司广西壮族自治区分公司
	中国太平洋财产保险股份有限公司广西分公司
	中国平安财产保险股份有限公司广西分公司
	华安财产保险股份有限公司广西分公司
	天安财产保险股份有限公司广西壮族自治区分公司
	中国大地财产保险股份有限公司广西分公司
	安邦财产保险股份有限公司广西分公司
	都邦财产保险股份有限公司广西分公司
	阳光财产保险股份有限公司广西分公司
	渤海财产保险股份有限公司广西分公司
	太平财产保险有限公司广西分公司
	永诚财产保险股份有限公司广西分公司
	华泰财产保险有限公司广西分公司
	鼎和财产保险股份有限公司广西分公司
	安盛天平财产保险股份有限公司广西分公司
	中国人寿财产保险股份有限公司广西壮族自治区分公司
	中银保险有限公司广西分公司
	紫金财产保险股份有限公司广西分公司
	北部湾财产保险股份有限公司广西分公司
	中华联合财产保险股份有限公司广西分公司
	华农财产保险股份有限公司广西分公司
	永安财产保险股份有限公司广西分公司
	中国出口信用保险公司广西分公司
	北部湾财产保险股份有限公司南宁分公司
	中国人民财产保险股份有限公司南宁市分公司
	中国太平洋财产保险股份有限公司南宁中心支公司
	中国平安财产保险股份有限公司南宁中心支公司
	中国大地财产保险股份有限公司南宁中心支公司
	天安财产保险股份有限公司南宁中心支公司
	太平财产保险有限公司南宁中心支公司
财产保险公司(37 家)	永诚财产保险股份有限公司南宁中心支公司
	阳光财产保险股份有限公司南宁中心支公司
	鼎和财产保险股份有限公司南宁中心支公司
	安邦财产保险股份有限公司南宁中心支公司
	中国人寿财产保险股份有限公司南宁市中心支公司
	渤海财产保险股份有限公司南宁中心支公司
人寿保险公司(24 家)	国富人寿保险股份有限公司
	中国人寿保险股份有限公司广西分公司
	中国太平洋人寿保险股份有限公司广西分公司
	中国平安人寿保险股份有限公司广西分公司
	新华人寿保险股份有限公司广西分公司
	泰康人寿保险有限责任公司广西分公司
	平安养老保险股份有限公司广西分公司
	太平人寿保险有限公司广西分公司
	中国人民人寿保险股份有限公司广西分公司
	信诚人寿保险有限公司广西分公司
	民生人寿保险股份有限公司广西分公司
	合众人寿保险股份有限公司广西分公司
	生命人寿保险股份有限公司广西分公司
	阳光人寿保险股份有限公司广西分公司
	泰康养老保险股份有限公司广西分公司
	太平养老保险股份有限公司广西分公司
	农银人寿保险股份有限公司广西分公司
	工银安盛人寿保险股份有限公司广西分公司
	中国人寿保险股份有限公司南宁分公司
	中国人民人寿保险股份有限公司南宁分公司
	中国太平洋人寿保险股份有限公司南宁中心支公司
	新华人寿保险股份有限公司南宁中心支公司
	太平人寿保险有限公司南宁中心支公司
	富德生命人寿保险股份有限公司南宁中心支公司

证　券

【概　况】 2018 年，南宁市有证券分公司 28 家，比上年增加 3 家；证券营业部 70 个，减少 1 个；基金管理公司 1 家；在横县、宾阳县各设证券经营机构网点 1 个；全市证券经营机构代理证券交易总额 14916.57 亿元，下降 6.72%，从业人数 2655 人。有期货分公司 3 家、期货营业部 22 个；全市期货经营机构实现营业收入 3272.79 万元，减少 23.94%，从业人员 195 人。有 A 股上市公司 14 家，营业收入 351.26 亿元，增加 63.24 亿元，增长 21.96%；从业人员 3.68 万人。

【期货经营】 2018 年，南宁市有期货分公司 3 家（国海良时期货有限公司广西分公司、华信期货股份有限公司华南分公司、中信期货有限公司广西分公司），期货营业部 22 个。代理期货交易量 2252.41

万手，比上年减少23.60%；代理期货累计成交额12733.92亿元，减少17.51%；投资者开户3.55万户，增长8.90%；营业收入3272.79万元，减少23.94%，净利润-1986.85万元，减少514.52万元。

【上市公司】 2018年，南宁市有A股上市公司14家，比上年增加1家，分别为广西绿城水务股份有限公司、南宁八菱科技股份有限公司、百洋产业投资集团股份有限公司、南宁百货大楼股份有限公司、广西五洲交通股份有限公司、南宁糖业股份有限公司、广西桂冠电力股份有限公司、广西丰林木业集团股份有限公司、南宁化工股份有限公司、广西博世科环保科技股份有限公、皇氏集团股份有限公司、阳光新业地产股份有限公司、广西广播电视信息网络股份有限公司、润建股份有限公司。上市公司营业收入351.26亿元，净利润22.82亿元，平均每股收益0.16元，平均净资产收益率4.99%；年末总股本146.92亿股，增长5.01%，总市值837.95亿元，减少14.54%，总资产1142.37亿元，增长8.31%，总股本、总市值、总资产三项指标分别占广西全部37家A股上市公司35.87%、35.19%、29.86%。

【证券机构经营】 2018年，南宁市有基金管理公司1家（国海富兰克林基金管理有限公司），证券分公司28家（招商证券股份有限公司广西分公司、海通证券股份有限公司广西分公司、国泰君安股份有限公司广西分公司、申万宏源证券有限公司广西分公司、中国银河证券股份有限公司广西分公司、国信证券股份有限公司广西分公司、太平洋证券股份有限公司广西分公司、国开证券有限责任公司广西分公司、世纪证券有限责任公司广西分公司、东北证券股份有限公司广西分公司、兴业证券股份有限公司广西分公司、安信证券股份有限公司广西分公司、平安证券股份有限公司广西分公司、九州证券股份有限公司广西分公司、中泰证券股份有限公司广西分公司、广州证券广西分公司、西部证券股份有限公司广西分公司、天风证券股份有限公司广西分公司、长江证券股份有限公司广西分公司、中信证券股份有限公司广西分公司、华福证券有限责任公司广西分公司、联讯证券股份有限公司广西分公司、西南证券股份有限公司广西分公司、方正证券股份有限公司南宁分公司、大通证券股份有限公司广西分公司、国盛证券广西分公司、申港证券广西分公司、民生证券广西分公司），证券营业部70个。投资者开户215.59万户，比上年增长16.68%；托管证券市值1094.60亿元，减少16.35%。全市证券经营机构代理证券交易总额14916.57亿元，减少6.72%，其中A股交易10134.19亿元，B股交易1.98亿元，基金交易1416.40亿元，债券交易58.81亿元，债券融资回购101.81亿元，债券融券回购3175.94亿元，其他证券交易27.44亿元。南宁市基金管理公司管理基金产品32只，其中股票型基金5只，混合型基金13只，债券型基金8只，货币市场基金2只，QDII基金（在一国境内设立，经该国有关部门批准从事境外证券市场的股票、债券等有价证券业务的证券投资基金）4只，基金总份额270.93亿份，基金资产净值282.43亿元；基金管理公司总资产7.86亿元，减少2%；净利润0.65亿元，减少30.85%。 （丁 玺）

表22 2018年南宁市上市公司情况表

名 称	总股本（万股）	总市值（万元）	总资产（万元）	净资产（万元）	营业收入（万元）	净利润（万元）	每股收益（元）	净资产收益率（%）
阳光新业地产股份有限公司	74991.33	367457.52	658327.10	373203.20	28884.90	8473.20	0.02	0.38
南宁糖业股份有限公司	32408.09	177272.27	581621.58	3330.83	359825.07	-138237.03	-4.21	-189.44
皇氏集团股份有限公司	83764.00	272233.01	477981.46	238479.96	233591.17	-59789.28	-0.74	-25.26
南宁八菱科技股份有限公司	28333.12	662994.91	239707.06	186106.86	71008.35	720.73	0.03	0.36
百洋产业投资集团股份有限公司	39531.07	354198.38	371744.03	230726.56	313358.39	7252.08	0.14	2.61
润建通信股份有限公司	22074.63	720957.57	391367.04	263031.00	323168.01	20587.77	0.97	10.80
广西博世科环保科技股份有限公司	35581.53	352612.95	652550.60	171927.41	272402.36	23150.04	0.66	17.48
广西桂冠电力股份有限公司	606336.75	3407612.56	4595194.03	1659991.74	951434.34	271124.55	0.39	16.47
南宁化工股份有限公司	23514.81	142970.07	39514.61	30314.41	27544.16	4487.66	0.23	19.87
广西五洲交通股份有限公司	112563.21	345569.04	1060263.81	353299.57	181935.31	40535.77	0.38	12.39
南宁百货大楼股份有限公司	54465.54	199343.86	204828.66	101712.42	212945.76	-4486.49	-0.08	-4.31
广西广播电视信息网络股份有限公司	167102.62	624963.81	845538.89	369530.87	243079.49	12417.86	0.07	3.38
广西绿城水务股份有限公司	73581.09	426034.51	929871.88	324254.32	133652.87	27926.74	0.38	8.85
广西丰林木业集团股份有限公司	114948.08	325303.07	375192.68	266587.97	159721.73	14034.59	0.14	6.13

小额贷款 融资担保

【概 况】 2018年，南宁市有小额贷款公司107家；有融资担保公司33家，从业人员1532人。小额贷款公司全年实现收入37.23亿元，缴税总额5.51亿元，实现利润21.34亿元；融资担保公司全年总担保余额302.54亿元、总代偿余额26.25亿元。主要存在小额贷款企业注册资本萎缩、运行风险较大；融资担保行业代偿风险增加。

【小额贷款】 2018年，南宁有小额贷款公司107家，注册资本182.17亿元，贷款余额402.79亿元、比上年增长5.38%，累计发放贷款212.37亿元、下降4.38%；小额贷款公司营业收入37.23亿元、增长7.32%，缴税总额5.51亿元、增长105.47%，利润21.34亿元、增长37.71%。有县域小贷公司5家，注册资本1.30亿元，贷款余额1.69亿元、下降10.55%，累计发放贷款2516.60万元、下降69.47%。在自治区小额贷款公司2017年年度考核评价中，被评为A类小额贷款公司12家。年内，新增获批开业公司3家(南宁市嘉和小额贷款有限责任公司、南宁市华盈小额贷款有限公司、南宁市厚泽小额贷款有限公司)，注销公司3家(隆安县金穗小额贷款有限公司、南宁市百裕小额贷款有限责任公司、南宁市弘高小额贷款有限公司)，减资3家(南宁市弘高小额贷款有限公司、南宁市银润小额贷款股份有限公司、南宁市久瑞小额贷款股份有限公司)。

【融资担保】 2018年，南宁市有融资担保公司33家，注册资本118.45亿元，从业人员1532人；总担保余额302.54亿元、比上年增加67.97亿元、增长28.98%，总代偿余额26.25亿元、增加0.13亿元、增长0.50%，其中国有担保公司13家、注册资本96.30亿元，总担保余额276.50亿元、增加45.43亿元、增长19.66%，总代偿余额26亿元、减少0.12亿元、下降0.46%。南宁市小微企业融资担保公司被自治区金融工作办公室评为自治区A类政府性融资担保机构。

【小额贷款与融资担保业监管】 2018年，市金融办检查融资担保公司35家次、小额贷款公司98家次，出具检查报告110份；专项督查企业整改，约谈小额贷款公司11家。通过国家企业信用信息公示系统部门协同监管平台，公示行政检查信息122条，主要涉及小额贷款公司、融资担保公司年度现场检查结果；通过市金融办网站公示“小额贷款公司设立、变更、终止审批”信息19条。推进行业诚信建设，组织65家小额贷款公司、25家融资担保公司签订诚信经营承诺书；根据南宁市地方金融监管诚信“红黑名单”制度，将12家小额贷款公司纳入南宁市地方金融监管诚信“红名单”管理。 (陈 威 吴 宁)

责任编辑 唐 娟

表23 2018南宁市融资担保公司名录

公司类型	公司名称	公司类型	公司名称
融资担保公司(33家)	广西中小企业融资担保有限公司	融资担保公司(33家)	广西联成融资担保有限公司
	广西再担保有限公司		广西中汇通融资担保有限责任公司
融资担保公司(33家)	广西农业信贷融资担保有限公司	融资担保公司(33家)	南宁市骏通融资性担保有限公司
	南宁市南方融资担保有限公司		广西丰瑞融资性担保有限公司
	南宁市小微企业融资担保有限公司		广西信利融资性担保有限公司
	南宁联合创新融资担保有限公司		广西保捷信用担保有限责任公司
	广西中港兴融资担保有限责任公司		广西泰盛融资性担保有限公司
	广西农垦融资性担保有限公司		广西澳亚融资性担保有限公司
	广西投资集团融资担保有限公司		瀚华担保股份有限公司广西分公司
	广西恒大融资性担保有限公司		鼎盛鑫融资担保有限公司南宁邕城分公司
	广西铁投吉鸿融资性担保有限公司	国有担保公司(13家)	广西中小企业融资担保有限公司
	广西北部湾泛鑫融资性担保有限公司		广西再担保有限公司
	宾阳县农业信贷融资担保有限公司		广西农业信贷融资担保有限公司
	广西泓浩容大融资担保有限公司		南宁市南方融资担保有限公司
	广西广投融资担保有限公司		南宁市小微企业融资担保有限公司
	广西中悦融资担保有限公司		南宁联合创新融资担保有限公司
	广西联晟融资担保有限公司		广西中港兴融资担保有限责任公司
	广西正大融资担保有限公司		广西农垦融资性担保有限公司
	广西昊业融资担保有限公司		广西投资集团融资担保有限公司
	广西广信融资担保有限公司		广西恒大融资性担保有限公司
	广西恒润融资担保有限公司		广西铁投吉鸿融资性担保有限公司
	广西正亚融资担保有限公司		广西北部湾泛鑫融资性担保有限公司
	广西南大融资担保有限公司		宾阳县农业信贷融资担保有限公司

综　述

【深化经济领域改革】 2018年，南宁市出台供给侧结构性改革“1+5”政策文件（供给侧结构性改革的实施意见，去产能、去杠杆、去库存、补短板、降低实体经济企业成本若干意见5个实施方案或意见），清理吊销长期停业未经营的空壳企业6513家，退出主业生产的国有企业99家，实施国有企业改革重组21家；加快商业用房、非住宅用房去库存，商业用房、非住宅用房周期分别降至32.31个月、27.31个月，分别比上年下降25.7个百分点、0.3个百分点。深化财税体制改革，加强预算执行管理，一般公共预算总收入881.57亿元，一般公共预算总支出853.71亿元；年终滚存结余34.34亿元。完善“营改增”工作，建立环境保护税制度，实现税制平稳转换，完成增值税274.87亿元，增长8.76%，占总税收40%。深化投融资改革，沿边金融综合改革试验区通过国家验收，上线运行中国—东盟（南宁）金融服务平台，跨境人民币结算量204.45亿元，增长20.10%。推进“放管服”（简政放权、放管结合、优化服务）改革，新增市场主体13.26万户，累计市场主体64.65万户。加快农村集体产权制度改革试点，深化农村土地所有权、承包权、经营权分置改革，完善土地承包合同105.10万户，完成确权登记面积42.45万公顷，确权颁证率93.70%。

【宏观调控加强】 2018年，南宁市结合国民经济和社会发展“十三五”规划，编制2018年度发展计划，制定《南宁市2018年主要经济指标目标责任分解方案》。加强经济发展规划计划执行，开展年度发展计划工作检查2次，开展国民经济和社会发展“十三五”规划中期评估（其中专项规划34个），开展第四次经济普查，完善第三次全国农业普查，完成《南宁市“十三五”规划纲要中期评估报告》《2018年南宁市国民经济和社会发展统计公报》《南宁市第三次全国农业普查主要数据公报》等，为经济宏观调控提供科学依据。监测生活必需品、农副产品、工业生产资料、工业消费品、重要能源、重要服务、房地产等商品和服务价格400多种，调整收费标准50项，通过平价商店稳定生活必需品价格，试行旅游景区市场调节价，居民消费价格总水平比上年同期累计上涨2.5%，高于广西平均0.2个百分点，高于全国平均0.4个百分点。加强经济运行分析调度，抓住投资和服务业精准发力；继续加强决定国计民生或城市建设发展的重大项目投资建设，市层面统筹推进重大项目546个，投资1004.79亿元，城建计划建设项目476个，投资482.25亿元，重大交通基础设施项目50个，投资160.80亿元。优化营商环境，发展会展旅游、金融服务、电子商务、信息服务、数字经济等，第三产业增加值增长7.8%，占地区生产总值59.1%，对经济增长贡献率76%。

【经济管理强化】 2018年，南宁市加强国有资产监督管理，设定资产负债率预警线，加强对企业重大事项管控和国有资本经营预警，监管的9大国有企业集团公司资产总额3075.44亿元，增长16.84%；净资产1100.17亿元，增长24.33%，国有资产保值增值率101.58%。加强市场监管、商标管理、消费维权，创建放心商场、市场、超市等示范点52个，创建放心消费示范街14条，开展信用评价3200余次，整顿治理失信企业1027户。开展反不正当竞争执法，打击传销，规范直销，开展大规模兵团作战打击传销9次，将涉传重点小区转换创建成为“无传销小区”65个。加强安全生产监督管理，发生安全事故777起、死亡373人、受伤755人，直接经济损失6099.09万元。打击走私贩私，取缔私货交易、查处经销无合法来源进口商品35.56吨，查扣“问题”油品108.63吨，立案查办走私违法案件1979起，案值44.03亿元，涉税3.55亿元。加强进口废物原料检验监管，禁止“洋垃圾”进境，检验进出口工业品2.06万批，货值214.70亿美元，检疫查验出入境人员1192.87万人、交通工具17.26万架（艘辆）、行李邮包458.37万件。加强食品、药品、医疗器械、保健食品化妆品“四品一械”监督管理，有“四品一械”生产经营单位15万家，创建食品安全城市，创建国家“放心肉菜示范超市”5家、自治区食品安全示范批发市场1个、自治区食品安全示范市场5个、市级“放心餐饮示范单位”52家、餐饮服务食品安全街区4个，获“广西食品安全示范城市”称号，市民食品安全满意度70.50%，比上年提升8.3个百分点。

【经济服务质量提升】 2018年，南宁市贯彻国家、自治区和市本级降成本政策措施，在税费、用工、用能等环节为企业减负约350亿元。强化金融服务，召开市政银企对接会，签约融资近170亿元；设立村级“三农金融服务室”，覆盖面95%；发展政府性融资担保业务，直接解决中小企业流动资金贷款193.80亿元。推进“放管服”改革，扩大一次性办理事项至943项，扩大“容缺受理”（允许某些审核材料在规定时间内暂时缺少，实行非主审要件缺项受理和审批）范围至30个部门476项事务，实施“全链条审批”模式（一套材料一窗办理、关联事项链条式审批）压缩重复材料533项，施工许可证审批时限由37个工作日压缩至5个，推行税务“一次办”“网上办”“马上办”“就近办”“一站办”，涵盖95%涉税事项，缴税环节仅需2分钟；在全国率先推行房产交易跨部门“一窗受理、一网通办”，实现动产登记“24小时不打烊”；拓宽“互联网+”办税渠道，实行个人房屋出租发票“自助开”，个人房产交易涉税业务“自助办”，纳税风险“自助查”，开展微信办理企业业务23.10万笔，“自助开”1.06万份，“自助办”8.16万笔。优化提升海关通关流程和作业方式，提升口岸管理信息化智能化水平，货物进口整体通关时间34.65小时、比上年压缩38.77%，出口整体通关时间2.40小时、压缩82.97%。设立南宁综合保税区，开展贸易加工业务，进出口总额23.09亿美元，增长591%；开展跨境电商综合服务，进出口业务1214万件，货值7507万美元。（黄凯婧）

【财税收入】2018年，南宁市财政部门优化收支管理，全市财政收入753.20亿元，总量突破700亿元，占自治区比重27%；财政收入比上年增加65.22亿元，增长9.48%；非税收入完成97.57亿元，占一般公共预算收入比重在减税、退税数额较大情况下，仍保持稳定；财政一般公共预算收入、支出均衡增长，全市一般公共预算收入358.96亿元、增长8.07%，一般公共预算支出697.93亿元、增长7.98%；盘活存量资金，清理收回财政存量资金32.05亿元，统筹用于稳增长、惠民生和保重点支出。市税务部门组织税务总局考核口径收入686.33亿元，增长9.76%；自治区政府考核口径收入667.22亿元，增长8.55%，占自治区税收收入29.41%；市政府考核口径收入完成665.75亿元，增长8.50%，占全市财政收入88.39%。按自治区人民政府考核口径收入，全市16个征收单位（青秀区税务局、青秀山风景区税务局合并统计）中14个实现增长，2个征收单位（江南区税务局、兴宁区税务局）减收。

【财税体制改革】2018年，市财政局深化预算管理改革，推进全口径政府预算管理，强化“四本预算”（一般公共预算、政府性基金预算、国有资本经营预算、社会保险基金预算）统筹衔接，将一般公共预算超收收入、国有资本经营预算结余资金、一般公共预算结余资金和政府性基金预算结转资金规模超过当年收入30%部分及政府性基金预算连续结转两年仍未用完的资金，用于补充预算稳定调节基金，保持年度间政府预算衔接和稳定；健全市级国有资本预算管理体系，全年国有资本收益上缴比例提高至18%；推进政府预决算公开，在全面规范各级财政预决算和部门预决算公开主体、公开时限和公开渠道基础上，完善预决算公开统一平台，使公开平台分类分级内容更具体、层次更分明、查阅信息更方便；深化政府购买服务改革，全市纳入政府购买服务预算管理项目1641项，预算金额13.97亿元；探索实施事业单位政府购买服务改革试点，支持事业单位分类改革和转型发展，增强事业单位提供公共服务能力；创新地方政府债务管理方式，拓展升级南宁市公共资产负债管理智能云平台内涵和外延，划定债务“预警线”，国资地图可展示市国资委监管的九大集团公司230多家国有及国有控股企业资产负债变动情况；设定企业年度资产负债率预警线、重点监管线，完善国有企业资产负债自我约束机制，监管部门可实时监控及时相关提醒相关企业债务风险；财政地图实时反映政府资产负债、债务率等数据变化，对全市整体债务情况进行风险预警提示，预防发生超越财政承受能力的负债，守住不发生系统性金融风险底线。市财税部门推进环境保护税改革，1月1日起全面停征排污费，改征环境保护税。年内，税务机构改革，将国家税务局、地方税务局机构合并，成立税务局，负责全市增值税、消费税、车辆购置税、企业所得税、个人所得税、资源税、环境保护税、城镇土地使用税、城市维护建设税、房产税、印花税、土地增值税、车船税、烟叶税、耕地占用税、契税16个税种以及社会保险费、教育费附加、工会经费、残疾人就业保障金、地方教育附加、文化事业建设费等收费、基金征收管理。改革期间，社保费和非税收入征管职能划转实现良好开局，涉及近600万缴费人，税务系统制定督导清单、清洗数据、完成近万笔人海压力业务测试，全市27个办税服务厅开设82个通办窗、30个专窗；新个人所得税改革过渡期政策平稳落地，向19.40万户扣缴单位推广上线自然人税收管理扣缴客户端、采集200万自然人基础信息、通过举办培训辅导课，实现对所有扣缴单位全覆盖宣传。

【财税监督】2018年，市财政局强化财政管理监督，推进国库集中支付电子化管理改革、非税收入收缴电子化管理、财政票据电子化管理、政府部门财务报告和政府综合财务报告编制试点改革；修订出台市本级会议费、培训费管理办法；加强预算执行动态监控管理，严控预算单位“三公”（因公出国、公务用车、公务接待）经费及会议费、培训费等支出，确保财政资金安全规范；强化政府采购监管，印发《南宁市本级政府采购不良行为记录名单管理办法》，加强政府采购领域信用管理；贯彻向人大常委会报告国有资产管理情况制度，完成2018年国有资产报告工作；推进行政事业单位经营性管理资产报告，摸清国有资产家底；推进预算绩效管理体系建设，制定《南宁市本级预算绩效目标管理暂行办法》，继续扩大预算绩效管理范围、增加预算绩效评价项目，完善绩效评价结果运用体系，根据2016年度再评价结果核减延续性项目2018年度预算控制数，节约财政资金3313.42万元；对扶贫资金、会计信息质量、“小金库”等开展检查，查出违规资金1.58亿元、向市纪委移交线索9条，规范财经秩序；加强新政府会计制度宣传辅导，抓好“十百千”拔尖会计人才培养，组织做好全国会计专业技术资格考试。市税务局完善风险管理运行机制，发挥体检平台在发票风险管控体系中作用，在国家税务总局下发的45批增值税发票快速反应任务中，南宁市占全国比例低于0.04%；创新推出“税前辅导”模式，构建“税前辅导”风险管理模型，将虚假企业拦截在办税前，风险识别精准率88.95%；完成“6·09虚开发票专案”1937户受票纳税人核查，查实1929户问题企业，调增企业所得税应纳税所得额4.10亿元，入库企业所得税及滞纳金2771.09万元；风险评估核查入库6.15亿元、入库滞纳金7534.16万元。

【财税营商环境优化】2018年，南宁市实施积极财政政策，研究制定降税减费实施方案，行政事业性收费和政府性基金减免政策为企业减负8.44亿元；争取上级转移支付资金252亿元，促进基础设施补短板项目实施；创新财政资金支持方式优化融资服务，安排中小企业贷款平台配套资金0.40亿元、政府性融资担保体系建设专项资金0.38亿元、服务业发展基金0.20亿元，用于支持中小企业发展；设立产业发展基金子基金，撬动金融机构和社会资本投资20.69亿元；加大对产业转型升级支持力度，安排现代工业发展资金8亿元，滚动安排工业用地储备和工业园区基础设施建设资金10亿元，加快培育战略性新兴产业；统筹安排服务业资金6.20亿元，重点支持现代信息服务业集聚区、商贸、沿边金融等重点行业产业发展。市财政局与市税务局落实减轻企业税费负担政策，降低车船税款1007.36万元。市税务局落实减税降负政策，减免退税款200.11亿元；做好城镇土地使用税年税额标准调整，为企业减轻税收负担1963.03万元；深化增值税改革、减免小型微利企业、高新技术、西部大开发等企业所得税、减免车船税、房产税、印花税和契税，试行留抵退税，对装备制造等先进制造业、研发等现代服务业符合条件的企业、电网企业进项留抵税额予以一次性退还；持续优化税收营商环境，实现纳税人“少报、少跑、少等”，简化办税流程缩短时间，推广掌上办税服务，微办税推出网上预约、微信变更预申请、微信申报等44项服务，在“爱南宁”APP上部署便捷申报等13项办税功能，实现纳税业务“自助办”、纳税风险“自助查”。

【财政助力精准脱贫】 2018年，南宁市筹措财政专项扶贫资金27亿元，为全市脱贫攻坚提供支持。市财政局支持贫困区县开展涉农资金统筹工作，加大对深度贫困县马山县的资金支持，连续3年每年额外支持专项资金0.80亿元；支持隆安县易地扶贫搬迁震东集中安置区可持续发展，2018年开始连续3年每年支持4000万元专项资金。年内，市税务局投入200.80万元扶贫资金，帮助上林县木山乡厂圩村、古楼村，马山县周鹿镇智超村、加方乡琴让村4个定点帮扶贫困村实现脱贫摘帽。（唐　娟）

发展计划管理

【概　况】 2018年，南宁市发展和改革委员会设办公室、发展规划科、新型城镇化科、国民经济综合科、经济体制改革科（医药卫生体制改革科）、政策法制科、固定资产投资科、重大项目建设科、城市基础设施科、农村经济科、发展研究室（工业经济科）、就业和服务业科、经济贸易科、社会发展科、财政金融科、交通科、能源工作办公室、资源节约和环境保护科（应对气候变化科）、高技术产业科（南宁国家高技术生物产业基地建设工作领导小组办公室）、地区经济和西部开发科（市西部大开发领导小组办公室）、利用外资和境外投资科、数字化发展科、公共信息资源科、信息安全和网络管理科、北部湾及区域合作科、北部湾与东盟开放合作科、市信用体系建设办公室、经济与国防协调发展科（国民经济动员办公室）、价格综合科、商品价格管理科、收费管理科、医药价格管理科、粮食调控科、粮食监督检查科、粮食流通与科技发展科、人事科及机关党委，编制157名，在编136人。二层单位有南宁市价格监督检查分局（行政机关，副处级，编制34名，在编35人）；南宁市价格成本调查监审分局（行政机关，正科级，编制5名，在编5人）；南宁市经济信息中心（南宁市信用信息中心）（事业单位，副处级，编制27名，在编22人）；南宁市信息网络管理中心（南宁大数据统筹管理中心）（事业单位，副处级，编制39名，在编34人）；南宁市固定资产投资项目前期服务中心（事业单位，正科级，编制12名，在编11人）；南宁市价格认证中心（事业单位，正科级，编制11名，在编10人）；南宁市价格监测中心（事业单位，正科级，编制9名，在编9人）；南宁市军粮供应管理中心（事业单位，正科级，编制10名，在编10人）；南宁市粮食流通监督检查支队（事业单位，正科级，编制10名，在编10人）；南宁市粮油质量监督检验中心（事业单位，正科级，编制10名，在编10人）；南宁市工程咨询规划事务所（事业单位，正科级，编制20名，在编11人）。年内，南宁市地区生产总值增长5.4%；固定资产投资增长11.8%；社会消费品零售总额增长9%；进出口总值738.79亿元，首次突破700亿元，增长21.7%；财政收入753.2亿元，增长9.48%；全市居民人均可支配收入26798元，增长7.3%，其中城镇居民人均可支配收入35276元、增长6.2%，农村居民人均可支配收入13654元、增长9.1%。居民消费价格总水平（CPI）上涨2.5%，低于预期调控目标1.0个百分点，高于自治区平均0.2个百分点，高于全国平均0.4个百分点。市发展改革委调整、落实全市主要经济指标任务，探索建立高质量发展监测督查评价体系；加强经济运行调度，抓住投资和服务业精准发力；安排城建投资计划及调整项目913个；统筹协调、指导推进全市“十三五”规划中期评估；撰写、发布经济形势、投资、服务业、价格等重点领域分析报告。主要存在全市经济发展受到复杂多变的国际环境影响，发展基础还不够牢固，结构性深层次矛盾突出等问题。

【经济调节与监测预测】 2018年，市发展改革委贯彻落实国家、自治区稳增长政策措施，制定《南宁市2018年主要经济指标目标责任分解方案》《南宁市2018年经济发展第一季度“开门红”工作方案》，调整、落实全市主要经济指标任务；制定《2018年全市推动经济高质量发展情况“红黑榜”督查通报工作方案》，探索建立高质量发展监测督查评价体系指导区县高质量发展。加强经济运行监测分析，密切监测经济运行情况，在工业经济下滑的情况下，加强经济运行调度，抓住投资和服务业精准发力；开展经济形势综合分析及投资、服务业、价格等重点领域专项分析，撰写分析报告，在市发展改革委门户网站发布4篇。

【年度计划编制】 2018年2月，市发展改革委编制完成《南宁市2017年国民经济和社会发展计划执行情况与2018年国民经济和社会发展计划草案报告》，经市第十四届人民代表大会第三次会议审议通过。7月，完成2018年国民经济和社会发展计划上半年执行情况检查总结。10月，起草《南宁市2019年经济发展主要目标建议》，12月市政府审定。（黄凯婧）

【专项投资计划】 2018年，市发展改革委安排城建投资计划及调整项目913个，年度计划投资536.70亿元（建设项目483.23亿元），完成投资482.25亿元。其中：五象新区基础设施项目226个（新建31个、续建86个、前期工作109个），计划投资51.68亿元，完成投资44.03亿元；迎接自治区成立60周年重大城建项目专项132个（含列入本项的五象新区基础设施项目；续建81个、新建36个、经费开支项目15个），计划投资282.80亿元，完成投资317.90亿元；市政设施维修改造工程项目专项24个（续建6个、新建13个、前期工作5个），计划投资1.62亿元，完成投资1.47亿元；已完工程结算专项资金1项，投资额13亿元。安排教育基本建设投资计划项目211个，计划投资11.76亿元（市财政资金10亿元，银行贷款0.26亿元，申请中央、自治区补助资金1.50亿元），完成投资12.46亿元（市财政资金11.70亿元，银行贷款0.15亿元，中央、自治区补助资金0.61亿元）。安排涉农中央预算内投资计划项目30个，计划投资3.29亿元（中央预算内资金2.63亿元、自治区配套0.42亿元、市本级配套0.09亿元、区县配套0.13亿元、业主自筹0.02亿元）。安排2018年南宁市节能减排财政政策综合示范市专项资金项目5项，计划投资4.4亿元。安排市本级财政预算内基本建设投资计划4.20亿元。其中：建设项目30个（续建22个、新建8个），投资3.69亿元；前期项目13个，投资440万元；竣工项目投资4600万元。（刘　欣）

【规划评估】 2018年，市发展改革委起草《南宁市国民经济和社会发展“十三五”规划中期评估工作方案》，统筹协调、指导推进全市“十三五”规划中期评估，评估规划34个（规划纲要1个、专项规划19个、区域规划14个），涉及市直部门、区县（开发区）50多个。以年度监测的19个专项规划与区县（开发区）《规划纲要》中期评估报告为基础，通过实地调研、召开座谈会、发放调查问卷、书面征求意见、听取人大代表和专家意见、开展第三方评估等形式，形成《南宁市“十三五”规划纲要中期评估报告》。搜集整理部门、区县（开发区)数据、项目资料,配合自治区做好自治区“十三五”规划纲要评估。

【重点项目管理】 2018年,南宁市投资规模1亿元以上自治区层面、市级层面统筹推进重大项目443个,总投资5596.81亿元,年度计划投资870.35亿元,完成投资974.97亿元。其中:新开工项目93个,年度计划投资145.49亿元,完成投资139.07亿元;续建项目204个,年度计划投资529.12亿元,完成投资603.28亿元;竣工投产项目72个,年度计划投资195.74亿元,完成投资231.20亿元;前期项目74个,完成投资1.42亿元。

【资金筹措】 2018年,南宁市加大资本证券化推进企业在新三板挂牌1家(广西侨旺纸模制品有限责任公司),改制的后备企业上市5家;加大国有企业融资力度,融资到位资金391.60亿元,其中融资服务平台竞价66宗395.60亿元、产权信息平台推送产权转让项目109宗12.31亿元。南宁轨道交通集团有限责任公司发行第一期可续期公司债券,规模5亿元,为南宁市、广西发行的第一支可续期公司债券、南宁市发行规模最大的企业债券。南宁金融投资集团有限责任公司发行融资项目512期,融资24.59亿元;设立南宁城市发展基金参股子基金、南宁产业发展基金参股子基金,规模35.45亿元;推动设立南宁市创业投资引导基金第二批子基金,首笔对外投资4700万元。南宁威宁投资集团有限责任公司新增授信10亿元,到位资金突破70亿元,获广西体育中心准公益性资产融资12亿元,获光大银行内保外债额度1500万美元(提款1240万美元);发行短期融资券2期、永续中期票据1期、北金所债权融资计划1期,债券注册规模32亿元,到位资金18.80亿元;与国家开发银行广西区分行签订开发性金融合作协议,与中国建设银行南宁分行签订融资100亿元战略合作协议;通过资金结算中心归集资金49.64亿元。南宁交通投资集团有限责任公司、广西北部湾银行等共同投资设立“湾银交投市政基础设施建设发展私募投资基金”,到位资金20亿元。 (黄凯婧)

国有资产监督管理

【概　况】 2018年,南宁市人民政府国有资产监督管理委员会设办公室、政策法规科、财务监督与考核评价科、产权与收益管理科、规划发展科、企业改革与收益管理科、综合管理科(行政审批办公室)、监事会工作科(市国有企业监事会工作办公室)、领导人员管理科、组织宣传科、群众工作科、人事科及机关党委,编制57名,在编54人。主管、监管南宁城市建设投资集团有限责任公司、南宁威宁投资集团有限责任公司、南宁建宁水务投资集团有限责任公司、南宁交通投资集团有限责任公司、南宁轨道交通集团有限责任公司、南宁产业投资集团有限责任公司、南宁大地飞歌文化产业集团有限责任公司、南宁农工商集团有限责任公司、南宁金融投资集团有限责任公司。9大集团公司营业收入233.48亿元,下降3.63%;利润14.48亿元,增长56.04%,国有资产保值增值率101.58%。国有资产总额3075.44亿元,增长16.84%;净资产1100.17亿元,增长24.33%。市国资委推进国资一体化系统建设,加强对企业重大事项管控和国有资本经营的预警管理能力;出台规范南宁市属国有企业董事会建设实施意见,全面推进企业负责人薪酬制度改革、公务用车制度改革;完成直管企业及下属子企业分类;融资服务平台为企业节约融资成本9687.68万元。主要存在国有经济规模不大,集团公司主业不突出,盈利能力差,核心竞争力不强;监管方式需调整优化等问题。

【国资国企改革与发展】 2018年,市国资委推进国资一体化系统建设,通过在系统内国资地图上合理设定年度资产负债率预警线、重点监管线功能,加强对企业重大事项管控和国有资本经营的预警管理能力。融资服务平台竞价完成66宗,总金额395.60亿元,为企业节约融资成本9687.68万元。产权信息平台推送产权转让项目109宗,总金额12.31亿元,实现溢价1.84亿元,溢价率14.95%。推动以南宁威宁集团为试点改组国有资本运营公司,整合市属国资国企优势资源,打造3A信用等级巨型企业集团、资本运营平台公司。完成广西赖氨酸厂职工分流安置,累计分流职工1883人,占应分流数97%。完成市属21家企业227名职工分流安置。99家“僵尸企业”完成低效无效产能出清。加大市属国企与自治区大型企业合作力度,完成广西投资集团银海铝业对南南铝加工公司增资重组,推进广西农村投资集团战略重组南宁糖业,大地飞歌集团与广西国际博览集团组建合资公司共同运营南宁国际会展中心。加大对战略性前瞻性领域的投资力度,推动国有资本向战略性新兴产业、现代服务业、基础设施等关键领域集中。拓展企业大数据、现代金融等新兴业态领域,广西首家互联网、大数据、人工智能与“菜篮子”工程深度融合的“宁家”鲜生连锁电商体验店成功运营;南宁威宁集团、南宁产投集团参与投资南宁国际文化旅游休闲集聚区、广西先进铝加工创新中心和南宁华数轻量化电动汽车设计院等项目,通过与大型区企、知名民企、高校合作,为市属国有企业发展拓展空间。推动企业加快上市发展,侨旺纸模制品公司在新三板挂牌,推进上市后备企业改制工作5家。融资力度持续强化,累计融资资金391.60亿元,完成年度计划130.22%。各集团公司做好未办证土地、房产的确权入账,21宗确权事项取得突破;推进全市直管公房、竞配产权房、公租房非住宅部分移交企业,向南宁城投集团、南宁威宁集团注入竞配产权移交住房55.90万平方米。

【国资监管】 2018年,市国资委出台规范南宁市属国有企业董事会建设实施意见,

2018年2月28日,市国资委到南宁轨道交通集团地铁口(南湖站)检查国企党建工作
市国资委提供

全面推进企业负责人薪酬制度改革、公务用车制度改革。完成直管企业及下属子企业分类，对9大集团公司设置差异化考核指标实行分类考核。加强投资管理，抓好投资跟踪管理和投资项目后评价。年内，对12个投资项目开展后评价。落实企业主要负责人履行推进法治建设第一责任人职责，新增2家集团公司配备总法律顾问，9大集团公司全部设置法律事务部并配备法务人员，规章制度、经济合同和重大决策三项法律审核率100%。向五象投资公司派驻监事会，市属一级公司实现外派监事会全覆盖。完成9大集团公司的监事会职工监事换届。向企业下达整改通知23份，向市政府报送监督检查报告9份，对9类38个问题逐项落实责任，督促企业整改落实。

【国企社会责任】 2018年，市国资委监管企业发挥国企在投资拉动中的作用，国有企业继续活跃在城市建设和服务民生第一线。一批自治区成立60周年重点项目建成投入使用，完成邕江综合整治开发利用工程、邕宁水利枢纽工程，同时具备蓄水和发电条件。“邕江水上旅游”项目成为市民和游客游览秀美南宁新体验。南宁国际会展中心改扩建工程、国际旅游中心(一期工程)项目竣工验收。广西文化艺术中心、凤岭综合客运枢纽站、南宁农产品交易中心和“老南宁·三街两巷”历史文化街区等项目投入运营。服务第十二届中国(南宁)国际园林博览会，承办国有企业专场招商工作会。完成城市东西向快速路、快环综合整治改造工程。轨道交通2号线东延长线和3号、4号、5号线一期工程加快建设，1号、2号线客运总量2.14亿人次。新建6座人行过街天桥投入使用；首批300辆纯电动出租汽车投放运营。13家市属国有企业结对帮扶全市23个深度贫困村，落实产业帮扶项目54个，累计投入资金738.24万元。

(秦　庆)

财　政

【概　况】 2018年，南宁市财政系统包括市财政局和兴宁区、江南区、青秀区、西乡塘区、邕宁区、良庆区、武鸣区、横县、宾阳县、上林县、马山县、隆安县、南宁高新技术产业开发区、南宁经济技术开发区、广西—东盟经济技术开发区、青秀山风景名胜旅游区16个区县(开发区)财政局，在职干部1932人，其中区县(开发区)财政局1652人；具有专业技术职务任职资格765人。市财政局设办公室、政策规划科、综合科、预算科、国库科、行政政法科、教科文科、经济建设一科、经济建设二科、社会保障科、农业科、农村财政财务管理科(市农村综合改革工作领导小组办公室)、市农业综合开发办公室、工业交通科、国际合作科、金融科、会计管理科、法制科(行政审批办公室)、市政府采购监督管理办公室、资产管理科(市公务用车定编管理办公室)、财政监督检查办公室、人事科及机关党组织，编制350名，在编280人。全市财政收入实现753.20亿元，比上年增长9.48%，增速高于年初目标2.48个百分点；一般公共预算支出697.93亿元，增长7.98%。市财政局牵头累计获财政部中央财政地下综合管廊试点项目全额补助资金10亿元(新增3.10亿元)，南宁市地下综合管廊建设试点工作在中央2018年对第二批15个试点城市绩效评价中排名第一。主要存在财政刚性支出需求大，债务还本付息、基本民生支出、乡村振兴战略实施、重大交通基础设施建设、水环境治理、脱贫攻坚、落实调资政策等开支持续增长，支出压力大等问题。

【财政收入】 2018年，南宁市一般公共预算总收入881.57亿元，比上年增加73.36亿元，增长9.08%。其中：一般公共预算收入358.96亿元，增加26.81亿元，增长8.07%；税收收入261.38亿元，增加13.28亿元，增长5.35%。转移性收入52.61亿元，增加46.55亿元，增长9.64%；债务转贷收入146.77亿元，增加15.09亿元，增长11.46%。全市财政收入753.20亿元，增长9.48%。市本级一般公共预算收入209.53亿元，完成年初预算106.83%，增长8.26%。其中：税收收入140.67亿元，增长0.39%；非税收入68.86亿元，增长28.91%。

【财政支出】 2018年，南宁市一般公共预算总支出853.71亿元。其中：当年一般公共预算支出697.93亿元，增加51.56亿元，增长7.98%；上解上级支出10.57亿元；安排预算稳定调节基金21亿元；债务还本支出124.21亿元。收支相抵，年终结余27.86亿元。市本级一般公共预算总支出673.66亿元，其中当年一般公共预算支出257.17亿元、增加27.34亿元、增长11.90%，上解支出10.57亿元，补助下级支出266.22亿元，安排预算稳定调节基金20亿元，债务转贷支出536亿元，债务还本支出114.34亿元。收支相抵，年终结余14.26亿元。

【地方政府债券】 2018年，自治区政府批准核定转贷南宁市2018年地方政府一般债券146.77亿元；核定转贷市本级(含城区、开发区，下同)2018年地方政府一般债券130.54亿元，其中置换一般债券87.57亿元、再融资一般债券29.28亿元、新增一般债券13.69亿元；市本级置换一般债券87.57亿元，用于偿还2018年到期及提前偿还部分以后年度到期的政府负有偿还责任的一般债务本金85.82亿元，转贷城区、开发区置换一般债券资金1.75亿元；市本级再融资一般债券29.28亿元，用于偿还2015年及以前年度发行的在2018年到期的政府一般债券本金28.25亿元，转贷城区、开发区再融资一般债券资金1.03亿元；市本级新增一般债券13.69亿元，用于南宁至崇左铁路项目7.11亿元、南宁园博园项目4亿元，转贷城区、开发区新增一般债券资金2.58亿元。自治区政府批准核定转贷南宁市2018年地方政府专项债券95.13亿元；核定转贷市本级2018年地方政府专项债券88.40亿元，其中置换专项债券58.90亿元、新增专项债券29.50亿元；市本级置换专项债券58.90亿元，用于偿还2018年到期及提前偿还部分以后年度到期的政府负有偿还责任的专项债务本金49.22亿元，转贷城区、开发区置换专项债券9.68亿元；市本级新增专项债券29.50

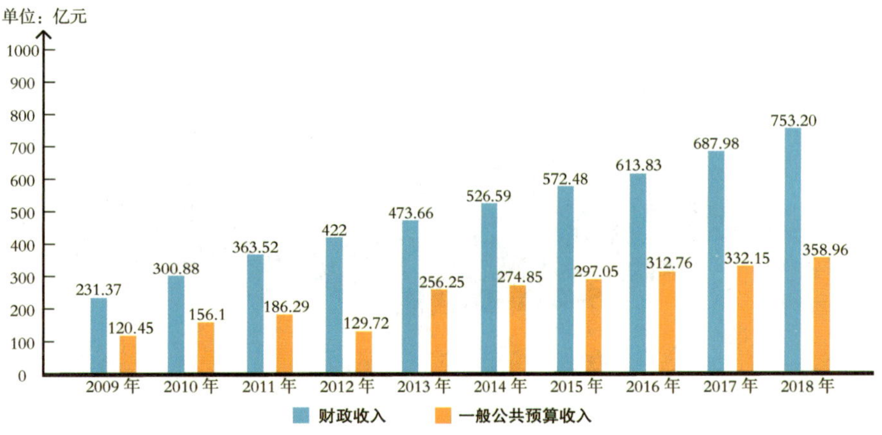

图1　2009年至2018年南宁市财政收入趋势图

亿元,用于市本级土地储备项目23.50亿元、市属公立医院建设项目1亿元,转贷城区、开发区新增专项债券5亿元。

【市本级预算稳定调节基金与预算周转金】 2018年,市本级2017年预算稳定调节基金期末余额21.90亿元,预算周转金期末余额5.91亿元;2018年将预算周转金5.91亿元调入预算稳定调节基金统筹后,预算稳定调节基金实际余额27.81亿元。动用预算稳定调节基金27.81亿元,增加一般公共预算支出27.81亿元,其中动用预算稳定调节基金17亿元用于市本级2018年一般公共预算支出、安排2.52亿元用于扶贫专项资金、安排2.21亿元用于南宁市心圩江环境综合整治工程PPP(政府、社会资本合作)项目注册资本金、安排2亿元用于教育基本建设支出、安排1.59亿元用于南宁农工商集团有限责任公司注册资本金、安排1.37亿元用于广西文化艺术中心PPP项目运营补贴、安排0.78亿元用于邕江综合整治和开发利用工程PPP项目注册资本金、安排0.34亿元用于2018年环广西公路自行车世界巡回赛(南宁站)支出。市本级将一般公共预算超收收入13.39亿元、预备费结余1.86亿元以及净结余4.75亿元补充预算稳定调节基金后,市本级预算稳定调节基金结余20亿元。

【政府性基金预算】 2018年,南宁市政府性基金预算总收入613.22亿元。其中:当年政府性基金预算收入476.10亿元,完成调整预算115.48%,比上年增长40.19%,超收和增幅较大的主要原因是南宁市土地出让面积增加带动国有土地使用权出让收入增长;上级补助收入5.59亿元;上年结余收入36.40亿元;地方政府专项债务转贷收入95.13亿元。全市政府性基金预算总支出508.56亿元。其中:当年政府性基金预算支出416.82亿元,完成调整预算96.01%,增长22.69%;上解上级支出12.21亿元;调出资金20.63亿元;地方政府专项债务还本支出58.9亿元。收支相抵,年终结余104.66亿元,结余过大的主要原因是根据市国土部门与土地竞得人签订的土地出让协议,部分土地出让收入集中在2018年底入库,无法在当年形成支出。市本级政府性基金预算总收入525.92亿元。其中:当年政府性基金预算收入425.05亿元,完成调整预算108.65%,增长38.89%,超收和增幅较大的主要原因是南宁市土地出让面积增加带动国有土地使用权出让收入增长;上级补助收入5.59亿元;上年结余收入6.88亿元;地方政府专项债务转贷收入88.40亿元。市本级政府性基金预算总支出452.91亿元。其中:政府性基金预算支出279.55亿元,完成调整预算87.27%,增长18.49%;上解上级支出12.21亿元;补助下级支出92.57亿元;调出资金4.68亿元;债务转贷支出14.68亿元;地方政府专项债务还本支出49.22亿元。收支相抵,年终结余73.01亿元,结余过大的主要原因是根据市国土部门与土地竞得人签订的土地出让协议,部分土地出让收入集中在2018年末入库,无法在当年形成支出。

【国有资本经营预算】 2018年,南宁市国有资本经营预算总收入3.56亿元。其中:国有资本经营预算收入1.54亿元,完成调整预算131.51%,下降59.20%,下降的主要原因是2017年取得拍卖市保安公司一次性收入1.60亿元,2018年无此因素;上级补助收入0.07亿元;上年结余收入1.95亿元。国有资本经营预算总支出2.93亿元。其中:当年国有资本经营预算支出0.40亿元,完成调整预算96.77%,下降41.64%,下降的主要原因是将国有资本经营预算调入一般公共预算统筹安排;调出资金2.53亿元。收支相抵,年终结余0.63亿元。市本级国有资本经营预算总收入3.47亿元。其中:国有资本经营预算收入1.46亿元,完成调整预算137.16%,下降59.91%,下降的主要原因是2017年取得拍卖市保安公司一次性收入1.60亿元,2018年无此因素;上级补助收入0.07亿元;上年结余收入1.94亿元。国有资本经营预算总支出2.84亿元。其中:当年国有资本经营预算支出0.36亿元,完成调整预算112.13%,下降47.84%,下降的主要原因是将国有资本经营预算调入一般公共预算统筹安排;调出资金2.48亿元。收支相抵,年终结余0.63亿元。

【社会保险基金预算】 2018年,南宁市社会保险基金预算收入158.05亿元,完成年初预算117.61%,增长15.88%,主要原因为2018年全市机关事业单位基本养老保险基金收入含清算以前年度收入。社会保险基金预算支出132.15亿元,完成年初预算109.81%,增长31.86%,增长的主要原因是2018年全市机关事业单位基本养老保险基金支出含清算以前年度支出。收支相抵,年终结余25.90亿元,年末滚存结余180.26亿元。市本级社会保险基金预算收入109.63亿元,完成年初预算112.65%,增长10.79%。其中:机关事业单位基本养老保险基金收入14.61亿元,增长10.66%;城镇职工基本医疗保险基金收入43亿元,增长18.29%;城乡居民基本医疗保险基金收入39.94亿元,下降1.22%;失业保险基金收入4.29亿元,增长4.85%;工伤保险基金收入3.10亿元,增长21.89%;生育保险基金收入4.69亿元,增长101.21%,增长的主要原因是调整企业和机关事业单位生育保险缴费率、市本级财政安排生育保险基金缺口补助资金0.56亿元。市本级社会保险基金预算支出89.24亿元,完成年初预算104.07%,增长32.05%。其中:机关事业单位基本养老保险基金支出20.10亿元,增长173.42%,增长的主要原因为市本级机关事业单位基本养老保险基金支出含清算以前年度支出;城镇职工基本医疗保险基金支出28.80亿元,增长5.16%;城乡居民基本医疗保险基金支出32.25亿元,增长21.12%;失业保险基金支出3.24亿元,增长14.64%;工伤保险基金支出1.25亿元,增长59.85%,增长的主要原因是2018年将机关事业单位工作人员纳入工伤保险保障范围,工伤保险费用增加;生育保险基金支出3.59亿元,增长38.21%,增长的主要原因是国家放开二孩政策带来生育率提高。收支相抵,年终结余20.39亿元,年末滚存结余149.78亿元。

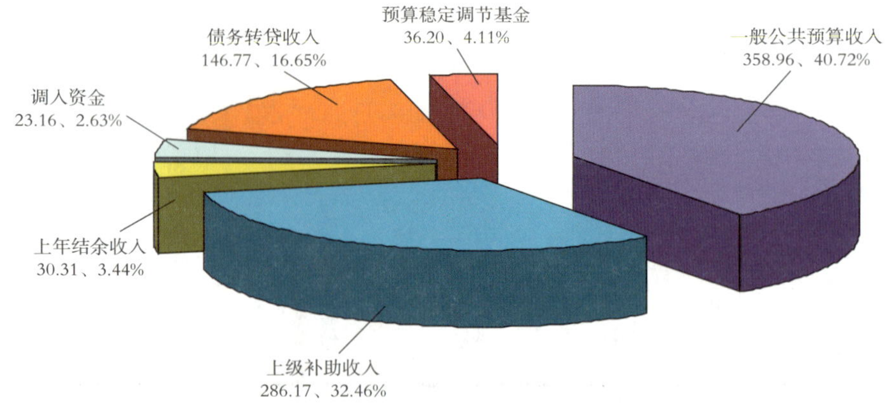

图2 2018年南宁市一般公共预算总收入图 单位:亿元

【一般公共预算执行】 2018年，南宁市一般公共预算总收入881.57亿元。其中：一般公共预算收入358.96亿元，完成年初预算101.67%，增长8.07%，其中税收收入261.38亿元、增长5.35%，非税收入97.57亿元、增长16.10%；上级补助收入286.17亿元；上年结余收入30.31亿元；调入资金23.16亿元；地方政府一般债务转贷收入146.77亿元；动用预算稳定调节基金36.20亿元。一般公共预算总支出853.71亿元。其中：一般公共预算支出697.93亿元、完成调整预算95.38%、增长7.98%，重点用于教育支出129.55亿元、完成调整预算97.60%、增长10.37%，社会保障和就业支出73.86亿元、完成调整预算95.97%、增长7.91%，卫生健康支出68.38亿元、完成调整预算98.89%、增长15.17%，节能环保支出17.43亿元、完成调整预算92.51%、增长1.69%；上解上级支出10.57亿元；安排预算稳定调节基金21亿元；地方政府一般债务还本支出124.21亿元。收支相抵，年终结余27.86亿元。市本级一般公共预算执行市本级一般公共预算总收入687.92亿元。其中：一般公共预算收入209.53亿元，完成年初预算106.83%，增长8.26%（税收收入140.67亿元、增长0.39%，非税收入68.86亿元、增长28.91%）；上级补助收入286.17亿元；上解收入14.54亿元；上年结余收入12.18亿元；调入资金7.15亿元；地方政府一般债务转贷收入130.54亿元；动用预算稳定调节基金27.81亿元。一般公共预算总支出673.66亿元。其中：一般公共预算支出257.17亿元，完成调整预算94%，增长11.90%（重点用于教育支出32.57亿元、完成调整预算96.26%、增长10.26%，社会保障和就业支出22.54亿元、完成调整预算93.84%、增长8.22%，卫生健康支出20.52亿元、完成调整预算95.12%、增长4.49%，节能环保支出10.15亿元、完成调整预算90.87%、增长1.12%，城乡社区支出56.97亿元、完成调整预算96.85%、增长17.75%，农林水支出9.99亿元、完成调整预算94.12%、增长52.17%）；上解支出10.57亿元；补助下级支出266.22亿元；安排预算稳定调节基金20亿元；债务转贷支出5.36亿元；地方政府一般债务还本支出114.34亿元。收支相抵，年终结余14.26亿元。市本级一般公共预算安排预备费2.60亿元，动用0.74亿元，主要用于地质灾害应急治理工程，主要支出项目：凤岭北路及翠竹路南段25万元、平里静脉产业园生活垃圾焚烧发电项目高切坡治理32万元、青秀山风景区状元泉路段0.08亿元、南广（南宁—广州）铁路两处滑坡路段0.65亿元。市本级年初一般公共预算安排“三公”经费0.88亿元，支出0.61亿元，较年初预算节约0.27亿元，其中公务接待费0.06亿元、因公出国（境）经费0.11亿元、公务用车购置及运行维护费0.44亿元。对区县税收返还和转移支付执行市本级对区县税收返还和转移支付支出266.22亿元，增长7.69%。其中：税收返还19.22亿元，增长0.22%；一般性转移支付150.21亿元，与去年基本持平；专项转移支付96.79亿元，增长27.67%。

【政府债务】 2018年，自治区政府批准核定下达南宁市政府债务限额1125.01亿元（一般债务限额664.98亿元、专项债务限额460.03亿元），其中市本级（含城区、开发区）政府债务限额1051.89亿元（一般债务限额602.29亿元、专项债务限额449.60亿元），县级政府债务限额73.12亿元（一般债务限额62.69亿元、专项债务限额10.43亿元）。至年末，全市政府债务余额1017.89亿元，其中一般债务余额608.85亿元、专项债务余额409.04亿元；市本级政府债务余额948.37亿元，其中一般债务余额549.11亿元、专项债务余额399.26亿元。

【产业发展资金支持】 2018年，南宁市支持培育先进制造业新优势，安排现代工业发展资金8亿元、滚动安排工业用地储备和工业园区基础设施建设资金10亿元、落地3支产业发展基金、撬动金融机构和社会资本投资20.69亿元，重点扶持电子信息、先进装备制造和生物医药3个基础好、条件优、潜力大的产业。市本级财政投入6.20亿元，发展金融、现代物流、旅游、电子商务和信息服务等现代服务业，重点支持现代服务业集聚区建设，加快生产性服务业和生活性服务业纵深发展。南宁市获国务院批复设立跨境电商综合试验区；被财政部、商务部确定为2018年流通领域现代供应链体系建设重点城市，获中央补助资金0.80亿元。安排市本级农业产业发展资金3.55亿元，支持农业特色产业、粮食安全保障、现代特色农业示范区和生态综合示范村建设等；安排0.47亿元用于2200公顷高标准农田建设，加强耕地地力保护；安排0.15亿元推进田园综合体四级梯队建设，升级现代特色农业示范区；市本级安排0.80亿元支持开展农村综合改革，保障乡村振兴战略实施。安排科技经费2.86亿元，支持南宁市经济社会发展重点研发计划、重大科技专项、科技基地和人才建设、技术创新引导、鼓励发明专利等，培育经济发展新动能。安排中小企业贷款平台配套资金0.70亿元和政府性融资担保体系建设专项资金0.38亿元，优化融资环境，缓解企业融资困难。

【城市建设资金支持】 2018年，南宁市筹资（含还本付息）731.44亿元，推进轨道交通、邕江综合整治、园博园开发等重点项目建设。落实110.34亿元用于轨道交通1号～5号线、2号线东延线；落实63.38亿元推进邕江综合整治和开发利用工程，发挥邕江防洪、水质改善等方面作用；落实0.46亿元支持第十二届中国（南宁）国际园林博览会开幕；支持完善城市公共交通设施，做好轨道交通建设发展资金筹集，健全公交企业成本规制补贴机制；利用棚户区改造政策，通过政府购买服务方式加大棚户区改造力度。支持城市可持续发展，通过国家节能减排财政政策综合示范城市（2015—2017年）三年总考核，继续推动大气环境质量改善、水环境治理等示范项目建设，拨付公交企业客运成本规制财政补贴6.77亿元、轨

2018年10月22日，中央及部分省（区）、市媒体“辉煌60年·壮美新广西”采访团现场访谈南宁市公共资产负债管理智能云平台运行情况　　张红　摄

道交通运营补贴4.26亿元、南宁市快速公交(BRT)1号线试点工程可行性缺口补助1.66亿元,比上年增加4.91亿元;通过政府购买服务方式加大棚户区改造力度;加快城市水环境建设,安排0.05亿元用于海绵城市项目奖励,鼓励社会资金投入海绵城市建设,推进海绵城市建设试点攻坚;投入市本级资金0.75亿元,用于综合管廊运营维护,结合社会资本投资做好地下综合管廊试点,新建成管廊13.16千米,南宁市地下综合管廊建设试点工作在中央2018年对第二批15个试点城市绩效评价中排名第一。规范运用政府与社会资本合作模式,引导社会资本参与文化教育、医疗、养老、交通、水环境治理等公共基础设施和民生事业建设,南宁市落地PPP项目23个(新增落地3个),总投资321.57亿元(新增46.60亿元),其中纳入财政部PPP示范项目有南宁市竹排江上游植物园段(那考河)流域治理PPP项目、南宁市快速公交(BRT)试点工程PPP项目、南宁市第二社会福利院PPP项目、南宁五象新区总部基地地下空间PPP项目、南宁新江至崇左扶绥一级公路(南宁段)PPP项目、南宁市城市内河黑臭水体治理PPP项目、南宁市水塘江综合整治工程PPP项目、第十二届中国(南宁)国际园林博览会配套交通项目快速公交(BRT)2号线工程PPP项目、南宁市上林县象山工业园区污水处理厂工程PPP项目9个全部落地,累计获财政部、自治区推广PPP模式工作奖补资金8.15亿元。

【民生保障与改善】 2018年,南宁市民生支出539.21亿元,比上年增长7.90%,占一般公共预算支出77.26%。筹集财政专项扶贫资金27.31亿元,增长17.10%,主要用于支持贫困村特色产业扶贫示范园、基础设施建设等项目;加大财政扶贫资金统筹整合力度,拓宽扶贫项目融资渠道,对深度贫困地区资金支持0.80亿元。筹措为民办实事项目资金91.25亿元,增长10.60%。投入129.55亿元支持教育深入发展,增长10.60%,推进南宁教育园区、五象新区新建学校等教育基础设施项目建设,新建成幼儿园18所,建成公办中小学校21所、新增学位3.91万个;继续实施义务教育学生营养改善计划,提高学前教育普及程度,推进义务教育均衡发展,实施高中阶段教育攻坚,推进民办教育和高等职业教育协调发展,促进职业院校与企业产学研深度融合。投入社会保障和就业资金73.86亿元,提高城乡居民低保标准及补助水平,城区(开发区)城市居民最低生活保障标准由每人每月600元提至620元,县由每人每月480元提至620元;城区(开发区)和横县、宾阳县农村居民最低生活保障标准由每人每年3500元提至3800元,上林县、马山县、隆安县农村居民最低生活保障标准由每人每年3200元提至3800元;各级财政对区县(开发区)城市最低生活保障资金补助标准提至平均每人每月355元,对区县(开发区)农村最低生活保障资金补助标准提至平均每人每月200元。落实城乡居民基本养老保险财政补助资金9.98亿元,全市城乡居民基本养老保险人均财政补助标准不低于1140元。落实优抚及退役士兵安置,落实优抚对象补助1.77亿元,医疗保障1083.64万元,确保优抚对象基本生活;落实军队移交地方安置人员经费1.47亿元,其中发放城镇退役士兵自谋职业一次性安置补助、自主就业退役士兵地方经济补助金1533.70万元;市本级财政安排95万元用于退役士兵教育培训。保障民众就业创业,投入68.38亿元支持卫生健康事业发展,落实城乡居民基本医疗保险补助政策,推进"健康南宁"建设,支持市第二人民医院、市第三人民医院、第五人民医院,市妇幼保健院及基层医疗卫生机构项目建设。投入10.76亿元用于推进公共文化服务体系建设,完善村级公共服务中心建设,打造本地优秀艺术剧目等文化惠民工程,重点扶持自治区成立60周年大庆文化文艺精品项目;安排0.50亿元旅游发展专项资金,重点扶持旅游基础设施建设,支持全域旅游示范区、中医药健康旅游示范区和广西特色旅游名县创建;支持公共体育设施向市民免费或低收费开放;安排0.83亿元支持"中国杯"足球赛、环广西自行车赛、南宁国际马拉松赛等重大国际赛事开展。

【投资评审管理】 2018年,市财政局开展财政投资评审,接收报审项目1486项,审结项目1352项,审结率92%;审核项目金额269.45亿元,审定金额228.42亿元,审减金额41.03亿元,审减率15.20%。对年内纳入部门预算符合评审条件的1项专项组织评审并出具评审报告,审核金额2087万元,审定金额1224.85万元,节约财政资金862.15万元,节约率41.30%。开展凤岭北路—高速环路立交二期工程、轨道交通2号线沿线道路维修整治工程、园博园项目广西园工程等项目招标控制价评审,累计完成招标控制价评审项目249项、审核金额119.65亿元、审定金额103.13亿元、审减金额16.52亿元、审减率13.80%。完成南宁市快环整治、现有高速公路东环改快速路一期工程、"三街两巷"项目金狮巷银狮巷保护整治改造(一期)工程、南宁市邕江综合整治和利用工程等160个项目预算评审,审核金额136.74亿元,审定金额115.06亿元,审减金额21.68亿元,审减率15.90%。累计审核及备案合同、协议817项,审核金额3.61亿元,审定金额3.08亿元,审减金额0.53亿元,审减率14.70%。对市亭子滨江公园防洪堤下商铺装修资产评估、亭洪路延长线(规划七路—南建路)工程项目欧宏良苗木征收补偿评估报告、园博园项目(原顶蛳山项目)梁新基等9人的构筑物等由于规划调整造成损失的项目等106项拆迁补偿项目评审,涉及金额4.16亿元。

【国有资产管理】 2018年,市财政局开展南宁市国有资产报告编制,完成由企业国有资产报告、金融企业国有资产报告、行政事业单位国有资产报告、自然资源国有资产报告4个专项报告组成的全市国有资产综合分析报告。加强行政事业单位国有资产处置审核(批),收到市直部门115批次请求处置国有资产申请报告、涉及金额1.50亿元,批复处置115批次、涉及金额1.50亿元;加强国有资产处置收入管理,实行"收支两条线"管理,上缴国库的国有资产处置、出租收入1198万元;开展行政事业单位国有资产产权登记,完成事业单位及事业单位所办企业国有资产产权登记2474个。继续推进市本级行政事业单位资产清查核实,做好市本级行政事业单位经营性资产清查摸底。加强国有资本经营预算管理,市本级国有资本经营预算收入3.47亿元、比上年下降4.90%,支出2.84亿元、增长65.10%。加强公务用车业务管理和车辆编制管理,严格公务用车更新配备审批,办理新车定编355辆,销编230辆,车辆定编证1058辆,批复报废车辆326辆。

【政府采购监督管理】 2018年,南宁市完成政府采购预算金额482.31亿元(含PPP项目535.61亿元),比上年增加129.47亿元,增长36.69%;实际采购金额462.40亿元(含PPP项目511.33亿元),增加139.08亿元,增长43.02%;节约采购资金19.91亿元(含PPP项目24.28亿元),减少9.61亿元,下降32.55%;资金节约率4.13%(含PPP项目4.53%)。市本级完成政府采购预算金额399.99亿元(含PPP项目426.97亿元),增加164.46亿元,增长69.83%;实际采购金额384.28亿元(含PPP项目406.89亿元),增加172.6亿元,增长81.54%;节约采购资金15.71亿元(含PPP项目20.08亿元),减少8.14亿元,下降34.39%;资金节约率3.93%(含PPP项目4.70%)。加强对政府采购当事人管理,对违法违规行为给予处罚,处理行政处罚案件1起、行政复议案件2起,举报案件5起,收到投诉案件31起,其中依法受理供应商投诉案件14起,经审核投诉缺乏事实依据劝退17起。开展政府采购代理机构监督检查，全市随机抽检代理机构15个、政府采购项目72个，针对检查发现问题，对被检机构给予责令整改处理13个、警告处罚2个。深化"放管服"改革，强化采购人主体责任，将协议供货和定点采购项目合同资金支付由原来直接支付改为授权支付。

【财政监督】 2018年，南宁市完成检查项目22项，检查单位621户，查出财政违规金额1.67亿元，责成纠正违规金额1.24亿元。制定《南宁市本级预算绩效目标管理暂行办法》扩大预算绩效管理范围、增加预算绩效评价项目，全年评审市本级271个项目支出和整体支出绩效目标；完善绩效管理结果运用体系，根据2016年度再评价结果核减延续性项目2018年度预算控制数，约束低效无效支出。组织开展财政扶贫资金专项检查，重点检查隆安县、马山县、邕宁区3个贫困县区和横县、宾阳县、青秀区、江南区、良庆区、兴宁区、西乡塘区7个非贫困县区2017年度财政涉农资金统筹整合情况、财政专项扶贫资金项目实施和资金使用情况、中央彩票公益金支持革命老区扶贫开发资金项目实施和资金使用情况、小额信贷工作情况、易地扶贫搬迁工作情况，实地检查47个行政村，其中贫困村38个，贫困村抽查率25.50%；现场检查企业13家、村集体经济组织27个；电话核实192人次，入户调查130户，涉及违规资金1.37亿元。开展会计信息质量检查，专项检查南宁市中小企业服务中心、广西禾邦科技有限责任公司、广西南宁德源胶粘剂有限公司等8家中小企业2017年会计信息质量情况和2016年至2017年获得中小企业发展专项资金及中小企业节能专项资金使用情况。与市审计局联合开展严肃财经纪律、私设"小金库"等问题专项整治及节假日"三公"经费专项检查。向市纪委移送扶贫领域腐败和作风问题线索9条。

（罗宝顺）

税　务

【概　况】 2018年，税务机构改革，南宁市国家税务局、南宁市地方税务局合并成立国家税务总局南宁市税务局，7月5日正式挂牌。市税务局设办公室、法制科、货物和劳务税科、企业所得税科、个人所得税科、财产和行为税科、社会保险费和非税收入科、收入核算科、纳税服务科、征收管理科、国际税收管理科、税收经济分析科、税收风险管理局、财务管理科、督察内审科、人事教育科、考核考评科、机关党委、老干部科、系统党建工作科、纪检组、纳税服务中心（税收宣传中心）、信息中心、机关服务中心，稽查局、第一稽查局、第二稽查局、第三稽查局、第一税务分局（重点税源企业税收服务和管理局）、第二税务分局（车辆购置税征收管理分局）6个派出机构，下辖16个区县（开发区）税务局和61个税务所（税务分局），全系统有2740人，其中局机关575人。全市有登记纳税人41.99万户，其中单位纳税人24.38万户、个体工商户17.33万户、临时税务登记纳税人2768户。全年市税务局组织税务局考核口径收入686.33亿元（含税务机构改革前国税、地税收入），自治区政府考核口径收入667.22亿元，市政府考核口径收入完成665.75亿元。纳税排名前十的企业：广西中烟工业有限责任公司、广西壮族自治区烟草公司南宁市公司、国家开发银行广西壮族自治区分行、广西电网有限责任公司、广西绿地鑫铁置业有限公司、广西嘉和置业集团有限公司、广西北部湾银行股份有限公司、中国工商银行股份有限公司南宁分行、南宁市金通小额贷款有限公司、广西铁投大岭投资有限公司。主要存在深化"放管服"背景下，减税降费、完成税费收入、优化营商环境难度加大等问题。

【税务机构改革】 2018年，税务机构改革，国家税务局、地方税务局机构合并成立税务局。改革涉及南宁市三级单位、170多个税务机构、5300名税务人员、40余万纳税人和近600万缴费人，承接社会保险费和非税收入征管职责划转、新机构挂牌、征管业务整合等12大类215项主要任务近700个具体事项。改革前，南宁市国家税务局设办公室、政策法规科（督查内审科）、货物和劳务税科、所得税科、收入核算科、纳税服务科、征收管理科（大企业税收管理科）、财务管理科、人事科、教育科、监察室、国际税务管理科、进出口税收管理科、机关党办、离退休干部科，稽查局、第一稽查局、第二稽查局、车辆购置税征收管理分局4个直属机构，信息中心、机关服务中心、票证中心3个事业单位，下辖16个区县、开发区国税局，全系统有1645人，其中局机关393人；南宁市地方税务局设办公室、政策法规科、征管和科技发展科、劳务和财产行为税科、所得税科、重点税源管理科、纳税服务科、收入规划核算科、财务管理科、人事科、纪检组（监察室）、机关党委（基层工作科）、离退休人员工作科，税务服务中心，直属第一税务分局、第二税务分局，南宁高新区、南宁经开区、广西—东盟经开区、青秀山风景区地税局7个直属机构，下辖12个区县地税局、64个税务所（税务分局），全系统编制1203名、在编1108人，其中局机关编制106名、在编86人。7月5日，国家税务总局南宁市税务局正式挂牌。落实"三定"（定职责、定机构、定编制）期间，全市税务系统开展"一对一"谈心谈话5212人次，集体谈话34次，调整安排干部职工2464名，正职转副职干部72名，其中科级干部22名、股级干部50名。市税务局设科室24个、派出机构6个，辖16个区县（开发区）税务局和61个税务所（税务分局），全系统有干部职工2740人，其中局机关575人。

【税收收入】 2018年7月税务机构改革后，市税务局负责全市增值税、消费税、车辆购置税、企业所得税、个人所得税、资源税、环境保护税、城镇土地使用税、城市维护建设税、房产税、印花税、土地增值税、车船税、烟叶税、耕地占用税、契税16个税种以及社会保险费、教育费附

2018年7月5日，国家税务总局南宁市税务局挂牌成立　李赞　摄

加、工会经费、残疾人就业保障金、地方教育附加、文化事业建设费等收费、基金征收管理。全年市税务局组织税务总局考核口径收入686.33亿元(含税务机构改革前国税、地税收入),增收52.58亿元,增长8.55%,占自治区税收收入29.41%;增收52.41亿元,增长8.50%,占全市财政收入88.39%。第一产业税收收入0.56亿元、下降6.06%;第二产业税收收入183.90亿元、增长4.33%,第三产业税收收入473.46亿元、增长10.32%。第二产业中,工业税收收入117.99亿元,下降5.52%,其中采矿业税收1.73亿元、增长133.87%,制造业税收101.07亿元、下降2.21%(烟草制品业税收61.95亿元、下降2.35%);电力热力燃气水生产和供应业税收下降26.90%。建筑业税收收入65.91亿元、增长28.24%。第三产业中,批发和零售业税收收入88.14、增长14.53%,交通运输、仓储和邮政业税收收入17.09、增长2.40%,住宿和餐饮业税收收入4.59亿元、增长36.90%,金融业税收收入74.20亿元、增长10.09%,房地产业税收收入191.67亿元、增长17.97%,信息传输软件和信息技术服务业税收收入9.16亿元、下降24.93%,居民服务和其他服务业税收收入9.40亿元、下降24.84%。国内增值税、企业所得税、个人所得税分别完成272.66亿元、137.88亿元、59.86亿元,3个税种合计增收50.36亿元,增收贡献率82.62%;财产行为税收入131.70亿元,其中耕地占用税收入3.44亿元、城镇土地使用税收入4.34亿元、房产税收入10.56亿元,分别下降67.80%、16.45%、11.10%,资源税收入1.17亿元、印花税收入7.82亿元,分别增长32.55%、16.13%,契税收入40.11亿元,增长9.17%。重点税源企业税收比重下降,520户受监控重点企业全年入库税款301.83亿元,下降1.81%,占整体税收比重下降5%。按自治区政府考核口径收入,全市16个征收单位(青秀区税务局与青秀山风景区税务局合并统计)中14个实现增长,其中良庆区税务局、邕宁区税务局、武鸣区税务局、南宁经开区税务局税收增速较大,分别增长35.75%、21.15%、19.76%、16.61%;江南区税务局、兴宁区税务局减收,分别下降14.89%、2.09%。

表24 2018年南宁市税务局分税种收入统计表

项 目	年度累计					年度目标	
	累计收入(万元)	占总口比例(%)	上年同期(万元)	增减额(万元)	比上年同期增长(%)	任务数(万元)	进 度(%)
税务总局考核口径收入	6863288		6253267	610021	9.76	6863209	100.00
自治区政府考核口径收入	6672170		6146380	525790	8.55	6672000	100.00
南宁市政府考核口径收入	6657491		6133419	524072	8.54	6657000	100.01
总 计	7184416		6509204	675212	10.37		
税收收入合计	6885441		6275014				
1. 增值税收入	2748659	40.00	2527309	221350	8.76		
国内增值税	2726560	39.70	2505591	220969	8.82		
2. 消费税收入	554777	8.10	539482	15295	2.84		
国内消费税	554723	8.10	539473	15250	2.83		
3. 营业税	8304	0.10	4705	3599	76.49		
4. 企业所得税	1378839	20.10	1192079	186760	15.67		
5. 个人所得税	598750	8.70	502837	95913	19.07		
6. 资源税	11670	0.20	8804	2866	32.55		
7. 城市维护建设税	227468	3.30	209860	17608	8.39		
8. 房产税	105566	1.50	118765	-13199	-11.11		
9. 印花税	78172	1.10	67312	10860	16.13		
10. 城镇土地使用税	43429	0.6	51977	-8548	-16.45		
11. 土地增值税	350852	5.10	333131	17721	5.32		
12. 车船税	59638	0.90	54445	5193	9.54		
13. 车辆购置税	281073	4.10	190032	91041	47.91		
14. 烟叶税							
15. 耕地占用税	34414	0.50	106860	-72446	-67.80		

续表 24

项　目	年度累计					年度目标	
	累计收入（万元）	占总口比例（%）	上年同期（万元）	增减额（万元）	比上年同期增长(%)	任务数（万元）	进　度（%）
16. 契税	401104	5.80	367416	33688	9.17		
17. 环境保护税	2726	0.00		2726			
18. 其他税收							
非税收入合计	398002		321869	76133	23.7		
1. 教育费附加收入	101235		93222	8013	8.6		
2. 地方教育附加	66766		61967	4799	7.7		

表 25　　2018 年南宁市税务局各征收单位市政府口径收入进度表

征收单位（万元）	2018 年（万元）	2017 年（万元）	比上年同期增减额（万元）	增减率(%)	2018 年市政府分配预期任务（万元）	完成年度计划(%)
全市合计	6657491	6133419	524072	8.50	6657000	100.01
兴宁区税务局	547669	558825	−11157	−2.00		
江南区税务局	246111	289085	−42974	−14.90		
青秀区税务局	1274134	1777027	−502893	−28.30		
青秀山风景区税务局	978639	334647	643992	192.40		
青秀区、风景区税务局合计	2252774	2111674	141099	6.70		
西乡塘区税务局	1104405	1047813	56591	5.40		
邕宁区税务局	193308	159557	33751	21.20		
良庆区税务局	626712	461701	165011	35.70		
武鸣区税务局	154812	129290	25522	19.70		
高新技术产业开发区税务局	583109	535013	48096	9.00		
经济技术开发区税务局	420808	360461	60348	16.70		
广西—东盟经济技术开发区税务局	117315	105698	11618	11.00		
横县税务局	154220	135370	18850	13.90		
宾阳县税务局	140940	135837	5103	3.80		
上林县税务局	38985	34604	4382	12.70		
马山县税务局	29179	26263	2916	11.10		
隆安县税务局	47144	42228	4916	11.60		

说明：原自治区地税直属局和原市地税直属一分局收入数已分解到各城区，2017 年完成数为同口径

【税收征管】 2018 年，市税务局整合优化征管业务流程，开展管户调整、管户对照 4 次，涉及纳税人 110 余万户；做好纳税人分类分级管理基础性工作，将税源划分为大企业、重点税源、一般税源 3 大类。5 月 1 日，在全市推广使用“广西双实名税收风险阻断系统”，解决办税服务厅前台风险监控、事前预警环节薄弱问题，构建后台定期风险扫描识别，前台自动强制监控的税收风险管理模式；至年末，通过阻断系统办理票种核定 3.76 万笔、办理发票领用 7933 笔，确保机构合并后征管不乱、流程不断。完善风险管理运行机制，发挥体检平台在发票风险管控体系中作用，在国家税务总局下发的 45 批增值税发票快速反应任务中，南宁市占全国比例低于 0.04%，其中 30 批次南宁市无风险应对任务。创新推出“税前辅导”模式，构建“税前辅导”风险管理模型，将虚假企业拦截在办税前，风险识别率 88.95%。完成“6·09 虚开发票专案”1937 户受票纳税人核查，查实 1929 户问题企业，调增企业所得税应纳税所得额 4.10 亿元，入库企业所得税及滞纳金 2771.09 万元；风

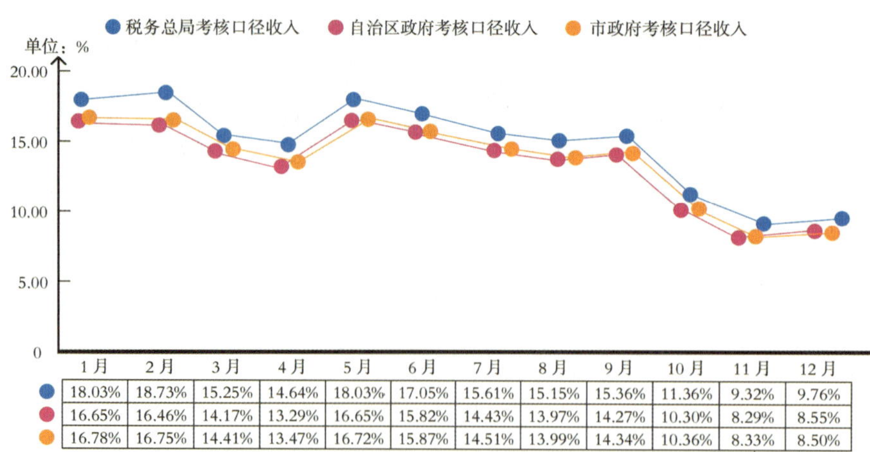

	1月	2月	3月	4月	5月	6月	7月	8月	9月	10月	11月	12月
税务总局考核口径收入	18.03%	18.73%	15.25%	14.64%	18.03%	17.05%	15.61%	15.15%	15.36%	11.36%	9.32%	9.76%
自治区政府考核口径收入	16.65%	16.46%	14.17%	13.29%	16.65%	15.82%	14.43%	13.97%	14.27%	10.30%	8.29%	8.55%
市政府考核口径收入	16.78%	16.75%	14.41%	13.47%	16.72%	15.87%	14.51%	13.99%	14.34%	10.36%	8.33%	8.50%

图3 2018年1月至12月各口径累计税收收入走势图

险评估核查入库6.15亿元，入库滞纳金7534.16万元。与市中级人民法院协作，明确南宁市范围内法院拍卖、变卖被执行人房地产过程中市、县两级法院及各级税务部门责任和义务，明确法院拍卖协助扣缴税款工作程序，保证国家税款及时、足额征收；配合市中级人民法院拍卖核查案件18件，入库税款近1800万元。

【优惠政策落实】2018年，市税务局落实税收优惠政策，10月1日起个税起征点由3500元上调至5000元；落实增值税降税率，将17%、11%两档税率各下调一个点，将小规模纳税人年应税销售额标准统一为500万元及以下；试行留抵退税，对装备制造等先进制造业、研发等现代服务业符合条件的企业、电网企业进项留抵税额予以一次性退还。全年减免退税款200.11亿元，比上年增加35.15亿元，增长21.31%，其中深化增值税改革减税20.06亿元，享受小型微利企业、高新技术、西部大开发等企业所得税优惠70.20亿元，减免车船税、城镇土地使用税、房产税、印花税和契税19.44亿元，个人所得税工资薪金费用扣除标准从3500元调至5000元以来个人所得税减少1.60亿元。

【依法治税】2018年，市税务局规范税收执法，规范全市行政处罚裁量基准执行，推行公职律师制度，督促各级税务机关协助配合市中级人民法院拍卖核查案件18件，入库税款近1800万元。运用税务系统内部控制监督平台，核实整改内控系统22项执法考核指标、2442条执法过错，涉及单位税务系统单位20个，提升风险防控质量；落实《中华人民共和国环境保护税法》，全年入库税款3606万元；强化欠税管理，根据金税三期系统欠税数据，做好纳税人欠税确认、欠税公告。依法公告未按照税收法律法规规定的纳税期限缴纳或解缴税款的32家单位纳税人和个体工商户，涉及欠缴税款3.60亿元。依法组织开展重大税务案件审理，审理完结重大税务案件835件，应公安机关要求出具税务认定意见8份。

【税务稽查】2018年，市税务局开展打虚打骗两年专项行动，组织立案检查1132户，配合公安机关打掉虚开发票团伙5个，抓捕嫌疑人8名，涉及发票4.41万份，金额75.67亿元，查补税款和滞纳金1.29亿元；推行"双随机一公开"（在监管过程中随机抽查检查对象、随机选派执法检查人员、抽查情况及查处结果及时向社会公开）监管，检查企业1205户，查补税款4.04亿元；开展税收违法"黑名单"，录入重大税收违法案件356件，将信息推送给有关部门，实施联合惩戒。立案查处骗取出口退税企业2户，查补税款7.01万元，收缴滞纳金2.81万元；受理税收违法举报事项138个并登记处理，其中本级受理70个、上级交转办68个(与上级交办的重复10个)，对29个举报事项作暂存待查处理、本级在查63件(其中立案检查6件)、本级查结63件、本级检查中31件、转税务其他部门15件。

【纳税服务】2018年，市税务局在自治区率先实现从企业名称核准到领取发票3日内办结，3.24万户新企业享受税务"套餐式"开业，办税时间从至少5天缩短至即时办结；在全国率先推行房产交易跨部门"一窗受理、一网通办"，实现办证办税全流程网上办理，缴税环节仅需2分钟，效率提高10倍；推行"一次办""网上办""马上办""就近办""一站办"清单，涵盖95%涉税事项；为495户纳税信用"3连A"企业免费寄递发票267户次；简化市场退出，对6123户简易注销纳税人免予办理清税证明，2.82万户低风险纳税人注销即时办结。拓宽"互联网+"办税渠道，个人房屋出租发票全年"自助开"1.06万份，个人房产交易涉税业务全年"自助办"8.16万笔；纳税风险实现"自助查"，推广掌上办税服务，微办税推出网上预约、微信变更预申请、微信申报等44项服务，3.30万用户全年微信办理业务23.10万笔；参与南宁市"智慧城市"建设，在"爱南宁"应用软件上部署便捷申报等13项办税功能。开展个性化培训辅导，率先在自治区推出"老友说税"网络直播课堂，举办实体纳税人学堂培训班98期，培训1.30万人次；通过"集中授课""重点走访"方式开展新个人所得税法实施培训260余场，培训4.14万户次。

【税收宣传】2018年，市税务局开展民营企业大调研大走访等主题活动，征集9.30万户纳税人意见建议；向各级媒体发稿93篇，邀请专家学者谈税制改革4次。在"南宁税务服务号"微信平台"政策专栏"中设置"个税改革"政策专区，发布国家税务总局文件、图解政策等个税宣传资料；更新、转载推送24条个税政策宣传推文，内容涵盖自然人税收管理系统热点问题、新个税过渡期热点政策问题解答、12366个税热点问题汇编、个人所得税法及专项六项扣除政策、个税申报指引等相关内容，阅读人数4.50万人次，群发50万条短信。4月，举办税收宣传月活动，集中宣传税务部门减税降负、开展"便民办税春风行动"及深化税收领域"放管服"改革的举措及成效，推送办税事项"最多跑一次"清单，为纳税人办实事，解难题。加强民营企业税收政策宣传，在"南宁税务服务号"微信号上推送《"奔跑吧"民营企业》推文，整理推送国家陆续出台鼓励和扶持民营企业发展重大减税政策，阅读量超过1万人次；制作《民营企业税收优惠指南》，涵盖《退(抵)税一次性告知》《增值税即征即退优惠事项备案管理目录》《增值税扣减类优惠事项备案管理目录》《创新型民营企业所得税优惠系列》折页，促进民营企业熟悉税收政策。

（孙炳清 黄舒爽 蓝 琦）

责任编辑 唐 娟

物 价

【概 况】2018年，南宁市物价管理由市发展改革委负责，市发展改革委价格综合科、商品价格管理科、收费管理科、医药价格管理科4个科室，二层单位有南宁市价格监督检查分局、南宁市价格成本调查监审分局、南宁市价格认证中心、南宁市价格监测中心4个，承担有关价格调控、价格管理、收费管理、价格认证、价格监督检查等职责。年内,南宁市强化市场价格监管,保持价格总水平基本稳定,居民消费价格总水平(CPI)比上年同期上涨2.5%,低于预期调控目标1.0个百分点,高于广西平均0.2个百分点,高于全国平均0.4个百分点。主要存在服务价格上涨过快,医疗服务价格、教育服务价格、私房房租、自有住房房租、装潢维修、服务价格上涨等问题。

【价格调控】 2018年,南宁市通过平价商店稳价惠民,32家平价商店网点每天以低于市场价格15%以上的幅度销售15种平价蔬菜,并根据季节性生产和市场供需情况不定期调整品种,全年销售平价蔬菜1.42万吨,减轻市民负担490万元。监测生活必需品、农副产品、工业生产资料、工业消费品、重要能源、重要服务、房地产等商品和服务价格400多种,向国家和自治区报送价格数据约36万条;加强重要商品价格监测、形势分析和预警预报,科学研判价格走势,对有色金属、成品油、食糖等大宗商品价格进行监测分析,采集数据2880条;完成价格调研文章2篇,价格监测信息34篇,价格形势分析报告11篇,发出重要价格监测预警1次。追缴企业拖欠的2014—2015年价格调节基金605万元。2月至4月,居民消费价格指数(CPI)连续3月同比涨幅超过3%,达到社会救助和保障标准与物价上涨挂钩联动机制启动条件,发放低收入群众价格临补贴720.90万元,惠及18.40万人。

【价格管理】 2018年,南宁市批复8条公共汽车线路票价,确定空调公共汽车票价每人每次2元,实行一票制。水价,核定江南区六冬水库灌区农业水价,其中粮食作物用水每立方米0.20元,经济作物用水每立方米0.40元,养殖业用水每立方米0.50元,其他用水每立方米0.60元;实行超计划(定额)累进加价,幅度分段累进递增,累进级数2级。电价,落实自治区电价政策,完善两部制电价制度,大工业用电、一般工商业、其他用电合并为工商业及其他用电,大工业用电户继续执行两部制电价,一般工商业、其他用电受电变压器或直通高压电动机容量315千伏安及以上的,可自愿选择执行两部制电价或单一制电价;两部制电价用户可自愿选择变压器容量、合同最大需量、实际最大需量3种计费方式(提前15个工作日申请),计费变更时间从下一季度开始。落实电网清费政策,取消电网企业部分垄断性服务收费,清理规范转供电环节不合理加价行为,取消临时用电户临时接电费用,对污水处理企业、电动汽车集中式交换电设施免收需量(容量)电费,对电解铝和水泥企业执行阶梯电价政策,无超耗的用电价格不加价。降价惠民,1月1日起,符合安全生产规定、能效及环保达标、利用余热、余压、余气发电的自备电厂,免收政策性交叉补贴和系统备用费,已收取本年度的及时清退;新装及增加用电容量两路及以上供电(含备用电源、保安电源)用电户,由供电企业建设的按原标准70%执行,用户自行建设的按原标准50%执行;4月1日起,农产品冷链物流冷库用电,医院、百货大楼、宾馆、饭店等场所使用具有移峰填谷作用的蓄热式电锅炉和蓄冷空调等节能设备用电(具备单独计量条件),低谷时段(23时至次日7时)按应执行的目录电度电价(不含政府性基金及附加)50%执行,其余时段不变。5月1日起,工商业、其他用电户(单一制)销售电价、输配电价每千瓦时平均降低5.15分;7月1日起,销售电价再降2.95分,不满1千伏的按照每千瓦0.7357元执行;"一户一表"居民用电户自愿一次性预付电费的,年用电量超出4500千瓦时部分,加价标准由每千瓦时0.30元下调至0.10元。上调小水电上网电价,每千瓦时0.25元~0.32元的暂不调整,低于每千瓦时0.25元的上调至0.25元。天然气价格管理,4月1日起,第一档居民用气(管道燃气)售价调整为每立方米3.06元,第二档每立方米3.67元,第三档每立方米4.59元;非居民用气售价(含压缩天然气母站销售给子站、车用天然气)每立方米降低0.16元,最高限价调整为每立方米3.90元。5月1日起,居民用气纳入配气价格管理,取消两部制价格(容量气价、计量气价),实行单一计量气价;管道燃气小区工程安装费实行市场调节价,收费标准由燃气设施建设单位与房屋建设单位或用户根据工程安装、维护管理支出等情况协商确定;规范供电供水供气企业报装收费管理,严禁向用户收取申请费、手续费、接入费、碰口费等费用。涉农价格,执行自治区糖料蔗收购价格政策,2017/2018年榨季普通糖料蔗收购首付价每吨500元,未启动挂钩联动措施(一级白砂糖平均含税销售价格超过每吨6800元时,二次结算挂钩联动价,系数6%)。景区门票价格,10月1日起,南宁大明山风景旅游区门票价格由每人每次128元下调为96元,昆仑关战役旧址和昆仑关战役博物馆实行免费。放开部分景区门票价格,对大型演艺、探险、游艇、潜水、水上和空中娱乐观光等旅游项目、不属于利用公共资源建设的景区门票价格(收费)实行市场调节价;列入分级管理目录的景区门票价格,实行政府定价或政府指导价;政府定价或政府指导价管理的旅游景区,65周岁及以上老年人免收门票,60周岁~65周岁老年人门票优惠半价;实行市场调节价的旅游景区参照执行。南宁大明山景区交通客运服务价格、南宁园博园门票及游览观光车客运价格试行市场调节价,方特东盟神画门票价格实行市场调节价。教材价格,落实自治区2018年春季及秋季中小学教材以及推荐目录教辅材料价格政策,督促中小学严格执行。

2018年12月20日,市发展改革委在利客隆超市北大店开展农副产品平价商店年度考核

市发展改革委提供

【收费管理】 2018年,市发展改革委配合财政部门做好南宁市行政事业性收费目录清单(含考试考务费目录清单、涉企行政事业性收费目录清单)更新,同步在市发展改革委网站公布;公布政府定价的经营服务性收费目录清单;编制并公布《南宁市行政审批中介服务收费目录

清单》,明确行政审批中介服务事项、管理方式、收费依据及标准等,对中介服务实行清单管理。会同市商务局、市财政局联合印发《关于实施口岸收费规范清理工作制度(清单)的通知》,建立口岸收费公示、口岸收费情况报告、口岸收费管理工作巡访、南宁市口岸收费举报查处4项工作制度,明确口岸收费监管责任,规范口岸收费巡查走访、举报查处制度程序、收费单位、服务项目、收费标准等在市发展改革委网站公布。调整收费标准50项,其中民办学历教育收费标准36项,公办学历教育收费标准10项,公办幼儿园收费标准2项,电动汽车充换电服务费1项,机动车安全技术检验收费标准2项。开展行政事业性收费情况报告与统计,2017年度全市行政事业性收费收入10.67亿元,比上年减少2.74亿元,降低20.43%,收费总额占当年财政收入1.83%,降低0.35个百分点。1月1日起,取消公共资源交易服务收费、城市规划综合技术服务费。4月1日起,停征首次申领居民身份证工本费。7月1日起,取消公路路产补偿费中的增设道口费、超限运输车辆行驶公路费;降低货车城市道路和桥梁通行费50%。

【价格监督检查】 2018年春节、“壮族三月三”、中秋国庆期间,市发展改革委加强市场价格检查巡查,出动500多人次,检查9类行业领域700多家商家价格行为,现场提醒告诫并纠正部分经营者不规范的价格行为。开展房地产、教育、殡葬收费、涉企收费等重点领域专项价格检查,查处价格违法案件10件,责令退款172.20万元,没收违法所得36.98万元,罚款45.63万元。利用12358价格举报管理信息系统,受理查办价格咨询投诉举报6945件,为消费者挽回经济损失142.40万元,其中协调办结价格投诉5件,协调退款480元。与市财政局、市商务局联合印发《关于转发〈2018年广西清理现行排除限制竞争政策措施工作方案〉的通知》,清理排除限制竞争政策措施511件,废除50件,待修改完善2件,审查新增338件。

【价格宣传】 2018年3月,市发展改革委结合“3·15”国际消费者权益日,通过报纸专版宣传、新媒体推送、网友互动、网站宣传、悬挂横幅等形式,宣传价格法律法规政策。5月,与自治区物价局联合开展《中华人民共和国价格法》宣传,在《广西日报》《南国早报》、南宁电台等媒体开设物价宣传专栏,刊播价格政策宣传稿36篇。年内,在市发展改革委门户网站及“南宁发改”微信公众号搭建“重要价格公示”网上价格宣传服务平台,公布价格政策文件,刊登价格政策宣传信息,及时更新保持动态管理。深入企业和区县开展价格政策宣传贯彻座谈会、提醒告诫会13场次,价格政策宣传会9场,参会企业800多家。 (黄凯婧)

审　计

【概　况】 2018年,南宁市审计局设办公室、人事科、法规科、行政事业与外资运用审计科、电子数据审计科、财政金融审计科、社会保障审计科、企业审计科、农业与资源环保审计科、固定资产投资审计科、经济责任审计办公室及机关党委,编制66名(行政编制60名、工勤编制6名),在编62人(行政编制57人、工勤编制5人)。二层事业单位有南宁市公共投资审计中心,参照公务员法管理单位,副处级,编制42名,在编36人。12个区县设区县审计局,南宁高新技术产业开发区、南宁经济技术开发区、广西—东盟经济技术开发区3个开发区审计局为开发区内设机构。南宁市完成审计项目413个(市本级191个),查出问题金额161.45亿元(市本级102.13亿元)。市审计局向有关部门移送线索15件,提出审计建议1020条,向市委、市政府报送重要审计信息31篇、专题报告12篇,获批示9篇;向自治区审计厅报送实例报告27篇,获优秀奖5篇;市审计局信息化建设获自治区审计厅考核二等奖。12个区县审计机关完成审计项目222个,其中预算执行情况审计43个,专项资金审计44个,领导干部经济责任审计62个,政府投资工程审计32个。查出问题金额46.42亿元,应上缴财政1.68亿元,核减工程投资金额4.94亿元,审计移送处理事项4件。市审计局开展2017年度市本级预算执行、其他财政收支情况审计,查出涉及问题金额32.14亿元;采用大数据审计模式对全市预算单位进行审计监督;开展南宁园博园项目等重大政府投资项目审计85个;采取“上审下”“同级审”相结合的办法开展社会保障审计,查出问题金额9.52亿元。主要存在审计任务重与审计人员少矛盾仍然突出,聘请中介协审、加强内审等补充方式难以满足当前审计任务要求;审计领域扩大、审计监督全覆盖的要求、审计人员在专业技能和综合素质上面临新挑战,在审计程序、方法、技巧及法规运用方面需提高;审计成果运用需加强、审计反映经济运行中的薄弱环节、风险隐患方面有待提高等问题。

【财政审计】 2018年,市审计局开展2017年度市本级预算执行、其他财政收支情况审计(含南宁高新区、南宁经开区、广西—东盟经开区、青秀山风景名胜旅游区),查出问题金额32.14亿元,发现部分单位上年结转资金执行率低、上级转移支付资金执行率低、市本级旅游发展等专项资金指标未执行或执行进度慢等问题,纠正财政资金运行中的管理漏洞、资金使用中的违法违规和损失浪费行为。

【行政事业审计】 2018年,市审计局采用大数据审计模式对全市预算单位进行审计监督,筛查分析374家市级一级、二级预算单位预算编制、执行情况,从中选取40家重点预算单位进行重点审计,揭示预算编制、非税收入执收管理、政府采

2018年6月7日,市审计人员到武鸣区进行农村基础设施建设资金审计调查　覃笑　摄

购、专项资金管理使用、“三公”(因公差旅、公车使用、公务接待)经费使用等8个方面85个问题,涉及金额1.78亿元,向市政府上报专题报告2份,获领导签批2份,向市纪委监委移送问题线索9件,为市巡察工作提供分析报告12份。

【固定资产投资审计】 2018年,南宁市开展南宁园博园项目、轨道交通4号线工程等重大政府投资项目审计85个(市本级21个),查出涉及问题金额25.61亿元(市本级21.13亿元),查出建设资金未按约定时限到位、未按规定办理规划手续、双方履行《PPP项目协议》不到位、未按规定分摊建设单位管理费等问题29个。市审计局审计项目21个,查出问题金额21.13亿元;市公共投资审计中心审计项目20个,查出违规金额1.34亿元,管理不规范金额8.08亿元,核减工程造价2814万元。

【农业与资源环保审计】 2018年,市审计局制定《南宁市本级2018—2020年扶贫审计三年滚动计划》,完成隆安、马山2县2016—2017年东西部协作和对口帮扶资金使用情况审计、武鸣区2016—2017年扶贫资金管理使用和扶贫政策贯彻落实情况审计,查出问题金额4560.54万元,提出审计建议5条,向市纪委监委移送线索8件,督促问题单位整改29条,涉及金额5080.60万元。开展武鸣区党政主要领导干部自然资源资产任中审计、城市内河黑臭水体治理审计调查、南湖水质改善项目跟踪审计、“美丽南宁·宜居乡村”活动财政专项资金审计调查。派出7人配合市纪委监委开展扶贫领域腐败和作风问题专项治理,协助上级审计机关开展扶贫专项审计,累计工作日267个。

【经济责任审计】 2018年,南宁市开展领导干部经济责任审计项目199个(市本级141个),查出涉及问题金额43.83亿元(市本级38.15亿元),发现未按预算规定使用财政资金、往来款项长期挂账未处理、政府采购不规范、内部控制制度不健全等普遍性问题,发现个别单位私设“小金库”问题。

【社会保障审计】 2018年,南宁市采取“上审下”“同级审”相结合的办法,派出13个审计组95名审计人员开展保障性安居工程跟踪审计,查出保障性住房专项资金和贷款长期闲置、棚改专项贷款使用不合规等问题,查出问题金额9.52亿元。结合经济责任审计对市民政局、市社会福利院、市殡葬管理处、市救助管理站、市儿童康复中心进行审计。

【企业审计】 2018年,市审计局开展企业项目审计5个,完成对南宁金融投资集团及其属下公司审计,涉及问题金额26.22亿元,发现存在违规融资现象、业务招待支出前期管理不规范等问题。实现三年内审计完成市属9大国有企业集团公司的目标任务。

【审计问题整改】 2018年,南宁市落实审计整改联席会议制度,完善整改台账、整改督促跟踪机制,提高财政财务管理水平,促进重大政策措施贯彻落实,推进审计结果公开、审计整改情况公开。2017年度市本级预算执行和其他财政收支情况审计查出问题整改率93%,整改涉及金额86.63亿元,制定完善长效管理制度35项,向社会公告问题整改情况的单位124个。

【审计学会建设】 2018年,市审计学会完成《领导干部自然资源资产离任审计》课题研究报告1个,编写《自然资源资产审计》科普板报1期,举办市直机关、企事业单位内部审计业务培训班1期,培训67人。撰写审计论文6篇,获广西审计学会评选二等奖1篇、三等奖2篇、优秀奖2篇。 (吴丽霞)

统　计

【概　况】 2018年,南宁市统计局设办公室、人事科、政策法规科、国民经济综合统计科、国民经济核算科、工业统计科、固定资产投资统计科、贸易外经统计科、农村统计科、人口就业社会科技统计科、城市社会经济调查统计科、服务业调查统计科、能源与资源环境评价统计科及机关党委,编制41名,在编37人。二层事业单位有南宁市统计局数据管理中心(事业编制18名,在编17人)、南宁市统计局普查中心(事业编制12名,在编11人)。市统计局加快推进统计管理体制改革,加强经济分析、监测、预警,提升统计数据质量,防范和惩治统计造假,提高统计服务水平,开展统计新闻发布4次,通过网站、微信公众号向社会发布或更新信息2800条。主要存在重点领域统计改革推进不快、统计服务针对性和时效性不强、统计基层基础存在薄弱环节等问题。

【统计改革】 2018年,市统计局承接“四下”企业(规模以下工业、建筑业小微企业、规模以下服务业和限额以下批发零售住宿餐饮行业)调查6项(年度调查2项、季度调查4项),完成抽样调查表式(问卷)11张,样本2289个。其中:年度调查小微企业固定资产投资情况调查样本770个;规模以下企业创新调查样本567个;季度调查规模以下工业抽样调查样本490个;建筑业小微企业抽样调查样本7个;规模以下服务业抽样调查样本425个;限额以下批发零售住宿餐饮行业抽样与问卷调查样本30个。在自治区地市级率先编制自然资源资产负债表,完成2016年度(提前2年)南宁市自然资源资产负债表试编。利用工商部门共享信息,抓好企业调查、培训、审核、检查;开展新旧行业代码转换,推广使用行业智能编码,规范主要业务活动填写;开展名录库清理

2018年10月19日,市统计局“双随机”检查绿地控股集团有限公司广西—东盟经济技术开发区项目数据 赵旭提供

核实,核查非企业单位1.40万多个,核对清理使用临时代码的单位近4000个,核实无统一信用代码的企业法人和产业活动单位1万多家,核实比对4987家法人企业及下属2.25万家产业活动单位的名录库、一套表平台、工商库。落实新修订的季度地区生产总值(GDP)核算方案,每季度开展1次数据质量评估、国民经济核算部门联席会分析,提高统计数据与部门数据协调性和匹配性;首次将研发支出纳入GDP核算;调整2010年以来GDP历史数据资料。按照国家2018年《固定资产投资统计报表制度》要求,实施500万元~5000万元项目按财务支出法统计,完成5000万元及以上项目的基数修订,并与市发展改革委协作做好2017年同口径基数测算。做好基础数据核实,完成工业企业数据修订295家。

【统计管理】 2018年,市统计局建立防范和惩治统计造假弄虚作假责任体系,加大统计执法检查、违法惩戒力度,在市统计局政务网设立网络举报专栏,向社会公众公布统计违法举报电话、电子邮箱、受理地址等。组织24名人员参加国家统计执法证考试,建立国家统计执法证人员名录库。开展"双随机"抽查,检查区县(开发区)8个,检查企业59家、乡镇(街道办)4个,未发现问题。投入基层统计补助经费640.50万元,受益村(社区)515个、联网直报企业1438家、新增项目房地产企业和新入库"四上"企业(规模以上工业企业、资质等级建筑业企业、限额以上批零住餐企业、规模以上服务业企业)833家。

【统计调查】 2018年,市统计局每月监测直报企业报表进度,做好月报、季报、年报等项统计。全市联网直报企业上报率100%,直报率100%,验收率100%。第四次经济普查成立市级领导小组办公室(普查办),设工作组14个,134个乡镇(街道办、农场、林场)组建普查机构,1769个社区(村)成立经济普查工作小组;落实经费1253.80万元,选聘普查员和普查指导员7400多人;举办清查业务培训班50多期,培训7800多人;利用20多块大型LED显示屏、500多块楼宇电视、100块住宅楼宇大厅电梯口"淘屏·南宁电视台新媒体"及银行营业网点LED显示屏滚动播放普查宣传广告;完成清查单位16.80万个,个体经营户28.08万个。第七次全国投入产出调查,组织开展调查选点、核点,确定调查单位714家(国家调查点196家、自治区调查点279家、南宁市调查点239家);举办2轮22个班次培训会,培训2000余人;7月完成市级第一轮审核验收,8月根据自治区审核发现问题清单、自治区交叉互审发现的问题进行第二轮审核验收。开展第三次全国农业普查后续工作,7月6日在《南宁日报》公布南宁市第三次全国农业普查公报;12月,发布研究课题报告《南宁市农产品电商发展研究》。

【统计服务】 2018年,市统计局开展季度统计新闻发布4次,向社会公布经济社会统计信息;完善市统计局门户网站,公开统计信息500多条,更新内网统计信息1450条、外网统计信息网信息771条;微信公众号推送政务信息87条。撰写调研报告15篇,编印统计分析、信息等252篇,被自治区统计局采用133篇,被市委办公厅、市政府办公厅采用102篇。出版《2018年南宁统计年鉴》精装版和简装版、《南宁市情统计手册2018》《南宁市国民经济和社会发展统计公报》等资料书、公报和宣传产品2500册。会同市科学发展先进乡镇评比领导小组成员单位建立完善"科学发展先进乡镇和科学发展进步乡镇"考评指标体系,完成2017年度南宁市"科学发展先进乡镇和科学发展进步乡镇"考评。配合市绩效办做好绩效考核的指标设定、数据采集、测算评估;为项目论证、规划编制、招商引资和达标考核等提供统计信息资料,答复社会各界公开数据咨询1000多次,为市级会议、重要报告提供或核对数据1万多笔。

【统计培训】 2018年,市统计局举办基层统计人员业务与法规培训班44期,培训区县、乡镇(街道办)、企业统计人员4190人。举办新入库企业统计法律法规培训班4期,培训2017年以来新增入库的企业统计人员300多人。 (赵 旭)

工商行政管理

【概 况】 2018年,南宁市工商行政管理局设办公室(宣传科)、法制科、经济执法科、消费者权益保护科、市场规范管理科、登记注册管理科、企业与个体私营经济监督管理科、商标广告监督管理科、网络商品交易市场监督管理科、人事科、财务科、信息化管理科、"小个专"党建工作科、离退休人员工作科及机关党委;设正科级的市工商局经济检查支队、市工商局12315消费者投诉举报指挥中心及市工商局专业市场管理分局、市工商局高新技术产业开发区分局、市工商局经济技术开发区分局、广西—东盟经济技术开发区(南宁华侨投资区)分局、青秀山风景区分局,基层工商行政管理所22个,基层检查大队6个;局机关编制68名,分局、支队、中心编制241名(含工商所编制207名),机关后勤服务人员控制数29名,在职300人。以深化"放管服"改革为主线,建立健全市、区县微信预约登记"一张网",提供微信预约办理服务;加强市场监管,查处市场违法案件5400余件,罚款4400余万元;推进商事制度改革,南宁市被国务院表彰为"深化商事制度改革成效显著、落实事中事后监管等相关政策措施社会反映好的地区"、被自治区政府表彰为"推进工商注册登记便利化及时到位、落实事中事后监管等相关政策社会反映较好的设区市";南宁国家广告产业园被国家市场监管总局批准为国家级广告产业园区(广西首家);高新区被列为全国"证照分离"改革试点单位。主要存在企业开办登记系统、电子营业执照全程电子化登记系统有待修改完善,打击传销面临问题较多,出租屋业主违法行为认定存在较大难度等问题。

【企业登记】 2018年,南宁市新登记市场主体13.17万户,新增注册资本6280.96亿元,外币13.50亿美元。其中:新增内资企业1767户,注册资本200.57亿元;新增外商投资企业292户,注册资本13.50亿美元;新增个体工商户8.79万户,注册资本83.67亿元。新增私营企业4.09万户,注册资本5982.72亿元,累计市场主体64.65万户,注册资本17193.40亿元,外币76.57亿美元。其中:内资企业1.48万户,注册资本1134.05亿元;外商投资企业2100户,注册资本76.57亿美元;个体工商户32.29万户,注册资本399.27亿元;私营企业23.75万元,注册资本15608.04亿元。

【企业年度报告】 2018年,市工商局将企业年度报告纳入重点工作,在宾阳县召开年报工作现场会。全市企业、个体户、农民专业合作社年报率分别为90.00%、83.85%、96.49%。

【市场监管】 2018年,市工商局牵头编制《南宁市政府部门随机抽查事项清单》,涵盖519个抽查事项,组织全市工商系统开展涵盖11个抽查任务、覆盖所有事项清单的抽查,抽查市场主体1.75万户;协调完善南宁市经营异常名录企业3.10万户,依法列入严重违法失信企业名单4522户,依法将3.10万户企业列入经营异常名录,4522户企业列入严重违法失信企业名单;协调全市各级开展"双随机、一公开"跨部门联合抽查42次,抽查市场主体875户。采用推进情况月报制、归集情况通报制以及纳入年终绩效考评,推

2018年5月25日，市工商局开展“红盾护蕾”消费维权进校园活动，工作人员向学生讲解“山寨”商品甄别　　何正君提供

动全市44个部门按时、全量归集涉企信息40.80万条。协助冻结股权1512次，拦截“老赖”任职1261人次；开展信用评价3200余次，整顿治理失信企业1027户。强化全国网络市场监管服务系统应用，查办网络案件106件，罚没款52.94万元。开展互联网、房地产等重点领域虚假违法广告专项整治，建立南宁市广告行业诚信“红黑名单”管理制度并发布首批“红黑名单”，查办商标侵权案件180件、案值450.97万元、罚没款821.14万元，查办广告违法案件258件、罚没款247.41万元。承办2018年自治区农资打假专项整治暨“红盾护农·助推脱贫”活动启动仪式，组织开展红盾护农专项行动，检查农资经营户6034户次，抽检肥料样品225个，合格率93%；查办农资案件97件，罚没款21.10万元。以创建全国卫生城复审迎检工作为契机，在农贸市场开展创卫宣传教育，营造市民知晓、人人参与的浓厚氛围，通过自治区创卫复审；开展农贸市场专项整治，重点整治市场内车辆乱停放、跨摊位经营等行为，检查农贸市场468个次，下发责令整改通知338份，纠正整改问题4039个，下发督办函91份；利用“智慧工商”指挥系统，提升监管效能。

【商标管理】 2018年，南宁市累计有效商标拥有量6.84万件，比上年增长35.90%，约占广西40%；商标专用权质权登记担保债权数额3.74亿元；培育地理标志商标，获商标2件，其中“南宁香蕉”是首个以南宁行政区划命名的地理标志商标。驰名商标4件，新增“广西商标品牌战略实施示范企业”2家。获批广西第一批商标品牌创新基地1个。国家知识产权局南宁商标受理窗口为自治区唯一可办理25项商标业务的窗口。

【消费维权】 2018年，南宁市作为广西首批消费投诉信息公示试点城市之一，在自治区率先公示12315消费投诉信息，首次发布消费投诉信息公示规范性文件，公示企业113家。上线12315“智能维权”应答系统，实现投诉举报自动服务；建立全国12315互联网平台在线消费纠纷解决(ODR)机制，发展ODR企业8家。12315热线拓展为包括微信号、互联网平台等在内的15种消费维权渠道，编织成一张立体便捷的消费维权网络。年内，12315指挥中心受理消费咨询投诉举报10.83万件，为消费者挽回经济损失3666.90万元。推进“诚信经营　放心消费”创建工作标准化、规范化，在广西率先启动交通行业出租汽车“诚信经营　放心乘坐”活动，联合相关职能部门开展电子商务“放心购物”以及放心景区等创建活动，创建放心商场、市场、超市等示范点52个，放心消费示范街14条，入选2018年首届市场监管领域社会共治案例。建立老年消费教育基地15个，新建消费维权服务站12个，累计消费维权服务站905个。针对重点领域存在的侵害消费者权益等现象，分别约谈汽车销售、移动、联通以及供水、供电等公用服务企业，举办座谈会、约谈会45场次；开展“消费维权服务日”系列宣传活动；受理消费者投诉2861件，和解率94.41%。组织红盾质量维权行动，推进流通领域商品质量抽检，抽检燃气器具、珠宝、玉石、消防产品等商品207批次，立案查处侵害消费者权益案件45件。

【反不正当竞争执法】 2018年3月至11月，南宁市开展9个月的整治不正当竞争违法行为专项行动。市工商局制订印发《关于转发自治区工商局办公室集中整治不正当竞争行为专项行动工作方案的通知》《关于转发国家市场监管总局进一步加强反不正当竞争执法工作的意见的通知》，出动执法人员1184人次，执法车342辆次，集中检查互联网领域，房地产、汽车销售等行业市场，检查超市180个，娱乐场所120个，农贸市场50个，经营户120家，查处混淆仿冒、商业贿赂、商业诋毁、虚假宣传、有奖销售等不正当竞争行为，结案14件，罚没款23.08万元。

【打击传销】 2018年，南宁市组织全市综合执法队伍开展大规模兵团作战打击传销9次，市工商局组织市场监管执法力量开展或参与开展打击行动440次，清查出租房屋2468间，立案查处参与非法传销人员278人，罚款19.22万元；立案查处涉传出租屋案件167件，罚款9.76万元。按照“整治一片、建设一片、巩固一片”思路，协同推进“无传销小区”创建，涉非法传销重点小区65个全部创建为“无传销小区”。

【规范直销】 2018年，市工商局更新在自治区、南宁市设分支机构的直销企业名录29家，掌握直销企业分支机构、服务网点、直销员及店铺(包括经销商、专卖店)情况，召开直销企业会议5次，规范直销企业行为，并通过12315举报电报、消费者协会实施监督约谈9次。

【打击走私贩私】 2018年，市工商局根据南宁市打击走私“国门利剑2018”联合专项行动工作方案，清理整治农贸市场，会同海关缉私、公安等部门，取缔私货交易、查处经销无合法来源进口商品35.56吨。开展为期1个月的成品油市场专项整治行动，打击无照经营、销售假冒伪劣产品、销售无合法来源的油品、非法炼制或添加化工原料、掺杂使假等非法经营成品油行为，查扣非法成品油108.63吨。

(谢应辉)

质量技术监督

【概　况】 2018年，南宁市质量技术监督局设办公室、政策法制科、质量科、标准化科、计量科、特种设备安全监察科、监督科、科技认证科、人事科，编制61名，在编57人。与国家市场监管总局发展研究中心合作开展《南宁市质量强市示范城市内涵与特色建设项目课题研究》，举办南宁市第一期“高质量发展大讲堂”培训，加大质量品牌培育和申报力度，南宁市创建全国质量强市示范城市工作进展良好。广西纺织工业学校获第三届中国质量奖提名奖,实现中国质量奖提名奖“零”的突破;2家企业(广西南南铝加工有限公司、广西路桥工程集团有限公司)获第四届自治区主席质量奖,占自治区总数50%;2家企业(广西建工集团第二建筑工程有限责任公司、南宁富桂精密工业有限公司)获第四届自治区主席质量奖提名奖,占25%;55家企业82个产品获2017年度广西名牌产品,占30%;37家企业获第三届广西服务业品牌,占50%。南宁市行政审批标准化试点被确定为国家级社会管理和公共服务综合标准化试点项目,为2018年广西唯一列入试点项目的单位。主要存在标准实施效益不显著,企业标准化意识比较薄弱、人才建设滞后,特种设备安全监察人员数量不能完全匹配监管需要等问题。

【质量强市战略实施】 2018年,市质监局组织召开南宁市建设质量强市示范城市调查研究项目专家咨询座谈会,参会专家学者32人。市级工业产品(含食品相关产品)质量监督抽查合格率96%,比上年提高近1%;主要农产品、水产品、畜牧产品质量检测合格率连续7年保持在99%以上,蔬菜水果检测合格率99.93%;水产品检测合格率99.60%;畜牧产品检测均未发现阳性。对全市新开工建筑工程项目开展质量监督,覆盖率100%。市区空气质量达标天数比例(AQI优良率)92.80%。选取横县茉莉花茶产业集聚区为重点培育对象,以铝制品、电线电缆为重点,开展质量提升年活动。开展中小企业质量技术服务需求调查,甄选53家企业进行精准质量帮扶。深入企业开展“双零”(服务零距离、质量零缺陷)行动,为企业提供“一站式”“零距离”精细化服务,指导、帮助企业质量提升。组织开展质量宣传活动10次,发放宣传资料8900份,摆放宣传展板18块,粘贴宣传海报56份,接受群众咨询1800多人次;对电线电缆、电动自行车等21类产品开展监督抽查,抽查277家企业产品388批次,合格率96%;开展食品相关产品风险监测,抽检样品22批次;对37所学校在校学生的学生服、被子等纤维制品质量情况进行检查,严厉打击制售“黑心棉”和其他劣质纺织服装产品违法犯罪行为。培育、推荐5家企业申报自治区主席质量奖,其中广西南南铝加工有限公司、广西路桥工程集团有限公司获第四届自治区主席质量奖,广西建工集团第二建筑工程有限责任公司、南宁富桂精密工业有限公司获第四届自治区主席质量奖提名奖;11家企业申报南宁市市长质量奖,其中广西南南铝加工有限公司、广西捷佳润科技股份有限公司、皇氏集团股份有限公司3家企业获第三届南宁市市长质量奖;培育推荐广西博世科环保科技股份有限公司等70家企业103个产品申报2017年度广西名牌产品,55家企业82个产品获广西名牌产品,37家企业获第三届广西服务业品牌。隆安香蕉、横县大粽、横县甜玉米、马山里当鸡、南宁白砂糖5个地理标志产品保护申报通过自治区质监局初审,上报国家市场监管总局。

【标准化建设】 2018年,南宁市有《城市生活垃圾分类设施配置及作业规范》等16项广西地方标准获批准立项,有《地理标志产品　古辣香米》等7项广西地方标准获批准发布;组织辖区内企业向社会公开产品标准,632家企业公开声明标准3801项,公开企业数和标准数均居自治区首位。横县工商质监局牵头起草的《茉莉花香米加工技术规范》《横县大粽加工技术规范》《横县鱼生制作技术规范》3项广西地方标准正式发布实施。推动邕宁区打造国家级美丽乡村标准化试点,指导肉牛养殖、牛大力种植2个国家级农业标准化建设,其中国家肉牛养殖标准化示范区项目通过国家标准化管理委员会抽查考核。推进武鸣区绿色火龙果、横县莲塘圣茶谷、宾阳县新埠乡村休闲旅游3个自治区级农业、服务业标准化示范试点项目,上林县列为2018年自治区级旅游标准化试点单位。

【特种设备安全监察】 2018年,南宁市在用特种设备5.91万台、气瓶110万余只、压力管道985千米。全市质监部门出动监察人员1310人次,检查特种设备相关单位426家,发现安全隐患或问题181处,均依法责令改正、限期整改。市质监局将园博园、东盟文化园、轨道交通、会展中心扩建等重点建设项目列入特种设备安全监察重点服务对象,建立联系渠道,跟进监督服务。举办综合业务知识、特种设备安全监察员培训考试班2期,培训400多人,全市特种设备安全监察持证人员334人。组织协调特种设备管理和作业人员培训考试机构86人次到企业宣讲特种设备安全管理要求。对中国—东盟博览会、中国—东盟商务与投资峰会以及自治区成立60周年庆祝活动关键核心区域在用特种设备逐台进行安全专项监督检验,检验单位53家、检验设备1881台、发现隐患问题464处。元旦、春节等重要节假日,组织开展专项监督检查,结合推进电梯、锅炉、油气输送管道专项整治“三大战役”,出动检查人员1310人次,检查单位426家,发现隐患问题181处。

【工业产品质量安全监管】 2018年,市质监局组织开展全市输水管产品质量提升行动,整治后产品抽查合格率90%。对辖区内钢筋混凝土用热轧钢筋生产许可获证企业进行重点检查,严防“地条钢”死灰复燃。确定自治区内3家、自治区外1家技术机构承担市产品质量监督抽查,组织抽查21类产品,完成277家企业388批次产品检验,合格率97%。组织辖区获生产许可证满一年以上的企业报送《生产许可证企业年度自查报告》,对发现问题督促落实整改。制定食品相关产品监管、烟花爆竹和危险化学品产品质量安全监管工作方案,开展食品相关产品、危险化学品及其包装物、容器产品质量监督。

【计量监管】 2018年元旦、春节期间,市质监局出动执法人员983人次,抽查集贸市场127个、商场超市138家、年货市

2018年6月28日,市质监局在青秀区保利凤翔小区开展特种设备安全知识宣传活动
谢应辉提供

场35个，抽查食用油、米、面、包装小食品等节日热点定量包装食品857批次，合格856批次，合格率99.90%；累计检查在用计量器具3126台(件)，抽查合格率99.10%。检查以农产品为主要原料的制糖、淀粉等生产企业21家，检查在用农产品收购用汽车衡51台。联合自治区计量检测研究院对辖区内农药、电线电缆等生产企业开展定量包装商品净含量计量监督专项抽查，抽检生产企业34家产品76批次，合格率100%；开展计量标准专项随机抽查，抽查单位11家，抽查用计量标准50项，计量标准均符合要求。开展重点用能单位能源计量审查，审查重点耗能企业4家，其中“符合要求”1家、“基本符合要求”3家。深入21家中小企业开展精准施“测”计量现状调研，提升计量服务节能减排、引导创新驱动、促进转型升级、服务提质增效途径。召开中小企业计量座谈会16次，督促计量检定机构停征计量器具强制检定费。

【认证认可与检验检测】 2018年，市质监局组织编制《南宁市加强质量认证体系建设促进全面质量管理实施方案》，指导、发动企业开展有机产品认证，新增有机产品认证8个。指导、帮助横县成功申报创建国家有机产品认证示范区，督促上林县抓好国家有机产品认证示范区创建。全市完成换版升级质量管理体系认证获证组织2134个。开展机动车检测机构资质认定专项督查，检查检测机构48家，督促52家环境监测机构完成《2018年度环境监测机构资质认定和数据质量专项检查表》网上填报，对31家环境监测机构实施现场监督检查，发现存在问题机构22家，均完成整改。服务支持中国—东盟检验检测认证高技术服务集聚区建设，集聚区6个东盟中心项目一期工程计划投资7.67亿元，完成投资3.03亿元，工程全部封顶并通过主体验收。(谢应辉)

食品药品监督管理

【概　况】 2018年，南宁市食品药品监督管理局设办公室(新闻宣传科)、政策法规科、综合协调科(应急管理科)、食品生产监管科、食品流通监管科、食品餐饮监管科、药品生产监管科、药品流通监管科、医疗器械监管科、保健食品和化妆品监管科、稽查科、财务科、机关党委、进口备案管理办公室，编制72名，在编67人。下设南宁市食品药品稽查支队(南宁市食品药品安全投诉举报受理中心)，编制74名，在编65人；南宁市食品药品检验所(南宁市药品不良反应监测中心)，编制43名，在编37人；南宁市食品药品安全信息与监控中心，编制8名，在编7人；南宁市食品药品监管审评认证中心，编制6名，在编6人。区县(开发区)设食品药品监督管理机构15个，行政编制210名，在编212人，稽查大队(二层事业单位)15个，编制904名(含大队派出的乡镇监管所)，在编817人；检验机构6个(武鸣区、横县、宾阳县、马山县、隆安县、上林县)，编制46名，在编38人；1395个村(社区)配置1名以上安全协管员，聘请食品药品安全协管员、信息员1701人。南宁市在自治区率先设立食品药品网络稽查大队；在食品生产领域试点组建职业化检查员队伍，聘请食品生产职业化专职检查员6人；在食品药品监管领域组建兼职检查员队伍，聘请食品生产兼职检查员116人、药品生产兼职检查员15人、医疗器械兼职检查员73人；建立6所高校、2所中小学校学生义务监督站，义务监管人275人。南宁市注册登记的“四品一械”(药品、餐饮食品、保健食品、化妆品、医疗器械)生产经营单位15.19万家，其中食品类生产企业1233家、食品加工小作坊2514家、流通企业5.20万家、餐饮企业4.10万家，药品类生产企业60家、流通企业2427家(零售企业2300家、批发企业89家、连锁总部38家)，医疗器械生产企业72家、经营企业1875家，保健食品生产企业9家、经营企业3.25万家，化妆品生产企业12家、经营企业1.82万家。创建食品安全城市，加强食品药品治理体系和治理能力现代化建设，在食品安全抽检监测、药品流通安全监管、保健食品和化妆品监管机制创新、化妆品不良反应监测和食品药品安全科普宣传方面被自治区市场监督管理局(原自治区食品药品监督管理局)评为工作突出单位，行政复议规范化建设和法治宣传教育方面获评先进单位。主要存在食品源头污染问题依旧严峻，食品药品质量难以把关，职业打假人投诉件大幅度递增，基层人员经验缺乏，多部门分段监管实现无缝衔接难度较大等问题。

【食品监管】 2018年，市食品药品监管局以节日消费大宗食品获证企业为主要对象，重点抓好酒类、肉制品、食用植物油、饮料、糕点等节日食品、食品添加剂、“两非”(食品非法添加、非法声称问题)专项整治，突击检查食品生产企业44家，发现问题297个；使用现场监督检查系统对获证食品生产企业进行检查覆盖率99.25%，其中检查食用植物油生产企业30家，食用植物油小作坊571家，立案81起；开展风险隐患排查治理，检查食品生产加工单位18大类产品753家次，立案查处23起，警告27家次。开展“百日净流”执法大行动，围绕肉类、禽畜产品、水产品、进口食品“四类”不安全食品、儿童食品等重点食品，加强节假日、中高考、中国—东盟博览会等重点时段监督检查，突出对农村、市场、商场超市、校园周边等重点区域治理，检查食品销售经营户9.65万家次，立案725起，罚没款968.54万元。规范食品摊贩管理，食品小摊贩备案732户。

【餐饮服务监管】 2018年，南宁市开展餐饮服务单位后厨、学校食堂及周边食品、旅游景区、流动夜市摊点、网络餐饮大检查大整治，出动执法人员3.23万余人次，检查餐饮服务单位2.96万家次，累计整改2895次，立案35起；指导农村集体聚餐6795次，保障用餐安全79.82万人次；

2018年3月31日，以“12331——助力健康中国梦食药安全伴你行”“创食安城我参与南宁食安我满意”为主题的食品安全宣传活动在江南万达广场举行。图为工作人员为市民介绍食品安全知识
严晔炜提供

完成色标管理餐饮服务单位 454 家；完成全市“两会”、中国—东盟博览会、环广西公路自行车世界巡回赛(南宁站)、南宁国际马拉松比赛、园博园开幕、自治区成立 60 周年庆祝活动等餐饮服务食品安全保障 68 次，3500 餐次 142 万人次用餐安全。

【药品监管】 2018 年，市食品药品监管局采取“四不两直”(事前不发通知、不打招呼、不听汇报、不用陪同接待，直奔基层、直插现场)检查模式，检查生产企业 223 家次，下达责令整改 11 次，给予警告 6 次，约谈企业 8 家，移交案件线索 3 件，提请自治区市场监督管理局收回药品 GMP(良好生产规范)证书 2 家。在药品流通销售环节，采取“三统一、一随机”(统一组织、统一标准、统一时间、随机抽查)方式，开展中药饮片、疫苗、特殊管理药品、城乡结合部药店及乡村医疗机构专项整治，开展抽验 250 批次，其中中药饮片 60 余批次，检查基本药物配送企业 16 家 100 余次。印制“含麻黄碱类药品管理规定”“打击两非”“禁止吸烟”“禁止销售蛋白同化制剂、肽类激素”等宣传标语 2 万余份，在药品零售企业、社区宣传栏醒目位置张贴。

【药品经营管理】 2018 年，南宁市有药品流通企业 3110 家，其中药品零售企业 2970 家、批发企业 102 家、连锁总部 38 家。在流通销售环节采取“三统一、一随机”(统一组织、统一标准、统一时间，随机抽查)方式，检查含特殊药品复方制剂、疫苗及终止妊娠药品、冷链药品等，开展中药饮片、疫苗、特殊管理药品、城乡接合部药店及乡村医疗机构专项整治。抽验药品 250 批次(中药饮片 60 余批次)，检查基本药物配送企业 16 家 100 余次。印制“含麻黄碱类药品管理规定”“打击两非”“禁止吸烟”“禁止销售蛋白同化制剂、肽类激素”等宣传标语 2 万余条，在药品零售企业、社区宣传栏张贴。

【医疗器械监管】 2018 年，市食品药品监管局对辖区 75 家医疗器械生产企业开展全覆盖检查，对医疗器械经营企业开展专项检查，检查医疗机构 164 家次，义齿生产企业 29 家，无菌、植入性医疗器械经营企业 66 家，避孕套经营企业 105 家，经营装饰性彩色平光隐形眼镜企业 81 家，立案查处 32 起，罚没 35.69 万元，检查后处置率 100%。

【保健食品化妆品监管】 2018 年，市食品药品监管局出动检查人员 7586 人次，检查保健食品经营企业 3648 家次，保健食品生产企业 12 家，检查以会议讲座方式销售保健食品的单位 148 家次，检查品种 1865 品规。开展化妆品市场安全治理专项整治，检查经营单位 1805 家，出动执法人员 3700 余人次，检查索证索票和台账管理不到位的化妆品经营单位 87 家，责令限期整改化妆品经营单位 81 家。检查以灵芝、鱼油、蜂胶等为原料的保健食品和营养素补充剂企业 204 家，整改保健食品与普通食品混合销售等问题。以进口化妆品专营企业为重点，以和平商场、裕丰商场、交易场等大型化妆品批发集市，农院路等化妆品经营户聚集片区，美容美发场所，宾馆酒店等为重点区域，开展进口化妆品专项检查。

【食品药品 GSP 认证检查】 2018 年，南宁市食品药品监督管理局开展食品药品审评认证检查，出动人员 3748 人次，检查企业 1857 家，通过率 94.60%；其中药品 GSP(经营质量管理规范)认证，出动人员 1391 人次，检查企业 703 家，首次认证通过率 99.20%，整改后通过率 99.70%。撤销 3 家药品零售企业 GSP 认证证书，处理 17 家企业提请申诉，提请自治区收回 3 家药品批发企业 GSP 证书。4 月 25 日，南宁市食品药品审评认证中心通过方圆标识认证集团广西分公司组织的 ISO 9001 质量管理体系认证复评审核。

【食品药品监管信息化】 2018 年，市食品药品监管局研发市场食用农产品质量检测监控系统，收集报送数据 169 万条。自主研发集监、管、评、预警为一体的化妆品电子监管 GPR(政府公关)平台，对经营户监管记录均可自动生成二维码供消费者查询。开展乳制品、肉制品、食用植物油、白酒等重点食品生产企业食品安全追溯体系建设，选定皇氏集团股份有限公司、南宁双汇食品有限公司开展追溯体系建设试点；采用信息化手段进行食品安全溯源管理，江南区海吉星批发市场使用二维码技术加强食品溯源管理，淡村商贸城自建电子监管系统。探索食品药品安全监管智能化和可视化，西乡塘区研发手机监控系统、扫码即可进行餐饮食品安全视频实时监控，邕宁区、青秀区分别推行“智慧食堂”“阳光餐饮”工程。马山县在 40 家药店推行远程视频监管模式。开展农药残留检测 152.55 万批次，检测结果录入系统 8.70 万批次。

【食品药品监督抽检】 2018 年，市食品药品监管局在自治区率先开展 ADR/MDR(药品不良反应、医疗器械不良反应)监测，完成自治区级食品安全抽检监测 5440 批次(食用农产品抽检 3683 批次)，市本级抽检监测 6209 批次，公布食品安全抽检信息 36 期 1851 批次。完成药品生产抽样 214 批次，药品流通抽样 250 批次，医疗器械抽样 60 批次，保健食品抽样 105 批次(网络抽样 40 批次)，化妆品抽样 190 批次。全市上报药品不良反应监测报告 1047 份、医疗器械 85 份、化妆品不良反应(事件)监测报告 2 份、药物滥用监测报告 365 份。

【食品药品审评认证】 2018 年，市食品药品审评认证中心严格按质量管理体系要求进行内审和管理评审，对存在问题及时修正；提高办事效率和服务水平，平均办结时限提速 50% 以上。开展食品生产审查、药品 GSP(药品经营质量管理规定)认证检查、第三类医疗器械经营许可现场检查，选派检查员 3748 人次，组成检查组 726 个，完成食品药品企业审评认证 1857 家次。

【食品药品市场整顿】 2018 年，南宁市查办“四品一械”案件 2112 起(食品生产 360 起、食品经营 1414 起、保健食品 16 起、化妆品 33 起、药品 244 起、医疗器械 45 起)，货值 716.80 万元，罚没 2273.07 万元，移送司法机关 28 起。受理投诉举报 5547 件，上升 10.80%；业务咨询 2549 件，上升 33.10%，调查处理率、反馈率 100%。召开全市食品安全风险交流会商会议 2 次。开展食品安全应急管理培训和演练活动，参加人员 200 余人。推进食品药品行业企业“红黑榜”制度，评出“红榜”企业 17 家(化妆品 2 家，药品流通 15 家)，“黑榜”企业 1 家。督促企业落实食品安全主体责任，定期公布食品药品违法案件查处情况。完善舆情事件、突发事件登记、突发事件处置档案管理制度，妥善处置食品安全突发事件，上报网络舆情事件 15 起，发布《舆情监测动态》52 期。公布市本级“四品一械”行政处罚案件 43 期 165 起。

【食品药品安全宣传】 2018 年，市食品药品监管部门组织开展“五进”(进校园、进超市、进市场、进农村、进社区)主题宣传及食品安全科普基地授牌等宣传活动，派发“四品一械”安全宣传海报、手册、折页等宣传资料 300 万份，举办培训等宣传活动 400 多场，编印《食品安全科普手册》万余册，授牌食品药品安全科普宣传基地(站)32 个，新时代食品安全大讲堂 60 家。承办全国 5·25 护肤日启动仪式、在横县举行“全国安全用药月”广西现场咨询宣传活动等，市民 5 万人次，现场接受咨询、投诉 200 次。自治区、市级媒体拍摄以“食药监管走基层”“夯实监管基础、筑牢安全防线”“南宁市食品药品检验主题开放日”等为题材的专题报道 50 多期。国家、区市各大新闻媒体刊发食品药品安全相关新闻、专题报延道500多条次。开通“食安南宁”公众微信号,4万多人关注。

【食品安全城市创建】 2018年,南宁市出台《关于落实食品安全党政同责的实施意见》,将食品安全和食安城创建纳入地方党委、政府年度考核,强化食品安全属地管理责任。召开食品安全协调会议19次,协调农委、工商等部门开展食品安全专项检查20余次,开展创城督查、落实食品安全党政同责督查4次。与北海市、钦州市、防城港市协商签署《水产品监管框架合作协议》,召开四市水产监管联席会议,构建水产品全链条质量安全追溯体系。5月21日至22日,自治区食品安全委员会办公室对南宁市开展第三批国家食品安全示范城市创建试点中期评估,市民食品安全满意度由62.20%提升至70.50%,同意南宁市通过中期督查,进入创建冲刺阶段。将横县、宾阳县、上林县、隆安县纳入广西食品安全示范城市创建范围,实现食品安全示范城市全域创建。7月,南宁市获自治区食安委授予“广西食品安全示范城市”称号。市食品药品监管局与市农委联合制定《食用农产品合格证制度》,完善食用农产品产地准出和市场准入产销衔接机制,建设自治区(南宁市)放心农贸市场。全市各大食用农产品批发市场均建立检测室,配备食品安全管理人员,实现“从田头到餐桌”的监管。海吉星市场被评为自治区食品安全示范批发市场,白沙市场、凤岭北市场、高峰市场、淡村市场、东沟岭市场被评为自治区食品安全示范市场。建设食品安全放心超市,培育南宁梦之岛水晶城百货有限公司(丰润家超市)、沃尔玛百货零售有限公司南宁民族大道分店、华润万家生活超市有限公司南宁青秀店、华联综合超市股份有限公司南宁民族宫店、南城百货有限公司亭江分店5家大型超市为国家“放心肉菜示范超市”。实施餐饮服务单位食品安全提升工程及开展餐饮服务食品安全示范街区打造,引导明厨亮灶升级,打造“无水厨房”。评出“放心餐饮示范单位”52家,打造兴宁区泸田街、青秀区王府井及周边、青秀区盛天地、西乡塘区地铁1号线广西大学站4个餐饮服务食品安全街区、200家餐饮服务食品安全单位,以及瑶王府、万达文华等无水厨房示范店,广西民族大学、广西大学等无水厨房示范食堂。推进食品小作坊集中加工区试点、食品小作坊示范点项目建设。全市小作坊3632家,已取得登记证2514家,登记率69.21%,检查小作坊8003家次,立案查处192家;建成食品小作坊集中加工区试点1个(江南区淡村农贸市场内),食品小作坊示范点109个。食品药品科普宣传选定青秀区为自治区化妆品经营示范区建设试点,在会展航洋城打造“化妆品市场安全治理示范商圈”。 (严晔炜)

安全生产监督管理

【概 况】 2018年,南宁市安全生产监督管理局设办公室、安全生产协调科(安全生产应急救援办公室、调度值班室)、法规科技室、安全监督管理一科、安全监督管理二科、安全监督管理三科、安全监督管理四科、安全监督管理五科、人事科(机关党组织)、职业健康管理科,编制41名,在编39人。二层单位有市安全生产监察支队(参照公务员法管理事业单位,正科级,编制33名,在编31人)、市安全宣教中心(事业单位,正科级,编制6名,在编5人)。全年发生安全生产事故777起、死亡373人、受伤755人,直接经济损失6099.09万元。组织开展安全生产专项整治,对8271家企业9436名负责人进行安全谈话、培训,排查整改问题隐患3.75万个,公开曝光8家存在重大事故隐患企业。主要存在道路运输事故总量较大,县域事故多发,工矿商贸事故总体呈上升趋势,个别企业安全管理不到位,缺乏风险防控意识,个别关键环节安全监管执法衔接不到位等问题。

【安全生产双重预防性工作机制建设】 2018年,市安监局投入资金750多万元,依托“数字南宁”平台,建设涵盖安全生产综合监管、行业监管、企业、社会公众一体化、集约化安全生产综合信息平台,开发风险分级管控、隐患排查治理、行政执法、综合信息、专项监管、联网备查、应急管理、诚信管理、政务办公等9大子系统。编制《南宁市安全风险分级管控工作指南》,组织制订矿山、危险化学品、烟花爆竹、民爆物品和规模以上工业企业整体风险等级评定标准,分步实施企业安全风险分级管控。117家企业成为全市安全风险分级管控示范单位,开展风险点排查辨识、评级企业4136家,排查重大风险点829个,较大风险点2572个,完成整体风险评级企业2970家。挂牌督办一批重大事故隐患,其中市政府挂牌督办综合性隐患15项、火灾隐患6项,市安委办挂牌督办30项,区县挂牌督办31项,整改完成率100%。对区县、行业部门开展隐患排查情况实行每月检查通报,每季考核记分,企业每月隐患自查自报率不低于90%,隐患整改率不低于90%,区县、有关部门对未开展隐患自查自报企业执法检查覆盖率不低于50%,对连续3个月隐患自查自报为零企业执法检查覆盖率不低于50%,对存在隐患逾期未完成整改企业执法检查覆盖率100%。全市有1万家企业开展隐患自查自报,排查治理安全隐患5.06万处,隐患自查自报率95.32%,整改完成率99.18%。

【道路交通安全专项整治】 2018年,市安监局组织农村面包车、三轮摩托车整治统一行动8次;高速公路集中整治2次,夜查10次,货车治超整治15次;服务“两会”社会治安综合整治2次,出动警力15.76万人次,警车28.95万辆次,启动交警执法站56个,环邕检查站43个,设置临时执勤点3483个,查处公路客运、旅游客运车辆交通违法2082起,货运车辆交通违法9.38万起,危化品运输车交通违法1352起,校车交通违法65起,微型面包车交通违法2.88万起。组织开展酒驾、

2018年,市安监局工贸企业有限空间作业事故综合应急救援演练在广西永凯大桥纸业有限公司举行 马瑛提供

醉驾、毒驾(3+N)专项整治行动20次，查处酒后驾驶违法行为1326起(酒后驾驶1141起、醉酒驾驶185起)，查处毒驾5起。重点打击货运车辆超载超限违法行为，出动警力2773人次，警车902辆次，其中联合交通、路政、城管等部门执法人员653人次，检查货车9600余辆，查处超载交通违法行为917起，查处“百吨王”超载违法53起。组织开展农村大劝导活动22次，启动劝导站1383个，发动劝导员2.48万人次，纠正劝导交通违法行为7.27万起，农村系统录入数据16.95万条，其中基础信息11.28万条，动态信息2.80万条，录入群体性活动信息1822条，农村大劝导信息9206条，宣传信息1.39万条，路检路查3806条。

【建筑施工安全专项整治】 2018年，市安监局以重大市政项目和重点工程及高层、超高层建设项目为重点，组织深化防范高处坠落、物体打击等专项整治行动，全面整治建筑市场准入、现场管理“两张皮”等施工乱象；检查工地2346个，查出隐患1194处，下发整改通知书927份、停工通知书98份，动态扣分196起，对施工现场管理秩序混乱现场处罚34起。

【消防安全专项整治】 2018年，市安监局组织开展春夏消防安全检查、今冬明春火灾防控、人员密集、“三合一”(加工、生产、仓储、经营等场所)、群租房、老旧住宅、高层建筑、大型综合体、文物古建筑、电动车和仓储物流场专项整治行动11次，检查单位9.25万家，整改隐患1.12万处、查封1191家、“三停”(停产停业、停止使用、停止施工)934家，罚款1246.89万元，拘留45人次。对全市2088家消防安全重点单位实行“户籍化”管理。

【巩固传统高危行业整治】 2018年，市安监局组织矿山、危险化学品、烟花爆竹、涉爆粉尘、液氨制冷等58家企业向社会公开安全承诺；结合扬尘治理、中央环保督察“回头看”等推进60座采石场实施标准化改造，整顿关闭无主尾矿库11座；开展危险化学品综合治理三年行动计划，完成35处重大危险源规范化建设；实施市主城区烟花爆竹经营燃放禁、限、控工作；开展“两场所两企业”(粉尘作业场所、有限空间作业场所，金属冶炼企业、涉氨制冷企业)隐患治理行动，建立完善有限空间作业、涉爆粉尘、液氨制冷、钢铁冶炼企业档案。

【应急救援】 2018年，市安监局加强应急管理专项检查，强化应急预案管理，修订、调整预案25个；加强应急救援队伍建设，依托消防、交警、海事、安监等专业部门打造高层建筑、地下空间、大型综合体消防和矿山、危化、地震、水域、交通事故等专业应急救援队伍，依托南宁轨道集团公司组建轨道交通工程“两专特”(救援队、抢险队、注浆队)应急抢险队伍；组织综合应急预案演练和专项救援演练39次。

【安全生产行政执法】 2018年，市安监局开发安全监管移动执法APP，推行“线上巡查督促、线下检查执法、实施行政处罚、落实整改复查”闭环管理。检查生产经营单位4971家次，经济处罚538次，罚款2179.59万元，其中事故罚款1232.38万元，非事故罚款947.21万元，非事故处罚比上年提高537.75%。在自治区率先实行“管合法就管非法”执法，启动安全生产监管专项职责梳理。全市明确负有安全生产监督管理职责部门16个，其他行业领域主管部门22个，安全生产支持和保持部门9个。实施安全生产风险分级管控、隐患排查分类分级管理，把每个生产经营单位逐一落实到市、县、乡三级，明确监督、管理两个责任主体。将煤矿、非煤矿山、危险化学品、烟花爆竹、交通运输、建筑施工、民用爆炸物品、金属冶炼、渔业生产9大高危行业26类企业确定为重点管控单位，按照重大、较大、一般、低风险等四个级别对重点管控单位实施差异化监管；监管责任主体对重大风险企业每月监督执法检查不少于1次、对较大风险企业每季度监督执法检查不少于1次。

【安全生产培训】 2018年，市安监局贯彻《地方党政领导干部安全生产责任制规定》，在市委党校组织开展初任公务员、新任领导干部安全生产红线意识教育和履职培训6个班次，培训1225人；培训生产经营单位主要负责人、安全生产管理人员、特种作业人员2.89万人，新发特种操作上岗证9903本；采取夜校、现场培训等形式，举办农民工安全生产培训班38期，培训5519人次。

【安全生产宣传】 2018年，市安监局以“生命至上、安全发展”为主题，开展“安全生产月”宣传活动，组织50多个部门参加“咨询日”活动，播放警示教育片、印发资料，对1.83万多群众进行宣传。组织开展道路交通安全大宣传、建筑安全宣传教育、“我的安全我做主”“渡运安全月”“职业健康周”等活动，利用网络视频宣传平台，首次开展执法视频直播，直播活动9场，吸引超过60万网友关注。

【重大活动与节假日安全保障】 2018年，南宁市采取停产检修、暂时停业整顿、专人盯守、集中开展隐患排查、加强应急管理和24小时值守等措施，强化全国、自治区“两会”、中国—东盟博览会、中国—东盟商务与投资峰会、南宁国际民歌艺术节、中央广播电视台心连心艺术团来邕大型演出活动、环广西公路自行车世界巡回赛、自治区成立60周年大型庆祝活动等重大活动节庆举办期间各重点行业和领域的安全监管，加强对重大活动举办场所及其临时搭建物、接待宾馆饭店安全检查。未发生社会影响较大的安全事故。

(马　瑛)

海　关

【概　况】 2018年，南宁海关机关设局、处、室19个，下设处级海关23个、风险防控分局1个、缉私分局11个、派驻纪检组13个，管理事业单位5个，干部职工2954人(海关关员2481人、缉私警察473人)。南宁海关关区地处沿海、沿边、沿江，海岸线1595千米，陆路边境线1020千米，直达港澳内河600千米，监管口岸28个(一类口岸21个、二类口岸4个、边地贸口岸3个)，监管边民互市贸易点25个。广西出入境检验检疫局管理职责和队伍划入南宁海关。全年监管进出口货物1.20亿吨，货值4987.30亿元，分别比上年增长14%、18.20%；监管邮递快件物品730.05万件，增长3.40倍；入库税收277.20亿元，增长18.60%。管控进口煤炭，进口量“只减不增”；强化稽查后续监管，办结主动披露作业增长70.83%、追补税增长35.58%；开展“国门利剑2018”打击走私行动，立案查办走私违法案件1979起、案值44.03亿元、涉税3.55亿元，分别增长31.58%、49.20%、20.34%。主要存在监管能力不足，科学检测仪器、大数据先进技术等科技运用不够；监管场所管理、查验作业、物流管理规范化水平不高；中越边境成品油、农产品、生猪、冻品等重点敏感商品走私屡打不止等问题。

【海关机构改革】 2018年3月，广西出入境检验检疫局管理职责和人员划入南宁海关。4月20日，完成关区出入境检验检疫业务与海关业务现场整合。8月，新南宁海关党组成立。12月28日，关区“三定”(定职能、定机构、定编制)确定，人员实现集中办公。年内，完成关区51家监管作业场所、16个关检融合系统、申报系统、企业管理体制合和运行，货运现场“查检合一”覆盖100%。

【物流监管】 2018年，南宁海关拓展科

2018年9月26日，南宁海关与越南高平、广宁、谅山三省海关局在南宁举行第五次工作会谈
黄伟文提供

技应用，完善监控指挥系统，建成关区“大数据池”一期，开发“关区时空信息一张图”系统；推进卡口系统集约化管理，港口码头作业、海事船舶轨迹与海关物流监管等数据实现互联互通，推进查验作业改革，通过运用“科技＋制度＋创新”，建立“远程＋现场”“科技＋人工”的综合协同监督体系，查验报关单1.16万份，查验率2.88%；查获报关单384份，查获率3.31%，高于全国平均0.53个百分点。关区实验室新扩展商品归类化验、固体废物属性鉴别等1700多项，参与或承担国家能力验证项目2个，热带病监测重点实验室通过核查验收。推进“单一窗口”建设应用，实现报关单、运输工具申报业务覆盖100%；简化监管证件，将进出口环节需验核的监管证件从86种减至48种；继续推广应用“提前申报”报关模式，在进口提前申报全覆盖的基础上，鼓励引导企业应用进口无纸化提前申报。落实“先放后检”等措施，提升通关效率；进口整体通关时间34.65小时、较上年压缩38.77%，出口整体通关时间2.40小时、压缩82.97%。查验进口报关单7534份，查验率6.86%，查获率3.85%；查验出口报关单4787份，查验率1.63%，查获率1.84%。重点加强巴西、越南等国及中国台湾地区进口大豆监控、分析，避免美国大豆“改头换面”进入国内。进口煤炭2091.30万吨，减少0.05%；监管进出口货物1.20亿吨、货值4987.30亿元，监管出入境运输工具45.30万辆（艘、架）次，出入境人员1811万人次，分别增长14%、18.20%、14.70%、19.60%；监管进出口集装箱50万箱次，增长19.40%；监管固体废物进口量减少70%，立案查办固体废物走私案件41起，涉案固体废物2.55万吨，退运长期滞港固体废物1.14万吨。

【边境贸易监管】 2018年，南宁海关以中越边境一线为重点，统一实行“提前申报、现场审核、智能布控、安全检查”的作业流程，对入境越南运输工具实行“15%以上的安全准入检查”“100%的检验检疫作业”，检查越南进境运输工具4.80万辆次，查验互市货物23.60万票，进出口平均查验率4.93%，进出口平均查获率2.26%。规范监管作业场所管理，升级完善互市管理系统，完成监管作业场所注册登记手续互市点（区）16个。牵头完成《南宁海关关于促进广西边民互市贸易改革升级的有关建议》，多渠道向海关总署反映互市税收政策执行风险。开展“直通式”通关、落地加工企业试点等支持措施，对互市改革“边探索、边完善、边上报”。边境贸易进出口1617.70亿元，增长6.90%，其中边境小额贸易进出口1076.20亿元、增长22.20%，边民互市贸易进出口541.50亿元、下降14.50%。

【行邮物品监管】 2018年5月，南宁海关在南宁国际邮政互换局开展邮递物品智能审图中期试点。年内，上线南宁国际邮检综合信息平台；验放保税进口商品清单2271票，货值48.53万元。审批通过南宁、钦州、凭祥三个跨境电子商务监管中心，推动跨境电子商务零售进出口业务落地南宁、钦州、凭祥；抓好行邮监管领域反恐工作，开展现场反恐演练1次。开展“清源2018”“固边2018”“国门利剑2018”等专项行动，加大对毒品、枪支弹药、濒危动植物及其制品、侵权物品、违禁出版物等违法违禁品查缉力度，行邮系统查获毒品1118克、濒危动植物及其制品134件、违禁出版物1734件。

【中国—东盟博览会进境展品监管】 2018年9月12日至15日，第15届中国—东盟博览会、中国—东盟商务与投资峰会在南宁举办，南宁海关受理来自越南、老挝、菲律宾等东盟10国、“一带一路”沿线重点国家以及特邀合作伙伴坦桑尼亚等国家的574家参展商申报，监管进出境展品146.67吨，增长66.88%；货值323.23万元，增长7.97%；进出境航班238架次，进出境人员3.10万人次，给予通关礼遇200余人次，检出不合格参展食品8批，查获无准入许可的动植物产品3种，截获有害生物17批。

【征收税款】 2018年，南宁海关建立以重点属地纳税人企业为基础的税收调研预测方式，落实减免税、优惠贸易协定税收优惠政策，强化边民互市政策执行；审批减免税2.28亿元，入库税收277.20亿元（关税18.50亿元、进口环节税258.70亿元），增长18.60%。

【打击走私】 2018年，南宁海关开展“国门利剑2018”打击走私行动，立案查办走私违法案件1979起，案值44.03亿元，涉税3.55亿元，分别增长31.58%、49.2%、20.34%，其中立案侦办“GN”系列走私大要案30起。推动跨境执法合作，与越南高平、广宁、谅山3省级海关局进行7次“零公里会晤”，开展执法协作。配合自治区边海防办推进边境管控拦阻设施建设，获全国打击走私领导小组办公室认可。通过中央电视台等媒体开展反走私宣传报道300余次。全国打击走私领导小组办公室、海关总署缉私局在南宁海关设立“全国反走私综合治理调查研究中心”。

【检验检疫】 2018年，南宁海关加强进口废物原料检验监管，禁止“洋垃圾”进境；完善疑难问题会商机制、专家研讨机制；检验进出口工业品（重点是进口大宗资源产品和废物原料）2.06万批，货值214.70亿美元，分别比上年减少12.17%、增长16.77%；检出不合格进出口工业品1489批，货值24.60亿美元，批次不合格率7.24%，货值不合格率11.48%。强化口岸传染病疫情防控、核生化反恐、卫生监督管理，检疫查验出入境人员1192.87万人，增长31.01%；发现有传染病症状1433人，下降41.61%；检出传染病386例，下降32.28%；检疫查验出入境交通工具17.26万架（艘辆），增长12.15%；检疫集装箱近35.8万标箱，增长8.86%；检疫货物61.67万批次，下降36.43%；检疫行李邮包458.37万件，增长6.34%；检疫尸体棺柩骸骨5批次；发现携带有鼠、蚊、蝇、蜚蠊等病媒生物、核生化有害因子或其他污染等问题380起,下降68.67%;检出核辐射超标事件167起,下降64.24%。关区国际旅行卫生保健中心监测体检出入境人员1.72万人,下降9.51%;检出传染病299例,下降39.96%;预防接种7679人,下降20.31%。严格实施进境运输工具餐厨垃圾、泔水消毒,旅邮检截获禁止进境动物产品2363批7.67吨。加强供港澳活猪检疫监管,与自治区农业农村厅联合发文确定广西供港澳活猪出省应急运输通道,监管供港澳活猪193批2.65万头,合格率100%。配合打击走私销毁处理走私入境动物产品1529吨。开展“绿蕾4”专项行动,截获非法入境种子种苗612批932.40千克,检出有害生物40种171次,其中检疫性有害生物7种17次,全国首次截获危险性仓储害虫宽波圆蕈甲Cisboleti latior。鉴别进境大豆13船82.42万吨。成立防控非洲猪瘟疫情工作领导小组,举行空港口岸应急处置(桌面)演练1次。

【风险管理】 2018年,南宁海关整合边境风险防控资源,统筹实施关区风险布控,重点发挥二级风险防控中心作用,建立异动异常监控、风险情报联合研判机制,布控查验进出口报关单1.16万票,布控查验率2.87%、查获率3.30%、人工分析查获率4.11%;查获移交缉私案件63起(增长31.30%),货值8777.80万元,其中涉嫌通过伪报原产地走私禁止进口朝鲜煤炭案件3起3.52万吨,出口较大侵权案件10起,涉及侵权货物约2万件,入选全国海关15起风险分析经典案例2起。落实海关总署《海关总署党组关于进一步严禁“洋垃圾”进境的通知》,开展打击“洋垃圾”专项工作,查获伪瞒报国家禁止、限制类固体废物案件31起5881.92吨。完善边境海关联防联控机制,指导边境海关查获伪瞒报原产地、非设关地走私、申报不实及申报标签标识不合规等123起。

【海关后续监管】 2018年,南宁海关明确关区企业认证工作目标、计划、进度台账,促进企业规范经营。举办海关企业信用制度培训班1期,培训50人,提高海关认证人员实际操作能力。加强与地方市场监管部门信息沟通,协调解决企业在年报报送过程中遇到的问题50多件。排查失信企业管理满1年且未再发生违反《纳税信用管理办法(试行)》规定的企业情况,上调失信企业信用等级为一般信用企业20家,下调一般信用企业为失信企业12家,实地认证申请高级认证的企业1家,重新认证一般认证企业13家。监控“企业信用绩效评估系统”,调整5家涉嫌走私进口洋垃圾或固体废物企业的企业信用等级,将4家违法进口固体废物的失信企业名单推送至自治区各联合惩戒单位实施联合惩戒。至年末,关区有高级认证企业23家,一般认证企业188家,一般信用企业12935家,失信企业54家。

【海关统计与研究】 2018年,南宁海关强化统计基础,组织开展关检融合申报业务宣讲会15场,参加企业695家,人员745人。建立虚假贸易高风险出口商品价格库,设定出口数量和金额阈值,遏制边境小额贸易主要商品出口价格畸高现象。出版《改革开放40年广西对外贸易发展报告》,撰写统计监测预警分析专题207篇,中国海关《总署要情》采用33篇,国务院领导批示3篇,自治区领导批示3篇,自治区党委、政府信息采用72篇;撰写执法评估综合评估报告4篇、执法评估专题评估报告21篇,海关总署采用24篇。

(黄伟文)

口岸管理

【概　况】 2018年,南宁市境内口岸有南宁吴圩国际机场空运口岸(家质量监督检验检疫总局批准进境食用水生动物指定口岸)。市商务局挂南宁市口岸办公室牌子,设口岸规划科、口岸管理科。南宁市进出口货物3.48万吨,比上年减少9.34万吨;出入境集装箱0.63万箱,减少1.08万箱;空港口岸出入境航班9131次,增长3.02%;出入境人数122万人次,增长3.36%。南宁市落实通关便利化改造,简化进出口环节监管证件、优化通关流程和作业方式、提升口岸管理信息化智能化水平;南宁吴圩国际机场V1贵宾通道完成改造;研究制定口岸收费情况清单(制度)5个;南宁综合保税区周边路网基本建成,入驻企业累计61家。主要存在南宁空港未开通“客机腹舱带货”运输,“全货机包机”航班不正常,导致货物进出空港口岸不顺,总量比周边省会城市少等问题。

【通关便利化改造】 2018年,南宁市协调南宁海关、自治区口岸办公室、南宁吴圩国际机场、南宁铁路局等单位,推进南宁机场新航站区联检单位备勤楼、海关监管仓、南宁机场国际物流单一窗口服务中心、南宁铁路口岸开放等项目建设,完成南宁吴圩国际机场V1贵宾通道通关便利化改造。出台《南宁市贯彻落实自治区优化通关环境畅通南向通道若干措施实施方案》,落实简化进出口环节监管证件、优化通关流程和作业方式、提升口岸管理信息化智能化水平,提高通关效率,海关进口整体通关时间压缩10.48%,出口整体通关时间压缩29.84%;海关驻机场办事处进口整体通关时间压缩54.94%,出口整体通关时间压缩93.69%。研究制定口岸收费情况清单(制度)5个,规范口岸收费,实现口岸通关流程、口岸收费和意见投诉“三公开”。(莫荣旭)

【南宁综合保税区】 南宁首个海关特殊监管区,南宁高新技术产业开发区代管。2018年,进出口总额23.09亿美元,增长591%。加快建设商务中心、商品展示中心、宁家广场等配套设施,基本建成周边华兴路、金良路等路网;入驻企业27家,累计61家,年内投产并列入规模以上企业有南京拓航科技有限公司、广西格思克实业有限责任公司、广西迪斯奥光电科技有限公司、南宁市和正顺兴珠宝有限公司。广西蓝水星科技有限公司7个月建成智能通讯产业链终端生产项目,第一批生产的1万台手机陆续出口马来西亚、印度尼西亚等东盟国家。探索建设中国(南宁)跨境电子商务综合试验区核心区,与河南保税集团、广西邮政公司成立广西南大门跨境电商运营有限责任公司,建成跨境电商综合服务平台,改造保税直购中心,12月15日开区运营;签约落户广西蚂蚁洋货供应链管理有限公司等国内知名跨境电商企业;保税区内企业中国邮政东盟跨境电商监管中心实现进出口业务1214万件,进出口货值7507万美元。加快推进中新南宁国际物流园建设(1月24日自治区人民政府批复设立,列为自治区重点园区、西部陆海新通道建设重点项目),完成项目一期70.93公顷场地平整及土地出让;开工建设新中智慧园、万纬南宁金海物流园、鹏杰盛项目;建成并投入使用物流园展示中心。(黄　敏)

海事管理

【概　况】 2018年,南宁海事局机关设办公室、装备信息处、党群工作部(纪检监察处)、财务会计处、执法督察处、船舶监督处、船员管理处、通航管理处(指挥中心),有政务中心、海巡执法支队2个办事机构,后勤管理中心1个事业单位(事业编制2名),编制97名(含事业编制2名),在编87人。下设横县、邕江、隆安、崇左4个海事处。南宁辖区有通航河流12条,通航里程1111千米(干流784千米、支流327千米),有南宁港、崇左港2个口岸(南宁港为国家二类开放口岸,设有中心城港区牛湾作业区、六景港区、横县港区、隆安港区,崇左港为非开放口岸),有船水库14座,渡口137道(南宁市85道、崇左市52道),装卸码头(含自然坡岸)90个,跨航道桥梁57座,枢纽、船闸5座,过江管线129条,取水口25处;有运输企业56

家(海运公司9家、内河航运公司47家),其中纳入安全管理体系管理公司7家,登记在册内河船舶3323艘、海船63艘,注册船员1万人,砂石船188艘,渡船361艘,渡工470人。年内,陆上巡察2500.50小时5.99万千米,水上巡航2435.50小时2.26万海里,检查船舶3387艘次,审批水工项目25项,完成政务办理事项1.07万件;辖区港口货物吞吐量1645万吨,客运量177万人次。年内,发生水上交通事故13起,死亡(失踪)2人,直接经济损失118.52万元。主要存在航运市场长期低迷,船舶运输企业的安全生产投入严重不足;海船长期不在辖区,辖区内水上旅游发展、乡镇渡船客运标准化程度较低、船员素质较低、群众安全意识淡薄等,导致监管难度大,安全隐患突出;砂石船超载、夜航等违法违规行为时有发生等问题。

【通航管理】 2018年,南宁海事局推行首府海事综合巡航执法,采用“电子+现场”双巡航无缝衔接方式定期开展干线巡航活动。与交通、环保、城管、公安、航道等10多家涉水运输职能部门开展“平安邕江 绿色水城”共建活动,水上管理由“单元管理”向“多元共治”转变;与山秀船闸、邕宁水利枢纽船闸、老口船闸开展共建合作,建立信息共享平台,完善联合执法机制;建立山秀船闸通航安全共管机制、隆安—平果以及横县—贵港交界水域联合执法机制。出动巡察车510辆次,巡察时间2500.50小时,执法人员1420人次,巡察里程5.99万千米;出动巡航船522艘次,巡航时间2435.50小时,执法人员1838人次,巡航里程2.26万海里;检查船舶3387艘次,渡口1026道次,水库31座次,水工项目130项次,查处违法行为328起。

【船舶监督管理】 2018年,南宁海事局加大对船舶公司日常监督检查力度,每2个月组织召开航运公司安全例会1次,开展典型事故案例进航运公司进船员培训机构活动,编辑印刷水上交通安全典型事故案例集200册分发辖区航运公司。审核船舶公司8家次,符合证明年度签注1本,新签发1本,跟踪审核1家。审核船舶26艘次(委托审核3艘次),签发临时安全管理证书10本,安全管理证书14本,中间审核签注2艘次。对南宁、崇左2市57家航运公司开展周期检查209次,开展水上交通安全约谈4次,约谈企业14家,处罚公司1家,罚款0.80万元。辖区内在港且已实施进港报告、实施进港报告未抵港、未实施进港报告抵港等2.73万艘次,实施网上信息核查2.73万艘次,核查率100%;现场监督船舶913艘次,现场监督进出港报告检查率100%;查处严重违法行为船舶24艘次,罚款8.40万元。完成辖区船载危险货物安全综合治理,检查辖区内所有的危险货物航运公司、危防作业单位,其中次内河体系公司4家、沿海体系公司(危化资质)3家、水上加油站1家、危化码头1个,安全管理体系或制度专项检查率100%。加大对船载危险货物谎报瞒报、船舶及作业单位违反防污染应急规定、非法排污检查,查处易流态固体不报备违法行为1起。监管进出港危险货物9484吨,监管载运危险货物船舶13艘次;实施船舶防污染检查510艘次,船舶垃圾管理计划审批287艘次,签发《油类记录簿》《垃圾记录簿》《货物记录簿》859艘次,签发《油污损害民事责任保险或其他财务保证证书》58艘次。

【船员管理】 2018年,南宁海事局实施船员培训监督检查39次,组织船员考试36期1731人,比上年增长69%;开展船员服务资历及操作性核查233人次,船员违法记分116人次。与广西交通运输学校、南宁市蓝天救援队、南宁市红十字会赈灾救济队等单位合作,培训防汛冲锋舟驾驶员39人,开展组织冲锋舟驾驶员考试2次。协调船员培训机构送培训下乡3次,培训农村船员,帮助解决76名乡镇船员无船员证、证书过期难题。

【海事服务】 2018年,南宁海事局推行政务窗口“一站式”审批服务,启用“并联办理”“容缺受理”,应对船员信息与内河船型标准化补贴拆解注销登记等业务高峰。完成政务办理事项1.07万件,其中即办件2684件(船员信息采集1087件、船名审核638件、海船船员账号注册及冲锋舟制证51件、司法协助及登记查询52件、文书签注663件、防污染文书备案193件),承诺件6504件(签发内河船员证书2367件、签发海船船员证书228件、船舶登记2260件、签发防污染保险证书60件、签发配员证书1563件、授予船舶识别号26件),审核、水工受理70件,业务咨询1432次。为自治区成立60周年大庆、中国—东盟博览会、南宁国际龙舟赛、自治区与南宁市领导考察“邕江综合整治和开发利用工程”提供水上交通组织保障12次,为西津二线船闸等21个水工项目建设提供专业指导服务21次。10月17日,在“海巡1011”船上举办2018年度新闻发布会,通报南宁市邕宁水利枢纽工程10月14日蓄水后通航环境改变、影响等情况。年内,联合市教育局开展水上交通安全知识进校园活动,分别在南宁市天桃实验学校嘉和城校区、宾阳县中华镇育才村委小学等13所学校开展宣讲活动13次,发放水上安全知识读本2000余本,其他资料5000多份受教育师长5800人。开展“中国航海日·海巡船艇对外开放活动”等活动3次,300余人参加。

【水上应急搜救】 2018年,南宁海事局完善搜救值班制度,更新辖区应急资源库,充实橡皮艇4艘。加强与蓝天救援队等社会救援力量合作,组织开展无剧本演练、防汛抗洪应急演练和橡皮艇实操演练15次。应对第22号台风“山竹”开展防汛抗洪,处置“8.28”屯六水库自用船非法载客沉船事件。接到水上报警16次,组织搜救行动16次;遇险人员93人,获救人员86人,搜救有效率92.47%;遇险船舶17艘,获救船舶17艘,船舶获救率100%;发布安全预警信息109次7.75万条。发生水上交通事故13起,死亡(失踪)2人,直接经济损失118.52万元。 (邓志锋)

2018年7月11日,南宁海事局举办第14届中国航海日活动 南宁海事局提供

责任编辑 陈洪毅 唐祯麟

综 述

【概 况】 2018年，南宁市有新区1个（五象新区）；开发区（工业园区）16个，其中国家级开发区3个（南宁高新技术产业开发区、南宁经济技术开发区、广西—东盟经济技术开发区），自治区级开发区4个（广西良庆经济开发区、南宁六景工业园区、南宁江南工业园区、南宁仙葫经济开发区），依法享受自治区级经济开发区政策开发区1个（隆安华侨管理区），区县工业园区（集中区）8个（南宁市兴宁工业园区、南宁市西乡塘产业园区、南宁市邕宁新兴产业园区、南宁市伊岭工业集中区、宾阳县黎塘工业园区、上林县象山工业园区、马山县苏博工业园区、隆安县宝塔医药产业园区）。南宁五象新区引进重点项目27个，计划总投资555亿元；有开工项目168个，在建项目603个，竣工项目58个。全市开发区（工业园区）有规模以上工业企业809家，比上年增加62家；规模以上工业总产值2116.89亿元，增长4.90%，占全市规模以上工业总产值79.88%；规模以上工业增加值513.97亿元，下降0.20%。11个区县工业园区（集中区）规模以上工业总产值占所属区县比重超过80%。主要存在产城融合发展步伐慢、核心竞争力不强、创新能力需提高、工业产值增长乏力等问题。

【营商环境优化】 2018年，南宁五象新区在全市率先简化建设用地规划许可证审批流程、试点工程项目竣工联合验收，实现"一次不用跑"或"最多跑一次"；南宁高新区在全国率先启动"证照分离"改革试点，采取合并审批、并联办理、"容缺后补"等措施，缩短企业投资建设项目报批时限；南宁经开区推进"一事通办"改革、"容缺受理"机制、"减证便民"行动、"3545"（企业开办手续3个工作日内完成，不动产登记手续5个工作日内完成，建设项目手续45个工作日内完成）改革，优化审批流程，提升投资软环境；广西—东盟经开区完成政务中心"一站式"服务升级改造，网上办事服务平台投入使用。全市开发区（工业园区）通过财政滚动资金、补助、自筹等途径筹措资金，用于加快园区主干道及道路关键节点、给排水管网、供水加压站、供电线路及变电站等需基础设施项目建设，完成基础设施投资超过50亿元。南宁高新区、仙葫经济开发区、伊岭工业集中区、黎塘工业园区4个园区争取到自治区工业园区发展专项资金2500万元，用于基础设施建设与产城互动发展。

【招商引资】 2018年，南宁市开发区（工业园区）引进工业项目95个，总投资约185亿元，其中亿元以上项目43个、投资额约138亿元，占项目总投资额74%，比上年提升10个百分点。引进电子信息类企业歌尔股份有限公司、瑞声声学科技（深圳）有限公司二期、华芯微科技有限公司、深圳蓝水星通讯有限公司等，先进装备制造类企业申龙新能源客车二期、广西福兴茂机械有限公司、郑州大河智信科技股份公司等，生物医药及大健康类企业广东一力集团制药股份有限公司、泰康养老保险股份有限公司等龙头企业和重点项目。五象新区实施精准招商，引进中国移动（广西）数据中心、东盟国际生物科技谷、南宁市测绘地理信息科技研发及展示中心、中国—东盟智能制造产业园等项目12个；发挥南宁高新区在机制体制、园区管理、产业发展的经验和资金实力优势，利用武鸣区在土地空间、环境容量、投资成本方面的有利条件，推进南宁高新区与武鸣区在武鸣辖区范围内合作共建"飞地园区"，规划面积18.74平方千米。

【园区特色产业发展】 2018年，南宁市开发区（工业园区）初步形成产业聚集和特色化发展态势。南宁高新区新一代信息技术产业、生命健康产业、智能制造产业规模以上工业总产值占总量70%以上；发挥中关村创新示范基地效应推进创新发展，引进重点企业47家，入驻孵化团队80家，推动园区创新发展与产业转型升级。南宁经开区生物医药产业、机械装备制造产业、食品加工产业规模以上工业总产值占总量45%以上；推动临空经济示范区和国家级开发区扩区申报。广西—东盟经开区食品加工、生物制造、环保板材家具制造和机械制造业规模以上工业总产值占总量70%以上。江南工业园区发展以富士康为龙头的电子信息产业、南南铝铝加工产业研发制造和产业链延伸，两大主导产业规模以上工业总产值占总量90%以上。邕宁新兴产业园区新能源汽车、高端装备制造和新材料产业规模以上工业总产值占总量90%以上。

【国家自主创新示范区创建】 2018年，南宁市通过科技创新推动自主创新示范区建设，出台《促进南宁高新技术产业开发区创新发展若干措施》《关于提升自主创新能力促进产业优化升级发展的若干政策措施》等政策，提出对高层次创新平台、产业技术研究机构等创新生态链各环节支持政策，探索科技信贷风险资金池和科技创新券试点，在企业建设创新平台、发展自主知识产权、开展技术成果交易、双创载体建设、技术改造、高新技术企业申报等方面给予扶持，优化创新创业环境。强化企业创新主体地位，初步建立"高层次人才创新创业团队—科技型中小企业—高新技术企业—瞪羚企业—上市企业”科技型企业梯队培育模式，对获得高新技术企业认定的给予5万元奖励性后补助，全年拨付上年度奖励经费1070万元；组织529家企业申报高新技术企业认定；全市累计有262家企业通过国家科技型中小企业评价，推荐48家企业参评广西“瞪羚企业”认证。落实国家科技减税政策，引导企业加大研发投入，享受上一年度研发费用加计扣除企业358户，加计扣除税费总额2.77亿元。构建创新创业孵化体系，初步建成以南宁高新区自主创新示范区为核心、辐射各区县、开发区的“1+N”大孵化体系和“众创空间—科技企业孵化器—科技园区”孵化链条，背靠清华大学启迪东盟科技城、启迪之星一带一路孵化基地揭牌运营，全市累计建成科技企业孵化器19家（国家级5家）、市级以上众创空间28个（国家级5个）。开展创新小镇培育，沙井电子信息创新小镇、新一代信息技术产业创新小镇、茉莉创新小镇3个项目入选自治区创新小镇培育试点名单。加强创新平台建设，新增广西田园生化股份有限公司、广西交通科学研究院2个国家企业技术中心，全市国家级创新平台累计6个，新增自治区级重点实验室1家，新增自治区级工程技术研究中心15家，引进广西先进铝加工创新中心、南宁华数轻量化电动汽车设计院2家机构；南宁高新区知识产权公共服务平台上线使用。加强区域协调创新，深化与北京中关村合作，年内，南宁·中关村创新示范基地引进重点企业47家，入驻孵化团队80家，入驻面积占招商面积82%；引进刘箭等5个国家“千人计划”专家项目，柔性引进14位行业高层次人才，推动3个国家“千人计划”专家成立南宁工作室，培育1个国家“万人计划”专家；南宁·中关村科技园、南宁·中关村创新示范基地（相思湖区）相继揭牌，成为中关村在全国设立的除雄安新区、天津滨海新区以外的第三个科技园区。构建科技金融体系，安排1300万元资金对银行业金融机构给予中小企业发放贷款的增信和风险补偿；探索在专利质押融资中引入担保机构，为22家企业贷款1.43亿元，财政贴息和专利评估费补助443.29万元；推进科技保险工作，参加科技保险企业14家，总投保486.15万元、总保险额120.67亿元，给予财政保费补贴116万元；推动成立广西首家科技支行——桂林银行南宁科技支行（1月19日成立），投放贷款17笔，放贷金额4.82亿元；推动中关村协同创新投资基金在南宁设立规模4亿元的子基金，启动第二期规模2.30亿元的南宁明匠智能制造产业基金。累计发掘上市公司16家，新三板挂牌公司30家，上市挂牌后备企业149家。（黄向荣）

五象新区

【概 况】南宁五象新区地处邕江之南，东至八尺江，西邻水塘江，北面邕江，南望北部湾，规划面积近200平方千米，涉及邕宁区、良庆区。2018年，南宁五象新区通过加快市政基础设施及公共服务配套设施建设，推进产业精准招商，优化审批事项、审批时期等营商环境，完成投资420.06亿元，比上年增长18.32%，其中社会资本重点项目完成投资328.71亿元，增长24.91%。引进重点项目27个、计划总投资555亿元，自治区外境内实际到位内资97.13亿元，实际到位外资（自治区全口径）8007万美元；完成征地726.67万平方米、拆迁51.71万平方米；累计引进全球最具价值百强品牌7个、世界500强企业28家、国内500强企业20家、金融机构25家［其中总部及省级（一级）分支机构16家］。

广西南宁五象新区规划建设管理委员会为正厅级行政单位，设办公室、财政局、国土局、规划建设局、经济发展和投资促进局、生态和环境保护局，有直属参照公务员法管理事业单位4个（广西南宁五象新区机关事务管理局、广西南宁五象新区房屋征收和征地拆迁办公室、广西南宁五象新区建设管理监察大队、广西南宁五象新区建设工程质量安全监督站），直属全额拨款事业单位1个（广西南宁五象新区综合服务中心），管理国有企业1家（南宁五象新区建设投资有限责任公司）；编制129名，在编116人，其中管委会编制51名，在编48人。主要存在产城融合发展步伐不快，优惠政策配套体系待完善等问题。

【营商环境优化】2018年，南宁五象新区印发《五象新区工程建设项目审批制度改革实施方案》，在全市率先简化建设用地规划许可证审批流程、试点工程项目竣工联合验收，实现“一次不用跑”或“最多跑一次”。推进政府投资项目审批制度改革，对编制单位编制文本成果质量、进度控制考核，完成《五象新区政府投资项目审批制度改革中期评估报告》。

【招商引资】2018年，南宁五象新区印发实施《五象新区管委会招商引资产业项目落地工作流程》；加强产业精准招商，针对行业龙头企业、知名企业，赴北京、上海、山东、广州和深圳等地外出招商14次，引进中国移动（广西）数据中心、东盟国际生物科技谷、南宁市测绘地理信息科技研发及展示中心、中国—东盟智能制造产业园等项目12个。全年引进重点项目27个、计划总投资555亿元；区外境内实际到位内资97.13亿元，实际到位外资（自治区全口径）8007万美元。

【项目建设】2018年，南宁五象新区完成供地118宗、总面积687.35万平方米、总价款145.29亿元，其中公开“招拍挂”出让面积202.35万平方米、出让价款138.47亿元。新开工项目168个，新开工建筑面积1142.76万平方米；在建项目603个，建筑面积3506.90万平方米；竣工项目58个，竣工建筑面积313.80万平方米。重点基础设施、公共服务设施项目完成投资108.32亿元，重点产业项目完成投资311.74亿元。基础设施建设：区域大交通基本成形，平乐大道3座立交桥建成启用，电商产业园13条道路建成通车，通车道路126条、总里程超150千米；轨道交通3号、4号线、2号线东延长线加快建设；11月26日，快速公交（BRT）2号线建成运营；完成平乐大道、玉洞大道、五象大道等主干道路沿线风貌改造及总部基地金融街道路综合改造提升工程建设；物流园区污水处理厂开工建设，累计建成污水管网293.20千米、供水管网91千米、燃气管道140.50千米；歌海站、绿岭站、花泥站3座变电站开工建设，龙岗变电站建成启用，基本满足新区建成项目生产生活需求。公共服务设施配套建设：南宁市第四中学五象校区、体强小学等22所中小学校建成招生，在建及开展前期工作的中小学校30所；南宁市儿童医院完成主体建设，南宁园博园开业。广西国际壮医医院位于平乐大道和秋月路口东北侧；2016年2月28日开工建设，2018年9月15日对外营业，占地20万平方米，建筑面积18.75万平方米，总投资12.22亿元；有门诊部、急诊部、医技用房、住院用房、壮瑶医学保健用房、壮医药国际交流中心、壮瑶医学全科医生临床培养基地、壮瑶药剂医学研发中心及相关配套附属设施，设病床1000张，其中一期工程开放床位500张。南宁市图书馆（新馆）位于玉洞大道南面、玉象路西面；2016年12月30日开工建设，2018年12月19日开馆营运，占地2.80万平方米，建筑面积3.61万平方米，其中地上建筑面积2.69万平方米，地下室建筑面积9255.54平方米，总投资4.39亿元；设藏书区、借阅区、咨询服务区、公告活动辅助服务区等，设计藏书量200万册，阅览坐席1700个，网络节点约3000个，日均接待读者能力8000人次，借阅文献3万册次。广西新媒体中心（一期）位于五象大道南面；2016年7月12日开工建设，2018年9月13日竣工，一期工程主体大楼建筑面积 11.40 万平方米，总投资 9.60 亿元；集电视传播、译制、制作、演播、影视文化交流和交易平台于一体，为国内、东盟各国媒体进驻广西提供优质软硬件配套服务，成为新媒体产业孵化中心和中国—东盟网络视听产业基地。五象新区总部基地地下空间项目位于南宁五象新区总部基地金融街规划范围内，2015 年 5 月 4 日开工建设，2018 年 9 月 6 日通车，总投资 18.92 亿元；分地下人行系统和地下车行系统两部分，由道路、建筑、结构、消防、通风、车辆及人员安全疏散、火灾自动报警、给排水、供配电、照明、监控等系统组成；地下人行通道全长 1.86 千米，公共空间面积 6.20 万平方米，工程范围涉及凯旋路、云英路、飞龙路等地块；车行道主线环路单向逆时针通行主线长 1.36 千米，辅助环路长 1 千米，匝道总长 2.70 千米，外部 5 个进口、5 个出口，内部 16 个出入口，总建筑面积 7.20 万平方米。

【产业发展】 2018 年，南宁五象新区推进产业项目建设，加快产城融合步伐，新区重点产业项目完成投资 311.74 亿元，比上年增长 43.24%。现代信息产业发展方面，以中国—东盟信息港南宁核心基地为核心的数字经济加快发展，启迪之星一带一路孵化基地等 7 个项目竣工，广西—东盟地理信息与卫星应用产业园(地理信息小镇)等项目加速推进。现代服务业发展方面，总部基地金融街基本建成，其中竣工启用项目 20 个、竣工楼宇 47 栋，累计入驻世界和国内 500 强企业 32 家、金融机构 25 家，中国人寿广西财险公司等 327 家企业(商户)入驻开业办公、从业人员 1.20 万人，商业(含酒店)开业面积 7 万平方米，特色精品五象商圈加速成型；区域性国际商贸物流基地建设加快推进，南宁现代化建材加工、物流配送中心一期工程(中国—东盟钢铁跨境电商和供应链金融平台)竣工启用。现代装备制造业发展方面，以新兴产业园为载体，打造新区产业发展新动能，中国—东盟检验检测认证高技术服务集聚区 6 个东盟中心项目进入装修阶段，南南电子汽车新材料精深加工技术改造一期项目投产，广西申龙新能源客车及物流车生产基地开展桩基础施工，南宁中车轨道交通装备基地生产的南宁 3 号线列车交付，南宁中铁广发轨道装备有限公司生产的国内首台双模式盾构机下线，高端装备制造及战略性新兴产业加速聚集新区。

【绿色生态建设】 2018 年，南宁五象新区持续推进国家级绿色生态示范区建设，推广适宜绿色建筑技术，累计完成绿色建筑项目立项登记及批复 208 项，绿色建筑累计总建筑面积约 4371.40 万平方米，示范区绿色建筑比例保持 100%。重点打造万科魅力之城等星级智慧小区试点工程，初步实现住宅小区公共服务便捷化、物业管理精细化、生活环境宜居化、基础设施智能化等目标。完成总部基地、广西体育中心、五象大道、南宁机场第二高速公路等重要区域及道路绿化景观提升工程，推进挡墙护坡和屋顶立体绿化；完成园林绿化项目 26 个、总投资 3.62 亿元，立体绿化 2.20 万平方米，新增绿地面积约 100 公顷。解决良庆河上游污水、大王滩灌渠沿线施工废水污染五象湖水体等问题；清理疏通补水渠道，五象湖实施补水换水，提升五象湖整体水质。加强在建工地扬尘污染治理整治，可吸入颗粒物(PM10)年平均浓度每立方米 56 微克，细颗粒物(PM2.5)年平均浓度每立方米 33 微克，环境空气质量优良率 92.70%。

2018 年 9 月 13 日，广西新媒体中心项目(一期)通过竣工验收，位于良堤路，建筑面积约 11 万平方米
黄维业 摄

【筹融资保障】 2018 年，南宁五象新区融资 20.50 亿元。推动湾银南宁五象新区建设发展私募投资基金落地，总规模 11 亿元、累计提款 11 亿元；新增 2018 年自治区债券资金 3.50 亿元用于园博园项目建设；参与棚户区改造项目建设，落实棚改项目贷款 6 亿元。与自治区、南宁市发展改革委对接五象投资公司发债前期准备工作，研究发债事宜。

【安置工作】 2018 年，南宁五象新区出让安置地块 19 宗、74.95 万平方米，出让面积比上年增长 186.73%、占新区全年住宅用地供应量 73.09%，可安置人员 8840 人；安置房项目完成投资 49.79 亿元，增长 89.17%；建成安置房 4311 套；安置对象完成安置房选房人数 1.22 万人。

（黄 艳）

南宁高新技术产业开发区

【概 况】 南宁高新技术产业开发区 1988 年创建，1992 年经国务院批准为国家级高新技术开发区。2018 年，代管心圩、安宁 2 个街道，分心圩片区、安宁片区、相思湖片区、南宁综合保税区、武鸣产业园 5 个片区(产业园)，人口约 42 万(含常住人口、流动人口)。实施创新发展驱动战略，加快开放合作步伐，实现工业总产值 476.17 亿元，规模以上工业增加值 125.59 亿元，财政收入 45.87 亿元、增长 10.25%，固定资产投资 134.73 亿元、增长 8.41%；社会消费品零售总额 104.50 亿元；外贸进出口总额 167.01 亿元、增长 51.08%；服务业增加值 100 亿元、增长 13.10%，成为稳增长新亮点。产业结构持续优化，第三产业占生产总值比重 40.89%。高新技术企业保有量 282 家，净增长 103 家；完成科技成果转化项目 21 项；新认定广西“瞪羚企业”2 家，累计 10 家，占全市 52.63%；43 个产品获广西名牌产品，占全市 52.40%。新增上市企业 1 家(润建股份有限公司，证券代码：002929)，新增新三板挂牌企业 2 家(广西绿友农生物科技股份有限公司、广西华南通信股份有限公司)，上市(挂牌)企业累计 24 家。南宁高新区成为国务院给予督查激励的全国 15 个区域双创示范基地之一；新一代信息技术产业创新小镇被自治区科学技术厅批准为 2018 年自治区创新小镇培育试点。

南宁高新区党工委、管委会为自治区党委、自治区人民政府派出机构，由南宁市管理。南宁高新区党工委与南宁高新区管委会合署办公，一个机构、两块牌子，为副厅级单位。市委、市政府授予南宁高新区党工委、管委会行使市级管理权限。设办公室、人力资源和社会保障局、财政局、经济发展局、投资促进局、建设房产局、安全生产监督管理局、社会事业局、城市管理局，另设机关党委（党工委办公室）和纪检监察室，同时管理南宁综合保税区管理委员会；编制101名，在编101人。主要存在经济发展不足、核心竞争力不强、创新能力仍需提高、工业增速乏力、民生保障需要加大投入力度、激励干部担当作为有待加强等问题。

【营商环境优化】 2018年，南宁高新区在全国率先启动“证照分离”改革试点，为1840多户市场主体办理准入服务事项；推进自治区企业投资项目承诺制试点，编制《企业投资建设项目报批流程指引》等，采取合并审批、并联办理、“容缺后补”等措施，将企业投资项目从项目备案到施工许可证核发等流程承诺办结时限压缩至16个工作日，实现95.70%以上审批服务事项“最多跑一次”办结。开展“百名干部进百企”活动，组织42个服务小分队深入企业，收集企业需解决问题305条、意见建议265条，帮助企业解决发展难题；建立完善园区重点企业“白名单”，实行专人专窗办理，推行重点项目、规模以上企业绿色通道服务机制；组建人力资源公司，帮助园区15家重点企业招工约1000人，缓解企业“招工难”“用工难”等问题。

【招商引资】 2018年，南宁高新区围绕全市招商引资三年行动计划，实施区域驻点招商、登门精准招商。评审项目153个，中新南宁国际物流园、博世科、交通一卡通、广西湾昊科技有限公司科技园、北京联东U谷、大参林西南生产基地、宗见禧工业通用机设备生产基地项目等82个项目落地。到位资金107.55亿元、增长22.66%，其中全口径利用外资1.56亿美元、增长38.88%。重点推进微电子产业链招商，突出对手机整机生产制造企业及上下游配套企业招商引资，引进广西蓝水星智能科技有限公司；中国电声行业龙头企业歌尔股份有限公司签约落户，项目一期计划总投资10亿元，建设无线双耳蓝牙（TWS）耳机、无人机结构件及表面组装技术（SMT）加工生产基地；广西平铝集团有限公司铝深加工项目落户南宁·中关村科技园，计划投资11亿元建设轻量化铝合金新材料研发中心。

【项目建设】 2018年，南宁高新区36个自治区、市层面统筹推进重大项目累计完成投资28.30亿元。预备项目有博世科环保产业高安基地扩建项目、中新国际物流园2个；新开工项目有南宁综合保税区商务中心、智能数控机械加工装备及PC生产基地项目、甘木岭拆迁安置小区项目、高教科技研发中心装修工程项目、西宁路、110千伏相思湖站第二回电源工程配套电力管沟工程、相思湖北路C标工程、安宁片区乡村基础设施整治工程、万维南宁金海物流园项目9个；续建项目有南宁综合保税区商务中心、万德铝模装配式建筑生产基地等19个，完成年度投资15.99亿元；竣工投产项目有南宁禾田信息港、金红制药生产基地、西宁路、西庄路、南宁高新区北湖集中区路网建设项目、保健品及生物美容产品生产项目6个。推进105个道路等基础设施项目建设，新增道路里程4.05千米；完成征地58.06万平方米，拆迁29.90万平方米。

【开放合作】 2018年，南宁高新区探索中国（南宁）跨境电子商务综合试验区核心区建设，与河南保税集团、中国邮政集团广西分公司共同成立广西南大门跨境电商运营有限责任公司，完成跨境电商综合服务平台和保税直购中心改造建设；12月，中国（南宁）跨境电子商务综合试验区在全国第三批22个综试区城市中首个开区运营。南宁综合保税区累计入驻企业61家，新增27家。广西格思克实业有限责任公司、广西拓航科技有限公司、广西迪斯奥光电科技有限公司、南宁市和正顺兴珠宝有限公司等投产并列入规模口企业，万纬南宁金海物流园、南宁市鹏杰盛科技有限公司投资建设鹏杰盛电子通信产品及电声组件生产项目开工建设，商务中心、商品展示中心、宁家广场等配套设施有序推进，南宁综合保税区全年进出口总额23.09亿美元、增长591%。参与西部陆海新通道建设，完成中新南宁国际物流园项目一期70.93万平方米场地平整及土地出让，物流园展示中心建成并投入使用，新中智慧园开工建设。9月28日，与武鸣区合作打造“飞地园区”，高新区武鸣产业园签约揭牌。

【科技创新】 2018年，南宁高新区发明专利申请1748件，拥有有效发明专利3508件。新增创青春众创空间、广西财经学院大学生创新创业孵化基地、中盟科技园螃客空间新农人3家自治区级众创空间，累计10家；新增RIV锐智物联网科技企业孵化器、南宁高新技术企业孵化器2家自治区级孵化器，累计7家；新增广西交通科学研究院、广西田园生化股份有限公司2家国家级企业技术中心，实现南宁市国家级企业技术中心零突破；新增南宁市迈越软件有限责任公司1家自治区级企业技术中心，累计38家；新增广西院士工作站4家，累计25家。9月，新一代信息技术产业创新小镇被自治区科学技术厅批准为2018年自治区创新小镇培育试点。11月，财政部下达广西首批中小企业发展专项资金（双创升级特色载体项目），南宁高新区成为广西3家获首批国家中小企业双创升级特色载体项目单位之一。

【产业发展】 2018年，南宁高新区形成新一代信息技术、智能制造、生命健康三大主导产业，是南宁市乃至广西发展高新技术产业的重要组成部分。新一代电子信息产业有歌尔集团有限公司、丰达电机（南宁）有限公司、广西鸿盛达科技有限公司、胜美达电机（广西）有限公司等企业23家，实现产值111.35亿元，比上年增长14.22%，占高新区总产值23.68%；生命健康产业有大参林医药集团股份有限公司、九州通医药集团股份有限公司、培力（南宁）药业有限公司等企业51家，产值87.17亿元，下降26.67%，占高新区总产值18.54%；智能制造业有博世科环保科技股份有限公司、八菱科技股份有限公司等企业67家，产值129.87亿元，下降16.07%，占高新区总产值27.63%。

【南宁·中关村创新示范基地】 2018年7月24日，南宁·中关村创新示范基地（相思湖区）启用，占地1.97万平方米，总建筑面积6.20万平方米，含3层裙楼、A、B座塔楼2栋、地下室，构建包括生物医药在内的大健康、新一代信息技术、科技服务等创新生态系统，强化科技信息交流、技术成果转化应用、创新人才培养、国际合作研发等创新创业服务功能，持续导入中关村优势创新资源，推动北京、广西协同创新、产业协作发展。南宁·中关村创新示范基地有合作高校32所，新增入驻重点企业24家、累计57家，新增入孵创新团队41个、累计93个，初步形成先进装备制造、信息技术、生命健康、科技服务四大产业微集群。

【南宁·中关村科技园】 2018年4月26日，南宁·中关村科技园揭牌运营，为继滨海新区、雄安新区之后，北京中关村在全国重点打造的第三个科技园。规划面积约700万平方米，一期177万平方米基本开发完成。引进广西桂泰耕源投资有限公司、广西宗见禧投资有限公司、广西万德铝模装配式建筑有限公司、广西南宝特电气制造有限公司、广西固力发科技有限责任公司产业项目10个。

【中新南宁国际物流园】 2018年1月24

2018 年 12 月 15 日,中国(南宁)跨境电子商务综合试验区开区运营

南宁高新区管委会提供

日,中新南宁国际物流园获自治区政府批复设立列为自治区重点园区,是自治区统筹推进重大项目、推进西部陆海新通道建设重点项目之一。位于南宁市综合保税区内,规划面积 284.87 万平方米,计划投资 100 亿元,建设期 5 年至 8 年。项目分为物流组团、加工组团、信息金融组团、配套生活组团四大功能组团和分拨中心、冷链中心、智慧供应链平台、供应链金融服务 4 个重点项目,逐步形成以物流为基础,服务制造、采购分销、零售的供应链,最终建设成为集物流、加工、信息、商贸等功能于一体的综合型物流园。年内,物流园展示中心建成并投入使用,新中智慧园开工建设。

【南宁国家广告产业园】 2014 年 2 月国家工商总局批准为国家广告产业园试点园区,2017 年 12 月批准为广告业创新创业示范基地。2018 年 12 月 29 日,被国家市场监督管理总局认定为南宁国家广告产业园区。产业园重点引进新媒体、互联网 + 广告、电商 + 广告、3D 设计、广告展示设备等具备创新广告业态元素的企业及成熟的传统广告业态入驻,包含设计类企业、传媒企业、影视拍摄、文化传播等企业,建成录音棚、摄影棚、3D 动捕中心、3D 打印平台、新媒体发布厅、IDC(互联网数据中心)机房等公共及专业技术服务平台。年内,新增高新技术企业 2 家,获实用新型专利、发明专利等证书 7 个;受理商标注册申请 1706 件,增长 111.67%;接待咨询 2700 余人次,增长 234.98%;受理商标专用权质权登记 5 件、涉及出质注册商标 191 件,担保债权数额 3.77 亿元。

【中国(南宁)跨境电子商务综合试验区核心区】 2018 年 12 月 15 日,中国(南宁)跨境电子商务综合试验区开区运营,南宁成为全国第三批 22 个设立跨境电子商务综合试验区中首个开区运营的城市。综合试验区以南宁综合保税区为核心园区,南宁空港经济区为空中通道,钦州保税港区为海铁联运通道,凭祥综合保税区为跨境陆路通道,联结国内、国际交通枢纽,推进"陆海新通道"建设,打通跨境电子商务产业全链条,构建立足东盟、面向全球的跨境电子商务总部基地。建设辐射东盟的跨境电子商务集聚区,将南宁建设成为联通中国、东盟 2 个市场的区域性物流集散中心、交易中心、人民币结算中心,推动广西成为面向东盟的经济合作发展新高地和"一带一路"开放合作重要门户。年内,综合试验区内中国邮政东盟跨境电商监管中心实现进出口业务量 1214 万件,进出口总货值 7507 万美元。

【南大门跨境保税直购中心】 2018 年,南宁高新区推进中国(南宁)跨境电商综试区核心区建设,与河南保税集团、广西邮政公司共同成立广西南大门跨境电商运营有限责任公司总体运营综试区,完成跨境电商综合服务平台和保税直购中心建设改造。蚂蚁洋货等国内知名跨境电商企业签约落户。南宁跨境贸易电子商务综合服务平台累计有 66 家企业办理接入备案手续。

【南宁高新区武鸣产业园】 2018 年 9 月 28 日,南宁高新区武鸣产业园签约暨揭牌仪式在南宁·中关村创新示范基地举行。南宁高新区武鸣产业园是高新区和武鸣区合作共建的"飞地园区",园区东面以增坝水库为界,西面以兰海高速 150 米隔离带为界,南面以千艺大观园北面边界线为界,北面以基本农田为界。规划面积 18.74 平方千米。产业园范围内有规模以上工业企业 21 家,主要从事低端制造业和加工业。年内,加快实施产业园 18.74 平方千米总体规划和 14.14 平方千米控制性详细规划编制,同步启动企业(项目)交接、基础设施建设对接、税务征收关系承接等。 (黄 敏)

南宁经济技术开发区

【概 况】 南宁经济技术开发区 1992 年创建,2001 年 5 月经国务院批准为国家级经济技术开发区。2018 年,代管那洪街道、金凯街道,托管吴圩镇,总面积 504 平方千米,人口约 30 万人;由中心区、吴圩空港经济区组成。中心区主要由金凯工业园、银凯工业园、北部湾现代产业园、南宁生物医药产业园、中央商住区构成,产业有生物医药、电子信息、食品加工、机械装备制造等,其中中心区发展重点是生物医药、电子信息产业;吴圩空港经济区重点引进发展空港商务、空港物流、航空维修制造、临空高新技术产业等。南宁经开区调整优化传统产业、抓住东部产业转移契机精准招商、优化投资促进项目建设,促进园区经济高质量发展,规模以上工业增加值比上年下降 8%;财政收入 41.34 亿元,增长 11.27%;外贸进出口总额 16.76 亿元,增长 13.20%;固定资产投资增长 14%,其中工业投资增长 36.58%;实际到位内资 119.04 亿元,增长 42.82%;实际利用外资 1.24 亿美元,增长 26.62%;社会消费品零售总额增长 4.95%。

南宁经济技术开发区管理委员会为南宁市人民政府派出机构,正处级,设党政办公室、劳动人事局、财政局、招商局、建设发展局、经济发展局、社会事业局、城市管理局、安全生产监督管理局、食品药品监督管理局,编制 70 名,在编 62 人。直属事业单位 16 个(不含学校),编制 198 名(含后勤服务控制数),在编 162 人(含后勤服务人员)。主要存在产值增速大幅下滑,企业产品价格持续走低,市场需求疲软;经济增长支撑不足,招商引资难度大,企业用人成本攀升、融资难和融资贵、税费负担偏重等;中心区工业项目投资接近饱和,土地发展空间不足;建设资金短缺,项目业主自有资金不足,基础设施等园区开发建设资金缺口大,融资难度大等问题。

【营商环境优化】 2018 年,南宁经开区推进吴圩空港经济区起步区内 1 号至 3 号、5 号至 10 号路及纵三路、纵四路等 16 条园区核心道路建设;吴圩空港经济区

A 区场地平整率 50%、面积 29 万平方米，B 区场地平整率 95%、面积 41.67 万平方米，C 区场地平整率 50%、面积 30 万平方米。加快推进空港科技产业园、空港幼儿园等配套项目及新港家园等棚改项目建设，完成投资 6.80 亿元；完成基础设施投资 11.60 亿元，完成目标任务 104.50%。发挥征地拆迁公司化运作机制优势，累计完成集体土地征收 253.58 万平方米，拆迁房屋等各类建构筑物 20.98 万平方米，收回国有土地使用权面积 7.16 万平方米，征收房屋面积 9289.63 平方米，重点保障南宁至崇左城际铁路、水塘江综合整治工程、轨道交通 4 号和 5 号线工程、吴圩国际机场至大塘高速公路等自治区、南宁市和经开区重点项目及吴圩空港经济区起步区推进。完成土地出让面积 46.01 万平方米（其中工业用地面积 24.59 万平方米），成交金额 7.31 亿元。深化行政审批制度改革，推进“一事通办”改革，发布“一次性告知（限时办结）”“最多跑一次”“一次不用跑”三张事项清单；推行“容缺受理”机制，提高审批效率；开展“减证便民”行动，疏通办事堵点；扩大“一窗受理”范围，在原有食药卫生、文体教育、农林水利等业务通办基础上，将建设类业务纳入“一窗受理”。推行“3545”改革，推行“一套材料、一表登记，一窗受理”工作模式和“审核合一、一人通办”审批模式，3 个工作日内完成企业开办手续。7 月 31 日，启动“证照分离”改革，精简“娱乐场所设立、变更审批”等 8 个事项审批材料，优化审批流程，对“公共场所卫生许可”和“出版物零售单位和个体工商户设立、变更审批”实行告知承诺制。改革以来新增企业 1313 户，增长 22.36%。10 月 31 日，在政务服务中心举行广西“3 个工作日完成企业开办”启动仪式，通过项目并联审批、多评合一、区域性评估、施工图联审等手段，企业投资项目施工许可在 45 个工作日内完成。

【招商引资】 2018 年，南宁经开区继续开展招商引资“突破年”活动，签约项目 28 个，签约金额 82 亿元。实际到位内资 119.04 亿元，比上年增长 42.82%；实际利用外资 1.24 亿美元，增长 26.62%。引进单项总投资亿元以上重大项目 7 个，其中唯品会东盟电商现代物流中心项目总投资 10 亿元，南宁顺丰创新产业基地项目总投资 5 亿元，广东一力集团制药有限公司南宁药品生产基地总投资 2.50 亿元，庞博年产 2000 吨食品级生物酶产品及酵素保健产品生产基地项目总投资 2.30 亿元，南宁九星高科技生物保健品及高附加值药品生产项目总投资 2.40 亿元，广西弘山堂特殊医用食品、普通食品及医疗器械生产基地项目总投资 1.50 亿元，广西桂宁电气设备有限公司高低压电器成套设备生产项目总投资 2.08 亿元。引进瑞声科技南宁产业园精密模组制造项目、万利丰年产 3000 万套智能手机终端项目、大疆半导体封装检测产业园项目、鼎川 LCD 触碰屏贴合及周边电子部件生产制造项目、顶米智能终端产品生产项目、维易通智能手机及马达电子消费类产品生产项目等标准厂房项目 21 个，使用标准厂房面积 19.30 万平方米。联讯 U 谷科技服务业集聚区累计引进企业 150 多家，提供近 2000 个就业岗位，配备 2000 平方米众创空间（拎包创业区）；颐高电商园总部暨广西颐高省级平台项目有 27 家企业、创业团队入驻。

【项目建设】 2018 年，南宁经开区新开工项目 68 个，完成投资 25.84 亿元；在建项目 101 个，完成投资 51.47 亿元；竣工项目 48 个，完成投资 15.08 亿元。其中：工业新开工项目 29 个，完成投资 8.83 亿元；在建工业项目 61 个，完成投资 28.03 亿元；竣工项目 20 个，完成投资 5.78 亿元。主要项目：颐高电商园总部暨广西颐高省级平台项目，位于国凯大道 19 号金凯工业园金凯总部办公大楼，开发总面积 2.50 万平方米，总投资 6000 万元，规划建设公共服务区、孵化加速区以及“一带一路”创新创业中心，集合创新创业服务、智能硬件体验、科技企业加速器、创业咖啡等服务，规划构建成为南宁市网商群生态链和电子商务产业链，吸纳电子商务企业入驻，培育网商创业就业，创造就业岗位，打造广西地区大型电商产业发展新平台，1 月 30 日开工建设，7 月 27 日正式开园运营。“葫芦娃”品牌系列药品南宁生产基地项目，位于防城港路 10 号，占地 3.20 万平方米，总投资 2.50 亿元，主要生产消炎灵片、强力枇杷露、复方甘草口服溶液、养阴清肺膏、小儿感冒颗粒、夏桑菊颗粒、复方板蓝根颗粒等，9 月 6 日竣工投产（2016 年 11 月开工建设）。弘电 LCD 模组生产线项目，位于金凯路 112 号现代标准厂房内，总投资 2 亿元，规划建设 12 条液晶显示屏生产线、无尘净化生产车间、海关监管仓、贵重材料仓、研发实验室、仓库等，总建筑面积 1.40 万平方米，1 月 30 日开工建设，9 月 6 日竣工投产。瑞声科技南宁产业园（一期）项目，位于国凯大道二支路，总投资 2 亿元，租用标准厂房 6.20 万平方米，主要生产扬声器、受话器、精密结构件等，4 月 27 日开工建设，9 月 10 日投产运营。南宁宏胜食品有限公司制盖线和水（汽）线生产项目，位于国凯大道 6 号，总投资 8715 万元，10 月 30 日竣工。广西医疗器械检测中心项目，位于国凯大道 19 号金凯工业园 13 号楼，由自治区食药监管局与经开区合作共建，拟建 EMC（电磁兼容性）实验室等通用实验室 5 个、专业实验室 10 个（一般实验室 5 个、重点实验室 6 个、特殊实验室 4 个），建设规模 11.20 万平方米，总投资 1.30 亿元，2 月 28 日开工建设，至年末 EMC（电磁兼容性）实验室完成建设，厂房改造完成工程进度 90% 以上。鼎川 LCD 触碰屏贴合及周边电子部件生产制造项目，位于明阳工业区，总投资 2 亿元，其中固定资产投资 1.50 亿元，规划建设液晶显示屏（LCD）触碰屏贴合生产线 4 条、电子线材生产线 8 条、设备加工中心线 4 条、印刷开关生产线 1 条、触碰贴屏生产线 4 条，8 月 15 日开工建设。南宁空港科技产业园项目，位于吴圩镇，占地 4.92 万平方米，规划总建筑面积 10.40 万平方米，总投资约 3 亿元，9 月 6 日开工建设。广西万利丰科技有限公司年产 3000 万套智能手机终端项目，位于洪胜路 5 号，计划固定资

2018 年 7 月 27 日，广西颐高电子商务产业园在南宁经开区启动　　陈羽　摄

产投资2亿元,主要生产手机、平板电脑、智能手表的主板等,9月6日开工建设。吴圩空港幼儿园(公办)项目,位于吴圩镇光明路,用地1.20万平方米,计划建筑面积7807.53平方米,总投资约4500万元,10月30日开工建设。

【产业发展】 2018年,南宁经开区有15家企业达到大型企业标准,其中建筑业1家、批发零售业10家、服务业4家。生物医药、食品加工、机械装备制造三大主导产业完成规模以上工业总产值164.78亿元。列入自治区层面、市级层面统筹推进重大项目19项。列入自治区层面统筹推进的重大项目有南宁海王健康生物科技有限公司保健品生产项目、南宁生物医药产业园二期基础设施建设工程、北部湾航空基地建设项目(一期)等5个,列入市级层面统筹推进重大项目有瑞声科技南宁产业园、民生电商(南宁)现代金融物流产业园项目、弘电LCD模组生产线项目、南宁空港经济区二期基础设施项目、吴圩空港经济区开发建设工程配套路网建设项目、南宁研祥智谷项目等14个;完成投资21.15亿元。列入自治区相关领导联系重大项目有南宁空港经济区规划建设项目1个,列入市级相关领导联系重大项目有瑞声电子南宁产业园、南宁海王健康生物科技有限公司保健品生产项目、研祥智谷项目等7个;总投资112.14亿元,完成投资10.24亿元。新增规模以上工业统计企业13家;有高新技术企业68家。"研祥创e谷"获评为市级众创空间,引进32家企业入驻运营;联讯U谷科技服务业集聚区通过市级认定为南宁市科技服务业集聚区。广西纵览线缆集团有限公司"纵览"牌聚氯乙烯绝缘电缆电线、纵览牌电缆,广西佳利工贸有限公司"八桂"牌塑料板、管、型材,广西八桂塑胶有限公司"桂标"牌塑料板、管、型材,广西辽大饲料集团有限公司"辽大"牌鱼配合饲料、展丰牌鱼配合饲料、辽大牌猪配合饲料,南宁耀天新材料技术有限公司"耀新"牌电缆保护套管,广西送变电建设有限责任公司铁塔厂"壮峰"牌输电线路铁塔产品获自治区实施质量强桂战略工作领导小组办公室、自治区质量技术监督局授予"广西名牌产品"称号。

【吴圩空港经济区】 吴圩空港经济区隶属南宁空港经济区,依托南宁吴圩国际机场建设,面积120平方千米,发展航空工业、电子信息、生物医药、新材料、先进装备制造业为主的临空高新技术产业。2018年,吴圩空港经济区建成道路33.60千米、雨水管网24.80千米、污水管网22.80千米、自来水供水管网10千米、燃气管网17千米,道路骨架初步形成;康宁水厂、明阳水厂建成使用,吴圩镇污水处理厂、垃圾中转站、消防站等公益性服务设施完成建设投入使用。累计有唯品会东盟电商现代物流中心、南宁庞博生物工程有限公司年产2000吨食品级生物酶产品及酵素保健产品生产基地、平安现代电商产业、南宁邮政陆运中心、南宁顺丰创新产业基地、民生电商(南宁)现代金融物流产业园、广西桂宁电器设备有限公司高低压电器成套设备生产等产业项目落户吴圩空港经济区,项目总投资48.90亿元。

(冯梅丽)

广西—东盟经济技术开发区

【概　况】 广西—东盟经济技术开发区与南宁华侨投资区、广西国营武鸣华侨农场实行三块牌子、一套人员的管理模式,2013年3月国务院批准升级为国家级经济技术开发区。2018年,区域总面积180平方千米;有农业单位10个,生产队118个,社区2个,总人口8.50万人,其中归侨、侨眷7700余人,是全国归侨、侨眷最集中的聚居地之一。实施产业链精准招商,推动项目建设,优化政务、市场、设施等营商环境,实现累计入驻企业968家;工业企业339家,其中规模以上工业企业113家;财政收入12.94亿元,增长11.57%;固定资产投资增长11.54%;实际到位内外资82.46亿元,增长20.10%,其中利用外资完成8953万美元,增长62.78%;外贸进出口总额25.37亿元、增长20.84%;其他营利性服务业收入216.90万元,增长28.27%;社会消费品零售总额4.55亿元,增长10.8%。获"全国侨联系统先进组织"称号。

广西—东盟经开区管理委员会(南宁华侨投资区管理委员会)为南宁市人民政府派出机构,与党工委及广西国营武鸣华侨农场合署办公,正处级,设党政办公室、人力资源和社会保障局(与人才交流服务中心、社会保障管理服务中心合署办公)、纪检监察局、财政局(与国库集中支付中心合署办公)、经济发展局(与统计普查中心合署办公)、投资促进局、城市和农林水利局(与动物卫生监督所、林业工作站合署办公)、建设局(与建设工程质量监督分站合署办公)、规划管理局、安全生产监督管理局(与安全生产监察大队合署办公)、社会事务管理局、食品药品监督管理局(与食品药品稽查大队合署办公)、卫生和计划生育局(与疾病预防控制中心、人口和计生服务所合署办公)、教育文体局、党群侨务局、绩效考评和督查局、行政审批局、审计局(评审中心)、房屋征收补偿和征地拆迁办公室、土地储备中心、城市管理综合行政执法队、市政环卫管理站、机关事务管理局,机关公务员编制(含纪检组)90名,在编78人;参照公务员法管理事业单位9个,编制102名,在编74人;直属事业单位9个,编制58名,在编46人。主要存在稳增长基础不够牢固,新动能培育成效不够明显,现代服务业虽有发展但贡献率偏小;招商引资、征地拆迁、筹融资难度大等问题。

【营商环境优化】 2018年,广西—东盟经开区投入资金200万元完成政务中心"一站式"服务升级改造,取消行政许可事项6项、保留88项,保留其他政务服务管理事项78项;377项行政权力事项、公共服务事项实现"最多跑一次"、90项行政权力事项、公共服务事项实现"一次不用跑";网上办事服务平台投入使用,135项事项实现网上申报、预审;受理审批服务事项7264件,按时办结率100%。推进"证照分离"改革试点,办理涉及"证照分离"改革事项行政许可708件。新登记市场主体576户(累计4664户,总注册资本284.24亿元),比上年增长23%。为企业减免企业所得税、增值税等税款7487.83万元,为178家企业兑现扶持资金1.63亿元,为56家企业节约用电成本1333.14万元,为165家企业核拨阶段性降低企业职工基本养老保险费率政策补助资金1103.40万元;拨付高层次人才安家费等专项资金82万元,为企业推荐用工9318人;安排财政专项资金100万元,支持南宁市政府性融资担保体系建设,组织23家企业与7家金融机构召开银企对接会。投入资金3435.54万元完成中心区鱼塘整治暨停车场改造等一批市政设施提升工程;治理、拆除违法建设面积8.19万平方米,清理违法用地面积5.89万平方米,拆除"大棚房"面积5972.50平方米。安排专项资金3625万元推进"美丽里建·宜居乡村"活动,完成里建农贸市场升级改造,完成"改厨改厕"5241户,完成20个村队447盏太阳能路灯安装并投入使用;全面落实河长制,清理拆除网箱1124个、2.30万平方米;投入资金200万元推进农村集中式饮用水水源地规范化建设,辖区集中式饮用水水源水质优良率100%;循环化改造示范试点项目已开工项目29个,年度完成投资8340万元,拨付扶持资金697万元;新增8家企业接入集中供热管网、淘汰燃煤锅炉6台57蒸吨,拨付补助资金364.51万元;环境空气自动监测站正式启用,辖区空气质量优良率95.70%。

【招商引资】 2018年,广西—东盟经开区引进李宁(中国)体育用品有限公司服装、鞋业生产项目、沈阳桃李面包股份有限公司烘焙食品生产基地项目、广西南宁东鑫家居科技有限公司全屋家居定制产业基地等项目44个，总投资26.80亿元，其中超亿元项目7个、超5000万元项目12个；标准厂房租赁面积新增23.30万平方米，厂房空置率下降20%。继续实施招商顾问政策，推介签约徐工集团旗下广西启弘投资有限公司、广西湘恒投资有限公司的2个工程机械再制造项目，签约资金4.50亿元。推进广西科天水性科技产业园项目、南宁教育园区（西片区）基础设施建设项目一期和三期，以及自治区社会化养老服务试点项目——广西和正康乐城二期项目、广西颐养综合服务生态园等自治区层面统筹推进重大项目5个，总投资146.01亿元，年度完成投资76.67亿元；统筹推进广西道能加生物能源股份有限公司年产3万吨环保机制木炭项目、百跃羊乳（南宁）有限公司万吨智能配方羊奶粉生产标准产房项目等市级层面重大项目19个，总投资171.88亿元，年度完成投资17.35亿元。

【项目建设】 2018年，广西—东盟经开区新开工项目71个，在建项目82个，竣工项目52个，其中新开工工业项目41个、在建工业项目47个、竣工投产工业项目37个。完成征地172.50万平方米，拆除房屋2.41万平方米，完成贵阳至南宁高铁、贵港至隆安高速广西—东盟经开区段征拆任务；组织"招拍挂"出让土地26宗，面积84.75万平方米；筹措项目建设资金2.55亿元。南宁侨虹新材料有限公司新材料生产及迁建项目完成投资1.50亿元、广西志盛新创食品有限公司年产12万吨乳酸菌饮料及绞股蓝保健饮品建设项目完成投资约5200万元；广西科天水性科技产业园项目总投资28.90亿元，年度完成投资5.52亿元，其中无毒全屋定制家具厂竣工投产，其余项目在建；南宁市第十人民医院门诊综合楼项目年内完成投资8135万元，主体结构封顶；南宁三祥热电有限公司热电联产项目、广西—东盟经开区新建社会福利院和养老服务中心项目竣工投产。

【产业发展】 2018年，广西—东盟经开区有工业企业339家，其中规模以上工业企业113家（正常生产94家）。有食品加工企业65家，其中规模以上企业26家，产值占工业总产值45.74%；生物医药企业24家，其中规模以上企业7家，产值占4.21%；机械制造企业89家，其中规模以上企业22家，产值占20%；家具及木材加工和木、竹、藤、棕、草制品业企业31家，其中规模以上企业13家，产值占5.52%；皮革、毛皮、羽毛及其制品和制鞋企业6家，其中规模以上企业1家，产值占0.88%；纸品及其他企业124家，其中规模以上企业46家，产值占23.65%。新增有效发明专利36件，总数130件，增长38.29%；转化科技成果3项。广西大海阳光药业有限公司被国家知识产权局评为国家知识产权优势企业培育单位；广西商大科技股份有限公司、南宁多灵生物科技有限公司、广西金臣科技有限公司被自治区知识产权局评为自治区知识产权优势企业培育单位；广西商大科技股份有限公司等11家企业被自治区科学技术厅评为科技型中小企业。南宁多灵生物科技有限公司"国家级民族医药众创空间"入驻科研团队（企业）60个（家）；南宁智源科技企业孵化器升级为自治区级科技企业孵化器，入孵企业35家；广西谛恒生物能源投资有限公司"自治区级高效节能润滑与密封新材料众创空间"入驻科研团队（企业）32个（家）；广西—东盟经开区农业科技园区在2018年自治区第四批新增建设的10家农业科技园区监测评价中排名前列；广西宏泰水泥制品有限责任公司的环形混凝土电杆获"广西名牌产品"称号，名牌产品保有量12个。

【现代特色农业示范区建设】 2018年，广西—东盟经开区有现代特色农业示范区4个，其中自治区级示范区2个［广西—东盟经开区宁武都市农业（核心）示范区、广西—东盟经开区特色农业核心示范区］，县级示范区1个（广西—东盟经开区武帽农场西甜瓜产业示范区），在建示范区1个（广西—东盟经开区沃柑产业核心示范区）。示范区总规划面积75.73平方千米，建设面积16平方千米。示范区辐射、带动周边乡镇1000余户农户参与产业化经营，其中沃柑产业核心示范区农民人均可支配收入1.96万元，比所在乡镇农民人均可支配收入高30.40%；现代特色农业核心示范区带动153户贫困户参与种植，贫困户人均增收800元以上。示范区累计投入资金8.40亿元（含历年投资），建设道路59.40千米、水利26.83千米、电网线路9.70千米，山塘（水塘）改造9座；累计流转土地3330公顷，引进种植、养殖、加工企业及农业经济合作组织、科研技术推广单位等37家。

【南宁教育园区西片区建设】 2018年，广西—东盟经开区南宁教育园区（西片区）基础设施及配套设施建设完成投资4.68亿元，累计完成投资12.09亿元。其中：主干道路开工建设13条、25.62千米（其中新庆南路、宝源南路、里建大道东延长线3条道路完成建设，永和南路实现通车），完成投资1.09亿元；配套服务设施完成投资11亿元，其中6条电缆管沟、配套医院、里建湖水系开工建设（中水回用项目竣工）。筹措建设资金21.14亿元（上级资金4.47亿元、银行贷款7.10亿元、入园院校缴纳的征地预付款及履约保证金9.57亿元）。新增广西民族大学、广西民族大学相思湖学院入园，累计入园院校11所；广西民族大学、广西民族大学相思湖学院、广西中医学校3所院校开工建设，累计在建院校6所。广西职业技能公共实训基地一期项目投入试运营；配套教师公寓项目绿地东盟国际城完成投资6.90亿元，完成2000套入园院校教职工住房选房认购。

【侨务及涉港澳事务】 2018年，广西—东盟经开区登记涉侨人员2544户7762人，海外、中国港澳地区涉侨人员965人，华侨华人及港澳同胞投资企业4家。安排专项资金19.68万元慰问困难归侨侨眷、侨务工作积极分子，资助困难侨眷学生等；接待中国侨联、香港邦加校友会等调研考察联欢21批678人次。百威英博啤

2018年12月19日，广西职业技能公共实训基地（一期）投入试运营，投资5.72亿元，建筑面积7.60万平方米　　蓝必祠　摄

酒(南宁)有限公司获“广西五一劳动奖”。

【社会事业发展】 2018年,广西—东盟经开区民生支出4.11亿元,占一般公共预算支出58.98%。发放城乡最低生活保障金99.12万元,受惠1805人次;发放特困人员救助金9.34万元,受惠9人次;发放城乡低保、特困人员临时价格补贴0.58万元,受惠284人次;发放城乡医疗救助金7.02万元,受惠14人次;发放优抚对象足额恤金、生活补助44万元,受惠156人次;发放军队退休干部、军烈属、参战退役军人、老战士、伤残军人、驻地消防武警部队等慰问金及物资价值50.05万元,受惠721人次;发放现役义务兵家庭优待金78.78万元,受惠36户次;发放退役士兵自主就业金8.10万元,受惠9人次;发放孤儿养育金1.92万元,受惠2人次;发放困难残疾人护理补贴4.36万元,受惠873人次;发放重度残疾人护理补贴16.05万元,受惠3209人次;发放高龄补助金143.86万元,受惠5474人次;发放教育资助金77.07万元,惠及学生1051人次。参加城乡居民医疗保险2.53万人,家庭医生签约率46.58%。安排专项资金338万元对口帮扶邕宁区、定点帮扶武鸣区贫困村发展和建设,安排资金158万元帮扶辖区那珠管区困难群众;棚户区改造住房开工建设663套,完成各类型公共租赁住房分配入住2932套。华侨农场综合改革第二批“农改搬迁”完成安置1239户,交付使用安置房1483套。

(邓秋秋　陆金宝　蒙　昕)

南宁六景工业园区

【概　况】 南宁六景工业园区2002年创建,2006年3月被国家发展改革委批复为自治区级开发区。位于横县六景镇;2013年,那阳工业集中区并入南宁六景工业园区。2018年,实现新增规模以上工业企业3家(广西嵘兴中科发展有限公司、广西桦东木业有限公司、广西达瑞斯工程机械设备有限公司),累计规模以上工业企业50家,园区总面积3540万平方米,人口1.30万人。工业总产值175.20亿元,比上年增长10.17%,其中规模以上工业总产值165.85亿元,增长5.81%;财政收入6.32亿元,增长47.66%;固定资产投资16.23亿元,下降57.04%;项目实际到位资金(自治区内境外)23.02亿元,下降8.41%;签订投资项目13个,总投资27.18亿元,下降8.91%。南宁六景工业园区管理委员会为正科级事业单位,设党政办公室、财政局、经济发展与社会事务局、规划建设局、招商局、那阳集中区办公室6个局(室),编制52名,在编41人。主要存在土地存量不足,用地指标紧缺,影响项目开工建设;受资金缺口大、融资困难等限制,基础设施建设相对滞后等问题。

【营商环境优化】 2018年,六景工业园优化营商环境,深入企业帮扶指导;组织金融机构与企业召开政银企座谈会5场次,搭建政银企沟通平台,破解企业融资难题;推进园区国家第二批增量配电业务改革试点,与南方电网、南宁电厂等合作方达成协议,推进合资公司组建等工作,组织29家企业取得市场准入并注册成功,有23家企业参与10千伏大工业企业市场电力交易,累计交易电量7850.40万千瓦时,为企业降低用电成本600多万元。园区基础设施完成投资1200万元,“三纵三横”(经一路、经二路、经三路、纬二路、纬四路、纬七路)基本建成并投入使用。5月,园区科技企业孵化中心设立中国科技开发院广西分院横县科技服务站、横县知识产权综合服务中心,与横县职教中心、邮政银行横县支行等单位建立战略合作关系,为入驻企业提供一条龙综合服务。

【招商引资】 2018年,六景工业园签约招商引资项目13个,签约总投资27.18亿元,其中进驻标准厂房4个,租赁标准厂房面积2.22万平方米,总投资2.33亿元。分别是年产360万平方米安全节能玻璃生产项目,租赁广西凯威铁塔有限公司轻钢结构标准厂房1.39万平方米,投资8000万元;年产1.50万吨预糊化淀粉生产项目,租赁港景科技园轻钢结构标准厂房2300平方米,投资5200万元;年产1.44万吨食品生产基地项目,租赁春江产业园标准厂房5000平方米,投资5000万元;年产8000台智能温度阶跃储热式太阳能热水器项目,租赁和凯科技园标准厂房,投资5100万元。其他工业项目9个,总投资24.85亿元,分别是活性炭生产项目,投资8000万元;建筑类铝合金模板生产项目,投资5500万元;年产5万吨柴油车尾气处理液项目,投资5000万元;年加工3000吨生活用纸项目(凤派),投资3000万元;年加工3000吨生活用纸后加工项目(和顺),投资3000万元;广西云燕特种水泥建材有限公司特种水泥生产线异地搬迁改造项目(新建白水泥项目)以及升级改造云燕公司硫铝酸盐及其他特种水泥生产线,总投资5.50亿元;东莞市东糖集团有限公司投资建设的无元素氯漂白及产业转型升级技术改造工程项目,总投资12亿元;广西金鲤水泥有限公司投资建设的石灰石皮带输送技术改造工程项目,总投资3.24亿元;广西固体废物(危险废物)处置中心扩建工程项目,总投资1.66亿元。

【项目建设】 2018年,六景工业园完成项目建设投资11.08亿元,其中预备项目6个,开工项目2个,在建项目10个,竣工项目4个。4月27日,横县漓源粮油饲料有限公司年产36万吨生物饲料、4万吨预混合饲料生产项目开工建设,计划总投资1.61亿元。5月18日,景典装配式建筑产业基地项目竣工,占地22.67万平方米,累计投资2.50亿元,建设标准厂房7.20万平方米,建成钢结构构件(PS)和混凝土构件(PC)装配式体系生产线及日产100多立方米混凝土搅拌站等配套设施,具备年生产10万吨钢结构部件、15万立方米混凝土构件及年产2万套集成卫浴生产能力。7月28日,广西金鲤水泥有限公司石灰石皮带输送技术改造项目开工建设,计划总投资3.24亿,建设皮带输送工程(云表马壮山矿区—横州镇周

2018年4月27日,横县漓源粮油饲料有限公司年产36万吨生物饲料、4万吨预混合饲料生产项目开工建设　阮玲玲　摄

塘村金鲤水泥厂,长度18千米)。8月29日,南宁市圣大纸业有限公司年产5万吨高级生活用纸项目(二期)竣工;总投资1.50亿元的双胞胎集团西南区域总部基地暨年产24万吨饲料和年产6万吨预混合饲料生产项目竣工。10月30日,总投资8000万元的广西龙玻节能玻璃科技有限责任公司年产360万平方米安全节能玻璃项目竣工。

【产业发展】 2018年,六景工业园有企业107家,其中规模以上工业企业50家,实现工业总产值175.20亿元;电力化工、机械装备制造、造纸及纸制品、建材、农林产品加工五大支柱产业总产值165.85亿元,占园区工业总产值94.66%。国电南宁发电有限责任公司、广西金龙钛业股份有限公司等电力化工产业重点企业10家(规模以上工业企业8家),产值41.11亿元,与上年持平;广西景典钢结构有限公司、广西南宁都宁通风防护设备有限公司等机械装备制造产业重点企业18家(规模以上工业企业6家),产值27.29亿元,增长4.52%;广西永凯糖纸有限责任公司、广西天力丰生态材料有限公司等造纸及纸制品产业重点企业26家(规模以上工业企业16家),产值21.63亿元,增长41.04%;广西金鲤水泥有限公司、广西德源冶金有限公司等建材产业重点企业17家(规模以上工业企业9家),产值37.61亿元,增长14.84%;广西立盛茧丝绸有限公司、广西广联饲料有限公司等农林产品加工产业重点企业18家(规模以上工业企业8家),产值30.81亿元,增长12.13%。

(阮玲玲)

南宁仙葫经济开发区

【概　况】 南宁仙葫经济开发区1994年4月创建,2006年3月获国家发展改革委批复为自治区级开发区;地处民族大道东段,分为五合工业园、五合大学城、伶俐工业园区、中国—东盟(南宁)现代农业园、二塘工业园5个园区。2018年,区域面积162.93平方千米(土地行政区域面积96.17平方千米),其中重点开发面积66.35平方千米;有社区居委会7个、村民委员会1个,人口13.28万人(常住人口7.88万人、流动人口5.40万人)。有重点企业29家,其中规模以上工业企业12家,规模以上工业总产值11.50亿元、比上年增长28.76%,规模以上工业增加值2.44亿元、增长33.10%;固定资产投资23.79亿元,增长12.02%,限额以上社会消费品零售总额7.52亿元,增长10.50%。

南宁仙葫经济开发区管理委员会为正科级参照公务员法管理的事业单位,设党政办公室、投资促进局、经济发展局、住房城乡建设和安全生产监督管理局、城乡管理与执法局、社会事务管理局6个局(室),编制38名,在编33人。下辖人口和计划生育服务所、财政所(原为财政稽查队)、劳动保障事务所、工业园区管理办公室、征地拆迁补偿办公室(原为青秀区鱼种技术推广服务站)、城乡管理办公室(原为青秀区林果苗技术推广服务站)6个事业单位,编制75名,在编57人。主要存在工业产值增长乏力,在建项目少,投资不足,工业投资总体形势较严峻,工业企业技术改造投资意愿减弱;开发区无自有财力,基础设施资金缺口大,融资平台不足、引资力度弱影响开发进程;安置工作繁杂、工作量大、业务性强,办理周期较长,农民意见大,长期没有明确安置模式,农民急需指导和加快落实安置进程等问题。

【营商环境优化】 2018年,仙葫经开区引导周边乡镇农民就近就业,为企业入驻投产服务。盘活辖区内可利用的土地、物业资源,利用农村三产用地、安置地、开发区零星的存量土地和房产,引进占地不大、适应市场能力强劲的企业参与乡村开发。伶俐工业园区加快路网、给水厂、污水处理厂、供电、通讯等基础设施建设。

【招商引资】 2018年,仙葫经开区工业园区围绕"装配式建筑、铝精深加工、新能源汽车、通用航空"4大产业定位,抓好招商引资,引进项目4个,计划总投资17.60亿元。其中:广西建工集团建筑材料智能生产项目占地9.18万平方米,计划投资4.70亿元;广西建工集团第一安装有限公司智能制造项目占地1.33万平方米,计划投资5.60亿元;广西超大运输集团有限责任公司南宁伶俐物流中心项目规划总用地30万平方米,计划投资4.30亿元。

【项目建设】 2018年,仙葫经开区有征地拆迁项目35个,规划用地面积485.80万平方米,完成征地面积65.79万平方米,让地施工130.53万平方米,房屋拆迁面积2.31万平方米、租地7.47万平方米。有建设项目7个,其中新开工项目1个,在建项目2个,竣工项目4个,计划总投资59.31亿元(实际完成21.50亿元)。广西景和停车设备有限责任公司停车设备生产项目,位于青秀区柳南高速以北,2015年12月开工建设,占地2.13万平方米,建筑总面积3.06万平方米,计划投资1.60亿元,累计完成投资1.32亿元。斐讯通信南宁产业生产基地,位于五合工业园区,2014年6月开工建设,占地18.87万平方米、建筑总面积119.15万平方米,计划投资40.76亿元,累计完成投资6.47亿元;项目一期2号仓库、食堂完成主体建设,1号仓库、1号厂房基本建设完成。广西美斯达履带移动破碎筛分设备项目,位于青秀区天合路北面,9月6日竣工投产,占地2.88万平方米,建筑面积2.29万平方米,总投资3.30亿元。广西谊科建筑技术发展有限公司年产50万平方米建筑铝合金项目,租用广西超大运输集团有限责任公司南宁伶俐物流中心7号2万平方米标准厂房,9月开工,占地80万平方米,建筑面积8.31万平方米,总投资5亿元,年内项目完成注册,进入试生产阶段。南宁生源中药饮片有限责任公司生源中药饮片项目,位于伶俐工业园区,9月开工,占地1200平方米,租用广西超大集团标准厂房7栋,建筑面积6600平方米,总投资550万元,年内基本完成厂房装修,开始局部试生产。广西超大运输集团有限责任公司南宁伶俐物流中心,位于伶俐

2018年12月26日,南宁师范大学(五合校区)举行更名揭牌仪式　仙葫经开区管委会提供

工业园区,2015 年 3 月开工,规划用地面积 30 万平方米,分两期建设,项目累计完成投资 2.10 亿元,7 号通用仓库完成建设,占地 1.89 万平方米。广西建工集团第一安装有限公司智能制造项目,位于伶俐工业园区,占地 1.33 万平方米,建筑面积 8.31 万平方米,9 月竣工,实际完成投资 5.60 亿元,年内完成总产值 3.97 亿元。

【五合大学城】 2018 年,五合大学城规划面积 21.50 平方千米,办学总规模 10 万人,有院校 9 所。其中:南宁市第六职业技术学院在校生 4330 人,开设信息技术、商贸、旅游、财经、文秘、机电、艺术 7 大类 27 个专业方向,计算机及应用、文秘、电子商务、会计专业为自治区级示范专业;广西中医药大学在校师生 1.37 万人,开设针灸推拿学、壮医学、临床医学、口腔医学、康复治疗学、医学检验技术、护理学、中药学类、药学类、临床药学等专业;广西中医药大学赛恩斯新医药学院在校师生 1.05 万人,设医学系、医学技术系、护理系、药学系、公共管理系 5 个系部,开设中医学、针灸推拿学、护理学、中药学、药学、药物制剂、康复治疗学、医学检验技术、医学影像技术、口腔医学技术等 12 个专业;广西政法管理干部学院在校师生 8640 人,开设行政执行、贸易法律及应用、涉外法律及应用、东盟法律及应用、社区管理与服务、营销与策划、计算机网络技术等 39 个专业;广西法官学院在校师生约 5200 人,主要负责组织国内法官教育培训和开展援外法官研修、组织学术研讨、学术论文评比、其他有关法官培训工作;广西外国语学院在校师生 1.57 万人,有 11 个教学单位,开设泰语、越南语、柬埔寨语、印度尼西亚语等 30 个本科专业;广西师范学院在校师生 1.57 万人,开设哲学、经济学、法学、教育学、文学、历史学、理学、工学、管理学、艺术学等 10 个学科门类、本科专业 66 个;广西二轻高级技工学校在校师生约 2500 人,开设工艺美术、酒店服务、数控加工、电气自动化设备安装与维修、汽车维修、制冷设备运用与维修、计算机应用、幼儿教育等专业;广西检察官学院(培训基地)举办培训班约 60 期,培训 5000 多人次。 (冯钰舒)

南宁江南工业园区

【概 况】 南宁江南工业园区前身是 2003 年 7 月创建的南宁经济技术开发区铝工业园区,2006 年 3 月更名南宁江南工业园区,4 月升格为自治区级开发区。分沙井分区、富宁经济园、石柱岭铝加工产业园 3 个区块。2018 年,工业总产值 602.51 亿元,比上年增长 22.07%,其中规模以上工业总产值 598.49 亿元、增长 23.10%,规模以上工业增加值 104.77 亿元、增长 17.70%;财政收入 9.85 亿元,增长 12.70%;因统计口径改变,固定资产投资 60.57 亿元、增长 67.37%,其中工业投资完成 6.19 亿元,增长 4.43%。

南宁江南工业园区管理委员会为正科级参照公务员法管理事业单位,与南宁江南工业园区党工委合署办公,设党政办公室、财政局、建安管理局、经济投资促进局、社会事业局 5 个局(室),编制 25 名,在编 25 人。主要存在房地产项目投资放缓,工业项目后续支撑乏力,标准化厂房招商去库存压力大;受优惠政策、部分优质企业外迁等因素影响,税收收入下降幅度大等问题。

【营商环境优化】 2018 年,江南工业园区完成市政基础设施投资 11.24 亿元,下降 14.20%。完善园区市政道路路网建设,推进沙井片区城市支路东西向、南北向贯通,完善壮锦大道东西片区路网建设,完成 9 条道路 9 千米污水管网建设;配合供电部门完成清川 07 线、清川 08 线(110 千伏清川变电站至仁和路段)建设,配合推进 110 千伏苏坡变电站及配套管网建设;配合南宁市建设城市天然气输配接收系统,完善燃气供应管网。

【招商引资】 2018 年,江南工业园区新建成标准厂房 10 万平方米,新增入驻富宁标准厂房、泉港电子信息标准厂房、广西—东盟国际医疗健康电子信息科技综合产业园、产投江南企业公园标准厂房企业 83 家(电子信息产业及配套 46 家、医疗健康产业 25 家、农业产业 5 家、其他产业 7 家),认购面积 8.26 万平方米。引进重大项目 2 个。其中:南宁红星美凯龙世博家居博览中心项目预建设 16 万平方米商业综合体,占地 4.59 万平方米,计划总投资 10 亿元;路远智能装备产业园项目设计建设年产 1000 台自动贴片机异地技术改造项目,占地 21.33 万平方米,计划总投资 12.52 亿元。

【项目建设】 2018 年,江南工业园区新开工建设项目 4 个,完成投资 21.54 亿元;在建项目 25 个,完成投资 29.35 亿元;竣工项目 2 个,完成投资 0.22 亿元。其中自治区重大项目 2 个,市级重大项目 7 个。新开工建设项目:新开泉港电子信息标准厂房二期、万科悦江南、美林湾、八桂绿城·富康园二期房地产项目。竣工项目:银江智慧展厅,位于下津路 8 号,展厅面积 400 平方米,投资金额 300 万元;海吉星 · 食博城佳信广场 A 座,位于壮锦大道 16 号海吉星物流中心。8 月 18 日,融晟海悦城 · 极地海洋世界开业,位于沙井大道 39 号融晟天河 · 海悦城商业区,总投资 10 亿元,建筑面积 15 万平方米、水体体量 1.50 万立方米,引进极地海洋动物及珍稀鱼类 2 万多尾。9 月 8 日,华南城 1668 广场开业,位于华南城商业区,建筑面积 12 万平方米,是集写字楼、购物中心、影院、餐饮、KTV、酒店为一体的城市综合体,年内有维也纳四星级国际酒店、城盛百汇连锁超市、中影嘉博影城等商家进驻。

【产业发展】 2018 年,江南工业园区重点发展电子信息、铝精深加工产业。有规模以上工业企业 28 家,比上年新增 1 家,完成规模以上工业总产值 598.49 亿元,增长 23.10%。以富士康为龙头的电子信息产业完成工业总产值 489.42 亿元、增长 28.71%,完成进出口总额 57.70 亿美元、增长 28.13%;以南南铝为龙头的铝精深加工产业完成工业总产值 79.59 亿元,增长 2.51%。 (韦 佳)

2018 年 5 月 18 日,江南工业园区银江智慧展厅建设完成　　江南工业园区管委会提供

广西良庆经济开发区

2018 年 5 月 23 日，良庆经开区企业南宁扬翔农牧有限公司饲料项目开业典礼

黄文艳　摄

【概　况】 2007 年 3 月南宁市大沙田经济开发区、邕宁沿海经济走廊开发区整合成立广西良庆经济开发区，为自治区级开发区。2018 年，区域面积 2.49 平方千米，分 5 个区块：区块一面积 0.08 平方千米，东起青龙岗墓园，南靠五象大道，西至东风路，北临邕江；区块二面积 0.38 平方千米，东起青龙岗墓园，南靠五象岭，西至东风路，北临五象大道；区块三面积 0.81 平方千米，东起良庆区玉洞村了蕾坡，南靠南坛高速公路，西至良庆区玉洞村蕾扫岭，北临建业路；区块四面积 1.15 平方千米，东起华兴路，南靠云桂铁路花油山隧道，西靠良庆区平乐村削济山、大刀岭，北临南宁市平乐水泥厂；区块五面积 0.07 平方千米，东起华兴路，南至良庆区平乐村亭子岭，西靠良庆区平乐村削济山、大刀岭，北临云桂铁路花油山隧道。有规模口统计企业 63 家，实现规模以上工业总产值 121.22 亿元，规模以上工业增加值 37.36 亿元；完成工业投资 11.27 亿元；财政收入 6.06 亿元；自治区外境内到位内资 70.62 亿元，实际利用外资（全口径）1.30 亿美元。

广西良庆经济开发区管理委员会为良庆区政府派出机构，副处级，与良庆经开区党工委合署办公，设党政办公室、经济发展局、建设局、人事劳动和社会保障局、财政局、招商局、安全生产监督管理局；事业单位 3 个。编制 67 名（行政编 45 名、事业编 22 名），在编 60 人。主要存在受国内外经济下行、原材料制约和劳动力成本上涨等影响，园区企业减产、停产较多；受征地、报建审批、土地平整成本高等影响，部分项目未能按期开工建设；企业体量较小，企业产品附加值不高，市场占有率较低，整体竞争力不强等问题。

【营商环境优化】 2018 年，良庆经开区大沙田供水公司那马供水扩建工程、银海大道供水主管网建成使用，日供水量由原来不足 3 万立方米增至 13 万立方米，满足园区企业项目生产生活用水。亮岭路、亮岭一街、亮岭二街道路建成通车。推进国际物流基地西区 15 条 32.20 千米路网工程建设，总投资 13.24 亿元；协调五象供电分局推进园区电网建设，确保园区企业、项目建设等生产生活用电。为南宁华润良庆混凝土有限公司、南宁市富裕达混凝土有限公司等 30 多家企业解决发展中遇到的资金、成本、市场、用工、融资、子女上学等难题；举办“春风行动”招聘会，参加招聘会企业 132 家，提供就业岗位 321 个，到场求职者 4800 多人，达成就业意向 921 人；引导 20 多家企业参加自治区级、市级人力资源举办的招聘会 4 场次。服务协助 8 家企业申报技术创新、标准厂房建设等，获财政扶持资金 416.63 万元。引导广西方略药业集团有限公司、广西昌弘制药有限公司等 12 家老企业利用原有厂房空间实行“零土地”技术改造（工业企业在不新增用地的前提下扩建、改建、单纯购置等技术）；推动德桑（南宁）电子有限公司、广西南国金属材料有限公司和广西南宁德致药业有限公司 3 家老企业利用闲置厂房 1.10 万平方米改造成标准厂房出租招商转型升级。引进南宁珀源能源材料有限公司、广西桂润环保科技有限公司新兴产业项目 2 个。

【项目建设】 2018 年，良庆经开区建设项目 10 个（新开工项目 3 个、在建项目 4 个、竣工项目 3 个），其中重点项目 7 个，分别是广西源盛仓储物流股份有限公司南宁现代化建材加工及物流配送中心项目、广西盛东混凝土有限公司年产 20 万吨预拌砂浆 60 万立方预拌商品混凝土生产项目、广西荣华绿色科技有限公司标准厂房建设项目（原中博公司）、南宁瑞康农牧有限公司年产 6 万吨添加剂及 30 万吨乳猪奶粉项目、广西中久电力科技有限责任公司年产 20 万节高品质混凝土电杆和 5 万条电气化铁路混凝土支柱项目、广西钜荣汽车销售服务有限公司良庆区汽车物流中心项目、广西鼎泰顺达顺达实业有限公司标准厂房二期项目。1 月，广西中久电力科技有限责任公司年产 20 万节高品质混凝土电杆和 5 万条电气化铁路混凝土支柱项目开工建设，占地 6400 平方米，计划投资 1.30 亿元。5 月 23 日，南宁扬翔农牧有限公司饲料项目开工建设，占地 2.33 万平方米，总投资 1.60 亿元。8 月 28 日，广西鼎泰顺达顺达实业有限公司标准厂房二期项目开工建设，面积 6667 平方米，计划投资 1 亿元。12 月 26 日，广西金富弘投资有限公司年产 430 台全液压凿岩机械设备项目开工建设，占地 4.72 万平方米，计划投资 2.03 亿元。7 月 24 日，南宁瑞康农牧有限公司年产 6 万吨添加剂及 30 万吨乳猪奶粉项目竣工投产，占地 2.31 万平方米、投资金额 1.60 亿元；南宁品真科技有限公司临床医学检验设备及器械开发制造项目二期竣工投产，占地 1.01 万平方米、投资金额 2.10 亿元。10 月 29 日，广西石埠乳业有限责任公司 10 万吨蛋白饮料及谷物饮料生产加工迁建项目竣工投产，占地 3.20 万平方米，投资金额 1.60 亿元。

【产业发展】 2018 年，良庆经开区形成有色金属深加工、机械制造、建材、农副产品加工、医药等主导产业，实现规模以上工业总产值 121.22 亿元，规模以上工业增加值 37.36 亿元。新增产值超亿元强优工业企业 16 家，其中新增产值 1 亿元～3 亿元企业 9 家（南宁珀源能源材料有限公司、广西恒得润生物科技有限公司、南宁华润良庆混凝土有限公司、广西南宁沧海钢材有限公司、南宁市宏建混凝土有限公司、广西南洋恒信混凝土有限公司、广西盛誉糖机制造有限责任公司、南宁艾格菲饲料有限公司、广西桂润环保科技有限公司），新增产值 3 亿元～5 亿元企业 6 家（广西日星金属化工有限公司、南宁鸿牌饲料科技有限公司、南宁正大畜牧有限公司、南宁大大饲料有限公司、南宁市农利来饲料有限公司、广西旅发铁建商品混凝土有限公司），新增产值 5 亿元～10 亿元企业 1 家（广西百大农业集团有限公司）。新纳入规模口统计企业 5 家，累计 61 家。

（蒋　惠）

责任编辑　唐　娟

城市规划建设与管理

综　述

【城市品质提升】 2018年，南宁市批复实施规划编制项目33个。迎接自治区成立60周年18项重大公益性项目基本建成。交通出行畅通有序，吴圩机场至大塘高速公路、城市东西向快速路、南宁绕城高速西段公路等建成通车，清川立交等一批立交桥建成投入使用，柳南高速新六景郁江特大桥建成通车，综合整治快环交通堵点3个，打通“断头路”4条，完成沿地铁2号线路面修复提升；轨道交通1号线、2号线单日最高客流量突破90万人次，3号线开始联调联试，2号线东延线和4号线、5号线建设进度加快，快速公交2号线开通试运营；凤岭综合客运枢纽站建成运营并实现高铁、公路客运、地铁零换乘。棚户区改造开工建设1.32万套，“老南宁·三街两巷”核心区一期项目主要区域开街，重现“老南宁”青砖、青瓦、青水墙的传统院落和岭南民居以及骑楼建筑形式。新建成管廊13.16千米，地下综合管廊试点建设在全国第二批15个试点城市中获2018年绩效评价结果第一。深化扬尘污染治理，市区空气质量优良率93.40%，“南宁蓝”保持常态。

【城市管理精细】 2018年，南宁市开展城市治理“制度建设年”活动，梳理、完善相关制度文件，构建综合施治、共管共治的城市治理新格局。开展“美丽南宁·整洁畅通有序大行动”，查处“五乱”（乱摆设摊点、乱停放车辆、乱扔弃垃圾、乱张贴广告、乱搭建工地）案件110万起，在80条城市道路推行“以克论净·深度清洁”作业模式，主次干道机械化清扫率90%，道路平均完好率94%；共享单车、网约车规范管理稳步推进；规范停车泊位管理，实现全市一个“二维码”收费；生活垃圾分类及无害化处置全面启动。拆除违法建设面积410.80万平方米，推进房屋使用安全信息化建设，开展电动车停放、仓储物流等11类重点消防安全整治，城市运行安全保障不断强化。“五个礼让”（斑马线前讲礼让、行车会车讲礼让、有序排队讲礼让、乘坐公交讲礼让、乘坐电梯讲礼让）成为文明新风尚。初步通过“国家卫生城市”复审。新型智慧城市建设成效初显，“爱南宁APP”提供便民服务事项超60项，“一码通城”在全国率先实现公共服务多场景互联互通，获2018年中国城市治理智慧化优秀城市奖，南宁作为中国唯一受邀的城市亮相新加坡举办的东亚峰会智慧城市展。“美丽南方”田园综合体项目获第四届广州国际城市创新奖专家推荐城市奖。　（姚宗秀）

城市规划

【概　况】 2018年，南宁市规划管理局设办公室、法规监察科、行政审批办公室、城乡规划编制科、建设用地管理科、重点项目管理科、市政工程管理科、技术管理科、计划财务科、人事科及机关党委；行政编制100名、在编87人，后勤服务人员控制数10名、在编10人。派出机构有兴宁分局、江南分局、青秀分局、西乡塘分局、邕宁分局、良庆分局、高新技术产业开发区分局、经济技术开发区分局、青秀山分局、五象新区分局；直属单位有市规划信息技术中心、市城市规划编制研究中心、市城市规划展示馆、市城乡规划设计研究院、市建筑设计院、市勘察测绘地理信息院、市城市建设档案馆；其他机构有驻市政务服务中心窗口、规划编制办公室。市规划管理局完成规划编制项目29个，获市政府批复实施。其中：控制性详细规划16个，《控制性详细规划修编与城市设计三年攻坚计划》中12个单元控规、《南宁市经济开发区（市属区）及托管区（那洪片区）控制性详细规划》《南宁市五象新区大沙田片区控制性详细规划（修编）》《南宁市青秀区长塘镇控制性详细规划》《南宁市青秀区三塘镇控制性详细规划》；专项规划5个：《南宁市近期建设规划（2016—2020）》《南宁市历史文化名城保护规划》《南宁市城市污水专项规划修编（2015—2030）》《南宁市城市轨道交通线网规划修编》《南宁市第十二届中国国际园林博览会园博园周边交通专项规划》；规划研究及其他类型6个：《南宁市中心城生态安全格局研究及基本生态控制线规划》《快速路与主干路、主干路与主干路立交控制规划研究》《南宁市农院路改造工程规划研究》《南宁市邕宾路上跨贵南客专立交桥工程规划方案研究》《南宁市综合交通年度报告（2017）》《南宁市城市轨道交通调查及客流量预测》；乡镇总体规划报告2个，《青秀区刘圩镇总体规划修改论证报告》《青秀区长塘镇总体规划修改论证报告》。提出邕江两岸城市设计品质提升方案；制定景观桥梁、通用设施、滨水步道、灯具方案等专项规划、设计标准；提供规划审批服务，完成重点方案审批；成立监督工作组，全程跟踪邕江两岸项目进展。通过减少工程许可前置条件、推广分段审批经验、取消城市规划综合技术服务费、取消投资项目总平面图审定环节等，深化规划审批制度改革；加强地方立法，配合完成《南宁大明山管理条例》《南宁大王滩国家湿地公园保护条例》审议修改、专家论证，开展《南宁市违法建设查处条例》《南宁市历史文化街区保护管理条例》《南宁市城乡规划管理若干规定》立法评估；加强办理行政复议和诉讼案件、信访等，依法办理行政复议案件9件、行政复议申请2件，收到并办理信访件195件，办理人大代表议案和建议43件、政协提案80件，答复率100%，满意率100%；通过减少环节、缺项办理等，将重点项目总平面图、方案审定时限压缩至5个工作日。市城建档案馆接收纸质档案3.77万卷、市政项目声像档案66个、房建声像档案197个，累计图片2.90万张，视频23小时33分钟。主要问题是南宁市新一轮城市总体规划工作推进存在一定困难和较大不确定性。

【南宁市近期建设规划(2016—2020年)】 2018年6月1日，获市政府批复，市规划局委托市城乡规划设计研究院编制。规划范围分市域和中心城两个层次：市域即南宁市行政辖区范围，总面积2.21万平方千米；中心城即南宁主城区，总面积约300平方千米。近期发展目标：深化城市总体规划提出的城市空间格局，完善各级城镇体系功能布局；中心城完善江北、提升江南，重点向南加快五象新区建设；完善基础设施支撑，推进民生保障建设，改善城乡绿地环境，提升宜居水平，建设“中国绿城”“中国水城”标志性城市。近期重点发展方向仍为向南发展；重点推进蟠龙、玉洞、沙井、龙岗、安吉、相思湖等片区的开发建设；加强城市内部填充开发、精致化建设，集约利用土地，完善凤岭、富宁、仙葫等片区的开发；疏解优化老城区，重点推动快环内的友爱、东沟岭、五里亭、新城、兴宁、亭洪等重点地段的旧城更新改造。近期空间布局结构：继续完善“一轴两带多中心”（“一轴”：以邕江及两岸为发展轴线；“两带”：邕江两侧形成南北城市发展带，北发展带以综合服务、教育研发、高新技术产业、旅游休闲等城市功能为主，南发展带以产业服务、工业及物流等产业功能为主；“多中心”：以城市中心为极核、组团中心为主体、片区中心为骨干、社区中心为基础的多层次、网络型城市公共中心体系）；进一步开发改造邕江两岸，优化沿江产业布局，激发滨水区活力，提高城市生活环境品质；优化南北城市发展带功能，结合更新改造、“城市双修”（生态修复、城市修补），进一步提升江北城市发展带的功能布局，结合五象新区的开发加强江南城市发展带的建设；整合提升旧城中心，以“老南宁·三街两巷”改造为抓手，重点推进老中心区的整合提升；重点推进五象中心建设，结合更新改造，引导疏解旧城的行政办公、文化娱乐等功能至五象中心，形成中心城第三个市级公共中心；完善中心城外围的片区中心与社区中心，重点加强现状建成区外围片区中心与社区中心的建设，提升整个中心城的服务品质。人口规模：2020年市域常住人口约740万人，城镇人口约480万人，城镇化水平65%左右；中心城常住人口规模300万人左右。用地规模：2020年中心城城市建设用地规模约300平方千米，2017年至2020年新增城镇建设用地约12平方千米；近期更新改造用地规模约20平方千米。

【南宁市历史文化名城保护规划】 2018年2月8日，获市政府批复。市规划局委托上海同济城市规划设计研究院编制。规划范围：第一个层面南宁市域：即南宁市行政辖区范围，面积2.21万平方千米，为规划涉及范围；第二个层面中心城区：与《南宁市城市总体规划(2011—2020年)》中确定的中心城范围一致，为规划主要范围，总面积300平方千米；第三个层面历史城区：面积3.08平方千米，为规划重点对象，东至植物路、康乐路、友爱南路、民主路及园湖北路，西至邕江东岸，南至桃源大桥，北至朝阳溪。南宁市历史文化名城定位：南宁是以多时段多类型历史文化遗产为载体，以山水交融的秀丽风光为依托，明清岭南传统风貌与近现代中西合璧风貌并存的壮乡首府和历史文化名城。规划建立市域、历史城区、历史文化街区和各类物质、非物质文化遗产五个层面保护框架。市域保护结构为“两核、一轴、两区”：“两核”即南宁市中心城区和“大明山—清水河”区域两个保护核心；“一轴”即“右江—邕江—郁江”主要保护轴线；“两区”即北部古代遗产区自西向东由隆安县、马山县、武鸣区和上林县组成，南部近现代遗产区自西向东由市区(除武鸣区外)、宾阳县和横县组成。中心城区保护历史城区1处(3.08平方千米)、确定中心城区内历史文化街区4处(“老南宁·三街两巷”、中山路、蒲庙老街和陈东村历史文化街区)，邕江文化线路(中心城区段)、河湖保护带5条，不可移动文物106处，非物质文化遗产48项。历史城区保护规划划定保护整体山水格局：保护南宁多时期城址叠加特点，保持晋代城址所在广西军区的总体风貌；保护宋代城址内风车状街道、五城门、望仙坡(人民公园内)为山体背景的总体城市格局；保护明清城址风车状街道沿江细密的鱼骨状滨江商业网络，多会馆、多城门、多码头的商埠城市格局；保护民国时期多遗迹、多寺庙、多会馆、多码头的沿江商埠城市格局。历史城区环形风貌保护带总长11.40千米，包括朝阳溪、人民公园、宋城城址、晋城城址、邕江沿岸、“老南宁·三街两巷”6段保护带。规划划定“老南宁·三街两巷”、中山路、蒲庙老街、陈东村、宾州古城、雁江古街6个历史文化街区。“老南宁·三街两巷”历史文化街区：核心保护面积7.16公顷，金狮巷、银狮巷、兴宁路、民生路和解放路集中区域；建设控制地带面积11.50公顷，北至人民中路，南至民族大道，西至仁爱路、邕江，东至朝阳路。中山路历史文化街区：核心保护面积6.45公顷，以中山路、邕江宾馆和邕江核心带为主；建设控制地带面积10.12公顷，北至民族大道，南至南环路，西至邕江，东到南环路。蒲庙老街历史文化街区：核心保护面积4.20公顷，以环形骑楼街区域为核心；建设控制地带面积14.60公顷，东至和平二街，南至蒲庙新和平街，西至蒲庙公园东界，北至邕江。陈东村历史文化街区：核心保护面积2.57公顷，以昌督

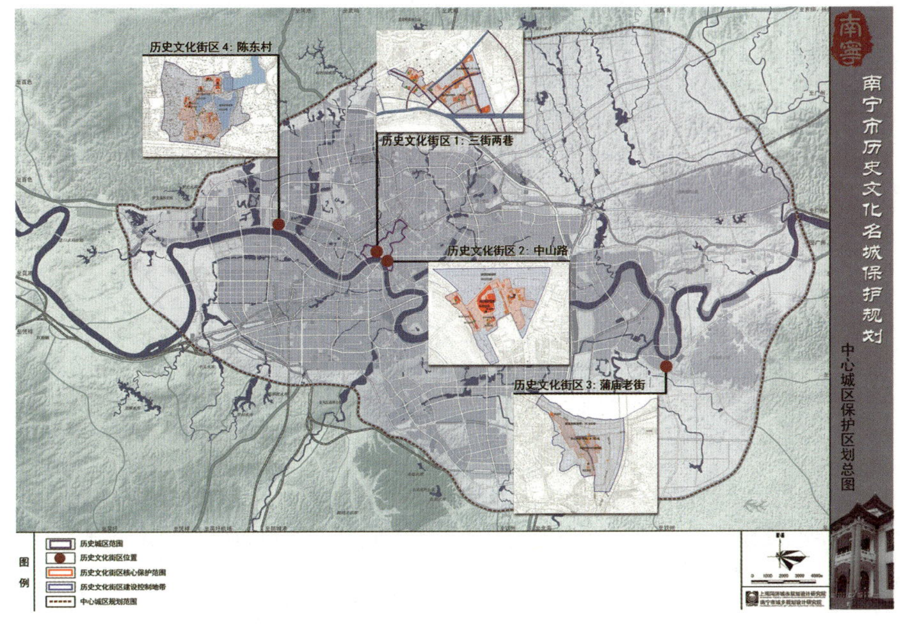

图4 《南宁市历史文化名城保护规划》中心城区保护区划总图

塘为核心的环路围合区域及环路两侧建筑区域;建设控制地带面积7.36公顷,西至陈西村路、北至城市支路、东至陈东村路、南至江北大道之内的区域。宾州古城历史文化街区:核心保护面积12.08公顷,包括南街、内大街、西门街、东门街、外东门街两侧建筑;建设控制地带面积41.90公顷。雁江古街历史文化街区:核心保护面积2公顷,包含隆靖街、仁慈街、富兴街;建设控制地带面积5.86公顷,北至雁江镇中学,西至富兴街,南、东边界至水体。规划确定物质和非物质文化遗产。

【南宁市中心城生态安全格局研究及基本生态控制线规划】 2018年8月28日,获市政府批复,市规划局委托中国城市规划设计研究院编制。规划定位:建设"山水园林城市,生态宜居南宁"。规划范围:南宁市城市规划区,包括兴宁区、江南区、青秀区、西乡塘区、邕宁区和良庆区,面积6559平方千米;重点研究范围为南宁市中心城,包括新环城高速以内及其外侧防护绿带范围,面积963平方千米。总体生态安全格局规划构建城市规划区和中心城两个层次生态安全格局。规划区生态安全格局构建"一轴、一环、五区,多廊道、多节点"山、水、田、城相互交融的生态安全格局。"一轴":"右江—邕江—郁江"生态保育轴(简称"邕江生态轴")。"一环":由南宁外环高速公路森林生态走廊构成的环城生态绿环。"五区":规划区范围内北部水源涵养生态功能区、东部水土保持生态功能区、西部生物多样性保护生态功能区、西南部水源涵养生态功能区和东南部水土保持生态功能区。"多廊道":良凤江生态廊道、八尺江生态廊道、龙潭江生态廊道、左江生态廊道、下楞河生态廊道、义梅河生态廊道、可利江生态廊道、心圩江生态廊道、茅桥河生态廊道、三塘河生态廊道、四塘江生态廊道、沙江生态廊道、伶俐江生态廊道、青龙江生态廊道、马峦江生态廊道、新江河生态廊道、那岳河—新连河生态廊道、那海江生态廊道、康宁江生态廊道等。"多节点":规划区范围内具有重要生态功能的生态节点,包括良凤江国家森林公园、大王滩水库水源保护区(凤凰湖风景区)、五象岭自治区级森林公园、青秀山风景名胜区、天堂岭郊野公园、牛湾郊野公园、红同郊野公园、老虎岭森林公园、扁桃森林公园、罗文森林公园、昆仑关风景区、上江—西云江水库水源保护区、天雹水库水源保护区、峙村河水源保护区、凤亭河水源保护区、屯六水库水源保护区、英雄水库水源保护区、那兰鹭鸟自然保护区、东南山体林地保护区、龙潭水库水源保护区、猕猴自然保护小区、金花茶自然保护小区、三江口保护区等。中心城生态安全格局构建在承接规划区生态安全格局基础上,综合考虑山脉、水系生态骨架和山、水、林、田、湖和绿地斑块、生态廊道等生态景观要素,结合中心城发展格局,通过评价生态连接度,规划生态廊道体系,建设海绵城市,完善城市公园绿地系统,营造景观风貌特色,构筑城市绿道网络,规划城市通风体系等方面,构建中心城综合生态安全格局。基本生态控制线规划提出生态绿楔修复及管控建议、水库型饮用水源地修复及管控建议、内河与百湖修复建议。

【南宁市中心城区兴宁片区XN-02(朝阳路)单元控制性详细规划及城市设计】 2018年3月27日,获市政府批复,市规划局委托市城乡规划设计研究院编制。规划范围:中华路、友爱南路、人民东路、新民路、民主路、友爱南路、民乐路、共和路、朝阳路、人民中路、华强路围合区域,总用地面积1.33平方千米。规划总建筑面积383.90万平方米,其中居住建筑面积162.60万平方米、商业商务(含商务、旅馆、零售等)建筑面积167.90万平方米、其他建筑53.40万平方米。居住总人口规模3.90万人。功能结构为"三心一轴多片区"。"三心":门户中心——依托老火车站和民航大楼、轨道枢纽站布局酒店和办公功能;商务文化中心——依托轨道枢纽站、发挥朝阳广场空间区位优势布局商务办公、文化餐饮娱乐;商业休闲中心——依托现有零售商业规模,塑造商业休闲中心。"一轴":沿朝阳路形成商业轴线,连接火车站、朝阳溪、朝阳广场、悦荟广场等重要节点。"多片区":历史文化商业片区、传统商贸展销片区、东西居住生活片区,兼容商业酒店办公等,逐步过渡。

【南宁市城市轨道交通线网规划】 2018年6月28日,获市政府批复,市规划局委托深圳市城市交通规划设计研究中心有限公司、北京城建设计发展集团股份有限公司编制。核心规划范围包括《南宁市城市总体规划(2011—2020年)》确定的中心城范围,规划建设用地面积约300平方千米;五象新区、吴圩空港经济区、武鸣区、新兴产业园、三四塘片区、蒲庙镇、长塘镇等为城市建设重点谋划区域。规划年限与南宁市城市总体规划保持一致,为2020年。规划推荐的2020年线网方案由7条线组成,线网总长269.40千米。1号线:贯穿城市东西走向的骨干线,服务火车东站,途径西乡塘区、兴宁区和青秀区,联系两大城市中心(朝阳中心、凤岭—埌东中心)和火车东站等重要区域,线路西起石埠站,东至火车东站,长32.10千米,设车站25座,均为地下站,平均站间距1.34千米。2号线:贯通城区南北向的骨干线,与1号线构成"十"字骨架,途经良庆区、江南区、兴宁区、西乡塘区,联系良庆组团、江南组团、中心组团、城北组团,加强五象新中心与旧城中心的联系,线路南起坛兴村,北至西津,长27.30千米,设车站23座,均为地下站,平均站间距1.23千米。3号线:在建线路,南宁市西北—东南方向骨干线,联系城西组团、城北组团、青秀组团、良庆组团,重点加强江北片区与江南五象新区联系,线路北起科园大道站,南至那马镇,长40.20千米,设车站28座,平均站间距1.49千米。4号线:在建线路,邕江南岸一条骨干线,与前三条线构成"井"字形架构,西起相思湖北路,东至龙岗,联系西乡塘组团、江南组团、大沙田成熟片区、五象总部基地、五象火车站、富士康工业园、华南城、龙岗等主要区域,长34.80千米,设车站26座,平均站间距1.42千米。5号线:在建线路,南宁轨道交通线网中的联络线。线路南起与机场线换乘站那丹站,北至三塘,联系江南组团、五里亭片区、友爱片区、城北组团、金桥片区、三四塘片区等区域,长40千米,设车站26座,平均站间距1.60千米。机场线:规划线路(其中玉洞站至火车东站段位于中心城区),南起吴圩国际机场,北至火车东站,联系机场、五象新区、五象火车站、火车东站等重要区域,长46.50千米,设车站15座,平均站间距3.32千米。武鸣线:南起安吉客运站,北至东盟经开区完美世界,联系安吉客运站、伊岭工业园、双桥、武鸣城区、东盟经开区教育园区等区域,长48.50千米,设车站14座。

【规划项目审批】 2018年,市规划局核发《建设项目选址意见书》140份,面积18.39平方千米;核发《建设用地规划许可证》175份,面积17.45平方千米,上报市政府规划选址材料135份;核发储备蓝线图20份,收储用地总面积3.53平方千米,出让用地蓝线图62份,总面积4.05平方千米;推进"三旧"(旧城区、旧城中村、旧厂房)改造项目,核发旧城改造项目蓝线图15份,总用地面积2.20平方千米。建设工程方面,核发规划总平89份(不含市规划分局),建筑单体设计方案217份,建设工程规划许可证944份。市政工程方面,受理道路、桥梁、出入口、电力、管线等建设项目354件,其中市政工程规划许可证254份、市政工程设计条件67份、市政规划总平审定5份、市政工程规划核实77份,按时办结率100%。市规划局所属10个分局核发《乡村规划许可证》75份、《建设用地规划许可证》348份、《建设工程规划许可证》2560份。

(黄剑兰)

勘测

【概 况】2018年，南宁市勘察测绘地理信息院有在职职工566人，退休职工56人，专业技术人员449人(教授级高级工程师3人、高级工程师67人、中级专业职务任职资格175人、初级92人)。承接工程3543项，生产收入超亿元。勘测成果合格率100%，勘测资料归档率100%，勘测产品数字化成图率100%。主要存在因传统专业技术改造、提升新组建专业及团队的资质与实力、产业园建设需要大量资金，传统专业利润下降和短期内新兴专业尚不能带来经济贡献导致资金风险等问题。

【工程地质勘察】2018年，市勘测院工程地质勘察专业承接工程148个(重点工程34个)，完成进尺超过17万米。地质灾害危险性评估项目19个，压覆矿产评估11个、土地复垦1个。完成南宁园博园项目18个展园及配套设施的施工勘察。开展快环综合整治项目(竹岭立交—葫芦鼎大桥)改造工程、那平江河道治理工程、朝阳溪河道综合整治工程。

【基础测绘】2018年，市勘测院完成实景三维建模457平方千米、正射影像图554平方千米、地形图83平方千米、规划核实全景影像制作519个、视频航拍1265千米、建筑立面图测量10.94万平方米、其他定点全景影像图923个。开展南宁市水环境综合治理暨黑臭水体治理18条内河无人机倾斜摄影、地形图生产、正射影像图制作，完成"那平江""竹排冲"2条内河航拍并生产实景三维模型163.38平方千米；制作"那平江""西明江""朝阳溪""心圩江""亭子冲""水塘江""二坑溪"7条内河正射影像图202平方千米；完成"那平江""西明江"2条内河地形图41.64平方千米。服务第十二届中国(南宁)国际园林博览会(南宁园博园)项目，完成定期无人机倾斜摄影5期14平方千米，定期定点全景航拍8期85个全景。

【城市测量】2018年，市勘测院承担测量工程3364个，包括控制测量、地形测量、地下管线测量等。开展南宁轨道交通2号线东延、3号线、4号线、5号线高程和平面控制测量，完成230千米轨道交通二等水准测量，32个首级GPS点测量，192个线路GPS点测量，212个精密导线点测量。开展南宁市朝阳溪河道综合整治工程(市第十三中学—罗伞岭水库)、那平江火车东站片区雨污管网错漏接改造、那平江污水处理厂、五象污水处理厂水质提标及一期扩建工程、三塘河支流整治工程(二期)、南湖汇水片区管网提升改造工程等地形测量。

【地理信息数据生产】2018年，市勘测院统计26个流域片区内市政道路两旁包含的项目名称、地址及权属单位，并提供地图；补充南宁市雨水、污水管网流向数据并出图；结合南宁市房产数据、南宁市1∶500城市地理信息数据，缩编地理信息数据整理出南宁市简略地图。完成编制马里村扶贫专题系列图《上林县塘红乡马里村区位图》《上林县塘红乡马里村村委场地改造项目》《上林县塘红乡马里村航拍影像图》《2017—2018年上林县塘红乡马里村社会经济资源分布图》《2019年上林县塘红乡马里村扶贫项目规划图》《2017年底上林县十四个深度贫困村的基本情况图》及上林县龙贵村、弄陈村、古春村、那良村、绿浪村、东吴村、大浪村、佛子村、马里村、云灵村、新联村、高顶村、耀河村、玉峰村14个深度贫困村专题图。（莫惠荃 刘 容）

2018年11月30日，市勘测院工作人员在进行黑臭水体整治工程污水取样

市勘测院提供

重点工程建设

【概 况】2018年，南宁市城建计划项目913个(建设项目476个、前期项目395个、经费开支项目36个、配套资本金项目3个、教育园区基础设施建设项目专项1个、市政设施维修改造工程专项1个、完工程结算专项资金1个)，计划投资536.70亿元(建设项目483.23亿元、经费开支项目8.42亿元、前期经费3.04亿元、完成工程结算专项资金13亿元、配套资本金29亿元)。完成投资482.25亿元，比上年增长4.60%，完成年度计划99.80%，提高3.08个百分点。自治区、市级层面统筹推进重大项目包括新开工、续建、竣工投产和前期工作(预备)4类546个，总投资5665.62亿元，年度计划投资899.04亿元。其中：自治区层面重大项目90个，投资1982.44亿元，年度计划283.65亿元；市级层面统筹推进重大项目456个，投资3683.18亿元，年度计划投资615.39亿元。自治区、市级层面重大项目完成投资1004.79亿元，完成111.76%，其中自治区层面341.34亿元、完成120.34%，市级层面663.45亿元、完成107.81%。

【重大项目竣工】2018年，南宁市迎接自治区成立60周年重大公益项目有城市东西向快速路全线、凤岭综合客运枢纽站、南宁农产品交易中心、国际会展中心改扩建工程、南宁国际旅游集散中心、"老南宁·三街两巷"历史文化街区等项目投入使用。重大城建项目方面，快环综合整治项目(鲁班立交、邕武立交、友爱立交)、高改快项目(柳南高速改快速路工程、昆仑大道立交、邕武立交、凤岭南立交、玉洞大道立交等)、轨道交通2号线沿线道路维修整治工程、清川立交、沙井大道清川桥底改造及五一路口、南乡路口立交、沙江河快环跨线桥主线等项目通车。自治区层面推进重大项目主要有园博园项目、园博园田园风光区(EPC)公益性建设项目、沙江河流域综合整治PPP工程、广西职业技能公共实训基地(一期)、南宁东盟文化旅游项目、南宁禾田信息港项目竣工。市级层面主要有南宁市图书馆、广西新媒体中心、南宁国际旅游中心、广西国际壮医医院、吴圩机场至大塘高速公路、南湖水质改善项目、市第四中学五象校区、市月湾路小学、五象总部大厦等竣工。

【迎接自治区成立60周年重大公益性项目】 南宁市迎接自治区成立60周年公益性项目18个,计划总投资1076.25亿元。2018年,完成投资212.15亿元,完成117.24%。五象新区总部基地地下空间项目、南宁会展中心升级改造工程、广西国际壮医医院9月投入使用;邕江综合整治工程中心城区段1月26日开放,城市东西向快速路11月30日主线建成通车,邕宁水利枢纽12月5日实现首台发电机组并网发电,园博园项目12月7日开放,市图书馆12月18日开馆,"三街两巷"项目金狮巷银狮巷保护整治改造(一期)工程12月23日开街,南宁农产品交易中心项目(一期)12月29日投入试运营;广西新媒体中心一期工程、南宁国际旅游中心验收交付;沙江河流域综合整治PPP项目、南宁轨道交通建设工程3号线进入调试;南宁市儿童医院完成建安工程70%。 (梁善锋)

城市基础设施建设

【概　况】 2018年,南宁市城乡建设委员会设办公室、计划财务科、政策法规科、建筑市场管理科、科学技术科(工程建设抗震办公室)、建筑产业发展科、公用事业科、村镇建设科、工程管理科、旧区改建办公室、房屋征收计划科、房屋建设质量安全监督管理科、市政设施工程质量安全监督管理科、市建设工程招标投标监督管理办公室、海绵城市和黑臭水体治理办公室、防震减灾办公室、人事科及机关党委;行政编制99名、在编97人,后勤服务人员控制数8名、在编7人;下属单位有南宁市建筑质量安全管理中心(副处级事业单位)、南宁市建筑科学研究设计院(副处级事业单位)、南宁市城乡建设信息中心(副处级事业单位)、南宁市地震监测中心(正科级事业单位)。年内,南宁市推进城市交通设施建设,推进在建轨道交通项目,新建、续建和扩建干道,打通和延伸影响通行的主干道和道路配套设施项目,改造和提升道路风貌。推进跨江(河)桥梁及立交桥建设。推进五象新区建设。柳南高速公路改快速路、南宁城市东西向快速路、南宁吴圩机场至大塘镇高速公路、邕宁区那美大道(玉洞大道—工业规划四路)四条主要干道建成通车,总投资90多亿,全长66.33千米;南宁绕城高速西段公路路面改造、五象大道沿线风貌改造提升、平乐大道精品线路风貌改造提升开工;建兴路、衡阳东路、亭洪路延长线和滨湖北路延长线4条"断头路"打通;轨道交通工程建设完成投资115.83亿元,完成111.80%。主要存在工程项目建设放缓、新开工项目数减少,市政工程参建各方缺乏事中事后监管有力手段、合同履约考评机制不完善等问题。

【主要干道建设】 2018年,南宁市建成通车的主要干道有柳南高速公路改快速路、南宁城市东西向快速路、南宁吴圩机场至大塘镇高速公路、邕宁区那美大道(玉洞大道—工业规划四路)。柳南高速公路改快速路工程9月27日建成通车,总投资10.42亿元,完成投资10.42亿元,起点三岸立交东侧,终点那容互通立交西侧,主线全长11.68千米,双向8车道、设计时速每小时120千米。南宁城市东西向快速路11月30日主线建成通车,总投资50.12亿元,全长13.40千米,分为东西两段,东段为厢竹大道至园湖路,西段为园湖路至清川大道,全线从清川大道向东,穿过陈西陈东村,跨大化路、心圩江、鲁班路、明秀西路到中华路,接着沿园湖路走向,跨民主路过长堽村、长湖路、茅桥片区,接城市快环厢竹大道段,延伸至火车东站主干道凤岭北路,主线双向6车道,最高时速每小时80千米。南宁吴圩机场至大塘镇高速公路11月28日建成通车,总投资31.50亿元,全长39.77千米,路宽28米,设计时速每小时120千米,双向4车道,为连接南宁机场的第三条高速公路,起于江南区吴圩镇团吉村附近,与南宁至友谊关高速公路交叉,起点设置枢纽型立交,路线经南宁吴圩机场、那陈镇,止于良庆区大塘镇团福村附近,与南北高速公路相交,终点设枢纽互通立交。9月6日,邕宁区那美大道(玉洞大道—工业规划四路)竣工通车,投资1.49亿元,全长1636.56米,路宽50米,双向6车道,北面起点与玉洞大道相交,南面终点接平龙路。6月,民族大道北侧山体公园(埌东公园)路网工程进场施工,总投资4084万元,包括凤岭19号路延长线和公园南北向规划路2条新建市政道路,以及隧道、排水、附属照明、海绵城市、绿化、交通工程等;10月,凤岭19号路延长线、公园南北向规划路建成通车,凤岭19号延长线全长329米、道路宽30.60米,公园南北向规划路全长338米、道路宽30.60米。

【干道景观提升】 2018年,南宁绕城高速西段公路路面改造、五象大道沿线风貌改造提升、平乐大道精品线路风貌改造提升开工。南宁绕城高速西段公路路面改造5月开工,全长44.75千米,原水泥混凝土路面改造为排水沥青混凝土路面。五象大道沿线风貌改造提升工程6月12日开工,总投资7468万元,总长773.50米,完善五象大道西至凯旋路,东至飞云路段的交通设施和景观绿化,标准段道路红线高度68米,绿地面积2.45万平方米,建设内容包括道路、排水、照明、交通、海绵、景观、绿化工程。平乐大道精品线路风貌改造提升工程7月12日启动,9月基本竣工,完成投资1.80亿元,北起南宁大桥南侧,南止于原南环高速,近期工程实施范围即南宁大桥—凤凰路段、平乐五象立交及平乐至玉洞立交(含匝道及地面层),长6.19千米,改造提升包括道路、排水、隧道、交通、照明、景观绿化及城市小品工程等。农院路改造工程(秀灵路西一里)12月竣工投入使用,全长860米,投资6000万元,道路红线范围12米,包括道路、桥梁、排水、电气、景观、交通等工程。

【快速公交2号线】 2018年11月26日,南宁快速公交系统(BRT)2号线全线开通运营。2017年9月8日开工建设,线路西起银海大道经玉洞大道,东至园博园东门,全长19.30千米,为第十二届中国(南宁)国际园林博览会配套交通项目。沿途贯穿园博园、五象湖公园、南宁市体育中心、五象火车站、八俐工业园区等。天桥设置电动扶梯、垂直电梯,路中站台端设置垂直电梯,完善无障碍通道。全线推行二维码扫码支付应用,支持"出行南宁""爱南宁"APP、微信、支付宝等第三方支付。采用智能交通系统及节能低排放公共交通车辆,站台顶安装太阳能发电模块,全线太阳能发电系统全年发电量24.90万千瓦时,可为BRT全年减少市政用电16.50万千瓦时、标准煤使用量20.30吨。

【打通"断头路"项目】 2018年,南宁市打通建兴路、衡阳东路、亭洪路延长线和滨湖北路延长线4条"断头路"。建兴路(降桥路—天狮岭路)3月动工,10月建成通车,南起降桥路,北止天狮岭路,长1255米,宽40米,双向6车道;衡阳东路(望州路—景观大道)6月动工,10月建成通车,长927米,宽40米,投资9958万元;亭洪路延长线(规划七路—南建路、壮锦大道—规划七路)6月动工,12月建成通车,投资7350万元,其中规划七路—南建路长1712米、宽50米,壮锦大道—规划七路长556米、宽50米;滨湖北路延长线(东葛路延长线—金湖北路延长线)年末建成通车,长386米,宽50米,双向6车道,投资1400万元。 (陈　琳)

【铁路建设】 2018年,贵阳至南宁高速铁路完成投资45亿元，完成年度计划；正线段完成交地95%、房屋拆迁66%，便道施工92千米，混凝土拌和站6座，集中发（变）电站3座，路基199万方，桥梁7462延米，隧道897延米；枢纽段完成施工招标。南宁至崇左城际铁路完成投资25.05亿元，完成年度投资；9月，全线实现实质性开工，完成线位清表2千米，拌和站及中心实验室临建工程40%，施工用电安装50%，三电迁改109处的现场调查。南宁至玉林城际铁路建设规划获批，完成可行性研究报告修改，报自治区发改委。

【地铁“海绵车辆段”建设】 2018年12月，南宁地铁3号线“海绵车辆段”心圩车辆段完成，为国内首个地铁“海绵车辆段”。位于高新区心圩片区绕城高速东侧，新际路西侧，占地32.73公顷，承担3号线地铁车辆的维保及车辆段乘务、后勤等任务。2015年7月开工建设，“海绵车辆段”建设内容：采取透水铺装、下凹式绿地、雨水花园、植草沟等措施，在轨道旁建“湿塘”（多功能调蓄水体），通过雨水管网收集轨道区雨水，储存场地70%以上雨水，小雨时补充景观用水需求，暴雨时削减峰值流量避免内涝，提升至地面供绿化、景观补水及道路浇灌回用；车场内绿地植被下方依次铺盖砾石、粗沙、细沙等，配备雨水管。改造提升后，年径流量控制率68%，年径流污染物削减率50%，年节约用水2.12万吨。

【石墨烯改性路面】 2018年4月至5月，南宁市对建成使用10年的南宁大桥进行路面改造施工。5月31日，世界首条主体构造石墨烯复合橡胶改性沥青路面在南宁大桥铺装完成。技术由广西大学可再生能源协同创新中心与广西正路机械科技有限公司共同研发，解决南宁大桥开裂、车辙、推移、脱层、拥包等病害，具有路面高温稳定性，低温抗裂性，摩擦系数高，降噪声效果明显，改善驾驶舒适性，路面温度可降低5摄氏度以上等优点。

【立交桥建设】 2018年，南宁市推进立交桥建设，快环3座立交桥、清川立交桥、沙井五一南乡立交桥、亭洪路延长线上跨铁路立交桥建成通车，推进竹溪大道跨线桥建设。快环3座立交桥（鲁班—秀厢立交、秀灵—友爱立交、邕武立交）2018年初开工建设，8月31日建成通车，投资13.44亿元；鲁班—秀厢立交是在鲁班与秀厢交叉口处新建1座七跨菱形立交，主线桥面双向6车道，地面改造后3车道，加宽处理鲁班路口；友爱立交在西北角、东北角增设4条匝道，秀灵立交拆除旧桥新建1座三孔菱形立交，由双向6车道增至双向8车道；邕武立交拓宽路面，由原来2条机动车道加1条非机动车道变成3条机动车道加1条非机动车道；3座立交桥全线采用橡胶改性沥青工艺及装配式建筑理念。沙井五一南乡立交桥3月27日开工建设，10月30日建成通车，投资3.40亿元，线路起点位于凤凰江桥头以南，终点位于清川大桥南桥头，总体实施长度1.70千米，桥梁长度807米。清川立交桥12月竣工通车，投资4.71亿元；工程设计形式为三层苜蓿叶全互通枢纽立交，第一层为清川大桥和大学路地面辅道所形成的平面层，第二层为清川大道跨线桥（秀厢大道快速环路的高架转换层），第三层为大学路跨线桥，在第二、第三层之间设置右转匝道4条和左转匝道4条，左转匝道采用环形匝道；清川大道方向主线桥长273.50米，大学路方向主线桥长771.50米，匝道4238.77米；清川方向主线南端连接清川大道，北面与秀厢大道贯通，长880米，道路红线宽60米，为单向3车道；大学路方向长1110米，道路红线宽58.60米，主线桥梁771.50米。亭洪路延长线上跨铁路立交桥9月27日桥梁左幅成功转体，11月7日右幅成功转体全线通车，为国内转体角度最大跨高铁桥梁，完成投资2.46亿元。竹溪大道跨线桥8月底基本完成主体工程建设，位于会展配套设施项目西侧，跨越竹溪大道和民歌湖连接金浦路；全长382米，路宽8米，双向单车道，设计时速20千米，城市支路，投资1.30亿元；双层式跨线立交桥，下层行人，上层行车，双层桁架桥在竹溪大道西侧设置人行梯道和电动扶梯连接地面人行系统，在竹溪大道东侧通过设置联络道与酒店2层室外广场、酒店3层连通后接地面人行系统。

【六景郁江特大桥】 2018年5月1日，柳南高速新六景郁江特大桥建成通车，是柳南高速改扩建项目控制性工程之一。全桥总长1127米，其中引桥长847米，主桥为跨径265米的下承式钢管砼系杆拱桥，桥面宽35米，单向4车道，总投资1.97亿元，使用真空辅助灌注法、折叠式拱肋焊接平台、“兜吊式”临时系杆安装等新技术。六景郁江特大桥与旧六景大桥配合，新桥承载南宁往柳州方向车流，旧桥承载柳州至南宁方向车流。

【装配式地下综合管廊】 2018年7月3日，南宁市玉洞大道北侧道路工程高环—龙岗大道段近百米整体预制装配式地下综合管廊成型。工程位于五象新区，设计起点与良庆大道交叉口边缘相接，设计终点与规划建设的玉洞龙岗立交设计起点相接，主线全长6.15千米，综合管廊长1604米，标准长度1162米，776节段，为自治区首个装配式预制管廊项目。将通信及给水管道共舱设置，电力单独设置，预制管廊1个节段重40吨。

（市城乡建设委）

【县城道路建设】 2018年，横县启动茉莉花大道西段道路—规划一路、茉莉花大道西段道路—规划三路、茉莉花大道西段道路—碧桂园北面道路、茉莉花大道西段道路—中医院东面道路、大竹小学北面市政道路、宝华西路北延长线等道路建设工程；12月，投入1000万元完成横州镇兴学街建设工程；投入225万元，完成人行道透水砖维修200平方米，路缘石维修100米，路面坑洼修补100平方米，市政道路沥青修补1.50万平方米。宾阳县东环路改扩建建成通车；投资1008万

2018年8月，竹溪大道跨线桥主体工程完成　　赖有光　摄

2018 年 5 月 1 日，六景郁江特大桥建成通车　　段柳健　摄

元完成县城金城路、内东环路、政和路沥青路面工程；投资 6773 万元完成金城路、广源路提升工程以及财政路西段等 6 个重点路段人行道改造；投资约 600 万元实施商贸城、建设、枫江等 16 个社区小街小巷维修改造。上林县完成北归大道三期（莲花至澄洲路尾）改扩建工程、食品公司西部区域市政道路工程、澄江河堤路园市政工程的道路地质勘查、施工图设计等；推进上林县 2015 年新农村建设项目一期（皇周片区新农村建设项目路网工程）建设，总投资 8436 万元，完成路面施工 5.64 万平方米，累计完成投入 6446 万元。马山县投资 4.26 亿元进行合作板伏易地扶贫搬迁安置点配套基础设施建设，包括 5 条市政道路；建设县级为民办实事市政惠民项目 3 个（县城镇北东一巷改造工程、苏博工业园区至苏博村委路段亮化项目、县体育馆周边路段亮化项目）。隆安县投资 2.46 亿元完成震东扶贫生态移民与城镇化结合示范工程市政道路一期项目 7 条道路建设；投入 210 万元维修改造国泰街、蝶城文塔路口、隆南铁路桥底等道路，维修面积 8000 多平方米，10 月完工。

【城镇基础设施建设】 2018 年，横县推进县城区污水管网建设，12 月完成茉莉花大道西段污水提升泵站及配套管网工程建设；启动平马镇、莲塘镇、南乡镇、陶圩镇、校椅镇、云表镇、百合镇、石塘镇 8 个污水厂建设；完成改厕 1.93 万户、改厨 1.86 万户；推进“县县通”天然气项目，铺设天然气城区中压管网 48 千米，正式通气使用 2480 户。宾阳县投资 1.23 亿元开展 7 个乡镇污水处理厂 PPP 项目建设。上林县西燕镇西燕社区易地扶贫安置点排污排水工程完工，乔贤镇、巷贤镇污水处理厂试运行污水处理设施在县建制镇全覆盖。12 月，上林县智慧型路灯建设项目一期工程开工，投资 1800 万元，建设周期 100 天；12 月 25 日，县城污水管网设计施工（EPC）总承包工程开工，完成管网施工 19.20 千米，支付工程款 3358 万元。马山县投资 4.26 亿元建设合作板伏易地扶贫搬迁安置点配套基础设施；建设马山县会鼓广场特色街区。隆安县推进宝塔新区建设，推进安置住房小区周边配套市政道路、给水排水等项目建设；完成西宁水厂项目建设，县城污水处理厂二期扩建工程开工；完成宝塔园区污水主管——重力管项目建设；推进县城给水系统工程、易地扶贫搬迁震东集中安置区污水总管（右江桥头至污水过江管）项目。

（横县　宾阳县　上林县　马山县　隆安县地方志办）

城市公用事业

城市供水供气

【城市供水】 2018 年，南宁市供水量 5.48 亿立方米（不含南湖补水量），比上年增长 5.97%；售水量 4.36 亿立方米（不含南湖补水量），增长 4.54%；自来水管网压力综合合格率、自来水水质综合合格率均 100%；在用居民用户 37.89 万户，增长 12.63%；在用营业（含特种用水）用户 1.07 万户，增长 2.82%；在用工业（含建筑用水）2836 户，增长 6.22%。

【供水设施建设】 2018 年，南宁市完成广西—东盟经济技术开发区水厂一期扩建工程主体建设；12 月 28 日，开工建设陈村水厂三期工程，总投资 3.96 亿元，建设工期 2 年，建设内容包括新建每日 20 万立方米的净化工程，配套建设原水输水管工程，改造厂区；完成南宁现代物流园西片区供水加压站、长堽路临时供水加压站建设运行；开工建设邕武路、坛兴路、武华大道供水加压站；打通长福路断头管，新建雷公岭北路供水管，从良庆供水加压站通过龙岗大桥临时管道向仙葫片区、凤岭南沿线输水；推进三岸大桥过江输水管工程（永久管），以及盘古路、开泰路、林里桥路供水管建设；邕江取水口上移工程一期将市区主要饮用水水质取水口上移，位于邕江左岸老口枢纽上游 3 千米处的邕江上游引水工程一期工程完工试运行。

【国家节水型城市创建】 2018 年 1 月 15 日，南宁市通过 2017 年国家节水型城市复查。2013 年 4 月南宁市获“国家节水型城市”称号后，建立长效机制，结合国家海绵城市试点建设和黑臭水体治理，推进中水、雨水等非常规资源综合开发利用，建立节水型企业（单位）、节水型居民小区。至年末，有 164 家企业（单位）获“广西节水型企业（单位）”称号，60 个小区获“广西节水型居民小区”称号。

【燃气供应】 2018 年，南宁市完成天然气供气量 2.57 亿立方米，比上年增长 14%；售气量 2.58 亿立方米，增长 16%；2283 个居民小区安装管道天然气设施，在用居民用户超 76 万户，增长 17%；在用商福用户 3873 家，增长 26%；在用工业用户 152 家，增长 32%。组织安全生产大检查 5 次，检查储配站 118 座（含管道燃气气源厂、调压站），加气站 62 个；油气管道企业 14 次，发现安全隐患 199 次，发出整改通知书 7 份，安排专人督促整改。累计建成天然气门 1 座、调压站 5 座、天然气储配站 2 座、天然气加气站 24 座、天然气母站 1 座，敷设高压管道 111 千米、中压管道 892 千米、低压及庭院管道 4452 千米。完成新增市政燃气主干支管 61.30 千米，投资 1751.75 万元；完成小区庭院管网建设 353 千米，总投资 1.54 亿元（含户内安装投资）；建设工业煤改气项目 38 个，总投资 464 万元；完成燃气管线迁改 8.10 千米。

（陈　琳）

城市公共交通与管理

【概　况】 2018 年，南宁市有公交企业 8 家（含 BRT 企业），在营公共汽车 3564 辆（4512.60 标台），其中空调公交车 3409 辆、占总数 95.65%，清洁能源与新能源公交车 3026 辆、占 84.90%。新开公交线路 13

条，优化调整公交线路42条，有公交线路194条，总长3944.09千米，公交场站总面积73.14万平方米，万人公交拥有量15标台，公交站点500米覆盖率99.50%，公交客运总量3.42亿人次，日均公交客运总量93万人次（不含武鸣区）。有出租汽车企业11家，在营出租汽车6720辆，从业人员1.10万人，比上年减少约2000人，驾驶员单班收入上涨9.94%，双班收入减少2.92%。出租汽车客运量8662.32万人次，减少903.60万人次，下降9.50%。全年网络预约出租汽车总客运量4990.39万人，受理网约车平台公司申请13家，取得经营许可证10家（神州专车、首汽约车、飞嘀打车、滴滴出行、斑马快跑、万顺叫车、AA租车、天津网路、天津出行、易到用车）；办理网约车营运证车辆7534辆，网约出租车驾驶员证1.36万人。主要存在公共交通机动化出行分担率低问题。

【城市公共汽车营运管理】 2018年，南宁市新增公交企业1家（南宁市白马二号线快速公交有限公司），继续引入第三方考核机构考核公交行业所有公交线路服务质量，完成第三方考核3次。节假日及重大活动期间，日均投入公共汽车3035辆，发放2.61万班次，客运量5529万人次。公交行业路检路查2200余人次，明察暗访公交服务质量2.10万辆次，发现存在问题700余辆次，其中不礼让斑马线15辆次。处置数字化城管公交设施缺损案件（含小广告）3387起；处置各类投诉、信访案件5997起；市长公开电话案件636起；网上政民互动案件150起；人民网网友留言77件；电话投诉案件5134起。

【出租汽车营运管理】 2018年，南宁市办理网约车营运证车辆7534辆，网约车驾驶员证1.36万人，清退不合规车辆，引导驾驶员合法合规经营，配合行业管理、执法部门调取和查阅服务车辆及驾驶员相关数据、信息。通过车辆“油改气”、车辆更新方式推广油气双燃料出租汽车、纯电动出租汽车上路营运，全年所有在营出租汽车均为清洁能源车辆，其中纯电动出租汽车300辆。指导出租汽车企业更换新式出租汽车顶灯3924盏。实行出租汽车资格考试容缺后补机制，让参考驾驶员享受“只跑一次”便捷服务，推出短信提醒、电话咨询等便民举措，组织出租汽车驾驶员从业资格考试105场，参加考试3.11万人次，通过人数1.12万人，其中网约车驾驶员9393人，巡游车1800人。开展出租汽车行业服务质量信誉考核，全市出租汽车企业均达到AAA级考核标准，出租汽车驾驶员AAA级达标率85.95%。

【城市公共交通基础设施建设】 2018年，南宁市建成华南城、那黄、柳沙、阳峰等公交场站，公交场站总面积73.14万平方米；建成公交充电桩127座，累计有329座；建成公交候车亭97座，累计有1900座；提升改造公交停靠站点19座，累计完成106座；建成智能公交电子站牌150套，累计有450套。推进BRT2号线项目建设，完成站点站台建设18处、人行天桥8座、人行通道吊装1座、电梯安装67部，完成玉洞大道（银海大道至那黄大道段）主车道道路工程施工和运营系统安装；履行PPP合同协议，会同市财政局等相关部门按季对工程建设考核3次，11月14日开展实测实量和外观预验收，11月16日竣工（甩项）验收；项目初步设计概算总投资13.61亿元，其中PPP项目建设总投资10.77亿元，累计完成建设产值10.01亿元（含合同外），占总投资92.94%；11月26日，BRT2号线全线开通试运营，为游客提供游览园博园公交配套服务。

【文明交通】 2018年，市交通运输局组织市轨道交通集团和7家公交企业、11家出租汽车企业、3家网约车企业及市出租汽车协会，联合开展2018年“爱心送考”活动，免费接送考生4.20万人次。开展“文明行车　礼让斑马线”活动，明察暗访公交服务质量2.10万辆次，发现存在问题700余辆次，其中不礼让斑马线15辆次，礼让率99.93%。开展“公交出行宣传周”系列活动，以“优选公交　绿色出行”为主题，在埌东汽车站举行2018年南宁市公交出行宣传周活动暨埌东站新能源公共交通车辆充电桩投运启动仪式，新开通定制公交线路3条，推行多种具有“特色公交服务”的运营模式。开展公交座谈、“公交开放体验活动”“先进典型表彰慰问活动”“文明礼让安全出行”等活动，倡导绿色、安全、文明出行。

（侯宗豪）

轨道交通建设运营

【概　况】 2018年，南宁轨道交通集团有限责任公司设总工办、安全质量监督部、合约法规部、法律事务部、资源管理部、企业发展部、财务管理部、人力资源部、信息中心、后勤服务中心、综合办公室、投资开发公司未审计项目工作组、审计部、监事会工作部、党群工作部、工会、团委、纪检监察部；有分公司3家（建设分公司、运营分公司、资源开发分公司）、全资子公司3家（南宁轨道地产集团有限责任公司、南宁轨道交通二号线建设有限公司、南宁轨道交通五号线建设有限公司）、控股子公司3家（南宁轨道江南混凝土有限公司、南宁轨道交通四号线建设有限公司、南宁轨道交通二号线东延工程建设有限公司）、参股公司7家（南宁轨道交通三号线建设有限公司、南宁中车轨道交通装备有限公司、南宁中铁广发轨道装备有限公司、南宁市市民卡信息服务有限责任公司、广西南宁机场综合交通枢纽建设有限公司、广州城市轨道交通培训学院股份有限公司、云宝宝大数据产业发展有限责任公司）和培训中心1家；有员工6555人。南宁市在运营地铁线路2条；总里程53.10千米；营业收入17.79亿元，比上年增长10.80%；利润2.56亿元，增长56.50%；上缴税费2.19亿元；完成固定资产投资117.37亿元，完成年度计划113.40%；完成融资总额94.46亿元，完成年度计划118.80%。累计有10宗36.79公顷土地完成注入，5个地块项目开工，开工面积45.58万平方米。地铁附属资源年度经营收入首次破亿元。房地产项

2018年，南宁市建成公交充电桩127座。图为广西体育中心公交充电站　　侯宗豪提供

2018年6月20日，南宁轨道交通4号线最长基坑——862米的飞龙路站至体育中心西站基坑主体结构封顶　朱振华提供

目实现利润1.39亿元，销售面积5.13万平方米。公司资产总额717亿元。主要存在地铁轨道建设用地拆迁进度慢，运营、土地开发专业高端人才紧缺，建设工程重大风险源管控形势严峻等问题。

【南宁轨道交通线网规划(2020年)修编】2018年，南宁市组织开展轨道交通线网规划(2020年)修编，线网修编成果6月28日获市政府批复。修编后城区2020年的轨道交通线网由7条线路组成(《南宁市城市轨道交通线网规划修编(2012年版)》中的6号线、7号线、8号线作为远景线网规划保持不变)，线网总长269.40千米，设站点157座。其中：1号线(石埠—南宁东站)，全长32.10千米，设站25座；2号线(坛泽—西津)，全长27.30千米，设站23座；3号线(科园大道—那马)，全长40.20千米，设站28座；4号线(相思湖北路—龙岗)，全长34.80千米，设站26座；5号线(那丹—三塘)，全长约40千米，设站26座；武鸣线(安吉客运站—玩美世界)，全长约48.50千米，设站14座；机场线(玉洞—南宁东站)，全长46.50千米，设站15座。（朱振华）

【轨道交通建设】2018年，南宁轨道交通3号线启动一期工程全线综合联调，4号线一期、5号线一期、2号线东延工程推进车站和盾构施工。年内，轨道交通工程建设完成投资115.83亿元，完成111.80%，其中2号线完成投资5.54亿元、完成95.02%，2号线东延长线8.67亿元、完成151.57%，3号线一期工程55.99亿元、完成107.70%，4号线一期工程27.16亿元、完成109.25%，5号线一期工程18.47亿元、完成121.67%。2号线东延工程围护结构、土方开挖、主体结构完成，盾构推进里程6.73千米，盾构区间完成54%，开工车站5座，结构封顶车站4座，附属工程完成37%；3号线一期工程车站主体结构、盾构区间完成，开工车站23座，结构封顶车站23座，盾构推进里程48.11千米，轨道铺设51.73千米，附属工程完成98%，机电安装及装修工程完成90%；4号线一期工程主体围护结构完成95%，土方开挖完成92.60%，主体结构完成84%，区间盾构完成80%，开工车站18座，结构封顶车站15座，盾构推进里程30.59千米，附属工程完成33%，机电安装及装修工程完成1%；5号线一期工程围护结构完成98%，土方开挖完成73%，主体结构完成40%，区间盾构完成15%，开工车站17座，结构封顶车站1座，盾构推进里程0.96千米。机场线完成工程可行性研究线站位初步方案，线网规划修编(2020)获市政府批复，开展新一轮线网规划(2018—2035)编制。南宁国际空港综合交通枢(GTC)项目工程可行性报告获自治区发改委批复，开展武鸣(教育园区)线衔接沿线其他工程前期研究，完成贵南高铁南宁北站配套衔接方案。（梁善锋　陈　琳）

【地铁运营】2018年，南宁轨道交通开通运营的地铁线路有1号、2号线，线路总长53.10千米，线网总运营里程589万列千米，列车正点率99.99%，运行图兑现率99.99%，列车服务可靠度589万列千米/次，有效乘客投诉率0.169次/百万人次。客运总量2.14亿人次。其中：1号线总运营里程376.91万列千米，客运量1.42亿人次，日均客运量38.77万人次，增长46.70%，单日最高客运量61.42万人次；2号线总运营里程212.09万列千米，列车正点率99.99%，运行图兑现率99.99%，客运

表26　2018年南宁市轨道交通5号线站点命名情况表

辖　区	名　称	位　置
兴宁区	狮山公园站	位于邕武路与南梧路路口轨道交通5号线延长线
兴宁区	小鸡村站	位于金禾街与南梧路路口轨道交通3号、5号线延长线
兴宁区	邕宾立交站	位于邕宾立交西侧轨道交通5号线延长线
兴宁区	降桥站	位于降桥路与昆仑大道路口轨道交通5号线延长线
兴宁区	金桥站、金桥客运站	位于金桥客运站站前轨道交通5号线延长线
江南区	国凯大道站	位于国凯大道与壮锦大道路口东侧轨道交通5号线延长线
江南区	那洪立交站	位于那洪大道与壮锦大道路口西侧轨道交通4号、5号线延长线
江南区	金凯路站	位于金凯路与壮锦大道路口轨道交通5号线延长线
江南区	江南公园站	位于高棠路与壮锦大道路口西侧轨道交通5号线延长线
江南区	周家坡站	位于亭洪西路(规划)与壮锦大道路口西侧轨道交通5号线延长线
江南区	五一立交站	位于五一立交东侧轨道交通5号线延长线
西乡塘区	新秀公园站	位于新阳路与明秀西路路口轨道交通5号线延长线
西乡塘区	广西大学站	位于大学路与明秀西路路口北侧轨道交通1号、5号线延长线
西乡塘区	秀灵路站	位于秀灵路与明秀西路路口轨道交通5号线延长线
西乡塘区	明秀路站	位于友爱路与明秀东路路口东侧轨道交通2号、5号线延长线
西乡塘区	北湖南路站	位于北湖南路与明秀东路路口轨道交通5号线延长线
西乡塘区	虎邱站	位于秀峰路与明秀东路路口，近虎邱村村口轨道交通5号线延长线

量 0.72 亿人次，日均客运量 19.75 万人次，单日最高客运量 32.60 万人次。全年地铁运营票务收入(税后)4.58 亿元，比上年增长 92.60%。12 月 31 日，线网客运量 93.30 万人次，创历史单日新高。年内，1 号线运营服务时间由 6:30—22:30 调整为 6:30—23:00，工作日早高峰 7:30—9:00、晚高峰 17:30—19:30，行车间隔由 6 分钟调整为 5 分钟，其他时段行车间隔 7 分钟；非工作日(法定节假日、周末)平峰期间行车间隔 7 分钟，高峰期间行车间隔 6 分钟。2 号线运营服务时间由 6:30—22:30 调整为 6:30—23:00，工作日早高峰 7:30—9:00、晚高峰 17:30—19:30，行车间隔 6 分钟，其他时段行车间隔 8 分钟；非工作日全天行车间隔 8 分钟。 (朱振华)

城市防洪

【概 况】 2018 年，南宁市邕江防洪排涝工程管理中心有事业编制 154 名，后勤服务控制数 21 名，在编 151 人(具有高级专业职务任职资格 5 人、中级 21 人、初级 27 人)。南宁市区有防洪堤 57.95 千米。其中：50 年一遇洪水标准防洪堤江北 21.40 千米、江南 15.96 千米、沙江堤 1.36 千米；20 年一遇洪水标准防洪堤 12.53 千米，白沙堤 6.67 千米。有排涝泵站 21 座(投运机组 102 台、装机容量 4.14 万千瓦、排涝流量每秒 382.16 立方米)，防洪闸 23 座，交通闸 29 座，穿堤涵管 37 条，护岸 19.37 千米。完成邕江防洪排涝工程监控与调度系统升级改造，检测泵站及防洪闸自动化 LCU 设备 182 台次。全年防洪工程抵御洪水 69 次，防洪效益 395.99 亿元。主要存在防洪工作量增加与人员、经费不足矛盾突出，历史遗留影响工作开展等问题。

【河道管理】 2018 年，市邕江防洪排涝工程管理中心进行邕江河道堤防巡查 240 人次，水上巡查 12 次。制止水事违法违规事件 20 起，张贴违法告知单 500 份，设置警示牌 12 块、更换宣传标识牌 28 块。专项整治堤顶乱停车现象 1 次，清理车辆 300 多辆，答复市长热线案件 5 起、电子处置单 12 份。重点监管临河建设项目，审批临时拆除护河设施行为 3 起，参加审核协调会 93 次，检查项目安全 7 次，印发《整改通知单》15 份、函 30 份，督促消除隐患 40 处。

【防洪工程建设】 2018 年，市邕江防洪排涝工程管理中心完成江南、江北管理所运维项目施工图设计，委托中介开展上控价编制；完成堤坡草皮养护项目上控价编制及定点采购办理；完成可利江防洪闸初步设计及定点采购；完成 2017 年堤防草皮养护工程结算审定，2017 年运维项目通过市级竣工验收。防洪仓储用地边坡防护工程施工；开展亭江及沙井冲泵站机电设备改造暨自动化建设项目前期工作；开展白沙桥底人行桥工程堤防安全分析及防洪评价。协调石埠堤泵站、竹排冲应急泵站接收，清点设备及组织培训，申报人员、设备及购买社会化服务。对接五象堤移交及邕宁防洪堤一期工程接收，参与标段单位工程验收。开展石巷口泵站拆除重建前期工作，签订临胜泵站拆除补偿协议。江南堤路园工程(三津—南站南侧)累计完成投资 5.15 亿元，进入送审资料整理和工程决算审计阶段；凤凰江泵站扩建工程竣工决算。完善白沙堤征地手续，办理白沙堤征地结算。协调办理亭子 6 户回建房房产证手续，白沙村拆迁安置回建用地土地规划及房产手续。南宁市防洪堤建设项目有邕宁区龟山堤治理工程、仙葫半岛堤工程、邕宁区防洪工程二期 3 处续建工程。其中：邕宁区龟山堤治理工程沿邕江右岸起于三岸大桥，经龙岗大桥、南州村，终于崇柏岭，工程概算投资 2.52 亿元(其中征地费 1.14 亿元)，完成投资 100 万元，累计投资 2.31 亿元(其中征地补偿费 9919 万元)，建成防洪堤 4.91 千米、护岸 4.03 千米、排涝涵 6 座、排水涵 2 座，工程基本完工；仙葫半岛堤工程沿邕江右岸起于广西艺术展览馆，终于青秀区政府，工程概算投资 1.68 亿元，完成投资 2322 万元，累计投资 1.52 亿元，建成防洪堤 3.03 千米、防洪墙 1.31 千米、护岸 6.33 千米、排涝涵 4 座、排水涵 2 座；邕宁区防洪工程二期，沿邕江右岸起于三星店，终于南宁园博园，工程合同总金额 1.75 亿元，年内投资 1.18 亿元，累计投资 1.25 亿元。

【防洪设施维修与保养】 2018 年，市邕江防洪排涝工程管理中心组织试关闭防洪闸、排水闸及交通闸；维护检测水泵机组、启闭机、厂房吊车、电动葫芦等 150 台次，高低压配电屏 180 面次，电动机绝缘阻值 136 台次，配电开关箱 105 个次，电力变压器 18 台次；检修泵站照明线路，更换照明灯具 1 批。汛前、汛中，每周进行机组盘机 1 次，每月运行机械设备 1 次；检查穿堤管进出水口 37 处；协调临河建设项目清淤，清除泵站进水池淤泥。

【防洪排涝】 2018 年，市邕江防洪排涝工程管理中心修编防洪预案，防汛物资仓库入库 3524 件套，价值 12.27 万元；发出物资 209 笔，价值 11.43 万元。完成船舶及潜水物资采购和备用抢险设备维护，完成投资 21.38 万元。防暴雨防洪值班 15 次，组织人员 2779 人次，出动车辆、船只 192 台次，运行机组 566 台次，总抽排水量 1818.27 万立方米，关闭防洪闸 46 座次、交通闸 10 座次、穿堤管 47 处次。

(蒋 蓉)

旧城改造

【棚户区改造】 2018 年，南宁市棚户区改造开工建设 1.32 万套，基本建成 4519 套，完成自治区下达任务。完成南宁市 2018 年至 2020 年棚户区改造项目 5 个批次 8 个子项的政府购买服务采购，涉及改造户数 2.30 万户，总投资 256.62 亿。编制完善南宁市 2018—2020 年棚户区改造三年计划 2.98 万户。每季度巡查棚户区改造项目，不定期开展财政补助资金、银行专项贷款资金使用和管理等专项督查，将棚户区改造纳入年度考核指标。

【“三旧”改造】 2018 年，南宁市完成 16 个旧改项目蓝线图延期，完成原南宁地区教育学院、北湖小区等 15 个旧改项目建设条件意见书。组织城区政府、开发区管委会完成“三旧”(旧城区、旧厂房、旧城中村)改造用地前期摸底项目 15 个。10 月，提前完成房屋征收量 56.35 万平方米(不含五县、武鸣区和集体土地拆迁)，其中住宅 35.97 万平方米、非住宅 22.38 万平方米；市政项目 19.30 万平方米；旧改项目 37.05 万平方米，完成率 103%。

【“老南宁·三街两巷”核心片区改造】 2018 年 12 月 23 日，“老南宁·三街两巷”核心区一期项目主要区域正式开街。重现青砖、青瓦、青水墙的传统院落或岭南民居及骑楼建筑形式，完成区域内文物保护单位、历史建筑、中华电影院修缮保护，新建邓颖超纪念馆、城隍庙、苏缄纪念广场等建筑。“三街两巷”项目金狮巷银狮巷保护整治改造(一期)工程 2017 年 6 月 28 日开工，规划用地 2.81 公顷，总投资 24 亿元，规划范围西至当阳街，东至兴宁路，南至民族大道，北靠“三街两巷”核心区二期；采用“修旧如旧，建新如旧”模式分阶段改造。 (陈 琳)

市政市容管理

【概 况】 2018 年，南宁市城市管理局设办公室、城乡清洁工作办公室、政策法规科、执法监督科、市政管理科、环境卫生管理科、广场和广告管理科、数字化城市管理科、项目前期科、计划财务科、人事科、宣传信息科,编制46名、在编38人,机关后勤服务人员控制数8名、在编8人。二层机构有市政工程管理处、市环境卫生管理处、市城市管理综合行政执法支队、市城市照明管理处、市大桥管理处、市城市广场管理处、市智慧城管信息中心7个。全系统有职工1117人,在编822人。南宁市实施“打赢蓝天保卫战”“美丽南宁·整洁畅通有序大行动”,开展城市治理“制度建设年”活动。开展扬尘治理,在80条城市道路推行“以克论净·深度清洁”作业模式,市区空气质量优良率93.40%。开展“美丽南宁·整洁畅通有序大行动”,查处城市“五乱”(广告乱贴、摊点乱摆、车辆乱停、垃圾乱扔、工地乱象)行为110万起,被网络、微信等新媒体评为中国最干净的省会城市。约谈在南宁经营的5家共享单车公司,规范管理共享单车22.30万辆,施划停车泊位7700多个。推进城市管理执法体制改革,调整行政处罚权范围,新增住房城乡建设行政处罚权29大项271小项,划转市建筑质量安全管理中心工作人员7人、市房地产监察支队21人到其他单位。推进城管执法队伍“强基础、转作风、树形象”专项行动,培训执法人员700多人次,对各城区(开发区)、风景区执法队开展城市管理综合行政执法周考核40次、季度考核3次,通报结果。主要存在信息共享渠道不够完善,执法专业化水平还有待提高等问题。

【市政设施管理】 2018年,南宁市完成道路维修19.34万平方米、人行道维修12万平方米、桥涵日常养护275座。完成南宁大桥封闭施工维修、白沙大桥维修;清理整顿永和大桥、英华大桥、清川大桥等桥底空间,设隔离桩;使用桥梁安全监控系统实时监控跨江桥梁15座;使用桥梁健康监测系统收集桥梁主要结构和构件参数,维护桥梁安全。升级改造广场设施,完成广场鲜花换种工程招标,民族广场进场施工并完成LED电子屏幕安全检测,更换花盆24.10万盆。新建公厕99座、改建11座。实施城市排涝整治工程建设,整改部分内涝积水点,完成排水管渠清淤疏通10.07万米,清掏雨水井3.58万座,更换维修检查井、进水井454座,更换雨水井盖1.10万块。推进“一线四点”(民族大道沿线、东盟商务区、广西艺术中心、会展中心)亮化项目和中国—东盟博览会、中国—东盟商务与投资峰会等城市重点景观亮化设施保障;升级改造城市照明智能监控系统,实现城市照明单灯控制1.87万套;完成市区照明接电线路改造工程普查,建立完善技术与维修档案数据库;推进照明设施市场化运作,路灯平均亮灯率99.35%,照明设施完好率96%以上。

【“两违”整治】 2018年,南宁市按照住建部“五年行动计划”要求,落实网格责任,巡查、快查快处遏制“两违”(违法用地、违法建设)行为,采取强制拆除、限期改正、罚款等消减存量。开展集中拆违行动16次及住宅小区和环广西公路自行车赛道沿线“两违”专项整治,结合黑臭水体整治、征地拆迁等消减“两违”。按季度开展市及区县(开发区)两级考评,公布排名。城区、开发区拆除违法建设6566处、457.79万平方米,清理违法用地452.11万平方米。

【城市生活垃圾处置】 2018年,南宁市(含武鸣区、广西—东盟经济技术开发区)有环卫专用车辆4781辆,生活垃圾无害化处理场2座,环卫公共厕所249座(均为三类以上公厕);生活垃圾无害化处理量105.08万吨,城市生活垃圾无害化处理率100%。市平里静脉产业园焚烧发电厂处理垃圾79.98万吨;平里静脉产业园生活垃圾卫生填埋场处理47.12万吨,其中原生生活垃圾47.12万吨、飞灰2.69万吨、其他垃圾(蓝德公司运送餐厨项目废渣)8520.17吨;大型生活垃圾中转站转运生活垃圾63.25万吨。市餐厨废弃物资源化利用和无害化处理厂收运处理餐厨垃圾7.31万吨,日处理量200.40吨;处理废弃油脂4456.25吨,日处理量12.20吨;处理生活垃圾分类小区厨余垃圾881.58吨,日处理量2.40吨;全部实现无害化处理。

【生活垃圾分类试点】 2018年,南宁市进行生活垃圾分类顶层设计,制定生活垃圾分类工作方案及立法计划,健全技术标准体系及配套政策,推动生活垃圾焚烧厂扩建及江南循环产业园建设,初步形成分类投放、分类收集、分类运输、分类处理的垃圾处理系统。按有害垃圾、易腐垃圾、可回收物、其他垃圾分类,在150个住宅小区试点,达标居民户数15.85万户,基本达到全国平均水平,连续2个季度在全国46个垃圾分类重点城市中排名第14。

(董　强)

【城市管理监督评价】 2018年,南宁市城市管理监督评价中心设综合科、派遣科、呼叫科、指导协调科、考评监督科、技术科、监督员管理科,编制53名,在编50人。完善数字城管系统运行,考评城区(开发区)、市直部门及市属重点平台公司12次,受理“美丽南宁·整洁畅通有序大行动”暨扬尘污染治理专项考评数据76.88万条(含自身数据及关联数据),审核申诉数据10.09万条,参与申诉陈述12次。受理数字城管案件53.46万起,比上年增长8.79%;立案43.39万件,增长21.70%。接收立案派遣处理案件53.15万起。发送督办函738份,协调解决责任不清案件888起,召开现场协调会13次。“12319”城市管理监督热线市民来电4.53万个,其中咨询2.81万个,受理立案1.72万起,回访市民3169人次、满意度76.62%。主要存在数字城管资源整合力度较弱,数据更新及时率系统稳定性不够,案件协调机制需优化,扬尘污染有奖举报执行率不够高等问题。

(市城管监督评价中心)

责任编辑　姚宗秀

中国共产党南宁市委员会

综　述

【概　况】2018年，中共南宁市委员会设市纪律检查委员会（市监察委员会）、市委办公厅、市委组织部、市委宣传部、市委统战部、市委政法委、市委政策研究室（市委改革办）、市台办、市直机关工委、市信访局、市编制办、市委党史研究室、市接待办、市档案局。市委办公厅设市委常委会办公室、综合一科、综合二科、第一秘书科、第二秘书科、第三秘书科、第四秘书科、第五秘书科、信息工作管理办公室、文电科、人事教育科、行政科、政策法规科、总值班室、机关党委。公务员（含市委领导）编制79名，在编80人；参照公务员法管理事业编制5名，在编5人；工勤编制24名，在编22人。市委持续抓好学习宣传贯彻习近平新时代中国特色社会主义思想和党的十九大精神，对习近平总书记视察广西重要讲话精神进行再学习再部署再推进再落实；对脱贫攻坚、深化改革优化营商环境、县域经济发展、乡村振兴、生态环境保护、数字南宁建设等重大工作进行具体部署；抓好中央和自治区巡视、督察反馈问题的整改；庆祝改革开放40周年，服务自治区成立60周年大庆、第15届中国—东盟博览会和中国—东盟商务与投资峰会、第十二届中国（南宁）国际园林博览会等重大活动，成功举办“中国杯”足球赛、环广西自行车赛（南宁站）、中国生态文明论坛（南宁）年会等重大活动；市级层面统筹推进实施重大项目546个、总投资1004.79亿元，城建计划建设项目476个、总投资482.25亿元，重大交通基础设施项目50个、总投资160.80亿元。全市经济社会保持健康发展的态势，经济总体平稳、稳中提质、稳中向好。

【加快产业转型升级】2018年，南宁市持续推动“二产补短板”，做大做强电子信息、先进装备制造、生物医药三大重点产业，其中电子信息产业成为对工业增长贡献最大的产业，以电子信息产业为代表的新兴产业引领工业发展的新格局初步形成。南宁·中关村科技园成为继滨海新区、雄安新区之后，北京中关村与外地合作重点打造的第三个科技园。持续推动“三产强优势”，推进区域性国际金融中心建设，平安银行南宁分行、国富人寿保险公司开业运营；获批设立国家跨境电商综合试验区并开区运营；获批为全国流通领域现代供应链体系建设重点城市、国家物流枢纽承载城市。东盟文化博览园建成开放，新增南宁园博园、马山弄拉旅游景区、南宁万达茂、那贵樱花园国家AAAA级旅游景区4个。持续推动“一产显特色”，“南宁香蕉”获国家核准注册并正式启用，成为首个“邕字头”地理标志商标，“古辣香米”“武鸣砂糖橘”被评为国家地理标志保护产品。

【坚持绿色发展】2018年，南宁市城市基础设施加快完善，五象新区核心区基本成型，地铁2号线东延线和3、4、5号线加快建设，机场第三条高速公路（吴圩—大塘）、柳南高速改扩建（南宁段）、快环沿线5座立交桥建成通车，快速公交（BRT）2号线开通试运营。持续深化扬尘污染治理，“南宁蓝”保持常态。推进邕江综合整治和开发利用，有效发挥邕江在防洪、饮用水水源保护、通航能力提升、水质改善、水资源开发利用和市民休闲景观建设等方面的作用，“百里秀美邕江”全面展现；河流断面水质达标率100%，实现年均值“二类水入城二类水出城”。举办第十二届中国（南宁）国际园林博览会，园博园成为南宁市的绿色新地标。获2018年中国城市治理智慧化优秀城市奖；连获“美丽山水城市”称号，成为全国唯一蝉联此项荣誉的城市。

【深化改革开放】2018年，南宁市完成市级明确的改革任务136项，推进承担的国家级30项、自治区级25项改革试点。943个事项办理实现“最多跑一次”，营商环境进一步优化；市场主体存量和新增量自治区第一；南宁公共资产负债管理智能云平台为全国首创；不动产登记“24小时不打烊”南宁样本在全国推广；在自治区首推个人医保账户“家庭共享”购买商业健康保险。深度融入“一带一路”（丝绸之路经济带、21世纪海上丝绸之路）建设，参与西部陆海新通道建设；推动中国—东盟博览会办会与产业融合发展，“南宁渠道”加快升级；南宁至兰州冷链集装箱班列开通；南宁吴圩国际机场年旅客吞吐量突破1500万人次；中国—东盟信息港南宁核心基地加快建设，南宁综合保税区运行良好。

【增进民生福祉】2018年，南宁市为民办实事项目基本完成。10.56万名贫困群众和104个贫困村实现脱贫摘帽，贫困发生率下降至2.57%。出台专门政策支持深度贫困县马山县脱贫攻坚、支持隆安县易地扶贫搬迁震东集中安置区可持续发展。教育、医疗、体育、就业、社保等民生事业不断发展，南宁教育园区开工建设学校11所；城市低保标准提高到每人每月620元，农村低保标准提高到每人每年3800元；推进全民健身和全民健康深度融合试点。推进平安南宁建设，统筹抓好安全生产、食品药品监管、社会综合治理等；开展扫黑除恶专项斗争，首府社会大局持续稳定；特别是自治区成立60周年大庆、东博会等重大活动期间，实现“大事不出、中事不出、小事也不出”的目标。

【全面从严治党】 2018年,南宁市坚持党的全面领导,推动全面从严治党向纵深发展,营造良好的政治生态。坚持把政治建设摆在首位,以实际行动践行“两个维护”(坚决维护习近平总书记党中央的核心、全党的核心地位,坚决维护党中央权威和集中统一领导)。市委带头贯彻落实《中共中央政治局关于加强和维护党中央集中统一领导的若干规定》《关于新形势下党内政治生活的若干准则》,专题学习《中国共产党纪律处分条例》等党纪党规。推动全市各级党委(党组)全面落实全面从严治党主体责任,出台《中共南宁市委员会履行全面从严治党主体责任清单》,梳理开列市委领导班子、市委主要负责人、市委领导班子其他成员具体责任61项。深入推进“两学一做”(学党章党规、学系列讲话,做合格党员)学习教育常态化制度,组织开展习近平新时代中国特色社会主义思想和党的十九大精神集中轮训,培训县处级干部1899人、乡镇党政正职干部197人。举办主体班、专题培训班44期,培训干部4670人次;通过互联网开展党的十九大精神自学、知识竞赛,参与人数超27万人次。组织实施“先锋引领+”脱贫攻坚、凝心聚力、固根守魂等系列行动,统筹推进各领域基层党建,被中共中央组织部确定为城市基层党建示范市;打造“逢四说事”“时间银行”等城市党建工作品牌,“双培双带双促”(培育创业致富带头人,培育扶贫产业;带动贫困户增收脱贫,带动贫困村提升发展;促进本土人才回引创业,促进农村基层党建)扶贫模式获全国脱贫攻坚组织创新奖。全年从“四个一线”(项目建设一线、改革创新一线、脱贫攻坚一线、维护稳定一线)提拔的县处级干部占提拔总数95.83%,“四个一线”选人用人做法分别在中组部《组工信息》、新华社内参《国内动态清样》、新闻周刊《瞭望》《人民日报》、国务院扶贫开发领导小组办公室《扶贫信息》《中国组织人事报》等刊发。

坚决查处群众身边的腐败和作风问题。南宁市及所辖12个区县监察委员会挂牌成立,市、区县两级转隶组建工作全部完成。实现对所有行使公权力的公职人员监察全覆盖。全市各级纪检监察机关处置反映问题线索4481件,立案2219件,给予党纪政务处分2260人,移送检察机关25人,其中立案查处处级干部21人、乡科级干部347人;对所有行使公权力的公职人员涉黑涉恶腐败问题线索大起底,排查梳理问题线索139条;查处群众身边的涉黑涉恶腐败和“保护伞”问题25件,给予党纪政务处分15人;在全市行政村(社区)累计建设基层廉政工作站1704个。开展市十二届党委第三、第四轮巡察,将行政村(社区)党组织纳入巡察范围。完成巡察全覆盖任务47.60%;各区县完成对340个县直单位、乡镇(街道)及1064个村(社区)党组织的巡视,完成巡察全覆盖任务53.50%。全市巡察发现问题线索843条,转立案163件,给予党纪处分91人。发放《以案说纪说法》《百案镜鉴》等警示教育读本3550册;党员干部集中观看《广西三起县级扶贫办主任严重违纪案件警示录》428场次,观看人数1.80万人次;到市反腐倡廉警示教育基地接受教育87批次1.12万人次。在主流媒体通报曝光典型案例13批次38起。

重要会议

【中国共产党南宁市第十二届委员会第五次全体会议】 2018年1月8日在市委、市政府会议中心召开。市委委员56人、候补委员10人出席会议,市纪委委员、有关方面负责同志、南宁市党的十九大代表和自治区第十一次党代会、市第十二次党代会部分代表列席会议。市委常委会主持,自治区党委常委、市委书记王小东作讲话。会议深入学习贯彻党的十九大及中央经济工作会议、自治区经济工作会议精神,听取、讨论王小东受市委常委会委托作的工作报告,总结2017年市委常委会工作和全市经济工作,分析研判当前形势,部署2018年工作任务。

【南宁市农村工作会议】 2018年2月9日在市委、市政府会议中心召开。自治区党委常委、市委书记王小东出席会议并讲话,市委副书记、市长周红波主持会议,市四家班子领导出席会议。会议强调要以习近平新时代中国特色社会主义思想为指导,深入学习贯彻党的十九大和中央、自治区农村工作会议精神,实施乡村振兴战略,深入推进“六项行动”(质量兴农、环境优化、乡风文明培育、乡村治理提升、惠民富民、精准脱贫攻坚)。

【南宁市2018年深度贫困地区脱贫攻坚推进大会】 2018年3月9日在马山县召开。自治区党委常委、市委书记王小东出席会议并讲话,市委副书记、政法委书记杨维超主持会议,6位市领导、深度贫困村所在的县和乡镇党委书记、村第一书记、部分党支部书记,市扶贫开发领导小组各专责小组、相关部门负责人,帮扶企业代表,以及茂名市挂职扶贫干部等出席会议。会议深入学习贯彻习近平新时代中国特色社会主义思想和党的十九大精神,特别是习近平总书记扶贫开发重要战略思想,以实际行动抓好自治区党委第五巡视组巡视反馈意见的整改落实,对深度贫困地区脱贫攻坚各项工作进行再动员、再部署。

【2018年脱贫攻坚推进大会】 2018年5月15日在市委、市政府会议中心召开。自治区党委常委、市委书记王小东出席会议并讲话,市委副书记、市长周红波主持会议,市人大常委会主任東华出席会议,市四家班子领导,市中级人民法院、市检察院主要领导,各区县党政主要负责同志,以及脱贫攻坚相关单位和企业负责人等参加大会。会议强调要坚持以习近平扶贫思想为引领,贯彻落实自治区脱贫攻坚推进大会精神,全力以赴完成年度脱贫攻坚目标任

2018年6月25日,中国共产党南宁市第十二届委员会第六次全体会议在市委、市政府会议中心召开　　市委办公厅提供

务，坚决打赢打好首府脱贫攻坚战。

【中国共产党南宁市第十二届委员会第六次全体会议】 2018年6月25日在市委、市政府会议中心召开。市委委员56人、候补委员11人出席会议，市纪委常委、有关方面负责同志、自治区第十一次党代会和南宁市第十二次党代会部分代表列席会议，市委常委会主持，自治区党委常委、市委书记王小东作讲话。审议通过《中共南宁市委员会关于实施乡村振兴战略的决定》。市委副书记、市长周红波就《中共南宁市委员会关于实施乡村振兴战略的决定（草案）》向会议作说明。

【南宁市年中工作会议暨县域经济发展、乡村振兴推进大会】 2018年7月30日在市委、市政府会议中心召开。自治区党委常委、市委书记王小东作讲话，市委副书记、市长周红波作具体部署，市委副书记、政法委书记杨维超，市委常委、常务副市长张文军分别主持会议。会议总结全市上半年工作，分析当前经济形势，研究部署下半年工作。市人大常委会主任束华、市政协主席杜伟出席会议。市四家班子领导成员和市中级人民法院、市检察院主要领导，市直有关单位、区县（开发区）党政主要负责人等参加会议。

【南宁市生态环境保护大会】 2018年8月23日在市委、市政府会议中心召开。自治区党委常委、市委书记王小东，市委副书记、市长周红波作讲话；市人大常委会主任束华、市政协主席杜伟出席会议；市委副书记、政法委书记杨维超主持会议；市四家班子领导成员等参加会议。会议深入学习贯彻习近平生态文明思想，贯彻落实全国、自治区生态环境保护大会精神，分析研究南宁市生态文明建设面临的新形势新任务，研究部署坚决打好污染防治攻坚战、推进生态文明建设各项任务。

【工业高质量发展暨深化改革优化营商环境大会】 2018年8月24日在市委、市政府会议中心召开。自治区党委常委、市委书记王小东，市委副书记、市长周红波作讲话；市人大常委会主任束华、市政协主席杜伟出席会议；市委副书记、政法委书记杨维超，副市长朱会东分别主持会议，市委常委、常务副市长张文军作总结讲话；市四家班子领导成员，市中级人民法院、市检察院主要领导，市直各部门，各区县、开发区负责人，企业代表等参加会议。会议深入学习贯彻习近平新时代中国特色社会主义思想和党的十九大精神、习近平总书记关于广西工作的重要指示精神，落实自治区工业高质量发展大会和深化改革优化营商环境大会精神，动员全市上下克难攻坚、真抓实干，着力推动工业高质量发展，打造南宁市营商环境的新优势。

重大决策

【进一步加快县域经济发展】 2018年3月28日，市委、市政府印发《关于进一步加快县域经济发展的实施意见》，以深化供给侧结构性改革为主线，深入实施乡村振兴战略，坚持问题导向和目标导向相结合，以规划引领优化发展空间，以产城融合夯实发展基础，以精准施策聚集发展要素，建立健全城乡融合发展体制机制，统筹推进产业发展、基础设施、新型城镇化建设、扶贫攻坚和改革创新，促进城乡之间经济、社会、文化、生态、空间、政策上协调持续健康发展。

【开展城市治理“制度建设年”活动】 2018年4月26日，市委办、市政府办印发《关于开展城市治理“制度建设年”活动的实施方案》，提出全面开展2018年城市治理“制度建设年”活动。通过梳理固化近年来南宁市城市治理的做法，建立健全城市治理长效机制，坚持用制度管人，靠制度管事，确保城市运行“整洁、畅通、有序、安全、高效”，推动城市治理水平有明显提升，让市民共享更加安全、便捷、舒适、优美、文明的宜居环境。

【落实食品安全党政同责】 2018年4月27日，市委办、市政府办印发《南宁市关于落实食品安全党政同责的实施意见》，提出落实食品安全战略部署，以提升全市食品安全治理能力和保障水平为目标，强化地方各级党委、政府的责任，完善体制机制，创新监管方法。着力构建党委统一领导、政府部署推动、部门依法监管、行业诚信自律、社会各方协同、公众参与的食品安全治理格局。

【实施乡村振兴战略】 2018年6月25日，市委印发《关于实施乡村振兴战略的决定》。总体目标：到2020年，乡村振兴取得重要进展，制度框架和政策体系基本形成。农业综合生产能力稳步提升，农业供给侧结构性改革取得积极进展，现代农业示范区建设增点扩面提质升级目标全部实现，高标准农田和“双高”糖料蔗基地建设任务全面完成，农业科技创新实力显著增强，主要农产品初加工转化率明显提高，农村一二三产业融合发展水平进一步提升，县域经济加快发展；农民增收渠道进一步拓宽，城乡居民收入差距持续缩小；现行标准下农村贫困人口实现脱贫，3个国家扶贫开发重点县和所有贫困村全部摘帽，与全国全自治区同步全面建成小康社会；农村基础设施明显改善，基本实现乡乡通二级（三级）路，农村集中供水、宽带网络覆盖面、供电可靠性和质量显著提高；城乡融合发展体制机制初步建立，城乡基本公共服务均等化水平进一步提高，全国义务教育发展基本均衡区县国家评估认定通过率100%，城乡医疗卫生、社会保障水平的差距不断缩小；“美丽南宁”乡村建设4个阶段目标任务全面完成，村庄规划管理实现全覆盖，农村人居环境明显改善；农村发展环境进一步优化，农村对人才吸引力逐步增强；县级以上文明村镇不断增多，乡村优秀传统文化得到进一步传承发展，农民精神文化需求基本得到满足；以党组织为核心的农村基层组织建设进一步加强，乡村治理体系进一步完善；各级党委农村工作领导体制机制进一步健全；区县各部门推进乡村振兴的思路举措得以确立。到2035年，乡村振兴取得决定性进展，农业农村现代化基本实现。农业发展质量得到显著提升，县域综合实力明显增强；农村生态环境和人居环境质量大幅提升，美丽宜居乡村基本实现；乡风文明达到新高度，乡村治理体系更加完善；城乡基本公共服务均等化基本实现，城乡融合发展体制机制更加完善，农村创业就业环境根本改善，农村居民人均可支配收入达到全国平均水平，共同富裕迈出坚实步伐。到2050年，乡村全面振兴，与全国、自治区同步全面实现农业强、农村美、农民富。

【优化营商环境三年行动计划（2018—2020年）】 2018年8月27日，市委办、市政府办印发《南宁市关于进一步优化营商环境三年行动计划（2018—2020年）》，要求按照自治区“一年重点突破、两年全面提升、三年争创一流”的总体目标，将南宁市优化营商环境任务分3年实施，力争通过3年的努力，全市营商环境能够达到世界银行营商环境排名前50名经济体水平，南宁市成为西部省会城市营商环境建设的标杆，营商环境迈向法治化、国际化和便利化。

【构建新型政商关系做好亲商安商工作】 2018年9月6日，市委办、市政府办印发《南宁市构建新型政商关系做好亲商安商工作实施方案》，提出要全面贯彻党的十九大和十九届二中、三中全会精神，以习近平新时代中国特色社会主义思想为指导，紧紧围绕统筹推进“五位一体”总体布局和协调推进“四个全面”战略布局，牢固树立新发展理念，坚持以人民为中心的发展思想,按照高质量发展要求,创新机制体制,着力解决企业反映突出的痛点、堵点、难点问题,着力构建“亲”“清”新型政商关系,激发全市工商界发展壮大活力,为首府持续推进“六大升级”工程,加快建设“四个城市”,推动首府经济社会向更高质量发展,奋力谱写新时代南宁发展新篇章提供有力支撑。

【打赢脱贫攻坚战三年行动】 2018年11月17日,市委、市政府印发《关于打赢脱贫攻坚战三年行动的实施意见》,提出到2020年,巩固脱贫成果,确保稳定实现现行标准下全市农村贫困人口全部脱贫,贫困村和贫困县全部摘帽。其中:2018年,10.65万人口脱贫,104个贫困村摘帽;2019年,7.37万人口脱贫,90个贫困村摘帽,上林县、马山县、隆安县3个贫困县摘帽;2020年,3.86万人口脱贫,22个贫困村摘帽,巩固脱贫成果。实现农民人均可支配收入增长幅度高于全国平均水平,基本公共服务主要领域指标达到或接近自治区平均水平,贫困县基础设施明显改善,基本公共服务明显提升,城乡面貌明显改观;确保产业覆盖具备条件的所有贫困户,具备条件的建制村全部通硬化路,贫困村全部实现通动力电、通光纤或第四代移动通信(4G)网络、手机通信信号全覆盖,贫困村达到人居环境干净整洁的基本要求;全面解决贫困人口住房和饮水安全问题,解决义务教育学生因贫失学辍学问题,基本养老保险和基本医疗保险、大病保险实现贫困人口参保全覆盖,最低生活保障实现应保尽保;如期高质量完成脱贫任务。

【加快数字南宁建设】 2018年12月23日,市委、市政府印发《关于加快数字南宁建设的意见》,提出到2020年末,数字南宁建设取得显著成效。全市数字基础设施进一步完善和提升,第四代移动通信(4G)网络、有线电视网络全面覆盖城乡,第五代移动通信(5G)网络启动商用服务,宽带接入能力大幅提升,城市家庭接入带宽达到1Gbps;互联网与政务服务深度融合,数字政府治理现代化水平明显提高,信息资源整合和集约化建设任务基本完成,公共信息资源共享开放程度达到全国中上水平,实现政务服务事项“线下只进一扇门,线上只上一张网”,“一事通办”改革成效显著;信息惠民应用不断丰富,有效提升医疗、教育、养老等公共资源的均等普惠程度;新一代信息技术产业蓬勃兴起,高端生产要素集聚提升,形成较为完整的大数据产业链;打造新型智慧城市南宁模式品牌,南宁市成为中国智慧城市的标杆和面向东盟国家智慧城市的样板。

【全面加强生态环境保护坚决打好污染防治攻坚战】 2018年12月25日,市委、市政府印发《南宁市全面加强生态环境保护坚决打好污染防治攻坚战实施方案》,提出到2020年,全市生态环境质量总体改善,主要污染物排放总量大幅减少,环境风险得到有效管控,生态环境保护水平同全面建成小康社会目标相适应。12月29日,自治区党委常委、市委书记、市第一总河长王小东,市委副书记、市长、市总河长周红波共同签署南宁市2018年第1号总河长令,在南宁市4条主要外河、17条内河开展乱占、乱采、乱堆、乱建等问题集中整治行动。 (市委办公厅)

组织建设

【概　况】 2018年,中共南宁市委员会组织部(中共南宁市非公有制经济组织和社会组织工作委员会)设办公室、研究室(政策法规科)、干部人事制度改革工作办公室(中共南宁市委干部人事制度改革工作办公室)、干部一科、干部二科、干部三科、干部四科、干部五科、干部六科、干部档案室、干部监督室(举报中心)、公务员管理科、干部教育工作办公室(中共南宁市委干部教育工作领导小组办公室、南宁市干部教育培训与考评中心)、人才工作办公室(中共南宁市委人才工作领导小组办公室)、机关党委(人事科)、信息管理办公室、党建工作领导小组办公室、组织一科(南宁市基层组织建设领导小组办公室)、组织二科、组织三科(组织员办公室)、非公企业党建科、社会组织党建科,行政编制67名,在编56人。二层机构有南宁市党员干部现代远程教育管理办公室(中共南宁市委党的建设信息化管理办公室)、南宁市领导人才考试与测评办公室(南宁市公开选拔领导人才工作领导小组办公室)。全市有中国共产党地方委员会13个(设区市委员会1个、区县委员会12个),党组438个,中央、地方党委派出工作委员会59个(省市派出工作委员会7个、区县派出工作委员会52个),基层党组织1.73万个(基层党委652个、党总支部1317个、党支部1.53万个);党员27.43万人。党员中,女党员8.95万人,占党员总数32.63%;少数民族党员14.03万人,占51.16%;离退休党员6.08万人,占22.16%;新发展党员3461人、占1.26%,其中女党员1573人、少数民族党员1793人。主要存在部分干部存在不愿为、不会为、不敢为及处级干部队伍老化等问题;个别党组织书记落实主体责任不到位,部分基层党组织党内活动和组织生活开展不正常、不严肃,基层党组织的组织力有待提升;发展壮大村级集体经济工作面临诸多困难和挑战,收入来源大部分还是依靠入股分红,形式较为单一,抵御市场风险能力较弱;全市高层次人才的集聚效应相对发达地区来说还比较滞后,人才工作存在“上头热下头冷”现象等问题。

【习近平新时代中国特色社会主义思想和党的十九大精神学习培训】 2018年,组织开展习近平新时代中国特色社会主义思想和党的十九大精神集中轮训,培训县处级干部1899人、乡镇党政正职197人;分级分批培训全市党员干部。推进“两学一做”学习教育常态化制度化,依托“绿城党旗红”“南宁两新党建”等平台开展党的十九大精神网络自学、知识竞赛,超过27万人次参与。开展能力培训,市本级举办主体班、专题培训班44期次,培训干部4670人次。

【“两学一做”学习教育常态化】 2018年,南宁市实施“看齐对标”“双争建功”“整改提升”“表率引领”“固本强基”五大行动,推进“两学一做”学习教育常态化制度化,增强党员干部落实“两个维护”的政治自觉、行动自觉。整改中央、自治区党委巡视反馈问题,在整改中推动全市各级党员干部牢固树立“四个意识”(政治意识、大局意识、核心意识、看齐意识)。执行党员集中活动日制度,每月固定时间组织党员开展学习交流、集中研讨,做到真学、真信、真用。强化理想信念教育,培训农村、城市社区、机关、两新组织等领域党员11.62万人。

【党建制度改革】 2018年,南宁市推进改革任务13项,除3项任务因上级有关政策未出台而调整外,其余10项全部完成。作为中央部署的全国7个党内法规制定试点城市之一,南宁市出台首部党内法规《南宁市村党组织党务公开办法(试行)》,全市1549个行政村(农村社区)全部按要求规范党务公开,打造市级党务公开示范村29个。作为全国6个地级市社会组织党建工作综合监测区之一,配强行业党委领导班子和组织员队伍,推进“党旗领航+”行动,创新“4+”(动态台账+实地调研、问题导向+精准施策、选优育强+经费支持、示范引领+品牌创建)党建工作法,培育一批党建强、发展强的先进社会组织。把群团组织改革纳入党建工作总体安排,完成市残疾人联合会、市归国华侨联合会、市社会科学界联合会等群团领导班子换届,优化群团组织领导班子结构。

【基层党组织建设】 2018年,南宁市开展4轮基层党建"两随机"(随机督导、随机调研),涉及基层党组织530个,发出通报4期、红黑榜8期,约谈党组织负责人152人,推动各级党组织书记围绕中心大局抓党建。

【农村党建】 2018年,南宁市实施"先锋引领·脱贫攻坚"行动计划,整顿软弱涣散村党组织147个,获命名星级农村基层党组织578个,全员轮训贫困村党组织第一书记421人、村党组织书记1549人和大学生村官79人。市委书记带头联系帮扶深度贫困县,市长挂点帮扶深度贫困乡,落实37名副厅级以上领导分别挂点联系1个~3个深度贫困村,实现56个深度贫困村全覆盖,全市投入脱贫攻坚的干部人数4.67万人。组织61家国有或国有控股企业、民营企业与56个深度贫困村开展结对帮扶活动。"双培双带双促"扶贫模式得到中央领导肯定,获2018年全国脱贫攻坚组织创新奖。推动驻村工作队员吃住在村,伙食补助每人每天提高至100元,落实每位第一书记1.50万元驻村专项工作经费和10万元产业帮扶资金。给予每个贫困村每村100万元、每个深度贫困村每村150万元扶持资金用于发展壮大村级集体经济,全市1549个行政村全部设立村民合作社。全市1549个村(社区)有集体经济收入1251个,贫困村集体经济收入3万元以上420个,5万元以上263个。

【社区党建】 2018年,南宁市实施"先锋引领·凝心聚力"大行动,推动城市基层党建引领社会治理创新,成立25个街道"大工委"和224个社区"大党委",打造城市基层党建综合示范社区20个,培育"联合大党委""逢四说事""时间银行""社校联盟"等一批城市基层党建品牌,南宁市被中组部确定为城市基层党建示范市,并在全国城市基层党建工作研讨会上作书面发言,在自治区城乡社区治理工作推进会上作典型发言,兴宁区、青秀区、西乡塘区被自治区党委组织部确定为城市基层党建示范城区。

【国企党建】 2018年,南宁市深化"先锋引领·固根守魂"行动,以国有企业所属子公司党建入章、发挥企业党组织领导核心和政治核心作用等为重点,推进国企党建重点任务30项;南宁糖业股份有限公司、广西绿城水务股份有限公司、南宁百货大楼股份有限公司3个上市公司完成党建入章。

【机关事业单位党建】 2018年,南宁市完成市县两级税务局党委设立,推动市直单位党组(党委)修订完善工作规则;采取"两随机"督导调研、约谈机关党组织书记、专案整改提高等方式,加大对机关党组织党内政治生活情况的监督检查、责任传导力度;创新开展以争创政治引领强、领导履职强、办学治校强、制度保障强"四强"中小学校党组织,争当政治素养好、师德师风好、教书育人好、示范创优好"四好"党员教师为主要内容的"先锋引领校·园党旗红"主题活动。

【非公有制经济组织与社会组织党建】 2018年,南宁市出台《南宁市贯彻落实〈广西壮族自治区非公有制经济组织和社会组织党建工作责任制实施办法(试行)〉的实施细则》,持续开展"百日攻坚"行动,新建两新企业和社会组织党组织254个;全市有非公企业、社会组织党组织2858个,党组织覆盖率分别为80.58%、84.35%。党员2.40万名。开展"党旗领航"主题活动和助力脱贫等"党旗领航+"系列活动642场次,引导2000多家两新组织党组织参与精准扶贫,捐资捐物920多万元。探索推行"一卡一证一微"(记载党组织组织生活目标要求、业务指南二维码等信息A3卡,流动党员参加多重组织生活证,党支部"微党课")组织生活工作法,选优配强两新组织党建力量。开展党建示范点建设,两新组织党组织被评为市级示范点66个,其中自治区级示范点12个。南宁市在自治区两新组织党建工作示范点建设座谈会上作经验交流发言。持续开展"关注党员成长激发组织活力"大培训,全市举办培训班422期,培训3.30万人次。

2018年12月19日,南宁市"不忘初心、牢记使命——广西党组织成长的光荣之路"主题展播活动在市委党校举行　　市委组织部提供

【发展党员】 2018年,南宁市下发年度发展党员指导性计划,建立发展党员联系点5个(马山县、上林县、南宁轨道交通集团有限责任公司、南宁中关村创新示范基地党委、南宁茂名商会党委),将每个贫困村每两年至少发展1名青年农民党员、规范发展党员工作档案材料等作为督导重点,新发展党员3461人。

【党员远程教育】 2018年,南宁市实施远程教育"服务年"活动,组织全市党员参与自治区开展的党的十九大精神学习竞赛活动,参与人数超2万人次。向机关、企业、学校、两新组织等领域扩展建设站点36个,组织开展远教直播4次、党员教育主题学用活动11次;创建城市党建领域党员教育培训示范基地23个(机关单位4个、国有企事业单位5个、两新组织5个、城市社区8个、学校1个)。推广应用"八桂先锋""绿城党旗红"系列平台,上线"第一书记"专题网站,建设市直机关党建目标管理线上考核系统,全市"八桂先锋"智慧党建手机APP注册用户7.49万人,"绿城党旗红"手机APP用户2.31万人,"绿城党旗红"微信公众号关注数2.49万人。完成党员教育教材开发制作编辑室改造,建成集市级远教平台、广电平台和视频播出平台共享的媒体资源系统;摄制党员教育电教片40部,其中《典型人物》《先进经验》《专业人才》3个类别百部系列电教片27部,获自治区特等奖1部、一等奖2部、二等奖2部、三等奖5部、优秀奖4部。市委组织部获"2018年全区党员教育电视片摄制工作先进单位"称号。

【干部队伍建设】 2018年,南宁市落实中央《关于进一步激励广大干部新时代新担当新作为的意见》及自治区实施意见,深化和完善"四个一线"干部培养选拔机制。在集中选派63名优秀干部到深度贫困地区脱贫攻坚一线历练基础上,新选派3656名脱贫攻坚(乡村振兴)工作队员,遴选124名优秀干部、专业人才到深度贫困县马山县挂职帮扶;继续选派10名优秀干部到第十二届中国(南宁)国际园林博览会筹办项目一线挂职,挑选5名优秀年轻干部到巡察一线锻炼,选派贫困县3名处级干部到广东省茂名市挂职。市委组织部选派3名科级干部到上林县、马山县、隆安县分别挂任县委组织部副部长,按照"一人一档"对421名第一书记建立个人成长档案,部务会专题听取关于63名深贫一线历练干部的情况汇报。从"四个一线"提拔县处级干部占提拔总数95.83%;7月,在自治区组织工作会议上,自治区党委书记鹿心社要求在广西推行"四个一线"选人用人的做法。中组部《组工信息》、新华社内参《国内动态清样》、新闻周刊《瞭望》《人民日报》、国务院扶贫开发领导小组办公室《扶贫信息》《中国组织人事报》,自治区党委办公厅《工作情况交流》《广西组工信息》《广西改革信息》《广西日报》等刊发报道。完善领导干部管理监督制度,印发《关于严明机构改革期间有关干部人事纪律的通知》《关于市直机关事业单位科级干部选拔任用工作有关问题的通知》《中共南宁市委员会组织部对领导干部履行组织工作相关责任进行告知告诫的实施办法(试行)》。严格落实"凡提四必"(干部档案"凡提必审",个人有关事项报告"凡提必核",纪检监察机关意见"凡提必听",反映违规违纪问题线索具体、有可查性的信访举报"凡提必查")和"双签字"(党委书记或党组书记、纪委书记或纪检组组长在廉政意见上签字)要求,对拟提拔或进一步使用人选进行联合审查和个人有关事项查核,严防干部"带病提拔"。严格落实干部选拔任用工作方案预审制度,加大经济责任审计力度,安排经济责任审计141人。全市47名自治区党委管理干部、1919名市管干部按要求报告个人有关事项。完成122名党政领导干部和国有企业领导人员承包经营农村土地行为的清退。统筹抓好2018年公务员(选调生)考录,录用公务员621人、选调生95人。

【人才队伍建设】 2018年,南宁市出台深化人才发展体制机制改革行动计划及6个配套政策,举办海外高层次人才与项目对接会、招才引智欧洲行等重大引才活动,新建海外引智工作站5个〔南宁市(英国)海外引智工作站、南宁(德国柏林)海外引智工作站、南宁(德国斯图加特站)海外引智工作站、南宁(美国)海外引智工作站、南宁(匈牙利)海外引智工作站〕,引进黄维院士及海外高层次人才6人,吸引40个人才团队申报"邕江计划",给予13个高层次人才团队2500万元资助。广西田园生化股份有限公司和广西交通科学研究院有限公司获批国家企业技术中心,实现市属单位国家级平台零突破;推动共建国家级广西先进铝加工创新中心、华数轻量化电动汽车设计院、华中科技大学科技园等创新创业平台,新增自治区级科研平台20个。举办首次海外人才创新创业大赛,全球5大洲28个国家(地区)163个人才团队参赛,20个团队项目达成落户意向。开展人才工作者专题培训班、专业技术拔尖人才国情研修班、产业骨干人才培养提升班、企业经营管理人员培训等人才培养项目100多场次,培训5000多人次;依托"广西籍学子回家看看"、绿城"联合引智"等品牌活动吸引1920人报名参加,902人与企业达成就业意向,现场签约256人。全市人才总量120万人。

(市委组织部)

宣传教育

【概　况】 2018年,中共南宁市委员会宣传部设办公室、干部科、调研室、宣传科、理论科、新闻出版科、文艺科、文化体制改革与发展科、精神文明建设综合秘书科、精神文明建设活动科、未成年人思想道德建设工作科、社会志愿服务工作科、对外联络科、对外宣传科、网络宣传管理科、网络舆情信息科,编制56名,在编52人。二层机构有中共南宁市委讲师团、南宁市互联网新闻传播研究中心2个。南宁市学习贯彻习近平总书记关于宣传思想工作的重要思想和关于广西工作的重要指示精神,贯彻落实全国、自治区、全市宣传思想工作会议精神,做好宣传思想工作,尤其是做好自治区成立60周年大庆、南宁园博园、"百里秀美邕江"等重大活动、重点工程的宣传。在首次开展的自治区宣传思想文化工作先进集体和先进个人评选表彰中,南宁市精神文明建设委员会办公室获"全区宣传思想文化工作先进集体"称号,市委宣传部副部长冯力获"全区宣传思想文化工作先进个人"称号。主要存在正面宣传不够贴近群众、贴近生活,文化供需矛盾等问题。

【理论学习与宣传】 2018年,南宁市组织市委理论中心组成员开展集中学习11次。自治区党委常委、市委书记王小东在各类会议、各个场合就学习贯彻习近平新时代中国特色社会主义思想提出明确要求,到南宁职业技术学院、中共南宁市委员会党校向大学生和主体班学员授课,并到企业、重点项目、贫困地区等基层一线开展调研,督促指导全市的贯彻落实工作。组织开展以"在习近平新时代中国特色社会主义思想指引下——新时代新气象新作为"为主题的《习近平谈治国理政》阅读分享活动;习近平谈治国理政阅读征文活动收到投稿500篇,评出优秀作品34篇,区县(开发区)、市直部门开展阅读演讲初赛近1000场,决赛200名选手参加,37名选手获奖。出台《南宁市党委(党组)理论学习中心组学习细则》,开展重大主题宣讲6400多场,受众83万人次;1897个新时代讲习所覆盖全市乡村。

【信息调研】 2018年,南宁市组织全市各级党委理论学习中心组成员结合实际到基层调研,提升广大党员领导干部对新思想的学习研究实效。组织开展全市宣传文化系统"大调研",形成调研报告100多篇、工作案例20多个,编印推出《南宁市2018年宣传文化工作优秀调研文集》。调研成果《治水、建城、为民——从"百里秀美邕江"看绿城南宁生态宜居品质升级》入选中共中央宣传部"庆祝改革开放40年·百城百县百企调研行"重点主题报道,南宁市成为该调研报道活动聚焦的40个城市之一;《南宁市推进县级融媒体中心建设打通媒体融合"最后一公里"的实践与启示——以横县为例》《打造网友看南宁品牌,构建网上网下同心圆——南宁市网友看南宁系列活动创新网络舆论引导机制》分别被评为2018年自治区宣传思想文化系统优秀调研报告和优秀创新工作案例。舆情信息采用量在自治区宣传思想文化系统中排名第一,市委宣传部被评为自治区舆情信息工作优秀单位一等奖。

【新闻报道】 2018年,南宁市在习近平总书记视察广西一周年之际,推出《牢记总书记嘱托　履行新时代使命》主题宣传专版26个、电视专题报道6集,各类报道4800多篇。《南宁日报》刊登的《习近平总书记视察广西一周年特刊》获评"2018年中国报业重大主题报道+服务年度双十佳案例奖"。紧扣"在习近平新时代中国特色社会主义思想指引下——新时代新作为新篇章""壮阔东方潮　奋进新时代——庆祝改革开放40年"、自治区成立60周年、中国—东盟博览会和中国—东盟商务与投资峰会、"治水、建城、为民"城市工作主线、第十二届中国(南宁)国际园林博览会、环广西公路自行车世界巡回赛等重大主题、重大活动、重要会议、重大典型、重点工程组织策划实施宣传报道，自治区、市属主要媒体刊发重点稿件8000多篇。完成中共中央宣传部、中共中央网络安全和信息化委员会办公室组织的大型主题采访和网络主题宣传活动，市属媒体组成30个采访组进行采访，刊发《习近平总书记题词在首府引起热烈反响》等报道1000多篇，推送新媒体报道1500多条。指导推出《践行新思想 展现新成就 治水建城为民》《有一种奋斗叫脱贫攻坚》宣传片。指导完成中央代表团一分团赴南宁市慰问的车载随行广播任务。承办第五届“好记者讲好故事”全国巡讲南宁站活动和自治区巡讲南宁站活动，组织开展南宁市第五届“好记者讲好故事”庆祝改革开放40周年自治区成立60周年主题演讲活动。印发《中共南宁市委宣传部关于推进县级融媒体中心建设的通知》。12月，青秀区、横县、宾阳县、马山县、县级融媒体中心揭牌运行，“青秀云媒”“横县云”、宾阳手机台、“在马山”APP等上线运行，完成中宣部重点联系推动的横县县级融媒体中心和广西首批试点区县县级融媒体中心建设任务。组织媒体对“百里秀美邕江”开展全媒体、全景式宣传报道，展示习近平生态文明思想在南宁的实践。《人民日报》、新华社、中央广播电视总台等中央主流媒体刊发《南宁打造“百里秀美邕江”》《道不尽的邕江美》《南宁治理邕江 引领城市高质量发展》等重点报道。《南宁日报》推出专题报道《践行习近平生态文明思想 治水 建城 为民 百里秀美邕江诠释天人合一书写家国情怀》专版24个。南宁电台、南宁电视台推出系列报道60集，推出大型直播节目和《治水建城 为民》短视频，浏览量超过100万人次。邀请中央、自治区媒体，组织市属媒体全方位宣传报道南宁园博会。在北京市组织召开园博会新闻发布会，《人民日报》、新华社、中央广播电视总台和越南国家电视台等30多家海内外媒体参会，推出报道800多篇。自治区和自治区各设区市主要新闻媒体刊发《冬季到南宁花香鸟语看园博》等报道2500多篇；制作园博会形象片、吉祥物宣传片和主题曲《世界知道》MV等在广西广播电视台、自治区各设区市电台电视台播放，广西各级政务微博、微信同步转发转载。中国网推出的微视频《园博冬季绽放世界聚焦南宁》被168家海外网络媒体转载，累计阅读量2000万人次。

【新闻发布】 2018年，南宁市围绕市委市政府决策部署加大新闻发布力度。市委宣传部指导市发展和改革委员会、市教育局、市食品药品监督管理局、市体育局等有关部门单位（区县）召开政府例行新闻发布会26场，分别就南宁园博会、南宁市创建国家食品安全示范城市、深化不动产改革、休闲农业示范区建设、2018年中国（横县）茉莉花文化节、健全社会保障体系、南宁市深化人才发展体制机制改革行动计划及配套政策、脱贫攻坚、第十三届南宁国际马拉松比赛暨第三十六届南宁解放日长跑活动工作情况进行发布。中央驻桂、自治区和南宁市属新闻媒体参加报道。

【社会宣传】 2018年，南宁市组织开展春节、自治区和南宁“两会”、脱贫攻坚、社会主义核心价值观、第十届泛北部湾经济合作论坛暨第二届中国—中南半岛经济走廊发展论坛、第15届中国—东盟博览会和中国—东盟商务与投资峰会、环广西公路自行车世界巡回赛等社会氛围营造。完成庆祝改革开放40周年、庆祝自治区成立60周年社会宣传，全市1.28万台电子屏播放大庆宣传内容，喷绘宣传画面18.66万平方米，设置广告挂旗1.35万杆，打造60大庆主题车站专列和机场高速路—壮锦大道—白沙大道、民族大道等34条主干道精品线路；在全市大型户外LED电子屏、楼宇电视定格设置“建设壮美广西 共圆复兴梦想”画面，设置喷绘画面近1万平方米，宣传习近平总书记重要题词精神。

2018年10月23日，庆祝自治区成立60周年中央采访团在南宁·中关村创新基地采访
陈峰 摄

【对外宣传】 2018年，南宁市紧扣重大主题、重大活动、重要会议、重大典型、重点工程策划实施对外宣传报道。《人民日报》、新华社《国内动态清样》《光明日报》等境内外主流媒体刊发《南宁 再现百里秀美邕江》《广西南宁探索“四个一线”干部培养新机制》《南宁创建公共资产负债云平台强化风险防控》《民歌美妙 世界知道》等重点稿件2万多篇（幅），中央电视台《新闻联播》播出南宁报道24条，为近年来该栏目报道南宁市最多的一年。《经济日报》《光明日报》《新华每日电讯》均在头条或头版重要位置对南宁市进行报道。举办“春天的旋律2018”跨国春晚，在14个国家和地区落地播出，第三次入选国家“丝绸之路影视桥”工程。“南宁渠道 丝路交响”大型跨国采访报道采访组先后赴泰国—老挝、马来西亚—柬埔寨，首次走进欧洲的奥地利—波兰进行采访报道，制作14集系列新闻报道，第15届中国—东盟博览会期间在南宁电视台新闻频道《南宁新闻》播出；制作7集欧洲线系列报道于自治区成立60周年大庆前夕在《南宁新闻》播出。中央广播电视总台制作《海外南宁人》6集，在央视中文国际频道播出，全球170多个国家和地区可收看此节目。2018年“文化走亲东盟行”活动分别走进菲律宾、印度尼西亚和泰国，举办戏曲专场演出7场、非物质文化遗产展览3场、文化艺术研讨会3场、中国戏曲专题讲座1场，与这3个国家的9家艺术机构签署《中国—东盟戏剧合作交流机制谅解备忘录》。拍摄制作8分钟城市形象宣传片《南宁》，对外展示南宁城市新形象。在首届广西对外传播奖评选中，南宁市4件作品分获一等奖、二等奖、三等奖。

【网络宣传与管理】 2018年，南宁市有效管好用好3.91万家网站，占自治区的48.84%。组织开展“壮乡六十载 南宁新画卷”等全国网络媒体采访活动，全国70多家网络媒体（网络名人）发布新闻稿件600多篇，网络浏览量3000多万人次。组织策划“60年变迁话南宁”“礼赞南宁”等系列网络宣传活动，网络浏览量1300

多万人次。推出融媒体产品“百里邕江秀南宁”网上展馆,网上曝光量360万人次。开展“网络中国节”系列网络文化活动,开设相关专题29个,发布稿件2100多篇,创作系列网络文化作品300多个。市委宣传部(市互联网信息办公室)获自治区网评工作先进单位一等奖,7件网评作品分获自治区一等奖、二等奖、三等奖。打造“网友看南宁”活动品牌,获“2018年自治区党委宣传部优秀创新工作案例奖”。“南宁发布”微博居自治区党政新闻发布类之首,获“2018年度广西最具影响力政务微博奖”。南宁辟谣平台获2017年度广西新闻奖(网络新闻作品)网络新闻专栏二等奖。（市委宣传部）

【群众性精神文明创建】2018年,南宁市继续开展“五大文明创建”(创建文明城市、文明村镇、文明单位、文明家庭、文明校园)活动。制定《南宁市关于深化群众性精神文明创建活动的实施意见》,部署2018年至2020年创建周期全国文明城市、自治区文明城市创建,加强全市36类635个实地测评点迎检指导;横县、宾阳县、上林县、马山县、隆安县申报参评2018年至2020年创建周期自治区文明城市。深化“五个礼让”(斑马线前讲礼让、行车会车讲礼让、有序排队讲礼让、乘坐公交讲礼让、乘坐电梯讲礼让)示范创建,培育树立示范创建先进集体100个,公交车平均礼让率99.55%,出租车平均礼让率99.51%。加强南宁志愿服务联合会建设,实施《南宁志愿服务联合会会员守信激励和失信惩戒公约(试行)》,全市网上注册志愿者63.50万人,发布志愿服务项目1.02万个,服务总时长超过145万小时,社区、重点公共场所有志愿服务站400多个;“《今天是星期六》关爱今天的老人就是关爱明天的自己”项目获第4届中国青年志愿服务项目大赛全国赛银奖,南宁市安琪之家公益培训及志愿服务项目获广西志愿服务项目大赛金奖;南宁市巾帼志愿者协会南宁市“礼让斑马线”文明劝导志愿服务项目分别获评全国学雷锋“四个100”最佳志愿服务组织、最佳志愿服务项目;“情暖夕阳”关爱空巢老人志愿服务项目获评广西“最佳志愿服务项目”,南宁高新区心圩街道梧桐苑社区获评广西“最美志愿服务社区”。全市创建新时代讲习所1897个,开展讲习活动5600多场。修订《南宁市文明村镇创建管理办法》,实施《南宁市文明村镇创建三年行动计划(2018—2020年)》《南宁市关于进一步推动移风易俗工作的实施方案》;新增县级以上文明村213个,文明乡镇13个;建立乡风文明村示范点216个,修订完善村规民约的建制村1131个,建立“四会”组织3862个,实现建制村“一约四会”(村规民约、红白理事会、道德评议会、村民议事会、禁毒禁赌会)全覆盖;市级、区县级新时代文明实践中心全部挂牌成立;隆安县那桐镇定江村在自治区农村精神文明建设现场交流会上作经验发言。印发新修订的《南宁市文明单位创建管理办法》,文明单位开展知识讲座、技能培训1160多场次,培训10万多人次。开展南宁家风馆“知书达礼好家风”系列活动,开展公益讲座、家风故事会86场次,平均每月观众近1万人次;组织王芳家庭、赵仁峰家庭参与全国文明家庭故事撰写、短视频拍摄,并在中国文明网站展示。文明校园创建活动覆盖面80%;全市累计有全国文明校园2所(滨湖路小学、南宁市第三中学),自治区文明校园25所,市级文明校园198所;滨湖路小学、南宁职业技术学院受邀参加全国中小学、全国高校文明创建调研座谈会并作经验介绍,滨湖路小学入选中央文明办首届“文明校园巡礼”集中报道的全国10所学校名单。（吴苏焱）

统一战线

【概　况】2018年,南宁市有市、区县党委统战部机关13个,其中市级1个。中共南宁市委统战部设办公室、党派工作科、民族宗教工作科、干部科、经济科、调查研究室、海外联络科、党外知识分子工作科,行政编制26名、工勤编制4名,在编24人、工勤人员4人。代管南宁市台湾同胞联谊会,二层事业单位有南宁市民主党派机关后勤服务中心。召开全市统战部长会议,传达学习自治区党委统战部年中工作会议及全市年中工作会议暨县域经济发展、乡村振兴推进大会会议精神,总结和研究全市统战工作情况;协助召开市委专题协商座谈会;召开市委统一战线工作领导小组第三次全体会议,研究审议市委统战工作领导小组办公室工作规则和成员单位统战工作职责、《关于南宁市统一战线助力打好精准脱贫攻坚战的实施意见》,听取宗教工作情况汇报等。南宁市被中共中央统战部确定为第二批34个全国新的社会阶层人士统战工作实践创新推广城市之一。主要存在需要探索更多措施服务非公经济,发现、储备更多的党外后备干部等问题。

【参政议政】2018年,南宁市各民主党派、工商联、无党派人士联络组围绕南宁市的中心工作、社会的难点和热点问题开展重点课题调研,形成《关于南宁市深度贫困地区脱贫攻坚的调研》(中国国民党革命委员会南宁市委员会)、《关于大力推进南宁市地铁经济发展的建议》(中国民主同盟南宁市委员会)、《关于促进困境企业救助和僵尸企业清理中府院联动机制研究》(中国民主建国会南宁市委员会)、《构建产教融合的职教体系　促进南宁经济转型升级》(中国民主促进会南宁市委员会)、《南宁市体医融合发展情况的调查》(中国农工民主党南宁市委员会)、《中新互联互通“南向通道”之南宁枢纽建设研究》(中国致公党南宁市委员会)、《关于南宁市科技推进农业产业发展的调研报告》(九三学社南宁市委员会)、《关于支持电商企业参与脱贫攻坚工作的建议》(南宁市工商业联合会)、《关于推进农村一二三产业融合发展的建议》(南宁市无党派人士联络组)、《多措并举　进一步促进台胞在邕投资创业》(台湾民主自

2018年3月6日,市委统战部组织全市非公经济服务平台建设专项推进会与会人员学习观摩广西非公经济服务平台　　市委统战部提供

治同盟南宁市支部委员会)10篇重点课题调研报告;市委召开政党调研协商座谈会,专题听取重点课题调研成果汇报。支持、引导各民主党派、工商联、无党派人士围绕市委、市政府中心工作及经济社会发展,通过提交提案、上报信息等方式提出决策参考和政策建议。各民主党派、成员中的人大代表、政协委员在各级"两会"上提交议案、建议和提案301件,自治区采用7件。组织民主党派成员、无党派人士30多人参加扶贫领域监督执纪问责工作巡查调研,开展民主监督。

【经济统战】 2018年,市委统战部组织600多名非公有制经济人士参加专题讲座、培训班;表彰优秀区县工商联6个、先进商会党组织4个、优秀直属商会10个、南宁市光彩事业先进商会8个、南宁市光彩事业先进企业15家;对156名非公有制经济代表人士开展综合评价。2015年至2018年,发动民营企业在实施产业帮扶方面投入资金7亿多元,安置就业贫困人口4000多人,公益捐助款物4000多万元,组织参加培训2万多人次。有250家民营企业参与帮扶建档立卡贫困村331个,企业实施产业项目帮扶投入资金2.52亿元,帮扶贫困户1.51万户,就业帮扶建档立卡贫困户劳动力近3000人,公益帮扶捐款1000多万元,技能培训帮扶近5000人。广西非公经济服务平台上南宁市非公经济人士认证数超过4万人。配合完成强优民企入桂工程,天津亿联投资控股集团等9家企业拟投资32.53亿元,其中有2家企业在第三届中国—东盟商会领袖投资峰会上签约13亿元。举办"抢抓一带一路机遇,南宁企业家与驻邕总领事馆经贸投资交流会",六国驻南宁总领馆官员、中国香港特区政府驻广西联络处负责人及相关企业等100多人参加。与广东省茂名市委统战部签订《"十三五"(2018—2020年)健全扶贫协作机制协议》,推进两市统一战线参与粤桂扶贫。10月16日,在广西统一战线"捐赠同心水柜助力脱贫攻坚"全国扶贫日特别节目中,市委统战部举牌认捐金额88万元,筹集捐赠款136万元。

【学习宣传】 2018年,市委统战部通过开启"讲习所"、市委统战部机关干部大讲堂,组织参加学习讲座、党的十九大精神宣讲会、统战学习培训班等方式,组织统战成员学习贯彻习近平新时代中国特色社会主义思想、党的十九大精神和《中国共产党统一战线工作条例(试行)》《中国共产党纪律处分条例》《中华人民共和国监察法》等。上报信息150多条,获中央统战部采用8条、自治区党委统战部采用24条。与市属新闻媒体合作,在《南宁日报》制作同心专版13期,刊发新闻报道65条,在电视台播出统战新闻20多条,南宁电台滚动报道100多次。

【港澳台统战】 2018年,市委统战部开展"千人参访",邀请中国港澳台地区社团代表人士、乡亲、青少年1000多人来南宁等地考察,感受祖国改革开放的巨大变化,进一步增加对祖国的认同感、自豪感及民族向心力、凝聚力。借助中国香港(南宁)、中国澳门(南宁)引才引智工作站,举办"香港特色餐饮入邕推介会""澳门特色餐饮入邕推介会"。对接中国香港、中国澳门地区有关部门做好园博园香港园、澳门园建设。

【"同心"品牌建设】 2018年,市委统战部支持民主党派打造社会服务"同心"品牌,指导各民主党派开展送科技、送文化、送医药"同心"社会服务和助力扶贫攻坚活动,拨付"同心"品牌专项经费30多万元,支持民主党派在区县开展医疗卫生、科技帮扶、法律咨询、捐资助学、文化下乡等活动20多次,受益3000多人。

【党外代表人士队伍建设】 2018年,南宁市有处级以上党外干部128人(副厅级6人、正处级9人、副处级113人,民主党派61人、无党派人士54人、群众13人);党外人士担任市级政协委员294人,占委员总数60.62%。增补调整市政协常委2人、委员10人。落实《南宁市加强新的社会阶层人士统战工作实施方案》,建立新的社会阶层人士队伍认证,新的社会阶层人士数据库有500多人、自治区级重点联系人物库有30多人。举办市党外代表人士培训班,培训50多人;选派8名党外干部、民主党派机关干部参加脱贫攻坚。

(詹任南)

市直机关党建

【概　况】 2018年,中共南宁市直属机关工作委员会设办公室、组织部、宣传部、市直机关工会工委、市直机关团工委、市直机关妇工委、机关党总支和调研室,行政编制18名、工勤编制2名,在编18人、工勤人员2人。直接管辖党组织105个,其中机关党组织94个(机关党委54个、党总支13个、党支部27个),两新组织(新经济组织、新社会组织)党组织11个;间接管辖机关党组织1411个(党委71个、党总支53个、党支部1287个);管理党员2.93万人(在职党员2.14万人、离退休党员7864人、学生党员1人),其中流动党员1410人。市直机关工委的《打造"网上党校",助推支部建设》案例获"全国机关党建十佳优秀案例";《中直党建》第9期刊发市直机关工委的党建促脱贫经验文章《开展"五大行动"激发机关党建引领脱贫攻坚新活力》。10月在中央和国家机关工作委员会召开的第一次全国机关党建工作会议上,市直机关工委作《突出"三个着力"推动机关党内政治文化建设走前头作表率》的经验交流。《加强新时代机关党支部建设研究——以南宁市直机关党支部为例》课题研究,获2018年度广西机关党建课题研究优秀研究成果一等奖。主要存在对机关事业单位抓党建工作指导力度不强,压力传导不到位,一些市直单位在市委巡察中被发现存在党组工作运行机制不完善、组织生活不严格、党务工作不规范等问题;一些市直部门和其管理的二层企事业单位管党治党主体责任虚化、弱化,贯彻执行中央八项规定精神不坚决不彻底,发挥"以案说纪""以案治本"的作用力度不够,"四风"(形式主义、官僚主义、享乐主义、奢靡之风)问题出现反弹;对机关党员干部的思想动态关注不够及时,机关党员干部参与志愿服务工作热情不高,没有形成机关党员志愿服务品牌等问题。

【机关政治建设】 2018年,市直机关工委组织贯彻落实习近平总书记对推进中央和国家机关党的政治建设作出的重要指示精神,召开会议传达学习、制定措施,要求所属105个市直机关党组织主动作为,创新学习形式,增强学习效果。2018年第3期《南宁机关党建》杂志和南宁机关党建网开设"党组织书记谈机关党的政治建设"专栏,利用南宁机关"两学一做"网上党校、"主题党课巡讲"等开展学习教育,引导机关党员学习领悟重要指示精神,并介绍推广市直机关各单位主要领导抓机关党的政治建设的先进经验和有效做法。持续开展"党建带扶贫,扶贫促党建"主题活动。组织各党组织以"一帮一联"为载体,确保每个党支部、每个党员都有1个帮扶对象;市直机关派出296名党员到贫困村担任第一书记,其中36人到深度贫困村担任第一书记;107个党组织利用扶贫日、党员活动日、志愿服务日开展帮扶活动;各党组织在贫困村讲党课500多场次。筹措104.15万元支持武鸣区四明村、富良村和深度贫困村马山县羊山村的集体经济、党员活动阵地建设。10月"结对帮扶行动月"活动中,551个党支部、1.91万人参与活动,引进资金295.27万元,实施帮扶项目179个,参与走访慰问党员3508人。动员机关党员干部利用春节回乡调研，对乡村振兴战略和脱贫攻坚战活动提出建议，撰写调研报告464篇。《中直党建》杂志第9期以《开展“五大行动”激发机关党建引领脱贫攻坚新活力》为题，推出市直机关工委抓党建促脱贫攻坚经验。举办“公仆心 百姓情——南宁机关共产党员先进事迹情景报告会”，在南宁电视台、南宁头条网站多次播放，点击量超过5万人次；组织2968名观众观看庆祝自治区成立60周年中央广播电视总台“心连心”艺术团慰问演出；举办“我的壮乡首府——南宁机关庆祝自治区成立60周年纪念活动”，南宁电视台全程录播，网上浏览点击量超过3万人。

【机关思想建设】 2018年，市直机关工委和各党组织统筹部署，将学习贯彻习近平新时代中国特色社会主义思想作为机关党建的首要政治任务，通过召开部署会、制定和印发学习方案，组织开展系列主题党建活动，各党支部制定学习贯彻细则，借助“三会一课”（党员大会、支部委员会、党小组会、党课）、党员集中活动日、微党课等载体组织开展理论学习。通过“主题党课巡讲”送党课到基层、党建双联系等方式，让党员干部走进基层和社区，巡讲90多场，听课近2万人次。以学习党的十九大精神轮训、党务干部培训、“三会一课”等分层次分阶段开展系统性、针对性培训，以“两学一做”网上党校、绿城党旗红、八桂先锋以及各机关门户网站等开展“碎片化”学习，满足党员多样化学习需求，1.80万多名党员在“两学一做”网上党校学习。开设“新时代讲习所”，确定邓颖超纪念馆、李明瑞韦拔群纪念馆等作为市直机关党员党性教育基地。将市直机关单位意识形态纳入“两随机”（随机督导、随机调研）督查范围，建立红黑榜制度。

【机关党组织建设】 2018年，91个机关党组织书记向市直机关工委述职，其中15名机关党组织书记现场述职。开展“三会一课”质量提升行动和“党员集中活动日”创新行动。全年各机关党支部书记带头在“支部书记大讲堂”讲党课1300多场次。市直机关各级党组织从内容、形式、管理、理念等方面对党员集中活动日进行创新与实践，形成“党员集中活动日创新案例”103个。开展“创红旗支部做模范党员”活动。在市委组织部支持下，依托“绿城党旗红”网站，建成党建目标管理责任制在线考评平台并试运行。将发展党员工作列入“两随机”和党建目标管理责任制检查考评内容，举办入党发展对象培训班2期，培训370人。按规定公示市直机关工委留存党费收缴使用情况1次。慰问困难党员、老党员、因公牺牲党员家属1504人次，发放慰问金66.73万元，通过党内互助金补助困难党员10名，补助金额4.80万元。召开2018年市直机关两新党建工作会议和市本级两新组织党建工作重点任务“百日攻坚”推进会暨业务培训会，培训80人；不断扩大“两个覆盖”（党建覆盖、党的工作覆盖），批复成立两新组织党组织36个，市本级社会组织有党员760人。

【党风廉政建设】 2018年，市直机关工委研究制定工委班子领导、主要领导和其他班子成员党风廉政责任清单，实行主体责任清单动态管理，将业务工作与党风廉政建设工作结合，把全面从严治党的要求落到各项具体工作中。市直机关工委和市直各级机关党组织采取重要节日前下发通知、通报案例等方式不断重申纪律要求；各党组织把日常检查和集中督查结合起来，严肃查处顶风违纪行为，坚决防止“四风”问题反弹回潮。开展“两随机”4次，覆盖机关党组织60多个，建立红黑榜制度。将自治区和市本级“两随机”黑榜通报中的问题清单转发至各党组织，并对普遍问题进行辅导。对市委第二轮巡查发现党建工作存在问题的15个单位逐一约谈。与市直机关纪工委共同举办市直机关纪检干部业务培训班，培训100多人。

【群团工作与精神文明建设】 2018年，市直机关工委引导党员干部举办市直机关工会干部培训班、市直机关团组织“重走红军路 建功新时代”红色教育培训班，培训160人。开展第十八届南宁机关单身职工“寻爱之旅”活动，参加活动1300人；第二届南宁机关干部职工才艺大展演，参加展演700人，参选节目80多个，评出优秀节目20个；“拥抱新时代 共筑中国梦”第三届南宁机关“公仆杯”书法美术摄影比赛和作品展，收到作品500多幅，评出优秀作品及特邀作品280多幅，分3期分别在市图书馆、自治区图书馆和市委二号院展出；“民族团结”健身运动会，66个单位的近千名职工参加；“不忘初心·继续前进”2018年南宁市直机关干部职工健步走，近1000人参加；乒乓球、羽毛球、气排球等球类比赛，参赛单位113个，参赛运动员1700人。举办“建功绿城 圆梦中国”培训班，组织市直机关各团组织书记60多人学习共青团理论及相关业务知识。举办“树立良好家风家教”专题报告会1次，宣传“贤媳妇，廉内助”先进典型67人；在全市开展“好家风好家训”征集评选展示活动，推荐和自荐家训130条。年内，市直机关工会工委获自治区工会系统集体二等功，工会工委主任被授予“广西壮族自治区民族团结进步模范个人”称号。

（张 英）

2018年5月18日，市直机关工委主办，市直机关工会工委、市直机关文化与体育联合会共同承办的“奋进新时代”——第二届南宁机关干部职工才艺大展演活动在南宁电视台8号演播厅举行

周跃军 摄

政策研究

【概 况】 2018年，中共南宁市委政策研究室（中共南宁市委全面深化改革领导小组办公室）设秘书科、协调督察科、经济科、城建科、农村科、政文科，编制21名，在编18人。围绕服务全市中心工作开展调查研究，抓好市委重要文稿、政策文件起草，统筹协调推进全面深化改革。

牵头或参与完成市委重要文稿及全市各类工作总结和情况汇报等重要文稿180多篇。围绕全市发展改革大局起草政策文件16份，其中统筹谋划推进深化改革文件12份。开展课题和专题调研9项，获2018年自治区党委政研系统"大学习大调查"活动优秀调研成果一等奖、二等奖各1篇，三等奖2篇。统筹服务推进改革任务136项，其中重点改革任务44项；统筹协调推进全市承担的国家级改革试点30项、自治区级改革试点25项；组织筹备市委全面深化改革领导小组会议4次。编写改革信息152篇，编发《南宁改革简报》36期、《改革专报》4期，报送自治区改革信息分数位列14个地级市第一。编发《南宁工作研究》6期，在南宁政研网发布信息160多条。主要存在以文辅政作用有待更好发挥，改革推进力度需进一步加大等问题。

【重要文稿服务】 2018年，市委政研室起草、核改市委重要文稿等128篇。牵头起草、核改关于贯彻落实习近平总书记视察广西重要讲话精神情况报告、首府南宁民族工作情况报告、南宁市脱贫攻坚战工作汇报、南宁市宗教工作情况汇报等全市工作总结、情况汇报等重要文稿60多篇。牵头负责南宁市服务自治区成立60周年庆祝活动工作领导小组办公室文稿起草组工作。

【政策文件研究起草】 2018年，市委政研室牵头、参与起草政策文件16份，主要有《中共南宁市委员会常委会2018年工作要点》《中共南宁市委关于实施乡村振兴战略的决定》《南宁市关于促进隆安县易地扶贫搬迁震东集中安置区可持续发展的实施方案》《关于实施强首府战略的若干意见》等；并对《关于加快数字南宁建设的意见》《南宁市创新政府配置资源方式实施方案》等30多份文件提出修改意见。

【课题研究与专题调研】 2018年，市委政研室开展、参与课题调研、专题调研9项。开展系列课题调研5项，其中《南宁建设更高水平生态宜居城市的对策研究》获自治区党委政研（改革）系统"大学习大调研"活动调研成果一等奖，《南宁市发展新经济培育新动能对策研究》获二等奖，《南宁市隆安县易地扶贫搬迁震东集中安置区可持续发展对策研究》《南宁园博园展后开发利用的对策研究》获三等奖。按市委、市政府编制《南宁市城市总体规划（2017—2035年）》安排，牵头联合市发展和改革委员会、市规划管理局、市政府发展研究中心开展关于南宁城市战略定位和发展目标的课题研究。开展系列专题调研3项，到宁波市、常州市、烟台市学习考察农产品现代流通体系建设，形成《关于赴宁波、常州、烟台三市开展农产品现代流通体系建设学习考察的报告》；到呼和浩特市学习考察内蒙古自治区成立70周年大庆活动相关经验，形成《关于考察学习呼和浩特市服务内蒙古自治区成立70周年大庆活动经验做法的情况报告》；到银川市、固原市学习考察宁夏回族自治区成立60周年大庆活动相关经验，形成《关于赴宁夏银川市、固原市考察学习服务自治区大庆活动重点工作有关情况的报告》，供市委决策参考。参与调研、起草市委宣传部上报中共中央宣传部的《治水、建城、为民——从"百里秀美邕江"看绿城南宁生态宜居品质升级》课题。

【服务推进全面深化改革】 2018年，市委政研室牵头起草市委《关于贯彻落实党的十九大报告重要改革举措实施规划（2018—2022）》，起草《中共南宁市委员会全面深化改革领导小组2018年工作要点》及分工方案。组织筹备市委全面深化改革领导小组会议4次，指导审核改革方案12个、专题报告18个。制定改革督察计划，建立听取抓改革督察落实汇报的机制。定期跟踪南宁市改革任务136项，专项小组和牵头单位实行半年一督察，44项重点任务实行双月一报告。组织开展中央全面深化改革委员会办公室2018年20项重点改革督察任务在南宁市落实情况的自查，对36个已出台半年以上重要改革方案落实进展开展自查评估。安排人大和政协有关专委分别督察推进城市管理执法体制改革、落实城市公立医院综合改革情况，向市委全面深化改革领导小组会议报告督察情况。组织开展督察深化公共资产负债管理智能云平台开发建设、全面推行河长制情况、群团改革工作推进情况。邀请第三方机构开展"南宁市相对集中行政许可权制度改革"阶段性评估。落实自治区改革绩效考评任务，做好南宁市改革绩效考评，制定《2018年度全面深化改革工作绩效考评指标任务分解及评分细则设置表》《2018年度县区全面深化改革绩效考评暨县党政领导班子和党政正职改革工作政绩考核工作方案》等。联合中国人民大学举办2018年全面深化改革专题培训班，培训39人次。开展2017年度优秀改革创新项目评选，南宁市公共资产负债管理智能云平台、南宁职工医保"家庭共享"等20个项目入选。指导有关区县、部门树立全市优秀改革创新项目展示点10个，展示基层探索、试点先行和重要领域的改革成果。

（周建华）

机构编制管理

【概　况】 2018年，南宁市机构编制委员会办公室设综合科、机关机构编制科、事业机构编制科、机构编制监督检查科（南宁市机构编制委员会督查室）、电子政务科、行政管理体制改革科（政策法规科）、登记管理科；行政编制32名、机关后勤服务人员控制数2名，在编27人、后勤服务人员2人。推进机构改革，持续深化"放管服"（简政放权、放管结合、优化服务）改革，稳步推进事业单位改革，统筹使用编制资源，加强机构编制管理。召开市编委会会议4次，审议议题29个。开展机构改革前期调研，研究提出南宁市改革方案，12月22日上报自治区党委、自治区政府审批。集中审核市级20多个部门单位提出的900多条政府部门权责清单调整意见，公布市级企业投资项目管理权责清单，保留基础审批和服务事项46项。主要存在市区面积和人口急剧增长，加剧对机构编制的刚性需求，但市本级行政事业编制仅相当于全国其他城市编制数三分之一至二分之一左右，现有人员编制尤其是政法专项编制、中小学教职工编制难以满足事业发展需要等问题。

【市直党政机构改革】 2018年，南宁市完成监察体制改革，涉及人员213人跨系统调离原单位到市、区县监察委员会工作，全部到岗到位；印发实施市总工会、共青团市委员会、市妇女联合会、市科学技术协会、市归国华侨联合会"三定方案"（主要职责、内设机构、人员编制及领导职数规定方案）。成立中共南宁市委员会巡察工作办公室，列入党委工作机构序列，设在中共南宁市纪律检查委员会；成立巡察组5个，从市本级行政编制总量内调剂20名用于市本级巡察机构设置。指导区县做好巡察机构建设涉及的机构编制工作，批复12个区县设立巡察机构。市编办审核修改完善市中级法院、区县法院内设机构改革方案，会同市中级法院上报自治区高级人民法院、自治区机构编制委员会办公室；配合做好建立自治区以下法院、检察院机构编制由自治区统一管理体制工作，组织市辖区县编制办公室清理核查法院、检察院机构编制和人员，汇总形成人员编制划转意见上报自治区高级人民法院、自治区机构编制委员会办公室。

【行政管理体制改革】 2018年9月26日，

自治区机构编制委员会办公室批复南宁市横县六景镇、宾阳县黎塘镇列为自治区经济发达镇行政管理体制改革镇,武鸣区双桥镇、西乡塘区金陵镇列为改革备选镇;南宁市按要求研究拟订经济发达镇行政体制改革镇改革实施方案及赋权目录清单并报自治区党委、自治区政府审批。印发《关于南宁市相对集中住房城乡建设领域行政处罚权工作涉及机构编制调整事宜的通知》《南宁市城市管理执法体制改革实施方案》,明确城乡规划、城乡建设、园林绿化管理方面纳入城市管理综合行政执法范围的相关执法职能,按属地下放由各城区(开发区)城市管理综合行政执法机关行使;市级城市管理综合行政执法机关负责指导、协调、监督、考核,以及跨区域及重大复杂违法违规案件的查处;住房保障和房产管理方面纳入城市管理综合行政执法范围的相关执法职能暂由市级城市管理综合行政执法机关行使;明确相应的机构编制调整、人员调整、职能划转后建立部门衔接机制等事项,机构编制调整和人员划转移交全部到位。召开联席会议研究部署全市深化乡镇"四所合一"(整合乡镇国土资源管理、村镇规划建设和环境卫生、环境保护、安全生产监管等机构和职能,设立国土规建环保安监站)改革,重新印发102个乡镇国土规建环保安监站机构编制方案,调整并公布区县直部门单位、乡镇及国土规建环保安监站的权责清单和服务清单;开展深化乡镇"四所合一"改革专项督查,到12个区县、开发区及22个乡镇实地督查。

【事业单位分类改革】 2018年,南宁市完成市本级承担行政职能事业单位改革涉及职能划转、机构编制调整和人员分流安置,研究提出试点改革事业编制置换行政编制核减分配方案,将中央机构编制委员会办公室下达南宁市的行政职能事业单位改革置换的行政编制分配给各涉改部门;实地调研从事生产经营活动的事业单位29家,研究提出改革路径,完成市乡镇企业红砖质量检验站、市地产业开发总公司事业单位建制撤销。

【编制核定】 2018年,市本级办理人员入减编8012人次、人员信息变更2.33万条。市公共资源交易中心、市人工影响天气办公室、市扶贫信息中心、市消费者权益保护中心等单位增加编制20多名,增核市、城区(开发区)新建、改扩建中小学校教职工编制控制数1068名、后勤外聘人员31名,增核市直机关保育院聘用教师控制数32名,指导区县按有关标准核定公办幼儿园教职工编制控制数,出台《关于进一步规范南宁市中小学校教职工编制(聘用教师控制数)管理(试行)的通知》。将青秀区、武鸣区和市城市管理局、市规划管理局、市民政局、市农业委员会、市总工会、市人民防空办公室、市第三中学7个单位纳入2018年度机构编制审计重点对象;对超编的单位提出限期整改措施,通过销号方式完成282个机构编制问题的整改。完成党政机关中文域名注册5769个,注册率、续费率均100%。

【管理权限与职责明确】 2018年,南宁市梳理开发区区域内农机监理、植物检疫、种子备案等农业管理职责权限,以及社会团体登记和民办非企业单位登记等民政管理职责权限,明确划分开发区和属地城区的管理权限:南宁高新技术产业开发区、南宁经济技术开发区、广西—东盟经济技术开发区区域内的农机监理、植物检疫、种子管理3项农业方面的行政管理事权分别由属地西乡塘区、江南区、武鸣区政府农业部门承担,相关经费由相应的开发区管委会负责保障;市农业委员会负责指导各开发区和属地城区做好上述管理事权的交接,市财政局负责组织开发区、属地城区研究明确相关经费保障事宜;授权开发区管委会行使社会组织登记管理权限。

【事业单位登记管理】 2018年,南宁市完成事业单位法人2017年度报告公示的指导、审核,全市在"南宁事业单位在线"网站进行公示的事业单位4185个,年度报告公示率100%;实地核查市本级事业单位10个,抽查市、区县41个事业单位法人公示信息;完成机关群团统一社会信用代码赋码发证11个、变更9个、撤销12个;举办南宁市2018年事业单位法定代表人培训班,培训180多人。

(路　焕　黄晓萍)

2018年9月20日,市编制办召开南宁市中小学校职工编制(聘用教师控制数)管理暨业务培训会。图为会议现场　市编制办提供

老干部事务

【概　况】 2018年,中共南宁市委老干部局设机关党委、办公室、安置保健科、宣传调研科、市关心下一代工作委员会办公室,行政编制15名、工勤3名;在编16人、工勤3人。二层机构有3个:南宁市直属机关第一老干部休养所、南宁市直属机关第二老干部休养所、南宁市老干部活动中心(南宁市老年大学、中共南宁市委老干部党校)。有离休干部500人,其中市区(含城区、广西—东盟经济技术开发区)413人、横县26人、宾阳县27人、上林县6人、马山县22人、隆安县6人,行政机关151人,事业单位140人,企业单位209人;享受自治区主席级医疗待遇1人、自治区副主席级医疗待遇1人、按自治区副主席级标准报销医疗费待遇6人,正副厅(局)级(含享受)18人,正副处(县)级(含享受)380人,享受正副乡(科)级待遇91人,享受其他待遇3人;第二次国内革命战争时期入伍1人,抗日战争时期入伍37人,解放战争入伍462人;80岁~89岁281人,90岁以上219人。主要存在各区县的老干部活动中心、老年大学建设相对落后,编制不足,离退休干部的文化活动经费偏少,开展活动形式不够丰富等问题。

【老干部政治学习】 2018年,南宁市重点抓好习近平新时代中国特色社会主义思想、党的十九大精神的学习宣传贯彻,引导广大离退休干部坚决维护以习近平同志为核心的党中央权威和集中统一领导。依托"绿城金秋"微信平台向老同志宣传党的十九大报告、党章和《习近平谈治国理政》等。举办全市离退休干部党组织工作培训班和政治经济形势报告会2期、"金秋学苑"名家讲坛4期，参加培训、聆听讲座2000多人次。组织区县、市直单位离退休党组织负责人及党员骨干40余人赴河池市东兰县、巴马县、凤山县开展红色之旅主题教育活动，组织区县、市直单位离退休党组织负责人及党员24人参加百色干部学院、广西老干部党校柳州分校举办的离退休干部党员培训班。6月21日，组织17名离退休干部代表召开"看广西发展60年、话改革开放新成就"座谈会；6月28日，开展"看发展话成就"上门访谈活动，采访4名厅局级和10名处级老领导。有离退休干部代表1300多人接受"看发展话成就"专题访谈。全市举办专题座谈会190多场，参与老同志5800多人次。与南宁电台101.4频道联合举办"最美的季节 最美的赞歌"诵读大会，参与节目20多人，现场观众200多人。

【老干部阵地建设】 2018年，南宁市坚持将离退休干部党组织建设工作纳入全市"大党建"体系，在党委(党组)签订的组织工作责任状中，要求责任单位加强工作领导将离退休干部党组织建设列入基层党建工作考核内容。落实离退休干部党组织工作经费，17个有离退休干部党组织的区县(开发区)、市直党(工)委全部执行党费不低于80%比例留成下拨(南宁高新技术产业开发区留成比例85%、良庆区留成比例100%)。全市离退休干部党支部落实每月300元的党组织书记工作补贴。市老干部活动中心室外场所全面进行海绵化改造，解决场地积水、渗水等问题。"绿城金秋"微信公众号出刊63期，刊登信息130多条；与南宁广播电台合作的"金色华年"电台专栏播出260期，其中有关老干部工作的信息200多条。"金色华年"专栏策划组织开展新年感想愿望、春节老干部风采、我的家风、献礼自治区成立60周年大庆"我的幸福生活"等为主题的专题报道。市委老干部局向《广西老干部》公众号、《老年知音》杂志等报送信息200多条，向市级其他单位、媒体报送信息30多篇。全市投入资金150多万元改造市老年大学的教育基础设施，增添、更换一批老年大学教学仪器设备；购置网络和微信报名管理系统，申请开通老年大学微信公众号和网站，搭建校园管理信息化平台。老年大学开设12个系、182个班级、50多个专业，学员5317人次。实行校学联会、系学联会、班委会三级学员自主管理模式，从2018—2019学年起，改学期制为学年制。

【老干部慰问】 2018年春节前夕，南宁市举办离退休干部迎春茶话会，市四家班子领导7人、离退休干部164人参加，自治区党委常委、市委书记王小东向老干部通报全市经济社会发展情况。慰问市四家班子老领导和二战时期入伍的老红军、老干部48人，慰问自治区副省级以上部分老领导11人，到医院探望住院离休干部101人。为厅级及90岁以上老干部祝寿38人，走访慰问5名易地安置的离休干部。组织人员电话联系或走访看望老干部及遗孀约800人次，其中到医院探望住院老干部280人次。

【为老干部办实事】 2018年，市委老干部局接待来信、来访、来电530人次。落实移交城区管理的146名市属改制、破产企业离休干部的公用经费划拨。做好申报特殊困难离休干部及离休干部遗偶的申请、申报及材料初审，帮扶困难离休干部及遗偶50人，发放资金30万元。协助办理离休干部丧事6人次。协助完成核拨全市建国初期参加革命工作的294名退休干部医疗补助费58.80万元，建国初期参加革命工作的116名企业退休干部护理费44万元。复审区县、单位漏报、补报1949年10月1日至1950年6月30日参加革命工作的部分退休干部档案，复审档案11份，落实医疗补助费及护理费26.96万元。督促全市各单位落实长期生活完全不能自理的离休干部护理费调整，落实400人。做好全市老干部人数统计、慰问活动联络，确定走访慰问的老干部549人。协助提供580名离休干部信息和数据的采集、上报，为市人力资源和社会保障局提供全市离休干部办理医保卡的数据。为76名副厅级以上领导申请办理、发放青秀山通行证。10月11日，组织南宁市20名离退休干部代表参观考察横县霞义山风电场、国电南宁发电有限责任公司等重大建设项目和广西顺来茶业有限公司，现场体验茉莉花茶制作。11月29日，组织36名厅级以上离退休干部参观南宁园博园。12月6日，组织老同志乘坐游船参观"百里秀美邕江"。

【老干部文体活动】 2018年，南宁市组织市老年大学学员参加自治区舞动广西全民艺术普及展演、南宁市第17届迎春秧歌比赛等文艺交流演出10场，其中校艺术团合唱分团在广西2018年新年合唱展演中获金奖，在2018年"唱响广西"全民艺术普及——四季合唱音乐会(春之声)展演活动中获展演奖。在全国老年大学文艺会演中选送的舞蹈、合唱、时装节目分获金、银、铜奖。指导做好市老干部活动中心乒乓球、门球、桌球等俱乐部的日常管理，组织俱乐部举办季赛，参赛600人次。市老干部乒乓球俱乐部在全国乒协比赛中获鹰潭分站60岁组男子团体冠军和荆门分站女子65岁组女子团体第一名、男子60岁组单打全国第三名。联合市体育局、市老年人体育服务中心、市老年人体育协会、市老年人门球协会、广西国悦集团举办南宁市"多彩金秋"离退休干部门球、乒乓球比赛和"国悦绿城杯"首届南宁全国门球邀请赛等。组织举办市级麻将比赛1次；电影招待会4场，3800多名离退休干部参加观影。举办网络和微信报名学习培训班、医护急救知识培训班、"我看美丽南宁"摄影知识培训班各1期。开展南宁市"多彩金秋"文化活动月，在自治区图书馆举办南宁市离退休干部"纪念改革开放40周年、自治区成立60周年"书画摄影展，展出书画、摄影作品165幅。举办全市离退休干部门球、乒乓球比

2018年10月26日，"夕阳如歌2018"南宁市离退休干部文艺晚会在民歌湖大舞台举办

市委老干部局提供

赛,27个代表队约250名运动员参赛;联合市精神文明建设委员会办公室、市文化新闻出版广电局、市文学艺术界联合会、南宁电视台、南宁广播电视技术中心在民歌湖大舞台举办"夕阳如歌2018"南宁市离退休干部文艺晚会,参与演出老同志近500人,现场观众3000多人。(阳著闻)

保密工作

【概 况】 2018年,南宁市国家保密局贯彻落实中央、自治区党委重大决策部署,推进"三大管理"(定密管理、网络保密管理、涉密人员管理),开展保密宣传教育,加强保密检查查处和依法行政;完善定密责任人备案制度;开展涉密人员专题保密教育,平均培训学时10个学时;完成对广西电子政务内网南宁市节点和市委组织部内网的保密审查;开展专项检查,推进自查自评全覆盖;服务保障重大活动,严格查处失泄密案件;编制"一事通办"利企便民改革清单,建立保密行政管理部门市、县权责清单规范化"八统一"(事项名称统一、事项编码统一、适用依据统一、申请材料统一、办事流程统一、业务经办流程统一、办理时限统一、表单内容统一)成果表;开展"不忘初心,牢记使命,筑牢保密安全防线"为主题的保密法治宣传月活动。在自治区保密工作2018年度绩效考评、任务考评均获优秀等次。

【保密自查自评】 2018年,市国家保密局对全市12个区县和104个市级机关单位开展自查自评现场督查,实现自查自评督查全覆盖。重点督查机关、单位保密工作主体责任、自查自评工作程序、自查记录等内容16项,合格率99%,优秀率69%。

【统一考试保密保障服务】 2018年,市国家保密局联合南宁市招生考试院、南宁市公安局对6个存放高考试卷的保密室的硬件设施和人员管理进行考前检查,确保高考顺利进行。配合各级考试主管部门,加大中考、成人自考、司法考试及教师资格考试等国家级考试保密管理工作力度,确保南宁市各类国家统一考试安全、顺利进行。

【保密培训】 2018年,南宁市实施涉密人员持证上岗制度,采取专题或综合的培训方式,强化对重点涉密人员的岗前教育培训。市国家保密局举办保密干部岗位资格培训班、涉密人员高级研修班、保密技术检查支队培训班各1期,培训保密分管领导、涉密人员400多人。

(市保密局)

党校教育

【概 况】 2018年,中共南宁市委员会党校(南宁市行政学院、南宁市经济干部学院、南宁市社会主义学院)设机关党委、办公室、组织人事处、财务处、教务处、科研处、学员工作处、市情研究中心、信息技术中心、后勤服务中心、离退休人员工作处、业务指导处、文史教研部、党史党建教研部、哲学教研部、经济学教研部、法学教研部、公共管理教研部、统战理论教研部和图书馆;编制173名,在编129人。举办培训班123期,培训2.40万人次。10月15日至19日,结合秋季主体班开班典礼开展党校建校60周年系列活动,以一本校史、一个校史馆、一本画册、一部电视专题片4种不同形式展示建校60年的建设成就、办学成果。10月19日,市委党校与中共广西区委党校(行政院校)系统社会科学联合会共同举办"优化营商环境 推动广西高质量发展"理论研讨会,收到论文112篇,评选出优秀论文47篇。在广西南南铝加工有限公司、那考河湿地公园两个教研基地向自治区党校、广西各市党校展示"南宁城市内河水环境治理""南宁市产业转型升级"现场教学课。主要存在精品课程建设有待加强;科研成果转化为咨政成果还不多,给党委政府提出的有价值的对策建议较少,教研咨一体化建设以及新型智库建设需加强;区县委调训干部到同级党校培训、县级党校主体班学制需规范等问题。

【教育培训】 2018年,市委党校开办学习贯彻习近平新时代中国特色社会主义思想和党的十九大精神集中轮训班、中青年干部培训班、市管干部班、聚焦打好精准脱贫攻坚战专题班、新录用公务员培训班等123期,培训2.40万人,其中主体班30期4483人次,计划外培训班93期1.95万人次。党的理论教育单元、党性教育教学单元,安排"新时代的政治宣言和行动纲领——总体把握全面深刻领会党的十九大精神""弘扬宪法精神 维护宪法权威""学习贯彻习近平在马克思诞辰200周年纪念大会上的讲话精神"等96门课程;经济社会发展与南宁实践单元,安排"提高供给体系品质 促进南宁市经济高质量发展"等紧扣中心工作的专题进课堂;增强执政本领单元,安排"领导干部媒介素养""咨政报告撰写"等课程。组织8个班次1119名学员到党风廉政教育基地、李明瑞韦拔群等革命烈士陈列馆、南宁监狱、广西民族博物馆、昆仑关战役博物馆、百色起义"红色之旅"6个教学基地参观学习;组织3个班次150名学员到南宁高新技术产业开发区创新示范基地、广西南南铝加工有限公司产业转型升级教研基地、那考河生态环境治理项目示范基地、"美丽南方"田园综合体示范区,以及横县实施乡村振兴战略的现场教学点、马山县弘扬民族文化现场教学点、警察历史陈列馆、公共安全教育馆等学习锻炼;安排中青班学员到区县、开发区的派出所、规划所、工业园区等及贫困村屯驻点锻炼,聚焦打击非法传销、开发区创新驱动发展、南宁"邕三角"(青秀区、横县等邕江、郁江南岸的三角洲片区)乡村振兴示范区、传统村落保护与发展、旅游扶贫等问题展开调研。"建设具有强大凝聚力和引领力的社会主义意识形态"课程被评为全广西党校系统第五届精品课。对43名教师的56个专题进行立项评审,50门课程通过验收入库,累计入库课程230门。

【科学研究】 2018年,市委党校立项课题63项,公开发表学术论文29篇,其中核心期刊4篇、省级期刊11篇、市级期刊14篇;公开出版《中共南宁市委党校学报》6期。参与市委重点调研课题《隆安县易地扶贫搬迁震东集中安置区可持续发展机制课题调研》调研。《强化商会作用共建"一带一路"的对策建议》《关于充实和拓展中国—东盟商会领袖高峰论坛服务功能的建议》《优秀传统文化在党校干部教育培训中的发展——以南宁市委党校为例》《加强开发区商会组织建设 增强服务开发区非公有制经济发展能力》4篇咨政报告获自治区、市领导批示;《关于加快推进南宁五象新区建设发展的对策建议》获市领导批转;《南宁市相对集中行政许可权改革试点阶段性评估报告》《关于提升南宁市相对集中行政许可权改革群众满意度的调查与建议》《关于进一步深化南宁市相对集中行政许可权改革的对策建议》3份第三方评估报告获市委深化改革领导小组重视。课题成果《南宁市行政体制改革研究(2014—2016)》由中央党校出版社出版。围绕学习宣传贯彻党的十九大精神、纪念马克思主义200周年诞辰等,在《南宁日报》等刊物发表理论文章9篇。 (钟 逸)

责任编辑 梁 坤

综　述

【概　况】2018年，南宁市第十四届人民代表大会设法制委员会、内务司法委员会、财政经济委员会、农业委员会、城乡建设环境保护委员会、教育科学文化卫生委员会、民族华侨外事宗教委员会；南宁市人大常委会设办公厅、调查研究室、选举联络工作委员会、法制工作委员会、机关党委；市人大常委会办公厅设秘书科、人事教育科、信访科、行政接待科、宣传科；编制80名、在编74人，工勤编制32名、在编30人。市人大代表活动中心为市人大常委会办公厅管理的财政全额拨款的事业单位，编制14名（含后勤控制数1名），在编10人。年内，市人大及其常委会紧紧围绕中央、自治区党委和市委决策部署，聚焦经济高质量发展，聚焦民生热点难点问题，进行地方性法规立法，依法行使立法权、监督权、决定权、任免权，开展专项工作评议、专题询问、专题调研监督，做好执法检查、办理议案与建议等。充分发挥代表作用，汇总整理代表意见建议126条，转交有关部门研究处理。代表对建议办理结果表示满意或基本满意100%。701个"人大代表之家"平台接待群众8.41万人次。市人大常委会召开常委会党组中心组学习会5次，专题理论学习会3次，举行法制讲座6次，举办常委会组成人员履职能力提升班及各类业务培训班12期。组织区县人大常委会副主任列席市人大常委会会议，举办乡镇人大主席培训班，安排4批51名乡镇人大主席到市人大机关短期跟班学习。接待国内来访74批次，国外来访6批次。全面完成市十四届人大三次会议确定的目标任务。

【为人民履职】2018年，市人大及其常委会组织召开代表大会1次、常委会会议7次，作出决议决定25项；审议地方性法规案11件，开展立法调研8项；听取审议"一府两院"工作报告13个，开展专题询问1次、专项工作评议1次、执法检查5项、专题调研9项。备案审查规范性文件38件、政府规章5件；复查近3年报备的市政府规章，督促相关部门修改与上位法不一致的规章1件。审查、批准2017年市本级决算和2018年市本级预算调整方案，要求市政府切实强化预决算管理，防范和化解政府性债务风险，不断提高财政资金使用绩效。对市十四届人大三次会议主席团交付审议的6件代表议案，常委会作出决定5件、作出处理意见1件。市十四届人大三次会议期间收到代表提出建议213件（议案转建议77件），分别交由50个承办单位办理。市人大常委会交办、转办信访案件66件；7名市人大常委会领导接待群众84批562人次，推动解决问题86个；受理群众来信来访来电268件次（来信106批次、来访113批次），办结率100%。

重要会议

【市十四届人大三次会议】2018年1月12日至16日在南宁市人民会堂举行，应到代表495人，出席代表457人，列席人员200人，主席团成员62人。听取、审议市政府、市十四届人大常委会、市中级人民法院、市检察院工作报告，表决通过4个报告并作出相应决议；审查和批准南宁市2017年国民经济和社会发展计划执行情况与2018年国民经济和社会发展计划草案的报告，批准2018年国民经济和社会发展计划，审查和批准南宁市与市本级2017年预算执行情况和2018年预算草案的报告，批准市本级2018年预算。收到代表议案83件，主席团审议决定作为议案处理6件，77件转为代表建议、批评和意见。选出南宁市出席自治区第十三届人民代表大会代表75人。选举王祝广为南宁市监察委员会主任，补选陈尧为市十四届人大常委会秘书长，选举韦正义、李伟、李玉辉为市十四届人大常委会委员。

【市十四届人大常委会会议】2018年，市十四届人大常委会召开会议7次。

第10次会议1月18日召开。常委会首次任命市监察委员会副主任、委员。审议《南宁市大明山保护管理条例（草案）》（三审）和《南宁市道路交通安全条例（草案）》（三审），均表决通过，报请自治区人大常委会批准。审议驻邕全国、自治区人大代表和市人大代表2017年年终视察各视察组的视察报告，由常委会办公厅统一转交相关单位研究办理。

第11次会议2月28日召开。审议人事任免职事项，任命邓亚平、李建文为副市长。

第12次会议3月26日至28日召开。听取、审议市政府关于南宁市农业生产安排和农业特色产业开发情况的报告，以及市人大常委会调研组的调研报告，对2018年南宁市农业生产安排和农业特色产业开发情况作出决议。审议《南宁市昆仑关保护管理条例（草案）》并表决通过，报请自治区人大常委会批准。审议《南宁市机动车和非道路移动机械排气污染防治条例（草案）》（二审），提出意见建议，由市人大法制委牵头组织研究论证，适时提请常委会进行三审。审议有关人事任免职事项，任命何颖为副市长。审议并表决通过常委会代表资格审查、委员会

2018年11月30日,邕宁区那楼镇人大组织部分人大代表对帽子岭水库退桉还林工作进行督查 市人大办公室提供

关于个别代表的代表资格审查情况,以及调整代表资格审查委员会个别组成人员的报告。

第13次会议5月28日至30日召开。听取、审议市政府关于南宁市医疗保险制度改革工作情况的报告,以及市人大常委会专项工作评议调查组的调查报告,进行专项工作评议和满意度测评,常委会组成人员对南宁市医疗保险制度改革工作情况总体满意。听取、审议市政府关于2017年环境质量状况和环境保护目标完成情况的报告、市政府关于南宁市与国外缔结友好城市及交往工作情况的报告和市人大常委会专题调研组关于南宁市与国外缔结友好城市及交往工作情况的调研报告。审议通过6个专门委员会关于代表议案审议结果的报告:《关于建立过期药品回收长效机制的议案》(第3号)、《关于加强南宁市村(社区)公共法律服务工作的议案》(第5号)、《关于加快南宁市"4321"新型政银担合作业务发展的议案》(第8号)、《关于加快推进南宁市综合管廊建设,逐步消除空中"蜘蛛网"的议案》(第19号)、《关于促进南宁市柑橘产业持续健康发展的议案》(第33号)和《关于提请南宁市人大推进加强南宁市民用机场净空管理立法工作的议案》(第61号)。对第3号、5号、8号、19号、33号议案作出决定,对第61号议案作出处理意见。听取、审议市政府关于《中华人民共和国民办教育促进法》实施情况的报告和市人大常委会执法检查组的检查报告。审议《南宁市地下综合管廊管理条例(草案)》(一审)、《南宁市公园条例(草案)》(二审)。表决通过19位人员的人事任免职事项,任命周中、秦运彪为副市长,秦运彪为市公安局局长。

第14次会议7月23日至26日召开。专题询问脱贫攻坚工作。听取、审议市政府关于南宁市2018年上半年国民经济和社会发展计划执行情况的报告、市政府关于南宁市2018年上半年预算执行情况的报告、市政府关于《全民健身条例》《南宁市清真食品管理条例》实施情况的报告和市人大常委会执法检查组的检查报告。审议《南宁市电动自行车管理条例(草案)》(一审)、《南宁市大王滩国家湿地公园保护条例(草案)》(一审)、《南宁市科技创新促进条例(草案)》(一审)、《南宁市中小学幼儿园用地保护条例(修订草案)》(二审)、《南宁市公园条例(草案)》(三审);表决通过《南宁市公园条例(草案)》,报请自治区人大常委会批准。审议通过驻邕全国、自治区人大代表和南宁市人大代表2018年专题调研6个调研组的调研报告,由人大常委会办公厅统一转交市政府研究办理。表决通过4位人员的任免职事项。

第15次会议9月26日至27日召开。听取、审议市政府关于2017年南宁市本级决算的报告、2017年度南宁市本级预算执行和其他财政收支的审计工作报告,以及市人大财经委关于2017年南宁市本级决算草案审查结果的报告;批准2017年南宁市本级决算。听取、审议南宁市区域医疗联合体建设工作情况的报告和市人大常委会专题调研组的调研报告,市中级人民法院、市检察院关于司法体制改革工作情况的报告和市人大常委会专题调研组的调研报告,市政府关于《南宁市城乡规划管理若干规定》实施情况的报告和市人大常委会执法检查组的检查报告。审议《南宁市电动自行车管理条例(草案)》(二审),审议通过《南宁市机动车和非道路移动机械排气污染防治条例(草案)》(三审)、《南宁市地方性法规立项办法(草案)》。表决通过4位人员的任免职事项。

第16次会议11月22日至23日召开。听取、审议市政府关于《南宁市国民经济和社会发展第十三个五年规划纲要》实施情况中期评估的报告和市人大常委会专题调研组的调研报告、市政府关于2017年度南宁市本级预算执行和其他财政收支审计查出问题整改情况的报告、市政府关于2018年市本级预算调整方案的说明和市人大财经委的审查结果报告,同意市人大财经委的审查结果报告,批准2018年市本级预算调整方案。听取、审议市政府关于《南宁市水库管理条例》实施情况的报告和市人大常委会执法检查组的检查报告,市政府、市中级人民法院关于市十四届人大三次会议代表议案决定执行情况和代表建议办理工作情况的报告,市人大常委会选举联络工作委员会关于今年代表建议、批评和意见办理工作督办情况的报告。审议《南宁市出租汽车客运管理条例(修订草案)》(二审),审议通过《南宁市中小学校幼儿园用地保护条例(修订草案)》(三审),报请自治区人大常委会批准。表决通过2位委员辞职。

市人大常委会主要工作

【监督工作】 2018年,市人大首次将专项资金支出绩效情况随同决算草案一并审议,组织第三方对现代特色农业示范区建设、商贸服务业专项资金进行绩效评价。听取、审议审计工作以及审计查出问题整改落实情况的报告,督促有关部门认真整改审计查出问题。市本级审计查出问题78个,完成整改58个,正在整改20个。制定市政府向市人大常委会报告国有资产管理情况、预算审查前听取人大代表和社会各界意见建议等制度。听取、审议南宁市与国外缔结友好城市及交往情况的报告、农业生产安排和农业特色产业开发情况的报告,作出决议。跟踪督办促进南宁市国家级非遗地方戏曲传承发展的代表议案的决定,推进邕剧、粤剧等地方戏曲保护和传承;对做大做强森林生态旅游的代表建议进行督办,助推旅游产业加快发展;对加快公办幼儿园建设代表议案的决定落实情况追踪问效。开展医疗保险制度改革情况专项工作评议,作出审议意见;听取、审议区域医疗联合体建设情况的报告,开展智慧健康医疗信息平台建设专题调研,要求市政府加大工作力度,解决好群众"看病难"问题;连续2

年跟踪督办社会急救医疗工作专题询问审议意见。对加强村(社区)公共法律服务工作的议案作出决定。跟踪督办大气污染防治法执法检查审议意见,听取、审议2017年环境质量状况和环境保护目标完成情况报告。组织358名人大代表年终集中视察南宁园博园、邕江两岸综合整治工程等项目。年内,市人大常委会将脱贫攻坚工作作为重点监督议题,成立调研组深入横县、宾阳县、上林县、马山县、隆安县5个县的贫困乡镇、村屯实地走访调研,听取相关单位和部门汇报,掌握全市脱贫攻坚工作基本情况。7月23日,在市人大常委会第14次会议上,听取市政府关于南宁市脱贫攻坚工作情况汇报,以及市人大常委会专题询问调研组的调研报告,并进行分组审议。7月24日,召开联组会议开展专题询问,市政府及有关单位负责人作答。

【重大事项决定】 2018年,市人大作出决议决定25项。主要有表决通过市政府、市十四届人大常委会、市中级人民法院、市人民检察院工作报告并作出相应决议;作出批准2017年南宁市本级决算、2018年南宁市农业生产安排和农业特色产业开发情况的决议。对《关于建立过期药品回收长效机制的议案》(第3号)、《关于加强南宁市村(社区)公共法律服务工作的议案》(第5号)、《关于加快南宁市"4321"新型政银担合作业务发展的议案》(第8号)、《关于加快推进南宁市综合管廊建设,逐步消除空中"蜘蛛网"的议案》(第19号)、《关于促进南宁市柑橘产业持续健康发展的议案》(第33号)作出决定,议案涉及南宁市立法、公共法律服务、企业融资、城市管理、农业产业发展等内容。

【专题调研】 2018年6月至7月,市人大常委会组织169名驻邕全国、自治区、南宁市三级人大代表分成6个组开展2018年年中专题调研,持续关注征地拆迁难度大、项目资金筹集难、管线迁改慢等"老大难"问题,推进南宁市承接的18个重点项目建设。市人大常委会第14次会议审议通过6个调研组的调研报告,由市人大常委会办公厅统一转交市政府研究办理。年内,市人大专题调研南宁市"两院"司法体制改革工作情况,提出完善相关配套改革制度,确保改革政策精准落地的建议;专题调研南宁市区域医疗联合体建设工作,建议市政府以问题为导向消除医联体建设的制度性障碍,加快建立利益共享机制;专题调研市、区县两级法院自2011年至2018年8月期间在司法审判中适用地方性法规情况,建议审判机关加强对地方性法规的学习培训,立法机关提高立法质量,加大宣传力度,增强行政、司法人员对地方性法规的理解和适用;专题调研优化营商环境情况,提出7个方面的意见建议;专题调研知识产权工作,提出加快申报国家知识产权示范城市、健全管理和服务体系等意见建议;专题调研产业园区工业用地规划利用情况,市委主要领导对调研报告作出批示;专题调研居家养老工作情况,提出加快智慧养老服务平台建设、建立养老服务多元供给格局等意见建议;专题调研自治区乡村清洁条例、南宁市城乡容貌和环境卫生管理条例实施情况及市区截污治污情况,促进环境质量改善。开展实施乡村振兴战略、劳动人事争议仲裁、民族团结进步促进、宗教场所依法管理等情况调研。

【执法检查】 2018年,市人大常委会组成执法检查组,检查《中华人民共和国民办教育促进法》实施情况,认为实施过程中存在部分条款落实力度不够,法律发展不平衡,对民办教育机构的监管力度需进一步加大,对民办教育的扶持和指导有待进一步加强等问题;检查南宁市贯彻实施《全民健身条例》情况,认为场地设施硬件建设与市民的健身需求存在差距,全民健身服务体系还不够健全,体育产业规模偏小,投资单一,投资运作机制尚不完善,全民健身和全民健康深度融合试点工作力度有待进一步加大;检查《南宁市清真食品管理条例》的实施情况,认为存在宣传教育有待进一步深化,部分食品生产经营者主动申领"清真"标识牌意识不强,清真食品监管协作机制需完善,部门间联合检查的作用发挥不充分,清真食品管理执法队伍难以实施全面监管,清真食品行业服务能力比较低、用餐环境较差、食材供应网点数量少等问题;检查《南宁市城乡规划管理若干规定》的实施情况,认为存在学习宣传的广度和深度不够、社会知晓度不够高,有关乡村、城中村规划管理的条款落实不够有力,无序建设、违法建设情况比较严重,乡镇和村屯的规划管理人员不足、专业水平不高影响执法和管理的效果等问题;检查《南宁市水库管理条例》情况,认为存在大部分水库权属不清,一些水事违法案件、水利纠纷等得不到有效解决,村管水库运行管理、维修和养护经费严重不足,存在较多安全隐患,水体污染未遏制等问题。

【议案与建议办理】 2018年,市十四届人大三次会议期间收到代表提出建议213件(议案转建议77件),其中法制类1件、内务司法类35件、财政经济类46件、农业类27件、城乡建设环境保护类67件、教育科学文化卫生类34件、民族华侨类2件、其他1件。经审查,代表建议分别交由50个承办单位办理,其中市人大常委会机关办理2件,市政府及其有关部门、党群、人民团体办理210件,市中级人民法院办理1件,承办单位均在法定时限内办理并答复。代表对办理结果表示满意192份、基本满意16份、不满意5份;对不满意件,按规定重新交办并跟踪督办,再次研究办理并答复代表,代表表示满意或者基本满意。代表建议被采纳、问题得到解决或基本解决的(A类)52件,正在解决或列入计划逐步解决的(B类)137件,因条件限制或暂时难以解决的(C类)22件,不能办理只能作参考的(D类)2件。闭会期间,代表提出建议7件,市政府有关部门全部办理并答复。

【人事任免】 2018年,市十四届人大三次会议选举产生市监察委员会主任,常委

2018年12月4日,南宁市兴宁区人大代表视察2018年兴宁区为民办实事项目进展情况

市人大办公室提供

南宁年鉴

会依法任命监察委员会副主任和委员;任免国家机关工作人员 57 人次,其中任命、决定任命 32 人次,免职、决定免职 17 人次,接受辞职 8 人次。

【代表工作】 2018 年,市人大常委会每季度通报联系情况,汇总整理代表意见建议 126 条,转交有关部门研究处理。701 个“人大代表之家”平台接待群众 8.41 万人次;江南区人大采取“人大代表+选民代表+政府有关职能部门”的形式召开“民声反映会”;西乡塘区人大建立代表“微信议政”平台,设立“专题议政周”。将代表议案、建议办理进度情况通报承办单位及市人大代表,在南宁人大网公布,接受监督。代表对建议办理结果表示满意或基本满意 100%;代表建议被采纳、问题得到解决或正在解决的比例超过 88%。组织代表开展年中专题调研、年终集中视察活动,参与代表 670 多人次,形成调研视察报告 13 份。33 个市人大代表小组开展活动 130 多次,7 个专业代表小组开展活动 23 次。组织代表 84 人次列席常委会会议,202 人次参加市委有关部门、“一府一委两院”等有关单位的活动;举办人大代表庆祝自治区成立 60 周年大庆书画摄影展。常委会征求市人大代表参与常委会活动意向,收到反馈意见 1275 条。

【理论研究】 2018 年,市人大组织区县人大常委会副主任列席市人大常委会会议;市人大立项开展研究课题 9 项;首次与《南宁日报》、南宁电台、南宁电视台合作开办“人大之声”专题栏目,全年“两台一报”各刊播 30 期;《南宁人大》注重专题策划,开设“代表助力脱贫攻坚”“乡镇走笔”2 个新栏目;南宁人大网浏览量 29.50 万次。大明山保护管理条例征求意见系列报道获中国人大新闻奖二等奖。

(韦杉娜)

责任编辑 梁 坤

表 27 2018 年南宁市第十四届人大常委会依法任免国家机关工作人员情况表

时 间	会 议	任、免、辞	姓 名	职 务
1 月 18 日	第 10 次会议	接受辞职	麻清源	市人大会常务委员会委员
		任 命	麻清源	市监察委员会副主任
		任 命	李跃军	市监察委员会副主任
		任 命	姜剑虹(女)	市监察委员会副主任
		任 命	蓝江河	市监察委员会委员
		任 命	邱卫新	市监察委员会委员
		任 命	晏 尔(女)	市监察委员会委员
		任 命	方 良	市监察委员会委员
		任 命	陈景光	市中级人民法院刑事审判第二庭庭长、审判委员会委员、审判员
		任 命	罗 斌	市中级人民法院民事审判第一庭庭长、审判委员会委员
		任 命	宋桂芬(女)	市中级人民法院民事审判第四庭庭长
		任 命	张志基	市中级人民法院审判委员会委员
		任 命	周 军	市中级人民法院审判委员会委员
		任 命	马战峰	市中级人民法院执行庭副庭长
		免 去	罗 斌	市中级人民法院执行庭副庭长
		免 去	张志基	市中级人民法院执行裁判庭庭长
		免 去	刘振华	市中级人民法院刑事审判第二庭庭长
		免 去	李 虹(女)	市中级人民法院民事审判第一庭庭长
2 月 28 日	第 11 次会议	接受辞职	眭国华(女)	南宁市副市长
		决定任命	邓亚平	南宁市副市长
		决定任命	李建文	南宁市副市长
3 月 28 日	第 11 次会议	接受辞职	崔佐钧	南宁市副市长
	第 12 次会议	接受辞职	张 卫	南宁市副市长
		决定任命	何 颖(女)	南宁市副市长
		免 去	姜剑虹(女)	市人民检察院副检察长、检察委员会委员、检察员职务

续表 27

时　间	会　议	任、免、辞	姓　名	职　务
5月30日	第13次会议	接受辞职	陈　颖(女)	南宁市副市长
		接受辞职	唐　斌	南宁市副市长
		决定任命	周　中	南宁市副市长
		决定任命	秦运彪	南宁市副市长、市公安局局长
		决定免去	唐　斌	市公安局局长
		任　命	陆文勇	市中级人民法院执行庭副庭长
		任　命	吴　骁(女)	市中级人民法院执行裁判庭庭长
		任　命	欧阳杰	市中级人民法院刑事审判第一庭副庭长
		任　命	覃国雄	市中级人民法院民事审判第二庭副庭长
		任　命	高翔宇	市中级人民法院民事审判第五庭副庭长
		任　命	黄影颖(女)	市中级人民法院行政审判庭副庭长
		任　命	谢李章	市中级人民法院审判员
		任　命	罗　晖	市中级人民法院审判员
		任　命	黄向洁(女)	市中级人民法院审判员
		任　命	孟　英(女)	市中级人民法院审判员
		任　命	兰　帅	市中级人民法院审判员
		任　命	蒋治清	市中级人民法院审判员
		免　去	吴　骁(女)	市中级人民法院民事审判第一庭副庭长
		免　去	覃国雄	市中级人民法院执行二庭副庭长
		免　去	孙泽兵(女)	市中级人民法院审判员
		免　去	黄渭清(女)	市中级人民法院审判员
		免　去	蒋卫平(女)	市中级人民法院审判员
7月26日	第14次会议	免　去	麻宏明	市人大常委会副秘书长
		任　命	曾越凡	市中级人民法院副院长、审判委员会委员、审判员
		免　去	梁　远	市人民检察院检察员
		免　去	夏小康	市人民检察院检察员
9月27日	第15次会议	免　去	邱小华	市中级人民法院审判员
		免　去	林淑芳(女)	中级人民法院审判员
		任　命	何忠顺	市人民检察院检察员
		免　去	邓若纳(女)	市人民检察院检察员
11月23日	第16次会议	接受辞职	韦正义	市人大常委员会委员
		接受辞职	钱　健	市人大常委员会副主任

综　述

【概　况】2018年，南宁市人民政府有市发展改革委、市工业和信息化委、市教育局、市科技局、市民宗委、市公安局、市民政局、市司法局、市财政局、市人社局、市国土资源局、市环境保护局、市城乡建委、市住房局、市规划局、市城管局、市交通运输局、市水利局、市农业委、市林园局、市商务局、市文新广局、市卫生计生委、市食品药品监管局、市审计局、市工商局、市质监局、市体育局、市安监局、市统计局、市旅游发展委、市投促局、市行政审批局、市外侨办、市法制办、市国资委、市人防办、市金融办、市扶贫办39个工作部门，设市政府办公厅。市政府办公厅设第一秘书科、第二秘书科、第三秘书科、第四秘书科、第五秘书科、第六秘书科、第七秘书科、第八秘书科、综合一科、综合二科、文书科、人事科、行政科、信息工作管理办公室、市政府总值班室、市政府督查室、市大型活动协调办公室（市服务中国—东盟博览会工作领导小组办公室、南宁国际民歌艺术节组委会办公室）、项目综合管理科、项目建设管理科、项目建设协调一科、项目建设协调二科；行政编制115名、后勤服务事业编制43名，在编155人。市政府召开全体会议1次、政府常务会议33次、经济运行分析会2次，作出规划创建国家生态文明建设示范市、进一步降低实体经济企业成本、实施供给侧结构性改革去产能方案、实施海绵城市规划建设管理暂行办法等重大决定；提请市人大常委会审议地方性法规草案4件，出台政府规章3件、规范性文件40件，废止政府规章2件；实施、承办为民办实事项目20项68个子项。政府服务效能提升，通过广西一体化网上政务平台可办理927项市本级事项，社保等20项便民服务事项可在双休日正常办理，1067项依申请行政权力事项和公共服务事项进驻市民中心，群众办事基本实现“只进一扇门”。推进政府信息公开透明，市政府门户网站公开政府信息2.50多万条，网站访问量360万人次，在第十七届中国政府网站评估中名列省会城市第五。市政府例行新闻发布常态化制度化规范化，全年围绕深化商事制度改革、工业发展、县域经济发展、全面建立河长制湖长制、五象新区建设发展、环境质量状况等内容召开例行新闻发布会19次。主要存在部分改革举措和政策落实不到位，营商环境亟待进一步优化，少数干部不敢担当、不善作为等问题。

【服务型政府建设】2018年，市政府纵深推进“放管服”改革，出台实施《南宁市推进“一事通办”改革的若干措施》《南宁市贯彻落实推行“354560”改革提升服务企业效能若干措施实施方案》《南宁市相对集中行政许可和事中事后监督管理暂行办法》等，完善全市优化营商环境配套政策体系；公共资源交易实现市县“一张网”全覆盖，全市范围内企业信息可一地注册、全市共享，数字证书可一地办理、全市通用；市行政审批局各服务窗口办理政务服务事项47.74万件，办理提速80.30%；推出“24小时不打烊”全自助办证登记服务模式、不动产电子证照，为全国首个实行不动产登记证明、证书电子化并覆盖全业务的城市。实施《南宁市深化人才发展体制机制改革打造面向东盟的区域性国际人才高地行动计划》，市财政每年投入不少于3000万元，培育引进行业领先海内外领军人才及其为核心的高层次创新创业人才团队；每年组织一次南宁市创新创业领军人才“邕江计划”评审；南宁市高层次人才“一站式”服务中心投入使用。设立“南宁市国际友好城市留学生奖学金”，推动南宁市与世界各国尤其是东盟和“一带一路”沿线国家友好城市、友好交往城市的教育交流与合作，越南、泰国等6个国家的学生14人获奖学金。落实国家、自治区、市本级三级少数民族发展资金4809万元，实施项目193个，29.62万人受益；整合市本级资金121万元扶持、建设民族团结进步创建活动示范点55个。拨付华侨事业费67.80万元，惠及归侨侨眷403户。CEPA（关于建立更紧密经贸关系的安排）项目绿色通道为港澳投资者办理企业设立及变更备案审核事项30项，新设事项22项，涉及合同金额2.56亿美元；将“台港澳人员在内地就业许可”事项从《南宁市行政许可事项目录》删除，港澳台人员在南宁就业不再办理《台港澳人员就业证》；港澳台居民居住证开放申领，全国首张台湾居民居住证在南宁制发；推动南宁创客城、富士康南宁科技园三创加速中心申报创建“海峡两岸青年创业基地”“海峡两岸青年就业创业示范点”。市应急联动中心接到应急求助来电146.88万个，受理处置应急事件57.67万起，市信访局受理群众来信、来访、来电13.07万次、14.35万人次。

重要会议

【市十四届人民政府第三次全体（扩大）会议】2018年1月9日在市委、市政府会议中心召开。审议通过即将提请市十四届人大三次会议审议的《政府工作报告》,提出要落实好中央、自治区决策部署和市委十二届五次全会精神,顺应高质量发展要求,走出既符合中央、自治区要求又具有南宁特色的高质量发展之路。要求持续打好防范化解重大风险、精准脱贫、污染防治三大攻坚战;高质量做大做强工业经济,坚持"工业强市"战略不动摇,加快补齐二产短板;高质量发展现代服务业,挖掘新增量,强化实体经济对服务业、制造业的支撑;扩大有效投资,解决项目支撑不足、投资结构不够优的问题;夯实县域基础支撑,强化县域产业支撑;持续推进民生福祉升级;切实增强政府公信力、执行力,旗帜鲜明讲政治,严守党纪党规。

【政府常务会议】 2018年,市政府召开政府常务会议33次。审议《南宁市创建国家生态文明建设示范市工作实施方案》《南宁市供给侧结构性改革实施意见》《南宁市数字经济发展三年行动计划(2018—2020年)》《南宁市全域旅游总体规划(2017—2025年)》等议题213个,研究申报"全国森林旅游示范市"、废止《南宁市科学技术奖励办法》、南宁市2018年度社科研究重点课题选题等事项23项,听取茂名—南宁携手奔小康扶贫协作工作情况、2018年全市消防工作情况等专题汇报12次,开展专题学法活动2次。

【经济运行分析会】 2018年,市政府召开经济运行分析会2次。3月26日,第一季度经济运行分析会提出推进工业止滑回升、抓投资项目建设、抓服务业集聚区建设、加快市重点工程项目建设进度、加强农产品质量安全监管;5月10日,第二次经济运行分析会贯彻落实自治区第二次经济运行分析调度会和自治区党委常委、市委书记王小东关于做好经济工作的指示精神,分析全市经济运行特别是工业运行情况,研究部署下一阶段经济工作。11月2日,市十四届人民政府第50次常务会议通报2018年前三季度全市经济运行情况,研究部署第四季度经济运行有关工作。

重大决定

【装配式建筑发展规划】 2018年1月25日,市政府印发《南宁市装配式建筑发展规划(2017—2020)》,加快装配式建筑发展步伐,完善技术支撑体系建设,加快整合装配式建筑产业链条,推进建筑产业现代化与信息化融合发展,科技引领驱动建设模式创新发展,提升装配式建筑监管服务水平。总目标是2020年装配式建筑发展环境、市场机制、服务体系基本形成,制度体系、技术体系、生产体系、监管体系基本完善,人才队伍培育机制基本建立,创建国家级装配式建筑试点城市;装配式建筑成为南宁市住宅开发建设主要模式,工厂化预制构件在道路、桥梁、轨道交通、综合管廊等市政工程中普遍应用,全面推广BIM(建筑信息模型)技术应用,建筑品质全面提升;初步形成较为完善的装配式建筑产业体系。

【供给侧结构性改革去产能实施方案】 2018年5月21日,市政府印发《南宁市供给侧结构性改革去产能实施方案(2017—2020年)》,推动产业转型升级,突出发展电子信息、先进装备制造、生物医药产业,培育发展新一代信息技术、节能环保、新能源、新材料等战略性新兴产业,改造提升食品、化学、建材、造纸和木材加工等传统优势产业,推进制糖、铝加工产业二次创业,发展金融、现代物流、工业设计、科技服务等生产性服务业,优化提升商贸、旅游、会展、健康养老等生活性服务业,突出发展特色优势农业;化解水泥、平板玻璃等重点行业严重过剩产能,巩固小水泥、小造纸、制革、化工行业整治淘汰成果;推进"僵尸企业"分类处置,建立国有和非国有"僵尸企业"数据库;加快发展北部湾经济区产业互补合作,探索加强与珠江—西江经济带沿线省(市)产业协作;严格执行环境保护、资源消耗、产品质量、生产安全等强制性市场准入标准。

【降低实体经济企业成本】 2018年5月22日,市政府印发《关于进一步降低实体经济企业成本的若干意见》,实施降低制度性交易成本、降低项目用地及建设成本、降低企业生产要素成本、降低企业融资成本、减轻税费负担5项主要措施,切实减轻企业负担。目标是2018年年末为全市企业减负约45亿元;2020年年末实体经济企业综合成本合理下降,盈利能力明显增强,形成企业发展与宏观经济发展良性循环的格局。

【海绵城市规划建设管理暂行办法】 2018年6月22日,市政府印发《南宁市海绵城市规划建设管理暂行办法》,对适用范围,规划、立项与土地利用管理,建设管理,移交和运营管理等作出规定;海绵城市建设应遵循"规划引领、生态优先、安全为重、因地制宜、统筹建设"基本原则,通过"渗、滞、蓄、净、用、排"等工程措施,按照生态文明建设理念,通过加强城市规划建设管理,发挥建筑、道路和绿地、水系等生态系统对雨水的吸纳、蓄渗和缓释作用,有效控制雨水径流,实现自然积存、自然渗透、自然净化,对城市原有生态系统进行保护、生态恢复和修复。

【创建国家生态文明建设示范市规划】 2018年7月2日,市政府印发《南宁市创建国家生态文明建设示范市规划(2018—2022年)》,创新生态文明机制体制建设,构建以治理体系和治理能力现代化为保障的生态文明制度体系;强化环境保护和生态建设,构建以生态系统良性循环和环境风险有效防控为重点的生态安全体系;优化国土空间开发格局,构建以生态保护红线为指导的生态空间体系;推进资源节约集约利用,构建以产业生态化和生态产业化为主体的生态经济体系;持续改善城乡人居环境,构建以人与自然和谐共生为导向的生态生活体系;提高全民生态文明意识,构建以生态价值观念为准则的生态文化体系。总目标是至2018年,初步建成国家生态文明建设示范市;至2022年,全面建成国家生态文明建设示范市。

主要活动

【重大项目开(竣)工】 2018年,南宁市举行重大项目开(竣)工活动(现场会)11次,有高新区南宁综合保税区商务中心项目、五象新区总部基地地下空间、南宁市图书馆、快速公交(BRT)2号线、南宁凤岭综合客运枢纽站(长途客运站部分)一期工程、南宁现代化建材加工及物流配送中心项目、南宁园博园项目、广西职业技能公共实训基地(一期)、南宁农产品交易中心项目(一期)、南宁东盟文化旅游项目、广西新媒体中心(一期)、南宁国际旅游中心(一期)等180多个重大项目开(竣)工。

【新能源汽车整车及电池包动力系统项目投资协议签署】 2018年2月5日,南宁市与苏州同捷汽车科技发展有限公司签署新能源汽车整车及电池包动力系统项目投资协议,双方共同在青秀区伶俐工业园投资60亿元建设新能源汽车整车及电池包动力系统项目,年产15万辆新能源汽车和5吉瓦时电池包动力系统,配套建设汽车科研中心、试验检测中心。

【东北大学战略合作协议签署】 2018年4月15日,《南宁市人民政府 东北大学战略合作协议书》签约仪式在市政府会议室举行,自治区党委常委、市委书记王小东,市长周红波,东北大学校长赵继,中国工程院院士王国栋出席并签约。东北大学与南宁市将围绕科研与产业、智力支持与技术、人才培养与培训等方面开展合作,在南宁市建设具有国际领先水平的国家级广西先进铝加工创新中心,形成具有自主知识产权的国际领先创新成果。

【南宁华数轻量化电动汽车设计院合作框架协议签署】 2018年9月5日,《南宁市人民政府 武汉华中数控股份有限公司南宁华数轻量化电动汽车设计院合作框架协议》签约仪式在市政府会议室举行,自治区党委常委、市委书记王小东,市长周红波,中国工程院原院长周济,武汉华中数控股份有限公司董事长陈吉红出席并签约。南宁市与武汉华中数控股份有限公司共同建设南宁华数轻量化电动汽车设计院,重点开展轻量化车身开发、轻量化车身智能产线开发,与南宁企业合作开展产业化推广应用,推动南宁打造国内轻量化客车、物流车零部件龙头企业,及轻量化电动商用车三类底盘生产基地,建成轻量化电动汽车铝合金白车身智能产线。

【为民办实事工程实施】 2018年,南宁市政府实施、承办为民办实事项目20项68个子项目。实施南宁市教育惠民、食安惠民、健康惠民、文化惠民、就业惠民、敬老惠民、强基惠民、市政惠民、畅通惠民、平安惠民10项35个子项工程全部完成;承办自治区政府为民办实事社保惠民、健康惠民、教育惠民、水利惠民、安居惠民、农补惠民、生态惠民、文化惠民、扶贫惠民、科技惠民10项33个子项工程全部完成。

(市政府办公厅)

人事人才

【概 况】 2018年,南宁市人力资源和社会保障局设办公室、政策法规科、计划财务科、就业促进科、人力资源市场科、军官转业安置工作科(南宁市军队转业干部安置工作小组办公室)、职业能力建设科(继续教育科)、专业技术人员管理科(南宁市职称改革领导小组办公室)、事业单位人事管理科、农民工工作科、劳动关系科、工资福利科、养老保险科(农村社会保险科)、失业保险科、医疗保险科、工伤保险科、基金监督科、调解仲裁管理科、劳动监察科、引进国外智力科(南宁市引进国外智力办公室)、信访科、公务员考试录用科、公务员职位管理科、公务员培训和考核奖惩科、人事科,编制83名(后勤服务人员控制数8名),在编76人。健全公务员管理制度,完成年度公务员考录;批准479个(次)事业单位使用增人计划2814名;深化事业单位岗位管理,核准(重新核准)岗位设置方案456个次,办理单位人员岗位变动认定304个次、7315人次;创新事业单位公开招聘组织方式,分类组织实施公开招聘,不再要求出具计划生育证明;启动警察职务序列改革;完成年度军转干部安置。推进绩效工资总量管理,完善外聘人员薪酬调整机制;开展高层次人才薪酬制度改革试点,选取南宁职业技术学院为试点单位。出台系列人才政策,加强高层次、高技能人才服务,扶持重点人才项目,推进国际人才、国际智力引进交流;南宁市高层次人才"一站式"服务中心投入使用。主要存在全市机关事业单位和企业工资正常调整机制尚未健全,机关事业单位工资分配机制发展不平衡,缺乏高层次人才收入分配激励机制等问题。

【公务员管理】 2018年,南宁市审批市直开发区、派驻机构符合晋升职级93人。审核14家单位职位设置,审核科级职数71个,办理任职备案165批次,办理公务员(参照公务员法管理人员)登记1304人,退出备案190人,审核增人计划94名,审核交流资格125人。继续实施警察职务套改试点,完成民警职务套改备案1869人。完成市直政府职能单位139家机关(参照公务员法管理单位)1.08万人年度考核备案、120家单位1552人年度考核嘉奖、356人年度考核记三等功奖励审核。开展公务员培训116期,培训1.36万人次,落实培训专项经费245.60万元。对2017年9月以来新提拔科级领导干部163人进行为期15天任职培训,2018年新录用公务员(选调生)341人进行初任培训。市人社局、市委组织部组织开展公务员自主选学培训105期,设9个专题54门课程,全市行政机关及所属参照管理单位、政府序列市直参照管理单位和党群序列部分单位1.01万人次参训。

【事业单位人事管理】 2018年,南宁市批准479个次事业单位使用增人计划2814名;深化事业单位岗位管理,核准(重新核准)岗位设置方案456个次,办理单位人员岗位变动认定304个次、7315人次;创新事业单位公开招聘组织方式,根据不同行业、类型事业单位特点及工作人员专业特点,分类组织实施公开招聘;提高聘用手续办结效率,不再要求出具计划生育证明。

【企业职工管理】 2018年,南宁市规范企业工资分配秩序,推进南宁市企业工资薪酬宏观指导,发布南宁市2018年企业工资指导线,确定工资增长基准线为8%。开展企业薪酬试调查工作,调查国家样本企业893家、自治区样本企业123家。全市劳动合同签订率96%,涉及职工28.34万人;集体合同签订率87%,涉及企业1.23万家、职工30.46万人;新增集体合同备案企业45家。全市企业法人单位新增工会组织1338个,新增工会会员8.12万人。实施高技能人才"支撑计划",对从市外新引进或参加"世界技能大赛"等获奖的高技能人才给予1万元~20万元奖励。人力资源服务机构以及高等学校、职业院校(含技工院校)向市重点企业输送产业工人,且用工双方签订6个月以上劳动合同并缴纳3个月以上社会保险费的,按每人800元标准给予输送单位奖励。评定南宁市第三批首席技师9人,给予首席技师岗位津贴以及优先支持申报科研项目等扶持。新增高技能人才1573人(高级工1356人,技师、高级技师217人)。开展

2018年8月30日,南宁市深化人才发展体制机制改革行动计划及配套政策新闻发布会在南宁国际会展中心召开 刘昊 摄

北部湾经济区职业培训券申领试点，为企业职工开展岗位技能培训，发放“北部湾职业培训券”114.30万元，涉及9家企业477人。举办南宁市职工职业技能大赛，涉及工种33个，参赛职工26万人。

【人事考试】 2018年，南宁市计划招考公务员645人（选调生44人），其中市级机关占总计划22.17%，区县及以下机关占77.83%。网上报名3.21万人，审核通过2.93万人，缴费2.78万人；参加笔试2.76万人；办理录用审批手续621人，占应录用632人98.26%。开展年度事业单位招聘教师类、非教师类公开考试，办理711个教师岗位（事业编制）人员聘用手续、1385个非教师岗位人员聘用手续。

【人才服务】 2018年，南宁市实施《南宁市深化人才发展体制机制改革 打造面向东盟的区域性国际人才高地行动计划》及6项配套政策，市财政每年投入不少于3000万元，培育引进行业领先的海内外领军人才及其为核心的高层次创新创业人才团队。印发《南宁市创新创业领军人才“邕江计划”实施办法》，每年组织一次南宁市创新创业领军人才“邕江计划”评审，全年40个企业（团队）申报，涉及生物医药、新材料、现代农业等行业。组织开展第七批南宁市特聘专家项目申报；开展2018年度人才小高地建设专项资金资助申报，初审报名项目102个；新世纪学术和技术带头人资助项目41个通过市科技局初审。全市拨付人才项目资金4700多万元，其中高层次创业创新人才（团队）项目32个（2014年4个、2015年15个、2017年13个）完成验收，拨付专项资助金2600万元；审核发放符合条件的人才安家费补贴204万元，47名南宁市特聘专家（第四批、第五批、第六批）专项经费1073.16万元，2017年度27名南宁市新世纪学术和技术带头人培养人选专项资助资金134万元，2017年度48个南宁市人才小高地资金资助714万元。11月30日，南宁市高层次人才“一站式”服务中心在市人才服务管理办公室揭牌，集中办理分散在人社、工信、国资、公安、住房、教育、卫生等部门人才服务事项31项。推进国际人才、国际智力引进、交流，5个项目（广西南南铝加工有限公司汽车板铝合金生产技术研究及开发应用，南宁糖业股份有限公司制糖企业生产工艺自动化、信息化、智能化改造项目，南宁北部湾人才金港有限公司引进外国人才助力南宁产业升级项目，广西莱德康顺生物医药科技有限公司间充质干细胞MSCs用于骨再生医学研究项目，广西达译商务服务有限责任公司中国—东盟信息港汉语——东南亚语言智能新技术研发项目）获引进国（境）外专家项目专项经费110万元。

【事业单位收入分配制度改革】 2018年，南宁市完成2017年下半年市本级事业单位绩效工资总量核定、单位因人员调整绩效工资总量（增量）增减调整，涉及市本级事业单位251家、1.95万人，人均核定额1.20万元；完成2018年市本级事业单位绩效工资总量核定，涉及市本级事业单位215家、1.87万人，人均核定额2.70万元。调整市本级利用财政资金外聘人员薪酬标准，完成170家单位、4022人薪酬调整核定，人均每月增资700元。市人社局会同市财政局、市发展改革委、市卫生计生委联合制定《关于对上林县开展公立医院薪酬制度改革试点工作的指导意见》，做好上林县公立医院薪酬制度改革监督指导。

【职称评定】 2018年，南宁市开展专业技术职务任职资格评审服务1.28万人，其中初级专业技术职务任职资格0.44万人、中级0.49万人、高级0.35万人；办理职称认定0.25万人，重新确认123人；审核发放职称证书1.25万本。

【军转干部安置】 2018年，南宁市按计划分配军转干部进入党政机关（参照公务员法管理单位）占总数97.75%，进入事业单位占2.25%。首次推行军队现役干部转改文职政策，全市军队现役干部转改文职人员60多人。南宁市自主择业军队转业干部管理服务中心被国务院军转办转业军官培训中心评为2017年度“自主择业军转干部教育培训网络课堂”先进单位。 （廖书恒）

应急管理

【概 况】 2018年，南宁市城市应急联动中心对外增挂南宁市人民政府应急管理办公室、南宁市公安局指挥中心牌子，一套人员，三块牌子；设办公室、政治处、接处警科、指挥调度科、信息科、应急管理科、应急协调处置科、应急平台技术科、技术保障科；编制81名，在编75人（含工勤编制7人），辅警98人。市城市应急联动中心（市应急办、市公安局指挥中心）接到应急求助来电146.88万个，比上年同期增长3.08%；受理、处置应急事件57.67万起，增长13.45%，指挥调度警力29.13万次。通过接处警，处置刑事治安警情14.84万起，处置交通警情20.88万起，火灾事故9027起，120急救事件6.83万起；帮助群众寻找走失人员9215起，为群众寻物5701起，其他群众求助8.81万起，为群众调解各类纠纷1.46万起，举报线索1.72万起，咨询类电话35.54万起；受理短信报警91起，微信报警60起。处理南宁市公安局网上服务平台群众求助事项7480件，接收、处理南宁数字化城市管理信息系统处置单428件。完成第15届中国—东盟博览会和中国—东盟商务与投资峰会、第十三届南宁国际马拉松比赛暨第三十六届南宁解放日长跑、环广西公路自行车世界巡回赛等重大活动的应急安保任务。通过广西公安动态信息研判系统收集动态信息2.89万条次，分发、流转有价值信息超过10万条次，制作专题研判刊物《南宁市区“两抢两盗”110报警警情通报》12篇、《110“黄赌毒”简报》12篇、《公安动态信息直报汇总》365篇、《110警情每日通报》365篇、《110警情每周通报》52篇、《110警情每月动态分析专刊》12篇、《盗窃电动自行车电瓶警情研判专刊》1篇、公安部“全国公安指挥中心暨110报警服务台接处警数据”12篇，印发《公安动态信息直报》1196期。开展突发事件定期会商分析，分析每月全市突发事件基本情况、发展态势，出版《南宁市突发事件定期会商分析报告》12期。主要存在接处警员不足，接处警系统功能不完善、不稳定等问题。

【城市公共应急管理】 2018年，市应急联动中心审核完成市直有关部门《南宁市房屋使用安全事故应急处置预案》《南宁市船舶污染应急预案》《南宁市市区内涝应急抢险工作预案》《南宁市地震应急预案》等预案，完成《凤亭河水库、屯六水库大坝安全应急预案》及《珠江防御洪水方案》征求意见的函复。加强南宁市门户网站应急管理专栏宣传，更新应急预案、应急动态、突发事件应对、应急知识宣传等栏目信息65篇，完善应急平台体系规划建设、维护。通过应急平台视频系统，做好自治区政府值班视频点名及突发应急管理工作会议的会务和技术保障28次。完成视频会议20余项设备的故障维修。配合市大行动办处置“美丽南宁·整洁畅通有序大行动”事件3.02万起，其中交警受理处置1.46万起、城管受理处置1.56万起。出版美丽南宁视频整治信息周报228期。

【应急协调处置】 2018年，市应急联动中心做好突发事件应急演练和现场协调处置，完善突发事件应急处置机制。与有关部门开展南宁市防内涝抢险综合应急演练、有限空间作业事故救援综合应急演

2018年12月7日，兴宁区绕城高速改快速环道项目发生重型罐式柴油车侧翻事故，市应急联动中心与市环保局应急办等部门开展救援　　市应急联动中心提供

练、重大群死群伤卫生处置综合应急演练、企业排污引发群体性事件应急处置综合演练、突发性地质灾害综合应急演练、防空警报试鸣暨人员疏散隐藏演练、地下建筑灭火救援综合应急演练、7个市级重点应急演练。现场协调处置"1·10良庆区发生1起两名女童煤气中毒致死事件""青秀区接连发生非职业性一氧化碳中毒致人死亡事件""5·9沙井大道化学物受潮引发火情事故""6·1南宁绕城高速高岭往沙井方向盐酸泄漏事故""12·7柴油泄漏环保事故"突发事故5起，其中督查处置非职业性一氧化碳中毒事故2起。

【应急知识普及】 2018年，市应急联动中心开展形式多样的科普宣教活动，普及突发事件预防、避险、自救、互救、减灾等应急防护知识。与广西歌舞剧院合作编排1台宣传应急管理知识的文艺演出，在城区、开发区演出10余场。1月10日，在市应急联动中心大楼广场举办110宣传月启动仪式暨应急联动110平台公众开放日活动，现场通过设置特警、消防装备展区及公安、消防、南宁急救医疗中心等部门的法规咨询点，向市民传授防范各类违法犯罪知识；邀请市民参观110接处警大厅，了解大厅运行模式、接处警工作流程。5月至7月，举办"八桂应急先锋"社区响应队培训班27期，培训1200余人。

（市城市应急联动中心）

外　事

【概　况】 2018年，南宁市外事侨务办公室设秘书科、国际交流科、礼宾接待科、出国管理科、领事科、涉外管理与港澳工作科、侨政科、经济科技科、综合协调科，编制41名(后勤服务人员控制数5名)，在编40人；辖南宁市人民对外友好协会、南宁市外事翻译室、南宁市外事服务中心。与国外城市签署建立友好城市关系意向书5份、友好交流计划书2份、教育交流合作协议书1份、经济交流合作备忘录1份、合作共建运营协议1份、汽车领域合作框架协议1份、建立友好学校关系协议书1份。设立"南宁市国际友好城市留学生奖学金"，《南宁市国际友好城市留学生奖学金管理办法》5月1日施行，推动南宁市与世界各国尤其是东盟和"一带一路"沿线国家友好城市、友好交往城市的教育交流与合作，越南、泰国、菲律宾、柬埔寨、马来西亚、老挝6个国家的学生14人获奖学金。中国人民对外友好协会、中国国际友好城市联合会授予南宁市"2016—2017年度国际友好城市交流合作奖"，中国国际文化交流中心授予市外侨办"国际友好交流合作最佳范例奖"；在21世纪海上合作委员会第一次全体会员大会上，南宁市获"21世纪海上合作委员会创始会员"称号、奖杯。主要存在对外交流合作内容、项目不够丰富，项目合作后续成效有待提升等问题。

【国外友好城市交往】 2018年，南宁市与波兰格鲁琼兹市、澳大利亚班达伯格市、韩国果川市、越南海防市、泰国孔敬市、菲律宾达沃市、奥地利克拉根福市、柬埔寨西哈努克省、意大利克雷马市9个国外友好城市开展交往交流。1月，波兰格鲁琼兹市副市长马里克·斯科拉、格鲁琼兹市地区专家医院副院长加洛斯罗·伯恩一行5人陪同波兰国宝级沙地摩托车运动员托马什·格罗布到市第七人民医院接受中医治疗，疗效显著，成为国际友城关系框架下开展医疗合作的典范案例。2月，南宁市代表团赴澳大利亚班达伯格市参加中国春节庆祝活动，对接落实班达伯格市"南宁园"建设、向南宁市赠送考拉等事宜，南宁市民主路小学代表与圣卢克公会学校签署建立友好关系学校协议书。4月，南宁市与韩国果川市签署《中华人民共和国广西壮族自治区南宁市与大韩民国果川市2018年友好交流计划书》。5月，波兰格鲁琼兹市地区专家医院代表团访问南宁市，参观市第一、第二、第七人民医院和中医医院，开展中西医学术交流活动；市卫生计生委与代表团签署《格鲁琼兹中医针灸推拿及慢性疼痛治疗中心合作共建运营协议》；市商务局市场秩序科副科长池李欢赴韩国果川市执行南宁市与果川市公务员交流项目，果川市社会福利课保育系系长金灿佑到南宁开展交流活动；市政府办公厅代表团访问越南海防

2018年12月18日，南宁市与波兰格鲁琼兹市共建的格鲁琼兹中医针灸推拿及慢性疼痛治疗中心开业运营　　市外侨办提供

市，参加海防市第7届凤凰花节暨海防市解放63周年纪念日活动，参观海防市规划设计院。6月，泰国孔敬市瓦冈市立学校校长维钦·蒙思朱、教师普莱婉·甘雅2人赴广西医科大学参加留学生玉萍·素宋汶的毕业典礼；市政协主席杜伟率代表团访问孔敬市，出席“南宁园”竣工仪式，在中泰博物馆联合举办“美丽南宁”市情展。9月，澳大利亚班达伯格市市长杰克·邓普西、柬埔寨西哈努克省副省长希克·希茉莉分别率代表团访问南宁市，参加“2018友谊再出发”南宁国际友好城市交流系列活动；市委宣传部、南宁电视台组织媒体代表团赴波兰格鲁琼兹市、奥地利克拉根福市开展“南宁渠道，丝路交响”跨国采访活动，专访格鲁琼兹市市长罗伯特·马力诺夫斯基、克拉根福市市长玛利亚·路易斯·玛蒂亚施兹、南宁市荣誉市民艾力希·林德纳。10月，市委常委、副市长张文军率代表团访问越南海防市，就人员交往、经贸、教育、园林、旅游、文化、城市建设等领域合作进行交流，考察海防市安阳县的中国—越南经济贸易合作区；海防市3名医生到南宁参加广西国际壮医医院主办的民族医特色诊疗技术国际培训班；广西民族大学越南海防市留学生1人，广西大学、广西华侨学校泰国孔敬市留学生6人，广西艺术学院菲律宾达沃市留学生1人，广西医科大学柬埔寨西哈努克省留学生2人获南宁市国际友好城市留学生奖学金。12月，南宁市与菲律宾达沃市签署《中华人民共和国广西壮族自治区南宁市与菲律宾共和国达沃市2018—2020年教育交流合作协议书》，并向达沃市赠送大巴车2辆；菲律宾达沃市、意大利克雷马市、韩国果川市、泰国孔敬市等分别率代表团参加第十二届中国（南宁）国际园林博览会开幕式；18日，波兰首家官方性质中医治疗中心——格鲁琼兹中医针灸推拿及慢性疼痛治疗中心开业运营，中心附属于格鲁琼兹市地区专家医院，南宁中医专家4人进驻诊疗；中心作为全国中医“走出去”唯一代表案例入选全国对外友好协会“讲好中国故事”公共外交项目。

表28　　2018年南宁市国外友好城市情况表

国家城市名称	英文名称	结好时间
冈比亚班珠尔市	Banjul, Gambia	1987年6月22日
澳大利亚班达伯格市	Bundaberg, Australia	1998年5月12日
美国普罗沃市	Provo, U.S.A.	2000年9月27日
奥地利克拉根福市	Klagenfurt, Austria	2002年6月13日
泰国孔敬市	Khon Kaen, Thailand	2002年8月25日
韩国果川市	Gwacheon, Korea	2005年4月18日
英国诺斯利市	Knowsley, UK	2005年8月16日
越南海防市	Hai Phong, Vietnam	2006年3月23日
菲律宾达沃市	Davao, Philippines	2007年9月3日
柬埔寨西哈努克省	Sihanoukville, Cambodia	2007年10月30日
智利伊基克市	Iquique, Chile	2008年2月20日
法国马恩河谷省	Val-de-Marne, France	2008年10月23日
印度尼西亚茂物县	Bogor Regency, Indonesia	2008年12月17日
缅甸仰光市	Yangon City, Myanmar	2009年10月20日
美国商业市	Commerce City, U.S.A	2009年10月21日
加拿大维多利亚市	VictoriaCity, Canada	2010年7月9日
老挝占巴塞省	Champasak, Lao People's Democratic Republic	2010年10月21日
马拉维利隆圭市	Lilongwe, Malawi	2011年10月22日
波兰格鲁琼兹市	Grudziądz, Poland	2011年10月22日
马达加斯加塔那那利佛市	Antananarivo, Madagascar	2015年1月21日
意大利克雷马市	Crema, Italy	2016年10月31日

【国外友好交往城市往来】 2018年，南宁市与尼泊尔博卡拉市、日本秋田市、日本长野县、日本熊本县、巴西圣保罗州、意大利拉斯佩齐亚市、俄罗斯大诺夫哥罗德市、马来西亚怡保市、法国里昂市、柬埔寨金边市、老挝万象市、韩国庆尚南道、乌拉圭派桑杜市、乌克兰伊万诺－弗兰科夫斯克市、匈牙利布达佩斯市15个国外友好交往城市开展交流。1月，南宁市与尼泊尔博卡拉市签署《中华人民共和国南宁市与尼泊尔联邦民主共和国博卡拉市建立友好城市关系意向书》。4月，南宁市与日本秋田市签署《中华人民共和国广西壮族自治区南宁市与日本国秋田市经济交流合作备忘录》；市长周红波率代表团访问日本长野县，考察长野县综合福祉设施、社区养老产业发展情况。5月，巴西圣保罗州州长秘书马塞洛·佩雷斯一行6人访问南宁市，就建设南宁市世界足球小镇项目、举办足球邀请赛等事宜与邕宁区政府、市投促局、市贸促会等部门座谈，考察广西体育中心足球场地和相关设施。6月，南宁市分别与意大利拉斯佩齐亚市、俄罗斯大诺夫哥罗德市、匈牙利汽车工业创新联盟签署《中华人民共和国广西壮族自治区南宁市与意大利共和国拉斯佩齐亚市建立友好城市关系意向书》《中华人民共和国广西壮族自治区南宁市与俄罗斯联邦诺夫哥罗德州大诺夫哥罗德市2018—2019年友好交流计划书》《南宁市与匈牙利有关建立汽车领域合作的框架协议》；意大利拉斯佩齐亚市代表团参观五象新区、研祥集团、横县茉莉花产业基地、南宁职业技术学院，与高新技术产业、农业、文化艺术等领域企业家、专家探讨双向合作机会；自治区党委常委、市委书记王小东率代表团访问俄罗斯大诺夫哥罗德市，考察广西农垦集团有限责任公司在大诺夫哥罗德市注册成立的十万大山加工物流中心有限公司；市政协主席杜伟率代表团访问马来西亚怡保市，探讨互派交流公务员事宜，考察沉香、榴梿等农产品政策环境、种植规模、市场情况及国际业务可行性。7月，南宁市经贸代表团访问日本秋田市，落实两市经济合作备忘录事项，举行南宁物产展示商店开张仪式并设展。8月，日本熊本县高中生代表团一行14人访问南宁市沛鸿民族中学江南校区，开展校区参观、才艺展示、住家等活动。10月，南宁市与柬埔寨金边市签署《中华人民共和国广西壮族自治区南宁市与柬埔寨王国金边市建立友好城市关系意向书》；老挝万象市传

统医学领域专家、学者11人到南宁市参加广西国际壮医医院主办的民族医特色诊疗技术国际培训班；广西民族大学、广西华侨学校老挝万象市留学生2人，广西艺术学院马来西亚怡保市留学生2人获南宁市国际友好城市留学生奖学金。11月，南宁市与乌拉圭派桑杜市签署《中华人民共和国广西壮族自治区南宁市与乌拉圭东岸共和国派桑杜市建立友好城市关系意向书》；韩国庆尚南道韩中经济文化友好协会会长郑永植率领代表团访问南宁市，参观南宁市研祥装备科技有限公司、广西南南铝加工有限公司，赴五象新区、南宁经济技术开发区、横县座谈交流。12月，南宁市与乌克兰伊万诺－弗兰科夫斯克市签署《中华人民共和国广西壮族自治区南宁市与乌克兰伊万诺－弗兰科夫斯克市建立友好城市关系意向书》；俄罗斯大诺夫哥罗德市、老挝万象市等率代表团参加第十二届中国(南宁)国际园林博览会开幕式。

【世界城市和地方政府联合组织工作】2018年2月，城地组织亚太区第28期《地方政府通讯》杂志发表文章介绍南宁市基本情况，以及南宁市生态保护、市政建设、环境保护等方面成果。5月，中国人民对外友好协会、福建省福州市政府在城地组织亚太区框架内发起成立的"21世纪海上合作委员会"第一次全体会员大会在福州市举办，南宁市作为创始会员参加会议。9月，城地组织亚太区第七届大会在印度尼西亚泗水市举行，南宁市连任城地组织亚太区理事会成员；第四届广州国际城市创新奖(广州奖)初评发布会召开，南宁市"农旅融合、产村互动　打造'美丽南方'田园综合体，缩小城乡二元差距"项目获专家推荐城市奖。12月，城地组织亚太区秘书长博纳蒂娅・坦德拉德薇访问南宁，参加第十二届中国(南宁)国际园林博览会开幕式，参观南宁交警指挥中心、"美丽南方"田园综合体、南宁市规划展示馆，肯定南宁市交通治理、生态环境、扶贫工作，建议把"东盟+"打造成南宁城市名片。

【"两会"外事接待】2018年"两会"期间，市外侨办邀请、接待友好城市代表团、友好城市艺术团、国际友人及华人华侨团组15个122人。组织举办"跨越地域界限　感受心灵共鸣"中国—东盟人文交流活动大型文化纪录片《丹行线》发布会、南宁市与澳大利亚班达伯格市共庆建立友好城市关系20周年系列活动。安排市领导与重要外宾团组会见、餐叙活动19场次，组织各代表团与市政府对口部门、商会、公司企业、学校开展座谈、交流和考察活动30多场次。派出翻译40多人，翻译、校对笔译材料3万字，完成专场活动现场口译及交传19场次。

【涉领事务】2018年，市外侨办、市工商联、市贸促会联合举办"南宁企业家与驻邕总领事馆经贸投资交流会"，马来西亚、泰国、越南、缅甸、柬埔寨、老挝6国驻南宁总领馆领事官员、缅甸和柬埔寨商务联络处代表及企业代表100多人参加；邀请驻南宁、广州领事官员及缅甸、柬埔寨商务联络处代表出席南宁市大型活动20场，包括中国—东盟人文交流活动暨大型文化纪录片《丹行线》发布会、第十二届中国(南宁)国际园林博览会开幕式、中国(横县)茉莉花文化节、南宁东盟文化博览园项目"方特东盟神画"开园仪式、2018年中国—东盟艺术院(团)长高峰论坛、中国—东盟(南宁)戏剧周大联欢晚会、中国生态文明论坛南宁年会等。市外侨办全年协助处理南宁市居民海外领事保护案件11起。南宁市接待外国驻华使领馆来访团组12批69人，拜访越南、缅甸、老挝3国驻南宁总领事馆5次。6月23日，市外侨办拜访缅甸驻南宁总领事馆，商谈缅甸仰光市唐人街改造项目有关事宜。8月21日，市外侨办拜访缅甸、老挝驻南宁总领事馆，商谈南宁市博物馆与两国国家博物馆合作协议事宜。9月27日，市委常委、副市长何颖到越南驻南宁总领事馆吊唁越南国家主席陈大光。10月6日，市委常委、统战部部长赵红明到越南驻南宁总领事馆吊唁越南共产党中央委员会原总书记杜梅。12月4日，市委常委、副市长何颖出席泰王国国庆招待会，以市政府及市外侨办名义赠送花篮。6月11日，市外侨办派员赴广州出席庆祝菲律宾独立120周年国庆招待会。10月11日，市外侨办派员出席德国驻广州总领事馆举办的德国国庆招待会。

【来访团组】2018年，南宁市接待外宾团组99场次1545人次。3月，马耳他国立旅游学院代表团到南宁考察，开拓马耳他与南宁在旅游市场开发、旅游教育方面合作；法国阿尔斯通有限公司代表到南宁市访问，就更好服务南宁轨道交通建设、南宁地铁5号线无人驾驶技术合作进行交流。4月，英国、意大利、越南、喀麦隆、马尔代夫等14个国家驻华使节考察团到南宁市了解经济社会发展情况，参加"一带一路"南向通道建设情况介绍会，到新会书院观看邕剧表演；阿尔及利亚内政部穆斯塔加奈姆省秘书长哈加吉・蒙萨伍德率阿尔及利亚研修班访问南宁，就经贸往来、基础设施领域合作、友城建设进行交流。8月，羽毛球世界联合会赛事总监达伦・帕克斯、赛事项目主管许华清及中国羽毛球协会相关人员组成考察团，到南宁市考察2019年"苏迪曼杯"世界羽毛球混合团体锦标赛比赛场馆、相关酒店等设施情况。12月，菲律宾、缅甸、柬埔寨、老挝、越南等东盟国家有关省长、市长，阿联酋、英国、希腊等国家驻南宁、驻广州总领事馆官员等参加第十二届中国(南宁)国际园林博览会开幕式。（唐若溪）

信　访

【概　况】2018年，中共南宁市委员会、南宁市人民政府信访局设党支部、办公室、办信科、接访科、市长公开电话受理办公室、信访联络科、督查调研科、复查复核科，编制33名，在编30人。受理群众来信、来访、来电13.07万件次、14.35万件人次，比上年分别增长7.51%、6%，其中受理群众来信5181件(传统来信2780件、下降7.09%，网上来信2401件、下降13.94%)。接听"市长公开电话"有效来电7.12万个，上升11.38%。全国"两会"、自治区"两会"期间，实现进京到邕在非接待场所上访"零"上访。办理上级机关、市领导批示交办信访案件115件，办结115件，办结率100%；受理复查复核案件24件，办结24件，办结率100%。9月26日，市信访局举办全市信访系统业务骨干培训班，培训100人次。开展"信访信息化应用推广年"活动，在南宁市群众来访接待中心安装中共南宁市委政法委员会部署的"雪亮工程"视频监控系统。主要存在信访部门编制相对固定，信访量大、信访接待力量少，聘用人员不稳定；部分群众"信访不信法"，信访群众知晓率、应用率、宣传度不够，造成网上信访出现比例低；受理的群众信访件总量仍有增长，基数依然庞大等问题。

【来信办理】2018年，南宁市信访部门受理群众来信5181件，其中传统来信2780件、比上年下降7.09%，网上信访2401件、下降13.94%。10月25日至11月25日，中央第二巡视组(脱贫攻坚专项巡视组)驻桂开展巡视期间交办南宁市信访事项295件。市信访局将295件信访事项交办相关责任单位，加强跟踪督办、协调处理，2019年3月全部办结，办结率100%。

【群众上访与接访办理】2018年，南宁市群众到自治区上访495件次、下降13.61%，1301人次、下降34.09%；到国家

2018年3月1日至20日，南宁市开展全国“两会”期间市领导接待日活动，共有12位市领导、12个市直部门、7个城区在市信访局东宝路接访点接待来访群众　　市信访局提供

信访局上访58批、增长26.09%，82人次、下降19.61%；进京到非接待场所上访12批、24人、24人次，分别下降33.33%、17.24%、29.41%。庆祝改革开放40周年和自治区成立60周年活动期间，实现“大事不出，中事不出，小事不出”。全市组织开展市领导信访接待日活动15次，12位市领导参与接待群众10批、38人次，相关部门接待群众661批、1341人次；市领导批示件9件。全国“两会”期间，12位市领导参与接待群众4批、11人次，相关部门接待群众136批、237人次。第15届中国—东盟博览会、中国—东盟商务与投资峰会期间，9位市领导接待来访群众1批、1人次，相关部门接待群众94批、172人次。自治区成立60周年活动期间，8位市领导接待来访群众1批、17人次，相关部门接待来访群众110批、266人次。2月2日，市长周红波到隆安县开展领导干部接访下访暨信访积案化解活动，先后接访雁江镇那朗村村民、乔建镇廷罗村村民共5人。5月14日，自治区党委常委、常务副主席秦如培到市人民群众来访接待中心接待信访群众2批、2人次。6月29日，自治区党委常委、市委书记王小东到宾阳县黎塘镇凌济村带案下访协调解决跨高速公路两座天桥因坡度过陡带来的行路难问题。年内，协调组织公开大接访活动4次，区县和304个市直单位(部门)参与活动，参与干部6397人次，接待群众1615批、3198人次，受理群众反映信访事项1047件，现场解决或答复623件，现场办结率59.50%。

【市长公开电话】 2018年，南宁市“市长公开电话”受理办公室接听群众拨打市长热线和环保、物价等综合热线来电12.08万个，比上年下降8.70%，其中有效来电10.35万个、下降13.48%。市长热线接听来电8.66万个、上升4.76%，其中有效来电7.12万个、上升11.38%；市政府公共服务呼叫中心7条热线接听群众来电3.41万个、上升20.17%，其中有效来电3.23万个、上升18.38%。

【督查督办】 2018年，市信访部门办理上级交办、市领导批办信访事项115件，办结率100%；中央、自治区交办南宁市的信访矛盾化解“四大攻坚战”(重点信访领域攻坚战、重点信访群体攻坚战、重点信访问题攻坚战、重点信访人员攻坚战)案件35件(重点领域13件，重点群体3件，重点问题10件，重点人员4件，跨地区、跨部门、跨行业和人事分离、人户分离、人事户分离“三跨三分离”件5件)，化解率100%。全市自行排查的“四大攻坚战”案件29件，办结率100%。　(范淑强)

政务服务

【概　况】 2018年，南宁市行政审批局设办公室、政策法制和督查科、政务管理和信息化建设科、投资项目科、市场服务一科、市场服务二科、建设项目科、交通城管科、农林水科、文教卫生科、社会事务科、项目勘验科、政务公开科(市政务公开政府信息公开工作领导小组办公室)、公共资源交易监管科(市公共资源交易监督管理委员会办公室)，编制110名(后勤服务人员控制数10名)，在编111人。推进“一事通办”(以群众和企业到政府部门办理“一件事情”为标准，在申请材料齐全、符合法定受理条件的前提下，从受理申请到作出办理决定、形成办理结果全过程，最多跑一次或一次都不用跑)改革，编制完成“一事通办”3张清单、1033项事项；再造审批流程，各服务窗口办理政务服务事项(含许可事项)47.74万件，承诺件办理提速80.30%；市场准入、企业投资等190个子事项实现全链条审批；在商事登记、环境保护、交通运输管理、城市管理等领域建立审管联动机制，全年归集行政许可信息28.28万条，归集数量居自治区第一。开展市政府门户网站集约化建设，100余个网站公开内容标准化、公开界面模板化，实现公开信息“一次录入、多处使用”，市政府门户网站以94.20分蝉联自治区政府网站绩效评估第一名，实现三连冠。公共资源交易实现市县“一张网”全覆盖，全市范围内企业信息可一地注册、全市共享，数字证书可一地办理、全市通用；建立公共资源交易电子化监管系统、在线监督电子交易活动信息系统，开展社会监督活动33期；推出“24小时不打烊”全自助办证登记服务模式、不动产电子证照，成为全国首个实行不动产登记证明和证书电子化并覆盖全业务的城市。12月4日，《中国青年报》头版文章《“慢”广西驶上快车道》聚焦报道南宁市审批体制改革、全链条审批服务。主要存在部分事项并行办理未能实现最优化，审批流程或标准不统一，重点领域信息公开不到位，主动公开政务信息在数量、质量上待提高，公共资源交易服务水平在深度、广度上待提升等问题。

【行政审批】 2018年，市行政审批局落实《南宁市推进“一事通办”改革的若干措施》《南宁市实行投资项目审批简化若干措施》《南宁市贯彻落实推行“354560”改革提升服务企业效能若干措施实施方案》等政策，优化全市营商环境。市行政审批局各服务窗口办理政务服务事项(含许可事项)47.74万件，发出批文和证照有效率100%，承诺件办理提速80.30%，无超时办结现象。完成“一事通办”3张清单1033项事项编制，“最多跑一次”事项比例为91.97%，提前完成2018年底前实现80%以上目标任务。承接自治区委托下放事项9项，调整行政许可事项109项，依据法律法规设定行政许可事项5项，取消行政许可事项4项。实现1067项服务事项进驻市民中心集中办理。推进并联审批，企业名称预先核准与设立登记并行办理，同步采集、推送公章刻制与涉税登记所需信息；推行不动产转移登记与税费缴纳“一套申请材料、一个窗口受理、业务并联办理”一站式服务；不动产转移登记与水电气过户手续实现联办；工程建设项目报建备案、建设工程质量监督登记和安全措施备案、施工图审查情况备案、建筑工程施工许可证核发等事项整合为1项办理。创新推出“全链条审批”模式，跨部门或一个部门多个窗口办理的事项重新整合至统一受理窗口、出件综合窗口；市场准入、企业投资等190个子事项实现全链条审批，压缩重复材料564项，承诺办结时限平均缩短36.13%;《南宁市“全链条”审批实现卫生类事项“一事通办”》被选为第二届中国营商环境研究与实践高峰论坛的专题实践分享案例。引入信用审批机制，简化17类工业产品生产许可审批程序，全面实行“先证后核”和形式审查发证制；取消施工许可的项目资金证明、无拖欠工程款承诺书；推行出版类事项承诺式办理。市本级政务服务事项“容缺受理”范围扩大至30个部门476项政务服务事项930项材料，惠及受理事项1.28万件。推动各部门927项市本级事项在广西一体化网上政务服务平台办理；与自治区邮政速递物流有限公司联合推出便民邮寄服务，为企业或群众462家(人)寄送相关证照;“南宁市民中心”微信公众号上线运行，提供办事指南、预约取号、进度查询等服务，1.30万人关注，日均通过公众号预约办事约200人。4月2日，南宁市在全国率先推出“24小时不打烊”全自助办证登记服务模式；6月10日起，《食品生产许可证》《药品经营许可证》《医疗器械经营许可证》实行全程网上办理，并启用电子版证书；全年发放电子证书1510份。

【审管联动机制建立】 2018年，南宁市实施《南宁市相对集中行政许可和事中事后监督管理暂行办法》，填补国内在相对集中行政许可体制机制和法律制度上的空白。全市在商事登记、环境保护、交通运输管理、城市管理等领域建立审管联动机制。市行政审批局发送征求意见函132份，组织召开协调会103场次；与市工商局联合出台《南宁市撤销冒用他人身份信息骗取企业登记程序规定》；与环保、住建等部门严控夜间施工许可证开具数量，牵头草拟《南宁市进一步优化夜间建筑施工许可工作方案》；针对公路施工图审批、水运施工图审批、通航影响评价、港口许可、道路客运许可等技术性较强的许可事项，争取相关行政主管部门技术支持或意见建议；与市本级、城区行政主管部门，市城市管理监督评价中心等单位建立城市管理类审批信息定期通报制度，配合市城市管理局完善更新《南宁市建筑渣土排放工地设置管理标准》。配合自治区交通运输厅完成营运车辆IC卡道路运输电子证件、调查核实道路运输类证件2项重点工作，办理IC卡道路运输电子证件4137张。会同自治区、市本级道路运输管理机构完成《道路运输经营许可证》失效信息1936条《道路运输证》数据2.01万条调查核实。制定《南宁市实施相对集中行政许可若干规定》调研方案，召开立法调研座谈会。在市行政审批局门户网站、南宁市信用信息双公示系统、国家企业信用信息公示系统公布行政许可信息，全年归集行政许可信息28.28万条，行政处罚信息3.14万条，抽查检查信息7.89万条，信息归集数量居自治区第一。报送信用信息稿件95篇，信用中国(广西南宁)网站、全国城市信用监测平台采用78篇。

【政务公开】 2018年，南宁市开展政府门户网站集约化建设，强化市政府门户网站信息公开第一平台作用，申请永久下线市政府信息公开统一平台，督导区县(开发区)市直职能部门做好信息整合迁移和网页归档，完成100余个网站公开内容标准化、公开界面模板化，实现公开信息“一次录入、多处使用”。编制考核区县、开发区和市直部门政务公开绩效考评指标和核验步骤，细化绩效考评任务11大项；举办推进政务公开工作业务培训会，参训320人；到武鸣区、横县、马山县、上林县、市国土资源局、市发展改革委等单位开展政务公开专题辅导培训。5月1日，南宁市政府法制网·公开征求意见平台正式启用，公众通过平台可了解南宁市政策法规制订动向，并提出意见、建议。推进财政、重大项目、社会事业等领域信息公开，分级分类集中公开市本级112个非涉密部门2018年部门预算和2017年部门决算，309个重大建设项目审批、核准、备案信息；市民政局网站公布社会救助信息78条，市扶贫办网站公开扶贫信息900条，市住房局网站公开保障住房信息631条、保障性住房房源和准入、退出等信息222条，市国土资源局网站公开土地供应、征地拆迁、不动产登记公告等信息6087条，市政府采购网公开信息1.57万条，市公共资源交易中心网站公开各类交易信息2.40万条。市工商局在自治区率先开展消费投诉信息公示。全年市政府门户网站访问量360万人次，通过市政府门户网站公开政府信息2.50万条；通过“一中心两馆”(市政务服务中心、市图书馆、市档案馆)公开政府信息(纸质文件)7600余份；办理向市政府提交的信息公开申请件111件，办理向市行政审批局提交的信息公开申请84件，办理群众因政府信息公开不满意、不及时投诉17件、行政复议1件。利用“政务公开”主题专列地铁宣传政府信息公开、“最多跑一次”改革、“24小时不打烊政府”等内容，在地铁站LED显示屏滚动播放政务公开视频；开展“走进市民中心 体验政务服务”暨南宁市民中心“政务公开日”活动，60人参与体验。

【公共资源交易】 2018年，南宁市印发《关于调整我市各县(区)、开发区公共资源交易项目进入市级统一交易平台交易数额标准的通知》《关于扎实推进公共资源配置领域政府信息公开工作的通知》《2018年南宁市公共资源交易监管目录》等政策文件，规范公共资源交易，推行招标(采购)文件网上免费浏览下载服务。7月，宾阳县公共资源交易平台投入运行，形成“1+6”(武鸣区、横县、宾阳县、上林县、马山县、隆安县)市县一体化公共资源交易平台格局。推动全市交易项目按照限额规定，进入相应分支机构及市级平台集中交易、集中监管，数据信息在统一交

2018年5月28日，市行政审批局在南宁市民中心举行“国家级社会管理和公共服务综合标准化试点单位”揭牌仪式 市行政审批局提供

易系统发布上传。完成南宁市公共资源电子交易平台系统回购，开展平台电子化系统升级改造，完善国有产权交易系统，改造公共资源交易系统数据接口，推进注册信息交换，实现全市范围内企业信息一地注册、全市共享，数字证书一地办理、全市通用。建立公共资源交易电子化监管系统、在线监督电子交易活动信息系统，利用平台系统完整记录招投标全过程。实行社会监督员到场监督巡查机制，开展社会监督活动33期，监督交易项目192个，发现问题线索或提出改进意见23条；收到招投标、政府采购活动问题线索66条，并移送相关行政管理部门查处，对失信企业27家、失信当事人17人实施联合惩戒。12月28日，《交易大数据分析运用助推南宁市深化"放管服"改革优化市场资源配置》作为全国12个创新成果之一，在全国公共资源交易平台创新成果培训交流会作典型交流展示。全市公共资源交易完成交易项目8795宗，交易总金额1151.98亿元，节约或溢价金额106.67亿元。其中：工程建设项目2144宗，交易金额604.81亿元，节约金额25.34亿元；政府采购项目5901宗，交易金额233.09亿元，节约金额14.06亿元；土地及矿业权项目152宗，交易金额307.87亿元，溢价66.68亿元；国有产权（租赁）交易项目563宗，交易金额1.64亿元，溢价0.36亿元；其他项目35宗，交易金额4.57亿元，节约金额0.23亿元。

【南宁市行政审批标准化试点项目启动】2018年3月21日，"南宁市行政审批标准化试点"项目被国家标准化管理委员会确定为第五批社会管理和公共服务综合标准化试点项目，项目计划执行时间2018年1月至2019年12月，是2018年度广西唯一的国家级社会管理和公共服务综合标准化试点单位。5月28日，市行政审批局在南宁市民中心举行南宁市行政审批标准化试点启动仪式，并为"国家级社会管理和公共服务综合标准化试点单位"揭牌。（李力肖瑛）

机关事务管理

【概　况】2018年，南宁市机关事务管理局设办公室、财务科、综合管理科、保卫科、公共机构节能监督管理科、服务科、人事科（局机关党委）、基建维修科、办公用房管理科，编制94名（后勤服务人员控制数5名），在编91人。做好市委、市政府办公区和市委、市人大、市政府、市政协宿舍区房屋、水电、食堂、绿化、环境卫生、社会综治、安全保卫管理与服务，调配使用市直属机关单位非经营性国有资产、办公用房；协调、推进南宁市公共机构节能，指导、监督下级公共机构节能，推广节能新产品、新技术，开启公共机构节能管理信息化建设；推进市四家班子宿舍区危旧房改住房，管理指导市政府机关车队、市直属机关保育院、市本级公务用车服务平台。主要存在各项业务督促力度不足，职能管理不够规范，法规制度建设力度不够突出等问题。

【公共机构节能监管】2018年3月，南宁市在南宁学院举办全市公共机构能源资源消费统计数据集中会审培训班，区县（开发区）机关事务管理部门和市直单位分管领导、业务骨干60人参加；在市政协多功能厅举办全市公共机构能源资源消费统计暨生活垃圾分类业务培训班，区县（开发区）和市直单位150人参加。南宁市节能减排财政政策综合示范市项目建设专项投入997.40万元，兴宁区机关事务管理局、市检察院、市第一职业技术学校、市第二人民医院4家国家级节约型公共机构示范创建单位通过国家考核。实施围护结构、供热、空调、动力、电梯、食堂、数据中心等重点用能系统设备和区域节能改造。区县（开发区）结合实际制定节能改造项目规划，重点对完成能源审计单位推广节能新产品、新技术。根据《南宁市生活垃圾分类制度实施方案》，部署公共机构生活垃圾分类并纳入绩效考评范畴。7月起，能耗监测平台运行，各单位定期报送运行数据报表、反馈数据分析结果文件。推进机关、医院、学校等公共机构独立办公大院节能监管平台建设。对照全国绿色数据中心评价标准，完善数据中心计量器具配备。与上汽通用五菱汽车股份有限公司在市直单位合作开展新能源汽车体验，建设并投入使用充电桩178个。全市4047家公共机构人均综合能耗、单位建筑面积能耗、人均用水分别比上年下降2.40%、2.20%、3.20%，完成自治区下达节能目标。

【办公用房监管】2018年，南宁市摸底调研41个行政事业单位办公用房权属情况，推进全市办公用房权属统一管理。实施办公用房第一批次统一租赁，编制2018年度办公场所租赁经费财政预算，组织符合条件租赁社会场所办公的15家单位、租赁南宁威宁资产经营有限责任公司房屋办公的34家单位换签房屋租赁合同，开展2018年房屋租金支付。审查把关12家涉及机构撤并、有新建办公场所的单位，终止租赁合同。为4家单位统筹调剂业务用房7间、办公室14间，为22家单位办公用房使用管理问题提供书面解答；完成市纪委监委办公地址选址；使用管理指导单位16家，使用面积核准单位5家。

【车辆综合保障服务平台】2018年，市机关事务管理局派出公务车13辆、公务车司机13人参加南宁深化"五个礼让"示范创建活动。南宁市级车辆综合保障服务平台完成235辆车资产划拨、入编及过户，为服务平台312台保留车辆统一安装车载终端GPS（全球定位系统）设备；市公务用车管理信息平台调度监控室验收完毕。完成应急、调研、接待、综合执法及自治区、南宁市重大活动用车保障任务6317辆次。车辆行驶总里程73万千米，行车安全零事故，出车准点零延误。

【危旧房改住房】2018年，市政府淡村

2018年3月27日，全市机关事务管理暨公共机构节能工作会议在市机关事务管理局会议室举行　　黄春碧提供

路4号宿舍区1号、2号楼完成30层至35层主体结构并封顶;公共部分装修完成70%,水电安装完成90%。市政府新民路8号、10号宿舍区1号楼主体建至12层,2号楼主体建至24层,3号楼主体建至19层,缴收第一期30%购房款。市人大东葛路28号宿舍区1号楼主体建至4层,2号楼主体建至5层,3号楼主体建至4层,完成新建住房选房工作。市委新民路65号2号院宿舍完成动迁签约,招标确定南宁市地产业开发有限责任公司为小区代建单位,完成项目总投资估算、总平设计方案编制等前期工作。

【后勤服务保障】 2018年,市机关事务管理局实施市委、市政府二号院(原南宁新闻中心)消防安全隐患整改、监控系统维修,市委泗壕塘生活区监控系统维修,市政府办公大楼电梯监控系统项目;完成市委、市政府办公楼消防设施设备更换2个项目招标采购。完善《市委、市政府机关办公大院车辆停放和通行管理暂行规定》《市委、市政府机关大院突发事件应急预案》《微型消防站管理条例》等规章制度。开展办公区、宿舍区安全检查13次,排除安全隐患6处。市委、市政府办公区各门岗接待来访群众2.67万人次,处置群体上访事件42起。市四家班子机关食堂为3000多名干部职工就餐服务60万人次。完成市委、市政府会议中心服务234场次。
(黄春碧)

政府集中采购

【概　况】 2018年,南宁市政府集中采购中心设办公室、监督科、信息科、采购一科、采购二科、合同科、招标科7个科室,编制39名(后勤服务人员控制数3名),在编35人。做好南宁市政府采购互联网+政采云平台建设;推进政府采购电子化,完成网上商城建设,完善、推广采购需求公示模块、电力设备电子竞价系统模块,提高采购环节自动化、智能化,加强数据分析能力;完善PPP(政府和社会资本合作)项目及竞争性磋商采购操作流程,推进政府采购工程项目电子范本修订、应用;建立健全合同违约不良记录档案,建立电子化合同见证工作模式,完善政府采购系统合同见证网上工作流程;组织开展政府集中采购业务培训,市本级采购单位260家、采购人员550人参加;完成南宁市营商环境评估及优化对策研究、南宁园博园项目园林景观工程、精品线路沿线风貌改造提升工程(五象大桥)施工、邕江综合整治沿岸灯光亮化工程(清川大桥至三岸大桥)2标(跨江桥梁)施工、南宁市2018—2020年棚户区改造项目(第一批至第五批)、南宁市公安局广西(南宁)反虚假信息诈骗联动平台、南宁市规划管理局南宁市生态修复总体规划、南宁市城市智能交通系统建设工程"十三五"规划等重大项目招标采购服务。主要存在部分干部职工政府采购业务能力不强,个别工作人员主动服务意识欠缺,政府采购当事人对业务流程、实际操作规程不够熟悉等问题。

【项目采购】 2018年,市政府集中采购中心完成市本级政府集中采购项目3980个,总预算493.62亿元,总成交额460.18亿元(首次突破400亿元),节约33.44亿元。其中:货物类采购项目3140个,预算14.15亿元,成交额12.23亿元,节约1.92亿元;工程类采购项目375个,预算110.87亿元,成交额94.03亿元,节约16.84亿元;服务类采购项目465个,预算368.60亿元,成交额353.92亿元,节约14.68亿元。

【质疑处理】 2018年,市政府集中采购中心接待采购单位、供应商质疑和来访业务咨询208人次,接收质疑材料52份;全部质疑事项均依法在规定时限内书面答复,办结率100%。 (唐　铭　周发华)

华侨事务

【概　况】 2018年,南宁市落实侨务政策,开展侨情调查,加大困难归侨侨眷帮扶济困力度,为不同侨界群体送政策、送温暖、送服务,依法维护归侨侨眷合法权益。继续推进海外华文教育,外派教师4人延期继续任教。完成联合国难民署无偿援助南宁项目资产移交。全市有海外南宁籍华侨、华人9万多人,主要分布在马来西亚、泰国、越南、印度尼西亚、美国、加拿大、日本、印度、巴西等35个国家和地区。散居归侨、侨眷14.33万人,其中归侨2.51万人,主要来自马来西亚、印度尼西亚、越南、泰国、新加坡、缅甸等10多个国家和地区。有武鸣华侨农场、武鸣区白合华侨农场、邕宁区五合华侨林场、隆安县浪湾华侨农场4个华侨农(林)场,全部完成改制,总人口4.30万人,其中归侨、侨眷1.10万人。有基层归侨侨眷活动中心"侨之家"9个(江南区江南街道金沙湾社区、福建园街道荣和新城社区、淡村路西社区,西乡塘区北湖南路社区、安吉街道秀安路社区,武鸣区外事侨务办公室,宾阳县广西黎塘瓷业有限公司,隆安县浪湾华侨农场中心区社区,广西—东盟经济技术开发区南宁华侨投资区中心社区活动中心)。主要存在对侨务工作新优势认识不足,为侨服务方式方法探索不够,帮扶救助归侨侨眷力度有限等问题。

【侨务联谊】 2018年,南宁市接待国务院侨务办公室、自治区侨务办公室、海外华人华侨代表团8批62人。6月11日至15日,泰国前副总理功·塔帕朗西率泰国广西总商会经贸考察团一行17人到南宁市开展经贸考察交流活动,市委常委、副市长何颖向考察团介绍南宁市经济社会发展、区位优势、资源优势等情况,邀请泰国广西总商会客商参加第15届中国—东盟博览会·商务与投资峰会。6月18日至21日,新加坡中华总商会会长黄山忠率商会董事、新加坡企业家一行30余

2018年9月21日,广西—东盟经济技术开发区举办东南亚传统糕点制作大赛。图为评委试吃参赛糕点
蓝必祠提供

人到南宁市开展商务活动,参观考察新加坡(广西南宁)综合物流产业园、南宁·中关村创新示范基地。11月9日,英国广西同乡会名誉会长、英国韦克菲尔德市议员林晖一行6人到南宁市考察交流,就招才引智、职业教育国际合作、对外贸易、旅游等方面合作进行交流。南宁市组织代表团参加广西华商会第四届会员大会、海外华裔青少年"中国寻根之旅"夏令营南宁艺炫艺术学校营、马来西亚华裔青少年南宁冬令营等活动;赴泰国、马来西亚、柬埔寨、缅甸开展投资促进活动,拜访泰国广西总商会、马来西亚中华总商会、柬埔寨中国商会、缅甸中华总商会等商协会,推介南宁市投资环境;"南宁渠道·丝路交响"跨国采访组到奥地利维也纳市、克拉根福市采访南宁籍华人华侨,共度中秋节;广西—东盟经济技术开发区举办东南亚传统糕点制作大赛,归侨侨眷、东盟各国华侨选手19组现场制作特色东南亚传统糕点30多种。

【为侨服务】 2018年,市外侨办开展全市侨情调查。组织开展联合国难民署无偿援助南宁项目资产移交,完成武鸣区、横县、宾阳县、隆安县等受援单位19个项目资产移交。开展贫困归侨侨眷扶贫救助,拨付华侨事业费67.80万元,惠及归侨侨眷403户。慰问困难归侨侨眷596人,发放慰问金29.80万元。做好南侨机工(抗战时期,由东南亚各国华人子弟组成的"南洋华侨机工回国服务团")遗孀2人补助发放。举办"金秋助学侨爱同行"活动,给予获大专以上高等院校录取的"三侨考生"(归侨青年、归侨子女、华侨在国内的子女)每人1000元助学奖励。组织西乡塘区、广西—东盟经开区等地归侨侨眷参加厨师技能、种植技术、家政等职业技能培训班,拨付培训资金16万元。重新梳理涉侨行政审批事项,将归侨侨眷身份确认事项纳入市行政审批局办理,市外侨办负责业务指导。出具华侨归侨侨眷证明67份,审核确定享受高考加分资格"三侨考生"66人,审核华侨子女回邕就读义务教育阶段学校2人次。受理归侨侨眷关于华侨私房拆迁安置、医疗救助、房产证办理、征地补偿纠纷、退休待遇等方面来信来访9件次,接待来访、来电咨询32人次,来信来电答复率100%。

【华侨农(林)场改革】 2018年,南宁市武鸣华侨农场、武鸣区白合华侨农场、邕宁区五合华侨林场、隆安县浪湾华侨农场4个华侨农(林)场全部实现华侨农(林)场融入地方、管理融入社会、经济融入市场的目标。2017年10月武鸣区白合华侨农场完成改制,挂牌成立白合华侨社区居民委员会,白合华侨社区居民委员会管辖范围为原白合华侨农场管理区域范围,纳入武鸣区府城镇管辖。2月,邕宁区五合华侨林场完成改制,挂牌成立五合华侨社区居民委员会,并完成第一届社区党支部委员会、居民委员会选举,五合华侨社区居民委员会管辖范围为原五合华侨林场的管理区域范围,纳入邕宁区蒲庙镇管辖。 (唐若溪)

港澳事务

【概　况】 2018年,南宁市与中国香港、澳门地区贸易总额229.18亿元,比上年增长80.30%,其中与中国香港贸易额228.64亿元、增长80.70%,与中国澳门贸易额5369万元、下降5.60%。全市新设港资企业22家,总投资6.51亿美元,实际到位8.78亿美元;新设澳资企业1家,总投资1000万美元,实际到位1856万美元。CEPA项目绿色通道为港澳投资者办理企业设立及变更备案审核事项30项,其中新设事项22项,涉及合同金额2.56亿美元。市政府与中国银行(香港)有限公司签订合作意向书,在南宁建设中银香港东南亚业务营运中心;隆安县分别与澳门利成针织厂有限公司、澳门富顺集团签订宝成服装生产项目、富顺服装生产项目。邕港澳交流交往进一步拓展,与香港中文大学(深圳)共建优秀生源基地,为香港职校学生提供实习工作岗位,开展工商管理、应用科学、艺术、酒店服务等专业学术交流考察活动;调整全市行政许可事项目录,提高为港澳服务水平。主要存在邕港澳交流与合作的内容、项目不够丰富,服务港澳的方式方法探索不足等问题。

【邕港澳交流交往】 2018年,南宁市组织接待中国香港"一国两制"考察团、内地高校优秀澳门学生访问团、香港学子广西中医药研学团、香港职业训练局专业教育学院师生代表团、中国－葡语国家经贸合作代表团、香港商贸交流团、香港专业人士协会代表团10多批次,安排参观考察南宁高新产业技术开发区、南宁经济技术开发区、南宁·中关村创新示范基地、武鸣区润宇火龙果基地、南宁市城市规划展示馆、南宁博物馆等,宣传南宁市投资环境与优惠政策。接待香港教育局组织的"同根同心"香港中小学生广西教育系列交流团9批626人。3月,南宁职业技术学院举办"'桂'族体验　'讲'式交流——桂港文化深度行"活动,香港学生120人到南宁参与少数民族农家生活体验、中华文化演讲比赛、教学工坊体验、南宁城市游览等活动;香港万商国际控股集团有限公司代表到横县、上林县考察综合商贸物流园项目、商品贸易市场、建材市场、现代农业产业园等。4月,市第二中学、市第三中学分别与香港中文大学(深圳)签约,共建优秀生源基地。7月至8月,配合自治区港澳事务办公室,与香港海上丝绸之路协会共同实施"2018年张骞计划——大学生暑期实习项目",在南宁高新区、南宁·中关村创新示范基地为香港职校学生提供实习工作岗位15个。10月,组织教育管理干部团赴香港学习教育信息化理念;南宁市代表团赴中国澳门参加第23届澳门国际贸易投资展览会,拜访澳门工商联会、澳门银星地产贸易有限公司等。11月至12月,组织偏远地区初中校长、教师40人赴香港培训;开展工商管理、应用科学、艺术、酒店服务等专业学术交流考察活动,香港院校师生100多人参与;组织舞剧《刘三姐》在香港文化中心

2018年4月2日,香港训练局学生在南宁职业技术学院教学工作坊体验壮族刺绣

兰海洋　摄

大剧院连演5场。12月,南宁市代表团随自治区投促局赴中国香港开展投资促进活动,参加第二届创智营商博览会,拜访香港中华总商会、香港中国商会、香港培力药业有限公司等,巩固、服务已签约项目;香港富诚印刷国际有限公司代表到南宁市考察出版物及包装印刷厂项目,参观武鸣区伊岭工业园区绿色印刷产业园、横县六景工业园、邕宁区新兴产业园。全年接待中国香港地区游客8.96万人次,比上年增长33.26%;中国澳门地区游客6.07万人次,增长33.92%。

【为港澳服务】 2018年,南宁市继续落实内地与中国香港、澳门地区CEPA先行先试政策,市政务服务中心CEPA项目审批绿色通道继续为申请设立外资企业的中国香港、澳门地区投资者提供一站式投资咨询、协调服务,统一受理、统一审核、统一发证。调整全市行政许可事项目录,将"台港澳人员在内地就业许可"事项从《南宁市行政许可事项目录》删除,港澳台人员在南宁就业不再需要办理《台港澳人员就业证》;市人力资源和社会保障局将港澳台人员纳入就业创业管理服务体系,参照内地(大陆)劳动者进行就业登记、失业登记,为有意愿在南宁市就业创业人员提供政策咨询、职业介绍、开业指导、创业孵化等服务。 (唐若溪)

台湾事务

【概　况】 2018年,中共南宁市委员会台湾工作办公室(南宁市人民政府台湾事务办公室)进一步深化邕台经贸合作,新增台资项目12个,合同投资额1660.08万美元,实际到位1443.10万美元。台资企业累计570家,累计合同台资额15亿美元,累计实际到位台资额8.30亿美元。富士康南宁科技园完成工业产值484亿元,比上年增长28.60%;进出口总额57.70亿美元,增长28.10%。承接东部地区台资企业落地发展。1月,南宁市宏彩照明科技有限公司LED项目在南宁高新区正式投产运营,注册资金8000多万元;3月,广西—东盟经开区的南宁台光五金制品有限公司五金塑胶电子产品及配件生产项目竣工,安装设备近30台,建成生产注塑、冲压2条生产线。建设富士康南宁科技园千亿元电子信息产业园、东盟硅谷科技园"三创"(创新、创意、创业)孵化园;推动南宁高新区、富士康南宁科技园三创加速中心争创"海峡两岸青年创业基地""海峡两岸青年就业创业示范点";全国首家"金犊创意学院"落户南宁职业技术学院;加强与对台宣传媒体合作,讲好在邕台湾青年创业奋斗故事。市台办完成3个重点课题(大力推动横县生态文明和现代化农业建设发展、加强学校平台建设促进邕台青少年交流、多措并举进一步促进台胞在邕投资创业)调研、市政协2个提案(《关于促进台湾青年来邕创业就业的建议》《关于建议加大力度建设我市台湾青年创业基地、示范点的建议》)回复和办理。主要存在全市对台工作发展不够平衡,基层对台工作力量薄弱,受两岸严峻复杂形势影响赴台交流遇到阻力等问题。

【台商合法权益维护】 2018年,南宁市组织区县开展"春风行动"招聘会,帮助南宁统一企业有限公司、横县桔扬茶业有限公司、广西隆泰生化科技有限公司、南宁麦斯鞋业有限公司等台资企业解决用工难题。开展服务台商台胞"六个一"(走访一批台资企业、召开一批台商座谈会、兑现一批惠台政策、推进一批桂台合作项目、化解一批台胞投诉案件、解决一批台资企业发展问题)活动;走访调研南宁市贯彻落实《关于促进两岸经济文化交流合作的若干措施》情况。协调处理涉台求助、投诉纠纷23起,办结21起,结案率91%;协调解决台湾居民子女16人义务教育阶段就学问题,帮助台湾居民考生2人开具高考加分证明。

【邕台交流交往】 2018年,南宁市接待台湾同胞参访团组65个1000多人次,办理应邀赴台团组31个。南宁市与中国国民党嘉义市党部高层互访,巩固党际交流。4月16日至17日,配合开展中华一家亲·相约美丽广西——桂台各民族欢度"壮族三月三"系列活动,台湾同胞参访团23个536人到南宁体验壮乡"三月三"风情,在市第二中学、青秀区桂雅路小学、广西民族中等专业学校进行校园文化交流,在南宁职业技术学院参加共植"桂台友谊林"养护活动、就业创业体验活动、桂台民族文化交流联谊晚会。6月21日至28日,举办桂台(南宁)少数民族民俗文化交流周活动,台湾同胞参访团5个72人到南宁体验民俗风情,参访单位15个。6月至7月,南宁市代表团赴台拜访台湾工商协进会、中华两岸工商事务管理协会、两岸休闲农业发展事务管理协会、源鲜农业生物科技智慧农场等相关机构,与澎湖渔会养殖中心及鱼产品直销中心洽谈渔业与观光旅游业结合的经营模式,与台湾生技绿能有限公司、汇宏制药股份有限公司洽谈企业在南宁投资涉及医药证照问题。7月31日,举办第二届邕台企业创业经验分享沙龙,100多人参加。8月10日至16日,组织南宁市经贸文化、马山壮族会鼓、宾阳游彩架3个交流团赴台参加花莲县新城乡联合丰年节表演。8月17日至23日,市民族文化艺术研究院首次与台湾戏剧学院合作,在南投县演艺厅、新北市力行福德宫户外露天舞台共同演绎南派传统粤剧《目连救母》。8月20日至29日,首次举办暑期台湾大学生来邕实习实训营,台湾高校28所、大学生50人,南宁职业技术学院大学生15人参加为期10天的实习实训。10月23日,召开桂台职业教育交流暨青年就业创业研讨会,两岸教育专家学者、企业家代表等80人参加,南宁职业技术学院分别与台湾醒吾科技大学、东方设计大学、南宁市台湾同胞投资企业协会签订校校合作、校企合作备忘录。推动南宁高新区、富士康南宁科技园三创加速中心争创"海峡两岸青年创业基地""海峡两岸青年就业创业示范点"。南宁市社会各界为

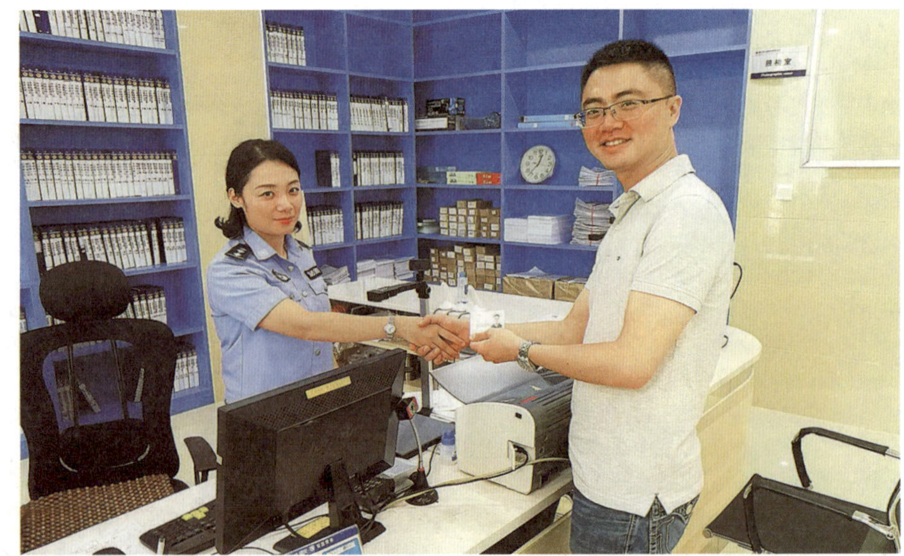

2018年9月1日,南宁市台湾同胞投资企业协会会长周代祥(右)在市公安局凤岭派出所申领全国首张台湾居民居住证 市台办提供

台湾地区花莲县地震灾民捐款33.29万元，其中市红十字会筹集捐款20万元，在邕台企台商等筹集捐款13.29万元。

【对台宣传】 2018年，南宁市与旺旺中时文化传媒（北京）有限公司联合制作的《魅力南宁》电子书2018版更新上线。协助中国华艺音像有限公司、台湾中国电视事业股份有限公司完成电视系列专题片《大陆寻奇——盛世绝艺》南宁内容拍摄。加强与对台宣传媒体合作，福建海峡卫视《今日海峡》栏目播出《听南宁台商二代周代祥解读惠台新31条》《创业台青黄靖纹》专题节目；福建东南卫视播出《台青筑梦记：南宁新梦》。组织全市台办系统采写信息120多条，其中"两网"（国台办网、中国台湾网）采用63条，《广西日报》采用3条，自治区台办采用42条，市委、市政府采用17条。编辑《南宁对台工作》简报13期。市台办、中国新闻社联合采写报道《全国第一张台湾居民居住证在广西南宁制发》被中央电视台选用。

【全国首家"金犊创意学院"落户南宁】 2018年4月17日，旺旺中时文化传媒（北京）有限公司与南宁职业技术学院举行"金犊创意学院"签约和揭牌仪式，全国首家校企合作"金犊创意学院"正式落户南宁职业技术学院，700多人出席仪式。"金犊创意学院"通过设立金犊工作室、共建课程、合作研发、举办讲座等，开展人文、艺术学术交流与合作，推动邕台青年创意文化交流。

【全国首张台湾居民居住证在南宁制发】 2018年9月1日，国务院办公厅印发的《港澳台居民居住证申领办法》正式实施，港澳台居民居住证开放申领。南宁市台湾同胞投资企业协会会长周代祥到市公安局凤岭派出所申领全国首张台湾居民居住证。南宁市公安机关开放港澳台居民居住证受理点175个。 （伦俊芝）

民族事务

【概　况】 2018年，南宁市民族宗教事务委员会设办公室、政策法制科、经济发展科、社会发展科、宗教科，编制21名（后勤服务人员控制数2名），在编20人；下属参照公务员法管理事业单位1个（南宁市少数民族语言文字工作委员会）。办理公民民族成分登记变更申请406份。举办南宁市民宗委系统工作业务培训班、宗教干部培训班、市民族宗教系统2018年依法行政暨政法宗教民语业务培训班、市少数民族干部进修班，培训196人；推荐优秀少数民族干部16人参加全国、自治区少数民族干部能力建设提升班；选送1人参加第11期全国民族语文翻译工作业务骨干高级研修班。与北海市、钦州市、防城港市达成"建立民族宗教工作区域协作"协议。筹备服务自治区成立60周年庆祝活动，完成中央代表团第一分团在南宁慰问的协调，中央赠送纪念品分配、南宁市观礼团的组织工作。国家民委网站以《改革开放以来我国城市民族工作创新发展的基本经验》肯定南宁市"13456"（成立一个市级少数民族流动人口服务中心，构建市、城区、社区三级服务网络体系，完善工作准则、队伍建设、结对帮扶、法律援助四项服务制度，成立民族干部骨干、少数民族联谊会会员、社区民族之家成员、志愿者服务队伍及民族工作信息员、协调员、专家顾问服务队伍五支，整合外来经商就业、住房租赁、子女入学、法律援助、困难补助、清真食品六大服务）民族事务模式，并向全国推广。全市有清真食品网点65家（户），在西乡塘区白苍岭农贸市场、市清真饭店设立清真肉类供应点2个；实施清真标识牌管理，加强对清真牛肉屠宰点、供应点及清真饭店日常监管；市民宗委、市农委、市食药监局、部分市人大代表到市清真饭店、市肉联厂清真屠宰点、兴宁区占明拉面馆、青秀区阿布都新疆美食城、西乡塘区白苍岭农贸市场、皇氏集团股份有限公司开展执法检查，未发现"清真不清"情况，并向合格清真食品经营户发放"清真"标识牌2个。主要存在民族特色村寨打造缺乏资金投入，《壮文社会使用管理办法》部分规定推行难、落实难等问题。

【少数民族发展资金落实】 2018年，南宁市落实国家、自治区、市本级三级少数民族发展资金4809万元，实施项目193个。其中：落实国家级少数民族发展资金4069万元（第一批资金3751万元、第二批资金318万元），实施项目142个，受益人口13.66万人；落实自治区级少数民族发展资金360万元，实施项目15个，受益人口1.59万人；落实市本级少数民族发展资金380万元，实施项目36个，受益人口14.37万人。落实扶贫类项目176项，受益群众4.98万人。

【民贸与民品生产】 2018年，市民宗委开展"十三五"期间民族特需商品定点生产企业申报，南宁市组织申报的43家企业（少数民族药类企业21家、少数民族针纺织类企业12家、少数民族日用杂品类企业1家、少数民族家具类企业1家、少数民族文体用品类企业2家、清真食品类企业3家、边销茶类企业3家）获自治区民宗委、自治区财政厅、中国人民银行南宁中心支行认定为"十三五"期间自治区民族特需商品定点生产企业，占自治区119家的36%，排自治区第一；企业在名单公布之日起享受民族贸易、民族特需商品定点生产企业贷款贴息优惠政策。会同市财政局开展2018年市本级民族特需商品生产发展专项扶持资金项目申报，区县推荐18家企业申报项目18个，13个项目获评审小组推荐，项目总投资7773万元，年度投资3112万元，安排扶持资金262万元。

【少数民族教育】 2018年，武鸣高中、宾阳中学、南宁沛鸿民族中学、南宁市第三职业技术学校、马山县中学、隆安县中学、上林县民族中学、马山县民族中学、隆安县民族中学9所学校开设自治区级寄宿制民族高中班、民族初中班，在校民族高

2018年，国家民委授予青秀区凤岭北社区第六批"全国民族团结进步创建示范单位"称号。图为5月13日授牌仪式现场　　青秀区志办提供

中(含职高)生1500人，民族初中生750人；每人每年享受生活补助费600元。南宁沛鸿民族中学、西乡塘区那龙民族中学、邕宁区民族中学、武鸣区民族中学、横县民族中学、宾阳县民族中学、上林县民族中学、上林县民族综合高中、马山县民族中学、隆安县民族中学10所独立建制的民族中学，有在校初中生1.74万人，其中壮族学生1.17万人、教师1137人；在校高中生6548人(职高299人)，其中壮族学生5044人、教师472人。获少数民族教育补助资金200万元，实施项目36个，其中实施民族文化、民族体育进校园项目26个，民族团结创建进校园项目7个，民族体育基地建设项目2个，民族文化传承项目1个。兴宁区三塘镇中心小学、上林县民族中学、上林县塘红乡石门小学、马山县古寨瑶族乡民族初级中学、隆安县那桐镇那门小学5所学校获第二批“自治区民族文化教育示范学校”称号。培育、命名良庆区那黄小学、市秀厢小学等17所学校为第二批南宁市民族文化进校园示范基地。自治区民宗委、自治区财政厅2018年起取消下达广西特困少数民族优秀学生入学专项经费补助。

【壮汉双语教学实验】 2018年，南宁市开展壮文、汉文双语教学区县9个，学校85所，其中武鸣区、上林县确定为自治区级壮汉双语教学示范基地。有壮汉双语小学(教学点)65所(个)，在校学生2.79万人(壮族学生2.57万人)，教师1576人；壮汉双语中学(含九年一贯制学校)15所，在校生初中生2.34万人(壮族学生1.73万人)、教师1709人，在校高中生9853人(壮族学生7815人)、教师703人。双语教学教师实行津贴补助制度，每人每月获岗位补贴15元。5月，自治区壮汉双语教学现场观摩培训活动在百色市德保县举办，南宁市青秀区、武鸣区、宾阳县、上林县、马山县壮汉双语教师43人参加。

【民族语言文字工作】 2018年，市民语委举办“跟我学壮文”公益培训活动3期，参加100人；到武鸣区开展双语和谐乡(社区)建设和民族语文应用调研；开展壮语方言音频资料采集项目调研；组织民族语文工作学习考察组赴青海考察学习民族语文工作机构权力清单制度建设等方面经验做法；《广东、福建、内蒙古三省区民族文化、语文工作经验及启示》调研报告获自治区民崇委优秀调研成果三等奖。将壮语文基础知识、民族知识统筹纳入第十二届中国(南宁)国际园林博览会志愿者通用知识专题培训内容；利用民族团结进步宣传月、壮族“三月三”活动宣传民族语文工作法律法规，编发《壮文基础知识40问》5000册；在“南宁普法在线”微信公众号宣传《广西少数民族语言文字工作条例》，借助南宁新闻网微信公众号开展“我们的文字——壮文工作60年”宣传。报送民族语文工作信息150多条，获自治区民宗委和民语委、《广西民族报》，市委、市政府采用100余条；市民宗委在《广西民族报》刊发的《广西山歌“满街跑”村边唱来网上和》获2017年度广西新闻奖(报刊类)三等奖。为机关、企事业单位150多家翻译牌匾、公章660多块(枚)，会标、横幅、民族团结宣传海报等680多条，文字片段4500多字。

【壮语广播影视】 2018年，市民宗委、民语委支持武鸣区、上林县、隆安县做好壮语广播影视工作，提高壮语节目质量。武鸣区广播电视台有《壮乡新闻》(播出215期、新闻1314条)、《壮乡文艺》(播出12期)、《壮乡风情》(播出12期)、《壮语讲故事》(播出20期)4档壮语栏目，壮语主持人2名、编辑2名。上林县电影发行放映公司播放壮语电影35场次。隆安县《隆安壮语新闻》覆盖90%以上壮族群众；11个乡镇118个行政村(13个社区)建有广播站，安装农村有线广播，配备壮语播音员，每天播报5小时以上；放映壮语电影1768场，观众23万人次。

【全国民族团结进步示范市创建】 2018年，市民宗委指导区县(开发区)开展民族团结进步创建活动进机关、企业、社区、乡镇(街道)、学校、宗教场所、家庭、商业街区活动，挖掘、培育优秀民族示范典型。在南宁市新兴民族学校、西乡塘区衡阳街道中华中路社区、上林县镇圩瑶族乡举办“民族团结一家亲　同心共筑中国梦”巡回演出；在江南区水街弘义楼、南宁市图书馆举办“民族团结一家亲　同心共筑中国梦”书画摄影展，展出作品70余幅；会同市教育局在青秀区桂雅路小学开展“和美校园·同心筑梦”民族团结进校园活动，举办主题班会、演讲比赛、歌咏比赛、知识竞赛、书画展、民族团结征文比赛，7450人次参与。向自治区民宗委申报民族团结进步创建活动项目13个，获经费80万元；整合市本级资金121万元扶持、建设示范点55个。年内，国家民委授予青秀区凤岭北社区第六批“全国民族团结进步创建示范单位”称号；自治区党委、自治区政府授予南宁市人民政府办公厅等19个集体“自治区民族团结进步模范集体”称号，施天建等25人“自治区民族团结进步模范个人”称号。

【民族团结与民族法制宣传教育】 2018年，南宁市开展以“和谐壮乡，团结进步”为主题的民族团结进步宣传月活动，在主要街道、客运车站、公交车、出租车、地铁等电子广告牌滚动播出民族团结公益宣传广告19万余次，悬挂宣传横幅4926条，张贴宣传标语3125条，制作宣传栏、墙报、板报2120多张，发放宣传品、资料18.30万份，接待群众现场咨询2.08万人次，举行文艺演出1224场。春节期间，市民宗委走访慰问全国民族团结进步先进个人代表、社区少数民族困难群众、贫困村村民等158人，发放慰问金5.98万元；区县开展文体活动170多场次，参与群众2万人次，悬挂宣传标语横幅160多条，发放《中华人民共和国民族区域自治法》等宣传资料2200多份。11月25日至12月15日，市民宗委在南宁广播电台开展民族团结模范事迹展播活动，播报南宁市21名民族团结模范事迹。与南宁新闻网联合开展以“学法守法我先行　民族团结促发展”为主题的民族政策法规微信有奖竞答活动，参与竞答1.02万人次，中奖4074人次。

【少数民族传统体育】 2018年，南宁市有市第四十一中学(高脚竞速、抢花炮)、南宁沛鸿民族中学(毽球)、武鸣区民族中学(投绣球)3个市级民族体育训练基地；兴宁区、青秀区、邕宁区、横县、宾阳县、上林县、马山县、隆安县8个区县建立县级少数民族传统体育项目训练基地11个，涉及珍珠球、毽球、打陀螺、投绣球、高脚竞速、三人板鞋竞速、龙舟等项目。4月14日，南宁市直机关职工“民族团结”健身趣味运动会在李宁体育园举办，市直机关66个单位近900人参加。10月24日至30日，南宁市代表团参加在崇左市举行的广西第十四届少数民族传统体育运动会，运动员256人参加花炮等15个竞赛项目、1个表演项目；获一等奖12项、二等奖28项、三等奖36项及体育道德风尚奖，奖牌76枚，奖金106.26万元。11月2日，市民宗委会同市教育局、市体育局在市外国语学校举行南宁市第十一届中学生少数民族传统体育运动会，35所学校800人参加抛绣球、毽球、踢毽子、板鞋竞速4项比赛。

【民族关系监测评价】 2018年，市民宗委有民族工作信息员130人、民族关系协调员65人、民族工作专家顾问28人，民族关系监测点53个，联谊会会员193人。完成年度民族关系监测报告课题，报送市委、市政府；加强部门协调，处置协调民族关系，组织开展少数民族人员游南宁活动；委托市社会科学院开展南宁民族关系监测评价课题调研，市长周红波在课题报告《南宁市民族关系综合评价分析》作批示。全年未发生涉及民族因素的矛盾纠纷。

【社区民族工作示范点】 2018年，南宁市继续建设 20 个国家级、自治区级、市级社区民族工作示范点。为少数民族流动人口提供就业创业服务 1191 人次，解决住(租)房问题 505 人次，技能培训 1748 人次，提供法律咨询 315 人次，解决随迁子女入学问题 40 人次。重新调整社区民族之家内部布局，细化服务内容，完善工作细则；市少数民族流动人员服务中心、20 个示范社区民族之家利用元旦、春节、壮族“三月三”等节庆开展联谊活动，增进民族感情；重点指导青秀区南湖街道凤岭北社区、西乡塘区衡阳街道中华中路社区民族之家的改造提升，凤岭北社区民族之家获自治区 60 大庆中央慰问团一分团领导的肯定，中华中路社区服务少数民族流动人员工作获中央统战部网站、国家民委网站、广西电视台、南宁电视台、《广西日报》《南宁日报》报道。 （刘建安）

宗教事务

【概　况】 2018 年，南宁市民族宗教事务委员会贯彻落实全国宗教工作会议精神和宗教政策、法律法规，依法管理宗教事务。重点检查辖区宗教活动场所消防、建筑、卫生等规章制度落实情况；开展基督教、伊斯兰教、天主教领域专题调研；开展民间信仰普查，引导民间信仰在培育文明乡风、建设美丽乡村等方面发挥作用；组织宗教界为上林县澄泰乡高顶村小学捐赠价值 4 万多元青少年课外读物 2000 多册；加强全市宗教界人士、信教群众爱国主义教育，以“坚持宗教中国化，不忘初心共筑中国梦”为主题举行宗教界升国旗仪式；与广东省茂名市民宗委签订《广东省茂名市　广西壮族自治区南宁市宗教工作区域协作联动共建协议》，加强区域联动共建；开展宗教界殡葬领域突出问题专项整治行动，推进宗教政策法规学习月活动；加强宗教教职人员、宗教活动场所管理组织成员、信教群众的教育与规范，推动宗教教职人员回归本真，遵守教义教规，抵制不良风气侵蚀。主要存在宗教事务管理部门人员少，对宗教政策法规、相关知识了解不深透，宗教问题复杂，处理难度大等问题。

【宗教界殡葬领域突出问题专项整治行动】 2018 年，市民宗委印发《全市宗教界殡葬领域突出问题专项整治行动方案》。7 月至 9 月，整治宗教活动场所与商业资本合作，擅自设立、建设殡葬设施，回民公墓建设运营中违法违规行为，违规从事营利活动等问题，整肃殡葬服务市场秩序；各区县与有关部门协作，依法依规开展整治行动。全市 12 个区县宗教活动场所未存在与商业资本合作，违规从事营利活动情况。

【协调处理涉宗教问题】 2018 年，市民宗委利用区县民宗局工作网络，依法取缔辖区内发生的非法宗教活动，协调处理涉及宗教问题。指导南宁市伊斯兰教协会调解涉及穆斯林群众医患纠纷 1 起；配合南宁海关机场办事处鉴定涉及入境的有关神像；批评、制止行脚至宾阳县黎塘镇的浙江省温州广福寺信教群众举国旗叩拜行为；主动查明、研判、定性部分信教群众出境参加相关会议事件，向当事人宣传宗教事务相关政策。联合市委宣传部、市委统战部、市发展改革委、市公安局、市财政局、市旅发委等部门转发《〈关于进一步治理佛教道教商业化问题的若干意见〉的通知》至有关单位；组织开展露天宗教造像、乱建寺庙、佛教道教活动场所商业化专项排查整治，指导武鸣区依法拆除未经审批擅自建造的大明山天地庙；兴宁区依法叫停五塘镇坛棍村违规建设的甘露寺，拆除临时设立的佛堂；西乡塘区依法取缔中尧南路永和朝阳小区的私设佛堂。

【宗教政策法规学习月活动】 2018 年，市民宗委组织开展以“学法知法守法　促进宗教和谐”为主题的宗教政策法规学习月活动。举办全市民族宗教系统工作业务培训班，开设“坚持我国宗教中国化方向”主题讲座；编印新修订的《宗教事务条例》《宗教工作政策法规选编》等学习资料 6000 册、订购新修订的《宗教事务条例》释义本 1100 册，分发至宗教团体、宗教活动场所教职人员、管理人员；编制宗教政策法规知识百题，开展宗教政策法规知识百题答题活动，3000 多人参与答题；与南宁新闻网、南宁新闻网微信平台合作开展宗教政策法规知识网络有奖竞答活动，1.80 万人参与答题。

【宗教人士队伍建设】 2018 年，市民宗委组织约谈佛教、伊斯兰教、天主教、基督教代表人士 10 人次。春节期间，选派宗教界人士 20 多人次分别参加自治区级、市级迎春茶话会、团拜会，安排宗教界人士 1 人在全市迎春茶话会上发言。6 月 24 日至 30 日，在中共中央统战部干部苏州培训中心举办宗教干部培训班 1 期，培训 46 人。派员到市文新广局、良庆区、上林县、市委党校、广西经贸职业技术学院授课 7 次，受益 1000 多人次。市民宗委采取上门交流、组织座谈、政策宣讲等形式，为部分基层民族宗教工作干部、宗教界人士、信教群众解读新修订的《宗教事务条例》。

【民族团结进步创建进宗教场所试点】 2018 年，市民宗委制定《南宁市民族团结进步创建进宗教场所试点工作实施方案》，以南宁市清真寺、兴宁区基督教共和路教堂为试点实施场所，以“爱国爱教，知法守法；端正教风，促进团结稳定；规范场所管理，服务社会”为创建目标，继续实施民族团结进步创建进宗教场所试点；以“学习”为主题开展和谐寺观教堂创建活动，市、区县民宗部门开展一次“送学进宗教活动场所”活动，宗教团体、宗教活动场所组织开展一次集中学习活动，开设一块“和谐寺观教堂”创建活动学习专栏，学习宣传中共十九大精神、习近平新时代中国特色社会主义思想和关于宗教工作的重要论述、中央关于宗教工作的重大决策部署、新修订的《宗教事务条例》及宗教相关政策等。 （刘建安）

责任编辑　覃涓铌

2018 年 12 月 24 日，南宁市与广东省茂名市签订宗教工作区域协作联动共建协议

市民宗委提供

中国人民政治协商会议南宁市委员会

综　述

【概　况】 2018年,中国人民政治协商会议南宁市委员会设提案委员会、经济委员会、文史学习委员会、教科文卫体委员会、海外联谊民族宗教委员会、人口资源环境与城乡建设委员会、社会法制委员会7个专门委员会,市政协办公厅、研究室、选举联络工作办公室3个办事机构,1个机关党委;设提案委员会办公室、经济委员会办公室、文史学习委员会办公室、教科文卫体委员会办公室、海外联谊民族宗教委员会办公室、人口资源环境与城乡建设委员会办公室、社会法制委员会办公室7个专门委员会办公室;市政协办公厅设秘书科、行政接待科、人事教育科、综合科;研究室设理论信息科,选举联络工作办公室设委员联络科;行政编制44名、在编56人,后勤服务人员控制数28名、在编25人。政协第十一届南宁市委员会有委员485名,由31个界别构成。市政协加强政协系统党的建设,深入区县开展党建大调研,制定完善党组议事规则等6项党务工作制度;修订完善常委会工作、界别活动、机关管理等32项制度,建立健全市政协领导及专委会分工联系界别小组工作机制;将重点调研课题纳入政协常委会工作要点,调研视察活动由主席会议成员牵头开展;建立政协委员履职档案,完善履职管理信息平台;开展提案办理"回头看"监督25次;编辑出版《风雨同舟铸辉煌——南宁市政协63年发展图志》《深入学习习近平总书记关于加强和改进人民政协工作的重要思想论文集》;宾阳县政协文史馆开馆。主要存在少数委员调查研究不够深入,提案、意见、建议针对性和可行性不够强,精品提案少;提案办理重答复轻落实、答复针对性不强;提案服务不够专业、精准、精细等问题。

【协商议政】 2018年,市政协召开专题议政性常委会议2次、专题协商会2次、双月协商座谈会7次、对口协商会7次、提案办理协商会25次,形成全体会议为龙头,专题议政性常委会议和专题协商会为重点,双月协商座谈会、对口协商会、界别协商会、提案办理协商会等为常态的多层次协商议政格局。全年收到提案506件,审查立案419件,立案率82.81%;提案获采纳、解决341件,列入计划采纳、解决55件,未能采纳和解决23件;提案者对提案办理满意和基本满意率99%。聚焦重大决策、中心工作、脱贫攻坚、服务重大项目建言献策,形成大会发言材料、调研报告48份,协商报告16份,视察调研报告22份,供市委、市政府决策参考。探索立法协商形式,围绕《南宁市建设工程施工现场管理若干规定》《南宁市临时占用挖掘城市道路管理办法》开展协商;出台《中国人民政治协商会议南宁市委员会大会发言规则》,完善发言协商遴选机制;召开专题学习性常委会议2次、专题学习报告会3期、委员集中培训班4期,举办政协讲坛7次。联系走访民主党派、工商联和政协委员320人次;各民主党派市委会、市工商联、市无党派人士联络组围绕南宁市中心工作、社会热点和难点问题开展重点课题调研,形成《关于南宁市深度贫困地区脱贫攻坚的调研》等重点课题调研报告10篇;党派团体提出集体提案67件,占集体提案总数87%;提交大会发言59篇、社情民意信息86条。

重要会议

【政协第十一届南宁市委员会第三次会议】 2018年1月12日至15日在南宁人民会堂召开。应出席委员489名,实到委员468名。听取、审议政协第十一届南宁市委员会常务委员会工作报告,政协第十一届南宁市委员会常务委员会关于市政协十一届二次会议以来提案工作情况的报告。列席南宁市第十四届人民代表大会第三次会议,听取并讨论市政府工作报告及其他有关报告。补选政协第十一届南宁市委员会常务委员。审议通过政协第十一届南宁市委员会第三次会议政治决议,政协第十一届南宁市委员会第三次会议关于常务委员会工作报告的决议,政协第十一届南宁市委员会提案委员会关于市政协十一届三次会议提案审查情况的报告。收到委员提案475件,立案391件;收到大会发言材料47份;编印简报1期10份。

【政协第十一届南宁市委员会常务委员会会议】 2018年,政协第十一届南宁市委员会召开常务委员会会议6次。1月14日,第11次会议、第12次会议在南宁饭店召开;听取市委组织部关于补选政协第十一届南宁市委员会常务委员候选人人选的说明;审议通过大会选举办法(草案),总监票人、监票人名单(草案),确定总计票人、计票人;审议通过政协第十一届南宁市委员会常务委员候选人名单、大会政治决议(草案)、常务委员会工作报告决议(草案)、提案审查情况的报告(草案)。3月21日,第13次会议在市政协多功能厅召开;传达学习全国"两会"精神、自治区"两会"精神;审议《中国人民政治协商会议第十一届南宁市委员会常务委员会2018年工作要点(草案)》《南宁政协2018年度协商工作计划(草案)》。7月3日,第14次会议在市政协多功能厅召开;学习贯彻习近平总书记关于加强和改进人民政协工作的重要思想,围绕新修订的《中国人民政治协商会议章程》等作专题辅导;学习贯彻市委十二届六次全会精神;听取南宁市2018年上半年经济社会发展情况及下半年重点工作计划,2018年上半年市政协常委会主要工作情况,2018年上半年市政协常委及部分委员视察情况。9月29日,第15次会议在市政协多功能厅召开;学习贯彻习近平总书记关于加强和改进人民政协工作的重要思想;传达学习全市年中工作会议暨县域经济发展、乡村振兴推进大会精神,全市工业高质量发展暨深化改革优化营商环境大会精神;市政协副主席谭玫瑰对中共南宁市委办公厅《〈关于加强人民政协协商民主建设的实施意见〉的贯彻落实意见》《关于加强和改进人民政协民主监督工作的实施意见》作专题解读。12月27日至28日,第16次会议在市政协4楼常委会议室召开;学习贯彻习近平总书记在庆祝改革开放40周年大会上的重要讲话精神;传达学习习近平总书记为庆祝广西壮族自治区成立60周年的题词,中共中央、全国人大常委会、国务院、全国政协、中央军委关于自治区成立60周年的贺电,中共中央政治局常委、全国政协主席汪洋在自治区成立60周年庆祝活动期间的讲话等精神;学习政协第十三届全国委员会常务委员会第四次会议、自治区政协十二届四次常委会议、市委常委会第80次会议精神;听取南宁市2018年经济社会发展情况及2019年主要工作安排、市政府办理市政协十一届三次会议提案的工作情况,2018年党风廉政建设工作情况,2018年重点课题完成情况等,审议《中国人民政治协商会议第十一届南宁市委员会常务委员会2019年工作要点》《政协南宁市委员会2019年度协商工作计划》《政协南宁市委员会2019年度人民政协民主监督工作计划》《政协南宁市委员会2019年度重点课题调研工作计划》《政协南宁市委员会2019年度政协委员视察计划》、市政协十一届四次会议有关材料、人事事项。

【政协第十一届南宁市委员会专题议政性常委会议】 2018年,政协第十一届南宁市委员会召开专题议政性常委会议2次。7月2日,第1次会议在市政协多功能厅召开,以“大力实施乡村振兴战略,做好各级规划和政策措施引领”为主题;会议提出尽快编制规划、强化组织保障、实施分层分类开展乡村振兴试验示范、全面开展“三清四化五改”(清垃圾、清杂物、清路障,房屋整齐化、庄园绿色化、村容整洁化、功能齐全化,改水、改厕、改圈、改路、改厨)工程、出台乡村振兴人才振兴政策、实施乡村文化振兴行动、着力激发贫困人口内生动力、完善人才工作政策体系、加强涉农资金整合、加快发展壮大村集体经济、完善村庄规划等对策建议。9月29日,第2次会议在市政协多功能厅召开,以“高质量发展为导向,推动南宁市第二、第三产业迈上新台阶”为主题;会议提出推动工业高质量发展,大力培育发展新动能,促进现代服务业高质量发展,精准施策为高质量发展提供支撑,产业转型升级等意见、建议。

主要工作

【概　况】 2018年,政协南宁市委员会加强政协系统党的建设,制定完善党组议事规则等6项党务工作制度,提高政协党建工作质量;隆安县政协在自治区政协系统党的建设工作座谈会上作《凝心聚力、担当作为,在脱贫攻坚中彰显政协党建力量》典型发言。聚焦脱贫攻坚战、污染防治攻坚战、防范化解重大风险攻坚战、实施乡村振兴战略等中心工作,围绕推动经济高质量发展、降低实体经济成本、优化营商环境、发展民营经济、推动改革开放等重点议题开展协商议政。出台《中国人民政治协商会议南宁市委员会大会发言规则》,修订完善常委会工作、界别活动、机关管理等32项制度;落实《中国人民政治协商会议南宁市委员会委员履职工作规则(试行)》,建立履职档案,完善履职管理信息平台。召开专题学习性常委会议2次、专题学习报告会3期、委员集中培训班4期,举办政协讲坛7次。组织政协委员参加公益活动114次,捐资捐物350多万元。收集社情民意信息160条,编发《社情民意》24期,刊发《心桥》4期;市政协门户网站更新信息1100多条,图片1200多幅,其中区县信息440余条、图片600余张。主要存在精品提案少,民主监督力度、委员服务管理有待加强,政协机关服务水平待提升等问题。

【政治协商】 2018年,市政协召开专题议政性常委会议2次、专题协商会2次、双月协商座谈会7次、对口协商会7次、提案办理协商会25次。重点打造“双月协商座谈会”协商品牌,每两个月举行一次,各专委会牵头,市政协重点课题调研组、部分政协委员、民主党派代表、专家学者、市直有关部门领导围绕“促进建筑垃圾资源化利用　助力打赢南宁蓝天保卫战”“进一步优化南宁营商环境”“激发培育精准脱贫内生动力”“市政消火栓建设与管理”“降低实体经济企业成本”“加强住宅小区物业服务管理”“深度融入国际陆海贸易新通道建设”等主题进行协商发言,提出意见建议35条,形成协商专报7份,供市委、市政府决策参考。市政协围绕提高提案办理质量、城市雕塑规划建设、发挥医疗机构在医养结合中的作用、建立乡村区域性扶贫开发新机制、防范“垃圾围城”危机等协商议题,结合委员视察、实地调研,组织政协委员、民主党派代表、专家学者和政府相关单位领导开展座谈交流和对口协商;全年组织开展“进一步优化企业家创业发展环境”“邕江两岸综合整治要注重融入壮民族文化元素”“加快构建南宁市农产品质量安全体系”等对口协商会7次,形成《对口协商会专报》,报市委、市政府及相关职能部门决策参考。探索立法协商形式,围绕《南宁市建设工程施工现场管理若干规定》《南宁市临时占用挖掘城市道路管理办法》开展协商。完善专委会联系界别、界别联系委员、委员联系群众机制,联系走访民主党派、工商联和政协委员320人次。分别在清华大学、四川大学举办市政协委员(界别)履职能力提升培训班,市工商联、市总工会以及科技界、社保界、社会科学界、经济界、教育界、医药卫生界等界别的委员100多人参加。

【民主监督】 2018年,市政协围绕城市黑臭水体治理、医联体建设发展开展专项民主监督;围绕自治区成立60周年重大项目建设、助推产业扶贫落实等开展视察监督6次;对事关经济发展和民生问题重点提案办理情况,开展提案“回头看”监督25次,其中市政协常委会组织提案者、专家学者、委员对《关于优化食品安全基层网格化监管模式的建议》等4件食品安全类提案、《关于提升南宁市“小微”排污企业治理水平的建议》等3件环境保护类提案进行集中“回头看”,市政协提案委员会会同市政府督查室联合发文,要求各承办单位对上年度B类提案“回头看”,并抽查市发展改革委等12个承办单位,有43件B类提案转为A类,占B类提案31.85%。12月15日,《广西政协报》对市政协开展提案办理“回头看”活动作头版纪实报道。推荐、协调委员144人参加区县党委书记述职评议、优化营商环境大查摆行动、美丽南宁·整洁畅通有序大行动、扶贫领域腐败和作风问题专项整治、电视问政等活动,开展民主监督。协助市委出台《关于加强和改

2018 年 11 月 23 日，市政协民主监督视察组视察沙江河流域黑臭水体治理情况

市政协办公厅提供

进人民政协民主监督工作的实施意见》《〈关于加强人民政协协商民主建设的实施意见〉的贯彻落实意见》。

【参政议政】 2018 年，市政协以委员全体会议、常委会议等形式，为民主党派、工商联、无党派人士参政议政搭建平台，党派团体提出集体提案 67 件，占集体提案总数 87%；提交大会发言 59 篇、社情民意信息 86 条。民主党派市委会在市政协十一届三次会议上的《关于加强对南宁市农村水环境污染治理的建议》《关于加快推进南宁建设北部湾城市群核心城市的建议》《关于对南宁国际园博会后续发展的建议》《关于进一步降低我市实体经济企业成本的建议》《深化与粤港澳合作，推动南宁市科技金融融合发展》《关于进一步激发培育精准脱贫内生动力的建议》等发言获市委、市政府主要领导批示。举办"港澳委员活动日"，向港澳委员传达学习习近平新时代中国特色社会主义思想和中共十九大精神，通报南宁市经济社会发展和市政协工作情况；组织港澳委员集中视察南宁重点工程，乘坐轨道交通 2 号线，参观朝阳广场、福建园地铁站地下商圈，到宾阳县露圩镇八凤村、隆安县都结乡龙民村开展扶贫慰问活动。召开"发挥区域优势，助推南向通道建设"昆明南宁贵阳三市政协主席联席会议，就加强政协系统党的建设、推动履职工作提质增效等方面交流经验。加强区县政协业务交流和指导，举办区县政协机关干部培训班，邀请区县政协主席列席政协常委会，联合区县政协开展重大课题调研和视察。

【调研与视察】 2018 年，市政协围绕服务全市重大项目建设，组织政协委员对自治区成立 60 周年重大项目、南宁园博园、"老南宁·三街两巷"历史文化街区及国家卫生城市复审工作推进情况开展视察；围绕推动经济高质量发展、降低实体经济成本、优化营商环境、发展民营经济、推动改革开放等 14 项重点议题开展调研，形成调研报告、大会发言材料 48 份，其中《关于加快推进南宁建设北部湾城市群核心城市的建议》《关于进一步降低我市实体经济企业成本的建议》等 10 份大会发言材料获市委、市政府主要领导批示；围绕发展特色产业、壮大村级集体经济、健全公共安全体系等开展调研，形成调研、协商报告 16 份；围绕畅通惠民工程、城市公立医院综合改革、少数民族乡基础设施建设、消火栓建设与管理等民生热点问题开展调研视察，形成调研视察报告 22 份，提出意见、建议 56 条。

【提案征集与办理】 2018 年，市政协收到提案 506 件，审查立案 419 件(集体提案 73 件，委员个人、联名提案 346 件)，立案率 82.81%；提案获采纳或解决 341 件，列入计划采纳和解决 55 件，未能采纳和解决 23 件；提案者对提案办理工作满意和基本满意率 99%。其中：《关于全力打造环大明山生态旅游圈的建议》列为自治区政协重点提案，自治区副主席李彬率有关部门负责人到大明山周边区县调研，指导推动环大明山生态旅游建设；《关于扶持我市中小企业发展的建议》《关于改善和提升南宁市投资软环境的几点建议》等提案获市工信委、市金融办、市行政审批局等单位吸收采纳；《关于加强地方金融监管体制建设的建议》《进一步激发培育精准脱贫内生动力的建议》《关于加强邕江水环境保护，确保饮用水源安全的建议》等提案获市发展改革委、市城乡建委、市金融办、市扶贫办、市环保局等单位结合实际采纳建议并办理提案；《关于加强保健食品管理的建议》获市食品药品监管局、市工商局采纳；《关于加强贫困县村医队伍建设的建议》获市卫生计生委办理落实；《关于进一步加强我市公办幼儿园建设的建议》获市政府重视，新建、改扩建幼儿园 80 所。

【文史资料编纂】 2018 年，市政协编辑出版《风雨同舟铸辉煌——南宁市政协 63 年发展图志》《深入学习习近平总书记关于加强和改进人民政协工作的重要思想论文集》，编发《学习参考资料》4 期、《政协工作参考》12 期。举办"庆祝广西壮族自治区成立 60 周年"书画摄影作品展，应征作品 480 幅，入展作品 130 幅(书法作品 50 幅、美术作品 30 幅、摄影作品 50 幅)；举办"丝路情怀　翰墨同心"南宁、兰州市政协书画艺术创作交流笔会；推进市、县政协文史馆建设，南宁市政协文史馆基本建成，宾阳县政协文史馆开馆。

【理论研究】 2018 年，市政协开展学习习近平总书记关于加强和改进人民政协工作的重要思想理论研讨会，兴宁区政协、西乡塘区政协、宾阳县政协、隆安县政协、农工党市委会等代表 8 人做交流发言，其中 6 篇书面发言入选《广西第十次人民政协理论与实践研讨会论文集》。组织召开全市政协系统党的建设工作座谈会，深入学习贯彻习近平新时代中国特色社会主义思想、中共十九大精神，贯彻落实全国政协系统党的建设工作座谈会和中央办公厅《关于加强新时代人民政协党的建设工作的若干意见》精神；组织调研组到区县开展政协系统党的建设工作专题调研。 (市政协办公厅)

责任编辑　覃涓铌

中国共产党南宁市纪律检查委员会 南宁市监察委员会

综　述

【概　况】 2018年，中共南宁市纪律检查委员会机关、南宁市监察委员会(2018年1月成立)合署办公，一套机构、两个机关；设办公室、组织部、宣传部、研究法规室、党风政风监督室、信访室、案件监督管理室、第一纪检监察室、第二纪检监察室、第三纪检监察室、第四纪检监察室、第五纪检监察室、第六纪检监察室、第七纪检监察室、第八纪检监察室、第九纪检监察室、第十纪检监察室、第十一纪检监察室、案件审理室、信息技术保障室、纪检监察干部监督室，编制105名，在编87人。有市级、区县纪律检查委员会、监察委员会13个，其中市本级1个、区县12个。市纪委派驻机构28个，其中单独派驻纪检组13个、综合派驻纪检组14个、派出纪工委1个。城区纪委监委设派驻机构29个，县纪委监委设派驻机构43个；乡镇设纪委102个，街道设纪工委25个。在职纪检监察干部997人，其中市纪委、监委机关87人，市纪委派驻机构96人；区县纪委、监委机关325人，区县纪委派驻机构160人；广西—东盟经济开发区、南宁高新技术产业开发区、南宁经济技术开发区纪检监察机构37人；乡镇纪委246人，街道纪工委46人。全市处置反映问题线索4481条，立案2219件，给予党纪政务处分2260人，其中县处级干部21人、乡科级干部347人，移送检察机关25人。查处违反中央八项规定精神问题182起286人，通报、曝光典型案例38批次96起。查摆形式主义、官僚主义10个方面问题720个，提出整改措施1200多项，查处400起419人。深化扶贫领域腐败和作风问题专项治理，立案审查822件，给予党纪政务处分781人，组织调整或处理200人，移送司法机关4人，通报、曝光典型案例130批次294件。查处涉黑涉恶腐败和“保护伞”问题25个，给予党纪政务处分15人。查处党内失职失责问题90个，问责党组织8个、党员领导干部112人，给予党纪处分79人。查处违反政治纪律问题20个，给予党纪政务处分14人。开展电视问政节目10期，反映问题31个，党纪政务处分15人，问责处理29人。完成市县监委组建、人员转隶，南宁市及所辖12个区县监察委员会全部挂牌成立，划转编制213名，转隶160人。推进监察体制改革，实现对所有行使公权力的公职人员监察监督全覆盖。主要存在部分党组织落实党风廉政建设主体责任不够到位，部分党员干部不收手、不收敛，甘于被“围猎”，消除腐败存量、遏制腐败增量、净化政治生态的任务仍十分艰巨等问题。

【“两个责任”落实】 2018年，市委、市纪委履行从严治党责任，推进“两个责任”落地。出台《中共南宁市委员会履行全面从严治党主体责任清单》，梳理具体责任61项。推行落实主体责任全程纪实制度，指导各区县、各部门落实纪实制度。通过签订责任书、公示、公开清单等方式，形成主体责任动态管理机制。组织开展2017年度党风廉政建设“两个责任”绩效考评，对12个区县、3个开发区和98个市直单位完成绩效指标情况实行过程管理、跟踪检查，实现落实党风廉政建设“两个责任”过程化、网络化、数字化管理。对99个单位提出党风廉政建设意见，收到意见回复1523人次。严格执行《中国共产党纪律处分条例》《中国共产党问责条例》和自治区实施办法，推动管党治党走向“严紧硬”。全市运用监督执纪“四种形态”（党内关系要正常化，批评和自我批评要经常开展，让咬耳扯袖、红脸出汗成为常态；党纪轻处分和组织处理要成为大多数；对严重违纪的重处分、作出重大职务调整应当是少数；而严重违纪涉嫌违法立案审查的只能是极少数）处理党员干部4650人次，第一、第二、第三、第四种形态分别占比50.70%、41.40%、5.40%、2.50%。

重要会议

【市第十二届纪委四次全会】 2018年2月8日，中共南宁市第十二届纪律检查委员会第四次全体会议在市委、市政府会议中心召开。市委常委，市人大常委会、市政府、市政协以及其他厅级中共党员及市纪委委员40人出席，列席260人。自治区党委常委、市委书记王小东出席会议并讲话。会议以习近平新时代中国特色社会主义思想为指导，学习贯彻党的十九大精神，全面落实十九届中央纪委二次全会和自治区十一届纪委四次全会工作部署，总结2017年纪检监察工作，部署2018年工作；审议通过《提高政治站位　强化责任担当　坚定不移推动首府党风廉政建设和反腐败斗争向纵深发展》工作报告、全会公报。

【全市扶贫领域腐败和作风问题专项治理联席(扩大)会议】 2018年9月14日，市纪委召开全市扶贫领域腐败和作风问题专项治理联席(扩大)会议，学习贯彻习近平总书记关于扶贫工作的重要论述和指示精神，传达学习中央、自治区和市委关于脱贫攻坚和专项治理工作精神，研究部署扶贫领域巡视整改、线索处置等工作,深入推进专项治理。强化扶贫领域作风建设专项治理,进一步落实"两个责任"(党委主体责任、纪委监督责任),强化"一岗双责"(一个领导干部的职务所对应的岗位,一个领导干部既要对所在岗位应当承担的具体业务工作负责,又要对所在岗位应当承担的党风廉政建设责任制负责),拓展主体责任纪实制度,建立、完善、补充扶贫工作各项制度,巩固扩大整改成果,防止问题反弹回潮。

主要工作

【作风建设】 2018年,南宁市严格落实中央八项规定精神及实施细则精神,推行"1+X"(1是指市纪委对市直各职能部门履行落实中央八项规定精神职责情况的督查,X指市直各职能部门根据职能作用和管理权限,在职责范围内对各级各部门落实中央八项规定精神情况进行督查)再监督机制,依托"廉洁南宁"随手拍、公车比对监督系统、基层廉洁工作站等载体,深挖细查隐形变异"四风"(形式主义、官僚主义、享乐主义、奢靡之风)问题,查处违反中央八项规定精神问题182起286人,通报曝光典型案例38批次96起。开展"十盯十查"(紧盯紧查忠诚干净担当、调查研究、服务群众、项目建设、会议文件、决策拍板、工作实效、职责履行、政治立场、作风纪律)活动,查摆形式主义、官僚主义10个方面问题720个,提出整改措施1200多项,查处400起419人。整治领导干部利用名贵特产类特殊资源谋取私利问题,专项整治"私车公养""小金库"等问题,查纠问题500多个。出台《中共南宁市委员会深入治理扶贫领域形式主义官僚主义若干规定(试行)》,建立完善作风建设制度规定及措施办法160多项。

【审查调查】 2018年,南宁市各级纪检监察机关处置反映问题线索4481件,立案2219件,给予党纪政务处分2260人,其中县处级干部21人、乡科级干部347人,移送检察机关25人。组织开展案件质量提升年活动,严把案件质量关。建立问题线索处置跟踪管理系统,用科技手段规范问题线索处置流程。开展外逃人员"大起底"工作,追回在逃人员4人。

【扶贫领域腐败与作风问题专项治理】 2018年,南宁市各级纪检监察机关持续深化扶贫领域腐败和作风问题专项治理,立案审查822件,党纪政务处分781人,组织调整或处理200人,移送司法机关4人,通报曝光典型案例130批次294件。实行扶贫领域违纪违法案件提级审理,审核区县上报扶贫领域案件308件。制作专项治理监督举报公示牌11万张,发动群众参与举报。强化监督首责、公开乡村干部直系亲属涉权事项等。实施扶贫干部关爱工程。推进惩"腐"、打"伞"、追责,查处涉黑涉恶腐败、"保护伞"问题25件,给予党纪政务处分15人。

【基层廉洁工作站建设】 2018年,南宁市有基层廉洁工作站1704个,受理群众来电来信333次,提请核查252次,转立案76件。

【巡察工作】 2018年,南宁市市县两级设立巡察办、设置巡察组,修订完善《中共南宁市委员会巡察工作规划(2017—2021年)》《中共南宁市委员会巡察工作实施办法》等,研究制定《中共南宁市委员会巡察成果运用办法(试行)》,推动巡察成果运用制度化。组织开展市十二届党委第三、第四轮巡察,完成巡察全覆盖任务47.60%。指导区县开展巡察全覆盖,完成各区县对340个县直单位、乡镇(街道)及1064个村(社区)党组织巡察,完成巡察全覆盖任务53.50%。全市巡察发现问题线索843件,转立案163件,给予党纪政务处分91人。坚持巡察与扶贫领域腐败和作风问题专项治理相结合,完成对1个深度贫困乡镇、54个深度贫困村巡察。配合自治区党委巡视组开展扶贫领域机动式巡视、专项巡视。

【监督教育管理】 2018年,南宁市出台《南宁市纪检监察机关强化监督首责提升监督能力的实施意见》,强化日常监督。组织开展《中华人民共和国宪法》《中华人民共和国监察法》《中国共产党纪律处分条例》学习宣传,征订读本1600多本。精选扶贫领域腐败和作风问题典型案例,编印《以案说纪说法》《百案镜鉴》等警示教育读本,发放3550册。组织党员干部集中观看《广西三起县级扶贫办主任严重违纪案件警示录》428场次,1.80万人次观看;到市反腐倡廉警示教育基地接受教育87批次1.12万人次。开展"勤廉榜样"选树宣传活动,2人被授予2018年"广西勤廉先进个人"称号。深化"廉政文化进地铁""廉政文化进家庭""廉政文化进公园"等活动,拍摄制作《借钱》等微电影4部,挖掘南宁市家风家训、乡规民约、官德箴言精华。建设南宁市反腐倡廉警示教育网上展馆,在市、县主流媒体和各级纪检监察网站开设曝光平台,加强"一网一端一微"新媒体平台建设,在主流媒体开辟"全面从严治党永远在路上""以案说纪说法"等专栏。

【"两重两问"工作】 2018年,南宁市围绕脱贫攻坚、黑臭水体治理、迎接自治区成立60周年重点项目、第十二届中国(南宁)国际园林博览会等重点工作、重大项目开展监督检查,问责问效。开展督查194次,发现督促问题整改225个,发出督办(挂牌督办)函12份,问责单位4个、16人。针对中央第五环保督察组反馈南宁市黑臭水体整治督查落实不到位、工作作风不严不实等问题,问责单位3个、党员干部7人,给予党纪政务处分5人。查处党内失职失责问题90个,问责党组织8个、党员领导干部112人,给予党纪处分79人。

【电视问政】 2018年,南宁市通过南宁电视台直播《向人民承诺——电视问政》节目10期,聚焦人饮工程、食品安全等问题31个,党纪政务处分15人,问责处理29人。 (林世才)

【绩效管理】 2018年,南宁市绩效考评领导小组办公室组织区县(开发区)、市直党群机关、政府机关、市直属参公事业单位和双管单位制定年度绩效考评指标、评分标准,采取季度监控、不定期现场督查等方式,贯彻落实自治区绩效考评南宁市的目标任务(三级指标61项、四级指标198项)及市委、市政府年度重大工作。对2017年度全市113个被考评责任单位年度考评,区县(开发区)评出兴宁区、江南区、青秀区、西乡塘区、邕宁区、横县、宾阳县、上林县、南宁高新技术开发区、南宁经济技术开发区一等单位10个,良庆区、武鸣区、马山县、隆安县、广西—东盟经济开发区二等单位5个;市直单位评出市委办公厅、市人大常委会办公厅、市政府办公厅、市政协办公厅、市委组织部等一等单位48个,市委老干部局、市委台湾工作办公室、市信访局等二等单位39个,市档案局、市委党史研究室、市水利局等三等单位11个。 (蒙文婷)

责任编辑 唐祯麟

中国国民党革命委员会南宁市委员会

【概　况】 2018年，中国国民党革命委员会南宁市委员会设办公室、组织科、宣传科、联络调研科，内设参政议政工作委员会、对台工作委员会、妇女工作委员会3个专委会；编制14名（工勤编制1名）；在编11人（工勤编制1人）。下设青秀区、江南区、兴宁区、西乡塘区4个城区总支部，邕宁区、良庆区等20个基层支部，有党员439人（新发展19人）。其中：具有高、中级专业技术职务任职资格238人；经济界135人，科技、教育界95人，医卫界69人，行政机关97人，其他43人。党员中担任民革广西区委会副主委1人，民革广西区委会常务委员1人，自治区人民政府参事1人；当选自治区人大代表1人，市人大代表5人，城区人大代表5人（常委1人）；担任自治区政协委员1人，市政协委员21人（常委3人），城区政协委员32人（常委6人、江南区政协副主席1人）；担任市政府参事1人，青秀区副区长1人，江南区副区长1人；受聘担任各级特邀监察员、执法监督员、行风评议员14人。年内，履行参政议政职能，推进同心品牌建设，开展对台联谊活动，报送信息被自治区级以上网站及刊物采用30篇。在2018年度民革全区参政议政调研成果交流会上，宣讲提案《关于建立健全智慧健康医疗信息平台的建议》获评一等奖。主要存在基层组织活力需加强、参政议政能力有待进一步提升等问题。

【思想建设】 2018年，民革市委会学习贯彻中共十九大和十九届二次、三次全会精神，把握习近平新时代中国特色社会主义思想深刻内涵。举办纪念中共中央发布“五一口号”70周年学习朗诵会；开展“不忘合作初心，继续携手前进”专题教育活动，举办“民革同心大讲坛”4期。利用报纸、网站、微信等舆论平台，宣传习近平新时代中国特色社会主义思想、民革十三大会议精神，发布改革开放40周年、民革成立70周年、自治区成立60周年相关信息。报送的信息报道被民革中央网站采用3篇、民革广西区委会网站采用15篇，民革中央信息刊物采用4篇、《广西民革》采用8篇，南宁市统战、政协杂志采用6篇。出版《南宁民革》报4期，宣传板报4期，“南宁民革”微信公众号发布信息130条。推动民革“党员之家”设立和建设。贯彻落实中共中央印发的《党政领导干部选拔任用工作条例》，发展和培养优秀党外干部，安排1名干部到中共南宁市委党校中青班学习，推荐2名干部到市扶贫办挂职，选派2名干部参加南宁党外骨干培训班、2名干部参加中共南宁市委统战部宣传培训班、9名党员参加中共南宁市委统战部理论培训班；组织55名党员骨干到钦州市进行爱国主义教育培训。核查更新420名党员信息，建立电子信息档案。

【参政议政】 2018年，民革市委会履行参政党职能，在市人大、政协“两会”期间，提交大会发言2篇、集体提案9件、个人提案25件、人大议案5件，2件集体提案获选政协重点调研提案，《进一步加强我市公办幼儿园建设的建议》《关于大力发展我市中小学生校内托管的建议》被选为市政协重点督办提案；参加中共南宁市委、市人大、市政府、市政协召开的专题协商会8次；与市公安局就《关于完善我市养犬管理制度的建议》提案办理进行座谈。根据年度重点课题《关于南宁市深度贫困地区脱贫攻坚的调研》要求，到百

2018年12月27日，民革市委会到马山县里当乡深度贫困村北屏村走访慰问贫困户

刘辉　摄

色市调研脱贫攻坚先进经验，为南宁市深度贫困地区脱贫工作建言献策；陪同民革中央、民革广西区委到隆安县调研脱贫攻坚情况。各支部、党员上交提案建议130多篇，上报社情民意、统战信息近120条，被各级党委、政府、政协采纳32条，民革广西区委采用20条。

【社会服务】 2018年，民革市委会举行“同心”品牌建设重大活动6次，开展脱贫攻坚服务社会活动10次，参与民革党员160人次；投入社会服务物资和经费30万元，帮扶贫困户50户，直接受益群众约200人。与中共南宁市委统战部合作，为兴宁区昆仑小学添置价值6万元的教学设备和生活用品；联合江南区政协，为江南区延安镇敬德村26户贫困户捐赠价值1.20万元生活物资；号召民革党员捐资7.20万元修建“广西统一战线同心水柜”，联合民革广西区委赴隆安县屏山乡上孟村开展扶贫慰问2次，给贫困户赠送价值8000元生活物资；赴马山县深度贫困村里当瑶族乡北屏村，给25户特困户赠送价值2.30万元慰问金及物资，并帮助建设养蚕工厂，提供就业岗位40个。致力非物质文化遗产保护，推进南宁壮刀等宣传及发展。组织机关专干及党员骨干慰问48名抗战老兵，送去价值6.50万元的生活用品及资金。组织党员到昆仑关爱国主义教育基地举行“缅怀先烈”纪念活动，并参与昆仑关民俗文化旅游节及其他建设推进工作，接待各地民革组织到昆仑关开展爱国主义教育6次。西乡塘区总支部到金陵镇敬老院慰问，捐赠慰问金及物资4000元。

【对台工作】 2018年，民革市委会以习近平新时代中国特色社会主义思想为指导，学习贯彻中共中央对台工作方针政策，特别是习近平总书记在中共十九大报告中对台工作重要讲话精神，关注中国台湾地区局势变化，开展涉台参政议政和对台联谊活动。上报涉台信息2条；安排2名党员参与民革广西台湾参访团，考察经济社会发展。 （刁男男）

中国民主同盟南宁市委员会

【概　况】 2018年，中国民主同盟南宁市委员会设办公室、组织科、宣传科、社会服务科，内设文化教育委员会、科技卫生委员会、法制经济委员会、综合联络委员会4个专委会；编制15名（工勤编制1名），在编11人（工勤编制1人）。下设兴宁区、江南区、青秀区、西乡塘区4个基层委员会，邕宁区、良庆区、武鸣区、横县4个总支部、共33个支部；有盟员702人（新发展35人）。其中：具有高级、中级以上职称582人；教育界440人，医卫界79人，行政界97人，经济界41人，法律界11人，非公经济类34人。盟员当选全国人大代表1人，自治区人大代表2人，市人大代表7人，区县人大代表5人，担任自治区政协委员2人，市政协委员18、行风评议员16人。年内，做好政党调研协商工作，开展课题研究，在市人大、政协“两会”提交发言2篇、提案52件；全年课题立项5项、委托课题6项。主要存在盟务工作方式方法创新不够，盟员学习积极性、主动性、自觉性不足，没有建立盟员学习成果激励机制，缺乏学习成果应用的具体措施和办法等问题。

【思想建设】 2018年，民盟市委会学习贯彻习近平新时代中国特色社会主义思想，开展集中学习5次。召开常委会议3次、主委会议3次。组织学习《习近平新时代中国特色社会主义思想三十讲》，参加中共自治区委员会统战部举办的广西统一战线新时代讲习、中共南宁市委统战部举办的系列专题学习会。开展“不忘合作初心，继续携手前进”主题教育活动，举办纪念中共中央发布“五一口号”70周年新盟员培训班、参政议政与宣传信息工作培训班；组织基层负责人培训班学员参观张澜故居；参加民盟广西区委举办的纪念中共中央发布“五一口号”70周年征文比赛，舞蹈情景剧《瑶山情》参加广西民盟艺术团赴柳州市金秀瑶族自治县文艺演出；参与中共南宁市委统战部举办的纪念“五一口号”专题学习会、座谈会及演讲比赛。赴四川广安邓小平城乡发展学院（广安市党校）举办基层负责人培训班。举办新盟员培训班、参政议政与宣传信息工作培训班、基层负责人培训班等，培训盟员160多人次。推荐10个基层组织、22名盟员参与民盟广西区委评先活动。组织采写稿件60多篇，基层组织上交信息稿件40多篇，被中共南宁市委统战部采用30多篇。上交民盟中央教育论坛和科技论坛论文各1篇，西部盟务工作会议征文2篇，民盟全国副省级城市会议论文1篇，庆祝改革开放四十周年征文2篇，纪念中共中央发布“五一口号”70周年活动征文14篇，市政协征文9篇，统战理论论文12篇；获盟中央教育论坛优秀论文1篇，民盟广西区委纪念中共中央发布“五一口号”70周年活动征文获一等奖1篇、二等奖3篇、三等奖3篇、优秀奖3篇。

【参政议政】 2018年，民盟市委会做好政党调研协商座谈会、中共南宁市委经济工作专题协商座谈会的发言，就“地铁经济”“大众创业”建言献策。发挥民主监督作用，在市政协《关于加强和改进人民政协民主监督工作实施意见》征求意见会上提出意见建议。参加市政协双月协商座谈会、专题协商会，就普惠性幼儿园建设进行专题发言。经中共南宁市委确定，“大力推动南宁市地铁经济发展”列为民盟南宁市委会2018年度重点课题，在广东省广州市、深圳市和市内开展调研，完成调研报告。立项民盟市委会课题5个、民盟市委会委托课题6个，分别就“推广装配式建筑”“乡村教师队伍建设”“‘家庭医生’建设”等方面开展研究并按时结题，选送有关课题作为市政协十一届四次会议大会发言。完成承接的民盟广西区委重要课题《关于加强广西边境地区

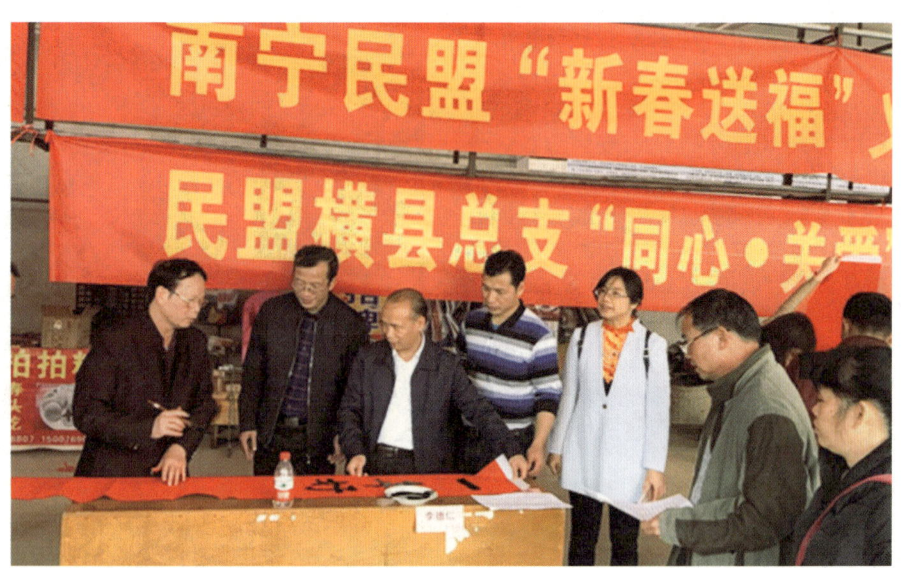

2018年2月2日，民盟南宁市委会到横县开展送春联活动　　黎安宁　摄

农村教师队伍建设的建议》、完成合作课题《加强广西“家庭医生”建设工作的建议》。协助民盟广西区委及泉州、本溪、梧州等地民盟在南宁开展调研活动。在市政协十一届三次会议上，民盟市委会提交大会发言2篇，集体提案6件，个人提案39件；大会发言《关于加强对南宁市农村水环境污染治理的建议》获中共南宁市委、市政府主要领导批示。在市人大十四届三次会议上，7名盟员人大代表提交建议7件。编印《南宁民盟2017年参政议政暨宣传信息成果汇编》；组织撰写社情民意106篇，被中共南宁市委统战部采用17篇，被中共自治区委员会统战部采用10篇。修订完善《民盟南宁市委参政议政工作鼓励办法》《民盟南宁市委思想宣传工作鼓励办法》《民盟南宁市委参政议政课题调研经费管理试行办法》等。盟员中的政协委员、人大代表等参加市政协城市园林文化建设、示范村后续管理等重点提案视察活动，对部门办理提案进行民主评议，参加《南宁市公园条例》《南宁市保护中小学幼儿园用地条例》等立法征求意见会、加强城市道路交通管理的听证会等。

【社会服务】 2018年，民盟市委会开展服务活动12次。在同心实践基地开展社会服务活动，西乡塘基层委、江南基层委、兴宁基层委、横县总支部等基层组织分别在万力社区、新锦社区、望州南社区、横县南乡镇开展迎春送春联、义诊送药、法律咨询等新春社会服务活动，受益群众3000多人次。组织市内名校名师赴西乡塘区、邕宁区等乡镇学校开展“同心·农村教育烛光行动”，为乡镇学校师生作专题讲座，受益教师1000余人次。开展《关于加强广西边境地区农村教师队伍建设的建议》调研。1名机关干部被评为民盟中央社会服务工作先进个人。参加中共南宁市委统战部在武鸣区锣圩镇弄七村的脱贫攻坚调研，帮扶1000元。参与“广西统一战线同心水柜”捐赠活动，盟员捐款2万元。　（覃紫斌）

中国民主建国会南宁市委员会

【概　况】 2018年，中国民主建国会南宁市委员会设办公室、组织科、宣传科、社会服务科，内设议政调研委员会、企业与社会服务委员会、妇女委员会、文化艺术委员会、法律委员会5个专委会；编制10名（后勤服务控制数1名），在编8人；下设直属、青秀区、兴宁区、西乡塘区、江南区总支部5个，支部18个；有会员505人（新发展20人），其中具有高级、中级专业技术职务任职资格240人；在职会员377人，其中公有经济界85人、新的社会阶层170人（含非公经济人士107人）、其他122人。会员担任民建广西区委委员5人（常委1人）；当选全国人大代表1人，市人大代表4人，城区人大代表6人（副主任1人）；担任自治区政协委员5人（常委2人），市政协委员21人（常委5人），城区政协委员31人（副主席1人、常委5人）；受聘担任各级特邀监察员、执法监督员、行风评议员7人。年内，开展重点课题研究，参加市政协协商会议6次，调研发言5次；为市人大、政协“两会”提交提案建议51件。组织捐赠款物约50万元。主要存在年轻后备干部队伍和企业家队伍培养建设有待加强，参政议政和建言献策水平和质量有待提高，机关制度建设有待健全、完善等问题。

【思想建设】 2018年，民建市委会学习宣传中共十九大及中共十九届二中、三中全会精神，学习习近平总书记关于庆祝改革开放40周年重要讲话和为自治区成立60周年的题词，贯彻落实民建中央十一大、民建中央关于加强和改进会的思想政治建设意见、自治区成立60周年有关精神以及自治区、市统战工作会议精神等；组织60余人参加在广西社会主义学院举办的学会章会史暨履职能力提升培训班，组织40人赴梧州社会主义学院参加深入学习习近平新时代中国特色社会主义思想暨骨干会员培训；组织60余人在邕江宾馆参加学习习近平在民营企业座谈会上讲话精神研讨班。举办“讲民建故事”演讲比赛、会史教育专题讲座以及纪念中共中央发布“五一口号”70周年系列活动。向市政协报送“加强政协履职能力”理论研究文章10篇，6篇入选《2018深入学习习近平总书记关于加强和改进人民政协工作的重要思想论文集》；向中共南宁市委统战部报送统战理论研究成果9篇；向民建广西区委报送纪念中共中央发布“五一口号”70周年主题征文9篇、工匠精神与职业教育征文1篇，其中《职业教育中工匠精神的培育与养成路径》获民建中央“第三届工匠精神”论坛——工匠精神与职业教育课题研讨活动三等奖。报送重大活动及亮点信息70多篇，其中民建中央网站采用26篇，民建广西区委网站采用45篇、民建广西区委杂志采用30余篇，《南宁统战信息》刊物采用12篇、中共南宁市委统战部网站采用9篇，市政协网站采用36篇。

【参政议政】 2018年，民建市委会开展《关于促进困境企业救助和僵尸企业清理中府院联动机制研究》重点课题调研；参加市政协召开的专题协商、双月协商会议，提出对南宁市部分城区消火栓建设与管理、以产业园区高质量发展为抓手促进实体经济高质量发展、关于推进住宅小区业主委员会成立等意见建议。参加市政协协商会议6次，民建市委会作专题协商调研、发言5次；在十四届市人大三次会议上提交议案、建议6件；在市政协十一届三次会议上提交集体提案7件、委员提案38件，在会上作《关于加快推进南宁建设北部湾城市群核心城市的建议》的发言。《关于发挥社会律师在推进政府法律顾问制度中的作用，助力法治南宁建设的建议》《关于加快推进南宁建设北部

2018年4月28日，民建南宁市第一届文化艺术委员会成立大会召开。图为揭牌仪式
邓行　摄

湾城市群核心城市的建议》2件集体提案被评为市政协十一届三次会议优秀提案。向民建广西区委会投标调研课题13篇,《关于促进困境企业救助和僵尸企业清理中府院联动机制研究》列为重点课题,《关于切实解决中小企业注销难的建议》列为中标课题;报送社情民意50条,获重视、采纳16条。

【社会服务】 2018年,民建市委会教育引导会员履行社会责任,开展社会服务。联合市中小企业服务中心共同举办《传统产业+互联网战略规划与落地执行策略》学习培训班,培训民营中小企业家近200人;开展主题为"企业家角色转换——如何从企业家转换成投资家的案例分享"的建华课堂,100多名企业界会员参加学习;协助会员企业举办"千里江山"景德镇艺术陶瓷广西展暨"一带一路"陶瓷文化传播展,主办"对话广西文化与'一带一路'"建华课堂。会员律师到社区及马山县白山镇每月开展1次法律咨询活动;联合南宁市金融工作办公室、广西银监局等单位在新竹街道办开展投资者保护与宣传教育进社区(青秀区站)活动,进入74个社区开展宣传活动200场次,受益群众2万人次。联合市群众艺术馆以及"同心"品牌示范基地广西北部湾书画院举办"沿着习总书记到广西走过的地方采风写生画展",接待观众1000多人次;联合会员单位南宁市瓯骆汉风陶瓷博物馆在"老南宁·三街两巷"历史文化街区举行开馆仪式;与市红十字会赴隆安县东信村开展慰问活动,捐赠价值6000多元的红十字暖心包,发放慰问金4000元。参加中共南宁市委统战部组织的武鸣区弄七村扶贫攻坚调研活动,捐赠扶贫款1000元;为"广西统一战线同心水柜"捐款46.48万元,140名会员及企业参与捐赠。

(邓　行)

中国民主促进会南宁市委员会

【概　况】 2018年,中国民主促进会南宁市委员会设办公室、组织科、宣传科、社会服务科,内设经济科技委员会、文化教育工作委员会、社会法制委员会3个专委会;编制12名(后勤服务控制数1名),在编10人。下设兴宁区、青秀区、江南区、西乡塘区、邕宁区、良庆区总支部6个,支部34个;有会员550人(新发展15人)。其中:具有高、中级专业技术职务任职资格463人;教育界357人,科学技术、医药卫生、文化艺术、新闻出版等界别45人,经济界45人,人大、政府、政协、党派、司法、工商联等机关62人,团体3人,法律界16人,其他22人。会员担任市人大代表6人,区县人大代表6人;自治区政协委员2人(常委1人),市政协委员23人(副主席1人、常委3人),城区政协委员45人(副主席1人、常委9人);会员中,有全国模范教师1人、全国优秀教师1人、全国维护妇女儿童权益先进个人1人、自治区特级教师6人、自治区劳动模范2人、自治区先进工作者1人、自治区"三八"红旗手1人、南宁市劳动模范2人、南宁市专业技术拔尖人才2人、南宁市巾帼建功标兵1人。担任处级以上领导干部9人,担任科级干部36人。年内,加强思想建设,开展政党调研协商,提案1件被列为自治区重点督办提案,参政议政成果7篇提交自治区政协十三届一次会议大会发表集体提案。民进市委会获"民进全国宣传思想工作先进集体"称号。江南区五一支部的共建基地——五一中路社区被中共自治区委员会统战部、广西社会主义学院挂牌"广西民主党派基层组织实践教学点"。青秀区总支部在南阳镇古岳艺术村建立"同心"实践基地。主要存在人才队伍建设力度有待加强,履职后备人才较为匮乏,围绕中心、服务大局各项工作的实效性有待增强,建言献策的质量亟待提升,组织建设规范化有待提高,基层组织活力有待进一步激发。

【思想建设】 2018年,民进市委会学习贯彻习近平新时代中国特色社会主义思想、中共十九大精神,在中共南宁市委党校举办基层骨干学习贯彻中共十九大精神研讨班,召开学习贯彻习近平新时代中国特色社会主义思想主题学习会和学习中共十九届三中全会精神专题会议,参加统战系统"讲习所"学习宣讲活动;与民进广西区委会联合召开传达贯彻全国人大、政协"两会"精神学习活动。全年开展宣讲学习活动20多场次,参与会员近600人次。开展"不忘合作初心,继续携手前进"专题教育。联合民进柳州市委会、贺州市委会开展纪念中共中央发布"五一口号"70周年座谈会,组织40多名骨干会员到贺州市黄姚古镇广西各民主党派政治交接实践基地接受教育;组织会员参加南宁市纪念中共中央发布"五一口号"70周年主题演讲比赛,获二等奖2个。召开庆祝改革开放40周年和自治区成立60周年座谈会,学习习近平总书记在庆祝改革开放40周年大会上的讲话、为庆祝自治区成立60周年题词以及全国政协主席汪洋在庆祝活动中的讲话精神。开展纪念民进南宁市地方组织成立60周年系列活动,授予莫怡祥等30名会员"新时代民进之星"称号;在南宁孔庙"同心讲堂"举办"不忘初心　同心同行——纪念改革开放40周年暨民进南宁市地方组织成立60周年发展成果展",展出9大板块400多幅代表性图片和实物档案,并在南宁民进网站开设网上电子展览;编撰66万字的《南宁民进志》,制作《一路同行》主题宣传片;走访慰问基层会员98人;举办纪念民进南宁地方组织成立60周年暨第十三届气排球赛。征集理论文章24篇,报送宣传信息98篇,被媒体刊物采用75篇,在南宁民进公众号推送图文信息67条。

【参政议政】 2018年,民进市委会围绕

2018年10月12日,民进南宁市委会在南宁孔庙"同心讲堂"举办纪念改革开放40周年暨民进南宁市地方组织成立60周年发展成果展　周少南　摄

中共南宁市委、市政府中心工作履职建言，助力推进南宁“六大升级”工程，开展政党调研协商。承担市2018年党派重点调研课题《构建产教融合的职教体系，促进南宁经济转型升级》，形成调研报告并在南宁市2018年政党调研协商座谈会上作专题发言。与市发展改革委联系沟通，促进民进市委会2017年度重点课题《南宁大都市区下的中小城市特色产业调研》调研成果采纳落实。参加市政协十一届三次会议，提交大会发言3件、集体提案10件、小组提案2件、委员提案19件，其中大会发言《关于对南宁国际园博会后续发展的建议》获中共南宁市委、市政府主要领导批示，2件提案获市领导督办。提交自治区政协十二届一次会议的提案《关于打造环大明山生态旅游圈的建议》被列为自治区领导重点督办提案；7篇参政议政成果被民进广西区委会采纳为提交自治区政协十二届一次会议的大会发言、集体提案。民进市委会及文化教育专委会、社会法制专委会围绕市政协“加强普惠性幼儿园建设落实学前教育行动计划”“加强住宅小区物业服务管理”等专题开展专题调研活动。落实立项课题调研机制，面向专委、基层组织开展2018年立项课题申报。围绕实施乡村振兴战略，立项课题8个，联合民进大连市委员会开展助力乡村振兴专题调研活动；开展民进界政协委员为产业扶贫建议活动、“乡村振兴　你我同行”专委会专题调研活动。围绕开放合作发展平台，就南宁市参与中新互联互通陆海新通道中的多式联运、跨境电商、中职教育国际合作、产业平台建设等问题，组织开展专题调研。围绕优化营商环境，深入中小企业服务中心开展“缓解中小企业融资难融资贵问题”专题调研活动。开展“百里秀美邕江”建设等社情民意信息主题活动，提交社情民意信息65条，获市领导批示2条、采用28条。

【社会服务】2018年，民进市委会到隆安县南圩镇南兴村、横县马山镇新龙村开展调研、慰问活动5次，参与中共南宁市委统战部到马山县、上林县开展脱贫攻坚民主监督专题调研活动。在会员中倡议开展“同心携手　助力脱贫”公益活动，组织民进界政协委员开展“同心助力　脱贫攻坚”主题活动，申请开明慈善基金会“同心·圆梦”专项基金等，为脱贫攻坚项目筹集善款9.34万元，资助深度贫困村隆安县南圩镇南兴村幼儿园建设项目，促成幼儿园建成开园，为村幼儿园、小学捐赠电视机、玩具、文体用品一批和图书300册；到武鸣区锣圩镇弄七村支持村集体经济发展，在横县马山镇新龙村开展“兴水利、种好树、优生态、助脱贫、惠民生”主题活动。组织教育专家先后到8所农村中学，为毕业班学生进行中高考考前心理辅导讲座，受益学生2400人。组织会内外书法家深入西乡塘区、江南区、兴宁区的农村、社区开展“春联万家”暨“三下乡”活动8场，为群众免费书写春联1800多幅，发放医疗健康宣传资料200多份，服务基层群众约2500人。6月11日，民进中央“基层协商推动基层社会治理”专题调研座谈会在南宁召开，全国政协副主席、民进中央常务副主席刘新成，民进中央副主席兼秘书长高友东出席会议，民进南宁市委会基层组织参与基层社会治理工作的做法、基层代表的意见建议获肯定。组织优秀教师到江南区江西中学开展支教活动6场次；江南区五一支部为社区5名贫困学生捐赠助学金1.20万元。（黄子琳）

中国农工民主党南宁市委员会

【概　况】2018年，中国农工民主党南宁市委员会设办公室、组织科、宣传科、社会服务科，内设医药卫生与人口委员会、文化教育工作委员会、经济科技与环境委员会、妇女工作委员会、老龄党员工作委员会、中青年党员联谊会6个专委会；行政编制11名（后勤服务控制数1名），在编10人（后勤编制1人）。下设青秀区、兴宁区、西乡塘区、江南区、邕宁区、良庆区总支6个，基层支部34个；党员684人（新发展33人）。其中：具有高级、中级专业技术职务任职资格478人；医卫界364人，教育界100人，财税界45人，科技界21人，文化出版界10人，法律界10人，国有经济25人，非公经济26人，机关69人，其他14人。党员任农工党广西区委委员6人（常委1人）；当选自治区人大代表1人，市人大代表8人，区县人大代表8人（副主任3人，常委2人）；担任自治区政协委员2人，市政协委员24人（常委4人），城区政协委员46人（副主席1人，常委9人）；担任党委、政府部门处级实职11人；担任市政府参事1人，受聘担任自治区、市、城区政府及有关单位特邀监察员、执法监督员、行风评议员等9人。党员中被授予南宁市“劳动模范”称号1人，列入第十批南宁市新世纪学术和技术带头人培养人选1人，入选南宁市教学骨干2人，入选南宁市学科带头人2人；获2018年度广西医药卫生适宜技术推广二等奖1人、三等奖7人，获2017年广西职业教育自治区级教学成果奖4人，获2018年南宁市自然科学优秀论文奖2人。年内，开展统战理论研究，获自治区级理论研究研究优秀论文成果奖2篇；宣传稿件被中央级网站采用80余篇，自治区级网站采用近100篇；完成重点调研课题1篇，为各级人大、政协两会提交议案等106件。主要存在机关制度建设有待健全、完善等问题。

【思想建设】2018年，农工党市委会召开传达学习中共十九大精神和习近平新时代中国特色社会主义思想专题会议，赴贵州举办学习中共十九大精神专题培训班；在微信公众号发布专栏《南宁市农工党员热议中共十九大报告》4期。组织党员参加中共南宁市委统战部主办的

2018年2月27日，农工党南宁市委会到隆安县屏山乡雅梨村开展健康行共建服务活动

黄文杰　摄

"不忘合作初心 继续携手前进"暨纪念中共中央发布"五一口号"70周年主题演讲比赛,获三等奖1人、优秀奖1人,农工党市委会获优秀组织奖。开展"三学一讲"(学习习近平新时代中国特色社会主义思想和中共十九大精神,学习《中华人民共和国宪法》,学习农工党十六大精神、《中国农工民主党章程》和多党合作历史,领导干部讲党课)活动,组织基层组织开展新《党章》、农工党党史学习活动。在全市开展"文化创新"为主题的"特色基层组织建设"活动。3月,在南宁红林大酒店举办新党员培训班,70多人参加;7月,在贵州大学举办人大代表和政协委员履职能力提升培训班,培训42人。选派30多名党员、机关干部参加中共南宁市委组织部和各级统战部举办的培训班;选派30多名党员参加农工党广西区委举办的自治区骨干党员培训班、新党员培训班;组织机关6名专干参加农工党广西区委在四川大学举办的培训班。开展统战理论研究,获农工党广西区委理论研究优秀论文优秀成果奖2篇,入选市政协《深入学习习近平总书记关于加强和改进人民政协工作的重要思想理论研究论文》5篇。获市政协"加强和改进人民政协民主监督工作"理论征文优秀论文5篇,被评为优秀组织单位;被评为市政协"深入学习习近平总书记关于加强和改进人民政协工作的重要思想理论征文"优秀组织单位。组织采写、征集宣传稿件110多篇,被农工党中央网站采用80余篇,被农工党广西区委网站、区委微信公众号采用近100篇,《南宁统战信息》等采用近10篇,《前进论坛》采用1篇。在农工党市委会网站、微信公众号发布信息100多篇。

【参政议政】 2018年,农工党市委会完成重点调研课题《南宁市体医融合工作情况的调查》,承担农工党广西区委招投标课题《保健品(食品)会销形式的管控研究》;各总支、专委会完成《南宁市青少年结核病发病情况调查》等调研报告9篇。农工党市委会及党员中的各级人大代表、政协委员在各级人大、政协"两会"上提交议案、提案、意见、建议106件,向市政协大会提交《关于新人口政策下进一步做好我市出生缺陷防控工作的建议》等集体提案11件,在市政协大会的发言《关于进一步降低我市实体经济企业成本的建议》获中共自治区委员会常委、市委书记王小东,市长周红波批示。《关于打造好我市东盟商务区互联网金融生态圈的建议》《关于进一步深化我市公立医院综合改革的建议》2个集体提案获市政协重点督办。市委会在市政协十一届三次会议期间提交的《关于进一步深化我市公立医院综合改革的建议》《关于打造好我市东盟商务区互联网金融生态圈的建议》被评为优秀提案。报送社情民意信息159条,被中共中央统战部采用2条、农工党中央采用6条,获市领导批示2条。

【社会服务】 2018年,农工党市委会开展"同心"品牌建设活动10余次,受益群众2500余人。组织党员中的专家、教师以及南宁市育才实验中学的教师到马山县林圩镇第三初级中学开展中考备考交流活动。与西乡塘区中尧路社区举办"同心·科普健康讲堂"十周年纪念活动,推广普及健康科学知识。联合南宁市规划信息技术中心党支部赴隆安县屏山乡雅梨村联合开展健康行共建活动,为群众送医送药。参与中共南宁市委统战部精准脱贫调研活动,到武鸣区锣圩镇弄七村开展扶贫帮扶,捐款1000元。发动基层组织及党员向"广西统一战线同心水柜"捐款8.89万元。邕宁区总支部为邕宁区那楼镇那他村基础设施建设捐赠水泥30吨,捐款2万元。 (丘一明)

中国致公党南宁市委员会

【概 况】 2018年,中国致公党南宁市委员会设办公室、组织科、宣传科,内设参政议政委员会、海外联谊工作委员会、中青妇联谊工作委员会、老龄党员联谊工作委员会4个专委会;编制7名(后勤服务人员控制数1名),在编6人(后勤编制1人)。下设兴宁区、江南区、西乡塘区、青秀区、邕宁区、良庆区6个总支部和武鸣华侨投资区1个直属支部,其中青秀总支部下辖4个支部,其余各总支部下设2个支部。党员409人(新发展16人,区委会转入2人,转出1人,去世4人)。其中:具有中级以上专业技术职务任职资格298人。中上层人士350人;侨海关系(含港澳台属)260人;科技、教育界116人,经济界105人,医卫界69人,文化出版界5人,党政机关界97人,其他17人。党员当选自治区人大代表1人;市人大代表9人;区县人大代表7人(副主任2人);担任自治区政协委员2人;市政协委员19人(副主席1人,常委3人);区县政协委员39人(副主席2人,常委7人);受聘担任自治区人民检察院特邀监察员1人。年内,为市政协、人大"两会"提交发言及提案25件;信息1条获中央级刊物采用。组织捐赠款物价值140万元;发动参与招商引资16次,引进资金9.85亿元。主要存在新形势下对党员教育引导的方式方法比较单一、参政履职的能力有待提高等问题。

【思想建设】 2018年,致公党市委会把理论政策学习与主委会、常委会、全委会学习相结合,学习领会中共十九大精神和习近平新时代中国特色社会主义思想,以中共中央的决策部署统一思想和行动。学习《中国致公党章程》,开展纪念中共中央发布"五一口号"70周年纪念活动、脱贫攻坚。向致公党广西区委会、中共南宁市委统战部、市政协提交理论研究文章27篇,其中"深入学习习近平总书记关于加强和改进人民政协工作的重要思想"征文3篇、统战理论论文6篇、学习中共十九大精神征文18篇。组

2018年3月24日,致公党南宁市委会召开九届三次全体(扩大)会议 文涛 摄

织党员参加全市各民主党派主办的纪念中共中央发布“五一口号”70周年演讲比赛，组织党员到合浦县和北海市重走习近平总书记视察广西路线。组织投稿73篇、图片64张，累计被致公党中央、广西区委网站，《南宁日报》、南宁市政协、中共南宁市委统战部网站等采用140多篇次。引导党员撰写理论、心得，创作摄影、书画、诗词、散文等作品，征集到理论文章27篇，纪念活动征文11篇。发展8名党员成为广西致公书画院会员。会刊《南宁致公》推出“学习中共十九大精神”等特别策划专栏4次。

【参政议政】 2018年，致公党市委会建言献策助推富民强市。市“两会”期间，人大代表、政协委员围绕聚焦“南宁渠道”升级、生态宜居城市建设、精准脱贫攻坚等重大问题，提交人大建议材料9件，政协提案16件，市委会报送大会发言2件，集体提案7件。在市政协十一届三次会议上，发言《深化与粤港澳合作，推动南宁市科技金融融合发展》获中共自治区委员会常委、市委书记王小东，市长周红波分别批示。报送社情民意34篇，其中《关于引导校外托管机构合法化发展的建议》获中共中央统战部《零讯》采用，《多处扰乱正常经营秩序的违法行为现象亟待重视》获副市长唐斌批示。完成“党委出题、党派调研”重点课题《国际陆海贸易新通道之南宁枢纽建设研究》(原中新互联互通南向通道)、《关于借助“南宁渠道”提升我市现代物流业发展水平的建议》。落实政协“关于加强和改进人民政协民主监督工作”迎检工作，完成优化营商环境、民营企业参与产业扶贫、提升社区卫生服务能力、传承和发展壮民族建筑文化等专题调研4个、一支部一调研10个。参加南宁市重大决策和经济社会发展等重大市委的协商9次，参加中共南宁市委、市政府组织的专题协商和党外人士座谈会，提出意见建议获重视采纳。

【社会服务】 2018年，致公党市委会聚力脱贫攻坚，以产业扶贫、科技扶贫、教育扶贫为抓手，鼓励党员发挥专长助力精准扶贫。全市基层组织、个人参与扶贫公益等社会服务活动41次，捐助资金物品110万余元，惠及群众700余人。为广西—东盟经开区华侨新城、归侨和侨眷聚居的五合农场的500多名生活困难的归侨侨眷提供义诊和健康咨询服务，无偿提供药品价值2000多元和发送医疗宣传资料1000多册。发动党员156人为“广西统一战线同心水柜”项目捐资29.20万元，其中党员林祥捐资20万元。在邕宁区3个贫困村打造“企业＋基地＋贫困户”产业帮扶模式，建设以花生为支撑点，辣木、蔬菜为生态产业链循环经济示范点，带动600多名贫困户脱贫。发动基层组织、党员参与招商引资活动16次，引进资金9.85亿元。　（李　茜）

九三学社南宁市委员会

【概　况】 2018年，九三学社南宁市委员会设办公室、组织科、宣传科、科技社会服务科，内设参政议政委员会、科技经济委员会、妇女工作委员会、法律工作委员会、企业家联谊委员会5个专委会；编制9人(后勤服务人员控制数1名)，在编7人(后勤编制1人)。下设基层委员会2个、支社13个，基层组织15个；在册社员375人(新发展23人)。其中：具有中级、高级以上专业技术职务任职资格330人；工程技术界145人、医药卫生界68人、政府机关60人、教育界33人、财政经济31人、农林14人、文化艺术1人、党派机关8人、科学研究4人、法律8人、其他3人。社员当选市人大代表8人，城区人大代表8人；担任自治区政协委员2人，市政协委员18人(副主席1人，常委3人)，城区政协委员30人(含常委8人)；当选市第十四届妇代会代表1人，受聘担任市政府特邀监察员、执法监督员、行风评议员8人，市人民检察院人民监督员1人、自治区公安厅特邀监督员1人、西乡塘区政府特邀监督员1人、市教育系统行风监督员1人。年内，为各级人大、政协“两会”提交提案等28件；2个提案在九三学社广西区委参政课题招标中中标；接送理论文字16篇，获奖自治区级奖项12篇。主要存在高端人才发展困难，代表性人士相对较少，建言献策实效性有待提高，基层组织凝聚力有待将强等问题。

【思想建设】 2018年，九三学社南宁市委开展学习贯彻习近平新时代中国特色社会主义思想，中共十九大和十九届二中、三中全会精神，习近平总书记在庆祝改革开放40周年大会上的重要讲话，习近平总书记为庆祝广西壮族自治区成立60周年的题词精神，以及各级人大、政协“两会”精神、中共南宁市委十二届六次全会精神等活动16次。开展“不忘合作初心，继续携手前进”主题活动、纪念改革开放40周年和自治区成立60周年“三个一”(撰写一篇主题征文、完成一幅书画摄影作品、畅谈一次心得感受)主题学习活动。组织社员参观昆仑关战役旧址；选派2名社员参加中共南宁市委统战部举办“不忘合作初心　继续携手前进”暨纪念中共中央发布“五一口号”70周年演讲比赛，获三等奖、优秀组织奖；组织社员参与九三学社广西区委纪念中共中央发布“五一口号”70周年征文活动；参加九三学社广西区委、中共南宁市委统战部举办的纪念“五一口号”座谈会；引导基层组织参观百色起义纪念馆、召开座谈会等主题学习3次。开展“学社章社史，做合格九三人”主题活动。组织动员全市社员参加社中央举办的“社员之家杯”社章社史知识竞赛，获个人二等奖2人、个人三等奖1人，2名社员入选广西代表队参加集体决赛获二等奖。组织15个基层组织学习九三学社第十一次全国代表

2018年7月20日，九三学社南宁市委重点课题调研组到广西慧云信息技术有限公司调研参观　王静　摄

大会新修订的《九三学社章程》。上报信息稿件117篇，其中91篇次被九三学社中央、自治区政协、九三学社广西区委、市政协等部门及《南宁日报》采用。更新网站信息112篇次，出版社讯4期、板报2期。组织社员参加统战理论研究征文活动，撰写报送理论研究文章16篇，获九三学社广西区委理论征文一等奖2篇、二等奖6篇、三等奖4篇。

【参政议政】 2018年，九三学社南宁市委参加全市经济工作协商会、《政府工作报告》征求意见座谈会、乡村振兴战略调研座谈会、《关于加强和改进人民政协民主监督工作的实施意见(代拟稿)》征求意见座谈会等中共南宁市委、市政府、市政协组织召开的协商会议7次，分别围绕优化营商环境、首府高质量发展等议题建言献策。在全市经济工作协商会上提出盘活南宁市产业园区低效用地等意见建议，获中共南宁市委、市政府重视肯定。参加市人大《南宁市中小学校幼儿园用地保护条例(修订草案修改稿)》立法协商会议；对《南宁市机动车和非道路移动机械排气污染防治条例(草案)》《南宁市公园条例(草案修改稿)》组织专家研究讨论，并向市人大反馈。九三学社南宁市委提交集体提案11件，其中《关于进一步激发培育精准脱贫内生动力的建议》获中共自治区委员会常委、市委书记王小东和市长周红波批示，市政协主席杜伟领衔督办。自治区、市、城区人大、政协"两会"期间，社内各级人大代表、政协委员围绕南宁市中心工作和热点难点问题，提交议案、建议、提案88件。承接党委出题·党派调研重点课题《关于我市推进科技服务农业发展的建议》为促进南宁市农业产业发展提供建议。参与九三学社广西区委参政议政课题招投标活动，提交课题4个，《关于加快广西企业出口退税审查进度存在的问题和建议》《广西脱贫攻坚大数据平台运行存在的问题和对策》2个课题中标。开展基层组织年度调研课题招投标，完成招标课题13个。上报社情民意信息45条，被采用25条(九三学社中央采用2条、中共自治区委员会采用2条、中共自治区委员会统战部采用21条)，获市主要领导批示2条。

【社会服务】 2018年，九三学社南宁市委号召全市15个基层组织参与"广西统一战线同心水柜"捐赠活动，共捐款5.82万元。参与中共南宁市委统战部精准脱贫调研，到贫困村武鸣区锣圩镇弄七村开展帮扶调研，组织专家勘测设计机耕桥6座。联合南宁水电设计院到邕宁区那楼镇中山村开展新春慰问，捐资捐物价值1.50万元；到中山村小学开展爱心助学捐赠活动，捐赠文具学习用品。到宾阳县洋桥镇葛村开展帮扶活动，捐资1.80万元修建文化广场。联合广西房地产业协会在隆安县都结乡平养村设立奖助教学金基金，首期筹款及物资共计6.20万元，开展教育扶贫捐资赠书助学活动。到武鸣区甘圩镇唐历小学开展科普(艺术)入学堂活动。邀请国家柑橘产业体系南宁试验站专家，开展柑橘种植技术培训。组织心血管内科、肿瘤科、皮肤科等6名社内医疗专家进行义诊，诊治群众62例，免费发放药品3000多元。基层组织开展帮扶活动9次，捐款捐物价值4万多元。

(刘潇潇)

南宁市工商业联合会

【概　况】 2018年，南宁市工商业联合会(总商会)设办公室、会员部、联络部、经济咨询部，编制13名，在编14人。有直属正科级事业单位1个(市工商联会员服务中心)，编制5名，在编4人；有区县工商联(商会)12个，有乡镇(街道)商会113个，直属商会29个(含异地商会16个)。全市有商会会员1.07万人，会员担任各级人大代表、政协委员586人。其中：自治区政协委员13人；市人大代表11人，区县人大代表24人；市政协委员57人，区县政协委员481人。市工商联加强和改进非公有制经济人士思想政治工作，协助政府服务非公有制经济发展；履行政治协商、民主监督、参政议政职能。促进行业协会商会改革发展，参与协调劳动关系，协同社会治理，促进社会和谐稳定；引导非公有制企业和非公有制经济人士依法诚信经营，了解其诉求，依法维护其合法权益，推动所有制经济依法平等使用生产要素、公开公平公正参与市场竞争、同等受到法律保护，促进权利平等、机会平等、规则平等。参与经济纠纷调解、仲裁。年内，主要存在服务会员的方式方法不够优化，效果不明显；工商联自身建设有待加强，对基层工商联、商会的联系指导不够等问题。

【参政议政】 2018年，市工商联组织全市324家民营企业在全国工商联民营企业调查系统注册，组织民营企业参与经济运行状况等问卷调查6次，填报问卷600多份。组织67家民营企业参与全国工商联上规模民营企业调研；配合自治区工商联发布广西民营企业100强，南宁市33家民营企业入围；组织50家企业参与自治区民营企业高质量发展情况调研，9家民营企业参加全市民营企业上市工作调研。开展市委重点课题《关于支持电商企业参与脱贫攻坚工作的建议》调研。组织100多家民营企业参加全国工商联民营企业高质量发展问卷调查。组织50多家民营企业参与第十三次全国私营企业调查，完成《2017年南宁市非公有制经济发展报告》。向市政协十一届三次会议提交集体提案4件，并作《关于促进我市民间资本参与养老服务业发展的建议》大会专题发言。会员中人大代表提交议案、建议48件，其中市人大代表13件、区县人大代表35件；政协委员提交提案388件，其中自治区政协委员5件、市政协委员65件、区县政协委员318件。

【会员服务】 2018年，市工商联编制《2018年政策法规文件汇编》，为广西劲达兴纸业有限公司、年年大丰收鱼庄等企业提供法律维权服务。与市国税局联合举办全市工商联增值税业务培训，为非公经济人士解答增值税申报及相关政策、配套文件等热点问题。与浦发银行南宁分行、南宁市中小企业服务中心、南宁市小微企业融资担保有限公司、建行南宁分行联合举办银企座谈会，为会员企业融资1.36亿元。推动民营企业创建和谐劳动关系，广西洁邦环保科技有限公司等5家会员企业获"南宁市AAA级劳动关系和谐单位"称号，广西富凤农牧有限公司等5家企业获"南宁市AA级劳动关系和谐单位"称号，广西申龙汽车制造有限公司等3家企业获"南宁市A级劳动关系和谐单位"称号。开展就业与社会保障先进民营企业暨关爱员工实现双赢表彰活动，广西佳信企业投资集团有限公司董事长苏景昌入选全国关爱员工优秀民营企业家。配合全国工商联开展2018年民营企业劳动关系状况监测。组织非公经济人士1200多人参加专题讲座、培训班，其中300多人分别参加广西促进非公有制经济发展报告会、自治区促进非公有制经济领域"2个健康"工作电视电话会议。组织非公经济代表人士65人参加南宁市非公经济代表人士(北京大学)培训班；组织非公经济人士75人参加武汉大学·南宁市非公企业家综合能力提升研修班；组织非公经济人士400多人参加南宁市工商联第25期助企工程培训班暨2018年中小企业综合能力提升班。与南宁市仲裁委员会、广西九泓管理有限公司、北部湾知识产权孵化基地、广西桂三力律师事务所合作举办知识产权法律保护及价值评估培训暨法律咨询和法律维权研讨班，参加会员 100 多人。举办南宁市工商联职称业务专题培训班，非公经济人士 200 人参加。

【招商引资】 2018 年，市工商联（总商会）推进招商引资工作。市政协第十一届三次会议期间，接待回南宁参加政协会议的部分驻外联络处负责人，听取推进总商会对外联络，加强本地企业与境外商会、企业间合作交流的意见、建议。4 月，接待泰国广西总会李铭如主席一行，探讨扩大泰国、南宁两地企业合作交流。7 月，接待老挝前常务副总理宋沙瓦·凌沙瓦一行并座谈交流。9 月，接待菲律宾华商经贸联合会会长蔡鸿语一行 30 人，就响应“一带一路”倡议促进两地经贸往来、增进文化交流等进行交流；接待全法亚华商会联合会会长罗佳君一行 8 人，就环境管理进行交流。接待湖北省襄阳市、贵港市、河北省衡水市、湖南省常德市、四川省达州市等自治区内外考察团到南宁考察、交流。走访企业，宣传、推介第十二届中国（南宁）国际园林博览会赞助招商事宜，动员民营企业 10 家参与赞助，实物赞助价值 5 万元，广告赞助 270.24 万元。协助万达集团考察团到隆安县、上林县开展医养旅游资源调研；协助恒大旅游集团到上林县开展文化旅游健康综合体项目调研。第 15 届中国—东盟博览会期间，为 400 多名非公经济人士办理博览会有关证件，组织 200 多名非公经济人士参加泰国、老挝、柬埔寨等国家和劳动密集型、技术密集型等企业举办的专场投资推介会；组织企业参加“抢抓一带一路机遇　助推南宁渠道升级”——南宁市企业家与驻邕总领事馆经贸投资交流会；发动企业参加广西贸促会 2018“一带一路”中新互联互通南向通道物流高峰论坛。组织农业、食品加工、家居建材、智能装备大数据等行业企业到广东佛山参加第四届粤桂黔高铁经济带合作联席会议产业合作对接会，组织企业参加在广东省佛山市举办的 2018 中国制造论坛，组织 60 多家会员企业参加首届驻桂商会创新发展大会暨“党旗领航·助力脱贫”洽谈展销会，组织会员企业 30 家参加首届中国国际进口博览会。

【非公经济党建】 2018 年，市工商联走访南宁市工商业行业党委归口管理商会，对商会组建党支部遇到的问题与困难进行跟踪指导、给予解决。完成市委组织部

2018 年 4 月 16 日，市工商联组织企业参加 2018 年南宁市民营企业招聘周专场招聘会

李照刚　摄

《关于开展推进社会组织党建工作综合监测区建设工作调研的工作方案》中“关于开展推进社会组织党建工作综合监测区建设工作”的调研报告。成立南宁女商会党支部、南宁家居建材商会党支部 2 个，指导南宁中小企业联合会、南宁电子信息商会做好党支部成立前期工作。理顺党组织关系归属，将南宁桂平商会党支部、南宁玉林商会党支部党组织关系由属地管理调整到行业管理。完善党员活动室装修方案，提交建立党建示范点申请。开展纪念建党 97 周年暨“不忘初心　牢记使命”红色教育主题实践活动，丰富党员学习党史的方式方法，加强爱国主义教育，弘扬爱国主义精神。举办行业党委“传承井冈山精神、坚定理想信念”井冈山革命传统教育培训班，加强社会组织党员教育培训。

【光彩事业】 2018 年 3 月 28 日，市工商联与广东省茂名市工商联在南宁签订扶贫协作框架协议，陪同茂名市工商联、南宁茂名商会一行 20 余人到隆安县震东扶贫生态移民安置点、马山县红浪康养城、上林县大龙湖等地考察调研精准帮扶项目。协助广东万讯集团“万讯七子”互联网电商平台到马山县考察精准扶贫农村电商发展项目，促成马山县与“万讯七子”电商平台合作，助力产业扶贫项目落地。协助上林县与广东省高州市工商联签订上林县汇源 100 万羽蛋鸡养殖项目合作协议，总投资 2000 万元。组织上林县、马山县、隆安县工商联到广东省茂名市电白区、化州市、高州市对接落实扶贫协作框架协议。引导民营企业参与“千企扶千村”“万企帮万村”活动。印发《南宁市工商联实施乡村产业扶贫服务年工作方案》，落实 220 个民营企业结对帮扶 165 个贫困村。组织发动民营企业（商会）开展产业扶贫、就业扶贫、公益扶贫等帮扶活动，有 1177 家民营企业参与，帮扶行政村 1402 个；本地民营企业投入资金 3.70 亿元实施产业项目帮扶，帮扶贫困人口 11.85 万人；就业帮扶建档立卡贫困户劳动力超过 3300 人，公益帮扶捐款 9600 多万元，技能培训帮扶超 9000 人。华夏壹号商城、宅急送广西分公司等会员企业帮助宾阳县凌达村委发展槟榔香芋产业，产生经济效益 800 多万元，帮助贫困户脱贫 52 户、216 人。南宁深圳商会捐资 19.80 万元，资助上林县 66 名贫困家庭学生；市工商联全州商会为马山县古寨乡民乐小学捐款 20.40 万元，连续 3 年帮扶、资助 75 名贫困家庭学生，投入帮扶资金 60 多万元；广西蓝海投资集团每年为贫困村小学捐资 3 万元；市工商联吴川商会为马山县贫困学生捐资 3 万元；南宁女商会连续 10 年每年为贫困小学捐赠 1 个“让爱飞翔·爱心图书室”，捐赠资金 50 多万元。广西威壮投资集团有限公司和广西云天实业集团有限公司获全国 2018 年“万企帮万村”精准扶贫行动先进民营企业称号。发动会员为定点帮扶村——宾阳县洋桥镇凌达村进行帮扶，在产业扶贫、智力扶贫、公益扶贫上累计扶持项目 5 个，投入扶贫资金 80 多万元。定点帮扶宾阳县黄冠村村集体经济收入 4.30 万元。组织民营企业参加 2018 年南宁市民营企业招聘周专场招聘会，提供就业岗位 2458 个。

（李照刚）

责任编辑　唐柯杰　郑小娟

南宁市总工会

【概　况】2018年，南宁市总工会设办公室、研究室、组织部、宣传教育部、权益保障部（女职工委员会办公室）、劳动和经济工作部、财务部（资产监督管理部）、基层工作部、网络工作部、经费审查委员会办公室，行政编制33名、工勤编制3名，在编31人。有直属事业单位5个（职工技术协会办公室、困难职工帮扶中心、职工学校、工人文化宫、工人休养所）；区县总工会12个和广西—东盟经开区总工会，工会工作委员会6个，产业工会3个（驻会产业工会2个）；乡镇（街道）总工会33个，工会工作委员会92个；基层工会2.30万个，涵盖单位3.70万个，工会会员154.26万人。开展“春风行动”专项活动，举办专场招聘会51场次，介绍农村劳动者就业5797人次，跨地区劳务输出262人次；开展在岗农民工培训、“送培创工程”活动，培训农民工1.09万人。组织各级工会开展以“生命至上，安全发展”为主题的“安全生产月”系列主题活动和“安全生产八桂行”活动，发放宣传资料18万份，开展宣传日咨询活动5617场次，接待职工11.40万人；开展安全大检查，排查隐患1.68万次，查出隐患2.11万处，参与职工4.02万人；参与安全生产事故调查6起。年内，市总工会获2018年全区总工会工作先进单位一等奖。主要存在改革创新力度不够，缺少南宁工会原创工作品牌，“网上工会”建设相对滞后，非公企业、“两新”组织建会率不高，“八大群体”（货车司机、快递员、护工护理员、家政服务员、商场信息员、网约送餐员、房产中介员、保安员）建会入会不足等问题。

【工会改革】2018年，市总工会根据《南宁市总工会改革实施方案》制定改革任务29项，完成28项。根据《南宁市总工会机关主要职责内设机构和人员编制方案》，重新明确市总工会工作职责职能、内设机构，调整工会机关和人员，撤销保障工作部、劳动保护部、民主管理部、女职工部4个部门，成立权益保障部（南宁市总工会女职工委员会办公室）、劳动和经济工作部、基层工作部、网络工作部4个部门。优化市总工会领导机关人员构成，从一线职工中选拔挂职副主席1人、兼职副主席1人；牵头起草《南宁市新时期产业工人队伍建设改革实施方案》（征求意见稿），推进全市产业工人队伍建设。运用网络手段、网络平台开展工会工作、宣传政策，提供网络服务，在市总工会网站、微信公众号上发帖3800篇，阅读量20万人次；广西—东盟经济技术开发区总工会开通微信公众平台“东盟经开区惠工网”，打造“指尖上的工会”。7月，市总工会创新“1123”信访维权机制（1个工会仲裁庭，1支信访、调解、律师专业化队伍，推行工会维权“两书制度”，创新3个处理矛盾纠纷机制）入选2017年度南宁市优秀改革创新项目。

【组织建设】2018年，市总工会推行“联建联创”工作经验，建立农业、商业、建筑业、龙头（骨干）企业产业链基层工会。市建设工会以“党建带工建，党工共建促城建”为载体，在建筑工地探索“五同时”（编制招标文件同时，编写项目工会组建事项；工程报建同时，一次性告知项目工会组建要求；筹备项目部同时，筹备项目工会；成立项目部同时，成立项目工会；项目开工同时，项目工会开展工作）建会新方式；上林县总工会成立广西山水牛产业工会联合会，推进合作社建立工会组织84个，发展农民工工会会员4057人。开

2018年9月7日，邕宁区总工会举行2018年“金秋助学”活动助学金发放仪式

市总工会提供

展“货车司机入会集中行动”，组建货运企业工会1620家，入会货车司机5.23万人。年内，全市企业法人单位新增工会组织1338个，新增工会会员8.12万人。打造“六有”工会（有依法选举的工会主席，建设心系职工、善于维权、开拓进取的骨干队伍；有独立健全的组织机构，完善工会委员会、经费审查委员会、女职工委员会等组织；有服务职工的活动载体，满足职工多样化需求；有健全完善的制度机制，实现工会工作群众化、民主化、制度化、法制化；有自主管理的工会经费，真正用于服务职工、工会活动；有会员满意的工作绩效，切实让职工群众感受到工会是“职工之家”）和职工之家品牌，加大“会、站、家”一体化建设，根据《南宁市总工会关于对基层工会建设工会工作站、联合工会（工会联合会）、职工之家、工友村补助经费暂行办法》，补助基层工会“职工之家”30家，资金230万元。

【民主管理】 2018年，市总工会贯彻《广西壮族自治区企业民主管理条例》，制定全市《厂务公开民主管理工作要点》，落实厂务公开和职工董事、职工监事等制度；继续实施《2014—2018年南宁市厂务公开民主管理五年规划》，健全以职工代表大会为基本形式的企事业民主管理制度。全市已建工会组织的公有制企事业单位厂务公开、职代会建制率均100%，已建工会组织的非公有制企业厂务公开和职代会建制率94%以上。实施《2015—2018年职工代表培训规划》，培训职代会代表100多人。

【职工权益维护】 2018年，市总工会在全市开展“工资集体协商、集中要约行动”，签订工资专项集体合同企业3.45万家；开展农民工工资支付保障专项检查，追发劳动报酬4653.70万元；成立劳动人事争议调解中心，与市总工会仲裁庭“调裁衔接”。接待、协调处理职工维权救助事项261件，涉及职工2863人，为职工追回拖欠工资、经济补偿金291.82万元；市总工会仲裁庭受理案件22件，仲裁案件8件。推动市总工会“一小时法律服务圈”，提供法律咨询服务77件，涉及77人。9月25日，《工人日报》报道市总工会建立劳动争议调解中心，以调为主、调裁衔接的工作经验。

【职工帮扶】 2018年，市总工会建立困难职工解困脱困工作联席会议制度，推行广西工会困难职工信息管理系统，帮助676户困难职工解困脱困。开展“送温暖、送清凉”活动，慰问困难职工、农民工、劳动模范、一线职工5.55万人，发放慰问款物价值321.65万元。开展“金秋助学”，资助在档困难职工子女265人，发放助学金129.84万元。中秋节、国庆节期间，慰问市级在档困难职工211户，发放慰问金31.65万元。选派驻村第一书记2人，组织机关干部35人进行一对一结对子帮扶，划拨资金45万元用于贫困村基础设施建设和扶贫产业开发，全市有爱心驿站138家。开展“温暖回家路”活动，运送农民工回家4.19万人次；为300名骑摩托车返乡农民工免费加油；开展农民工暑期亲情主题活动，组织农民工子女30人到北京参加“阳光少年成长营”训练；组织来自邕宁区、横县的留守儿童16人到广州与父母团聚；举办职工公益讲堂15期，涵盖职业技能、文化艺术、健康保健等内容，有职工1500人参加；开展医疗互助保障，完成参保17.25万人，受理补助申请5153例，发放补助金936万元；为一线职工提供免费健康体检3000人；帮助环卫工人申请并获得公共租赁住房入住资格429人。

【职工文化】 2018年，市总工会进园区、企业、车间班组等开展中国工会十七大精神宣讲，参与职工10万人次；开展“中国梦·劳动美”主题教育活动，举办“五一”升国旗仪式、“网聚职工正能量　争做中国好网民”作品征集、礼仪风采展示大赛、合唱比赛和职工体育运动会，参加职工100万人次；开展以职工道德为重点的“四德”（社会公德、职业道德、家庭美德、个人品德）教育、职工禁毒和防艾宣传，发放宣传资料3万多份。全市建立“职工书屋”330家。年内，在市工人文化宫举办大型活动64场、大型展览12场，受益职工20万人次；承办、协办体育比赛42场次。

【技术创新】 2018年，市总工会深化劳模·技术标兵创新工作室创建，开展活动110多次，提出创新合理化建议160多条，完成技术改造、技术攻关、技术创新项目71项，转化成果40多项；11月30日，举办首届南宁市职工经济技术创新节，全市80个单位、15个劳模·技术标兵创新工作室参与活动，展出技术创新成果250多项，宣传创新领军人物100多人。

【职工职业技能大赛】 2018年，市总工会以“当好主人翁、建功新时代”为主题，在全市开展劳动竞赛，企事业单位1.18万家、职工59万人参赛。市总工会举办南宁市职工职业技能大赛，市财政划拨经费130万元，设3个层面33个工种，涵盖服务民生、先进制造业、现代服务业、高新技术产业等领域，新增3D打印造型师、无人机推广应用、轨道列车司机等竞赛工种，参赛职工26万人。组织南宁市代表队参加自治区职工职业技能大赛，获综合团体总分第二名。

【“安康杯”竞赛】 2018年，市总工会深化“安康杯”竞赛活动开展，全市有90%的企业、职工参加“安康杯”竞赛。广西电网有限责任公司南宁供电局、中国建筑第五工程局有限公司广西分公司、广西送变电建设有限责任公司、中国石化销售有限公司广西南宁石油分公司4个单位被评为2017年度广西“安康杯”竞赛“优胜单位”，广西电网有限责任公司南宁供电局青秀供电分局配电抢修班、中国建筑第五工程局有限公司广西分公司南宁市轨道交通4号线01标土建1工区项目部、广西送变电建设有限责任公司铁塔厂联板车间、中国石化销售有限公司广西南宁石油分公司金龙二加油站4个班组被评为广西“安康杯”竞赛“优胜班组”，市总工会被评为广西“安康杯”竞赛“优秀组织单位”称号，市总工会刘东方被评为2017年度广西“安康杯”竞赛“优秀组织个人”。通报表扬2017年度南宁市“安康杯”竞赛优胜单位50个，优胜班组50个，优秀组织单位50个，优秀组织个人50人。

【评先活动】 2018年，市总工会推荐16个单位、13人参加全国和广西五一劳动奖章、五一劳动奖状、工人先锋号评选。获全国五一劳动奖章1人（市第二人民医院丁可），获全国工人先锋号2个（广西电网有限责任公司南宁供电局变电管理二所继电保护一班、广西海吉星商业管理有限公司市场管理部）；获广西五一劳动奖章8人（南宁市九州出租汽车有限公司谢世凤、广西建工集团第一建筑工程有限责任公司第一分公司罗盛将、中国建筑第五工程局有限公司广西分公司南宁地铁2号线邹瑜、南宁糖业股份有限公司香山糖厂制炼车间梁荣强、南宁市邕宁区那楼镇那文小学玉奇志、马山县公安局纪检组黄菊花、南宁建宁水务投资集团有限责任公司梁侠津、南宁市直属机关工委蓝迅），获广西五一劳动奖状5个［广西建工集团第一安装有限公司、广西电力线路器材厂有限责任公司、百威英博啤酒（南宁）有限公司、广西博世科环保科技股份有限公司、南宁市第三中学］，获广西工人先锋号8个［南宁糖业股份有限公司东江糖厂制炼车间煮糖工段、广西建工集团第二建筑工程有限责任公司南宁市秀安路1号小区危旧房改住房项目（第二期）项目部、中国邮政集团公司南宁市分公司城区营业局民主路东营业所、广西嘉和投资有限公司生产事业部、广西三维铁路轨道制造有限公司一线张拉班、南宁市大沙田供水有限责任公司生产管理中心、中国建筑第八工程局有限公司广西分公司广西经理部、南宁市工商局12315消费者投诉举报指挥中心]。评选出2017年度南宁市先进单位50个,劳动模范75人,先进工作者25人。培养选树"广西工匠"2人(南宁市德泰电梯制造有限公司张智勇、广西电网有限责任公司南宁供电局变电管理二所检修二班何位经),"南宁工匠"10人。

(师　吕　赵振套)

共青团南宁市委员会

【概　况】2018年,共青团南宁市委员会设办公室、组织部(基层组织建设部)、宣传部(网上青年工作部)、统战和联络部、青年发展部、学校和少年部、维护青少年权益部、青年志愿者工作部;编制21名(工勤编2名),在编17人。年内,加强青少年思想引领,开展"青年大学习"等主题活动,参与60万人次。推进共青团改革,涉及内容39项,启动37项。加强从严治团,牢固组织基础,全市有团员17.19万人,占14周岁~28周岁青年总数14.32%;专职团干部443人;基层团组织7522个,其中团委393个、团工委50个、团支部6898个、团总支部181个。加大宣传力度,在媒体报道团工作125篇(条)。主要存在对青年先进典型的挖掘和宣传不够;服务青年方式方法距离精细化、专业化、科学化要求还有差距;对基层团干、青少年事务工作者培训的针对性、专业性有待加强等问题。

【共青团改革】2018年,团市委推进《共青团南宁市委改革实施方案》,共青团改革方案涉及具体内容39项,年内启动37项,扩大团代表大会一线代表的比例、建立代表大会提案制度2项内容未启动。优化团市委内设部门功能,成立青年志愿者工作部、基层组织建设部(在团市委组织部挂牌)、网上青年工作部(在团市委宣传部挂牌);整合城市青年工作部、农村青年工作部,成立青年发展部;学校部更名学校和少年部。发挥专职、挂职、兼职团干部优势,建设多元化团干部队伍,团市委挂(兼)职副书记、挂职干部全部到位。建立并完善"4+1"(团市委机关干部除每周4天在机关完成本职工作,每周需安排1个工作日到基层团组织指导工作开展)工作机制与基层服务对象建立联系渠道、倾听青年诉求。在乡镇、街道、社区、农村加强"青空间"综合服务平台建设;建立"团干部+社工+志愿者"工作队伍;探索政府购买服务,工作经费和工作阵地得到加强。指导区县团委换届,提高基层一线代表、委员比例。召开南宁市青年联合会第九届委员会第一次全体会议、南宁市学生联合会第七次代表大会,完成市青年联合会、市学生联合会换届。

【青少年思想引领】2018年,团市委开展"研读十九大报告　首府青年话使命""学党史、知党情、跟党走""祖国发展我成长""红领巾心向党"等主题教育活动。推进"青年大学习"网络主题团课签到学习活动,参与签到学习团员青年60万人次。围绕庆祝改革开放40周年、自治区成立60周年,开展"童眼看南宁　展望新时代""壮族三月三　我为民族文化打Call"等系列活动,参与青少年70多万人。开展"向上向善好青年""南宁市十佳青年之星""南宁市优秀共青团员"等评选活动,选树一批爱岗敬业、创新创业、诚实守信、崇义友善、孝老爱亲的青年典型。年内,在媒体报道团工作125篇(条),其中自治区级及以上媒体报道19篇(条)、市级媒体报道106篇(条)。"南宁青年圈"微信公众号粉丝超20万人,推送文章737篇,阅读总量230万人次。

2018年4月13日,南宁市青年在学习宣传贯彻党的十九大精神主题演讲比赛——"研读十九大报告首府青年话使命"中做演讲　　团市委提供

【基层组织建设】2018年,团市委在顺丰速运南宁分公司成立广西首个新兴领域团支部,覆盖团员894人、青年2300多人,广西新闻频道进行专题报道;挂牌成立南宁市新兴青年"筑梦空间",在新兴青年群体开展"青山夜话""匠心筑青春　筑梦新时代"等交流活动,团组织覆盖面扩大。打造"青空间"综合服务平台76个,运营政府购买服务项目22个,资金258.50万元;开展社区活动1186场次,服务青少年超过11万人次。青少年综合服务平台建设"南宁经验"获团中央肯定,《人民日报》对南宁市青少年事务社工依托"青空间"参与社会治理创新进行专题报道。推进"智慧团建"系统建设,分步完善系统信息、分区域推进个人信息录入,完成所有团组织录入,开展团员录入、团组织关系转接等。

【助力脱贫攻坚】2018年,团市委建成"青春助力脱贫攻坚农产品展厅",举办贫困村农产品集中展销会7场,全年农产品线上线下销售额近百万元。开展"助力精准扶贫　助推青年创业"送培训下乡活动,培训农村青年超2600人次。成立南宁市农村青年致富带头人联谊会,带动农村青年创业致富。希望工程筹集资金199万元,资助家庭经济困难的大学生、中小学生328人;建设"希望书屋"8所、温暖浴室3个,组织南宁市青年企业家协会的爱心企业家为希望工程"圆梦行动"捐款30.20万元。

【青年就业创业行动】2018年3月31日至11月17日,团市委联合市人社局、广西政法管理干部学院、广西财经学院等举办南宁青年就业创业行动——团市委帮助青年(大学生)就业专场招聘会3场,就业岗位2635个,应聘青年5500人次,达成用工意向796人。6月14日,联合西乡塘区政府在美丽南方举办青春助力乡村振兴暨2018年南宁返乡青年创新创业论坛活动,市青年企业家协会代表30多人、区县创业青年代表160多人参加,南宁青年企业家协会与西乡塘区石埠街道商会签署共建“美丽南方青年创客示范基地”合作框架协议;“美丽南方青年创客示范基地”揭牌成立。依托再就业免息贷款、农村青年家庭农场创业信贷扶持项目,为59名农村创业青年争取贴息贷款552万元。联合市商务局、市“两新”工委(新经济组织、新社会组织工作委员会)启动南宁市电子商务创业大赛,开展“聆听青春之声　助力创业梦想”2018年南宁市青年电子商务创业项目路演活动,组织50家知名企业和风险投资界人士参加,对2个项目提出帮扶、融资意向,并签订协议;团市委授予10名企业家“南宁市青年创业导师”称号。

【青年志愿者行动】 2018年,团市委开展学雷锋志愿服务活动72场次,覆盖青少年2.20万人次。围绕第15届中国—东盟博览会、第15届中国—东盟商务与投资峰会、第20届南宁国际民歌艺术节、2018年中国杯国际足球锦标赛、2018格力·环广西公路自行车世界巡回赛、第十三届南宁国际马拉松、“心连心”大型慰问演出等会议、赛事,组织团员青年、驻邕高校大学生、返乡大学生、少先队员2.50万人次,提供文明礼仪普及、社会氛围营造、专业志愿服务等。开展“美丽南宁·整洁畅通有序大行动”志愿服务活动,组织团员青年开展文明交通劝导、清洁卫生、城市站点等志愿服务活动220场次,劝导、教育不良行为187人次。举办“传承志愿精神　诠释奉献青春”——2018年南宁市青年志愿服务项目交流洽谈会,参会爱心企业5家、青年社会组织17个,有6个志愿服务项目获支持资金49.70万元;向社会志愿服务组织招标,扶持资金1.50万元。

【青少年服务与维权】 2018年,团市委落实预防青少年违法犯罪专职人员141人,专项经费302.20万元。其中:市级财政拨款19.50万元,区县、乡镇(街道)配套经费282.70万元。全市未成年人犯罪率比上年下降48.25%,25周岁以下青少年犯罪率下降30.10%。联合市卫生计生委、驻邕高校到学校、社区等开展“青少年远离毒品行动”“青春红丝带”禁毒防艾主题宣传教育活动50余场次,普及青少年2.50万人次。成立南宁市青少年保护联盟,邀请专家开发青少年保护系列课程。全市有青少年事务社工机构43家(企事业单位18家、社工机构25家),社会工作、法律、心理等专家52人,青少年社工472人。通过培训、交流沙龙、座谈会、推进会等形式培训社工603人次,其中青少年事务社工155人。团市委通过共建共享阵地、项目合作等方式建设未成年人保护热线,南宁市12355青少年服务台入围全国首批委托建设未成年人保护专线40家重点单位之一;12355青少年维权心理咨询服务热线接听青少年来电咨询648次,其中心理问题187例、法律咨询99例、家庭教育及关系问题59例、学习问题53例、青春期成长困惑24例、人际关系烦恼问题41例、性心理问题25例、情绪情感问题22例、面询需求7个、其他问题咨询131次。组织心理、法律等专家志愿者23人开展“轻松备考12355与你同行”中高考减压阳光活动82场次,为青少年考生提供心理情绪疏导服务;举办“12355陪伴成长”公益讲坛,邀请专家志愿者围绕亲子沟通、学习策略和青春期等青少年成长问题为青少年及家长提供帮助。开展“平安春节”“呵护花蕾”“红盾护蕾”“暑期自护”等主题宣传教育活动350多场,覆盖青少年、家长3.80万人。

(蒙巧溪)

南宁市妇女联合会

【概　况】 2018年,南宁市妇女联合会设办公室、组织联络部、宣传部、妇女发展部、权益部、家庭和儿童工作部,编制22名(工勤编制3名),在编20人。有区县妇联12个、开发区妇联(妇委会)3个,乡镇(街道)妇联128个,村(社区)妇联1769个,直属管理事业单位2个(市妇女儿童活动中心、市妇女儿童事业发展中心),直属管理女性联谊会、协会4个(南宁女企业家协会、南宁市离退休女干部联谊会、南宁市家庭教育指导中心、南宁市巾帼志愿者协会)。有市、区县(开发区)妇联主席16人、妇联执委348人,乡镇(街道)妇联主席128人、妇联执委1931人,村(社区)妇联主席1769人、妇联执委1.62万人。加强妇女思想引领,举办有关维护妇女儿童权益宣传活动400多场次,发放宣传资料约20万份,近17万人次参加。推进妇联改革,全市128个乡镇(街道)妇联组织完成区域化改革,覆盖率100%;推进妇女发展,开展“两癌”(宫颈癌、乳腺癌)预防宣传咨询活动,发放预防手册6000多份,培训妇女1500多人次,指导12个区县妇联收集上报患“两癌”贫困妇女有效信息599条;做好妇女儿童维权服务,发挥妇联信访窗口和“5503320”维权热线平台作用。年内,市妇联获评南宁市安全生产工作优秀单位、南宁市卫生和计划生育目标管理责任制考核(部门线)一等奖、广西首届妇女劳动技能竞赛优秀组织奖等5项。主要存在基层妇联工作经费无法保障,县级妇女儿童活动阵地建设相对薄弱,10个区县妇女儿童活动中心无独立场所等问题。

【妇女思想引领行动】 2018年,市妇联以“巾帼心向党·建功新时代”为主题,开展“三八”巾帼风采会演展演、优秀女性进高校宣讲活动1场、征集书画摄影作品500幅、巾帼故事汇宣讲、家庭微视频大赛、交流分享会等活动90场次。组织南宁市5名中国妇女第十二次全国代表大会代表到区县宣讲。开展男女平等基本国策、先进性别文化宣讲活动400多场次。在南宁市妇女儿童活动中心加挂南宁市妇联网络信息文化传播中心牌子;完成“南宁女性”网站、微信公众号改版;依托市级、区县(开发区)妇联官网和微信公众号平台,南宁女性公众号发布微信近2000条;指导各级妇联用好“女性之声”移动客户端、“妇联通”“微信工作群”,引导各级妇联将妇联工作和活动通过信息化方式推送到妇女群众手中,实现线上线下“妇女之家”有机整合。

2018年3月29日,市妇联和中国人寿保险南宁分公司在市妇女儿童活动中心举办关爱女性健康“两癌”保险战略合作协议签约仪式　黄家玉　摄

【妇联改革】 2018年，市妇联按照《南宁市妇联改革实施方案》完成改革。根据《南宁市妇女联合会机关主要职责内设机构和人员编制方案》，重新明确市妇联工作职能职责与机构设置；在完成全市村（社区）“会改联”（村妇代会改村妇联）的基础上，全市128个乡镇（街道）妇联组织完成区域化建设改革。良庆区结合五象新区设置新社区情况，组建社区妇联6个；乡镇实行区域化妇联轮值主席制。构建重心下移服务模式，在市、县、乡镇（街道）、村（社区）四级妇联建立妇联兼职副主席、常委、执行委员会、妇女代表4项制度，建立市妇联领导班子定点联系服务区县、常委定期调研、执行委员会按地域分成活动小组、妇女代表分若干代表团的机制，不定期开展调研、走访基层妇女群众，扩大妇联面向基层服务联系辐射面。

【妇女就业创业服务】 2018年，市财政划拨专项经费496万元，开展女农民工职业技能培训，以公开招标方式委托5家培训机构到区县、乡镇举办育婴、家政、养老、手工编织、电商、特色小吃、茶艺师、催乳师、保洁员9个培训项目，培训5097人；全市新建基层“壮乡巧娘”工作站8个，开展基层妇女手工技能培训班75期，培训2550人次。上林县成立南宁市第一个县级女能人协会。指导、培育自治区“金绣球”农家乐示范点12个，为400多名贫困妇女提供就业岗位。各级妇联组织召开妇女创业就业、家政技能专场招聘、家政推介会、职业技能现场展示洽谈会等113场次，获免费服务3.10万人；介绍女性就业5300人，提供劳动维权服务、法律援助1587人；发放小额担保贷款30万元。深化“产业到家　牵手妈妈”巾帼脱贫行动，指导家政培训机构深入贫困村开展巾帼家政培训“大篷车”活动25场次，服务贫困妇女2700多人次，带动妇女互助脱贫。与市扶贫办、市农业委员会等部门合作，扶持新建国家、自治区、市级巾帼脱贫示范基地30个，其中国家级1个（南宁市浩天安恩宝母婴健康咨询有限公司），自治区级5个（上林禾田农耕文化园、隆安县丁当镇兆丰种养专业合作社、马山县广西沃康生态农业开发有限责任公司、广西巧恩茶业有限公司、广西三鼎生态农业发展有限公司），市级24个。

【妇女儿童权益维护】 2018年，市妇联联合市人社局在自治区率先出台《关于促进女性平等就业工作的意见》；联合市人大法律工作委员会、市法制办，在自治区率先建立《地方法规政策性别平等评估机制》。4月9日至11日，中澳合作全国妇联维权工作研讨班在南宁举办。年内，市妇联参与农村土地承包经营权确权登记颁证工作成果检查验收，维护妇女儿童合法权益。出台《关于进一步加强婚姻家庭纠纷预防化解工作的意见》，组建市级婚姻家庭调解专家库，聘请专家113人；联合市司法局、市中级人民法院成立南宁市婚姻家庭纠纷人民调解委员会，指导区县成立婚姻家庭纠纷人民调解委员会12个；在自治区首创婚姻家庭矛盾诉讼和调解对接机制，兴宁区建立自治区首个区县婚姻家庭纠纷诉讼和调解对接中心。联合市公安局、市人民检察院、市中级人民法院、市司法局等部门搭建“双维双促”（以维稳促维权，以维权促维稳）平台，打造“惜缘工作室”12个，提供婚姻纠纷调解服务8330多人次，调解成功率29%。在《南宁晚报》等媒体平台设立妇女维权专栏、开展维权宣传服务月活动，围绕平安家庭、反家暴、农村妇女土地经营权确权、禁毒防艾等主题，以讲座、编印案例集、制作宣传短片、创建教育基地等方式开展妇女维权法治宣传活动625场次，受益群众18万人次；全年接到来电、来信、来访782件，信访调处率92%以上。

【乡村振兴巾帼行动】 2018年，市妇联实施“妇女儿童之家”政府购买服务项目，采取“社工组织＋巾帼志愿者”等方式参与“宜居乡村”宣传教育活动和环境卫生综合治理；开展活动5115场次，服务群众35.98万人次；引导5.45万户农村家庭配合实施改厕、改厨、改圈工程。实施农村妇女“两癌”（宫颈癌、乳腺癌）免费筛查与救助项目，免费筛查12个区县的农村妇女，其中建档立卡贫困患癌妇女、低保户患癌妇女实现全覆盖，争取360万元专项经费救助360名“两癌”贫困患病母亲；与中国人寿保险南宁分公司合作推出关爱女性健康“两癌”保险，购买“两癌”保险妇女7.50万人。派干部入驻邕宁区新乐村担任第一书记实施精准扶贫、开展定点帮扶，争取扶持资金5万多元，打造巾帼示范基地带动当地黑豚养殖和吴茱萸、食用菌种植等产业发展。春节、“六一”期间，开展关爱活动，组织南宁女企业家协会为新乐村捐资1.20万元。

【家庭教育】 2018年，南宁市举办“南宁市家庭教育大讲堂暨新东方家庭教育中国行”公益讲座，邀请国家级专家到30所中小学校传播先进家庭教育理念，参与家长1.63万人；举办“我爱读诗词”“阅读陪伴我的家”“接力阅读大讲堂”等家庭亲子阅读沙龙活动54期，服务家长、儿童1350人；依托社工组织进驻社区“儿童家园”，打造自治区级家庭教育基地2个。各级妇联深入贫困村学校开展“安全教育小讲堂”等活动85场次，服务3550人次。构建市、县、乡、村、学校五级“家教领导小组＋家长学校＋家委会”三位一体家庭教育网络阵地，建立家长学校2471所。举办公益儿童剧演出22场次，受益家长、儿童1.10万人。市未成年人安全健康教育体验馆开展体验活动66场次，接待天桃实验小学、星湖路小学、清川小学、西乡塘小学等16所学校3698名小学生。

【家庭文明建设】 2018年，市直机关工委、市妇联在机关组织举办“做贤媳妇当廉内助”报告会，机关干部300人参与。与《南宁日报》新媒体平台、《南宁晚报》ZAKER直播平台合作，通过视频图文直播开展“感恩母亲家庭日”“家风文化之旅”线上、线下活动，受众关注19.10万人次。开展自治区成立60周年“家和万事兴——家教家风主题展”“知书达礼好家风”等公益讲座、家风故事会近90场次，每月接待观众约1万人；承办自治区妇联“书香八桂父母同行”——2018年广西家庭文明建设创新项目启动仪式等活动，学生和家长500多人参加；组织家庭参加“少年阅读纪·阅读陪伴我的家”“接力阅读大讲堂——著名作家走进‘阅读之家’”亲子阅读活动，获亲子阅读作品幼儿组一等奖2户、小学组一等奖1户；与社工组织合作，在3个社区“示范儿童之家”打造家风家训教育基地。年内，南宁市被评为全国“五好”（爱国守法、热心公益好，学习进步、爱岗敬业好，男女平等、尊老爱幼好，移风易俗、少生优育好，夫妻和睦，邻里团结）家庭3户（隆美红、覃丽娟、刘洪娥）；被评为全国最美家庭2户（蓝连青、陆兰珍）。被评为广西“五好”家庭15户（覃桂新、李凤玲、梁彩丽、刘振南、张月珍、雷齐震、吴香妹、余俊、石珊、刘筱瑾、张伟平、黄宏芬、黄丽兰、蓝辉、黄秀明），广西最美家庭8户（张丹、陈宁玲、张波、莫丽英、潘凤仁、欧竹君、何桂玲、李蓓）。

【妇女儿童活动场所建设】 2018年，筹划建设南宁东盟妇女儿童活动中心。在市老年人活动中心设市妇女儿童活动中心琅东分中心。推进县级妇女儿童活动中心建设，将横县、宾阳县、隆安县3个县级妇女儿童活动中心建设列入2018年市政府为民办实事项目并完成建设。完成自治区为民办实事项目227个（含贫困村104个）儿童家园建设。7月25日，市妇联召开全市妇女儿童工作会议，推进各成员单位实施《南宁市妇女发展规划（2011—2020年）》《南宁市儿童发展规划（2011—2020年）》。全市创建“儿童之家”1560所；创新构建“妇联＋社工机构

+社工”的合作模式,在7个城区、12个社区开展政府购买服务妇女儿童之家项目,引入专业社工服务机构进驻社区,在维护妇女儿童合法权益、促进儿童成长教育、困境帮扶、和谐家庭及社区创建、妇女创业就业服务、宜居乡村建设理念等方面提供专业服务。

【“朱槿之约”巾帼志愿服务品牌】 2018年,市妇联组织实施“朱槿之约”文明礼让乘车劝导志愿服务、礼让斑马线、美丽南宁·宜居乡村、代理妈妈、“安琪之家”社区服务等巾帼志愿服务项目33个,开展巾帼志愿服务活动5000场次,服务群众100多万人。组织玉芳红娘巾帼志愿者开展相亲交友活动60多场次,为8000多名单身男女提供服务。承办2018广西“巾帼建功新时代志愿服务暖人心”主题志愿服务暨“平安家庭和谐八桂”公益巡讲活动启动仪式,受益群众近3000人。

【“三留守”人员关爱工程】 2018年,市妇联实施“扶贫济困送温暖”项目,筹集资金、物资(价值)572.31万元;慰问困难妇女、特困妇女干部、特困母亲,留守(孤残)儿童、空巢老人等2000多人。实施“春蕾计划”等项目,发放助学金4.30万元,资助困境儿童93人。联合市海事局、南宁女企业家协会、市离退休女干部联谊会在“六一”儿童节开展“让爱留守 关爱农村留守儿童特别行动”,为留守儿童送去学习用品和节日礼物价值2.50万元。暑假期间,组织大学生志愿者到15个区县(开发区)、80个村(社区)“儿童之家”开展“缤纷童年 快乐暑假”志愿服务活动,服务儿童3969人次。

【妇女干部培养】 2018年,市妇联联合市委组织部,举办南宁市科级女干部培训班1期,培训50人。争取到自治区、市本级财政配套资金57.87万元,分别开展“自治区万名基层妇女干部大培训”、村“两委”(村党支部委员会、村民委员会)女干部轮训;在广西财经学院继续教育学院举办南宁市基层妇女组织领头雁专题培训班,区县(开发区)、村(社区)妇联主席150人参训。联合区县妇联举办村“两委”女干部参政议政能力、综合素质提升等专题培训班8期,培训2485人。推荐100多名妇联干部参加自治区基层女干部师资培训班、“政府购买服务项目”专题培训班。举办邕城女性大讲坛、“女性创业之旅”等“4支队伍”(各级女领导干部队伍、女性专业技术人才队伍、女企业家队伍、城乡女能人队伍)活动。开办南宁市朱槿女子书院女干部、唱歌、瑜伽培训班,培训2050人次。

【巾帼建功创先活动】 2018年,市妇联开展“妇女儿童维权岗”创建活动,授予南宁市“妇女儿童维权岗”19个;开展“巾帼文明岗”创建活动,创建自治区级巾帼文明岗8个(宾阳县“代理妈妈”尖岭支队、南宁市桂南公证处、上林县清水河鱼王生态农庄特色农业观光园农副产品展销中心、南宁市第一看守所女子管教大队、南宁市动物园服务科、横县云上茉莉科技有限公司网销部、南宁市第十四中学班主任导师工作室、横县职业教育中心“留守学生”心理辅导创新工作室),市级巾帼文明岗77个。联合巾帼文明岗单位、南宁女企业家协会、巾帼科技示范基地等举办“巾帼心向党 建功新时代”技能大比拼活动,培育女性“双创”(创新创业)带头人。举办南宁市巾帼家政职业技能大赛,14支队伍、42名家政服务员参赛;西乡塘区妇联获一等奖,青秀区妇联、横县妇联获二等奖,良庆区妇联、邕宁区妇联、南宁母仪职业技能培训学校获三等奖。市妇联参加广西首届妇女劳动技能竞赛项目10个,育婴、养老护理、刺绣、烹饪4个项目获第一名。打造“朱槿女子书院”公益服务品牌,举办手工制作花馍、香囊、刺绣、油画、酒鉴等活动20场次,服务妇女700多人次。 (黄家玉)

南宁市文学艺术界联合会

【概 况】 2018年,南宁市文学艺术界联合会设办公室、组织联络部、文学艺术研究室3个部门,编制16名,在编16人;有二层事业单位2个(南宁文学院、南宁书画院),南宁文学院编制15名(工勤编制1名)、在编14人,南宁书画院编制5名、在编4人;区县文联12个。打造首府特色公益品牌“绿城文艺讲堂”,培育首府文学品牌“邕州才子”,举办纪念毛泽东主席冬泳邕江60周年图片展。壮大队伍建设,有市属文艺家协会11个(市作家协会、市戏剧曲艺家协会、市音乐家协会、市美术家协会、市舞蹈家协会、市摄影家协会、市书法家协会、市电视艺术家协会、市文艺理论家协会、市民间艺术家协会、市文艺志愿者协会),产业文联2个(市质量技术监督系统文联、市公安局文联),会员4366人。市书法家协会获中国书法家协会颁发“书法家送万福进万家”下基层公益活动“先进集体”称号。主要存在专职协会干部缺乏,对协会工作监管不到位,文艺家工作、活动、创作和作品收藏缺乏专门场所,各文艺门类的拔尖人才仍然匮乏等问题。

【文联改革】 2018年6月,市文联根据市委下发《南宁市文联深化改革实施方案》进行改革,完成改革任务29项,各区县文联出台并印发深化改革实施方案。扶持文艺精品创作,引导南宁文艺家聚焦重大现实题材、东盟题材和少数民族题材创作,培育和打造首府文艺品牌;构建新文艺群体联络体系;建立健全文艺工作者道德监督机制;加大文艺人才培养及会员服务管理。

【文艺采风】 2018年2月8日,市文联在崇左市扶绥县东门镇举行“崇左南宁市作家协会东门创作基地”挂牌仪式暨新春走基层“追寻千年古茶树创作采风”活动,市作家协会组织近10位会员到崇左

2018年1月27日,市文联在南宁市金湖广场举办“我们的中国梦——文艺进万家”文艺惠民活动。图为书法家为群众写春联、送“福”字 卢伊琳 摄

市采风创作。5月10日,市摄影家协会与市工信委联合开展"魅力工业"摄影活动。5月19日,市美术家协会组织40多位美术志愿者赴南宁横县校椅镇青铜乡楷僧村开展"到人民中去"2018年南宁市美术家协会义务为群众绘画文艺志愿服务暨采风写生活动,为群众画肖像、国画50多幅,创作写生作品50多幅。5月31日至6月3日,市作家协会、市民间文艺家协会组织文艺家赴上林县、马山县、隆安县开展"应知应会"扶贫歌谣创作采风活动,创作一批应知应会扶贫歌谣。9月14日至17日,市美术家协会一行11人开展2018年"深入生活　扎根人民"贯彻党的十九大精神——南宁市美术家赴大新采风创作活动,并举行南宁市美术家协会创作基地挂牌仪式。11月9日,市美术家协会组织美术家赴江南公园等地,为参加江南区统一战线纪念改革开放40周年暨自治区成立60周年"同心"书画比赛,开展采风写生创作活动。组织南宁知名音乐家、美术家到南宁园博园采风,创作《在这里停留》《幸福的地方》《绿城有约》3首歌曲并参加南宁国际园林博览会主题歌曲征集评选,其中《在这里停留》获优秀作品奖。

【文学艺术创作】 2018年,市文联及所属11个文艺家协会,获省(自治区)级以上奖项的作品286部(件),编辑出版文集和专著18部。市作家协会完成长篇报告文学《青山壮歌——缉毒英雄甘科伟纪实》、报告文学集《魅力南宁》及《"绿城玫瑰"作家优秀作品系列文丛》小说、散文、诗歌3卷创作、出版;刘定逌研究会出版《北宋名臣石鉴》《刘氏宗源千字文楷书字帖》;李雪出版专著《好爸爸的影响力》《你没有错,只是太弱》,黄莉莉出版专著《7招唤醒女神气质》,莫军生出版专著《计算机音乐制作技术与应用研究》。潘文志、梁富振、蒋锐书法作品入选全国第三届册页作品展(不设奖);潘继坦、梁富振、李达旭、刘小静、谢冬云、唐少平等27人作品入选2018年"广西艺术作品展览——广西书法篆刻作品展";陈勇静《渡河北》等7幅书法篆刻作品入选庆祝改革开放40周年、自治区成立60周年文化艺术作品展(北京展)。刘小静书法作品入选全国第六届妇女书法篆刻展(不设奖);姜轶篆刻作品入选全国第八届篆刻艺术展(不设奖)。市舞蹈家协会创作排练舞剧《刘三姐》,首次以舞剧形式演出"壮族歌仙刘三姐"故事并入围第十一届中国舞蹈"荷花奖"评选。市戏剧曲艺家协会创作大型邕剧《顶蛳山人》并试演。农建进《古代海上丝路·今日百舸竞发》、周家志《织在大地上的壮锦图》等30幅摄影作品入选2018年广西艺术作品展——首届广西摄影作品展;市电视艺术家协会联合全国城市电视台成员单位,策划并承制《筑梦新丝路》《四十城四十年》2部大型电视纪录片在全国40家电视台联合播出;策划并制作系列纪录片《广西味道》;历时两年半拍摄系列纪录片《平地村精准扶贫纪实》。

【文艺成果】 2018年,南宁市在首届广西文艺花山奖新人奖、贡献奖和创新奖3个奖项中获奖10个、排名自治区第一,陈春燕、黄俊成、王竹、潘文志、陈仲平获广西文艺花山奖新人奖,韦毓泉获广西文艺花山奖贡献奖,梁肇佐作品《壮族歌圩调查研究》获广西文艺花山奖创新奖。市文联组织全市作家参加自治区党委宣传部和自治区文联主办的"自治区成立60周年文学、歌曲创作征集"活动,获文学奖项21个,其中陆辉艳获诗歌类一等奖、蒙飞获散文类一等奖,朱千华获报告文学类二等奖;南宁市作家获奖数在自治区排名第一。盘晓昱作品《爷爷的自行车》获2017年冰心儿童文学新作奖;王勇英儿童文学作品《雾里青花泥》入选国家新闻出版署向全国青少年推荐百种优秀出版物目录,《火灯钓蜂》获首届"小十月文学奖"佳作奖;侯珏长篇小说《一厘米国境线》入选中国作家协会年度重点扶持作品。姜轶、张逢波获"广西艺术作品展览——广西书法篆刻作品展"优秀奖(最高奖)。覃志刚国画《赶圩去了》入选中国美术家协会举办的"江海门户通天下"全国中国画作品展;韦继毛国画《悠悠喃嘟啦》入选庆祝自治区成立60周年·2018广西艺术作品展美术展览优秀奖(最高奖)。11月,市民间文艺家协会主创并参演的扶贫山歌剧《花好·月圆》在"中华颂·长丰杯"第九届全国小戏小品曲艺大展中获优秀剧目银奖。潘春竹获2018年第十届广西戏剧展演"桂花导演奖",姚艳获中国—东盟(南宁)戏剧周项目奖,潘雨茜获文化走亲东盟行项目奖;小邕剧《红杏醉酒》在第十届广西小戏小品比赛中获铜奖、个人桂花表演奖,大型邕剧《玄奘西行》在第十届广西戏剧展演中获铜奖、个人桂花表演奖,小邕剧《郑县令断婚》在第十届广西小戏小品比赛中获桂花银奖,快板书《紧急十分钟》获广西曲艺文学奖优秀奖。壮歌剧《天梦》获中国—东盟(南宁)戏剧周组委会颁发优秀节目奖。选送作品参加自治区"庆祝广西成立60周年歌曲征集"评选,《一个人一盏灯》获歌曲采风创作优秀奖;《welcometo广西》获歌曲采风创作二等奖,并作为庆祝自治区成立60周年主推的3首MV(音乐短片)之一向全国推广;作品《走歌圩——钢琴与长笛》在中国—东盟音乐周作品集发表,由中国文联出版社出版的微电影《平安回家之守望幸福》及主题曲《平安瑶》获全国交通安全作品二等奖、广西践行社会主义核心价值观主题微电影征集活动二等奖。市文艺理论家协会会员董迎春论文《韦其麟及其诗歌创作对广西现代诗歌的影响探究》《现代杂技的创作与"杂技剧"转型——以广西大型壮族杂技剧〈百鸟衣〉为例》等多篇论文入选全国核心期刊。

【特色文艺活动】 2018年1月,市文联在邕江北岸畅游阁举办纪念毛泽东主席冬泳邕江60周年图片展,展出作品160多幅;27日,举办"我们的中国梦——文艺进万家"新春文艺惠民活动,向市民赠送文艺书刊、影视音乐光碟,开展文艺咨询、写春联、送"福"字等活动。春节前夕,组织100多名书法志愿者到12个区县70多个乡镇开展"深入生活、扎根人民"文艺惠民新春主题实践活动,送出春联6000多对、"福"字2000余张。3月12日至20日,组织会员到广东省深圳市开展桂粤港澳四地文化艺术交流活动,展演《目连救母》《玄奘西行》等剧目。5月4日,在自治区图书馆举办"庆祝改革开放40年　喜迎广西壮族自治区成立60周年——黎克平摄影艺术作品展",展出作品220幅。8月17日至23日,在中国台湾地区台北市、新北市、南投县、花莲县开展文化交流活动,演出南派传统粤剧《目连救母》,观众2000人。9月21日,在广西美术馆举办"砥砺奋进60载·光影聚焦新时代——南宁市文艺界庆祝自治区成立60周年"主题摄影作品展,分"追忆南宁""今昔南宁""幸福南宁""飞阅南宁""抒情南宁"5个篇章,展出摄影作品350幅。中国—东盟(南宁)戏剧周期间,演出壮歌剧《天梦》。10月26日,在广西书画院举办南宁市文艺界"庆祝改革开放40周年　自治区成立60周年'丹青溢彩　翰墨流香'——南宁市美术中长卷系列作品展",展出美术作品60幅、书法作品90幅;28日,在广西民族宫举办"放歌新时代·赞颂新广西"——南宁市文艺界庆祝"改革开放40周年　自治区成立60周年"音乐会,1000多名市民参加。举办"八桂画林一青松—园稻林从艺72载诗书画作品展",展出园稻林诗书画作品100多幅。举办绿城影坛——艺联摄影公益讲堂,编撰出版《唱响新时代彰显新气象——南宁市文艺界庆祝改革开放40周年、自治区成立60周年主题优秀摄影作品集》。组织市本级、区县山歌创编高手,创作歌谣400多首。年内,在邕州剧场开展地方戏曲月月演活动，演出80场。

【文艺品牌】 2018年，市文联主办的《红豆》杂志设主要栏目6个（红豆头条、小说长廊、南宁名片、散文空间、诗歌部落、文化随笔），发行12期，每期刊发原创文学作品约5万字。在第八届广西优秀期刊、第四届广西期刊优秀主编（社长）、优秀编辑（美编）评选中，《红豆》杂志获评“第八届广西优秀期刊”，主编丘晓兰获评“第四届广西期刊优秀主编（社长）”。5月23日至7月20日，举办第三届《红豆》系列中小学文学创作征文大赛，收到稿件6000篇，其中小学组4000篇，中学组2000篇。评出小学组一等奖5个，二等奖12个，三等奖32个，优秀奖100个；中学组特等奖1个（市沛鸿民族中学阙慧璇作品《阿茫》），一等奖5个，二等奖12个，三等奖32个，优秀奖100个；小学组优秀组织单位5个，中学组优秀组织单位5个。继续打造“绿城公益文学讲堂”，开办讲座8场（进基层1次、高校1次），邀请潘小萍、鲍学谦、陈祖君、陈敢、陈莉、黄莉莉、陈启文、陈永林、丘晓兰9位作家开讲。3月7日，市作家协会组织“绿城作家群”开展文学交流、采风活动，庆祝“绿城玫瑰”成立7周年。年内，培育、打造“绿城作家群”“绿城玫瑰”女作家群、“绿城翰墨”书法家群、“绿城画韵”工笔画家群、“绿城乐风”音乐家等系列文艺品牌，开展“少儿书法成长课堂”“我家春联我书写”活动，推动绿城公益文学讲堂升级改版，开展“文学进社区”“文学进校园”活动，通过“红豆杂志”微信公众号开展南宁市男作家群体征名活动，评选“邕州才子”作为南宁男作家群体的代名词，“邕州才子”“绿城玫瑰”成为首府文学品牌。

【千村万户文艺惠民工程】 2018年，市文联重点对文艺村文艺户进行巩固、拓展、提高。3月28日，在市群众艺术馆举办市美术家协会创作基地、市文艺志愿者协会服务基地挂牌仪式。5月，引进杨丽萍舞剧《十面埋伏》并上演。8月25日，在市工人文化宫举办市少年儿童“书法成长课堂”“兰亭学校”“乡村学校少年宫”学生书法作品汇报展，展示“绿城翰墨、薪火相传”“书法进校园”等作品120幅。年内，启动“群文画事”艺术文化惠民活动，建立“专业艺术图书库”，定期开设“艺术文化惠民公益大讲堂”“服务基层艺术系列展览”；开展“扎根生活沃土，服务基层群众”文艺志愿服务活动，以市群众艺术馆为服务基地，义务为群众开展书画知识辅导讲座16场，受益群众960人次；组织文艺志愿者开展音乐、美术、书法、舞蹈等文艺辅导166场，培训群众约4900人次；调整文艺辅导老师，征集区县优秀文艺工作者300人开展志愿服务；参与5所乡村学校少年宫活动和“少儿书法成长课堂”文艺志愿项目实施。通过“传统戏曲、精品剧目进校园”“儿童剧进校园”“东盟优秀剧目校园行”等形式，开展进校园送戏活动265场，参与师生超过20万人次。 （李　雁）

南宁市归国华侨联合会

【概　况】 2018年，南宁市归国华侨联合会设办公室、经济联络部，编制12名（机关后勤控制数2名），在编13人。有直属团体会员16个，华侨农林场4个（广西—东盟经济技术开发区、邕宁区五合华侨林场、隆安华侨管理区、武鸣白合华侨农场）；县级侨联机构13个；社区、华侨农林场（含分场）、厂矿企业侨联13个，侨联小组168个。全市有南宁籍或与南宁有渊源的海外华侨华人和中国香港地区、澳门地区、台湾地区同胞近100万人，分布于世界五大洲80多个国家和地区。有归侨、侨眷14万多人，其中新老归侨2万多人。全市归侨侨眷和侨联界人大代表、政协委员在自治区、南宁市和区县“两会”期间，提出议案、意见建议和提案14件，其中《关于统筹建设街道公共图书馆和社区阅读中心的建议》《关于将广西—东盟经济技术开发区急救医疗系统纳入南宁市城市应急联动中心统一调度的提案》2件被评为优秀提案。主要存在区县侨联组织人员到位不够及时、人手不足等问题。

【侨联改革】 2018年7月13日，市委印发《南宁市归国华侨联合会机关主要职责内设机构和人员编制方案》，建立《市侨联机关人员直接联系各团体会员制度》。年内，12个区县在2017年全面建立或批复设置侨联机构的基础上，兴宁区、江南区召开第一次归侨侨眷代表大会，选举产生第一届侨联领导班子；青秀区、西乡塘区、邕宁区、良庆区、武鸣区、横县、宾阳县、上林县、马山县、隆安县侨联筹备召开第一次归侨侨眷代表大会；新增侨胞之家10个，成立东盟经济开发区华侨城社区侨联。第十次南宁市归侨侨眷代表大会中基层代表比例68.60%；委员会中基层归侨侨眷委员比例75%；常委会中基层常委比例65%，基层代表、基层委员、基层常委比例提升。合理设置专兼职班子成员比例，市侨联班子10人中，专职3人，专职成员比例不超过50%。建设“网上侨联”，建成侨联网页、委员工作微信群、全市侨联组织工作微信群等多个网上工作平台。改革后市侨联基本职能拓展、内设机构和人员编制不变。大部分区县侨联机构刚刚设立，人员未到位或未完全到位，区县侨联制定、出台改革实施方案和推进侨联改革存在困难。

【第十次南宁市归侨侨眷代表大会】 2018年9月7日在南宁饭店召开。代表210人、海内外嘉宾80多人出席，自治区党委常委、市委书记王小东出席并讲话，自治区侨联主席谭斌到会指导并祝贺。审议通过《市侨联第九届委员会工作报告》《南宁市归国华侨联合会工作细则》

2018年9月7日，第十次南宁市归侨侨眷代表大会在南宁饭店召开　市侨联提供

(修正案)、第十次南宁市归侨侨眷代表大会关于聘请南宁市第十届委员会顾问的决议;选举产生南宁市侨联第十届委员会。市归侨侨眷代表大会中基层代表占比例68.60%,委员会中基层归侨侨眷委员占比例75%,常委会中基层常委占比例65%。

【为侨服务】 2018年,市侨联开展“送温暖”活动,走访慰问困难归侨侨眷、侨界代表人士、侨界困难党员247人次,发放慰问金、慰问品价值11.80万元;江南区荣和新城社区“华侨阿姨”饶秀群带领社区“妈妈队”为社区归侨侨眷困难群体上门服务。市侨联实施“精准脱贫光明行”项目,救治贫困白内障患者2000例,对符合手术标准且使用指定晶体的贫困户实施免费手术。南宁市侨心慈善基金会全年募集公益基金22.17万元,用于“精准脱贫光明行”、侨胞之家建设、为归侨侨眷提供免费活动场所等;捐赠“广西统一战线同心水柜”,为大石山区村民解决饮水困难;帮扶因病致贫归侨侨眷1200人。为侨界群众提供法律服务;处理重要信访案件17件,处理率100%。开展侨界群众庆祝改革开放40年和自治区成立60周年活动,南侨机工眷属联谊会联合正培·侨胞之家、侨心慈善基金会举办“赤子功勋 历史铭记”(广西)南洋华侨机工回国抗日图片展;中国侨联主席万立骏、副主席隋军、海内外华侨华人、社会各界人士约20批、近1000人观展。支持越柬老归侨联谊会到广东省肇庆市参加粤港澳越柬老社团第九届联谊会活动;支持正培·侨胞之家主办侨界学习宣传贯彻党的十九大精神迎春文艺会演活动,协助华商会组织开展节庆联欢和体育比赛活动,以及各联谊(校友)会开展迎春团拜会等。开展基层组织调研,分6个调研组分别到12个区县基层侨联组织、30多家侨资商业、企业开展实地调研;会员企业从80家发展到95家。市侨联到宾阳县思陇镇马岭村扶贫点开展调研7次,募捐3万多元扶持贫困户发展产业。9月29日至30日,在广西财经学院举行第五期华商人才培训班,培训60人。

【海内外联谊】 2018年,市侨联接待来自美国、英国、印度尼西亚、越南、马来西亚等国家和中国香港、澳门、台湾地区的华侨、华人20多批300多人次。第15届中国—东盟博览会、第15届中国—东盟商务与投资峰会期间,接待马来西亚宏建发展有限公司董事局主席吕海庭,韩国中小风险企业部次官崔寿圭、韩国广西总商会会长金淑英、印度尼西亚印中中小企业商会主席刘新华等15人次。年内,接待美国著名爱国侨领管必红、马来西亚新纪元大学校董刘耀宗、香港广西印尼归侨联谊总会会长韦民率领的考察访问团3个。召开市侨联2018年港澳(地区)兼职副主席、委员和顾问嘉宾恳谈会,40余人参会。市侨联组团或随团出访4次,市侨联经贸项目洽谈代表团出访越南、缅甸、柬埔寨期间,拜访越南中国商会、越南中国商会广西企业联合会、柬埔寨广西商会、柬华理事总会、缅甸中华总商会等侨社团7个,并签订《缔结侨界友好社团协议书》。5月4日,南宁新华侨华人眷属联谊会牵线搭桥,世界知名美籍华人画家周氏兄弟在广西大学君武馆向广西大学教育基金会捐款200万元。7月3日,市侨联协办的2018“亲情中华汉语桥”夏令营在广西华侨学校开营,美国华裔青少年33人参加。 (廖嗣松)

南宁市科学技术协会

【概 况】 2018年,南宁市科学技术协会设办公室、学会部、国际联络部、科技普及部,编制22名(工勤编2名),在编21人。二层机构2个(市科学技术咨询服务中心、市科技馆),区县科协12个,乡镇(街道)科协84个,社区科协156个;市级学会(协会)34个,企事业科协78个,院士专家工作站8个,科普示范学校70个,青少年科学工作室95个,青少年创新实践工作站11个;科普示范社区72个(国家级12个、自治区级11个),农村专业技术协会129个,科普示范基地119个(国家级18个、自治区级16个),科普教育基地20个(国家级6个、自治区级8个);建设“科普中国”校园e站35个、“科普中国”社区e站36个、“科普中国”乡村e站71个。6月27日,召开2018年南宁市全民科学素质工作会议,市全民科学素质工作领导小组32个成员单位分管领导及联络员参会,递交《2018年南宁市全民科学素质建设目标管理责任状》,通报表扬2017年南宁市全民科学素质工作表现突出集体19个、表现突出个人49人。9月19日,南宁市首个国家级学会服务工作站——中国针灸学会创新助力工程南宁工作站在市第七人民医院挂牌成立,南宁市针灸研究所与中国针灸学会共建中国中医科学院针灸研究所朱琏学术工作站和中国北京国际针灸培训中心东南亚分中心。10月12日,广西壮族自治区科学技术协会第八次代表大会暨广西科协成立60周年纪念大会在广西人民大会堂举行,广西田园生化股份有限公司李卫国,市第三十一中学蒙科祺,市第一人民医院黎洪棉获首届广西创新争先奖;南宁市神华振动时效技术研究所杨胜锋、广西博世科环保科技股份有限公司陈国宁、市林业科学研究所黄永利获首届广西杰出工程师奖。12月20日,市科协在广西民族大学召开市科协八届六次常委会、八届四次全委会,审议通过《关于蔡文铭等五名同志辞去南宁市科协第八届委员会常务委员职务的报告》《关于提名丁芸等十五名同志为南宁市科协第八届委员会常务委员候选人的报告》,同意蔡文铭等5位同志辞去市科协第八届委员会常务委员职务,选举增补丁芸等15名基层委员为市科协第八届委员会常务委员,基层一线委员比例75.60%。主要存在科普信息化程度不高,市民具备基本科学素质的比例不足10%;基层科协组织薄弱,发展不均衡,能力不强,经费缺乏;开展第三方科技评估、承接政府转移职能等创新能力不强;团结引领科技工作者的效果不够理想等问题。

【科协改革】 2018年,市科协根据市委办公厅发布《南宁市科协系统深化改革实施方案》开展改革25项,完成24项。重新拟定《南宁市科学技术协会机关主要职责内设机构和人员编制方案》报市委审定印发,调整内设机构,撤销青少年科技教育部,设立国际联络部,青少年科技教育职能移交市科技馆;指导12个区县科协重新拟定“三定方案”并进行改革。推进乡镇(街道)、社区科协组织建设,马山县科协在全市率先制定《马山县科协推进“三长”进入县、乡镇、社区科协组织工作实施方案》,落实“3+1”(推动学校校长,医院院长,农技站站长进入科协组织兼职或挂职)工作。

【科普活动】 2018年,市科协组织“精准扶贫”科技专家团,开展“百名专家进百村(社区)志愿服务活动”108场,服务建档立卡贫困户1005户、3987人次,服务农民、城镇居民1万人次。5月31日,首个“全国科技工作者日”,市科协组织召开“倾听科技工作者的声音”——科技工作者代表交流座谈会,慰问一线科技工作者优秀代表等。9月下旬至12月,组织开展全国科普日暨“绿城科普大行动”,主题为“创新引领时代,智慧点亮生活”,开展技术培训、科普报告会等特色科普活动1000多场次,超10万人次参与。联合市委组织部举办“科普远程教育活动月”活动,在全市1800多个远程教育终端站点铺开,每个远程教育点安排学习科普知识3小时以上,有条件的社区组织学员就近参观科普示范基地和科普场馆、邀请科普专家实地授课等,受益群众超10万人次。组建农村和社区科普人才队伍、完善农村和社区科普基础设施等，推进“基层科普行动计划”项目培育及实施。全市有农村专业技术协会9个、农村科普示范基地8个、科普示范村4个、科普示范社区4个获市级表彰，奖补资金59万元；国家“基层科普行动计划”项目和自治区“基层科普行动计划”项目获批16项，奖补资金190万元。12月28日，市科协、市教育局、市动物园、兴宁区科协、江南区科协、西乡塘区科协获评2018年“八桂科普大行动”优秀组织单位。市卫生计生委“健康服务在身边，美好生活齐共建”、市少年儿童图书馆“喜阅童创天地”创客空间、市科技馆“聚焦科技创新，走进智慧生活”、南宁青秀山风景名胜旅游开发有限责任公司青秀山科普研学活动4个活动获2018年“八桂科普大行动”优秀特色活动称号。

【学术交流】 2018年1月25日，市科协召开学术工作座谈会，各学会（协会）、企事业科协30多人参加。6月13日，市科协、市卫生计生委在广西科技馆学术交流中心联合召开南宁市第八届学术年会，卫生系统、各学会（协会）、企事业科协的科技工作者约200人参加。9月6日，市科协在南宁红林大酒店召开2018年南宁·东盟人才交流活动月开幕暨第五届南宁市海外高层次人才与项目对接会，促成中国科学院黄维院士与高新区签署合作框架协议，南宁中诺生物工程有限责任公司、广西达译商务服务有限责任公司2家企业分别与海外高层次人才签署项目合作协议，市科协与旅英华人高新科技商业协会签署共建海外引智工作站协议。年内，市科协举办院士专家报告会3场（院士报告会1场、专家报告会2场），中国工程院郑皆连、欧进萍，中国科学院滕锦光3位院士分别作《特大跨径钢管混凝土拱桥技术研究》《土木基础设施的健康监测与寿命预测及维护》《基于复合材料缠绕管的新型组合结构》报告。

【科技信息推广应用】 2018年，市科协申报中国科协创新驱动科技成果转化服务南宁分中心建设项目，获中国科协支持资金40万元。获市政府批准，与北京中关村天合科技成果转化中心共建线下实体平台与线上互动信息平台相结合的科技成果转化平台，汇集人才技术、项目、资金等创新资源。11月23日，“海智基地”中国（广西）—以色列技术转移促进中心在市科技馆揭牌，广西科协党组书记纳翔、以色列议会副议长耶希埃尔·希利克·巴（M.K.Yehiel(Hilik).Bar）出席并致辞，为中国（广西）—以色列技术转移中心揭牌。年内，市科协在市区、隆安县举办科技辅导员培训班2期，中小学校科技辅导员、科技教育工作者近400人参加。

【科普阵地建设】 2018年，市科协报市政府印发《2018年南宁市科普中国·百城千校万村行动工作实施方案》；协调全民科学素质工作领导小组各成员单位参与，新建科普中国校园e站20个、科普中国社区e站9个、科普中国乡村e站7个。南宁市在自治区科普中国“注册活跃榜”“传播活跃榜”中排名第一。新成立企事业科协8家，海智工作站3个；在区县新培育农村专业技术协会10家。

【青少年科技活动】 2018年3月19日至22日，第33届广西青少年科技创新大赛在广西科技馆举行，南宁市选送参赛项目87个，获奖77个（一等奖22个、二等奖24个、三等奖31个）；获“自治区优秀科技辅导员”称号3人，科技教育创新优秀学校1所。5月17日，市科协在市中小学校外教育活动中心召开2018年南宁市青少年科技教育活动领导小组联席会议和青少年科技教育工作会议。8月14日至20日，第33届全国青少年科技创新大赛在重庆国际会展中心举行，南宁市获奖项目14个（一等奖7个、二等奖5个、三等奖2个）。9月25日至28日，市科协开展“快乐科普校园行——中科院科普演讲团南宁市系列科普报告会活动”，中国科学院周家汉、陈光南、李皓3位科学家分别到青秀区、良庆区、横县、宾阳县的12所学校就“神奇的爆破”“文物古建筑保护与轨道交通建设”“让城市和乡村告别垃圾污染”等开展专题宣讲，3000多名学生参加。11月12日至18日，市科协在市科技馆举行青少年创新大赛作品展览和评比活动，参赛作品945个，评出获奖作品634个（一等奖104个、二等203奖个、三等奖327个），优秀科技辅导员12名。

【自然科学优秀论文评选】 2018年9月28日，市科协开展南宁市自然科学优秀论文评选活动，评出获奖论文33篇，其中《热休克蛋白90在对乙酰氨基酚诱导药物性肝损伤中的生物学特征研究》（吴咖、郭超、苏敏著）、《限制性输血策略不影响异位妊娠患者的临床预后》（黄燕娟、梁艺、马赫著）、《北部湾盐沼茳芏沼湿地土壤——植物系金属污染评价》（杨艳、许峻模、潘良浩著）3篇论文获一等奖，《城市总体规划实施评估思路探讨——以南宁为例》等10篇论文获二等奖，《固相萃取——高效液相色谱法测定地表水中4种磺胺类抗生素》等20篇论文获三等奖。

（肖重虎）

2018年11月23日，“海智基地”中国（广西）—以色列技术转移促进中心在市科技馆揭牌。广西科协党组书记、副主席纳翔（右五）、以色列议会副议长耶希埃尔·希利克·巴尔（右六）出席揭牌仪式并揭牌

市科协提供

中国国际贸易促进委员会南宁市支会

【概　况】 2018年，中国国际贸易促进委员会南宁市支会设办公室、会展联络部、法律事务部及机关党支部，编制11名（工勤编1名），在编11人。市贸促会接待来自法国、匈牙利、澳大利亚、希腊、阿尔及利亚、韩国、马来西亚、越南等9个国家的商务代表团、客商12批次、56人次，接待山东省济南市、陕西省渭南市2个省市贸促会6人。走访山东省烟台市、云

南省昆明市、上海市等10多个省、市贸促会、贸促组织;带领企业赴日本、智利、巴西、阿根廷、缅甸、越南、泰国等国家进行商务访问、考察;举办、参加经贸洽谈会、展览会30场。新发展会员企业13家,组织会员企业参加自贸试验区政策解读、法律风险防范、经贸摩擦应对、税务新政、企业合规化建设等专业知识讲座、培训16场。5月21日,南宁国际商会驻越南联络处在越南河内正式挂牌。年内,市贸促会编印《南宁贸促信息》12期、5000多份,发布经贸信息40多条,提供咨询1200多次;向市委信息办和市政府信息办上报经贸信息40多条,采用7条。获"中国贸促会非优惠原产地证签证业务机构授权"证书、全国会展工作先进单位证书和"中国会展业产业大会"奖杯。主要存在内部机构设置未完善,人员紧缺,区县、开发区没有基层贸促机构(国际商会);欠缺外贸、涉外法律专业人才;境外参展、组织本地企业开展"走出去"以及与国外商协会进行贸易促进交流的机会少,无法满足企业要求等问题。

【会员管理与服务】 2018年,市贸促会通过组织企业出访、参展、培训、投融资洽谈会等渠道发展南宁国际商会会员13家。1月11日,举办2018南宁国际商会印尼市场信息交流会,南宁国际商会5家会员企业参会。3月11日至17日、25日至31日,市贸促会成员分2批参加广西贸促会(广西国际商会)系统综合能力提升培训班学习。4月4日,组织企业参加广西贸促会(广西国际商会)举办的2018年第一期"贸促大讲堂"暨第一季度贸促经济分析会;11日至13日、18日至20日,参加中国贸促会商业行业分会在北京举办的国际标准化综合知识培训班、中国贸促会法律事务部在陕西省西安市举办的中国贸促会"一带一路"倡议解读和法律风险防范(西安)培训班;17日举办南宁国际商会南部非洲市场信息交流会。5月11日至21日,举办南宁市贸促会南宁国际商会新标准化法解读与企业标准化实务培训班,南宁国际商会驻越南联络处在越南河内的越南中国商会广西企业联合会举行揭牌仪式。6月13日至30日,出席广西贸促会举办的自治区贸促系统深化改革培训座谈会,南宁国际商会举办南宁国际商会越南市场信息说明会,在南宁饭店举行南宁国际商会第三次会员大会,参加由世界贸易中心协会与陕西省贸促会在西安市举办的2018世界贸易中心协会华语地区年度工作会议暨管理培训。7月9日至31日,参加广西国际商会五届三次理事会会议,参加中国贸促会自贸试验区政策解读和法律风险防范(郑州)培训班,参加中国贸促会经贸摩擦应对和法律风险防范(甘肃)培训班,参加广西贸促会(广西国际商会)2018年第三期"贸促大讲堂"暨第三季度贸促经济分析会。8月8日,组织会员企业召开"南宁国际商会 日本秋田南宁物产店开业分享交流会"。9月5日至8日,出席2018年全国贸促系统商事认证资格培训暨中国—马尔代夫自贸协定优惠原产地签证培训。10月19日、30日,举办2018税务新政暨企业合规化建设专题培训班,组织企业参加广西贸促会与广西国际商会共同举办的2018年第四期"贸促大讲堂"暨第四季度贸促经济分析会。11月8日至10日,参加泛珠三角会展联盟在华南理工大学举办的以"贸易摩擦与会展国际化"为主题的第三届"中外会展大讲堂"系列活动。12月10日至29日参加在北京举行的中国国际商会理事会会议,在南宁饭店举办2018年南宁国际商会会员企业产品信息交流会。

【经贸交流活动组织】 2018年1月,市贸促会(南宁国际商会)组织南宁爱尔柏塔科技有限公司、广西世宁家居用品有限公司2家会员企业与匈牙利广西总商会展开座谈;15日,组织会员企业11家与马来西亚投资发展局、马来西亚驻广州总领事馆投资处展开座谈;18日,市贸促会、南宁国际商会会员企业到南宁研祥智谷考察调研并进行座谈交流;同日,联合市外侨办、市工商联举办"抢抓一带一路机遇 南宁企业家与驻邕总领事馆经贸投资交流会",马来西亚、泰国、越南、缅甸、柬埔寨、老挝总领事、外交官,中国香港特区政府驻广西联络处负责人、企业代表100多人出席;19日,组织会员企业5家参加南宁市中小出口企业海外信用风险保障政府计划宣讲会暨业务推介会;30日,组织会员企业9家参加Reimex集团董事长兼环保专家朱利奥·詹诺利(GiulioGiannoli)博士召开的意大利环保科技介绍会。3月9日,参加在广州举办的第四届城市会展合作发展高峰论坛。4月13日,受柬埔寨驻南宁总领事馆邀请参加柬埔寨新年联谊会、2018中柬企业交流会等活动;27日,组织企业参加2018"一带一路"中新互联互通南向通道物流高峰论坛。5月10日,组织企业16家参加广西贸促会(广西国际商会)举办的企业国际商务旅行便利化主题沙龙。6月4日至6日,应邀参加在上海举行的2018中国会展产业发展大会·改革开放40周年中国会展品牌盛典及2018全国城市会展工作会议、中国品牌展会论坛等相关活动,获中国会展产业大会组委会、全国会展评选活动办公室颁发"中国会展业产业大会"奖杯、全国会展工作先进单位证书;8日,应钦州市贸促会邀请,组团参加第一届钦州坭兴陶文化艺术节暨南向通道陶瓷博览会。9月12日,参加中国—东盟商界领袖论坛;13日,派代表参加2018南宁国际友好城市商品市集开市仪式、南宁国际友好城市交流暨南宁市与澳大利亚班达伯格市共庆建立友好城市关系20周年城市展开幕式、中国—东盟商事法律合作研讨会、中国—东盟跨境电子商务发展论坛、首届"一带一路"新经济发展论坛、首届"一带一路"青年领袖论坛、2018南宁投资贸易洽谈会暨重大项目签约仪式及与国外友好人士代表餐叙会等中国—东盟博览会、中国—东盟商务与投资峰会系列活动。11月23日,组织企业参加中国国际贸易促进委员会和自治区政府主办,在南宁荔园山庄举行的2018中国企业跨国投资研讨会;28日,参加市政府对希腊共和国驻华大使及部

2018年5月11日,市贸促会(南宁国际商会)获"中小企业标准化(南宁)服务中心"授权,并举办"南宁市贸促会 南宁国际商会新标准化法解读与企业标准化实务培训班" 市贸促会提供

分外国使节团一行约30人的宴请。11月29日至12月2日，出席2018泛珠三角城市会展联盟(江西)年会，参加泛珠三角城市会展联盟会长联席会议、泛珠三角城市会展发展论坛、泛珠三角(江西)城市会展经验交流大会等系列活动。12月19日，参加在南宁市举办的贸促系统全面签发中国—东盟自由贸易协定(FTA)项下原产地证书工作会议，获"中国贸促会非优惠原产地证签证业务机构授权"证书；20日至23日，参加中国贸促会商业行业委员会在昆明举办的第二届中国服务贸易标准化论坛及相关会议。

【对外交流与合作组织】 2018年3月12日，市贸促会(南宁国际商会)陪同马来西亚驻广州总领事馆投资处领事纳祖奇一行到南宁青秀山调研考察。3月26日至4月4日，带领企业随广西贸促会对缅甸、越南、泰国进行商贸考察。3月29日，接待山东省济南市贸促会来访。4月9日，陪同市政府副秘书长蒙文虎会见并接待2018年阿尔及利亚友好城市建设和合作发展研修班一行23人。5月10日至13日，组织企业参加市政府团组随自治区代表团参加在陕西省西安市举办的第三届丝绸之路国际博览会暨第22届中国东西部合作与投资贸易洽谈会；16日至19日，组织企业随市政府团组参加在福建省福州市举办的21世纪海上丝绸之路博览会暨第十二届海峡两岸经贸交易会；28日至30日，组织企业参加在陕西省西安市举办的第二届陕西"一带一路"科技创新创业博览会。6月7日，韩国新万金FOEX贸易馆(简称"FOEX贸易馆")董事长金胜沭一行3人到访市贸促会(南宁国际商会)，并召开韩国FOEX贸易馆推介会；21日至23日，组织企业出席由中国贸促会和自治区政府在南宁市联合举办的2018中德智能工业发展论坛。6月29日至7月2日，出席在山东省烟台市举办的2018第十三届东亚国际食品交易博览会。7月5日至9日，随市政府代表团参加第二十四届中国兰州投资贸易洽谈会；23日，接待由越南中国商会广西企业联合会执行秘书长、广西维冠律师事务所主任苏日好率领的中越经贸促进代表团；25日至29日，组织企业随市政府团组出访日本并开展交流活动。8月8日至9日，作为会员单位参加在内蒙古自治区鄂尔多斯市举行的贸促系统会展联盟第十一次会议。9月12日，组织企业与到访的匈牙利创新技术工业园代表团举行座谈；14日，组织会员企业与到访的法国全法亚华商会联合会进行座谈交流。10月26日至28日，参加中国国际商会、陕西省贸促会和宝鸡市政府在宝鸡会展中心联合举办的中国(宝鸡)国际机器人智能制造展览会；27日至30日，参加中国国际商会主办的2018第八届黄河三角洲(中国垦利)国际生态农业博览会。11月5日至10日，随市政府代表团参加在上海国家会展中心举办的首届中国国际进口博览会；15日，陪同市委常委、副市长何颖与韩国欧儿菲爱公司总经理金良宰一行进行座谈；15日至17日，随市政府代表团参加在山东省济南市举办的2018年第12届中国(山东)国际糖酒食品交易会；19日，陪同韩国欧儿菲爱公司总经理金良宰一行到南宁市横县参观考察茉莉花产业发展情况；23日，陪同市领导会见参加"2018中国企业家跨国投资研讨会暨世界500强八桂行活动"期间到访的韩国广西总商会顾问、韩国中小企业融合会中央会广西联络部顾问丁海勋等12人。11月29日，与陕西省渭南市贸促会一行4人进行座谈，协商举办渭南特色农产品(广西凭祥)产销对接会等事宜。12月15日至25日，组织企业代表团出访智利、巴西、阿根廷；20日至23日，参加在东兴市举办的2018中越(东兴—芒街)国际商贸·旅游博览会；26日，陪同广西韩国商会会长金广洙一行到横县考察农副产品生产加工情况。

(王颖谊)

南宁市残疾人联合会

【概　况】 2018年，南宁市残疾人联合会设办公室、康复科、教育就业科、组织联络科、宣传文体科、维权科6个科室和机关党总支部，编制23名(工勤编制2名)，在编23人(工勤人员2人)。直属事业单位有南宁市残疾人劳动就业服务指导中心(南宁市盲人按摩指导中心)，编制18名，在编17人；南宁市残疾人活动中心，编制11名，在编10人；为全额拨款正科级事业单位。发放残疾人"两项补贴"(困难残疾人生活补贴、重度残疾人护理补贴)资金3952.85万元，受益79.05万人次；南宁市残疾人联合会与22家康复机构签订《南宁市残疾儿童康复救助服务协议书》；全市12个区县、124个乡镇完成主席团和执行理事会班子换届。有区县(开发区)残疾人联合会组织15个，乡镇(街道)残疾人联合会组织127个，村(社区)残疾人协会1705个；有乡镇(街道)兼职理事长127人，选聘残疾人专职委员1783人。全市有残疾人53.50万人，占总人口7.23%。主要存在基层残联组织建设比较薄弱，市残童康复定点机构服务水平参差不齐；残疾人文化程度相对较低，达成就业的岗位质量不高，就业形势严峻；横县、宾阳县、上林县、马山县、隆安县5个县的特殊教育学校规模较小，不能满足残疾儿童康复和教育需求等问题。

【残疾人就业】 2018年，市残联拓宽就业渠道，新增残疾人就业4296人；建成残疾人辅助性就业机构8家，安置残疾人184人，其中智力残疾88人、精神残疾29人、重度肢体残疾16人、其他残疾51人。继续开展政府购买残疾人职业技能培训服务，组织1756名残疾人参加培训，其中城镇残疾人775人、农村残疾人981人。年内，依托"全国助残日""就业援助月"等活动，组织、举办残疾人就业专场招聘会10场，南湖名都大酒店、沃尔玛等118家用人单位提供岗位283个；应聘残疾人693名，签订就业意向140人，残疾人

2018年5月20日"全国助残日"期间，市残联、南宁电视台举办残疾人专场招聘会。图为残疾人应聘现场　谢长伟提供

就业 140 人。通过发放养老补贴形式,鼓励、扶持残疾人自主创业,残疾人从事个体经营、灵活就业 600 多人,成立微型企业 20 多个。给予视力残疾人补贴每人每年 1600 元,其他类别残疾人补贴每人每年 1200 元;完成残疾人个体就业养老保险补贴发放 676 人。举办盲人按摩培训班 2 期,培训 40 人。10 月 23 日至 24 日,第五届广西残疾人职业技能竞赛在南宁学院举行,有 15 支代表队、200 多名残疾人参加;南宁市代表队有 24 名选手参加 5 类 13 个项目比赛,获团体总分第一名、优秀组织奖。

【残疾人康复服务】 2018 年,南宁市完成残疾人基本康复服务 2.82 万人,完成率 135.70%;完成基本辅具适配服务 9253 人,完成率 134.70%;完成贫困成人残障者康复工程助听器验配项目 100 台,假肢矫形器装配 94 例。市残联与辖区残疾儿童康复定点机构签订责任书,组织全市定点机构 22 家参加残疾儿童项目专门培训班学习 4 期,培训定点机构教师、治疗师 50 多人,安排 985 名残疾儿童进入定点机构进行康复训练。开展精神病患者救助,市本级精神病患者服药救助 5000 人,住院救助 300 人。广西残疾人福利基金会联合爱尔眼科医院继续开展持证残疾人白内障手术费用全免活动。

【残疾人权益维护】 2018 年,南宁市完成贫困残疾人家庭无障碍改造 2480 户;组织残疾人参加汽车驾驶培训,有 35 名残疾人通过考试获驾驶证;为 997 名残疾人车主发放机动轮椅车燃油补贴。接待残疾人来访 13 次 23 人,转办群众来信 10 件次,处置率 100%。为残疾人提供法律援助,审核相关协议并提供法律意见 3 件次,为困难残疾人提供法律援助案件 1 件次,电话接受残疾人法律咨询 10 余次。利用 12385 残疾人服务热线,对残疾人在热线电话反映的有关事项办理情况进行跟踪掌握,办结率 100%。

【残疾人教育】 2018 年,南宁市为 1639 名残疾学生及贫困残疾人子女就学发放助学补助金 166.23 万元。其中:中央彩票公益金助学项目资助 76.20 万元,资助学前教育阶段贫困残疾儿童 254 人,每名残疾儿童资助 3000 元;开展"阳光助学计划",资助义务教育段残疾学生 1064 人、提供学习和生活费补助 21.28 万元,对考上高中以上学校的残疾学生及贫困残疾人子女给予高中(含中职中专)每人 1500 元、大专每人 2000 元、本科以上每人 3000 元的一次性资助,全年资助残疾学生和贫困残疾人子女 312 人、67.25 万元;开展残疾学生远程教育及学历教育资助,对报读广西广播电视大学残疾人远程高等教育"阳光班"的 3 名残疾学生给予 3000 元资助;资助依托南宁职业技术学院接受大专学历教育的 2016—2018 年在读和新录取的残疾学生 6 人、1.20 万元。

【残疾人文化体育】 2018 年 9 月 25 日至 30 日,广西第九届残疾人运动会暨第四届特殊奥林匹克运动会在桂林市举办,南宁市派出 78 人组成代表团,参赛运动员 56 人。其中:残疾人运动会运动员 46 人,参加田径、游泳、乒乓球、羽毛球、飞镖、坐式排球 6 个大项比赛;特殊奥林匹克运动会运动员 10 人,参加田径、游泳、乒乓球、滚球 4 个大项比赛。南宁市代表团获 43 金 40 银 20 铜,比上届增加 12 金 25 银 7 铜,获奖牌总数居自治区第一。李丕凯、邱寒、黄小凡、黄德龙、刘维维 5 人在田径、游泳 2 个项目中打破 8 项自治区纪录;市代表团被评为团体"体育道德风尚奖",林景宣、陈思思等 15 名运动员被评为残运会个人"体育道德风尚奖",朱芳庆等 4 名运动员被评为特奥运动会个人"体育道德风尚奖"。选派 17 名队员参加国家、自治区级残疾人田径、游泳、乒乓球、射箭等项目集训,其中刘翠青在国家残疾人田径队集训,黄超文在国家残疾人游泳队集训。10 月 8 日至 16 日,刘翠青参加在印度尼西亚雅加达市举行的第三届亚洲残疾人运动会暨 2018 年雅加达亚残会,获盲人 T11 级 100 米、200 米、400 米 3 个项目冠军,打破 200 米亚洲纪录。5 月 13 日,市残联与市文新广局、市群艺馆联合在民歌湖广场举办南宁市第二十八次全国助残日暨南宁市南国之光残疾人艺术团建团 10 周年文艺演出,邀请南宁市警营蓝湾艺术团及爱心嘉宾、演员杨建伟、兰广平、江欣烨登台表演,南宁电视台都市生活频道对晚会全程报道,现场观众 1200 多人。

【残疾人综合服务设施建设】 2018 年,市残疾人活动中心开放特色体验馆"无声世界体验馆""触摸世界体验馆"2 个,提供免费场地,为残疾人开展坐式排球、滚球、盲人乒乓球、基础康复锻炼、脑瘫儿童康复训练、手工训练等活动服务,受益群众 6.22 万人次(其中残疾人 3.12 万人次);组织开展轮椅广播操、坐式排球、滚球、羽毛球、飞镖、笛子、二胡、古筝、盲人按摩体验活动等培训班(活动)35 期次,培训 3311 人次(其中残疾人 2287 人次);首次组织面向全体市民的手语学习班,残疾人工作者、助残志愿者、助残机构教师、群众等 386 人次参加。

【残疾人康复托养基地与托养中心建设】 2018 年,市残疾人康复托养基地项目建设由于土地权属出现重叠问题,资金拨付暂停,后经市相关部门同意"以函代证",先办理《建设规划许可证》《施工证》。11 月中旬,资金正常拨付,完成支付中央资金 1200 万元;12 月,申请城建计划资金使用。年内,市残疾人康复托养基地项目列入 2019 年自治区重点 PPP 项目之一,项目筹备小组召开会议 2 次,申请采购 PPP 咨询服务机构。市残联在隆安县福利院建成残疾人集中托养中心,中心设残疾人居家生活功能训练室、餐饮、住宿等设施,实施贫困残疾人集中托养。

【社保扶残惠民助残项目】 2018 年,南宁市发放困难残疾人生活补贴、重度残疾人护理补贴资金 3952.85 万元,受益 79.05 万人次;其中困难残疾人生活补贴 23.07 万人次,补贴资金 1153.61 万元;重度残疾人护理补贴 55.98 万人次,补贴资金 2799.24 万元。实施"阳光家园计划"项目,为 5622 名精神、智力残疾和一二级重度肢体残疾人提供托养服务补贴资金 843.30 万元,完成全市 13 个"阳光助残扶贫基地"项目建设,扶持残疾人 1300 人,发放种苗、饲料等价值 156 万元,受扶持残疾人人均收入 2200 元以上。实施"党员扶残温暖同行"项目,通过党员与贫困残疾人以"一对一""多对一"等形式结对帮扶,帮助残疾人掌握 1 门~2 门实用技术。帮扶贫困残疾人家庭 2200 户,扶持资金 220 万元,受帮扶残疾人户均增收约 2000 元。春节期间,走访慰问贫困残疾人 5080 户(市本级 715 户),发放慰问金、慰问品价值 102.75 万元。 (谢长伟)

南宁市红十字会

【概　况】 2018 年,南宁市红十字会设办公室、救助救护部、组织发展部;编制 11 名,在编 12 人。有二层事业单位备灾救灾服务中心,编制 5 名,在编 4 人;造血干细胞捐献管理服务中心,编制 5 名,在编 3 人;区县红十字会 12 个。全市有红十字会专兼职干部 66 人,其中市本级有专职干部 19 人、兼职干部 3 人,区县有专职干部 32 人、兼职干部 12 人。有乡镇街道办、村(社区)、大中专院校和中小学基层红十字会组织 701 个,红十字会医院等团体会员单位 213 个,会员 1.40 万人;有红十字会志愿者 7330 人。市红十字会系统募集款物价值 184 万元,为受灾群众及其他困难人群发放救济款物 286 万元，救助困难群众1.80万人次。完善学校红十字会为基础的红十字青少年组织网络体系，每个区县至少创建1所，青秀区、西乡塘区分别创建5所。在延安大学举办南宁市红十字会综合能力提升培训班，培训51人。2月，市政府通过市红十字会向中国台湾地区花莲县受灾同胞捐助20万元，市红十字会派人参加市政府赴台考察团，到中国台湾地区花莲县红十字会等地开展对外交流；7月，越南红十字会会长阮氏春秋一行3人到市红十字会备灾救灾服务中心和西乡塘区美丽南方参观访问；9月，协助自治区红十字会做好2018中国—东盟红十字博爱论坛的会务、安保和隆安县金穗生态园举办的中国红十字会专业救援队综合演练等；11月，接待中国地震灾害紧急救援研修班一行43人，学员分别来自阿富汗、伊朗、黎巴嫩、缅甸、秘鲁等10个国家。主要存在参与人道救助力度不够，参与“健康南宁”建设方面需进一步拓展，学习能力需加强等问题。

【红十字志愿服务】 2018年，市红十字会贯彻、宣传新修订的《中华人民共和国红十字会法》，做好中央文明委关于“志愿云”服务系统建设。市本级举办红十字会志愿者骨干培训班2期，培训120人。在市本级原有4支志愿服务队基础上，新成立心理救援志愿服务队，扩充赈济救援、心理救援、造血干细胞等志愿服务队伍。4月至11月，市红十字志愿服务队水上分队与市教育局关工委、市妇联、南宁日报社等走进市各中小学校、暑期儿童之家，开展以“珍爱生命、预防溺水”为主题的自救互救课程。对伤、病、困志愿者给予慰问、救助，为意外受伤志愿者唐念章送去慰问金、慰问品；为应急救护水上分队志愿者配备救生圈、救生衣、救生绳索等安全防护装备和购买人身保险，为参与冬泳渡江等水上大型活动和其他户外活动志愿者购买人身意外险等。

【红十字会人道救助】 2018年，南宁市各级红十字会筹集款物97.65万元，慰问困难群众2900多户。实施“小天使基金”专项救助基金，救助白血病患儿26人、发放救助金11万元；关爱器官捐献家庭，向27户器官捐献困难家庭提供救助金27万元。协助广西红十字会开展“天使阳光”基金儿童先天性心脏病筛查义诊活动，筛查疑似先天性心脏病患者200多人；为5个区县贫困家庭先天性心脏病患儿提供医疗救助。开展“关爱深度贫困村红十字在行动”扶贫助学活动，资助上林县贫困学生25人、每人3000元。

2018年4月12日，市红十字志愿服务队水上分队在民主路小学佛子岭路校区开展防溺水安全教育　　市红十字会提供

【红十字公益宣传】 2018年6月14日，市红十字会在地铁1号线开通“生命接力号”专列，并组织志愿者在车厢内发放造血干细胞捐献等宣传资料。加强新闻媒体融合，全市各级红十字会在媒体发布信息400多条。加强对市红十字会微信公众号、网站的建设、宣传，全市各级红十字会报送信息800多条。在世界红十字日、中国防灾减灾日、世界急救日等纪念日，开展宣传纪念、应急救护培训、人道救助等活动500多场。

【社会募捐】 2018年，市红十字系统接收捐赠款物184万元，发放救助款物286万元，救助困难群众1.80万人。接收扶贫专项捐款23.80万元，用于帮扶贫困户危房改造、扶贫项目建设等。开展扶贫助学活动，发放红十字桂嘉汇助学金4.86万元，受益学生27人；携手爱心商会捐赠爱心善款19.80万元，资助上林县贫困学生66人。

【惠民项目建设】 2018年，市财政投入资金94万元，在横县、上林县、隆安县开展“博爱家园”、社区备灾减灾、博爱卫生站等惠民工程建设。申请资金50万，创建上林县乔贤镇龙头村龙润种桑养蚕示范园，有191户贫困户、749人通过“双认定”（帮扶责任人认定、贫困户自身认定）验收。在青秀区百花岭社区实施中国红十字会参与养老服务第二批省（自治区）试点项目，探索老年人群体人道救助方式。

【应急救护培训】 2018年，南宁市投入资金232.20万元，开展应急救护培训385期，培训1.90万人；推进应急救护培训“五进”（进社区、进农村、进单位、进学校、进企业）活动开展。与市委组织部、市人社局共同举办市直机关应急救护培训，培训1389人；培训2017年度新录用公务员（选调生）821人。普及应急救护知识，制作心肺复苏宣传片、防溺水宣传片，在南宁电视台、南宁广播电台等市级媒体、6个区县电视台播放；联合市妇联在2018年“国际家庭日”举办南宁市家庭应急救护比赛，有参赛队伍20支。

【无偿献血与造血干细胞捐献】 2018年9月，市红十字会造血干细胞捐献服务中心正式成立。全市各级红十字会发动群众参加献血，有2.80万人献血、献血量1000万毫升；成功捐献造血干细胞7人，捐献者资料入库采样数800人份。

【遗体与人体器官捐献】 2018年，市红十字会组织城区红十字会举办主题为“生命之约·大爱传递”文艺宣传活动7场，普及“三献”（无偿献血、造血干细胞捐献、人体器官捐献）知识、理念。完成人体器官捐献65例、遗体捐献17例、单独眼角膜捐献5例。

【应急救援】 2018年，市红十字会打造专业救援队伍，选拔25名队员组建市红十字搜救救援队，推荐7名队员作为中国红十字（广西）搜救救援队队员；指导青秀区、武鸣区、横县组建区县专业救援队伍。承担元旦邕江冬泳、端午节龙舟赛等水上安全保障任务、事故救援、抢险救灾等，累计参与溺水打捞18次，出动队员140多人次。完成全年备灾救灾服务中心常规储备物资，完成食用油6000桶、大米5万千克的采购。

（王蔚然）

责任编辑　郑小娟　班　铭

综 述

【概　况】 2018年，南宁市人大常委会审议地方性法规案11件，开展立法调研8项，开展执法检查5项。备案审查规范性文件38件、政府规章5件，督促修改与上位法不一致的规章1件，维护法制统一。推进法治政府建设，完善依法行政制度体系，推进行政决策科学、民主、法治，严格规范公正文明执法，化解社会矛盾纠纷，加强依法行政能力建设，加强仲裁指导，提高仲裁公信力。全市有现行地方性法规45件，政府规章70件。组织向宪法宣誓活动，完成“七五”普法中期督查考核，村级公共法律服务机构全覆盖。推进平安南宁建设，完善“智慧警务”运用，开展扫黑除恶专项斗争，打击涉枪涉爆、黄赌毒、电信网络诈骗、传销等违法犯罪活动，开展“扫黄打非”“清朗”等系列专项行动。坚持领导干部包案制度，化解矛盾纠纷；坚持依法治市，严格遵守宪法法律；坚持公正文明执法，接受人大法律监督、工作监督，政协民主监督和社会、舆论监督，拓宽公众参与法治政府建设渠道，打造“南宁仲裁”品牌。推动社会治理创新，发挥基层群众性自治组织作用，创新完善自治、法治、德治相结合基层治理体系，打造法治社会治理共同体。开展“法治南宁讲堂”活动64场次，解答群众法律咨询5000余次，发放宣传资料21万余份，社区（村）法律顾问全覆盖，法治南宁升级。（卢一方）

【维护社会稳定】 2018年，南宁市加强维稳工作领导；全国“两会”、第15届中国—东盟博览会、全国改革开放40周年和自治区成立60周年大庆期间，市委派出安保工作组12个，由12名市领导带队率领工作组进驻区县开展专项督导；自治区成立60周年大庆期间，全市参与安保工作大巡防的志愿者15万余人。对重大决策、重大工程项目进行社会稳定风险评估，其中经评估准予实施673项，暂缓实施11项，无因存在重大稳定风险不准实施项目。排查调处矛盾纠纷2.42万件，调解成功2.35万件；对全市4136家企业风险点排查辨识和评级，排查重大风险点829个，较大风险点2572个，2970家企业完成整体风险评级。组织防范和处置等实战演练6次；培训维稳信息员307人，报送处理信息3681条，妥善处置群体性事件及苗头74件、2713人次，未引发重大影响；开展治安重点和问题突出整治75次，排查治安重点地区和突出问题112个；挂牌整治地区或单位89个，约谈整治地区或单位15个，通报整治5个，通过整治转好84个，改好率75%；实现零进京非正常上访。

【平安创建活动】 2018年，南宁市开展“平安校园”“平安医院”“平安铁路”“平安景区”“平安市场”系列创建活动，基层平安创建常态化。全市1837所学校均配备政法干警等担任法制副校长；强化学校法制教育，开展法律知识教育7960次；开展校园周边治安整治行动28次，排查化解涉校矛盾纠纷136起。37家二级以上医疗机构补设警务室，28家医院添装一键式报警装置与公安机关联网。二级以上公立医疗机构参加医疗责任保险，发生医疗责任保险事故15起，赔付128万元。加强铁路安全运输管理，中国铁路南宁局集团公司全年无责任行车事故，其中南宁车站保持9699天记录。指导景区、景点设立文明游园标识，开展旅游市场秩序综合整治执法检查26次，编制完善南宁市旅游行业“红黑名单”制度、“双公示”专栏、行政处罚信息“双公示”目录。加强市场监管、商标管理、消费维权，创建放心商场、市场、超市等示范点52个，放心消费创建示范街14条。开展反不正当竞争执法，打击传销，规范直销，将涉传销重点小区转换创建为“无传销小区”65个。加强食品、药品、医疗器械、保健食品化妆品监督管理，创建食品安全城市，创建国家“放心肉菜示范超市”5家、自治区食品安全示范批发市场1个、自治区食品安全示范市场5个、市级“放心餐饮示范单位”52家、餐饮服务食品安全街区4个，获自治区“广西食品安全示范城市”称号。南宁市获自治区综治委评为平安市，12个区县获评为平安区县。（傅荣华）

政法委及综治工作

政法委工作

【概　况】 2018年，南宁市设市、区县两级党委政法委机关13个（市级1个、区县级12个）。中共南宁市委政法委员会设办公室、政治部、调研室、执法监督室、宣传科；代管市流动人口办、市法学会、市见义勇为基金会；市委维稳办、市综治办、市610办合署办公；行政编制41名、在编38人，事业编制（参照公务员法管理）18名、在编11人，事业编制3名、在编3人，工勤编制7名、在编7人，全市政法系统在职1.15万人。全市抓好社会维护稳定工作，全国“两会”、第15届中国—东盟博览会、全国改革开放40周年和自治区成立60周年大庆期间，进行专项督导和安保大巡防；对重大决策、重大工程项目进行社会稳定风险评估；妥善处置群体性事件；开展治安重点和问题突出整治；做好执法监督检查；做好法治研究、宣传教育和公共法律服务；防范处理邪教；开展从严治警专项整治行动。主要面临敌对斗争形势复杂，反对派势力以维权为幌子插手人民内部矛盾，外籍传教人士进行非法传教，散布歪理邪说，威胁国内政治安全等问题。

【执法监督检查】 2018年，市委政法委督办转办涉法涉诉信访案件65件，发出督办函63件，撰写调查报告12件；召开、参加案件协调会、汇报会、专题研究会35次；接待群众来访230批400余人次、来信来电215次。出台《南宁市律师参与化解和代理涉法涉诉信访案件工作经费使用管理暂行办法》，为全市律师参与化解和代理涉法涉诉信访案件工作健康有序开展提供经费保障；出台《中共南宁市委政法委员会支持配合国家监察体制改革试点工作办法(试行)》《中共南宁市政法委员会支持配合国家监察体制改革工作联席会议制度》，推进市政法机关与监察委员会在查办职务犯罪工作中的衔接。成立公职律师办公室并组织开展义务培训1次。

【法治研究与宣传】 2018年，市委政法委牵头编撰《南宁法治发展报告(2018)》形成的《宾阳县电信网络新型违法犯罪综合惩治调研报告》获2018年第十三届“泛珠三角洲法治论坛”二等奖；在自治区法学会通道表彰的40项“广西法学研究优秀成果奖”中，南宁市市属单位获奖9项，占自治区市级单位获奖成果总数80%；开展“搭平台强阵地，法治宣传教育下基层”活动，指导建成“校园法治教育示范基地”43个，全市有1800所中小学校落实法治副校长；应用“法律+互联网+触屏”指尖学法，法治教育信息化、智能化。举办专场报告会64场。解答群众法律咨询5000余次，发放法治宣传资料21万余份。全市建成市县级公共法律服务中心13个、乡镇公共法律服务站127个、村(社区)公共法律服务工作室1769个，“一社区(村)一法律顾问”实现全覆盖。

【政法队伍建设】 2018年，南宁市政法系统开展从严治警“五查五整顿”(查思想、查纠纷、查作风、查担当、查管理，整顿思想信念滑坡问题、有令不行问题、不严不实问题、不作为乱作为问题、领导责任落实不力问题)专项整治行动，查摆问题1223个，整改问题1177个，修改制度57项，新建制度57项；开展明察暗访3010次，明察暗访单位2869个，发现问题1341个，整改问题1336个；查处违法违纪干警48人，党纪政纪处理32人，移送司法机关处理2人；市中级人民法院、市检察院完成人员分类管理，司法责任制和职业保障政策落实等改革，公安机关执法勤务警员职务序列、警务技术职务序列“两个职务序列改革”试点完成3923人职务套改和工资待遇，将新招聘的7141名辅警纳入正规化、专业化、职业化管理。全市政法系统组织政治理论集中学习和专业培训2267次，参与人数13万多人次，政法部门有530个单位、4500名干警获表彰。 (傅荣华)

2018年7月26日，南宁市法学会组织有关部门工作人员到武鸣区城厢镇红岭社区开展“宪法宣传进社区”活动，解答法律咨询、发放法治宣传资料 市委政法委提供

社会治安综合治理

【概 况】 2018年，南宁市有市社会治安综合治理委员会及其办公室，12个区县社会治安综合治理委员会及其办公室，开发区综治办3个，乡镇(街道)综治办124个。实现群众安全感、息诉罢访率、整治队伍执法满意度“三个提升”；南宁市获自治区综治委评为平安市，12个区县获评为平安区县。年内，社会矛盾纠纷仍然凸显，人民群众安全感发展不够均衡。

【社会治安防控体系建设】 2018年，南宁市在全市范围构建“圈、块、格、线、点”防控网5张，对重点部门和重要地域全领域覆盖，打造人像识别、车辆识别、智能抓取网，运用智能交流大数据分析对比，检查人员身份动态、车辆信息，对比信息秒现结果。构建横向、纵向联动“一体化”系统，各级综治办、公安局设应用平台2个，横向联网19个市直和150多个区县部门，纵向联网市、区县、乡镇(街道)、村(社区)，实现视频信息数据在全市范围互联互通；纵横服务管理城中沿街店铺，单楼栋安装智能抓拍视频监控，实现智能抓拍、比对、预警、检索等功能，与公安监控平台连为一体。依托综治信息平台设立各级综治微信公众号，全市30多万个关注用户可通过微信实时报警；建有警务工作站189个，配备警力1620人，出动警力39万人次，设置视频监控探头11.70万个；配置巡防队伍3466个5.65万人，实现群防群治全覆盖。有乡镇(街道)综治办124个，占乡镇(街道)总数100%；社区(村)和驻地各单位安保组织和调解会占应建数100%；调解基层民间矛盾纠纷7874件，无上访上诉案件发生。建成全市大网格、大服务、大平安平台，划分网络7046个，聘请网格信息员2.58万人，开通电脑账号1975户，综治信息系统账号8476户，社会力量自建视频探头2万多个，融入综治视联网。 (傅荣华)

【社会治安整治行动】 2018年，南宁市组织大型群众性活动安保1208场次，出动警力15.90万人次，安保观众538.60万人次。开展无人机等“低慢小”航空器专项整治82次，出动警力1255人次，车辆510辆次。审批特种行业行政许可103件。开展旅馆业清查整治4次，检查420家次，处罚违反实名登记137家次。检查桑拿洗浴、保健按摩场所765家次，整改45家次；查处涉黄案件56起，拘留124人，罚款4人，逮捕13人。清查娱乐场所456

家,整改37家,娱乐场所治安分级管理评定136家。应用开锁服务实名制治安管理信息系统备案企业200余家,从业人员311人,上传开锁信息2760条。开展寄递物流业专项检查,出动警力2286人次,检查企业225家,整改13家,检查网点2130家次,发现安全隐患182处,下发整改通知书76份,约谈违规企业32家,处罚22家次,罚款45.80万元。开展对严重精神障碍患者管控,录入精神障碍患者信息7030人。开展整治枪支爆炸物品违法犯罪专项行动,立涉枪涉爆刑事案件112起,破涉枪涉爆案件105起,打击涉枪涉爆犯罪人员195人,打掉团伙4个;查处涉枪涉爆行政案件119起,行政拘留35人,罚款42人,警告44人;查处烟花爆竹行政案件91起,行政拘留46人,罚款45人,取缔无证烟花爆竹零售点22个。收缴枪支550支、子弹4.17万发、仿真枪697支、管制刀具2339把、雷管324枚、导火索1015米、黑火药10.35千克、易制爆化学品125千克、烟花400多件、爆竹2000多件。审批涉民用爆炸物品行政许可2012份;排查民爆物品从业单位31家,储存仓库24个,爆破作业现场172个,爆破作业人员2302人;停业整顿民爆从业单位1家,约谈4家,处罚10家,罚款75万元,注销资质421人。检查公务用枪专职守护押运单位7家次,下发检查记录7份,责令限期整改1家,查处涉嫌非法持有枪支押运公司1家,扣押防暴枪6支,防暴枪子弹60发,刑事拘留5人。受理保安公司分公司备案23家、跨区域备案24家,自行招录单位备案174家。组织参加保安员合格证考试2140人,发放合格证1131本;采集保安员信息5.10万人,采集指纹1300人。办理“扫黄打非”案件28起,刑事拘留17人,逮捕15人,直诉1人,取保候审10人,查获淫秽音像视频1万余部,非法出版物18万份,印刷模板194块,光碟2408张。办理食品案件35起,侦破12起,抓获54人,刑事拘留42人,逮捕24人,取保候审17人;办理药品案件15起,侦破3起,抓获12人,刑事拘留13人,逮捕7人,取保候审5人,直诉3人;办理环境案件16起,侦破12起,抓获犯罪嫌疑人40人,刑事拘留22人,逮捕10人,取保候审8人。开展噪声专项整治,出动警力1.98万人次,检查噪声扰民点3000余处,收缴高音喇叭、设备100余件,下达警告20余份。办理犬只登记2386只,年审4399只,变更、注销357只,收容35只;清查违规养犬130次,查处1509起,转办120起,办结率100%。

(黄静洁)

【流动人口与特殊人群管理】 2018年,南宁市加强流动人口及出租屋管理。2月2日,举办全市流动人口居住证延伸点工作人员业务培训班。3月,全市13个居住证办证延伸点正式接待群众办理证件。年内,核查流动人口18.04万人,新增流动人口17.29万人,发现疑似传销人员457人,精神病患者1266人;查验流动人口婚育证明4.42万人,抓获犯罪嫌疑人751人。开展清查481次,出动2.24万人(警力7042人)清查出租屋5.62万次,新登记出租屋840户,发现传销461户,处罚出租屋主201人。加强特殊人群服务管理、刑释人员安置帮教,衔接刑释解教人员3250人、安置3250人、帮教3250人,新接收社区矫正人员9323人、解除矫正7531人。至年末,有社区矫正人员1792人,社区矫正人员重新犯罪率降至0.11%。

【城乡综治网格化管理】 2018年,市社会治安综合管理委员会明确县、乡、村三级网络管理机构、工作职责、人员安排,把基层利用财政资金聘用人员整合为网格员,建立集综合治理、纠纷调处、民生服务等功能于一身的网格管理队伍;完成那桐镇、朝阳街道、福建园街道、仙葫开发区、北湖街道、安吉街道网络化管理示范点建设。全市7159名专职网格员依托综治信息系统录入实有人口数据730多万人、特殊人群1.60万人、重点场所1万个、大中小学3792所,网格员通过手机上传信息110多万条,办结率98%。联合市消防支队开展拉网式消防安全集中排查整治,排查网格数6030个,排查场所1.16万个,发现火灾隐患1878个,纠正违法行为1894例,关停易燃易爆点2209个。检查单位7.10万家,整改隐患6.80万处,查封962家,“三停”(停业、停电、停止施工)717家,罚款1042万元。

【矛盾纠纷排查化解】 2018年,市各级综治部门实行每月一排查矛盾纠纷,重大活动和节假日期间实行每天一排查、一研判和零报告制度。全市排查出矛盾纠纷2.42万起,调解2.35万起,涉及当事人10.81万人,调解成功1.73万起,涉及协议金额1.14亿元,防止民间纠纷转化为刑事案件106件940人,防止群体性上访140件5025人,防止群体性械斗77件1.63万人。市卫计委成立的医疗调解委员会自行调解医患纠纷155起,调解成功20起,赔偿金额10.30万元。

【青少年犯罪预防】 2018年,市综治办将全市230万6岁至25岁青少年基础数据进行分类纳入网格化,重点管理1115名问题青少年、1867名社区服刑人员,做到静知位置,行知去向。落实预防青少年违法犯罪工作人员1254人,其中专职人员141人、兼职人员1113人;落实预防专项经费302.20万元,其中市级拨款19.50万元,区县、乡镇经费282.70万元。全市25岁以下青少年犯罪率下降2.26%,未成年人犯罪率下降1.20%。

【校园环境综合治理】 2018年,南宁市1837所学校均配备政法干警担任的法制副校长,市检察院8名领导聘任为中学法制副校长。强化学校法制教育,开展法律知识教育7960次,有专职安全协管员、保安员4000余人,配备责任民警1238人,建立校警务室960个。加强学校、幼儿园及周边治安环境管理,开展法制教育77次,安全演练15次;开展校园周边治安整治行动28次,检查学校452所,发现安全隐患113处,整改100%,排查化解涉校矛

2018年9月5日,中国—东盟博览会展馆内安保检查工作现场　　黄静洁提供

盾纠纷136起;配备安全防护装备5487套,其他防护装备3.90万套,视频监控介入公安平台730套。 (傅荣华)

地方立法

【人大立法】 2018年,市人大常委会审议《南宁市出租汽车客运管理条例(修改)》《南宁市地下综合管廊管理条例》《南宁市大王滩国家湿地公园保护条例》《南宁市科技创新促进条例》《南宁市电动自行车管理条例》《南宁市中小学校幼儿园用地保护条例》《南宁市机动车和非道路移动机械排气污染防治条例》《南宁市公园条例》《南宁市道路交通安全条例》《南宁市大明山保护管理条例》《南宁市昆仑关保护管理条例》11件地方性法规案,其中审议通过《南宁市中小学校幼儿园用地保护条例》《南宁市机动车和非道路移动机械排气污染防治条例》《南宁市公园条例》《南宁市道路交通安全条例》《南宁市大明山保护管理条例》《南宁市昆仑关保护管理条例》6件地方性法规,颁布施行《南宁市道路交通安全条例》《南宁市大明山保护管理条例》《南宁市昆仑关保护管理条例》3件地方性法规。开展《南宁市公益林条例(修改)》《南宁市环境噪声污染防治条例(修改)》《南宁高新技术产业开发区管理规定(修改)》《南宁—东盟经济开发区条例(修改)》,停车场管理、物业管理、水土保持、上林全域旅游8个项目立法调研。对全市现行有效的42件地方性法规开展综合评估分析,首次开展法规表决前评估,委托第三方对《南宁市中小学校幼儿园用地保护条例》合法性、合理性、协调性、规范性进行评估。建立立法助理制度,首次聘用6名立法助理。通过媒体刊登法规草案征求意见5件次,召开立法调研、论证、协调、协商会议46次,采纳各方面立法建议220多条。组织大明山周边宾阳县、上林县、马山县、武鸣区65个基层立法联系点,采取发放法规文本、宣传图册、张贴海报等开展法规宣传。 (韦杉娜)

【政府立法】 2018年4月11日,市政府办公厅印发《2018年政府立法工作计划的通知》。市法制办报请市政府提请市人大常委会审议《南宁市地下综合管廊管理条例(草案)》《南宁大王滩国家湿地公园保护条例(草案)》《南宁市科技创新促进条例(草案)》《南宁市电动自行车管理条例(草案)》4件地方性法规草案;报请市政府出台《南宁市建设工程施工现场管理办法》《南宁市人民政府关于委托南宁五象新区建设管理委员会实施行政管理权的决定》《南宁市人民政府关于废止〈南宁市建设工程造价管理办法〉和〈南宁市河道采砂管理办法〉的决定》3件政府规章。年内,召开立法专家论证会7次、立法征求意见座谈会7次,邀请市政府法律顾问参与6件政府立法项目论证,协助市政协办公厅召开立法协商会3次。推进委托立法工作,委托第三方机构就《南宁市临时占用挖掘城市道路管理办法》《南宁市烟花爆竹经营燃放管理规定(修改)》《南宁市生活垃圾分类管理办法》《南宁市停车场管理办法》《南宁市相对集中行政许可实施办法》5件立法项目开展调研起草、民意调查、成本效益分析和风险评估、立法后评估等工作。12月29日,市法制办制定《南宁市公众参与政府立法激励规定(试行)》《南宁市规章立法后评估办法》。 (黄莉莉)

法治政府建设

【概 况】 2018年,南宁市法制办公室设综合科、法律事务科、法规科、规范性文件审查科、行政执法监督科、行政复议应诉科,编制26名,在编22人。市法制办统筹推进全市法治政府建设,完善依法行政制度体系,推进行政决策科学、民主、法治,严格规范公正文明执法,化解社会矛盾纠纷,加强依法行政能力建设,加强仲裁指导,提高仲裁公信力。全市有现行地方性法规45件,政府规章70件,政府规范性文件342件。9月21日,中国政法大学法治政府研究院发布的《中国法治政府评估报告(2018)》显示,南宁市人民政府评估总分为720.72分,高出全国平均分66.38分,在全国100个被评估城市中排名第18,西部区域20个城市中排名第3。在自治区率先启用"南宁市政府法制网·公开征求意见平台",建立政府立法、制度建设和行政决策统一公开征求意见制度。探索推进法治政府建设情况第三方评估,通过第三方视角客观评估全市各级各部门推进法治政府建设的成效和不足。主要存在社会公众参与度和满意度不够高,主管部门采取措施和应对办法不多,政府法制工作人少事多等问题。

【依法行政推进】 2018年2月,市政府分别向自治区政府、市委和市人大常委会书面报告2017年法治政府建设情况。3月22日,市法制办牵头举办2017年南宁市法治政府建设情况新闻发布会,宣传报道南宁市法治政府建设经验、做法和亮点。4月21日,市全面推进依法行政工作领导小组听取法治政府建设情况汇报,审议2017年法治政府建设考评结果、考评报告和在法治政府建设中表现优异的单位、集体和个人候选名单。5月21日至25日,市法制办先后赴江南区苏圩镇、邕宁区新江镇、隆安县城厢镇、横县陶圩镇、上林县巷贤镇5个乡镇开展依法行政调研指导,调研了解各镇政府贯彻实施《广西壮族自治区乡村清洁条例》、执法人员持证上岗以及乡村清洁执法等情况。10月29日,市政府办公厅印发《南宁市2018年度法治政府建设考评工作方案》,创新法治政府建设督查考核方法,试点开展法治政府建设第三方评估,由第三方评估机构通过走访座谈、发放问卷、采集数据信息等方法收集和分析全市56个被考

2018年3月22日,2017年南宁市法治政府建设情况新闻发布会在南宁国际会展中心新闻发布厅举行 黄莉莉提供

评单位法治政府建设情况;55个被考评单位考评结果达到优秀等次(91分以上),优秀率98.20%,34个被考评单位考评得分100分。

【规范性文件审查】 2018年,市政府出台规范性文件40件,全部按规定履行征求意见、合法性审查、集体审议、对外公布等程序,并向自治区政府、市人大常委会报备。11月6日,市政府办公厅印发《南宁市行政规范性文件建议审查规定》,规范全市行政规范性文件审查建议的提出、受理、处理等。12月24日,市法制办印发《行政规范性文件备案工作制度》,对规范性文件备案审查、公布、情况通报、监督检查进行规范;办理区县政府、市政府工作部门及开发区管委会印发的规范性文件备案审查194件,指导制定机关自行修改30件。加强对规章、规范性文件清理长效机制,对全市涉及著名商标制度、产权保护、生态环境保护、证明事项、民营经济等地方性法规、规章、规范性文件开展专项清理。修改市政府规范性文件5件,废止(含已失效)规章1件、市政府规范性文件10件,拟修改地方性法规1件、规章5件、市政府规范性文件9件,拟废止市政府规范性文件5件。

【公开征求意见网络平台启用】 2018年5月21日,市政府办公厅印发《关于使用南宁市网上公开征求意见平台的通知》;6月1日,平台正式启用。至年末,发布地方性法规草案5件、政府规章草案3件、政府规范性文件草案41件、部门规范性文件草案93件、政府重大行政决策草案22件、部门重大行政决策草案24件。

【政府法律事务】 2018年,市政府法制机构和政府法律顾问对市委、市政府文件、决策事项、重大合同及其他涉法事务,部门涉法事务提出合法性审查意见1243件次,参加涉法事务会议581次。市法制办推动重大行政决策后评估制度落实,鼓励和指导市人社局、市交通局、市国土局、市城乡建委、良庆区政府、青秀区政府分别对"南宁市职工医保个人账户资金购买商业健康保险和缴纳医保政策""网约车实施细则""南宁市征收集体土地工作程序规定""促进建筑业加快发展的若干意见""良庆区扶持农村客运发展实施办法"和"青秀区政府投资项目管理暂行办法"等重大行政决策事项开展实施后评估。落实政府法律顾问管理服务、考核评价制度,加强对政府法律顾问服务和管理,组织政府法律顾问参与政府立法、重大行政决策等法治政府建设,推进区县、乡镇(街道)、村(社区)三级法律顾问全覆盖,法律顾问参与法律事务活动并出具法律意见1500余件次。

【行政执法监督】 2018年,南宁市各行政执法部门在门户网站公开部门机构职能、执法主体、执法依据、执法权限、执法程序、执法决定文书,完成部门重大执法决定范围界定,制定并公布重大执法决定目录清单,按制度要求对部门重大执法决定进行法制审核。建立健全行政裁量权基准制度,对2017年以来全市新出台或修订的地方性法规、规章设定有行政裁量条款的,建立或修订相应的行政裁量基准制度,南宁市涉及行政裁量条款的65件地方性法规、规章,以及1件由南宁市负责实施的自治区地方性法规,全部建立行政裁量权基准制度。7月,市法制办组织开展市级部门行政执法案卷集中抽查、评查,在各区县、部门完成自评自查基础上,组织采取交叉互评方式随机抽取132份行政执法案卷集中评查。南宁市网上行政执法暨电子监察系统运行稳定,全市32个市级部门通过系统办理行政处罚一般程序立案1756件、结案782件(含上年结转)、简易程序立案1件,通过电子监察系统发现并指导部门纠正执法问题14件次。延长市行政执法监督员任期,续聘市政府行政执法监督员27名。

【行政复议应诉】 2018年,市政府行政复议办公室接待来访群众1207人次,收到行政复议申请374件,受理320件,不予受理17件,告知当事人选择其他方式解决纠纷37件。到基层勘察案件现场4次,召开案件听证会、调查会、调解会92次。审结行政复议案件249件(含上期结转),其中决定维持138件、驳回申请51件、撤销16件、责令重新履行6件、确认违法7件、调解终止结案31件。实地勘察复议案件现场4次,召开复议案件听证会、调查会92次。5月至11月,副市长伍娟、李建文以行政机关负责人身份到南宁铁路运输中级人民法院、市中级人民法院代表市政府作为被告出庭参与行政诉讼案件审理67件。年内,市法制办指导市直部门代市政府出庭应诉行政诉讼案件102件,市法制办代市政府出庭应诉行政诉讼案件320件,代市政府参加自治区政府行政复议案件审理36件。

【依法行政能力建设】 2018年,南宁市举办市政府常务会议学法活动2次,学习党的十九大报告关于法治建设的重要论述、《中国法治政府评估报告(2017)》《中华人民共和国宪法修正案》,市政府常务会议组成人员11人参加,区县(开发区)、市级部门主要负责人60人通过视频同步学习。7月14日至20日,在广西师范大学举办"2018年南宁市领导干部依法行政专题培训班",培训50人。7月25日至27日,市法制办举办2018年南宁市政府法制工作业务培训班,培训100人。9月16日至30日,举办南宁市2018年行政执法人员培训班,培训2400多人。11月,市法制办组织参加培训的行政执法人员参加自治区行政执法资格(续职)考试,参加3061人、通过2887人,考试平均成绩74.13分、通过率94.32%。(黄莉莉)

公　安

【概　况】 2018年,南宁市有公安机关18个,其中市公安局1个,公安分局12个(兴宁分局、江南分局、青秀分局、西乡塘分局、邕宁分局、良庆分局、南湖分局、高新分局、青秀山分局、华侨分局、地铁公交分局、武鸣分局),县公安局5个(横县公安局、宾阳县公安局、上林县公安局、马山县公安局、隆安县公安局);直属支队20个(刑侦支队、巡警支队、交警支队、禁毒支队、治安支队、特警支队、警航支队、国保支队、经侦支队、技侦支队、经文保支队、预审支队、网安支队、督察支队、邪侦支队、出入境支队、人口支队、反恐支队、法制支队、情报支队);关押场所22个(看守所9个、拘留所6个、戒毒所5个、收容教育所1个、强制医疗所1个);人民警察训练学校1所。市公安局设政治部、人事训练处、警务处、警辅处、绩效考评处、离退休人员工作处、办公室、应急联动中心、科信处、警卫处、外联处、劳教办、研究室、宣传处、信访处、后勤保障部、计财处、装备处、后勤处、审计处、机要保密处,设纪委、纪检监察一室、纪检监察二室、纪检监察三室、纪检监察四室、机关党委、团委;设派出所201个(市区派出所110个、五县派出所91个)。编制7893名(市公安局、城区分局6326名,县公安局1567名),在编7742人(市公安局、城区分局6213人,县公安局1529人)。年内,市公安局完善警务大数据运用,推进平安南宁建设,群众安全感95.71%。在全国首创户口业务审批后置模式和首个350兆警用宽带。在自治区率先实行户籍、出入境、车管业务"5+2"办理或晚上办服务模式;实现车辆智能通道式查验系统,推出派出所窗口收费、交通违章缴罚和出入境业务办理等第三方支付便民措施;建成涉警舆情预防处置(指挥)室。全市全年社会政治稳定,治安秩序良好。全市公安机关获自治区公安厅记个人一等功1人、个人二等功15人、个人三等功12人,获自治区公安厅记集体二等功公安局1个(青秀分局)、集体二等功基层单位5个(兴宁分局禁毒大队、青秀分局中山派出所、市公安局警卫处二科、交警支队二大队、网安支队四大队)、集体三等功基层单位5个(西乡塘分局刑侦一大队、南湖分局凤岭派出所、宾阳县公安局网络安全保卫大队、治安支队一大队、邕宁分局法制大队);获自治区公安厅评为“十佳政保卫士”1人、“十佳扫黑除恶标兵”1人、“十佳禁毒标兵”1人、“十佳治安管理能手”1人、“十佳公安改革能手”1人;获自治区公安厅评为“全区模范人民警察”3人、“全区优秀人民警察”23人、“全区优秀公安基层单位”12个。获自治区公安厅“2018年度专案专项记功”个人一等功1人、个人二等功4人、集体二等功办案组2个。编排制播的《阿sir开课了》微视频栏目获公安部第二届警界奥斯卡警务视频评选活动“十佳栏目”奖。主要存在智能化建设尚未实现所有行政审批事项完全网络化、智能化替代人工同步服务问题。

【接警处警】 2018年,市应急联动中心(市公安局指挥中心)接到应急求助来电146.88万个,比上年增长3.08%;有效警情57.67万起,增长13.45%,其中刑事治安警情14.84万起、交通警情20.88万起、消防警情9027起、120医疗救援6.83万起、其他接警14.22万起,调度警力29.13万次。帮助群众寻找走失人员9215起,寻物5701起,其他求助8.81万起,调解纠纷1.46万起;受理举报线索1.72万起,咨询电话35.54万起,短信报警91起,微信报警60起。接收处理公安系统内各单位报送信息线索2.89万条,流转分发信息、情报、指令10万条次,报送公安动态信息材料1737条,向自治区公安厅报送信息材料2790条,发送短信20万条。接收重点人员核查、稳控指令4498条次,核查10万人次。调度警力开展设卡查缉车辆1200辆,检查人员2000余人。

【应急演练与治安巡防】 2018年,市应急联动中心(市公安局指挥中心)组织开展防内涝抢险综合应急演练、有限空间作业事故救援综合应急演练、重大群死群伤卫生处置综合应急演练、企业排污引发群体性事件应急处置综合演练、突发性地质灾害综合应急演练、防空警报试鸣暨人员疏散隐藏演练、地下建筑灭火救援综合应急演练、雨雪冰冻灾害人员滞留客运应急处置综合演练8个市级重点应急演练。市公安局实施屯警街面战略暨社会治安巡逻防控新机制,利用指挥中心调控系统召集各分县局、交警支队等单位,每日召开视频调度会议,通报、研判市、区县当日社会治安状况,指挥调度街面巡逻特警、交警以及各分局警力开展巡防;执行巡逻任务的警员和冲锋车实施视化视频巡查点名900余次,做到白天见警察、晚上见警灯。完成重大安保活动勤务点名、领导指示传达、安保情况通报及警力调度2000余次。

【刑事案件侦查】 2018年,市公安局以“扫黑除恶”专项斗争为龙头,开展“神剑”系列专项行动,严打人民群众反映强烈的突出违法犯罪。立刑事案件6.28万起、比上年下降2.94%,刑事拘留1.23万人、上升8.43%,逮捕8461人、上升8.96%。受理治安案件8.05万起、上升9.20%,查处7.84万起、上升10.53%,行政拘留1.72万起、上升15.47%,其中受理侵犯人身、财产权利治安案件6.49万起、上升7.47%,查处6.27万起、上升8.72%。“扫黑除恶”行动逮捕、直诉9类涉恶犯罪人员2233人、增长53.80%,破获涉恶案件833起、增长17.50%,打掉涉恶团伙414个、增长8.40%。“命案攻坚”行动命案发67起、破67起,侦破命案积案4起,命案破案率100%。破获涉枪涉爆案件105起(公安部认定的重大网络贩枪4起),抓获涉枪爆犯罪嫌疑人195名,缴获枪支550支。立盗抢骗案件5.49万起、下降6.06%,破案1.16万起。打击电信诈骗,立电信网络诈骗案件8945起、上升6.41%,破案1085起,刑拘1289人,起诉本地案件411起;传统诈骗立案1357起、破案299起,破案率22.03%。完善反诈应急机制,止付涉案账号1941个、止付涉案资金3642万元;冻结涉案账户2061个,冻结涉案资金4070万元;拦截冒充公检法诈骗电话2.77万个,拦截假通缉令1333张,通过短信、电话、上门劝阻等方式,挽回群众经济损失7900万元;办理涉电信、网络诈骗案件冻结资金原路返还53次,返还受害人366.60万元。

【毒品犯罪案件侦查】 2018年,市公安局破获毒品刑事案件1039起,其中重特大案件130起,抓获毒品刑事犯罪嫌疑人1287名,逮捕毒品刑事犯罪嫌疑人1117名,移送起诉毒品犯罪嫌疑人1941名、比上年上升26%,打击团伙案件220起、增长88%。破获公安部督办案件13起(协助破案11起),破获公安厅督办案件17起。缴获毒品388.80千克,其中缴获海洛因127千克、合成毒品261.80千克。查处吸毒人员1.03万人、上升41.80%,强制隔离戒毒3443人、上升34.02%,社区戒毒和社区康复1594人,执行率99.50%。约谈宾阳县、西乡塘区禁毒委,挂牌整治13个乡镇,开展全市性禁毒督导检查3次。全市外流贩毒人数下降43.30%,其中横县外流贩毒下降54.19%。“6·26”国际禁毒日,举办全市性禁毒宣传活动93场,在电视、广播、报纸发表禁毒宣传稿件1172篇,悬挂横幅160幅,组织新闻媒体记者随警采访3次,举办禁毒新闻通报会1次,发送禁毒短信30万条。

【经济犯罪案件侦查】 2018年,南宁市开展打击非法集资、网络传销涉众型经济犯罪专项行动、云端行动、“猎狐2018”等

2018年6月25日,“健康人生,绿色无毒”广西禁毒严打整治“6·26”系列宣传活动启动仪式在南宁国际会展中心举行。图为执勤现场　　黄静洁提供

专项行动,打击传销、非法集资、假币、假发票、侵权假冒、假银行卡、非法证券期货、地下钱庄等经济犯罪,维护市场经济秩序。立经济犯罪案件2741起,涉案金额9.63亿元,破案842起,打掉犯罪团伙139个,刑事拘留2306人,逮捕733人,移送起诉943人。开展打击传销清查整治行动638次,出动警力1.63万人次,清查出租房3295间,立传销犯罪案件273起,侦破184起,查获涉嫌传销人员7181人,刑事拘留1319人,逮捕382人,移送起诉485人,打掉团伙122个,捣毁窝点262个,查扣涉案电脑、手机、传销资料一批。打击非法集资,立案(包括集资诈骗犯罪案件、非法吸收公众存款犯罪案件)61起,侦破26起,涉及金额8.70亿元,刑事拘留犯罪嫌疑人53人,逮捕36人,移送起诉47人。依法查办"学信贷""亚龙公司""善林""桂e宝""赚吧金服""贤钱宝"等非法集资案件,维护国家金融安全和市场经济秩序。打击侵犯知识产权和制售伪劣商品犯罪,立案41起,侦破10起,刑事拘留犯罪嫌疑人25人,逮捕5人,移送起诉10人,打掉团伙6个,捣毁窝点5个,涉案金额2090.17万元。打击利用银行卡犯罪,立案1201起,侦破310起,涉案金额4826.90万元,抓获犯罪嫌疑人369人,刑事拘留308人,逮捕12人,移送起诉28人,打掉团伙5个,捣毁窝点3处,缴获涉案银行卡25张。打击涉税犯罪,立案301起,破案16起,刑拘犯罪嫌疑人34人,逮捕24人,移送起诉38人。打击假币犯罪,立案5起,侦破3起,刑事拘留犯罪嫌疑人4人,逮捕4人,移送起诉4人。

【黄赌犯罪案件侦查】 2018年,南宁市立破黄赌刑事案件401起、比上年上升5.25%,刑事拘留1453人、上升45.70%,逮捕728人、上升96.80%;查处黄赌治安案件4569起、上升7.66%,行政拘留9218人、上升3.33%。

【道路交通管理】 2018年,市公安交警部门开展交通安全隐患大检查大排查大整治、暑期重点交通隐患集中整治、重点车辆及驾驶人隐患清零等专项行动,排查运输企业2555家次,下达整改通知638份,通报逾期未检验、未报废车辆17.80万辆次,通报道路事故多发点、长下坡隐患点31处,组织召开隐患整改协调会5次。查处机动车交通违法事故161万起,其中超速33.10万起、无证驾驶8478起、酒驾4648起、拖移车辆9.30万辆。查处电动自行车交通违法56.80万起,泥头车交通违法4.80万起。发生立案交通事故3330起,死亡658人,受伤3625人,直接财产损失1440万元。全天交通拥堵指数1.79,比上年下降1.60%。调整、修复市区重点道路交通标志9140套,更换、增设标志850套,清除标线1406.49平方米,施划标线4071.76平方米,调整、修复、拆除隔离护栏8.80万米,安装、更换隔离护栏1.37万米,更换、回收护栏配套附属设施(桶、柱、隔离器等)1.57万处,修复故障信号灯1342单、公安井盖317单。年内,新增机动车21.50万辆,核发驾驶证21.80万本。全市有机动车189.70万辆(汽车153.30万辆,摩托车35.60万辆,挂车、工程专用车等机动车0.80万辆),电动自行车308.50万辆(市区261.90万辆、五县46.60万辆),机动车驾驶人255.70万人。

【人口管理】 2018年,市公安局办理市外迁入本市户口7.14万人,分发户口簿15.42万本、户口迁移证1.18万张、户口准迁证7300张。受理、审核、上传自治区公安厅二代证制证信息60.37万条,"绿色通道"为急需用证群众办理二代证7.45万张,为驻邕部队现役军人和人民武装警察办理军人身份证1425张。办理自治区内跨市身份证7.99万张,市内异所身份证6.92万张。办理居住证14.39万张、签注居住证21.04万张。实施居民身份证全国异地受理、挂失申报和丢失招领制度,在自治区内率先实行国内居民可在市内任意公安机关户籍窗口办理居民身份证异地换(补)领业务。受理全国异地申领居民身份证2.09万张,办理挂失登记12.76万张,捡拾登记37张,发还登记21张。开展全市清查流动人口和出租屋治安专项整治行动3次,清查"城中村"310个、建筑工地472处、城乡接合部185处、行业场所6951家、其他治安问题突出的流动人口聚焦点471处;清查流动人口10.12万人,其中"三非人员"(非法入境、非法居留、非法就业)23人,救助流浪乞讨人员4人;清查出租屋4.71万户;发现违法犯罪线索403条,查处治安案件159起,破获刑事案件41起;抓获各类违法犯罪嫌疑人475人,抓获在逃人员15人,刑事拘留61人,逮捕1人,治安处罚413人。推进"一村一警务助理"工作,招聘、培训警务助理1471人;警务助理协助破案402起,排查矛盾纠纷3361条,化解矛盾纠纷3075起,收集治安信息4663条,帮教工作对象3676人,其他情况2038起。

【户口审批后置模式实行】 2018年,市公安局深化"一事通办"改革,创新户籍管理工作,全国首创户口业务审批后置模式。8月1日起,在全市范围内对需要审批的户口事项实行先受理办结,再调查审批。审批新模式将以往5个工作日审批时限提速至当场办结,减少群众往返办证次数和时间,实现一次性办结承诺。当场办结户籍业务6大项80小项,占户籍业务总量99%,占审批业务数95%。至年末,受理户籍业务2万笔,惠及3万余名群众。

(黄静洁)

【消防安全管理】 2018年,南宁市消防支队严防社会火灾隐患,全市发生火灾1924起、死亡6人、伤6人、直接财产损失1598.30万元。出动消防警车1.10万车次,警力5.80万人次,接、处警4431起,抢救遇险群众1125人,保护财产1739.60万元。组建地震、水域、交通事故、高层建筑、地下建筑、大型综合体、石油化工企业、山岳救援、危险化学品处置9支专业救援队伍。围绕城中村、"一高一低一大一化"(高层建筑、地下建筑、大型综合体、石油化工企业)、人员密集场所,组织实战化拉动演练12次,开展地震救援拉动演练1次、水域救援演练1次。全市2088家消防安全重点单位全部建成单位微型消防站。开展夏季消防检查、电动车火灾防控、"一高一低一大一化"、高层建筑、电气火灾等专项集中整治行动11项,检查单位10万家,督促整改12万处,临时查封单位1458家,责令"三停"(停业、停电、停止施工)单位1089家,罚款1425.69万元,拘留58人。通过微信、微博、抖音、今日头条推送消防信息1.58万条,关注人群59万余人,发布消防安全提示信息17.90万条;全市消防宣传教育馆和消防站接待群众21.50万人;消防宣传车开展宣传681次,服务市民125万人。针对重点行业、节点、协理员、受众、典型火灾、全媒体六方面建设宣传矩阵,开展公益消防专项宣传活动960次,覆盖社会人群147万人;在高速路口、城市主干道的197块户外大型广告牌、541块LED电子显示屏发布消防宣传广告,实现机场、码头、地铁沿线和公交站台宣传全覆盖。全市连续18年未发生重大以上火灾事故。

(刘清云)

【出入境管理】 2018年,市公安局出入境管理部门接待办证群众82万人次,其中护照申请21.90万证次;办理内地居民往来港澳通行证及签注43.29万证次,大陆居民赴台湾通行证及签注6.84万证次,港澳单程证187证次。受理台湾居民通行证补换发证件209证次,一次有效台湾居民通行证台胞证33证次,台湾居民定居证2证次。受理外国人签证308证次,停留证件343证次，居留许可5793证次，外国人出入境证252证次，中华人民共和国出入境通行证113证次。审批公民出国(境)证件申请72.76万证次，制作往来港澳台签证14.25万证次，外国人普通签证637证次，居留许可5724证次，外国人出入境证227证次，出入境通行证111证次，一次台胞证33证次。处理公安部函调、函件298件次。为急事急办申请人提供绿色通道服务1.36万人次。自助发放出入境证件7.25万本次，人工发放证件3591本次。办理境外人员临时住宿登记128.57万人次。至年末，全市有常住外国人6295人，其中学习类3650人、团聚类1846人、工作类525人、私人事务类244人；查处非法入境案件394起、非法居留案件106起、非法就业案件4起，查获非法入境人员890人、非法居留人员159人、非法就业4人。破获"4.28"偷越国边境案，刑事拘留犯罪嫌疑人14人，逮捕犯罪嫌疑人13人。指导兴宁、江南、良庆、武鸣、西乡塘分局，横县县局侦办偷越国边境案7起、刑事拘留犯罪嫌疑人37人、逮捕犯罪嫌疑人33人。

【经文保管理】 2018年，市公安局经文保支队对党政机关、高校、医院、重点企业、金融机构场所等重要单位开展内部安全防范大检查309次，检查单位289家次，重点要害部位328处，发现隐患问题123处，督促整改90处，提出整改意见71条，无安全责任事故发生。公安机关立"三电"(电力、电信、广播电视设施)案件139起，涉及经济损失208.62万元，破获"三电"案件44起，刑事拘留犯罪嫌疑人24名，逮捕9名。受理涉医案件5起，其中刑事案件2起、治安案件3起，依法对5名违法犯罪嫌疑人采取强制措施；指导21家医疗机构开展针对医闹事件、暴力案件应急处突演练。

【案件选介】 2018年，市公安局破获公安部"2018-106"督办贩毒目标案、自治区公安厅督办贩毒目标案、公安部督办"2.28"传销犯罪专案等案件。

破获公安部"2018-106"督办贩毒目标案 2017年秋，市公安局根据信息研判，发现某大新籍犯罪嫌疑人从中越边境购买毒品，过境南宁贩往广东。被公安部立为"2018-106"目标案。2018年，经辗转广西崇左、广东广州、佛山、揭阳等地侦查取证破案，捣毁跨国跨省贩毒团伙1个，抓获犯罪嫌疑人11人，缴获海洛因25块8.75千克，查获涉案车辆4台，现金5万元。

破获自治区公安厅督办贩毒目标案 2018年9月21日，经公安部、自治区公安厅协调指挥，市公安局禁毒支队侦破一起横跨广西、广东两地的贩卖毒品专案，抓获犯罪嫌疑人8名，缴获毒品海洛因17块(净重5.95千克)、扣押毒资80万元、涉毒车辆3台，摧毁涵盖上家、出资人、中间人、下家4个层级、全链条海洛因贩毒网络，斩掉其勾连越南、崇左、南宁、广东广州、广东揭阳的贩毒通道。

破获公安部督办"2.28"传销犯罪专案 2018年4月9日，市公安局对公安部督办的某某公司涉嫌传销犯罪案件(代号"2.28"专案)收网，摧毁以河南、桂林籍成员为首、团伙人员超过15万人，涉及资金4亿元的特大网络传销组织，抓获涉嫌传销人员38人，刑事拘留28人，逮捕18人，取保候审4人，依法冻结涉案资金6000余万元。获公安部贺电。

破获"7.19"特大虚开发票案 2018年11月16日，市公安局经侦支队联合市税务局对"7.19"特大虚开发票案统一收网，查获涉案人员77人，其中主要犯罪嫌疑人11人、查处涉案虚开发票点8个、涉嫌虚开发票犯罪团伙4个、涉案公司62家，冻结涉案资金500余万元，收缴涉案伪公章100余枚。涉及自治区62家劳务公司、虚开价税合计125亿元，涉及全国20多个省(自治区、直辖市)，为广西虚开发票犯罪活动首起典型大要案件。

破获特大伪造货币案 2018年12月24日，市公安局经侦支队侦破印制假币案1个，抓获犯罪嫌疑人2名，缴获百元面值假美元9471张，总金额94.71万美元，查获伪造假币用电脑、扫描仪等工具1批，捣毁印制假币窝点1处。

(黄静洁)

检 察

【概 况】 2018年，南宁市人民检察院设办公室、政治部、侦查监督处、公诉部、监所检察处、民事行政检察处、控告申诉检察处、检察技术处、法律政策研究室、监察处、行政财务装备处、机关党委、案件管理办公室、司法警察支队、未成年人检察部，辖区县检察院12个及茅桥地区人民检察院(派出机关)。配合监察体制改革，市检察院划转市监察委员会编制34名、实际转隶30人，划转市纪律检查委员会编制5名、实际划转4人。区县检察院划转纪律检查委员会、监察委员会编制174名，实际划转126人。市两级检察院编制742名，在编679人，其中员额制检察官244人、检察辅助人员302人(含检察官助理204人、书记员29人、技术人员18人、司法警察51人)、检察行政人员80人、工勤人员53人，市检察院编制145名，在编123人，其中员额制检察官47人、检察辅助人员43人(含检察官助理16人、书记员8人、技术人员5人、司法警察14人)、检察行政人员21人、工勤人员12人。走访人大代表听取意见400人次，接受人大代表建议126条；办理同级人大常委会交办或转办信访案件15件。人民监督员监督评议案件46件，监督结案123件(含上年积存)；人民监督员同意检察院处理意见43件，不同意3件；向人民监督员反馈评议结果123件；邀请19名人民监督员参加检察开放日活动和案件公开听证活动；通过网络系统对外公布案件信息1.98万条。听取律师为234名当事人提出辩护意见，为律师提供电子阅卷、预约会见、诉讼信息推送等服务2498次。市检察院将综合检务服务中心更名12309检察服务中心，为市民提供法律咨询、案件信息公开、控告申诉、国家赔偿、国家司法救助、辩护和代理网上预约等事项"一站式"服务。江南区检察院、武鸣区检察院获自治区检察院"全区先进基层检察院"称号。市两级检察院获评全国精品案例1件、列入第四批全国检察教育培训精品课程2个，广西检察机关精品案例11件，获自治区检察院记个人二等功9人，获自治区检察院"全区检察业务能手"称号12人。主要存在市两级检察院精确对接大局、服务大局能力和水平有待提升，强化法律监督、维护公平正义职能作用有待进一步发挥，基层检察院发展不平衡，国家监察体制改革后检察职能调整转型发展面临新挑战等问题。

【刑事检察】 2018年，市两级检察院受理审查逮捕7138件1.11万人，批准逮捕5459件8052人，其中批准逮捕涉黑涉恶案件123件491人、批准逮捕227件791人(含上年积存)。要求公安机关说明刑事不立案理由345件，监督公安机关立案324件664人，监督公安机关撤销刑事案件384件495人。纠正公安机关遗漏提请批准逮捕396人。青秀区检察院在办理王某等17人涉嫌组织领导传销犯罪案件审查逮捕时，纠正公安机关遗漏提请批准逮捕46人。不批准逮捕犯罪嫌疑人2956人，不起诉1116人。纠正侦查机关遗漏移送审查起诉239人，追加认定罪行311人。纠正公安机关取证程序不合法等侦查瑕疵，要求补正或书面解释1618件1885次。审查逮捕环节，发出纠正侦查活动违法通知书568件；审查起诉环节，发出纠正侦查违法通知书42件。提出刑事抗诉32件63人,法院审结作出裁判25件50人,采纳抗诉意见18件,其中改判17件、发回重审1件。监督刑事审判,向法院提出纠正违法监督意见32件,法院纠正18件。检察长列席或检察长委托副检察长列席法院审判委员会会议32次。受理审查起诉8085件1.17万人,审结8198件1.21万人(含上年积存),提起公诉6483件9609人。公安机关撤回移送审查起诉34件53人。出席法庭支持公诉6064件。撤回起诉10件16人。协助法院准确适用刑罚,向法院提出量刑建议5495件。受理审查起诉涉黑涉恶犯罪案件163件668人、审结159件664人,行使监督职能追加起诉涉黑涉恶犯罪嫌疑人11人,向纪检监察机关移送涉及黑恶势力的"保护伞"线索14条。办理全国扫黑除恶专项斗争领导小组办公室、公安部督办的苏某等19人黑社会性质组织犯罪案。起诉侵害企业合法权益的犯罪嫌疑人133人。起诉在全国有重大影响的"善心汇"非法传销案件、蔡某等人集资诈骗和非法吸收公众存款亿元案件,起诉非法集资、金融传销、集资诈骗等涉众型经济犯罪嫌疑人556人,起诉利用互联网实施传销、电信诈骗、倒卖公民个人信息等新型网络犯罪嫌疑人392人,起诉非法排污、非法开采等破坏生态环境犯罪嫌疑人422人,起诉危害农村稳定、破坏农业生产和侵害农村群众利益等涉农犯罪嫌疑人959人。审查起诉拒不支付劳动报酬案件20件,帮助农民工追回劳动报酬300余万元。促成196名犯罪嫌疑人、被告人与案件被害人达成刑事和解。采用"诉讼式审查"方式办理逮捕案件22件30人,其中批准逮捕13件17人、不批准逮捕9件13人。试行认罪认罚案件快速办理机制,审查起诉认罪认罚从宽案件132件157人。协调与监察委员会办案衔接,完成最高人民检察院交办的上海市检察院原检察长陈某受贿案审查起诉、出庭支持公诉,完成自治区监察委员会移送的刘某受贿案、李某受贿案等案件审查起诉。审查监察委员会移送职务犯罪案件,决定逮捕8人,起诉23人。

【刑事执行检察】 2018年,市两级检察院办理羁押必要性审查案件479件479人,提出变更强制措施或释放建议420件420人,办案部门采纳执行394件394人。清理久押不决预警案件(羁押期限满4年未满5年)21件38人。审查监狱机关提请减刑4207人、提请假释13人、提请暂予监外执行7人,纠正提请减刑不当19件。审查法院裁定减刑3975人、假释9人,纠正减刑假释裁定不当221件。出席法院减刑假释案件开庭审理135件135人。检察监外执行罪犯2188人、监外执行罪犯纳入社区矫正对象1797人、公安机关监管的监外执行人员391人,纠正监外执行和社区矫正违法案件324件324人。办理判处实刑罪犯未执行刑罚的监督案件6件。督促职能机关执行"五类"罪犯(职务犯罪、金融犯罪、涉黑犯罪、破坏环境资源犯罪、危害食品药品安全犯罪的罪犯)财产刑金额221.69万元。巡视检察5个司法所、7个看守所,发现违法问题11件,提出纠正意见11件,监管部门采纳纠正11件。纠正监管活动违法案件96件,提出书面检察建议17件,监管机关采纳执行14件。办理涉及在押人员申诉案件174件,办理维护在押人员会见通信、生活卫生等合法权益监督案件19件。茅桥地区检察院成立巡回检察办案组4个,集中办理监狱提请减刑案件,机动巡查监管场所,发出改进管理和保障权利检察建议4件。

2018年5月8日,市检察院检察官出席市中级人民法院法庭,监督减刑假释案件庭审,保障裁定公正 蒙旗提供

【控告申诉检察】 2018年,市两级检察院受理控告申诉类信访1346件、举报类信访242件,检察长接待来访群众113件180人。办理不服检察机关处理决定刑事申诉案件36件,办结维持原决定16件,变更原决定6件;办理不服法院生效刑事判决裁定申诉案50件,办结提出再审检察建议5件,不予抗诉15件。办理国家赔偿申请18件,立案审查18件,决定赔偿16件,支付赔偿金92.88万元。开展国家司法救助专项活动,防止刑事被害人因案致贫。市检察院和西乡塘区检察院联合救助因交通肇事犯罪致残致贫、丧失收入来源、依靠轮椅生活10多年的被害人李某,发放司法救助金10万元。办理国家司法救助130件,救助160人,发放救助金144.05万元。开展"公开大接访暨与民沟通日"活动,接待群众来访25批29人次,现场解决问题12个。落实案件公开审查机制,邀请市级人大代表、政协委员、人民监督员担任听证员,公开审查刑事申诉案件13件,举行公开听证会2次,公开答复11次。江南区检察院开发的智慧控告申诉检察信息平台智能接访系统,代表广西检察机关参加在北京举行的"2018·全国检察机关科技装备展"。

【民事行政检察】 2018年,市两级检察院受理民事行政申请监督案件631件,提请上级检察机关抗诉47件,向法院提出抗诉6件。提请自治区检察院抗诉案件,自治区检察院审结26件、采纳18件。法院再审审结29件(含上年积存),改变原判决裁定19件。提出再审检察建议14件。发出纠正民事行政审判活动违法检察建议65件,法院采纳97件(含上年积案69件)。发出纠正民事行政执行违法检察建议109件,法院采纳78件。发出督促行政机关履行职责检察建议26件,有关单位采纳24件。不支持当事人提出的监督申请152件。市检察院就广西某房地产开发有限公司申请监督一案,邀请市级人大代表、政协委员、人民监督员以及专家咨询委员会委员作为听证员参与听证,案涉住宅小区业主委员会代表等旁听,就重大、疑难案件公开、公正、透明的审理作出示范。市检察院审查崇左市某房地产有限公司金融借款合同纠纷案生效判决结果,经监督,法院再审改判标的400余万元。西乡塘区检察院办理杨某申请执行监督案,法院接受监督,将执行余款149万元交付债权人。江南区检察院办理谢某等 53 人申请执行监督案，促使法院将执行延续 17 年、面积 15.67 公顷土地执行终结，交给农村集体组织。西乡塘区检察院办理卓某与孙某离婚财产纠纷监督案，查明当事人虚构债务 200 余万元，经启动刑事诉讼程序，法院依法对涉及虚假诉讼 4 名被告人判处刑罚。

【公益诉讼检察】 2018 年，市两级检察院立案办理公益诉讼案件 104 件，发出民事类公益诉讼公告 11 件，发出行政类公益诉讼诉前检察建议 69 件，行政机关按期答复和整改 52 件。提起刑事附带民事公益诉讼 9 件，法院审结判决 9 件，支持检察机关提出诉讼请求 9 件。开展违法网箱养殖污染水源问题专项监督，政府部门与养殖户协议拆除、政府部门强制拆除养殖网箱 5.08 万个，治理被污染饮用水源保护区面积 317.41 公顷。兴宁区检察院、西乡塘区检察院、青秀区检察院对生产、销售有毒、有害食品案件提起刑事附带民事公益诉讼 8 件。邕宁区检察院、良庆区检察院、上林县检察院对网络外卖食品安全领域发出检察建议 12 件，对医疗机构排污等情形发出检察建议 10 件。政府相关部门根据检察建议，整顿网络外卖平台 8 家，治理入网餐饮服务 136 家，规范学校餐饮服务 149 家。良庆区检察院、上林县检察院分别聘任公益诉讼检察网格联络员 20 名、50 名。

【未成年人检察】 2018 年，市两级检察院审查逮捕未成年人犯罪案件 304 件 575 人，办结案件批准逮捕 243 件 440 人，不批准逮捕 59 件 136 人。审查起诉未成年人犯罪案件 329 件 567 人，办结案件提起公诉 265 件 432 人，直接不起诉 72 人，附条件不起诉 8 人，追加起诉 16 人。起诉未成年人涉嫌故意杀人、故意伤害、绑架、强奸、抢劫等严重暴力犯罪 72 件 141 人，法院审结案件判处 10 年以上有期徒刑 8 人。为没有委托辩护人的未成年犯罪嫌疑人联系法律援助 148 人次，安排法定代理人或合适成年人到场参与讯问 854 人次，开展社会调查 67 人次、心理疏导 26 人次，安排亲情会见 87 人次，封存 149 名未成年人犯罪记录。促成 46 名涉罪未成年人与被害人达成刑事和解。审查 41 名未成年人羁押必要性，建议办案部门解除羁押或变更强制措施 36 人，办案部门采纳执行 34 人。审查未成年犯管教所提请减刑 229 人、假释 1 人。司法救助未成年被害人 10 人，发放救助金 6.90 万元。批准逮捕侵害未成年人权利犯罪嫌疑人 332 人，提起公诉 330 人。发出纠正侵害未成年人诉讼权利违法行为通知书 20 份。市两级检察院 76 名检察官担任中小学校法治副校长；市检察院与市教育局等 10 个部门联合进行校园欺凌专项治理；检察官到中小学校开展法治宣传教育 144 场。

【检察技术】 2018 年，市两级检察院受理技术案件 2369 件，其中检验鉴定 30 件、技术性证据审查 1024 件、技术协助 1315 件。出具技术性证据审查意见书，同意原鉴定 623 份，不同意原鉴定 14 份，其他意见 14 份。市检察院受理技术案件 701 件，其中检验鉴定 30 件、技术性证据审查 663 件、技术协助 8 件。市检察院司法鉴定中心新增法医、文件检验、心理测试鉴定人员 4 人。为纪律检查机关、监察委员会提供电子证据鉴定和文件检验技术 5 件。市检察院司法鉴定中心 4 个鉴定项目（死亡原因鉴定、笔迹鉴定、印章印文鉴定、电子数据提取与分析）通过司法部组织的鉴定能力验证。市检察院、青秀区检察院、江南区检察院、兴宁区检察院建成远程提审系统；西乡塘区检察院建成远程庭审系统，使用 213 次。宾阳县检察院建成数字化微型司法鉴定实验室，开展电子证据鉴定、法医检验、司法会计鉴定等技术业务。

【案件选介】 2018 年，市检察院受理督促行政机关履行污染治理职责案、盗窃犯罪嫌疑人韦某羁押必要性审查案、蓝某拒不支付劳动报酬案等案件。

督促行政机关履行污染治理职责案 2017 年 7 月，上林县检察院开启公益诉讼检察，在摸排调查中发现大龙洞水库（大龙湖）水体被污染，检测出四类水质 3 个点位、五类水质 3 个点位、劣五类水质 5 个点位，污染库区居民饮用水源，危害库区生态，影响上林县生态文化旅游质量和旅游形象。经查实，非法网箱养殖是大龙洞水库水质被污染的主要原因。11 月 21 日，上林县检察院向县水利主管机关发出检察建议，督促其履行监管职责，依法清理大龙洞水库非法养殖网箱，保护库区水资源和水环境。接到检察建议后，上林县水利主管机关出动执法人员 1840 人次，清理库区养殖网箱 2290 个，拆除养殖用途铁皮房 160 多间、非法捕鱼网具 287 个和一批养殖附属设施，清运垃圾 12 车。经整治，大龙洞水库水质逐渐恢复。环境保护部门检测库区水质检测点为三类水质及以上。2018 年上半年，大龙湖景区游客比上年同期增长 95.51%。8 月 28 日，自治区检察院在上林县召开全区检察机关提起公益诉讼工作推进会，推广上林县检察院以公益诉讼检察方式推进水资源污染治理的经验。

盗窃犯罪嫌疑人韦某羁押必要性审查案 韦某，广西宾阳县人。2017 年 9 月 25 日，韦某在宾阳县宾州镇某路段盗窃电动车骑回住处，被公安人员抓获。经鉴定，被盗电动车价值 2322 元；10 月 1 日，宾阳县检察院批准逮捕韦某；10 月 23 日，县检察院收到韦某哥哥提交的羁押必要性审查申请。县检察院审查认为，案件证据确实、充分，被盗电动车已经退回被害人，韦某的行为得到被害方谅解；韦某妻子亡故，家中 10 岁的儿子需要抚养，继续羁押韦某将导致他未成年孩子无人照顾；韦某没有前科等不良情形，到案后能主动交代犯罪事实，配合公安机关查明案情，在看守所能遵守监规，服从管理，有悔罪表现，综合评定无继续羁押必要。10 月 24 日，县检察院建议办案部门对韦某变更刑事强制措施；10 月 26 日，县公安局采纳建议，为韦某办理取保候审手续。2018 年 1 月 18 日，获评全区检察机关羁押必要性审查精品案件；2 月 8 日，获评全国检察机关羁押必要性审查精品案件。

蓝某拒不支付劳动报酬案 蓝某，广西忻城县人。2013 年 5 月至 8 月，蓝某承包由广东省电白建筑工程总公司承建的位于南宁市兴宁区南梧路的瀚林山水源项目 5 号楼的内墙抹灰工程，将部分劳务分包给刘某，刘某转包给吴某带领的 11 名农民工。施工完毕后，瀚林山水源项目部将工程款全部结算给蓝某，蓝某拖欠 11 名农民工工钱 6.27 万元。2015 年 2 月 17 日，吴某等农民工向劳动监察部门投诉。市人力资源和社会保障局给蓝某发出限期改正指令，蓝某采用不理会或逃匿方式，拒不支付农民工工钱；7 月 1 日，劳动监察部门将蓝某拒不支付劳动报酬案移交公安机关；8 月 14 日，市公安局兴宁分局立案侦查。2017 年 5 月 15 日，蓝某被公安机关刑事拘留，5 月 28 日被公安机关依法执行逮捕；7 月 28 日，市公安局兴宁分局将案件移送兴宁区检察院审查起诉。兴宁区检察院与劳动监察部门、电白建筑工程总公司、农民工代表多次沟通，安抚农民工情绪，敦促蓝某早日支付工钱。2018 年 1 月 31 日，在检察官见证下，蓝某将工钱 6.27 万元交给农民工。2 月 6 日，兴宁区检察院对蓝某作出不起诉决定。

司法救助因案致贫被害人陈某案 陈某，广西东兰县人。2012 年 11 月，陈某与黄某发生争执，陈某被砍致重伤，经救治后仍严重残疾，在支付 35 余万元后，因无钱被迫中止治疗，黄某家属仅支付 5 万元治疗费后不再赔偿。2014 年，西乡塘区法院判处黄某有期徒刑 7 年。黄某上诉后，市中级人民法院维持原判。陈某丧失劳动能力后，只靠妻子打工维持全家生计，父母年迈、女儿年幼需要照顾和抚养，家庭陷入贫困。陈某提起民事诉讼；8月，西乡塘区法院判令黄某赔偿医疗费、残疾赔偿金等76万元。民事判决生效后，市检察院和西乡塘区检察院启动民事执行监督程序，监督法院执行民事判决。2018年2月春节前，市检察院向陈某发放5000元慰问金；5月，因黄某无财产可供执行，法院终结执行程序，市检察院启动司法救助程序；8月，市检察院派员到陈某家中慰问并发放35万元司法救助金。经市检察院协助，陈某被政府部门纳入精准帮扶对象，为其出资2000元入股乌鸡产业扶贫项目，帮助申请农村危房改造补贴2.45万元，按月发放伤残抚恤金。

（蒙　旗）

法　院

【概　况】 2018年，南宁市中级人民法院设办公室、政治部（含组织人事科、宣传教育科、离退休人员工作科）、监察室、审判管理办公室、立案庭、民事审判第一庭、民事审判第二庭、民事审判第三庭、民事审判第四庭、民事审判第五庭、刑事审判第一庭、刑事审判第二庭、未成年人案件审判庭、行政庭（赔偿委员会办公室）、审判监督庭、执行局（含执行一庭、执行二庭、执行裁判庭）、研究室、法警支队、行政装备管理科；辖区县基层法院12个、基层法院派出法庭32个，其中西乡塘区人民法院的高新区人民法庭为新增法庭（2017年2月20日批准成立，2018年12月26日正式挂牌办公）。市两级法院编制1585名，在编1487人，其中员额法官602人。市中级法院机关编制284名，在编270人，其中员额法官113人。南宁市法院系统继续全面推进法官员额制改革，全市员额制法官编制663名，实际入额法官602人，法官助理385人，司法行政人员225人。市中级法院机关员额制法官编制119名，员额法官113人，法官助理69人，司法行政人员46人。市两级法院受理案件16.16万件、审结13.28万件、结案率82.18%，分别比上年上升14.73%、21.20%、4.39%。市中级人民法院民三庭获最高人民法院授予“全国法院知识产权审判工作先进集体”，良庆区人民法院家未庭获最高人民法院授予“全国法院家事审判工作先进集体”，兴宁区人民法院获最高人民法院授予“全国法院文化建设先进单位”。马山县人民法院获自治区党委、自治区人民政府授予“广西壮族自治区民族团结先进集体”。江南区人民法院家未庭、西乡塘区人民法院未审庭、兴宁区人民法院审管办、青秀区人民法院审管办、江南区人民法院审管办、横县人民法院审管办获自治区高级人民法院授予“全区法院家事审判工作先进集体”。主要存在市两级法院案件增幅大与审判力量不足的矛盾，基层法院人才流失，办案效率降低；法院信息化建设不能适应审判工作发展和司法改革需要，运用信息化手段辅助办案、服务群众等方面滞后；少数干警司法能力有待提升，法律适用能力及矛盾纠纷化解能力与人民群众对公正司法的要求仍有差距等问题。

【审判管理与司法改革】 2018年，市两级法院继续推进司法体制改革，新遴选59名员额法官，通过社会招聘补充部分审判辅助人员，成立新型审判团队411个，推行法官助理导师制度，明晰法官助理、书记员权责，保障员额法官集中处理审判核心事务。建立院庭长办案月通报制度，入额院、庭长410人审结案件7.66万件，人均结案187件。审判委员会、法官专业委员会分别研究重大疑难复杂案件291件、458件。一审服判、息诉率86.36%，比上年上升1.04%；上诉案件改判率0.59%，下降0.08%；发回重审率0.48%，下降0.08%。推进内设机构改革试点，研究制定基层法院内设机构改革方案，上报自治区审核。市两级法院推开“简案快审、繁案精审”繁简分流改革，建立速裁团队62个，强化庭前会议、辅助性事务集约管理等途径，审结民事简易案件4.58万件，占总结案数66.91%。推进家事审判机制试点改革，以家庭人文关怀为出发点，注重引入情感修复与心理介入，形成家事审判“南宁经验”，在全国家事审判工作经验交流会作经验发言。

【刑事审判】 2018年，市两级法院受理刑事案件8218件、审结7286件、结案率88.66%，分别比上年上升9.53%、11.59%、1.64%。其中：一审受理刑事案件7278件、审结6418件、结案率86.80%，分别上升7.93%、9.65%、1.38%；二审受理940件、审结868件、结案率92.34%，分别上升23.68%、28.40%、3.93%。贯彻总体国家安全观，惩治涉邪教、危害国家安全等犯罪，维护国家安全。依法审结群众反映强烈的黑恶势力犯罪案件39件246人，审结故意杀人、抢劫、强奸等严重危害社会治安犯罪和黄赌毒案件1581件2010人，审结职务犯罪案件93件133人，审结传销、非法集资等涉众型经济犯罪案件20件，维护社会经济秩序。打击电信网络新型犯罪，宾阳县法院依法审结相关案件98件191人，生效判决均不适用缓免刑。落实宽严相济刑事政策，对656名被告人适用缓刑或免予刑事处罚。坚持罪刑法定、疑罪从无，对7名被告人依法宣告无罪。规范减刑、假释案件审理，办结减刑、假释案件4069件，结案率100%。

【民（商）事审判】 2018年，市两级法院受理民商事案件10万件、审结7.97万件、结案率79.65%，分别比上年上升6.82%、11.20%、3.81%。其中：一审受理8.75万件、审结6.87万件、结案率78.54%，分别上升6.49%、8.61%、1.53%；二审受理1.25万件、审结1.09万件、结案率87.46%，分别上升9.25%、41.65%、20.23%。审结婚姻家庭、劳动争议、人身损害赔偿等涉民生案件1.07万件，审结买卖合同、股权转让等商

2018年10月17日，全国法院第二十四期“决胜执行难——广西执行风暴”全媒体直播活动中。图为市中级人民法院执行出发现场

潘伟坚提供

事纠纷案件 5751 件，审理金融、民间借贷等案件 2.28 万件。

【行政审判】 2018 年，市两级法院受理行政诉讼案件 2473 件、审结 1814 件、结案率 73.35%，分别比上年下降 7.17%、下降 0.98%、上升 4.58%。其中：一审受理 1909 件、审结 1316 件、结案率 68.94%，分别下降 5.12%、下降 2.59%、上升 1.79%；二审受理 564 件、审结 498 件、结案率 88.30%，分别下降 13.50%、上升 3.53%、上升 14.52%。行政机关负责人出庭应诉常态化，出庭应诉案件 323 件。注重行政争议实质性化解，调解撤诉案件 258 件。

【申诉复查与再审】 2018 年，市两级法院立案机构接待来访当事人 3.98 万人次，处理来信 1614 件；受理审查申诉、申请再审案件 461 件，办结 444 件。市中级人民法院接待来访当事人 1322 人次，处理来信 997 件；受理审查申诉、申请再审案件 275 件，办结 275 件。对检察机关提出抗诉、当事人申诉和申请再审案件，依照审判监督程序进行审理，维护原审正确判决，纠正确有错误判决。再审维持率 18.44%，再审改判、发回重审率 53.19%。

【国家赔偿与司法救助】 2018 年，市两级法院推行国家赔偿案件公开质证制度，健全国家赔偿联动工作机制，对符合条件的申请赔偿人予以赔偿救济，受理国家赔偿案件 39 件，审结 25 件，其中市中级法院审理国家赔偿案件 19 件，决定给予赔偿 3 件、赔偿金额 31.27 万元。市中级人民法院受理司法救助案件 12 件（含上年未结转入 3 件）、办结 10 件、结案率 83.33%，发放救助金 47.49 万元，救助 26 人（妇女 11 人、未成年 3 人），人均获救助 1.83 万元；诉讼费减、缓、免案件 66 件，减、缓、免诉讼费 239.47 万元。区县法院受理司法救助案件 563 件、办结 563 件、结案率 100%，发放救助金 317.23 万元，救助 745 人（妇女 297 人、未成年 54 人），人均获救助 0.43 万元。

【案件执行】 2018 年，市两级法院受理执行案件 4.14 万件、结案 3.48 万件、结案率 84.09%，分别比上年上升 45.20%、55.79%、5.71%。自治区首个不动产网络司法查控平台启用，网络查控实现对被执行人主要财产“一网打尽”。加强联合信用惩戒力度，公布失信被执行人名单 1.16 万人，对 122 人罚款 151.45 万元，司法拘留 372 人，移送追究拒执刑事责任 19 人。

【阳光司法】 2018 年，市两级法院举办“公众开放日”活动 46 次，邀请人大代表旁听庭审 167 人次、参加座谈 190 人次、视察法院和开放日活动 241 人次，走访人大代表 53 人次，听取代表意见建议。加强庭审直播和裁判文书上网，接受社会监督，直播庭审 5205 件，公布裁判文书 9.42 万件，举行新闻发布会 19 次，公开审判流程和执行过程信息 12.67 万条，保障当事人知情权。拓宽司法公开广度，市中级人民法院打造“两微 N 端”法院自媒体宣传格局，通过官网、微博、微信发布信息 1992 条，连续三年被最高人民法院政治部和人民法院新闻传媒总社评为在司法宣传工作中做出突出成绩的人民法院。

【司法监督】 2018 年，市两级法院加强审判监督，确保司法公正，受理再审案件 231 件，审结 141 件，其中维持原判 26 件、改判 66 件、发回重审 9 件、调解 16 件、撤诉 2 件、其他 22 件。市中院受理再审案件 131 件，审结 70 件，其中维持原判 19 件、改判 19 件、发回重审 9 件、调解 13 件、撤诉 2 件、其他 8 件。接到人大代表建议 3 件，均办结。走访政协委员 37 人次，办理政协提案 7 件，采纳意见建议、回复办理结果。配合检察机关依法履行监督职责，邀请检察长列席审委会讨论案件 37 件；依法受理抗诉案件 49 件，审结 35 件。

【便民利民诉讼机制建设】 2018 年，市两级法院继续完善司法便民措施，打造诉讼服务中心“升级版”，市中级人民法院及 10 个基层法院 19 项便民硬件指标全部达标。推行网上立案、微信立案、二维码缴费、诉讼指引清单，推进电子卷宗随案同步生成和深度应用；建立“非公企业纠纷联合调解中心”“道交一体化”在线调解平台，推广法官工作站、法律援助律师值班室、特色巡回法庭。构建以诉讼调解为主体，诉前调解、人民调解、行业调解、律师调解等为补充的大调解格局，诉前多元化解纠纷 7431 件，调撤民商事案件 2.62 万件。市中级人民法院与市劳动人事争议仲裁院建立信息共享机制、联席会议制度，统一裁审标准，审结 436 件永凯集团劳动争议系列案。强化司法救助，减免诉讼费 239.47 万元，向经济困难刑事被害人、申请执行人发放救助金 128.29 万元。

【案件选介】 2018 年，市两级法院受理、审结黄某等 44 人涉恶案、韦某特大非法吸收公众存款案、梁某诉施工合同纠纷案、陈某等 3 人诉噪音污染损害赔偿纠纷案等案件。

黄某等 44 人涉恶案 2013 年 4 月至 2018 年 4 月，被告人黄某某等 44 人（横县镇龙乡某村村民）为获取个人非法利益，以宗族势力为纽带，假借村集体名义，利用宗族影响力，多次在横县镇龙乡、石塘镇实施犯罪行为，严重扰乱社会生活、经济秩序，造成恶劣社会影响。2018 年 12 月 3 日至 8 日，横县人民法院开庭审理，12 月 28 日公开宣判，以盗伐林木罪、聚众冲击国家机关罪、破坏生产经营罪判处黄某某、黄某有期徒刑各 6 年，并各处罚金 2000 元；其他 42 名被告人分别被判处 5 年 6 个月至 6 个月不等有期徒刑。判决后，被告人黄某某等 18 人不服，上诉至南宁市中级人民法院，二审裁定维持原判。

韦某特大非法吸收公众存款案 2013 年 1 月至 2015 年 12 月 4 日，被告人韦某以高息为诱饵，通过口头宣传等途径公开向社会不特定对象非法吸收资金 2.74 亿元。2015 年 12 月 9 日，韦某某向公安机关投案自首。2017 年 5 月 17 日和 2018 年 3 月 27 日，马山县人民法院两次开庭审理并公开宣判，以非法吸收公众存款罪判处韦某有期徒刑 9 年 6 个月，并处罚金 50 万元，责令其退赔被害人经济损失 3112.64 万元。韦某不服提起上诉；二审中，韦某申请撤回上诉，市中级人民法院作出裁定，准许韦某撤回上诉，裁定生效。

梁某诉施工合同纠纷案 2018 年 5 月 8 日，根据生效的司法裁定，原告梁某提出申请；5 月 11 日，邕宁区人民法院依法查封某铝工程有限责任公司资金 1300 万元。考虑到某铝业股份有限公司、某铝工程有限责任公司经营、运行状况良好，邕宁区人民法院主动向原告梁某释明被告客观情况，同时向被告释明申请诉讼保全、查封财产是当事人合法权利；5 月 24 日，促使双方最终同意以某铝业股份有限公司、某铝工程有限责任公司自有生产设施作担保物，解除法院对 1000 万元流动资金冻结，保留 300 万元作农民工工资保障金；使被告能正常生产经营，资金回笼后履行还款。

陈某等 3 人诉噪音污染损害赔偿纠纷案 陈某等一家三口入住南宁某房地产公司开发的商品房后，一直受地下一层水泵运转发出的噪声影响，导致陈某左耳听力下降，多次就医治疗，经多次整改后，水泵噪声仍消除不了。2011 年 1 月 6 日，陈某等 3 人起诉要求公司按市场价回购涉案房屋，并赔偿相应损失。2015 年 12 月 8 日，市中级人民法院开庭审理。2016 年 7 月 14 日，判决支持陈某等 3 人诉讼请求。2018 年 5 月，被最高人民法院评为人民法院服务保障新时代生态文明建设十大典型案例。

某水管所申请先予执行排除妨害纠纷案 西云江中型水库位于兴宁区五塘镇,以农业灌溉为主,兼顾发电、供水等综合利用,是南宁市重点饮用水水源地。滕某等人为谋求私利,在水库内擅自私设网箱养鱼,对水库水源产生污染。虽水库管理所多次释明法律,要求其拆除养殖设备,但滕某经多次催告仍拒不拆除。2018年5月29日,水管所向兴宁区人民法院起诉滕某,要求排除妨害,并申请先予执行。5月31日,兴宁区人民法院裁定先予执行,6月3日执行完毕。(潘伟坚)

司法行政

【概 况】 2018年,南宁市司法行政系统有市司法局1个、区县司法局12个、开发区司法局3个,乡镇、街道司法所127个;全市司法行政系统政法专项编制561名(市司法局73名,区县司法局146名,乡镇、街道司法所342名),在编523人(市司法局68人,区县司法局135人,乡镇、街道司法所320人)。市司法局设办公室、法制宣传科、律师管理科、公证管理科、基层工作科、社区矫正工作科、法制科、计划财务装备科、政治部、人事科、组织培训科、机关党委、人民监督员管理科,编制77名,在编72人(工勤4人)。有公职律师办公室4家,公职律师24人;律师事务所177家,执业律师1775人;市司法行政系统法律援助律师29人;基层法律服务所57家,基层法律服务工作者431名;有2004家政府部门、企事业单位聘请律师担任法律顾问,1769个村(社区)聘请488名律师、197名基层法律服务工作者担任法律顾问。有公证处9家、执业公证员33人;司法鉴定机构6家、执业司法鉴定人59名。4月,市律师协会党委更名南宁市律师行业党委,1828名执业律师中有中共党员424名。年内,市司法局提升法律保障民生能力,开展扫黑除恶专项斗争,建立涉黑涉恶"两类人员"动态管控和信息化监管机制;创新社会治理,推进社区矫正,加强人民调解,履行安置帮教职责,探索社区戒毒(康复),优化法律服务,拓展公证业务,加强律师教育管理和指导监督,强化司法鉴定,完善人民监督员选任管理,健全法律援助制度。市司法局被司法部评为国家司法考试工作先进单位、首次法律职业资格考试工作表现突出单位,横县、西乡塘区获评第四批"全国法治县(市、区)创建活动先进单位",上林县大丰镇云里村、青秀区新竹社区获评第七批"全国民主法治示范村(社区)"。主要存在部分区县公证机构无独立财务管理自主权,个别法律援助律师补贴未落实,"数字法治、智慧司法"目标与信息化建设进程差距较大等问题。

【普法宣传教育】 2018年,市司法局、市依法治市办公室组织开展"七五"普法。2月,市委、市政府印发《关于实行国家机关"谁执法谁普法"普法责任制的实施方案》,建立普法责任制清单制度,列入绩效考评共性指标。9月,自治区督查"七五"普法中期考核组对南宁市考核,获好评,申报全国七五普法中期先进城市。举办"法治南宁讲堂",培训市管干部1500多名;组织880名新提拔科级以上领导干部任职前考试;全市3.43万人参加年度国家工作人员学法用法考试,通过率99.47%。拍摄、制作22部法治公益广告、1部普法情景剧,在南宁普法在线官方微信、南宁普法官方微博及优酷、腾讯等网站推送播出,在384个村(社区)、街区户外电子屏播放15.12万次,在地铁车厢、站厅播放59.92万次。10月至12月,市司法行政系统各单位以"宣传十九大宪法进万家"为主题,自编自导法治节目60多个,到机关、学校、企业和军营开展法治文艺巡演活动14场。开展"法律六进"活动(法律进机关、进乡村、进社区、进学校、进企业、进单位)4000余次,发放法治宣传资料124.20万份,为群众解答法律咨询5.30万余次。与南宁电台合作《说法讲理》节目45期。通过网站、微博、微信等新媒体平台发布普法、依法治理信息3411条,微信关注用户从1.73万增长至7.32万,开展10次微信知识有奖竞答活动,参与人数超过12万人。

【律师事务】 2018年,市司法局完善司法行政机关行政管理、律师协会行业管理两结合管理体制,推进律师行业党委建设、律师执业管理、执业保障及律师队伍教育。全市有公职律师办公室4家,公职律师24人;律师事务所177家,执业律师1775人;法律援助律师29人。律师代理刑事案件1832件、民事案件9355件、行政案件840件,办理非诉讼法律事务2839件、法律援助案件4984件,担任2004家政府部门、企事业单位和1214个村(社区)法律顾问,有29名律师被推选为各级人大代表、政协委员。对全市166家律师事务所及1605名律师、10家法律援助中心29名法律援助律师、3家公职律师办公室17名公职律师进行年度考核。4月,市律师协会党委更名南宁市律师行业党委,1828名执业律师中有中共党员424名。

【公证事务】 2018年,南宁市有桂南公证处、西乡塘公证处、武鸣公证处、横县公证处、宾阳公证处、上林公证处、马山公证处、隆安公证处、邕江公证处9家,办理公证1.70万件,其中国内公证1.28万件、涉外公证4370件、涉港澳台462件,公证收入629.70万元。办理文书签名(印鉴)公证309件,授权书公证4362件。为公益活动和生活困难当事人办理法律援助公证100余件,援助金额30余万元,提供上门服务300余件。桂南公证处在公证业务综合系统线上办理增加群众网上预约、网上办理公证功能模块,完成全市公证机构统一部署的公证业务一次性办结承诺。

【基层法律服务】 2018年,南宁市完成当年度基层法律服务机构、执业人员年审,完成基层法律服务机构统一社会信用代码赋码。全市57家基层法律服务所、431名基层法律服务工作者办理案件6278件。市司法局参加隆安县异地扶贫搬迁震东集中安置区可持续发展体制机制专题调研,合理配置法律服务资源,保障群众不出社区即享受基本法律服务。

【法律援助】 2018年,南宁市法律援助中心继续深化相关司法行政改革,加强法律援助值班律师工作站建设,招募60名律师参与市中级人民法院、市检察院、铁路运输法院、铁路运输检察院、自治区检察院南铁分院、市劳动仲裁院6个法律援助工作站值班;服务南部战区广西军区,增设法律援助工作站7个;在区县武装部建立军人、军属法律援助工作站,实现市级12个团级以上部队,区县12个人民武装部法律援助工作站全覆盖。全市法律援助机构受理来电、来访、咨询1.34万人次,其中12348来电咨询6196人次;办理法律援助案件5172件,其中新增23类法律援助补充事项案件1552件,为5234名受援人挽回损失、争取利益2928.25万元。做好"12348中国法网"驻场法律服务咨询,律师吴前毅回复咨询量全国第一。

【人民调解】 2018年,市司法局坚持和发展"枫桥经验"(发动和依靠群众,就地化解矛盾,坚持矛盾不上交),采取多元方式化解矛盾纠纷,选拔优秀人民调解员36名,推荐进入广西人民调解专家库、广西信访调解专家库。开展矛盾纠纷排查3.20万次,调解委员会月均排查1.50次,调解矛盾纠纷2.08万起,涉及当事人11万余人,调解率100%,成功率97%,涉及协议金额1.34亿元。防止民间纠纷引发自杀15起17人,防止民间纠纷转化为刑事案119起1064人,防止群体性上访

152起5135人，防止群体性械斗83起1.62万人。全市61个专业性、行业性人民调解组织受理纠纷4362起。

【社区矫正】 2018年，南宁市加大社区矫正力度，加强社区服刑人员监督管理。警告违纪、违规社区服刑人员105人次，撤销缓刑、撤销假释、收监执行18人。联合南宁监狱、广西女子监狱、广西黎塘监狱、广西未成年犯管教所成立南宁市社区矫正监管工作培训基地和社区服刑人员警示教育基地，建成自治区司法厅在兴宁区、马山县、江南区3个区县社区矫正中心共建试点，提升社区矫正教育管理水平。与中国移动、中国联通、中国电信等公司研发对接数据端口，实现自治区首个社区矫正定位系统三网融合。探索运用电子手环定位，向青秀区、上林县提供监控电子手环60副。上林县投资102万元建成自治区、市、县、所四级社区矫正管理信息化联通平台。全市接收社区服刑人员9323人，解除社区矫正7531人，年内新接收和解除社区矫正3008人，其中新接收社区服刑人员1486人，解除社区矫正1522人，再犯罪率0.11%，低于全国平均水平，无重大恶性案件和社区服刑人员参与的群体性事件发生。

【安置帮教】 2018年，市司法局加强服刑人员信息核查和释放前衔接，确保服刑人员基本信息核实率95%以上，预释放人员信息回执率100%。衔接刑满释放人员3250人，其中重点帮教对象363人，安置、帮教刑满释放人员3250人，重点接送、安置和帮教率100%，无重新违法犯罪行为发生。

【国家统一法律职业资格考试】 2018年，国家司法考试制度调整为国家统一法律职业资格考试制度，考试分两个阶段进行。南宁考区客观题报名考试5990人，比上年减少517人、降低8.63%，设考点5个、考场106个，实际参加试卷一考试4828人，试卷二考试4796人，参考率80.07%；主观题考试报名2500人，设考点2个、考场84个，实际参加考试2473人，参考率98.92%。客观题考试首次实行计算机无纸化考试，两个阶段考试全面启用考务安全管理系统、金属探测仪等设备。通过国家统一法律职业资格考试981人，授予法律职业资格638人(不含2019年应届毕业生)。

【司法鉴定】 2018年，市司法局加强司法鉴定机构管理、监督、检查职能，严格把好行业准入关，对新增司法鉴定机构、司法鉴定人和鉴定机构、鉴定人的变更、延续、注销、换证等申请初审核。在市司法局登记管理的司法鉴定机构有市金盾司法鉴定所、市第五医院司法鉴定所、市阳光法医物证司法鉴定所、市社会福利医院司法鉴定所、南宁狮山机动车检测有限公司、南宁市中一司法鉴定所6家，执业司法鉴定人59人，完成司法鉴定业务6300件，未接到司法鉴定投诉。

【人民监督员管理】 2018年，市司法局正式运行人民监督员管理系统，监督员选任管理、选用衔接全部在线进行，有人民监督员70名；完成监督员年度考核，为监督员履职做好订阅杂志、发放补贴、开展培训等保障服务。市人民监督员161人次依法监督职务犯罪案件39次，维护司法公平正义。

【公共法律服务体系建设】 2018年，市司法行政系统投入1061.40万元，在全市1769个村(社区)建成275个公共法律服务工作室、807个公共法律服务工作岗、687个公共法律服务工作席，实现村级公共法律服务机构全覆盖。组织488名律师和197名基层法律服务工作者担任1769个村(社区)法律顾问，村(社区)法律顾问每月采取“定期制”或“预约式”方式到村开展不低于5个小时便捷公共法律服务。建立市、区县、乡镇(街道)、村(社区)四级法律顾问服务微信群，初步形成一村(社区)一法律顾问一微信群“网络全覆盖、服务无盲区”的服务新模式。全市村(社区)法律顾问开展法制宣传5788场次，开展法律咨询1.95万次，接待群众法律咨询9.41万人次，办理法律援助案件875件，代理法律事务204件，为村(居)委会提供法律建议、法律意见、草拟、审核法律事务文书3029件，为村(社区)重大项目谈判、签订合同等提供法律意见786件，化解民间矛盾纠纷1965起。市政府出台《南宁市人民政府办公厅关于印发〈一村一法律顾问工作实施方案〉的通知》，每年每村6000元补贴标准。

（易　莉）

仲　裁

【概　况】 2018年，南宁仲裁委员会启用综合信息在线管理平台，实现立案在线管理，向无纸化办公过渡。实行首问负责与值班相结合制度，符合立案条件当天受理、当天发送应诉材料。理顺案件移交，加强立案部与审理部沟通，全年移交符合组庭案件850件。制定《南宁仲裁委员会指定仲裁员工作细则(试行)》，80名仲裁员担任首席或独任仲裁员。制定办案秘书办案激励机制，全年安排开庭750次。加强案件审理监督，完善《仲裁员履职考核表》。3月，在南宁市青秀区法院挂牌成立南宁仲裁委员会青秀区人民法院工作站，引导群众选择仲裁解决纠纷。协助当事人向人民法院申请仲裁裁决强制执行，提供仲裁执行查档500余件。强化便民措施，制作《仲裁收费标准表》《仲裁收费预览表》《立案流程图》《申请人立案应提交材料清单》，印制仲裁示范条款及仲裁文书样本供当事人取用，开设秘书处专用存款账户，优化仲裁缴费方式。10月，与杭州亦笔科技有限公司签订《南宁仲裁委员会互联网仲裁平台运营合作协议》完成网络仲裁的框架搭建。12月，完成第四届南宁仲裁委员会换届。市劳动人事争议仲裁院完善劳动人事争议速裁快审机制，联合市司法局法律援助中心，成立市劳动人事争议仲裁院法律援助工作站。加强女职工劳动人事争议仲裁庭建设，创建“一专庭一通道”维权品牌。12月，升级版南宁“智慧人社”劳动人事争议仲裁系统上线运行，在自治区率先开通互联网在线申请案前调解。

（易　莉　廖书恒）

【民商事仲裁】 2018年，案件受理1121件，比上年增长17.60%，标的额27亿元；审结仲裁案件853件，增长42.20%，其中裁决结案655件(含裁定不予执行2件、裁定撤销1件)、调解结案106件、调解撤诉92件。1月，南宁仲裁委员会金融仲裁院成立，专门处理金融仲裁案件，配备金融仲裁院院长等专职人员，组建金融仲裁案件仲裁员专家库。8月，南宁市首家金融仲裁业务推广中心获批在市桂融汇民间融资登记服务中心有限公司挂牌成立。受理金融纠纷案件310件，占案件总数27.65%，涉案标的3.12亿元，占总标的11.56%。

（黄莉莉）

【劳动人事仲裁】 2018年，南宁市劳动争议调解组织、仲裁机构处理劳动人事争议案1.18万件，涉案标的1.39亿元。仲裁机构立案受理5566件，2017年转354件，不予受理359件，结案5416件(裁决结案件2699件、调解方式结案1576件、撤诉等方式结案1141件)。市各级工会、部分大中型企业、乡镇街道和商会(协会)劳动争议调解组织调解争议案件5490个。当期仲裁结案率91.61%，调解成功率64.73%。

（廖书恒）

责任编辑　卢景林

南宁年鉴

军 事

综 述

【思想政治建设】 2018年，中国人民解放军广西南宁警备区、中国人民武装警察部队南宁支队、广西陆军预备役步兵师高射炮兵团以习近平新时代强军思想为指导，贯彻党中央、中央军委和习近平主席决策指示精神，学习贯彻党的十九大精神，抓好军委主席负责制、“传承红色基因、担当强军重任”等专题教育活动，进一步提高部队官兵政治忠诚度、增强政治纪律性，确保官兵思想稳定、部队高度统一。

【人防管理】 2018年，南宁市开展南宁轨道交通人防工程设计、建设，广西大学人防工程竣工验收并投入使用，地下人防工程完成还建。市人防办全年完成人防工程日常维护项目26项，排除安全隐患8处；加强大型公共人防工程开发力度，平战开发收入超500万元；在南宁人防微信公众号增设“掩蔽地图”功能，研发“南宁市学校人防教育综合信息管理系统”，将全市初级中学人防教育纳入信息化管理；组织人员参加人防综合业务培训，开展人防师资培训、人防专业培训等；完成人防工程现场执法检查1902项次、面积316万平方米。

【战备训练】 2018年，南宁警备区组织岗位能力素质和战备值班工作等培训7个批次，抓好专职武装干部、冲锋舟操作骨干、民兵教练员骨干、安保骨干的集训，落实年度民兵训练任务，提升练兵备战氛围。武警南宁支队抓好执勤训练，推进教练员、勤训轮换、魔鬼周等集训；组织开展共同科目比武竞赛、军事体育达标创(破)记录活动等。高炮团主要完成教学法集训、预任干部集训、入队训练、应急分队集训、首长机关业务训练、团基本指挥所紧急拉动演练、群众性比武竞赛、尖子比武集训、成建制集训等训练任务。

（李敬江）

2018年10月，南宁警备区2018年对口帮扶捐赠仪式在上林县白圩镇龙楼村举行

南宁警备区提供

中国人民解放军广西南宁警备区

【概 况】 2018年，中国人民解放军广西南宁警备区以习近平强军思想为指导，贯彻党中央、中央军委和习近平主席决策指示精神，落实军委国防动员部和广西军区工作部署，扭住“铸忠诚、强作风、谋主业、创一流、打基础、保稳定”聚焦用力，部队建设保持良好发展态势。良庆区、横县、邕宁区人民武装部分别被广西军区评为全面建设先进团级单位、备战打仗先进单位、脱贫攻坚先进单位。受军以上单位表彰11人，立三等功4人；获嘉奖干部、战士19名，获评优秀士兵2名。

【思想政治建设】 2018年，警备区贯彻习主席政治建军战略思想，结合理论轮训和党委中心组4个专题理论学习，学习贯彻党的十九大精神，抓好军委主席负责制专题学习教育，组织深入贯彻军委主席负责制专项巡视问题整改，肃清郭、徐、房、张流毒影响，进一步提高政治忠诚度、增强政治纪律性。开展“传承红色基因、担当强军重任”主题教育活动，组织“安心本职、建功立业”“三关爱”专题教育和“牢记四本、争当四人”主题实践活动，官兵立身做人、干事创业、遵纪守法的思想根基更加牢固。落实谈心交心、形势分析、政治考核等制度，解决困扰官兵的后院、后代、后路问题，确保官兵思想稳定、部队高度统一。

【战备训练】 2018年，警备区开展“和平积弊大起底大扫除”活动，深入查摆问题，强化官兵备战打仗意识。参加广西军区对口保障军兵种拉动演练、指挥演练，采取“四不两直”（不发通知、不打招呼、不听汇报、不用陪同接待，直奔基层、直插现场）方式拉动应急分队5个；组织岗位能力素质和战备值班工作等培训7个批次，抓好专武干部、冲锋舟操作骨干、民兵教练员骨干、安保骨干集训，落实年度民兵训练任务，抓练兵备战氛围；正团职以上领导干部参加军区岗位能力素质考核，合格率100%；抓专武干部资格认证试点工作的落实，在自治区率先建立专武干部资格认证制度，全市专武干部全部持证上岗；落实学生军训试点。完成中国—东盟博览会、庆祝自治区成立60周年、横县茉莉花节、宾阳县炮龙节等重大活动的安保维稳和防范台风“山竹”来袭等任务，锻炼检验部队遂行多样化军事任务能力。

【部队管理】 2018年，警备区以开展“贯彻落实新条令，塑造军队好样子”“百日安全活动”为抓手，召开常委会分析安全形势4次，召开安全稳定工作视频会议3次，组织条令知识测试和安全教育训练4次，区分6个专题逐章逐条学习新条令，官兵法治思维、法规观念和安全意识得到增强。推广警备区营门警卫执勤规范化试点做法，管理秩序进一步正规；抓好安全工作大检查活动，组织安全检查4次，“四不两直”检查3次，并进行量化考评、拉榜排名，确保警备区部队安全稳定。

【民兵预备役】 2018年，警备区通过自治区国防动员领域“十三五”规划中期评估。联合市政府出台《新时代加强南宁市基层武装部建设的意见》，启动新一轮规范化建设。组织国防动员专业保障队伍进行业务培训和军事训练3次，动员保障能力进一步提升；推进民兵组织规模结构调整改革，发挥首府特殊优势，拓展抓好潜水搜救、水上救援、信息网络、无人机、单兵水上动力滑板等新质民兵力量建设，编组质量进一步优化；抓好征兵工作落实，严格遵守廉洁征兵各项规定，完成新兵征集和士官直招任务。

【综合保障】 2018年，警备区全面推动人武部规范化建设，在良庆区人武部组织召开全市人武部规范化建设现场观摩会，确定人武部调整部署选址新建6个，在原址改造升级6个；按照中央军委明确的时间节点如期完成停偿阶段性任务，关停项目104个；协调驻邕部队停偿工作做法，在南部战区六省军地政法工作会议上作先进典型经验介绍。完成秀营苑经济适用住房调查摸底，逐人逐房提出整改意见；完成市国防教育训练基地建设征地及补偿，召开初步设计专家评审会，基本达到开工条件。

【拥政爱民】 2018年，警备区参与驻地生态乡村建设、扶贫攻坚等。投入25万元，用于帮扶上林县白圩镇龙楼村的产业和文化扶贫；购买5万元办公设备捐赠给龙楼村村委、龙楼小学；协调政府资金100万元，为龙楼村修建桥梁；警备区副团职以上机关干部与龙楼村贫困学生结成帮扶对子，捐赠助学金1.50万元。

（凌才強　林　猛）

中国人民武装警察部队南宁支队

【概　况】 2018年，中国人民武装警察部队南宁支队学习贯彻党的十九大精神主线，全面贯彻习近平强军思想，对标对表上级指示精神，坚持提高胜任本职、驾驭部队、集体领导、团结协作、指挥打仗、履行职责、清除积弊、净化风气等能力；部队经受住形势与任务的考验，发展态势向上向好。被武警广西总队评为先进大队2个（执勤一大队、三大队），标兵中队1个（马山中队）；先进中队9个，立集体三等功单位6个，个人立三等功44名；并分别获表彰。

【思想政治建设】 2018年，武警南宁支队坚定“三个维护”（维护党中央权威、维护核心、维护和贯彻军委主席负责制），不断牢固思想根基，抓理论武装、立精神旗帜，组织学习《习近平论强军兴军》《习近平七年知青岁月》等理论读本，筑牢忠诚核心、维护核心、拥戴核心的思想根基；抓教育引导、净化思想灵魂，以“六个一”（悬挂一批宣传标语、群发一条公益短信、播放一周公益广告、举办一场文艺晚会、开展一次走访慰问活动、组织一次“军事日”活动）为抓手，开展“传承红色基因、担当强军重任”主题教育和“强军故事会”活动，引导官兵自觉校正“三观”（世界观、人生观、价值观）、坚守底线；抓强军文化、增强内在定力，开展唱红色歌曲、看红色电影电视、参观红色基地等活动，建好用好支队强军网，持续传递好声音、传播正能量，在军队内外媒体发表文章909篇。

【执勤训练】 2018年，武警南宁支队聚焦备战打仗，不断提高核心能力；开展“四个一”（每天写一篇日记，每周写一条新闻、每月读一本好书、每季写一篇心得体会）活动；坚持定期讲评执勤情况、印发值班纪要，推进“智慧磐石”工程建设，执勤秩序正规。抓执勤，处置执勤险情3起（执勤二中队、四中队、八中队各1起）；抓军事训练，推进教练员、勤训轮换、魔鬼周等集训；组织开展共同科目比武竞赛、军事体育达标创（破）记录活动，参加总队共同科目和“以赛强能”比武竞赛分获团体第二、第三名；抓战备，修改完善战备方案，加强战备训练；完成中国—东盟博览会、中国—东盟商务与投资峰会、环广西公路自行车赛、庆祝自治区成立60周年等重大活动安保任务；完成押解押运勤务177批次。

【安全管理】 2018年，武警南宁支队落实“八个方面安全基本工作规范”（安全教育深入、安全训练到位、安全组织健全、安全活动经常、安全责任明确、安全制度落实、安全环境良好、安全设施齐备），抓好人员思想过滤、周案例“1+1”警示教育、月官兵思想情况分析；组织基层正规化管理试点观摩现场会，组织开展暑期百日安全竞赛和枪弹、爆材危险品安全隐患教育整队活动；先后派出安全检查组7批次，把握安全工作主动权。

【基层建设】 2018年，武警南宁支队树立“一线指挥部的全部实践在于抓基层”理念，深入基层现场办公9次；投入470余万元，解决实际困难。完善《支队“分片联建、挂点帮带”实施方案》，采取集训办班、交叉检查、现场帮带等方式，规范基层工作秩序，培养一批按纲建队的明白人、实干家。

【后勤保障】 2018年，武警南宁支队紧盯后勤建设，组织“一组五队”全要素演练8次，“一长五员”培训17批次；投入260.74万元，抓基础工程建设，推进中队迁建2个，抓好后勤领域“清仓归零”整治，推动停偿服务、“三库”（供应商库、评审专家库、产品信息库）清理整治、装备大检查等重点工作，后勤管理秩序进一步正规。（蒋耀宁）

广西陆军预备役步兵师高射炮兵团

【概　况】2018年，广西陆军预备役步兵师高射炮兵团以习近平强军思想为指导，贯彻落实南部战区陆军、师党委决策部署，以全面加强练兵备战为中心牵引，突出维护核心举旗铸魂、聚焦备战苦练精兵、依法从严整纲肃纪、着眼质效精准保障，团队建设全面发展。有1个营、2个连被师评为全面建设先进单位。

【思想政治建设】2018年，高炮团党委将“传承红色基因、担当强军重任”主题教育作为年度教育重点，专门召开会议研究方案，在师动员部署的基础上，对全团官兵进行再动员，提出活动要求，确定教育重点，解决工学矛盾。组织全团官兵进行问卷调查，召开政工研讨会2次，完善修改教育计划3次；五个专题轮流安排常委讲课，组织官兵进行讨论交流、撰写个人学习体会。6月底至7月初，开展“和平积弊大起底大扫除”活动，按照理论学习、查摆问题、检视剖析、清理整改4个阶段，人人撰写问题清单、检视剖析、整改措施材料3份，查摆出“和平积弊”个人问题300余个、组织问题100余个，剖析问题产生原因并制定整改措施。

【战备训练】2018年，高炮团坚决落实习近平“能打仗、打胜仗”重要指示，坚持战斗力唯一标准，完成战备训练任务。严格按照《预备役军事训练考核大纲》要求组织训练，严格制度考勤和训练“四落实”，强化团队战备建设水平和官兵实战技能素养；主要完成教学法集训、预任干部集训、入队训练、应急分队集训、首长机关业务训练、团基本指挥所紧急拉动演练、群众性比武竞赛、尖子比武集训、成建制集训等训练任务，完成训练时间784小时，参训937人，考核合格率90%。代表广西陆军预备役部队参加南部战区陆军年终军事训练考核。

【部队管理】2018年，高炮团围绕“稳思想稳安全，强训练强安全，细管理保安全”思路，以“安全大检查”“行法治、抓从严”、学习贯彻新条令、“安全警示月”、贯彻落实陆军“禁酒令”等活动为抓手，开展综合性安全检查2次、新条令知识考核15次、军容风纪会操4次，贯彻落实先行团观摩会成果；从统一办公室设置、规范勤务队内务、正规库室等13个方面规范完善团队正规化建设。组织保密专题辅导授课3次，重新审批官兵手机，登记备案官兵个人微信、微博、QQ，清查清理涉密文件资料、密码机、台式计算机、移动存储介质等，摸清风险底数，进行整改落实。通过安全制度法规学习、安全责任大讨论、安全隐患大排查、完善营区基础设施建设等，完成组织整顿、应急分队训练、成建制训练等任务，无事故案件发生。

【基层建设】2018年，高炮团党委依据《营连部建设实施细则》，完善基础设施建设，配齐配全战备物资器材，营连部建设全部达标。通过乡村广播、文化广场、新闻报刊等媒介，宣传预备役部队的有关法规、政策以及参加非战争军事行动的相关知识。以营连部为阵地普及科技知识，整合地方优势资源，为预任官兵提供科技信息、技术服务；开展实用技术培训，帮助脱贫致富。6月上旬，组织对7个单位进行点验，到点率90%以上。

【综合保障】2018年，高炮团按建立健全运行机制，精心组织后勤装备保障，提高部队完成多样化军事任务后勤保障能力。按照资产评估、进行军地协商、党委研究、上级审批的程序，全面停止有偿服务。强化党委对保障统一领导，集中物力财力保障部队战备建设、重大演训活动和重要项目建设，并对财务、采购、装备、接待等相关管理规定进行梳理，形成团队《物资集中采购实施办法》，规范采购实施程序、实施办法和责任；利用预备役官兵集训，组织对集训人员进行巡诊，减少因病减员；严格落实武器装备管理制度，每周对装备数量、质量进行清查检查，定期组织对武器装备进行维护保养，确保武器装备性能良好。（倪义名）

人民防空

【概　况】2018年，南宁市人民防空办公室设秘书人事科、指挥通信科、工程科、法规宣传科、计划财务科，编制23名，在编22人。市人防办贯彻落实全国、自治区人民防空会议精神，履行“战时防空、平时服务、应急支援”使命和任务，推动人防军事斗争准备；被自治区人民防空和边海防办公室评为全区年度人民防空工作目标管理达标先进单位，获全区人防无人机操作竞赛第三名。主要存在基层人防机构人员普遍不足，专职不专等问题，亟须充实力量，壮大队伍，推动人防建设措施在基层落地生根等问题。

【战备训练】2018年，市人防办按照《人民防空训练与考核大纲》要求，坚持战训一致、按纲施训，开展机动指挥信息系统及配套系统操作教学和训练。开展机动指挥信息系统、随车设备训练81次，组织参加2018年广西人防边海防通信保障拉动训练、跨区域应急支援保障训练、市县野外联合通信保障拉动训练、无人机操作训练等23次；完成南宁市人防地下指挥中心空调改造、设备维修，指导江南区、青秀区、良庆区、武鸣区等城区做

2018年2月，预备役高炮团到邕宁区蒲庙镇联团村开展结对帮扶慰问活动　高炮团提供

好人防指挥中心的维护管理、建设;完成南宁市国动委(人防)应急机动指挥系统的考察、论证、可行性研究等;南宁市人防预警报知系统接入全市突发事件预警发布平台,实现首府防空防灾资源共享及防空报警手段的多样化;坚持人防战备24小时值班制度,定期开展固定短波电台通联,电台联络训练总时长约210小时,通话良好率保持在95%以上;抓好警报管理,开展南宁市防空警报系统二期升级改造,完成全市警报器维护检查、西乡塘区警报器升级改造,组织七区五县警报管理人员进行警报操作维护技能培训320人次;完成南宁市2018年度防空警报试鸣暨人员疏散隐蔽演练活动,在防空警报鸣响的同时同步开展人防专业队实兵演练,全市(含区县)政府机关工作人员、企事业单位干部职工、社会居民和在校学生7.20万人参加,警报鸣响率100%。

2018年9月3日,南宁市人防伪装设障专业队到青秀区南阳镇开展重要经济目标防护演练
市人防办提供

【防护工程】 2018年,南宁市推进综合防护工程建设。1月10日,市人防办与广西大学合作开发的“广西大学人防工程”开工,11月30日竣工验收并投入使用;总建筑面积约1万平方米,总投资7000万元。完成地下人防工程再建,进入装修、招商阶段。11月,南宁凤岭综合客运枢纽站(一期)建成投入使用,与高铁(南宁东站)、地铁(南宁轨道交通线)、城市快速公交实现无缝对接换乘;在南宁轨道交通线兼顾人防需求基础上,参与南宁轨道交通线的人防工程设计、建设。

【平战结合】 2018年,市人防办开展人防工程防水堵漏、主体抢险、管道疏通、设备维修、系统更新改造等维护管理,排除人防工程安全和洪涝隐患。投入维护经费199万元,完成日常维护项目26项,人防工程防洪防内涝检查3次,排除安全隐患8处;加大大型公共人防工程的开发力度,抓好“9811”“0209”“9353”“7412”等人防工程的续租及收费管理,平战开发收入超500万元;推进地下人防工程还建装修,完成地下人防工程招投标,由南宁地铁商业运营企业统一规划、集中开发。

【宣传教育】 2018年,市人防办深入推进人防宣传教育“五进”(进机关、进企业、进院校、进社区、进媒体)活动。利用南宁人防政务网、南宁人防微信、南宁人防微博等宣传人防基本理论,在南宁人防微信公众号增设“掩蔽地图”功能,将人防工程非涉密数据移入公众号,市民通过手机了解周边人防工程的地理位置,提高自救互救能力。与市教育局联合印发《南宁市人防办2018年人防宣传教育工作实施方案》《南宁市2018年初级中学人防知识教育工作方案》,在全市260所初级中学开展人防知识教育;投入45.98万元,研发“南宁市学校人防教育综合信息管理系统”,将全市所有初级中学人防教育纳入信息化管理。在12个区县30个社区开展人防知识宣传教育活动,发放《人防知识挂图》260套、《学校人防知识教材》9万多册。

【防空培训】 2018年,市人防办贯彻落实“抓素质、强技能”要求,5月、11月组织全市人防系统(含区县)126人到云南省昆明市、海南省海口市参加国家人防信息科技应用研发协同创新基地举办的人防综合业务培训。10月25日至26日,组织全市110余所初级中学人防教师在南宁市邕桂大酒店开展为期2天的人防师资培训。11月30日,与南宁警备区联合组织人防专业队员、志愿者280余名在中共南宁市委党校集中规范化培训5天。

【人防行政审批】 2018年,市人防办完成权力清单、责任清单“两单融合”和“一事通办”的“一次性告知”“最多跑一次”“一次不用跑”等清单、行政权力运行流程的编制,委托市行政审批局依申请办理政务服务事项;组织区县政务办、人防办分管领导和工作人员近20人举办人防审批业务培训。办理易地建设项目162项,无责任投诉现象,服务对象满意率98%以上。

【执法检查】 2018年,市人防办完成人防工程现场执法检查1902项次、面积约316万平方米和人防工程竣工项目现场核查122项次,以及人防工程竣工备案事项90项;对3项违法行为进行执法监察及行政处罚,收缴非法所得款30万元、追缴易地建设费457.20万元。开展南宁轨道交通3号线、4号线人防工程的质量监督,对轨道部分站点出入口隐蔽施工进行现场监督;完成南宁轨道交通3号线、4号线防淹门首樘门立装验收及区间防护设备验收监督;组织人防干部职工100余名举办人防法治知识讲堂学习培训;聘请广西民族律师事务所为市人防办法律顾问。

(乐清林)

责任编辑 李敬江

教育

综　述

【概　况】2018年，南宁市教育局设办公室、政策法规科、计划财务科、基础教育科、招生考试科、职业教育与成人教育科、教育督导委员会办公室、体育卫生与艺术教育科、语言文字工作科、学校安全稳定工作科、人事科、机关党委办公室；编制55名，在编54人。二层机构8个：市招生考试院、市教育科学研究所、市现代教育技术中心、市职业教育中心、市中小学校外教育活动中心、市中小学卫生保健中心、市教师培训中心、市学生资助管理办公室（市教育基金会）。全市有幼儿园、中小学、中等职业学校3249所，在校生152.76万人，专任教师8.42万人。其中：幼儿园1765所，在园幼儿32.20万人，专任教师1.53万人；小学1098所，在校生68.46万人，专任教师3.78万人；初中266所，在校生28.59万人，专任教师1.95万人；普通高中81所，在校生14.37万人，专任教师0.92万人；中等职业学校29所，在校生9万人，专任教师0.21万人；特殊教育学校10所，在校生0.14万人，专任教师260人。师生比例：幼儿园4.75%，小学5.52%，初中6.82%，普通高中6.41%，中等职业学校3.64%（不含非全日制学生），特殊教育学校18.57%。少数民族在校生比例：幼儿园49.97%，小学56.12%，初中57.82%，普通高中54.34%，特殊教育学校55.93%。校园面积（不含非产权校园面积）、生均校园面积：幼儿园265.56万平方米、8.25平方米，小学1538.20万平方米、22.47平方米，初中1058.14万平方米、36.10平方米，普通高中618.88万平方米、43.07平方米，中等职业学校274.20万平方米、30.50平方米，特殊教育学校13.06万平方米、94.50平方米。全市学前教育毛入园率96.23%，小学学龄儿童入学率100%，九年义务教育巩固率97.18%，高中阶段教育毛入学率95.85%；提前2年实现“十三五”教育事业发展目标。有南宁市直属高等院校2所（南宁学院、南宁职业技术学院）。自治区驻市普通高等院校32所（本科院校14所、独立学院4所、高职高专院校18所），全日制在校大学生41.06万人；成人高等院校4所，在校学生1.37万人；博士学位授予权高等院校3所、硕士学位授予权高等院校7所，全日制在校研究生1.81万人。自治区驻南宁市中等职业学校56所，在校生17.68万人。主要存在教育资源总量不足，教育发展均衡程度不高；教育发展体制机制不活，管理、投入、激励和保障机制改革亟待深化；在产教融合、校企合作和特色办学上需要进一步强化；教育信息化应用水平有待全面普及和进一步提升等问题。

2018年，南宁市新建并投入使用中小学校21所。图为市第四中学五象凤凰校区初中部

市教育局提供

【教育经费投入】2018年，南宁市教育经费总收入171.39亿元，比上年增加17.46亿元，增长11.34%，其中公共财政预算教育经费142.86亿元、增加11.95亿元、增长9.13%。教育经费总支出173.36亿元，增加17.48亿元，增长11.21%。国家、自治区下达城乡义务教育阶段专项补助资金8.33亿元；全市义务教育阶段学校学生享受“两免一补”（免学杂费、免教科书费、补助寄宿生生活费），91.86万名义务教育阶段学校学生享受国家免除学杂费政策，核拨义务教育生均免杂公用经费7.09亿元，91.86万名城乡义务教育阶段学生享受免费教科书政策，补助寄宿生生活费1.31亿元，受益学生22.03万人次。市本级预算内生均学生公用经费定额幼儿园每生每年500元，小学每生每年350元，初中每生每年390元，普通高中每生每年490元，中等职业学校每生

每年600元。投入经费3.26亿元，在武鸣区、横县、宾阳县、上林县、马山县、隆安县1443所学校（含教学点）实施农村义务教育学生营养改善计划，受益学生42.54万人。

【教育基础设施建设】 2018年，南宁市新建成并投入使用市第四中学五象凤凰校区、兴宁区兴望小学、青秀区月湾路小学、江南区江南小学华府校区、良庆区景华学校、邕宁区龙岗小学等21所中小学校，新增学位3.91万个；建成市第四幼儿园柳沙分园、西乡塘区金光幼儿园等18所幼儿园，新增学位6570个。“全面改薄”（全面改善贫困地区义务教育薄弱学校基本办学条件）项目2509个，开工2161个，开工率86.13%；竣工2012个，竣工率80.19%；总投入资金27.57亿元（含中央、自治区、市、县资金），其中基建项目资金21.96亿元，累计完成投资19.17亿元，完成率87.30%；设备采购资金5.60亿元，采购设备数量763.71万台（件、套、册），完成采购金额5.57亿元，完成率99.46%。

【家庭困难学生资助】 2018年，南宁市投入助学（含奖、贷）资金8.34亿元，受惠学生68.51万人次，其中资助建档立卡贫困户学生23.58万人次，发放和拨付建档立卡贫困户学生免、奖资金2.01亿元。自治区为民办实事学生资助项目4个：农村义务教育家庭困难寄宿生生活费补助项目发放1.28亿元，资助学生21.56万人次；普通高中免学费项目拨付补助资金1969.73万元，免学费学生4.24万人次；中等职业教育免学费项目拨付补助资金1.53亿元，免学费学生12.52万人次；高等学校国家助学金项目发放2643.70万元，资助学生1.79万人次。实施其他教育阶段资助项目16个：免除学前教育保教费2352.37万元，资助建档立卡贫困户幼儿3.11万人次；城市义教家庭经济困难寄宿生生活费补助发放285.65万元，资助学生0.47万人次；南宁市义务教育段家庭经济困难学生资助项目发放1761.70万元，资助3.44万人次；中等职业国家助学金项目发放2814.76万元，资助学生2.81万人次；自治区人民政府中等职业教育奖学金项目发放276.20万元，奖励学生0.14万人；南宁市人民政府中等职业教育奖学金项目发放298万元，奖励学生0.30万人；南宁市中职师范生生活费补助项目发放726.60万元，补助学生0.96万人次；普通高中国家助学金项目发放6182.94万元，资助学生5.71万人次；建档立卡等家庭经济困难学生免除学杂费项目免除学杂费1735.22万元，资助学生2.10万人次；高中滋惠计划项目380.20万元，资助0.19万人次；自治区大学新生路费项目发放241.79万元，资助学生0.39万人；市财政大学新生资助项目1207.60万元，资助学生0.30万人；中国教育发展基金会大学新生路费项目64.30万元，资助学生0.10万人；“泛海助学行动”资助款486.50万元，资助建档立卡贫困户大学新生0.09万人；区县、学校自筹资金资助项目3488.33万元，资助学生4.39万人次；生源地信用助学贷款项目贷款2.84亿元，贷款学生3.87万人。

【学生综合素质提升】 2018年，南宁市印发《南宁市中小学综合实践活动课程实施方案（试行）》。创建全国青少年校园足球特色学校及校园篮球特色学校，市第十四中学、市安宁路小学、市五一路小学等19所学校入选2018年全国青少年校园足球特色学校，市第四职业技术学校、市燕子岭小学、市民主路小学等37所学校入选2018年全国青少年校园篮球特色学校。组织参加广西第四届“千里杯”校园足球联赛，南宁市代表队获中学男子组亚军、中学女子组季军。全市参加2018年学业水平体育与健康测试考生7.79万名。举办南宁市中小学田径、篮球、足球、排球、乒乓球、少数民族传统体育运动、象棋、围棋、国际象棋、啦啦操、健身操舞等比赛。组织全市中小学健身操舞、啦啦操代表队参加全国啦啦操联赛总决赛、冠军赛、全国全民健身操舞大赛总决赛，获冠军38项、亚军17项、季军3项、第四名4项、最佳表现奖2项、最佳道具奖1项、最佳创意奖1项，获奖数居自治区第一、全国前列。南宁市获国家体育总局体操运动管理中心授予“全国啦啦操示范区”称号。市民乐路小学开展电子化艺术素质测评试点。组织参加广西第六届中小学生艺术展演，南宁市代表队获优秀创作奖8个，表演类获一等奖9个、二等奖6个、三等奖1个，工作坊获一等奖1个、二等奖4个。举办南宁市中小学艺术节、迎春艺术作品展、“童心向党阳光成长”——南宁市教育系统庆祝改革开放40周年自治区成立60周年暨践行社会主义核心价值观文艺会演等活动。建设特色艺教工作室16个。兴宁区、青秀区、西乡塘区、邕宁区、良庆区、武鸣区、横县、宾阳县、上林县、马山县、隆安县11个区县获中央彩票公益金专项资助项目，在上林县、马山县新创建乡村学校少年宫各1个。开展校外教育培训活动36期，惠及学生5万人。组织南宁市代表队参加2018年世界机器人大赛总决赛，获冠军1个、季军1个、最佳创意奖1个，金牌12枚、银牌8枚、铜牌8枚；参加VEX机器人2018年美国国家公开赛获金奖。市中小学校外教育活动中心获全国青少年爱国主义读书教育活动组织工作特等奖、全国啦啦操竞赛最佳组织奖。

【教育督导】 2018年，南宁市新聘任责任督学20名，划分责任区9个，实现直属学校督学全覆盖；西乡塘区获评全国中小学校责任督学挂牌督导创新区县。开展学生欺凌综合治理、城乡义务教育一体化改革发展、高考交叉巡考等专项督导检查。江南区、邕宁区、良庆区、横县、宾阳县、上林县6个区县接受义务教育均衡发展国家督导评估并通过。全市12个区县均达到义务教育发展基本均衡县评估认定标准，提前两年完成自治区规划目标任务。印发实施《南宁市幼儿园办园行为督导评估标准》《南宁市教育第三方评估试点工作方案》，开展南宁市示范幼儿园、南宁市示范乡镇（街道）幼儿园验收评估

2018年7月，南宁市中小学生参加世界机器人大赛总决赛，获青少年设计类小学组冠军1个、亚军2个。图为获奖合影 市教育局提供

与复查评估，西乡塘区衡阳西路第三幼儿园、青秀区南阳镇中心幼儿园、江南区卓越幼儿园等7所幼儿园通过市级示范幼儿园验收评估，青秀区海茵国际花城幼儿园、高新区高新幼儿园、良庆区红太阳幼儿园等15所幼儿园通过市级示范幼儿园复查评估，全市累计市级示范幼儿园169所。指导青秀区、宾阳县完成2018年国家义务教育质量监测，青秀区获评2018年国家义务教育质量监测实施“县级优秀组织单位”。春、秋季学期，分别对全市中小学校开展教育收费检查，公办中小学校检查率100%。市物价局、市财政局、市审计局、市文化新闻出版广电局对各级中小学校开展专项检查，规范中小学服务性收费、代收费管理。开展全市中小学校规范教育收费自查自纠；查处涉及教育乱收费信访件45起，办结45件。

【语言文字工作】 2018年，南宁市组织专家督导评估上林县语言文字工作。完成国家语言资源保护工程语保工程“广西汉语方言调查”项目横县平话、上林客家话的采录。开展公共场所用字检查“啄木鸟”社会实践活动，全市800余所学校、近万名学生参加。完成县域普通话普及情况年度调查，建立基层使用普通话基本数据库。举办南宁市中小学生汉字听写大赛和校园中华经典诵读活动。组织市第二中学、广西大学附属中学和市第十八中学等学校16名师生参加“中国诗词大会”(第四季)广西选拔赛。在邕宁区、上林县、马山县、隆安县开展推普脱贫攻坚行动，举办青壮年普通话培训班，培训460人。

【教育科研与课程改革】 2018年，在自治区基础教育教学成果评比活动中，南宁市获奖教科研成果49项，占自治区基础教育23.30%。获自治区级教育科学规划课题立项45项。市第三十七中学、市第二十中学、市邕宁高级中学、市衡阳路小学4所学校获评自治区心理健康教育特色学校。市第二中学、市第三十三中学、市滨湖路小学等8所学校的心育活动入选自治区中小学心理健康教育特色活动。启动南宁市学前教育联动教研。组织参加“一师一优课、一课一名师”活动，南宁市晒课数1.23万节，获部级优课数94节、省级优课数236节、市级优课数384节，部级优课数和省级优课数居自治区首位。组织中小学教师参加赛课活动，获国家级赛课一等奖27项、二等奖15项，自治区级赛课一等奖15项、二等奖7项、三等奖4项。市南湖小学教师万天璇获第三届全国中小学英语学科信息化高效课堂优秀课例奖。市滨湖路小学教师沈毅、市南湖小学教师孙世红分别获中国教育科学研究院小学科学教育研究中心举办的优秀课例评比一等奖、二等奖。组织教师参加2018年自治区幼儿园教师教学技能大赛，获二等奖1项、三等奖3项；参加2018年自治区幼儿园教师风采大赛，获团体一等奖2项、二等奖2项、三等奖3项、单项奖8项。

【校园安全稳定】 2018年，市教育部门向中小学校印发《校园安全稳定工作日志》《中小学安全教育精彩一课优秀作品集》等宣传图卡约10万册，开展安全教育宣传活动6000次，覆盖全市所有中小学生。全市各级学校参加南宁市“平安校园”评选，市虹桥小学等61所学校获南宁市“平安校园”称号。组织中小学校集中开展应急疏散演练和校园反恐防暴、消防应急疏散演练。组织8个督查组对全市30所学校落实预防中小学生溺水预防教育情况开展专项督查。召开2018年南宁市校车安全管理局际联席会议。举办2018南宁市安全管理干部培训班，对全市150位安全管理干部开展安全管理、安全防范、应急处理等培训。市教育局、南宁警备区联合开展学生军事训练改革试点。市第二十八中学等9所学校获评全国“国防示范性学校”，市第十九中学等22所学校获教育部评为“国防教育特色学校”。开展学校食品、饮用水安全以及手足口病、结核病等传染病预防检查。建立市、区县(开发区)、学校三级公共卫生知识培训体系，提高教职工卫生安全意识和水平。创建自治区级“食品安全示范学校食堂”，市第三中学五象校区、市第二十八中学、市第一职业技术学校五象校区、市第四职业技术学校竹溪校区等17所学校(校区)的食堂获评自治区“餐饮服务食品安全示范学校食堂”。

【社区教育】 2018年，南宁市举办全民终身学习活动周活动，实施公益培训活动项目300多个，近6万人参与。组织参加第四届“NERC杯全国社区教育优秀微课程评选活动”，获奖作品12个，获奖总数居自治区首位。青秀区、西乡塘区获评首批自治区社区教育示范区；青秀区社区教育学院在市第四职业技术学校挂牌成立。邕宁区红星社区、兴宁区燕子岭社区获广西社区教育特色品牌扶持项目立项。南宁市社区教育学院的“快乐瑜伽”、兴宁区民生街道办事处燕子岭社区“红领巾加油站”等5个项目获评2018年全国“终身学习活动品牌项目”，黎炳生、蒋三努2位市民获评全国“百姓学习之星”，市第四职业技术学校、青秀区思维工坊普语培训学校获评全国“优秀成人继续教育院校(培训机构)”。

【民办教育】 2018年，南宁市新增民办文化教育培训机构52家、民办职业培训机构8家，累计注册民办文化教育培训机构304家、民办职业培训机构111家。对全市校外培训机构开展专项治理行动，按无照经营机构、有照无教育培训资质机构、有照有证机构3类进行依法规范与整治；开展文化教育培训15.50万人次。组织开展2018年度民办学校年检，检查市教育局直属民办学校28所，合格27所，不合格1所(市民族歌舞艺术职业技术学校未参加年检，视同不合格)。6月，市教育局、兴宁区教育局联合对与武警广西总队存在办学场地纠纷的市华佳学校进行分流安置，分流安置师生3229人。

基础教育

【学前教育】 2018年，南宁市有幼儿园1765所，在园幼儿32.20万人，专任教师1.53万人，校园面积265.56万平方米；全市学前教育毛入园率96.23%。印发实施《南宁市第三期学前教育行动计划(2017—2020年)》，发展公办幼儿园，加强小区配套幼儿园规划建设，增加学前教育公办和普惠学位。完成18所幼儿园建设项目，新认定多元普惠幼儿园127所，新增南宁经济技术开发区第一幼儿园、青秀区北大博雅幼儿园、青秀区东方国际东葛幼儿园等7所自治区示范幼儿园，全市自治区示范幼儿园累计59所。市本级投入2018年多元普惠幼儿园生均补助专项经费5426万元，惠及526所幼儿园12.49万名幼儿。在全市范围内开展幼儿园“小学化”专项治理，为幼儿身心健康发展创造良好环境。

【义务教育】 2018年，南宁市有小学1098所，在校生68.46万人，专任教师3.78万人，校园面积1538.20万平方米；初中266所，在校生28.59万人，专任教师1.95万人，校园面积1058.14万平方米。小学学龄儿童入学率100%，九年义务教育巩固率97.18%。出台《南宁市教育局直属义务教育公办学校学区制管理改革实施办法》，全市设置学区198个，纳入学区制管理学校1343所，实现公办义务教育学校学区制管理改革工作100%全覆盖。全市基本消除66人以上超大班额和“大通铺”现象，56人及以上大班额占比7.70%。抓好控辍保学，劝返辍学学生4900人。印发《南宁市教育局直属学校初中教育教学质量提升行动方案》,以学区为单位,在直属公办学校的4个学区(市第二中学、市第三中学、天桃实验学校、市第十四中学)组织开展南宁市部分直属初中学校教育教学质量督导活动。组织开展南宁市2018—2019学年度秋季学期期末义务教育质量监测,对全市义务教育阶段四年级—九年级进行质量监测。出台《南宁市关于做好开展中小学生校内课后服务工作的实施意见》,在青秀区、西乡塘区、兴宁区、江南区、南宁经济技术开发区、南宁高新技术产业开发区80多所学校试点提供午托、下午托管等服务。利用中央彩票公益金试点开展校内课后服务公益培训项目,设公益培训点30个;开展校内课后服务公益培训210次,受益学生17.55万人。

【高中教育】 2018年,南宁市有普通高中81所,在校生14.37万人,专任教师0.92万人,校园面积618.88万平方米,高中阶段教育毛入学率95.85%。2018年秋季学期,市第四中学五象凤凰校区建成投入使用,市第三十六中学、市第二十六中学、市第三中学青山校区、市第十九中学、宾阳县新桥中学、宾阳县开智中学、武鸣县锣圩高级中学、横县中学、横县横州中学9所高中改扩建。市第十九中学、市第二十中学、市育才实验中学、武鸣区武鸣中学、横县横州中学、宾阳县新宾中学6所学校获批自治区特色普通高中立项建设学校。确立市英华学校为南宁市第三批普通高中现代化示范立项建设学校,宾阳县新桥中学等7所学校为南宁市第三批特色高中立项建设学校。2018年高考,南宁市获自治区文科卷面分总分第一名,20名学子分获语文、文科、数学和英语最高分;一本上线人数7470人,本科以上上线人数2.78万人;被清华大学、北京大学录取58人。

【特殊教育】 2018年,南宁市出台《南宁市第二期特殊教育提升计划实施方案(2017—2020年)》。完成市民族大道东段小学、市人民路东段小学、市衡阳路小学、市福建路小学4所学校的特殊教育"随班就读"示范点建设。举办南宁市"送教上门"专题师资培训班和南宁市特殊教育教师及管理干部高级研修班,培训240人;选派特殊教育管理干部、一线教师25人参加全国、自治区特殊教育专题培训。开展南宁市特殊教育教师课堂教学视频比赛,评选出市级一等奖3名、二等奖6名、三等10名,优秀组织奖12个。市特殊教育学校黄光瑜、市培智学校叶青等18名特殊教育教师参加广西特殊教育教师课堂教学视频比赛,获一等奖3名、二等奖8名、三等奖4名。市盲聋哑学校旧址(市友爱北路东一巷2号)交由南宁市培智学校办学,接收适龄残疾儿童接受教育。

【招生考试】 2018年,市教育部门对区县义务教育招生工作统筹指导,免试就近入学比例100%。利用新开发的初中新生报名系统,对市区3.45万名初中新生提交的信息数据进行大数据分析,免试就近分配适龄学生入学,其中本市户籍学生1.68万人,进城务工人员随迁子女0.93万人,协调民办学校接收流动人口子女0.74万人。建立以居住证为主要依据的义务教育随迁子女入学政策,确保符合条件的随迁子女应入尽入。全市义务教育学校随迁子女在校生约15万人,接收总数占自治区约三分之一。参加中考7.79万人,其中市区参加中考和高中阶段录取3.82万人。参加全国普通高考报名人数7.36万人,参加普通高考统考人数4.56万人;成人高考报名总人数1.86万人,成人高考报考高中起点升本科人数0.76万人,高中起点升专科人数773人,专科起点升本科人数1.02万人;参加高等教育自学考试1.19万人,报考科目3万科。6月,参加高中学业水平考试23.24万科;12月,参加高中学业水平考试23.82万科。全市普通高中实际招生5.12万人,完成自治区普通高中招生任务比例108%,超计划8个百分点。安排驻邕部队现役军人子女按政策入学。

【教育交流与合作】 2018年,南宁市接待东盟秘书处代表团、日本熊本县代表团、泰国帕塔固音乐戏剧学校代表团等国家和地区的官员、教育同行、学生40余人,到市第二中学、沛鸿民族中学、市解放路小学、市师范学校附属小学等学校参访交流。选派市第二中学、市第三中学、市天桃实验学校3所学校副校长赴美国参加中美千校携手项目。组织交流团赴中国台湾地区花莲县参加两岸城市教育论坛,开展学前教育、基础教育交流。组织市天桃实验学校学生民乐团赴奥地利维也纳参加"一带一路"2018欧洲艺术家演出。

【中小学道德法制教育】 2018年,南宁市开展"我们的节日"系列主题活动、"学雷锋活动月"活动、"开学第一课"宣传报道活动。市第十四中学建政校区《"模拟家庭"——在实践中育人》、市第三中学《实践型德育课程育人的19年改革与探索》等7个案例获评全国中小学德育工作优秀案例。开展庆祝自治区成立60周年暨"文明校园家乡最美"学生微视频、微电影征集活动,收到作品128个,评奖93个。组织编写南宁市幼儿园、小学和中学垃圾分类知识读本,建立中小学校园垃圾分类检查考评制度。开展"不忘初心牢记使命"主题教育征文比赛,收到作品200个,评奖20个。修订《南宁市中小学幼儿园用地保护条例》,编制《南宁市校外托管机构管理办法》草案。市第一中学、市第二中学等29所中小学校获南宁市"依法治校示范校"称号,市桂雅路小学等9所中小学校获自治区"依法治校示范校"称号。指导区县、开发区教育局做好辖区内中小学校章程备案,完成市直属36所中小学校章程备案,实现"一校一章程"。开展南宁市学生"学宪法讲宪法"演讲比赛、法治动漫微电影征集、"我与宪法"优秀微视频征集、青少年税法学习宣传等8项青少年法治宣传教育活动。市云景路小学学生毛佳程、市第十四中学学生黄奕歌获教育部第三届全国学生"学宪法讲宪法"法治演讲比赛个人三等奖,毛佳程、黄奕歌所在的广西代表队获团体二等奖。组织2018年南宁市中小学法治教育优秀教案评选,评出市级优秀教案一等奖9个、二等奖19个、三等奖28个。联合市检察院开展青少年法治教育活动,分别聘任检察院领导为市第三中学等8所学校的法治副校长。协助自治区检察院、自治区教育厅在市白沙路小学举办"关爱未来法治护航"法治进校园自治区巡讲活动,1500多人参加。

中等职业教育

【概 况】 2018年,南宁市有中等职业学校29所,其中国家中等职业教育改革发展示范学校5所(市第一职业技术学校、市卫生学校、市第六职业技术学校、市第四职业技术学校、横县职业教育中心),广西中等职业教育示范特色学校7所(国家级5所,市第三职业技术学校、广西南宁技师学院);有在校生9.05万人(全日制学生6.37万人、非全日制学生2.68万人),专任教师0.21万人。全市中等职业学校设专业大类23个、专业108个;毕业生就业率96.60%。新增"双师型"教师培训基地7个、名师成长工作室10个,全市累计中等职业教育"双师型"(双职称型、双素质型)教师培训基地16个、名师成长工作室19个。市第六职业技术学校黄家宁等66名教师获评自治区"双师型"教师,市第四职业技术学校杨筱玲获第六届黄炎培职业教育

2018 年 6 月，南宁市代表参加全国职业院校技能大赛酒店服务赛项（中职组）。图为南宁市第一职业技术学校获奖选手与指导教师合影　　市教育局提供

杰出校长奖。

【专业建设】 2018 年，南宁市中等职业学校设专业大类 23 个、专业 108 个，其中自治区示范专业 26 个；专业覆盖 37 个产业门类。市第三职业技术学校、隆安县职校、南宁商贸学校、市电子工程学校、市信息工程职业技术学校、市创艺艺术职业学校 6 所学校新设高铁乘务、工业机器人技术、美术设计与制作、物联网技术应用、新能源汽车运用与维修、中餐烹饪与营养膳食 6 个专业。

【招生送生与升学就业】 2018 年，南宁市中等职业学校全日制招生 2.54 万人，非全日制招生 9735 人；全日制全口径送生 2.81 万人。毕业学生 1.55 万人，直接就业学生 8577 人、直接升学学生 6418 人，就业率（含直接升学部分）96.60%。本地就业 6039 人，占直接就业学生人数 70.41%；就业多分布在第三产业、第二产业，其中到国家机关、企事业单位就业 5902 人，占直接就业学生人数 68.81%，比去年上升 19.37%。6418 名毕业生升入高等职业院校就读，比上年增加 1374 人。向南宁富桂精密工业有限公司输送毕业生 1650 人。

【职业教育交流与合作】 2018 年，5 名东南亚国家学生获“南宁市国际友好城市留学生奖学金”。组织教育管理干部赴美国、德国、中国香港地区学习调研职业教育和教育信息化。市第四职业技术学校获职业教育区域合作工程项目专项经费 200 万元。2018 年南宁—东盟人才交流活动月活动期间，澳大利亚班达伯格市代表团、澳大利亚班达伯格州立中学分别到市第四职业技术学校参观考察学校教育教学成果。　　（市教育局）

高等教育

南宁学院

【概　况】 南宁学院是南宁市人民政府、中国国民党革命委员会广西区委员会合作共办的国有民办本科高校，是国家应用技术大学试点高校，首批广西新建本科学校转型发展试点学校，全国非营利性民办高等学校联盟盟员，经教育部批准可向中国港澳台地区招收本科生。位于市龙亭路 8 号，占地 84.65 公顷，建筑面积 42.81 万平方米。2018 年，学院有教职工 658 人，其中专任教师 415 人，具有高级专业技术职务任职资格 130 人、占 31.32%，硕士研究生及以上学历 243 人、占 58.55%，“双师双能型”教师 118 人、占 28.43%。全日制在校生 1.43 万人，其中本科生 1.18 万人、专科生 2506 人。教学科研仪器设备总值 1.21 亿元，馆藏纸质图书 120.48 万册。学院设党群机构 8 个（纪律检查委员会、党委办公室、党委组织部、党委宣传部、党委统战部、党委学工部、工会、团委），教学与教辅机构 14 个（机电与质量技术工程学院、土木与建筑工程学院、交通学院、信息工程学院、管理学院、艺术设计学院、会计与审计学院、高博软件学院、思想政治理论教学部、公共教学部、创新创业学院、继续教育学院、网络信息中心、图书馆），行政机构 12 个［学校办公室、人事处、教务处、学生工作处、财务处、后勤基建处、产学研处、发展规划处、质量评估办公室、招生就业办公室、审计处、国际交流处（港澳台事务办公室）］。年内，学院以“优秀”等级通过自治区教育厅 2017 年度民办高校年检；被评为 2018 年广西普通高校毕业生就业创业工作突出单位；以学院景观为基础的“南宁不孤湖景区”获评国家 AAA 级旅游景区；接待来访单位 43 批次，来访客人 1000 多人。主要存在教师队伍建设、应用型人才培养内涵建设有待加强等问题。

【教育教学】 2018 年，学院获批新增数据科学与大数据技术、视觉传达设计、工程审计本科专业 3 个，组织申报智能科学与技术、智能制造工程本科新专业 2 个；立项建设 100 门本科示范课程项目；获批 2018 年度自治区级本科教改项目 13 项、广西职业教育教改项目 3 项，校级教改项目立项 43 项；评选出 2017 年校级教学成果奖 10 项、2018 年度应用型教材资助立项 3 项、教育教学软件立项 13 项。学院教师获自治区青年教师教学大赛思政组一等奖 1 项、文科组二等奖 1 项、工科组二等奖 1 项、理科组三等奖 1 项；获广西本科高校哲学社会科学优秀教师“特色示范课堂”二等奖 2 项、三等奖 1 项；获第三届全国职业院校教师微课大赛一等奖 2 项、二等奖 2 项、三等奖 4 项、优秀奖 5 项；获第九期应用型课程大课堂比赛一等奖 1 项、二等奖 1 项。学院学生参加第四届“互联网 +”大学生创新创业大赛等各类学科竞赛，获国家级奖项 7 项、省部级奖项 126 项。

【思想政治教育】 2018 年，学院成立思想政治工作委员会，制定《南宁学院关于开展“课程思政”教育教学改革活动的实施意见》，将德育教育与专业课程教学结合；开展南宁学院纪念马克思 200 周年诞辰系列活动；依托辅导员发展研究中心、大学生心理健康教育与咨询中心，定期开展辅导员主题活动日活动，举办专题研讨会、培训等 24 场，培训辅导员、心理健康教育教师 23 人次；选送辅导员参加第七届广西辅导员素质能力大赛，获三等奖 1 项。

【科研与社会服务】 2018 年，学院完善《南宁学院纵向科研项目经费管理办法（试行）》等 5 项科研管理制度；获批校外科研项目 47 项（省部级 1 项、厅级 20 项、市级 9 项、局级 10 项、横向科研项目 7 项），获进校科研经费 595.10 万元；资助校级科研项目立项 87 项，资助金额 125 万元；立项资助校级科研团队 13 个。师生申请专利 445 件（发明专利 274 件），

2018 年 10 月 18 日，斯坦福专业发展中心(SCPD)主任、斯坦福大学副教务长保罗·马可(PaulMarca)(左一)在北京大学斯坦福中心为“斯坦福—南宁学院创新创业导师课程实验中心”授牌　　　　南宁学院提供

获授权专利 48 件。教师发表论文 292 篇，其中核心论文 46 篇，编写出版著作 5 部。学院教师获广西第十五次社会科学优秀成果奖三等奖 1 项，获南宁市自然科学优秀论文一等奖 1 项、二等奖 1 项。深入政府企业调研洽谈 20 余次，选派科技特派员或科技能手 14 人赴广西及甘肃等省、自治区的 35 个区县开展科研服务活动 72 次，1 名教师获“南宁市第八批优秀青年专业技术人才”称号；南宁学院“大学生写生基地”落户邕宁区百济镇。

【产教融合】 2018 年，学院与科大讯飞股份有限公司合作，建成人工智能学院；举办第三届新桂商研究与发展学术研讨会，出版《桂商之道》论文集，6 位桂商团队教师参与桂商企业家创业研究课题；与中兴通讯公司共同推进 ICT 产教融合创新基地升级建设“智慧学习工场”，成立产教融合研究发展服务机构 3 个，与 38 家行业企业交换战略合作协议；与广西质量技术监督局共同推进中国质量研究与教育(南宁)基地 2018 年建设任务，获南宁市质量强市建设项目专项经费 179.20 万元，开展项目研究 4 项。签订产学合作协议 20 项。依托中国质量研究与教育(南宁)基地，与自治区标准技术研究院共建中国—东盟传统中医院标准化人才培训基地，推动与东盟国家专业机构在技术合作、人才培养等方面的合作交流；与桂商企业赛盟集团合作共建“赛盟 OA 特色班”，培养应用型人才；与广西灵山三科现代农副产品批发市场有限公司共建南宁学院—广西灵山三科产学研创新基地；与中联集团(广西)教育科技有限公司合作共建工程审计专业，为全国唯一专业。

【交流与合作】 2018 年，学院加入中国高校创新创业教育联盟，成为第二批成员单位 38 所高校之一。接待中国台湾地区明德财经科技大学等 7 个团组到校洽谈合作；组队赴中国台湾地区高校调研，分别与台湾明德财经科技大学、台湾中华大学、泰国格乐大学、马来西亚沙巴大学、马来西亚北方大学签订合作备忘录；参加第五届桂台高等教育高峰论坛并发表主题演讲；选送 30 余件学生作品参加第十二届“红铜鼓”中国—东盟艺术教育成果展演活动，获最佳美术作品奖 2 项、优秀美术作品奖 4 项。与斯坦福大学专业发展中心共建“斯坦福—南宁学院创新创业导师课程实验中心”。

（黎　丹）

南宁职业技术学院

【概　况】 南宁职业技术学院是市政府举办、自治区政府与市政府共建的全日制综合性高等职业院校。前身是 1984 年创建的南宁职业大学，2009 年成为全国首批、自治区首家国家示范性高等职业院校。占地 109.80 公顷，建筑面积 52.15 万平方米。2018 年，学院有在职教职工 782 人，外聘教师 429 人；全日制高职在校生 1.79 万人(当年招生 5562 人)，成人(函授)在校生 1500 人。学院设职能部门 17 个[学校办公室(督查室)、党委组织部(统战部、学院人事处)、党委宣传部(学院宣传中心)、学生工作部(学生工作处、留学生处)、纪委办公室(监察室)、教务处、教育发展与质量管理办公室、科技处、后勤管理处(保卫处)、财务处、审计办公室、资产与招标管理办公室、招生就业处、国际交流中心(桂港现代职业教育发展中心)、工会、团委、实业开发中心]，二级学院 10 个[机电工程学院、建筑工程学院、旅游学院、商学院、财经学院、国际学院、信息工程学院、艺术工程学院、公共管理学院、高等职业技能培训学院(社区教育学院)]，教辅部门 4 个(现代教育技术中心、思想政治理论教学部、基础教学部、图书馆)。学院设招生专业 58 个，比上年减少 14 个。校内实训楼实训设备价值 2.55 亿元，通过校企合作方式在校外设立专业实训基地。与东盟国家 10 多所高校签订校际合作协议，与自治区内外 20 多所高职院校结成对口支援关系，与 230 多家行业骨干、龙头企业建立合作关系。在中国高职高专院校竞争力排行榜中名列全国第三十三名、自治区第一名。在 2018 亚洲教育论坛“亚太职业教育国际合作峰会”上，入选“2018 亚太职业院校影响力 50 强”。主要存在运用习近平新时代中国特色社会主义思想解决学院深化综合改革难题的新思路、新办法不够多，推进“双高校”(中国特色高水平高职学校和专业)建设的力度还有待加强，思想政治教育工作的针对性和实效性还不够强等问题。

【教育教学】 2018 年，学院设招生专业 58 个，其中国家精品专业 1 个(室内设计技术)，国家示范重点建设专业 6 个(机电一体化、酒店管理、物流管理、室内设计技术、应用泰语、软件技术)，中央财政支持专业 2 个(移动通信技术、建筑工程管理)，自治区“千万级示范特色专业”5 个(建筑室内设计、酒店管理、移动通信技术、建筑工程技术、国际经济与贸易)，广西优质专业 1 个(烹饪工艺与营养)，广西精品专业 1 个(服装设计)；有动漫设计与制作、新能源技术、物联网应用技术、艺术设计、文秘等 10 个校级优质专业。建设国家精品课程 9 门，其中《基于少数民族优秀传统文化传承创新的“非遗工坊”模式探索与实践》《高职校企合作、工学结合的课程体系改革与实践》《室内设计技术专业“工教结合先导工学结合”人才培养模式的创新与实践》《服务欠发达地区产业升级的高职重点专业建设》4 个项目获国家级教学成果二等奖。

【思想政治教育】 2018 年，学院获自治区高校工委(2018 年 11 月更名自治区党委教育工委)、自治区教育厅批准立项为 A 类三全育人示范校培育建设单位。构

2018年4月16日,广西高职院校首家融媒体平台(校园版"中央厨房")正式建成使用。图为平台启用仪式现场　　南宁职业技术学院提供

建以"理论知识传授、课程热点探析、实践教学体验"三个教学环节为轴心的"立体多维、知行合一"高职思想政治理论课教学知识体系,创新"互联网+"思政立体互动式教学新模式,推行"知行合一"考评体系,提升学生思想政治理论素养;建设思想政治教育教学资源库,基本完成《毛泽东思想和中国特色社会主义理论体系概论》文献共享。

【科研与社会服务】 2018年,学院教职工获校外课题立项36项,校内课题立项146项,获外来资助科研经费160万元,学院配套科研经费457.60万元;校外课题申报结题92项,结题50项,在验收42项,校内课题申报结题70项,在验收70项。申报推荐广西第十五次社会科学优秀成果奖29项,获二等奖1项;申报推荐南宁市自然科学优秀论文7篇,获奖2项。教职工出版学术专著5部,以第一作者身份发表学术论文222篇(核心期刊38篇),获专利授权58项。学院学报6期发表论文142篇,学者专访6篇,合计约140万字。其中:校内作者论文25篇,占论文发表数17.61%;博士、副高职称以上发表稿件63篇,占44.37%;基金资助文献94篇(国家级基金8篇、省部级基金61篇),占66.20%。到上林县定点帮扶贫困村开展扶贫,产业扶贫案例《扶贫与扶智并重传承与创新并进专业与产业并接推动贫困地区产业脱贫提质加速增效——南宁职业技术学院服务脱贫攻坚工作案例》成为自治区高校典型案例之一,获教育厅推荐至教育部参评全国精准扶贫精准脱贫优秀典型案例;《打造精准扶贫"互联网+农业"社会服务模式》入选清华大学主办的2018首届中国社会创新与乡村振兴论坛典型工作案例,为广西唯一入选案例。年内,举办南宁市社区教育培训项目50多个,社区教育培训班500多期,培训1.80万人次;完成社区教育市民学员实名登记1200人,引进社会资金完成社区教育服务中心建设并投入使用。选送微课程参加第四届NERC杯全国社区教育优秀微课程评选,获三等奖2项、优秀奖4项。10月,教育部职业教育与成人教育司、中国教科文全委会秘书处、中国成人教育协会主办2018年全民终身学习活动周,"快乐瑜伽"社区教育项目获评"2018年全国终身学习品牌项目"。

【校企合作】 2018年,学院完善《南宁职业技术学院校企合作管理办法》,推进"一专一企,一院一体"(每个专业至少有1个合作企业,每个学院至少合作1个龙头企业或共建1个协同创新基地)建设;全校58个专业"一专一企"建设完成率92%,新增合作企业25家,与思科、富士康、万豪集团、迪士尼、广西电视台等行业内知名企事业单位合作,二级学院均成立校企协同创新中心。学院17个专业与全市17家企业开展校企合作。组织召开校企合作推进工作会议3次,组织专业对接行业龙头企业、高成长性企业,开展职业教育校企深度合作项目申报,与思科、富士康、达内、360企业安全、万豪集团、希尔顿集团、迪士尼、维尚家具等14个校企合作企业完成项目申报。与广西出版传媒集团、广西新华书店集团股份有限公司联合打造的校企合作校园书店——"约"阅读体验中心,在"'新时代杯'2017时代出版·中国书店年度致敬"评选活动中,获全国十大"2017年度校园书店"称号;在中国出版传媒商报、全国书业散装文创多元经营联盟发布2017—2018年度全国书业非书品经营年度优秀基层店名单中,获评2017—2018年度全国"年度优秀基层店"。

【交流与合作】 2018年,学院与泰国、德国、欧盟等国家或国际组织深入合作,搭建"东盟产教园"、中欧人才培训中心、中德汽车技术培训中心、国际电脑使用认证ICDL(广西)考试中心等一批国际交流合作平台,在泰国、越南成立南宁职业技术学院办学点(分校),与富士康科技集团共建南宁富士康学院,与中国台湾旺旺中时文化传媒(北京)有限公司共建金犊创意学院,与美国饭店协会教育学院签订《全球学术教育合作伙伴协议》并加盟GAP(全球教育合作伙伴)项目,与老挝万象省技术学院共建专业项目等。筹备召开桂港现代职业教育发展中心工作会议3次,完成《桂港现代职业教育发展中心章程》修订,桂港现代职业教育发展中心大楼如期封顶,组织桂港青少年文化交流活动4批次。选送学生106人到泰国、越南和中国台湾地区交换学习,招收来自巴基斯坦等国家"中亚班"一年制语言进修留学生24人,接收泰国佛统皇家大学学生20人来校进行为期11周的短期语言文化学习,为来自老挝8所职业院校的16名专业教师开展为期10天的专业培训。学院"桂"族体验"讲"式交流——桂港文化深度行项目入选文化和旅游部公布的2018年度内地与港澳文化交流重点项目名单,为全国22个重点项目之一,自治区唯一入选项目。

(兰海洋)

责任编辑　温燕聪

自然科学

综　述

【概　况】 2018年，南宁市科学技术局（南宁市知识产权局）设办公室（市国防科技动员办公室、行政审批办公室）、政策法规与社会发展科、发展计划与基础研究科（市科教兴市办公室）、科研条件与财务科、高新技术发展及产业化科（市火炬计划办公室）、农村科技与科学技术普及科（市星火计划办公室）、成果管理与国际合作科、知识产权法律事务科、知识产权协调管理科、人事科及机关党委，编制31名，在编31人，机关后勤服务人员控制数3名。二层单位有市科技情报研究所（市生产力促进中心），事业单位，编制18名，在编15人；市知识产权服务中心（市科技成果转化服务中心），事业单位，编制17名，在编16人。出台《提升自主创新能力促进产业优化升级发展若干政策措施》《南宁市新型产业技术研究机构建设与资助管理办法》等政策；推进第三方专业机构管理科技项目试点，提升科技项目管理科学化、专业化水平和管理效率。全年实施市级科学研究与技术开发计划项目248项，总投资8.99亿元，财政科技经费投入9973.61万元，年增产值27.64亿元，增利税5.34亿元，节约创汇2711万美元。每万人口发明专利拥有量9.89件，比上年增长18.42%，居自治区首位；新增国家知识产权优势企业14家、国家知识产权示范企业2家，获中国专利优秀奖2个。全市411家企业通过高新技术企业认定，高新技术企业年度保有量净增299家，总量750家、增长66.30%，占自治区总数40.15%，居地市首位。引进新型产业技术研究院2家；新增国家企业技术中心2家，实现零的突破；国家级星创天地5家，累计7家；促成广西科技成果转化大行动项目80项，获国家科学技术奖1项，获自治区科学技术奖34项。举办首届南宁市海外人才创新创业大赛；第三届南宁市创新创业大赛6家企业获全国赛优秀企业奖。开展科普活动51场次，直接受益群众20.10万人次。主要存在科技创新仍然投入不足，全社会R&D（科学研究与试验发展）经费投入占GDP比重偏低，与其他省会城市相比，仍存在较大差距；科技与经济融合不够紧密，自主创新科技成果较少，关键技术自给率低；企业核心竞争力不强，企业发展后劲不足；高层次科技人才不多，高水平科研团队和领军人才匮乏等问题。

【科技体制改革】 2018年，南宁市出台《提升自主创新能力促进产业优化升级发展若干政策措施》《南宁市新型产业技术研究机构建设与资助管理办法》，引进知名高校院所、龙头企业或高层次人才团队建设以产业创新为主导的新型产业技术研究机构，资金支持最高4000万元，引进广西先进铝加工创新中心、南宁华数轻量化电动汽车设计院2家机构。出台《南宁市科技创新券实施管理办法（试行）》，盘活优势科技资源，降低企业创新投入成本，鼓励中小企业使用创新券向企业、高校、科研院所等创新主体购买科技创新服务。推进第三方专业机构管理科技项目试点，落实8家第三方专业机构监理380项科技项目、结题验收和效益跟踪。举办全市科技管理业务培训班，印发科技政策宣传手册和汇编，通过报纸、电视、网站、微信公众号等媒体进行科技政策宣传，推动科技创新政策落地增效。

【知识产权管理】 2018年，南宁市新增国家知识产权优势企业16家（知识产权优势企业14家、国家知识产权示范企业2家）；新增自治区知识产权优势企业培育单位18家。拥有国家知识产权优势（示范）企业40家，自治区知识产权优势企业培育单位93家，通过《企业知识产权管理规范》国家标准认证企业49家，广西知识产权分析评议服务机构（含培育机构）8家，广西高价值专利培育示范中心3家。获中国专利优秀奖2个。21家企业获专利质押融资贴息411.21万元，获专利质押融资1.31亿元。立案查处涉嫌假冒专利47件，处理专利侵权案件11件。

【高新技术产业】 2018年，南宁市411家企业通过高新技术企业认定，高新技术企业年度保有量净增299家，总量750家，增长66.30%，占自治区总数40.15%，居地市首位，拨付2017年度高新技术企业认定后补助奖励1070万元；新增广西“瞪羚企业”6家，累计19家；全市高技术产业产值增长15.40%。

【科技创新】

工业科技创新　2018年，南宁市组织实施工业科技创新项目62项，财政科技经费投入3040万元，带动全社会投入科研经费3.32亿元；其中工业重大科技项目3项，重点研发科技项目、后补助类项目59项。引导企业在电子信息制造、先进装备制造、生物医药等重点产业领域开展共性关键技术攻关，企业市场竞争力提高，其中广西南南铝加工有限公司承担完成的市级重大科技项目“汽车车身用高性能铝合金宽幅薄板的开发应用”，开发满足不同性能需求的汽车车身用铝合金宽

2018年6月19日，南宁市工业重大科技项目“汽车车身用高性能铝合金宽幅薄板的开发应用”通过验收。图为广西南南铝加工有限公司加工冷轧制造中心　　市科技局提供

幅薄板产品并实现产业化，提高南宁市铝精深加工行业的核心竞争力，填补国内轻量化铝合金车身板的空白。项目申请相关发明专利5件，获授权3件；发表核心期刊论文4篇，形成企业标准3个，获认定工业新产品3个，新增产值1.03亿元。

农业科技创新　南宁市围绕“10+3”（粮食、糖料蔗、水果、蔬菜、茶叶、桑蚕、食用菌、罗非鱼、肉牛肉羊、生猪10大传统农业产业加富硒农业、有机循环农业、休闲农业3个新型产业）特色农业产业选育推广高品质、有特色农业新品种，开展特色产业技术瓶颈攻关。开展水稻新品种选育、甘蔗水肥一体化滴灌、柑橘标准化种植、粉蕉矮化种植、香蕉浆加工等优势产业技术研究，以及马蹄笋和橘红种植示范、杨圩红薯提质增效、蚕羊兼养和草鱼生态养殖等特色种养产业研发，共研发、引进、示范推广农业新品种78个、新技术52项、新产品20项。加大资金支持、组织调研、完善指导申报，支持各区县创建农业科技园区，新增武鸣区、邕宁区2家自治区级农业科技园区。培育打造现代农业双创平台“星创天地”，鼓励科技特派员、大学生、返乡农民工等深入农村创新创业，新增自治区级星创天地18家，累计26家。武鸣区鸣鸣果业、青秀区桂农科创、青秀区“金花小镇”、邕宁区一遍天种猪养殖、横县周顺来茉莉花茶5家星创天地获国家级备案。

民生科技创新　南宁市组织实施民生领域科技创新项目66项，财政科技经费投入1105万元，总投资8207万元，推进医疗卫生、生物医药、公共安全、城市交通、节能减排与防灾减灾等社会建设管理领域技术创新研究、应用示范，推进民生科技成果开发、转化及推广应用，增加民生科技公共产品和服务供给。支持民生领域重大科技项目4项，支持南宁·中关村领创心血管病精准医疗中心平台创建重大科技专项，培养精准医疗人才队伍，加强医学重点学科、特色专科和临床医学研究中心创新培育建设。支持骨坏死创新药RAB-001的临床前研究和智能动态DR多功能胃肠X射线系统研发重大科技专项，推动生物医药产业创新发展。支持利用水泥窑资源化无害化处置城乡生活垃圾关键技术优化研究及示范重大科技专项，探索水泥窑协同处理生活垃圾技术在广西全面推广的可复制模式，成为“美丽广西·清洁乡村”示范。

（市科技局）

科学研究与技术开发

【概　况】2018年，南宁市实施本级科学研究与技术开发计划项目248项，总投资8.99亿元，财政科技经费投入9973.61万元；年增产值27.64亿元，增利税5.34亿元，节约创汇2711万美元。

【科学研究与技术开发计划项目实施】2018年，南宁市实施本级科学研究与技术开发计划项目248项，总投资8.99亿元，财政科技经费投入9973.61万元。按计划类别划分：重大计划专项12项，财政科技经费投入945万元；重点研发计划项目51项，财政科技经费投入2045万元；技术创新引导专项32项，财政科技经费投入1997.40万元；科技基地专项27项，财政科技经费投入1310万元；专利质押融资贷款项目21项，科技投入411.21万元；市本级科技型中小企业技术创新资金项目99项，财政科技经费投入1580万元；软科学研究1项，财政科技经费投入105万元，其他领域5项，财政科技经费投入1580万元。

【重大专项】2018年，南宁市围绕电子信息制造、先进装备制造、生物医药、农业特色、生态环保、大健康产业等创新发展名片，组织实施科技重大专项12项，总投资8739万元，科技投入945万元。其中：工业项目3项，总投入3800万元，财政科技经费投入240万元；农业项目5项，总投入1791万元，财政科技经费投入385万元；生态环保产业项目1项，总投入608万元，财政科技经费投入80万元；民生类项目3项，总投入2540万元，财政科技经费投入240万元。广西南南铝加工有限公司研发出汽车车身用高性能铝合金宽幅薄板并实现产业化，填补国内轻量化铝合金车身板的空白，新增产值1.03亿元；支持南宁市4个农业科技园区开展技术攻关13项；民生领域，重点支持精准医疗、常见病多发病防治、创新药临床研究等医疗卫生、生物医药研发，大力推进科技惠民。项目实施完成后，新增产值2.31亿元，利税1.02亿元。

【重点研发计划】2018年，南宁市围绕打造传统优势产业、先进制造、信息技术、互联网经济、高性能新材料、生态环保、优势特色农业、大健康产业等创新发展名片，实施重点研发计划51项，总投入2.71亿万，财政科技经费投入2505万元。支持发展石墨烯等新材料关键技术研究及产业化示范、智能机器人等先进装备研究及应用开发、生物医药与中药民族药创新技术研究等科技创新领域。

【技术创新引导专项】2018年，南宁市利用财政资金杠杆作用，创新财政科技投入方式，实施南宁技术创新引导专项32项，总投资8067.73万元，财政科技经费投入1997万元。项目实施完成后，年新增产值2.22亿元，利税4510.70万元。其中：亮点项目为实施高新技术企业认定后补助专项1项，奖励214家新认定企业，财政科技经费投入1070万元，其他各类项目31项，财政科技经费投入927万元。

【科技基地专项】2018年，南宁市围绕“星创天地”建设示范、科技特派员创新创业与科技服务、贫困地区农业产业转型增效关键技术研究与应用示范、科普能力建设与示范等领域，组织实施科技基地专项27项，总投入1.09亿元，财政科技经费投入1980万元。其中，支持金色田园星创天地、南宁市竹鼠特种养殖星创天地开展农业创业孵化服务；支持科技特派员深入贫困村开展新品种、新技术示范推广;扶持贫困村发展桑蚕、水稻、柑橘等产业;扶持大数据科技服务公共平台等创新创业平台建设及能力提升。

【农业科技园区】 2018年,南宁市新增自治区级农业科技园区2家(广西南宁市武鸣区农业科技园区、广西南宁市邕宁区桑蚕农业科技园)。全市自治区级农业科技园区累计7家。

【产学研合作】 2018年,南宁市与华南理工大学、北京林业大学、沈阳化工大学、广西大学等开展产学研合作,在三大重点产业等领域实施产学研合作项目72项,财政科技经费投入1688万元。组织企业前往武汉华中科技大学、成都电子科技大学、南京中国药科大学参加科技成果项目对接活动,达成合作协议和意向48项。邀请上海理工大学专家教授到南宁市开展科技成果对接会,展会企业与上海理工大学达成初步合作意向12项。市科技局与中国科学院计算技术研究所召开科技合作座谈会,洽谈产学研合作项目。

2018年6月21日,南宁市与中国科学院计算技术研究所洽谈产学研合作项目

市科技局提供

【科技中介服务体系建设】 2018年,南宁市加快以产业创新为主导的新型产业技术研发机构建设,引进与东北大学王国栋院士共建的广西先进铝加工创新中心、华中科技大学下属上市公司华中数控共建的南宁华数轻量化电动汽车设计院2家新型产业技术研究机构。新增广西田园生化股份有限公司、广西交通科学研究院有限公司2个国家企业技术中心,全市有国家级创新平台6个;新增自治区级重点实验室10家,累计53家;新增自治区级工程技术研究中心14家,累计114家。支持企业引进高校院所建设院士工作站、博士后工作站,新增自治区、市级院士工作站15个,累计76个。新增自治区级孵化器2家,累计6家。背靠清华大学的启迪东盟科技城、启迪之星一带一路孵化基地揭牌运营。新增自治区级众创空间3个、市级众创空间9个,累计27家。举办中国创新创业大赛南宁选拔赛暨第三届南宁市创新创业大赛,报名参赛企业327家,增长50%,16家企业晋级全国行业总决赛,5家企业获优秀企业奖,占自治区获奖数一半。组织实施科技中介服务体系建设项目3项,总投入215万元,财政科技经费投入50万元。完善南宁市科技文献服务信息共享与服务平台中草药文献信息数据库和新产品样品数据库2个特色资源数据库建设,提升更新数据库信息量,中草药文献信息数据库总量662万条(项),新产品样品数据库数据总量425万条(项)。

【区域性科技创新体系建设】 2018年,南宁市与北京中关村合作进一步深化,南宁·中关村创新示范基地(相思湖区)、南宁·中关村科技园相继揭牌,南宁·中关村科技园为继滨海新区、雄安新区之后,北京中关村与外地合作重点打造的第三个科技园,南宁·中关村创新示范基地(相思湖区)累计入驻重点企业57家,入孵创新企业93家,入驻面积4.20万平方米。南宁高新区成为国务院给予督查激励的全国15个区域双创示范基地之一,获首批国家中小企业双创升级特色载体项目。南宁市建设科技服务业集聚区,中国—东盟检验检测认证高技术服务集聚区6个东盟中心项目已批量入园,华尔街工谷、联讯U谷获批认定南宁市科技服务业集聚区。培育创新小镇,江南区沙井电子信息创新小镇、南宁高新区新一代信息技术产业创新小镇、横县茉莉创新小镇3个项目入选自治区创新小镇培育试点。

【科技示范试点建设】 2018年,南宁市印发《关于依托第三方专业机构管理科技项目试点工作方案》,落实8家第三方专业机构监理380项科技项目、结题验收和效益跟踪。以科技扶贫示范基地建设为重点,支持贫困地区的技术创新和成果转化推广,新增上林绿色水稻标准示范基地、邕宁区那楼镇中山村柑橘科技扶贫示范基等科技扶贫示范基地4家,全市有科技扶贫示范基地12家。

表29 2018年南宁市产学研合作项目情况表(72个)

项目名称	承担单位
新型发动机3D增减材机器人柔性集成制造技术研究及产业化	自治区机械工业研究院、广西玉柴机器股份有限公司
江南区农业科技园区建设——兴荣现代农业生态循环特色基地建设与示范	南宁市江南区科学技术局、南宁市兴荣牧业有限责任公司、南宁学院
江南区农业科技园区建设——设施甜瓜持续采摘生产技术研究与示范	南宁市江南区科学技术局、广西绿园农庄农业科技有限公司、自治区农业科学院蔬菜研究所
江南区农业科技园区建设——豇豆新品种桂豇一号标准化生产示范	南宁市江南区科学技术局、广西南宁赛绿农业科技有限公司、南宁市江南区苏圩镇无公害蔬菜协会、自治区农业科学院蔬菜研究所
青秀区农业科技园区建设——金花茶成花基因FT/TFL1功能及转基因育种研究	青秀区科学技术局、广西大学、广西源之源生态农业投资有限公司

续表 29

项目名称	承担单位
广西—东盟农业科技园区建设——高品质稳态化轻碾米生产关键技术开发	广西—东盟经济技术开发区经济发展局、广西品冠农业发展有限公司、广西大学
广西隆安农业科技园区建设——抗(耐)枯萎病桂蕉9号新品种种植适应性研究与示范推广	隆安县发展改革与科学技术局、广西金穗农业集团有限公司、自治区农业科学院生物技术研究所
马蹄笋种植技术推广应用及示范基地建设	广西岩星农业有限公司、南宁市林业科学研究所、隆安县科学技术情报研究所
南宁-中关村领创心血管病精准医疗中心平台创建	南宁市第二人民医院、北京领创精准医疗健康产业投资股份公司
骨坏死创新药RAB-001的临床前研究	广西医科大学、广西莱德康顺生物医药科技有限公司
基于大数据的企业税收征信服务系统的研究与开发	广西航天信息技术有限公司、广西财经学院
基于BIM与GIS融合技术的城市级建设项目管理云平台关键技术研究与应用	南宁市勘察测绘地理信息院、南宁市城乡建设信息中心、宁波市安贞信息科技有限公司、宁波中国科学院信息技术应用研究院
基于云平台的物流储运智能终端中间件及其管理系统研发	广西师范学院、广西翔海物流有限责任公司
具有3D视觉的工业机器人控制系统关键技术研发	广西大学、广西鸿途智能科技有限公司
3D模型驱动的工业机器人在线智能控制系统研发及应用示范	广西大学、广西安博特智能科技有限公司
绿色生态小区参数化技术研发及示范应用	华蓝设计(集团)有限公司、广西大学、华南理工大学
基于超级电容的电梯节能控制装置研究与应用	南宁学院、思屋电气集团有限公司
基于变频谐振鲁棒控制的微差双向补偿耐压试验装置研制及其应用	广西电友科技发展有限公司、广西大学
南宁市中药质量控制工程技术研究中心建设	广西益谱检测技术有限公司、广西中医药大学
南宁市“两会”优异花卉新品种引种及配套栽培技术研究	南宁市金花茶公园、南宁市卉聚园艺有限公司
鸡传染性支气管炎病毒样颗粒疫苗的研究和初步应用	广西大学、隆安凤鸣农牧有限公司
南宁市猪腹泻致病菌的流行性及耐药性检测与防制技术研究	广西大学、南宁鑫创生物科技有限公司
南宁市蔗糖生产废弃物饲料化与动物粪便资源化利用技术集成与示范	南宁市农业科学研究所、自治区农业科学院农产品加工研究所、广西四野牧业有限公司
黄金柑标准化生产基地建设及高产栽培技术研究与示范	马山县双锋种养专业合作社、广西农业职业技术学院
上林县柑橘科技示范区建设与精准扶贫示范	广西联翔农业投资有限责任公司、自治区农业科学院园艺研究所、上林县众惠种养农民专业合作社联合社
新型饲料添加剂在肉鸡林下生态养殖中的应用示范与推广	上林县澄泰乡博艺种养农民专业合作社、自治区畜牧研究所
多层高低网床混合半漏缝养猪楼生态养殖在科技扶贫中的应用研究	广西农业职业技术学院、隆安县梁智敏生猪养殖专业合作社、隆安县科学技术情报研究所
“中粉1号”粉蕉新品种引进及矮化栽培技术推广示范	横县生产力促进中心、自治区农业科学院植物保护研究所、横县山淳竹柳种植专业合作社
马山杨圩红薯提质增效及产业扶贫示范	马山县农业技术推广站、南宁市农业科学研究所、马山县富农种植专业合作社
香芋绿色高效栽培技术推广	宾阳县洋桥镇陶牌芋头种植农民专业合作社、自治区农业科学院蔬菜研究所
蚕羊兼养高效生产技术示范基地建设	广西醉星辰农业综合开发有限公司、自治区蚕业技术推广总站、马山县昌隆种桑养蚕专业合作社
南宁市邕宁区那楼镇中山村柑橘科技扶贫示范基地建设	广西桂宝农业发展有限公司、广西农业科学院园艺研究所
横县西南部贫困山区化橘红标准化栽培技术集成研究与应用示范	横县卓越橘红科技有限公司、自治区农业科学院、横县平马镇三叉生态药材种植专业合作社、横县平朗宏昌毛橘红药材种植专业合作社
基于ICF-CY理论架构的学龄孤独症儿童入学评估标准和评估路径的研究	南宁儿童康复中心、广西宝信迪科技有限公司

续表 29

项目名称	承担单位
南宁传统工艺美术活态传承研究	南宁学院、广西工艺美术研究所
再生骨料整形强化及在市政混凝土构造物中的应用研究	中交四公局桥梁隧道工程有限公司、广西交通科学研究院有限公司
农村公路管护关键技术标准研究及应用示范	自治区标准技术研究院、广西交通科学研究院有限公司
南宁市黑臭水体治理水力调控与水质改善研究	南宁市勘察测绘地理信息院、自治区水利科学研究院
污泥快速好氧发酵一体化智能设备研发与示范	广西益江环保科技股份有限公司、广西大学
治疗乙肝壮药新药火炭母胶囊的研制	广西中医药大学、广西中医药大学制药厂
特色壮药千葛颈舒康颗粒的研究与开发	南宁市武鸣区中医医院、广西中医药大学、广西麦克健丰制药有限公司
构建数字 RCA 液相悬浮芯片技术平台应用于食品中食源性致病菌的多组分同步高通量在线分析	自治区食品药品检验所、广西医科大学
南宁高新技术产业开发区生物医药产业专利导航项目	南宁新技术创业者中心、广西奥凯知识产权服务有限公司
特色型知识产权试点区建设	南宁市武鸣区科学技术和知识产权局、广西南宁新创之友知识产权代理有限公司
南宁市专利信息管理和资助奖励系统开发建设	广西发明协会、江苏畅远信息科技有限公司
球霰石型碳酸钙中空微球的制备及应用研究	自治区化工研究院、广西大学
以机械活化强化淀粉固相复合酯化关键技术研发	广西农垦明阳生化集团股份有限公司、广西大学
高效便携式单相逆变电源控制器集成设计与系列产品开发	广西南宁市晨启科技有限责任公司、广西大学
沙江河流域透水路面雨水控制关键技术研究及示范	广西大学、南宁北排水环境科技有限公司
工程车辆自动跟踪清洗系统的研究与开发	广西腾子熙科技有限公司、广西大学
椎管内阻滞分娩镇痛联合气囊仿生技术在瘢痕子宫妊娠阴道试产中的应用研究	南宁市妇幼保健院、南宁市分娩镇痛技术研究所
台湾兰花资源引进、创新利用与推广示范	自治区农业科学院花卉研究所、南宁市花卉公园
轻载交通路面高性能再生骨料透水混凝土制备、多污染物堵塞协同控制以及透水安全性评估技术研发与示范	广西交通科学研究院有限公司、广西大学、广西路桥工程集团有限公司
湿热地区气候适应型城市建筑热环境监测与优化技术研发	华蓝设计(集团)有限公司、华南理工大学、广西大学
石墨烯增效膨润土改性水性聚氨酯涂料及其产业化研究	广西大学、广西绿桂装饰材料有限公司
第十二届中国(南宁)国际园林博览会园博园增强现实技术(AR)的应用推广	南宁园博园管理中心、北京林业大学
马山县生态种养循环示范区建设	马山县腾发农业有限公司、自治区畜牧研究所、马山县加方乡农兴生态种养专业合作社、马山县灵阳山文旅种养专业合作社、马山县发展改革和科学技术局
马山县坛沙村果园种养结合示范基地建设研究	广西农业职业技术学院、马山县徐柏种植专业合作社
山银花种质资源收集及生态种植示范基地建设	广西马山县加方乡蓝辉金银花加工厂、自治区药用植物园
马山县永州镇平山贫困村蔬菜产业科技扶贫示范基地建设	马山县永州镇海年养殖场、广西大学
甘蔗增产增糖剂研究与无人机喷施的示范推广	马山县周鹿镇绿江种养专业合作社、自治区农业科学院甘蔗研究所
四季蜜芒反季节栽培技术创新与栽培示范	上林县富林农业发展有限公司、广西大学
退桉还果晚熟优质柑种植技术应用示范	上林县明山红农业发展有限公司、自治区农业科学院园艺研究所
上林县桑树良种种苗繁育技术应用示范	自治区蚕业技术推广总站、上林县龙昌农业种养专业合作社

续表 29

项目名称	承担单位
优良种猪引进、选育和繁育关键技术集成与推广示范	广西一遍天原种猪有限责任公司、广西大学
杂交水稻新品种"联优 362"在越南的规模化推广应用	广西万川种业有限公司、自治区农业科学院水稻研究所
柑橘难防治病虫害新药剂研究与开发	广西田园生化股份有限公司、沈阳化工大学
面向东盟的农业技术转移示范机构服务能力建设研究	自治区农业科学院农业科技信息研究所、广西博士园种业有限公司
中国—东盟光电子信息技术转移示范机构服务能力建设	南宁迅尔迪电子科技有限公司、广西科学院应用物理研究所、广西电子学会
转基因鸡生物反应器制备新型抗癌药物的研究与应用	广西大学、广西仲和生物科技有限责任公司
舒炎乐胶囊的研制开发、鹿丹脑康宁胶囊的研制开发	南宁协和医院、广西子持医药科技有限公司
直流试送仪系列产品开发及推广应用	广西电友科技发展有限公司、广西大学

【"星创天地"项目建设】 2018 年,南宁市新增自治区级星创天地 18 个(邕宁区一遍天种猪养殖星创天地、青秀区"金花小镇"星创天地、武鸣区鸣鸣果业星创天地、上林县百香果产业星创天地、邕宁区时宜桑蚕产业星创天地、良庆区德澳竹鼠养殖星创天地、武鸣区起凤橘洲星创天地、江南区绿园果蔬产业星创天地、隆安县优质水果产业星创天地、武鸣区黄牛生态养殖星创天地、马山县盛世果蔬产业星创天地、横县精品果蔬产业星创天地、西乡塘区富硒农业星创天地、上林县博艺林下养殖星创天地、隆安县海泉火龙果产业星创天地、良庆区恒得润加工型辣椒产业星创天地、隆安县亿品佳果蔬产业星创天地、青秀区桂农科创星创天地)。全市累计有自治区级星创天地 26 家。 (市科技局)

科学技术普及

【概　况】 2018 年,南宁市以"科技活动周""绿城科普大行动""科技服务春耕生产活动"等大型活动为契机,联合高等院校、青少年科技教育基地、科研机构及部分科技型企业等,开展科普活动 51 场次,展出科普展板 650 多块,发放农业实用栽培技术书籍和科普宣传小册子 18 万册、宣传单 2 万份,直接受益群众 20.10 万人次。

【"三下乡"活动】 2018 年,南宁市以"科技创新强国富民,发明创造赶超跨越"为主题,在国家、自治区、南宁市科技活动周举办期间,组织区县开展科技卫生文化"三下乡"活动;重点组织开展 2018 年江南区青少年科技创新大赛、广西第五届农民工技能大赛等科普活动。活动期间,市科普工作联席会议成员单位累计开展科普活动 51 场次,展出科普展板 650 多块,发放农业实用栽培技术书籍和科普宣传小册子 18 万册、宣传单 2 万份,直接受益群众 20.10 万多人次。年内,服务于南宁市的贫困村科技特派员及其他科技人员 294 人,科技服务 9048 人次,开展农业实用技术培训 3999 场次,培训农民 15.62 万人次,共示范、推广新品种 78 项、新技术 52 项。294 名贫困村科技特派员及其他科技人员,示范、推广新品种 78 项、新技术 52 项,助力乡村振兴建设。

【科技培训】 2018 年,南宁市围绕"10+3"特色农业产业,组织农业专家深入贫困村开展科技指导服务、举办实用技术培训、推广农业新品种先进技术,组织 6 个有县级电视台的重点区县开展电视科技培训,财政科技经费投入 24 万元,播放农业科技培训节目《农村科技新视界》110 多期。科技服务 5048 人次,开展农业实用技术培训 1626 场次,发放农村实用技术图书 12 万册,培训农民 5.40 万人次。

【科普活动】 2018 年,南宁市科普联席会议成员单位开展科普创新系列活动,提高企业对科技创新政策的知晓率及民众科技创新意识。5 月 21 日,市政府在良庆区大联小学举办 2018 年全国科技活动周南宁市活动启动仪式暨科普进校园活动,16 家科普联席成员单位和 3 家青少年科普基地开展现场科普知识竞答、宣传咨询互动等校园科普活动,参与 2500 人次。10 月,市委宣传部举办全市市级乡村学校少年宫素质教育技能竞赛。市教育局在市第三中学组织开展第十七届南宁市中小学生机器人竞赛暨第二届南宁市中小学生创客竞赛。江南区科技局组织举办 2018 年江南区青少年科技创新创新大赛。市人社局先后组织开展全国科技活动周南宁区市属职业院校学生职业技能大赛、南宁市职工职业技能大赛、广

2018 年 4 月 26 日,南宁市区县科技局工作人员向群众发放知识产权宣传资料

市科技局提供

西第五届农民工技能大赛南宁市复赛、南宁市东盟人才活动月——高技能人才系列活动等技能竞赛。

【科技活动周】 2018年，南宁市以科普联席会议为平台，联合高等院校、青少年科技教育基地、科普教育基地、科研机构等，利用“2018年全国科技活动周广西活动暨第二十七届广西科技活动周·广西创新驱动发展成就展、第八届广西发明创造成果展览交易会”同期举办的契机，围绕“科技创新强国富民，发明创造赶超跨越”的主题开展13大专题科技活动。开展科普活动40多场次，展出科普展板550多块，发放科普书籍、农业实用栽培技术书籍8万册，直接受益群众19.20万人次。 （市科技局）

科技合作与交流

【国际科技合作与交流】 2018年，南宁市有国际科技合作基地24家，其中国际联合研究中心1家、国际技术转移中心4家，国际科技合作示范基地19家。全市国家、自治区和市级国际科技合作基地分别为11个、8个、24个。组织全市企事业单位参加中国—东盟博览会柬埔寨展、柬埔寨国家科委主席邓西尼与广西企业技术交流活动、2018老挝科技博览会等科技合作对接活动19场，其中面向东盟国家活动13场，签约及合作意向项目58项。设立国际科技合作专项，支持新能源、现代农业、技术转移等国际科技合作研究与科技成果推广应用示范项目6项，总投资662万元，其中财政科技经费投入120万元。

【区域科技合作与交流】 2018年，市科技局与市委组织部、市科协、市外侨办共同举办南宁市海外人才创新创业大赛，来自全球除南美洲和南极洲之外的五大洲、28个国家和地区的163个人才(团队)参赛，30个项目晋级决赛，角逐出一等奖2名、二等奖4名、三等奖6名。大赛通过搜狐、搜悦、广西直播前线等15个知名网络直播平台直播，累计观看超过10万人，有20余个项目表达落户意向。

【参展参会】 2018年5月17日至20日，南宁市精选广西博世科环保科技股份有限公司的美丽乡村建设提升人居环境项目、广西本草坊保健品有限公司的治疗痛风草本植物产品、广西北斗星动物保健品有限公司的国家级新兽药盐酸头孢噻呋注射液3项高新技术成果参加第二十一届中国北京国际科技产业博览会。其间，助推清华大学化学系领导，长江学者、南宁市政府特聘专家李广涛教授课题组与广西金雨伞防水装饰有限公司深化合作，达成合作意向协议1项。11月14日至18日，组织广西桂仪科技有限公司、广西佳微科技股份有限公司、咪付(广西)网络技术有限公司、广西蓝合创讯数据科技有限公司4家高新技术企业参加在深圳举行的第二十届中国国际高新技术成果交易会，达成交易意向23项，合作开发意向3项。年内，组织55家企业83个项目参加广西创新驱动发展成就展，涉及电子信息、先进装备制造、生物医药、现代农业、环保、新材料、创新平台、科技金融8大领域。广西田园生化股份有限公司、广西博世科环保科技股份有限公司等10家知名科技型企业受邀参加自治区“明星高企创新成果展”。其间，组织22家企业，7项大健康、电子信息技术、新材料等领域技术需求参加科技成果转化对接活动，现场签约2项，签约额1052万元，占签约总额86.40%。 （市科技局）

科技成果与应用

【科技成果登记】 2018年，南宁市获自治区科技成果登记300项，其中工业类90项，农业类65项，社会发展类145项。全市输出类技术合同登记1038项，成交额35.67亿元；吸纳类技术合同登记1770项，成交额104.94亿元，技术交易额43.32亿元。

【科技成果获奖】 2018年，南宁市科技成果获国家科学技术奖励大会二等进步奖1项(农林剩余物功能人造板低碳制造关键技术与产业化)，获自治区级科学技术奖34项，其中技术发明三等奖6项，科技进步奖一等奖1项、二等奖11项、三等奖16项。获奖项目中，工业类13项，农业类13项，社会发展类8项。

【科技成果转化与示范推广】 2018年，南宁市完成广西科技成果转化大行动项目80项，技术交易额6921.32万元，其中100万元以上重大项目8项，技术交易额5020万元。设立技术转移示范机构服务能力建设专项，支持技术转移示范机构利用中国—东盟技术转移中心、国家科技成果转化服务(南宁)示范基地等平台，开展技术转移和科技成果转化活动。建设提升国家科技成果转化服务(南宁)示范基地，更新科技成果和政策等信息6000余条，微信公众号发布前沿资讯和推荐成果共1470篇。通过培训、会议、走访企业等形式宣讲科技成果转化政策10多场次，辐射企业1500多家次。

（市科技局）

表30　　2018年南宁市获广西科学技术发明奖情况表

等级	项目名称	完成单位
三等奖	龟鳖性别控制孵化技术与推广应用	南宁市水产畜牧兽医技术推广站
	液相法制低重金属白色防锈颜料聚合磷酸铝钙的研究与开发	广西新晶科技有限公司、广西三晶化工科技有限公司、自治区化工研究院
	广西特色生物质废弃物基颗粒燃料高质高效加工技术与产业化应用	广西科学院、广西桂森生物能源技术有限公司
	空间分析技术在智慧城市建设中的理论创新及应用	钦州学院、南宁市勘察测绘地理信息院、佛山市测绘地理信息研究院、珠海市规划设计研究院
	环保无机艺术矿物装饰涂料的推广应用	广西青龙化学建材有限公司、广西碳酸钙产业化工程院有限公司
	九味补血口服液的研究及应用	广西白云山盈康药业有限公司

表 31　　2018 年南宁市获广西科学技术进步奖情况表

等级	项目名称	完成单位
一等奖	桑蚕茧丝绸产业发展关键技术研究开发与应用	自治区蚕业技术推广总站、广西绢麻纺织科学研究所、柳州市自动化科学研究所、河池市宜州区科技情报研究所、广西桂华丝绸有限公司、广西嘉联丝绸股份有限公司、广西大学、广西科技大学、鹿寨县科学技术情报研究所、象州县科学技术情报研究所
二等奖	热带多抗优质高产玉米新品种桂单0810的创制及其应用	自治区农业科学院玉米研究所、广西兆和种业有限公司
	中国农作物品种及关键适用技术在越南适应性研究与应用	自治区农业科学院、自治区农业科学院水稻研究所、自治区农业科学院植物保护研究所、自治区农业科学院蔬菜研究所、自治区农业科学院玉米研究所、广西万川种业有限公司、自治区农业科学院葡萄与葡萄酒研究所
	特色茉莉花新品种选育及提质增效技术创新与应用	自治区农业科学院花卉研究所、自治区农业科学院微生物研究所、横县茉莉花研究所、横县南方茶厂
	特色优质小冬瓜种质创制与新品种选育及推广	广西大学、南宁科农种苗有限责任公司
	马尾松骨干育种资源挖掘保护与创新利用	自治区林业科学研究院、自治区国有派阳山林场、广西藤县大芒界种子园、南宁市林业科学研究所、西林县国有古障林场、苍梧县国有天洪岭林场、百色市百林林场
	罗非鱼高效生态规范化养殖关键技术集成创新与应用	自治区水产科学研究院、中国水产科学研究院淡水渔业研究中心、广西大学、上海海洋大学、百洋产业投资集团股份有限公司、柳州市杰农水产科技养殖专业合作社、广西康佳龙农牧集团有限公司
	低值水产蛋白生产功能性食品与配料的关键技术开发及其应用	广西大学、华南理工大学、百洋产业投资集团股份有限公司、广西嘉盈生物科技有限公司
	工业酶制剂性能改良及高效制备的技术创新与产业化应用	南宁邦尔克生物技术有限责任公司、南宁中诺生物工程有限责任公司、广西科学院、福建省燕京惠泉啤酒股份有限公司
	智能物流信息管理平台关键技术研究与应用	广西师范学院、南宁云鸥物流股份有限公司、广西慧云信息技术有限公司、广西翔海物流有限责任公司
	西南地区非饱和土工程边坡稳定性评价方法与加固新技术	广西大学、同济大学、交通运输部公路科学研究所、贵州省交通规划勘察设计研究院股份有限公司、中交第四公路工程局有限公司、中建八局广西建设有限公司、广西瑞宇建筑科技有限公司
	腐蚀环境下桥梁结构内部钢筋锈蚀度自监测新技术研发	广西北部湾投资集团有限公司、重庆交通大学
三等奖	高性能低造价超薄沥青混凝土磨耗层关键技术与应用示范	广西交投科技有限公司、交通运输部公路科学研究所、广西交通投资集团有限公司、广西交通投资集团崇左高速公路运营有限公司
	畜禽粪便有机化处理副产具有生物活性饲料添加剂集成技术应用与推广	广西南宁强微农牧科技有限公司
	角鲨烯减害关键技术创新与应用	广西中烟工业有限责任公司、中国烟草总公司广东省公司、华南农业大学
	数字电视系统－IP 广播分发网的关键技术和应用	广西广播电视信息网络股份有限公司
	高产、多抗、广适型玉米新品种亚航 670 等选育与应用	广西恒茂农业科技有限公司、自治区农业科学院微生物研究所、广西亚航农业科技有限公司
	甘蔗糖厂滤泥肥料化关键技术开发与产业化	自治区农业科学院农业资源与环境研究所、广西喀斯特生物肥业有限公司、广西中世顺机械制造有限公司、南宁市英德肥业有限责任公司
	特色慈姑新品种选育与应用	自治区农业科学院生物技术研究所、平乐县农业科学研究所、柳州市柳江区农产品质量安全检测中心、广西美泉新农业科技有限公司
	优良观赏树种高效栽培技术集成创新与推广应用	自治区林业科学研究院、广西嘉和投资有限公司、南宁市绿化工程管理中心、桂林市四海园林绿化有限责任公司、广西花卉协会
	南方大棚蔬菜提质增效技术创新与应用	自治区农业科学院蔬菜研究所、横县六六八大棚蔬菜种植专业合作社、自治区农业科学院农业资源与环境研究所、南宁市国翠农业专业合作社

续表 31

等级	项目名称	完成单位
三等奖	冬作马铃薯新品种选育和优质高效栽培技术研究与应用	自治区农业科学院经济作物研究所、大兴安岭地区农业林业科学研究院、马山县生产力促进中心
	广西沿海稻区稻飞虱发生规律及持续治理技术集成创新与推广应用	防城港市农业技术推广服务中心、自治区农业科学院植物保护研究所、自治区植保总站、钦州市植保植检站、广西田园生化股份有限公司
	木薯渣生物饲料资源化利用关键技术研究及应用推广	广西九通王环保生物工程有限公司、自治区畜牧研究所、广西大学、南宁培元基因科技有限公司
	基于云平台的城市轨道交通列车智能化运维系统关键技术及应用	广西大学、南宁轨道交通集团有限责任公司、株洲中车时代电气股份有限公司、南宁中车轨道交通装备有限公司
	北斗/GNSS实时层析空间环境监测关键技术与应用	南宁市国土测绘地理信息中心、武汉大学
	基于脂肪基质血管成分胶的皮肤软组织修复再生技术创新与临床应用	南宁市第一人民医院、南方医科大学珠江医院、赣南医学院第一附属医院、中山市人民医院
	还原经典入药特征的中药配方颗粒质量控制体系建立及应用	自治区食品药品检验所、培力(南宁)药业有限公司

(市科技局)

知识产权保护与专利申请

【概 况】 2018年,南宁市出台《南宁市专利资助和奖励申报指南(试行)》,规范专利资助和奖励流程。新增国家知识产权优势(示范)企业16家(累计40家)、自治区知识产权优势企业培育单位18家(累计93家),获中国专利优秀奖2个。全市专利申请量12112件,占自治区27.39%。专利授权6156件,每万人口发明专利拥有量9.89件,比上年增长18.42%。专利质押融资贴息411.21万元,企业获得专利质押融资1.31亿元。年内,办理专利申请奖励7484件,其中发明专利申请资助3789件,发明专利年费资助和授权奖励1989件,其他专利资助1706件。

【知识产权保护管理】 2018年,南宁市实施知识产权执法体系建设与能力提升行动计划,有专利行政执法人员38人,专利行政执法队伍建设实现科技(知识产权)系统全覆盖;建立知识产权维权援助机构,开通12330知识产权维权援助与举报投诉热线;联合市食药监、工商等部门及区县科技(知识产权)部门在全市范围内开展专利专项执法检查行动3次,出动执法人员60余人次,检查商品4000多件,立案查处并结案涉嫌假冒专利47件、专利侵权案件11件;组织培育广西华联综合超市等2家知识产权保护规范化市场试点。

【国家知识产权试点城市建设】 2018年,南宁市开展国家知识产权示范城市申报,通过客观实力测评,获正式申报资格,提交申报材料。有国家强县工程试点县1个(横县)、国家知识产权试点园区1个(南宁高新技术产业开发区)、广西知识产权示范区县3个(江南区、西乡塘区、宾阳县)、广西知识产权试点区县4个(邕宁区、良庆区、武鸣区、隆安县)。

【国家知识产权优势(示范)企业】 2018年,南宁市新增国家知识产权示范企业2家(广西金雨伞防水装饰有限公司、广西壮族自治区化工研究院),累计3家;新增国家知识产权优势企业14家(南南铝业股份有限公司、广西南宁灵康赛诺科生物科技有限公司、广西吉顺能源科技有限公司、广西勤德科技股份有限公司、南宁钛银科技有限公司、广西超星太阳能科技有限公司、南宁可煜能源科技有限公司、广西宾阳县荣良农业科技有限公司、广西特飞云天航空动力科技有限公司、广西乐土生物科技有限公司、广西山水牛畜牧业有限责任公司、广西横县恒丰建材有限责任公司、广西大海阳光药业有限公司),累计37家。

【国家专利】 2018年,南宁市专利申请量12112件,其中发明专利5157件、占自治区25.41%,实用新型5675件,外观设计1280件。专利授权6156件,其中发明专利授权1513件、占自治区34.96%;有效发明专利6986件,占自治区33.09%;每万人口发明专利拥有量9.89件,比上年增长18.42%。年内,获国家专利奖2项(广西大学发明的红麻野败型细胞质雄性不育系的选育方法,专利号ZL200510019454.4;广西力源宝科技有限公司发明的有机物料自动环保发酵系统,专利号ZL201310250755.2)。

(市科技局)

气 象

【概 况】 2018年,南宁市气象局辖横县、宾阳、上林、马山、隆安5个县气象局及邕宁、武鸣2个城区气象局;市气象局设办公室、人事教育科、业务管理科、政策法规科,下辖气象台、财务服务中心、气象科技服务中心、气象信息与技术保障中心、南宁国家基本气象站、高空探测站、新一代天气雷达站、生态与农业气象观测站,有地方机构2个(南宁市人工影响天气办公室、南宁市防雷管理中心);编制143名,在编136人(参公管理42人,中央事业编制73人、地方事业编制21人,市局69人,区县局67人);有国家地面观测站8个、高空探测站1个、新一代天气雷达站1个、国家农业气象一级观测站1个、大气成分观测站1个、酸雨站2个、辐射观测站1个、雷电监测站1个、卫星接收站8个、移动自动监测站1个、乡镇及城市加密观测站305个、GNSS/MET基准站1个、空间天气观测站1个及土壤水分自动站4个、大气负离子站4个、大明山生态观测站1个、石漠化监测站1个、农田小气候仪6个、室内农业小气候站1个。年平均气温21.8℃、年降水量1476毫米、年总日照时数1512小时、年平均相对湿度78%、最多风向N(偏北风)、年平均风速每秒2.20米。开展增雨防雹、除尘降霾、蓄水抗旱、改善江河水质人影作业共51次，发射人工增雨火箭弹181枚。建成绿色屋顶气象监测系统和南宁市热岛效应评估系统各1套，用于收集、分析屋顶绿化建设与城市热岛的关系。完成南宁市人大、政协“两会”“三月三”“中国杯”国际足球锦标赛、“环广西公路自行车世界巡回赛”南宁站比赛、自治区成立60周年大庆等重大活动的气象保障服务。发布各类决策气象服务材料229期，提供气象短信258条，接收近145万人。组织开展科普活动18场，利用新媒体开展科普知识宣传64篇。科普活动受众人数9000人，发放科普材料逾万份。获评中国气象局正高级工程师1人，实现正高零突破，获评自治区气象局高级工程师3人。新招录博士1名。《智能网格预报背景下地市级智慧气象服务需求分析研究》获2018年度广西气象软科学研究项目立项；在核心期刊发表科技论文2篇，分获2018南宁市自然科学优秀论文二等奖和三等奖；3项软件获软件著作权登记。获得“2017年广西优秀气象业务员”奖励10人。南宁国家基本气象站被中国气象局认定为中国百年气象站（五十年站认定）。主要存在天气预报准确率、气象知识普及程度与公众期待值仍有差距。

【决策气象服务】 2018年，南宁市气象部门按照精细监测、精准预报、精确预警、精致服务的要求，完成壮族“三月三”、“中国杯”国际足球锦标赛、“两会”及南宁国际民歌艺术节、自治区成立60周年大庆等重大活动气象保障服务，所有重大天气过程均能准确提前做出预报。发布决策气象服务材料229期，提供决策气象短信258条，接收近145万人次。

【气象设施建设】 2018年5月，南宁市作为气象现代化建设试点市通过第三方评估，以总分（97.39）第一的成绩在自治区率先实现气象现代化。建成现代化标志性的业务综合楼，建成具有集约化、标准化的云平台，建成“云+端”多源信息融合的突发预警信息发布中心，建成“邕城晓天”南宁气象智能定制服务平台，建成和所有市应急部门互连互通、纵向到乡镇的高清视频会议会商系统等重大气象现代化工程项目。年内完成风廓线雷达建设并投入使用，推进邕宁、宾阳、武鸣、横县气象局新业务平台建设。

【公众气象服务】 2018年1月1日，南宁天气预报节目正式在南宁新闻综合频道、都市频道开播。年内，全市气象部门通过电视、电台、手机短信、气象微博、微信、网站、电子显示屏、农村预警大喇叭等向社会公众发布预警信号710次，其中暴雨红色预警22次，冰雹预警信号10次，公众预警短信接收人次近1000万条。首席预报员接受市级主流媒体采访近150人次，与南宁广播电台进行专家连线18次。对微信平台进行升级优化和推广应用，一体化天气预报微页面接入南宁电视台、南宁电台、《南宁晚报》、南宁旅游、南宁环保、市科技馆等媒体及部门的公众号。高考期间，联合广西视铁传媒有限公司，在南宁地铁1号线、2号线及公交车5600多块电视屏上滚动显示高考天气信息。6月5日至6日，首次启用影视演播厅坐播区录制高考天气访谈节目，通过南宁气象官方微信微博及区县电视台播出。中国—东盟博览会期间，对2018年中国—东盟气象装备与服务展进行网络直播。台风“山竹”影响期间，联合主流媒体及多家气象部门新媒体直播台风影响广西各地的风雨情况。与报社合作在《南宁晚报》开设《南宁气象邀你关注天气变化》专栏。

【人工增雨作业】 2018年，南宁市开展增雨防雹、除尘降霾、蓄水抗旱、改善江河水质人工影响天气作业51次，发射人工增雨火箭弹181枚。市政府分别与自治区人工影响天气办公室及7个区县政府签订《2018年人工影响天气工作安全责任书》。

【气象科普宣传】 2018年，市气象局开展科普活动18场，其中科教基地开放活动8次，科普“六进”（进校园、进机关、进企业、进社区、进军营、进乡镇）活动10场；自制科普展板3块，参与科普宣传活动专家10人次；发放科普材料逾万份，在气象网站、媒体刊登科普宣传稿件13篇，科普活动受众约9000人。6月至9月，联合市教育局、市科协在市民族东小学启动“珍爱生命，远离溺水”防溺水气象防灾知识有奖问答活动，有300多所学校的师生2.70万人次参与。联合市环保局等相关单位，开展“最美南宁蓝”有奖拍天气活动，收到作品2200余件。

（张　薇）

水　文

【概　况】 2018年，南宁市水文水资源局、南宁市水环境监测中心（一套人员，两块牌子）属自治区水利厅、市政府双重领导的相当副处级参照公务员法管理事业单位，设办公室（人事科）、计划财务科、水情科、站网监测科、基建科、水质监测科；编制70名，在编66人，其中高级工程师9人、工程师18人。辖南宁、隆安、武鸣、上林、宾阳、横县、马山7个中心水文站，包括20个水文站、17个水位站、232个雨量站、29个水质监测站、3个泥沙站、2个墒情站、4个地下水站和7个蒸发站，拥有《检验检测机构资质认定证书》。江河主要控制水文站降水量与历年均值比较，属正常年景。4月至9月，辖区内江河主要控制站降水量在944.40毫米～1178.20毫米，全市汛期降水量比历年偏少7.70%，属正常年景。主要江河没有发生特大洪水，过境主干流郁江控制站南宁水文站8月上旬发生年最大洪水，水位67.37米，相应流量每秒3150立方米，洪峰水位72.27米，相应流量每秒7620立方米，次洪涨幅4.90米。辖区内中小河流涨幅最大的河段为邕宁区新江河新江镇河段，起涨水位67.59米，洪峰水位76.16米，次洪涨幅8.57米，该次洪水相当于10年～20年一遇。市水文水资源局监测南宁市水功能区30个、城市重要饮用水水源地1个、跨设区市界河流交接断面6个。启动实施“水文服务拓展三年行动计划”，构建“智慧水文”体系，完成水文测验、水文情报预报、水资源水生态监测服务、水文项目建设、水文改革等工作。履行河长制成员单位职责，启动水文应急响应38次，发布洪水预警50次，发布预报156次，高洪以上洪峰预报合格率100%，水情预警发布率98%，水情预警合格率96%。主要存在水文发展基础薄弱；水文拓展服务亟待加强，服务产品创新能力有待提高；水文信息化程度不高，水文测报管理还有待深化；水文队伍建设有待进一步加强等问题。

【水文测验】 2018年，市水文水资源局严格开展水位、流量、泥沙、降雨、地下水等测验，南宁、邹圩、上林、隆安、镇龙5个水文站有流量测验任务，其中南宁、隆安水文站使用水平式ADCP在线监测，配合使用流速仪法、走航式ADCP法施测。5个站施测流量215测次，满足定线要求；南宁、隆安、邹圩3个站有泥沙测验任务，南宁、隆安站施测输沙率28次，3个站施测单沙967次；30个专用水文（位）站进行水文监测，施测流量123测次；宾阳帽子泉、武鸣灵水、武鸣甲泉、马山弄逼4个站有地下水观测任务，仪器运行正常。

【水文资料整编】 2018年，市水文局水资源利用自治区水文数据库“广西云”平台进行在线整编，向水利部提交完整的水文资料成果（基本站）有7站年水位资料、8站年流量资料、3站年泥沙资料、46站年降水量资料、3站年水温资料，6站年蒸发量资料，3站年岸温资料；审查水文数

2018 年 6 月 24 日，市水文局工作人员在邕宁区新江河开展水文应急监测 市水文局提供

据整编项目 17 项、238 站次，资料错情率低于万分之一，资料质量达到优秀等级。中小河流的 30 个专用水文(位)站、182 个雨量站资料录入自治区水文数据库。

【汛期洪水特点】 2018 年，南宁市入汛洪水出现、结束时间均属正常。各河段 5 月中旬出现明显涨水过程，9 月中下旬以郁江南宁市河段出现年度第 5 场超设防水位洪水过程而宣告汛期结束。洪水场次数量正常，时间分布不均匀。整个汛期，主要控制站次洪涨幅超 1 米的洪水场次分布：右江隆安站 9 场，武鸣河武鸣站 6 场，东班江露圩站、镇龙江镇龙站各 2 场，清水河上林站 5 场，邹圩站 9 场，郁江南宁站 10 场。主干流洪水多，小支流洪水少。境内主干流郁江发生 10 场次涨幅超 1 米以上的洪水过程，其中有 5 场出现超设防水位；东班江、镇龙江等郁江支流均只出现 2 场次涨幅超 1 米的洪水。随着老口、邕宁水利枢纽的相继建成，郁江梯级开发全部完成，其中主要包括瓦村、百色、东笋、那吉、鱼梁滩、金鸡滩、龙州、左江、山秀、老口、邕宁、西津、贵港 13 个干流水利枢纽，工程运行调度对郁江洪水传播时间、峰型、峰量等造成较大影响。

【水文情报预报】 2018 年，市水文水资源局抓好水文情报预报服务，加强防汛值班雨水情监视分析；对水文情报预报所需断面进行踏勘、洪水调查、预报方案修编；通过三级骨干网，依托中小河流预警预报服务系统建设，将水情分析服务延伸至中心水文站；应用大数据技术，开展相似台风和相似水文分区暴雨洪水关联分析；利用降雨数值预报成果增长预警预见期；利用单位线技术和洪水涨率线特点做预警预报研判。坚持“预测—预警—预报”服务主线，采取“一键式”短信快报和“一张纸”专报服务方式，强化预测会商，及早预报预警，解决水文服务“最后一公里”问题。年内，对外发送雨情服务信息 106 万条，其中 30 分钟内到报 101.50 万条，到报率 95.70%。报汛大型和中型水库站水情信息 4.11 万份，30 分钟到报 4.05 万份，到报率 98.40%；水情纸质服务信息报送 159 份，其中水情信息专报 18 份，水文信息月报 84 份，水情快报 57 份；发送水情服务短信息 16.50 万条，启动水文应急响应 38 次，其中Ⅲ级响应 8 次，Ⅳ级响应 30 次；发布洪水预警 50 次，水情预警发布率 100%，水情预警合格率 97.20%。发布预报 156 次，其中水利部要求洪水日常化作业预报 4078 时段(137 次)，台风水情预测 7 次，洪峰预报 12 次。日常化作业预报和台风水情预测合格率 90.70%，高洪以上洪峰预报合格率 100%，预报精度 91.90%，预报质量属于甲级。

【水质监测调查】 2018 年，市水文水资源局采用《地表水环境质量标准》(GB3838-2002)、《地表水资源质量评价技术规程》(SL395-2007)对全市 30 个重点水功能区(全国重要水功能区 18 个、自治区级水功能区 11 个、市级水功能区 1 个)、1 个城市重要饮用水水源地、6 个跨设区市界河流交接断面进行水质监测。全国重要水功能区年度水质评价全部达标，评价河长 420.30 千米，达标率 100%；水功能区个数达标率 100%，河长达标率 100%，与上年持平；自治区级水功能区年度评价达标率 90.90%，下降 9.10%，评价河长 216.80 千米，达标率 86.20%，下降 13.80%；市级水功能区年度评价达标，水质状况与上年持平。南宁市邕江饮用水源地水质类别Ⅰ类～Ⅲ类，水质合格率 100%，水质状况与上年持平。6 个跨设区市界河流交接断面分别为：清水河南宁—来宾、乔建河崇左—南宁、八尺江防城港—南宁、右江百色—南宁、左江崇左—南宁、郁江南宁—贵港，监测所有交接断面水质类别Ⅰ类～Ⅲ类，达标率 100%，水质与上年持平。

【水文基础设施建设】 2018 年，市水文水资源局固定资产投资 688.91 万元，完成南宁水文巡测站技术改造、水生态文明试点城市水文测报系统、南宁水文科技示范与研究基地 3 个项目的可研编制和报批，重点山洪与渍涝区水文监测系统工程可研编制和跨行政区界河流水质水量监测系统建设工程可研编制，广西水环境监测中心(南宁水文巡测基地)初步设计修编，大江大河水文监测系统建设工程(二期)横县、六景、金鸡滩电站坝上 3 个水文站建设，上林县、宾阳县中心水文站能力提升工程 2 个项目建设，南宁水文站生产业务用房、广西水环境监测中心(南宁水文巡测基地)附属工程等基建维修，邕宁水利枢纽建设对南宁水文站影响改造工程项目建设，2017 年投资建设的广西国家地下水监测工程(水利部分)项目、中小河流水文监测系统项目竣工验收。

(卢 静)

表 32　　2018 年南宁市江河主要控制站汛期(4 月至 9 月)月最高水位情况表　　水位：米

江河名称	站名称	月份						年度最高水位	年最高水位多年均值	2017 年最高水位	警戒水位
		4	5	6	7	8	9				
镇龙江	镇 龙	125.88	126.62	126.47	126.70	126.58	127.40	126.70	127.89	127.42	129.0
东班江	露 圩	70.02	71.71	70.82	70.21	70.19	71.81	71.81	73.04	72.27	73.9

续表 32

江河名称	站名称	月份						年度最高水位	年最高水位多年均值	2017 年最高水位	警戒水位
		4	5	6	7	8	9				
武鸣河	武鸣(四)	95.52	96.27	99.65	98.87	97.40	99.38	99.65	101.90	104.30	103.1
右　江	隆　安	76.74	76.93	78.66	79.09	85.32	80.43	85.32	84.46	83.54	85.0
郁　江	横　县	43.82	44.51	47.47	47.31	50.50	49.30	50.50		50.34	54.0
郁　江	南宁(三)	63.56	64.69	68.52	67.46	72.27	69.80	72.27	72.47	70.43	73.0
姑娘江	马　山	162.28	162.44	164.01	162.51	162.59	162.55	164.01		163.54	164.5
清水河	邹　圩	84.52	85.77	86.95	86.83	86.09	87.43	87.43	88.95	88.72	88.0
清水河	上林(二)	106.93	106.55	107.19	107.71	106.94	108.13	108.13	108.54	109.15	108.3

防震减灾

【概　况】 2017 年 12 月 14 日，南宁市地震局撤销，原承担的防震减灾职能整体划归南宁市城乡建设委员会；原地震局 9 人调入市城乡建委。2018 年 2 月，市城乡建委成立防震减灾办公室，编制 4 名，在编 4 人；南宁市地震监测中心转隶至市城乡建委，编制 10 名，在编 9 人；有地震台站 69 个(投入使用 69 个)。市地震监测台网中心监测到全球地震事件 203 次。有地震应急避难场所 196.83 万平方米；市本级 251 项一般建设工程履行抗震设防要求行政许可。主要存在机构改革后工作连续性受影响，广西地震背景场观测网络项目(南宁项目)仅完成台站建设勘选、租地等前期工作，项目初步设计处于报批阶段，招投标无法开展等问题。

【台站建设】 2018 年，南宁市地震监测中心完成广西地震烈度速报与预警系统(南宁项目)主体工程、附属工程及原有 7 个测震台站改造工程的工程结算审核、报备。启动广西地震背景场观测网络项目(南宁项目)建设，新建测震基准站 2 个、测震基本站 1 个、GNSS(全球卫星导航系统)站 3 个，改建测震基准站 3 个、宏观观测网络点 20 个、数据处理与加工系统分中心 1 个及地下流体台站 2 个。完成新建台站租地费支付 4.76 万元，落实建设资金 250 万元。

【监测预报】 2018 年，南宁市台网平均运行率 95.70% 以上，2 个微观前兆台平均运行率 98% 以上。市地震监测台网中心监测到全球地震事件 203 次，其中国外 0 次，国内 0 次，自治区内 192 次，市内 11 次。自治区内最大地震为 2 月 13 日 20 时 08 分广西靖西市发生的 3.2 级地震，市内最大地震为 9 月 19 日 17 时 51 分南宁市隆安县发生的 2.3 级地震(无震感)，其他地震震级均在 2.0 级以下。

2018 年 5 月 8 日，南宁市在天桃实验小学开展防震减灾宣传及地震疏散演练

市城乡建设委员会提供

【抗震设防】 2018 年，市本级 251 项一般建设工程履行抗震设防要求行政许可。南宁市北湖路小学经自治区防震减灾工作领导小组确定为自治区级防震减灾示范性学校，南宁市振宁—鲁班小区经自治区防震减灾工作领导小组确定为自治区级地震安全示范社区。全市有自治区级防震减灾示范性学校 7 所、市级防震减灾示范性学校 2 所，自治区级地震安全示范社区 4 个；市内有地震应急避难场所 15 个，总面积 196.83 万平方米，其中南湖公园地震应急避难场所面积最大，总面积 36 万平方米。

【防震减灾宣传教育】 2018 年，南宁市结合“5·12”防灾减灾日、“7·28”唐山大地震纪念日、全国科技活动周等活动，到学校、社区宣传防震减灾知识、有关政策，发放宣传资料 6 万余份；在地铁、公交车移动媒体等公共文化平台上播放防震减灾动漫作品 180 多小时。5 月 5 日，市城乡建设委员会组织和指导南宁市第一中学、南宁天桃实验学校(天桃校区)组成参赛队，代表南宁市参加自治区地震局举办的 2018 年广西壮族自治区全区防震减灾知识大赛，市第一中学、南宁天桃实验学校分获二等奖、三等奖。

【应急救援演练】 2018 年，市城乡建委派 8 人参加百色地震局组织的桂西区地震应急联席会议及地震应急演练。市地震监测中心派 4 人参加广西测震流动观测暨黔桂联动跨省应急演练。定期在全

市中小学校开展地震应急专项演练、防震减灾演练、科普教育讲座等，覆盖市民100万人次。（赵 平）

社会科学

综 述

【社会科学发展】 2018年，南宁市社会科学院完成并通过社科专家评审的重点课题9项，院级课题研究10项；出版《创新》杂志6期，刊登文章71篇；出版《南宁蓝皮书》（《南宁经济发展报告》《南宁社会发展报告》）；编发《领导参阅》15期；在《经济研究参考》《开发研究》等学术期刊上发表理论文章31篇，其中核心期刊3篇。市社科院在全国城市社科院院长联席会上被评为全国城市社科院先进单位；《创新》期刊获第八届广西优秀期刊，首次被中国社会科学院中国社会科学评价研究院评为扩展期刊。南宁市社会科学界联合会发布《南宁市资助社会科学研究项目2018年度研究指南》，组织各学会、协会、研究会和专家学者将《南宁市派驻贫困村"第一书记"队伍建设研究》《南宁市农村电子商务发展研究》《南宁市职业教育精准扶贫策略研究》等扶贫领域课题报请市政府立项资助；收到申报研究项目70项，获课题立项资助43项，资助金额19万元。市社科联组织南宁市社科专家、学者申报自治区第十五次社会科学优秀成果奖，获奖成果14项，其中一等奖2项、二等奖1项、三等奖11项；论文《社会科学普及活动长效机制建设思考——以南宁市为例》，获第二十九次全国大中城市社科联工作会议论文评比一等奖。

【经济社会研究成果】 2018年，南宁市人民政府发展研究中心完成重大课题研究报告2个、重点课题研究报告8个；完成发言稿、访谈稿、理论调研文章、典型经验材料等重要文稿20余篇；参与研究制定重要政策文件5份；编发《南宁市专家咨询委员会专报》34期、《调研参阅》11期；报送信息37篇，被自治区党委办公厅采用4篇、自治区政府办公厅采用3篇、市委办公厅采用5篇。

【中共地方史事业发展】 2018年，中共南宁市委党史研究室加强党史资料征集与研究。资料征集着重对改革开放时期资料征集整理、编纂出版，出版发行《南宁市大事记》2016年卷；完善《南宁市大事记》2017年卷初稿；征集《南宁市大事记》2018年卷资料；指导区县完成《南宁市改革开放纪实》（第一卷）专题稿件编写，启动第二卷、第三卷资料征集。收集、整理区县党史部门征集的口述史料、回忆录等相关资料（约120万字），资料45篇、书籍3本。指导邕宁区、上林县、横县、宾阳县等开展粤桂边根据地资料征集。继续完善《中国共产党南宁历史（1949—1978）》书稿，完成中央课题《中国工农红军滇黔桂边游击根据地革命斗争研究》课题收尾。整理完成《广西解放珍闻录》第一批资料（约200万字），资料9篇、书籍7本。

【地方志事业发展】 2018年，南宁市地方志事业实施"十业并举"（志、鉴、库、馆、网、用、刊、学、研、史），促进地方志事业转型升级。《南宁市志（1991—2005）》（约700万字）送印刷厂印刷；《邕宁县志1991—2004》按出版社意见修改完成后正式报备；《上林县志1986—2005》形成审查验收稿报送自治区审查验收；《南宁市兴宁区志》补充完善如期进行。《南宁年鉴2017》获第五届全国地方志优秀成果（年鉴类）地市级综合年鉴一等奖（全国9部之一）；在2014—2017年广西地方志成果质量评比中，《南宁年鉴2017》获年鉴类一等奖、《马山年鉴2015》获年鉴类二等奖，《宾阳县志1986—2005》《武鸣县志1991—2005》（壮文版）获地方志书类二等奖。南宁"智慧方志"创新地将"一库两网两平台"（地情资料全文数据库、南宁地情网、南宁数字方志馆、地方志微信传播平台、移动终端APP）数据联通；"南宁方志"微信公众号每个工作日推送南宁市地情信息，并将"南宁方志"APP纳入南宁公共服务信息平台"爱南宁"APP。出版《南宁地情手册2018》，修改完善《南宁通史》（240万字）专家评审意见，完成《南宁新百年图录2011—2015》初稿编写，协助市委宣传部编写《中国国家人文地理·南宁》。（方 明）

社会科学研究

【概 况】 2018年，南宁市社会科学院设办公室、经济发展研究所、社会发展研究所、城市发展研究所、农村发展研究所、东盟研究所、科研管理所、《创新》杂志编辑部，编制42名，在编35人，其中具有高级专业技术职务任职资格10人、中级13人；管理岗位4人；博士1人，硕士20人。完成社科研究重点课题9项，院级课题研究10项；出版《创新》杂志6期，刊登文章71篇。11月，在全国城市社科院院长联席会上被评为全国城市社科院先进单位。主要存在科研作风及人才引进、培养、激励机制有待优化等问题。

南宁市社会科学界联合会开展大型广场科普宣传活动1场次，全市性大型科普演讲比赛1次；举办科普报告会1次，十月科普大行动活动2场次，科普进社区、进乡镇活动4场次，科普讲座2场次；新建科普基地1个。开展学会培训1期，培训60多人。10月29日，召开南宁市社会科学界联合会第七次代表大会，自治区党委常委、市委书记王小东出席并讲话，自治区社科联党组书记、主席洪波到会指导，市委常委、宣传部部长、副市长邓亚平主持，正式代表128人参会；审议通过《南宁市社会科学界联合会第六届委员会工作报告》《南宁市社会科学界联合会章程（修正案）》，选举产生南宁市社科联新一届委员会和领导机构。组织社科专家到宾阳县思陇镇六岑村宣传扶贫帮扶政策，慰问六岑村困难党员群众约100人次，发放慰问金、慰问物资价值2万多元。12月26日，南宁市社会科学普及基地在西乡塘区美丽南方生态环境科普教育馆挂牌成立。主要存在群团改革工作有待推进，社会科学普及方式方法需创新，社会科学成果奖励机制不够完善，社科科研成果转化能力有待加强等问题。

【课题研究】 2018年，市社科院完成并通过专家评审的重点课题有《南宁市铝产业品牌战略研究》《南宁市推进政府性融资担保体系建设研究》《南宁市加快建立租购并举住房制度研究》《南宁市社区养老服务现状与对策研究》《南宁市发展数字经济研究》《南宁市公共场所涉爆涉恐应急管理研究》《南宁市特色小镇发展竞争力综合评价研究》《南宁市培育贸易新业态新模式对策研究》《南宁市主要产品出口隐形技术壁垒研究》9项；开展院级课题《2017—2018年南宁市经济运行情况研究》《2017—2018年南宁市社会发展状况研究》《促进南宁市民族交往交流对策研究》《南宁市城乡环卫一体化建设对策研究》《推进南宁市农产品电商发展对策研究》《南宁市拓展与东盟国家进出口贸易发展对策研究》《南宁市家庭医生服务模式研究》《我国社科院学术期刊统计研究》《提高党员干部法治思维和依法办事能力调查研究》《南宁市文化产业发展调查研究》10项，9月结题评审。市社科联课题组完成《南宁市耕地面积奇缺村屯精准扶贫措施探究》《南宁市治理青少年吸毒问题研究》2个重点项目研究，并形成研究报告。

【编书办刊】 2018年，市社科院出版《创新》期刊6期,刊登文章71篇,其中基金项目支持文章52篇(国家级基金19篇、省部级基金24篇、其他基金9篇),占文章总数73.24%,比上年增加8.6个百分点。刊发的《依据海德格尔的“存在论”追问技术的五条路径》等文章获中国人民大学报刊复印资料全文转载。6月,《南宁蓝皮书》(《南宁蓝皮书经济发展报告》《南宁蓝皮书社会发展报告》)由社会科学文献出版社出版。市社科联出版专著1本、《南宁发展论坛》1卷、《南宁社会科学》2期,区县社科联出版《上林社会科学》《宾阳社会科学》《马山社科研究》等内部刊物。

【理论宣传】 2018年,市社科院围绕理论与现实问题开展研究和宣传,《大力实施乡村振兴战略促进南宁市城乡融合发展》《不断提高党领导农村工作水平》《着力四个坚持,确保“幼有所育”》3篇文章在《南宁日报》发表。《创新》杂志开设《十九大热点观察》栏目,向全国征集稿件,刊发“乡村振兴战略”“中国特色社会主义理论研究”“生态文明建设”3个专题、9篇文章。在《经济研究参考》《开发研究》等学术期刊上公开发表理论文章31篇,其中核心期刊3篇。

【社会科学普及】 2018年5月14日,市社科联开展南宁2018年社会科学普及活动周暨广场科普宣传活动,主题为“深入学习宣传贯彻党的十九大精神 奋力谱写新时代南宁发展新篇章”;制作科普展板40多块,印制社会科学小读本、法制宣传小册子等宣传资料10多种4000多份;联合隆安县社科联开展“深入学习宣传贯彻党的十九大精神践行社会主义核心价值观助力脱贫攻坚”科普宣传活动;与邕宁区社科联蒲庙镇红星社区联合开展社会科学大讲坛活动,联合兴宁区开展2018年社会科学普及活动周科普报告会。指导区县开展广场科普活动200多场次,制作板报200多块,受众8200多人次;开展主题报告会200多场次,听众5700多人;发放书籍3400多册,科普资料、宣传单2.80万份。组织市税务学会等20个学会、协会、研究会40名专家现场提供咨询服务,南宁电视台、《南宁日报》等市属媒体对活动进行报道。6月,市社科联开展专题科普报告会,市本级、区县社科联,市属学会、协会、研究会近60人参加;7月31日,市委宣传部主办,市社科联承办的《习近平谈治国理政》阅读演讲决赛在南宁凤凰宾馆举办,来自区县(开发区)、市直机关工委、市教育局、市总工会等18支代表队37名选手参加,评出一等奖3名、二等奖6名、三等奖9名。

【学术交流】 2018年,市社科联选派1名专家参加在河北省承德市召开的第29届全国大中城市社科联工作会议;推荐1名专家到崇左市参加第三届中国—东盟民族文化论坛;组织12个区县社科联干部到贺州市参加自治区市县社科联工作经验交流会;推选2名专家参加广西北部湾城市群发展论坛活动。接待云南省、山东省青岛市、贵港市社科联等到南宁进行交流活动18人次。6月25日,市社科联召开全市社科联系统工作会议,市属学会、协会、研究会负责人,区县社科联负责人,市社科联全体干部职工60多人参加;26日,市社科联举办科普报告会,区县社科联主席、秘书长,市属学会、协会、研究会会长、秘书长等60多人参加。 (谢强强 李国燕)

2018年7月31日,南宁市《习近平谈治国理政》阅读演讲比赛现场 市社科联提供

中共地方史

【概 况】 2018年,南宁市党史研究机构有市级机构1个,区县机构12个(独立常设机构8个、与地方志办公室合署4个),11月,青秀区、江南区、兴宁区、西乡塘区4个城区党史研究室在城区党校挂牌成立;有工作人员77人(聘用16人)。中共南宁市委党史研究室设秘书科、党史宣传教育科、征研一科、征研二科和机关党支部,编制14名,在编14人(机关后勤服务人员3人)。年内,修改完善《中国共产党南宁历史(1949—1978)》如期推进。继续落实《广西壮族自治区领导干部学习党史国史制度》,为全市领导干部订阅党史著作《伟大的历程——中国改革开放40年实录》《马克思传》《摆脱贫困》。审读《邓颖超纪念馆展陈设计方案》《南宁市工运历史展陈内容》《南宁市南湖公园李明瑞、韦拔群纪念馆设计方案》《中共南宁市委党校校史》《那马红色印记》、城市纪录片“我们的六十年”及市委组织部远程办制作的涉及党史题材的2个微视频脚本。参与“三街两巷”核心区一期项目街区、巷道命名论证,参与审查第二批市级爱国主义教育基地申报。获评广西改革开放40周年征文活动先进单位。主要存在4个区县(邕宁区、良庆区、武鸣区、宾阳县)党史部门史志合一问题。

【党史资料征集】 2018年,市委党史研究室继续做好地方党史资料特别是改革开放时期资料征集整理、编纂出版。《南宁市大事记》2016年卷12月出版发行;完善《南宁市大事记》2017年卷初稿;征集《南宁市大事记》2018年卷资料;做好《南宁市改革开放纪实》编纂出版,指导12个区县完成《南宁市改革开放纪实》(第一卷)专题稿件编写(7月初召开专家评审会,送出版社审核)。3月,启动第二卷、第三卷资料征集,向市教育局等23个单位征集专题资料,收集、整理15个单位的编纂提纲、初稿。5月14日至19日,课题组赴广州市、惠州市、深圳市考察,撰写考察报告1篇。11月20日至24日,参与昆仑关管委会赴日本征集抗战史料和考察交流。对市委党史研究室现存文物文献进行梳理清点、整理分类,有文物21件、文献资料106件、党史书籍277本。完成南宁市改革开放新时期相关成果征集,征集到图书160本、画册4册、光盘17张,上报自治区党委党史研究室。

【课题研究】 2018年,市委党史研究室继续修改完善《中国共产党南宁历史(1949—1978)》,制定年度计划推进党史基本著作第二卷编撰、修改。10月,召开党史基本著作第二卷(征求意见稿)专家点评暨撰稿人员编撰培训会。完成中央课题《中国工农红军滇黔桂边游击根据地革命斗争研究》课题收尾,与隆安县、马山县配合补充完善课题资料,审读隆安县、马山县课题资料并出具审读意见。参与做好中国老促会《革命老区县发展史》编纂,与市方志办、市老促会联合举办编纂培训班并组成联合调研组,赴隆安县等6个区县开展课题调研;审阅区县编纂提纲,提出修改意见并对编写情况进行跟踪指导。核实、整理拟采访南宁市仍健在的56名抗战老战士名单;收集、整理区县党史部门征集的口述史料、回忆录等相关资料(约120万字),包括资料45篇、书籍3本。指导邕宁区、上林县、横县、宾阳县等开展粤桂边根据地资料征集。整理完成《广西解放珍闻录》第一批资料(约200万字),包括资料9篇、书籍7本。完成中共广西机要交通史资料征集、书稿审读。修改、审定隆安县、宾阳县、马山县新民主主义革命时期机要交通遗址遗迹和革命故事相关文稿;配合完成《中共广西机要交通史》《中共广西机要交通故事集》《中共广西机要交通遗址遗迹集》的审稿、编辑;做好《中共广西区委执政纪事》2018年卷相关工作。

【党史国史宣讲】 2018年,市委党史研究室组织开展"初心永驻"党史国史宣讲活动,组织协调市政府办公厅、市人大常委会机关、市委政法委等10个单位举办宣讲。组织参加自治区党委党史研究室举办的"信仰伴我成长"党史微视频大赛。组织区县制作微视频,推选《那马解放》《横县红色纪念馆》《你们的时光》(良庆区)等作品参加自治区大赛,其中《那马解放》《横县红色纪念馆》获入围奖。组织参加广西改革开放40周年征文活动,上报论文18篇(获一等奖1篇、二等奖2篇、三等奖2篇)。开展"改革开放我知道,自治区成立60周年我了解,南宁市情我懂得"知识竞赛活动,发出试卷3万份,评出一等奖30名、二等奖90名、三等奖180名。 (林雯雯)

地方志

【概 况】 2018年,南宁市地方志工作机构有市级机构1个,区县机构12个(独立常设机构4个、与党史研究室合署办公4个、挂靠区县政府办公室4个);有工作人员134人,其中在编80人,外聘30人,借调1人,抽调10人,返聘13人。南宁市人民政府地方志编纂办公室设秘书科、志书编审科、年鉴编辑科、地情信息科、馆藏资料管理科和机关党总支,编制21名,在编20人(机关后勤服务人员2人),其中具有高级、中级专业技术职务任职资格8人。2月,南宁市人民政府地方志编纂办公室由竹塘路13号无线电管理处搬迁至玉洞大道19号南宁市方志馆。《南宁年鉴2017》获第五届全国地方志优秀成果(年鉴类)地市级综合年鉴一等奖。在2014—2017年广西地方志成果质量评审中,《南宁年鉴2017》获年鉴一等奖,《马山年鉴2015》获二等奖;《宾阳县志1986—2005》《武鸣县志1991—2005》(壮文版)获地方志书二等奖;《南宁地情手册(2016)》《南宁体操世锦赛志》获地情资料书、部门志书类三等奖。主要存在地方志事业发展不平衡,部分区县没有独立的常设机构,个别区县志书编修缓慢;志鉴编修人员素质参差,业务水平有待提高;地方志学术研究成果少等问题。

【方志馆启用】 2018年2月,市方志办整体搬迁至市方志馆。投资14万元,完成《中国地方志集成》《地名录》等馆藏书籍采购和馆藏图书上架;开展地情展厅的展陈设计大纲编写。

【地方志书编纂与出版】 2018年1月,《南宁市志(1991—2005)》(约700万字)完成全部审查验收意见修改,6月送方志出版社审查,8月印制样书报市政府批准出版,9月送自治区方志办出版备案,10月22日方志出版社出具终审意见,12月送印刷厂印刷。11月,《上林县志1986—2005》审查验收稿分别报送自治区、市地方志办公室审验,2019年1月16日在上林县召开审查验收会,获76.55分,通过审查验收。11月25日至27日,《南宁市兴宁区志》三级(自治区、市、城区)评稿会在兴宁区举行。

【地方综合年鉴编纂与出版】 2018年12月,《南宁年鉴2018》(总第23卷)由方志出版社出版,发行1200册;设部类25个,计160.70万字、288幅图片、66个表格;新增"脱贫攻坚"类目。年内,市方志办审查12个区县年鉴2018卷框架,督查区县地方综合年鉴编纂,制定《南宁市区县综合年鉴篇目审查及出版督查制度》,11个区县按期出版年鉴2018年卷。

【地情书编纂与出版】 2018年7月,《南宁地情手册2018》由广西人民出版社出版,发行2000册;采用简装32开本,全书16万字。《南宁新百年图录2011—2015》完成初稿编纂;选用图片1203张,编辑文字10.04万字,10月送中华书局审定。《中国国家人文地理·南宁》完成初稿编纂;收录图片230幅,编辑文字4.50万字,分10章,包含南宁名片、南宁概况、历史溯源、生态绿城、文化南宁、风情壮乡、风物特产、美丽乡村、发展成就、城市蓝图,11月初稿报市委宣传部审验。

【南宁"智慧方志"上线运行】 2018年1月,市方志办协调北京万方数据股份有限公司进行项目用户界面设计、开发和功能、性能测试;10月30日,南宁"智慧方志"正式上线。南宁"智慧方志"创新将"一库两网两平台"(地情资料全文数据库、南宁地情网、南宁数字方志馆、地方志微信传播平台、移动终端APP)数据联通,自治区首创的网络年鉴实现年鉴即时在线编纂;地情数据库通过全文数据库、虚拟方志馆连接南宁数字方志馆,市本级和12个区县均设虚拟方志馆;"南宁方志"微信公众号每个工作日推送南宁市地情信息,将"南宁方志"APP纳入南宁公共服务信息平台"爱南宁"APP,为市民提供地情服务。

【地方志行政执法检查】 2018年1月4日至8日,市方志办对12区县开展地方志行政执法检查,为自治区首次开展的地方志行政执法检查。行政执法检查分4个检查小组,通过听取区县地方志工作情况汇报、查阅台账等方式,检查12个区县"一纳入,八到位"(把地方志工作纳入国民经济和社会发展规划各级政府工作任务中,认识到位、领导到位、机构到位、编制到位、经费到位、设施到位、规划到位、工作到位)落实情况、志鉴编纂完成情况、地方志资料年报实施情况等,提出整改建议,限期整改。

【地方志资料年报征集】 2018年5月,市方志办根据机构改革情况调整部分篇目,印编写通知、编写要求等文件材料,将落实地方志资料年报制度纳入绩效考评标准。10月,在自治区地方志资料年报工作现场会上,南宁市、青秀区、隆安县分别作试点经验介绍。至年末,市本级征集年度地方志资料132份、329.39万字,图片1697张。 (钟婉悦)

经济与社会发展研究

【概 况】 2018年,南宁市人民政府发展研究中心设办公室、区域经济研究科、产业经济研究科、农村经济研究科、城市发展研究科、社会发展研究科、科研管理和信息科,编制33名,在编32人(工勤编3人)。完成重大课题研究报告2个、重点课题研究报告8个;完成发言稿、访谈稿、理论调研文章、典型经验材料等重要文稿20余篇;参与研究制定重要政策文件5份;编发《南宁市专家咨询委员会专报》34期、《调研参阅》11期;报送信息37篇,被自治区党委办公厅采用4篇、自治区政府办公厅采用3篇、市委办公厅采用5篇、市政府办公厅采用30篇。接受国家行政学院董小君教授、中国传媒大学范周教授请辞,增补教育部原部长、中国工程院原院长、中国工程院院士周济为南宁市咨询专家。主要存在研究力量短缺,重要文稿的撰写质量需进一步提高,政策服务咨询功能存在不够专业、精细等问题。

2018年4月5日,市政府与东北大学签署战略合作协议　　市政府发展研究中心提供

【区域经济发展研究】 2018年,市政府发展研究中心参与制订《关于打赢脱贫攻坚战三年行动的实施意见》《关于进一步降低"三率"提高"一度"的工作指导意见》等文件,参与完成隆安县震东新区异地扶贫安置系列政策文件起草,独立或参与完成《关于审定南宁市参加民革中央"南向通道"助推"一带一路"建设座谈会有关材料的请示》《南宁市人民政府2017年度法治政府建设情况报告(送审稿)》《南宁市海绵城市规划建设管理暂行办法》《南宁市进一步优化营商环境的实施意见》《南宁市进一步优化营商环境三年行动计划(2018—2020)》等20余篇重要文稿的核校,修改完善《水岸同治,建管并重,全力提升绿城南宁水生态文明建设——南宁市建成区黑臭水体治理情况汇报》和自查报告;完成理论调研文章《南宁市构建现代化经济体系推动高质量发展的调研与思考》《打造邕广深合作直通平台融入港澳大湾区发展》《关于优化南宁市投资项目施工许可审批改革的调研与思考》;完成第十届泛北部湾经济合作论坛暨第二届中国—中南半岛经济走廊发展论坛上的主题发言稿《加快打造"一带一路"重要物流节点城市积极融入中国—中南半岛经济走廊建设》;撰写第三届粤桂黔高铁经济带合作联席会发言材料和在昆明南宁贵阳三市政协主席联席会议上的材料《发挥"南宁渠道"优势打造南向通道综合物流枢纽城市》;撰写第十四届泛珠三角区域省会城市市长联席会议上的发言、第十五届泛珠三角区域省会城市市长联席会议上的发言材料及南宁市宣传材料《打造邕广深合作直通平台融入粤港澳大湾区发展》;调研撰写《关于打造南向通道之"南宁枢纽"的对策建议》《"五处"着手,将南宁打造成为广西核心增长极》《南宁市投资项目施工许可办理存在的突出问题与改革建议》调研文章;在《广西经济》杂志发表《新形势下推动"南宁渠道"升级的思考》《新时代推动广西形成全面开放新格局的战略思考》《经济运行稳中向好发展动能持续增强——2018年上半年南宁市经济运行情况分析》《"五处"着手,将南宁打造成为广西核心增长极》4篇稿件;《注重发挥四个作用助推贫困村脱贫摘帽》发表在广西扶贫信息网;对《关于对〈南宁市简化施工许可证办理程序整改方案〉的修改意见》《2018年自治区推进新型城镇化重点工作方案(征求意见稿)》《中国生态文明论坛(南宁)年会筹备工作总体方案(讨论稿)》《关于对南宁市落实鹿心社、陈武同志在全区深化改革优化营商环境大会上的讲话重点工作分工方案(讨论稿)》等10余篇文稿提出修改意见。

【课题研究】 2018年,市政府发展研究中心完成《加快南宁市高新技术产业发展研究》《东盟国家投资环境系列研究(越南、泰国、马来西亚、柬埔寨)》2个重大课题;完成《南宁市乡村振兴战略研究》《国际陆海贸易新通道南宁枢纽建设研究》《南宁市构建现代化经济体系推动高质量发展研究》《建设邕穗深合作直通平台融入粤港澳大湾区发展战略研究》《南宁市脱贫攻坚难点问题及对策研究》《南宁市分两步走实现社会主义现代化战略研究》《南宁市防控政府债务风险研究》《南宁对接海南自由贸易试验区(港)研究》8个重点课题。

【专家咨询】 2018年,市政府发展研究中心收到专家建议70余条,编印简报13期,获市领导批示17人次;编印专报34期,获自治区、市领导批示53人次。其中中国工程院院士王国栋提出广西与东北大学在南宁联合建设先进铝加工创新中心的建议,获自治区主席陈武批示,促成南宁市与东北大学签署战略合作协议,注册成立广西先进铝加工创新中心有限责任公司,公司实施的"高端高精铝材关键热处理重大短板装备项目"12月8日通过工业和信息化部组织的专家评审,成为《国家重大短板装备专项工程》首个先行先试项目,加速推动工信部出台《重大短板装备专项工程实施方案(试行)》。11月7日,副市长、市专家咨询委员会主任伍娟率队赴上海市,在同济大学与6位南宁市咨询专家座谈。

【优化营商环境】 2018年,市政府发展研究中心牵头开展南宁市优化营商环境暗访10次,起草《南宁市优化营商环境大查摆行动暗访行动实施方案》,设计调查问卷、调查提纲,组织召开暗访碰头会、培训动员会、暗访情况汇报会等,收集汇总暗访报告,组织起草《南宁市优化营商环境暗访行动暗访市直有关部门(单位)工作报告》《南宁市优化营商环境暗访行动工作总报告》。组织市优化营商环境暗访组到青秀区政务服务工商质监分中心、青秀区政务服务中心、市不动产登记中心青秀受理点和市民中心对2018年4月国务院办公厅督查室开展办事大厅暗访督查发现的南宁市6个问题的整改落实及市暗访组发现问题整改情况进行暗访。组织起草《南宁市优化营商环境大整改实施方案》,完成《关于再次对国办督查室反馈营商环境问题整改落实情况暗访的报告》《市政府发展研究中心2018年开展优化营商环境工作情况汇报》等10余份报告。　（林绍贤）

责任编辑　方　明

文化

综述

【概　况】2018年，南宁市文化新闻出版广电局设办公室、政策法制科、综合科、艺术科、公共文化科、文化产业科、非物质文化遗产科、文物科、市场管理科、版权管理科（南宁市“扫黄打非”工作小组办公室）、宣传报刊出版管理科、印刷发行科、传媒机构和网络视听节目管理科、科技事业科、规划财务科、人事科，编制62名，在编55人；二层机构有市文化市场综合执法支队、南宁人民广播电台、南宁电视台、南宁广播电视技术中心、市群众艺术馆、市图书馆、市民族文化艺术研究院、市博物馆、市少年儿童图书馆、南宁孔庙管理所、市顶蛳山遗址博物馆、市艺术剧院有限责任公司、南宁广播电视技术开发总公司，在职1359人。有公共图书馆14个（市属公共图书馆2个、区县公共图书馆12个），市级群众艺术馆1个，区县文化馆12个，乡镇文化站102个，村级服务中心1046个。全市有文物保护单位283个，其中全国重点文物保护单位5个、自治区级文物保护单位43个、市（县）级文物保护单位235个。有国家级非物质文化遗产代表性项目7项，代表性传承人5人；自治区级非物质文化遗产代表性项目139项，代表性传承人58人；市级非物质文化遗产代表性项目173项，代表性传承人148人。有文化产业示范基地109个（国家级文化产业示范基地2个、自治区级文化产业示范基地32个、自治区级文化创意产品开发示范基地4个，市级文化产业示范基地71个）。有自治区文化产业示范园区3个，自治区特色文化产业（项目）示范县（区）5个；国家认定动漫企业5家，自治区动漫骨干企业14家。“新三板”上市企业3家。有互联网上网服务营业场所（网吧）409家，娱乐场所173家，游戏游艺场所22家。

（梁　娟）

【文化惠民工程】2018年，南宁市继续实施文化惠民工程。完成自治区、南宁市为民办实事项目7项：开工建设村级公共服务中心162个；继续免费开放公共文化基础设施场所；完成1个乡镇广播电视发射台站建设任务；补充更新1442个农家书屋出版物；送戏下基层、进校园演出449场；扶持乡村社区业余文艺队200支演出6008场，超额完成任务，观众约325万人次；社区电影公益放映4644场，完成率100.32%，农村电影公益放映1.68万场，完成率100.47%。

（赵文思）

【重大文化项目建设】2018年，南宁市继续推进广西文化艺术中心、南宁市图书馆（新馆）、南宁市群众艺术馆（重建）3个项目建设。广西文化艺术中心项目位于良庆区龙堤路25号，是自治区成立60周年大庆献礼工程，采用PPP（政府和社会资本合作）模式建设，设歌剧院（座位1800个）、音乐厅（座位1200个）、多功能厅（座位600个）3个演出功能厅，1月3日启用；年内举办演出225场，观众23.30万人次，上座率77%。南宁市图书馆（新馆）位于良庆区玉洞大道南面、玉象路西面，由中国中元国际工程有限公司设计；占地2.80公顷，总建筑面积3.61万平方米，总投资4.18亿元；12月18日开放。南宁市群众艺术馆（重建）位于江南区五一东路1号，占地8259.43平方米，总建筑面积1.46万平方米，其中剧场面积2557平方米、其他建筑面积8176平方米，累计投资9900万元；3月28日开放，年内举办演出63场，平均上座率80%以上。

【文化产业建设】2018年，南宁市在强化文化产业引导、培育产业集群和搭建展销渠道等领域取得突破。5个项目获自治区文化产业发展专项扶持370万元；7个动漫项目获自治区动漫产业发展引导资金260万；5个项目获自治区特色文化产业发展重点项目。推荐南宁广告产业园、美丽南方·老木棉匠园成为自治区级文化产业示范园区。培育南宁403禾集、百益·上河城文创科创孵化产业园2个市级文化创意服务业集聚区。命名南宁万达茂文化产业有限公司等20家文化企业为第六批南宁市文化产业示范基地。南宁信创投资管理有限公司、南宁万达茂文化公司、广西千年传说影视传媒股份有限公司3家企业列入自治区服务业龙头企业库；南宁市艺术剧院有限责任公司等15家企业纳入南宁市紧缺人才企业名录库；广西乐达传媒有限公司、广西广电新媒体有限公司等6家企业纳入南宁市“双五十”服务业重点企业名录库。组织广西金壮锦文化艺术有限公司、南宁九金娃娃动漫有限公司、广西卡斯特动漫有限公司、南宁峰值文化传播有限公司、广西巧恩茶业有限公司等企业参加第九届西部文化产业博览会、第十四届中国（深圳）国际文化产业博览交易会、2018年中国—东盟博览会动漫游戏展等展会。指导企业举办“月邪动漫盛典”冬典和夏日祭，展示本土文化产业成果，增强品牌影响力。广西中视嘉候影视传媒投资有限公司《嘉猴壮壮》系列动画片翻译成外语在缅甸播出；广西千年传说影视公司原创动画连续剧《铜鼓传奇》《喀斯特神奇之旅》在泰国中央电视台播出。9月13日，《铜鼓传奇》在中央电视台少儿频道播出；南宁峰值文化公司《海豚帮帮号》等作品赴法国推介商洽，与菲律宾GMA集团电视台签署中菲区域影

视版权合作协议。（葛应俊）

【对外及对中国港澳台地区文化交流】2018年2月14日，南宁电视台、马来西亚嘉丽台、菲律宾菲中电视台、泰国国际中文电视台、印尼国际日报传媒集团、香港卫视、澳门广播电视台、中国新闻网、湖南卫视国际频道及娱乐频道等国家和地区的19家媒体及机构共同制作的《春天的旋律·2018》跨国春节晚会在南宁电视台新闻综合频道首播，播出信号覆盖全世界150多个国家和地区，受众近5亿人。6月17日至6月26日，市政府主办、市文新广局承办的2018年“文化走亲东盟行”活动走进菲律宾、印度尼西亚、泰国，举办戏曲专场演出6场、非物质文化遗产展览5场、艺术研讨3场。8月17日至23日，南宁市组织赴中国台湾南投县、新北市、花莲县、台北市开展文化交流活动。9月7日至13日，中国—东盟(南宁)戏剧周在南宁举办，中国和10个东盟国家26个院团、67个艺术单位组织演出134场、戏剧工作坊36场、专题研讨13场、剧评会3场、微电影展览5场、艺术展览3场、南派粤剧大赛3场等，观众约20万人。2018年中国—东盟艺术展发布东盟国家戏剧文化研究著作《东南亚戏剧概观》《东南亚戏剧剧本丛书·剧本卷》(越南卷)、《东南亚戏剧剧本丛书·剧本卷》(泰国卷)，其中《东南亚戏剧概观》是国内首部系统介绍东盟各国戏剧概况的书籍，《东南亚戏剧剧本丛书·剧本卷》是国内首部介绍越南、泰国传统戏剧经典剧本的合集。继续举办中国—东盟艺术院(团)长高峰论坛，发起建立中国—东盟(南宁)戏剧合作交流机制，新吸纳艺术院团、文化机构27家签署《中国—东盟戏剧合作交流机制谅解备忘录》。7月26日至8月2日，组织3个团组分别赴老挝、泰国、柬埔寨、马来西亚采访。9月20日至9月27日，组团赴奥地利、波兰采访。第15届中国—东盟博览会期间，《南宁新闻》播出“南宁渠道丝路交响”系列报道15集，与中央电视台国际频道对接播出《海外南宁人》系列节目。11月30日至12月2日，市委宣传部、市文新广局联合出品，市艺术剧院有限责任公司创作排演的舞剧《刘三姐》赴中国香港地区开展文化交流，在香港文化中心演出5场。

【工艺美术行业管理】2018年，市二轻联社组织申报获批自治区级工艺美术大师精品创作工程创作组24个；组建市工艺美术精品创作组36个，拨付精品创作补助经费近32万元；指导黄冬鹏大师工作室、蓝淋大师工作室获广西工艺美术大师工作室建设与精品创作项目融合资金扶持资金各5万元。取得工艺美术初级专业技术职务任职资格2人，中级9人；组织申报获批广西工艺美术大师2人；在上林县举办“2018年南宁二轻(上林)精准扶贫暨工艺美术培训班”1期，培训工艺美术从业人员、农民手工艺人100多人。协助市文新广局、市工信局、市财政局等部门建立《南宁市第一批市级传统工艺振兴目录》、制订《南宁市传统工艺振兴计划》、修订《南宁市文化产业发展专项资金管理办法》等文件。5月，推动广西二轻高级技工学校与驻邕广西工艺美术大师工作室校企合作，入驻西乡塘区“老木棉·匠园”的黄冬鹏、胡可可、梁志坚广西工艺美术大师工作室被该校授予广西二轻高级技工学校校外实习实训基地；拨付扶持资金20万元，扶持指导南宁市“美丽南方·老木棉·匠园”传统工艺美术精品展示中心建设；11月，自治区二轻联社、市二轻联社与广西老木棉投资有限公司签署战略框架合作协议，争取3年至5年将“老木棉·匠园”打造成为全国性手工艺匠人聚集、创作、传承、交流、销售为一体的平台和文化旅游景区。指导帮助邕宁区联社组织中国工艺美术大师、广西工艺美术大师及能工巧匠17人，研发创作具有邕宁文化和地域特色的旅游工艺品。指导上林县二轻联社举办“2018年上林县工艺品展览”，约30家企业、500多件作品参展，现场销售约6万元；制订《2018年上林县旅游工艺品研发方案》。协调广西工艺美术大师卢权智与横县峦城镇杨村开展红陶制陶技术培训、产品研发指导服务合作，拨付2万元资金指导横县二轻联社扶持杨村红陶文化产业建设。组织120家工艺美术大师(工作室)、工艺美术企业、驻邕艺术高等院校等参加全国、自治区工艺美术专业展会，获“2018年‘金凤凰’创新产品设计大奖赛”专业奖12项，其中金奖3项：赵嘉、黄晓瑜的瓷器作品《釉下五彩瓷对瓶——花山古韵》，黄剑、莫世金、黄开日、陈海生的坭兴陶作品《锦绣八桂(套壶)》，帅民风、覃岭、谢胜志的竹刻作品《壮乡年味》；银奖5项，铜奖4项。获2018“百花杯”中国工艺美术精品奖32项，其中金奖5项：黄剑、苏崇杰的坭兴陶作品《鼓声之魂》，李卉子的坭兴陶作品《壮乡歌圩》，谭湘光、范丽华、罗冬梅的织锦作品《锦衣华服》，韦锦业、李凤、王春伟的银制作品《一路(鹭)祥和》，张晓翠的漆器作品《葫芦胎髹漆洒金—莲花盛器》；银奖8项，铜奖19项。在“2018广西工艺美术作品(旅游工艺品)暨大师精品展览”中，获自治区“八桂天工奖”金奖17项，银奖26项，铜奖18项；旅游工艺品“八桂天工奖”金奖5项，银奖10项，铜奖4项；广西工艺美术大师精品创作工程“精品奖”8项；展览组织奖二等奖；44件获奖作品入选“2018广西艺术作品展览”，其中5件获评优秀作品。中国工艺美术大师谭湘光“非遗传承基地”获中国轻工业联合会、北京非物质文化遗产发展基金会授予首批“中国工艺美术大师非遗传承基地”。（张夏芸）

群众文化

【概　况】2018年，南宁市群众艺术馆设办公室、调研部、文艺部、美术部、活动部，编制57名，在编53人(具有正高级专业技术职务任职资格3人、副高12人、中级24人、初级10人)。全市有区县文化馆12个，乡镇文化站102个。3月28日，南宁市群众艺术馆新馆正式对外开放，占地8259.43平方米，总建筑面积1.46万平方米，其中剧场面积2557平方米。年内，市群众艺术馆筹备自治区成立60周年庆祝大会群众文艺表演，完成自治区交付的《奋进新时代》主题展演活动，《锦绣壮乡情》《千年会鼓擂》《歌海春潮涌》《广西尼的呀》4个节目演员的组织和选拔、服装道具设计、制作，以及排练和食宿、交通等后勤保障；面向驻邕高校选拔演职人员5600人，制作服装5000套、道具3万件(套)。开展“5·23广西全民艺术普及日”活动，举办启动仪式暨南宁市全民艺术普及成果展演、“新时代全民艺术普及工作的创新与实践”交流培训、“艺术点亮人生”南宁市全民艺术普及主题宣传演出、“走进艺术”文化艺术普及系列活动(含美术书法作品展、市群众艺术馆公益培训课堂展示)，“与明星同唱”南宁民歌湖百姓歌圩千人合唱艺术普及活动、青秀区文化馆总分馆、图书馆总分馆建设成果展示及青秀区全民艺术共享课堂名家普及培训、《公共文化服务保障法》解读培训、文艺创作普及专题讲座等8项内容；自治区文化厅，自治区群众艺术馆，自治区各地市文化新闻出版广电局、群众艺术馆，区县文化馆等单位主要领导、嘉宾160多人参加。开展公益艺术培训班，开设春季、夏季、秋季培训班，涵盖舞蹈、声乐、钢琴、电子琴、二胡、吉他、非洲鼓、尤克里里、口琴、葫芦丝、曲艺、美术、书法等18种项目培训班154期，受惠群众3800人次。在5个未成年人艺术培训示范基地和帮扶教学点举办艺术培训班20期，组建舞蹈

2018 年 4 月 18 日，2018 年“相约民歌湖畔 · 共眷天下民歌”大型民歌专场阿拉善专场在南宁民歌湖大舞台举行　　市文新广局提供

队 4 支、合唱团 2 个、戏曲队 1 个、话剧团 1 个，培训 1000 余人次；在虎邱村、新屋村外来务工人员文化艺术培训基地，举办舞蹈、声乐等艺术培训班 8 期，组建舞蹈团 2 个、合唱团 2 个，培训 300 多人次。持续打造“与明星同唱”南宁百姓歌圩千人合唱艺术普及活动，举办声乐培训、麦霸挑战赛等活动 20 场，参与群众 3 万多人次。主要存在南宁民歌湖周周演活动经费不足等问题。　　（陆菊蕾）

【外来务工文化艺术节】 2018 年 7 月 27 日，市文新广局主办的 2018 年南宁市外来务工人员文化艺术节启动仪暨 13 年经典回顾节目展演在市群众艺术馆剧场举办，来自中建交通建设集团广西分公司、中建八局第二建设有限公司、南宁市园博园、富士康南宁科技园等企业和全市各行业劳动者、基层艺术团体参加演出；有表演唱、诗歌朗诵、戏曲、舞蹈等表演形式，观众 3000 多人。　　（姚　彧）

【“文化志愿春风行”培训】 2018 年，南宁市群众艺术馆在兴宁区五塘镇坛棍村小学建立培训点 1 个，每周派出 2 名教师为学生举办美术、声乐培训课 1 期，派出教师 100 多人次，举办培训班 52 期，培训 2000 多人次。　　（陆菊蕾）

【大型民歌专场演出活动】 2018 年，市群众艺术馆继续举办大型民歌专场文艺演出，打造群众文化品牌活动；依托南宁民歌湖大舞台，在原有活动品牌基础上，扩大与国内外、自治区内外文化艺术的交流发展，提升南宁知名度。市群众艺术馆组织开展群众文化活动 100 多场次，其中大型文艺演出 10 多场。4 月 18 日，“相约民歌湖畔 · 共眷天下民歌”2018 大型民歌专场阿拉善专场在南宁民歌湖大舞台举行，内蒙古自治区阿拉善盟及南宁市演员同台演出。6 月 30 日，“相约民歌湖畔 · 共眷天下民歌”2018 年大型民歌专场河南专场在南宁民歌湖大舞台举行，来自河南省文艺工作者和文化志愿者参演。9 月 15 日，自治区文化厅、自治区群众艺术馆指导，南宁市委宣传部、市文新广局主办，市群众艺术馆承办的“相约民歌湖畔 · 共眷天下民歌”大型民歌专场中外艺术家专场在南宁民歌湖举行，观众约 3000 人。11 月 30 日，自治区文化厅、自治区群众艺术馆指导，市委宣传部、市文新广局、山西省太原市文化局主办，南宁市群众艺术馆、山西太原市群众艺术馆承办的“相约民歌湖畔 · 共眷天下民歌”2018 年大型民歌专场山西专场在南宁民歌湖大舞台举行，山西省艺术家表演山西传统文艺节目和非物质文化遗产展示。

【绿城歌台群众文化活动】 2018 年 9 月 13 日至 17 日，南宁国际民歌艺术节组委会主办，市文新广局承办的 2018 年南宁国际民歌艺术节“绿城歌台”群众文化活动开幕式在南宁民歌湖举行；以“新时代”“新征程”为主题，演绎《大地之约》《绿水青山都是歌》《可爱的南宁》《山歌牵出月亮来》等历届经典民歌；在区县设分歌台 13 个，开展歌台演出 14 场，15 个国家、17 个团体、131 名外籍演员参加演出。　　（姚　彧）

专业文艺

【概　况】 2018 年，南宁市有市属专业艺术团体 2 家（南宁市民族文化艺术研究院、南宁市艺术剧院有限责任公司）。市民族文化艺术研究院（南宁市戏剧院、南宁市非物质文化遗产保护中心）专业从事艺术生产、研究、非物质文化遗产保护和传承，设办公室、人力资源部、非物质文化遗产部、文化艺术研究部、展演舞美部、文化活动部、信息部、创作部；职工 84 人，其中具有正高级专业技术任职资格 5 人、副高级 21 人、中级 27 人、初级 20 人、其他 11 人。主要存在专业人才短缺，戏曲人才培养和专业技术人员引进不足等问题。市艺术剧院有限责任公司设董事长办公室、党群工作部、行政办公室、人力资源部、财务部、市场营销推广部、创作中心、舞美工程部、话剧团、歌舞团；职工 205 人，其中具有正高级专业技术任职资格 4 人、副高 33 人、中级 69 人、初级 46 人，一般职员 53 人。主要存在运营资金紧张等问题。年内，2 家市属专业艺术团体开展演出活动 828 场次。其中：“送戏下基层”演出 300 场，“儿童剧目进校园”演出 129 场，传统戏曲、精品剧目进高校演出 20 场；“美丽南宁大舞台”艺术精品演出引进剧目 6 场；邕州剧场地方戏曲月月演活动 23 场；“邕州神韵”新会书院地方戏曲周周演驻场演出 108 场；“戏曲进校园”活动演出 163 场；出访交流演出 4 场；公益性演出 49 场，商业性演出 25 场，慰问部队演出 1 场；观众 50 万人次。举办“美丽南宁大舞台”艺术精品惠民演出，引进杨丽萍文化传播公司大型舞剧《十面埋伏》，中央歌剧院、宁波市演艺集团舞剧《花木兰》，中国交响乐团合唱团纪念改革开放 40 周年音乐会《歌声嘹亮》（由广西交响乐团伴奏），宁波市话剧团大型红色题材话剧《守护》，俄罗斯红军歌舞团《大型歌舞音乐会》等国内外精品剧目 5 部；推出《百鸟衣》等本土剧目。选出一批传统代表性剧目和原创特色剧目进行挖掘、整理和排演，开展邕州剧场地方戏曲月月演活动，每月为南宁市民演出大戏 1 场。打造南宁市迎接自治区成立 60 周年文化文艺精品项目舞剧《刘三姐》、邕剧《顶蛳山人》及《2018 年中国—东盟经典民歌音乐会》，受社会关注。6 月 17 日至 26 日，组织南宁艺术院团分别赴菲律宾、印度尼西亚和泰国，举办戏曲专场演出、展览等 14 场；与 3 个国家的 9 家艺术机构签署《中国—东盟戏剧合作交流机制谅解备忘录》。11 月 30 日至 12 月 2 日，市艺术剧院公司舞剧《刘三姐》赴中国香港地区开展文化交流，在香港文化中心连演 5 场。在第四届广西青年舞蹈演员比赛中，市艺术剧院公司选送的独舞《老爸》《且看

2018 年 9 月 14 日,市艺术剧院有限责任公司举办的 2018 年中国—东盟经典民歌音乐会在广西文化艺术中心音乐厅举行　　市文新广局提供

行云》等 11 个节目入围决赛,14 位参赛演员获奖项 14 个;参加第十届广西戏剧展演,邕剧获桂花银奖 1 个、获桂花银奖 2 个;市文新广局获优秀组织奖。舞剧《刘三姐》获第十一届中国舞蹈"荷花奖"舞剧获奖提名。

【艺术成果】 2018 年,南宁市获国家层面资金扶持项目 1 个,入围全国性节目展演项目 1 个,获省级奖 22 个。4 月,启动国家艺术基金《舞蹈编导人才培养》项目。舞剧《刘三姐》获第十一届中国舞蹈"荷花奖"舞剧获奖提名。参加第四届广西青年舞蹈演员比赛,市艺术剧院公司选送的独舞《老爸》《且看行云》等 11 个节目入围决赛,黄海芸、王雨竹等 14 位演员获奖 14 个;其中黄海芸获一等奖,王雨竹、刘佳琦、任浦今获二等奖,李伟、陈万涛、张旭、邱荣斌获三等奖,李美君、何佳欣、杨嘉珏、梁光钰、黎光德、谭小凤获优秀奖,市文新广局获优秀组织奖。在第十届广西戏剧展演中,邕剧《玄奘西行》获桂花铜奖,邕剧小戏《邓县令断婚》获桂花银奖,邕剧小戏《红杏醉酒》获桂花铜奖;梁素梅、黄俊成获桂花表演奖,小品《金环传》导演潘春竹获桂花导演奖;市文新广局获优秀组织奖。有南宁市迎接自治区成立 60 周年文化文艺精品项目 3 个(舞剧《刘三姐》、邕剧《顶蛳山人》、2018 年中国—东盟经典民歌音乐会)。

【演出活动】 2018 年,南宁市有市艺术剧院公司、市民族艺术研究院 2 个专业艺术团体,组织开展或参加演出 828 场。其中举办以"贯彻十九大　共筑中国梦""庆祝改革开放 40 周年""庆祝广西壮族自治区成立 60 周年"为主题的"美丽南宁大舞台"艺术精品惠民演出 6 场,演出《十面埋伏》《花木兰》《歌声嘹亮》《俄罗斯红军歌舞团大型歌舞音乐会》《百鸟衣》等精品剧目;举办"我们的中国梦　喜迎自治区成立 60 周年"邕州剧场地方戏曲月月演活动 23 场,演出高甲戏《昭君出塞》《折子戏专场》,粤剧《刁蛮公主憨驸马》《海棠亭》《碧海狂僧》《江姐》《老鼠嫁女》,邕剧《全家福》,舞剧《碧海丝路》等精品剧目,以及魔术晚会《南国幻象魔术专场》。组织参加"文化走亲东盟行"活动走进菲律宾、印度尼西亚、泰国举办传统邕剧戏曲专场演出 7 场、非物质文化遗产展览 3 场、召开文化交流艺术研讨座谈会 3 场、中国戏剧专题讲座 1 场,并分别与 3 个国家的 9 个机构签定《中国—东盟戏剧合作交流机制谅解备忘录》;组织"邕州神韵"新会书院地方戏曲周周演及庆春节剧目演出等 108 场,中小学"戏剧进校园"演出 163 场,"送戏下基层"演出 300 场,"儿童剧目进校园"演出 129 场,传统戏曲、精品剧目进高校 20 场。参加科技、文化、卫生"三下乡"活动及军民迎新春晚会等公益性演出 49 场。分别在广西文化艺术中心、南宁孔庙举办 2018 年新年音乐会暨广西文化艺术中心首演音乐会、南宁市第六届文化庙会;在市内举办南宁市"壮族三月三·八桂嘉年华"文艺演出等。选送市艺术剧院公司独舞《老爸》《且看行云》《娘》3 个节目参加在柳州市第十届广西青年舞蹈演员比赛颁奖暨汇报演出;选送市民族艺术研究院邕剧《红杏醉酒》《郑县令断婚》,市艺术剧院公司小品《金环传》参加在桂林市第十届广西戏剧展演及小戏小品展演。选送市艺术剧院公司舞蹈《骆越先歌》《荷韵》《为了爱》《了了歌》《火塘情》《妮娅》《壮族大歌》《和·鞋》8 个节目到中央电视台《舞蹈世界》参加栏目录制。年内,中国—东盟南派粤剧大赛暨粤剧红派艺术大赛(广西赛区)在市新会书院举行。第六届中国—东盟(南宁)戏剧周在南宁举行;来自中国、新加坡、马来西亚、印度尼西亚、文莱、越南、泰国、柬埔寨、缅甸、菲律宾、老挝 11 个国家的 26 个优秀院团演出 237 场,其中精品剧目 40 场。南宁市迎接自治区成立 60 周年文化文艺精品项目舞剧《刘三姐》、邕剧《顶蛳山人》及《2018 年中国—东盟经典民歌音乐会》在广西文化艺术中心演出,其中《刘三姐》"对歌"选段作为自治区唯一入选舞蹈作品,在中央电视台综艺频道播出,获第十一届中国舞蹈"荷花奖"舞剧获奖提名,赴香港文化中心演出 5 场。　　(宋良慧)

第 20 届南宁国际民歌艺术节

【概　况】 2018 年,第 20 届南宁国际民歌艺术节在南宁等地举办,南宁国际民歌艺术节组委会主办。民歌节贴近受众需求,继续通过荟萃经典、多元共美、全面惠民、深度碰撞、传播推广,实现大舞台、大展台、大讲台、大看台"五台"联动,形成多元供给,带动活动形式内容持续提质。其间,举办文化走亲东盟行、中国—东盟(南宁)戏剧周、"大地飞歌·2018"晚会、"绿城歌台"群众文化活动、中国—东盟经典音乐会系列活动。

【大地飞歌·2018】 2018 年 9 月 12 日和 13 日晚,第 20 届南宁国际民歌艺术节"大地飞歌·2018"晚会在广西文化艺术中心大剧院举办。南宁国际民歌艺术节组委会主办,主题为"唱响新时代　民歌咏芳华",分《大美壮乡》《丝路情缘》《新时代颂》3 个篇章;金涛任总导演,季小军、周蕾、孙璞、夏颖主持。中国、老挝、柬埔寨、越南、马来西亚、法国等国家的演职员约 250 人参加演出,2 场观众约 3100 人。李思宇、广西艺术学院舞蹈学院等表演的歌舞《广西尼的呀》拉开晚会帷幕;陈春燕、黄嘉璐、广西艺术学院合唱团等分别演唱广西民歌《山歌年年唱春光》《壮乡春早》《可爱的南宁》《绿水青山都是歌》《美邕江》,用音乐方式吐露大美壮乡的心声;巴音牧仁、乌日罕、艾尔肯·阿不都热依木演绎《牧歌》《阿拉木罕》等经典民歌;老挝的阿提萨·拉达纳、柬埔寨的宋优里、越南的阮氏青花、马来西亚的马嘉轩等分别演唱歌曲《一带一路》《丝路同行》《小河淌水》《千年之约》，张英席与法国的金小鱼、南宁市解放路小学小梅花艺术团表演梨园新唱《梨花颂》等，充分表现中外文化之美与合作共赢的丝路精神；马兴智、广西艺术学院合唱团等演唱歌曲《不忘初心》，喻越越、广西沙小丹模特时尚机构等表演歌舞《世界知道》，戴玉强、南宁天桃实验学校“天籁桃韵”艺术团等演唱歌曲《我爱你中国》，唱响新时代的主旋律和正能量；王良、韦晴晴、TSD 组合和全体演员共同演唱并跳起结束歌舞《二十年后再相会》。南宁电视台直播晚会，南宁头条 APP 网络直播 9 月 13 日晚会；全国近 200 家新媒体平台同步转播；南宁电台牵头 26 家全国卫星音乐广播协作网成员台，面向信号覆盖全国的 5.50 亿广播听众直播晚会。

【绿城歌台】 2018 年 9 月 13 日至 17 日，第 20 届南宁国际民歌艺术节“绿城歌台”群众文化活动在南宁举办。南宁国际民歌艺术节组委会主办，主题为“欢歌新时代·扬帆新征程”；分别在民歌湖、市辖七区五县及广西外国语学院设置 14 个歌台，举行 16 场不同主题演出活动，超过 11 万人次观众现场观看演出。民歌湖歌台分别举办 2018 年南宁国际民歌艺术节“绿城歌台”群众文化活动开幕式晚会、第十届广西“魅力北部湾”群众文化活动开幕式晚会、“相约民歌湖畔·共眷天下民歌”中外大型民歌专场 3 场主题各异的晚会，展示民族文化经典魅力，展现群众文化新成果。参与演出的中外演职员约 600 人，观众约 1 万人次。各区县、校园歌台分别举办 1 场结合外国优秀节目、展现地域特色文化的不同主题演出活动，兴宁区“百年商埠　活力塘站”、江南区“平话情韵·活力江南”、青秀区“歌从古岳来”、西乡塘区“美丽南方　多彩田园”、邕宁区“激情八音·魅力园博”、良庆区“壮族嘹啰　山水良庆”、武鸣区“歌海壮乡　魅力武鸣”、横县“醉美花乡”、宾阳县“龙腾盛世·扬帆新时代”、上林县“壮族老家　养生上林”、马山县“鼓乡歌海　祥寿马山”、隆安县“决胜小康宜居‘那’乡”。有俄罗斯等 15 个国家的 131 名外国演员，以及中国的演职员参与演出活动，观众超 10 万人。

【戏剧周】 2018 年 9 月 7 日至 12 日，2018 年中国—东盟（南宁）戏剧周在南宁举办。南宁市人民政府、广西壮族自治区文化厅主办，主题为“丝路起航新时代戏海扬帆新征程”；中国和东盟 10 国的 26 个优秀院团、67 家艺术机构、1100 多名演员演出 40 场，受众约 5 万人次参与 53 场活动。举办优秀剧目展演、艺术论坛、艺术展览、艺术大赛、电影展映、戏剧工作坊、高峰论坛、优秀艺术家个人艺术专场、大联欢晚会 9 个项目活动。泰国孔剧《罗摩衍那》、柬埔寨传统歌舞《狂想秀》、越南话剧《厚野》、新加坡儿童剧《小魔女的童话故事》、菲律宾风情歌舞《嘉年华》，广州粤剧院的新编大型古装粤剧《花笺江》、湖南省昆剧团的《牡丹亭》、贵州省花灯剧院的《云上红梅》、南宁市民族文化艺术研究院的大型邕剧《刁蛮公主憨驸马》等精品，彰显各自特色魅力。其间，泰国艺术发展学院等 27 家新成员单位分别签署《中国—东盟戏剧合作交流机制谅解备忘录》（共 29 家），形成双边、多边合作交流机制，提升中国和东盟国家的戏剧品牌影响力。

【文化走亲东盟行】 2018 年 6 月 17 日至 26 日，举办 2018 年“文化走亲东盟行”活动，南宁市人民政府主办。南宁市的演员、非物质文化遗产传承人等 30 多人组成代表团分别到菲律宾（6 月 17 日至 19 日）、印度尼西亚（6 月 19 日至 23 日）和泰国（6 月 23 日至 26 日），举办戏曲专场演出 7 场、非物质文化遗产展览 3 场、文化艺术研讨会 3 场、中国戏曲专题讲座 1 场；分别与菲律宾新萌芽戏剧舞蹈团、印度尼西亚艺术学院、泰国玛哈沙拉坎音乐学院等 9 家机构签署《中国—东盟戏剧合作交流机制谅解备忘录》。戏曲演出以南派精品折子戏为主，展示戏曲南派艺术的魅力；集结绣球、上林渡河公、壮锦、壮医文化、南宁红陶、宾阳竹编、横县茉莉花茶等南宁非物质文化遗产项目和南宁风光风情的国画、摄影作品，以及中国茶道展览展示。

【中国—东盟经典民歌音乐会】 2018 年 9 月 14 日晚，2018 年中国—东盟经典民歌音乐会在广西文化艺术中心音乐厅举办，南宁市文化新闻出版广电局主办。中国歌剧舞剧院交响乐团，青年指挥家周君，歌唱家桑婷婷、朱立群、李振涛、孙博、奥云格日乐，演奏家罗慧芳、刘西站，以及南宁的青年歌手、南宁天桃实验学校天桃合唱团等共同演出。音乐会选取广西优秀作品歌曲《绣球飞》、马来西亚广为流传的歌曲《拉沙沙央》、中国民歌代表作《茉莉花》《瑶族舞曲》等 25 首富有代表性、影响广泛、特色鲜明的作品，通过独唱、独奏、小组唱和合唱形式进行艺术加工，全新演绎，凸显民族文化特色，并为经典作品赋予新时代的艺术张力。听众约 1200 人。 （南　亚）

非物质文化遗产保护

【概　况】 2018 年，南宁市有市级非物质文化遗产保护中心 1 个（南宁市非物质文化遗产保护中心），区县非物质文化遗产保护中心 6 个（武鸣区、横县、宾阳县、上林县、马山县、隆安县）。全市累计入选国家级非物质文化遗产代表性项目名录 7 个（壮族百鸟衣故事、壮族三声部民歌、邕剧、粤剧、壮族歌圩、宾阳炮龙节、壮族三月三），自治区级非物质文化遗产代表性项目名录 132 个，市级非物质文化遗产代表性项目名录 173 个；区县有非物质文化遗产代表性项目名录近 400 个。组织区县申报非遗项目，入选第七批自治区级非物质文化遗产代表性项目名录 23 个，其中“粤剧”代表性传承人冯杏元、“壮族三月三”代表性传承人卢超元入选第五批国家级非物质文化遗产代表性项目代表性传承人名单；粤剧、邕剧、壮族百鸟衣故事 3 个项目获国家级非物质文化遗产代表性项目扶持资金 235 万元。举办南宁市 2018 年“壮族三月三·八桂嘉年华”文化活动、“多彩非遗，美好生活”——2018 年“文化和自然遗产日”南宁市非物质文化遗产宣传展示活动、南宁市 2018 年非物质文化遗产保护培训班等。建成非物质文化遗产保护平台 15 个并通过验收。确定利用江南区沙井街道东南村周家坡古建筑群建设南宁市非物质文化遗产展示中心，开展前期准备工作。完成《壮族歌圩文化（南宁）生态保护区总体规划》编撰、论证，完成国家社会科学基金艺术学项目《壮族濒危曲种保护与传承研究》、文化部文化艺术科学研究项目《广西粤剧百年图史》；出版《东南亚戏剧概观》《东南亚戏剧艺术丛书·越南剧本集》等。主要存在非物质文化遗产传承人才培养滞后、专业技术人员匮乏等问题。

【自治区非物质文化遗产代表性项目名录申报】 2018 年 5 月，南宁市组织区县开展自治区非物质文化遗产代表性项目名录申报。7 月，组织召开专家论证推荐会，向自治区文化厅推荐非物质文化遗产代表性项目 31 个；10 月 19 日，自治区文化厅公示，南宁市推荐的民间文学“壮族特掘传说”、传统技艺“武鸣柠檬鸭制作技艺”“横县芝麻饼制作技艺”“南宁制陶技艺”、传统医药“壮医目诊”、民俗“南宁开年习俗”“横县青桐壮族圩逢”等 23 个项目列入公示名单;12月20日,《广西壮族自治区人民政府关于公布第七批自治区级非物质文化遗产代表性项目名录的通知》正式公布。

【传承保护基地建设】 2018年9月10日,南宁市非物质文化遗产(粤剧、邕剧)传承保护基地项目开工建设,位于西乡塘区秀厢大道东段75号;项目建设改造面积2100平方米,并对舞台背景LED展示屏、剧院室外文化环境进行整治,开展设备采购、布展等。以粤剧、邕剧为核心,以非遗活态展示为主要表现形式,将原有剧场、办公综合楼的排练厅、辅助用房、用地等改造提升为非物质文化遗产(粤剧、邕剧)传承保护基地;设非遗静态展示区、非遗动态展示区、粤剧和邕剧传习基地、多功能培训室、中国—东盟戏曲交流中心、展品保护修复中心6个功能区。

【非物质文化遗产研究】 2018年,南宁市完成国家级课题2个(国家社会科学基金艺术学项目《壮族濒危曲种保护与传承研究》、文化部文化艺术科学研究项目《广西粤剧百年图史》)。完成《东南亚戏剧概观》《东南亚戏剧艺术丛书·越南剧本集》《东南亚戏剧艺术丛书·泰国剧本集》《南宁市非物质文化遗产代表性项目名录图典(2011—2015)》《老南宁记忆》《壮族刺绣研究》出版;《东南亚戏剧概观》为描述东南亚戏剧历史发展概况、艺术特征的专著,《南宁市非物质文化遗产代表性项目名录图典(2011—2015)》介绍2011—2015年市级以上非物质文化遗产代表性项目名录96项,其中自治区级51项、国家级2项。

【大师工作室设立】 2018年6月6日,南宁市在市民族艺术基地办公楼设立"冯杏元大师工作室""梁素梅大师工作室",并举行揭牌仪式。冯杏元为粤剧国家级代表性传承人,熟识粤剧、邕剧文武排场30多个,掌握"跳椅"等粤剧、邕剧南派特技;梁素梅为粤剧自治区级代表性传承人,国家一级演员,第十九届中国戏剧梅花奖得主。

【"文化和自然遗产日"活动】 2018年6月9日,市文新广局、南宁职业技术学院主办,南宁市文艺研究院、南宁职业技术学院艺术工程学院承办的"多彩非遗,美好生活"——2018年"文化和自然遗产日"南宁市非物质文化遗产宣传展示活动在南宁职业技术学院举行;以"多彩非遗,美好生活"为主题,包括启动仪式、非遗视频展播、南宁职业技术学院广西非物质文化遗产展示馆展示、民族手工艺品创意集市和大师工作室技艺展示体验5大板块,参与师生1000多人。

(黎　炼)

公共图书服务 图书经营

【概　况】 2018年,南宁市有公共图书馆14家。其中:市级2家(南宁市图书馆、南宁市少年儿童图书馆),区县图书馆12家(兴宁区图书馆、江南区图书馆、青秀区图书馆、西乡塘区图书馆、邕宁区图书馆、良庆区图书馆、武鸣区图书馆、横县图书馆、宾阳县图书馆、上林县图书馆、马山县图书馆、隆安县图书馆)。市图书馆设办公室、采编部、外借部、期刊部、技术部、信息部、读者活动部、业务辅导部、物业管理部;编制65名,在编58人,其中具有高级专业技术职务任职资格4人、中级33人、初级15人,本科学历37人、硕士研究生及以上学历6人。全年专项购书经费支出99.99万元,其中纸质图书60万元、报刊20万元、地方文献15万、数字资源4.99万元。购买报刊种类1016种,新增藏量6.13万册(件),馆藏总量82.95万册。新办图书借阅证9162张,累计有效借书证7.68万张;书刊文献外借19.02万册次。举办读书活动123场次,参与读者12.61万人次;市图书馆网站访问量822.53万人次,为读者答疑解惑2.10万条。新建馆外图书流通站4家,累计有馆外流通服务站点133家;读者到馆阅读106.79万人次,总流通量108.55万人次。12月18日,市图书馆(新馆)开放,位于玉洞大道32号,总建筑面积3.61万平方米;设计藏书量200万册,阅览坐席1700个,网络节点3000个;项目总投资4.17亿元。市少年儿童图书馆全年加工分编入库图书8242种1.49万册,其中连环画831种3900册、绘本1161种2033册、低幼读物634种2062册、期刊合订本430种993册。馆内藏量52.26万册(纸质图书49.11万册、报刊1.82万册、视听文献1.32万册),电子图书58.18万册,其中新增藏量3.27万册;有效借书证3.84万张;总流通量65.02万人次。

(杨粒彬　周　明)

【公共图书阅读服务】 2018年,市图书馆新馆以纸质文献、音像制品、数字资源等的收集、整理和存储为基础,设城市客厅、多功能厅、报告厅、视听中心、自助借还服务区、少儿阅览室、报刊阅览室、视障阅览室、24小时自助图书馆、阅读体验中心、多媒体体验区、库客音乐图书馆、中文图书阅览区、艺术专题阅览区、读者沙龙、电子阅览区、专题文献阅览区、珍品书库18个区域,提供资源借阅与传递、信息咨询、展览讲座、艺术鉴赏、文化展示、数字化网络及阅读推广等服务。全市12个24小时自助图书馆,均实行24小时自助服务;与"南宁市城乡一体化联合图书馆"体系内的14家公共图书馆连成"书香绿城、阅读南宁"通借通还服务体系;公共图书馆、社区自助图书馆共办借书证1852张,外借图书3.91万册次;服务读者1.70万人次。市少年儿童图书馆未成年人阅读中心设少儿阅览区、中学生阅览区、教学参考室、图书外借库功能区4个;益智科普乐园设"小瓦特科普实验室""爱薇园绘本馆""爱薇园玩具图书馆""爱薇园芽芽馆"等低龄儿童阅读及活动空间;有阅览坐席709个。建成普罗旺斯分馆、优象学园分馆、梦之奇培训学校分馆、凯旋教育天健校区分馆4个;配送图书13次1.58万册。6月1日至3日,市少儿图书馆举办以"点亮阅读神灯、开启梦想人生"为主题的"点亮未来　放飞梦想——彩绘风筝""阅好书　享童年——大型儿童绘本歌舞剧""书为友·书为鉴——书香伴我前行"少儿诗词朗诵汇、龙门节嘉年华和科普趣味实验等阅读推广活动,参与活动2000人;以"阅读,与法同行""新时代、新作为　共创儿童阅读新气象""不忘初心　阅读圆梦"为主题,以迎"自治区成立60周年"为结点开展绿城蒲公英讲坛、喜阅·童创天地、"爱薇园"等活动704场次,参与读者7.46万人次。市少年儿童图书馆获全国妇联家庭和儿童工作部授予"全国家庭亲子阅读体验基地"、文化和旅游部授予"国家一级图书馆"、中国图书馆学会授予"全民阅读示范基地"称号。

(杨粒彬　周　明)

【农家书屋出版物配送】 2018年,中共中央宣传部下达南宁市向农家书屋配送《习近平新时代中国特色社会主义思想三十讲》(简称"《三十讲》")任务1442个;自治区文新广局下达南宁市完成农家书屋出版物的补充、更新1052个;全市有农家书屋出版物配送任务区县(开发区)14个。9月,市文新广局组织开展农家书屋设备查遗补漏,将书屋必备的牌匾、书架、阅读桌椅和登记本等补充到位;规范完成出版物分类、上架和保管等。11月2日,完成农家书屋出版物补充、更新任务,补充、更新书籍153种,总数16.20万本,总码洋391.60万元;音像制品DVD光碟1种5260张,总码洋7.89万元;期刊1种6

期6312本，总码洋9.47万元。其中完成中宣部下达的农家书屋配送《三十讲》任务，配送图书1种780本，总码洋2.26万元。所有农家书屋均实现规范化管理，书屋牌匾、管理员姓名、联系方式、开放时间和管理制度规范、统一，书柜、桌椅、照明、防火设施齐全，借阅登记手续完备；每周开放5天以上。元旦、春节期间，开展农家书屋免费春联赠读者、精品图书展阅、有奖竞猜游园等活动。年内，市文新广局评选优秀作品小学组47篇、中学组38篇，报送自治区文新广局评审，获中小学组优秀作品奖42篇，市文新广局获优秀组织奖。（黎 慧）

【图书经营】 南宁市主要从事图书经营的企业是南宁市新华书店有限责任公司；部分个体工商户聚集南宁文化综合市场等专业市场从事图书经营。2018年，市新华书店有限责任公司有员工212人，经营总面积约5万平方米；经营网点有南宁书城新华店、南宁书城金湖店、南宁书城科园分店、南宁书城邕宁分店4个。其中：南宁书城新华店经营面积约6000平方米，经营图书10万多种、音像制品1万多种；销售图书9.55万种197.38万册，其中社科类图书0.82万种14.5万册，文学类图书0.82万种21.7万册，科技类图书0.78万种3.78万册，少儿类图书1.71万种42.90万册，文教类图书1.91种64.30万册，其他类图书3.60万种50.20万册。南宁书城金湖店经营面积1.10万平方米，经营图书10万多种、音像制品1万多种，销售图书8.93万种145.49万册，其中社科类图书0.82万种18.7万册、文学类图书0.81万种13.60万册，科技类图书0.62万种3.79万册，少儿类图书1.65万种27.70万册，文教类图书1.73万种36.60万册，其他类图书3.30万种45.10万册。

全年销售图书11万种363.23万册，图书销售收入1.16亿元，国有资产保值增值率114.30%；其中销量在100册～300册的图书5049种81.40万册，300册～500册的图书734种37.92万册，500册～1000册的图书553种38万册，销量在1000册以上的图书292种84.80万册；销售《新华字典（第11版）》1.05万册、《现代汉语词典（第7版）》5471册，《习近平谈治国理政》《习近平新时代中国特色社会主义思想三十讲》《习近平用典》《习近平关于总体国家安全观论述摘编》《习近平讲故事》《梁家河》《新时代面对面——理论热点面对面2018》《中国共产党纪律处分条例》等党政重点图书7万多册。年内，南宁书城新华店、南宁书城金湖店分别举办“喜迎全国两会”“书香好礼迎新年”“好书伴我成长”“新时代·新悦读——书香绿城·全民阅读”“庆祝建国69周年”“纪念改革开放40周年和自治区成立60周年”等大型主题图书展销及系列读书活动10多场次，参与读者100多万人次；设置“厉害了，我的国——新时代新悦读全民阅读”“依宪治国 与时俱进——走进中国宪法新时代”“深读‘两会’”——2018年全国“两会”“庆贺祖国69华诞图书专台”“欢乐颂成就——纪念中国改革开放40周年”“锦绣辉煌·扬帆起航——庆祝自治区成立60周年”“勿忘国耻 砥砺前行——纪念抗战胜利73周年”等主题展区、展台200多个；举办“我爱你祖国——朗读沙龙”“好书分享会”“趣味成语接龙”“了解世界了解中国——地理知识竞赛”“大手牵小手 阅读点亮童年”等读书沙龙活动60多场，参加读者3000多人次。第11年开展“书香校园行”系列主题读书活动，分别邀请到王勇英、邓秀茵、黑鹤、陆杨等广西著名儿童文学作家走进南宁市衡阳路小学、玉洞小学等45所中小学校，举办公益讲座45场次，参加师生5万多人次。邀请世界记忆总冠军、世界记忆纪录保持者、江苏卫视《最强大脑》中国战队队长王峰与世界记忆大师教练陈林到南宁书城新华店，举办“写给中国人自己的记忆魔法”主题讲座暨签售会。与青秀区科技局等单位在南宁书城金湖店联合举办“共同携手尊重和保护知识产权——2018广西知识产权宣传周”和“‘4·23第23个世界读书日’”知识产权思辨与对话走进南宁书城”主题活动。与南宁电台经典1049联合举办“最美语言 中国故事——第三届中传花少语言能力大赛”南宁赛区初赛，参加广西赛区总决赛。与南宁电台大型校园儿童经典栏目《书香校园》定期在南宁书城举办“好书伴我成长——我和南宁书城的故事”阅读分享会；与市图书馆合作开展“你选书 我买单”读者荐购活动，推动图书发行与借阅服务对接。邀请中国“十大新锐女漫画家”阿梗到南宁举办《踮脚张望6》新书发布会；举办“壮美文化 辉煌60年——广西儿童文学作家读者见面会”，邀请王勇英等9名广西知名儿童文学作家到场与读者见面。新增智能机器人、中小学校服、绿色植物、食品、文创产品等经营项目。（李滨成）

2018年7月，南宁书城设置《习近平新时代中国特色社会主义思想三十讲》展台供读者阅读
市新华书店提供

文物 博物馆

【概 况】 2018年，南宁市有文物、博物单位11个（市级4个、区县级7个）：南宁市博物馆（南宁市文物考古研究所）、南宁孔庙管理所、昆仑关战役博物馆、顶蛳山遗址博物馆，横县博物馆（横县文物管理所）、宾阳县文物管理所、上林县文物管理所、隆安县文物管理所、马山县文物管理所、武鸣区文物管理所、邕宁区文物管理所等。全市文物、博物单位在编71人（其中具有高级专业技术职务任职资格11人、中级30人）。有全国重点文物保护单位、自治区级文物保护单位、市（县）级文物保护单位246个（全国重点文物保护单位5个，自治区级文物保护单位43个，市、县级文物保护单位198个）。

【文物调查】 2018年，南宁市文物部门配合城市基本建设和旧城改造等工作，完成西乡塘区北湖小区片区棚户改造项目用地、南宁经济技术开发区南宁汽车配件总厂片区旧城改建项目用地、江南区星光大道66号片区旧城改建项目用地、振宁商贸园片区旧改项目用地、梁村义渡碑、三岸明清窑址、灰窑田、冷水塘古真庙等项目用地、文物点的调查,对各片区、文物点范围内的文物情况、文物保护现状等进行调查,提出处理建议并形成书面报告。

【文物考古】 2018年8月,南宁市文物考古研究所赴隆安县对三合土棺墓进行抢救性发掘,清理出土陶罐1个、铜钱1枚;完成石船头遗址出土的2000余件陶片、石器、蚌器、骨骼和贝类等文物的分类、统计、描述和器物摄影。

【文物维修与保护】 2018年,南宁市组织实施多项文物维修与保护。投入320万元,维修全国重点文物保护单位智城城址和“老南宁·三街两巷”历史文化街区项目中的文物保护单位金狮巷民居群、广西高等法院旧址和苏绒殉难处遗址3处古建筑10多幢;投入97万多元,维修市级文物保护单位钟氏民居。完成馆藏文物西汉铁剪、汉代铁釜、西汉铁锸的保护修复和陶罐的复原;装裱拓印的邕宁区和隆安县等30多幅摩崖石刻拓片;完成馆藏744套(1672单件)近现代档案文书、钱币票据、民歌节相关用品等文物、资料的清点和原始数据采集;指导马山县完成县级文物保护单位洪津古渡迁移保护;配合邕江两岸文物保护项目的实施,推进豹子头遗址、石船头遗址、灰窑田遗址、三岸明代窑址、缸瓦窑古窑址、林景云故居、南宁铁路桥遗址公园7个项目的保护与展示工程的建设;对新公布或缺漏的文物保护单位竖立文物保护标志碑、文物保护说明牌72块。

【文物捐赠与征集】 2018年,南宁市博物馆通过捐赠和征集2种方式征集到实物或文物资料124件(套),其中征集到贵州苗族银饰2件(套),接收市民捐赠的四系陶罐、收录机、网坠、海鸥牌相机、毛主席像章、民国银币等文物资料122件(套)。

【物质文化遗产宣传】 2018年,南宁市文物考古研究所、市博物馆系统通过博物馆平台、网站、微信、APP、报刊媒体、单位共建等开展活动,宣传《中华人民共和国文物保护法》、文化遗产保护的重要性。围绕元旦、春节、五一劳动节、国庆等重要节假日、“贯彻十九大共筑中国梦”主题,开展“书梦——写春联”等系列主题宣传活动130多场,观众约3万人次。春节期间,以“新春南博乐团圆‘旺’年共筑中国梦”为主题,开展送“福”、博艺苑——新春民族音乐会等活动。“壮族三月三”期间,开展“舌尖上的博物馆——手工艾叶糍粑”“博艺苑——广西民族乐器赏析音乐会”等活动。举办教育活动100多场。配合“千年瓷都——江西省博物馆藏景德镇瓷器精品展”,组织进行“瓷声灵动——景德镇瓷风铃制作”;进行“错彩镂金——陕西珍藏中国古代金银器展”;举办“心仪广西六十国宝——广西壮族自治区成立60周年文物博物馆事业成果展”期间,策划、开展“广西国宝知多少”微信有奖知识问答、“广西六十国宝”微信导览等活动。开展进校园、进社区教育活动,为南宁市盲聋哑学校、星湖路小学、壮志路小学、蟠龙社区、新竹社区等学校和社区送上文物展览和小课堂。组织开展博物馆基地共建,与南宁市第三职业技术学校、广西外国语学院分别共建志愿服务工作站、校外实习实践教育基地。通过自媒体发布、宣传展览活动,其中微信平台发布活动信息253期,央视网、人民网、中新社、中央广播电视总台国际在线、广西电视台、南宁电视台、《南宁日报》《南宁晚报》等近35家媒体平台发布或者转载宣传报道200多次。

【南宁市博物馆】 2018年,南宁市博物馆设办公室、陈列展览研究部、文物保护与保管部、宣传教育与信息部、文物考古工作队;编制31名,在编30人;其中具有高级专业技术职务任职资格4人、中级17人,研究生学历20人、本科学历8人。年内,市博物馆开展活动200多场次,接待观众约89万人次。举办展览14个,其中原创作品展览4个(“八桂纪行——当代中国书画名家邀请展”“美丽南宁市情展”“《丹行线》首发仪式展”“杨如及书画捐赠作品展”),引进文物精品展5个(“千年瓷都——江西省博物馆藏景德镇瓷器精品展”“错彩镂金——陕西珍藏中国古代金银器展”“八音响宴——中国少数民族乐器文化展”“喜上梅梢——杭州博物馆藏梅花书画精品展”“传统@现代——民族服饰之旧裳新尚”),合作举办艺术展3个(“一刻胜千金方寸纳乾坤——李浩精微雕刻艺术作品展”“‘丝路华章’中国—东盟艺术展”“彩墨西大——王德水主题创作书画展”),承办特别展2个(由自治区文化厅策划的“心仪广西六十国宝——广西壮族自治区成立60周年文物博物馆事业成果展”、广西自然博物馆成立30周年举办的“寻踪问迹五亿年——广西远古生物探秘展”)。晋升国家二级博物馆,获“全区文化系统集体二等功”“广西特色博物馆”等称号;“红陶——铸就时光”文学创作产品获2018“百花杯”中国工艺美术精品奖铜奖;市博物馆编著《伦歌朝观——广西壮族神话传说少儿绘本丛书》获2018年广西文化创意设计大赛文创设计奖(产品奖)三等奖和最佳人气奖。主要存在馆内人员缺少,外聘人员工资不高、留不住人才等问题。 (周梅清)

【南宁孔庙】 2018年,南宁孔庙设党政办公室、宣教活动部、文物保护部、陈列研究部、安全保卫部,编制17名,在编16人(其中具有副高级专业技术职务任职资格3人、中级9人、初级1人)。全年接待中外游客约25万人次,其中未成年人约10万人次;为3.50万名观众提供免费讲解服务。2月16日至21日(农历正月初一至初六),南宁市第六届新春文化庙会在南宁孔庙举办;开展文化展示、文艺演出、舞龙舞狮、趣味游艺、文化集市5大类14大项(春联派送、舞龙舞狮、大成礼乐表演、传统戏曲、祭孔仪式、中华传统武

2018年5月17日,“心仪广西六十国宝——广西壮族自治区成立60周年文物博物馆事业成果展”在南宁博物馆举行 市文新广局提供

术、开笔礼、汉服新春诗会、传统婚礼、新春纳福、科举考试体验、舞武会演、趣味游艺、集市)系列文化活动;举办专场演出8场次、主题展演活动5场、展览9场次,吸引观众和游客近8万人次。9月28日至10月3日,2018中国—东盟(南宁)孔子文化周在南宁孔庙举办;主题为“纪念先师·传承文明·共融东盟·家国天下”,开展“祭祀、展演、比赛、讲座”等系列活动,推出祭孔大典、“中华好家风”大型公益晚会、千人拜师礼、成人礼、越南传统婚礼、国学印象礼乐展演、龙狮争霸赛和“中华好家风”等系列讲座13场次,参加活动约1万人次。12月11日,南宁城隍庙、南宁建制馆作为向自治区成立60周年献礼工程正式对外开放。年内,完成孔庙的乡贤祠抢救维修、石台阶加固、木构件防虫杀虫等维修维护;征集到清晚期的银耳坠、银项圈、银手镯等饰品94件(套),完成对征集文物的登记、整理、拍照等;做好文物库房的日常管理。开展“老南宁·三街两巷”历史文化街区核心区项目——南宁城隍庙和南宁建制馆的陈列布展等相关工作,完成陈列大纲编写、陈列预算和实施任务书的编写,组织布展施工;配合南宁建制馆的陈列展览,征集到晋至民国时期的钱币、官服、牌匾、田赋等文物547件(套)。主要存在人员流动大,孔庙建筑维护经费不足等问题。

(黄祥值)

【顶蛳山遗址博物馆】 2018年12月6日,顶蛳山遗址博物馆建成开放。顶蛳山遗址博物馆是专题博物馆,位于第十二届中国(南宁)国际园林博览会会址内,建筑由2层展厅、3片梯田屋顶组成,外形似贝壳,又似梯田地貌,内部空间如螺蛳,展厅面积约1300平方米。展览主题为“渔猎采集者的天堂”,设序厅、先民与贝丘、聚落与文明、富足与惬意、生命与天堂5个单元,以文物展示为主、场景复原为辅,主要展出顶蛳山遗址发掘出土的新石器时代石器、骨器等文物200多件,展现珠江流域新石器时代贝丘文化的发展时序和南宁古人类文明。

(金 尼)

【昆仑关战役博物馆】 昆仑关战役博物馆是自治区唯一的抗战专题博物馆,由抗日民族英雄戴安澜将军的长子戴复东(中国工程院院士、同济大学建筑学院教授)设计。全馆建筑面积3500多平方米,设序厅、中国抗战展厅、昆仑关战役展厅、广西与抗战展厅、缅怀英烈5个展厅和3D影厅1个,以“血色雄关民族魂”为主题,展示1000多件抗战时期文物史料及图片;馆藏文物1000多件(套)。2018年,昆仑关战役博物馆复制馆藏日军信件7件、馆藏画作2幅,清洗馆藏霉变字画、重新装裱60件。征集登记入库国画作品2幅,文物藏品17件,大型武器4件,桂南会战资料(电文)150份及苏祖馨将军多份资料。完成历史画报扫描243件(套),录入馆藏文物信息1074条,收集到与昆仑关相关文物文献资料151件。11月,组织相关单位赴日本开展抗战文化交流、文物征集,征集历史档案、文物121件(套)。开展专题展览2次,到中小学及旅游文化场所开展巡展12场次,联合展览2次,与广东东江纵队纪念馆、南昌新四军军部旧址陈列馆等开展馆际交流;研发以“战争与和平”为主题的文创产品4套9件,为建馆10周年制作画册、折页、纪念封;接待参观团队1177个。举行2018年“5•18”国际博物馆日系列活动、“12•18”昆仑关大捷79周年纪念活动、昆仑关战役博物馆建馆十周年纪念活动等。

(杜 芳)

【南宁市科技馆】 南宁市科技馆位于青秀区铜鼓岭路10号,场馆总用地面积3.6万平方米,分为A、B、C、D、E馆,其中A馆为临时展区,面积4018平方米(两层);其余四馆为常设展区,常设科普展区面积9488平方米。2018年,展馆以“人与未来”为展示主题,采用专题展示的方式,分序厅、长廊和航天世界、科学乐园、科学生活三大主题展区和职业体验馆、青少年科学工作室、4D科学影院等专题展厅,规划展项展品226件(套),其中观众可动手参与和演示的展品占展品总数82%以上。

(金 尼)

档 案

【概 况】 2018年,南宁市有市级国家档案馆1个,区县国家综合档案馆12个;专业档案馆1个(城建档案馆),部门档案馆2个(房地产档案馆、国土资源档案馆)。南宁市档案局(南宁市国家档案馆)设办公室、业务指导科、法规科、档案管理科、档案信息科,编制40名,在编34人。市国家档案馆推进依法治档,加快档案信息化建设进程,落实南宁市档案事业发展“十三五”规划实施情况中期评估。

【档案征集收集】 2018年,南宁市各级档案馆接收档案5.98万卷27.73万件,照片档案4252张,实物档案244件。全市征集档案500多件。其中:宾阳县国家档案馆征集原152师战史纪实书籍——《军旗飘过万水千山》;青秀区国家档案馆征集三月三“魅力青秀”民族风情活动等珍贵档案资料(声像)160多份;2018年环广西自行车赛活动档案23件;西乡塘区国家档案馆征集“海员龙狮团”苏荣森先生获奖荣誉证书7张,老旧照片扫描件24件、视频复制件40.60GB、访谈视频11.47GB。各级国家档案馆接待群众查档2.88万人次,提供档案1.34万卷3.22万件。市国家档案馆梳理馆藏1988年全宗手工目录162个,鉴定馆藏档案86个全宗1858卷3.05万件;向社会开放到期档案,各级档案馆完成开放档案289个全宗2.62万卷30.62万件。市国家档案馆完成《广西档案60年》(南宁市部分)、《南宁市国家档案馆珍品档案》《知青照片集》《旧馆风貌专题汇编目录》等编辑、研究;宾阳县国家档案馆完成《宾阳县公务员定级文件汇编》,西乡塘区国家档案馆完成《城北区、永新区第五次人口普查资料汇编》,兴宁区国家档案馆完成《南宁市兴宁区人大常委会2006—2018年工作报告汇编》等材料汇编。

【档案安全管理】 2018年,南宁市各级档案馆按照国家档案局《关于进一步加强档案安全工作的意见》要求,按照库房“八防”(防盗、防光、防高温、防火、防潮、防尘、防鼠、防虫)标准,严格落实库房安全管理责任制;节假日做好馆库安全检查和值班,全市无档案安全事故发生。推进重点档案保护,市国家档案馆抢救保护旧政权档案20卷,修裱3148页,建立目录8014条,超额完成年度修裱任务;完成历史开放档案目录标注86个全宗1858卷3.05万件,完成建立重点档案数据库目录62.94万条。

【机关档案管理】 2018年,南宁市开展机关档案年度检查,市直机关参检单位110个,获评优秀等级单位55个;开展档案室等级认定和复查,档案管理获自治区级定级达标认定的南宁市直机关档案室3个、科技事业单位5个;市委办公厅、市公安局等61个机关、企事业单位档案室通过复查。

【企业事业档案管理】 2018年,南宁市开展企事业档案年度检查,参检企业189家、事业单位73家,评出优秀等级企业64家、事业单位9家。引导民营企业开展档案管理,指导南宁海王健康生物科技有限公司、太和自在城股份有限公司、广西蓝德有限公司等民营企业开展建档、存档工作。

【农业农村与社区档案管理】 2018年,市档案局会同市农村土地承包经营权确权登记颁证工作领导小组办公室对12个区县开展全市第一轮农村土地承包经营权确权登记颁证工作督查;会同市扶贫开发领导小组综合协调专责小组实地督查邕宁区、江南区、武鸣区、横县、上林县等区县的乡镇、村精准扶贫档案工作,并对各专责小组及有关单位开展精准扶贫档案业务培训;会同市卫生计生委、市人社局联合印发《关于南宁市整合城乡居民基本医疗保险制度档案整理情况专项检查通报》,加强对各区县原新型农村合作医疗档案整理专项检查、整合城乡居民基本医疗保险档案工作的指导;对良庆区、宾阳县等区县的食品药品安全、安全监督、精准扶贫等民生档案工作开展指导。

【重大项目档案】 2018年,市档案局督促承担自治区层面和市级层面重点建设项目的参建单位做好登记备案,完成市级以上重大建设项目建档登记备案386个;指导邕江综合整治和开发利用工程、南宁邕宁水利枢纽工程、广西文化艺术中心、南宁市高坡岭路(凤岭北路—长堽路)等项目做好档案整理和立卷归档;专项检查南宁禾田信息港、南宁生物工程技术中心、南宁农产品交易中心等涉及13个市级以上重大建设项目档案;会同自治区档案局完成对南宁市邕江综合整治和开发利用项目的2个护岸工程、南宁轨道交通1号线一期工程土建施工的6个站点、8个区间工程重大建设项目档案的专项验收。

【档案信息化建设】 2018年,南宁市继续推进国家级数字档案室试点建设预测评。6月26日,国家档案局数字档案室预评价工作组到南宁市国土资源局开展数字档案室建设试点预评价,试点各项指标符合标准要求,拟提请国家档案局组织正式测评;推进传统载体档案数字化建设,全市完成馆藏传统载体档案数字化扫描1000多万画幅,其中照片档案4700多张、录音录像档案91小时50分;推进电子文件(档案)备份中心项目建设,9月10日项目完成竣工验收;市直各单位电子档案移交接收进馆,64家单位迁移目录320多万条,全文数据近2500GB;完善“南宁档案信息网”网站栏目设置,增设“园博会官方网站”链接,全年发布信息476条,网站点击量突破240万人次。

【国家档案馆建设】 2018年1月29日,武鸣区国家档案馆新馆正式开馆。2月,西乡塘区国家档案馆新馆整体搬迁启用。7月3日,良庆区国家档案馆新馆入驻办公,8月1日对外开放。9月,市档案局(南宁市国家档案馆)推动新馆搬迁,完成计算机房的变更设计和改造,消防系统、监控系统、智能系统、广播系统等的综合联动测试及智能档案密集架采购项目验收;11月1日,市委、市政府批准搬迁。11月28日至30日完成搬迁;12月8日揭牌,26日新馆开放。

【档案法制宣传】 2018年,市档案局开展档案普法宣传教育活动;“6·9”国际档案日期间,开展以“档案见证改革开放”为主题的宣传活动。市档案局收集反映南宁城市变迁和各行各业改革开放成果的老照片1200多张,并举办专题展览;全市出版档案宣传板报71块,发放《南宁市档案管理办法》等档案法律法规宣传资料1.82万份,接待咨询群众1300多人次,征订档案宣传册、档案文化折扇等1067件;选送5篇征文参加自治区“档案见证改革开放”征文活动;通过政务手机短信给全市处级以上领导干部发送档案法律法规宣传短信1200多条,南宁电视台、南宁日报、南宁晚报等媒体对活动进行报道。 (市国家档案馆)

报　刊

【概　况】 2018年,南宁日报社有职工626人,其中新闻专业人员184人,经营管理和行政后勤人员353人,印刷厂职工81人;具有高级专业技术职务任职资格7人、中级47人、初级106人。报社有网站、客户端、微博、微信、头条号、企鹅号、抖音号7大主流传播渠道。《南宁日报》为周7刊,对开12版,彩色印刷;平均日发行量9万份,年总印张9720万印张。《南宁晚报》周7刊,4开32版,彩色印刷;平均日发行量10万份,年总印张1.44亿印张。南宁新闻网继续优化升级官方网站、官方微博、官方微信、全景南宁、美丽南宁·腾讯视频V+、头条号、企鹅号等新媒体矩阵,南宁新闻网官方微信粉丝突破25万人,多篇文章阅读量突破10万次,官方微博突破3万条,微信公众号排广西传媒榜单前5名,城市网站传播力综合排名位居广西前10名;与腾讯合作开辟“美丽南宁”视频专栏播放量突破1500万次;与今日头条合作的南宁新闻网头条号,单篇文章阅读量突破10万次,总阅读量突破3318.90万次。南宁日报社印刷厂主业《南宁日报》获中国报业协会印刷工作委员会“精品级报纸”,是自治区唯一连续5年获此殊荣的报业印刷企业,印刷的《南宁日报》《检察日报》获自治区新闻出版广电局评为“优等品”。南宁文学院(《红豆》杂志社)编制15名(含工勤1名),在编14人,其中具有高级专业技术职务任职资格2人、中级3人、初级4人。

【南宁日报社重要宣传报道】 2018年,南宁日报社“两报一网”(《南宁日报》《南宁晚报》、南宁新闻网)围绕全市学习宣传贯彻党的十九大精神,开设《在习近平新时代中国特色社会主义思想指引下——新时代　新作为　新篇章》等专栏;组织重访习近平总书记视察南宁地点,推出《习近平总书记视察广西一周年特刊》,被评为2018年中国报业重大主题报道+服务年度双十佳案例奖;开设《牢记总书记嘱托　履行新时代使命》《那考河流淌生态文明赞歌　古邕江焕发天人和谐新景》等专版专题。刊发市人大、政协两会报道等200多篇、图文专版30个、网络专题1个,网络专题上传稿件80多篇、视频20个;开设发展壮大实体经济、培育经济新动能、重大项目建设、拓宽“南宁渠道”功能、打造宜居城市、加快发展县域经济、深化重点领域改革、保障改善民生方面专版8个,设《两会新闻会客厅》《解码议案提案》《两会热点聚焦》《会场原声》《两会微表情》等栏目;以微访谈形式访谈人大代表12名、政协委员10名;微博发布“两会”话题稿件30篇,总阅读量突破10万人次。开辟《在习近平新时代中国特色社会主义思想指引下——喜迎自治区成立60周年》等专栏,报道南宁市服务庆祝自治区成立60周年活动的进展;刊发《王小东周红波检查服务自治区成立60周年大庆工作并召开专题会议　不折不扣贯彻落实自治区部署要求　全力以赴做好大庆各项服务工作》等稿件,推出《壮阔东方潮　奋进新时代——庆祝改革开放40年》等栏目,反映南宁成就。刊发《践行生态惠民　勾画秀美邕江——邕江综合整治和开发利用项目一线行》通讯报道,启动“手绘秀美邕江　寻找最美地标”活动,征集“邕江最美地标”,访谈邕江综合整治和开发利用工程的建设历程。以图文、视频、720° VR全景虚拟技术、微博微信等手段,制作融媒体专题《母亲河见证·城市巨变》;直播“百里秀美邕江”建成启用,12小时内点击量突破14万次;与水上人家、摄影爱好者等访谈改革开放后南宁新变化和邕江夜游、一江两岸繁荣。开设以“生态宜居　园林圆梦”为主题的第十二届中国(南宁)国际园林博览会专题报道,推出《领略皇家园林秀丽风姿　感受与景观互动乐趣——记者探访北京园、上海园》《赏河湟特色景观　读典藏文化民俗——解密西宁园、拉萨园》等报道。开辟《聚焦精准扶贫》专题专栏,每周设扶贫专刊,每日重要版面有1条次以上脱贫攻坚新闻,刊发稿件近2000篇。推出破解城市治理难题,推动扬尘治理、停车泊位、共享单车管理等热点难点问题解决的报道；推出《大力整治扬尘污染 共建共治守护蓝天——"美丽南宁·整洁畅通有序大行动"成效系列报道》等专题，刊发稿件近400篇；与南宁市公安局交警支队合作推出《交警视线》周刊。通过新媒体动态报道和网络直播2018年"中国杯"国际足球锦标赛、环广西公路自行车巡回赛、中国—东盟国际龙舟邀请赛、中国—东盟卡丁车赛、南宁国际马拉松比赛等重大赛事。开设《点赞南宁人》《好人365》《弘扬雷锋精神》等专栏专版，刊发稿件近200篇；开展"文明校园创建"宣传报道；刊登公益广告175版；开展"爱心年夜饭""小候鸟幸福计划"爱心助学、"寻找最美地铁乘客"等公益活动，制作《"讲文明树新风"公益广告》专题页面，上传公益广告80多幅(篇)。（李朝晖）

【《红豆》杂志发行】 2018年，《红豆》发行12期，每期刊发原创文学作品约5万字，全年刊出作品约60万字；主要栏目有红豆头条、小说长廊、南宁名片、散文空间、诗歌部落、文化随笔等。在广西期刊协会开展的第八届广西优秀期刊、第四届广西期刊优秀主编(社长)、优秀编辑(美编)评选中，《红豆》杂志被评为第八届广西优秀期刊，杂志社主编丘晓兰被评为第四届广西期刊优秀主编(社长)。5月30日，南宁文学院举办全国第三届《红豆》系列中小学校园文学创作征文大赛，收到全国各地来稿6000多篇，其中小学组4000多篇，中学组2000多篇；10月，大赛组委会评出小学组一等奖5名，二等奖、三等奖和优秀奖若干名；中学组评出特等奖1名，一等奖5名，二等奖、三等奖和优秀奖若干名。（李　雁）

广播电影电视

【概　况】 2018年，南宁市(含驻市)有广播电台、电视台10家，其中省级广播电台1家(广西人民广播电台)，市级广播电台1家；省级电视台1家(广西电视台)1家，市级电视台1家；县级广播电视台6家。全市广播电视从业人员5989人，其中具有高级专业技术职务任职资格559人、中级1323人、初级2939人。南宁人民广播电台有广播频率4个，南宁电视台有电视频道4个；县级广播电视台分别开通有电视频道1个，其中3家分别开通有广播频率1个。市属有线电视用户161.87万户，市辖区电视综合覆盖率99.97%。年内，南宁电视台推出《向人民承诺——电视问政》10期，促进机关工作作风转变、依法行政；被中央电视台采用稿件82条，其中《新闻联播》22条，被广西电视台各栏目采用665条，其中《广西新闻》采用119条。南宁人民广播电台被中央人民广播电台《央广新闻》采用稿件10条。全市有电影院52家，其中县级影院9家；电影票房4.42亿元。面向全市1394个行政村、209个城市街道社区、170个乡镇社区放映公益电影2万场。南宁电台播放防艾、防火、禁毒、法制知识等公益广告6.48万次，总计时长4.39万分钟；南宁电视台播放公益广告1.80万条次。

【南宁人民广播电台】 2018年，南宁人民广播电台设总编室、综合部、全媒体新闻中心、新闻广播部、交通广播部、音乐广播部、汽车广播部、全媒体播控中心、全媒体广告中心、全媒体产业中心、全媒体研发中心；编制65名，干部员工119人(在编42人、外聘77人)，其中具有高、中级专业技术职务任职资格36人。设FM101.4综合广播(1014新闻台)、FM107.4交通音乐广播(1074交通台)、FM104.9乡村生活广播(经典1049)、FM89.5故事广播(动感895)4套频率及南宁手机台APP客户端，广播覆盖南宁市区及周边27个县(市)，覆盖人口1000多万人；播出稿件2万篇，其中录音新闻3113篇；播出公益广告6.48万条次，时长4.39万分钟；经营收入2480万元。出动记者超百人次，采集、播发宣传党的十九大、庆祝改革开放40周年和自治区成立60周年系列报道129篇。开展"第五届创新、创优、创意大赛"，收到作品53件，其中创新作品40件、创意作品8件、创优作品5件。

【南宁电视台】 2018年，南宁电视台设办公室、人力资源部、总编室、全媒体新闻中心、全媒体广告活动中心、全媒体研究中心、影视娱乐频道、公共频道、新媒体部、节目部、电视剧工作室11个职能部门；二层机构有广西发扬文化传媒有限公司、南宁广电传播商务发展有限责任公司、南宁广播电视技术开发公司3家。编制104名，在编88人，聘用274人，其中具有正高级专业技术职务任职资格2人、副高级14人，中级78人、初级162人。设新闻综合频道、都市生活频道、影视娱乐频道、公共频道4个。自办栏目14个、自制节目播出时间每年2652小时，电视节目综合覆盖69.20%、约500万人。4个频道全年本地总收视率2.05%，比上年同期增长4.01%；市场份额10.14%，上升18.28%。播出讲文明树新风、学雷锋、创卫、文明礼让、防艾、中国梦等公益广告1.80万条次；老友网网站策划、制作网络热点专题31个。全年经营创收1.40亿元。推出《新时代　新思想　新征程　全面贯彻落实党的十九大精神》《在习近平新时代中国特色社会主义思想指引下——新时代新作为　新篇章》《壮阔东方潮　奋进新时代》等40多个专栏；推出《牢记总书记嘱托——奋斗在新时代的幸福路上》系列报道和《有一种气质叫流光溢彩》《有一种奋斗叫脱贫攻坚》《治水建城为民》短视频。完成庆祝自治区成立60周年大型特别节目《扬帆新时代　锦绣新广西》南宁篇直播；推出大型直播节目《践行习近平生态文明思想　治水建城为民　百里秀美邕江展新颜》。对第十二届中国(南宁)园林博览会进行全媒体宣传报道，南宁头条客户端全天候直播。《新闻夜班》创新编排，收视率3.29%、落地自办节目排名第一；《南宁头条》《新闻夜班》微信公众号多篇推文阅读量突破10万人次。完成《向人民承诺——电视问政》大型直播节目10期。《金牌帮女郎》举行公益活动近20个。全年完成突发事件直播、日常电视直播连线120多场。

【南宁广播电视技术中心】 2018年，南宁广播电视技术中心设综合部、制作部、播出发射部、技术发展部；有员工103人，其中具有高级专业技术职务任职资格7人、中级27人、初级38人。南宁广播电视技术中心为南宁电台、南宁电视台提供安全播出技术保障；有12+2迅道高清转播车、8讯道数字电视转播车、动中通数字卫星直播车、数字微波新闻直播车、应急电源车5种专业设备和800平方米演播厅、全媒体全景开放式新闻演播厅、200平方米审片室、100平方米演播室和虚拟演播室等广播电视专业制作设备。更新改造设备16项、采购金额1095万元。现场直播"电视问政"、跨年直播、南宁国际马拉松比赛等48场，录播103场。安全播出2.50万小时，无线电发射台完成安全播出约4万小时。

【南宁广播电视报】 2018年，《南宁广播电视报》由南宁电视台主办。每周1刊、周四出报，4开16版、彩色印刷；全年出版发行49期，有784个版面，200多万字；以爱上生活为主题，有美食、旅游、健康、亲子、影评、房产等内容，属生活服务类报纸。

【重大项目与大型活动宣传】 2018年，南宁广播电视媒体重点宣传学习贯彻党的十九大精神、习近平总书记视察广西的重要讲话精神。播发《新时代　新思想　新征程　全面贯彻落实党的十九大精神》《在习近平新时代中国特色社会主义思想指引下——新时代　新作为　新篇章》《壮阔东方潮　奋进新时代》等专栏40多个,《牢记总书记嘱托——奋斗在新时代的幸福路上》——习近平总书记视察广西一周年系列报道;开设《在习近平新时代中国特色社会主义思想指引下——新时代新作为新篇章》《习近平总书记视察广西一周年》等专题。开设中国—东盟博览会、中国—东盟商务与投资峰会《两会时刻》等专题报道,联合北京音乐台等26家省、市电台直播"大地飞歌·2018"晚会,覆盖全国听众7亿。与中央媒体同步报道"广西——建设沿边金融综合改革试验区""广西北部湾经济区——同城化改革向纵深推进"等方面南宁开展"壮阔东方潮 奋进新时代——庆祝改革开放40年"主题采访活动;举办"畅行中国·魅力广西"主题活动,邀请全国100个交通广播台主持人及记者到广西采访报道,展现广西及南宁市的风土人情、发展变化;播出60年南宁生活大变化系列报道35集;直播庆祝自治区成立60周年特别节目——《扬帆新时代 锦绣新广西》南宁篇1小时。宣传重点工程百里秀美邕江,播出《有一种气质叫流光溢彩》《治水建城为民》等全媒体传播短视频;直播《践行习近平生态文明思想 治水建城为民 百里秀美邕江展新颜》报道7小时;采播《那考河流淌生态文明赞歌,古邕江焕发天人和谐新景》;播发南宁市"河长制"和水资源保护报道16集,《秀美邕江 百里画廊》等邕江综合整治和开发利用报道35集、稿件252篇。采播《南宁中关村释放溢出效应,更多适宜种子正开花结果》《南南铝业跨入高端制造,创新驱动壮大实体经济》《中欧班列+南向通道助力广西构建"一带一路"通道》等新闻特稿。与马来西亚嘉丽台、菲律宾菲中电视台、泰国泰华卫视等13个国家和地区19家合作媒体及机构共同制作《春天的旋律·2018》跨国春节晚会,获首届广西对外传播奖项目类一等奖;入选中宣部对外传播"丝绸之路影视桥"重点扶持项目名录。播出"南宁渠道 丝路交响"跨国采访行动报道组赴马来西亚、柬埔寨、泰国、老挝、奥地利、波兰等国家采访,共建"一带一路"和平发展、合作共赢的系列报道17集,其中《海外南宁人》7集在中央电视台第四频道《华人世界》栏目播出。播出市人大会议稿件113篇,开办《人大之声》专栏,播发稿件40期;播出市政协《倾心履职开新局 凝心聚力谋新篇——市政协常委会为助推全市改革贡献智慧和力量》等资讯76篇,刊播《9张图,告诉你关于政协那些事儿》等新媒体稿件20多篇。实施新闻报道"头条工程",播发《有一种奋斗叫脱贫攻坚》短视频,扶贫成果报道12集,扶贫稿件16篇;播出(播发)春节社会生活报道15集,"产业富民""服务惠民""基础便民"活动报道15集,"美丽南宁·整洁畅通有序大行动"报道6集,南宁市获广西第十四届精神文明建设"五个一工程"优秀作品、获第八届广西文艺创作铜鼓奖动画片作品报道6集,南宁市迎接第十二届中国(南宁)园林博览会建设情况10集;采播《直击春运首日!南宁铁路预计发送旅客27万人次》等春节民众生活稿件94篇。播发壮族"三月三"活动15集,《"壮族三月三·八桂嘉年华"将在南宁民歌湖举行》等稿件91篇,直播民歌湖、武鸣活动实况。播出《齐心协力 打造和谐文明城》南宁市创建全国文明城市报道16集、《砥砺奋进的五年之绿色发展、绿色生活》系列报道15篇。直播"世巡赛·环广西"现场交通服务22个小时,信息650条。

【影视剧生产】 2018年,南宁电视台生产制作电视连续剧《西城故事》(40集)、《刀锋下的替身》(38集)、《朱槿花开》(43集)、《九爷》(48集),摄制电影《幸福的样子》(原名《又见花开》),其中电视剧《九爷》与北京金菲林影视策划有限公司联合制作;全年生产电视剧169集,摄制电影91分钟。3月25日,《刀锋下的替身》在中央电视台电视剧频道播出,在同档全国收视率排名第二,网络播放量近7亿人次;电视连续剧《朱槿花开》、电影《幸福的样子》是南宁市庆祝改革开放40周年、自治区成立60周年文化文艺精品项目;12月,《朱槿花开》在南宁电视台新闻综合频道《钻石剧场》播出。

【广播电视媒体与新媒体融合发展】 2018年,南宁电视台策划制作网络热点专题31个,其中《礼赞南宁》由市互联网信息办公室和老友网联合以短视频、H5(一种制作万维网页的标准计算机语言)、微访谈、短纪录片、直播等新媒体形式播报。南宁电视台全媒体新闻调度指挥中心工作时间由10个小时延长至24小时。《南宁渠道·丝路交响——小编带你游东盟》互动H5作品被自治区选送参评中国新闻奖媒体融合奖项。"电视问政"手机客户端推出《最多跑一次》《微问政》专栏,通过两微一端、今日头条、抖音等传播平台,搭建立体化全媒体式问政平台。《南宁新闻》《金牌帮女郎》《超能小白》《政法在线》等栏目均开设微信公众号。南宁电视台重点打造"文化南宁"融媒体综合工程。5月,"文化南宁"电子门票模块正式上线;免费使用WiFi项目在民歌湖上线;26日,南宁电台与广西学车车网络科技有限公司联办的学车车APP上线运行,实现"自主选、先学后付、学后评价、行业监管"等一站式服务;1074交通台《大嘴说"学车车"APP的推广交通》开通《我要学车车》栏目,邀请教练做客直播间在线答疑。6月1日,南宁手机台APP发布5.0版本,开启"视频回看",累计访问量突破3000万人次。新闻资讯更新2.50万条,直播南宁活动116场;《手机问政》栏目收到网友发布话题1000多条,答复823条;南宁手机台APP微信公众号、南宁手机台微博、南宁手机台APP、南宁手机台微网页实现融合互补;南宁手机台APP微信公众号,月均阅读量约10万次,南宁手机台微博粉丝8万多人,月均阅读量约30万次。7月,"文化南宁"高清直播摄像头在民歌湖、新会书院启用。8月30日,南宁头条客户端微直播、微信公众号、电视新闻直播播报桃源路车祸事件,南宁电视台发起全城献血倡议;新华社微信公众号、新华网转载相关文章,小程序、短视频、H5、微信原创文章全面报道。10月,"文化南宁"APP为"南宁市全民艺术普及活动"等30场活动发放电子门票,群众"扫码看演出";完成"文化南宁"图秀模块内测。启动进校园、企业团购地面推广计划,提高下载率和注册率。《壮族"三月三"服饰秀换装小程序》《2018南宁"两会"报道》分别获2018广西"广电+"媒体融合创新优秀案例的创新产品和融合报道范例。

(滕丽青 唐嘉伟 夏启伟 黄国丽)

新闻出版

【版权管理】 2018年,市文新广局加大版权保护力度,组织开展打击网络侵权盗版"剑网2018"专项行动、外商投资企业知识产权保护行动、北京2022年冬奥会会徽、冬残奥会会徽版权专项保护行动等,办结侵权盗版案件2起;组织查办全国"扫黄打非"办挂牌督办的侵权盗版重大案件1起。南宁市峰值文化传播有限公司入选自治区版权保护优秀单位。推进政府机关软件正版化,组织开展全市机关单位使用正版软件专项检查,对市、区县两级145个机关单位正版软件使用情况进行抽查。年内,市、区县两级机关单位投入经费1700万,采购正版软件9700多套;全市机关单位使用正版操作系统、办公软件累计3.41万套。市文新广局被国家版权局评为2017年度查处侵权盗版案件有功集体二等奖,南宁市皮皮小说网侵犯著作权案入选2017年度全国打击侵权盗版十大案件。 (廖 斌)

【印刷发行】 2018年,南宁市有规模以上重点印刷企业(年印刷工业总产值超过5000万元)23家，其中超亿元企业9家；资产总额26.45亿元，销售收入26.47亿元，利润1.35亿元，工业总产值28.42亿元。年内，市文新广局组织全市452家印刷企业参加2018年度核验，其中通过年度核验434家，暂缓核验18家。组织出版物发行单位1148家参加2018年度核验，其中通过年度核验908家，拟暂缓年度核验230家，不予通过年度核验10家。全市出版物发行单位资产总额128.46亿元，出版物销售总额53.55亿元(实洋)，营业收入98.36亿元，利润总额3.69亿元。印刷企业资产总额55.83亿元，完成销售收入44.64亿元，利润1.79亿元，营业税金及附加3392万元，对外加工贸易额1466万元，工业总产值46.66亿元(含复印打印)，工业增加值10.84亿元；从业人员1.31万人。 (陈 余)

【中小学教辅教材印刷发行监管】 2018年，市文新广局协调市教育局、物价局等部门，在春季、秋季学期开学前后组织执法人员对全市文印店、文具店、超市、图书批发市场等销售中小学教辅的经营单位，进行集中专项检查，利用圩日、节假日人员聚集等时机整治农贸市场无证销售出版物的行为。市教育部门做好学校教辅教材的征订，加强宣传教育监管，让学生从思想上认识到假冒伪劣教材的危害，主动使用正版教材；组织相关部门进校检查教学辅导资料，了解学校对教辅资料的管理和使用情况。 (黎 慧)

【公益广告监管】 2018年，市文新广局抓好广告制作播出管理，培育弘扬社会主义核心价值观。年内，全市制作公益广告206条、播出9万多条次、7万多分钟。对违规广告尤其是医药广告进行清查，责令播出机构停播或重新编辑；播出机构减少医药广告收入近1000万元。组织参加国家广电总局组织的2018年“弘扬社会主义核心价值观，共筑中国梦”主题原创作品征集活动，参加自治区新闻出版广电局、环保厅、文化厅联合举办的2018年广西广播电视公益广告大赛和自治区公益广告创意脚本大赛等活动，入选国家广播电视总局2017年度广播电视公益广告扶持项目作品1部，入选2018年广西“广电+”媒体融合创新优秀案例项目作品2个；获扶持资金5万元。“文化南宁”APP获2018世界新媒体大会“2018年度品牌潜力奖”。 (谢 榭)

【内部资料性出版物监管】 2018年，市文新广局严格执行内部资料性出版物审读制度，规范内部资料性出版物监管。完成内部资料性出版物审读54种、60期(批)、60份(册)。 (沈 涛)

文化市场与管理

【概 况】 2018年，南宁市文化市场综合执法支队(隶属市文新广局)，编制19名，在编18人，外聘2人；有区县文化市场综合执法机构12个，编制143名，在编98人(城区63人、县35人)。全市有有文化市场经营场所604家，其中互联网上网服务营业场所(网吧)409家，娱乐场所173家，游戏游艺场所22家。年内，全市出动执法人员5.12万人次，检查经营单位1.88万家次；责令改正46家次，警告213家次，取缔36家，立案调查306件；办结案件334件，罚款81.28万元。12318电话受理举报案件50件，全部办结。市文化市场综合执法支队办结广西惊喜文化传媒有限公司擅自从事营业性演出经营活动案，没收及处罚17.02万元，其中没收违法所得1.89万元、处罚款15.13万元。查处南宁市首例未经许可擅自从事网络销售营业性演出门票案，被国家文化和旅游部评为2018年度重大案件之一，被自治区文化和旅游厅评为2017—2018年度广西十大重大案件之一。主要存在专业技术人才短缺，缺乏执法配备用车等问题。

【文化市场】 2018年，南宁市有文化市场经营场所604家，其中互联网上网服务营业场所(网吧)409家，娱乐场所173家，游戏游艺场所22家。有52家电影院，其中9家为县级影院；有印刷企业452家，出版物发行单位1148家。有自治区文化产业示范园区3个，自治区特色文化产业(项目)示范县(区)5个；国家认定动漫企业5家，自治区动漫骨干企业14家。

【“扫黄打非”专项整治】 2018年，南宁市加大“扫黄打非”力度，保障意识形态安全、文化安全。开展非法出版物和侵权盗版制品集中销毁活动，公开销毁非法出版物及侵权盗版制品约5万件；创作排演儿童剧《对盗版说不》、歌曲《绿书签》、小品《都是盗版惹的祸》进行宣传；组织开展“扫黄打非”送戏进校园、进基层演出150场，观众约5万人次；依托公益电影放映，在农村社区播放普法宣传视频4670场。推进“扫黄打非”基层站点规范化、标准化建设，全市127个乡镇(街道)、661个村(社区)、25个重点部位完成规范化标准建设；青秀区新竹街道新竹社区被全国“扫黄打非”工作小组办公室评为全国“扫黄打非”进基层示范点。组织开展“净网、护苗、秋风、清源、固边”等“扫黄打非”专项行动，以及非法宗教出版物专项整治行动、网络文学专项整治行动、全覆盖排查整治“问题地图”专项行动等执法行动，收缴非法出版、侵权盗版出版物5.54万余件，删除网络低俗及有害信息342条。查办“扫黄打非”案件110起；协助市公安局、市检察院、市法院等司法机关办理“扫黄打非”刑事案件17起，涉事人员24人(判处有期徒刑1人、刑事拘留11人、逮捕9人、直接起诉1人、取保候审2人)。

【文化市场监管】 2018年，南宁市进一步整顿规范文化市场秩序，开展净化社会文化环境、文化市场“健康暑期”、歌舞娱乐场所超时经营等专项整治行动，加强对上网服务营业场所、娱乐场所、营业性演出市场等进行监管；加大日常监管和执法力度，尤其是元旦、春节、五一劳动节、国庆等重大节假日，全国、自治区、南宁市“两会”，自治区60周年大庆活动、中国—东盟博览会·商务投资峰会召开期间，重点对文化市场进行执法检查，维护文化市场平稳有序。检查娱乐场所2756家次，立案调查35起；检查互联网上网服务营业场所9285家次，立案调查150起；完成169场涉外营业性演出的监管。

【互联网上网服务场所转型升级】 2018年，南宁市以“改变场所环境”“鼓励多元化经营”为出发点，推动上网服务行业、文化娱乐行业转型升级；指导上网服务营业场所11家、文化娱乐行业场所4家完成转型升级，促进文化市场健康发展。 (刘秋园 廖 斌)

责任编辑 李敬江

综 述

【概 况】 2018年，南宁市体育局设办公室、竞技体育科、群众体育科、青少年体育科、人事科，编制22名（含工勤2名），在编20人。二层机构有8个（南宁市体育运动学校、南宁吴数德举重学校、南宁市体育管理培训中心、南宁市体育产业发展服务中心、南宁市体育场、南宁手球训练基地、南宁市老年人体育服务中心、南宁市社会体育发展中心）。市体育局继续推进全民健身运动，推进全民健身与全民健康深度融合试点，全年开展县、市级以上赛事活动500多项；实施"赛事兴旺工程"，举办、承办重大体育赛事16项；加强青少年体育工作，提升竞技体育实力，向自治区运动队、自治区体校输送优秀后备人才82人，其中入选2022年北京冬季奥林匹克运动会项目国家跨界跨项集训运动员47名；体育产业成为全市经济发展新增长点，占全市地区生产总值0.93%；体育产业与旅游、传媒、会展、医疗等行业融合发展加快，在自治区首次举办体医融合运动处方培训班，培养能开具个性化运动和健康处方的体医融合复合型人才。城市体育活力增强，人民体育与人民网舆情数据中心发布的"2017最具体育活力城市排行榜"公布，南宁市体育活力排在全国100个主要城市的第25位。主要存在公共体育设施供给不足，各县体育发展、体育类社会组织发展不均衡，基层体育队伍力量薄弱，竞技体育项目优势不优、特长不长、尖子不多、体育人才匮乏，体育产业总规模较小等问题。

【参加赛事与承办举办赛事】 2018年，南宁市组织市籍运动员参加第20届世界蹼泳锦标赛、2018年蹼泳世界杯总决赛、2018年国际泳联游泳世界杯短池赛（北京站）、2018年国际泳联世界跳水系列大奖赛（德国站、澳大利亚站、新加坡站）、2018年尤尼克斯杯羽毛球公开赛（美国站、加拿大站）、2018年泰国羽毛球公开赛、2018年萨罗鲁克斯羽毛球公开赛、2018年体操世界杯（多哈站、科特布斯站）等国际赛事8项，获金牌4枚、银牌7枚、铜牌1枚；参加全国体育比赛获金牌19枚、银牌22枚、铜牌29枚；参加自治区各单项青少年锦标赛，获金牌216枚、银牌179枚、铜牌165枚。承办"中国杯"国际足球锦标赛、环广西公路自行车世界巡回赛（南宁站）、中国围棋大会、全国女子手球冠军杯赛、ITF国际网球女子巡回赛·南宁站比赛国内高端体育赛事活动5场。举办第十三届南宁国际马拉松比赛、第十四届中国—东盟（南宁）国际龙舟邀请赛、第十届中国—东盟（南宁）武术大会、中国—东盟国际山地自行车挑战赛、南宁市体育黄金联赛等本土品牌赛事活动5场；创新开展包括垂直马拉松、攀岩、徒步、登山、自由式轮滑、越野定向、赛车等时尚运动项目的"酷动先锋"南宁城市运动系列挑战赛；筹备2019年"苏迪曼杯"世界羽毛球混合团体锦标赛。 （羊婷婷）

【群众体育活动】 2018年，南宁市以元旦冬泳邕江、端午节龙舟赛、解放日长跑等传统品牌赛事为龙头，组织青少年、老年人、农民、干部职工、妇女、少数民族、残疾人等人群参与健身活动；全市经常参加体育锻炼市民人数比例46%。2018年冬泳邕江活动有冬泳爱好者近4000人参加。第十届广西体育节期间，南宁市举办赛事活动189项，参与群众1.85万人；在广西"壮族三月三·民族体育炫"暨体育庙会南宁主会场参与舞龙舞狮、抢花炮等民族体育活动9万余人。区县组织开展第五届广西万村农民篮球赛南宁赛区比赛、2018年南宁市首届体育庙会（宾阳县）、武鸣区首届运动会等体育健身活动10多场。举办庆祝自治区成立60周年职工体育系列活动，包括市直机关职工"民族团结"健身运动会、南宁市第七届职工运动会等，市直机关干部职工参赛2500多人次；举办南宁市U系列青少年足球锦标赛、南宁市中学生篮球比赛、南宁市第三届"未来之星"青少年阳光体育大会、南宁市第十四届青少年围棋锦标赛等青少年体育赛事；参与赛事青少年近5000人次。南宁市代表队在2018年全国啦啦操冠军赛中，获冠军10项、亚军3项、季军2项。举办"国悦·绿城杯"首届南宁全国门球邀请赛、第十七届南宁市老年人迎春秧歌舞比赛、第九届南宁市老年人门球甲级队比赛、首届南宁市老年人体育健身嘉年华活动等市级老年人体育赛事活动14项，中老年人参赛1.03万人次；组织中老年人参加国内、自治区举办的比赛交流活动12项次、111人次。南宁市残疾人运动员在广西壮族自治区第九届残疾人运动会暨第四届特殊奥林匹克运动会各项赛事中，获金牌43枚、银牌40枚、铜牌20枚；南宁市运动员在广西第十四届少数民族传统体育运动会赛事中，获金牌12枚、银牌27枚、铜牌37枚。 （黄宝菊）

【体育产业发展】 2018年，南宁市累计有国家级体育产业品牌项目11个，自治区级体育产业品牌项目30个；全市体育产业产值总规模80.92亿元，增加值38.37亿元。体育产业协会会员152家，纳入统计的从事体育产业及相关产业的法人单位1857家；从业人员2.35万人。市委、市政府决定2018年起市财政每年安排体育产业发展引导资金500万元，扶持全市具有经济效益、社会效益的优质体育产业项目发展；完成南宁国际卡丁车赛场、南宁奥运城休闲国际滑草场、那贵樱花园极速小镇、体育电影《梦寐以球》等项目评估。培育健身休闲产业集群，推进马山县古零攀岩特色小镇、江南区中国—东盟运动休闲特色小镇、横县校椅特色小镇、西乡塘区“美丽南方”骑行小镇建设。完善现有体育综合体项目建设，推动李宁体育园综合体开展产业经营，拓展场馆配套商业活动、赛事组织等业务；扶持建设广西体育中心、南国弈园、万达茂、工人文化宫等新兴体育综合体项目，打造规模化体育综合体集群。鼓励企业支持办赛、社会参与办赛，带动企业投入1600多万元支持中国围棋大会、中国—东盟城市足球邀请赛、中国—东盟卡丁赛车邀请赛、“酷动先锋”南宁城市运动系列挑战赛等赛事的举办。第二届南宁体育产业博览会继续打造“一站式、多元化”体育会展品牌，观展近12万人次。 （黄永铁）

【体育对外交往】 2018年，南宁市开展体育对外交往活动20多批次。1月，市政府、市体育局领导接待中国羽毛球协会、国家体育总局调研组成员实地考察。2月，迎接国家体育总局装备中心对马山县古零攀岩特色小镇体育项目中期评估。3月，接待广西团校、香港地区青少年访问团到市体育运动学校访问交流。4月，市体育代表团赴湖北省武汉市参加2018年国际羽毛球赛事与城市社会文化软实力发展论坛；赴广东省广州市参加2018国际垂直马拉松赛事新闻发布会，介绍南宁分站赛事筹备情况。6月，市体育代表团赴马来西亚吉隆坡参加2019年“苏迪曼”杯世界羽毛球混合团体锦标赛筹备工作会议，对接竞赛组织与管理、商业权益、电视转播、票务销售等事宜。7月，市体育局、马山县政府领导应邀到柳州市参加“发展广西攀岩运动”“加强广西科技大学攀岩项目沟通合作”等课题调研；市考察团赴江苏省南京市学习观摩2018年世界羽毛球锦标赛；接待美国Modem Weightlifting公司一行5人到南宁吴数德举重学校开展训练、交流。8月，接待越南国家公安举重队一行10人到南宁吴数德举重学校训练、交流。10月，市体育局、市教育局等部门相关人员赴浙江省杭州市、江苏省苏州市开展“中小学校体育场馆向社会开放”专题调研。11月，接待羽毛球世界联合会赛事总监达伦·帕克斯等一行考察2019年“苏迪曼”杯世界羽毛球混合团体锦标赛筹备。 （黄佳思）

【全民健身与全民健康深度融合试点建设】 2018年，南宁市实施全民健身与全民健康深度融合试点市和青秀区、宾阳县、马山县融合试点区县建设项目，推动全民健身与全民健康理念、机制、政策、规划、组织、设施、队伍、活动、信息技术9个方面深度融合。1月，市政府出台《南宁市全民健身和全民健康深度融合试点工作实施方案》，80项任务指标分解落实到市直部门、区县42个；指标启动率、落实率均100%。4月，市政府召开南宁市全民健身工作会议暨全民健身工作局际联席会议，研究部署实施全民健身和全民健康深度融合试点。8月，自治区全民健身与全民健康深度融合试点现场推进会召开，南宁市试点建设作为典型经验在会上介绍，自治区全民健身和全民健康深度融合试点检查得分排第一；27日，南宁市全民健身和全民健康指导中心在市体育局大院揭牌成立。12月，广西首个“互联网+全民健身”服务平台——运动绿城APP投入使用，平台设体育场馆搜索、导航、标记、场地费用支付、组队约战、体育资讯、赛事信息、报名、健身指导等功能版块20个。南宁市被广西全民健身工作厅际联席会议办公室评为第一批广西全民健身和全民健康深度融合示范市，马山县被评为广西全民健身和全民健康深度融合示范县；南宁市“互联网+全民健身”服务平台——运动绿城项目（理念融合）、体医结合政策（政策融合）、邕江两岸体育设施建设规划（规划融合）、马山县古零镇攀岩特色小镇规划（规划融合）、市全民健身和全民健康指导中心（组织融合）、柳沙公园（设施融合）、马山县古零镇攀岩特色小镇（设施融合）、南宁国际马拉松比赛（活动融合）8个项目被评为广西全民健身和全民健康深度融合示范项目。 （黄宝菊）

2018年8月27日，南宁市全民健身和全民健康指导中心在市体育局大院成立

市体育局提供

竞技体育

【概 况】 2018年，南宁市有注册运动员868人、教练员23人，审批国家二级运动员72人，审批一级裁判员75人、二级裁判员863人、三级裁判员268人。南宁市籍运动员参加国际体育比赛，获金牌4枚、银牌7枚、铜牌1枚；参加全国体育比赛获金牌19枚、银牌22枚、铜牌29枚；参加自治区青少年各单项锦标赛获金牌216枚、银牌179枚、铜牌165枚。

【参加第20届世界蹼泳锦标赛】 2018年7月14日至23日，第20届世界蹼泳锦标赛在塞尔维亚共和国贝尔格莱德市举行。南宁市籍运动员许艺川获女子4×100米蹼泳接力季军、女子4×200米蹼泳接力季军，分别打破亚洲纪录、全国纪录。

【参加2018年蹼泳世界杯总决赛】 2018年9月20日至24日，蹼泳世界杯总决赛在泰国普吉岛举行。南宁市籍运动员许艺川获女子4×100米蹼泳接力冠军、女子100米蹼泳亚军，吴振辉获男子4×100米蹼泳接力亚军、男子100米蹼泳亚军。

【参加2018年国际泳联跳水系列大奖赛】 2018年，南宁市籍运动员黄小惠分别在2月23日至25日的德国罗斯托克站、11月15日至18日的澳大利亚站、11月23日至25日的新加坡站比赛中获女子三米跳板冠军。

【参加2018年“丰田杯”羽毛球泰国公开赛】 2018年7月10日至15日，“丰田杯”羽毛球泰国公开赛在泰国曼谷举行。南宁市籍运动员鲁恺获混合双打季军。

【参加2018年萨罗鲁克斯羽毛球公开赛】2018年10月30日至11月4日,萨罗鲁克斯羽毛球公开赛在德国举行。南宁市籍运动员鲁恺获混合双打亚军。

【2018年体操个人单项世界杯系列赛】2018年11月24日至27日,体操个人单项世界杯系列赛在德国举行。南宁市籍运动员黄明淇在德国科特布斯站比赛中获男子跳马亚军。（羊婷婷）

群众体育

【群众体育活动】2018年,南宁市以元旦冬泳邕江、解放日长跑等传统品牌赛事为龙头,组织开展第十届广西体育节南宁分会场活动等群众性体育健身活动。1月1日,冬泳邕江活动在邕江北岸畅游阁上游新建的冬泳码头举办;市体育局、市体育总会主办,市体育管理培训中心、广西游泳协会、市冬泳协会承办;南宁市、柳州市、桂林市、梧州市、北海市、防城港市、钦州市、贵港市、玉林市、百色市、贺州市、河池市、崇左市等地冬泳爱好者近4000人参加。7月28日至11月26日,第十届广西体育节在广西各地举办;7月28日,开幕式南宁主会场活动在青秀山风景区举行,自治区、南宁市有关领导及各界干部群众5000多人参加;进行体育竞技表演、健身操展示、健身气功八段锦、中华武术等全民健身项目展示,开展"全民健身 健康广西"百万群众健身走活动。其间,南宁市举办赛事活动189项(国家级赛事15项、升级赛事8项、市本级赛事82项、区县级赛事84项),参加活动群众1.85万人。

【民族体育】2018年4月17日至20日,广西"壮族三月三·民族体育炫"暨体育庙会南宁主会场活动在武鸣区举行,市体育局、武鸣区政府主办;主会场开展舞龙大赛、抛绣球和抢花炮比赛、第32届武术散打擂台赛、千人武术展演、伏唐屯斗鸡斗鸟活动、大伍屯民间脚斗士争霸赛等;区县分会场组织开展抢花炮、板鞋竞技、打陀螺、香火球表演、踢毽球、赛龙舟、舞龙、舞狮、抛绣球、斗牛、斗马、斗鸡等民族体育赛事和民俗活动,参与活动群众9万余人。10月24日至30日,广西第十四届少数民族传统体育运动会在崇左市举办,设珍珠球、花炮、龙舟、毽球、抛绣球、射弩、蹴球、独竹漂、秋千、陀螺、板鞋竞速、高脚竞速、"蚂拐捉害虫"、少数民族武术、民族健身操15个大项、93个小项竞赛项目和竞技类、技巧类、综合类3类表演项目;南宁市代表团派出运动员256人,参加15个竞赛项目、1个表演项目的比赛,获金牌12枚、银牌27枚、铜牌37枚,奖金106.26万元。

【青少年体育】2018年,市体育局与市教育局联合开展体育传统项目学校(2018—2021)评估认定,评估学校29所;市第二中学、市第八中学、市沛鸿民族中学、天桃实验学校、滨湖路小学、武鸣中学、武鸣区实验学校、良庆区那马初级中学等18所学校获自治区体育局、自治区教育厅命名为自治区级体育传统项目学校(2018—2021)。市体育局年度考核重点项目28个、青少年训练点34个,扶持各区县自治区运动会重点训练网点单位资金60万元。南宁吴数德举重学校、武鸣区业余体育学校、上林县业余体育学校3所基层体校"双百"(力争到2020年建设中学业余体校100所,小学业余体校100所)工程建设任务基本完成。南宁市向自治区运动队、自治区体校输送优秀后备人才82名,比上年增加14名。组织技巧、蹦床、举重及重竞技项目等运动员5批次、约200人参加2022年北京冬季奥林匹克运动会项目国家跨界跨项选材测试,其中入选国家跨界跨项集训运动员47名。组织田径、摔跤等9个项目476人赴云南省昆明市及柳州市、桂林市等地开展交流训练、比赛;组织市、县体校,体育传统项目学校、青少年体育俱乐部教练员、体育教师参加国家和自治区举办的业务培训142人次;组织8所学校共21支代表队参加2018年全国啦啦操冠军赛,获冠军10项、亚军3项、季军2项、第四名1项,最佳表现奖2项、最佳道具奖1项。举办南宁市U系列青少年足球锦标赛、市中学生篮球比赛、市第三届"未来之星"青少年阳光体育大会、市第十四届青少年围棋锦标赛、市中小学击剑公开赛、市中小学师生象棋公开赛等赛事活动。市体育运动学校获2017年"全国体育事业突出贡献奖先进集体"称号。

【老年人体育】2018年,南宁市开展市级老年人体育赛事活动14项,涵盖健身气功、太极拳(器械)、柔力球、广场舞、乒乓球、网球、气排球、门球、中国象棋、围棋、扑克11个老年体育运动项目;举办"国悦·绿城杯"首届南宁全国门球邀请赛、第十七届南宁市老年人迎春秧歌舞比赛、第九届南宁市老年人门球甲级队比赛、第十五届南宁市老年人气排球交流活动、首届南宁市老年人体育健身嘉年华活动(老年人棋牌交流活动、重阳节长者健身展示联欢、中老年人重阳节门球比赛、老年人体质监测体验、老年人健步走活动)等,报名参赛的中老年人1.03万人次。组织参加国内、自治区举办的比赛交流活动12项次,参与中老年人111人次。9月16日至17日,组织南宁市老年人太极拳队10人赴贺州市参加自治区老年人太极拳(剑)交流活动,获优胜奖6个(集体2个、个人4个)。12月17日至21日,组织南宁市老年人棋牌队12人赴安徽省池州市参加全国老年人围棋、中国象棋、桥牌交流活动,获优胜奖3个。

【残疾人体育】2018年9月27日至29日,广西壮族自治区第九届残疾人运动会暨第四届特殊奥林匹克运动会在桂林市举办。残疾人运动会设田径、游泳、举重、飞镖、羽毛球、乒乓球、坐式排球7个大项、378个小项;特奥会设游泳、乒乓球、滚球、田径4个大项、90个小项。南宁市代表团派出74人参赛,其中运动员56人(残运会运动员46人,参加残疾人运动会除举重外的6个大项比赛;特奥会运动员10人,参加特奥会全部项目)。南宁市代表队获金牌43枚、银牌40枚、铜牌20枚。12月27日,青秀区第二届残疾人运动会在市残疾人活动中心举办,设羽毛球、乒乓球、飞镖、滚球、篮球、排球、跳绳、气排球等项目,辖区残疾人和青秀区辅助性就业机构学员100多人参加。

【社团体育】2018年,南宁市有单项体育协会38个,单项体育俱乐部108个,市级、区县级、乡镇级,以及行政村、社区、居委会级老年体育协会13个。市体育局联合市民政局开展"僵尸"协会俱乐部组织清理活动,清理33家。设立扶持单项体育协会开展群众体育活动专项经费120万元,通过年底考核、以奖代补等措施,逐步将办赛、办活动等公共服务职能向体育社会组织转移。年内,体育社会组织承办大型赛事、活动主要有ITF国际女子网球巡回赛(南宁站)、踢王决世界跆拳道职业联赛广西南宁站、2018全国自由潜水泳池挑战赛、第十届中国—东盟(南宁)武术大会、第十五届南宁羽毛球锦标赛、南宁市全民篮球联赛、第二届南宁市全民游泳大赛、2018年南宁市太极拳大赛等。

【社区体育】2018年,南宁市培训及审批二级社会体育指导员628人;累计有社会体育指导员2.30万人。6月23日至8月19日,第三届南宁市社区全民健身运动会分别在兴宁区、江南区、青秀区、西乡塘区、邕宁区、良庆区、武鸣区、宾阳县举办,设广场舞、气排球、抛绣球、飞镖、跳绳、定点投篮、轮滑、点球大战、沙包掷准等运动项目,近1万人参与,项目成绩优异者1251人;其间,派出社会体育指导员到30

个社区免费开展“体育培训进社区”“趣味体育进社区”活动，培训项目有太极系列、健身操（舞）、气排球、足球、腰鼓等；开展摸石过河、袋鼠运瓜、夹乒乓球、财源滚滚等趣味竞技活动。12月15日至16日，南宁市第二届社会体育指导员素质技能大赛在市体育场举行，设技能、体能、知识、教学4个竞赛项目，区县社会体育指导员64人参赛；兴宁区钟海波，宾阳县梁中华、陈程，横县苏凤分别获技能、体能、知识、教学竞赛第一名；兴宁区获大赛团体第一名。

【农村体育】 2018年，南宁市落实公共体育设施专项经费270万元，在全市111个贫困村实施“五个一”（一片标准篮球场、一片乒乓球场、一套健身路径器材、一支运动队、一名社会体育指导员）工程；将第十三届南宁国际马拉松比赛报名费40%、60万元用于支持马山县体育扶贫公益事业。在农村因地制宜地开展具有地域特点的农民体育健身活动，影响较大的有第五届广西万村农民篮球赛南宁赛区比赛、第三届广西万名全民健身志愿者服务百县千乡万村南宁市活动、良庆区第二届足球超级联赛、武鸣区首届运动会、横县2018年春节“信用社杯”乡镇篮球赛、横县第六届武术节、2018年南宁市首届体育庙会（宾阳县）、上林县“林燃杯”乡镇迎春篮球比赛、马山县“匹克·迎春杯”篮球赛等。

【城乡体育设施建设】 2018年，南宁市启动城乡体育设施专项规划编制，印发《南宁市辖区城乡体育设施专项规划编制工作方案》。设立开放补助资金100万元，推动中小学校体育场地设施向公众开放；申请中央大型体育场馆免费、低收费开放补助资金及自治区配套资金1470万元，安排李宁体育园、广西体育中心、武鸣体育馆等大型体育场馆不同时段免费、低收费向公众开放。市体育运动学校新校区一期工程建设累计完成投资2.77亿元，占总投资25%。利用中央、自治区、市本级财政投入资金1863.52万元，建设体育场地和设施项目284个。其中：国家安排中央集中彩票公益金800万元，建设体育项目4个（社区健身中心2个、攀岩运动设施1个、公园配建体育设施1个）；自治区财政安排资金185万元建设村屯篮球场37个，安排建设马山县县城健身步道200万元；市财政投入约420万元在全市范围内投放建设健身路径器材120套；市本级体彩公益金安排258.52万元扶持区县体育设施建设（安排249.02万元扶持区县贫困村新建体育设施项目126个：健身路径64套、标准篮球场3个、乒乓球场59片；组建、培养乡村运动队13支、乡村社会体育指导员31人，安排9.50万元扶持青秀区体育设施建设）。全市有体育场地2.96万个，总面积1338.12万平方米，人均体育场地面积1.85平方米。

【国民体质监测】 2018年，南宁市政府将国民体质监测纳入全市市管干部年度体检项目内容。开展国民体质监测活动36次，检测3岁～6岁幼儿、20岁～69岁城市体力和非体力人群等5524人；国民体质监测合格率保持在90%以上。发布2018年南宁市国民体质监测报告，为群众健身运动提供科学指导。

（黄宝菊）

承办体育赛事

【2018年全国女子手球冠军杯赛】 2018年3月18日至27日在南宁市体育场举办；国家体育总局手曲棒垒球运动管理中心、中国手球协会、自治区体育局主办，市体育局、广西球类运动发展中心、市体育总会承办。江苏省、山东省、陕西省、黑龙江省、安徽省、广东省、辽宁省、北京市、上海市、广西壮族自治区10支队伍参赛；上海市代表队获第一名，江苏省代表队获第二名，山东省代表队获第三名。

【2018年“中国杯”国际足球锦标赛】 2018年3月22日至26日在广西体育中心主体育场举办；属国际足联A级赛事。中国足球协会、自治区体育局、市政府、万达体育有限公司主办。中国、乌拉圭、威尔士、捷克4支足球队参赛，观众超过12万人；乌拉圭队获第一名，威尔士队获第二名，捷克队获第三名，中国队获第四名。

【首届中国—东盟卡丁车邀请赛】 2018年5月26日至27日在广西交通职业技术学院内南宁国际卡丁车场举行；中国汽车摩托车运动联合会、市体育局、兴宁区政府联合主办。中国、意大利、瑞士、阿联酋、泰国、菲律宾、文莱、越南、老挝、缅甸、柬埔寨11个国家参赛队60支、车手240名参加，比赛按亚洲锦标赛级别标准编制赛程、赛制，设儿童组、青少年组、成人组、大师组4个组别；阿联酋的Al Dhaheri Rashid、新加坡的Quek Aidan、北京Team Sakura车队的李明扬、中国香港的陈国正分别获儿童组、青少年组、成人组、大师组冠军。

【第十四届中国—东盟（南宁）国际龙舟邀请赛】 2018年6月16日在邕江孔庙段及附近水域举办；自治区体育局、广西电视台、市体育局、市体育总会主办，广西龙舟协会、市体育管理培训中心、市龙舟协会承办。设国际公开组22人龙舟300米、600米直道赛和国际公开组12人龙舟300米、600米直道赛2个组别，绿城组22人龙舟300米、600米直道赛和绿城组12人龙舟300米、600米直道赛2个组别；比赛项目8个，参赛队伍56支（国际公开组29支队伍、绿城组27支）；参赛队员1100多名。赛事首次与孔庙合作举行祭江仪式，广西电视台全程直播。广东水藤龙舟队获国际公开组22人龙舟300米、600米直道赛冠军，老挝队获国际公开组12人龙舟300米直道赛冠军，广东阳江台资企业龙舟联谊队获国际公开组12人龙舟600米直道赛冠军；广西民族大学队获绿城组22人龙舟300米、600米直道

2018年5月26日至27日，首届中国—东盟卡丁车邀请赛在南宁国际卡丁车场举行

市体育局提供

赛冠军,隆安县周家小龙队获绿城组12人龙舟300米、600米直道赛冠军。

【2018年南宁市体育黄金联赛】 2018年8月至12月在南宁市举办;市体育局、市体育总会主办。设乒乓球、气排球、网球、篮球、羽毛球、足球6个比赛项目。乒乓球比赛采用积分赛、分站赛和总决赛新赛制,分5个站进行单打积分赛;联赛划分定级组、1600分(含)以下组、1800分(含)以下组、2000分(含)以下组。气排球比赛有46支队伍、460名运动员参赛;根据年龄和性别分成青年男子组、中年男子组,青年女子组、中年女子组;广西国桂电气队、南宁新谊汽修队、三月女队、国奥体育队分别获青年男子组、中年男子组、青年女子组、中年女子组冠军。网球比赛设团体组、成年组、青少年组3个组别,11支队伍、202名运动员参赛;中建八局代表队获团体组冠军;成年组的罗毅获男子单打冠军,罗毅、黎志宾获男子双打冠军,梁斌获女子单打冠军,梁栩、林泉芬获女子双打冠军;青少年组的黄华胤获男子组冠军、黄奕萱获女子组冠军、陈世杰获过渡球男子组冠军、李佳芮获过渡球女子组冠军。篮球比赛分男子组(甲组、乙组)、女子组,男子甲组参赛队6支、男子乙组参赛队48支、女子组参赛队12支,参赛运动员800多名;广西大秦集团队、三同一心队、国际文化传媒中心队分别获男子甲组、男子乙组、女子组冠军。羽毛球比赛为混合团体赛,按参赛选手水平和年龄设甲组、乙组、丙组、中年组、青少年组,甲组参赛队4支、乙组参赛队10支、丙组参赛队40支、中年组参赛队4支、青少年参赛组队6支,参赛队员790名;飞羽哈喽队、66快乐老司机队、广大驾校·宇冠队、南宁蓝天金鹰队、阳光羽翼队分获甲组、乙组、丙组、中年组、青少年组冠军。足球比赛设11人制足球、6人制足球2项比赛,12支队伍、340名运动员参赛。11人制足球比赛,江南区获城区组冠军、上林县获五县组冠军;6人制足球比赛,明熙电气队获甲级冠军,阳光绿保队获乙级冠军。

【2018中国围棋大会】 2018年8月8日至15日在南宁国际会展中心、南国弈园举办;国家体育总局棋牌运动管理中心、中国围棋协会、自治区体育局、市政府主办,市体育局、市体育总会、华智城围联体育产业股份公司承办。设中国男子围棋甲级联赛、中国女子围棋甲级联赛、全国围棋定段赛、"百千万工程"全民围棋团体锦标赛、"百千万工程"全民围棋段级位棋王赛、世界智能围棋公开赛、全国围棋锦标赛(少年、儿童)、中国围棋之乡联赛总决赛、中国九路棋王赛、全国围棋代表友谊赛、中国围棋特色学校交流赛、全民嘉年华赛事(亲子赛、双人赛、幽灵围棋赛、啤酒围棋赛、南北大学生对抗赛)等围棋比赛26项;举行中国围棋协会代表大会;举办中国围棋大会博览会,天壤、星阵、弈客、棋智等10多家中外人工智能企业参展;世界各地职业棋手、业余爱好者、人工智能团队近1万人参加。

【2018年中国—东盟棋牌国际邀请赛】 2018年8月13日至14日在南宁国际会展中心、邕江宾馆举办;市体育局、市体育总会主办,市体育管理培训中心、广西围棋协会、华智城围联体育产业股份公司承办。赛事有第十四届中国—东盟围棋国际邀请赛、第十三届中国—东盟桥牌国际邀请赛、第十届中国—东盟象棋国际邀请赛3项,参赛选手340多名。围棋赛有18支队伍、50人参赛,选手来自中国、文莱、柬埔寨、印度尼西亚、老挝、马来西亚、菲律宾、新加坡、泰国、越南、美国、加拿大等国家和地区;桥牌赛有24支队伍、140多人参赛;象棋赛有160多人参赛。围棋设公开团体赛、公开个人赛、女子个人赛3项,广西队获公开团体赛冠军,中国香港队何诚谦获公开个人赛冠军,新加坡队岑曦获女子个人赛冠军;桥牌设公开队式赛、公开双人赛、名人双人赛3项,马来西亚、新加坡联队获公开队式赛冠军,广西南宁队张扩、王烈获公开双人赛NS向冠军,广西队陈文峰、梁於河获公开双人赛EW向冠军,黄勇标、曾斌获名人双人赛A组NS向冠军,Noldy Robert Ngantung、Herdrik Victor Manoppo获名人双人赛A组EW向冠军,曾家怡、谭钊鸿获名人双人赛B组NS向冠军,苏敬超、纪伟杰获名人双人赛B组EW向冠军;象棋设个人赛,河北队赵殿宇获冠军。

【第十届中国—东盟(南宁)武术大会】 2018年8月18日至19日在南宁市第二中学凤岭校区举行;市体育局、市体育总会主办,市社会体育发展中心承办。设武术套路比赛、武术散打比赛2个项目。竞赛项目包括长拳、南拳、八极拳、少林拳等10多种拳术,器械类的刀、枪、棍、剑、鞭等兵器;展示南宁濒临失传的鸭仔掌、挑刀、庄家拳、双刀叉等拳种、兵器。中国、越南、缅甸、印度尼西亚、泰国、马来西亚等国家61支队伍、664人参加。

【2018中国—东盟电子竞技大赛】 2018年9月至12月在南宁国际会展中心举办;市体育局主办,广西仟目文化投资有限公司、广西广电新媒体有限公司、市手球训练基地承办。采取"国内选拔、国外邀请"方式,在国内通过报名、推荐等渠道选拔中国战队8支;邀请泰国、越南、新加坡、马来西亚等东盟国家职业战队16支参赛。上海OMG俱乐部的AS战队获冠军,新加坡的Resurgence战队获亚军,广西战队"求求我别秀了"战队获季军。

【第九届中国—东盟国际山地自行车挑战赛】 2018年9月22日在南宁市大明山风景旅游区举办;自治区体育局、市政府主办,广西社会体育运动发展中心、市体育局承办。赛事首次融合广西公路自行车公开赛暨环广西公路自行车世界巡回赛预热赛(南宁站)主题,赛制由山地车越野赛调整为挑战赛;全程96千米,起点设在大明山风景旅游区,终点设在上林县云里湖景区;参赛自行车车手300多名。比赛设青年男子大众组、壮年男子大众组、男子公开组、女子公开组4个项目;桂林冠军捷安特车队的覃军获青年男子大众组冠军、广西动迈体育车队的谢启庚获壮年男子大众组冠军,南宁龙千峰车队的韦廉发获男子公开组冠军、广西柳州乐至车队的李金铭获女子公开组冠军。

【环广西公路自行车世界巡回赛(南宁站)】 2018年10月18日至19日在南宁市举办;自治区政府、中国自行车协会、大连万达集团股份有限公司主办。世界排名前20位中有18支顶级职业车队、122名选手参赛。分2个赛段进行,全程282.50千米。10月18日,南宁市绕圈赛(起点、终点均设在民族广场),比赛距离127.30千米。快步车队的法比奥·雅可布森获赛段冠军和总成绩第一,并获"最佳青年车手""冲刺王"称号;AG2R拉蒙迪亚车队的希尔万·迪利尔获"爬坡王"称号;天空车队的欧文·杜伦获"敢斗奖"称号。10月19日,南宁—马山弄拉风景区赛段(起点设在南宁青秀万达广场,终点设在马山县弄拉风景区),比赛距离152.20千米。天空车队的詹尼·莫斯孔获赛段冠军和总成绩第一,获"最佳青年车手""爬坡王"称号;快步车队的法比奥·雅可布森获"冲刺王";BMC车队的斯特凡·金获"敢斗奖"称号。

【ITF国际网球女子巡回赛·南宁站比赛】 2018年10月20日至28日在广西体育中心网球中心举办;中国网球协会、自治区体育局主办,市体育局、市体育总会承办。中国、美国、英国、俄罗斯、德国、乌克兰、以色列、塞尔维亚、澳大利亚、哈萨克斯坦、印度尼西亚、韩国、印度、泰国、日本等20个国家和地区100余名职业球员参赛;中国选手韩馨蕴获单打冠军,中国选手叶秋语与韩国选手韩娜莱组合获双打冠军。

【中国—东盟城市羽毛球混合团体邀请赛】 2018年10月26日至28日在广西体育馆举办;广西球类运动发展中心、市体育局、市体育总会主办。中国广西队、印度尼西亚俱乐部队、马来西亚甲洞羽毛球俱乐部队、越南河内俱乐部队、泰国俱乐部队、中国台北亚柏羽球队6支队伍参赛;印度尼西亚俱乐部队获冠军,中国台北亚柏羽球队获亚军,泰国俱乐部队获季军。

【第三届中国—东盟城市足球邀请赛】 2018年11月14日至17日在南宁市体育场举办;市体育局、市体育总会主办。柬埔寨国防部足球俱乐部、泰足总BTU队、泰国警察特罗足球俱乐部、越南广宁煤炭足球俱乐部4支职业足球队参赛。柬埔寨国防部足球俱乐部获冠军,越南广宁煤炭足球俱乐部获亚军,泰国警察特罗足球俱乐部获季军;泰足总BTU队获公平竞赛奖;越南广宁煤炭足球俱乐部球员阮海辉获最佳球员奖,泰足总BTU队球员纳塔兀获最佳射手奖。

【第十三届南宁国际马拉松比赛】 2018年12月2日在南宁市举行;中央电视台、中国田径协会、自治区体育局、市政府主办,市体育局、市体育总会承办。比赛首次入选中央电视台、中国田径协会主办的《奔跑中国》马拉松系列赛栏目,成为“一带一路”主题的重要一站,中央电视台体育频道现场全程直播;设全程马拉松、半程马拉松、10千米跑、4千米健康跑、老年人健身走5个项目,16个国家和地区运动员、爱好者2.60万人参加;比上年增加3000人。埃塞俄比亚的Outoya Gelgelo Tona、Agama Meseret Godana分别获马拉松男子组、女子组冠军;肯尼亚的Kandie Kenneth Kibiwott、中国的殷晓雨分别获半程马拉松(国际组)男子组、女子组冠军;中国的施扬合、邓玉芳分别获半程马拉松(居民组)男子组、女子组冠军;中国的郑敏春、张仙凤分别获10千米跑男子组、女子组冠军。 (羊婷婷)

体育交流

【出访参会与交流】 2018年1月25日,2017中国马拉松年度盛典颁奖晚会在上海市举行,市委常委、副市长陈颖,市体育局局长李兵作为南宁市代表参会;第十二届南宁国际马拉松比赛被中国田径协会授予“金牌赛事”称号。4月9日,2018中国围棋大会(广西·南宁)新闻发布会在北京市的中国棋院举行,中国围棋协会主席林建超,中国围棋协会副主席罗超毅,市委常委、副市长何颖,市体育局局长李兵等出席,发布围棋大会举办时间、地点、参赛阵容、日程表等信息。4月24日,2018年国际羽毛球赛事与城市社会文化软实力发展论坛在湖北省武汉市举行,市体育局派员出席论坛。4月26日,市体育局、市体育产业发展服务中心、市社会体育发展中心负责人赴广东省广州市参加2018国际垂直马拉松赛事新闻发布会,作为赛事分站的南宁代表介绍赛事相关情况;亚太地区垂直马拉松协会授权南宁龙光世纪中心为2018年协会版权赛事指定合作单位,运营推广国际垂直马拉松南宁站公开赛。6月19日至23日,市委常委、副市长何颖率南宁市代表团一行6人赴马来西亚吉隆坡参加2019年“苏迪曼”杯世界羽毛球混合团体锦标赛筹备工作会议,就竞赛组织与管理、市场营销与传播推广、商业权益、电视转播、体育展示、票务销售、颁奖仪式等进行对接,并达成一致。7月8日,市体育局、马山县政府领导应邀到柳州市参加在广西科技大学举办的“发展广西攀岩运动”“加强广西科技大学攀岩项目沟通合作”等课题调研。7月28日至30日,市委常委、副市长何颖率考察团一行14人赴江苏省南京市学习观摩2018年世界羽毛球锦标赛并出席开幕式,学习借鉴南京市组委会办赛事经验。10月31日至11月3日,市委常委、副市长何颖率市体育局、市外侨办、市教育局、市财政局、市公安局等部门相关人员赴杭州市、苏州市开展“中小学校体育场馆向社会开放”专题调研。

【来访与业务交流】 2018年1月27日,中国羽毛球协会副秘书长、国家体育总局乒羽中心二部部长冯平善到南宁考察广西体育中心体育馆改造、功能房区域划分等情况。1月31日,国家体育总局青少司副巡视员朱英等一行6人到广西,在自治区体育局召开国家体育总局调研广西体校工作座谈会,市体育局负责人汇报南宁市体校基本情况、发展现状;会后,调研组实地考察市体育运动学校、南宁吴数德举重学校。2月6日,国家体育总局装备中心副主任王平等一行4人到马山县开展运动休闲特色小镇试点项目督导调研,对马山县古零攀岩特色体育小镇项目进行中期评估。2月28日至3月1日,国家男子足球队刘殿秋、中国足球协会竞赛部高级主管黄松、竞赛部国家队赛事负责人张昊到广西体育中心考察2018年“中国杯”国际足球锦标赛比赛场地、酒店等赛事筹备情况,召开赛事保障工作会议。3月27日,广西团校与中国香港地区组织的香港青少年访问团到南宁市体育运动学校访问交流,参观跆拳道、体操、乒乓球等项目的训练。4月16日,市体育局局长李兵等在市体育局会见武汉铭泰赛车文化有限公司总经理王崑一行,双方就南宁市体育项目的投资、招商引资、用地规划等政策信息进行座谈。5月29日,国家体育总局群体司、华体创研工程设计咨询有限公司、自治区体育局等单位领导到南宁市南湖公园现场检查配建体育设施项目(2017年中央集中彩票公益金资助地方全民健身设施建设项目)情况。5月31日,浙江省江山市副市长何正芳率考察组到广西体育中心考察。6月28日,湖南省常德市人大常委会委员、民盟常德市委专职副主委刘丽艳等一行9人到南宁市考察体育产业发展、体育场馆设施建设。7月16日至28日,美国Modem Weightlifting公司一行5人(领队1人、业余运动员兼助理教练员3人、青少年运动员1人)到南宁吴数德举重学校开展训练、交流。7月30日,中国台湾地区体育用品制作商、赛事包装运营商参访团到南宁市开展友好交流活动。8月9日,羽毛球世界联合会赛事总监达伦·帕克斯、赛事项目主管许华清、中国羽毛球协会竞赛二部副部长孙鹏到南宁市考察2019年“苏迪曼”杯世界羽毛球赛事筹备事宜。8月15日,越南国家公安举重队一行10人(团长1人、教练员1人、运动员7人、翻译1人)到南宁吴数德举重学校进行为期22天的训练、交流。9月19日,国家体育总局体育器材装备中心考察团到南宁市的华智城围联体育产业股份有限公司、李宁体育园进行交流,并参观“美丽南方”运动休闲基地。11月20日至21日,羽毛球世界联合会赛事总监达伦·帕克斯、赛事项目主管许华清,中国羽毛球协会副秘书长冯平善、竞赛二部副部长孙鹏到广西体育中心体育馆考察2019年“苏迪曼”杯世界羽毛球混合团体锦标赛筹备情况。 (黄佳思)

体育产业

【体育产业政策落实与服务】 2018年4月11日,市体育局、市财政局联合印发《南宁市体育产业发展引导资金使用管理暂行办法》,2018年起南宁市每年安排体育产业发展引导资金500万元,专项用于补助上年度完成的重点体育产业基地建设、体育场馆经营与健身服务、运动休闲、体育赛事表演与传播、体育产业与其他产业融合、体育用品制造6大类体育产业项目。完成南宁国际卡丁车赛场、南宁奥运城休闲国际滑草场、那贯樱花园极速小镇、体育电影《梦寐以球》等项目评估。5月21日，南宁市体育产业培训班在重庆大学开班，开展《供给侧改革背景下体育产业跨界融合的探索》等专题讲座；学习“体育+旅游”产业融合模式，借鉴体育产业先进经验，参训50人。11月28日，自治区体育旅游产业发展工作推进会在南宁市召开，市体育局、马山县政府等与会代表就体育旅游产业项目开展情况作典型专题发言；30日，南宁市加快体育产业发展促进体育消费工作部门联席会议在南宁国际会展中心召开，各区县政府、市直相关部门等43个单位、130余人参加；江南区“酷动小镇”、第28届世界脑力锦标赛中国—东盟(南宁)国际赛、南宁国际卡丁赛车场汽摩运动综合体等体育产业项目签约。

【体育产业发展】 2018年，南宁市体育产业成为全市经济发展新增长点。培育打造国家级体育产业品牌项目7个，自治区级体育产业品牌项目13个；有规模以上纳入统计体育服务业企业7家，其他非营利性服务业(体育行业)营业收入增长15.80%。全市体育产业总规模80.92亿元，增加值38.37亿元。体育产业协会会员152家，纳入统计的从事体育产业及相关产业的法人单位1857家；从业人员2.35万人。采用公助民办模式发展体育产业，鼓励企业支持办赛、社会参与办赛；2018中国围棋大会获市政府扶持250万元，带动企业投入900多万元；中国—东盟城市足球邀请赛市政府扶持60万元，带动企业投入近300万元；中国—东盟卡丁赛车邀请赛市政府扶持10万元，带动企业投入200多万元；“酷动先锋”南宁城市运动系列挑战赛获市政府扶持60万元，带动企业投入200万元。各区县建设特色小镇和体育综合体，发展体育产业“一地一品”。江南区苏圩镇按AAAA级景区标准打造运动休闲“酷动小镇”，完成项目概念、产业规划；邕宁区培育那贵坡樱花园极速小镇，发展卡丁车、越野、露营、拓展等项目，年创收120万元。马山县挖掘山地资源，完善古零攀岩特色小镇建设，新开设飞拉达(意大利文音译，岩壁探险或铁道式攀登)、攀岩培训等项目，举办中国—东盟山地户外体育旅游大会·攀岩大师赛等攀岩赛事，拉长产业链条；国庆节期间，古零攀岩特色小镇核心景区(三甲屯)接待游客4万人次，营业收入182万元。继续完善全市体育综合体项目建设，指导李宁体育园综合体开展产业经营，拓展场馆配套商业活动、赛事组织等业务，实现创收3000多万元；扶持建设广西体育中心、南国弈园、万达茂、工人文化宫等新兴体育综合体项目，打造规模化体育综合体集群。体育产业与旅游、传媒、会展、医疗等行业融合发展加快。中国围棋大会参会近3万人，其中外地游客约1万人，按人均消费2000元计算，直接拉动消费2000万元以上；南宁国际马拉松比赛参赛2.60万人，按人均消费400元水平，拉动消费超1000万元。开展“南马邀你逛园博”主题活动，助力南宁园博园宣传和开园；南宁国际马拉松比赛、“中国杯”国际足球锦标赛、环广西公路自行车世界巡回赛(南宁站)3个赛事获中央电视台体育频道直播，直播时段累计10小时。南宁体育产业博览会继续打造“一站式、多元化”体育会展品牌，标准展位、特装展位、观展人数分别比上年增加18个、4个、2万人次。市体育局、市卫生和计划生育委员会在自治区首次主办南宁市第1期体医融合运动处方培训班，市各级医院、卫生站医疗工作者113人参加；集中学习健康处方的制定、运动处方的智能化设计和应用、运动防治糖尿病、糖代谢异常人群的运动处方、国民体质测试指标解读及制定运动处方、慢性病人群运动安全问题等内容，培养能开具个性化运动和健康处方的体医融合复合型人才。年内，中国—东盟(广西)电子竞技产业园、南宁大明山汉江欢乐谷体育旅游产业园入选2018全国优选体育产业项目名录；李宁体育园被评为中国体育旅游精品景区、广西体育产业示范单位、广西体育产业品牌；马山县古零镇攀岩特色体育小镇被评为广西体育产业示范基地；南宁万骏城卡丁车俱乐部、西乡塘区胤龙国际马术文化产业园被评为广西体育产业示范项目；南宁市六景霞义山航空飞行营地(滑翔伞项目)、武鸣区广西吉航飞行营地(初级飞机项目)、广西大明山航空体育飞行基地(滑翔伞项目)、上林笔架山国际航空基地(滑翔伞项目)被评为广西航空体育飞行基地；大明山风景旅游区被评为广西体育旅游示范基地；2018年“中国杯”国际足球锦标赛、城市围棋联赛2018赛季、第十三届南宁国际马拉松赛被评为广西体育旅游精品赛事。

【体育彩票】 2018年，南宁市利用“中国杯”国际足球锦标赛、环广西公路自行车世界巡回赛(南宁站)等赛事开展营销活动；完成体育彩票销售16.29亿元，比上年增长81%；筹集体育彩票公益金1.80亿元。

【第二届南宁体育产业博览会】 2018年11月30日至12月2日在南宁国际会展中心举办；市体育总会主办，市体育产业协会、广西中动体育产业股份有限公司、广西瀚麒广告有限公司承办，主题为“全民运动，你我同行”。展区面积1.50万平方米，设标准展位144个、特装展位14个；包括体育用品展览、区县体育发展成果展示、全民健身活动展示、体育时装秀等，滔博、中健、舒华、锐步、李宁、安踏、新百伦等国内外知名品牌销售商参展；现场设足球、篮球、体操、瑜伽、轮滑、街舞、电子竞技7大赛事专区，举办南宁市第十一届轮滑公开赛、南宁街舞邀请赛等赛事活动13项。其间，举办南宁旅游购物节、2018年南宁市加快体育产业发展促进体育消费工作部门联席会议、南宁体育产业发展论坛、世界脑力论坛等，并作为2018自治区体育旅游产业培训班现场教学点，展示南宁“体育+旅游”产业融合发展成果，观展近12万人次。 (黄永铁)

责任编辑 覃涓铌

2018年，游客在南宁大明山汉江欢乐谷体育旅游产业园体验漂流 市体育局提供

卫生

综　述

【概　况】 2018年，南宁市卫生和计生委员会机关设办公室、规划和信息科、财务科、法制科、体制改革科、卫生应急办公室、疾病预防控制科、医改医管科、基层卫生科(市新型农村合作医疗办公室)、妇幼健康服务科、食品安全监测和事故处置科、综合监督科、行政审批科、药物政策与基本药物管理科、计划生育基层指导科、考核督查科、计划生育家庭发展科、流动人口计划生育服务管理科、宣传科、科技教育科、中医药管理科(市中医药管理局)、艾滋病防控干预科、艾滋病救治科、人事和对外交流合作科、党委办公室，行政编制75名(含南宁市爱国卫生运动委员会办公室6名)，在编67人。委属事业单位22个：市第一、第二、第三、第四、第五、第六、第七、第八、第九人民医院、市红十字会医院、市中医医院、市妇幼保健院、市卫生监督所、市疾病预防与控制中心、南宁中心血站、市卫生学校、市第二妇幼保健院、南宁急救医疗中心、市医药学会办公室、市卫生计生宣传信息中心、市药具管理中心，以及代管的市计划生育协会；事业编制6866名，在编5451人；聘用人员8493人。全市将社区卫生服务中心建设、乡镇卫生标准化医疗急救点建设、智慧健康工程建设等纳入为民办实事项目。以迎接国家卫生城市复审为契机，坚持大健康理念，开展健康科普传播活动，倡导健康生活方式，建设健康南宁，实施健康促进区县和健康细胞工程建设，打造自治区级卫生乡镇7个、卫生村屯176个、卫生先进单位70个，建成健康示范单元58个。统筹推进医养结合、健康养老，全市有医养结合两证齐全机构24家，能够提供医疗卫生服务的养老机构273家。发展中医药壮瑶医药事业，推进基层医疗卫生机构“中医馆”建设，99.16%乡镇卫生院、98%社区卫生服务中心、83.51%村卫生室可以提供中医药服务。加强中医药科研管理，12个中医药科研课题获得立项，其中自治区级9个。分级诊疗制度以“上林模式”(县、乡、村三级医疗服务共为一体的联动网络模式)为重点，深化县乡医疗服务“一体化”管理改革，实现县域医疗共同体县级全覆盖，乡镇卫生院参与率100%。探索以构建紧密型医联体建设，制定出台《南宁市深入推进医疗联合体建设实施方案》，推进家庭医生签约服务，常住人口签约率37.97%，重点人群签约率64.39%。构建现代医院管理制度，出台《南宁市建立现代医院管理制度实施方案》，启动公立医院薪酬制度改革试点，实施公立医院药品采购“两票制”(药品从药厂卖到一级经销商开一次发票，经销商卖到医院再开一次发票)改革，落实药品集中分类采购政策。总结固化预约诊疗制度、远程医疗制度、临床路径管理制度、检查检验结果互认制度等，新增设置麻醉、产科、感染性疾病科3个市级医疗质量控制中心。二级以上公立医院100%开展优质护理工作，平均预约诊疗率22.30%，复诊预约率57.10%，临床路径管理的病例比例39.50%。推进按疾病诊断相关分组(DRGS)改革试点，建立全市DRGS区域医疗管理平台，医疗机构、医师和护士电子化注册管理改革实现全覆盖。加强贫困人口基本医疗保障能力，按照“医疗救助解困一批”要求，建档立卡贫困人口参保城乡居民基本医保率达100%，落实“先诊疗后付费”和医疗保障政策“一站式”即时结算制度。医学科研教育投入资金1780万元，扶持重点学科(特色优势专科)7个和高层次人才平台建设11项，全市医疗卫生单位获批自治区、市级科研项目140项。加强继续医学教育工作，全年实施医学教育项目188项，其中，国家级11个，自治区级114个。主要存在卫生资源总量不足，结构不合理，分布不均衡；基层卫生服务能力弱，设施设备差，人才紧缺；深化医改面临体制机制障碍和困难多；重点领域相关改革进展缓慢，落实分级诊疗、医保支付制度改革等联动工作有待加强；传染病流行形势依然严峻等问题。

医疗卫生机构总数量　市辖区有卫生计生机构4647个(含计划生育技术服务机构、村卫生室)，其中医院120个(公立医院60个、民营医院60个)，基层医疗卫生机构4461个(乡镇卫生院121个，社区卫生服务中心49个，社区卫生服务站68个，门诊部、诊所和医务室2669个，村卫生室1554个)，专业公共卫生机构51个(疾病预防控制中心17个、专科疾病防治所1个、健康教育所1个、妇幼保健院9个、急救中心1个、采供血机构5个、卫生监督所15个、计划生育技术服务机构2个)，其他卫生机构15个。市属医疗卫生机构有4611个(含计划生育技术服务机构、村卫生室)，其中医院101个，乡镇卫生院121个，疾病预防控制机构16个，卫生监督所14个，妇幼保健机构8个，社区卫生服务中心(站)117个，专科疾病防治所1个，急救中心1个，采供血机构5个，门诊部、诊所、卫生所、医务室2669个，村卫生室1554个，计划生育技术服务机构1个，其他卫生机构3个。

医疗卫生机构床位数　市辖区医疗卫生机构床位数5.07万张，比上年增加3575张，增长7.59%；每千常住人口医疗卫生机构床位由上年6.58张提高至6.99张，增长6.23%。医院床位数3.85万张，增加2909张，增长8.17%。其中：中医民族医医院床位数8579张，增加1018张；

民营医院床位数4588张,增加662张,增长16.86%;乡镇卫生院床位数8796张,增加608张,增长7.43%。市属医疗机构床位数3.35万张,其中医院2.23万张,卫生院8796张,社区卫生服务中心477张;增加2688张,增长8.71%。

卫生人力总量　市辖区有卫生人员8.46万人(含乡村医生2899人、卫生员302人),比上年增加3764人,增长4.65%;每千常住人口卫生人员11.67人,增加0.36人。有卫生技术人员6.91万人,增加3483人,增长5.31%;每千常住人口卫生技术人员9.53人,增加0.36人。执业医师和执业助理医师2.46万人,增加1113人,增长4.74%;每千常住人口执业医师和执业助理医师3.39人,增加0.11人,其中中医类别执业医师和执业助理医师4648人,每千常住人口中医类执业医师和执业助理医师0.64人。注册全科医生671人,增加315人,增长88.48%;每万常住人口全科医生0.93人,增加0.43人。注册护士3.10万人,增加1861人,增长6.38%;每千常住人口注册护士4.28人,增加0.21人。乡镇卫生院卫生人员9706人,增加352人,增长3.76%;乡镇卫生院卫生技术人员8235人,增加269人,增长3.38%;乡镇卫生院执业医师和执业助理医师2371人,增加93人,增长4.08%;乡镇卫生院注册护士3166人,增加135人,增长4.45%。市属医疗卫生机构卫生人员5.83万人,卫生技术人员4.76万人,其中执业(助理)医师1.74万人,注册护士2.04万人;分别增加3.20%、3.70%、3.61%、5.41%。

(龚可奉)

【医疗卫生体制改革】2018年1月,市卫计委起草《南宁市深入推进医疗联合体建设实施方案》,经市委全面深化改革领导小组会议审议,以市政府办公厅名义印发实施。1月1日起,全市所有公立医疗机构全面执行药品采购“两票制”(药品从药厂卖到一级经销商开一次发票、经销商卖到医院再开一次发票),组织各单位在药品采购过程中主动索要票证,做好票证核验及留存。10月18日至19日,在上林县召开全市健康扶贫暨医联体建设现场会,部署推进紧密型医联体建设,指导区县以上林模式为蓝本,建设人财物统一管理的县域医共体(县域医疗服务共同体);指导市第一人民医院、市第二人民医院组建人财物统一管理的城市医疗集团。市人力资源和社会保障局原则同意在县域医共体及城市医疗集团实行医保打包付费。年内,市卫计委配合市人社局,修订南宁市公立医院薪酬制度改革试点方案;选择上林县为公立医院薪酬制度改革试点县,待试点结束后及时总结经验,不断拓展深化。全市完成农村订单定向免费医学生培养签约75名,按要求组织毕业生参加住院医师规范化培训和助理全科医生培训74名,落实54名医生参加全科医生转岗培训1年;组织实施《广西改革完善全科医生培养与使用机制实施方案》。市卫计委组织实施委属公立医院7个重点学科(特色优势专科)及11项高层次人才平台建设项目的论证和落实,划拨资金1780万元;组织对市第二人民医院等4家公立医院的建设项目进行收益与融资自求平衡情况评价,争取到1亿元政府债券资金用于项目建设;完成市第二人民医院五象医院、邕宁区人民医院、隆安县人民医院等级医院复评,实现每个县有1家二级甲等综合医院的医改目标。

【医疗卫生服务】2018年,南宁市公立医院和基层医疗服务体系建设加强,卫生服务量继续增加,医疗服务效率和服务质量提高,群众看病就医难问题得到缓解。

县乡村三级医疗卫生服务网络　南宁市5个县有医院14个、妇幼保健院5个、乡镇卫生院71个;农村三级医疗卫生服务网络床位数11681张,占全市总床位数23.05%。有卫生人员1.70万人,占20.09%;其中卫生技术人员1.27万人,占18.32%。全市有村卫生室及村卫生室分点1554个,村卫生室乡村医生2899人、卫生员302人;社区卫生服务中心49个、社区卫生服务站68个,社区医护工作者2914人(含专职防保人员、从事一线社区卫生工作者),其中卫生技术人员2613人;有执业医师和执业助理医师1090人,注册护士1032人。

医疗服务量　南宁市辖区医疗卫生机构总诊疗人数4798万人次,比上年增加19万人次,增长0.40%;其中医院总诊疗人数2222万人次,增加102万人次,增长4.80%。基层医疗卫生机构总诊疗人数2153.62万人次,减少66.07万人次。乡镇卫生院总诊疗人数613.56万人次,减少35.15万人次,减少5.42%。农村三级医疗卫生机构总诊疗人数902.51万人次(县级医院331.88万人次、乡镇卫生院313万人次、妇幼保健院95万人次、村卫生室145.84万人次、其他医疗卫生机构16.79万人次);市属医疗机构诊疗人数3562万人次,其中医院诊疗1152万人次,减少37万人次,减少1.04%。市辖区医疗机构住院人数167.12万人,增加7.43万人,增长4.65%。其中:医院住院人数115.52万人,增加6.77万人,增长6.23%;农村三级医疗机构住院人数52.04万人(县级医院24.76万人、乡镇卫生院21.10万人、妇幼保健院6.18万人次)。市属医疗机构住院人数114.06万人,其中医院住院人数68.14万人次,增加3.13万人,增长2.82%。

医疗服务效率　市辖区医院病床使用率81.92%(公立医院88.95%),比上年下降5.79个百分点。医院平均住院日9.90日(公立医院9.80日);乡镇卫生院病床使用率69.24%,减少1.58个百分点。全市医院医师日均担负诊疗6.70人次、担负住院床2.40日,与上年基本持平。公立医院医师日均担负诊疗7人次、担负住院床2.40日;乡镇卫生院医师日均担负诊疗10.40人次、担负住院床2.40日;社区卫生服务中心医师日均担负诊疗14.80人次,担负住院床0.30日。

【国家基本药物制度实施与药品集中采购】2018年,南宁市巩固完善国家基本药物制度,11月1日起实施《国家基本药物目录(2018年版)》。全市有县级公立医院22家、乡镇卫生院121家、政府办行政村卫生室和政府或公立医院举办的社区卫生服务机构1384个,全部实施国家基本药物制度并执行“零差率”销售政策,城市公立医院按规定比例优先配备使用基本药物。年内,基层医疗卫生机构基本药物订单总额3.36亿元,配送到位金额3.09亿元;县及县以上医疗卫生机构药品网上集中采购订单总额25.79亿元,占全部药品采购总额90%以上。

【卫生项目建设】2018年,南宁市加快推进2011年至2017年中央、自治区支持市、区县卫生机构项目建设310个,完成建设项目291个,未完工17个;项目涵盖县级医院、乡镇卫生院、村卫生室,及城市医院、社区卫生服务中心的基础设施建设和医疗设施配备,总投资22.54亿元,完成投资21.50亿元。年内,中央、自治区安排专项资金3.09亿元,支持医疗卫生机构项目建设52个,总规模10.89万平方米,其中县级医院建设项目1个、乡镇卫生院标准化项目51个。开工建设项目50个,横县2个项目未开工,完成投资3911万元。推进市级卫生项目建设21个。市第一人民医院5个项目(特殊医技用房竣工备案、医技综合楼主体施工到七层、全科医生培养基地开工建设完成所有支护桩84根、相思湖医院将一方案两评估报政府审定、老干部医疗保健中心完成初步设计评审),市第二人民医院2个项目(江南区人民医院医技综合楼主楼部分施工至二层、市第二人民医院门急诊内科综合楼项目正在进行地下连续墙施工),

市第三人民医院门诊住院综合楼项目进行内处装修，市第四人民医院传染病门诊住院大楼可研报告未获批复，市第五人民医院3个项目（心理科森田一期改扩建工程主体三层完工、老年精神康复中心建设项目正进行可行性研究报告编制、精神卫生综合大楼建设项目进行基础施工），市儿童医院建设PPP项目一二期工程完工，市中西医结合医院项目进行主体施工，市第九人民医院门诊综合大楼开展内外装修，市妇幼保健院保健综合楼项目进行主体15层北面施工，市疾控中心三期工程主体封顶，南宁中心血站业务副楼完成二次装修，南宁中心血站五象采血点、南宁急救中心南区急救分中心、市卫生监督进行用地预、初审测绘。

【卫生计生管理】 2018年，南宁市卫生计生系统开展“进一步改善医疗服务行动计划”“平安医院”及护理、药政、检验、输血、院感、病案等专项督查1次，对全市37家二级以上医疗机构进行医疗质量检查，开展双休日及节假日门诊，推行检验检查结果互认；开展临床路径工作，19万多份病例纳入临床路径管理，实施临床路径管理病例数占出院病例数38.90%。组织进行医疗机构、医师、护士电子化信息注册，开展医师定期考核，完成执业医师资格考试，把好医务人员准入关口。开展流行性感冒、手足口病等传染病防控监督，对医疗机构预检分诊、医院感染管理、医疗救治等进行督查指导。年内，组织开展联合整治“两非”（非医学需要的胎儿性别鉴定、非医学需要的选择性别的人工终止妊娠）专项行动53次，检查医院181家、个体诊所1270个、药店1060个、其他单位63个，立案查处“两非”案件18起，结案16起，罚款14.86万元；处理责任人员10人、责任医疗机构6个，吊销执业证书1本。

【公共卫生服务】 2018年，南宁市基本公共卫生服务项目按照人均补助55元的标准，筹措资金3.80亿元。为608.02万居民建立健康档案，规范化电子建档率86.05%；0岁～6岁婴幼儿健康管理率93.70%，新生儿访视率97.44%，早孕建册率94.13%，产妇产后访视率96.53%；高血压患者年内管理人数34.13万，糖尿病患者年内管理人数8.85万，国家免疫规划疫苗接种率98.42%。通过建档、随访、干预、体检、监测、指导及有效治疗、宣教等，预防重大疾病发生，引导群众形成健康的生活方式。

【卫生保障】 2018年，南宁市卫生计生系统统筹全市医疗资源，完成处置“1.30”隆安县布泉乡龙里村农用车侧翻事故、“2.13”市第二人民医院伤医事件、“2.24”西乡塘区兴贤村路段大货车和中巴车相撞交通事故、“4.7”横县校椅镇临江村疑似食物中毒致死事件、“4.16”昆仑大道大乌村持刀砍人事件、“4.16”北湖北路柏涛湾小区砍人事件、“5.12”那马高速路段交通事故、“7.16”白沙友谊路口小车撞清洁工事件、“8.26”五一路南化一区伤人事件、“8.30”桃源路自治区人民医院门口交通事故、“10.31”秀厢大道秀灵立交发生1起大巴车和环卫车相撞交通事故等各类Ⅳ级及以上突发事件紧急医学救援工作11起（一般事件6起、较大事件3起、重大事件2起）；派出救援车辆60车次，救治各类伤病员104人。完成流感、手足口病及肺结核等疫情防控。6月，市卫计委完善南宁市院前急救网络建设，建成卫生应急指挥平台并投入使用。年内，组织南宁急救医疗中心落实凤岭、相思湖、五象新区3个急救分站的项目建设前期准备。组织开展群死群伤卫生应急综合演练，增设南宁市航空医疗救援通道，完善南宁市空地医疗救援，提升应急医疗救援的快速反应能力和紧急处置能力。举办南宁市院前急救安全规范化管理专题培训班，培训4000人；南宁市基层医疗服务能力提升培训班，培训872人。市卫计委加强基层卫生院与妇幼保健院院前急救能力，组织实施2018年南宁市人民政府为民办实事项目——为20个乡镇卫生院急救示范点按照“6个1”（添置一批院前急救设备，配置一台具有抢救监护功能的救护车，培训一批基层卫生院急救业务骨干，升级一批急诊抢救治疗场所，健全一套院前急救管理规范、工作流程和规章制度，完善一个基层医疗机构急救网络）标准进行配置。市卫计委完成2018年“中国杯”国际足球锦标赛、第15届中国—东盟博览会、第15届中国—东盟商务与投资峰会、南宁国际民歌艺术节、2018年环广西公路自行车世界巡回赛（南宁站）、2018年南宁国际全程马拉松比赛、自治区成立60周年大庆、生态文明论坛、南宁园博园开幕和园区运营等各项重大活动和赛事的医疗卫生保障约360场次。两会期间，现场施救急性心肌梗死民警1名。

2018年11月14日，南宁市医养结合良庆区工作现场　　市卫生计生委提供

【医疗质量控制】 2018年，南宁市推进医疗质量控制体系建设，增设麻醉、产科、感染性疾病科3个市级医疗质量控制中心。年内，6个质控中心（南宁市护理质量控制中心、南宁市药学质量控制中心、南宁市临床检验质量控制中心、南宁市临床输血质量控制中心、南宁市医院感染质量控制中心、南宁市病案质量控制中心）组织开展质控督导和业务培训8期，培训1500余人；组织举办新生儿复苏临床技能竞赛、医疗机构临床科学用血知识竞赛各1次。

【卫生采购项目】 2018年，南宁市本级卫生计生系统完成采购项目71个；采购预算资金2.26亿元，成交金额2.17亿元，完成率96.02%；节约资金912.94万元，节约率4.04%。区县卫计系统完成自治区基层能力建设采购项目34个，其中乡镇卫生院设备采购25个，区县疾控设备采购2个，城区监督所设备采购7个，资金4248.37万元。

【医养结合】 2018年，南宁市初步形成“养中有医”“医中有养”“医养合作”模式、社区居家养老医养结合模式、家庭医生签约服务模式，“两院一体”（新建卫生院同时建设敬老院)模式、医养结合产业集聚区模式、“互联网+”健康养老服务模式等多种资源共享、优势互补的医养结合模式。至年末,全市两证(卫生计生部门颁发的《医疗机构执业许可证》、民政部门颁发的《养老机构设立许可证》)齐全的医养结合机构24家,其中新增医养结合机构9家(兴宁区、青秀区、江南区、西乡塘区、横县、宾阳县、马山县、南宁高新技术产业开发区、广西东盟经济技术开发区各1家);建立与养老机构合作机制的医疗机构64家。能为入住老年人提供医疗卫生服务的养老机构273家;开设为老年人提供挂号就医等便利服务的绿色通道的医疗机构215家。基层医疗卫生机构为65岁以上居家老年人提供健康管理服务的家庭医生签约率64%。

(龚可奉)

医政管理

【概　况】2018年,南宁市构建现代医院管理制度,出台《南宁市建立现代医院管理制度实施方案》,启动公立医院薪酬制度改革试点,实施公立医院药品采购“两票制”改革,落实药品集中分类采购政策。实施改善医疗服务行动计划。总结固化预约诊疗制度、远程医疗制度、临床路径管理制度、检查检验结果互认制度等,新增设置麻醉、产科、感染性疾病科3个市级医疗质量控制中心。二级以上公立医院100%开展优质护理工作,平均预约诊疗率22.30%,复诊预约率57.10%,临床路径管理的病例比例39.50%。推进按疾病诊断相关分组(DRGS)改革试点,建立全市DRGS区域医疗管理平台,医疗机构、医师和护士电子化注册管理改革实现全覆盖。医学科研教育投入资金1780万元扶持7个重点学科(特色优势专科)和高层次人才平台建设11项,南宁市医疗卫生单位获批自治区级、市级科研项目达140项。年内,实施医学教育项目188项,其中国家级11个,自治区级114个。

(方　明)

【医疗安全管理】2018年,市卫计委深化“平安医院”创建,制定《南宁市严厉打击涉医违法犯罪专项行动实施方案》,成立专项行动协调小组,部门履行职责,协调配合;组织开展维护医疗秩序,打击涉医违法犯罪专项行动,维护正常医疗秩序。全市37家二级以上公立医疗机构有36家医院建立警务室,其中29家在院内重点部门安装应急报警装置,设立警务室比例97%。三级医院警务室建设率100%。二级以上公立医疗机构均参加医疗责任保险,覆盖率100%;157家基层医疗机构有137家参加医疗责任保险,覆盖率87.26%。市卫计委结合“进一步改善医疗服务行动计划”活动,对全市二级及以上公立医疗机构进行医疗服务质量与医疗安全、执业安全、医德医风等方面进行检查。12月28日,在市第五人民医院开展突发性暴力事件、消防安全应急疏散演练。

【医疗纠纷处理与医疗事故鉴定】2018年,市卫计委组织南宁市医学会开展医疗事故技术鉴定72件,其中市卫计委直接受理并委托医疗事故技术鉴定32件,法院委托和直接申请鉴定34件,医患双方共同委托6件;鉴定结果为医疗事故11件。

【医院感染管理】2018年,市卫计委继续对感染性疾病加大检查、督导力度。编印、发行《医院感染管理工作手册》1000多本。5月,举办南宁市医院感染管理培训班,培训283人。针对人感染高致病性禽流感、手足口病、流感等传染病的防控形势,医疗机构执行各级卫生行政部门有关规定,对全市医院感染性疾病科、急诊科和儿科等开展院感专项督查3次,涉及市卫生计生委直属公立医疗机构13家、区县基层医疗机构25家、民营医院8家。

【药品集中分类采购】2018年,市卫计委继续推进药品分类采购,公立医疗卫生机构继续执行以政府为主导,以自治区为单位的药品网上集中分类采购政策,组织做好自治区招标入围品种的规范采购和配备使用。推进国家谈判药品网上采购,采取有效措施确保医院配备和合理使用谈判抗癌药品按照有关诊疗规范、指南等执行,并根据临床需求和诊疗能力,及时配备谈判药品,优化用药结构,将谈判药品纳入医院的药品处方集和基本用药供应目录;区县、医疗机构根据临床需求开展药品直接挂网采购及低价药补充挂网采购,与生产企业直接议价。年内,全市基层卫生医疗机构药物订单总额3.36亿元,配送到位金额3.09亿元,到位率91.96%;医疗卫生机构药品采购金额22.38亿元,耗材采购金额12.94亿元。

【医疗机构药事管理】2018年,南宁市各医疗机构均建立抗菌药物临床应用管理支撑体系,做到合理检查、合理用药、因病施治。6月5日,市卫计委组织举办南宁市药事业务培训班和医院药事管理培训班,邀请国家卫生健康委员会医院管理研究所药事管理研究部主任、国家医院药事管理质控中心主任颜青和自治区人民医院药学部主任、广西医院药事管理质控中心主任陈英等专家授课,培训140人。全市医院均建立抗菌药物临床应用管理支撑体系,做到合理检查、合理用药、因病施治。开展麻醉药品临床使用与规范化管理培训4期,培训1500余人。

【护理管理】2018年,市卫计委组织全市护理质控中心、护理学会开展多项护理活动。3月、7月、9月,分别举办第3期、第4期、第5期护士长胜任力培训班,培训护士长82名。7月,组织全市急诊专业护士参加由广西护理学会门急诊专业委员会主办的2018年广西“强质量·重内涵”急救技能比赛,南宁市代表队获团体一等奖。11月17日至18日,举办“南宁市护理质量与安全管理培训班暨南宁市护理质量改善优秀成果展示”,300人参加。市护理质量控制中心根据南宁市《优质护理服务评价工作方案》,对全市39家二级以上医疗机构开展“南宁市2018年优质护理服务专项督查”,对发现的问题进行通报、整改。

【“服务百姓健康行动”大型义诊】2018年9月6日至12日,市卫计委组织区县卫计局和市属39家医疗机构、355名医师、31名药剂师、216名护士开展“服务百姓健康行动”大型义诊活动,为群众义诊6138人次(农村建档立卡贫困人口521人),发放宣传资料2.82万份,参加大讲堂群众3971人次,减免患者费用4.13万元。

【社会医疗救助】2018年,市卫计委组织开展对在市辖区发生的需紧急救助但身份不明或者无负担能力的患者实施快速、高效、有序的应急医疗救助,救助62人次,支出救助资金82.72万元。按自治区道路交通事故社会救助基金管理要求,完成交通事故受害人社会救助申请材料审核36份。

(龚可奉)

疾病预防控制

【概　况】2018年,南宁市在重大疾病防控方面坚持“预防为主、防治结合、分类管理”的工作方针,完善县、乡、村(社区)三级重大疾病防治网络体系,构建以政府主导、部门负责、社会共同参与的重大传染病防治工作体系,确保不发生重大传染病暴发流行和突发重大公共卫生事件的目标完成。加强精神障碍患者救治和管理，对严重精神障碍患者管理率达到 87.09%；继续将肺结核病患者救助纳入为民办实事项目，提前 1 个月完成救助目标 1000 例，其中新发涂阳肺结核病治愈率 90.97%。加强学校结核病防控工作，将开展结核病筛查纳入新生入学体检项目。1 月 ~10 月，实施防治艾滋病攻坚工程，减免艾滋病患者首次抗病毒治疗检查费用 1270 人，减免首次复查肝功能检查费用 862 例，减免首次复查肝功能费用 1111 人。加强院前医疗急救体系建设，完成乡镇卫生院急救示范点建设 20 个。提供自治区 60 周年大庆等重大活动医疗卫生保障。 （方 明）

【传染疫情报告】 2018 年，南宁市无甲类传染病疫情发病报告。乙类传染病发病报告 22646 例，死亡 498 人；发病率 316.58/10 万，死亡率 6.96/10 万，病死率 2.20%。无传染性非典型肺炎、脊髓灰质炎、人感染高致病性禽流感、流行性出血热、乙脑、炭疽、流行性脑脊髓膜炎、白喉、钩体病、血吸虫病和人感染 H7N9 禽流感的发病和死亡报告。乙类传染病报告发病率与上年相比上升 15.03%，主要是登革热、梅毒、伤寒 + 副伤寒、病毒性肝炎、猩红热、淋病和艾滋病等病种报告发病率上升；死亡率下降 2.83%，主要是人感染 H7N9 禽流感、钩体病、布病、新生儿破伤风、麻疹、疟疾、狂犬病、痢疾、肺结核等病种报告死亡率下降。乙类传染病发病率居前五位的病种依次为病毒性肝炎、肺结核、淋病、梅毒和艾滋病；病死率为前三位的病种依次是狂犬病、艾滋病和肺结核。丙类传染病报告发病率 786.84%，无死亡病例报告。丙类传染病发病占法定传染病发病总数 71.31%；手足口病发病 37760 例，占法定传染病总数 47.84%。全市有传染病诊疗机构 272 家，网络正常运行传染病诊疗机构 272 家，传染病诊疗机构网络正常运行率 100%。年内，报告传染病卡片 11.56 万张，及时报告 11.56 万张，及时报告率 99.96%；审核卡片 11.49 万张，及时审核 11.49 万张，及时审核 100%。报告突发公共卫生事件 57 起（较大事件 1 起、一般事件 43 起、未分级事件 13 起）。接收预警信号数 4147 条，排除 3790 条，疑似事件数 357 条，通知相关业务部门处置。

【免疫规划】 2018 年，南宁市常规免疫冷链运转 12 次以上。全市适龄儿童建卡 30256 人，出生婴儿上卡率 17.33%。基础免疫接种情况：卡介苗接种率 99.13%，乙肝疫苗接种率 99.43%，乙肝疫苗首针及时接种率 95.27%，脊灰疫苗接种率 99.29%，百白破疫苗接种率 96.06%，麻疹类疫苗（含麻疹、麻风、麻腮风疫苗）接种率 99.39%，A 群流脑接种率 99.18%，A+C 群流脑接种率 99.06%，甲肝疫苗接种率 99.09%，乙脑疫苗接种率 93.37%，白破疫苗接种率 98.96%。报告麻疹病例 6 例，发病率 0.142/10 万；报告 AFP 病例 30 例，报告率 2.28/10 万；全市无脊灰野毒株引起的脊灰病例报告。完成预防接种异常反应的调查处理 562 人次。

【结核病防治】 2018 年，南宁市以乡镇为单位实施现代结核病控制策略（DOTS 策略），覆盖率 100%；登记活动性肺结核病人 5425 例，其中病原学阳性病人 1890 例（初治涂阳病人 1729 例）；利用国际项目筛查 4898 例耐多药肺结核可疑者，确诊耐多药病人 47 人，纳入治疗 34 例；上年登记新涂阳肺结核病人 1090 例，治愈 970 例，变更诊断 13 人，转入耐多药治疗 17 人，治愈率 91.51%。市政府将“为城乡贫困肺结核患者提供免费治疗”纳入为民办实事项目，纳入免费治疗贫困肺结核病患者 1179 人，累计治愈上年纳入免费治疗贫困肺结核病患者 1134 人，治愈率 95.45%(1134/1188)，所有纳入项目的病人均享受免费检查、治疗，投入经费 100 万元。

【手足口病防控】 2018 年，南宁市报告手足口病发病 37576 例，其中重症 86 例，死亡 0 例；发生突发疫情 4 起，手足口病危重病例的病原以其他肠道病毒为主。手足口病病原学监测检测结果显示，优势病原体全年均为 CA16。

【艾滋病防控】 2018 年，南宁市群众筛查艾滋病抗体 214.89 万人次（人群筛查率 30.43%)，比上年同期上升 4.71%（筛查率上升 1.37%)，新发现报告艾滋病感染者 / 病人 1687 例。艾滋病在治病人病死率 0.8 / 100 人年，控制在自治区下达不高于 2015 年全区平均数 1.5 / 100 人年的范围内。经性传播途径是南宁市艾滋病传播的首要途径，其中以异性传播为主，经输血传播基本阻断，经母婴、经注射吸毒传播得到有效控制，经同性性传播比例逐年上升。新报告病例以农民、中老年为主，感染人群分布广，部分乡镇存活数集中。疫情由高危人群向一般人群扩散、城镇向周边农村地区扩散。

【碘缺乏病防治】 2018 年，南宁市疾病预防控制中心完成碘盐监测 3976 份，碘盐覆盖率 99.42%，非碘盐率 0.58%，碘盐合格率 96.43%，合格碘盐食用率 95.88%；达到 GB16006-2008《碘缺乏病消除标准》中关于碘盐的相关规定。5 月 15 日，组织开展“‘碘’亮智慧人生，共享健康生活”主题宣传活动，发放宣传资料 6.21 万份，接受相关知识咨询 1.67 万人次。

【狂犬病防治】 2018 年，南宁市狂犬病发病报告 2 例，发病率 0.03/10 万，病例暴露后均没有进行规范伤口处置和接种疫苗。9 月 28 日第 12 个“世界狂犬病日”，市疾控中心专业人员在市预防疾控中心预防接种门诊楼开展狂犬病知识宣传活动；通过移动公司发布防治狂犬病知识短信 2 万多条，制作宣传易拉宝，发放宣传小折页 500 多份，并通过接种门诊 LED 电子滚动屏播放宣传内容，宣传覆盖群众 3 万多人。10 月 17 日至 18 日，举办狂犬病防控技术培训班 1 期，培训狂犬病疫情和从事犬伤暴露后伤口处置的医务人员 120 人。

【血吸虫病防治】 2018 年，南宁市连续 30 年实现无本地血吸虫病例报告。武鸣区、横县、宾阳县查螺面积 309.50 万平方米；宾阳县、武鸣区未发现残存螺点及新螺点，横县上年遗留钉螺面积 3.30 万平方米，未发现阳性钉螺。对螺点实施药物灭螺，灭螺面积 9.32 万平方米；监测武鸣区、横县、宾阳县本地人群和流动人群 2311 人的感染情况，未发现血吸虫病患者。

【重点疾病监测】

鼠疫监测 2018 年，南宁市疾病预防控制中心采集鼠血 403 份，鼠疫 F1 抗体检测结果均为阴性。指示动物（狗）监测 50 份，结果均为阴性。鼠类内脏鼠疫杆菌培养 207 份，未培养出鼠疫杆菌。

疟疾监测 完成未外出居民血检 5980 人次，未检出疟原虫阳性者；流动人口血检 1414 人次，检出疟原虫阳性 31 例（恶性疟 13 例、间日疟 12 例、卵形疟 6 例），所有病例得到及时全程治疗，无继发二代病例和死亡病例。

霍乱监测 监测标本 4337 份，其中重点人群 507 份、医院腹泻病人 3151 份、外环境 679 份，所有标本检测结果均阴性。

流感监测 采集标本 2202 份，检出阳性 248 份，其中甲型 H1N1 流感病毒阳性 143 份、B 型流感病毒阳性 102 份、季节性 H3N2 流感病毒阳性 3 份。

手足口病监测 监测手足口病轻症病例 1033 例，检出阳性 859 例，其中 EV71 阳性 15 例（占 1.75%)、CA16 阳性 625 例（占 72.76%)、CA6 阳性 41 例（占 4.77%)、CA10 阳性 74 例（占 8.61%)。其他肠道病毒阳性 104 例（占 12.11%)；其余 174 例为肠道病毒核酸阴性。

人禽流感监测 采集标本 402 份，其中外环境标本 372 份，职业暴露人群血清标本30份;外环境标本检测结果阳性63份,其中A型(H9亚型)流感病毒核酸阳性27份,A型(H5亚型)流感病毒核酸阳性13份,禽流感病毒(非H5、H7、H9)核酸阳性9份,禽流感病毒H5、H9亚型流感病毒核酸同时阳性14份。

人间布鲁氏菌病监测　采集职业人群血清标本459人份,布病抗体检测结果均为阴性;全市报告病例10例。登革热监测,报告输入性登革热病例7例,其中来源于柬埔寨和广东各2例,越南、老挝和缅甸各1例;监测发热病人血清标本510份,其中2份为登革热IgM阳性。

【精神疾病防治】　2018年,市卫计委成立全市精神卫生防治技术管理领导小组,由三级精神病专科医院(市第五人民医院)牵头组建由19家医疗机构组成的南宁精神卫生专科医疗联合体,统筹整合精神卫生资源,提升精神卫生服务能力。全市登记严重精神障碍患者在册数2.92万人,在册患者检出率4.14‰;年度在管患者24818人,年管理率84.91%,各项管理指标均达到或超过国家、自治区的目标要求。与市委政法委综治办、市公安局等部门配合,建立市精神卫生工作领导与部门协调机制,按照部门间信息交换制度要求,累计评估报送危险性评估3级以上高风险患者信息6232例(2018年度新增873例)。首条专业免费心理援助热线(0771-3290001)为患者、公众搭建接受心理卫生服务的便捷平台。获中央彩票公益金项目支持,在兴宁区和武鸣区分别设立社区精神康复服务点。　(龚可奉)

卫生监督

【概　况】　2018年,南宁市抓好职业卫生、环境卫生、放射卫生等工作,按时完成食品安全及健康危害因素监测任务。加强卫生计生综合监督体系建设,设立协管站141个,将监督执法网络机构延伸至乡镇。推行"双随机"抽查工作机制,监督抽检1720家,依法查处案件数28起。推进医疗机构失信联合惩戒工作,推送不良记录32条。开展打击非法医疗美容等专项整治行动,立案293起,查处非法医疗美容案件48件,依法取缔非法医疗美容场所45家。　(方　明)

【卫生行政处罚】　2018年,市卫计委依法开展卫生行政执法,行政处罚立案135起,其中公共场所卫生75起,医疗卫生25起,学校卫生22起,消毒卫生3起,饮用水卫生3起,传染病卫生5起,放射卫生1起,职业病卫生1起。没收违法所得3.04万元,警告88起,没收药品器械13起;结案146起(含2017年立案22起),累计结案金额95.66万元。全年合议案件135起,其中简易程序24起,一般程序102起,听证程序9起。办理的《某酒店有限责任公司未在公共场所内放置安全套或者设置安全套发售设施案》被评为全国优秀案卷。

【医疗机构监督】　2018年,南宁市本级有监管医疗机构213家,其中非营利性三级医院22家,非营利性一级、二级医院43家,民营医院36家,门诊部30家,医务室14个,诊所58家,采供血机构6家,医学检验机构4家。监督检查医疗卫生机构575家次,完成率100%。立案查处违法医疗机构25家,处罚无许可证行医案件17件,没收非法所得7440元,没收药品器械12件。对照《广西医疗机构不良执业行为记分管理办法》规定,予18家医疗机构不良执业记分。

【放射卫生监督】　2018年,南宁市本级管辖放射诊疗机构有90家,监督检查90家(综合医院47家、专科医院31家、综合门诊部7家、专科门诊部3家、诊所1家、医务室1家),监督覆盖率100%;所检机构"放射诊疗许可证"有效持证率100%;"大型医用设备配置许可证"持证率100%。有放射诊疗建设项目38个,进行职业病危害预评价并通过预评价审核38个,进行职业病危害放射防护控制效果评价并通过竣工卫生验收38个。检查放射工作人员2244名,其中2237名参加放射卫生培训,培训率99.69%。检查放射工作人员2242名(上岗前检查276名、在岗期间检查1951名、离岗检查15名),检查率99.91%,检出职业禁忌证4人、疑似职业性放射性疾病1例;进行个人剂量监测2242名,监测率99.91%。检查放射诊疗设备424台,设备的状态检测率和工作场所放射防护检测率均100%;放射工作场所入口处明显位置电离辐射警告标志设置率、放射卫生管理制度建立率、放射安全与防护工作管理委员会建立率、放射个人防护用品配备率100%;放射卫生档案建立率98.89%。印发卫生监督意见书,责令12家放射诊疗机构整改,并对2家放射诊疗机构分别处以警告、罚款。

【公共场所卫生监督】　2018年,南宁市公共场所国家随机监督检查抽检36家(含学校游泳池)108份水样,全部项目合格34家,合格率94.44%;对119家公共场所单位抽检582份顾客用品用具样品,合格率90.60%;对102家公共场所的室内空气质量抽检306份样品,合格率100%;对16家公共场所的集中空调通风系统抽检152份样品,合格率100%。对抽检不合格的14家单位在告知其检测结果的同时下达监督意见书责令其限期整改,对其中12家存在问题比较严重或整改不力的单位进行行政处罚,处罚金额4.25万元。年内,立案处罚75家,结案75家,结案金额21.60万元。

【生活饮用水卫生监督】　2018年,南宁市设城市生活饮用水监测点61个,其中出厂水12个、末梢水38个、二次供水11个。按丰水期、枯水期的要求进行监督监测,四个季度水质监测合格率分别为91.68%、94.80%、95.45%、93.98%,将检测结果向社会公示。执行国家卫生计生委"双随机"(随机抽取被检查对象、随机选派检查人员)事项29件,完成27件、完结2件;市政府"双随机"6件,完成6件。涉水产品抽检合格率100%、集中式供水出厂水抽检合格率100%、二次供水抽检合格率100%、现制现售出水水质抽检合格率80%。年内,查处单位3家,立案3件、结案3件、处罚金额3.35万元。

【学校卫生监督】　2018年,南宁市卫生监督部门对学校教学及生活环境卫生、传染病防控、生活饮用水卫生以及校内医疗卫生机构、公共场所等进行综合性卫生监督。对10所学校的末梢水、二次供水和25所学校的75间教室照明情况进行卫生监督监测,对18所教室照明不符合国家标准的学校予以警告处罚,促使学校落实整改措施。开展中小学校园及周边治安综合治理专项卫生监督,排查448家医疗机构、234所中小学校,取缔学校周边非法行医机构6家,没收非法医疗器械和药品,未发现学校周边以人工流产、性病治疗业务为主的医疗机构。年内,实施儿童口腔疾病综合干预,完成第一恒磨牙的免费窝沟封闭9656颗,完成率107%。监测4所学校5间教室的采光照明情况,课桌面平均照度、课桌面照度均匀度、黑板平均照度均合格,合格率100%;黑板照度均匀度合格率80%。

【职业卫生监督】　2018年,南宁市本级管辖的职业健康检查机构8家,职业病诊断机构3家,职业病鉴定办事机构1家,监督覆盖率100%。年内,8家职业健康检查机构对1549个单位进行非放射性职业健康检查,检查9.24万人(上岗前1.01万人、在岗期间8.04万人、离岗1920人),

检出职业禁忌证692人,检出疑似职业病94例。其中广西壮族自治区工人医院、广西水电医院、市第二人民医院3家机构对694个单位进行放射性职业健康检查,检查6244人(上岗前1085人、在岗期间5042人、离岗117人),检出职业禁忌证4人、疑似职业性放射性疾病1例。职业病诊断机构自治区工人医院确诊南宁市职业病新病例8例(包括尘肺5例、物理因素所致职业病1例、职业性皮肤病1例、其他呼吸系统疾病1例),无死亡病例;市第二人民医院、市疾病预防控制中心均未接到过任何职业病诊断的申请。职业病鉴定机构市医学会接到职业病诊断首次鉴定申请7例(受理6例,不予受理1例),完成鉴定6例,结论为维持原诊断4例,与诊断结论不同2例。

【消毒产品卫生监督】 2018年,南宁市按照全年2次监督抽检的要求,对市辖17家餐具、饮具集中消毒服务单位进行监督采样抽检,抽取包装消毒餐饮具成品样品1182份,委托广西南宁剑凯环保科技有限公司进行感官指标、大肠菌群和沙门氏菌项目检测,抽检1182份消毒餐饮具样品中,感官指标合格,未检出沙门氏菌阳性样品;检出大肠菌群阳性样品2份,合格1180份,合格率99.83%。检查企业30家,其中消毒剂企业4家、卫生用品企业18家、抗抑菌剂企业8家,覆盖率100%。开展市本级消毒产品经营单位监督,检查连锁或直营药店和大型连锁超市45家,监督覆盖率100%;检查经营单位销售的204个品种消毒产品,产品索证(卫生许可证、产品检验报告等)资料齐全,产品标签及说明书均符合《消毒产品标签说明书管理规范》。年内,立案处罚案件3起,罚款4000元。

【传染病卫生监督】 2018年,市卫生监督部门检查医疗卫生机构132家,对2家医疗废物处理不符合规范或医疗污水消毒排放不符合规定的医疗机构予以行政处罚。开展艾滋病防治专项监督检查,检查医疗机构123家,采供血机构1家,医疗废物集中处置单位1家。对二级以上医院30家、疾病预防控制机构6家开展病原微生物实验室生物安全管理监督检查。开展传染病防治分类监督综合评价工作,对二级及以上医院30家、一级医院5家、未定级医疗机构10家进行综合评价。开展依法执业监督检查及医疗美容专项监督检查,检查医疗机构132家,发现存在违法行为立案3起,其中医疗美容违法行为立案2起。全年立案5起,警告2家,罚款4家,处罚金额1.75万元。

【卫生监督应急保障】 2018年,市卫计委对在南宁市举办的重大活动——“中国杯”国际足球锦标赛、环广西公路自行车世界巡回赛、2018年“两会”和南宁国际民歌艺术节、广西壮族自治区成立60周年庆祝活动暨改革开放40周年庆祝活动等的场所、宾馆、饭店加强卫生安全保障。全年检测685个监测点,4555份样品。监测项目包括CO、CO_2、温湿度、照度、风速、可吸入颗粒、甲醛、军团菌、致病菌等空气质量指标,挥发性有机气体、NH_3、H_2S、SO_2、Cl_2等急毒气体的卫生监测和生活饮用水菌落总数、余氯等项目,现场对监测不符合国家卫生标准的单位提出整改意见,并定期复检,确保嘉宾的身体健康。

2018年11月28日,市卫生监督员对自治区成立60周年大庆活动场所公共用品进行检测
市卫生计生委提供

【环境卫生监测】 2018年,南宁市本级、7个城区监测水样287份,合格率94.77%;市辖五县监测水样212份,合格率77.83%。农村生活饮用水监测,市区(含武鸣区)监测水样306份,合格率67.65%;市辖五县监测水样499份,合格率61.12%。公共场所环境卫生监测完成空气质量、公共用品、集中空调等类别的卫生监测275家次。

【食品安全风险监测】 2018年,南宁市疾控中心监测食品样品21大类3567份,完成监测3577份,任务完成率100.28%,其中有现行有效国家标准的2102份,所检项目合格1905份,合格率90.63%。

(龚可奉)

基层卫生

【概 况】 2018年,南宁市将社区卫生服务中心建设、乡镇卫生标准化医疗急救点建设、智慧健康工程建设纳入为民办实事项目。市财政投入500万元,完成社区卫生服务中心建设18个(新建1个、改扩建17个),为6个社区卫生服务中心购置基本医疗设备;全市有乡镇卫生院121个,农村三级医疗卫生服务网络床位1.62万张;社区卫生服务中心49个,社区卫生服务站68个卫生技术人员2613人。实施健康促进县区和健康细胞工程建设,打造自治区级卫生乡镇7个、卫生村屯176个、卫生先进单位70个,建成健康示范单元58个。

(方 明)

【农村卫生】 2018年,南宁市有乡镇卫生院121个;农村三级医疗卫生服务网络床位数1.62万张,占全市总床位数23.05%。农村卫生室、村卫生室分点1554个,村卫生室乡村医生2899人,卫生员302人。乡镇卫生院门诊病人次均医药费用80.50元,增加4.10元;出院病人人均医药费用2055.10元,增加337.90元;平均每日住院医疗费363.40元,增加52.70元。

【社区卫生】 2018年,南宁市有社区卫生服务中心49个,社区卫生服务站68个,社区医护工作者2914名(含专职防保人员),其中卫生技术人员2613人,执业医师和执业助理医师1090人,注册护士1032人。社区卫生服务中心门诊病人次均医药费用81.40元,比上年增加9.60元;出院病人人均医药费用3472元,减少148元,平均每日住院医疗费406.70元,增加22.90元。

2018 年 9 月，市卫生计生委在南宁市中医院妇产科开展孕产妇登记情况抽查

市卫生计生委提供

【基层医疗卫生机构标准化建设】 2018 年，南宁市财政投入 5000 万元，完成社区卫生服务中心项目建设 18 个(新建 1 个、改扩建 17 个)，为 6 个社区卫生服务中心购置基本医疗设备。

【基层医疗卫生人员培训】 2018 年，南宁市组织全市在岗乡村医生分批次开展为期 3 个月的脱产培训(在市卫生学校参加理论培训 2 个月、在二级以上医院参加实践培训 1 个月)，市、县财政投入 461 万元，分 3 期进行，培训乡村医生 877 名。市卫生学校开展全日制普通中等医学学历教育，实施乡村医生订单定向培养 3 年；招收新生 241 名，其中来自贫困县 82 名；在校期间，学生除学费全免，每生每年补助 9 个月、每月补助 300 元，毕业后将按协议回到当地村卫生室工作不少于 6 年。对已取得执业(执业助理)医师资格的村医，按照灵活就业人员有关政策参加职工基本养老保险，政府给予全额缴费补贴；对尚未取得执业(执业助理)医师资格的村医，可自愿选择参加城乡居民基本养老保险或按灵活就业人员有关政策参加职工基本养老保险，政府按每人每年 1000 元的标准给予缴费补贴。

【卫生对口支援】 2018 年，南宁市安排市、区县二级以上医疗卫生机构 33 家，对口帮扶乡镇卫生院 37 家。支援单位分别派出 3 名~5 名工作队员到驻点受援卫生院开展帮扶，每批工作队驻点时间不少于 6 个月；通过临床带教、病例讨论、巡回医疗、专题讲座、免费接收人员进修培训、推广新项目和新技术、扶持基础设施建设等提升乡镇卫生院的综合能力。年内，全市拨付对口支援补助资金 116.50 万元，派出医务人员 263 名到对口支援乡镇卫生院工作，其中具有副高专业技术职务任职资格 45 名、中级 108 名、初级 110 名。挂职副院长 43 名，赠送仪器设备 185 件，药品 42 种；开展培训 453 期，培训 6674 人次；完成教学查房 866 次；门诊诊疗 15 万余人次；建设特色科室 17 个，开展适宜新技术 110 项；参与卫生院环境改造 2155 平方米。 (龚可奉)

妇幼保健

【概　况】 2018 年，南宁市做好孕产保障、妇女保健、儿童保健、出生缺陷防控、重症救治等工作，落实高危孕产妇分级管理机制和危重孕产妇救治分级分片管理机制，各项工作指标和重点工作任务均能按照时间进度顺利推进。实施城乡低收入家庭危重孕产妇救助项目；1 月至 10 月，住院分娩率 99.99%，抢救危重孕产妇 1434 人，孕产妇死亡率 9.28/10 万；婚检率 99.25%，5 岁以下儿童死亡率 4.72‰，婴儿死亡率 3.36‰，实施农村妇女“两癌筛查”、增补叶酸等项目，免费为 10 万多名育龄妇女开展宫颈癌、乳腺癌筛查；免费增补叶酸 7.84 万人，贫困地区营养改善项目受益儿童 1.41 万人。

(方　明)

【孕产妇保健】 2018 年，南宁市户籍分娩产妇 9.06 万人，活产 9.15 万人，建卡人数 9.05 万人，建卡率 99.89%；产前健康检查 5 次以上 8.99 万人，产前健康管理率 98.34%；产后访视 8.51 万人，访视率 93.07%；住院分娩活产 9.14 万人，住院分娩率 99.99%；实施孕产妇系统管理 8.34 万人，系统管理率 91.15%。

【儿童卫生保健】 2018 年，南宁市户籍活产 9.15 万人，新生儿访视 8.44 万人，访视率 92.33%。全市有 0 岁～6 岁儿童 77.79 万人，健康管理人数 72.62 万人，管理率 93.36%。有 0 岁～3 岁儿童 38.20 万人，系统管理 35 万人，管理率 91.61%。其中：城市儿童 20.27 万人，系统管理 18.46 万人，管理率 91.08%；农村儿童 17.94 万人，系统管理 16.54 万人，管理率 92.22%。全市婴儿死亡 322 人，死亡率 3.52‰；5 岁以下儿童死亡 450 人，死亡率 4.92‰。

【贫困危重孕产妇医疗救助】 2018 年，南宁市实施城乡低收入家庭危重孕产妇救助项目，抢救危重孕产妇 1637 人、死亡 9 人，抢救成功率 99.45%；孕产妇死亡率 9.84/10 万，控制在自治区孕产妇死亡率低于 18/10 万的目标要求；救助贫困危重孕产妇 24 人，总救助经费 22 万元。

【增补叶酸项目】 2018 年，南宁市医疗保健机构给予 11.87 万人免费发放叶酸，完成自治区下达任务的 115.19%；新增服用叶酸 11.87 万人，应服用人数 12.46 万人，服用率 95.27%，比上年同期上升 18.30%；服用依从人数 11.08 万人，依从率 93.35%，上升 12.73%；增补叶酸知识调查对象 11.87 人，知晓 11.86 万人，目标人群增补叶酸知识知晓率 99.99%，上升 1.25%。医院监测发现全市出生神经管缺陷儿 78 例，其中 43 例在孕前或孕后均没服用叶酸，胎龄 28 周的神经管缺陷儿有 12 例，围产儿神经管缺陷发生率 1/ 万。

【农村妇女“两癌”普查】 2018 年，南宁市宫颈癌筛查任务 7.36 万人全部完成。12 个区县宫颈癌延续项目任务 7.36 万人，完成检查 9.90 万人，完成率 129.70%；结案 10.02 万人(含上年 2.66 万人)。马山县宫颈癌检查 HPV 检测试点项目任务 5000 人，完成检测 5000 人，完成率 100%；结案 5000 人。宫颈癌延续项目单位组织病理学检查应查 803 人，实查 730 人；确诊宫颈癌前病变 133 人，确诊宫颈微小浸润癌和浸润癌 24 人。马山县宫颈癌检查 HPV 检测试点项目 HPV 检测阳性人数 616 人，阳性率 12.32%，阳性筛查率高于国家平均水平(8.50%)；组织病理学检查应查 21 人，实查 21 人；确诊宫颈癌前病变 5 人，宫颈浸润癌 1 人。自治区调整南宁市乳腺癌筛查任务 7.36 万人，完成检查 10.36 万人，完成率 140.76%，结案 9.92

万人;组织病理学检查应查400人,实查132人,检查确诊乳腺癌50人。至年末,发放救助金额254万元(含2017年部分患者),254名乳腺癌受益患者,每人获救助金额1万元。

【婚前医学检查】 2018年,南宁市12个区县婚育综合服务中心继续为新婚对象提供免费婚检服务。全市结婚登记3.73万对、7.45万人,免费婚检3.70万对、7.39万人,免费婚检率99.17%;区县免费婚检率均达自治区96%以上(绩效考核)要求。所有婚检对象都进行地中海贫血、HIV、梅毒的筛查,婚检医师对检查中发现的37例HIV阳性、179例梅毒阳性、2818对地贫初筛双阳夫妇等各类患病人群给予个性的保健指导、治疗建议和优生咨询,并开展追访,预防出生缺陷,提高出生人口素质。

【产前筛查与新生儿疾病筛查补助】 2018年,南宁市有小于35岁的农业户籍产妇5.88万人,产前筛查4.98万人,筛查率84.82%,达绩效考核标准(平均高于80%)以上;区县产前筛查率均达绩效考核指标要求,其中兴宁区、江南区、良庆区、宾阳县、上林县、马山县、隆安县产筛指标超过85%。全市农业户籍孕妇建卡69587人,享受产前筛查补助3.90万人,使用补助资金445.88万元。南宁市户籍活产9.15万人,其中9.02万人进行采血筛查3.90万人,出报告8.90万人、出报告率97.28%;享受新生儿疾病筛查补助3.90万人,使用补助资金445.88万元。南宁市户籍活产9.15万人,新生儿听力初筛8.98万人,初筛率98.16%;享受新生儿听力筛查补助4.38万人,使用补助资金292.83万元。

【地中海贫血防控】 2018年,南宁市婚前检查中地中海贫血筛查7.39万人,孕妇地中海贫血筛查12.43万人,有6906对已孕双阳夫妇,其中对6256对已孕双阳夫妇进行地贫基因诊断;有5785对夫妇获地贫基因诊断补助,基因诊断补助率100%,达到自治区要求98%水平,补助经费573.38万元;需地贫产前诊断孕妇1691人,实际产前诊断1645对,有1561例获地贫产前诊断补助,产前诊断补助率100%,达到自治区要求98%以上,补助经费297.07万元。确诊为中间型或重型地贫胎儿219例,有218例进行终止妊娠,干预率99.54%。

【孕前优生健康检查】 2018年,南宁市实行免费孕前优生检查的惠民政策,引导婚姻登记当事人参加免费孕前优生检查。孕前优生检查任务2.29万对,完成2.42万对,完成率105.77%。

【贫困地区儿童营养改善项目】 2018年,南宁市邕宁区、上林县、隆安县和马山县实施贫困地区儿童营养改善项目,免费领取营养包2.08万人,占应领取2.19万人的95.09%,完成计划任务1.57万人的132.36%。 (龚可奉)

血液采供

【概 况】 2018年,南宁市中心血站开展多种形式献血宣传主题活动,推动全市血液采供。刊发、播放无偿献血新闻报道1530篇次,播放无偿献血公益广告2000多万次,印发献血宣传资料30多万份(册)。有12.39万人(无偿献血12.20万人)次参与献血,捐献全血4008.90万毫升,较上年同期分别增长4.50%和6.21%。向临床供应红细胞19.53万单位,制备各种血液产品34.07万袋,完成血液质量检查1514袋,为献血者办理优先调血手续970多人。南宁市连续第6次获"全国无偿献血先进城市"称号。 (方 明)

【血液采集】 2018年,南宁市有12.39万人次献血,捐献全血4008.90万毫升,比上年同期分别增长4.50%、6.21%;有1.18万人次捐献血小板、1.99万个治疗量,分别增长6.95%、6.94%;总献血人次13.57万,增长4.71%;人口献血率18.97‰,超出全国11‰的平均水平。街头献血人数6.33人次,占51.08%,增长14.70%;团体献血人数6.15万人次,占49.66%,减少4.36%;农村居民献血2.27万人次,占18.34%,增长4.81%;400毫升献血率占全血献血人数的49.65%,达到45%以上的工作目标。

【临床供血】 2018年,南宁中心血站向临床供应红细胞19.53万单位,比上年同期增长4.90%,机采血小板1.98万治疗量,增加6.95%。血浆2072.77万毫升,减少0.59%。冷沉淀6.19万单位,增加68.67%。血液辐照519次,增加64次,辐照红细胞1134U,辐照血小板848治疗量。

【血液制备】 2018年,南宁中心血站加大新鲜冰冻血浆和冷沉淀的制备力度,各种血液成分制备比上年同期都有所增长。全年制备血液产品34.07万袋,其中去白悬红细胞13.29万袋,增长4.50%;新鲜冰冻血浆11.24万袋,增长0.02%;冰冻血浆5.39万袋,增长17.80%;冷沉淀3.98万袋,增长7.70%。新浆率96.50%,安全隔离放行全部血液产品,放行正确率100%。检测本站常规标本13.63万份,增长5.20%;检测本站核酸标本13.57万份,增长5.30%;总不合格率1.39%,下降0.07%。

【血液检验】 2018年,南宁中心血站对13.63万份血液标本进行HBV、HCV、HIV、TP、ALT检测,比上年同期增加6809份,上升5.26%;合格13.43万份,合格率98.61%;不合格1895份,不合格率1.39%。不合格项目中,HBsAg+占24.38%,抗-HCV+占7.86%,抗-HIV+占7.97%,抗-TP+占17.31%,ALT35.67%;核酸标本检测15.70万份,阳性173例;HIV初筛阳性标本151份。

【无偿献血宣传】 2018年,南宁中心血站在媒体刊发、播放无偿献血相关新闻报道1530篇次,利用网站、微信等新媒体平台宣传无偿献血、推送主题献血活动内容,网站点击超1800万次,微信关注5.30万人次,微博关注3.30万人次;在广西电视台、地铁、公交车移动频道黄金时段投放无偿献血公益广告2000余万次;南宁电台1014频道黄金时段播放音频广告540次;印制、发放无偿献血宣传资料30多万份(册),宣传海报9000多张;在出租车LED顶灯滚动播放宣传标语7744.50万次,向献血者发放各类宣传短信150万条。开展以"捐血救人送温暖,红红火火过大年"为主题的献血宣传活动,依托全市各类媒体平台进行宣传,向献血者发送活动信息50万条,吸引爱心市民7908人次参与献血,捐献全血252.5万毫升,血小板784个单位,有效保障春节期间临床用血需求。依托"医务人员献血月""公务员献血月活动""志愿者献血月""青年文明号献血活动"等系列主题献血活动及各类主题活动,开展无偿献血正面宣传。6月14日"世界献血者日",以广西首府南宁献血委员会办公室名义邀请近700名献血者、志愿者和献血单位代表观看2018年世界献血者日专题宣传短片及感恩文艺表演;同时,联合自治区红十字会、中国造血干细胞捐献者资料库广西管理中心、广西人体器官捐献管理中心、市红十字会和市献血办联合在火车东站地铁站举行以无偿献血及捐献造血干细胞为主题的"生命接力号"地铁1号线专列宣传发车仪式。依托传统媒体和新兴媒体,在航洋捐血屋开展趣味互动游戏及纪念活动,并开展线上有奖知识问答,普及无偿献血知识及相关政策。开设自治区首个无偿献血网络直播课堂,向市民普及无偿献血知识;配合自治区、市科协举办科普大行动等各项科普活动,发放无偿献血宣传资料近4000份。

【献血服务】 2018年,南宁中心血站为献血者办理优先调血手续970多名,办理用血费用报销1179人次,金额131万元;依托献血服务热线966614平台,听取群众意见和建议,提升对献血者的服务水平。年内,966614热线接听电话咨询约8000次,热线办公室工作人员接待现场咨询者约4200人次,献血者电话回访2.50万人次;利用短信、电话的方式开展献血者满意度调查,接受调查的献血者覆盖范围75%以上。

【血液质量管理】 2018年,南宁中心血站依据《血站技术操作规程》及相关规范标准,开展全血及成分血、关键物料、关键设备和环境卫生等的质量检查。完成血液质量检查1514袋次,抽检合格率98.28%,比上年98.29%稍有下降,主要是新鲜冰冻血浆和冷沉淀的FVIII因子的不合格。完成对血袋、试剂、机采耗材、消毒物品等的质量检查267批次,完成大容量冷冻离心机、冷链设备等在内的关键设备1960台次的质量检查,完成采血秤、温度计、微量加样器、天平、砝码等一般使用计量器具的607台次比对校准,对所有强制检定和校准的结论报告进行审核;完成对采血车、捐血点、成分制备室、储血冰箱、血液运输箱、工作人员、献血者等1271频次染菌数、消毒效果监测。

(龚可奉)

中医中药

【概　况】 2018年,南宁市推进中医药健康旅游示范区创建,打造环绿城马(山)—上(林)—大(明山)等6条康养旅游线路和环首府的中医药健康旅游圈。发展中医药壮瑶医药事业。推进中医诊所备案管理,全市发出中医诊所备案证81张。推进基层医疗卫生机构"中医馆"建设,99.16%乡镇卫生院、98%社区卫生服务中心、83.51%村卫生室能提供中医药服务。加强中医药科研管理,12个中医药科研课题获得立项,其中自治区级9个。加快推进中医医疗机构基础设施建设,市中西医结合医院(兴宁区人民医院)、横县中医医院、宾阳县中医医院、马山县中医医院等整体搬迁项目扎实推进。推进中医药参与国际交流合作,分别在马来西亚、波兰等国家建立朱琏针灸学术海外基地或中医治疗中心。

(方　明)

【中医医院管理】 2018年,南宁市推进公立中医医院综合改革,开展中医专科医联体和分级诊疗。由南宁市中医医院牵头,组建23家医疗单位参与的中医专科医联体,促进中医优秀医疗资源下沉基层,规范开展分级诊疗和双向转诊。实施城市三级中医医院对口支援县级中医医院。组织开展全市医疗机构中药饮片采购、验收的专项清查行动,检查73家医疗机构。举办中药饮片专项培训班,培训全市各级医疗机构中医药基层医务人员269名。强化医疗机构中药饮片管理,规范中药饮片的采购、验收等流程,保障中医医疗安全、提升中医医疗服务质量。

【中医科研】 2018年,南宁市医疗机构获中医药科研课题立项12项(自治区级9项、市级3项),在广西区内外刊物上发表论文12篇(国家级9篇、省级3篇)。完成科研结题11项,申请获国家实用型专利5项,继续申报专利4项,以中医药特色技术申报并获"2018年广西医药卫生适宜技术推广三等奖"3项。武鸣区中医医院创新开展壮医药种植和开发试点项目,完成第一期征地。

【中医药文化科普】 2018年,南宁市启动中医中药中国行——2018年南宁市中医药健康文化推进行动大型主题活动,同期举办"第四届膏方节""医养结合论坛"等活动;结合"中医药健康你我他"主题,宣传中医"治未病"的理念方法和特色优势,传播中医药养生保健知识和健康生活方式。组织各中医医院开展"壮族三月三"中医药壮瑶医药知识科普宣传活动,举办中医药科普及健康讲座25场次,中医药健康咨询活动11场次,义诊87场次;派出科普专家和义诊人员356人次,讲座和义诊接待群众累计1.08人次。

【中医药壮瑶医药产业发展】 2018年,南宁市有中药工业企业32家(中药饮片生产企业6家、中成药生产企业26家);中药材种植面积1.80万公顷,主要品种有穿心莲、牛大力、金银花、铁皮石斛等。生物医药工业实现规模以上工业产值85.10亿元,其中中药工业产值47.64亿元(中药饮片加工完成5.98亿元、中成药生产完成41.66亿元)。

【中医药服务能力建设】 2018年,市卫计委推进全国基层中医药工作先进单位创建,新培育创建2个区县(横县、江南区);指导2个城区(青秀区、武鸣区)创建工作通过国家复审。119个乡镇卫生院(占99.16%)、49个社区卫生服务中心(占98%)能够提供6类以上中医药技术方法,41个社区卫生服务站(占100%)、1160个行政村卫生室(占83.51%)能够提供4类以上中医药技术方法。新建基层医疗卫生机构中医综合诊疗区(中医馆)12个。开展国家基本公共卫生服务中医药健康管理项目,老年人中医药健康管理服务率48.37%,0个月～36个月婴幼儿中医药健康管理服务率55.25%,高于自治区目标要求。

【中医重点专科建设】 2018年,市卫计委持续推进国家重点专科3个(针灸科、壮医推拿科、脑病科),自治区重点专科3个(骨伤科、妇产科、脾胃病科)建设。市中西医结合医院针灸科入选市公立医院临床特色优势专科,并与中国针灸学会共建南宁专家工作站。市中医医院入选南宁市第一批"急性脑卒中医疗救治定点医院"。实施中医"治未病"服务和中医康复服务等能力规范化项目建设,推进南宁市中医医院开展失能老人康复综合养护院(南宁第一养护院)项目申报。

【基层中医改革试点】 2018年,武鸣区中医医院继续作为中医药壮医药服务县乡一体化试点。推广应用中医药壮医药适宜技术,组织开展中医药民族医药适宜技术培训18场次,培训416人次。基层中医药服务能力明显提高,乡镇卫生院中药饮片处方量比上年同期增长8.80%,中医非药物疗法处方增长52.30%。推进全国基层名老中医药专家韦月梅传承工作室、广西基层名老中医药专家方烁英传承工作室的建设,组织名中医到基层开展教学查房、理论授课、技术操作演示等巡回带教活动。全国基层名老中医药专家韦月梅传承工作室传承人员主持市厅级课题研究3项、城区级课题3项,参与市厅级3项、城区级课题研究4项,发表论文17篇。

(龚可奉)

爱国卫生运动

【概　况】 2018年,南宁市爱国卫生运动委员会办公室以"全力以赴做好国家卫生城市复审"为重点,坚持抓创卫、健康教育、病媒生物防制、基层卫生创建等工作,开展"爱国卫生月""世界无烟日"、除“四害”统一行动周和“城乡环境卫生整洁行动”等群众性爱国卫生运动。印发《南宁市2018年爱国卫生工作要点》《南宁市2018年基层卫生创建工作实施方案》《关于开展2018年春季爱国卫生运动的通知》《南宁市爱卫办关于开展夏秋季爱国卫生运动的通知》。组织以“关注小环境，共享大健康”为主题的第30个爱国卫生月广场活动，宣传健康知识；开展“烟草和心脏病”为主题的第31个世界无烟日活动，通过劝阻吸烟、控烟宣传及控烟联合执法检查，动员有关部门、社会团体及企事业单位参与控烟履约，推动公共场所无烟环境建设。结合“美丽南宁”乡村建设，开展城乡卫生综合整治，完成年度卫生村镇、卫生先进单位创建，巩固上林县、马山县国家卫生县城创建成果，指导横县、宾阳县开展国家卫生县城创建。（方　明）

【国家卫生城市复审】 2018年，南宁市迎接创建卫生城复审列入市政府年度工作重点，纳入市“两重两问”（重点工作重大项目、问责问效）重点督查范围。1月30日，市创建卫生城总指挥部召开创建卫生城复审工作预备会议，动员有关部门提前进入迎检状态。2月，印发《首府南宁迎接国家卫生城市复审工作方案》，制定重点工作和专项督查方案。2月23日，市长周红波主持召开首府南宁迎接国家卫生城市复审工作动员大会。将国家卫生城市创建复审的部分指标纳入“美丽南宁·整洁畅通有序大行动”工作目标专项考评，结合首府南宁国家卫生城市“半月一评”“每月一评”考评机制，在新闻媒体公布考核督查结果，并发出限时整改的督办函。开展城乡环境卫生综合整治，特别是重点整治城乡接合部、城中村、背街小巷、铁路沿线等环境卫生，清理“四害”（苍蝇、蚊子、老鼠、蟑螂）滋生地和卫生死角，改善人居环境。

【健康教育与健康促进】 2018年，市爱卫办打造健康“细胞”工程，推进健康城市建设。创建市级健康工程20个、健康村屯2个、健康促进医院4家、健康主题公园3个、健康促进学校8所、健康促进企业4家、健康促进机关10个。根据市委、市政府《关于印发南宁市2017年健康学校和流动人口健康促进示范学校建设活动实施方案的通知》要求，进一步做好南宁市健康学校和流动人口健康促进示范学校创建。认定市柳沙学校等10所学校为2017年度南宁市健康学校，市埌东小学等3所学校为2017年度南宁市流动人口健康促进示范学校。编印《中国公民健康素养66条——基本知识与技能》1万册，宣传折页（病媒生物防制折页、卫生城市健康南宁折页、无烟环境健康生活折页）20万张，健康教育宣传海报12.60万份发放到区县。区县（开发区）以第30个爱国卫生月活动为契机，围绕“关注小环境，共享大健康”活动主题，现场发放宣传资料、健康支持工具、消杀药具等，开展义诊咨询；利用电视、广播、报纸、手机微博微信短信等方式开展宣传1.50万条次。无烟日活动期间，区县（开发区）爱卫办通过广播、电视、报纸、板报、宣传画、宣传折页、展板、宣传栏、海报、LED显示屏、健康咨询、健康义诊等形式多样的载体，向市民群众传播吸烟有害健康等相关健康教育和健康促进知识；开展控烟联合执法检查，重点检查城区（开发区）医疗卫生机构、机关单位和机关服务窗口、上网服务营业场所、提供住宿服务场所、餐饮服务经营场所、商场超市、文娱场所、体育场馆和汽车客运站等场所控烟执行情况，对不落实《南宁市控制吸烟规定》、存在突出问题的公共场所提出整改意见、限期整改。年内，广西电视台、南宁电视台各栏目，制作播出创建卫生城、健康教育相关宣传报道视频22个，内容涵盖劝阻吸烟、健康城市、环境卫生、空气质量、市容管理、乡村生态建设等。《广西日报》《南国早报》《南宁日报》《南宁晚报》等报刊刊发相关报道471篇次。

【病媒生物防制】 2018年，市爱卫办印发《南宁市病媒生物监测实施方案（2018版）》，组织开展病媒生物监测，为病媒生物防制提供依据。开展环境卫生大整治，消除“四害”孳生场所；结合H7N9禽流感疫情防控，重点以环境卫生整治、清除病媒滋生地、清洗消毒活禽市场为内容，组织各级各部门在市区及城乡接合部、县城及周边、村屯及周边等集中开展环境卫生整治统一行动；组织干部群众对村屯生活垃圾、污水、禽畜粪便进行全面清扫，对房前屋后的沟、渠、塘水面漂浮物进行全面清理，对田间地头农业生产废弃物进行全面清捡。开展病媒生物防制示范小区建设。举办2018年南宁市病媒生物监测项目启动会暨监测技术培训班，提高各区县（开发区）爱卫办工作人员、消杀公司、有关单位的除“四害”知识水平。重大会议召开、赛事举办前对所涉及区域、场所及周边进行专项督查，营造干净整洁环境。开展病媒生物防制及环境卫生专项督查，确保第15届中国—东盟博览会、中国—东盟商务与投资峰会，第19届南宁国际民歌艺术节、环广西公路自行车世界巡回赛（南宁赛段）召开和举办期间，病媒生物防制得到有效控制。

【基层卫生创建】 2018年，南宁市有7个乡镇申报创建自治区卫生乡镇，16个村屯申报创建自治区卫生村屯，70个单位申报创建自治区卫生先进单位。横县、宾阳县申报创建国家卫生县城，马山县古零镇、邕宁区那楼镇、良庆区大塘镇申报创建国家卫生乡镇。配合市城乡建设委员会做好农村改厕技术指导、宣传资料发放等。引导农村居民建立科学、文明、健康的生活模式，促进改厕专项活动规模化推广。结合国家卫生城市复审工作，深化拓展清洁乡村、生态乡村和宜居乡村活动成果，开展农村环境综合整治、推进农村环境连片整治，抓好村主干道、房前屋后、公共场所、卫生死角等重点区域长效保洁。

【卫生城创建】 2018年1月30日，南宁市创建卫生城市总指挥部召集区县（开发区）政府分管领导、卫生计生局负责人、市直各有关部门负责人召开创建卫生城复审工作预备会议。4月9日，自治区爱卫会、市爱卫会、青秀区人民政府联合主办的广西第30个爱国卫生月活动启动仪式在民歌湖广场举行，号召广大市民树立健康意识，掌握健康素养基本知识和技能，践行健康生活方式，共同营造绿色安全的健康环境，主动参与卫生城市创建、健康城市建设、健康促进、城乡环境卫生整治、除“四害”等爱国卫生运动。5月31日，市爱卫办会同市体育局、青秀区政府在南湖公园举行“健康中国梦控烟在行动”低碳有氧健步行宣传活动，约400多人参加。（苏　熹　覃玉斌）

责任编辑　方　明

综　述

【概　况】2018年,南宁市有社区居民委员会399个。全市区间出生人口96147人,人口自然增长率7.69‰。城镇新增就业6.97万人,发放创业担保贷款1102笔、9100.80万元。加大劳动保障行政和刑事衔接力度,全面治理拖欠农民工工资支付,劳动保障监察机构书面材料审查用人单位2.50万户,涉及劳动者21.18万人。居民人均可支配收入26798元,城镇居民人均可支配收入35276元,农村居民人均可支配收入13654元。社保基金滚存结余299.23亿元,社会保险工作超额完成年度征缴任务,"城镇五险"(养老保险、医疗保险、失业保险、工伤保险、生育保险)征收205.50亿元。按标准按时足额给全市1061名孤儿发放供养费;发放残疾人两项补贴(困难残疾人生活补贴、重度残疾人护理补贴)补助资金86.49万人次、4324.50万元。建成水库移民建设项目142个。接收社会各界捐赠款物529.71万元。区县(开发区)足额发放80周岁以上老人高龄补助。免除城乡困难对象基本殡葬服务费用839.33万元。各级关工委"五老"(老干部、老战士、老专家、老劳模、老教师)参加传承红色基因主题教育活动1.27万人次,受教育青少年52.92万人次。（钟婉悦）

【创业就业促进】2018年,南宁市开展"就业援助月""高校毕业生就业服务月"等专项活动;举办2018年"邕城创业行"系列活动,涵盖农民工创业宣讲月、创业创新训练营、校友创业故事分享会、创业明星进校园、复员退役军人和军嫂双创帮扶公益活动等专题活动7项,受益群众2000多人。推进2018年南宁市创业大赛活动,412个创业项目进入决赛,角逐12个奖项及2个千万元的投资意向。广西原子公寓管理有限公司的"原子社区"项目获冠军,南宁市迈尔斯科技有限公司的"碳纤维新材料应用"项目获亚军,广西越知网络股份有限公司的"U建掌上工地"项目获季军,广西天龙湾璞悦酒店管理有限公司的酒店品牌运营项目等9个项目获优秀奖,原子社区项目、广西天龙湾璞悦酒店管理有限公司的酒店品牌运营项目获北京云起资本管理有限公司千万级别的投资意向书。实施"农民工职业技能提升培训计划",培训农民工1.88万人。开展北部湾经济区职业培训券申领试点工作,提升劳动者就业技能。全市用于就业创业扶持带动补贴支出1577.94万元,比上年增长4.66倍。就业扶贫政策支出重点扶持"就业扶贫车间",全市创建认定"就业扶贫车间"113个,提供就业岗位1.08万个,吸纳劳动力就业1.02万人(建档立卡贫困劳动力就业1269人),发放"就业扶贫车间"吸纳贫困劳动力就业一次性补贴26.90万元。

【全民参保推进】2018年,南宁市推动建立全民参保长效机制,实施"全民参保登记计划",全市社保参保1250.65万人次;依托社保信息管理系统与工商行政管理系统有关数据模块互联共享,对未参保登记缴费单位进行精准识别并依法催缴,1474家单位办理参保登记缴费手续。7月4日,市人力资源和社会保障局、市国土资源局、市财政局出台《南宁市被征地农民参加基本养老保险实施办法》,助推全市5.44万名被征地农民"老有所养"。落实建筑企业按项目参加工伤保险。2016年至2018年,全市1890个建筑项目参保,为4.74万名农民工缴纳工伤保险2.33亿元;执行南宁市在全国率先出台的"就业扶贫车间"从业人员参加工伤保险政策,为建档立卡贫困人口"在家门口"就业脱贫提供保障。（廖书恒）

【救助实施】2018年,南宁市发放低保、特困人员供养资金81.31万户次、159.32万人次、4.44亿元;医疗救助、临时救助救济16.73万人次,救助资金6781.64万元。全市救助生活无着流浪乞讨人员9756人次(未成年人175人次、跨省护送222人次),为247名生活无着流浪乞讨人员成功寻亲。（梁　敏）

民政事务

【概　况】2018年,南宁市民政局设办公室(政策法规科)、民间组织管理办公室(社会工作科)、优抚科、退伍军人和军队离退休干部安置办公室、救灾科(南宁市减灾委员会办公室)、社会救助科、基层政权和社区建设科、区划地名科、社会福利和慈善事业促进科、社会事务科(婚姻登记处)、计划财务科、人事科,有市拥军优属拥政爱民工作领导小组办公室、市老龄工作委员会办公室2个机构,编制61名(后勤服务人员控制数6名),在编57人。南宁市提高城乡居民最低生活保障标准和平均补助水平,探索最低生活保障制度城乡统筹,将依靠父母或兄弟姐妹供养的成年无业重度残疾人按单人单户纳入低保范围,开展低保审批权下放乡镇改革试点。加强冬春救助资金规范化、精细化管理,实行救助资金社会化发放。开展社区减灾准备认证、综合减灾示范社区创建,推动防灾减灾救灾体制机制改革,探索建立多方参与的社会化防灾减灾救灾格

2018 年 10 月 28 日，南宁市爱国拥军促进会在江南区华南城挂牌成立　　市民政局提供

局。出台《中共南宁市委办公厅南宁市人民政府办公厅关于改革社会组织管理制度促进社会组织健康有序发展的实施意见》，建立社会组织联合监管机制；加强社会组织事中事后监管，实施社会组织网上年检、现场年检，持续清理名存实亡社会组织；建立完善南宁市社会组织信息网站和社会组织电子信息档案库。做好新一轮全国、自治区双拥模范城考评迎检。推进“互联网＋民政服务”改革，加强全市民政系统网络基础设施建设。主要存在民政公共服务设施不能满足市民需求，基层民政工作力量较薄弱等问题。

（金　尼）

【地名管理】 2018 年，南宁市完成“三街两巷”核心区一期街巷命名 13 个；命名市区新建道路 179 条、桥梁 4 座。开展第二次全国地名普查数据合库及普查档案归档，完成南宁市地名地址库及其管理系统项目建设。（莫毅恒）

【优抚安置】 2018 年，南宁市各级民政部门落实优抚政策，帮扶困难优抚对象 5075 人次，开支救助金 418 万元。春节、“八一”建军节期间，全市慰问优抚对象 7.96 万人次，发放慰问金（品）1609.35 万元。市民政局慰问光荣院、1 级～4 级伤残军人、困难优抚对象，发放慰问金（品）22.35 万元。发放自主就业退役士兵经济补助 2400 余万元。符合政府安排工作条件退役士兵到机关事业单位、国有企业占 95.90%，自谋职业（货币安置）占 4.10%，安置率 100%。发放自谋职业金 50 余万元。开展退役士兵免费职业教育和技能培训，政策知晓率 100%，有意向参训率 100%，参训就业率 98%。市本级实行政府全免费教育培训、学员个人承担部分费用培训相结合模式，执行全市退役士兵异地培训制度，实现市本级与各县承训机构资源共享。举办南宁市 2018 年退役士兵就业创业推介会，用工单位 74 家、退役士兵约 400 人参加；推进经费快审快结，印发《关于明确南宁市自主就业退役士兵职业教育和技能培训生活补助费、住宿费标准及有关事项的通知》。接收安置军休干部 90 余人，接收率 100%。接收复员干部 3 人、计划移交伤病残退伍军人 1 人。落实军休干部“两个待遇”（政治待遇、生活待遇）；拓展军休服务内容，开展军休服务管理社会化。推进军供分站项目建设，完成军供设施设备综合维修改造项目；军用供应保障未出现错供漏供晚供。

（韩俊华　徐　东）

【双拥共建】 2018 年，南宁市在广西文化艺术中心举办“军民携手新时代再谱双拥新篇章”南宁市军民迎新春文艺晚会，1000 多人观看演出。春节、“八一”建军节期间，南宁市召开党政军迎新春座谈会，市委、市政府向驻邕部队赠送慰问金 660 万元；自治区党委常委、市委书记王小东，市长周红波分别率团慰问南部战区陆军指挥保障队、武警南宁支队机动三中队、空军南宁场站警卫连、广西军区综合训练队等驻邕基层部队。5 月至 6 月，召开全市双拥办主任会议、军地联席会、市双拥工作领导小组会议，研究部署争创第十一届自治区双拥模范城（县）工作，向自治区推荐申报自治区双拥模范城 1 个、自治区双拥模范县 4 个、自治区爱国拥军模范单位 5 个、自治区爱国拥军模范个人 5 人。10 月 28 日，南宁市爱国拥军促进会在江南区华南城正式挂牌成立，由广西纳百川实业有限公司和企业家陈允彬等爱心人士发起成立，是自治区首家经政府审批部门批复成立的市级拥军社会组织。11 月 5 日至 8 日，自治区双拥模范城（县）考评组到南宁市、横县、马山县、隆安县实地考评双拥模范城（县）创建。驻邕部队做好维护社会稳定和应急处置，为中国—东盟博览会·商务与投资峰会、环广西公路自行车世界巡回赛（南宁站）等重大活动提供安全保障。（黄　玲）

【农村住房政策性保险】 2018 年，南宁市有 126.23 万户农村居民住房列入自治区政策性保险范围，参保率 100%。地方财政完成保险费支付 333.72 万元，其中市本级 129.50 万元。全市向北部湾财产保险股份有限公司报案因灾倒损房屋 379 户，保险公司向倒损房农户支付保险理赔款 230.20 万元，理赔率 100%。

（韦　琨）

【社区治理】 2018 年，南宁市有社区居民委员会 399 个，其中城市社区居委会 225 个、乡镇社区居委会 174 个。兴宁区新成立九曲湾社区；西乡塘区撤销新世纪社区，新成立安阳路社区、金光社区；武鸣区新成立东风社区；南宁经济技术开发区新成立明弘社区；横县新成立芳香社区；宾阳县新成立荷城社区、东湖社区；上林县新成立茶场社区、象山社区、明澄社区；马山县新成立合诚社区、合福社区、鑫源社区、红旗湖社区。印发《中共南宁市委南宁市人民政府关于加强和完善城乡社区治理的实施意见》《南宁市加强乡镇政府服务能力建设的实施方案》《南宁市社区惠民资金使用管理办法》，健全完善城乡社区治理体系，按每个社区 20 万元标准实施社区惠民资金项目。探索社区治理“三社联动”（以社区、社会组织、专业社工为载体，推动多方共同参与社区治理）模式，投入 200 万元组织开展政府购买服务项目 12 个；安排 300 万元补助 6 个区县开展政府购买“三留守”人员社会工作服务项目 15 个；委托广西汉达社会工作服务中心作为第三方评估 2016 年至 2018 年度政府购买城乡社区事务类服务项目 30 个。在青秀区南湖街道、宾阳县露圩镇开展社区公共服务综合信息平台试点，完善南宁市民政局基层政权和社区建设管理系统。举办城乡社区协商议事规则培训班 3 期，培训 360 人次，培养多元参与社区治理会议主持人 35 人。

（涂豫湘）

【救灾减灾】 2018 年，南宁市启动救灾预警响应 2 次、自然灾害四级应急救助响应 1 次；遭受台风、洪涝、风雹等自然灾害影响 11 次，受灾人口 48.47 万人，因灾死亡 1 人、伤病 1 人，紧急转移安置受灾群众 2.51 万人。农作物受灾面积 2.73 万公顷，其中成灾 1.06 万公顷、绝收 1620 公顷。倒塌居民住房 105 户 190 间，严重损坏 44 户 97 间，一般损坏 43 户 59 间。直接经济损失 1.39 亿元，其中农业损失 1.27 亿元、基础设施损失 692.10 万元、家庭财产损失 435.19 万元、工矿企业损失 16.50 万元。5 月 31 日前，完成 2017 年至 2018 年度冬春生活补助金发放 1861.32 万元，救助 11.98 万人；重建 2017 年倒损农房 71 户，各级财政投入补助资金 207.68 万元。组织做好 2018 年至 2019 年度冬春救助调查摸底、倒损房重建等。2018 年全国防灾减灾宣传周期间，市民政局围绕“行动起来，减轻身边的灾害风险”主题，组织区县减灾委、市直成员单位开展防灾减灾宣传、演练。5 月 7 日，“全国防灾减灾日”主题宣传活动启动仪式在南湖公园三月三欢歌广场举行，现场演练搭帐篷。开展广场、社区防灾减灾科普宣传活动 120 多场，发放宣传资料 65 万份，悬挂防灾减灾宣传横幅 4800 多条，张贴科普挂图 1.10 万张，展出板报 1500 余板；组织开展火灾消防逃生、地震应急疏散、自然灾害应急救助等应急演练 620 多场次。继续开展社区减灾准备认证、综合减灾示范社区创建，全市达社区减灾准备认证标准社区 321 个，在自治区综合考评中排名第一；获评全国综合减灾示范社区 10 个(兴宁区民生街道燕子岭社区、兴宁区民生街道北宁社区、青秀区新竹街道星湖社区、西乡塘区心圩街道相贤社区、良庆区那马镇坛良村社区、武鸣区府城镇府城社区、武鸣区仙湖镇中桥社区、横县那阳镇那市社区、马山县古零镇乔老村社区、隆安县那桐镇那桐社区)，获评自治区综合减灾示范社区 16 个(兴宁区民生街道燕子岭社区、兴宁区民生街道北宁社区、青秀区新竹街道星湖社区、江南区福建园街道荣和新城社区、江南区那洪街道北部湾社区、西乡塘区心圩街道相贤社区、邕宁区蒲庙镇那元社区、良庆区那马镇坛良村社区、武鸣区府城镇府城社区、武鸣区仙湖镇中桥社区、武鸣区南宁华侨投资区中心区社区、横县那阳镇那市社区、宾阳县露圩镇露圩社区、上林县明亮镇亭亮社区、马山县古零镇乔老村社区、隆安县那桐镇那桐社区)。 （韦 琨）

计划生育

【概 况】 2018 年，南宁市出生人口性别比 112.28；人口自然增长率 7.69‰，控制在自治区 10.5‰以下；出生政策符合率 96.02%，高于责任指标 6.02 个百分点。年内，承担自治区绩效考核 60 项职能指标及为民办实事项目，新生儿疾病筛查率 97.11%，地贫基因诊断补助率 100%，产前诊断补助率 100%，健康扶贫因病致贫核准率 99%，新生儿疾病筛查率 97.11%，高风险重型地中海贫血胎儿产前诊断率 97% 等指标，均优于自治区下达目标值。组织相关部门联合开展“两非”专项整治和督查行动，立案查处“两非”案件 18 件，出生人口性别比控制在自治区下达指标以内。完善全面两孩政策配套措施，建立和完善公共场所、娱乐场所、机关单位母婴设施；落实计划生育奖励扶助政策，兑现农村计生家庭奖励扶助对象 8853 人，政策兑现到位率 100%。主要存在计划生育服务管理工作有待加强等问题。 （方 明）

【性别比综合治理】 2018 年，南宁市区间出生人口 96147 人，其中男婴 50854 人、女婴 45293 人，出生人口性别比 112.28，比自治区下达的指标(115)低 2.72 个比值。市、县两级累计投入出生人口性别比综合治理经费 328 万元，将性别比综合治理纳入卫生计生目标责任考核、绩效考核。开展打击“两非”(非医学需要的胎儿性别鉴定、非医学需要的选择性别的人工终止妊娠)承诺活动，设置公益广告牌、户外固定宣传栏和宣传牌 518 块，制作宣传标语 2436 条。区县结合节假日、纪念日活动，开展广场文化、街道文化、社区文化、乡村文化宣传活动 150 场次，印制发放关爱女孩、综合治理性别比和打击“两非”等宣传资料 23 万份。继续开展“南宁十大阳光女孩”(自律、自强、正气、钻研、创新、荣誉、时代、诚信、互助、奉献阳光女孩)评选活动。年内，开展联合整治“两非”专项行动 53 次，检查医院 181 家、个体诊所 1270 个、药店 1060 个、其他单位 63 个，立案查处“两非”案件 18 起，结案 16 起，罚款 14.86 万元；处理责任人员 10 人、责任医疗机构 6 个，吊销执业证书 1 个。开展出生人口性别比综合治理专项督查活动 2 次，区县每季度开展联合督查整治活动 1 次。

【“二孩”政策实施】 2018 年，南宁市完善计划生育两孩政策配套措施，制定《南宁市母婴设施建设实施方案》，建立和完善南宁市公共场所、娱乐场所、机关单位母婴设施，提升综合服务能力。开展 2018 年自治区计划生育优质服务先进单位创建活动，10 月 30 日完成自治区卫计委的考核验收。年内，办理生育登记 7.71 万份，审批发放《再生育证》1522 本。

【计生家庭奖励扶助】 2018 年，南宁市对符合国家部分农村计划生育家庭奖扶对象 8747 人、计划生育特殊家庭扶助对象 2307 人，分别兑现国家奖扶金 1259.57 万元、特扶金 2631.71 万元；对 6037 名 55 周岁～59 周岁广西农村部分计划生育家庭扩面扶助对象兑现奖扶金 434.66 万元，2232 名广西农村计划生育家庭奖励扶助对象兑现奖扶金 256.32 万元；对 799 名城镇居民独生子女父母发放奖励金 113.45 万元，3377 名南宁市农村计划生育奖励扶助对象兑现奖扶金 287.47 万元；对 2901 名南宁市计划生育特别扶助对象兑现特扶金 1405 万元。计划生育利益导向政策兑现率 100%。

【计划生育特殊家庭关怀扶助】 2018 年，南宁市向全市计划生育特殊家庭统一印发《计划生育特殊家庭成员就诊服务卡》，计生特殊家庭成员凭卡到定点医疗机构就诊可享受绿色通道各项优待服务，住院可享受“惠民病房”各项优惠减免政策。全市为 2454 名计生特殊家庭老年人提供养老照护服务，建立健康档案率和家庭医生签约服务率均 100%。其中：获住院医疗补贴 167 人、补贴金额 16.57 万元；享受惠民病房政策 57 人，减免诊疗费用 2.68 万元；获住院护理补贴 124 人，补贴金额 3.21 万元；获政府给予居家或入住机构养老补贴 1409 人，补贴金额 99.04 万元。

【计划生育家庭养老照护】 2018 年，南宁市有计生家庭养老照护对象 2454 人，其中计生特殊家庭人数 1668 人，投入养老照护专兼职人员 1285 人。全市为计生家庭老年人建立健康档案 2454 人，签订医疗服务协议 2454 人，免费体检 2484 人；发放居家养老补贴 88 万元，发放住院护理补贴 3.20 万元。建立南宁市计生家庭养老照护培训师资库，首批入库专家讲师 60 名；举办养老照护培训班 40 期。5 月 15 日，在南湖公园主办主题为“幸福母亲 · 幸福家庭”2018 年国际家庭日宣传服务活动，开展义诊咨询、健康知识竞答、宣传资料发放、群众文艺宣传演出等活动。

【流动人口卫生计生服务与管理】 2018 年，市卫计委继续开展流动人口卫生计生基本公共服务均等化“扩面提质”工作。以争创“全国流动人口社会融合示范城市试点市”为契机，开展均等化服务，促进全市流动人口社会融合。在全市推广西乡塘区、武鸣区 2 个自治区级流动人口基本公共卫生计生服务均等化试点城区经验，推动均等化服务开展；以社区卫生服务机构为依托，在区县(开发区)打造一批流动人口基本公共卫生计生均等化服务示范点，为每个示范点配备流动人口基本公共卫生计生服务均等化宣传资料架。

【流动人口健康教育和促进】 2018年，南宁市7个区县(开发区)、24个乡镇(街道)、81个村(社区)共100个样本点被确定为全国流动人口动态监测样本单位，全部完成国家卫生健康委下达的任务。全市通过开展流动人口健康教育公益行系列讲座、宣传服务，提升流动人口健康素养。市、县两级在城区(开发区)流动人口较为密集的企业、学校、社区开展健康教育系列讲座和宣传服务。开展健康教育系列讲座40场(市级17场、县级23场)，开展上门宣传服务活动15场；邀请委属单位杜丽群等知名健康教育专家为外来人员讲课。年内，全市获全国第二批流动人口健康促进示范企业3家(高新区丰达〈南宁〉电机有限公司、经开区娃哈哈南宁恒枫饮料有限公司申报表、东盟经开区广西珠江啤酒有限公司)，获全国第二批流动人口健康促进示范学校1所(兴宁区虎邱小学)，获评数量居自治区首位。

(龚可奉)

就业创业

【概　况】 2018年，南宁市实现城镇新增就业6.97万人，城镇失业人员再就业1.65万人，就业困难人员再就业4410人，城镇登记失业率2.71%。完成农村劳动力转移7.13万人，其中自治区内转移就业3.97万人、向自治区外转移输出3.16万人。开展“就业援助月”“高校毕业生就业服务月”等专项活动，提升就业服务质量；发放国家创业担保贷款、认定2个批次14家创业孵化基地，开展“邕城创业行”系列活动，推进大众创业，扶持群众创业；重点实施“农民工职业技能提升培训计划”，开展北部湾经济区职业培训券申领试点工作，进行职业培训，提升劳动者就业技能；加强就业补助资金监管，调整支出结构，规范就业补助资金支出，发挥就业补助资金作用；印发《南宁市服务劳动密集型重点企业用工支持方案》等文件，解决劳动密集型重点企业用工难问题，通过优化务工环境、鼓励和引进普工等措施保障用工。促进贫困劳动力转移就业，加强粤桂扶贫合作共促就业，签订《茂名市与南宁市劳务协作框架协议(2018—2020年)》。继续实施劳动合同和集体合同制度，完善劳动人事争议速裁快审机制，治理拖欠农民工工资问题。主要存在全市就业总量压力大，劳动者技能素质与企业岗位需求不匹配、就业观念与用工环境不匹配；全市人才总体规模偏小，高层次人才、高技能人才总量不足，培育和引进急需紧缺人才难度大；劳动关系矛盾表现形式多样化，劳动争议、劳资纠纷复杂等问题。

【创业扶持】 2018年，南宁市继续实施“扶持创业促就业项目”，促进和扶持高校毕业生、城镇登记失业人员、就业困难人员、复员转业退役军人、刑释改教人员和农民工等群体就业创业。全市有2家创业孵化基地(广西众创示范基地、南宁创客城)被自治区人力资源和社会保障厅、自治区财政厅认定为2018年第一批自治区级创业孵化示范基地，各获一次性奖补100万元；认定市级创业孵化基地51家，进驻孵化基地企业近2000家，创业带动就业1万余人；认定“创业带头人”71人。年内，全市发放创业担保贷款1102笔、9100.80万元。发放7家众创空间型创业孵化基地房租、宽带接入费补贴479.25万元，发放2家创业孵化基地创业管理服务补助资金94万元，发放符合条件的孵化企业场地水电补贴368.88万元、社会保险补贴389.53万元、一次性创业补贴2000元，发放15家企业新增就业岗位社保补贴8788人、487.70万元。

2018年1月11日，市人社局、茂名市人社局在茂名市签订《茂名市与南宁市劳务协作框架协议(2018—2020年)》　　市人社局提供

【人力资源市场管理】 2018年，南宁市行政审批部门办理人力资源服务许可93家(新申请48家、申请延续10家、申请变更32家、注销3家)。8月14日，出台《南宁市人民政府关于印发加快南宁市人力资源服务业发展实施办法的通知》，首次从政策层面规划未来五年人力资源服务业的发展目标。年内，全市15家人力资源服务企业获90万元的其他营利性服务业企业奖励，18家人力资源服务企业符合诚信奖励标准，对开展职业介绍工作的人力资源服务企业发放职业介绍补贴7.35万元，开展人力资源服务机构中高级人才专题培训2期。

【劳动合同管理】 2018年，南宁市劳动合同签订率96%，涉及职工28.34万人；集体合同签订率87%，涉及企业1.23万家、职工30.46万人。集体合同备案企业45家。

【劳动保障监察】 2018年，南宁市劳动保障监察机构书面材料审查用人单位2.50万户，涉及劳动者21.18万人；检查用人单位3.47万户，涉及劳动者36.76万人。立案查处案件309起，结案317起，劳动保障监察群众举报投诉案件结案率100%；追发劳动者工资待遇7617.44万元，涉及劳动者5121人；督促缴纳社保案件51起，涉及744人、金额133.99万元，督促补签劳动合同0.94万人。对36个严重违反劳动法律法规的用人单位给予行政处理、处罚；将39起涉嫌恶意欠薪案件移送公安机关处理，公安机关立案31起。市劳动保障监察支队本级接待来访群众8419人次，接收转办督办群众来信82件次。

【职业技能培训】 2018年，南宁市参加职业培训16.33万人，其中政府补贴类培训3.62万人。重点实施职业培训支持精准脱贫计划、技工院校结对帮扶贫困家庭“两后生”中期职业技能培训专项计划、农民工职业技能培训计划，分别开展建档立卡贫困家庭劳动力职业技能培训5613人，“两后生”(未继续升学的适龄初、高中毕业生，含退学、辍学等)中期职业技能培训959人、农民工技能提升培训1.88万人。开展北部湾经济区职业培训券申领试点工作，为15家企业发放北部湾职业培训券，涉及培训2021人，金额153.25万元。依托南宁市“智慧人社”系统，实现“互联网＋职业培训”服务体系。完成广西职业技能公共实训基地一期建设并投入使用。

【高技能人才队伍建设】 2018年，南宁市推进高技能人才队伍建设，评定市第三批首席技师9人(南南铝业股份有限公司莫方前、广西中烟工业有限责任公司南宁卷烟厂潘安岳、南宁轨道交通集团有限责任公司蒋鑫、南宁公共交通有限责任公司张海坚、南宁糖业股份有限公司伶俐糖厂吴玉娟、南宁市武鸣区人民医院兰小春、南宁职业技术学院张青、广西南宁技师学院甘斌达、南宁市人民公园樊燕)，高技能人才培训基地1所(广西商贸高级技工学校)，技能大师工作室3所(南宁职业技术学院苏叶健技能大师工作室、广西玉柴专用汽车有限公司钟星河技能大师工作室、武鸣区人民医院兰小春技能大师工作室)。强化高技能人才奖励措施，实施高技能人才“支撑计划”，对引进或新获省级以上技术能手的高技能人才，根据不同层级，给予1万～20万元的奖励；对重点、新兴产业的企业引进或新获技师、高级技师职业资格的高技能人才，分别按社会保险费个人缴费部分的50%、60%给予补助，补助期限为3年。核发职业资格证书44039人，新增高技能人才1573人，其中高级工1356人，技师、高级技师217人。

【劳动能力鉴定】 2018年，南宁市受理劳动能力鉴定申请1463人，开展劳动能力鉴定13期，作出鉴定结论1463人，其中工伤致残与职业病致残等级鉴定1184人、非因工伤残或因病丧失劳动能力程度鉴定279人。 (廖书恒)

收入与消费

【概　况】 2018年，国家统计局南宁调查队设办公室、综合科、法规科、农业调查科、住户调查科、工业调查科、统计监测科、居民消费价格调查科、生产投资价格调查科、专项调查科，参照公务员法管理事业编制43名，在编38人。全市居民人均可支配收入26798元，比上年增长7.3%。全市城镇居民人均可支配收入35276元，增长6.2%；兴宁区38465元、增长5.9%，江南区34664元、增长7.8%，青秀区45467元、增长7.9%，西乡塘区33683元、增长8%，邕宁区32507元、增长6.2%，良庆区30780元、增长6.5%，武鸣区33839元、增长5.7%，横县33414元、增长5.2%，宾阳县33095元、增长5.1%，上林县26612元、增长5.5%，马山县27183元、增长5%，隆安县27415元、增长5.8%。全市农村居民人均可支配收入13654元，增长9.1%；兴宁区14685元、增长8.1%，江南区14925元、增长8%，青秀区15423元、增长10%，西乡塘区13820元、增长9%，邕宁区13953元、增长11.1%，良庆区14678元、增长9.9%，武鸣区15937元、增长9.2%，横县13719元、增长8%，宾阳县14038元、增长9.1%，上林县11097元、增长8.8%，马山县10719元、增长9.3%，隆安县11674元、增长8.9%。主要存在城镇居民工资性收入提升空间有限、经营净收入增长势头减弱、用工结构性矛盾较为突出；农村居民就业形势受文化程度制约、人口老龄化影响居民增收、农业种植增收压力大等问题。

【居民消费价格指数】 2018年，南宁市居民消费价格指数(CPI)比上年同期上涨2.5%，涨幅扩大0.2个百分点，比全国水平(2.1%)高0.4个百分点，比自治区水平(2.3%)高0.2个百分点，涨幅在全国36个大中城市排名第六，在西南地区5个省级城市中排名第一，在自治区14个地级市中排名第三。各月环比涨幅分别为0.3%、1.5%、−0.5%、0.2%、−0.5%、−0.3%、0.1%、0.4%、1.2%、0.3%、−0.4%、0.1%，同比涨幅分别为2%、3.9%、3.5%、3.6%、1.7%、1.6%、1.6%、1.9%、2.6%、2.9%、2.5%、2.5%。八大类指数均有不同程度上涨：医疗保健类价格上涨5.1%，居住类价格上涨4.4%，教育文化和娱乐类价格上涨3.3%，衣着类价格上涨2.6%，其他用品和服务类价格上涨2.3%，食品烟酒类价格上涨1.4%，生活

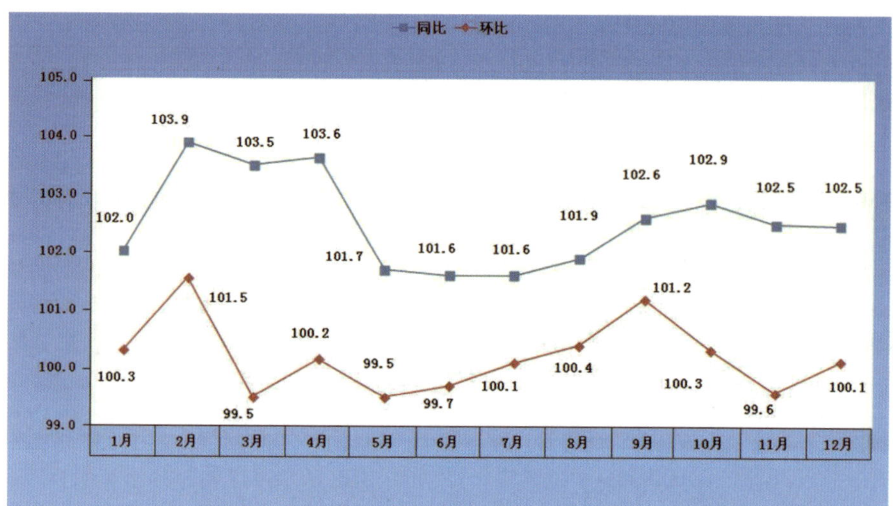

说明：上年同期＝100；数据由国家统计局南宁调查队提供

图5　2018年南宁市居民消费价格指数走势图

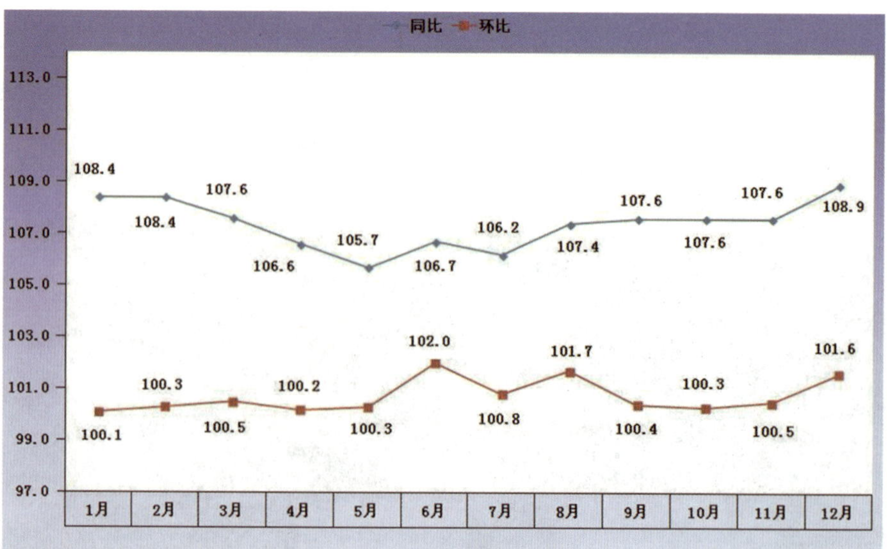

说明：上年同期＝100；数据由国家统计局南宁调查队提供

图6　2018年南宁市新建商品住宅销售价格指数走势图

用品及服务类价格上涨0.9%,交通和通信类价格上涨0.1%。2月,受2018年春节"错月"(今年与上年比较春节所在月份不同)、2017年5月医疗服务价格改革翘尾(上年年末的上涨因素对第二年的影响)影响,同比上涨3.9%,为全年单月最大涨幅(2014年11月以来单月最大涨幅);4月,受清明节、"壮族三月三"、五一劳动节三个节假日叠加影响,上涨3.6%;5月至7月,涨幅回落;8月后,小幅上涨;9月至12月,涨幅均超过2.5%。

【新建商品住宅销售价格指数】 2018年,南宁市新建商品住宅价格各月同比涨幅分别为8.4%、8.4%、7.6%、6.6%、5.7%、6.7%、6.2%、7.4%、7.6%、7.6%、7.6%、8.9%;环比涨幅分别为0.1%、0.3%、0.5%、0.2%、0.3%、2%、0.8%、1.7%、0.4%、0.3%、0.5%、1.6%。

(梁家盟 杨桂苏 施杨勇 周延松 李泉麟 黄凯婧)

社会保险

【概 况】 2018年,南宁市社会保险超额完成年度征缴任务,"城镇五险"(养老保险、医疗保险、失业保险、工伤保险、生育保险)征收205.50亿元,其中生育保险参保61.33万人,征缴收入4亿元;年度社保基金均实现当期收支结余。全市社保基金滚存结余299.23亿元,比上年同期增加34.54亿元、增长12.96%。实施"全民参保登记计划",全市社保参保1250.65万人次。为3.32万家企业降低社会保险成本11.34亿元,涉及企业职工81.29万人。发放企业职工失业保险稳岗补贴3299家、26.59万人、5283.63万元。主要存在社会保险征缴扩面空间缩小,基金平衡压力日益突出等问题。

【基本养老保险】 2018年,南宁市城乡居民社会养老保险参保220.31万人,参保率97.72%,享受待遇67.27万人。全市城镇职工基本养老保险参保149.10万人(企业130.11万人、机关事业单位18.99万人),城镇企业职工基本养老保险费征缴收入97.47亿元,机关事业单位养老基金征缴收入26.70亿元。为全市39.92万退休人员(企业职工退休人员33.55万人、机关事业单位退休人员6.37万人)调整基本养老金,其中企业退休人员基本养老金实现连续14年增长、人均每月2328.36元,机关事业单位退休人员基本养老金第二次调整、人均每月4886.32元。全市城镇职工基本养老保险、机关事业单位基本养老保险、城乡居民基本养老保险基金分别支出91.71亿元、37.17亿元、9.93亿元。

【基本医疗保险】 2018年,南宁市基本医疗保险参保695.89万人(职工医保110.90万人、城乡居民医保584.99万人),城镇职工基本医疗保险征缴收入41.49亿元。城乡居民基本医疗保险财政补助标准由年人均450元调至490元。职工医保、城乡居民医保统筹基金年度最高支付限额分别提高至34.01万元、16.99万元,城乡居民医保政策范围内门诊和基层医疗机构住院费用平均支付比例分别为55%、87%以上。

【失业保险】 2018年,南宁市失业保险参保58.01万人,失业保险费征缴收入3.79亿元。全市享受失业保险待遇1.95万人,总金额2.33亿元。执行国家、自治区降低失业保险费率相关政策,为参保单位减负2.47亿元。发放企业职工失业保险稳岗补贴3299家,26.59万人,5283.63万元。

2018年8月23日,南宁市民阮女士"刷脸"领取南宁市首张电子社保卡 市人社局提供

【工伤保险】 2018年,南宁市工伤保险参保66.50万人,工伤保险费征缴收入3.18亿元。创新制定工伤认定简易程序,工伤认定承诺办结时限从42个工作日缩短至11个工作日,简易程序实际办结时限基本在3个工作日以内。受理工伤认定申请2921起,办结2705起,其中简易程序办结2191起,占工伤认定申请办结总数81%。

【社保基金监管】 2018年,南宁市加强社会保险基金监管,现场拒付103家次定点医疗机构违规金额403.41万元,终止3家定点医疗机构及8家定点零售药店服务协议。精细打造"智慧医保"平台,实现事前事中事后实时监管和对医疗费用100%审查,减少医疗费用不合理支出,规范定点医疗机构服务行为。通过"智慧医保"平台辅助查实违规,拒付医疗费用404.35万元。

【社会保险经办服务】 2018年,南宁市继续开展"人脸识别"养老保险待遇资格认证。应参加资格认证的退休人员、供养人员22.93万人,认证人数22.49万人,认证率超98.08%。完善异地就医结算平台建设、社会保障"一卡通"服务,直接结算自治区内异地就医购药费用7834.93万元;实现基本医保+大病保险+医疗救助+二次报销"一站式"结算,为建档立卡贫困人口即时结算医疗费用14.98万笔、2.08亿元,其中报销费用1.81亿元。"共享医保"允许个人账户资金为本人及家人购买商业健康保险、缴纳医保费。全市职工个账购买商业健康保险成交2452单、51.49万元;2894人为本人或家人代缴基本医疗保险费3758人次、157.50万元。推出手机"刷脸"申领失业保险金服务,在全国率先实现"零材料""零跑腿""零见面"办理资格审核、待遇申办、待遇领取等事项。全市1105人通过手机APP刷脸成功申领失业保险待遇,占当期申报人员20.08%。在自治区率先推出手机"刷脸"申领失业保险提升职业技能补贴,全市454人通过手机"刷脸"申领失业保险提升职业技能补贴,占当期申报人员42.75%。全年发放社保卡182.57万张。南宁市被列为全国首批电子社保卡试点城市,签发电子社保卡4.91万张。 (廖书恒)

社会救助

【概 况】 2018年,南宁市以开展社会救助扶贫领域腐败和作风问题专项治理为主线,推进农村低保制度与脱贫攻坚

2018年9月25日，武鸣真情养老中心为老人庆祝生日　　市民政局提供

有效衔接，提升医疗救助能力，健全完善临时救助制度，试行城乡低保审批权限下放和委托第三方机构开展“救急难”主动发现，强化城乡低保审批权责，精准识别救助对象。继续委托第三方机构对低保家庭入户核查，推进农村低保制度与扶贫开发政策衔接，发挥低保制度兜底保障作用。发放低保、特困人员供养资金81.31万户次、159.32万人次、4.44亿元；发放医疗救助、临时救助救济16.73万人次，救助资金6781.64万元。加强救助站外救助安置机构整改，畅通救助(治)对象分流安置渠道。主要存在社会救助经办力量比较薄弱，救助工作相对独立开展，无法成立专门的机构和配置专门的人员，乡镇(街道)民政工作人员人手不足，但服务内容不断增多，难以满足社会救助需求等问题。

【城乡低保】 2018年1月1日起，南宁市区县(开发区)城市低保平均补助水平提高至每人每月355元，农村低保平均补助水平提高至每人每月200元。7月1日起，城区(开发区)城市居民最低生活保障标准从每人每月600元提高至620元，县城市居民最低生活保障标准从每人每月480元提高至620元；城区(开发区)、横县、宾阳县农村居民最低生活保障标准由每人每年3500元提高至3800元，上林县、马山县、隆安县由每人每年3200元提高至3800元。在武鸣区试行低保审批权限下放乡镇政府(街道办事处)，强化城乡低保审批权责。年内，发放城市低保5.38万户次、8.35万人次、4050.31万元，月人均补助485元；发放农村低保53.33万户次、127.59万人次、2.69亿元，月人均补助211元。农村低保对象9.86万人，其中建档立卡贫困户6.08万人，纳入农村低保范围的建档立卡贫困人口占全市农村低保总人口61.66%。

【特困供养】 2018年，南宁市推进乡镇敬老院与乡镇医疗机构签订协议，签约率100%。6月，举办乡镇敬老院服务人员护理技能培训班，培训152人。发放特困人员救助供养待遇22.60万户次、23.38万人次、1.34亿元，其中发放城市特困人员救助供养待遇0.75万户次、0.77万人次、897.40万元，发放农村特困人员救助供养待遇21.85万户次、22.61万人次、1.25亿元。

【临时救助】 2018年，南宁市完善临时救助申请、审核、审批流程，提高资金使用率。以遭遇突发事件、意外伤害、罹患重病等特殊情况的居民为重点，委托南宁市乐益行社会工作服务中心在江南区、西乡塘区开展“救急难”主动发现试点工作。发放临时救助金941户次、2659人次、437万元。

【医疗救助】 2018年，南宁市医疗救助16.46万人次，医疗救助资金6344.64万元，其中资助参合参保支出2228.34万元、住院救助支出4025.23万元、门诊救助支出91.07万元。9月1日起，医疗救助结算系统与社保结算系统并轨，为贫困人口看病就医提供“一站式”结算平台。推进市医疗救助与城乡居民大病保险衔接。

【流浪乞讨人员救助】 2018年，南宁市分别召开全市春节前及服务“两会”、自治区成立60周年庆祝活动流浪乞讨人员救助管理工作局际联席会议。督促救助、托养机构加强排查整改，检查受助人员生活、饮食、卫生安全，检查维护监控设备、安检门、金属检测仪等安全防爆器材，加强对新接收受助人员的安全检查，做好消防安全工作。做好服务第十二届中国(南宁)国际园林博览会救助管理，部署开展“寒冬送温暖”专项救助行动。全市救助生活无着流浪乞讨人员9756人次，其中未成年人175人次，跨省护送222人次；为247名生活无着流浪乞讨人员成功寻亲。　　(梁　敏)

住房保障

【概　况】 2018年，南宁市累计基本建成政府投资公租房6.86万套。全区首个住房租赁服务监管平台上线试运行，实现线上房屋租赁“一站式”服务，做到“最多跑一次”；开发建成公租房选房分配系统，实现公租房选房分配“一站式”服务。主要存在公租房、经适房保障轮候家庭和个人轮候户数远超可供应房源，公租房、经适房等保障住房房源缺口较大，供需矛盾突出，控制住房公积金个人贷款逾期率仍有难度，开发商拒绝住房公积金贷款行为屡禁不止等问题。

【保障房建设分配】 2018年，南宁市公租房项目均竣工并达到交付使用条件，至2018年累计基本建成政府投资公租房6.69万套。完成自治区下达的旧房改造建设目标任务，市直危旧房改住房改造开工1214套(含2017年自治区新增市直危旧房改住房改造开工660套)；自治区新增市直危旧房改住房改造开工541套；市直危旧房改住房改造基本建成532套。完成新增公共租赁住房资格审核任务2.82万户，下降26.71%，其中低收入住房困难家庭1073户、非低收入住房困难家庭2.71万户(社会申请2.57万户、单位集中申请1391户)。政府投资计划内公租房完成新增分配入住8680套，其中定向面对环卫工人等住房困难群体配租公租房742套，向城区政府提供公租房作为征地拆迁临时过渡安置房源4623套，累计分配6.28万套，分配入住率93.95%，均超额完成自治区下达的目标任务。签订公共租赁住房货币补贴协议687户，向4854户低收入保障家庭发放住房补贴914.79万元。完成新增经适房资格审核任务3276户，减少3.05%；销售经适房263套，减少87.97%；办结经适房转全产权、上市交易2278套，增加15.58%。开发建成公租房选房分配系统，公租房分配实现“一站式服务”。

【保障房管理】 2018年，南宁市市本级深入29个公租房小区开展拉网式入户调查，收回空置房源192套，收回违规转租转借公租房71套，取消公租房资格494

2018年10月17日，住建部“双贯标”联合检查验收组到南宁住房公积金管理中心青秀营业部验收 覃雨冰 摄

户；通报未及时配合整改企业20家、发布公租房转租信息中介机构5家。加强与有关部门联动，建立户籍、居住证、汽车数据核查工作机制，依法依规处理提供虚假户籍、居住证明骗取保障性住房资格行为。对22户户籍造假的经适房保障家庭取消保障资格并限制5年内不得申请经适房保障；对75户居住证造假的公租房保障家庭取消保障资格并限制5年内不得申请公租房保障。构建公租房管理新模式，推行国有产权房管办分离，将建筑面积317.26万平方米的东盟商务联络部、回购经适房、人才公寓、拆迁安置房、公租房住宅5大类国有产权房移交南宁威宁资产经营有限责任公司、南宁城市建设投资集团有限责任公司。投入保障房维修经费1060.30万元，其中直管公房维修费654.80万元、公租房专项维修经费405.50万元。 （市住建局）

【住房公积金】 2018年，南宁住房公积金管理中心本部设机关党委、办公室、人事教育科、财务会计科、归集管理科、法规稽核科、信息管理科，兴宁、江南、青秀、西乡塘、邕宁、良庆6个营业部，武鸣县、横县、宾阳县、上林县、马山县、隆安县6个管理部，贷款服务部1个，咨询服务部1个；铁路分中心设综合科、财务会计科、归集管理科、信贷管理科、流动服务部，南宁、柳州、桂林、玉林4个管理部。编制120名，其中事业编制112名、在编103人，后勤服务人数8名、在编8人。新增归集住房公积金85.57亿元，比上年增长16.23%，完成年度计划113.10%；提取住房公积金62.73亿元，增长24.81%；发放住房公积金个人贷款18.51亿元，降低57.20%，完成年度计划115.70%；实现住房公积金增值收益4.12亿元，增长8.71%，完成年度计划108.40%。南宁住房公积金管理中心对未按规定建立住房公积金的单位发出温馨提示41封、催建通知书25封，对未为职工缴存公积金的单位发出催缴通知书443封，安排专人负责投诉情况复核、寄发催建催缴函和处理情况追踪。全市新开户单位1717个，新增缴存职工10.65万人，建立住房公积金职工增长率9.19%，住房公积金个人账户数85.49万人。完成归集、提取业务“一次性告知(限时办结)”“最多跑一次”“一次不用跑”3张办事清单编制，住房公积金缴存登记、提取业务“最多跑一次”；租房提取、离退休销户提取、离职销户提取和住房公积金贷款约定提取实现“一次不用跑”。办理异地转入4721笔、1.06亿元，办理异地转出3831笔、9759.13万元，办理约定提取划扣2.40万笔，划扣金额4.16亿元。处理职工投诉76人次、投诉楼盘44个，调查楼盘23个。做好委贷银行的贷后管理，个人住房公积金贷款逾期率0.48‰，控制在年度考核指标0.50‰内。9月10日，贷款服务部进驻市民中心正式对外办公，与良庆营业部共同办公。 （覃雨冰）

水库移民安置

【概　况】 南宁市涉及移民搬迁的大中型水利水电工程52处，水库移民12.65万户56.76万人，其中核定登记后期扶持人口40.84万人；水库移民分布在横县、宾阳县、上林县、马山县、隆安县、兴宁区、江南区、青秀区、西乡塘区、邕宁区、良庆区、武鸣区及南宁高新技术开发区、南宁经济技术开发区14个区县(开发区)，涉及乡镇97个、村525个。2018年，南宁市落实资金6.25亿元，建设水库移民新村基础设施、实施乡村振兴战略，建成水库移民建设项目142个，硬化水库移民村屯道路工程19条31.35千米。2月1日，南宁市水库移民工作管理局撤销，其职能和人员划归市水利局。主要存在水库移民信访维稳形势仍然比较严峻，困难移民群体脱贫解困压力大等问题。

【水库移民安置补偿】 2018年，南宁市发放邕宁水利枢纽工程库区征地补偿款1.58亿元，累计6.44亿元(库区征地补偿680.30公顷)；完成专项设施复改建或一次性补偿115处(水利设施85项、交通设施25项、电力电信设施4项)，发放补偿款714.02万元；建成库区岸坡防护工程9段，投资6538.36万元；完成库底消毒灭鼠、树木砍伐等，投资316.87万元。市水利局协调办理老口航运枢纽工程蓄水库区水位上涨新增淹没土地变更手续97.43公顷；审查审批新增及变更专项设施7处，协调涉及区县开展复改建工作；办理库区坍岸复核3处。完成乐滩水电站工程竣工库区建设征地移民安置验收准备。8月7日，邕宁水利枢纽工程库区下闸蓄水阶段移民安置通过自治区验收。

【库区移民维稳】 2018年，南宁市接到水库移民来信来访21件(来信12件、来访9批49人)，办结率100%。开展水库移民政策法规宣传和领导接访下访，走访移民180户390人。落实水库移民后期扶持政策，足额发放扶持补助资金2.45亿元，受益40.84万人。

【水库移民后期扶持】 2018年，南宁市承担自治区为民办实事水库移民建设项目142个(新建101个、续建35个、提质工程项目6个)，投资1.05亿元，完成142个，受益3.49万人，其中水库移民3.20万人。实施大中型水库后期扶持资金项目190个，投资1.04亿元，其中基础设施项目116个，投资6259.20万元；产业扶持项目74个，投资4185.80万元，受益移民1.43万人；实施水库移民库区基金项目62个(基础设施项目46个、收入倍增项目16个)，投资2192万元，改建硬化村屯道路39.19千米，受益7733户3.14万人，其中水库移民7572户3.07万人。实施自治区库区移民发展专项资金项目38个(村屯道路硬化项目25个、其他项目13个)，投资1747.50万元(区县整合199万元)，改建硬化村屯道路30.28千米，受益3718户1.92万人，其中水库移民3318户1.35万人。实施市本级财政水库移民基础设施建设项目74个，投资4396.40

万元（市财政4000万元、区县财政249.80万元、群众自筹146.60万元），改建硬化村屯道路112.17千米，受益8010户3.04万人，其中水库移民7151户2.81万人。实施水库移民村屯道路硬化工程，投资1135万元，硬化道路19条31.35千米，受益2530户约1万人，其中水库移民2353户9329人。依托学校、移民培训基地和社会培训机构，开展水库移民农村实用技术和创业就业技能培训15批次，培训5692人（学校培训948人、社会培训4744人）。（卢明发）

社会福利

【概　况】2018年，南宁市推进养老服务业综合改革，建立完善养老服务体系，放开养老服务市场，建设太和自在城、合众优年生活社区二期、华润悦年华等一批重大健康养老产业项目。南宁市被确定为第三批中央财政支持开展居家和社区养老服务改革试点地区，推动“互联网+养老”融合发展，提升养老服务质量。按标准按时足额给全市1061名孤儿发放供养费，发放残疾人两项补贴补助资金86.49万人次、4324.50万元。接收社会各界捐赠款物529.71万元，免除城乡困难对象基本殡葬服务费用839.33万元。主要存在养老产业发展缓慢，养老机构设立许可办理手续复杂，养老机构不足且设施不健全，养老服务业从业人员匮乏等问题。

【养老服务】2018年，南宁市全面放开养老服务市场，推动落实太和自在城、合众优年生活社区二期、泰康医养综合社区（含床位1800张），建设华润悦年华（含床位1600张），总投资5600万元的广西喜康中颐养老服务有限公司为代表的一批中小型养老企业落地。推进公建民营建设，50%的公办福利机构实行公建民营，80%的社区日间照料中心投入社会化运营。开工建设300张～500张床位公办示范性养老福利机构7个，完成2个，其余项目落实建设用地。完成为民办实事项目中12个社区日间照料中心、2个城市养老服务中心项目建设。5月，南宁市被确定为第三批中央财政支持开展居家和社区养老服务改革试点，制定《南宁市老年人助餐配餐试点实施方案》《南宁市居家和社区养老服务组织运营补贴暂行办法》，推进居家和社区养老建设。建设完成涵盖养老服务监管平台、社区居家养老服务平台和养老机构管理信息化平台的南宁市智慧养老服务平台项目。开展第二届养老机构服务质量考核评估暨以奖代补工作、居家养老社会化运营考核评估暨以奖代补工作和养老机构星级评定，评出星级养老机构15家，其中三星级4家（市康乐护老院、市金色阳光护理院、邕宁区社会福利院、上林县福寿老年公寓）、二星级11家。出台《南宁市养老机构服务规范化、标准化制度与流程模版》《南宁市居家养老服务规范化、标准化制度与流程模版》。落实民办养老机构扶持政策，拨付自治区、南宁市两级民办养老机构补贴资金324.63万元；举办养老护理员岗前培训、管理人员培训和养老护理员职业鉴定培训，培训400人。（庞俊琳）

【儿童福利】2018年，南宁市做好孤残儿童、弃婴的救助和收养安置。召开全市农村留守儿童关爱保护工作局际联席会议，实施《南宁市加强农村留守儿童关爱保护工作实施方案》《南宁市加强困境儿童保障工作实施方案》，健全市、区县、乡镇（街道）、村（社区）四级未成年人关爱保护服务体系，配备村（社区）儿童主任（乡镇督导员）1914人。全市有孤儿1061人，其中机构养育396人、散居孤儿665人，孤儿供养标准按时足额发放。录入全国农村留守儿童和困境儿童信息系统的留守儿童3.98万人、困境儿童1.94万人。（李群峰）

【残疾人两项补贴】2018年，南宁市完善残疾人社会保障体系，发放残疾人两项补贴补助资金86.49万人次、4324.50万元，其中发放困难残疾人生活补贴25.24万人次、1262万元，发放重度残疾人护理补贴61.25万人次、3062.50万元。

【福利彩票发行】2018年，市福利彩票发行中心销售即开型和视频型福利彩票3.44亿元，完成年度任务96.38%，比上年同期下降7.48%。其中：即开型彩票刮刮乐销售0.89亿元，完成任务89.09%，下降18.72%；视频型彩票中福在线销售2.55亿元，完成任务99.21%，下降2.78%。筹集福彩公益金7391.40万元。

【慈善捐助】2018年，南宁市开始建设社会捐助站接收社会捐助，投入95万元建设社会捐助站5个。市慈善总会收到中华慈善日捐赠款24.42万元。接收社会各界捐赠款物529.71万元，其中捐赠款479.50万元、捐赠物资价值50.21万元。（庞俊琳）

关心下一代工作

【概　况】2018年，南宁市有关心下一代工作委员会组织3617个，其中市级关工委1个，区县（开发区）关工委15个（不含市教育局、南宁职业技术学院关工委），乡镇（街道）关工委115个，村（社区）关工委1563个，学校关工委1022个，直属机关关工委203个，屯级关工委698个；成员1.45万人。参加关心下一代工作各种活动的“五老”（老干部、老战士、老专家、老劳模、老教师）志愿者2.64万人。有未成年人思想道德建设工作报告团698个，关爱工作团1492个；担任学校校外法制副校长的“五老”707人，担任“代理家长”3.94万人次。印发《绿城新蕾》6期，3000多册；征订《中国火炬》4137本。主要存在以党建带关工委建设的工作有待加强，关工委的工作条件有待改善，区县关工委的驻会领导年龄结构偏大等问题。

2018年4月3日，自治区关工委、市关工委、青秀区关工委在南湖公园李明瑞韦拔群纪念馆广场联合举办“传承红色基因，争做时代新人”清明祭谒先烈活动。图为活动现场

市关工委提供

【青少年思想道德建设】 2018年，南宁市各级关工委开展“传承红色基因，争做时代新人”主题教育活动。自治区关工委、市关工委联合青秀区关工委在南湖公园李明瑞韦拔群纪念碑前举行“传承红色基因，争做时代新人”清明祭谒先烈活动暨主题教育活动启动仪式，约2000名学生参加。各级关工委组织青少年通过聆听红色故事、阅读红色书籍、参观红色教育基地、重走红色之路、演讲比赛、征文比赛、文艺演出、观看红色影片、分享身边的红色故事等形式，推动教育活动在学校、社区全面铺开。各级关工委挖掘本地红色资源，依托人民公园烈士纪念碑、南宁博物馆、昆仑关战役旧址、武鸣区狮子山烈士陵园等298个教育基地，组织青少年参观学习；发动“五老”骨干组成宣讲团，到校园、教育基地开展老少共讲中国故事、红色故事、身边故事等宣讲活动935场次。全市各级关工委围绕“传承红色基因、争做时代新人”的主题开展各种教育活动2237场，“五老”参加传承红色基因主题教育活动1.27万人次，受教育青少年52.92万人次。

【青少年普法教育】 2018年，南宁市各级关工委开展“关爱明天，普法先行”青少年普法教育，推动“零犯罪”学校、社区、村屯等创建活动190场。各级关工委开展以“宪法至上、守法光荣”为主题的法制教育活动101场。组织“五老”及法律专业人士进校园上法制课、开展法制教育活动，宣讲禁毒防毒知识，预防艾滋病教育，交通安全常识，防抢，防骗、消防知识，预防校园暴力等法制教育89场。暑期组织青少年参加法庭开放日活动及各种教育活动66场次。通过家校平台宣传《中华人民共和国未成年人保护法》《中华人民共和国预防未成年人犯罪法》《中华人民共和国环境保护法》等法律法规。上林县关工委在全县各中小学校开展法制教育活动，请法官、警官、检察官进学校、进课堂开展法制教育16场。

【“三结合”教育网络】 2018年，南宁市各级关工委抓实社会、学校、家庭“三结合”教育网络。市关工委抓好“南宁空中家长学校”教育平台，每周在南宁人民广播电台播讲家庭教育知识，年内播讲51节课；到学校开展“专家与我面对面”家庭教育课32场次；创办“南宁市关心下一代大讲堂”教育平台，通过平台举办家庭教育讲座2场，现场听课家长和通过手机台收听直播的家长4.51万人。武鸣区关工委根据辖区内学校的要求，组建家庭教育专家库，聘请教育专家到学校开展家庭教育活动15场；市教育局关工委、兴宁区关工委到学校开展家庭教育活动13场；广西—东盟经济技术开发区关工委、南宁经济技术开发区关工委聘请专家在微信、QQ课堂上开讲家庭教育课7场次。举办家庭教育活动120场，线上线下参与活动家长100.13万人次。

【合众助学】 2018年，南宁市各级关工委紧扣脱贫攻坚中心工作，发动社会力量来帮扶困境青少年。市关工委联合合众人寿保险公司广西分公司开展“能帮就帮　合众助学”公益助学活动9场，资助贫困生275人，资助助学金及物资累计25.90万元；联合广西红十字民族教育助学协会资助贫困学童11人。武鸣区关工委持续开展“扶苗行动”，资助贫困生37人；马山县关工委发动祖昌门业为8名考上大学的贫困生捐资助学，捐助金额1.60万元；宾阳县关工委建立青年科技培训基地；上林县关工委联系深圳爱心企业给县25所中小学校捐助3万元教学用品。南宁职业技术学院为贫困生争取企事业单位、社会团体和个人在学校设立的专项奖助学金，其中无限极(中国)有限公司每年捐献20万元建设助学圆梦班及资助贫困生在校学习和就业，获“广西助学扶才十百千”工程项目资助20人。全市各级关工委发动社会力量、爱心企业及爱心人士资助金额、物资累计213.12万元，资助贫困生1.53万人，捐助爱心图书室8个，捐赠图书4.15万册，投资30万元重建学校饭堂1所。针对良庆区外来务工人口多、流动儿童多、公办学校有限、民办学校多、民办学校师资水平参差不齐等现状，市关工委联合良庆区关工委、良庆区教育局、广西红十字民族教育助学协会、市老科技工作者协会、市教育科学研究所等单位开展良庆区民办学校小学教师培训，对良庆区民办小学480名教师进行语文、数学、英语和通识课培训16期。

【调研与培训】 2018年，市关工委领导班子到12个区县、3个开发区、市教育局、南宁职业技术学院关工委进行全覆盖调研，推动各级关工委开展工作。各级关工委开展工作交流8次。市关工委采取以会代训的形式开展培训2期，组织关工委系统人员参加上级关工委的培训、会议5次，市关工委驻会领导到区县培训6次，轮训区县关工委驻会人员600多人次。区县关工委也分别对乡镇、街道关工委、村屯关工委小组的成员进行培训或以会代训19次791人次。　（市关工委）

社会事务

【概　况】 2018年，南宁市新核发“三证合一”(工商营业执照、组织机构代码证、税务登记证合一)法人证书2699份。新登记社会组织245家，社会组织总数4715家。市本级新登记社会组织63家，注销社会组织44家，社会组织总数1038家。办理结婚登记50604对，离婚登记18140对，补领婚姻登记证12537件。全市办理收养登记453例。全市通过社会工作者职业水平考试301人，有社会工作师396人、助理社会工作师1646人，新登记成立社会工作服务机构5家，市本级累计登记社会工作服务机构34家。区县、开发区发放80周岁～89周岁老人高龄补助56.35万人次，金额1.23亿元；90周

2018年10月29日，以“畅想新时代，最美夕阳红”为主题的“南宁市第五届‘风采夕阳’敬老月系列活动”在市老年人活动中心举行。图为舞蹈《福婆》剧照　　市老龄办提供

岁～99周岁老人高龄补助7.59万人次,金额3367.36万元;100周岁以上老人高龄补助2848人次,金额335.11万元。主要存在各级各部门与村(社区)基层组织关系亟待理顺,市老龄办老龄工作人员配备不足,区县老龄工作发展不平衡及办公条件亟待改进等问题。（钟婉悦）

【社会组织登记管理】2018年,市民政局落实社会组织直接登记和"三证合一"(工商营业执照、组织机构代码证、税务登记证合一)改革。新核发"三证合一"法人证书2699份。新登记社会组织245家(社团92家、民办非企业单位152家、基金会1家),社会组织总数4715家(社团1740家、民办非企业单位2972家、基金会3家),总数居自治区首位。市本级新登记社会组织63家(社团18家、民办非企业单位44家、基金会1家),注销社会组织44家,社会组织总数1038家(社团429家、民办非企业单位606家、基金会3家)。查处社会组织25家,其中撤销登记1家。出台《关于改革社会组织管理制度促进社会组织健康有序发展的实施意见》。新评出AAAAA等级社会组织3家,AAAA等级社会组织2家。入驻南宁市社会组织孵化基地社会组织17家,其中社团6家、民办非企业单位11家;采取壳内孵化模式11家,壳外孵化模式6家。区县社会组织开展、参与扶贫项目118个,投入1876.40万元,帮扶对象8.01万人。年内,市民政局召开社会组织管理与党建工作调研会,约30人参加;召开市本级社会组织参与精准扶贫及第十二届中国(南宁)国际园林博览会招商工作动员会,向南宁江西商会、南宁桂平商会、南宁市物业管理行业协会、南宁市李宁体育园、广西无界慈爱基金会5家单位颁发"热心公益扶贫济困"牌匾。南宁市社会组织孵化基地举办标书解读及项目服务方案框架设计培训、"公益组织品牌建设与传播"主题培训、"社会组织与社区的融合"主题沙龙,市社会组织孵化基地入驻机构代表、社会组织骨干80余人参加。（梁　良）

【婚姻登记】2018年,市民政局办理结婚登记5.06万对(内地居民5.01万对、涉外494对),离婚登记1.81万对(内地居民1.81万对、涉外46对),补领婚姻登记证1.25万件(内地居民1.25万件、涉外15件)。完成婚姻登记历史数据补录任务。通过政府购买方式,在江南区、西乡塘区登记处开展婚姻家庭辅导,服务对象134对。组织召开全市婚姻登记工作座谈会2次,参会30多人;举办全市婚姻登记工作培训班1期,培训市、区县婚姻登记工作人员50人。开展全市婚姻登记管理规范化检查,清理不规范证明,印发实施《关于对婚姻登记严重失信当事人开展联合惩戒的合作备忘录》指导意见。

【收养登记】2018年,市民政局召开收养家庭评估工作座谈会,通过公开招标方式确定第三方机构,开展市本级收养家庭收养能力评估,评估收养家庭30户。全市办理收养登记453例,均为内地居民收养。（李群峰）

【社会工作】2018年,南宁市通过政府购买服务等方式,推进社会工作服务于社会福利、社会事务、社会救助、社区治理等领域。全市通过社会工作者职业水平考试301人,有社会工作师396人、助理社会工作师1646人,新登记成立社会工作服务机构5家,市本级累计登记社会工作服务机构34家。完成《南宁市社会工作专业人才奖励实施细则(试行)》第二次征求意见;举办全市社会工作人才综合能力提升培训班,社工机构37家、110人参加。（梁　良）

【老龄事务】2018年,南宁市区县(开发区)负责发放高龄老人补助,南宁市老龄工作委员会办公室(市民政局设在机构,编制7名、在编6人)负责高龄补助发放的监管。区县(开发区)发放80周岁～89周岁老人高龄补助56.35万人次,金额1.23亿元;90周岁～99周岁老人高龄补助7.59万人次,金额3367.36万元;100周岁以上老人高龄补助2848人次,金额335.11万元。自治区扶持南宁市基层老年协会资金54万元、市级补助南宁市基层老年协会资金66万元,完成24个南宁市基层老年协会示范点创建任务(自治区分配给南宁市基层老年协会创建任务18个,市自主创建南宁市基层老年协会示范点6个)。全市办理《老年人优待证》3.75万本,其中60周岁～69周岁1.49万本(绿证),70周岁以上2.26万本(红证);市本级为1001名外省户籍且长期居住南宁市的老年人申办《老年人优待证》,为220名南宁市60周岁以上因公病残、孤寡老人办理优待证。春节期间,全市慰问城乡百岁老人664名,发放慰问金33.20万元。"敬老月"期间,市老龄办、市慈善总会组织开展"慈善助老·情暖夕阳"活动,救助年满60周岁以上,生活特别困难的孤、寡、病、残贫困老年人200人,每人一次性补助1000元;结合"慈善助老"开展"慈善助医"活动,向上林县、马山县、隆安县60名低保户、建档立卡贫困户的重大疾病患者发放救助金30万元;市老龄办从敬老月专项经费中拨款10万元,开展"慰问特困老人·送温暖"活动,慰问100人;市老龄办联合市老年人活动中心举办以"畅想新时代·最美夕阳红"为主题的"南宁市第五届'风采夕阳'敬老月系列活动",2262名老年人参与。10月,市老龄办组织市老科协科技专家、医疗人员、广西12349社区为老服务信息平台工作人员36人,到隆安县城厢镇、武鸣区陆斡镇、宾阳县宾州镇开展种植养殖业科技、养老知识普及、医疗义诊"三下乡"活动,为660名老年人义诊,普及村民科普知识240多人次,发放宣传资料6350多份,制作宣传板报15版,2000多名老人参与活动。11月,市老龄办联合青秀区老龄办、西乡塘区老龄办、江南区老龄办、广西南宁成鼎灵慧广告有限公司到南南铝小区、新竹社区和万力社区开展老年维权宣传教育进社区活动,举办老年文艺表演、老年法律知识抢答、游园等活动,1200名老年人参加。（蒋罗阑）

【殡葬服务】2018年,南宁市殡仪馆火化遗体2.52万具,其中市殡仪馆1.47万具、武鸣区殡仪馆4639具、横县殡仪馆2717具、宾阳县殡仪馆3137具。全市免除城乡困难对象基本殡葬服务费用839.33万元。马岭公益性公墓开工建设。投入100万元开发的新业务系统——12349殡葬公益信息平台首次开通使用,实现网上办理殡葬业务。3月31日,南宁市2018年公益花坛葬活动在南宁青龙岗长安墓园举行,安葬骨灰300具,安葬奖励补助金由每具500元提高至800元。4月5日至7日,市殡仪馆,武鸣区、横县、宾阳县殡仪馆,青龙岗长安墓园5个殡葬服务单位接待祭扫群众58.60万人次、车辆4.70万辆次,出动工作人员(服务人员)743人。（李群峰）

责任编辑　钟婉悦

综　述

【概　况】 2018年，南宁市推进第三次国土调查，提升土地节约集约利用水平，耕地保有量不低于67.76万公顷，基本农田不低于54.22万公顷。深化园林管理体制改革，将邕江沿岸公园等园林绿化管养权限下放属地；推进江南公园、民族大道北侧绿地山体公园、大王滩国家湿地公园等公园绿地建设；完成自治区成立60周年大庆花卉布置。推进绿色制造体系建设，支持广西博世科环保科技股份有限公司等环保企业做大做强；发展循环经济，南宁糖业蔗渣发电热电联产等项目开工。加强电力、建材等重点耗能行业、企业的节能降耗监管，推进工业企业燃煤小锅炉“煤改气”。拆除关停取缔“小散乱污”企业(不符合产业政策，不符合当地产业布局规划，未办理工信、发改、土地、规划、环保、工商、质监、安监、电力等相关审批手续，不能稳定达标排放的小企业)180家。在自治区率先建立河长制信息化监管平台，实现河长制信息扁平化管理。推进邕江综合整治和开发利用，建成景观带148千米、公园15个，邕宁水利枢纽下闸蓄水，邕江枯水期平均水位从62米抬升至67米。推进黑臭水体治理，新建污水管网128千米，清除内河淤泥22.70万立方米。开展流域环境综合整治，清拆非法养殖网箱9万余个，全市流域断面水质均达到或优于国家考核标准。推进邕江取水口上移工程，加强集中式饮用水水源地保护，邕江、县级在用饮用水水源水质达标率100%。深化扬尘污染治理，创新开展道路积尘负荷走航监测，市区AQI优良率(空气质量优良率)93.4%，比上年提高1.1个百分点，“南宁蓝”保持常态。年内，启动实施农村人居环境综合整治三年行动，新增“美丽广西”乡村建设示范村14个、广西“绿色村屯”56个，完成改厨改厕25万户、村屯公共照明试点项目147个，建成“美丽南宁”乡村建设农村生活污水整治项目102个，农村生活污水集中处理行政村覆盖率39.70%。深入实施“服务惠民”专项活动，全市建制村按“六有”(有人员、有场地、有设备、有流程、有网络、有经费)标准建成并挂牌村级综合服务中心1383个。实施“县域路网”工程，完成130个农村公路项目308.80千米，硬化非贫困村通屯道路400千米，农村公路安全隐患整治79.10千米。青秀区获评全国“四好农村路”(建好、管好、护好、运营好)示范县。竣工农村饮水安全巩固提升工程308处，建设防渗渠道175.15千米，新增、恢复、改善灌溉面积2.55万公顷。治理水土流失面积42.78平方千米，植树造林1.80万公顷。承办中国生态文明论坛(南宁)年会，南宁市获中国生态文明研究与促进会评为2018美丽山水城市，邕宁区获生态环境部命名为第二批全国“绿水青山就是金山银山”实践创新基地。　(温燕聪)

【邕江综合整治和开发利用】 2018年，南宁市邕江综合整治和开发利用坚持“治水、建城、为民”主线，实施护岸工程、建筑工程、景观绿化、灯光亮化等，建设绿道、广场、栈道、停车场、运动场等，将邕江沿线建设成畅通行洪运输道、水清岸绿风景区、兴旺繁荣经济文化带、人水和谐生态休憩园，提升“中国绿城”生态宜居品质。邕江综合整治和开发利用工程PPP(政府和社会资本合作运作模式)项目是邕江综合整治和开发利用重要组成部分，位于邕江南北两岸老口枢纽至清川大桥、三岸大桥至邕宁枢纽，建设范围总长95.49千米、面积836.25公顷，分成A、B、C、D四个标段实施。2017年11月各标段施工；2018年12月，标段完成形象进度98.66%，累计完成投资44.50亿元。新建成绿道94.23千米、护岸2.86万米、景观桥梁13座、驿站75座、监控广播机房14座，公厕56座，完成铺装81万平方米，绿化种植面积544万平方米。　(易贝贝)

【“中国绿城”建设】 2018年，南宁市推进生态宜居建设，实施南宁园博园项目、邕江综合整治和开发利用工程、南湖水质改善等市级层面重点项目，推进江南公园、民族大道北侧绿地山体公园、大王滩国家湿地公园等公园绿地建设。推进PPP项目建设：南湖水质改善工程完工；邕江综合整治和开发利用工程PPP项目完成进度98.66%；亭子滨江公园配套服务设施及游客服务中心PPP实施方案获市政府批复，开展施工图编制；推进大王滩国家湿地公园及水环境工程前期工作，可行性研究报告获批复。全市建成区(不含武鸣区)绿地总面积1.13万公顷，其中公园绿地4165.59公顷、生产绿地2.67公顷、防护绿地857.44公顷、附属绿地4798.19公顷、其他绿地面积1485.44公顷；建成区(不含武鸣区)绿地率37.93%、绿化覆盖率43.78%、人均公园绿地面积11.93平方米。

【第十二届中国(南宁)国际园林博览会】 2018年12月6日在南宁园博园开幕。来自世界城市与地方政府组织、乌克兰等国家的特邀观摩外宾代表等900多人出席开幕式。以“生态宜居　园林圆梦”为主题，打造“生态、文化、共享”三大特色园博，中国工程院院士崔愷领衔设计，设展园80个(中华城市展园44个、广西园

1个、东盟园10个、丝路园9个、设计师园5个、企业园11个),建成东南亚特色植物园、罗汉松园、矿坑花园、芦草叠塘等精品景点60多个,清泉阁、宜居·城市馆、中国—东盟友谊馆等标志性主建筑7座;面向44个国内参展城市、10个东盟国家参展城市、9个丝路国家参展城市、广西13个地市及南宁市7个区5个县发出城市文化活动邀请。同日,推动城市高质量发展系列标准发布会在园博园宜居·城市馆召开,住房和城乡建设部介绍促进城市绿色发展、保障城市安全运行、建设和谐宜居城市3个方面10项标准;以"新时代新园林"为主题的第十二届中国(南宁)国际园林博览会园林论坛在南宁沃顿国际大酒店召开,700余人参加。12月7日,南宁园博园正式对公众开放。第十二届中国(南宁)国际园林博览会会期半年,闭幕后园博园将作为城市公园永久保留。

(易贝贝)

【中国生态文明论坛(南宁)年会】 2018年12月15日至16日在南宁市召开。会上生态环境部对第二批16个"绿水青山就是金山银山"实践创新基地和第二批45个国家生态文明建设示范市县授牌命名,邕宁区获评全国第二批"绿水青山就是金山银山"实践创新基地,为自治区唯一获评区县。年会举办生态示范创建与"绿水青山就是金山银山"实践论坛等14个专题分论坛,发布《生态文明南宁宣言》《中国省域生态文明状况评价报告》、"2018美丽山水城市"名单、2018年度生态文明建设优秀论文和优秀调研报告,南宁市获"2018美丽山水城市"称号,为全国唯一蝉联的城市。(市环境保护局)

【环广西公路自行车世界巡回赛南宁赛道环境整治】 2018年,南宁市开展"三清三拆"(清理村庄垃圾、清理乱堆乱放、清理池塘沟渠,拆除乱搭乱盖、拆除广告招牌、拆除废弃建筑)、环境卫生、农田整治、绿化美化和巩固提升赛道沿线乡村环境等,做好环广西公路自行车世界巡回赛南宁赛道沿线环境综合整治。累计组织150余人,开展赛道沿线环境整治60余次62千米,清除违法张贴广告6012条,清理残垣断壁11处910平方米,拆除或推倒危旧瓦房20处2650平方米,整顿杂物及乱堆乱放点24处507平方米。10月18日至19日,环广西公路自行车世界巡回赛(南宁站)举行赛段涉及南宁市部分国道、城市道路,南宁市组织责任单位补种、修剪、鲜花下地、村屯绿化,完成比赛途经道路绿化整治提升。累计投入人工工日7114个,修剪乔木2800株、孤植灌木852株、片植灌木和地被植物23.60万平方米,清除杂草12.70万平方米,清理垃圾523车,补种乔木15株、孤植灌木90株、片植灌木和地被植物1.10万平方米,植物淋水、积尘清洗1244车次。马山县赛段沿线绿化种植苗木420株,武鸣赛段补种植物1818平方米,累计投入资金40万元。

(市市政园林局 市乡村办)

【生态环境科普教育实践基地】 2018年3月,南宁市组织推荐的美丽南方、广西壮族自治区药用植物园被生态环境部与科技部授予第六批"国家环保科普基地"称号。全市有国家环保科普基地3个:南宁青秀山风景名胜旅游区、美丽南方、广西壮族自治区药用植物园。南宁青秀山风景名胜旅游区、美丽南方、广西壮族自治区药用植物园、南宁三峰垃圾发电厂(自治区级)4家生态环保科普基地全年接待215批(场)次2.50万人次。南宁市生态环境教育馆(位于市环保局)接待28批次近1600人参观。(市环境保护局)

2018年2月28日,青秀山风景区原林区组织领导干部义务植树　易贝贝提供

国土资源管理

【概　况】 2018年,南宁市国土资源局设办公室、行政审批办公室、政策法规科、规划科技科、财务科、土地出让金征收科、耕地保护科、建设用地科、地籍管理科、测绘管理科、信访与土地纠纷调处科、土地利用管理科、矿产资源管理科、地质环境科、执法监察科、人事科、征地科、不动产登记局和机关党委、机关纪委;编制63名、在编55人,后勤控制数10名、在编8人。在6个城区、3个开发区(广西—东盟经济技术开发区、南宁高新技术产业开发区、南宁经济技术开发区)及五象新区、南宁龙象谷国际旅游度假区均派出分局机构,行政编制56名、在编53人,后勤控制数2名、在编2人。二层机构有市国土资源执法监察支队,事业编制41名、在编32人,后勤控制数5名、在编3人;市土地储备中心,事业编制27名、在编28人,后勤控制数3名、在编3人;市国土资源出让服务中心,事业编制19名、在编17人,后勤控制数2名、在编2人;市国土资源档案馆,事业编制10名、在编8人,后勤控制数2名、在编2人;市土地开垦整理中心,事业编制16名、在编14人,后勤控制数2名、在编1人;市国土测绘地理信息中心,事业编制8名、在编7人,后勤控制数1名、在编1人;市不动产登记中心,事业编制129名、在编100人。全市落实新增建设用地2016.53公顷。市本级(不含武鸣区)土地出让收入414亿元,首次突破400亿元。土地二级市场试点通过自然资源部验收。推进第三次国土调查,完成市本级城镇村庄内部细化调查。全市通过土地整治新增耕地212.11公顷,通过耕地提质改造确认水田447.17公顷,实施表土剥离利用项目18个,剥离耕地面积150.40公顷,盘活存量建设用地3735.09公顷。有偿出让采矿权40宗,收取采矿权出让收益3.17亿元。出台自治区首个市级测绘地理信息管理办法——《南宁市测绘地理信息管理办法》。在自治区率先建成市级"国土资源云","南宁市国土资源电子政务综合云平台""智慧城市三维动态测绘基准关键技术及应用"等7个项目分获2018年中国地理信息科技进步奖、广西科技进步奖等荣誉。完成高精度北斗导航硬件设备定制研发及不动产移动端推广应用,建成资源三号卫星云服务平台,接收卫星影像数据112个,国土时空数据库管理系统通过验收。主要存在表土剥离利用推进缓慢,

地质灾害应急治理项目认定不够规范等问题。

【不动产登记】 2018年，南宁市创新“互联网+不动产登记”模式，在全国率先推出“24小时不打烊”自助登记办证、全业务不动产电子证照、不动产网络司法查控平台等便民举措，在自治区率先实现市、县不动产登记同城一体化。推出自助查档、扫码缴费服务，构建以南宁市民中心为中心点，园湖、青秀、江南3个固定受理点及多个合作服务点“一点为中心，多点辐射”的不动产登记便民服务格局。受理点设不动产登记“全业务受理”窗口，减少群众等候时间。改革成效获国务院总理李克强批示肯定，被自然资源部作为“南宁样本”在全国推广。市本级受理房屋、土地不动产登记业务60.79万宗，其中房产类60.52万宗、占99.50%，土地类2694宗、占0.50%。完成登簿60.79万宗，其中房产类60.52万宗、土地类2694宗。

【土地二级市场】 2018年，南宁市推进土地二级市场改革，形成土地转让中开发投资总额未达25%投资额限制、划拨土地出租收益金法律地位与征收、放宽对抵押权人的限制、扩大抵押物范围专题研究成果，通过自然资源部验收。印发《南宁市国有建设用地使用权二级市场交易管理办法》《南宁市国有建设用地使用权二级市场转让交易规则》《南宁市国有建设用地使用权二级市场交易平台监督管理办法》等规范性文件，规范土地二级市场运行模式和交易规则。研究制定二级市场转让、出租、抵押合同范本，规定权利与义务，充实二级市场制度体系。建成市国有土地二级市场网络交易服务平台，受理二级市场交易转让业务15宗。

【第三次国土调查】 2018年，南宁市全面启动第三次国土调查，落实市本级及市辖区县第三次国土调查工作经费7907.91万元，通过公开招标采购方式确定调查作业单位。完成1408.16平方千米城镇村庄内部土地利用现状调查，完成率100%。推进农村土地调查，完成率61.70%。在《南国早报》刊登南宁市第三次土地调查公告，在南宁人民广播电台调频107.4频道滚动播放专题宣传节目、公益广告90次。

【建设项目用地管理】 2018年，市国土资源局调整修改建设项目土地利用总体规划14个，获批复7个。新增建设用地指标2016.53公顷，保障重大项目用地。审查上报108个批次用地和单独选址项目，面积2236.24公顷，获批面积2394.64公顷(含历年上报批次、项目)。增减挂钩项目获批复立项，涉及拆旧区规模1837.82公顷，其中耕地1458.60公顷。购买增减挂钩节余指标交易6宗，涉及面积138.94公顷，其中耕地100.87公顷，交易金额5.56亿元。组织编制《南宁市中心城区城镇低效用地再开发项规划(2018—2025)》获市政府批复实施。加快推进批而未供、闲置土地清查处置，印发《南宁市2018年批而未供和闲置土地清查处置工作实施方案》《2015年以前批而未供土地盘活处置方案》《闲置土地处置方案》，全市盘活存量建设用地3735.09公顷，其中市本级盘活2590.26公顷、武鸣区和各县盘活1144.83公顷；清查处置闲置土地1092.64公顷。

【土地市场交易】 2018年，南宁市编制《南宁市2018年国有建设用地使用权“招拍挂”出让计划》，市本级(不含武鸣区)组织“招拍挂”出让活动98期，出让国有建设用地使用权130宗地，成交面积573.44公顷，成交金额306.89亿元，其中工业用地成交194.26公顷，占公开出让面积33.88%。采用“单限一竞”“单限两竞”“双限一竞”(限房价、限低价、竞产权移交房、竞现房销售)方式成交宗地46宗，成交面积220.99公顷；有10宗地配建移交产权住房建设面积12.59万平方米。印发《南宁市“零星地块”协议出让管理办法》，规范零星地块协议出让用地管理。开辟国有建设用地“招拍挂”项目用地办理不动产登记“绿色通道”，对“招拍挂”方式取得土地办理不动产登记和办理供地手续并联进行，缩短“招拍挂”用地不动产权证办理时限，减低工业用地成本。

【耕地保护】 2018年，南宁市划定永久基本农田面积54.25万公顷，超额完成自治区下达的54.22万公顷基本农田保护任务。落实耕地占补指标1613.55公顷，保障153个批次用地占补平衡需求。批复确认土地整治项目44个，新增耕地212.11公顷，批复确认耕地提质改造项目15个，确认水田面积447.17公顷。完成“小块并大块”耕地整治4446.15公顷，超额完成自治区下达的3534.87公顷耕地整治任务。全市实施表土剥离利用项目18个，剥离耕地面积150.35公顷。审查通过土地复垦方案25个，签订土地复垦协议19个，收缴土地复垦费1430.01万元。自治区下达南宁市“十三五”规划期间5880公顷补充耕地任务；至年末，全市累计完成补充耕地9292.33公顷。

【地籍管理】 2018年，南宁市完成2017年度土地变更调查与遥感监测，核查遥感监测图斑总数9648个，图斑面积6129.59公顷，涉及耕地2958.27公顷。其中：合法图斑1633个，图斑面积1457.15公顷，涉及耕地561.59公顷；违法图斑2144个，图斑面积473.08公顷，涉及耕地196.96公顷；其他类型图斑5871个，图斑面积4199.35公顷，涉及耕地2199.72公顷。开展全市农垦国有土地确权登记，完成确权登记发证3013.07公顷。其中：无纠纷土地登记发证1024.46公顷，发证完成率101.95%；山界林权证规范登记为不动产证登记发证1739.15公顷，发证完成率104.31%。

2018年9月3日，市国土资源局在市中级人民法院启动南宁市不动产网络司法查控平台

市国土资源局提供

【征地拆迁】 2018年,南宁市出台《南宁市征收集体土地补偿安置办法》《南宁市征收集体土地补偿安置实施指导意见》《南宁市征收集体土地补偿指导标准》等规范性文件,推动市区征地工作规范有序开展。完成集体土地征收2313.83公顷,完成率119.21%;完成拆迁面积291.74万平方米,比上年同期增长31.33%。其中:市本级(不含武鸣区和广西—东盟经开区)完成征地面积1349.19公顷,完成拆迁面积280.73万平方米;武鸣区、广西—东盟经开区和五县完成征地964.64公顷,完成拆迁11.01万平方米。

【土地储备】 2018年,市国土资源局编制《2018年南宁市土地收购储备计划》,推进年度土地收储。全市结算入库储备土地651.13公顷,比上年同期增长1.65%;移交供应储备土地659.35公顷,与上年基本持平。其中划拨储备土地108.70公顷,通过"招拍挂"方式出让储备土地550.65公顷。

【国土执法监察】 2018年,市国土资源局会同有关执法部门开展国土资源执法监察。土地监察出动巡查7774次,车辆8581车次、巡查人员2.78万人次,立案查处637宗,行政处罚罚款金额2489.27万元,没收违法建筑面积120.35万平方米,拆除违法建筑物面积110.68万平方米。矿产监察出动巡查2599次,车辆3189车次、巡查人员1.39万人次,封填煤窑1井次,遣散违法人员1074人次,证据保全各种大型车辆160台,收缴罚款168.09万元。卫片核查2017年年度全市矿产卫片图斑45个,核实违法图斑13个,立案查处图斑9个。处置闲置土地43宗,涉及土地面积115.60万平方米。

【矿产资源管理】 2018年,市国土资源局推进绿色矿山建设,制定《南宁市市级绿色矿山建设规范》《2018年南宁市绿色矿山创建工作方案》等政策文件,明确市级绿色矿山建设目标任务、建设规范要求,在南宁市召开自治区绿色矿山建设现场会上获推广。完善《南宁市国土资源局采矿权管理办法》,制定《南宁市国土资源局关于推进净采矿权出让工作的指导意见》。1月17日,市公共资源网上交易系统以5339万元挂牌出让自治区首宗净采矿权。全市有偿出让采矿权40宗,收取采矿权出让收益3.17亿元。其中:延续有偿出让(含变更)39宗,收取采矿权出让收益2.64亿元;挂牌出让1宗,收取采矿权出让收益5339万元。

【地质灾害防治】 2018年,南宁市划定市级重点防范的地质灾害隐患点29处。推进地质灾害防治高标准"十有县"(有组织、有经费、有规划、有预案、有制度、有宣传、有预报、有监测、有手段、有警示)建设,青秀区、兴宁区、江南区、邕宁区、良庆区5个城区获自治区国土资源厅高标准"十有县"称号。安排地灾治理资金3952万元,用于南(宁)广(州)铁路、银杉路西侧滑坡和青秀区长塘镇初级中学不稳定斜坡等地质灾害工程治理。开展地质灾害隐患巡查排查,出动巡查排查1755组次、4577人次,发放明白卡5052张,新发现地质灾害隐患点12处。组织应急专家53人次、专业技术人员36人次,对51起地质灾害灾情、险情进行应急处置,安全转移撤离群众642人次。发布地质灾害气象风险预警信息184日次。9月16日台风"山竹"影响期间,组织撤离隆安县乔建镇龙尧村龙垚屯崩塌隐患点受威胁群众,避免7户29人伤亡。完成建设项目地质灾害危险性评估资质备案280宗(一级项目145宗、二级项目64宗、三级项目71宗)。

【地质环境保护】 2018年,南宁市投入财政资金100万元,开展市本级矿山地质环境动态巡查监管。每季度使用无人机航摄矿区数字正摄影像,核定矿山企业是否越层越界开采,检查矿山地质环境破坏及矿区恢复治理情况。完成市本级包括废弃矿山、在建矿山等130余座矿山地质环境野外调查,初步建成含134座矿山航摄图、正射影像图、高程模型数字线划图等数据的矿山地质环境数据库。将地质遗迹保护列入"双随机一公开"(随机抽取检查对象、随机选派执法检查人员,抽查情况及查处结果向社会公开)监管范围,不定期对地质遗迹保护区情况进行现场抽查并公开检查结果。5月23日,在市国土资源局网站上公示横县六景泥盆系剖面自治区级自然保护区检查结果。

【测绘地理信息】 2018年,南宁市印发自治区首部市级测绘地理信息管理办法《南宁市测绘地理信息管理办法》。扩展数字南宁地理空间框架应用领域,新增"南宁市智慧照明综合管理平台""国家级南宁经济技术开发区""爱南宁APP之智慧教育""智慧林园平台建设项目""南宁市城市内涝气象风险监测预警移动端系统"5个应用系统,数字南宁应用系统总数26个。推进数字县域建设,南宁市成为自治区第一个全面实施数字县域建设的城市,其中"数字上林""数字横县"项目完成竣工验收、"数字宾阳"项目通过预验收。更新"天地图南宁"数据,"天地图南宁"获评五星级市级节点,在自治区14个市级节点中排名第一。实地核查自治区国土资源信息中心等27家单位测绘资质,完成全年测绘资质巡查。开展全市巩固全覆盖排查整治"问题地图"专项行动,排查政府机关门户网站122个、微博28个、微信公众号54个、本地热门论坛18个、市场56个、地图相关经营户749户,实地检查部分单位。对展示的问题地图,现场指出问题,责令展示方撤换;对市场上销售的"问题地图",要求销售单位对所销售地图产品进行自查,问题地图产品下架,对销售无生产单位等信息产品的移交工商部门处理。受理丙级、丁级测绘资质申报、变更及注销等相关初审业务62宗,办理测绘作业证100本。

(莫厚杰)

环境质量

【概　况】 2018年,南宁市环境保护局设办公室、规划财务科、政策法规科、自然生态和农村环境保护科、环境评价和监测管理科、水环境管理科、大气环境管理科、环境保护综合监察科、核与辐射安全监督管理科、人事科;设南宁高新技术产业开发区分局、南宁经济技术开发区分局、广西—东盟经济技术开发区(南宁华侨投资区)分局、南宁青秀山风景名胜旅游区分局4个派出机构;行政编制42名(含分局8名),在编39人。直属管理事业单位5个,其中市环境保护监测站(市核与辐射安全监督管理站、市机动车排气污染管理中心)、市环境监察支队为参照公务员法管理事业单位,市环境宣传教育中心、市环境信息中心、市环境应急与事故调查中心(市环境保护科学研究所、市固体废物管理中心)为财政全额拨款事业单位;事业编制188名,在编174人。全市环境空气质量达国家二级标准。市区(不含武鸣区)AQI优良率(统计已除去无效天,下同)93.4%;宾阳县、上林县、马山县、隆安县空气质量达标,AQI优良率分别为91.2%、95.1%、98.5%、97.5%;武鸣区、横县细颗粒物浓度超标,AQI优良率分别为91.3%、88.7%。全市主要江河水质保持优良,境内10个主要河流监测断面均达到或优于三类水质。市、县两级在用饮用水源水质达标率100%。纳入黑臭水体整治的13条内河主要污染指标有所好转。市区8个备用、规划水源水库水质达标率100%;大王滩水库、西津水库水质保持优良;民歌湖、相思湖水质为劣五类,五象湖水质为五类。城市区域环境昼间平均等效声级56.6分贝;夜间噪声平均值55.5分贝。城市道路交通噪

2018年2月8日，南宁市春节不燃放烟花爆竹倡议活动走进社区　　市环境保护局提供

声昼间平均等效声级68.3分贝，总体达国家考核指标要求；夜间平均等效声级66.0分贝，监测路段超标率97.3%。区域声环境的主要声源为生活噪声和交通噪声，总和分别与昼间噪声的78%和夜间噪声的77%。辐射环境质量良好，环境电离辐射保持在天然本底涨落范围内。南宁市环境空气质量位居全国169个地级以上城市第20位、全国省会城市第6位。主要存在南宁市空气质量稳定达标基础仍较薄弱的问题。

【环境空气质量】 2018年，南宁市区（不含武鸣区）AQI优良率93.4%，比上年同期升高1.1个百分点；空气质量达标340天（优169天、良171天），出现轻度污染23天、中度污染1天，未发生重度及以上污染天气。首要污染物为细颗粒物、臭氧或二氧化氮。市区环境空气中二氧化硫、二氧化氮、可吸入颗粒物、细颗粒物、一氧化碳、臭氧平均浓度分别为每立方米11微克、35微克、57微克、34微克、1.3毫克、128微克，其中二氧化硫、二氧化氮浓度达到《环境空气质量标准》(GB3095-2012)年平均一级标准，可吸入颗粒物、细颗粒物浓度达到年平均二级标准，一氧化碳达到24小时平均一级标准，臭氧达到日最大8小时平均二级标准。与上年相比，二氧化硫、二氧化氮浓度持平；可吸入颗粒物、臭氧浓度分别上升1.8%、7.6%；一氧化碳、细颗粒物浓度分别下降7.1%、2.9%。市环境空气质量预报预警平台发送空气质量预报信息365期，其中24小时、48小时、72小时预报AQI级别准确率分别为94%、92%、87%，预报首要污染物准确率分别为86%、85%、80%。城区、开发区AQI优良率（不含武鸣区）由高到低排名依次为青秀区、南宁经开区、邕宁区、五象新区、江南区、良庆区、南宁高新区、西乡塘区、兴宁区；可吸入颗粒物浓度由低到高排名依次为南宁经开区、邕宁区、青秀区、五象新区和南宁高新区（并列）、兴宁区、江南区、西乡塘区、良庆区；细颗粒物浓度由低到高排名依次为南宁经开区、邕宁区、青秀区和南宁高新区（并列）、五象新区、兴宁区和西乡塘区及良庆区（并列）、江南区。综合指数由低到高排名依次为邕宁区、南宁经开区、青秀区、五象新区、南宁高新区、江南区和兴宁区（并列）、良庆区、西乡塘区。市区酸雨频率4.43%，上升1.30个百分点，降水平均pH值6.20。远郊监测点邕宁区新江镇降水酸雨频率14%，降水平均pH值5.93。市区整体酸污染程度保持在低水平。

年内，武鸣区AQI优良率91.3%，其中优108天、良186天，轻度污染27天、中度污染1天；二氧化硫、二氧化氮、可吸

表33　2018年南宁市区空气质量日报（AQI）统计情况表

质量级别	质量状况	空气污染指数（AQI）范围	出现天数（天）		
			2017年	2018年	增　减
一级	优	0—50	191	169	-22
二级	良	51—100	146	171	25
三级	轻度污染	101—150	27	23	-4
四级	中度污染	151—200	1	1	0
五级	重度污染	201—300	0	0	0
六级	严重污染	>300	0	0	0
优良率			92.3%	93.4%	1.1%

表34　2018年南宁市环境空气质量在全国重点城市和省会城市排名表

月　份	在74个重点城市中的排名	在169个重点城市中的排名	在31个省会城市和直辖市排名	在27个省会城市排名
1月	36	—	15	13
2月	30	—	10	8
3月	20	—	6	5
4月	14	—	5	5
5月	5	—	2	2
6月	—	17	6	6
7月	—	17	3	3
8月	—	76	14	13
9月	—	45	9	9
10月	—	68	15	12
11月	—	51	13	11
12月	—	7	3	3
1—12月	—	20	6	6

说明：2018年6月起，生态环境部在74个重点城市空气质量排名基础上，将排名城市扩大至169个地级及以上城市

入颗粒物、细颗粒物、一氧化碳、臭氧年平均浓度分别为每立方米18微克、18微克、64微克、39微克、1.4毫克、127微克。横县AQI优良率88.7%,其中优150天、良148天,轻度污染35天、中度污染2天、严重污染1天;二氧化硫、二氧化氮、可吸入颗粒物、细颗粒物、一氧化碳、臭氧年平均浓度分别为每立方米14微克、19微克、59微克、37微克、1.4毫克、137微克。宾阳县AQI优良率91.2%,其中优155天、良168天,轻度污染26天、中度污染4天、重度污染1天;二氧化硫、二氧化氮、可吸入颗粒物、细颗粒物、一氧化碳、臭氧年平均浓度分别为每立方米24微克、26微克、56微克、32微克、1.4毫克、135微克。上林县AQI优良率95.1%,其中优181天、良151天,轻度污染16天、严重污染1天;二氧化硫、二氧化氮、可吸入颗粒物、细颗粒物、一氧化碳、臭氧年平均浓度分别为每立方米16微克、21微克、48微克、31微克、1.4毫克、126微克。马山县AQI优良率98.5%,其中优214天、良125天,轻度污染4天、严重污染1天;二氧化硫、二氧化氮、可吸入颗粒物、细颗粒物、一氧化碳、臭氧年平均浓度分别为每立方米19微克、22微克、43微克、26微克、1.3毫克、98微克。隆安县AQI优良率97.5%,其中优176天、良171天,轻度污染9天;二氧化硫、二氧化氮、可吸入颗粒物、细颗粒物、一氧化碳、臭氧年平均浓度分别为每立方米22微克、24微克、47微克、28微克、1.2毫克、120微克。空气质量优良率由高到低排名依次为马山县、隆安县、上林县、武鸣区、宾阳县、横县,可吸入颗粒物浓度由低到高排名依次为马山县、隆安县、上林县、宾阳县、横县、武鸣区,细颗粒物浓度由低到高排名依次为马山县、隆安县、上林县、宾阳县、横县、武鸣区。武鸣区、横县、马山县、隆安县均未监测到酸雨;宾阳县酸雨频率4.35%、下降2.19个百分点,上林县酸雨频率0.83%、下降0.56个百分点。

【水环境质量】 2018年,南宁市主要江河水质监测断面10个(左江上中、右江雁江、武鸣河叮当、邕江老口、水塘江、蒲庙、郁江六景、平朗、南岸、清水河廖平桥),按年均值评价,监测断面达到或优于三类水质比例100%,均达到相应水质考核目标要求,其中水塘江、蒲庙、郁江六景3个断面水质为三类,其余7个断面水质为二类,总体水质与上年基本持平。市区邕江三津、陈村、西郊、中尧、河南5个地表水集中式饮用水源地水质达标率保持100%;县级饮用水源地8个(宾阳县3个,武鸣区、横县、上林县、马山县、隆安县各1个),水质达标率100%。南宁市监测的18条主要城市内河中,四塘江水质评价为四类,其余17条内河水质均为劣五类;影响水质的主要污染指标为氨氮、总磷、五日生化需氧量。南宁市8个备用、规划水源水质均达标,其中西云江水库水质为一类,天雹水库、峙村河水库、东山水库、凤亭河水库、大王滩水库(取水口)水质为二类,龙潭水库、老虎岭水库水质为三类;五象湖水质为五类,民歌湖、相思湖水质为劣五类。与上年相比,西云江水库、东山水库、大王滩水库、五象湖水质均有所好转,其余无明显变化。按综合营养状态评价,天雹水库、西云江水库为贫营养状态,峙村河水库、老虎岭水库、龙潭水库、大王滩水库、西津水库、东山水库、凤亭河水库均为正常的中营养状态,相思湖、五象湖、民歌湖均为中度富营养状态。

【声环境质量】 2018年,南宁城市区域昼间环境噪声平均值56.6分贝,属一般水平;夜间噪声平均值55.5分贝,属差水平。城市声源构成以社会生活噪声、交通噪声、建筑施工噪声为主,占全市声源构成89%。城市道路交通噪声昼间平均等效声级68.3分贝,比上年升高0.3分贝。道路交通噪声环境质量总体达国家指标要求,属较好水平。夜间平均等效声级66.0分贝,监测路段超标率97.3%,属差水平。南宁市区昼间噪声1类、2类、3类、4类功能区均达国家标准;夜间噪声2类功能区达到国家标准,1类、3类、4类功能区超过国家标准。武鸣区、横县、上林

表35　2018年南宁市主要湖泊水库水质综合营养状态指数

类别	点位名称	2018年			2017年		
		水质类别	综合营养指数	级别	水质类别	综合营养指数	级别
专项湖库	大王滩水库	三类	46.1	中营养	三类	44.4	中营养
	西津水库	二类	42.8	中营养	二类	45.2	中营养
备用、规划水源	龙潭水库	三类	45.3	中营养	三类	48.6	中营养
	天雹水库	二类	25.5	贫营养	二类	34.8	中营养
	老虎岭水库	三类	48.4	中营养	三类	47.2	中营养
	峙村河水库	二类	31.0	中营养	二类	34.7	中营养
	西云江水库	一类	25.5	贫营养	二类	32.4	中营养
	东山水库	二类	40.4	中营养	三类	36.4	中营养
	凤亭河水库	二类	31.5	中营养	二类	34.8	中营养
	大王滩水库(取水口)	二类	41.9	中营养	三类	47.6	中营养
城市湖泊	南湖	—	—	—	五类	63.1	中度富营养
	五象湖	五类	61.2	中度富营养	劣五类	63.7	中度富营养
	民歌湖	劣五类	68.6	中度富营养	劣五类	71.7	重度富营养
	相思湖	劣五类	65.6	中度富营养	劣五类	66.7	中度富营养

说明:2018年1月起,南湖实施水质改造项目,暂停监测

表36　2018年南宁市城市功能区噪声情况表　单位:分贝

功能区类型	1类区域 以居住、文教为主的区域		2类区域 居住、商业、工业混杂区		3类区域 工业区		4类区域 交通干线道路两侧区域	
	昼间	夜间	昼间	夜间	昼间	夜间	昼间	夜间
2017年	45.5	42.0	58.6	44.6	61.9	57.1	63.9	56.1
2018年	53.5	50.6	56.2	48.5	61.3	59.6	64.4	59.7
增减	8	8.6	-2.4	3.9	-0.6	2.5	0.5	3.6
环境噪声标准	≤55	≤45	≤60	≤50	≤65	≤55	≤70	≤55

县、马山县、隆安县区域环境噪声均达到小于 60.0 分贝的考核要求，宾阳县区域环境噪声平均值 61.1 分贝。横县、上林、隆安县、武鸣区道路交通噪声均达到小于 70.0 分贝的考核要求，宾阳县县城道路交通噪声 71.1 分贝，马山县县城道路交通噪声 70.2 分贝。

【辐射环境质量】 2018 年，南宁市区辐射环境良好，环境电离辐射保持在天然本地涨落范围。市区 γ（伽马）辐射空气吸收剂量率监测值（扣除宇宙射线响应值）无异常变化，年平均值每小时 40 纳戈瑞；市内 29 个监测点年均值范围每小时 20 纳戈瑞～65 纳戈瑞。市区环境电磁辐射年平均值：电场强度每米 0.92 伏，功率密度每平方米 0.003 瓦。市区 10 个监测点位的环境电磁辐射综合场强监测值均低于《电磁环境控制限值》（GB8702-2014）在 30 兆赫兹～3000 兆赫兹频率范围的公众暴露控制限值。

【土壤环境质量】 2018 年，南宁市有土壤环境质量监测点 7 个，分布于青秀区、良庆区、武鸣区、横县、宾阳县、上林县、马山县。年内，通过单因子来评价土壤环境质量污染状况，土壤环境监测点位超标率 100%，均为无机污染物超标，其中轻微污染点位 3 个、轻度 3 个、重度 1 个，分别占比 43%、43%、14%。各项污染物中，以钒超标率最高（73%），其次为锑（58%）；重度污染以砷、汞超标最严重。通过土壤综合污染指数评价，监测点位尚清洁个数所占比例 43%。根据土壤综合污染指数分级标准对各县区污染程度进行评价，良庆区、武鸣区、横县为尚清洁；青秀区、马山县、宾阳县为轻度污染；上林县为重度污染。（市环境保护局）

生态保护

【概　况】 2018 年，南宁市印发自然保护区管理建设联席会议制度，建立自然保护区多部门联合监管工作机制。完成 11 个区县、开发区 1000 人以上农村集中式饮用水水源保护区划定方案审查并获市政府批复。年内，治理水土流失面积 354.27 平方千米。开展湿地生态恢复区的环境综合整治与保护，推进大王滩国家湿地公园建设试点与综合整治，完成大王滩饮用水水源保护区划定；开展湿地公园鸟类栖息地恢复工程，恢复面积 4.49 万平方米。主要存在农村生态环境保护仍是短板的问题。（市环境保护局　市林业局）

【自然生态保护】 2018 年，南宁市组织开展“绿盾 2018”自然保护区监督检查专项行动，2017 年、2018 年涉自治区级自然保护区 18 个问题完成整改 9 个；督促隆安县完成《广西西大明山自治区级自然保护区（南宁市辖区）面积和界线确定方案》编制，并通过自治区评审。配合自治区完成《广西生态保护红线划定方案》编制，指导上林县率先在全区开展生态保护红线勘界定标试点，12 月 15 日在大丰镇东春村落户安装广西生态保护红线第一桩，标志着广西生态保护红线进入实际监管阶段。做好广西左右江流域革命老区（百色市、崇左市、南宁市）山水林田湖草生态保护与修复工程项目策划，推进工程项目实施，累计获中央奖补资金 2.15 亿元。

【农村环境保护】 2018 年，南宁市依托“美丽南宁·宜居乡村”建设活动，加大农村垃圾、污水处理等重点基础设施项目建设。2018 年，全市完成农村改厨改厕 25 万户，完成农村饮水安全巩固提升工程 308 处。完成“美丽南宁”乡村建设农村生活污水整治项目 102 个、自治区农村环境综合整治项目 3 个，推进新一批农村生活污水整治项目建设 102 个，全市农村生活污水集中处理行政村覆盖率 39.70%，在自治区领先。推进广西左右江流域革命老区（南宁）山水林田湖草生态保护与修复工程项目以及邕江、大王滩水库饮用水水源地周边村屯环境综合整治。完成 11 个区县、开发区 1000 人以上农村集中式饮用水水源保护区划定方案审查并获市政府批复。马山县获评自治区级生态县，江南区苏圩镇等 18 个乡镇获评自治区级生态乡镇，邕宁区蒲庙镇张村等 62 个行政村获评市级生态村。（市环境保护局）

【水资源管理】 2018 年，南宁市编制《大王滩、凤亭河、屯六等水库群向南宁市区供水水源规划》；修编完成中小河流水功能区纳污能力核定和分阶段限排总量控制方案，推进水功能区划调整。继续推进中央环保督察重点关注问题的整改，关停大明山保护区内小水电站 15 座（武鸣区 12 座、上林县 2 座、马山县 1 座），拆除 12 座（武鸣区 9 座、上林县 2 座、马山县 1 座）；继续抓好邕江、龙潭水库、天雹水库、峙村河水库及清平水库、六蓝水库、灵水湖等集中式饮用水水源地保护，依法拆除水源地周边违章建筑。加强入河排污口监管，调查摸底入河排污口，核报 339 个；投资 1278 万元，完成孔雀湖水环境治理；推进邕江综合整治和开发利用工程建设，提升邕江老口至邕宁梯级河段水质，累计投资 220 亿元。开展湿地生态恢复区的环境综合整治与保护，开展库汉拦坝、林业改造、入库污染源、农业面源污染、库岸建（构）筑物整治；推进大王滩国家湿地公园建设试点与综合整治，完成大王滩饮用水水源保护区划定；开展湿地公园鸟类栖息地恢复工程，恢复面积 4.49 万平方米。

【中小河流治理】 2018 年，南宁市实施中小河流治理项目有横县沙坪河新福镇区河段整治工程，武鸣区武鸣河渡头、灵源河段整治工程，宾阳县新桥河宝水江潘村河段治理工程 3 个。至年末，累计完成投资 630 万元，完成投资比例 32%，其中武鸣区武鸣河渡头、灵源河段整治 0.5 千米，宾阳县新桥河宝水江潘村河段治理 1.50 千米列入 2018 年自治区政府为民办

2018 年 12 月 15 日至 16 日，第八届中国生态文明论坛（南宁）年会在南宁召开。图为市民参观南宁展馆　市环境保护局提供

实事水利惠民工程、11月完成。

【水土保持管理】 2018年，南宁市修编完成并报审《南宁市水土保持规划(2019—2030)》；受理审批生产建设项目水土保持方案491件(市本级95件、区县396件)；完成生产建设项目水土保持设施自主验收报备66个，涉及水土保持责任防治范围4345公顷，弃土(渣)量7535万立方米。运用卫星遥感、无人机航拍等方式，开展监督检查934次，其中市本级232次，立案4起，征收水土保持补偿费4571.80万元，约谈生产建设项目业主单位23家并下达《限期履行生产建设项目水土保持义务通知书》。治理水土流失面积354.27平方千米，其中水利部门治理42.65平方千米，其他部门治理267.13平方千米，社会力量治理44.48平方千米。

（市水利局）

【自然保护区】 2018年，南宁市有森林和野生动物类型自然保护区6个，总面积5.16万公顷。分别为广西大明山国家级自然保护区(面积1.70万公顷，主要保护对象为多样性山地森林生态系统和金钱豹、钟萼木等珍稀濒危特有动植物)；广西龙虎山自治区级自然保护区(面积2255.70公顷，主要保护对象为猕猴、石山苏铁、毛瓣金花茶等野生动植物和石灰岩生态系统)；广西龙山自治区级自然保护区(面积1.08万公顷，主要保护对象为大明山南亚热带山地森林生态系统和熊猴、桫椤等珍稀濒危动植物资源)；广西三十六弄—陇均自治区级自然保护区(面积1.28万公顷，主要保护对象为蚬木、南亚热带石灰岩森林生态系统)；广西弄拉自治区级自然保护区(面积8481公顷，主要保护对象为南亚热带喀斯特地貌森林生态系统和林麝、花榈木等珍稀濒危野生动植物及其生长环境、喀斯特地貌)；南宁市良庆区那兰鹭鸟市级自然保护区(面积346.67公顷，主要保护对象为白鹭、夜鹭、绿鹭、池鹭)。

【湿地保护】 2018年，南宁市湿地总面积6.31万公顷，其中自然湿地2.56万公顷、占湿地总面积40.55%，人工湿地3.75万公顷、占湿地总面积59.45%。国家湿地公园2处，分别为横县西津国家湿地公园(总面积1855.69公顷，其中湿地面积1619.93公顷)、广西南宁大王滩国家湿地公园(总面积5520公顷，其中湿地面积3800公顷，处于建设阶段)。年内，横县西津国家湿地公园通过种植芦竹、芦苇、中山杉等湿生植物，恢复湿地公园内消落带；对湿地公园内速生桉进行更新改造，种植垂柳、水翁、苹婆、秋枫、乌桕、枫杨、小叶紫薇等乔灌木；开展湿地水陆过渡带近自然化改造项目建设，种植美人蕉、菖蒲、芦苇、芋类、野莲、小叶榕等植物；清理违法新设的网箱、拦网塘、迷魂阵、地笼等；成立联合执法小组开展联合执法，制止破坏湿地行为。大王滩国家湿地公园开展湿地生态恢复区的环境综合整治与保护，组织开展库汊拦坝、入库污染源、农业面源污染、库岸建(构)筑物、库区船舶等整治；进行湿地植被恢复和治理，打造鸟类栖息地恢复生态岛，种植挺水植物、沉水植物及强耐湿性乔灌木，建设复合型生态浮岛，集中打捞清理水葫芦、蟛蜞菊等外来物种；全面普查湿地公园内的野生动植物资源，开展生物多样性资源及水质监测。

【大王滩国家湿地公园试点建设与综合整治】 2018年，南宁市持续开展大王滩国家湿地公园湿地生态恢复区环境综合整治与保护，建成库汊拦坝交通涵桥(管)主体工程19座，水库周边村屯污水集中处理设施6座，完成库汊拦坝交通涵桥架设工程招标采购10座；更新改造桉树350.66公顷(良庆区157.33公顷、南宁经开区193.33公顷)；治理明阳工业园区入库污染源、农业面源污染，拆除弘壮生态养殖园养殖棚舍建筑面积1.01万平方米，拆除库岸建构筑物10处4290.82平方米。投入150万元，建造高观测平台1座，在主要区域和3个保护站安装监控视频，实施全天候、不间断视频值守监测；建成大王滩水厂取水口隔离护栏网2054米，水体软体墙920米，设置警示标志界牌、交通牌、宣传牌。投入100万元，恢复鸳鸯岛步道两侧及荔枝岛林下鸟类栖息地，面积4.50万平方米，种植挺水、沉水植物约5.66万株，强耐湿性强灌木、乔木1463株；投入25万元，建设明阳新桥明湖供水公司取水口复合型生态浮岛7492平方米，清理水葫芦2.30万平方米，蟛蜞菊1.50万平方米；投入37万元，实施渔业增殖放流22万尾。7月16日，市政府原则通过《广西南宁大王滩国家湿地公园保护条例(草案)》；9月21日，《广西南宁大王滩国家湿地公园修建性详细规划》通过专家评审。

（市林业局）

节能减排

【概　况】 2018年，南宁市万元地区生产总值能耗比上年同期下降2.83%，超额完成自治区下达南宁市下降1%的节能目标；能源消费总量增速增长2.39%，控制在自治区下达的目标任务之内。二氧化硫排放量比2015年削减1540.59吨，削减率3.91%；氮氧化物排放量比2015年削减4171.21吨，削减率6.63%；化学需氧量比2017年减排约1089吨，削减率为1.08%；氨氮比2017年减排185吨，削减率1.64%；四项指标均超额完成自治区下达的年度减排目标任务。年内，通过节能审查项目51个，审查能耗19.52万吨标准煤(等价值)。主要存在社会用电量高速增长，规模以上万元工业增加值能耗下降困难；部分城镇污水处理厂因管网建设滞后导致负荷率偏低，进水平均浓度较低，没有实现应有的减排效益等问题。

【工业节能】 2018年，南宁市开展创建清洁生产企业活动，广西丰林人造板有限公司通过清洁生产审核，获“广西壮族自治区清洁生产企业”称号；广西中烟工业有限责任公司南宁卷烟厂、广西侨旺纸模制品股份有限公司通过清洁生产企业换证复审。南南铝业股份有限公司铝合金产品精深加工全流程绿色关键工艺系统集成项目列入国家工信部绿色制造系统集成项目，获得专项扶持资金1200万元；广西巨星医疗器械有限公司、广西田园生化股份有限公司获自治区级“绿色工厂”称号。年内，全市未发现违法生产销售“地条钢”、铸造中频炉违规转产和违规使用中频炉生产法兰盘现象，未接到有关“地条钢”电话、邮件等举报信息。组织112家年综合能耗5000吨标准煤以上的企业开展网络报送能源利用状况报告。组织实施配电变压器、锅炉能效提升项目，2018年完成1家企业电机、配电变压器能效提升现场核查工作，现场核实企业淘汰落后电机118台4550.70千瓦，落后配电变压器1台1800千伏安。

【建筑节能】 2018年，南宁市完成绿色建筑设计方案审查150项，总建筑面积1265.04万平方米，太阳能热水系统应用面积362.85万平方米，太阳能光伏发电系统装机容量1092.12千瓦。全市累计获得绿色建筑设计评价标识的建筑项目195个，总面积2827.06万平方米，累计获得绿色建筑运行评价标识的建筑项目11个，总面积167.11万平方米。新增建筑节能折合22.05万吨标煤，完成自治区下达的节能22万吨标准煤的目标任务。

【交通运输节能】 2018年，南宁市印发实施《南宁市新能源发展规划(2016—2020年)》《南宁市电动汽车充电基础设施专项规划(2017—2020年)》。新增新能源公交车108台，全市新能源与清洁能源公交车占比88%；6720辆巡游出租汽车均更新为绿色能源出租汽车；建成使用加气站16个，充电桩292个。严格执行《道路运输车辆燃料消耗量检测和监督管理办法》，要求各检测机构对新办《道路运输证》车辆进行核查，确保新入户车辆燃料消耗量达到国家标准。发展绿色公共交通，轨道交通1号线、2号线2017年12月28日至2018年12月总客运量2.11亿人次；市区内公交500米覆盖率99.50%，开通试运营BRT2号线。

【公共机构节能】2018年，南宁市4046家公共机构电消费总量4.23万千瓦时，水消费量3261.77万立方米，汽油消费量861.83万升，柴油消费量146.51万升。人均综合能耗54.24千克标煤每人，单位建筑面积能耗3.67千克标煤每平方米，人均用水量24.67立方米每人，同比分别下降2.41%、2.21%、3.23%，完成自治区下达的目标任务。

【大气污染物减排】2018年，南宁市对火电、造纸、钢铁、水泥等行业开展排查和评估工作，实施工业污染源全面达标排放计划。对火电、水泥、制浆造纸、玻璃等涉气重点企业实行24小时在线监控，强化监督管理。鼓励制糖企业采用锅炉清洁燃烧技术，南宁糖业股份有限公司伶俐糖厂、明阳糖厂、东江糖厂3家糖厂采用清洁燃烧技术。监测重型柴油车3.95万辆，其中4098辆尾气超标车经维修后排放达标。加强重型车辆定期年检检测、二手车迁入管理，强化机动车排气污染源头管控。审批柴油货车区域通行证，淘汰黄标车及老旧车。检测重点企业货运车辆油品质量，要求各加油站配套销售车用尿素。加大对加油站销售油品质量的监管，核查加油站成品油进货渠道，抽样检测销售油品。年内，机动车氮氧化物减排量415.59吨。

【水污染物减排】2018年，南宁市推进城市黑臭水体治理，完善建成区污水管网建设，市区污水处理厂处理水量比2017年增加4712万吨（埌东污水处理厂新增水量2552万吨、江南污水处理厂新增水量1850万吨、三塘污水处理厂新增水量311万吨），完成化学需氧量减排3520吨、氨氮减排416吨。发展再生水利用，建成那考河污水处理厂，日平均处理水量3.76万吨，完成化学需氧量减排415吨、氨氮减排86.50吨；埌东净化补水厂年日平均处理水量38.50万吨，比2017年新增处理水量约2552万吨，完成化学需氧量减排578.30吨、氨氮减排105.50吨。推进农村分散性生活污水收集处理、畜禽养殖场（户）关停和网箱养殖拆除，新建农村分散型污水处理设施102套，每日处理能力0.40万吨；在左江、右江、郁江、邕江等流域开展重点整治，关停清理沿岸畜禽养殖场（户）358个，拆解网箱7.46万个。（市发展改革委）

污染防治

【概　况】2018年，南宁市印发《南宁市全面加强生态环境保护坚决打好污染防治攻坚战实施方案》，开展城市治理“制度建设年”活动，深化扬尘污染治理。推广使用清洁能源锅炉，鼓励工业企业使用管道天然气，加快推进工业企业燃煤小锅炉“煤改气”。安排3382.19万元用于89家工业企业实施燃煤锅炉“煤改气”工程燃气入网费、燃气锅炉购置费和燃料费补助，所扶持的企业年内可实现替代煤炭消费17.55万吨标准煤以上，减排二氧化碳30.48万吨，减排二氧化硫3386吨。至年末，全市城市建成区38个黑臭河段消除黑臭35个（未消除的3段分别为朝阳溪C、凤凰江B、亭子冲），城市建成区黑臭水体消除比例92.10%。开展农用地土壤污染状况详查及重点行业企业用地调查，初步摸清农用地土壤污染状况及重点行业企业用地情况。严厉打击查处非法跨境转移危险废物等违法行为，未发生较大危险废物非法转移倾倒、处置事件，自治区生态环境厅对南宁市年度危险废物规范化管理督查考核评级为A级。推进资源循环利用基地建设，南宁市入选首批50家国家资源循环利用基地。

【大气污染防治】2018年，南宁市出台《南宁市环境空气质量持续稳定达标规划》《2018年南宁市大气污染防治“百日攻坚”行动方案》《南宁市大气污染防治攻坚三年作战方案》《南宁市供给侧结构性改革去产能实施方案（2017—2020年）》《南宁市烟花爆竹经营燃放管理规定》《南宁市大气污染预警响应工作方案》。推进南南铝、浮法玻璃、振宁西南薄板、三燃液化气等企业搬迁改造，中心城区无重污染行业企业。推动公交车和出租汽车清洁能源改造，在营清洁能源和新能源出租汽车占比100%，在营清洁能源和新能源公交车占比88%。市区燃煤小锅炉整治率99.50%。建立南宁市机动车“冒黑烟”及尾气超标排放实时监控网络系统，采集机动车的尾气排放数据79.59万辆次；抽查4.80万辆车的尾气检测，责令相关检测机构召回重检车辆60余辆次；检测重型柴油车3.95万辆，其中4098辆尾气超标车经维修后排放达标；处理整改“冒黑烟”车辆123辆次。完成秸秆还田42万公顷。春节期间除夕19时至正月初一9时，南宁市区PM2.5小时峰值每立方米145微克、平均值每立方米92微克，均为自治区最低，为近三年来最好水平；正月十一宾阳炮龙节期间，宾阳县环境空气质量等级控制在良等次水平。启动预警4次，11月至12月出现3个污染天，比2017年同期减少12天。在污染高发的秋、冬、春季，开展人工增雨作业60次，其中市区作业27次。市建成区新建大气网格化自动监测站点26个，将环境空气自动监测延伸至街道（乡镇）一级，与原有国控、市控站点形成39个站点覆盖的大气网络化监控网络；广西—东盟经开区新建并投入运行环境空气自动监测站1个；宾阳县开发建设生态环境网格化精准监控及决策支持平台，为自治区首个实现集大气、地表水、噪声于一体进行网格化监控及决策支持的区县。

（市环境保护局）

【扬尘治理】2018年，南宁市推进扬尘治理综合管理平台建设，纳入平台监控土方工地351个、消纳场29个、搅拌站31个、采石场13个、联合执法卡点9个；发现违规案件2622起，流转1607起。在用消纳场实现扬尘治理“6个100%”（建筑垃圾消纳场必须落实出入口100%硬化、产尘工序100%湿法作业、裸露黄土100%覆盖、运输渣土车辆100%洁净、视频监控100%安装、满容区域100%复绿）建设；督促城区审批设立的消纳场按市级标准建设，建成大中型建筑垃圾消纳场30个（项目回填6个），可消纳建筑垃圾5681万立方米，受纳建筑垃圾1545万立方米。城区、开发区重要道路处罚建筑垃圾案件5766起，暂扣车辆4870辆，处罚1584.12万元；有建筑垃圾运输企业38家，运输车辆4515辆（智能密闭车2960辆、铁制盖板密闭车1555辆），教育培训违规司机及企业管理人员472人。组织开展打击散装物料运输车、泥头车、水泥罐装车等城市建筑工程运输车辆违法行为联合整治行动51次，出动执法人员11.83万人次，检查散装物料运输车辆23.02万辆次。在80条城市道路推行“以克论净深度清洁”作业模式，纳入“美丽南宁整洁畅通有序大行动”考评；出动环卫工人281万人次，作业72.90万车次，保洁道路8.64亿平方米；主次干道机械化清扫率90%。购买第三方专业技术团队服务开展道路积尘负荷走航监测，累计走航监测道路1827千米。整治采石场140家，完成整治62家、关停或列入关停计划23家。出动执法人员14.30万人次，执法车辆2.42万辆，查处露天烧烤案件1.20万起，露天垃圾焚烧案件783起。市区空气质量优秀率93.4%。

（市城管综合执法局　市环境保护局）

【水污染防治】 2018年,南宁市推进邕江综合整治和开发利用工程建设,提升邕江老口至邕宁梯级河段水质,累计投入220亿元。5月,与崇左市、百色市签署《加强左江和右江流域生态环境保护联防联控合作备忘录》。国家、自治区考核南宁市的6个河流断面均达到相应水质目标要求,其中南岸断面水质为二类,优于国家三类考核目标要求,大王滩水库水质为三类。实施中小河流治理项目有横县沙坪河新福镇区河段整治工程,武鸣区武鸣河渡头、灵渠河段整治工程,宾阳县新桥河宝水江潘村河段治理工程3个;累计完成投资630万元,完成投资比例32%。组织开展集中式饮用水水源地环境保护专项行动,配合生态环境部开展专项督查,排查及督查交办问题104个,完成整改81个。推进明阳工业园区入库污染源整改,配套建设并正常运行纳污坝污水处理设施4座;大王滩周边村屯建设污水处理设施7套。推进7个自治区级以下工业园区污水处理设施建设,基本完成建设或依托城镇污水处理设施处理,年内新增污水处理能力每天1.75万吨。新建国控水质自动监测站3个;宾阳县建成覆盖辖区内主要河流、湖库的水质监测微型站(浮标站)10个,实现水质连续在线自动监测及预警;广西—东盟经开区新建并投入运行水质自动监测站1个。

【噪声污染防治】 2018年,南宁市修编《南宁市城市区域声环境功能区划》。市环保局指导横县、宾阳县、上林县、马山县、隆安县完成区域声环境功能区划编制。升级改造原有噪声自动监测站点7个,新增建设噪声监测及信息发布点12个。开展市区环境噪声污染专项整治行动,检查建筑工地4460家次。

【土壤及重金属污染防治】 2018年,南宁市出台《南宁市土壤污染防治攻坚三年作战方案(2018—2020年)》《南宁市土壤污染治理与修复规划(2018—2020年)》。开展农用地土壤污染状况详查及重点行业企业用地调查;全市农药使用量比上年下降7.07%。开展涉镉等重金属重点行业企业排查整治,建立涉重金属重点行业企业全口径清单及污染源排查清单。投入中央及地方土壤污染防治专项资金2822万元,完成宾阳县沙江河重金属污染综合整治,推进宾阳县制革重金属污染土壤修复与安全利用项目建设。组织排查电动车维修、汽车维修等行业废铅蓄电池产生单位3800家,查封扣押废铅蓄电池200吨。年内,未发生较大危险废物非法转移倾倒、处置事件,自治区生态环境厅对南宁市年度危险废物规范化管理督查考核评级为A级。南宁市资源循环利用基地入选首批50家国家资源循环利用基地,推动广西—东盟经开区、南宁经开区园区循环化改造。开展生活垃圾分类及废弃农膜回收利用、农药包装废弃物回收处理试点,摸底调查有害垃圾情况,指导区县、开发区开展有害垃圾收运处置体系建设;开展非正规垃圾堆放点排查整治,排查出43处,完成清运整治6处,后期环评项目7处,开展地质勘察、环评等前期工作2处,停止生活垃圾进场28处。

【重点行业污染防治】 2018年,市环保局对火电、造纸、钢铁、水泥等行业开展排查、评估,实施工业污染源全面达标排放。排查整治"散乱污"企业386家,其中清理整治206家,拆除、关闭和取缔180家。关停广西苍鹰公司武鸣氮肥厂;拆除横县恒丰建材公司变压器2台、水泥磨机2台、电机7台等落后设备。完成3家糖厂锅炉清洁燃烧技术改造。广西—东盟经开区循环化改造项目开工28个、开工率80%,竣工18个、竣工率51%,完成投资14.37亿元,占计划总投资64%;南宁经开区循环化改造项目开工16个、开工率64%,竣工11个,竣工率44%,完成投资22.28亿元,占计划总投资49%。

【污染排放许可】 2018年,市环保局和市行政审批局组织开展固定污染源排污许可证申请与核发,完成淀粉、屠宰及肉类加工、冶炼、陶瓷、钢铁、精炼石油产品制造6个行业和城市建成区污水处理及其再生利用行业排污许可证的申请与核发,核发排污许可证41份。

【污染物排放与处置】 2018年,南宁市废水排放总量3.82亿吨,比上年增加5.23%。其中:工业废水5178万吨,增加23.3%;生活污水3.3亿吨,增加2.8%。全市重点污染企业有工业废水处理设施162台(套)。工业废气排放总量859.79亿标立方米,增加24.24%。二氧化硫工业排放0.80万吨;氮氧化物工业排放1.96万吨,生活源排放0.12万吨;烟(粉)尘排放量1.05万吨,增加9.38%,其中工业排放1.03万吨。全市重点污染企业有工业废气处理设施827台(套),其中脱硫设施112台(套)、脱硝设施52台(套)、除尘设施248台(套)、VOCs(挥发性有机物)处理设施62台(套)。一般工业固体废物产生量187.20万吨,比上年同期增长13.74%,综合利用量162.30万吨(含综合利用往年贮存量13.93万吨),处置量37.24万吨(含处置往年贮存量0.08万吨),综合处置利用率99.68%,与上年基本持平。加强危险废物转移联单管理;开展危险废物规范化管理督查考核和专项整治,提升全市危险废物处理能力。有危险废物经营许可证持证单位23家,其中处置利用单位6家、收集贮存单位17家。工业危险废物产生量3.66万吨,综合利用量0.54万吨,处置量3.08万吨,综合处置利用率94.53%,贮存总量0.19万吨,无倾倒丢弃。医疗卫生机构及部分企业产生的医疗废物均交由中节能(广西)清洁技术发展有限公司收运处置,全市医疗废物安全处置率100%,年内收运、处置医疗废物7095.19吨,集中处置率100%。正式启动生活垃圾分类,分类投放、分类收集、分类运输、分类处理体系初步形成;环保部门每年定期对已投入运营(试运营)的生活垃圾填埋场进行监督性环境监测,确保填埋场渗滤液、废气及机械作业噪声等各项污染物排放指标达到国家相关标准。安装

2018年6月5日,广西2018年"六五环境日"主场活动暨南宁市创建国家生态文明建设示范市宣传活动在南宁人民会堂举办。图为市民体验手机辐射　　市环境保护局提供

易腐垃圾就地处置设备单位9家；城市生活垃圾无害化处理率100%。市区生活垃圾产生量127.95万吨，下降5.38%，生活垃圾处理率100%；污水厂污泥产生量18.25万吨，增长7.99%，污泥处置率100%。全市54家污水处理厂运行正常，污泥由具备污泥处置能力的企业处置，形成土地改良用营养土，用于土地复垦或通过水泥窑炉协同处置方式进行焚烧处理。拆解处理废旧电视机55.01万台、废旧冰箱7.69万台、废旧洗衣机9.96万台、废旧空调4.69万套、废旧电脑3.24万套，共产生拆解产物2.09万吨。

（市环境保护局）

环境监管

【概　况】2018年，南宁市立案处罚环境违法案件481件；受理环境信访投诉案件1.15万件次，比上年下降8.73%。启动应急预警处置涉突发环境事件7起，全年无突发环境事件发生。对28家列入2018年国家重大工业节能专项监察的企业开展现场监察，依法纠正5起节能违法违规行为。建立建筑施工噪声污染投诉热点工地巡查抽查机制，检查建筑工地4460家，对违法施工工地立案查处250余起。处理整改“冒黑烟”车辆123辆次。开展打击非法经营成品油行动411次。对24个集中式饮用水水源地环境问题开展整治行动。开展工业固体废物堆存场所排查、危险废物规范化管理考核和打击外省固体废物非法转移处置等专项执法工作。南宁双凯纸业有限责任公司逃避监管排污案、广西柯莉莱原种猪有限责任公司超标排污案2个案件获评自治区环境行政处罚优秀案卷。

【环境应急管理】2018年，南宁市启动处置涉环境突发事件7起，分别为崇左市安琪酵母公司跨界突发水污染事件、江南区凤凰江污水处理物化站次氯酸钙爆燃事件、南宁经开区盐酸罐车泄漏事件、马山县周鹿镇养殖场环境问题引发上访群体事件、马山远洋工贸引发的社会舆情事件、青秀区外环高速大冲桥附近硫酸亚铁倾倒事件、兴宁区恒大华府高改快路段交通事故引发柴油泄漏事件。事件均及时妥善处置，将事件影响降到最低，控制在有限范围，未达一般突发环境事件等级。制订全市重点环境风险源目录清单和《2018年汛期环境安全保障及监控监测预警实施方案》。

【环境监察执法】2018年，南宁市组织开展双随机抽查、集中式饮用水水源地环境保护专项行动、市区声环境噪声污染专项整治行动、危险废物非法转移处置和环境风险隐患专项执法检查等执法检查近40项，出动执法人员1.23万人次，检查企业约7000家次；其中检查建筑工地4460家，出动执法人员4500人次，对违法施工工地立案查处250余件，处罚金额510万元。140家采石场完成整治62家、关停或列入关停计划23家。查处违规露天烧烤案件1.28万起。完善扬尘治理视频综合管理系统，接入搅拌站31个、消纳场29个、采石场13个、土方作业工地351个、联合执法卡点9个及主要运输道路监控视频资源，24小时实时监控扬尘污染，发现扬尘污染违规案件2622起、办结1867起，处置率71.21%。组织开展散装物料运输车、泥头车、水泥罐装车等城市建筑工程运输车辆联合整治行动51次，出动执法人员11.83万人次，检查车辆23.02万辆次。检查市区范围内17家三级甲等综合医院医疗废物规范贮存处置情况。抽查9家废铅蓄电池回收企业，对发现存在环境问题的企业下达限期整改。开展打击非法经营成品油行动411次，查处非法经营点89个、非法油罐车134辆，出动执法人员3884人次，查扣油品444.16吨。开展流域水环境综合整治及流域水环境治理“百日攻坚战”行动，重点对叮当、老口、六景、南岸4个国控断面所在流域开展重点整治，累计排查重点流域企业322家，查封流域沿岸违法排污企业7家，立案处罚43起。年内，办理环境行政处罚案件481起，处罚金额2015万元。

【核与辐射安全监督管理】2018年，南宁市有核技术利用单位320家，其中涉源单位55家（售源单位2家，不含生态环境部直管1家、部队直管检查单位1家），密封放射源212枚，非密封放射性物质许可46项（实际在用17项），纯射线装置使用单位260余家，射线装置700余台（套）。清查全市核技术利用单位的放射源现场55家，开展320家核技术利用单位的辐射安全监督检查。市级辐射监管人员出动300多人次，检查核技术利用单位83家，约谈存在较大安全隐患单位3家，下达责令限期整改通知书18份、督办通知2份；区县（开发区）出动人员617人次，检查核技术利用单位177家，出具辐射安全监督检查意见177份；协助处理4所学校、1家工业企业9枚废旧放射源送贮。

（市环境保护局）

城市水环境治理

【概　况】2018年南宁市内河管理处设综合科、宣传教育科、督查科、规划前期科、河道管理科、邕江整治科、综合建设科、政策技术科，事业编制58名、在编46人，后勤服务控制数10名、在编9人，公益性岗位1人，聘用54人。11月，南宁市成立以市委书记、市长为组长的市水环境综合治理工作领导小组和市长担任指挥长的市水环境综合治理工作指挥部，统筹供水、雨水、污水、节水设施及管网建设管理，协调水行业与水环境管理。年内，实施水环境整治项目39个，完成投资35.97亿元，完成计划98.40%。主要存在控源截污力度需要加大，污水收集处理系统需完善，已消除黑臭河段水质不够稳定等问题。

【黑臭水体治理】2018年，南宁市实施建成区黑臭水体治理60天攻坚战，开展污

2018年，南湖实施海绵化改造后，水质有效改善　　市城市内河处提供

水厂建设、管网建设、清淤、生态修复、征地拆迁五大水环境综合治理。新建成污水处理厂1座,完成污水厂能力提升工程1项,开工建设污水处理厂7座,实施改扩建3座,城市总处理能力每日97万吨。新建成污水管网128千米,完成主城区市政道路管网排查,完成错混接点改造641个,推进排口整治。组织开展工业企业、学校医院公建、住宅小区、商贸物流、农村等排污治理专项行动,整改排污问题企业(小作坊)107家。落实河长制,清理岸线垃圾8945吨、水面漂浮物2924吨,清理菜地28.30万平方米、拆违29万平方米。完成征地6.05平方千米,征拆17.46万平方米。完成14个重点河段清淤22.70万立方米。江北引水干渠投入使用,实现对西明江、石埠河、心圩江、可利江等河道补水。至年末,建成区38个黑臭河段中35个河段基本消除黑臭。

【海绵城市建设】 2018年,南宁市累计实施海绵城市项目319个,开工率157.14%。其中:完工287个,完工率141.40%;竣工243个,竣工率119.70%。累计完成总投资107.52亿元,完成率122.60%。试点区年径流总量控制率75.18%,年径流污染物去除率56.86%,海绵建设完成面积51.93平方千米,占试点区总面积54.60平方千米95%,完成三年实施计划。那考河、南湖、青秀湖、五象湖等15条河湖水系完成岸线优化提升,水域面积占试点区面积8.96%。完成那考河湿地公园、南湖公园、石门森林公园、青秀山风景区、五象湖公园建设提升,新增公园绿地面积327.60公顷,完成海绵化改造公共建筑和小区187个,改善休憩娱乐空间4.20公顷。消除海绵城市试点区18个内涝积水点,满足5年一遇降雨管网比例67.33%,试点区防涝能力超过30年一遇,防洪能力200年一遇,防洪堤达标率100%。

【城市内河管理】 2018年,南宁市内河管理处出动人员1886人次、车辆836辆次,巡查内河两岸乱搭乱盖、乱倒乱排等,发现或接收市长热线、数字城管涉河案件206起,印发通知、提醒函、整改函23份。下属8个泵站(闸坝)运行正常。完成沙江河流域综合整治PPP项目,基本消除黑臭河段8.66千米;推进心圩江、水塘江综合整治工程PPP项目,分别完成年度投资6亿元、2.53亿元。完成八尺江整治一期工程园博园段、邕宁区防洪二期工程园博园段、七一总干渠雨污截流改造提升工程、青秀湖公园东段工程建设,推进良庆河、楞塘冲综合整治二期工程、马巢河—凤凰江连通运河综合整治工程。

【邕宁水利枢纽工程】 2018年12月,邕宁水利枢纽工程完成主体工程建设,首台机组并网发电;为南宁市迎接自治区成立60周年重点建设工程。2015年3月开工,坝址位于郁江干流南宁邕江河段下游青秀区仙葫开发区牛湾半岛,上距老口航运枢纽74千米,下距西津水电站124千米。工程建设拦河坝、船闸、13孔泄水闸、发电厂房、库区防护工程、鱼道及相应配套设施等。枢纽正常蓄水位67米,总库容7.10亿立方米,电站装机容量5.76万千瓦,多年平均发电量2.27亿千瓦时,船闸通航标准为2000吨级。计划总投资63.10亿元,总工期48个月。至年末,累计完成投资53.60亿元,完成计划85.30%。

2018年10月,沙江河流域综合整治项目试运行。图为治理后的沙江河

市城市内河处提供

【沙江河流域综合整治PPP项目】 2018年10月,沙江河流域综合整治试运行,为南宁市迎接自治区成立60周年重点建设工程。2016年12月开工(建设期2年,运营期13年),整治河道8.66千米,建设截污管线18.30千米、补水管线4.70千米,建成自治区首座全地埋式污水处理厂——沙江河再生水厂,设计日处理量5万吨,出水水质达城镇污水处理厂污染物排放标准(GB18918-2002)一级A标准。计划投资20.08亿元,累计投资18.61亿元,年度投资8.93亿元。

(市城市内河处)

【内河整治河长制推行】 2018年6月,南宁市建立江河湖库河长制,形成市、区县、乡镇(街道)、村(社区)四级河长体系,由市河长办与海绵水城办牵头管,职能部门分头管,城区(开发区)属地管,市民监督参与管,依靠河长制层层管。11月至12月,开展黑臭水体治理60天攻坚战河长制工作督查督办专项行动;联合市环境保护局、市水利局、市城乡建委等河长会议成员单位,出动186人次督查全市黑臭河段38个28次,发现在河岸乱堆垃圾、围垦种植养殖、在建工地黄泥水和生活污水直排等问题188个,通过河长制信息化监督管理平台转办督办73个,整改落实12个。

【南湖海绵化改造】 2018年,南宁市推进南湖海绵化改造,完成水质改善项目、南湖环湖景观亮化提标工程。雾森广场小路铺设鹅卵石,种美人蕉、亮叶朱蕉、翠芦莉等水生植物;雨水花园、植草沟、透水铺装是南湖公园海绵化改造特色,建成雨水花园12个;在上、中、下3个湖段打造专供鸟类栖息觅食的生态岛4个。实施南湖景观亮化提升工程,更换环湖路灯,亮化名树博览园、三月三广场、九拱桥盆景园、雾森广场、环湖路沿线亭台楼阁等主要节点。 (陈 琳)

【污水处理设施建设】 2018年,南宁市兴宁区、青秀区、横县、宾阳县、马山县的17个镇级污水处理设施项目入选自治区“十三五”规划第二批镇级污水处理设施项目建设名单。开工建设心圩江上游、心圩江下游、西明江、水塘江、物流园、茅桥、朝阳溪7个污水处理厂,完成那平江污水处理厂选址;推进埌东污水处理厂四期扩建,计划投资2.46亿元。3月19日,三塘污水处理厂水质提标及二期工程开工,计划总投资2.32亿元,至年末完成厂区主体项目及部分配套设施。10月30日,江南污水处理厂三期扩建及水质提标改造工程开工,计划投资14.84亿元,至年末完成深床滤池、板框脱水机房等主体工程；完成建成区新建污水管网 129 千米，移交管网 527.71 千米，移交完成率 75.91%，建成区污水处理率 96%。

（市城市内河处）

园林绿化

【概 况】 2018 年，南宁市林业和园林局设办公室、政策法制科（山林纠纷调处办公室）、规划建设科、绿化工程质量安全监督科、绿化管理科（首府绿化委员会办公室）、营林科、林业植物检疫科、林政资源管理科（林业改革发展科）、公园景区管理科、野生动植物保护与自然保护区管理科、产业科（科学技术与对外合作科）、森林防火科（市森林防火指挥部办公室）、计划财务科、人事科及机关党组织，编制 50 名、后勤服务人员控制数 5 名，在编 50 人、其中机关后勤服务人员 7 人。局属单位 27 个，其中行政单位 1 个（市森林公安局），事业单位 26 个：市林业科学研究所、市绿化工程管理中心、市南湖公园、市人民公园、市动物园、市金花茶公园、市石门公园、南宁园博园管理中心、市乡镇林业工作站（市林业技术推广站）、市农村能源工作站、市林业种苗站（市森林病虫害防治站）、市林政稽查大队、市野生动植物保护站（市野生动植物救护中心）、市生态公益林工作站、市五象岭森林公园、市园林规划设计院、市花卉公园、市狮山公园、市邕江南岸公园、市新秀公园、市邕江北岸公园、市体育休闲公园、市儿童公园、市江南公园、市五象湖公园、市丁当林场。全系统在编 1437 人，其中公务员（含参照公务员法管理人员）149 人、机关后勤服务人员 28 人、事业单位管理人员 245 人、专业技术人员 571 人、工勤人员 444 人。年内，实施南宁园博园项目、邕江综合整治和开发利用工程 PPP（政府和社会资本合作运作模式）项目、南湖水质改善项目等市级层面重点项目，推进江南公园、民族大道北侧绿地山体公园、大王滩国家湿地公园等建设；环广西公路自行车世界巡回赛（南宁站）赛段绿化整治；开展南宁市“3·12”植树节义务植树活动；完成自治区成立 60 周年大庆花卉布置。市林业和园林局获人力资源和社会保障部、国家林业局授予“全国林业先进集体”称号，代表南宁市参加 2018 年香港花卉展览获最具特色（园林景点）金奖。主要存在城市园林绿化景观质量有待提升，道路绿化管护经费不足，部分公园管养经费缺口较大，养护管理效率效果有待提高，“一园一品”文化特质不够突出，园林工程项目建设质量监督管理需加强等问题。

【街道绿化与养护】 2018 年，市林园局组织完成市区道路绿化日常管护，实现 172 条市管道路绿化养护市场化外包服务，涉及道路绿化长度 446.60 千米，绿化养护面积 744.20 万平方米。城市道路绿化日常养护全年投入人工 18.20 万个工日，植物日常淋水 2.80 万车次，补种乔木 33 株、片植灌木和地被植物 30.80 万平方米，乔木和孤植灌木施肥 20.90 万株，片植灌木施肥 165.20 万平方米，修剪乔灌木 36.60 万株，修剪片植灌木 524.80 万平方米，植物日常淋水、积尘清洗 3 万车次。

【古树名木保护】 2018 年，南宁市有古树名木 13218 株，其中一级古树 216 株、二级古树 637 株、三级古树 9868 株、准古树 2459 株、名木 38 株。11 月 22 日，在宾阳县组织召开全市古树名木保护管理现场推进会，32 人参会。落实专项古树名木保护经费 80 万元，印发《关于做好 2018 年古树名木复壮救治工作的通知》，督促区县（开发区）对 331 株衰弱、濒危古树进行复壮救治。11 月 26 日，在市林园局将 3 株黄帝手植柏、3 株汉武帝挂甲柏扩繁苗入植第十二届中国（南宁）国际园林博览会“中华园”。

2018 年，南宁市在吴圩国际机场 T2 航站楼前绿地布置花卉，庆祝广西壮族自治区成立 60 周年

市林园局提供

【义务植树】 2018 年 3 月 9 日，南宁市“3·12”植树节义务植树活动在江北大道西段邕江综合整治与开发利用工程 PPP 项目 A 标施工段举行，1000 多人参加，种植秋枫、洋紫荆、红花羊蹄甲、美丽异木棉、凤凰木等 8 个树种及部分开花灌木，乔木 450 余株。3 月 11 日，市卫计委组织 60 多名献血爱心人士在狮山公园开展自治区首个“无偿献血爱心林”植树活动，种植苗木 70 株。3 月 12 日，团市委在邕宁区新邕路市重点工程南宁管廊项目部组织开展青少年保护母亲河义务植树活动，参与 150 人，种植开花乔木 140 株。3 月 30 日，南宁市“爱绿护绿义务劳动进园博”活动在园博园建设现场举行，1260 人开展爱绿护绿义务劳动。2 月至 4 月，开展以“兴水利、种好树、优生态、助脱贫、惠民生”为主题的全民义务植树活动，区县（开发区）干部群众参与农田水利建设、植树绿化，市四家班子领导深入村屯开展兴水利、种好树活动。全年开展主题活动 122 次，市领导参加活动 91 人次，县处级领导参加活动 428 人次，干部职工参加活动 7631 人次，群众参加活动 4.96 万人次，植树 107.61 万株。全年义务植树 1018.70 万株，植树造林作业面积 1.80 万公顷，森林抚育 4.80 万公顷。

【公园建设】 2018 年，南宁市有市管公园 16 个，其中城市综合公园 11 个（人民公园、南湖公园、金花茶公园、石门公园、狮山公园、新秀公园、江南公园、五象湖公园、邕江南岸公园、邕江北岸公园、园博园），专类公园 4 个（体育休闲公园、凤岭儿童公园、动物园、花卉公园），森林公园 1 个（五象岭森林公园）。公园均成立公园管理机构，为二类公益事业单位。公园总面积 1984.61 公顷。总入园游客 4245.87 万人，总门票收入 1.02 亿元。新建山体公园位于民族大道北侧埌东汽车站对面，规划总用地 17.74 公顷，公园建设分 2 期，一期 2018 年 8 月开工，11 月完成已交付场地可实施部分地块绿化建设，种植乔木 384 株、孤植灌木 9005 株、地被绿植 1.65 万平方米，累计投资 622 万元，完成进度 69.11%;二期项目开展前期设计及征地拆迁。

【园林规划修编】 2018 年,南宁市推进石门公园、南湖公园、人民公园、狮山公园、动物园、新秀公园 6 个公园总体规划修编,其中南湖公园总规修编获市规划局批复,动物园、狮山公园总规修编报市规划局待批复,人民公园总规编修根据新片区控规进行调整,新秀公园总规根据《公园设计规范》进行修改,石门公园总规因东盟博览会主题未能确定暂停修编。修改完善《南宁市行道树规划研究》《南宁市园林绿化管理技术规定》。

【园林科研】 2018 年,南宁市依托城市园林绿化数字化管理平台提高管理水平。做好系统安全等级保护备案,取得安全等级保护备案证明;完成与市数字城市管理信息系统数据的同步工作,通过系统直接向中心各站所派发绿化案件,站所通过系统上报案件处理结果。持续推进 1 个在研项目的实验和管理。《南宁市市花朱槿抗病品种选育及示范应用》项目引进朱槿新品种 70 余种,申请实用新型专利 1 件、申报新品种保护权 1 个,起草《朱槿扦插育苗技术规程》1 项。对表现优良新品种朱槿进行嫩枝扦插、嫁接扩繁和杂交授粉等,为杂交选育新优品种和项目结题验收做准备。5 月 12 日,《南宁市市树扁桃全冠移植关键技术研究》《三角梅花期调控关键技术研究与应用》《南宁市园林绿地红火蚁生态治理技术研究与应用》3 个科技项目通过专家验收;7 月 30 日获科技成果登记证书。全年申请课题相关专利 3 件,获授权专利 1 件;申请朱槿新品种权 1 个;发表核心科技论文 3 篇;发布广西地方标准《大树移植技术规程》1 项。

【自治区成立 60 周年大庆花卉布置】 2018 年,南宁市完成机场航站楼、南宁东站南广场、南宁东站北广场、广西艺术中心、机场第一和二高速入口、滨湖广场、民族广场、体育中心 A 区(后经调整,该位置立体花坛部分骨架迁移安装至那洪收费站入口处)、体育中心 D 区、荔园山庄 2 号门中分带、北岸公园 12 组立体花坛立体布置及地面花卉摆设,摆设花卉 27 万盆。完成南湖公园、人民公园、金花茶公园、石门公园、邕江北岸公园、邕江南岸公园等 13 个公园和荔滨大道、民族大道、石园路、凤翔路、南湖桥花箱、自治区党委门口等重要道路及节点的鲜花下地工作,种植花卉 35 万盆。在机场航站楼贵宾通道、南宁大桥匝道、白沙立交、那洪收费站端口,那洪收费站收费亭、平乐大道立交桥、双拥路南湖隧道口等 9 个新增布置点,布置三角梅 1.50 万株、其他花卉 2 万盆。

【第十一届广西(贵港)园林园艺博览会南宁园】 2018 年,第十一届广西(贵港)园林园艺博览会南宁园总面积 5000 平方米,总投资 500 万元。2017 年 9 月开工,12 月建成。1 月 21 日,举办南宁"城市活动日"启动仪式。南宁展园·源园以"水墨绿都,壮乡情缘"为主题,以"水"为重点,辅以丰富"壮""韵""绿"元素,打造水源壮乡园林景观,展现出南宁的民族文化底蕴和地方特色。南宁市获奖 14 项,其中南宁园获城市展园造园艺术奖,插花艺术展获团体金奖 1 项、一等奖 1 项、二等奖 2 项,盆景展获银奖 3 项、铜奖 4 项、优秀奖 2 项。 (易贝贝)

宜居乡村建设

【概　况】 2018 年,南宁市围绕"美丽广西"乡村建设活动主线,以乡村振兴"五个总要求"(产业兴旺、生态宜居、乡风文明、治理有效、生活富裕)为指导,以建设生态宜居的美丽乡村为目标,以打造"宜居、宜业、宜游"的人居环境为重点,推进以"三民"(产业富民、服务惠民、基础便民)专项活动为主的"美丽南宁·宜居乡村"活动。出台《南宁市开展乡村环境突出问题集中整治行动实施方案》,以"三禁止三规范"(禁止垃圾和秸秆乱焚烧、禁止建筑垃圾乱倾倒、禁止生活污水乱排放,规范在建工地管理、规范砂石堆放场所管理、规范农贸市场管理)为重点内容,开展乡村环境突出问题集中整治行动,建立健全农村环境整治长效管理机制,各区县每月至少开展集中整治 1 次,市级多次组织明察暗访,确保活动有序开展。南宁市建设村史室、传承乡村记忆的做法经验在《人民日报》整版报道;乡村建设的成效、经验做法在《农民日报》等中央媒体及自治区党委办公厅《每天汇报》、自治区乡村办《简报专刊》刊登。12 月,南宁市被中国生态文明研究与促进会评为"2018 美丽山水城市",邕宁区被生态环境部命名为第二批"绿水青山就是金山银山"实践创新基地。主要存在"三民"专项活动相关制度未健全完善、部分区县环境卫生"脏乱差"时有反弹、部分重点项目推进较为滞后、部分建成项目缺乏后续管护机制等问题。

【示范项目创建】 2018 年,南宁市推进自治区级宜居乡村活动综合(横县)、"服务惠民"(宾阳县)、"基础便民"(西乡塘区)专项活动示范县区建设;创建市级宜居乡村活动综合示范县区 2 个、乡镇 6 个、村屯 12 个,"三民"专项活动示范县区 3 个、乡镇 18 个、村屯 36 个,"产业富民"专项活动示范片区 5 个。马山县古零镇、江南区江西镇开展市级生态宜居特色小城镇示范创建,武鸣区、广西—东盟经开区、横县、宾阳县、上林县、马山县、隆安县开展市级"美丽县城(城镇)"创建。全市认定市级生态综合示范区(带)13 个、乡土特色示范村屯 31 个,创建完成"绿色村屯"116 个(广西"绿色村屯"56 个,市级"十佳绿色村屯"10 个,市级"绿色村屯"50 个),新打造市级生态综合示范村 5 个,获评"2018 年度美丽广西乡村建设示范村"村屯 14 个。新增金花小镇休闲农业示范区、上林县万古茶园休闲农业与乡村旅游示范点、武鸣区小皇后嘉沃农庄、

2018 年,邕宁区入选生态环境部第二批"绿水青山就是金山银山"实践创新基地。图为邕宁区新江镇那蒙坡风貌　　市乡村办提供

上林县淘金乐园、马山县四季花果生态农庄、田野牧歌农牧园休闲农业示范点、横县莲塘圣茶谷农业生态旅游示范点、宾阳县稻花香里休闲农业示范区8个广西休闲农业与乡村旅游示范点。青秀区获评"四好农村路"全国示范县，上林县获评自治区级"四好农村路"达标县。评出西乡塘区石埠街道忠良村，武鸣区双桥镇八桥村大伍屯、两江镇英俊村岜旺屯，马山县古零镇乔老村小都百屯，邕宁区百济镇红星村坛里坡，宾阳县古辣镇大陆村，横县六景镇利垌村委仁和村、平朗乡双窑村长街屯，良庆区那马镇坛良村坛板坡，上林县大丰镇云里村内里庄10个村(屯、坡、庄)为"首府十大最美乡村"。评出"互联网+"创新发展、农旅融合发展等乡村建设市级"十佳范例"10个、市级百佳农户"美丽庭院"100个。

【"产业富民"专项活动】 2018年，南宁市开展"产业富民"专项活动，提前超额完成全市"五个一"(制定一个村级发展规划、培育一个带动农户增收的新型农业经营主体、打造一个现代农业生产示范基地、发展一个村级集体经济项目、建设一个农村电子商务服务点)目标两年任务。1383个村完成村级经济发展计划；超额完成制定发展村级集体经济项目，完成率132.91%，发展村集体经济项目836个，村级集体经济收入6236.62万元；打造现代农业生产示范基地总数1774个；培育带动农户增收的新型农业经营主体1个，完成率118.26%，经营主体总数3561个；建设农村电子商务服务点目标完成率103.90%，电商服务点1900个。开展"十项进村行动"(产业富民和村级集体经济规划谋划进村行动、种植业结构调整和"三品"提升进村行动、生态规模养殖进村行动、林下经济提升进村行动、新型经营主体进村行动、农旅结合休闲农业进村行动、科技推广和改革创新进村行动、农产品保险加工和冷链物流进村行动、电子商务进村行动、社会化服务提质进村行动)。年内，富硒农产品通过认证13个，打造富硒品牌15个；完成畜禽现代生态养殖场认证309家；建成"产业富民"林下经济示范基地12个；依托市供销电商公司"供销优品"平台完成电子商务销售额9965万元；农村转移就业劳动者创业培训1433人。全市有效期内种植业"三品一标"(无公害农产品、绿色食品、有机农产品和农产品地理标志)产品131个，其中新增国家地理标志农产品1个(武鸣砂糖橘)。

【"服务惠民"专项活动】 2018年，南宁市1383个村级综合服务中心开展"六项服务"(就业服务、社保服务、教育助学服务、卫生健康服务、文化体育服务、法律服务)工作。就业服务实现100%全覆盖。城乡居民养老保险参保220.31万人次，参保率97.72%；城乡居民医疗保险参保252万人次，参保率99%以上；发放67.27万名符合条件老人的基本养老待遇，发放率100%；符合救助条件的建档立卡贫困户或非贫困户62.10万人次，均按程序100%纳入最低生活保障范围；配备行政村村级儿童福利督导员1383人，配备率100%。发放和拨付建档立卡贫困户学生免、奖资金2.01亿元，受惠学生23.58万人次；对929名参加48所技工院校就读的市辖贫困区县建档立卡贫困家庭"两后生"(初中、高中毕业未能继续升学的贫困家庭中的富余劳动力)技能服务全覆盖。1383个行政村(不含乡镇卫生院所在地行政村)卫生室配备率100%(卫生室至少配备乡村医生1名)，行政村均配备康复协调员1名。组织扶持文艺队伍演出6308场、"送戏下基层"演出300场，农村公益电影放映1.65万场；新建广播电视乡镇无线发射台站1个，全市广播和电视综合覆盖率98%以上。村(社区)调委会每月至少开展矛盾纠纷排查1次，民间矛盾纠纷调解率100%，调解成功率95%以上。

【"基础便民"专项活动】 2018年，南宁市推进"三改六提三增"(改厕、改厨、改圈，完成农村垃圾治理水平、道路通行水平、饮水安全巩固、村屯特色建设水平、住房安全水平、能源利用水平提升，增强农村供电、通信、公共照明能力)工程。改厕项目开工12.53万户，完成率100%；改厨项目开工12.47万户，完成率100%；改圈3户，均完成并通过验收。排查清运整治非正规垃圾堆放点43处；开展农业生产废弃物资源化利用试点，横县、青秀区试点区县回收废弃瓶约4万个；建设中小型有机垃圾沼气化处理项目16个、竣工15个(户用处理池项目2个、粪污处理项目13个)、在建1个(粪污处理项目)。完成居住20户以上的水库移民村屯道路硬化33.15千米；"一事一议"资金补助自然村屯内道路硬化项目60个，完成51个。镇级污水处理厂(设施)建设5个、竣工3个；农村生活污水整治项目102个，开工102个；农村环境连片整治项目8个，均建成并验收。推进市级生态宜居特色小(城)镇建设，其中续建青秀区伶俐镇、横县六景镇，新建江南区江西镇、马山县古零镇共4个项目；整治水库移民村屯容貌20个，完工率100%。改造农村危房1.33万户，完工1.38万户。新建35千伏变电站2座(浪湾变电站增容改造工程、双定变电站增容工程)，均完成主体工程建设；新增及更换配电变压器1137台；完成新建及改造输配电线路2145.20千米；完成电表一户一表改造2.74万户，完成率46.82%；完成114个村宽带通信村村通工程；完成农村公共照明试点项目294个。

【"三清洁"专项活动】 2018年，南宁市继续开展"三清洁"(清洁家园、清洁水源、清洁田园)专项活动。组织开展"清洁家园"巩固提升，督促、指导区县(开发区)开展乡镇环境卫生执法队伍建设管理，举办培训班2期、培训364人次；印发《南宁市农村生活垃圾分类工作方案》，建立健全农村垃圾处理体系及环卫设施运维管理。开展畜禽、水产养殖污染整治，完成右江、邕江等流域禁养区畜禽养殖清理整治；规范建成污水处理设施运维管理，完善运维工作绩效监督考核机制。开展"田间地头顺手捡"集中行动，组建工作队1137支、9313人，累计进村14.42万人次，发放资料134.60万份，清捡田园面积19.99万公顷，清洁技术推广面积25.65万公顷，清洁田园示范点254个，回收农药瓶122.83万个，清捡废弃物(秧盘、薄膜等)330.27吨，投入资金598.11万元。全市命名市级生态村62个，向自治区环境保护厅推荐申报生态乡镇20个、生态县1个。

【"三化"专项活动】 2018年，南宁市继续开展"三化"(村屯绿化、饮水净化、道路硬化)专项活动。申请财政专项管护资金，落实2017年至2019年绿化示范村屯管护经费(每年每村500元)；评选南宁市"十佳绿色村屯"10个、"绿色村屯"50个。实施农村饮水安全巩固提升工程建设项目224个，农村饮水集中供水率85.20%，巩固提升受益人口6.26万人；加快推进乡镇集中式饮用水水源保护区建设，完善饮用水水源保护区管理标识和保护设施。完成农村公路隐患整治隐患里程166.44千米，完成281个脱贫摘帽贫困村20户以上通屯道路255条、339.02千米。（市乡村办）

责任编辑 温燕聪 唐祯麟

区

【兴宁区】 位于南宁市东北部。土地面积751平方千米。2018年，辖镇3个、街道3个，村37个、社区37个。年末户籍总人口40.99万人；人口自然增长率7.478‰。耕地面积1.01万公顷，林地面积4.06万公顷，森林覆盖率56.66%。有三塘工业园区、五塘工业基地。主要河流有竹排冲、三塘河、沙江河等。有湘桂铁路、南（宁）昆（明）铁路、国道322线过境，境内有南宁火车站、金桥汽车客运站。旅游景区（点）主要有国家AAAA级景区6家（嘉和城温泉谷、广西药用植物园、人民公园、乡村大世界景区、九曲湾温泉度假村、昆仑关旅游风景区），国家AAA级景区3家（狮山公园、凤凰谷景区、南宁海底世界）。矿产资源主要有褐煤、石英砂矿、砂砾石矿、磷矿、金矿、钨矿、高岭土、花岗岩、水晶、黄铁矿等。主要地方特产有罗非鱼、甘蔗、苦瓜、茄子、淮山等。连续两年获“全国投资潜力百强区”称号。12月23日，“老南宁·三街两巷”历史文化街区（一期）开街迎客。主要存在经济社会发展不平衡、不充分，经济发展质量不高，经济下行压力较大，经济增速整体放缓等问题。

全年地区生产总值比上年增长5.60%。财政收入44.52亿元（一般公共预算收入9.14亿元），一般公共预算支出21.10亿元。固定资产投资增长16.50%。城镇居民人均可支配收入38465元，农村居民人均可支配收入14685元。农林牧渔业总产值18.75亿元，其中农业增速增长10%、林业增速下降6.40%、牧业增速下降4%、渔业增速增长5.30%、农林牧渔服务业增速增长4.80%；第一产业增加值增长4.80%。工业总产值下降4%；规模以上工业企业26家（新增3家），工业总产值下降6.90%；第二产业增加值增长8%，其中工业增加值下降6.30%。限额以上商贸企业163家（新增21家）；第三产业增加值增长5.20%。社会消费品零售总额增长9%。完成区外境内实际到位资金81.38亿元，实际利用外资3.44亿美元。投入扶贫资金2412万元；脱贫摘帽54户172人，贫困发生率降至0.41%。

发明专利拥有量460件，每万人口发明专利拥有量10件以上。有幼儿园64所，在园幼儿1.61万人，教师1978人；小学51所，在校生3.99万人，教师1646人；初中15所，在校生9641人，教师451人。扶持乡村社区业余文艺队16个，在37个村放映电影426场；完成“戏曲进校园”演出42场次。有医疗卫生机构18家，卫生技术人员692人，医疗床位4819张。开展体育赛事83场次，参加6832人。审批城乡居民最低生活保障对象1.21万人次、发放低保金1323.30万元。发放优抚对象抚恤、定补金622.46万元，义务兵家属优待金538.66万元。发放90岁以上高龄补助3517人、166.53万元。城镇新增就业7980人；农村劳动力转移就业2737人。城乡居民社会养老保险参保6.67万人，参保率99.61%，发放基础养老金3215.94万元，城乡居民基本医疗保险参保18.30万人。（黄肖靖　商海莲）

2018年12月23日，“老南宁·三街两巷”历史文化街区开街迎客。图为游客在城隍庙游览
覃消铌　摄

【江南区】 位于南宁市西南部。土地面积1183平方千米。2018年，辖镇4个（吴圩镇由南宁经济技术开发区代管）、街道5个（那洪街道、金凯街道由南宁经济技术开发区托管），村68个（南宁经开区22个）、社区48个（南宁经开区19个）。年末户籍总人口54.21万人（南宁经开区16.20万人）；人口自然增长率9.05‰（含南宁经开区）。耕地面积4.41万公顷，林地面积4.26万公顷，森林覆盖率42.82%。有

2018年，江南区百益·上河城的涂鸦墙　　玉志军提供

湘桂铁路、黔桂铁路、南防铁路、桂柳高速公路、南宁至友谊关高速公路、邕江河道过境，以及南宁吴圩国际机场、南宁铁路南站、江南汽车客运站。有江南港、西江港、金鸡港3个港口；邕江大桥、中兴大桥、白沙大桥、清川大桥、永和大桥、葫芦鼎大桥、北大桥、桃源桥、凌铁大桥、英华大桥横跨邕江两岸。旅游景区（点）主要有国家AAAA级风景区1家（良凤江国家森林公园）、国家AAA级景区5家（扬美古镇、华南城、大王滩景区、南宁海王生命与健康科普馆、向阳红现代农业庄园）有四季那廊生态园、云舍度假村落、朝阳生态综合示范村、立新森林人家、融晟天河·海悦城、百益·上河城、亭子码头、江南公园等景点，及三江坡、麻子畬、根竹旧坡、那吾上坡、木村坡等历史文化名村和传统村落。矿产资源主要有煤、石灰石。主要地方特产有"扬美三宝"（豆豉、梅菜、沙糕）、扬美木瓜丁，特色农产品有西瓜、紫色糯玉米、辣椒、四季豆、豆角。被评为第一批自治区全域旅游示范区创建单位；江西镇、苏圩镇、延安镇被授予"自治区级生态乡镇"称号。主要存在工业增长动力及支撑条件不足，服务业增长乏力，农业产业结构不够优化，第一、第二、第三产业融合发展步伐不快，投资和消费增长放缓，项目建设融资难，民生短板多，脱贫攻坚任务艰巨，公共服务水平待提升等问题。

全年地区生产总值比上年增长4.9%。财政收入25.52亿元（一般公共预算收入4.55亿元），一般公共预算支出18.34亿元。固定资产投资增长15.1%（含南宁经开区）。城镇居民人均可支配收入34664元，农村居民人均可支配收入14925元。农林牧渔业总产值33.57亿元，其中农业25.71亿元、林业0.78亿元、牧业3.83亿元、渔业1.92亿元、农林牧渔服务业1.32亿元；第一产业增加值下降9.2%。有工业企业816家，工业总产值622.17亿元，其中规模以上工业企业33家（新增1家）、总产值613.51亿元；第二产业增加值116.96亿元（含南宁经开区），其中工业增加值116.96亿元（规模以上工业增加值113.67亿元）。有私营企业2578家，从业人员2555人；个体工商户7447户，从业人员1.69万人；限额以上商贸企业94家（新增2家）；第三产业增加值增长6.5%。社会消费品零售总额增长6.3%。完成区外境内实际到位资金43.95亿元，全口径利用外资8411万美元。投入扶贫资金3834万元；脱贫摘帽166户、507人，贫困发生率降至0.61%。

投入科研经费197万元，申报市级科技项目39个，获立项15个；发明专利拥有量231件，每万人口发明专利拥有量8.44件以上。有幼儿园64所，在园幼儿1.76万人，教师888人；小学82所，在校生3.91万人，教师2116人（不含民办教师）；初中22所，在校生1.23万人，教师802人（不含民办教师）；高中2所，在校生1499人，教师134人。有医疗卫生机构310个，卫生技术人员3656人，医疗床位2244张。举办第五届广西万村篮球赛江南赛区比赛等群众体育赛事，参赛10万人次。审批城乡最低生活保障对象2.33万人次，发放保障金685.97万元。发放拥军优属资金1.93万人次、1847.46万元。发放高龄补助7746人、778.77万元。城镇新增就业1万人，城镇下岗失业人员再就业3527人，城镇登记失业率2.97%；农村劳动力转移就业3320人。城乡居民社会养老保险参保9.29万人，参保率94.49%，发放养老金4013.46万元；城乡基本医疗保险参保23.03万人，征缴1.54亿元，支出1.29亿元。　　（玉志军）

【青秀区】 位于南宁市东南部。土地面积865平方千米。2018年，辖镇4个、街道5个，村46个、社区58个。年末户籍人口76.69万人；人口自然增长率10.21‰（区间年）。耕地面积2.04万公顷，林业面积4.36万公顷，森林覆盖率49.28%。有仙葫经济开发区。有湘桂铁路、邕江航道以及南宁境内的高速铁路过境，以及南宁东站、埌东客运站。有南宁东、伶俐、八鲤3个高速公路出入口。旅游景区（点）主要有国家AAAAA级景区1家（青秀山风景区），国家AAAA级景区4家（广西民族博物馆、广西科技馆、凤岭儿童公园、民歌湖风景区），国家AAA级景区3家（金花茶公园、云顶观光旅游景区、花雨湖生态休闲旅游区）。矿产资源主要有页岩、重晶石、石英砂、灰岩、砖瓦用黏土。地方特产主要有富硒米、花生、甘蔗、竹笋、火龙果、香芋、甜瓜、龙眼等。获"广西科学发展先进城区""中国楼宇经济服务创新城区"称号；是自治区唯一同时入选全国5个"百强区"的区县。主要存在新兴产业占比不高，传统产业转型升级任务艰巨，教育、医疗、养老等民生事业发展水平待提高等问题。

全年地区生产总值比上年增长3.90%。财政收入200.10亿元（一般公共预算收入34.81亿元），一般公共预算支出40.67亿元。固定资产投资增长11.01%。城镇居民人均可支配收入45467元，农村居民人均可支配收入15423元。农林牧渔业总产值34.95亿元，其中农业产值15.43亿元、林业产值3.40亿元、牧业产值9.10亿元、渔业产值1.56亿元、农林牧渔服务业产值5.46亿元；第一产业增加值增长2.10%。工业总产值增长15.46%；规模以上工业企业29家，总产值增长17.39%；第二产业增加值下降1%，其中工业增加值增长12.40%。个体工商户4.98万户，从业人员3.53万人；限额以上商贸企业683家（新增95家），新增规模以上其他营利性服务业企业17家；第三产业增加值增长4.60%。社会消费品零售总额增长10.60%。完成区外境内实际到位资金116亿元，全口径利用外资1.25亿美元。投入扶贫资金6404.48万元；脱贫摘帽45户、129人，贫困发生率降至0.16%。

投入3994万元，推进科技计划项目41个；发明专利拥有量856件，每万人口发明专利拥有量11.31件。有幼儿园135所，在园幼儿3.34万人，教师2606人；小学92所，在校生8.32万人，教师3842人；初中14所，在校生1.07万人，教师1222人。开展"壮族三月三"、农村公益电影等群众性文体活动1500多场；《爱在青秀》获第四届"我的长辈"微视频作品（国际）大赛"最佳纪录片"奖，《懒汉脱贫》获首届中央电视台（CCTV）中国相声小品大赛第五名,微电影《古岳的鼓》获第四届万峰林微电影盛典二等奖;青秀区作协副主席、作家西子谦获第八届冰心散文奖。有医疗卫生机构 628 个(含自治区直及市直医疗卫生机构),卫生技术人员 2.06 万人,医疗床位 1.28 万张;被评为全国中医药工作先进单位。承办"青秀杯"广西青少年水球锦标赛、羽毛球锦标赛等自治区级体育赛事 8 项。审核城乡最低生活保障对象 2.25 万人次,发放低保金 789.77 万元;发放义务兵家庭优待金 206 人、434.07 万元;发放高龄补助 1.59 万人、1019.32 万元。城镇新增就业、再就业超 1.49 万人,城镇登记失业率控制在 2.60%;农村劳动力转移 3334 人。城乡居民社会养老保险参保 6.47 万人,参保率 100%,发放养老金 4.58 亿元;城乡居民基本医疗保险参保 27.73 万人次,征缴 6575.14 万元、支出 407.72 万元。建立全区首家"时间银行",推行低龄扶高龄的波浪式养老服务经验做法在中央电视台综合频道播出。 (罗悝飞)

2018 年,青秀区被教育部基础教育质量监测中心授予"县级优秀组织单位"称号。图为 5 月 24 日滨湖路小学山语城校区学生在进行体能测试 青秀区教育局提供

【西乡塘区】 位于南宁市中西北部。土地面积 1298 平方千米。2018 年,辖镇 3 个、街道 10 个(心圩街道、安宁街道由南宁高新技术产业开发区托管),村 65 个、社区 65 个。年末户籍总人口 81.33 万人,人口自然增长率 6.46‰。耕地面积 4.38 万公顷,林地面积 2.70 万公顷,森林覆盖率 29.04%。南宁高新技术产业开发区驻城区内。有湘桂铁路、南(宁)昆(明)铁路贯穿境域,以及南宁火车站、南宁西站、武康站。南(宁)昆(明)、兰(州)海(口)高速公路,南宁外环高速公路和快速环城路贯通辖区,设高速公路安吉、石埠、林科院出入口。邕江、左江、右江航道过境,广西郁江老口航运枢纽位于邕江上游。辖区有中、高等院校 30 多所,科研院所 20 多所。旅游景区(点)主要有国家 AAAA 级景区 3 家(南宁动物园、广西八桂田园、龙门水都景区),国家 AAA 级景区 1 家(新秀公园)。矿产资源主要有煤、石灰岩等。主要农产品有"洛洛香""甜弯弯""桂姿""壮乡美"等品牌香蕉,是广西香蕉主产区之一。被评为全国法治县(市、区)创建活动先进单位、第五批全国民族团结进步创建示范区、自治区"四好农村路"示范县、广西健康产业发展示范县等。主要存在创新驱动作用未充分发挥,社会治理能力和水平与高质量发展要求有差距等问题。

全年地区生产总值比上年增长 3.50%。财政收入 44.67 亿元(一般公共预算收入 9.71 亿元),一般公共财算支出 31.10 亿元。固定资产投资增长 14.30%。城镇居民人均可支配收入 33683 元,农村居民人均可支配收入 13820 元。农林牧渔业总产值 37.87 亿元,其中农业 25.20 亿元、林业 0.42 亿元、牧业 8.30 亿元、渔业 2.37 亿元、农林牧渔服务业 1.64 亿元;第一产业增加值 23.04 亿元。有工业企业 1039 家,工业总产值 525 亿元;规模以上工业企业 23 家,总产值增长 19.50%;第二产业增加值 496.39 亿元。有国有企业 74 家;集体企业 149 家;私营企业 1.86 万家、个体工商户 5 万户;限额以上商贸企业 110 家(新增 19 家);第三产业增加值增长 9.40%。社会消费品零售总额增长 10.10%。区外境内实际到位资金 75.65 亿元,全口径利用外资 1.93 万美元。投入扶贫资金 720 万元;脱贫 202 户、685 人。

2018 年 12 月 29 日,西乡塘区获国家民委授予"全国民族团结进步创建示范区"牌匾 西乡塘区委宣传部提供

发明专利拥有量 928 件,每万人口发明专利拥有量 33.37 件。有幼儿园 142 所,在园幼儿 3.07 万人,教职工 3835 人;小学 97 所,在校生 6.02 万人,教职工 3742 人;中学 22 所,在校生 3.79 万人,教职工 2604 人。放映公益电影 1468 场;图书馆通过第六次全国县级以上公共图书馆评估定级考核,评定为县级三级图书馆。有医疗卫生机构 570 个(不含高新区),卫生技术人员 488 人,医疗床位 432 张。组织西乡塘区第十三届职工气排球比赛等群众赛事 20 项;承办或协办 2018 南宁"三月三"全地形车场地锦标赛、2018 广西轮滑公开赛等大型体育赛事或活动 7 项。南宁太阳谷—航空基地—卡丁车俱乐部—马术俱乐部体育旅游线路被评为自治区体育旅游精品线路;胤龙国际马术文化产业园、南宁万骏城卡丁车俱乐部被评为自治区体育产业示范项目。审批城乡最低生活保障对象 5.01 万人次、

1812.60 万元；发放抚恤金、定补奖金等 1872.26 万元；发放高龄补助 6.94 万人、331.26 万元。城镇新增加就业 1.52 万人，城镇登记失业率控制在 2.90%；农村劳动力转移 2560 人。城乡居民社会养老保险参保 9.70 万人，参保率 98.55%，发放养老金 5462.86 万元；城乡居民基本医疗保险参保 32.82 万人，征缴 2.12 亿元，支出 2.55 亿元。（罗海贤　邓红青）

【邕宁区】 位于南宁市东南部。土地面积 1231 平方千米。2018 年，辖镇 5 个（中和乡改镇建制），村 65 个、社区 10 个。年末户籍总人口 37.22 万人（城镇人口 15.60 万人、乡村人口 21.62 万人），人口自然增长率 8.20‰。耕地面积 4.41 万公顷，森林面积 4.66 万公顷，森林覆盖率 37.82%。有湘桂线黎（塘）南（宁）铁路南环线、南（宁）北（海）高速公路、省道 101 线和邕江河道过境；邕宁至浦北二级公路过境。南宁外环高速公路经过蒲庙镇、新江镇；途经城区的 2 条高速公路设蒲庙、八鲤、新江 3 个出入口。旅游景区（点）主要有国家 AAAA 级景区 3 家（南宁园博园、南宁万达茂、那贵坡樱花园）、国家 AAA 级景区 3 家（顶蛳山田园风光区、不孤湖景区、蒲津公园—五圣宫景区），以及清水泉、灵龟山、雷婆岭摩崖石刻、那莲街古建筑等。矿产资源主要有石灰石、铜、铅、锌、泥岩、河砂等。地方特产主要有甘蔗、桑蚕茧、淮山、火龙果等。有装备制造、建材、轻工等优势工业产业。是第十二届中国（南宁）国际园林博览会举办地；获批第二批全国“绿水青山就是金山银山（两山）”实践创新基地。主要存在经济总量较小、产业层次低、稳增长压力大、发展空间不足、基础设施滞后等问题。

全年地区生产总值比上年增长 10%，财政收入 17.17 亿元（一般公共预算收入 3.73 亿元），一般公共预算支出 24.35 亿元。固定资产投资增长 17%。城镇居民人均可支配收入 32507 元，农村居民人均可支配收入 13953 元。农林牧渔业总产值 46.90 亿元，其中农业 26.80 亿元、林业 1.83 亿元、畜牧业 16.15 亿元、渔业 1.57 亿元、农林牧渔服务业 0.55 亿元；第一产业增加值增长 4.60%。规模以上工业企业 25 家（新增 1 家），总产值 65.14 亿元。第二产业增加值增长 12.10%，其中工业增加值 15.09 亿元（规模以上工业增加值 14 亿元）。私营企业 2035 家，从业人员 5651 人；个体工商户 9850 户，从业人员 1.92 万人；第三产业增加值增长 12.80%。社会消费品零售总额 26.57 亿元。投入产业扶贫资金 2396 万元；脱贫摘帽 5 个贫困村、507 户、1908 人，贫困发生率降至 1.70%。

投入科技经费 2013 万元；科技项目获立项 10 项、结题 35 项；发明专利拥有量 64 件，每万人口发明专利拥有量 2.27 件。有幼儿园 125 所（含私立幼儿园），在园幼儿 1.23 万人，教职工 962 人；小学 70 所，在校生 2.38 万人，教职工 1644 人；初中 13 所，在校生 1.49 万人，教职工 1221 人；特殊教育学校 1 所，在校生 114 人，教职工 27 人。放映公益电影 3653 场，其中农村、社区公益电影 2923 场，校园公益电影 730 场；受益 44.82 万人次。有医疗卫生机构 140 个，卫生技术人员 2027 人，医疗床位 1573 张（含市二妇幼）。举办体育竞赛活动 65 次（项），参与 2.60 万人次。审核城乡低保对象 6.82 万人次，发放低保金 1633.93 万元；发放优抚金 878.68 万元；发放高龄补助 8.25 万人次、733.90 万元。城镇新增就业 1570 人，城镇失业人员再就业 165 人，城镇登记失业率 2.61%；农村劳动力转移就业新增 2777 人。城乡居民社会养老保险参保 10.51 万人，参保率 100%，发放养老金 5565.80 万元；城乡居民基本医疗保险参保 28.33 万人次，征缴 1.89 亿元，支出 1.77 亿元。

（何钰莹）

2018 年 12 月 20 日，中国生态文明论坛南宁年会开幕，邕宁区在会上被命名第二批“绿水青山就是金山银山”实践创新基地（自治区唯一）。图为授牌仪式　　市环保局提供

【良庆区】 位于南宁市区南部。土地面积 1369 平方千米。2018 年，辖镇 5 个、街道 2 个，村 57 个、社区 21 个。年末户籍总人口 30.52 万人（乡村人口 15.28 万人）；人口自然增长率 10.16‰。耕地面积 3.64 万公顷，林地面积 7.65 万公顷，森林覆盖率 55.88%。有自治区级经济开发区 1 个（良庆经济开发区）。有南宁至北海高速公路、南宁外环高速公路、南宁至北海二级公路、南宁至防城铁路、湘桂铁路过境，以及良庆、那马、玉洞 3 个高速公路出入口，宁村、那铺、大拟、百浪 4 个火车站。旅游景区（点）主要有国家 AAA 级景区 1 家（大王滩风景区），及五象岭森林公园、凤亭湖、绿温泉、竹泉岛、那兰生态自然村（白鹭村）、蕾帽岭摩崖石刻等。矿产资源主要有铁、铅、锌、铜、钛、重晶石、花岗岩、石灰石。地方特产有南晓土鸡、芝麻鸭、龙眼、荔枝、杧果、西瓜、火龙果、菠萝、柠檬、淮山、彩色蚕茧等。列入第 3 批自治区全域旅游示范区创建县（区）；那马镇坛板坡被评为自治区第八次民族团结进步模范集体；城区人民武装部被广西军区评为全面建设先进单位；大塘镇入选农业农村部、财政部农业产业强镇示范建设名单；大塘镇、那陈镇、南晓镇获“2018 年自治区级生态乡镇”称号。主要存在高质量发展有短板，新旧动能转换还处于换挡期，公共服务供给与人民群众需求存差距，社会治理存在不足，城市精细化管理待提高，作风建设存在薄弱环节等问题。

全年地区生产总值增长 9%。财政收入 50.17 亿元（一般公共预算收入 9.83 亿元）；一般公共预算支出 22.64 亿元。固定资产投资增长 17.10%。城镇居民人均可支配收入 30780 元；农村居民人均可支配收入 14678 元。农林牧渔业总产值 38.41 亿元，其中农业 24.15 亿元、林业 3.87 亿元、畜牧业 8.20 亿元、渔业 1.80 亿元、农林牧渔服务业 0.39 亿元；第一产业增加值增长 5.20%。工业总产值 127.27 亿元；规模以上工业企业 61 家（新增 5 家）、工业总产值 121.22 亿元；第二产业增加值增长 8.60%，其中工业增加值增长 3.50%（规模以上工业增加值增长 3.50%）。国有企业 17 家；私营企业 6221 家，从业人员 1.45 万人；内资企业 463 家；个体工商户1.75万户(新增5620户),从业人员4.09万人(新增9989人);第三产业增加值增长11.30%。社会消费品零售总额38.63亿元。完成区外境内实际到位资金92亿元,全口径实际利用外资1.65亿美元。投入扶贫资金6437.56万元;脱贫摘帽355户、1111人。

投入科技经费3150万元;获市级项目立项17项;发明专利拥有量117件,每万人口发明专利拥有量3.16件;"农林剩余物功能人造板低碳制造关键技术与产业化"成果获2018年度国家科技进步奖二等奖。有幼儿园70所,在园幼儿1.73万人,教职工1868人;小学48所,在校生4.36万人,教职工2138人;中学25所,在校生2.58万人,教职工2430人。举办2018年"嘹啰山歌"民俗文化旅游节,参加群众约1万人。有卫生机构309个(含个体),卫生技术人员3393人,医疗床位2272张。第十一届广西体育节良庆区分会场举办良庆区第三届足球联赛、良庆区"广西百万群众健身走(跑)"活动;获市级以上体育比赛奖牌152枚。审批城乡最低生活保障对象4447人次,发放保障金1339.49万元。发放抚恤金、定补金1532人、5798.21万元,退伍义务兵家庭优待金430.76万元;发放高龄补助4563人、490.61万元。城镇新增就业4655人,城镇失业登记率1.72%;新增农村劳动力转移就业1994人。城乡居民社会养老保险参保6.97万人,参保率99.77%,发放养老金4245.70万元;城乡居民基本医疗保险参保22.53万人,征缴4184.03万元,支出1067.92万元。 (潘艳明)

【武鸣区】 位于南宁市北部。土地面积3388.99平方千米。2018年,辖镇13个,村198个、社区20个。年末户籍总人口72.31万人,壮族人口61.55万人;人口自然增长率11.02‰。耕地面积11.69万公顷,林地面积15.14万公顷。有伊岭工业园区。广西—东盟经济技术开发区、东风农场驻城区内。主要河道有武鸣河。有都(安)南(宁)高速公路、国道210线、省道20321线过境,以及南宁至武鸣城市大道一级公路。旅游景区(点)主要有国家AAAA级景区3家(伊岭岩、大明山、花花大世界),以及灵水、明秀园、春霞园、黄道山、起凤山、三十六弄自然保护区等。矿产资源主要有铜、锰、钨、金、铁、铅、锌、煤、磷等20多种,其中探明铜矿储量2600万吨,占自治区蕴藏总量30%。地方特产主要有灵水牌龙眼、下渌砂糖橘、沃柑、茂谷柑、那羊香米、石牛干笋、旋力威辣椒、大明山白砂糖、古府白砂糖、锣皎淀粉、玉泉土鸡、骆越山鸡、灵马鲶鱼等。沃柑种植面积2万公顷,是自治区种植面积最大的生产区。被评为全国基层中医药工作先进单位、全国生猪调出大县(区)、自治区平安县(区)。主要存在总体发展质量不高,产业短板,产业结构调整和经济转型升级任务较重,统筹城乡发展水平不高,区域发展不够协调,基础设施不够完善,新型城镇化建设步伐较慢,社会事业发展还不快,民生改善任务依然艰巨等问题。

全年地区生产总值增长3.9%。财政收入17.44亿元(一般公共预算收入9.43亿元),一般公共预算支出36.57亿元。固定资产投资增长10.3%。城镇居民人均可支配收入3.38万元,农村居民人均可支配收入1.59万元。农林牧渔业总产值146.73亿元,其中农业95.17亿元、林业7.81亿元、牧业34.32亿元、渔业5.56亿元、农林牧渔服务业3.87亿元;第一产业增加值增长6.1%。工业总产值508.55亿元;第二产业增加值下降5.5%,其中(规模以上工业增加值下降8.9%)。有非公司企业4420家,从业人员4.35万人;个体工商户2.91万户,从业人员4.27万人;第三产业增加值增长6.7%。社会消费品零售总额增长4.6%。完成区外境内实际到位内资48.24亿元,全口径利用外资2000万美元。投入发展贫困村集体经济资金2588万元,40个贫困村集体经济收入均超3.50万元;脱贫摘帽13个村、753户、2483人。

投入科技经费1844.03万元;科技项目获市级以上立项17项;发明专利拥有量146件,每万人口发明专利拥有量4.92件;新增自治区知识产权优势企业2家。举办"中国壮语歌谣会"等群众活动,参加群众2500人;送戏进基层165场、电影公益放映2628场;罗波镇卢超元被文化部认定为武鸣区首位国家级非遗项目(壮族"三月三")传承人。有医疗卫生计生机构375个,卫生技术人员1945人,医疗病床1737张。举办2019年中国壮乡·武鸣"壮族三月三"歌圩暨骆越文化旅游节,观众约21万人次。举办武鸣区首届运动会,参加3000人;组队代表南宁市参加自治区第十四届少数民族传统体育运动会,获金牌5枚、银牌8枚、铜牌9枚。审批城乡最低生活保障对象7514人次,发放保障金2093万元;发放优待抚恤金6866人、3593.63万元;发放高龄补助6.20万人、1309.68万元。城镇新增就业3135人,城镇登记失业率控制在3.7%以内;农村劳动力转移就业9188人。城乡居民社会养老保险参保31.15万人,参保率98.50%,发放养老金1.23亿元;城乡基本医疗保险参保58.86万人,征缴1.26亿元,支出3.67亿元。 (潘星环)

2018年6月12日,2018中国(武鸣)柑橘全产业链品牌农资博览会暨中国沃柑产业发展高峰论坛在武鸣区举办 武鸣区委宣传部提供

县

【横 县】 位于南宁市东部。土地面积3464平方千米;县政府驻横州镇。2018年,辖镇16个、乡1个,村276个、社区32个。年末户籍总人口127.46万人,其中壮族人口49.90万人;人口自然增长率5.56‰。耕地面积11.05万公顷,林地面积16.89万公顷,森林覆盖率49.39%。有六景工业园区(自治区级)。郁江上通南宁、百色,下通广东、香港、澳门。桂海、南广、六钦高速公路及国道209线、湘桂铁路等要道过境。主要港口有六景港口。旅游景区(点)主要有国家AAAA级景

区1家(九龙瀑布群国家森林公园)、国家AAA级景区5家(西津湖景区、横县西津国家湿地公园、沙埠景区、莲塘圣茶谷、中华茉莉园),及伏波庙(国家级文物保护单位)、宝华山旅游风景区、六景泥盆系标准剖面保护区等。矿产资源主要有金、铜、芒硝、膨润土、石灰石、三水铝等。有茉莉花、优质稻、糖料蔗、桑蚕、蘑菇、甜玉米、水产畜牧、商品林等优势农业产业,是世界茉莉花和茉莉花茶生产中心、中国茉莉之乡、中国甜玉米之乡、中国大粽美食之乡;被评为中国茶业百强县、中国茶业品牌影响力全国十强县(市)、全国甜玉米生产第一县、全国鲜食玉米产业突出贡献奖、全国农村创业创新典型县范例;横县茉莉花茶成为第15届中国—东盟博览会国宾招待用茶和国礼茶,全国茉莉花茶交易博览会获评中国茶事样板十佳。首届全国甜玉米产业大会暨横县甜玉米丰收节在横县校椅镇举办,2000多人参加。主要存在产业转型比较慢、公共服务均等化水平不高、创新发展能力不够强、行政效能与新时代要求有差距等问题。

全年地区生产总值315.99亿元。财政收入20.34亿元(一般公共预算收入12.62亿元);一般公共预算支出52.80亿元。固定资产投资增长14.15%。城镇居民人均可支配收入33414元,农村居民人均可支配收入13719元。农林牧渔业总产值126.32亿元,其中农业78.03亿元、林业5.74亿元、牧业34.49亿元、渔业3.95亿元、农林牧渔服务业4.10亿元;第一产业增加值74.83亿元。有工业企业558家,工业总产值272.73亿元;有规模以上工业企业107家(新增7家),总产值增长6.90%;第二产业增加值119.73亿元,其中工业增加值82.82亿元(规模以上工业增加值77.22亿元)。全县登记在册企业5920家,从业人员3.80万人;个体工商户2.88万户,从业人员6.82万人;限额以上商贸企业38家;第三产业增加值121.43亿元。社会消费品零售总额117.85亿元。完成区外境内实际到位资金70亿元,全口径利用外资2000万美元。投入扶贫产业开发经费6080.56万元;脱贫摘帽16个村、2652户、9839人,贫困发生率降至2.2%。

投入科技经费5388万元,实施科技项目3个(市级,不含市人才小高地项目);申报科技项目20项,获立项3项;发明专利拥有量222件,每万人口发明专利拥有量2.46件以上。有幼儿园280所,在园幼儿4.68万人,教师1378人;小学207所,在校生9.03万人,教师4598人;初中35所(含九年一贯制学校1所),在校生3.73万人,教师2763人;普通高(完)中6所,在校生1.83万人,教师1198人;职业教育中心1所,在校生5284人,教师265人;特殊教育学校1所,在校生129人,教师27人。举办2018年中国(横县)茉莉花文化节,接待游客30万人;电影进村放映3349场次、社区公益电影放映371场;列入市级以上非物质文化遗产保护名录35项。有医疗卫生机构608个,卫生技术人员4247人,医疗病床3865张。组织参加健身活动70万人次,举办或组织体育赛事30场次;李树妙获全国青年举重锦标赛金牌3枚、全国青年举重冠军赛金牌3枚,覃发达获全国水球冠军赛金牌1枚;获自治区级金牌17枚、银牌15枚、铜牌12枚。审批城乡最低生活保障对象25.64万人次,发放保障金5539.23万元。发放抚恤金、定补金3849.78万元,退伍义务兵家属优待金1378.37万元。发放高龄补助8.67万人、2073.93万元。城镇新增就业3156人;城镇登记失业率1.76%;新增农村劳动力转移就业1.04万人。城乡居民基本养老保险参保44.16万人,征缴5263.03亿元,养老支出2.14亿元;城乡居民基本医疗保险参保119.65万人,参保率98.50%,个人缴费2.04亿元,待遇支出4.64亿元。（韦斯步）

2018年10月19日,首届全国甜玉米产业大会暨横县甜玉米丰收节在横县校椅镇青桐村举行　黄汝德　摄

【宾阳县】 位于南宁市东北部。土地面积2308平方千米;县政府驻宾州镇。2018年,辖镇16个,村192个、社区41个。年末户籍总人口106.06万人(城镇人口33.47万人、乡村人口72.58万人),人口自然增长率6.45‰。耕地面积9.18万公顷,林地面积7.65万公顷,森林覆盖率44.17%。有黎塘工业园区。湘桂铁路、黎(塘)湛(江)铁路、黎(塘)钦(州)铁路在县内黎塘镇交汇,南(宁)柳(州)、南(宁)广(州)高速铁路在县境内并轨;桂海高速公路、南(宁)梧(州)二级公路(国道324线)、南(宁)柳(州)公路(国道322线)过境;有宾阳至上林、宾阳至横县、忻城周安至宾阳新桥二级公路3条。旅游景区(点)主要有国家AAAA级景区1家(昆仑关战役旧址)、国家AAA级景区2家(古辣蔡氏书香古宅群旅游景区、白鹤观竹海旅游度假区),及宾州古城文化景区、程思远故居、情人谷相思潭旅游风景区等。宾阳炮龙节列入第二批国家级非物质文化遗产名录,每年农历正月十一举办;游彩架、丝弦戏、宾阳壮锦、宾阳酸粉、邹圩陶器制作技艺等列入自治区级非物质文化遗产名录。矿产资源主要有钨、钼、铋、铜、铅、锌、三水铝、铁、金、石灰石、毒砂、花岗岩等。地方特产主要有瓷器、小五金、壮锦、莲藕、香米等。是全国商品粮生产基地县、广西"小五金之乡";被评为2017年度广西科学发展先进县。主要存在脱贫攻坚任务依然艰巨,经济基础薄弱,城乡基础设施建设负债较多,生态环境保护压力倍增,社会综合治理需加强,政府效能待提升等问题。

全年地区生产总值比上年增长8.8%。财政收入19.76亿元(一般公共预算收入13.04亿元),一般公共预算支出53.06亿元。固定资产投资增长10.5%。城镇居民人均可支配收入33095元,农村居民人均可支配收入14038元。农林牧渔业总产值87.12亿元,其中农业50.86亿元、林业3.94亿元、牧业25.97亿元、渔业5.1亿元、农林牧渔服务业1.24亿元;第一产业增加值增长7.3%。有工业企业547家,工业总产值167亿元;规模以上工业企业72家(新增11家),工业总产值132亿元;第二产业增加值增长4.3%,其中工业增加值45亿元(规模以上工业增加值32亿元)。有国有企业530家,私营企业5841家(新增1124家),从业人员45.47万人;个体工商户3万户(新增5886户),从业人员8.40万人。微型企业884家、农民专业合作社845家(新增156家),限额以上商贸企业79家(新增15家);第三产业增加值增长12.3%。完成区外境内到位资金53亿元,实际利用外资2350万美元。投入财政专项扶贫资金1.65亿元;脱贫摘帽贫困村14个、2159户、7962人。

投入科技经费341万元;实施科技项目28项(国家级1项、自治区级5项、市级8项);发明专利拥有量73件,每万人口发明专利拥有量0.89件。有幼儿园334所,在园幼儿4.39万人,专任教师1699人;小学119所(社会办2所),在校生7.12万人,专任教师3864人;初级中学23所,在校生3.23万人,专任教师2134人;高级中学7所,在校生1.89万人,专任教师1170人;特殊教育学校1所,在校生148人,专任教师28人;中等职业技术学校1所,在校生5975人(全日制5975人),专任教师104人;教师进修学校1所,教师27人。有卫生医疗机构502家,卫生技术人员4358人,医疗病床3852张。壮锦工艺美术大师谭湘光非遗基地在宾阳县挂牌;宾州南街列入第三批自治区级历史文化街区名单。举办南宁市首届体育庙会(宾阳)活动,承办自治区第十四届“拔群杯”南宁赛区篮球赛;获体育竞赛奖牌173枚(国家级19枚,自治区级40枚,市级114枚)。审批城乡最低生活保障对象18.52万人次,发放保障金3376.60万元。发放优抚补助7701人、2884.62万元,发放义务兵家庭优待金727户、1480.04万元,发放退役士兵自主就业补助210人、367.65万元。发放高龄补助2.12万人、2119.90万元。城镇新增就业4111人,下岗失业人员再就业706人,城镇登记失业率3.41%;农村劳动力转移就业1.24万人。城乡居民社会养老保险参保39.92万人,参保率95.70%,发放保险金1.68亿元;城乡居民基本医疗保险参保90.10万人,征缴7.07亿元,支出5.02亿元。 (卓家林)

【上林县】 位于南宁市东北部。土地面积1869.64平方千米;县政府驻大丰镇。2018年,辖镇7个、乡4个(瑶族乡1个),村115个、社区19个(新增3个)。年末户籍总人口50.21万人,其中壮族人口38.65万人;人口自然增长率8.12‰。耕地面积4.78万公顷(水田面积1.20万公顷);林地6.27万公顷(有林面积5.75万公顷),森林覆盖率52.76%。有象山工业园区。平果至梧州高速公路,宾阳至上林、上林至马山、忻城周安至宾阳新桥3条二级公路过境。旅游景区(点)主要有国家AAAA级旅游景区3家(大明山景区、大龙湖景区、金莲湖景区),国家AAA级旅游景区5家(鼓鸣寨景区、霞客桃源景区、农耕文化园景区、云里湖景区、万古茶园景区),以及三里·洋渡风景区、石门龙母圣殿、不孤村人文景区、唐智城垌古城垌遗址、东红湿地公园等。矿产资源主要有黄金、煤炭、钒矿、石煤、滑石、锰矿、水晶石、石英石、大理石、花岗岩、铁、铅、铜、锌等31种,其中钒矿探明储量2.70亿吨,属全国较大钒矿矿床之一。地方特产主要有优质米、茶叶、果蔗、八角等;“上林大米”“上林八角”为国家地理标志保护商品。主要存在产业结构不优,工业短板依然突出,经济下行压力较大,脱贫攻坚任务艰巨,交通、水利、公共服务等基础设施“历史欠账”较多,发展环境仍需大幅度改善,作风转变还不到位,营商环境存在薄弱环节,个别部门作风不扎实、办事效率低等问题。

全年地区生产总值增长3.20%;财政收入4.56亿元(一般公共预算收入2.59亿元),一般公共预算支出3.33亿元。固定资产投资增长3.08%。城镇居民人均可支配收入26612元,农村居民人均可支配收入11097元。农林牧渔业总产值39.68亿元,其中农业17.15亿元、林业2.36亿元、牧业17.73亿元、渔业2.44亿元;第一产业增加值增长5.3%。有工业企业159家,工业总产值下降8%;规模以上工业企业18家,工业总产值下降9.86%;第二产业增加值下降6.30%,其中工业增加值下降12.70%(规模以上工业增加值下降13.80%)。有国有企业14家;个体工商户1.72万户,从业人员3.25万人;限额以上商贸企业14家(新增1家);第三产业增加值增长5.90%。社会消费品零售总额增长3.70%。完成区外境内实际到位资金11.28亿元。

年内,脱贫摘帽15个村、6325户、2.60万人,贫困发生率降至5.55%。安排财政扶贫资金4.23亿元,支出4.06亿元。划分脱贫攻坚责任网格区域1916个,干部职工7016人与贫困户2.06万户结对帮扶。选派新一轮驻村工作队员344人。发展“5+X”扶贫产业(发展高值渔、山水牛、生态鸡、光伏、旅游产业项目5个,“X”是贫困农户自主选择发展的产业项目),覆盖贫困户93.45%,65个贫困村年村级集体经济收入3万元以上。投资1479.03万元,支持14个深度贫困村实施基础设施、产业发展等项目32个;有15家市级企业与14个深度贫困村开展结对帮扶,落实项目15个;14个深度贫困村获特色产业扶贫示范园补助1200万元;帮扶企业、后盾单位、社会各界捐助877.09万元,支持深度贫困村发展村级集体经济。明亮、象山、大丰、西燕、塘红、巷贤、镇圩、三里8个易地扶贫安置点安置住房竣工,累计入住贫困户3876户、1.61万人(年内脱贫户1268户、5331人);易地扶贫搬迁户3876户每户1人以上(含1人)稳定就业。组织企业到10个深度贫困村举办招聘会,提供就业岗位2885个,达成贫困劳动力就业意向188人;举办粤桂扶贫协作招聘会3场,提供就业岗位8696个;新增在广东省稳定就业贫困人口198人,累计1.12万人。获全国脱贫攻坚奖组织创新奖,承办全国贫困村创业致富带头人工作现场会,粤桂两省区贫困创业致富带头人培育工程“两培两带两促”经验获国家东西部扶贫协作工作推广。

投入科技经费131万元;实施科技项目9项(市级7项,到期2项),立项7项;

2018年3月24日,全国贫困村创业致富带头人工作现场会在上林县召开。图为上林县优质农产品展览现场 梁枫 摄

发明专利拥有量63件，每万人口发明专利拥有量1.76件以上。有幼儿园149所，在园幼儿1.86万人，教师113人；小学65所，在校生3.21万人，教师1859人；初中12所，在校生1.38万人，教师976人；高中3所，在校生7525人，教师520人；特殊教育学校1所，在校生106人，教师21人；中等职业技术学校1所，在校生345人，教师38人；教师进修学校1所，无教师。开展“壮族三月三·八桂嘉年华”主题活动100多场次，参与活动约30万人次；举办“壮族老家·养生上林”歌台演出等148场次，观众6万人。电影进村放映1380场次、进社区192场；汇水桥畔碑林、南陔革命旧址列入第七批自治区文物保护单位；新增自治区级非遗保护项目2个(上林傩戏、上林二月二卢於春社)。有医疗卫生机构228个，卫生人员2252人，医院病床1289张。举办2018年中国·上林自由搏击邀请赛、2018年广西城市足球邀请赛等赛事；举办上林县2018年“林燃杯”乡镇迎春篮球比赛等群众体育赛事500多场次，观众8万多人次；上林县业余体校女子手球队获全国中学生手球锦标赛二等奖、自治区青少年手球锦标赛第一名，上林县业余体校获自治区青少年举重锦标赛金牌13枚、银牌10枚、铜牌2枚，上林县篮球代表队获第五届广西万村篮球赛南宁赛区第一名。审批城乡最低生活保障对象20.02万人次，发放保障金4049.90万元。发放抚恤金、定补奖金等2371.96万元；发放高龄补助1.11万人次、298.31万元。城镇新增就业1875人，城镇失业人员再就业293人，帮助困难人员再就业165人，城镇登记失业率2.65%；新增农村劳动力转移就业7478人。城乡居民社会养老保险参保17.61万人，参保率99.89%，发放保险金9464.40万元；城乡基本医疗保险参保46.83万人，征缴1.58亿元，支出3.13亿元。（樊守辉）

【马山县】 位于南宁市北部。土地面积2340.76平方千米；县政府驻白山镇。2018年，辖镇7个、乡4个(瑶族乡2个)，村134个(新增1个)、社区22个(新增4个)。年末户籍总人口57.52万人，其中壮族人口42.06万人；区间(2017年10月至2018年10月)人口自然增长率8.02‰。耕地面积4.62万公顷，林地面积14.96万公顷，森林覆盖率67.27%。有苏博工业集中区、百龙滩工业园区。有水任(河池)至南宁、来宾至马山、马山至平果高速公路，马山至大化、马山至上林至宾阳二级公路，国道210线过境。主要河道有一级河红水河，二级河清波河、乔利河、周鹿河、兴科河、姑娘江、府城河、仙湖河、杨圩河、小明山河9条。旅游景区(点)主要有国家AAAA级景区3家(金伦洞、水锦·顺庄、弄拉生态自然风景区)、国家AAA级景区(点)4家(三甲攀岩小镇、小都百旅游景区、灵阳寺旅游景区、古寨瑶乡金银花公园)，自治区三星级乡村旅游景区2个(思恩园乡村旅游区、桃李乡村旅游区)，以及百龙滩红水河、永州暗河、金钗石林城堡、西山庄园、古寨风情小镇、加方石田景观等。矿产资源主要有煤、锰、铁、钨、铜、滑石、重晶石、方解石、叶蜡石、石灰石、高岭土等23种。地方特产主要有黑山羊、金银花、旱藕粉、八角、黑豆、里当鸡等。连续四届蝉联“中国民间文化艺术之乡”称号，被评为全国电子商务进农村综合示范县、自治区生态县、自治区全民健身和全民健康深度融合示范县、广西特色旅游名县等。主要存在转变经济发展方式任务重大，稳增长基础不牢固，营商环境需优化，民生短板需补齐，脱贫攻坚任务艰巨等问题。

全年地区生产总值56.32亿元。财政收入3.46亿元(一般公共预算收入1.96亿元)；一般公共预算支出34.02亿元。固定资产投资43.62亿元。城镇居民人均可支配收入26032元，农村居民人均可支配收入10123元。农林牧渔业总产值30.35亿元，其中农业15.46亿元、林业2.75亿元、牧业10.64亿元、渔业1.40亿元、农林牧渔服务业947万元；第一产业增加值18.22亿元。有工业企业798家，工业总产值14.29亿元；规模以上工业企业13家，规模以上工业总产值10.62亿元；第二产业增加值12.18亿元，其中工业增加值4.62亿元(规模以上工业增加值3.23亿元)。有企业2221家，从业人员4710人；个体工商户1.50万户，从业人员2.93万人；限额以上商贸企业14家(新增2家)；第三产业增加值25.10亿元。社会消费品零售总额27.67亿元。完成区外境内到位内资4.50亿元。

年内，投入财政专项扶贫资金5.61亿元；脱贫摘帽贫困村20个、2.62万人，贫困发生率降至5.90%。建设安置房5278套，入住5202户、2.17万人，入住率100%。安排扶贫产业项目资金4659.44万元，带动贫困户种植桑树等515公顷，养殖畜禽51.26万头(羽)。投入3200万元，创建特色产业扶贫示范园52个，直接带动贫困户2483户、贫困人口9143人年均增收1000元以上，助推村级集体经济总收入增加156万元以上。创建、认定就业扶贫车间16家，带动就业1422人；定向聘用贫困家庭人口担任生态护林员1028人，每户年增加工资性收入7986.36元；开发乡村公益性岗位239个，安置贫困劳动力239人。投入2.64亿元，实施基础设施项目1136个。新建贫困村通屯硬化道路79条、88.57千米，砂石路58条、86.68千米；实施农村饮水安全项目296处。解决2.13万户、8.95万人行路难、饮水困难问题。实施贫困村有线电视工程，20个贫困村、9547户农户直接受益。

实施科技项目4项(自治区级4项)，实施到期通过上级验收科技项目1项；发明专利拥有量65件，每万人口发明专利拥有量1.13件。有幼儿园235所，在园幼儿2.21万人，教师102人；小学105所、教学点54个，在校生3.71万人，教师2110人；初中17所，在校生1.81万人，教师1117人；高中3所，在校生7973人，教师556人；特殊教育学校1所，在校生219人，教师33人；中等职业学校1所，在校生527人，教师49人。放映公益电

2018年12月26日，马山县获“广西特色旅游名县”称号。图为马山弄拉赛道

赵志岸　摄

影 1956 场(农村 1740 场、社区 216 场);扶持农村社区文艺队 51 个,演出 1530 场,观众 15 万人;马山加方上刀山下火海、瑶族剪刀歌被列入第七批自治区级非物质文化遗产代表性项目名录;马山县壮族会鼓队参加 2018 年中国—东盟“两会”宾客迎送和自治区成立 60 大庆庆典表演。有医疗卫生机构 272 个,卫生技术人员 2610 人,医疗病床 1548 张。承办 2018 环广西公路自行车世界巡回赛(第四赛段)、中国山地马拉松系列赛 2018 中国—东盟山地马拉松赛暨“奔跑吧广西”生态马拉松系列赛(马山站)、2018 中国—东盟山地户外旅游大会暨攀岩大师赛、2017—2018 全国 U 系列攀岩联赛总决赛暨全国攀岩希望之星总决赛、2018 年全国青少年攀岩联赛、国家少年攀岩队选拔赛等国家级赛事。审批城乡最低生活保障对象 21.52 万人次,发放保障金 4710.95 万元。发放优抚资金 3088 人、1236.46 万元;安置退役士兵 99 人,发放经济补偿金 107 万元。发放高龄补助 4.48 万人、1224.60 万元。城镇新增就业 1717 人,帮助下岗失业人员再就业 325 人、大龄困难人员再就业 112 人,城镇登记失业率 2.40% 以内。城乡居民社会养老保险参保 20.33 万人,发放保险金 9130.12 万元;城乡基本医疗保险参保 50.76 万人,征缴保险金 9140.49 万元,支出 2.54 亿元。 (陆惠华)

2018 年 11 月 23 日,阿富汗、安提瓜和巴布达等 10 个国家的学员到隆安县金穗生态园观摩自治区红十字地震救援演练 隆安县志办提供

【隆安县】 位于南宁市西北部。土地面积 2305.59 平方千米;县政府驻城厢镇。2018 年,辖镇 6 个、乡 4 个,村 118 个、社区 13 个。年末户籍总人口 42.45 万人,其中壮族人口 40.58 万人;人口自然增长率 5.4‰,耕地面积 6.23 万公顷,林地面积 10.49 万公顷,森林覆盖率 59.85%。有宝塔医药产业园区、华侨管理区 2 个工业园区。南昆客运专线、南宁至昆明铁路、南宁至百色二级公路、南宁至百色高速公路、国道 324、省道 316 及右江水路过境。旅游景区(点)主要有国家 AAAA 级景区 1 家(龙虎山自然保护区),及渌水江、布泉河景区、雁江古镇、金穗生态园乡村旅游区。矿产资源主要有金、银、煤、水晶石,其中凤凰山银矿藏量居全国第三、自治区第一。地方特产主要有板栗、荔枝、龙眼、香蕉、叮当鸡等。有“中国板栗之乡”“那文化之乡”之称。主要存在发展不平衡不充分情况比较突出,脱贫摘帽任务艰巨,群众稳定增收困难,推动经济高质量发展压力大,部分改革措施和政策落实不到位,营商环境有待进一步改善等问题。

全年地区生产总值 76.59 亿元。财政收入 5.37 亿元(一般公共预算收入 2.66 亿元);一般公共预算支出 26.94 亿元。固定资产投资比上年增长 3.6%。社会消费品零售总额 22.15 亿元。城镇居民人均可支配收入 27415 元,农村居民人均可支配收入 11674 元。农林牧渔业总产值 45.51 亿元,其中农业 30.25 亿元、林业 2.47 亿元、牧业 10.05 亿元、渔业 1.33 亿元、农林牧渔服务业 1.40 亿元;第一产业增加值增长 6.3%。工业总产值 57.64 亿元;规模以上工业企业 40 家,工业总产值 54.63 亿元;第二产业增加值 21.45 亿元,其中工业增加值 12.35 亿元(规模以上工业增加值 10.20 亿元)。新登记企业 275 户,从业人员 1717 人;个体工商户新登记 1608 户,从业人员 3269 人;农民专业合作社新登记 41 户,成员 373 人;第三产业增加值 27.76 亿元。社会消费品 22.15 亿元。完成区外境内到位内资 10.33 亿元。

年内,脱贫摘帽 21 个村、7437 户、2.86 万人,贫困发生率降至 3.28%。投入扶贫资金 4.54 亿元,建设基础设施项目 1595 个;投入 3166 万元,扶持发展特色产业及转移就业 1.17 万户、4.44 万人;在 28 个深度贫困村和预脱贫村创建扶贫产业示范园 57 个。认定扶贫车间 15 家,提供岗位 1526 个(贫困劳动力 435 个);产城融合区建设扶贫工厂新入驻劳动密集型企业 8 家、岗位 1200 个。投入 3450.20 万元,为贫困户义务教育阶段适龄儿童提供保障;发放教育补贴 6985 万元,受益 13.83 万人次;资助贫困户学生 1.58 万人次、1288.62 万元。投入 11 亿元实施易地扶贫搬迁,震东集中安置区 5847 户、2.44 万人入住,乡镇 7 个分散安置点 74 户、255 人入住。分别投入 1911 万元、1163 万元为贫困人口代缴城乡居民基本医疗保险、商业健康扶贫保险。投入 2894.46 万元,实施生态项目 10 个,提供生态护林员岗位 760 个,人均年管护补助 5000 元。对 1871 户特困人员实施“应保尽保,应救尽救”。

投入科研经费 627 万元;实施科技项目 3 项(市级);发明专利拥有量 63 件。有幼儿园 185 所,在园幼儿 1.85 万人,教师 61 人;小学 67 所,在校生 3.23 万人,教师 1179 人;初中 13 所,在校生 1.59 万人,教师 836 人;普通高中 3 所,在校生 5692 人,教师 337 人;职业学校 1 所,全日制职校生 299 人;特殊教育学校 1 所,在校生 98 人。举办中国·隆安“那”文化旅游节暨“四月八”农具节民俗展演等活动,参加群众 14.70 万人;隆安娅怀洞遗址入围中国社会科学院 2017 年中国考古新发现项目。有医疗卫生机构 198 个,卫生技术人员 1475 人,医疗病床 1391 张。开展隆安县气排球联赛等群众体育活动,参加人员 4088 人;选派龙舟队 25 支参加第十四届中国—东盟(南宁)国际龙舟邀请赛,获奖队伍 22 个(第一名 2 个、第二名 2 个、第三名 2 个、第四名 3 个、第五名 5 个、第六名 2 个);组织参加在福建省宁德市举办的全国 15 岁~16 岁举重冠军赛,获金牌 6 枚;组织参加第十三届南宁市“举城杯”举重比赛,获金牌 19 枚、银牌 12 枚、铜牌 8 枚。审核城乡最低生活保障对象 14.70 万人次,发放保障金 3.17 亿元;发放优抚金等 4.23 万人次、846.94 万元;发放高龄补助 9.76 万人次、853.13 万元。城镇新增就业 1747 人,新增农村劳动力转移就业 6549 人次,城镇登记失业率 2.70%。城乡居民社会养老保险参保 16.85 万人,参保率 98.50%;城乡基本医疗保险参保 37.58 万人,征缴 2.54 亿元,支出 1.95 亿元。

(黄东明)

责任编辑 李 康 班 铭 谢萍萍

模范(先进)人物

(获省部级及以上单位与南宁市委、市政府表彰)

全国五一劳动奖章获得者

丁可 壮族,1976年8月生,广西河池市人,中共党员,博士研究生。2000年7月参加工作,现任南宁市第二人民医院放射科主任、广西医科大学硕士研究生导师。每年书写初诊、复审X光、CT(电子计算机断层扫描)、核磁共振成像等影像学诊断报告1万多例;开展西门子3.0T核磁共振功能成像、宝石CT能谱成像等影像学检查项目,主持国家自然科学基金项目2项、广西自然科学基金项目2项、南宁市重大科研课题1项、南宁市专业化人才培养重点计划项目1项,将学科建设成为国家级放射医学专业住院医师规范化培训基地;在《科学引文索引》《中华放射学杂志》等国内外刊物上发表研究论文30余篇,参编专著3部(英文专著1部),实现广西市级医院放射科在国家级科研课题及《科学引文索引》论文零突破。2014年被评为南宁市十大杰出青年、优秀青年专业技术人才,获广西医药卫生适宜技术推广奖一等奖、南宁市青年科技奖;2015年获广西科技进步三等奖、南宁市自然科学优秀论文一等奖;2016年被评为广西"新世纪十百千人才工程"第二层次人选;2017年获广西五一劳动奖章。2018年4月,中华全国总工会授予全国五一劳动奖章。 (市总工会)

全国三八红旗手标兵

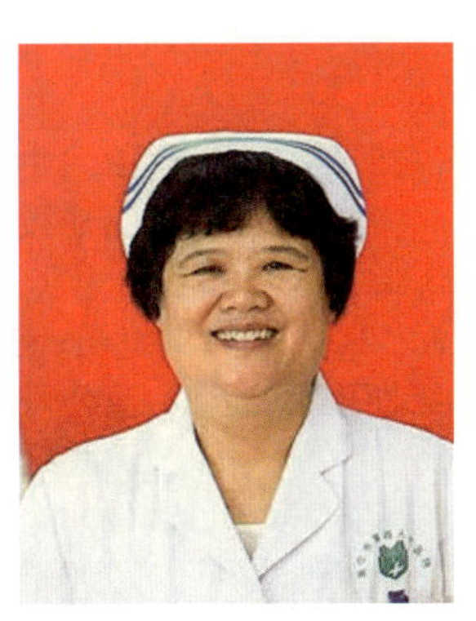

杜丽群 女,壮族,1965年2月生,广西南宁市人,中共党员,大专学历。1984年7月参加工作,现任南宁市第四人民医院艾滋病科护士长。2005年,市第四人民医院成立艾滋病科,杜丽群主动申请成为广西首个艾滋病科护士长。累计参与或指导护理艾滋病患者1万多人次,主持、参与《艾滋病抗病毒服药依从性管理模式的研究》等5项护理科研项目,发表论文10篇;多次参加艾滋病患者家庭关怀教育讲座;成立"杜丽群志愿服务队",到农村、社区、学校开展志愿服务活动150余次。先后获"白求恩奖章"、全国五一劳动奖章、全国医德楷模、全国三八红旗手、全国民族团结进步模范个人、全国医药卫生系统创先争优活动先进个人等50多项荣誉。2018年3月,全国妇女联合会授予"全国三八红旗手标兵"称号。 (市妇联)

个人一等功

(1人,2018年11月最高人民检察院授予)

周培 中共党员,南宁市青秀区检察院副检察长

全国法院先进个人

(1人,2018年2月最高人民法院授予)

韦璐明 女,壮族,中共党员,市中级人民法院刑事审判第二庭副庭长

全国法院执行工作先进个人

(1人,2018年4月最高人民法院授予)

苏灵艳 女,壮族,中共党员,江南区人民法院执行局副局长

全国法院知识产权审判工作先进个人

(1人,2018年7月最高人民法院授予)

刘明明 女,中共党员,青秀区人民法院民三庭庭长

全国法院家事审判工作先进个人

(1人,2018年11月最高人民法院授予)

李珊珊　女,中共党员,江南区人民法院家事案件和未成年人案件审判庭副庭长

全国人民调解先进个人

(3人,2018年5月司法部授予)

莫洪林　壮族,中共党员,马山县司法局加方乡司法所所长

黄　诚　中共党员,宾阳县司法局古辣司法所所长

蒙祖礼　中共党员,横县司法局云表司法所所长

首次国家统一法律职业资格考试工作表现突出个人

(2人,2018年12月司法部授予)

王琦汕　女,市司法局人民监督员管理科科长

董桂玲　女,市司法局人民监督员管理科科员

全国律师行业优秀党员

(1人,2018年7月中共全国律师行业委员会授予)

罗　旭　中共党员,广西谦行律师事务所主任、中华全国律协理事、南宁市律师协会会长

2018年广西五一劳动奖章获得者

(9人,2018年4月自治区总工会授予)

谢世凤　女,南宁市九州出租汽车有限公司驾驶员

罗盛将　壮族,预备党员,广西建工集团第一建筑工程有限责任公司第一分公司项目经理

邹　瑜　中共党员,中国建筑第五工程局有限公司广西分公司南宁地铁2号线技术总监、助理工程师

梁荣强　壮族,南宁糖业股份有限公司香山糖厂制炼车间工段长

玉奇志　女,壮族,中共党员,邕宁区那楼镇那文小学校长、一级教师

黄菊花　女,壮族,中共党员,马山县公安局纪检组长

梁侠津　壮族,中共党员,南宁建宁水务投资集团有限责任公司党委副书记、董事、总经理

蓝　迅　壮族,中共党员,市直属机关工委办公室主任

卢　健　壮族,中共党员,广西中烟工业有限责任公司南宁卷烟厂党委书记、厂长

2017年度南宁市劳动模范

(75人,2018年12月中共南宁市委、市人民政府授予)

朱　英　女,中共党员,南宁公共交通有限责任公司运营一分公司驾驶员

周丽秋　女,壮族,中共党员,市城乡建设委员会建设项目工会联合会工会专职工作者

韦仕标　壮族,中国邮政集团公司广西壮族自治区横县分公司飞龙营业所投递员

潘伯阳　壮族,南宁武鸣供电有限公司营销部计量班班长

王华平　中共党员,中国建筑第八工程局有限公司广西分公司项目经理

罗丹凤　女,中共党员,马山供电有限公司市场营销部主任

李秋红　女,广西顺景茶艺服务有限公司店长兼茶艺培训老师

班陈忠　中共党员,市九州出租汽车有限公司驾驶员

向　钏　女,壮族,中共党员,广西马山农村商业银行股份有限公司营业部会计主管

马运然　壮族,中共党员,广西五洲金桥农产品有限公司招商部经理

梁　靖　中共党员,广西四野牧业有限公司牛场副场长

温景海　中国邮政集团公司广西壮族自治区隆安县分公司浪湾邮政支局乡邮投递员

覃燕灵　女,壮族,中共党员,广西农垦永新畜牧集团有限公司良圻原种猪场生产部长

杨　周　中共党员,广西电力线路器材厂有限责任公司制杆车间主任

陈宗才　广西顺丰速运有限公司朝阳营业部仓管员

覃光宝　壮族,中共党员,广西电网有限责任公司南宁上林供电局西燕供电所设备维护班班长

李跃华　中共党员,西乡塘区环境卫生管理站清保综合服务队队长

苏有贵　壮族,中共党员,市武鸣供水有限责任公司营业部计量班班长

方桂荣　壮族,预备党员,广西珠江啤酒有限公司设备动力部维修班长

潘利建　江南区市政环卫管理站车队司机班长

陆炳焕　壮族,中共党员,市绿化工程管理中心植物保护所整形管理员

李振军　南宁燎旺车灯股份有限公司一基地制造部成型表处车间生产工人

林　飞　壮族,中共党员,中国石油天然气股份有限公司广西南宁销售分公司东环加油站经理

陈仁桂　中共党员,广西南南铝加工有限公司熔铸制造中心铸造工段长

潘建敏　壮族,南宁东盟经济开发区中燃城市燃气发展有限公司生产运营部站长

黄小玲　女，兴宁区市政环卫管理站清保队副队长

何国启　壮族，市嘉大混凝土有限公司生产部机电组铲车组长

刘丽晨　女，南宁万达茂文化产业有限公司游乐服务部领班

黄善旭　壮族，中共党员，广西新洋丰肥业有限公司高塔车间主任

陆月梅　女，南宁高新市政环卫有限责任公司环卫保洁部组长

林　锐　中共党员，中铁隧道集团四处有限公司南宁轨道交通3号线青秀山站项目部项目经理

李家雨　中共党员，广西建工集团第三建筑工程有限责任公司南宁分公司经理

梁　良　壮族，中共党员，南宁侨虹新材料股份有限公司研发部经理

刘　华　中共党员，南宁富莱欣生物科技有限公司党支部书记、研发部经理、人力资源部经理

廖环武　中共党员，广西三维铁路轨道制造有限公司技术部副总工程师

俞则封　中共党员，广西景典钢结构有限公司技术副总工程师

卢尚华　中共党员，南宁轨道交通集团有限责任公司建设分公司设备部部长

张　娟　女，中国石化销售有限公司广西南宁石油分公司非油品经营部经理

陈智鸣　中共党员，广西中烟工业有限责任公司南宁卷烟厂工艺质量科工艺管理员

李　勇　广西商大科技股份有限公司技术总监

季红华　中共党员，广西电网有限责任公司南宁横县供电局计划建设部主任

陈洪涛　壮族，中共党员，广西中医药大学制药厂副厂长

黄丽萍　女，民建会员，广西慧云信息技术有限公司农技部经理

林　蔚　中共党员，南宁富桂精密工业有限公司核心层事业处课长

李　华　女，中共党员，市百会药业集团有限公司生产部生产经理、生产总监

潘普力　壮族，中共党员，南宁赢创美诗药业有限公司环境安全健康及能源管理部总监

叶秀朋　女，中共党员，市大沙田供水有限责任公司供水厂厂长、工会主席

黄　超　广西金陵农牧集团有限公司肉鸡事业部经理

李宝深　广西金穗农业集团有限公司技术总监

廖金龙　中国联合网络通信有限公司南宁市分公司宽带片区管理

王世雄　农工党党员，市雄辉投资有限公司执行董事长

陈永忠　中共党员，横县江南发电有限公司总经理

许雨顺　中共党员，中国石油天然气股份有限公司广西南宁销售分公司党委书记、总经理

黄炳远　九三学社社员，市建筑安装工程集团有限公司董事局主席

黄东海　中共党员，南宁建宁水务投资集团有限责任公司党委书记、董事长

成　利　中共党员，中国邮政集团公司南宁市分公司党委书记、总经理

高炜新　中共党员，南宁冠星汽车服务有限公司总经理

张少林　中共党员，中建三局第一建设工程有限责任公司总经理

黄益斌　壮族，广西恒源建设集团有限公司董事长

陈　进　南宁良庆东糖糖业有限公司总经理

张清秀　女，中共党员，宾阳县中华镇育才村委会计生专干

隆美红　女，壮族，中共党员，隆安县都结乡陇割村党支部书记、村委会主任

杨万廷　中共党员，横县莲塘镇山柏村党支部书记

李光安　壮族，中共党员，青秀区刘圩镇槐里村党支部书记、村委会主任

农俊杰　壮族，中共党员，兴宁区昆仑镇太昌村农民

黄耀生　武鸣区府城镇喜庆村农民

梁集启　壮族，中共党员，西乡塘区金陵镇南岸村党支部书记

梁彩丽　女，壮族，中共党员，江南区江西镇扬美村委会委员、妇联主席

苏达谋　壮族，中共党员，上林县达谋生态种养合作社负责人

梁治深　壮族，中共党员，江南区吴圩镇永红村党支部书记

罗文记　壮族，中共党员，马山县百龙滩镇龙昌杜东母猪专业合作社负责人

黄翠兰　女，壮族，中共党员，良庆区大塘镇那造村党支部书记

雷庆芬　女，中共党员，西乡塘区安宁街道西津村党支部书记

韦文体　壮族，中共党员，邕宁区蒲庙镇联团村党支部书记

韦齐福　壮族，中共党员，隆安县丁当镇定坤村党支部书记、村委会主任

2017年度南宁市先进工作者

（25人，2018年12月中共南宁市委、南宁市人民政府授予）

黎洪棉　中共党员，市第一人民医院科研科科长、整形外科副主任

胡　昕　中共党员，中共南宁市委办公厅综合二科科长

陆　遥　女，壮族，中共党员，宾阳县黎塘镇中心卫生院院长

黄勤妹　女，壮族，市殡葬服务管理处化妆班班长

梁　艳　女，中共党员，市城市照明管理处亮化设施管理科工作人员

范昕昱　女，中共党员，市天桃实验学校政教处副主任

杨　敏　壮族，中共党员，横县教育局党组书记、局长

陈　健　中共党员，南宁园博园管理中心主任

李德祥　壮族，中共党员，市青秀山风景名胜旅游区风景园林管理局局长

韦　宇　壮族，中共党员，市工程咨询规划事务所党支部书记、所长

苏灵艳　女，壮族，中共党员，江南区人民法院执行局副局长

杨逸雄　女，壮族，邕宁区新江镇农林水利综合服务中心副主任

陆之泽　壮族，中共党员，武鸣区水产畜牧兽医技术推广站站长

黄　武　壮族，中共党员，市大明山风景旅游区管理委员会综合管理科科长

沈春波　中共党员，公安局出入境管理支队一大队大队长

罗建明　中共党员，兴宁区民生街道党工委书记

秦培钊　中共党员，市农业技术推广站科员

陈　超　女，中共党员，市劳动人事争议仲裁院党支部副书记、副院长

黄海峰　南宁经济技术开发区建设发展局基建科科长

战　鹰　女，中共党员，南宁高新技术产业开发区经济发展局副局长

韦庆日　壮族，中共党员，马山县人民政府应急管理办公室(值班室)专职副主任

潘美娟　女，壮族，上林县中医医院医务科科长、质控科主任

陈春燕　女，瑶族，市群众艺术馆副馆长

戚克杰　中共党员，南宁五象新区规划建设管理委员会国土局主管

范喜英　女，壮族，中共党员，市第五人民医院心理科党支部书记、护士长，医疗服务部主任

（市总工会）

新闻人物

伦仁飞　壮族，1970年12月生，广西隆安县人，中共党员，隆安县屏山乡屏山社区党总支部副书记、居委会副主任。2017年4月15日下午，下村工作返途时遇见一名小孩落水，他跳进水中将小孩救到岸边，与同事和群众合力将小孩救起，由于落水时间短、抢救及时，小孩并无生命危险，他便离开。他没有将自己跳水救人的事情告诉别人，孩子父亲从邻居处得知后为表谢意，打算请他吃饭、送东西，都被婉言谢绝。他工作尽心尽责，思想正派、作风优良，危难之际敢于挺身而出，深受村民尊敬和爱戴。2018年2月，上榜中央精神文明建设指导委员会主办的中国好人榜——见义勇为好人。

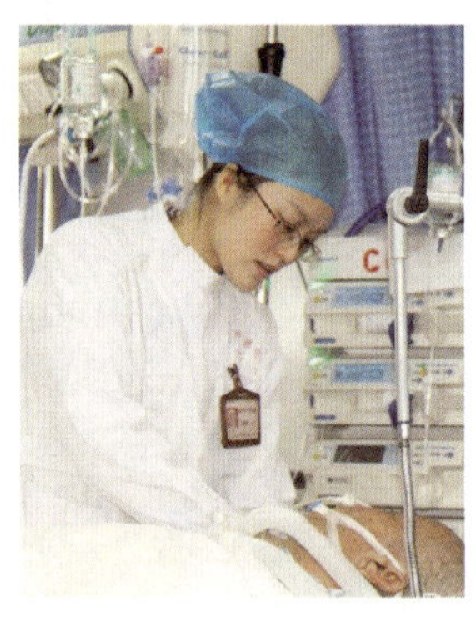

石姗姗　女，1988年4月生，广西临桂县人，南宁市中医医院ICU护师。2010年从广西桂林医学院毕业后，一直从事ICU护理工作，除做好抢救工作及病情监护外，还做好给患者喂饭、擦身、处理大小便等生活护理，扎实的理论知识及娴熟的护理技术得到同事、病人的一致肯定。2018年1月9日下午，南宁市609路公交车上一名老人突然晕倒，石姗姗在公交车上跪地给突发心梗老人做心肺复苏，为抢救赢得宝贵时间，挽救老人的生命。石姗姗见义勇为的善举经中央电视台、央视网、北京卫视、安徽卫视、广西新闻频道、南宁晚报、南宁新闻在线等多家媒体跟踪报道，微信、QQ等平台大量转载。2018年3月，上榜中央精神文明建设指导委员会主办的中国好人榜——见义勇为好人。

叶燕凤　女，1953年5月生，广西南宁市人，市明秀西路宏锦苑小区居民。她生活节俭，退休后喜欢捡些废旧贴补家用。2017年11月4日下午，在小区拾捡废旧时，在垃圾桶内发现一个黑色塑料袋，里面共有现金20万元。她没有犹豫，马上报警并把钱交到派出所，同时告知小区物业管理人员，经过两天挨家挨户询问，终于物归原主。她面对巨款拾金不昧的高尚精神引得媒体争相报道。2018年4月，上榜中央精神文明建设指导委员会主办的中国好人榜——诚实守信好人。

李桂平　1962年10月生，广西柳州市人，中国铁路南宁局集团有限公司南宁机务段火车司机。35年来，他潜心钻研技术，不断创新，用科研成果助力铁路发展。采用无极调节、脉冲放电来查寻火车故障点，开发软接地查询仪，提高工作效率，每年节约检修成本117万元。2012年，被授予“全路首席大师”，南宁机务段创建“李桂平电力机车司机铁路技能大师工作室”。2015年5月，单位在“李桂平技能大师工作室”的基础上创建“劳模创新工作室”，在他带领下，工作室成员认真学习业务、钻研技术，结合生产实际克难攻坚，破解众多机车质量、节能降耗等方面的生产难题。2016年，他自行开发LCU插件板故障检修测试仪、铁鞋管理系统等，节约单位成本约520万元。10多项科研革新成果获国家专利，被工友们称为“草根发明家”。2018年4月，上榜中央精神文明建设指导委员会主办的中国好人榜——敬业奉献好人。

姚美华　女，1978年11月生，江西省宜丰县人，中国福彩广西第45013005号投注站业主。从事福彩事业20年，姚美华诚信经营，对待彩民真诚热心、服务周到，与

彩民建立深厚感情，赢得诸多彩民的认可。2018年4月19日，姚美华通过微信替客人购买双色球彩票，中出一注双色球564万元大奖。面对大奖，姚美华毫不心动，第一时间通知客人来取彩票，赢得彩民朋友的认可和赞扬。2018年6月，上榜中央精神文明建设指导委员会主办的中国好人榜——诚实守信好人。

慕晓明　女，1982年12月生，广西南宁市人，广西民族医院高压氧科主治医师。2018年4月22日，乘坐动车时听到广播急寻医护人员，立即前往事发车厢，一名约20岁的女性呕吐晕倒在地，她马上帮患者清理口腔、掐人中、测脉搏，考虑到患者可能是低血糖、痛经，给患者喝下温糖水、含食巧克力。不久患者清醒过来，在她的陪护下坚持到站，转交给前来接诊的医务人员。她出手救人的消息迅速在微信朋友圈流传，引来大家纷纷点赞。她还曾在火车上救助突发胸闷的老人，在飞机上救助突发精神狂躁的男子。2018年8月，上榜中央精神文明建设指导委员会主办的中国好人榜——见义勇为好人。

谭桂清　女，壮族，1958年10月生，广西龙胜各族自治县人，良庆区大沙田街道金象社区居民。2011年9月，受雇给9个月大的小虎当保姆。2012年5月，雇主突然失去联系，经多方查找，2013年才得知小虎母亲入狱、父亲也不明下落。她即便日子并不宽裕，依旧继续照顾着小虎。大儿子曾建议将小虎送去福利院或条件好的人家，由于感情不舍，她一直把小虎带在身边。2015年7月，她带着小虎外出游玩时不慎摔倒骨折，高额的医疗费对经济条件并不好的一家来说无疑是雪上加霜，但她依旧咬牙坚持着。故事传开后，爱心人士、居委会及城区妇联、民政等部门纷纷给予帮助，获得许多物资、医疗救助，小虎在她照顾下得以健康成长。2018年9月，上榜中央精神文明建设指导委员会主办的中国好人榜——助人为乐好人。

韦姗姗　女，壮族，1994年6月生，共青团员，广西马山县人，邕宁区人民医院急诊科护士。2018年4月23日下午，乘车偶遇一场车祸，伤者右下肢开放性骨折，大量出血，需要及时止血，否则会休克死亡，她便组织路人找来绳子等为伤者包扎止血，平复伤者情绪。十多分钟后，救护车到达现场，她进行简单现场交接并将伤者送上救护车后便离开。事发时正值下班高峰期，她就地取材及时为伤者进行包扎，争取到宝贵救护时间，让伤者脱离生命危险。有目击者拍摄她救助过程并发布在微信朋友圈，网友们纷纷点赞，并称她为"最美白衣天使"，先进事迹先后在自治区、市主流媒体刊登报道。2018年10月，上榜中央精神文明建设指导委员会主办的中国好人榜——见义勇为好人。

郭迁思　女，1958年9月生，广西河池市人，市桂雅路天昌东盟中央城小区居民。2018年7月15日，在小区游泳池游泳时，突然发现2名小孩发生溺水并已没有呼吸，众人乱成一团。她毫不犹豫上前施救，凭借30多年的专业护士经验，仅花2分多钟就成功抢救2名小孩。此外，她还曾在火车上义务救助突发疾病的乘客。2018年11月，上榜中央精神文明建设指导委员会主办的中国好人榜——见义勇为好人。

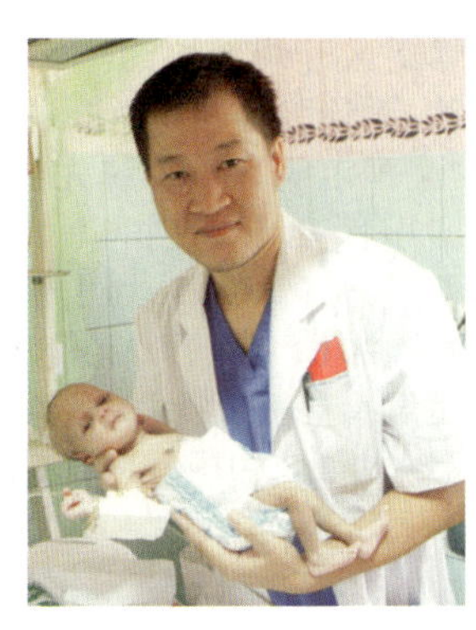

钟日胜　壮族，1970年4月生，广西龙州县人，中共党员，市第二人民医院麻醉科医生。2004年、2012年主动响应国家号召两次前往非洲开展医疗援助，克服环境恶劣、器材奇缺等困难，出色地完成援非医疗工作，受到非洲受援国人民的肯定和赞扬。他钻研理论知识和业务技术，利用休息时间给新职工、进修医生、实习生讲课；热衷公益，经常参加义诊、开展急救技能及知识培训。完成我国首部反映援外医疗队工作和生活，且由援非医疗队员撰写的纪实文学作品《非洲小城的中国医生》，获第十届全国少数民族文学创作"骏马奖"。2016年8月，完成27万字长篇小说《卢旺达往事》。先后获"全国援外医疗工作先进个人""全国五一劳动奖章""中国梦·劳动美——最美劳动者"、全国先进工作者、"全国医德楷模""全国岗位学雷锋标兵"等称号，并入选"中国好人榜"。2018年7月，上榜中央精神文明建设指导委员会和国家卫生健康委员会主办的"中国好医生、中国好护士"7月月度人物。

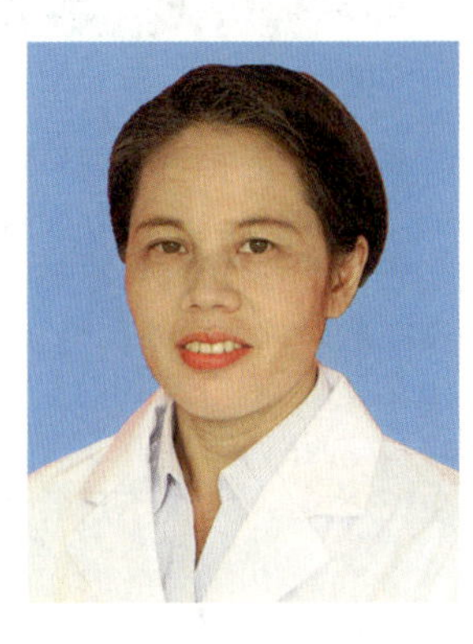

李凤珍　女，1967年生，壮族，广西德保县人，中共党员，广西国际壮医医院风湿病科主任医师、硕士研究生导师。2007年，她所在科室被评为国家中医药管理局"十一五"民族医药重点建设专科；2012年，被评为国家临床重点专科。发表学术论文20多篇，主编及参加编写壮医著作10部，主持和参加科研课题16项，其中主要参加的《壮医诊疗技术规范及

应用研究》《壮医理论构建及应用研究》获中国民族医药科技一等奖、广西科技进步二等奖等。主持壮医药物竹罐疗法及壮医刺血疗法适宜技术推广项目，是非物质文化遗产项目壮医药物竹罐疗法学术传承人。深入广西边远山区开展义诊、健康咨询、健康讲座等，累计服务群众3万多人次。先后获“全国卫生计生系统先进工作者”“全国中医药系统创先争优活动先进个人”“全国优秀计划生育工作者”等称号。2018年8月，上榜中央精神文明建设指导委员会和国家卫生健康委员会主办的“中国好医生、中国好护士”8月月度人物。

蓝连青家庭 来自上林县镇圩瑶族乡。五代同堂；蓝连青的丈夫是镇圩瑶山歌艺术团的团长；奶奶102岁，是瑶乡有名的长寿老人之一；父亲蓝天永、母亲卢彩林，均年近八旬，是瑶山歌“歌王”。家庭和睦，夫妻恩爱，常带领瑶山歌艺术团队员到各地演出，获南宁市首届乡村社区文艺大展演总决赛一等奖。瑶山歌艺术团应邀参加香港国际艺术盛典、成都“花儿朵朵”选秀、杭州“中国梦想秀”等演出。2017年9月，蓝连青家庭被评为广西“最美家庭”。2018年5月，上榜全国妇女联合会主办的“2018年度全国最美家庭”。

陆兰珍家庭 来自武鸣区罗波镇。2005年，丈夫黄冠宁确诊肝癌晚期，陆兰珍和儿子一直悉心照料，不离不弃。2013年，为传承即将失传的武鸣壮族彩绣技艺及壮族服饰制作工艺，年过六旬的她和堂妹成立广西南宁市武鸣区纳福彩绣手工坊，在资金短缺、人员不足的情况下，投身民族技艺传承中。陆兰珍被评为第六批南宁市级非物质文化遗产项目代表性传承人。2017年9月，陆兰珍家庭被评为广西“最美家庭”。2018年5月，上榜全国妇女联合会主办的“2018年度全国最美家庭”。

覃丽娟家庭 来自宾阳县露圩镇上塘村。覃丽娟家庭和睦，尊老爱幼，团结邻里，助人为乐。在丈夫支持下，覃丽娟带领群众创建面积34公顷的“宾阳县世盛蔬菜基地”，引进现代农业生产技术和先进管理经验，建设自动喷淋和节水系统，以及大棚、冷库等设施设备，带动周边农民种植蔬菜，解决部分留守妇女就业问题。覃丽娟通过培训，提高农民生产技术水平，缓解农民的买菜难、卖菜难问题。夫妇注重言传身教，用实际行动为孩子们做榜样。2017年9月，覃丽娟家庭被评为广西“最美家庭”。2018年5月，上榜全国妇女联合会主办的“第十一届全国五好家庭”。

隆美红家庭 来自隆安县都结乡。夫妻恩爱，尊老爱幼，热心助人，和睦邻里。隆美红作为村主任工作忙，丈夫在家承担大部分家务毫无怨言。夫妇注重儿女教育，勉励儿女刻苦学习，礼貌待人。抚养过世小叔小婶留下的三个孩子。参加科学致富培训班学习，邀请农业教授、技术人员到村里授课解惑。带头发动群众种植铁皮石斛，有18户加入合作社，种植面积0.77公顷，前期总投资180万元，规模不断扩大。部分铁皮石斛获收成，鲜条产量150斤，收入9万元。隆美红家庭以身作则，引领村民们开展清洁家园，村道变得干净整洁，环境卫生面貌有很大改观。2017年9月，隆美红家庭被评为广西“最美家庭”。2018年5月，上榜全国妇女联合会主办的“第十一届全国五好家庭”。

刘洪娥家庭 来自邕宁区蒲庙镇华康村。夫妻双方先后到基层服务多年，为脱贫攻坚事业舍小家顾大家。刘洪娥曾到城中村挂职、到横县平马镇丁村任村党组织第一书记，获自治区优秀新农村建设指导员、南宁市优秀第一书记、个人三等功等。丈夫梁基明任马山县乔利乡东良村党组织第一书记，仅1年多时间，实现东良村首次集体经济收入，让村民第一次享受到专业合作社福利，并成立旅游公司。他致力于改善东良村基础设施条件，总共引进资金1300多万元，联系落实农田水利、屯路、球场、健身器材等基础设施建设项目。熟悉贫困户情况，对贫困户如亲人。2017年9月，刘洪娥家庭被评为广西“最美家庭”。2018年5月，上榜全国妇女联合会主办的“第十一届全国五好家庭”。

（市委宣传部）

2018年组织机构负责人

中共南宁市委员会

书　记：王小东　2015年5月—

副书记：周红波　2009年11月—

　　冯学军　2016年5月—2018年1月

　　杨维超　2018年2月—

常　委：顾成祥　2018年2月—

　　张文军　2015年10月—

　　韦力平（挂职）　2016年9月—

　　王祝广（女）　2016年2月—

　　崔佐钧　2016年5月—2018年2月

　　谭向光　2015年12月—

　　黄　宁　2014年11月—

　　邓亚平　2018年2月—

　　赵红明　2016年5月—

　　陈　颖（女，挂职）　2016年3月—2018年3月

　　何　颖（女，挂职）　2018年2月—

　　周　中（挂职）　2018年4月—

秘书长：黄　宁　2014年11月—

南宁市人民代表大会常务委员会

主　任:束　华　2016 年 10 月—
副主任:刘　雄　2010 年 2 月—
　　　阮兆丰　2011 年 10 月—
　　　黎　琳(女)　2016 年 2 月—
　　　钱　健　2016 年 10 月—
　　　　　　　2018 年 11 月
　　　周如斯　2016 年 10 月—
　　　刘志烈　2016 年 10 月—
秘书长:(空缺)　2017 年 7 月—
　　　　　　　2018 年 1 月
　　　陈　尧(女)　2018 年 1 月—

南宁市人民政府

市　长:周红波　2011 年 10 月—
副市长:张文军　2015 年 11 月—
　　　崔佐钧　2016 年 10 月—
　　　　　　　2018 年 3 月
　　　邓亚平　2018 年 2 月—
　　　张　卫(挂职)　2015 年 11 月—
　　　　　　　2018 年 3 月
　　　陈　颖(女,挂职)　2016 年 4 月—
　　　　　　　2018 年 5 月
　　　何　颖(女,挂职)　2018 年 3 月—
　　　周　中(挂职)　2018 年 5 月—
　　　李建文　2018 年 2 月—
　　　眭国华(女)　2011 年 8 月—
　　　　　　　2018 年 2 月
　　　唐　斌　2015 年 1 月—
　　　　　　　2018 年 5 月
　　　刘为民　2014 年 12 月—
　　　朱会东　2017 年 3 月—
　　　秦运彪　2018 年 5 月—
　　　伍　娟(女)　2016 年 2 月—
秘书长:黄宗成　2016 年 7 月—

政协南宁市委员会

主　席:杜　伟　2016 年 10 月—
副主席:李　勤　2010 年 2 月—
　　　黎四龙　2009 年 2 月—
　　　汪　玲(女)　2011 年 10 月—
　　　魏凤君　2016 年 10 月—
　　　黄均宁　2011 年 10 月—
　　　陈世平　2016 年 10 月—
　　　谭玫瑰　2016 年 10 月—
　　　梁　鸿　2016 年 10 月—
秘书长:储朝晖　2011 年 10 月—

中共南宁市纪律检查委员会

书　记:王祝广(女)　2016 年 2 月—

南宁市监察委员会(2018 年 1 月组建)

主　任:王祝广(女)　2018 年 1 月—

南宁警备区

司令员:沈　彪　2013 年 12 月—
政治委员、党委书记:
　　　顾成祥　2017 年 6 月—

中共南宁市委办公厅

秘书长:黄　宁　2014 年 11 月—

中共南宁市委组织部

部　长:谭向光　2015 年 12 月—

中共南宁市委老干部局

局　长:潘文虹(女)　2012 年 6 月—
　　　　　　　2018 年 7 月
　　　(空缺)　2018 年 7 月—

中共南宁市委宣传部

部　长:崔佐钧　2016 年 6 月—
　　　　　　　2018 年 2 月
　　　邓亚平　2018 年 2 月—

中共南宁市委统一战线工作部

部　长:赵红明　2016 年 6 月—

中共南宁市委政法委员会

书　记:杨维超　2014 年 11 月—

中共南宁市委政策研究室(市委全面深化改革领导小组办公室)

主　任:梁国禄　2017 年 11 月—

市机构编制委员会办公室

主　任:黄振生　2012 年 2 月—

中共南宁市直属机关工作委员会

书　记:黄　宁　2014 年 11 月—

市委台湾工作办公室(市人民政府台湾事务办公室)

主　任:何见霜(女)　2013 年 6 月—

市委、市人民政府信访局

局　长:黄威铭　2016 年 4 月—

市人大常委会办公厅

秘书长:(空缺)　2017 年 7 月—
　　　　　　　2018 年 1 月
　　　陈　尧(女)　2018 年 1 月—

市人大常委会调查研究室

主　任:严景平　2015 年 3 月—

市人大常委会选举联络工作委员会

主　任:徐晓光　2012 年 5 月—

市人大常委会法制工作委员会

主　任:陆沾鹏　2013 年 7 月—

市人大法制委员会

主任委员:钟建国　2010 年 2 月—

市人大内务司法委员会

主任委员:周向华　2011 年 10 月—

市人大财政经济委员会

主任委员:张　彬　2011 年 10 月—

市人大农业委员会

主任委员:顾安家　2016 年 10 月—

市人大城乡建设环境保护委员会

主任委员:陆彦明　2016 年 10 月—

市人大教育科学文化卫生委员会

主任委员:黄孝林　2016 年 10 月—

市人大民族华侨外事宗教委员会

主任委员:梁新莲(女)　2016 年 2 月—

市人民政府办公厅

秘书长:黄宗成　2016 年 7 月—

市发展和改革委员会

党组书记:丁　伟　2016 年 5 月—
主　　任:丁　伟　2016 年 5 月—

市工业和信息化委员会

党组书记:汪东明　2017 年 7 月—
主　　任:汪东明　2017 年 7 月—

市教育局

党组书记:汪述斌　2017 年 7 月—
局　　长:潘永钟　2012 年 3 月—

市科学技术局

党组书记:覃永武　2011 年 2 月—
　　　　　　　2018 年 7 月
　　　(空缺)　2018 年 7 月—
局　　长:梁　展　2014 年 7 月—

市民族宗教事务委员会

党组书记:苏志刚　2016 年 7 月—
主　　任:苏志刚　2016 年 9 月—

市公安局

党委书记:唐　斌　2015 年 1 月—
　　　　　　　2018 年 4 月
　　　秦运彪　2018 年 4 月—
局　　长:唐　斌　2015 年 1 月—
　　　　　　　2018 年 5 月
　　　秦运彪　2018 年 5 月—

市民政局

党组书记:黄菊如(女)　2013 年 6 月—
局　　长:黄菊如(女)　2013 年 7 月—

市司法局

党组书记:黄有光　2015 年 2 月—
局　　长:黄有光　2015 年 3 月—

市财政局

党组书记:边作新　2016 年 5 月—
局　　长:边作新　2016 年 5 月—

市人力资源和社会保障局

党组书记:刘德宁　2016 年 6 月—
局　　长:刘德宁　2016 年 7 月—

市国土资源局

党组书记:赵志萍(女)　2013 年 9 月—
局　　长:赵志萍(女)　2013 年 9 月—

市环境保护局

党组书记:韦好鹏　2014 年 7 月—
局　　长:韦好鹏　2014 年 7 月—

市城乡建设委员会

党组书记:韦杰鹏　2016 年 6 月—
主　　任:韦杰鹏　2016 年 7 月—

市规划管理局

党组书记:郭维宁　2013 年 9 月—
局　　长:郭维宁　2013 年 9 月—

市城市管理局

党组书记:梁　勇　2016 年 4 月—
局　　长:梁　勇　2016 年 4 月—

市住房保障和房产管理局

党组书记:黄敏丽(女)　2016 年 6 月—
局　　长:黄敏丽(女)　2016 年 7 月—

市交通运输局

党组书记:蔡友清　2016 年 5 月—
局　　长:蔡友清　2016 年 5 月—

市水利局

党组书记:李伟进　2014 年 10 月—
局　　长:李伟进　2014 年 11 月—

市农业委员会

党组书记:杨　敏(女)　2014 年 7 月—
主　　任:杨　敏(女)　2014 年 7 月—

市林业和园林局

党组书记:蓝　岚(女)　2016 年 6 月—
局　　长:蓝　岚(女)　2014 年 7 月—

市商务局

党组书记:梁培正　2012 年 5 月—
局　　长:梁培正　2012 年 5 月—

市文化新闻出版广电局

党组书记:魏永泉　2014 年 7 月—
局　　长:魏永泉　2014 年 7 月—

市卫生和计划生育委员会

党组书记:谢宗务　2017 年 7 月—
主　　任:谢宗务　2014 年 7 月—

市食品药品监督管理局

党组书记:黎君君　2016 年 12 月—
局　　长:黎君君　2016 年 12 月—

市审计局

党组书记:徐铭斯　2016 年 6 月—
局　　长:徐铭斯　2016 年 7 月—

市工商行政管理局

党组书记:周序喜　2014 年 7 月—
局　　长:周序喜　2014 年 7 月—

市质量技术监督局

党组书记:李善钦　2015 年 12 月—
局　　长:李善钦　2014 年 7 月—

市体育局

党组书记:李　兵　2016 年 5 月—
局　　长:李　兵　2016 年 5 月—

市安全生产监督管理局

党组书记:蓝建东　2013 年 9 月—
局　　长:蓝建东　2013 年 9 月—

市统计局

党组书记:黄南方　2010 年 12 月—
局　　长:黄南方　2010 年 12 月—

市旅游发展委员会

党组书记:黄永久　2014 年 7 月—
主　　任:黄永久　2014 年 7 月—

市投资促进局

党组书记:梁　枫(女)　2013 年 9 月—
局　　长:梁　枫(女)　2013 年 9 月—

市行政审批局

党组书记:黄　定　2016 年 9 月—
局　　长:黄　定　2016 年 12 月—

市金融工作办公室

党组书记:蒙　刚　2016 年 6 月—
主　　任:蒙　刚　2016 年 7 月—

市外事侨务办公室

党组书记:彭　健(女)　2015 年 2 月—
主　　任:彭　健(女)　2015 年 3 月—

市法制办公室

党组书记:范卫东　2006 年 9 月—
主　　任:范卫东　2006 年 9 月—

市人民防空办公室

党组书记:董红兵　2012 年 5 月—
主　　任:董红兵　2012 年 3 月—

市扶贫开发办公室

党组书记:刘宗晓　2016 年 6 月—
主　　任:刘宗晓　2016 年 7 月—

市人民政府国有资产监督管理委员会

党委书记:宋日正　2015 年 4 月—
主　　任:宋日正　2015 年 4 月—

广西南宁五象新区规划建设管理委员会

党工委书记:周红波(兼)　2013 年 8 月—
主　　任:周红波(兼)　2013 年 9 月—

南宁高新技术产业开发区管理委员会

党工委书记:张先进　2016 年 4 月—
主　　任:李　耕　2016 年 5 月—

南宁经济技术开发区管理委员会

党工委书记:何尚汉　2016 年 6 月—
主　　任:何尚汉　2016 年 6 月—

广西—东盟经济技术开发区管理委员会(南宁华侨投资区管理委员会)

党工委书记:熊瑞光　2016 年 6 月—
主　　任:熊瑞光　2016 年 6 月—

南宁青秀山风景名胜旅游区管理委员会

党工委书记:蓝　飞　2014 年 10 月—
主　　任:蓝　飞　2014 年 11 月—

市政协办公厅

秘书长:储朝晖　2011 年 10 月—

市政协研究室

主　任:江振华　2015 年 3 月—

市政协选举联络工作办公室

主　任:韩艳斌(女)　2010 年 10 月—

市政协提案委员会

主　任:杨　利　2011 年 11 月—

市政协经济委员会

主　任:古培康　2006 年 9 月—

市政协文史学习委员会

主　任:叶　盛　2016 年 11 月—

市政协教科文卫体委员会

主　任:陆益斌　2006 年 9 月—

市政协海外联谊民族宗教委员会

主　任:杨晓钊　2017 年 9 月—

市政协人口资源环境与城乡建设委员会

主　任:张海元　2015 年 4 月—2018 年 12 月
(空缺)　2018 年 12 月—

市政协社会法制委员会

主　任:黄　芳(女)　2016 年 11 月—

市中级人民法院
党组书记：张培健　2016年6月—
院　　长：张培健　2016年10月—

市人民检察院
党组书记：黄建波　2009年12月—
检 察 长：黄建波　2010年2月—

中国国民党革命委员会南宁市委员会
主任委员：黎　琳（女）　2011年5月—

中国民主同盟南宁市委员会
主任委员：潘永钟　2016年5月—

中国民主建国会南宁市委员会
主任委员：卢秋凌（女）　2009年8月—

中国民主促进会南宁市委员会
主任委员：黄均宁　2009年8月—

中国农工民主党南宁市委员会
主任委员：黄玉燕（女）　2016年5月—

中国致公党南宁市委员会
主任委员：蒋晓筠（女）　2016年5月—

九三学社南宁市委员会
主任委员：梁　鸿　2012年12月—

市工商业联合会
党组书记：李忠南　2016年9月—
主　　席：黎四龙　2007年12月—

市总工会
党组书记：伦　建　2009年7月—
主　　席：李　勤　2014年11月—

共青团南宁市委员会
党组书记：王亚楠　2012年8月—
书　　记：王亚楠　2012年8月—

市妇女联合会
党组书记：李　伟（女）　2017年6月—
主　　席：李　伟（女）　2017年8月—

市文学艺术界联合会
党组书记：陈晓红（女）　2013年12月—
主　　席：陈晓红（女）　2014年5月—

市科学技术协会
党组书记：王　洲　2010年4月—
主　　席：王　洲　2010年6月—

市归国华侨联合会
党组书记：陈章雄　2015年3月—
主　　席：蒋晓筠（女）　2010年3月—2018年9月
　　　　　杨　隽（女）　2018年9月—

中国国际贸易促进委员会南宁市支会
党组书记：谭　漓（女）　2010年7月—
会　　长：谭　漓（女）　2010年2月—

市残疾人联合会
党组书记：李永华（女）　2009年2月—2018年5月
　　　　　田家全　2018年5月—
理 事 长：李永华（女）　2009年4月—2018年6月
　　　　　田家全　2018年6月—

市红十字会
党组书记：桂文志　2015年3月—
会　　长：吕　洁（女）　2010年3月—2018年3月
　　　　　邓亚平　2018年3月—

市社会科学界联合会
党组书记：谭耀武　2013年6月—
主　　席：谭耀武　2013年7月—

市法学会
党组书记：杨维超　2017年9月—
会　　长：杨维超　2016年4月—

市委党校（市经济干部学院、市行政学院、市社会主义学院）
市委党校校长：
　冯学军（兼）　2016年6月—2018年3月
　杨维超（兼）　2018年3月—
市经济干部学院院长：
　施日全　2012年2月—
市行政学院院长：
　张文军（兼）　2015年11月—
市社会主义学院院长：
　黎　琳（女，兼）　2017年2月—

市档案局（市国家档案馆）
局长（馆长）：廖茂隆　2012年10月—

市委党史研究室
主　任：李刘科　2010年10月—

南宁日报社
党组书记：程小华　2016年9月—
社　　长：程小华　2016年9月—
总 编 辑：刘　复　2016年9月—

市委、市人民政府接待办公室
主　任：王合新　2016年8月—

市人民政府发展研究中心
党组书记：李望尘　2013年6月—
主　　任：李望尘　2013年6月—

原市地震局（承担行政职能事业单位改革）
原党组书记：黄秋娣　2016年5月—2018年7月
原　局　长：黄秋娣　2016年5月—2018年7月

市机关事务管理局（市市直机关后勤服务中心）
党组书记：文华寿　2016年9月—
局长（主任）：文华寿　2016年10月—

南宁住房公积金管理中心
党组书记：王林一　2011年2月—
主　　任：王林一　2011年3月—

市人民政府地方志编纂办公室
党组书记：王德宾　2010年10月—
主　　任：王德宾　2010年11月—

市二轻集体工业联社
党组书记：司马平　2013年7月—
主　　任：司马平　2013年8月—

市社会科学院
党组书记：韦振豪　2010年10月—
院　　长：胡建华　2010年12月—

原市旧城改建工作推进办公室（市历史文化街区保护和修缮规划建设办公室，承担行政职能事业单位改革）
原主任：韦杰鹏　2016年6月—2018年10月

南宁昆仑关战役遗址保护管理委员会（南宁昆仑关旅游风景区管理委员会）
党组书记：蒋宁华　2015年3月—
主　　任：蒋宁华　2015年4月—

原市水库移民工作管理局（承担行政职能事业单位改革）
原党组书记：邓健民　2010年3月—2018年10月
原　局　长：邓健民　2009年4月—2018年10月

市社会保险事业局
党委书记：唐　明　2017年2月—
局　　长：唐　明　2017年3月—

市公共资源交易中心
主　任：卢绍宁　2016年2月—

市城市管理监督评价中心（市城市管理指挥中心）
党组书记：（空缺）　2016年4月—
主　　任：（空缺）　2016年4月—

南宁职业技术学院
党委书记:黄明瑞　2016年9月—
院　　长:(空缺)　2017年12月—

市政府集中采购中心
主　任:周梅清(女)　2012年7月—

广西大明山国家级自然保护区管理局(南宁大明山风景旅游区管理委员会)
党组书记:黄　宁　2017年7月—
局长(主任):黄　宁　2015年4月—

市城市内河管理处
党组书记:冯步广　2013年11月—
　　　　　　　　　2018年6月
　　　　(空缺)　2018年6月—
　　　　　　　　　2018年12月
　　　　杨　涟　2018年12月—
主　　任:冯步广　2013年11月—
　　　　　　　　　2018年7月
　　　　(空缺)　2018年7月—

市供销合作联社
党组书记:李孔全　2015年3月—
理事会主任:李孔全　2015年5月—
监事会主任:杜　成　2017年3月—

中共横县委员会
书　记:唐小若　2016年4月—
　　　　　　　　2018年2月
　　　黄海韬　2018年2月—

横县人大常委会
主　任:蒋小旗　2011年8月—

横县人民政府
县　长:曾鹏鑫　2016年8月—

政协横县委员会
主　席:薛　文　2016年8月—

中共宾阳县委员会
书　记:朱亚明　2016年4月—

宾阳县人大常委会
主　任:罗宏周　2016年8月—

宾阳县人民政府
县　长:穆贤清　2016年8月—

政协宾阳县委员会
主　席:张昭平　2011年8月—

中共上林县委员会
书　记:梁平江　2016年4月—

上林县人大常委会
主　任:李玉辉　2017年2月—

上林县人民政府
县　长:蓝宗耿　2014年1月—

政协上林县委员会
主　席:覃祯威　2014年1月—

中共马山县委员会
书　记:唐咸兴　2015年3月—

马山县人大常委会
主　任:谢显术　2011年8月—

马山县人民政府
县　长:张自英(女)　2016年8月—

政协马山县委员会
主　席:李英辉　2014年11月—
　　　　　　　　2018年7月
　　　韦　佳　2018年7月—

中共隆安县委员会
书　记:吴朝晖　2012年12月—

隆安县人大常委会
主　任:刘文式　2011年8月—

隆安县人民政府
县　长:甘　诚　2016年8月—

政协隆安县委员会
主　席:杨雪敏(女)　2016年8月—

中共南宁市兴宁区委员会
书　记:舒善隆　2016年4月—

南宁市兴宁区人大常委会
主　任:霍镇兴　2013年7月—

南宁市兴宁区人民政府
区　长:朱财斌　2014年9月—

政协南宁市兴宁区委员会
主　席:韦敏杰　2011年8月—

中共南宁市江南区委员会
书　记:梁开景　2016年2月—

南宁市江南区人大常委会
主　任:黄　英(女)　2010年3月—

南宁市江南区人民政府
区　长:黄海韬　2014年3月—
　　　　　　　　2018年3月
　　　(空缺)　2018年3月—2018年7月
　　　谢文华　2018年7月—

政协南宁市江南区委员会
主　席:潘长能　2009年3月—

中共南宁市青秀区委员会
书　记:王永超　2016年4月—
　　　　　　　　2018年2月
　　　唐小若　2018年2月—

南宁市青秀区人大常委会
主　任:李柏林　2011年8月—

南宁市青秀区人民政府
区　长:李建华(女)　2016年8月—

政协南宁市青秀区委员会
主　席:岳凤军(女)　2011年8月—

中共南宁市西乡塘区委员会
书　记:廖伟福　2016年2月—

南宁市西乡塘区人大常委会
主　任:周少剑　2016年8月—

南宁市西乡塘区人民政府
区　长:陆广平(女)　2016年3月—

政协南宁市西乡塘区委员会
主　席:费　勇　2011年8月—

中共南宁市邕宁区委员会
书　记:邓娟娟(女)　2015年4月—

南宁市邕宁区人大常委会
主　任:黄壮章　2016年8月—

南宁市邕宁区人民政府
区　长:许强初　2015年7月—

政协南宁市邕宁区委员会
主　席:陈增强　2016年8月—

中共南宁市良庆区委员会
书　记:施　杰　2016年6月—

南宁市良庆区人大常委会
主　任:阮冠三　2016年8月—

南宁市良庆区人民政府
区　长:王　川　2016年8月—

政协南宁市良庆区委员会
主　席:(空缺)　2017年12月—
　　　　　　　　2018年7月
　　　覃良川　2018年7月—

中共南宁市武鸣区委员会
书　记:韦敏宏　2016年6月—

南宁市武鸣区人大常委会
主　任:黄国录　2016年8月—

南宁市武鸣区人民政府

区 长:黄伟光 2016年8月—

政协南宁市武鸣区委员会

主 席:赵祖明 2016年8月—

(李 舒 李 欣)

百岁老人

2018年,南宁市有百岁以上老人610人(女508人),其中新晋百岁老人260人(女213人);年纪最大的是横县横州镇的姚桂芳(女,1902年4月生),现年116岁。

兴宁区(5人)

王裕宝 1918年1月5日生,居民,住兴宁区望州南小区9栋113号。

梁才欢 1918年1月21日生,村民,住兴宁区五塘镇西龙村那腊上坡98号。

欧 利 女,1918年4月9日生,村民,住兴宁区昆仑镇太昌村那员坡23号。

李瑞忠 1918年4月15日生,村民,住兴宁区昆仑镇黄宣村六庙坡26号。

周云英 女,1918年5月23日生,村民,住兴宁区五塘镇王竹村粟村坡23号。

江南区(6人)

孔洁亭 1918年2月15日生,居民,住江南区白沙大道南一巷1号7栋7204号。

唐国英 女,1918年2月27日生,居民,住江南区尧头岭四巷3栋1单元102号。

马如柏 女,1918年5月28日生,村民,住江南区江西镇扬美村平凤坡45号。

黄兆芳 女,1918年8月10日生,居民,住江南区星光大道西二里9号2单元503号。

麻秀芳 女,1918年9月13日生,村民,住江南区延安镇延安村那究坡下坡126号。

欧家谟 1918年11月10日生,居民,住江南区淡村路22号11栋3单元2楼31号。

青秀区(17人)

黄丽霞 女,1918年1月1日生,居民,住青秀区天桃路31号2栋201号。

王桂芳 女,1918年1月1日生,居民,住青秀区七星路135号10栋1单元102号。

梁秀芬 女,1918年2月16日生,居民,住青秀区青山路9号6栋601号。

郝 毅 1918年2月23日生,居民,住青秀区桃源路74号10栋402号。

杨永康 1918年2月9日生,居民,住青秀区双拥路6号217栋1-401号。

马焕洲 1918年3月15日生,居民,住青秀区思贤路36号4栋1单元302号。

刘瑞云 女,1918年5月4日生,村民,住青秀区刘圩镇团黄8队。

杨启宁 1918年5月16日生,村民,住青秀区南阳镇雄会村杨会坡10队。

郭 菁 女,1918年5月25日生,居民,住青秀区桃源路22-1号1栋2单元404号。

莫美兴 女,1918年6月5日生,村民,住青秀区仙葫开发区五合社区那窝坡B区8号。

雷正英 女,1918年7月18日生,村民,住青秀区刘圩镇禄强村246号。

李慧轩 女,1918年7月24日生,居民,住青秀区七星路西一里11号。

李恒英 女,1918年8月1日生,村民,住青秀区伶俐镇伶俐村通水坡208号。

杨美球 女,1918年8月4日生,村民,住青秀区刘圩镇良合村良珍坡10队。

李德谦 女,1918年8月7日生,村民,住青秀区刘圩镇大里村大里坡7队。

颜以才 1918年8月15日生,村民,住青秀区长塘镇长塘街179号。

周肖云 女,1918年8月26日生,居民,住青秀区葛村路葛里六巷9号。

西乡塘区(29人)

阮五妹 女,1918年1月1日生,居民,住西乡塘区高峰林场六里分场新区403号。

黄素珍 女,1918年1月24日生,居民,住西乡塘区明秀东路179号东1栋701号。

陆四妹 女,1918年2月5日生,居民,住西乡塘区雅里村上坡104号。

王金石 女,1918年2月15日生,居民,住西乡塘区新阳三街53号。

李秀娥 女,1918年3月10日生,村民,住西乡塘区金陵镇陆平村陆村坡1号。

曾爱舅 女,1918年3月16日生,居民,住西乡塘区新阳南路南三区4栋2-101号。

黄秀佳 女,1918年3月19日生,村民,住西乡塘区坛洛镇马伦村马村坡64-1号。

邓加翠 女,1918年4月14日生,村民,住西乡塘区坛洛镇硃湖村坛斧坡12号。

黄柏山 1918年5月23日生,居民,住西乡塘区友爱南路30号5栋1单元113号。

庄惠清 女,1918年6月5日生,居民,住西乡塘区友爱南路41号6栋2单元302号。

唐秀珍 女,1918年6月6日生,居民,住西乡塘区相贤路37号大唐果1号楼901号。

卢秀娥 女,1918年6月10日生,村民,住西乡塘区圩中村广东坡11号。

黄金带 女,1918年6月12日生,居民,住西乡塘区甘棠街25号。

刘秀莲 女,1918年6月21日生,村民,住西乡塘区永宁村峙坡8队57号。

邓进英 女,1918年6月24日生,村民,住西乡塘区石埠街道永安村8队40号。

李保年 1918年7月2日生,居民,住西乡塘区友爱北路26号7栋2-201号。

卢荫娥 女,1918年7月2日生,村民,住西乡塘区坛洛镇丰平村花盏坡19号。

韦美华 女,1918年7月12日生,村民,住西乡塘区北湖路东四里124号。

黄成山 1918年7月20日生,居民,住西乡塘区北湖南路26号。

林玉珍　女,1918 年 8 月 6 日生,居民,住西乡塘区华西路 25 号 2 栋 4-508 号。

张云英　女,1918 年 8 月 20 日生,村民,住西乡塘区石埠街道永安村 8 队 15 号。

黄绍裘　1918 年 9 月 11 日生,村民,住西乡塘区连畴村平头领 1 队 37 号。

梁桂英　女,1918 年 9 月 12 日生,村民,住西乡塘区石埠街道乐洲村 9 队 31 号。

马春月　女,1918 年 9 月 19 日生,村民,住西乡塘区坛洛镇丰平村孙茂坡 14-1 号。

曾晚妹　女,1918 年 10 月 17 日生,居民,住西乡塘区高峰林场六里分场 3 栋 34 号。

陈光荣　1918 年 11 月 5 日生,居民,住西乡塘区北际路 3 号。

潘景辉　1918 年 11 月 23 日生,居民,住西乡塘区明秀东路北三里 8 号 2 栋 2 单元 107 号。

陈元娥　女,1918 年 12 月 24 日生,居民,住西乡塘区南铁北一区 35 栋 2-12 号。

杨超乾　1918 年 12 月 28 日生,居民,住西乡塘区北际路 3 号 3 栋 302 号。

邕宁区(7 人)

玉兰英　女,1918 年 1 月 2 日生,村民,住邕宁区百济镇屯林村坛槐坡 14 号。

刘秀兰　女,1918 年 1 月 10 日生,村民,住邕宁区新江镇新乐村灵元坡 46 号。

周玉兰　女,1918 年 3 月 17 日生,村民,住邕宁区新江镇华联村那花坡 105 号。

黎春香　女,1918 年 10 月 8 日生,村民,住邕宁区蒲庙镇联团村屯朗四冬坡 86 号。

黄桂芳　女,1918 年 10 月 11 日生,村民,住邕宁区蒲庙镇新生村屯麻坡 63 号。

李金连　女,1918 年 12 月 9 日生,村民,住邕宁区蒲庙镇良信村那被坡 15 号。

黄蔡仁　女,1918 年 12 月 28 日生,村民,住邕宁区新江镇新江村屯佳坡 78-1 号。

良庆区(7 人)

吴美英　女,1918 年 3 月 18 日生,村民,住良庆区南晓镇晓元村达庄坡 30 号。

梁高光　女,1918 年 4 月 13 日生,村民,住良庆区那陈镇五龙村歌章坡 26 号。

李治国　1918 年 6 月 15 日生,村民,住良庆区大塘镇团垌村定西坡 159 号。

陆金良　女,1918 年 8 月 1 日生,村民,住良庆区南晓镇台马村渌崆 50 号。

梁桂英　女,1918 年 8 月 17 日生,村民,住良庆区南晓镇同里村岽况坡 17 号。

韦艳玲　女,1918 年 8 月 27 日生,居民,住良庆区三叠石路北三巷 20 号。

苏秀琼　1918 年 9 月 21 日生,村民,住良庆区那陈镇邕乐村㖞哝坡 20 号。

武鸣区(42 人)

刘先凤　女,1918 年 2 月 5 日生,村民,住武鸣区府城镇府城村北门屯 3 号。

林世勇　1918 年 2 月 15 日生,村民,住武鸣区灵马镇良安村那垃屯 135 号。

陆美花　女,1918 年 2 月 16 日生,居民,住武鸣区城厢镇五海村陆楚屯 13 号。

陆桃荣　女,1918 年 3 月 4 日生,居民,住武鸣区城厢镇永宁路 16 号。

潘　氏　女,1918 年 3 月 9 日生,居民,住武鸣区双桥镇苏宫村那鸠屯 10 号。

韦耀林　1918 年 4 月 4 日生,村民,住武鸣区两江镇群英村坡六屯 10 号。

莫　氏　女,1918 年 4 月 7 日生,村民,住武鸣区宁武镇张琅村西香屯 141 号。

方花连　女,1918 年 4 月 8 日生,居民,住广西—东盟经济技术开发区民涵农场宅乐屯 24 号。

刘兰春　女,1918 年 4 月 13 日生,村民,住武鸣区马头镇六户村板暮屯 35-36 号。

刘秀英　女,1918 年 4 月 19 日生,居民,住武鸣区太平镇葛阳村那造屯 12 号。

苏影书　1918 年 5 月 15 日生,村民,住武鸣区双桥镇伊岭村敢桑屯 23 号。

梁秀昌　女,1918 年 5 月 20 日生,村民,住武鸣区仙湖镇邓柳村水泵屯 2 号。

林锦助　1918 年 6 月 1 日生,村民,住武鸣区锣圩镇解放街 116 号。

梁金凤　女,1918 年 6 月 6 日生,村民,住武鸣区双桥镇平陆村坦雷屯 259 号。

韦瑞娥　女,1918 年 6 月 13 日生,村民,住武鸣区灵马镇滕村伏汉屯 11 号。

杜锦恒　1918 年 6 月 23 日生,村民,住武鸣区宁武镇华山村科昌屯 62 号。

丰秀花　女,1918 年 6 月 27 日生,居民,住武鸣区城厢镇夏黄村夏黄屯 447 号。

曾　松　女,1918 年 7 月 7 日生,村民,住武鸣区陆斡镇燕齐村坛平屯 16-3 号。

曾智辉　1918 年 7 月 14 日生,村民,住武鸣区陆斡镇双泉村板㖞屯 16-5 号。

姆成以　女,1918 年 7 月 14 日生,村民,住武鸣区双桥镇孔镇村坛都屯 30 号。

苏桂桥　女,1918 年 7 月 26 日生,居民,住武鸣区双桥镇合美村那苗屯 50 号。

曾世英　女,1918 年 8 月 2 日生,村民,住武鸣区陆斡镇育秀村岽龙屯 11-5 号。

陆宏兴　1918 年 8 月 13 日生,村民,住武鸣区宁武镇雄孟村雷召屯 201 号。

姆黄荣　女,1918 年 8 月 14 日生,村民,住武鸣区两江镇培群村板农屯 55 号。

邓美花　女,1918 年 8 月 18 日生,居民,住武鸣区双桥镇八桥村那龙屯 19 号。

苏玉新　女,1918 年 8 月 23 日生,村民,住武鸣区府城镇四明村坡利屯 79 号。

杨　氏　女,1918 年 8 月 28 日生,村民,住武鸣区府城镇东江村濑流屯 25 号。

王美清　女,1918 年 8 月 30 日生,村民,住武鸣区仙湖镇四育村梁琴屯 47 号。

尹永宗　1918 年 9 月 12 日生,村民,住武鸣区仙湖镇清白村李桃内屯 30 号。

梁进堂　1918 年 9 月 15 日生,村民,住武鸣区陆斡镇新街 70 号。

梁碧荣　女,1918 年 9 月 19 日生,村民,住武鸣区仙湖镇那溪村七冬屯 79 号。

曾连佳　女,1918 年 9 月 24 日生,居民,住武鸣区城厢镇翠英村 8 组。

黄莲英　女,1918 年 10 月 1 日生,村民,住武鸣区双桥镇边南街 91 号。

黄爱莲　女,1918年10月5日生,居民,住武鸣区城厢镇解放街149号。

邓秋莲　女,1918年10月17日生,居民,住广西—东盟经济技术开发区宁武农场下豆队28号。

潘姆校　女,1918年10月23日生,村民,住武鸣区仙湖镇三冬村塘罗屯7号。

姆克振　女,1918年10月28日生,村民,住武鸣区马头镇马头村西门街14号。

卢镇基　1918年11月15日生,村民,住武鸣区罗波镇罗潭路一路2号。

黄　氏　女,1918年12月3日生,村民,住武鸣区宁武镇伏唐村灵泉屯17号。

梁连英　女,1918年12月10日生,村民,住武鸣区宁武镇唐村潘村屯330号。

腾英林　女,1918年12月20日生,村民,住武鸣区锣圩镇滬阳村七冬屯59号。

方兰明　女,1918年7月3日生,村民,住武鸣区灵马镇王桥村王闷屯48号。

横　县(40人)

黄锦云　女,1918年1月7日生,村民,住横县百合镇江口村委和善村76号。

李月英　女,1918年2月3日生,村民,住横县校椅镇簥桥村委米田乔村142号。

罗恩弟　女,1918年2月4日生,居民,住横县横州镇洪德社区洪德街428号。

苏志英　女,1918年2月7日生,村民,住横县马岭镇南新村委84号。

闭桂峦　女,1918年2月10日生,村民,住横县马山小向村委罗塘村12号。

罗树英　女,1918年2月15日生,村民,住横县百合镇庙庄村委官庄村4号。

黄法秀　1918年3月6日生,村民,住横县百合镇武留村委文水村188号。

吴爱珍　女,1918年3月8日生,村民,住横县马山镇汗桥村委长盖村1-1号。

李培沿　1918年3月10日生,村民,住横县平朗镇宝鼎村委替朗村4号。

李运香　女,1918年3月18日生,村民,住横县马山镇汗桥村委平塘村14号。

韦立于　1918年3月25日生,村民,住横县云表镇云表村委新兰村88号。

覃同兰　女,1918年3月29日生,村民,住横县云表镇甲俭村委下甘村329号。

韦秀仁　女,1918年4月23日生,村民,住横县平马镇良水村委良水村100号。

韦善卓　女,1918年4月24日生,村民,住横县马山镇六壮村委新岭村402号。

梁金山　女,1918年4月26日生,村民,住横县新福镇潘村村委六蒙村26号。

黄来言　女,1918年5月5日生,村民,住横县镇龙乡那州社区五保村。

黄金连　女,1918年6月4日生,村民,住横县陶圩镇大塘村委清湖村25队50号。

潘子英　女,1918年6月5日生,村民,住横县镇龙乡那州社区那从村15号。

黄碧微　女,1918年6月22日生,村民,住横县平朗镇平朗社区上石梯村27号。

李秀深　女,1918年7月1日生,村民,住横县平马镇大茶村委大茶村64号。

陈镇英　女,1918年7月1日生,村民,住横县六景镇泗英村委雁塘村39号。

黄道芳　女,1918年7月2日生,村民,住横县横州镇东郭村委尹屋村196号。

冯健英　女,1918年7月2日生,村民,住横县马山镇金石村委164号。

苏爱其　女,1918年7月4日生,村民,住横县横州镇长淇村委陆屋村9号。

钟仕华　女,1918年7月10日生,村民,住横县平马镇长安村委木公村115号。

潘秀清　女,1918年8月12日生,村民,住横县南乡镇竹莲村委社麓村223号。

龙秀珍　女,1918年8月14日生,村民,住横县陶圩镇上塘村委学福村3队114号。

方秀容　女,1918年9月3日生,村民,住横县百合镇武留村委上村264号。

宁桂英　女,1918年9月9日生,村民,住横县百合镇百联村委塘表村17-1号。

黄品洁　女,1918年9月10日生,村民,住横县校椅镇六味村委六直屯村30号。

李保英　女,1918年9月11日生,村民,住横县百合镇江口村委麻埠村257-5号。

李端尧　女,1918年10月13日生,村民,住横县石塘镇瑶埠村委大榄村71号。

马炳进　女,1918年10月25日生,村民,住横县马山镇六壮村委六水村18号。

陈昌和　女,1918年11月1日生,村民,住横县陶圩镇罗塘村委罗塘村七队492-1号。

黄秀珍　女,1918年11月5日生,村民,住横县石塘镇禾塘村委磨练村86号。

林群清　女,1918年11月9日生,村民,住横县新福镇那河村委吴村2号。

陈桂清　女,1918年11月11日生,村民,住横县陶圩镇杨梅村委杨梅村8队76号。

谢秀强　女,1918年11月13日生,村民,住横县校椅镇横塘村委福塘村65号。

陈国英　女,1918年11月15日生,村民,住横县平朗镇下颜村委下颜村520号。

黄成林　女,1918年11月25日生,村民,住横县马岭镇良和村36号。

宾阳县(34人)

覃秀增　女,1918年1月2日,村民,住宾阳县古辣镇马界村委甘地村394号。

肖锡秀　女,1918年1月8日生,村民,住宾阳县黎塘镇永安东路225号。

文秀清　女,1918年2月5日生,村民,住宾阳县宾州镇宝水村委同义村97号。

韦秀全　女,1918年2月6日生,村民,住宾阳县和吉镇燕山村委林山村99号。

吴清香　女,1918年2月15日生,村民,住宾阳县新桥镇民范村委民范村58号。

程少光　1918年2月23日生,村民,住宾阳县新桥镇清平村委六围村1号。

何兰珍　女,1918年2月26日,村民,住宾阳县思陇镇南关村委六道村231号。

陈善津　女,1918年2月26日生,村民,住宾阳县古辣镇义陈社区义陈村126号。

梁斯玉　1918年3月15日生,村民,住宾阳县和吉镇惠良村委大良村81号。

韦月珍　女,1918年3月18日,村民,住宾阳县新桥镇三才村委方村193号。

丁桂连　女,1918年4月5日生,村民,住宾阳县武陵镇白沙村委良村74号。

韦世明　女,1918年4月13日生,村民,住宾阳县黎塘镇龙胜村委德胜村62号。

农爱菊　女,1918年5月3日生,村民,住宾阳县露圩镇浪利村委六思村三队185号。

覃常芳　女,1918年5月5日生,村民,住宾阳县宾州镇德明村委六五村21号。

陈翠清　女,1918年5月24日生,村民,住宾阳县大桥镇长范村委铜钱村78号。

韦锦鳌　1918年6月1日生,村民,住宾阳县思陇镇太新村委新安村11号。

蒋　宁　女,1918年6月5日生,村民,住宾阳县武陵镇马王村委马王圩53号。

韦燕忠　女,1918年7月5日生,村民,住宾阳县宾州镇仁爱社区仁爱街509号。

陈月娥　女,1918年7月20日生,村民,住宾阳县露圩镇露圩社区罗料村125号。

覃玉兰　女,1918年8月4日生,村民,住宾阳县王灵镇八岭村委八卦陈屋村58号。

温玉英　女,1918年8月15日生,村民,住宾阳县黎塘镇永安东社区路67号。

陈月清　女,1918年9月9日生,村民,住宾阳县甘棠镇五合村委下梁村37号。

程志英　女,1918年9月13日生,村民,住宾阳县新桥镇大庄村委石坎村133号。

黎善芳　女,1918年9月14日生,村民,住宾阳县大桥镇红桥村委谷塘村83号。

玉照坡　女,1918年9月17日生,村民,住宾阳县甘棠镇八德村委大田村79-2号。

项二妹　女,1918年9月17日生,村民,住宾阳县王灵镇东湖农场四队29号。

陈桂姻　女,1918年9月21日生,村民,住宾阳县武陵镇理化村委龙村208号。

杨善容　女,1918年9月24日生,村民,住宾阳县武陵镇云梯村委云梯村89号。

卢玉如　女,1918年9月28日生,村民,住宾阳县宾州镇蒙田村委上蒙村62号。

卓达英　女,1918年10月3日生,村民,住宾阳县宾州镇蒙村村委张村六队74号。

施月容　女,1918年12月1日生,村民,住宾阳县武陵镇沙井村委上廖村86号。

陆桂英　女,1918年12月7日生,村民,住宾阳县大桥镇六龙村委打寨村69号。

连凤兰　女,1918年12月19日生,村民,住宾阳县和吉镇伶俐村委三奇村47号。

蒙兆建　1918年12月21日生,村民,住宾阳县武陵镇武陵村委北宁街37号。

上林县(20人)

黄同英　女,1918年1月17日生,村民,住上林县大丰镇东春村敢燕庄25号。

覃梅义　女,1918年2月1日生,村民,住上林县塘红乡中可村可仰庄163号。

莫玉同　女,1918年2月2日生,村民,住上林县白圩镇文岭村洋塘庄25号。

莫兰花　女,1918年3月15日生,村民,住上林县木山乡琴水村下梯庄2号。

韦月荣　女,1918年5月13日生,村民,住上林县镇圩瑶族乡古登村三卡庄13号。

覃国荣　女,1918年5月27日生,村民,住上林县白圩镇爱长村良水庄39号。

潘英连　女,1918年6月5日生,村民,住上林县镇圩瑶族乡怀因村内潘庄21号。

韦少雄　女,1918年6月9日生,村民,住上林县巷贤镇耀河村中耀庄69号。

卢仕英　女,1918年6月18日生,村民,住上林县镇圩瑶族乡古登村堆老庄2号。

黄尚义　1918年7月4日生,村民,住上林县乔贤镇龙头村古亮庄62号。

石愈端　女,1918年7月17日生,村民,住上林县乔贤镇兴贤街58号。

樊春花　女,1918年8月2日生,村民,住上林县木山乡木山村上苏庄20号。

覃世才　女,1918年8月18日生,村民,住上林县大丰镇里丹村下岽庄11号。

周玉兰　女,1918年8月30日生,村民,住上林县巷贤镇耀河村河黄庄40号。

班树青　1918年9月1日生,村民,住上林县镇圩瑶族乡正万村邑昌庄4号。

李锦秀　女,1918年9月15日生,村民,住上林县澄泰乡下江村外鸡庄50号。

周清连　女,1918年9月16日生,村民,住上林县澄泰乡洋渡村云阳庄18号。

卢嫦连　女,1918年9月28日生,村民,住上林县乔贤镇水头村水头庄59号。

黄秀金　女,1918年10月2日生,村民,住上林县白圩镇龙宝村文梁庄30号。

韦玉珍　女,1918年10月21日生,村民,住上林县大丰镇云蒙村云蒙庄57号。

马山县(36人)

罗锦庭　女,1918年1月3日生,村民,住马山县白山镇民族村龙河屯34号。

袁爱珠　女,1918年1月7日生,村民,住马山县白山镇民新村古龙屯6-2号。

陆秀香　女,1918年1月20日生,村民,住马山县永州镇造加村龙板屯70号。

陆显吉　1918年2月5日生,村民,住马山县永州镇大旺村伏会屯22号。

韦美花　女,1918年2月11日生,村民,住马山县永州镇大旺村龙骨屯18号。

潘乃芬　女,1918年2月23日生,村民,住马山县白山镇造华村合王屯1号。

蓝月金　女,1918年3月4日生,村民,住马山县古寨瑶族乡加显村那伟屯1号。

陆孟春　女,1918年3月5日生,村民,住马山县永州镇平山村皂局屯85号。

陆月菊　女，1918年3月24日生，村民，住马山县永州镇平山村南生屯42号。

蓝献珍　女，1918年4月7日生，村民，住马山县白山镇兴华村弄力屯10号。

谭桂秀　女，1918年4月10日生，村民，住马山县林圩镇黄番村下伏贝屯38号。

林守德　1918年4月14日生，村民，住马山县周鹿镇周鹿村望周屯63号。

张家英　女，1918年4月18日生，村民，住马山县周鹿镇妙圩村大龙屯41号。

覃　氏　女，1918年4月17日生，村民，住马山县永州镇大旺村局料屯08号。

覃秀开　女，1918年4月25日生，村民，住马山县周鹿镇三星村仙峨屯131号。

黄美花　女，1918年4月28日生，村民，住马山县林圩镇兴隆村羊巴屯32号。

潘倍杰　女，1918年5月6日生，村民，住马山县永州镇青山村爱下屯8-1号。

覃　氏　女，1918年5月8日生，村民，住马山县林圩镇六马村六俭屯22号。

陆美丰　女，1918年5月12日生，村民，住马山县永州镇永州村岜是屯18号。

韦　氏　女，1918年5月18日生，村民，住马山县永州镇台山村良实屯146号。

腾秀德　女，1918年5月18日生，村民，住马山县周鹿镇周鹿村内占屯13号。

黄　氏　女，1918年6月5日生，村民，住马山县永州镇大旺村白粲屯33号。

罗美仙　女，1918年6月7日生，村民，住马山县白山镇合作村那下屯16号。

陆　氏　女，1918年6月9日生，村民，住马山县周鹿镇里龙村六郁屯95号。

韦秋连　女，1918年6月12日生，村民，住马山县永州镇造加村三多屯22号。

农美英　女，1918年6月12日生，村民，住马山县永州镇大旺村福和屯19号。

黎　氏　女，1918年6月26日生，村民，住马山县乔利乡东良村那良新屯25号。

韦启权　1918年8月15日生，村民，住马山县古零镇乐平村北梯屯23号。

孔德康　1918年8月18日生，村民，住马山县周鹿镇南邦村朝南屯49-1号。

苏美凤　女，1918年9月7日生，村民，住马山县白山镇西华街389号。

李瑞相　女，1918年10月1日生，村民，住马山县永州镇造加村新村屯36号。

张新兴　女，1918年10月10日生，村民，住马山县周鹿镇武平村大段屯46号。

谭秀利　女，1918年10月12日生，村民，住马山县里当乡青龙村豪下屯15号。

黄秀成　女，1918年10月21日生，村民，住马山县林圩镇林圩村林圩街160-1号。

黄月娥　女，1918年10月25日生，村民，住马山县金钗镇龙塘村南宜屯5号。

黄　氏　女，1918年11月23日生，村民，住马山县林圩镇兴隆村塘亚屯14号。

隆安县(17人)

林妹香　女，1918年1月16日生，村民，住隆安县乔建镇龙扶村龙扶屯52号。

李凤娥　女，1918年1月26日生，村民，住隆安县屏山乡屏山街北二区2号。

李锦利　女，1918年2月13日生，村民，住隆安县南圩镇帮宁村新旺屯31号。

许美胜　女，1918年5月9日生，村民，住隆安县南圩镇光明村那坝屯243号。

黄大妹　女，1918年5月10日生，村民，住隆安县浪湾华侨农场定志分场33号。

马如娥　女，1918年5月10日生，村民，住隆安县丁当镇英敏村陇烈屯。

卢梅晶　1918年5月14日生，村民，住隆安县那桐镇那桐社区龙楼屯38号。

黎瑞扬　1918年5月14日生，村民，住隆安县那桐镇浪湾村兰黎屯。

黄文禄　女，1918年7月8日生，村民，住隆安县屏山乡雅梨村上力屯26号。

赵月华　女，1918年8月1日生，村民，住隆安县南圩镇光明村平管屯45号。

黄定佾　1918年8月3日生，村民，住隆安县南圩镇联造村龙向屯39号。

马克梧　1918年9月23日生，村民，住隆安县南圩镇望朝村动营屯17号。

农桂枝　女，1918年9月27日生，村民，住隆安县南圩镇百朝社区龙潦屯。

陆　英　女，1918年10月1日生，村民，住隆安县那桐镇那桐社区同利屯106号。

陆桂芳　女，1918年10月16日生，村民，住隆安县雁江镇红良村洪造屯43号。

黄体仲　1918年11月5日生，村民，住隆安县屏山乡雅梨村雅梨屯47号。

苏林香　女，1918年11月18日生，村民，住隆安县城厢镇兴阳社区那发屯7号。

（蒋罗阑）

逝世人物

（副厅级、享受副厅级以上待遇）

曾冠英(1921年9月至2018年4月)　女，广东博罗县人。1941年6月参加工作。同年同月加入中国共产党。历任广东博罗县下坡、八田、徐福田、白沙岗、黄麻坡小学、桔子中心学校教师，广东抗日游击队东江纵队青年干部训练班学员、东江一区政府妇女干事，博罗增城三江民运工作人员、博罗江北解放区县政府征粮工作队员、政工队队员，山东妇女大队队员、军政大学学员、华东党校警通队文化教员，华东党校组织处组织干事，山东省济南市敌产清理委员会人事科科员，南宁市妇联秘书、组织部长，中共南宁市委组织部干事，南宁零售公司党支部副书记，南宁市人民检察院秘书，中共南宁市委宣传部干部科副科长、科长，南宁市第一人民医院党支部书记，中共南宁市委宣传部组织科、干部科科长，南宁地区医院党支部书记，中共南宁市委统战部党政社会科科长，南宁市政协常委、副秘书长。1983年11月离休，12月起享受厅局级政治、生活待遇，2015年8月起享受按自治区政府副主席级标准报销医疗费待遇。

（市委组织部）

责任编辑　梁富鑫

2018 年南宁市国民经济发展统计公报

2018 年，南宁市贯彻落实中央和自治区经济工作会议精神，坚持稳中求进工作总基调，按照“三大定位”新使命和“五个扎实”新要求，坚定不移推动高质量发展，全市经济保持持续健康发展态势。

一、综合

经济增长：2018 年，按可比价格计算，全市地区生产总值比上年增长 5.4%。按常住人口计算，全市人均地区生产总值增长 4%。三次产业中，第一产业增加值增长 4.3%；第二产业增加值增长 2.2%；第三产业增加值增长 7.8%。

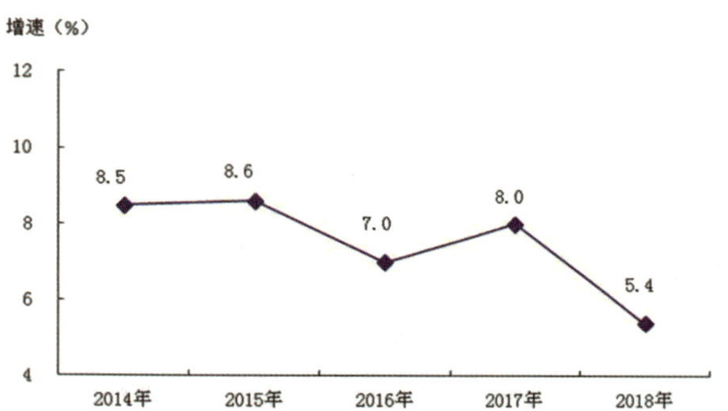

2014 年至 2018 年全市地区生产总值增长速度

三次产业的比重为 10.5：30.4：59.1。与上年比较，第一产业比重上升 0.7 个百分点，第二产业比重下降 8.4 个百分点，第三产业比重上升 7.7 个百分点。

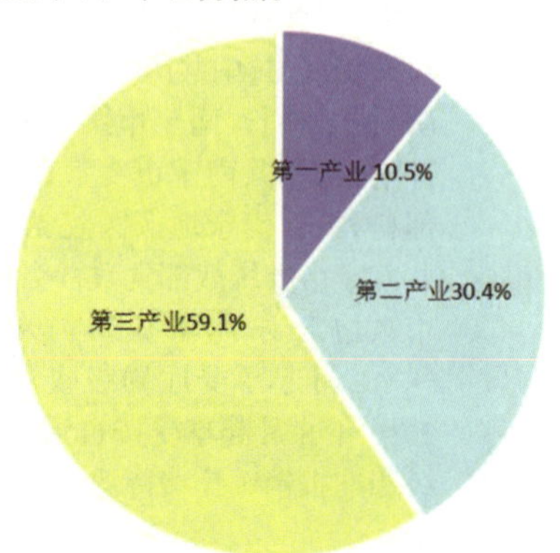

2018 年三次产业增加值占全市地区生产总值比重

价格：全年居民消费价格比上年上涨 2.5%，分类别看，八大类消费价格指数均有不同程度上涨。

2018 年居民消费价格指数

指　标	2018 年	比上年涨跌(%)
居民消费价格总指数	102.5	2.5
食品烟酒	101.4	1.4
衣着	102.6	2.6
居住	104.4	4.4
生活用品及服务	100.9	0.9
交通和通信	100.1	0.1
教育文化和娱乐	103.3	3.3
医疗保健	105.1	5.1
其他用品和服务	102.3	2.3

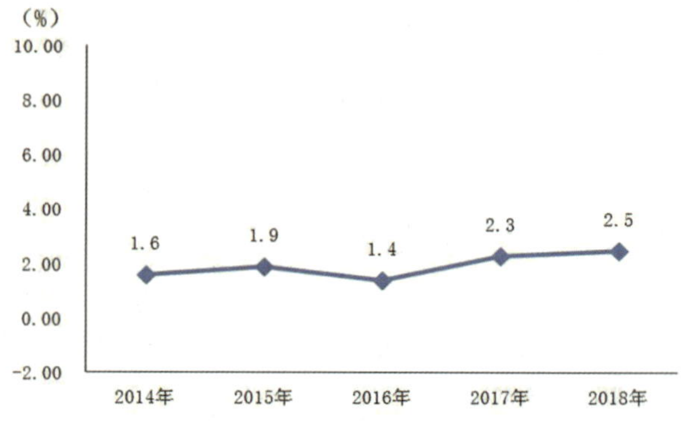

2014 年至 2018 年居民消费价格涨跌幅度

二、农业

产值：全年全市实现农林牧渔及服务业总产值 725.27 亿元，比上年增长 4.5%。其中：农业产值 422.77 亿元，增长 4.9%；

林业产值40.41亿元，增长6.9%；畜牧业产值188.02亿元，增长1.8%；渔业产值33.4亿元，增长9.4%；农林牧渔服务业产值40.67亿元，增长8.7%。占农林牧渔及服务业产值的比重分别为：农业58.3%，上升2.4个百分点；林业5.6%，与去年持平；畜牧业25.9%，下降2.3个百分点；渔业4.6%，上升0.4个百分点；农林牧渔服务业5.6%，下降0.5个百分点。

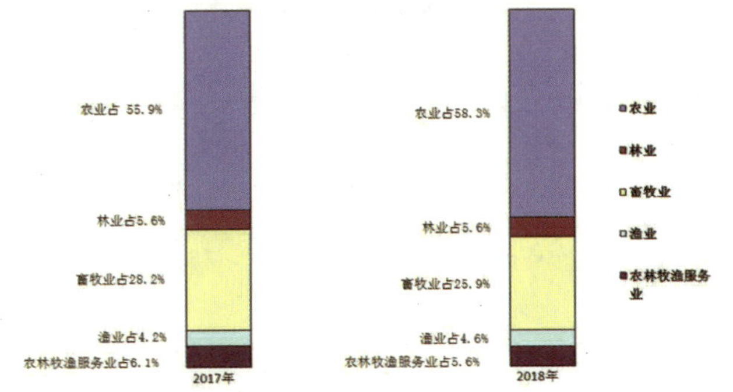

2017年至2018年农林牧渔及服务业总产值构成(%)

农作物种植面积：全年农作物播种面积97.36万公顷，比上年下降1.1%。其中：粮食种植面积42.58万公顷，下降2.4%。经济作物种植面积23.22万公顷，下降3.3%，其中：甘蔗种植面积14.23万公顷，增长0.7%；油料种植面积5.33万公顷，下降0.2%。其他农作物种植面积31.56万公顷，增长2.4%，其中蔬菜种植面积24.74万公顷，增长2.6%。各类经济作物（含其他农作物）种植面积占农作物总播种面积比重56.3%，全年粮食作物和各类经济作物的种植面积比例1∶1.3。

农作物产品产量：全年粮食总产量211.42万吨，比上年下降0.7%；蔬菜产量562.23万吨，增长3.1%；水果产量282.73万吨，增长13.9%；甘蔗产量1168.6万吨，增长1.7%；花生产量16.19万吨，增长1.5%；木薯产量24.67万吨，下降29.9%。

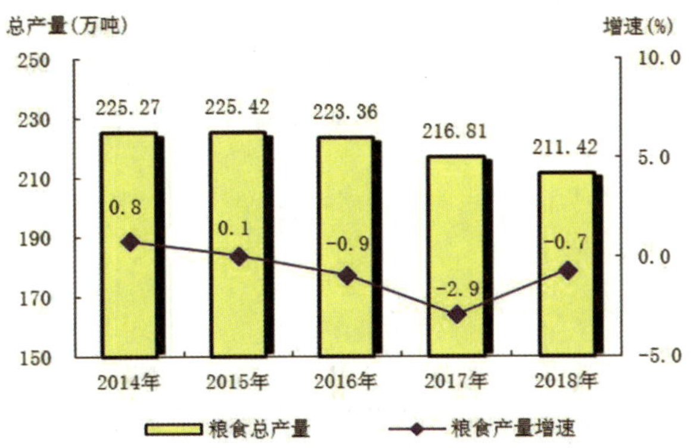

2014年至2018年全市粮食总产量及增长速度

养殖业产品产量：全年肉类产量66.77万吨，比上年增长1.5%，其中，猪肉产量39.15万吨，增长2.8%；全年生猪出栏518.81万头，增长2.3%；生猪存栏428.29万头，增长4.1%；禽蛋产量4.12万吨，增长0.2%；牛奶产量3.02万吨，下降37.7%；水产品产量30.23万吨，增长10.1%。

林业生产：全社会木材采伐量497.55万立方米，比上年增长9.6%。荒山荒地（沙）造林面积1460公顷。

农村基础设施：全年农村用电量12.79亿千瓦时，比上年增长8.1%。化肥使用量（折纯）47.04万吨，下降12.6%。有效灌溉面积21.68万公顷，下降6.4%。全市1384个行政村中，自来水受益村1381个，增加12个。自来水受益村占行政村数比例99.8%。

三、工业和建筑业

工业：全年全部工业总产值比上年增长5.3%。规模以上工业总产值增长5.2%；其中，国有企业增长0.8%，集体企业增长2.3%，股份制企业下降0.6%，外商及港澳台投资企业增长23.4%。全年全部工业增加值增长1.6%。

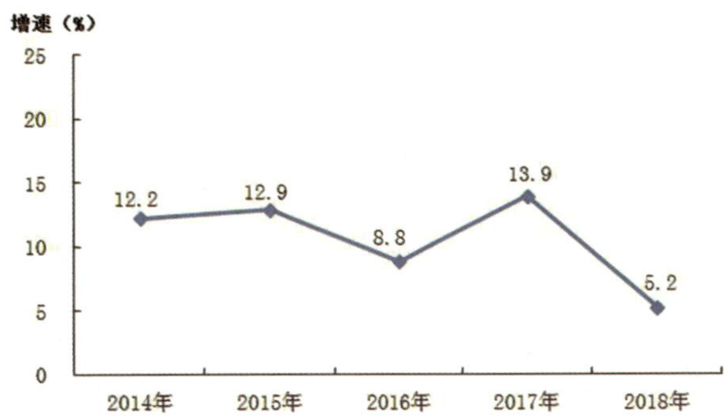

2014年至2018年全市规模以上工业总产值增长速度

分轻重工业看，全市规模以上轻工业总产值比上年下降1.2%，重工业总产值增长9.4%，重工业增速快于轻工业10.6个百分点。

全年规模以上工业产值最高的六个行业拉动规模以上工业总产值比上年增长5.6个百分点。其中计算机、通信和其他电子设备制造业产值增长25.8%；农副食品加工业产值下降4.8%；非金属矿物制品业产值增长21.8%；烟草制品业产值增长7.3%；电力、热力生产和供应业产值增长9.9%；化学原料和化学制品制造业产值下降16.7%。

全市规模以上工业企业主营业务收入2503.11亿元，比上年增长5.4%；利润125.41亿元，下降2.3%。全年规模以上工业产销率96%，比上年提高0.2个百分点。

年末全市拥有规模以上工业企业1005家，比上年增加59家。其中工业产值超亿元的企业456家。

2018年主要工业产品产量及增长速度

产品名称	单　位	产　量	比上年增长(%)
配混合饲料	万吨	508.12	9.0
成品糖	万吨	109.35	20.2
软饮料	万吨	168.56	14.0
啤酒	千升	285441	−12.1
卷烟	亿支	353.00	−2.1
人造板	万立方米	552.05	14.6
纸浆	万吨	27.61	47.2
机制纸及纸板	万吨	26.12	27.2
合成复合肥料	万吨	54.56	−52.0
硅酸盐水泥熟料	万吨	1181.72	−2.4
水泥	万吨	1513.29	8.7
钢材	万吨	51.69	0.2
铝材	万吨	41.17	1.3
乳制品	万吨	11.23	6.6
电力电缆	千米	205153	53.8
塑料制品	万吨	40.85	−0.5

建筑业：年末，全市具有资质等级的建筑企业410个，比上年减少12个。全年建筑业增加值增长4.0%。全市建筑施工企业（资质企业）完成施工产值1687.08亿元，增长14.8%。

四、固定资产投资

2018年，全市固定资产投资比上年增长11.8%。其中，项目投资增长9.2%；房地产开发投资增长15.5%。分投资主体看，国有经济投资增长13.3%，集体经济投资下降1.4%，私营个体投资增长11.1%，港澳台商投资增长4.9%，外商投资增长125.9%，其他经济投资增长 0.7%。

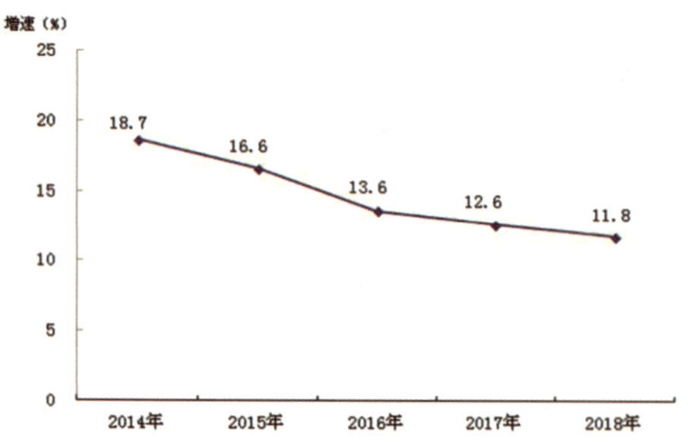

2014 年至 2018 年固定资产投资增长速度

在固定资产投资中,第一产业投资比上年下降 0.9%;第二产业投资增长 13.9%,其中,工业投资增长 8.7%;第三产业投资增长 11.8%。固定资产投资增长较快的行业主要为采矿业、建筑业、教育业、文化体育和娱乐业等行业。

2018 年分行业固定资产投资增长速度

行　业	比上年增长(%)
固定资产投资	11.8
农、林、牧、渔业	−0.9
采矿业	159.7
制造业	0.6
电力、燃气及水的生产和供应业	35.0
建筑业	221.2
批发和零售业	−33.7
交通运输、仓储和邮政业	10.6
住宿和餐饮业	−11.3
信息传输、软件和信息技术服务业	−29.0
金融业	−51.5
房地产业	14.4
租赁和商务服务业	−22.1
科学研究和技术服务业	−22.1
水利、环境和公共设施管理业	19.6
居民服务、修理和其他服务业	−80.0
教育	57.1
卫生和社会工作	−17.7
文化、体育和娱乐业	52.2
公共管理、社会保障和社会组织	−26.0

全年房地产开发投资 1106.36 亿元,比上年增长 15.5%。其中,商品住宅投资 772.04 亿元,增长 13.7%;办公楼投资 62.95 亿元,下降 4.5%;商业营业用房投资 98.41 亿元,增长 27.0%。商品房施工面积 8129.81 万平方米,增长 13.4%;商品房竣工面积 792.21 万平方米,增长 37.0%;商品房销售面积 1745.19 万平方米,增长 13.0%;商品房销售额 1358.14 亿元,增长 13.1%。

2018 年房地产开发和销售主要指标及增长速度

指　标	单　位	绝对数	比上年增长(%)
房地产开发投资	亿元	1106.36	15.5
其中:住宅	亿元	772.04	13.7
商品房施工面积	万平方米	8129.81	13.4
其中:住宅	万平方米	5290.67	12.5
商品房新开工面积	万平方米	1709.74	15.0
其中:住宅	万平方米	1200.76	17.5
商品房竣工面积	万平方米	792.21	37.0
其中:住宅	万平方米	584.23	32.6
商品房销售面积	万平方米	1745.19	13.0
其中:住宅	万平方米	1438.25	10.0
商品房销售额	亿元	1358.14	13.1
其中:住宅	亿元	1107.06	9.9
本年实际到位资金小计	亿元	1669.81	17.3
其中:国内贷款	亿元	256.56	13.6
自筹资金	亿元	403.80	4.8
定金及预收款	亿元	586.30	44.9
个人按揭贷款	亿元	322.74	−1.6

五、交通和邮电通信业

交通运输:全年货物运输总量 38382.33 万吨,比上年增长 9.2%。旅客运输总量 9473.36 万人,增长 2.5%。其中,铁路货物运输量 223.03 万吨,下降 1.5%;铁路旅客运输量 3506.36 万人,增长 15.3%;公路货物运输量 34299 万吨,增长 9.9%;公路旅客运输量 5196 万人,下降 5.2%;水路货物运输量 3853.8 万吨,增长 4.2%;航空货邮发送量 6.5 万吨,增长 3.0%;民航旅客发送量 771 万人,增长 6.8%。

邮电通信:全年邮电业务总量 454.72 亿元,比上年增长 137.5%,其中电信业务总量 444.39 亿元,增长 139.2%;邮政业务总量 10.33 亿元,增长 83.1%。

六、国内贸易

全年全市社会消费品零售总额比上年增长 9.0%。按销售单位所在地统计,城镇消费品零售额增长 8.9%;乡村消费品零售额增长 10.4%。按消费类型统计,商品零售额增长 9.0%;餐饮收入额增长 9.4%。

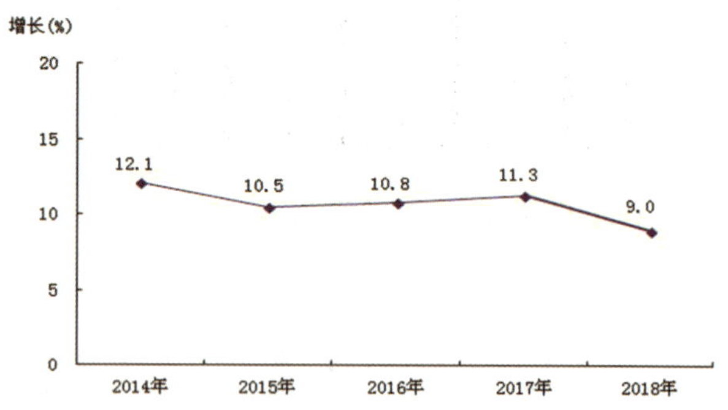

2014 年至 2018 年社会消费品零售总额增长速度

在限额以上企业商品零售额中,汽车类零售额比上年增长 0.8%,家用电器和音像器材类增长 8.6%,通信器材类下降 26.8%,体育娱乐用品类增长 8.3%,文化办公用品类增长 1.9%,家具类下降 13.3%,建筑及装潢材料类增长 1.6%,日用品类增长 6.7%,粮油、食品类增长 8.6%,饮料类下降 3.3%,烟酒类增长 16.5%,服装、鞋帽、针纺织品类增长 5.6%,化妆品类增长 7.5%,金银珠宝类下降 7.6%,中西药品类下降 2.1%。

七、对外开放和旅游业

对外贸易:全年外贸进出口总值 738.79 亿元,比上年增长 21.7%。其中:出口总值 355.09 亿元,增长 28.8%;进口总值

383.70 亿元，增长 15.9%。

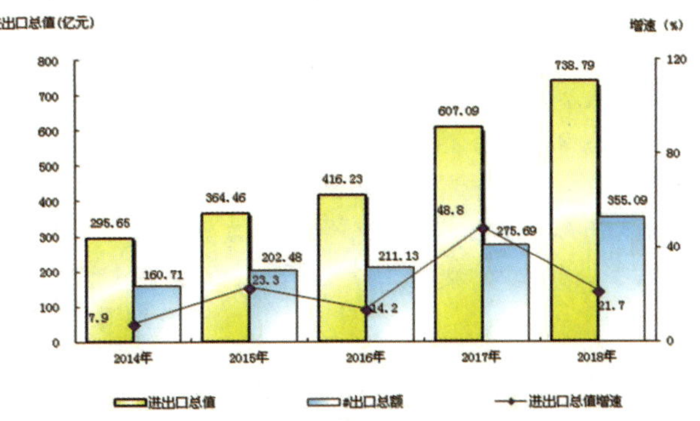

2014 年至 2018 年全市进出口总值及增长速度

招商引资：全年区外境内实际到位内资 900.56 亿元，比上年增长 15.9%。全年全口径实际利用外资 13.69 亿美元，增长 43.0%。年末全市实有三资企业 1191 家，其中建成投产三资企业 622 家。

开发区：年末全市有开发区、工业集中区 15 个。其中：南宁高新技术产业开发区、南宁经济技术开发区和广西—东盟经济技术开发区年末累计入园企业 25168 家，比上年末增加 4031 家；财政收入 100.15 亿元，增长 10.8%；规模以上工业总产值下降 7.5%；固定资产投资增长 11.1%。

旅游：全年接待国内游客 13094.60 万人次，比上年增长 19.0%；接待入境过夜游客 64.43 万人次，增长 9.0%。其中，外国游客 40.67 万人次，下降 0.3%；香港游客 8.96 万人次，增长 33.3%；澳门游客 6.07 万人次，增长 33.9%；台湾同胞 8.73 万人次，增长 23.0%。国内旅游消费 1368.42 亿元，增长 23.3%。国际旅游(外汇)消费 2.89 亿美元，增长 11.1%。年末全市实有星级宾馆 50 家。拥有 4A 级旅游景区 28 个，5A 级旅游景区 1 个。拥有旅行社 145 家，其中出境旅行社 40 家。

八、财政、金融和保险

财政收入：全年财政收入 753.20 亿元，比上年增长 9.5%。其中一般公共预算收入 358.96 亿元，增长 8.1%。一般公共预算收入中，税收收入 261.38 亿元，增长 5.4%。全年一般公共预算支出 697.93 亿元，增长 8.0%。财政支出中，投向公共安全、医疗卫生及计划生育、城乡社区的支出增长较快。其中，公共安全支出 53.06 亿元，增长 19.7%；医疗卫生及计划生育支出 70.36 亿元，增长 15.1%；城乡社区支出 113.70 亿元，增长 14.0%。

金融：年末全市有金融机构 45 家，营业网点 1237 个。年末全市金融机构人民币各项存款余额 10093.13 亿元，比上年增长 7.8%。其中，住户存款余额 3542.83 亿元，增长 11.5%。金融机构人民币贷款余额 12052.13 亿元，增长 15.1%。

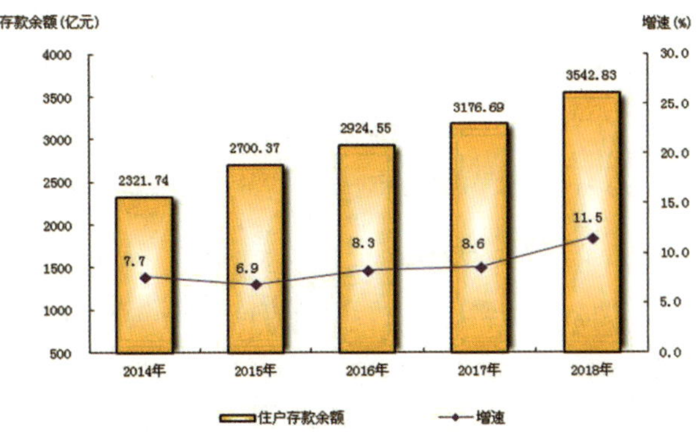

2014 年至 2018 年住户存款余额及增长速度

保险：年末全市有各类保险公司 41 家，其中，财险公司 23 家，寿险公司 18 家。全年保费收入 201.68 亿元，比上年增长 11.0%。其中，财产险保费收入 84.07 亿元，增长 14.4%；寿险保费收入 117.61 亿元，增长 8.7%。全年各项保险赔款及给付 72.57 亿元，其中，财产险业务赔款及给付 41.31 亿元；寿险、健康险和意外伤害险赔款及给付 31.26 亿元。

九、人口和人民生活

人口：年末全市户籍人口 770.82 万人，比上年增加 13.96 万人，增长 1.8%，其中市区人口 387.13 万人，增加 11.75 万人，增长 3.1%。全市人口出生率 13.1‰，下降 2.1 个千分点；人口死亡率 5.4‰，下降 0.3 个千分点；人口自然增长率 7.7‰，下降 1.8 个千分点。

年末全市常住人口 725.41 万人，比上年增加 10.08 万人，增长 1.4%，其中市辖区常住人口 441.76 万人，增加 8.27 万人，增长 1.9%；城镇常住人口 452.61 万人，增加 13.79 万人，增长 3.1%，城镇化率 62.4%，提高 1.1 个百分点；乡村常住人口 272.8 万人，减少 3.7 万人，下降 1.3%。全市常住人口出生率 15.1‰，下降 0.7 个千分点，常住人口死亡率为 5.6‰，提高 0.1 个千分点。

城乡居民生活：全年全市居民人均可支配收入 26798 元，比上年增加 1814 元，增长 7.3%。按常住地分，城镇居民人均可支配收入 35276 元，增加 2059 元，增长 6.2%；农村居民人均可支配收入 13654 元，增加 1139 元，增长 9.1%。

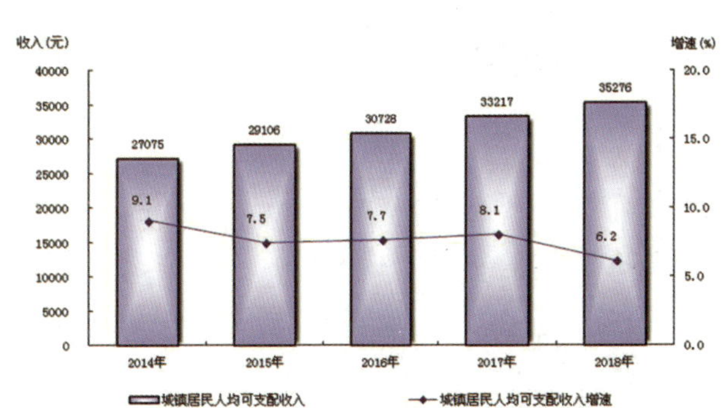

2014 年至 2018 年城镇居民人均可支配收入及增长速度

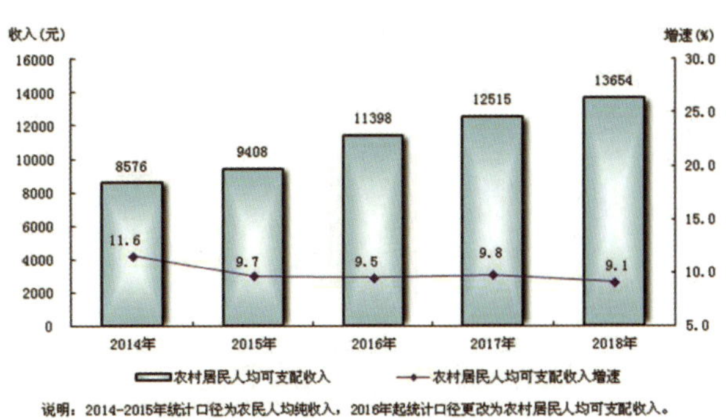

2014 年至 2018 年农村居民人均可支配收入及增长速度

说明：1. 本文数据来自市统计局统计公报。

2. 地区生产总值、三次产业增加值、工业增加值、农业产值增速按可比价格计算；工业总产值增速按现行价格计算。

3. 规模以上工业企业是指年主营业务收入 2000 万元及以上的全部法人工业企业；限额以上批发零售企业是指年主营业务收入 2000 万元及以上批发企业和年主营业务收入 500 万元及以上零售企业。

4. 部分数据因四舍五入的原因，存在着总项与分项合计不等的情况。

5. 资料来源：本公报中户籍总人口数据来自南宁市公安局；财政数据来自南宁市财政局；物价、居民收入数据来自国家统计局南宁调查队；进出口数据来自南宁海关；招商引资数据来自南宁市投资促进局；金融数据来自中国人民银行南宁中心支行；保险数据来自中国保险监督委员会广西监管局；旅游数据来自南宁市文化广电和旅游局；旅客、货物运输量数据来自南宁市交通运输局、南宁铁路局、广西沿海铁路公司和广西机场管理集团有限责任公司南宁吴圩国际机场；邮政业务数据来自广西邮政公司南宁市分公司、广西邮政速递物流有限公司南宁分公司；电信业务数据来自中国移动广西有限公司南宁分公司、中国联合网络通信有限公司南宁分公司、铁通公司南宁分公司和中国电信股份有限公司南宁分公司；人口出生率、人口死亡率、人口自然增长率数据来自南宁市卫生健康委员会；开发区数据来自南宁高新技术产业开发区、南宁经济技术开发区和广西—东盟经济技术开发区；其他数据均来自南宁市统计局。 （市统计局）

责任编辑 钟婉悦

统计资料

说明

一、《统计资料》中地区生产总值、工业增加值及农林牧渔业总产值绝对数按当年价格计算，其增长速度按可比价格计算。

二、统计数据中使用的“#”表示“其中”数，留空表示这部分没有数据，指数的对比均把上年数定位100。

三、部分统计项目为当年新增统计内容，故无之前年份数据。

四、数据由南宁市统计局提供。

五、按照国家统计局要求，2018年部分数据总数量暂不使用。

表37 南宁市历年主要指标

年份	年末总人口（万人）	GDP（亿元）	GDP指数（%）	财政收入（亿元）	农林牧渔业总产值（亿元）	全部工业总产值（亿元）	社会消费品零售总额（亿元）	固定资产投资（亿元）
1950	228.55	1.43	100.0	0.08	1.47	0.12	0.58	0.03
1965	329.84	5.34	116.8	0.63	3.18	3.26	2.56	0.46
1978	451.77	14.74	111.5	2.32	8.16	13.68	5.44	1.69
1980	470.05	18.01	105.5	2.75	9.70	15.71	7.69	1.61
1985	519.06	30.93	112.7	4.26	17.25	26.08	16.73	3.84
1990	558.20	70.88	109.6	8.25	36.17	67.17	35.65	6.00
1995	594.92	235.81	114.5	21.96	99.52	198.44	108.85	43.21
2000	625.27	377.94	107.7	37.54	137.79	241.73	212.43	87.81
2001	629.75	418.17	108.8	45.29	140.72	260.81	231.35	97.45
2002	634.68	463.18	110.9	52.53	145.57	291.19	256.78	122.36
2003	641.67	521.78	110.9	61.06	151.93	334.20	288.45	169.92
2004	648.85	619.12	113.2	74.63	179.29	404.07	332.05	240.11
2005	659.54	727.90	113.4	100.22	207.10	490.92	378.00	346.24
2006	671.89	880.10	116.8	120.36	241.51	639.28	435.51	407.75
2007	683.51	1089.07	117.4	150.84	294.46	830.21	515.62	517.92
2008	691.69	1320.43	114.7	191.17	338.07	1050.62	631.68	650.02
2009	697.90	1527.71	115.1	231.37	351.20	1175.76	757.01	977.24
2010	707.37	1800.26	114.2	300.88	403.24	1501.18	905.93	1389.30

续表 37

年　份	年末总人口（万人）	GDP（亿元）	GDP 指数（%）	财政收入（亿元）	农林牧渔业总产值（亿元）	全部工业总产值（亿元）	社会消费品零售总额（亿元）	固定资产投资（亿元）
2011	711.49	2211.44	113.5	363.52	507.16	2000.23	1073.15	1966.13
2012	713.50	2503.18	112.3	421.99	536.41	2287.90	1255.59	2517.61
2013	724.43	2803.54	110.3	473.66	578.15	2661.97	1450.84	2432.69
2014	729.66	3148.30	108.5	526.59	609.33	2984.23	1616.90	2886.68
2015	740.23	3410.09	108.6	572.48	638.81	3323.82	1786.68	3366.89
2016	751.74	3703.39	107.0	613.83	689.03	3628.07	1980.36	3824.73
2017	756.87	4118.83	108.0	687.98	704.72	4070.88	2204.16	4307.95

说明：1.2011 年起以“固定资产投资”口径取代原“城镇固定资产投资”口径；

2.2013 年起，固定资产投资起报点从计划总投资 50 万元起报调整为计划总投资 500 万元起报

表 38　　南宁市社会经济主要指标(2014—2018)

指标名称	单　位	人口土地面积					
		2014 年	2015 年	2016 年	2017 年	2018 年	
		总　量	总　量	总　量	总　量	总　量	比上年增长(%)
土地面积	平方千米	22099	22099	22099	22099	22099	持平
常住总人口	万人	691.38	698.61	706.22	715.33	725.41	1.4
常住人口城镇化率	%	58.39	59.31	60.23	61.35	62.40	1.05★
年末户籍总人口	万人	729.65	740.23	751.74	756.86	770.82	1.8
#城镇人口	万人	293.85	326.29	327.23	332.48	343.08	3.2
乡村人口	万人	435.80	413.93	424.50	424.37	427.75	0.8
#市区人口	万人	284.37	290.46	370.08	375.37	387.13	3.1
市辖县人口	万人	445.27	449.76	381.66	381.48	383.69	0.6
#男性	万人	382.65	387.51	392.99	394.48	401.11	1.7
女性	万人	347.00	352.71	358.74	362.38	369.72	2.0
# 18 岁以下人口	万人	158.07	162.56	167.78	176.47	182.36	3.3
18–59 岁人口	万人		461.07	463.00	463.35	466.05	0.6
60 岁以上人口	万人		116.59	120.96	117.04	122.42	4.6
人口密度	人 / 平方千米	330.00	335.00	340.00	342.00	349.00	2.0
年出生人数	万人	14.22	11.81	12.13	15.33	12.73	−16.9
年死亡人数	万人	3.54	3.23	3.40	14.36	3.14	−78.2
年末总户数	万户	220.09	222.38	224.96	225.37	230.68	2.4
年平均人口	万人	727.04	734.94	743.34	754.31	763.84	1.3

续表 38

指标名称	单 位	人口土地面积					
		2014 年	2015 年	2016 年	2017 年	2018 年	
		总 量	总 量	总 量	总 量	总 量	比上年增长(%)
市区人口比重	%	38.97	39.24	49.23	46.60	50.22	0.6★
市辖县人口比重	%	61.03	60.76	50.77	50.40	49.78	−0.6★
男性人口比重	%	52.44	52.35	52.28	52.12	52.04	−0.1★
女性人口比重	%	47.56	47.65	47.72	47.88	47.96	0.1★

说明：1. 人口数据由市公安局提供，年出生人数、年死亡人数含历年出生、历年死亡而在本年登记的人数（2017 年市公安局将历年未销户的死亡人口全部清查，故年死亡人数大增）；

2. 2016 年市区口径调整为兴宁区、青秀区、西乡塘区、江南区、良庆区、邕宁区和武鸣区；

3. “★”表示增减百分点，下表同；

4. 乡村人口、市辖县人口比上年增长数值较小，省略小数后为 0

指标名称	单 位	地区生产总值					
		2014 年	2015 年	2016 年	2017 年	2018 年	
		总 量	总 量	总 量	总 量	总 量	比上年增长(%)
地区生产总值(当年价)	万元	31482973	34100859	37033897	41188293	—	5.4
第一产业	万元	3550862	3703546	4006676	4041842	—	4.3
第二产业	万元	12515391	13456560	14271567	15994974	—	2.2
工业	万元	9234941	10003669	10631406	11898899	—	1.6
建筑业	万元	3280450	3452891	3640160	4096076	—	4.0
第三产业	万元	15416720	16940753	18755654	21151476	—	7.8
交通运输仓储邮政业	万元	1407627	1469534	1609627	1744961	—	10.0
批发和零售业	万元	2852253	3041837	2990438	3103088	—	5.4
住宿和餐饮业	万元	840727	917147	959162	1030673	—	4.0
金融业	万元	3076400	3690546	4057963	4505732	—	7.4
房地产业	万元	1508880	1557417	1826410	2377253	—	6.5
营利性服务业	万元	2338484	2619347	2992088	3552302	—	19.4
非营利性服务业	万元	3247795	3576269	4170450	4623439	—	1.3
人均地区生产总值(当年价)	元	43303	49066	52724	57948		4.0
地区生产总值构成	%	100	100	100	100	100	—
第一产业	%	11.28	10.86	10.82	9.81	10.46	0.65★
第二产业	%	39.75	39.46	38.54	38.83	30.44	−8.39★
工业	%	29.33	29.34	28.71	28.89	19.38	−9.51★
建筑业	%	10.42	10.13	9.83	9.94	11.06	1.12★
第三产业	%	48.97	49.68	50.64	51.35	59.10	7.74★

说明：1. 地区生产总产值增长速度按可比价计算；

2. 人均生产总值按户籍人口计算

续表 38

指标名称	单 位	农 业					
		2014 年	2015 年	2016 年	2017 年	2018 年	
		总 量	总 量	总 量	总 量	总 量	比上年增长(%)
农林牧渔业总产值(当年价)	亿元	609.33	638.81	689.03	704.72	725.27	4.5
农业	亿元	337.90	352.30	382.80	393.70	422.77	4.9
林业	亿元	28.63	30.20	30.16	39.30	40.41	6.9
牧业	亿元	184.26	192.81	212.69	198.98	188.02	1.8
渔业	亿元	25.42	26.68	28.25	29.35	33.40	9.4
服务业	亿元	33.11	36.80	35.11	43.38	40.67	8.7
农林牧渔业总产值(构成)	%	100	100	100	100	100	
农业	%	55.46	55.15	55.55	55.87	58.29	2.4★
林业	%	4.70	4.73	4.38	5.58	5.57	0.0★
牧业	%	30.24	30.18	30.87	28.24	25.92	-2.3★
渔业	%	4.17	4.18	4.10	4.17	4.60	0.4★
服务业	%	5.43	5.76	5.10	6.16	5.61	-0.6★
播种面积							
粮食	万公顷	44.14	44.19	43.67	43.04	42.58	-2.4
甘蔗	万公顷	16.25	14.08	14.01	14.13	14.23	0.7
油料	万公顷	4.92	5.24	5.25	5.33	5.33	-0.2
蔬菜	万公顷	20.25	22.04	23.23	24.12	24.82	2.9
粮食总产量	万吨	225.27	225.42	223.36	216.81	211.42	-0.7
油料产量	万吨	14.37	15.79	15.53	16.02	14.78	1.7
甘蔗产量	万吨	1239.98	1085.33	1115.47	1161.58	1163.60	0.9
蔬菜产量	万吨	443.97	486.20	517.70	545.40	596.76	2.9
肉类总产量	万吨	65.37	66.02	65.04	65.81	65.74	1.4
#猪肉	万吨	39.28	38.64	37.17	38.10	38.57	2.3
牛羊肉	万吨	2.60	2.72	2.91	3.03	1.84	0.8
禽肉	万吨	22.76	23.30	23.79	23.56	24.26	0.0
猪年末存栏数	万头	429.98	433.90	417.50	411.43	315.10	2.2
当年出栏肉猪	万头	530.40	519.23	498.10	507.11	502.80	0.9
大牲畜年末存栏数	万头	73.62	74.11	75.94	76.64	51.23	-1.9
#牛	万头	71.09	73.03	75.50	76.19	50.86	-1.8
羊年末存栏数	万只	32.39	30.74	31.71	32.01	24.82	-0.8
水产品产量	万吨	24.46	25.44	26.12	27.45	21.91	12.3
禽蛋产量	万吨	3.21	3.45	3.95	4.11	2.93	2.6
牛奶产量	万吨	5.00	5.03	5.05	4.85	1.25	-1.5
水果产量	万吨	182.69	213.93	233.80	248.32	274.37	13.1

说明：农林牧渔业总产值增长速度按可比价计算

续表 38

指标名称	单 位	工 业					
		2014年	2015年	2016年	2017年	2018年	
		总 量	总 量	总 量	总 量	总 量	比上年增长(%)
全部工业总产值(当年价)	万元	29842285	33238249	36280744	40708847		5.3
#规模以上工业总产值	万元	28728501	32427354	35370531	39898166		5.2
规模以下工业总产值	万元	1113784	810895	910213	810681		7.8
规模以上工业							
按等级注册类型分:							
#国有企业	万元	2326278	3399840	3125321	1587043		0.8
集体企业	万元	112544	48183	52071	60450		2.3
股份制企业	万元	19093721	21684372	24210172	29238221		−0.6
外商及港澳台	万元	5750997	6373400	7034638	7982987		23.4
其他经济类型企业	万元	1383792	921559	948329	1029465		−6.0
按轻重工业分:							
轻工业	万元	12278523	13272089	14133784	15596779		−1.2
重工业	万元	16449977	19155266	21236747	24301387		9.4
按企业规模分:							
大中型企业	万元	13930158	15408913	17408947	20404381		6.3
小微型企业	万元	14798343	17018441	17961584	19493785		3.7
规模以上工业企业							
主要经济指标							
企业单位数	个	967	937	954	946	1005	6.2
#产值超亿元企业	个	592	635	633	660	456	−30.9
亏损企业	个	109	105	104	90	209	18.8
工业总产值(现价)	亿元	2872.85	3242.74	3537.05	3989.82	—	5.2
工业增加值(现价)	亿元	881.17	969.55	1028.55	1159.08	—	1.5
资产总计	亿元	1847.98	2087.97	2285.96	2567.27	2669.58	10.7
负债总计	亿元	1052.36	1202.79	1320.53	1491.14	1704.43	14.6
应收账款	亿元			343.85	383.54	504.91	25.1
存货	亿元			248.25	302.21	299.15	10.0
#产成品	亿元			86.69	97.02	95.55	7.3
流动资产合计	亿元			1069.81	1242.42	1421.39	16.3
主营业务收入	亿元	2650.86	3011.35	3280.56	3702.25	2503.11	5.4
主营业务成本	亿元	2170.31	2494.94	2743.44	3103.94	2081.27	6.4
利润总额	亿元	160.03	201.61	211.20	227.92	125.41	−2.3

续表 38

指标名称	单 位	工 业					
		2014 年	2015 年	2016 年	2017 年	2018 年	
		总 量	总 量	总 量	总 量	总 量	比上年增长(%)
亏损企业亏损额	亿元	9.69	7.06	5.23	7.48	17.54	61.9
销售费用	亿元	61.62	62.18	66.18	73.11	56.13	0.4
管理费用	亿元	100.45	103.68	109.41	120.47	94.88	5.3
财务费用	亿元	21.58	21.24	18.06	20.18	23.08	6.5
#利息支出	亿元	19.45	19.47	18.44	19.10	24.07	21.6
主要工业产品产量							
配混合饲料	万吨	502.65	586.40	619.33	653.91	508.12	9.0
成品糖	万吨	130.26	108.86	92.87	91.08	109.35	20.2
啤酒	千升	303137	448235	366854	324806	285441.00	14.0
饮料	万吨	156.31	197.96	212.33	235.40	168.56	−12.1
卷烟	亿支	392.26	368.57	362.35	360.63	353.00	−2.1
人造板	万立方米				1049.09	552.05	14.6
纸浆	万吨	58.98	27.77	25.03	24.77	27.61	47.2
机制纸及纸板	万吨	56.55	27.02	21.69	17.67	26.12	27.2
硅酸盐水泥熟料	万吨				1225.20	1181.72	−2.4
水泥	万吨	1620.50	1652.08	1578.20	1488.28	1513.29	8.7
平板玻璃	万重量箱	623.00	616.55	520.06	280.75	458.72	63.4
铝材	万吨	23.31	28.61	38.29	40.65	41.17	1.3
小型拖拉机	万台	13.90	12.69	11.94	10.92	0.96	−91.1
电力电缆	万米	17163.76	21270.07	24104.89	21090.94	20515.30	53.8
乳制品	万吨	14.82	17.88	19.18	21.88	11.23	6.6
合成复合肥料	万吨				129.72	54.56	−52.0
化学试剂	万吨				6.25	1.91	55.8
塑料制品	万吨	72.25	79.12	92.67	103.51	40.85	−0.5
卫生陶瓷制品	万件	406.11	427.74	387.91	423.94	335.15	−20.9
钢材	万吨	71.17	96.58	88.69	93.56	51.69	0.2
配电或电器控制设备(11 万伏以下)	万台				38.57	60.59	−24.9
家用电风扇	万台	33.63	36.28	32.22	43.58	31.37	−28.0

说明：1. 规模以上工业是指年主营业务收入达到 2000 万元以上的工业企业；
2. 工业增加值增长速度按价格指数缩减法计算

续表 38

指标名称	单 位	固定资产投资					
		2014 年	2015 年	2016 年	2017 年	2018 年	
		总 量	总 量	总 量	总 量	总 量	比上年增长(%)
固定资产投资	万元	29338739	34184261	38247267	43079465	—	11.8
#项目投资	万元		27097016	29707291	33498598	—	9.2
房地产开发投资	万元	5518214	6571897	8539976	9580867	—	15.5
#民间投资	万元		21280684	24609655	28017935	—	8.0
#建筑安装工程	万元	17321987	20395627	22380491	25567001	—	8.6
设备工器具购置	万元	6352836	6825038	7936347	7763123	—	-0.4
#第一产业	万元	843185	1148040	1444801	627769	—	-0.9
第二产业	万元	9043986	9910911	10307697	8771227	—	13.9
#工业	万元	8520537	9614050	9996036	8384735	—	8.7
第三产业	万元	19449568	23125310	26494769	26751751	—	11.8
房屋施工面积	万平方米	7286.15	8118.14	8282.23	9018.94	1106.36	15.5
#住宅	万平方米	3459.23	3743.42	4290.07	4870.58	772.04	13.7
房屋竣工面积	万平方米	946.08	970.55	905.88	877.20	8129.81	13.4
#住宅	万平方米	472.56	487.00	395.19	453.15	5290.67	12.5
商品房施工面积	万平方米	4519.36	5174.93	6191.24	7171.62	1709.74	15.0
#住宅	万平方米	3107.84	3502.95	4034.47	4704.22	1200.76	17.5
商品房竣工面积	万平方米	465.43	574.97	471.61	578.22	792.21	37.0
#住宅	万平方米	329.78	423.16	338.10	440.47	584.23	32.6
商品房销售面积	万平方米	802.57	1000.73	1327.53	1544.13	1745.19	13.0
#住宅	万平方米	720.95	878.87	1150.15	1307.68	1438.25	10.0
商品房销售额	亿元	531.87	665.08	914.24	1200.77	1358.14	13.1
#住宅	亿元	440.02	547.49	778.35	1006.96	1107.06	9.9

说明：固定资产投资统计起点为计划总投资 500 万元及以上

指标名称	单 位	国内商业					
		2014 年	2015 年	2016 年	2017 年	2018 年	
		总 量	总 量	总 量	总 量	总 量	比上年增长(%)
商品销售总额	万元	40357211	43611658	49231802	55184950		12.7
批发业商品销售总额	万元	24069341	26226518	29360586	32581442		14.1
#限额以上	万元	17412852	18809946	22033286	24702736		14.0
零售业商品销售总额	万元	16287870	17358141	19871216	22603508		11.0

续表 38

指标名称	单 位	国内商业					
		2014 年	2015 年	2016 年	2017 年	2018 年	
		总 量	总 量	总 量	总 量	总 量	比上年增长(%)
#限额以上	万元	5928750	6600398	7527055	9389663		7.0
住宿业营业额	万元	418285	421994	451165	519797		12.0
#限额以上	万元	202634	212371	217726	249418		11.4
餐饮业营业额	万元	1623362	1769813	2017587	2349442		10.1
#限额以上	万元	229559	243648	269245	332078		8.3
社会消费品零售总额	万元	16169020	17866839	19803601	22041551		9.0
按销售地域分							
城镇零售额	万元	15231506	16392442	18295563	20308449		8.9
乡村零售额	万元	937514	1474396	1508038	1733102		10.4

指标名称	单 位	居民收入 物价					
		2014 年	2015 年	2016 年	2017 年	2018 年	
		总 量	总 量	总 量	总 量	总 量	比上年增长(%)
全体居民人均可支配收入	元			22862	24984	26798	7.3
城镇居民人均可支配收入	元	27075	29106	30728	33217	35276	6.2
农村居民人均可支配收入	元	9489	10409	11398	12515	13654	9.1
居民消费价格指数	%	101.6	101.9	101.4	102.3	102.5	2.5
食品烟酒	%				100	101.4	1.4
#粮食	%	101.9	101.6	100.7	100.1	100.8	0.8
鲜菜	%	102.9	104.2	106.8	95.9	105.6	5.6
禽肉	%	103.5	105.6	110.2	95.3	93.3	−6.7
水产品	%	109.6	101.4	104.1	104.9	102.6	2.6
衣着	%	97.2	110.8	102.9	104.2	102.6	2.6
居住	%	101.2	99.4	100.5	103.8	104.4	4.4
生活用品及服务	%			99.6	100.1	100.9	0.9
交通和通信	%	99.7	100.3	98.2	101.2	100.1	0.1
教育文化和娱乐	%	102.5	101.9	102.6	100.9	103.3	3.3
医疗保健	%	101.5	102.4	101.6	110.6	105.1	5.1
其他用品和服务	%			104.2	101.5	102.3	2.3

续表 38

指标名称	单位	财政 对外经济					
		2014 年	2015 年	2016 年	2017 年	2018 年	
		总量	总量	总量	总量	总量	比上年增长(%)
财政收入	亿元	526.59	572.48	613.83	687.98	753.20	9.5
#上划中央税收收入	亿元	192.35	210.09	234.93	280.75	310.30	10.5
上划自治区税收收入	亿元	59.39	65.34	66.14	75.08	83.94	11.8
一般公共预算收入	亿元	274.85	297.05	312.76	332.15	358.96	8.1
一般公共预算支出	亿元	465.77	527.69	587.07	646.31	697.93	8.0
#八项支出合计	亿元					530.34	11.6
海关进出口总额	亿元／万美元	481410★	364.46	416.23	607.09	738.79	21.7
进口总额	亿元／万美元	261702★	161.97	205.10	331.40	383.70	15.9
出口总额	亿元／万美元	219708★	202.48	211.13	275.69	355.09	28.8

说明：总量统计中，带“★”的数据单位为万美元

指标名称	单位	金融 保险					
		2014 年	2015 年	2016 年	2017 年	2018 年	
		总量	总量	总量	总量	总量	比上年增长(%)
金融机构存款余额	亿元	7064.49	8257.77	8901.72	9367.53	10093.13	7.8
境内存款	亿元		8242.48	8884.78	9350.79	10076.64	7.8
住户存款	亿元		2700.37	2924.55	3176.69	3542.83	11.5
非金融企业存款	亿元		3303.76	3639.66	3967.67	3972.91	0.1
广义政府存款	亿元		1883.71	1784.15	1929.04	2090.76	8.4
非银行业金融机构存款	亿元		354.65	536.43	277.39	470.14	69.5
境外存款	亿元		15.29	16.95	16.74	16.48	-1.6
金融机构贷款余额	亿元	7091.46	8228.66	9423.79	10470.44	12052.13	15.1
境内贷款	亿元	7089.69	8219.29	9420.01	10457.38	12018.00	14.9
住户贷款	亿元	1296.06	1841.87	2297.26	2816.32	3616.53	28.4
非金融企业及机关团体贷款	亿元			7122.75	7641.06	8401.47	10.0
境外贷款	亿元	1.76	9.37	3.78	13.06	34.13	161.4
保费收入	亿元	101.97	124.08	147.90	184.58	204.29	10.9
#财产险保费收入	亿元	47.51	51.09	57.79	68.91	77.82	12.9
人身险保费收入	亿元	54.45	72.99	90.11	115.67	126.47	9.7

表 39　　南宁市区县统计资料(2014—2018)

区县名称	年末户籍人口数					
	2014 年	2015 年	2016 年	2017 年	2018 年	
	总量(万人)	总量(万人)	总量(万人)	总量(万人)	总量(万人)	比上年增长(%)
全　市	729.65	740.23	751.74	756.86	770.82	1.8
兴宁区	30.83	31.68	32.70	33.41	34.94	4.6
江南区	48.21	49.74	51.41	52.42	54.21	3.4
青秀区	67.35	68.70	71.23	73.34	76.69	4.6
西乡塘区	76.65	77.74	79.20	79.59	81.33	2.2
邕宁区	34.96	35.41	35.97	36.17	37.13	2.6
良庆区	26.35	27.20	27.96	28.84	30.52	5.8
武鸣区	70.00	70.81	71.59	71.57	72.31	1.0
横　县	124.55	125.96	126.92	126.56	127.46	0.7
宾阳县	104.38	105.13	105.76	105.59	106.06	0.4
上林县	49.21	49.60	49.88	49.97	20.21	0.5
马山县	55.58	59.33	56.85	57.12	57.52	0.7
隆安县	41.52	41.93	42.20	42.23	42.45	0.5

区县名称	人口自然增长率					
	2014 年	2015 年	2016 年	2017 年	2018 年	
	(‰)	(‰)	(‰)	(‰)	(‰)	比上年增减(‰)
全　市	7.0	6.0	6.2	7.4	7.7	-1.8
兴宁区	7.3	7.0	8.5	8.8	7.5	-3.4
江南区	9.0	8.2	9.4	10.1	9.6	-1.3
青秀区	7.2	7.2	8.8	9.8	10.2	-1.4
西乡塘区	7.1	6.7	7.8	8.9	7.1	-2.1
邕宁区	4.7	7.8	6.6	7.5	8.2	0.7
良庆区	10.2	9.1	9.2	10.1	10.2	-0.5
武鸣区	4.2	4.4	6.5	8.7	8.3	-1.4
横　县	7.6	6.0	4.8	5.6	6.4	-2.6
宾阳县	7.1	4.9	4.5	4.4	6.4	-2.1
上林县	7.6	4.1	3.9	6.8	7.5	-1.7
马山县	6.7	5.4	4.6	6.7	8.0	-1.8
隆安县	5.4	5.0	4.2	6.9	5.4	-2.2

说明：此表数据由市卫计委提供

续表 39

区县名称	年末常住人口数					
	2014 年	2015 年	2016 年	2017 年	2018 年	
	总量(万人)	总量(万人)	总量(万人)	总量(万人)	总量(万人)	比上年增长(%)
全　市	693.36	696.63	706.22	715.33	725.41	1.0
兴宁区	42.20	41.77	42.89	43.54	44.78	1.0
江南区	60.20	60.97	62.68	64.03	65.86	0.8
青秀区	75.68	76.68	77.75	79.17	80.80	0.8
西乡塘区	119.44	120.27	121.77	123.38	124.81	0.8
邕宁区	27.52	27.80	28.16	28.58	29.26	1.2
良庆区	36.38	36.80	37.02	37.61	38.47	1.1
武鸣区	55.50	56.10	56.54	57.18	57.78	0.8
横　县	89.59	88.62	90.17	90.84	91.25	1.1
宾阳县	80.28	81.10	81.42	82.03	82.54	1.0
上林县	35.17	35.70	35.85	36.32	36.60	0.9
马山县	40.39	40.11	40.72	41.11	41.42	1.0
隆安县	31.01	30.71	31.25	31.54	31.84	1.0

区县名称	地区生产总值					
	2014 年	2015 年	2016 年	2017 年	2018 年	
	总量(亿元)	总量(亿元)	总量(亿元)	总量(亿元)	总量(亿元)	比上年增长(%)
全　市	3148.30	3410.09	3703.39	4118.83		5.4
兴宁区	299.50	340.77	371.49	413.55		5.6
江南区	370.14	424.55	536.17	602.97		4.9
青秀区	637.06	751.14	829.52	913.96		3.9
西乡塘区	707.84	807.30	802.63	888.41		3.5
邕宁区	58.62	67.63	77.12	90.88		10.0
良庆区	116.21	125.14	134.25	156.21		9.0
武鸣区	266.07	294.95	324.30	353.20		3.9
横　县	238.65	263.15	278.47	304.58		7.1
宾阳县	165.18	184.61	203.33	218.39		8.8
上林县	45.10	50.39	53.26	56.75		3.2
马山县	45.41	47.74	50.81	55.18		5.0
隆安县	56.44	62.65	66.23	73.18		4.5

续表 39

区县名称	第一产业增加值					
	2014 年	2015 年	2016 年	2017 年	2018 年	
	总量(亿元)	总量(亿元)	总量(亿元)	总量(亿元)	总量(亿元)	比上年增长(%)
全 市	355.09	370.35	400.67	404.18		4.3
兴宁区	9.80	10.74	11.23	10.98		4.8
江南区	25.73	25.85	27.55	30.02		-9.2
青秀区	17.45	16.07	17.58	17.88		2.1
西乡塘区	22.41	20.72	21.58	19.94		7.4
邕宁区	23.27	24.40	27.13	27.65		4.6
良庆区	20.06	20.11	22.30	23.05		5.2
武鸣区	70.05	72.39	81.36	81.17		6.1
横 县	65.05	67.16	68.38	72.87		4.0
宾阳县	41.93	43.35	47.76	50.24		4.3
上林县	18.43	19.31	21.08	21.99		5.3
马山县	15.34	16.72	17.64	20.26		5.5
隆安县	23.18	23.95	25.67	27.95		6.3

区县名称	第二产业增加值					
	2014 年	2015 年	2016 年	2017 年	2018 年	
	总量(亿元)	总量(亿元)	总量(亿元)	总量(亿元)	总量(亿元)	比上年增长(%)
全 市	1251.54	1345.66	1427.16	1599.50		2.2
兴宁区	60.94	61.25	63.57	70.19		8.0
江南区	242.69	277.66	374.19	422.89		5.3
青秀区	90.83	94.15	95.43	104.78		-1.0
西乡塘区	412.72	464.00	437.53	496.39		-0.8
邕宁区	14.43	15.59	17.33	22.71		12.1
良庆区	67.97	70.97	71.41	86.36		8.6
武鸣区	137.45	146.16	148.66	162.36		-5.5
横 县	107.73	110.92	112.27	120.89		4.8
宾阳县	62.75	64.80	66.39	68.18		7.3
上林县	10.09	11.36	10.40	10.73		-6.3
马山县	12.47	10.20	10.35	10.35		8.9
隆安县	17.90	18.49	18.44	19.77		-3.1

续表 39

区县名称	第三产业增加值					
	2014 年	2015 年	2016 年	2017 年	2018 年	
	总量(亿元)	总量(亿元)	总量(亿元)	总量(亿元)	总量(亿元)	比上年增长(%)
全　市	1541.67	1694.08	1875.57	2115.15		7.8
兴宁区	228.77	268.79	296.69	332.37		5.2
江南区	101.72	121.04	134.43	150.06		6.5
青秀区	528.78	640.93	716.51	791.30		4.6
西乡塘区	272.71	322.58	343.52	372.08		9.4
邕宁区	20.92	27.64	32.66	40.51		12.8
良庆区	28.17	34.06	40.54	46.80		11.3
武鸣区	58.58	76.40	94.28	109.67		16.7
横　县	65.87	85.08	97.82	110.82		11.9
宾阳县	60.50	76.46	89.18	99.97		12.3
上林县	16.58	19.71	21.78	24.03		5.9
马山县	17.60	20.82	22.83	24.57		2.7
隆安县	15.36	20.21	22.12	25.46		8.6

区县名称	财政收入					
	2014 年	2015 年	2016 年	2017 年	2018 年	
	总量(亿元)	总量(亿元)	总量(亿元)	总量(亿元)	总量(亿元)	比上年增长(%)
全　市	526.59	572.48	613.83	687.98	753.20	9.5
兴宁区	31.59	37.29	38.61	41.16	44.52	8.2
江南区	16.43	18.12	20.25	22.33	19.62	14.3
青秀区	109.68	133.05	147.66	184.14	200.10	8.7
西乡塘区	38.07	38.61	31.79	36.03	44.67	24.0
邕宁区	6.65	10.26	12.84	14.35	17.17	19.6
良庆区	14.14	22.28	32.12	38.19	50.17	31.4
武鸣区	19.46	22.74	10.50	27.23	17.44	11.6
横　县	16.80	18.29	18.38	19.07	20.34	6.7
宾阳县	15.60	17.24	17.44	18.43	19.76	7.2
上林县	3.99	4.50	4.05	4.31	4.56	5.8
马山县	3.29	3.34	3.34	3.42	3.56	4.1
隆安县	5.13	5.51	4.58	5.00	5.37	7.6

续表 39

区县名称	一般公共预算收入					
	2014 年	2015 年	2016 年	2017 年	2018 年	
	总量(亿元)	总量(亿元)	总量(亿元)	总量(亿元)	总量(亿元)	比上年增长(%)
全　市	274.85	297.05	312.76	332.15	358.96	8.1
兴宁区	7.34	9.65	9.11	9.15	9.14	−0.2
江南区	3.94	4.71	4.45	5.15	4.55	7.8
青秀区	23.70	30.61	31.92	31.05	34.81	12.1
西乡塘区	10.22	10.60	7.83	8.02	9.71	21.0
邕宁区	1.77	2.90	3.06	2.99	3.73	24.9
良庆区	3.85	5.91	7.52	7.89	9.83	24.6
武鸣区	11.90	12.89	5.46	14.88	9.43	1.2
横　县	11.97	12.66	13.03	13.43	12.62	−6.0
宾阳县	11.09	12.23	12.29	12.60	13.04	3.5
上林县	2.44	2.82	2.54	2.53	2.59	2.1
马山县	2.11	2.07	2.21	1.95	1.96	0.4
隆安县	3.17	3.44	2.55	2.71	2.66	−1.8

区县名称	一般公共预算支出					
	2014 年	2015 年	2016 年	2017 年	2018 年	
	总量(亿元)	总量(亿元)	总量(亿元)	总量(亿元)	总量(亿元)	比上年增长(%)
全　市	465.77	527.69	587.07	646.31	697.93	8.0
兴宁区	12.65	14.52	16.80	17.99	21.10	18.2
江南区	11.52	13.63	16.11	19.78	18.34	−7.3
青秀区	24.56	30.30	34.14	37.12	40.67	9.9
西乡塘区	22.10	24.48	25.53	28.86	31.10	8.0
邕宁区	12.68	15.72	17.69	23.45	24.34	3.4
良庆区	11.50	14.39	16.38	19.22	22.64	17.8
武鸣区	28.48	37.68	43.26	46.05	36.58	−2.4
横　县	34.51	41.02	48.03	53.71	52.80	−1.7
宾阳县	34.05	39.70	44.79	47.96	53.06	10.3
上林县	20.15	22.85	26.25	31.36	31.58	0.6
马山县	18.61	23.69	28.01	33.93	33.88	0.4
隆安县	16.77	20.73	23.55	25.91	26.94	4.0

续表 39

区县名称	农林牧渔业总产值					
	2014 年	2015 年	2016 年	2017 年	2018 年	
	总量(亿元)	总量(亿元)	总量(亿元)	总量(亿元)	总量(亿元)	比上年增长(%)
全　市	609.33	638.81	689.03	704.72	725.27	4.5
兴宁区	15.90	17.63	18.54	17.96	18.75	4.8
江南区	40.47	41.59	44.59	47.88	40.63	-9.3
青秀区	30.46	31.91	34.54	34.86	34.95	2.2
西乡塘区	36.83	35.15	36.64	33.89	38.46	7.4
邕宁区	38.85	41.13	45.66	46.10	46.90	4.6
良庆区	32.16	32.61	36.13	36.98	38.42	5.2
武鸣区	115.46	121.86	137.29	136.34	146.73	6.1
横　县	105.90	111.13	113.87	123.26	126.90	4.0
宾阳县	68.25	71.21	78.89	83.15	87.12	4.4
上林县	31.09	32.64	35.97	37.43	38.14	5.3
马山县	25.49	27.80	29.73	33.45	30.35	5.5
隆安县	37.66	39.93	42.95	46.13	45.51	6.3

说明：此表增长速度按可比价计算

区县名称	规模以上工业增加值					
	2014 年	2015 年	2016 年	2017 年	2018 年	
	总量(亿元)	总量(亿元)	总量(亿元)	总量(亿元)	总量(亿元)	比上年增长(%)
全　市	881.17	969.55	1028.55	1159.08		1.5
兴宁区	8.92	8.86	9.04	9.92		-9.7
江南区	186.59	223.42	318.68	370.71		4.1
青秀区	14.65	15.42	12.76	11.62		13.2
西乡塘区	251.72	305.54	262.49	315.47		-5.9
邕宁区	4.15	5.68	7.22	13.00		28.7
良庆区	41.95	42.67	40.76	48.93		3.5
武鸣区	111.99	120.96	120.56	131.99		-8.9
横　县	77.51	80.30	79.76	85.41		2.9
宾阳县	32.80	36.33	36.45	37.14		9.0
上林县	5.27	6.25	4.87	4.76		-13.8
马山县	5.01	2.72	2.78	2.44		26.0
隆安县	10.16	10.46	9.39	9.91		-1.9

说明：增速按价格指数缩减法计算

续表 39

区县名称	规模以上工业总产值					
	2014 年	2015 年	2016 年	2017 年	2018 年	
	总量（亿元）	总量（亿元）	总量（亿元）	总量（亿元）	总量（亿元）	比上年增长(%)
全　市	2872.85	3242.74	3537.05	3989.82		5.2
兴宁区	33.70	32.80	33.04	35.26		−6.9
江南区	680.57	804.49	1162.45	1339.10		9.7
青秀区	49.55	54.92	48.34	50.06		17.4
西乡塘区	862.00	1050.19	950.17	1111.86		−1.8
邕宁区	16.73	23.68	33.00	55.12		28.8
良庆区	141.59	153.36	142.96	158.43		8.9
武鸣区	386.92	415.93	446.82	489.31		−10.5
横　县	252.88	262.37	263.11	283.36		6.9
宾阳县	129.00	138.19	150.02	165.65		13.6
上林县	26.06	28.95	19.85	19.20		−9.9
马山县	13.45	8.87	9.03	8.16		30.5
隆安县	53.24	53.30	45.91	50.31		7.6

说明：增速按现价计算

区县名称	规模以上工业综合能源消费量					
	2014 年	2015 年	2016 年	2017 年	2018 年	
	总量（万吨标准煤）	总量（万吨标准煤）	总量（万吨标准煤）	总量（万吨标准煤）	总量（万吨标准煤）	比上年增长(%)
全　市	524.25	471.69	470.61	469.23	438.96	−0.2
兴宁区	1.68	1.59	9.65	12.76	13.07	1.9
江南区	46.74	51.14	60.47	59.76	41.42	−3.8
青秀区	1.04	0.94	0.81	0.82	0.61	−10.3
西乡塘区	60.85	61.51	71.22	74.95	70.36	0.0
邕宁区	6.50	6.41	5.94	3.94	1.66	−57.9
良庆区	12.13	10.42	8.62	7.34	6.19	−12.5
武鸣区	78.13	71.87	67.91	66.02	48.89	−20.2
横　县	182.33	148.31	160.92	154.64	158.21	8.8
宾阳县	53.81	49.61	45.15	44.96	47.72	−4.5
上林县	9.10	8.33	5.34	4.48	4.09	−8.9
马山县	9.00	3.45	3.21	4.98	12.12	109.7
隆安县	32.85	31.32	31.36	33.54	33.61	0.1

续表 39

区县名称	万元工业增加值能耗				
	2014 年	2015 年	2016 年	2017 年	2018 年
	上升或下降(+-，%)				
全　市	-19.76	-17.15	-5.76	-10.00	-1.64
兴宁区	-6.87	-4.96	501.73	34.20	12.82
江南区	-18.97	-4.80	-13.32	-15.30	-8.70
青秀区	-16.98	-13.13	-6.07	-1.40	-20.74
西乡塘区	-11.68	-10.24	-10.19	-8.90	0.97
邕宁区	-29.57	-4.12	-22.58	-54.30	-67.26
良庆区	-15.82	-18.29	-14.59	-6.00	-15.47
武鸣区	-11.70	-12.30	-8.96	-8.80	-12.50
横　县	-12.85	-20.88	7.77	-7.70	5.78
宾阳县	-14.70	-12.18	-11.96	-7.90	-12.40
上林县	-14.28	-14.91	-21.70	-16.80	5.71
马山县	17.02	-56.56	-6.76	66.00	66.45
隆安县	-4.63	-4.69	4.57	-2.60	2.01

区县名称	固定资产投资					
	2014 年	2015 年	2016 年	2017 年	2018 年	
	总量(亿元)	总量(亿元)	总量(亿元)	总量(亿元)	总量(亿元)	比上年增长(%)
全　市	2886.68	3366.89	3824.73	4307.95		11.80
兴宁区	208.33	231.34	251.41	274.62		16.50
江南区	318.58	373.99	440.50	507.68		15.10
青秀区	595.21	666.70	789.65	885.21		11.00
西乡塘区	544.95	638.96	608.44	677.81		11.00
邕宁区	92.25	128.26	176.18	219.01		17.00
良庆区	167.69	233.47	333.35	428.39		17.10
武鸣区	271.98	311.73	355.98	386.49		10.30
横　县	186.90	218.20	245.77	270.52		14.15
宾阳县	184.26	214.90	244.23	276.10		10.50
上林县	50.28	56.41	41.66	46.25		3.10
马山县	48.03	34.39	38.10	42.19		13.30
隆安县	61.82	68.64	53.48	57.81		3.60

说明：固定资产投资统计起点为计划总投资 500 万元及以上

续表 39

区县名称	社会消费品零售总额					
	2014 年	2015 年	2016 年	2017 年	2018 年	
	总量(亿元)	总量(亿元)	总量(亿元)	总量(亿元)	总量(亿元)	比上年增长(%)
全　市	1616.90	1786.68	1980.36	2204.16		9.0
兴宁区	342.75	373.22	415.79	464.93		9.0
江南区	258.74	288.95	318.80	357.28		5.8
青秀区	332.91	367.22	406.88	448.64		10.6
西乡塘区	362.55	402.68	447.29	496.75		10.3
邕宁区	16.87	18.64	20.56	23.21		14.5
良庆区	28.70	30.33	33.33	37.14		4.0
武鸣区	65.02	72.17	79.52	87.84		4.6
横　县	75.21	83.82	92.94	104.02		13.9
宾阳县	83.08	92.95	103.04	115.82		7.7
上林县	16.51	18.24	19.99	21.97		3.7
马山县	18.84	21.02	23.04	25.34		9.2
隆安县	15.72	17.43	19.18	21.22		4.4

区县名称	全体居民人均可支配收入			
	2016 年	2017 年	2018 年	
	总量(元)	总量(元)	总量(元)	比上年增长(%)
全　市	22862	24984	26798	7.3
兴宁区	30299	32749	34859	6.4
江南区	26060	28388	30658	8.0
青秀区	36424	39614	42863	8.2
西乡塘区	27033	29292	31724	8.3
邕宁区	17475	19264	20983	8.9
良庆区	22270	24228	26044	7.5
武鸣区	20046	22075	23723	7.5
横　县	18163	19955	21407	7.3
宾阳县	18640	20520	21984	7.1
上林县	13527	14910	16026	7.5
马山县	12686	13966	15034	7.6
隆安县	13825	15173	16364	7.8

续表 39

区县名称	城镇居民人均可支配收入					
	2014 年	2015 年	2016 年	2017 年	2018 年	
	总量(元)	总量(元)	总量(元)	总量(元)	总量(元)	比上年增长(%)
全　市	27075	29106	30728	33217	35276	6.2
兴宁区	29939	31945	33725	36322	38465	5.9
江南区	25332	27181	29610	32156	34664	7.8
青秀区	34421	36830	38873	42138	45467	7.9
西乡塘区	24507	26198	28905	31188	33683	8.0
邕宁区	23958	25827	28133	30609	32507	6.2
良庆区	23393	25054	26885	28901	30780	6.5
武鸣区	25831	27872	29398	32014	33839	5.7
横　县	25152	27189	29574	31762	33414	5.2
宾阳县	24321	26145	29103	31489	33095	5.1
上林县	20174	21788	23249	25225	26612	5.5
马山县	20720	22295	24016	25889	27183	5.0
隆安县	20840	22445	23970	25912	27415	5.8

区县名称	农村居民人均可支配收入					
	2014 年 *	2015 年 *	2016 年	2017 年	2018 年	
	总量(元)	总量(元)	总量(元)	总量(元)	总量(元)	比上年增长(%)
全　市	8576	9408	11398	12515	13654	9.1
兴宁区	9939	10843	12406	13585	14685	8.1
江南区	9903	10923	12655	13819	14925	8.0
青秀区	10075	11012	12712	14021	15423	10.0
西乡塘区	9171	10079	11537	12679	13820	9.0
邕宁区	8873	9805	11459	12559	13953	11.1
良庆区	9398	10244	12065	13356	14678	9.9
武鸣区	10154	11210	13304	14594	15937	9.2
横　县	8883	9727	11538	12703	13719	8.0
宾阳县	9047	9916	11644	12867	14038	9.1
上林县	6334	6980	9289	10199	11097	8.8
马山县	6058	6664	8973	9807	10719	9.3
隆安县	6615	7277	9799	10720	11674	8.9

说明：带“*”数据统计口径为农村居民人均纯收入，与农村居民人均可支配收入统计口径不同

表 40　　全国、广西、全市主要指标及南宁占广西比重(2014—2018)

区 域	年末常住总人口										
	2014 年		2015 年		2016 年		2017 年		2018 年		
	绝对数（万人）	南宁占广西的比重(%)	绝对数（万人）	南宁占广西的比重(%)	绝对数（万人）	南宁占广西的比重(%)	绝对数（万人）	南宁占广西的比重(%)	绝对数（万人）	增长(%)	南宁占广西的比重(%)
全 国	136782★		137462★				139008		139538	0.02	
广 西	5475★	13.33	5518★	13.41	4838	14.6	4885	14.64	4926	0.8	14.7
南 宁	730★		740★		706		715		725.41	1.4	

说明：带“★”数据统计口径为年末总人口，与年末常住总人口的统计口径不同

区 域	粮食总产量										
	2014 年		2015 年		2016 年		2017 年		2018 年		
	绝对数（万吨）	南宁占广西的比重(%)	绝对数（万吨）	南宁占广西的比重(%)	绝对数（万吨）	南宁占广西的比重(%)	绝对数（万吨）	南宁占广西的比重(%)	绝对数（万吨）	增长(%)	南宁占广西的比重(%)
全 国	60710		62143		61624		61791		65789	0.6	
广 西	1534	14.69	1524.8	14.78	1521.3	14.68	1467.7	14.77	1373	0.2	15.4
南 宁	225.27		225.42		223.36		216.81		211.42	−0.7	

区 域	城镇居民人均可支配收入					
	2014 年	2015 年	2016 年	2017 年	2018 年	
	绝对数（元）	绝对数（元）	绝对数（元）	绝对数（亿元）	绝对数（元）	增长(%)
全 国	28844	31195	33616	36396	39251	7.8
广 西	24669	26416	28234	30502	32436	6.3
南 宁	27075	29106	30728	33217	35276	6.2

区 域	农村居民人均可支配收入					
	2014 年 *	2015 年 *	2016 年	2017 年	2018 年	
	绝对数（元）	绝对数（元）	绝对数（元）	绝对数（亿元）	绝对数（亿元）	增长(%)
全 国	9892	10772	12363	13432	14617	8.8
广 西	7565	9467	10359	11325	12435	9.8
南 宁	8576	9408	11398	12515	13654	9.1

说明：带“★”数据统计口径为农村居民人均纯收入，与农村居民人均可支配收入的统计口径不同

续表 40

区域	进出口总额										
	2014 年		2015 年		2016 年		2017 年		2018 年		
	绝对数（亿美元）	南宁占广西的比重(%)	绝对数（亿元）	南宁占广西的比重(%)	绝对数（亿元）	南宁占广西的比重(%)	绝对数（亿元）	南宁占广西的比重(%)	绝对数（亿元）	增长(%)	南宁占广西的比重(%)
全国	43026		245849		243344		277923		305050	9.7	
广西	405.53	11.87	3190.3	11.42	3170.42	13.13	3866.34	15.7	4107	5.0	18.0
南宁	48.14		364.46		416.23		607.09		738.79	21.7	

区域	出口总额										
	2014 年		2015 年		2016 年		2017 年		2018 年		
	绝对数（亿美元）	南宁占广西的比重(%)	绝对数（亿元）	南宁占广西的比重(%)	绝对数（亿元）	南宁占广西的比重(%)	绝对数（亿元）	南宁占广西的比重(%)	绝对数（亿元）	增长(%)	南宁占广西的比重(%)
全国	23426		141357		138409		153321		164177	7.1	
广西	240.3	9.14	1739.9	11.64	1523.83	13.86	1855.2	14.86	2176	14.6	16.3
南宁	21.97		202.48		211.13		275.69		355.09	28.8	

区域	财政收入										
	2014 年		2015 年		2016 年		2017 年		2018 年		
	绝对数（亿元）	南宁占广西的比重(%)	绝对数（亿元）	南宁占广西的比重(%)	绝对数（亿元）	南宁占广西的比重(%)	绝对数（亿元）	南宁占广西的比重(%)	绝对数（亿元）	增长(%)	南宁占广西的比重(%)
全国	—		—		—		—		—	—	
广西	2162.4	24.35	2332.96	24.54	2454.05	25.01	2604.21	26.42	2790	7.1	27.0
南宁	526.59		572.48		613.83		687.98		753.20	9.5	

区域	一般公共预算收入										
	2014 年		2015 年		2016 年		2017 年		2018 年		
	绝对数（亿元）	南宁占广西的比重(%)	绝对数（亿元）	南宁占广西的比重(%)	绝对数（亿元）	南宁占广西的比重(%)	绝对数（亿元）	南宁占广西的比重(%)	绝对数（亿元）	增长(%)	南宁占广西的比重(%)
全国	140350		152217		159552		172567		183352	6.2	
广西	1422.05	19.33	1515.08	19.61	1556.24	20.1	1615.03	20.57	1681	4.1	21.3
南宁	274.85		297.05		312.76		332.15		358.96	8.1	

区域	一般公共预算支出										
	2014 年		2015 年		2016 年		2017 年		2018 年		
	绝对数（亿元）	南宁占广西的比重(%)	绝对数（亿元）	南宁占广西的比重(%)	绝对数（亿元）	南宁占广西的比重(%)	绝对数（亿元）	南宁占广西的比重(%)	绝对数（亿元）	增长(%)	南宁占广西的比重(%)
全国	151662		175768		187841		203330		156401	8.3	
广西	3455.44	13.48	4076.42	12.94	4472.48	13.13	4912.89	13.16	5311	8.2	13.1
南宁	465.77		527.69		587.07		646.31		697.93	8.0	

续表 40

区 域	金融机构存款余额										
	2014 年		2015 年		2016 年		2017 年		2018 年		
	绝对数（亿元）	南宁占广西的比重(%)	绝对数（亿元）	南宁占广西的比重(%)	绝对数（亿元）	南宁占广西的比重(%)	绝对数（亿元）	南宁占广西的比重(%)	绝对数（亿元）	增长(%)	南宁占广西的比重(%)
全 国	1138600		1357000		1505900		1641000		1775000	8.2	
广 西	20079	35.18	22567	36.59	25478	34.94	27900	33.58	29620	6.9	34.1
南 宁	7064		8258		8902		9368		10093	7.8	

区 域	金融机构贷款余额										
	2014 年		2015 年		2016 年		2017 年		2018 年		
	绝对数（亿元）	南宁占广西的比重(%)	绝对数（亿元）	南宁占广西的比重(%)	绝对数（亿元）	南宁占广西的比重(%)	绝对数（亿元）	南宁占广西的比重(%)	绝对数（亿元）	增长(%)	南宁占广西的比重(%)
全 国	816800		939500		1066000		1201000		1363000	13.5	
广 西	15585	45.5	17657	46.6	20641	45.66	23226	45.08	26143	14.8	46.1
南 宁	7091		8229		9424		10470		12052	15.1	

区 域	居民消费价格指数（上年 =100）					
	2014 年	2015 年	2016 年	2017 年	2018 年	
	绝对数(%)	绝对数(%)	绝对数(%)	绝对数(%)	绝对数(%)	增长(%)
全 国	102	101.4	102	101.6	102.1	2.1
广 西	102.1	101.5	101.6	101.6	102.3	2.3
南 宁	101.6	101.9	101.4	102.3	102.5	2.5

区 域	国内生产总值										
	2014 年		2015 年		2016 年		2017 年		2018 年		
	绝对数（亿元）	南宁占广西的比重(%)	绝对数（亿元）	南宁占广西的比重(%)	绝对数（亿元）	南宁占广西的比重(%)	绝对数（亿元）	南宁占广西的比重(%)	绝对数（亿元）	增长(%)	南宁占广西的比重(%)
全 国	636463		676708		744127		827122			6.6	
广 西	15673	20.09	16803	20.29	18245	20.3	20396.25	20.19		6.8	
南 宁	3148		3410		3703		4118.83			5.4	

区 域	第一产业生产总值										
	2014 年		2015 年		2016 年		2017 年		2018 年		
	绝对数（亿元）	南宁占广西的比重(%)	绝对数（亿元）	南宁占广西的比重(%)	绝对数（亿元）	南宁占广西的比重(%)	绝对数（亿元）	南宁占广西的比重(%)	绝对数（亿元）	增长(%)	南宁占广西的比重(%)
全 国	58332		60863		63671		65468			3.5	
广 西	2412	14.72	2566	14.43	2798.6	14.32	2906.87	13.9		5.6	
南 宁	355		370		401		404.18			4.3	

续表 40

区域	第二产业生产总值										
	2014 年		2015 年		2016 年		2017 年		2018 年		
	绝对数(亿元)	南宁占广西的比重(%)	绝对数(亿元)	南宁占广西的比重(%)	绝对数(亿元)	南宁占广西的比重(%)	绝对数(亿元)	南宁占广西的比重(%)	绝对数(亿元)	增长(%)	南宁占广西的比重(%)
全国	271392		274278		296236		336423			5.8	
广西	7336	17.07	7695	17.49	8219.9	17.36	9297.84	17.2		4.3	
南宁	1252		1346		1427		1599.5			2.2	

区域	工业生产总值										
	2014 年		2015 年		2016 年		2017 年		2018 年		
	绝对数(亿元)	南宁占广西的比重(%)	绝对数(亿元)	南宁占广西的比重(%)	绝对数(亿元)	南宁占广西的比重(%)	绝对数(亿元)	南宁占广西的比重(%)	绝对数(亿元)	增长(%)	南宁占广西的比重(%)
全国	—		—		247860		279997			6.1	
广西	6065	15.22	6338	15.78	6764.1	15.72	7663.71	15.53		4.7	
南宁	923		1000		1063		1189.89			1.6	

区域	第三产业生产总值										
	2014 年		2015 年		2016 年		2017 年		2018 年		
	绝对数(亿元)	南宁占广西的比重(%)	绝对数(亿元)	南宁占广西的比重(%)	绝对数(亿元)	南宁占广西的比重(%)	绝对数(亿元)	南宁占广西的比重(%)	绝对数(亿元)	增长(%)	南宁占广西的比重(%)
全国	306739		341567		384221		427032			7.6	
广西	5925	26.03	6542	25.89	7226.6	25.95	8191.54	25.82		9.4	
南宁	1542		1694		1876		2115.15			7.8	

区域	固定资产投资										
	2014 年		2015 年		2016 年		2017 年		2018 年		
	绝对数(亿元)	南宁占广西的比重(%)	绝对数(亿元)	南宁占广西的比重(%)	绝对数(亿元)	南宁占广西的比重(%)	绝对数(亿元)	南宁占广西的比重(%)	绝对数(亿元)	增长(%)	南宁占广西的比重(%)
全国	502005		551590		596501		631684			5.9	
广西	13288	21.73	15655	21.51	17653	21.67	19908.27	21.64		10.8	
南宁	2887		3367		3825		4307.95			11.8	

区域	第一产业固定资产投资						
	2016 年		2017 年		2018 年		
	绝对数(亿元)	南宁占广西的比重(%)	绝对数(亿元)	南宁占广西的比重(%)	绝对数(亿元)	增长(%)	南宁占广西的比重(%)
全国	18838		20892			12.9	
广西	948.89	15.23	1203.6	12.39		18.6	
南宁	144		149.07			−0.9	

续表 40

区 域	第二产业固定资产投资						
	2016 年		2017 年		2018 年		
	绝对数（亿元）	南宁占广西的比重(%)	绝对数（亿元）	南宁占广西的比重(%)	绝对数（亿元）	增长(%)	南宁占广西的比重(%)
全 国	231826		235751			6.2	
广 西	6526.7	15.79	7004.23	16.02		13.0	
南 宁	1031		1122.15			13.9	

区 域	第三产业固定资产投资						
	2016 年		2017 年		2018 年		
	绝对数（亿元）	南宁占广西的比重(%)	绝对数（亿元）	南宁占广西的比重(%)	绝对数（亿元）	增长(%)	南宁占广西的比重(%)
全 国	345837		375040			5.5	
广 西	10177	26.02	11700.05	25.95		9.9	
南 宁	2648		3036.73			11.8	

区 域	房地产开发										
	2014 年		2015 年		2016 年		2017 年		2018 年		
	绝对数（亿元）	南宁占广西的比重(%)	绝对数（亿元）	南宁占广西的比重(%)	绝对数（亿元）	南宁占广西的比重(%)	绝对数（亿元）	南宁占广西的比重(%)	绝对数（亿元）	增长(%)	南宁占广西的比重(%)
全 国	95036		95979		102581		109799			9.5	
广 西	1838	30.03	1909	34.42	2398	35.61	2683.48	35.7		11.9	
南 宁	552		657		854		958.09			15.5	

区 域	社会消费品零售总额										
	2014 年		2015 年		2016 年		2017 年		2018 年		
	绝对数（亿元）	南宁占广西的比重(%)	绝对数（亿元）	南宁占广西的比重(%)	绝对数（亿元）	南宁占广西的比重(%)	绝对数（亿元）	南宁占广西的比重(%)	绝对数（亿元）	增长(%)	南宁占广西的比重(%)
全 国	262394		300931		332316		366262			9.0	
广 西	5716.6	28.28	6348.06	28.15	7023.31	28.18	7813.03	28.21		9.3	
南 宁	1616.9		1786.68		1980.36		2204.16			9.0	

表 41　　27个省会城市主要经济指标及排位(2014—2018)

城市	地区生产总值									
	2014年		2015年		2016年		2017年		2018年	
	总量(亿元)	位次	总量(亿元)	位次	总量(亿元)	位次	总量(亿元)	位次	比上年增长(%)	位次
南宁	3148.30	18	3410.09	18	3703.39	17	4118.83	18	5.4	24
太原	2531.09	20	2735.34	21	2955.60	20	3382.18	20	9.2	3
合肥	5158.00	14	5660.30	12	6274.30	9	7213.45	9	8.5	7
福州	5169.16	13	5618.10	13	6197.77	11	7104.02	11	8.6	6
南昌	3667.96	17	4000.01	16	4354.99	15	5003.19	16	8.9	5
郑州	6782.98	8	7315.19	7	7994.16	7	9130.20	7	8.1	11
长沙	7500.00	7	8510.13	6	9323.70	6	10535.51	6	8.5	7
石家庄	5100.20	15	5350.60	15	5857.80	14	6460.90	13	7.4	17
海口	1005.51	26	1161.28	25	1257.67	23	1390.48	25	7.6	15
*西宁	1077.14	25	1131.62	26	1248.16	24	1284.91	26	9.0	4
*银川	1395.67	24	1480.73	24	1617.28	22	1803.17	24	7.2	19
*乌鲁木齐	2510.00	21	2680.00	22			2743.82	21	7.6	15
*兰州	1913.50	23	2095.99	23	2264.23	21	2523.54	23	6.5	22
*贵阳	2492.27	22	2891.16	20	3157.70	19	3537.96	19	9.9	1
*昆明	3712.99	16	3970.00	17	4300.43	16	4857.64	17	8.4	9
*呼和浩特	2894.05	19	3090.52	19	3173.59	18	2743.72	22	3.9	27
沈阳	7510.00	6	7280.50	8			5865.00	15	5.4	24
长春	5382.00	11	5530.00	14	5928.50	13	6530.00	12	7.2	19
哈尔滨	5332.70	12	5751.20	11	6101.60	12	6355.00	14	5.1	26
南京	8820.75	5	9720.77	5	10503.02	5	11715.10	5	8.0	12
杭州	9201.16	4	10053.58	4	11050.49	4	12556.16	4	6.7	21
济南	5770.60	9	6100.23	9	6536.12	8	7201.96	10	7.4	17
武汉	10069.48	2	11000.00	2	11912.61	3	13410.34	3	8.0	12
广州	16706.87	1	18100.41	1	19610.94	1	21503.15	1	6.2	23
*成都	10056.60	3	10801.16	3	12170.23	2	13889.39	2	8.0	12
*西安	5474.77	10	5810.03	10	6257.18	10	7469.85	8	8.2	10
*拉萨	347.45	27	389.46	27	424.95	25	479.25	27	9.3	2
南宁在11个西部省会城市排位*		4		4		4		4		10
南宁在5个自治区首府城市排位		1		1		1		1		4

续表 41

城市	第一产业增加值									
	2014 年		2015 年		2016 年		2017 年		2018 年	
	总量(亿元)	位次	总量(亿元)	位次	总量(亿元)	位次	总量(亿元)	位次	比上年增长(%)	位次
南宁	355.09	5	370.35	5	400.67	5	404.18	6	4.3	5
太原	38.93	24	37.43	25	38.22	24	40.82	24	0.7	24
合肥	257.60	12	263.40	12	270.20	11	272.75	11	2.2	18
福州	416.09	3	434.74	3	492.65	2	519.49	2	4.3	5
南昌	166.10	17	171.26	17	181.77	16	192.13	16	3.2	11
郑州	149.52	18	150.96	18	156.35	17	158.60	17	2.1	20
长沙	311.90	9	341.78	8	370.95	7	379.45	7	3.2	12
石家庄	488.30	2	494.40	2	480.90	3	480.50	4	3.2	11
海口	54.58	22	58.12	21	67.68	20	63.72	20	4.5	4
★西宁	37.75	25	37.46	24	39.15	23	41.80	23	4.2	7
★银川	56.66	21	57.46	22	58.61	22	61.38	22	3.6	8
★乌鲁木齐	30.00	26	31.20	26			29.62	25	2.2	18
★兰州	53.60	19	56.22	23	60.36	21	61.47	21	6.0	3
★贵阳	108.02	20	129.89	19	137.14	18	147.33	18	6.6	1
★昆明	187.57	16	188.10	16	200.51	15	210.13	15	6.3	2
★呼和浩特	125.46	19	126.23	20	113.49	19	107.74	19	2.1	20
沈阳	325.29	8	341.40	9			268.20	12	3.2	11
长春	340.10	7	343.30	7	323.50	8	315.10	8	1.7	23
哈尔滨	639.80	1	672.60	1	691.20	1	688.80	1	−0.1	26
南京	223.96	13	232.39	13	252.51	12	263.01	13	0.6	25
杭州	274.36	11	287.69	11	304.84	10	311.67	9	1.8	22
济南	299.11	10	305.39	10	317.31	9			2.5	16
武汉	350.06	18	359.81	6	390.62	6	408.20	5	2.9	15
广州	237.52	14	228.09	14	240.04	13	233.49	14	2.5	16
★成都	370.80	4	373.15	4	474.94	4	500.90	3	3.6	8
★西安	214.55	15	220.20	15	232.01	14	281.12	10	3.3	10
★拉萨	12.94	27	13.80	27	15.12	25	17.54	26	3.0	14
南宁在 11 个西部省会城市排位★		2		2		2		2		4
南宁在 5 个自治区首府城市排位		1		1		1		1		1

续表 41

城 市	第二产业增加值									
	2014 年		2015 年		2016 年		2017 年		2018 年	
	总量(亿元)	位 次	总量(亿元)	位 次	总量(亿元)	位 次	总量(亿元)	位 次	比上年增长(%)	位 次
南 宁	1251.54	18	1345.66	18	1427.16	17	1599.50	17	2.2	27
太 原	1012.31	19	1020.14	20	1068.04	19	1271.42	19	10.3	2
合 肥	2872.00	9	3097.90	9	3189.20	8	3643.08	8	9.5	4
福 州	2352.15	12	2482.44	11	2598.31	11	2962.94	10	8.4	8
南 昌	2017.01	15	2179.96	14	2307.24	13	2666.10	12	8.5	6
郑 州	3771.09	6	3625.52	7	3780.68	7	4247.50	7	8.1	9
长 沙	4241.25	4	4478.20	4	4513.23	4	4998.26	4	6.8	14
石家庄	2439.30	11	2452.90	12	2638.00	10	2913.90	11	4.8	24
海 口	215.68	26	223.67	26	233.56	24	252.22	25	6.0	16
★西 宁	560.73	25	543.47	25	595.64	23	556.44	24	8.8	5
★银 川	760.27	24	787.11	23	825.46	21	908.60	20	5.5	20
★乌鲁木齐	955.00	21	788.80	22			827.63	22	5.4	21
★兰 州	829.20	23	782.65	24	790.09	22	881.74	21	4.9	23
★贵 阳	976.59	20	1108.52	19	1218.79	18	1375.18	18	7.9	10
★昆 明	1642.03	17	1588.40	17	1660.46	16	1865.97	15	10.0	3
★呼和浩特	848.19	22	867.08	21	884.43	20	755.75	23	2.4	26
沈 阳	3541.41	8	3499.00	8			2261.40	14	5.7	18
长 春	2862.80	10	2770.90	10	2926.20	9	3175.20	9	7.3	12
哈尔滨	1785.30	16	1862.80	16	1896.70	15	1820.70	16	2.7	25
南 京	3671.45	7	3916.11	5	4117.20	5	4454.87	5	6.5	15
杭 州	3858.90	5	3910.60	6	3977.39	6	4387.19	6	5.8	17
济 南	2215.16	13	2307.00	13	2368.90	12			7.8	11
武 汉	4785.66	2	4981.54	2	5227.05	3	5861.35	3	5.7	18
广 州	5606.41	1	5786.21	1	5925.87	1	6015.29	1	5.4	21
★成 都	4561.10	3	4723.49	3	5232.02	2	5998.20	2	7.0	13
★西 安	2205.37	14	2165.54	15	2197.81	14	2596.08	13	8.5	6
★拉 萨	127.75	27	140.95	27	162.80	25	189.38	26	17.4	1
南宁在11个西部省会城市排位★		4		4		4		4		11
南宁在5个自治区首府城市排位		1		1		1		1		5

续表 41

城　市	第三产业增加值									
	2014 年		2015 年		2016 年		2017 年		2018 年	
	总量(亿元)	位　次	总量(亿元)	位　次	总量(亿元)	位　次	总量(亿元)	位　次	比上年增长(%)	位　次
南　宁	1541.67	18	1694.08	19	1875.57	17	2115.15	17	7.8	17
太　原	1479.85	21	1677.77	20	1849.34	19	2069.94	18	8.8	11
合　肥	2028.30	15	2298.90	15	2814.80	12	3297.62	12	8.0	16
福　州	2400.92	12	2700.92	12	3106.81	11	3621.60	10	9.2	7
南　昌	1484.85	20	1648.79	22	1865.98	18	2144.96	16	10.1	4
郑　州	2862.37	11	3538.71	7	4057.14	7	4724.10	7	8.3	13
长　沙	3271.66	6	3690.15	6	4439.52	6	5157.80	6	10.7	2
石家庄	2172.60	14	2493.30	13	2738.90	13	3066.40	13	10.2	3
海　口	735.26	24	879.49	24	956.43	22	1074.54	23	8.1	15
★西　宁	478.66	26	550.69	26	613.37	24	686.67	25	9.4	6
★银　川	578.74	25	636.16	25	733.21	23	833.18	24	9.2	7
★乌鲁木齐	1525.00	19	1860.00	18			1886.56	20	8.6	12
★兰　州	1030.65	23	1257.11	23	1413.78	21	1580.34	22	7.4	22
★贵　阳	1412.66	22	1652.75	21	1801.77	20	2015.45	19	11.3	1
★昆　明	1883.40	17	2193.50	16	2439.46	15	2781.54	15	7.3	23
★呼和浩特	1920.40	16	2097.21	17	2175.67	16	1880.23	21	4.6	26
沈　阳	3232.02	8	3440.10	9			3335.40	11	5.4	25
长　春	2179.10	13	2415.80	14	2678.80	14	3039.70	14	7.8	17
哈尔滨	2907.60	10	3215.80	11	3513.80	10	3845.50	9	7.5	19
南　京	4925.34	5	5572.27	4	6133.31	5	6997.22	5	9.1	9
杭　州	5067.90	3	5855.29	2	6768.26	2	7857.30	2	7.5	19
济　南	3256.33	7	3487.84	8	3849.91	8			7.5	19
武　汉	4933.76	4	5564.25	5	6294.94	4	7140.79	4	10.1	4
广　州	10862.94	1	12086.11	1	13445.03	1	15254.37	1	6.6	24
★成　都	5124.70	2	5704.52	3	6463.27	3	7390.30	3	9.0	10
★西　安	3054.85	9	3424.29	10	3827.36	9	4592.65	8	8.3	13
★拉　萨	206.77	27	227.60	27	247.04	25	272.33	26	4.6	26
南宁在 11 个西部省会城市排位★		5		6		5		4		7
南宁在 5 个自治区首府城市排位		2		3		2		1		3

续表 41

城市	一般公共预算收入											
	2014 年		2015 年		2016 年		2017 年		2018 年			
	总量(亿元)	位次	总量(亿元)	位次	总量(亿元)	位次	总量(亿元)	位次	总量(亿元)	位次	比上年增长(%)	位次
南宁	274.85	20	297.05	20	312.76	20	332.15	20	358.96	21	8.1	20
太原	258.85	21	274.24	21	282.69	21	311.85	21	373.23	20	19.7	2
合肥	500.34	12	571.54	11	614.85	11	655.90	10	712.49	10	8.6	19
福州	510.87	11	560.46	12	598.91	12	634.16	12	680.38	12	7.3	21
南昌	342.21	17	389.22	15	402.18	16	417.08	16	461.75	16	10.7	12
郑州	833.88	6	942.90	6	1011.20	7	1056.67	6	1152.05	6	9.0	16
长沙	632.80	8	718.95	7	1231.02	4	800.35	7	879.71	7	9.9	14
石家庄	343.50	16	375.00	17	410.70	15	460.70	14	519.70	14	12.8	7
海口	100.12	26	111.50	25	115.51	25	125.36	25	169.88	25	13.9	6
★西宁	168.13	23	94.79	26	75.22	26	79.20	27	92.94	27	17.4	3
★银川	153.62	24	171.28	24	173.13	24	177.46	24	181.17	24	2.1	26
★乌鲁木齐	340.62	18	368.67	19	369.67	18	400.78	17	458.28	17	14.3	5
★兰州	152.33	25	185.58	23	215.50	23	234.20	22	253.32	22	8.9	17
★贵阳	331.60	19	374.15	18	366.32	19	377.77	18	411.30	18	8.9	17
★昆明	477.97	13	502.22	13	530.00	13	560.86	13	595.63	13	6.2	23
★呼和浩特	211.54	22	247.40	22	269.70	22	201.63	23	204.70	23	1.5	27
沈阳	785.50	7	606.20	10	620.90	10	656.20	9	720.60	9	10.0	13
长春	397.30	15	388.20	16	415.50	14	450.10	15	478.00	15	6.2	23
哈尔滨	423.50	14	407.70	14	376.20	17	368.10	19	384.40	19	4.4	25
南京	903.49	5	1020.03	5	1142.60	6	1271.91	5	1470.02	4	15.6	4
杭州	1027.32	3	1233.88	3	1402.38	1	1567.42	1	1825.10	1	12.5	8
济南	543.10	10	614.30	9	641.20	8	677.20	8	752.80	8	11.2	9
武汉	1101.02	2	1245.63	2	1322.10	3	1402.93	3	1528.70	3	11.0	10
广州	1241.53	1	1349.09	1	1393.85	2	1533.06	2	1632.30	2	6.5	22
★成都	1025.20	4	1154.40	4	1175.40	5	1275.50	4	1424.20	5	9.4	15
★西安	583.76	9	650.91	8	641.10	9	654.50	11	684.71	11	10.8	11
★拉萨	64.79	27	82.42	27	70.79	27	89.63	26	110.10	26	22.8	1
南宁在11个西部省会城市排位★		6		6		6		6		6		8
南宁在5个自治区首府城市排位		2		2		2		2		2		3

续表 41

城市	规模以上工业增加值									
	2014 年		2015 年		2016 年		2017 年		2018 年	
	总量（亿元）	位次	总量（亿元）	位次	总量（亿元）	位次	比上年增长（%）	位次	比上年增长（%）	位次
南宁	881.17	16	969.55	15	1028.55		9.9	3	1.5	27
太原	647.24	19	600.48	18	571.81		9.0	10	10.8	2
合肥	2126.59	10	2255.65	8	2269.13		9.4	9	11.3	1
福州	1837.93	12	1927.90	11	1983.02		8.2	15	9.0	5
南昌	1380.60	13	1451.84	12	1611.50		9.5	7	9.5	3
郑州	3094.00	5	3312.00	4	3215.40		7.8	16	6.8	18
长沙	3042.05	6	3228.21	5	3253.03		8.5	13	8.2	10
石家庄	2071.70	11	2117.30	10	2190.30		3.6	25	5.4	24
海口	122.07	24	124.52	22	124.17		4.5	24	8.0	11
★西宁	406.80	23					9.7	5	8.0	11
★银川	471.70	22	487.81	21	533.06		8.5	13	7.5	15
★乌鲁木齐	654.95	18	576.87	19			9.5	7	2.4	26
★兰州	565.00	21	515.00	20	502.00		4.8	23	6.0	20
★贵阳	636.06	20	711.60	17	780.82		9.7	5	7.4	16
★昆明	969.00	15	1050.00	14			10.4	2	8.4	9
★呼和浩特							6.1	19	3.1	25
沈阳	3614.90	2			1208.30		2.8	26	7.6	14
长春	2415.70	9	2131.80	9	2332.20		9.0	10	8.5	6
哈尔滨	849.40	17	930.40	16	1001.60		5.0	22	5.8	21
南京	2999.44	7	3043.50	6	3050.55		6.0	20	7.8	13
杭州	2805.25	8	2903.30	7	2983.91		7.0	18	6.3	19
济南							9.8	4	7.1	17
武汉	3453.35	3	3504.00	2			7.7	17	5.7	22
广州	4859.55	1	4840.42	1	4877.85				5.5	23
★成都	3272.87	4	3502.00	3			9.0	10	8.5	6
★西安	1195.28	14	1174.67	13	1178.39		5.8	21	9.4	4
★拉萨	29.67	25	48.03	23	45.20		14.5	1	8.5	6
南宁在11个西部省会城市排位★								3		11
南宁在5个自治区首府城市排位		1		1				2		5

说明：1. 2014 年、2015 年规模以上工业增加值总量南宁在西部省会城市排位，因缺值较多，故不排位；

2. 因 2016 年较多城市规模以上工业增加值总量不公布，故对总量指标不予排位；

3. 2017 年由于多数省份不公布规模以上工业增加值，所以缺少数据过多，因此不进行统计

续表 41

城市	固定资产投资									
	2014 年		2015 年		2016 年		2017 年		2018 年	
	总量(亿元)	位次	总量(亿元)	位次	总量(亿元)	位次	总量(亿元)	位次	比上年增长(%)	位次
南宁	2886.68	18	3366.89	17	3824.73	17	4307.95	16	11.8	6
太原	1746.09	19	2025.61	20	2027.71	19	964.86	26	26.2	1
合肥	5302.60	7	5851.90	5	6501.17	5	6351.43	6	7.1	20
福州	4388.62	12	4853.61	12	5184.36	11	5823.39	11	11.7	7
南昌	3434.25	15	4000.07	15	4540.26	14	5115.18	14	10.9	9
郑州	5259.65	8	6288.00	4	6998.60	3	7573.44	3	10.9	9
长沙	5435.75	5	6363.29	3	6693.32	4	7567.77	4	11.5	8
石家庄	5076.40	9	5689.90	6	5916.00	6	6310.10	7	6.4	22
海口	821.53	25	1012.05	26	1271.73	24	1415.50	24	−6.2	24
★西宁	1176.61	24	1295.95	25	1399.30	23	1600.03	21	9.0	17
★银川	1392.76	23	1540.88	24	1723.31	21	1719.05	20	−21.9	26
★乌鲁木齐	1526.00	22	1708.39	23			2020.00	19	10.0	13
★兰州	1610.70	21	1803.75	22	1990.95	20	1315.35	25	12.1	5
★贵阳	3489.41	14	2804.45	19	3380.73	18	3850.60	18	15.0	3
★昆明	3138.17	16	2957.34	18	3920.07	16	4217.90	17	5.5	23
★呼和浩特	1736.50	20	2010.00	21			1490.80	22	−26.5	27
沈阳	6564.10	3	5326.00	10	1631.60	22	1484.00	23	15.3	2
长春	3924.50	13	4400.00	14	4659.00	13	5194.80	13	6.7	21
哈尔滨	6361.00	27	4595.70	13	5040.10	12	5395.50	12	−7.2	25
南京	6430.77	6	5425.98	8	5533.56	9	6215.20	8	9.4	16
杭州	4952.70	10	5556.32	7	5842.42	7	5856.65	10	10.8	11
济南	3063.40	17	3498.40	16	3974.30	15	4363.60	15	9.6	15
武汉	7002.85	1	7680.89	1	7093.17	2	7871.66	2	10.6	12
广州	4889.50	11	5405.95	9	5703.59	8	5919.83	9	8.2	19
★成都	6620.40	2	7007.00	2	8370.50	1	9404.20	1	10.0	13
★西安	5903.98	4	5165.98	11	5191.36	10	7556.47	5	8.5	18
★拉萨	455.39	26	538.00	27	582.27	25	611.73	27	13.1	4
南宁在11个西部省会城市排位★		5		3		4		3		4
南宁在5个自治区首府城市排位		1		1		1		1		2

续表 41

城市	居民消费价格总指数											
	2014年		2015年		2016年		2017年		2018年			
	指数	位次	指数	位次	指数	位次	指数	位次	指数	位次	比上年涨(跌)(%)	位次
南宁	101.6	24	101.9	6	101.4	21	102.3	5	102.5	5	2.5	5
太原	102.2	10	100.4	16	101.2	24	101.8	13	101.8	21	1.8	21
合肥	102.0	17	101.6	9	102.6	5	101.4	17	102.0	16	2.0	16
福州	101.8	23	101.7	8	102.3	9	101.1	25	101.5	25	1.5	25
南昌	102.5	8	101.6	9	102.1	12	102.1	7	102.3	10	2.3	10
郑州	102.0	17	101.1	13	102.3	9	101.8	13	102.4	6	2.4	6
长沙	102.7	5	101.1	13	101.9	14	101.3	23	102.0	16	2.0	16
石家庄	102.0	17	101.0	14	101.6	19	101.4	17	102.3	10	2.3	10
海口	102.2	10	101.2	12	103.0	1	103.3	2	102.4	6	2.4	6
★西宁	102.8	3	102.5	1	102.1	12	101.4	17	102.7	3	2.7	3
★银川	102.1	16	101.6	9	101.7	16	101.7	15	102.2	13	2.2	13
★乌鲁木齐	102.8	3	100.7	15	101.5	20	102.8	3	102.2	13	2.2	13
★兰州	102.2	10	101.3	11	100.8	27	101.5	16	101.7	22	1.7	22
★贵阳	102.7	5	102.3	3	101.1	25	101.0	26	101.7	22	1.7	22
★昆明	103.1	1	102.4	2	101.7	16	100.5	27	101.7	22	1.7	22
★呼和浩特	101.2	27	101.8	7	101.4	21	101.4	17	102.1	15	2.1	15
沈阳	102.2	10	101.2	12	101.7	16	101.4	17	103.0	2	3.0	2
长春	102.2	10	101.3	11	101.4	21	101.3	23	102.0	16	2.0	16
哈尔滨	102.0	17	101.4	10	101.8	15	103.5	1	103.5	1	3.5	1
南京	102.6	7	102.0	5	102.7	2	101.9	11	102.4	6	2.4	6
杭州	102.0	17	101.8	7	102.6	5	102.5	4	102.3	10	2.3	10
济南	102.2	10	101.9	6	102.7	2	102.0	8	102.6	4	2.6	4
武汉	101.9	22	101.4	10	102.4	8	101.9	11	101.9	19	1.9	19
广州	102.3	9	101.7	8	102.7	2	102.3	5	102.4	6	2.4	6
★成都	101.3	26	101.1	13	102.2	11	102.0	8	101.4	26	1.4	26
★西安	101.4	25	100.7	15	100.9	26	102.0	8	101.9	19	1.9	19
★拉萨	103	2	102.2	4	102.6	5	101.4	22	101.1	27	1.1	27
南宁在11个西部省会城市排位★		8		5		7		2		2		2
南宁在5个自治区首府城市排位		4		4		4		2		1		1

续表 41

城 市	海关进出口总额										
	2014 年		2015 年		2016 年		2017 年		2018 年		
	总量(亿美元)	位 次	总 量	单 位	总 量	单 位	总 量	单 位	总 量	单 位	增速(%)
南 宁	48.14	21	364.46	亿元	416.23	亿元	607.09	亿元	738.79	亿元	21.7
太 原	106.71	16	106.77	亿美元	879.38	亿元	915.25	亿元	1086.29	亿元	18.7
合 肥	200.87	11	1262.99	亿元	186.87	亿美元	249.59	亿美元	308.13	亿美元	23.5
福 州	346.10	7	2065.48	亿元	2082.20	亿元	2336.06	亿元	2452.75	亿元	5.0
南 昌	122.26	15	114.64	亿美元	619.70	亿元	669.20	亿元	787.55	亿元	18.2
郑 州	464.31	6	570.30	亿美元	3645.66	亿元	4015.65	亿元	4105.00	亿元	2.2
长 沙	772.50	2	806.47	亿元	746.75	亿元	938.02	亿元	1283.34	亿元	36.8
石家庄	143.00	14	121.40	亿美元	116.10	亿美元	862.20	亿元	915.50	亿元	6.1
海 口	34.01	24	270.49	亿元	258.18	亿元	210.22	亿元	341.17	亿元	62.3
★西 宁	15.97	27	114.13	亿元	85.08	亿元	32.91	亿元	31.28	亿元	-5.0
★银 川	47.80	22	32.67	亿美元	163.47	亿元	270.62	亿元	168.83	亿元	-37.6
★乌鲁木齐	82.85	18	361.91	亿元	323.73	亿元	460.34	亿元	513.50	亿元	12.4
★兰 州	45.60	23	31.51	亿元							
★贵 阳	78.42	19	91.22	亿美元	39.04	亿美元			34.94	亿美元	15.2
★昆 明	177.87	12	123.64	亿美元	66.81	亿美元	78.18	亿美元	131.20	亿美元	67.6
★呼和浩特	21.95	25	20.72	亿美元	13.09	亿美元	15.99	亿美元			
沈 阳	158.00	13	140.80	亿元	113.30	亿美元	128.50	亿美元	149.50	亿美元	16.4
长 春	207.20	10	139.90	亿美元	141.60	亿美元			1054.60	亿元	10.7
哈尔滨	68.10	20	47.80	亿美元	39.70	亿美元	33.50	亿美元	209.70	亿美元	-8.0
南 京	572.21	4	532.40	亿美元	3315.33	亿元	4143.00	亿元	4317.20	亿元	4.7
杭 州	679.98	3	665.66	亿美元	4485.97	亿元	5085.08	亿元	5245.30	亿元	3.1
济 南	105.00	17	99.10	亿美元	639.70	亿元	708.10	亿元	825.00	亿元	16.2
武 汉	264.29	8	280.70	亿美元	1570.10	亿元	1936.20	亿元	2146.00	亿元	10.9
广 州	1306.00	1	8306.41	亿元	8566.92	亿元	9714.36	亿元	9810.15	亿元	1.0
★成 都	558.50	5	2454.90	亿元	2713.40	亿元	3941.80	亿元	4983.20	亿元	26.4
★西 安	249.83	9	1761.92	亿元	1828.46	亿元	2545.41	亿元	3303.87	亿元	29.6
★拉 萨	20.76	26	41.29	亿元	41.21	亿元	44.27	亿元	40.96	亿元	-7.1
南宁在 11 个西部省会城市排位★		6									
南宁在 5 个自治区首府城市排位		2									

说明：2015 年起，海关进出口数因各市计量单位不同，故不予排位

续表 41

城 市	社会消费品零售总额									
	2014 年		2015 年		2016 年		2017 年		2018 年	
	总量(亿元)	位 次	总量(亿元)	位 次	总量(亿元)	位 次	总量(亿元)	位 次	比上年增长(%)	位 次
南 宁	1616.90	17	1786.68	17	1980	17	2204.16	17	9.0	14
太 原	1411.13	19	1540.80	19	1666	19	1767.82	19	8.1	17
合 肥	1666.75	16	2183.65	15	2446	15	2728.51	15	9.1	12
福 州	2991.98	9	3488.74	8	3763	9	4193.87	8	11.3	2
南 昌	1429.21	18	1662.87	18	1868	18	2096.96	18	11.1	3
郑 州	2913.61	11	3294.71	12	3666	12	4057.22	10	9.7	9
长 沙	3162.07	7	3690.59	7	4117	6	4547.68	6	9.9	8
石家庄	2423.50	13	2680.90	13	2975	13	3296.00	13	9.1	12
海 口	541.27	24	595.53	24	654	23	726.12	24	5.9	23
★西 宁	412.86	25	461.94	26	513	25	560.79	26	6.7	21
★银 川	382.47	26	477.63	25	514	24	562.31	25	4.8	26
★乌鲁木齐	1070.00	21	1152.00	22			1317.00	23	5.0	25
★兰 州	944.90	22	1152.15	21	1263	21	1358.72	21	7.4	20
★贵 阳	888.58	23	1060.17	23	1195	22	1335.28	22	8.0	18
★昆 明	1905.89	15	2061.66	16	2310	16	2590.95	16	10.0	5
★呼和浩特	1256.08	20	1353.53	20	1481	20	1570.95	20	5.6	24
沈 阳	3570.10	6	3883.2.0	6	3986	7	3989.80	12	9.2	11
长 春	2217.50	14	2409.30	14	2650	14	2922.80	14	6.2	22
哈尔滨	3070.90	8	3394.50	11	3744	10	4044.80	11	4.2	27
南 京	3957.97	4	4590.17	5	5088	5	5604.66	5	8.4	16
杭 州	3838.73	5	4697.23	4	5176	4	5717.43	4	9.0	14
济 南	2964.40	10	3410.30	9	3765	8	4146.10	9	10.0	5
武 汉	4369.32	2	5102.24	2	5611	3	6196.30	3	10.5	4
广 州	7697.85	1	7932.96	1	8706	1	9402.59	1	7.6	19
★成 都	4202.40	3	4946.19	3	5647	2	6403.59	2	10.0	5
★西 安	2872.90	12	3405.38	10	3731	11	4329.51	7	9.6	10
★拉 萨	180.33	27	205.80	27	230	26	258.76	27	14.2	1
南宁在11个西部省会城市排位★		4		4		4		4		5
南宁在5个自治区首府城市排位		1		1		1		1		2

续表 41

城市	城镇居民人均可支配收入											
	2014 年		2015 年		2016 年		2017 年		2018 年			
	总量(元)	位次	总量(元)	位次	总量(元)	位次	总量(元)	位次	总量(元)	位次	比上年增长(%)	位次
南宁	27075	18	29106	17	30728	20	33217	19	35276	23	6.2	27
太原	25768	21	27727	23	29632	24	31469	25	33672	26	7.0	22
合肥	29348	13	31989	12	34852	13	37972	13	41484	12	9.3	2
福州	32451	10	27782	22	37833	9	40973	9	44457	8	8.5	7
南昌	29091	15	31942	13	34619	14	37675	14	40844	13	8.4	9
郑州	29095	14	31099	15	33214	16	36050	16	39042	15	8.3	10
长沙	36826	5	39961	4	43294	4	46948	4	50792	4	8.2	14
石家庄	26071	20	28097	21	30459	22	32929	21	35563	21	8.0	18
海口	22632	26	28535	19	30775	19	33320	18	36137	18	8.5	7
*西宁	21291	27	25232	27	27539	27	30043	26	32500	27	8.2	14
*银川	26118	19	28261	20	30478	21	32981	20	35586	20	7.9	20
*乌鲁木齐	23755	23	31500	14	34200	15	37028	15	40101	14	8.3	10
*兰州	23030	25	27088	25	29661	23	32331	23	35014	25	8.3	10
*贵阳	24961	22	27241	24	29502	25	32186	24	35115	24	9.1	3
*昆明	31295	12	33955	9	36739	10	39788	10	42988	10	8.0	18
*呼和浩特	34723	7	37362	6	40220	6	43518	6	46565	7	7.0	22
沈阳	31720	11	36664	7	39135	8	41359	8	44054	9	6.5	24
长春	28585	17	29090	18	31069	18			35332	22	6.5	24
哈尔滨	28816	16	30977	16	33190	17	35546	17	37828	17	6.4	26
南京	42568	3	46104	3	49997	3	54538	3	59308	3	8.7	5
杭州	44632	1	48316	1	52185	1	56276	1	61172	1	8.7	5
济南	38763	4	39889	5	43052	5	46642	5	50146	5	7.5	21
武汉	33270	8	36436	8	39737	7	43405	7	47359	6	9.1	3
广州	42955	2	46735	2	50941	2	55400	2	59982	2	8.3	10
*成都	32665	9	33476	10	35902	11	38918	11	42128	11	8.2	14
*西安	36100	6	33188	11	35630	12	38536	12	38729	16	8.1	17
*拉萨	23057	24	26096	26	29383	26	32408	22	35842	19	10.6	1
南宁在11个西部省会城市排位*		5		6		6		6		8		11
南宁在5个自治区首府城市排位		2		3		3		3		5		5

续表 41

城 市	农村居民人均可支配收入											
	2014 年 *		2015 年		2016 年		2017 年		2018 年			
	总量(亿元)	位 次	总量(亿元)	位 次	总量(亿元)	位 次	总量(元)	位 次	总量(元)	位 次	比上年增长(%)	位 次
南 宁	8576	25	9408★		11398	25	12515	24	13654	24	9.1	11
太 原	12616	14	13626		14591	14	15595	16	16860	15	8.1	24
合 肥	14407	11	15733		17059	8	18694	8	20389	8	9.7	4
福 州	14012	12	15203		16347	10	17865	9	19419	10	8.7	17
南 昌	12414	16	13693★		14952	13	16364	13	17866	12	9.2	8
郑 州	15470	7	17125★		18426	7	19974	7	21652	7	8.4	21
长 沙	21684	27	23601		25448	2	27360	2	29714	2	8.6	19
石家庄	10542	20	11609★		12345	22	13345	21	14518	20	8.8	16
海 口	10630	19	11635		12679	19	13763	19	14886	19	8.2	22
★西 宁	10097	23	8865★		9678	27	10548	26	11504	27	9.1	11
★银 川	10275	22	11148		12037	23	13087	22	14160	23	8.2	22
★乌鲁木齐	13335	13	15200★		16400	9	17839	10	19623	9	10.0	3
★兰 州	8067	26	9621		10391	26	11305	25	12368	26	9.4	6
★贵 阳	10826	18	11918★		12967	18	14264	18	15648	17	9.7	4
★昆 明	10366	21	11444		12555	21	13698	20	14895	18	8.7	17
★呼和浩特	12538	15	13491		14517	15	15710	14	17190	13	9.4	6
沈 阳	15945	6	13498		14445	16	15461	17	16530	16	6.9	26
长 春	27299	1	11749		12576	20			14237	22	6.0	27
哈尔滨	12125	17	13375★		14439	17	15614	15	16934	14	8.9	15
南 京	17661	4	19483★		21156	4	23133	4	25263	4	9.2	8
杭 州	23555	2	25719★		27908	1	30397	1	33193	1	9.2	8
济 南	14726	8	14232★		15346	11	16594	11	17924	11	8.0	25
武 汉	16160	5	17722		19152	5	20887	5	22652	5	8.5	20
广 州	17663	3	19323		21449	3	23484	3	26020	3	10.8	1
★成 都	14478	9	17690★		18605	6	20298	6	22135	6	9.0	13
★西 安	14462	10	14072★		15191	12	16522	12	13286	25	9.0	13
★拉 萨	9258	24	10736★		11448	24	12994	23	14369	21	10.6	2
南宁在11个西部省会城市排位★		10				9		9		8		6
南宁在5个自治区首府城市排位		5				5		5		5		4

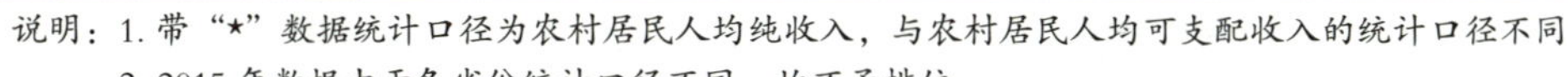

说明：1. 带“★”数据统计口径为农村居民人均纯收入，与农村居民人均可支配收入的统计口径不同；

2. 2015 年数据由于各省份统计口径不同，故不予排位

表 42　　广西 14 个城市城市主要指标及排位(2014—2018)

城 市	地区生产总值									
	2014 年		2015 年		2016 年		2017 年		2018 年	
	总量(亿元)	位 次	总量(亿元)	位 次	总量(亿元)	位 次	总量(亿元)	位 次	比上年增长(%)	位 次
全 区	15672.97		16803.12		18245.07		20396.25		6.8	–
南 宁	3148.30	1	3410.06	1	3703.39	1	4118.83	1	5.4	13
柳 州	2208.51	2	2298.62	2	2476.94	2	2755.67	2	6.4	10
桂 林	1827.05	3	1942.97	3	2075.89	3	2045.18	3	6.9	9
梧 州	1064.82	5	1078.59	5	1175.65	5	1338.11	6	1.8	14
北 海	856.01	7	892.08	8	1007.28	8	1229.84	8	8.3	4
防城港	588.94	12	620.72	11	676.12	11	741.62	11	7.4	5
钦 州	854.96	8	944.42	7	1102.05	7	1309.82	7	6.0	12
贵 港	805.40	9	865.20	9	958.76	9	1082.18	9	10.0	2
玉 林	1341.75	4	1446.13	4	1553.91	4	1699.54	4	7.2	6
百 色	917.92	6	980.35	6	1114.31	6	1361.76	5	7.1	8
贺 州	448.38	14	468.11	14	518.22	14	548.83	14	8.9	3
河 池	601.39	11	618.03	12	657.18	12	734.60	12	6.4	10
来 宾	551.24	13	557.70	13	589.11	13	663.69	13	7.2	6
崇 左	649.72	10	682.82	10	766.20	10	907.62	10	11.3	1

城 市	第一产业增加值									
	2014 年		2015 年		2016 年		2017 年		2018 年	
	总量(亿元)	位 次	总量(亿元)	位 次	总量(亿元)	位 次	总量(亿元)	位 次	比上年增长(%)	位 次
全 区	2412.21		2565.97		2798.61		2906.87		5.6	–
南 宁	355.09	1	370.35	1	400.67	1	404.18	1	4.3	14
柳 州	157.12	7	168.42	7	180.15	7	189.54	7	4.9	12
桂 林	323.07	2	339.42	2	356.18	2	381.83	2	5.5	5
梧 州	119.58	12	122.37	12	131.30	12	136.41	12	5.9	2
北 海	151.36	8	159.43	8	175.09	8	190.54	6	5.7	4
防城港	70.84	14	75.75	14	80.88	14	89.27	14	6.0	1
钦 州	193.91	4	205.18	4	221.12	4	234.95	4	5.5	5
贵 港	160.82	5	173.98	5	190.21	5	193.65	5	5.4	7
玉 林	248.81	3	258.92	3	278.07	3	276.91	3	5.3	8
百 色	158.69	6	169.30	6	182.25	6	189.24	8	5.2	10
贺 州	97.99	13	103.14	13	111.77	13	115.76	13	5.2	10
河 池	137.27	10	140.81	10	150.83	10	158.96	11	5.3	8
来 宾	133.43	11	136.60	11	147.51	11	159.96	10	5.8	3
崇 左	147.37	9	155.25	9	167.69	9	181.25	9	4.4	13

续表 42

城市	第二产业增加值									
	2014 年		2015 年		2016 年		2017 年		2018 年	
	总量(亿元)	位次	总量(亿元)	位次	总量(亿元)	位次	总量(亿元)	位次	比上年增长(%)	位次
全区	7335.60		7694.74		8219.86		9297.84		4.3	–
南宁	1251.54	2	1345.66	1	1427.16	1	1599.50	1	2.2	12
柳州	1312.54	1	1300.11	2	1361.80	2	1487.08	2	2.6	11
桂林	865.05	3	900.98	3	939.48	3	791.94	3	4.9	10
梧州	646.06	4	623.96	5	681.52	4	785.71	5	−7.6	14
北海	454.51	7	450.13	7	516.14	7	668.66	7	6.5	7
防城港	340.36	8	353.00	9	386.26	10	421.23	10	7.2	6
钦州	338.94	9	381.75	8	481.89	8	625.01	8	1.4	13
贵港	325.51	10	348.50	10	393.20	9	465.86	9	11.7	2
玉林	591.66	5	635.83	4	665.11	5	734.14	6	5.6	8
百色	490.03	6	511.69	6	594.74	6	789.33	4	9.1	4
贺州	192.02	14	188.68	14	211.55	13	210.91	14	9.4	3
河池	205.27	13	200.01	13	199.82	14	231.49	13	7.4	5
来宾	228.21	12	218.05	12	219.95	12	250.08	12	5.2	9
崇左	277.45	11	274.61	11	310.69	11	398.20	11	14.6	1

城市	全部工业增加值									
	2014 年		2015 年		2016 年		2017 年		2018 年	
	总量(亿元)	位次	总量(亿元)	位次	总量(亿元)	位次	总量(亿元)	位次	比上年增长(%)	位次
全区	6065.34		6338.28		6764.13		8191.54		4.7	–
南宁	923.49	2	1000.37	2	1063.14	2	1189.89	2	1.6	13
柳州	1191.11	1	1174.93	1	1232.52	1	1345.13	1	2.4	11
桂林	717.27	3	745.22	3	772.81	3	609.71	6	5.2	9
梧州	595.31	4	572.62	4	629.19	4	729.57	3	−9.4	14
北海	407.80	7	401.25	7	464.42	7	612.00	5	7.0	7
防城港	298.41	8	310.52	8	340.88	9	369.45	10	8.4	5
钦州	250.57	10	278.17	10	363.22	8	487.18	8	2.3	12
贵港	270.65	9	285.89	9	319.38	10	378.53	9	12.9	3
玉林	479.54	5	509.64	5	521.11	5	564.86	7	5.6	8
百色	417.90	6	433.61	6	508.74	6	690.07	4	10.9	4
贺州	134.23	14	126.87	14	144.67	14	132.15	14	15.2	2
河池	152.08	13	147.14	13	147.09	13	168.58	13	8.2	6
来宾	173.67	12	158.59	12	160.92	12	183.98	12	4.6	10
崇左	232.64	11	226.38	11	257.13	11	334.52	11	17.1	1

续表 42

城市	第三产业增加值									
	2014 年		2015 年		2016 年		2017 年		2018 年	
	总量(亿元)	位次	总量(亿元)	位次	总量(亿元)	位次	总量(亿元)	位次	比上年增长(%)	位次
全区	5925.16		6542.41		7226.60		8191.54		9.4	–
南宁	1541.67	1	1694.08	1	1875.57	1	2115.15	1	7.8	12
柳州	738.85	2	830.10	2	934.99	2	1079.05	2	11.9	1
桂林	638.93	3	702.57	3	780.23	3	871.41	3	8.9	10
梧州	299.18	7	332.25	7	362.82	7	415.98	7	9.2	9
北海	250.15	10	282.52	9	316.05	9	370.64	9	11.7	2
防城港	177.74	13	191.98	13	208.98	13	231.12	13	8.2	11
钦州	322.12	5	357.49	5	399.04	5	449.86	5	10.2	6
贵港	319.07	6	342.72	6	375.34	6	422.68	6	10.5	4
玉林	501.27	4	551.37	4	610.73	4	688.49	4	10.0	7
百色	269.20	8	299.36	8	337.32	8	383.20	8	5.3	14
贺州	158.36	14	176.28	14	194.89	14	222.16	14	10.4	5
河池	258.85	9	277.21	10	306.53	10	344.15	10	6.2	13
来宾	189.59	12	203.05	12	221.66	12	253.65	12	9.9	8
崇左	224.90	11	252.96	11	287.82	11	328.17	11	11.7	2

城市	农林牧渔业总产值											
	2014 年		2015 年		2016 年		2017 年		2018 年			
	总量(亿元)	位次	总量(亿元)	位次	总量(亿元)	位次	总量(亿元)	位次	总量(亿元)	位次	比上年增长(%)	位次
全区												
南宁	609.33	1	638.81	1	689.03	1	704.72	1	725.27	1	4.5	14
柳州	274.16	6	288.27	6	310.29	6	324.67	6	334.01	3	5.1	12
桂林	514.05	2	543.88	2	577.40	2	609.44	2			5.5	7
梧州	202.21	12	208.74	12	225.90	12	231.98	12	234.00	10	5.8	3
北海	232.41	9	254.43	8	280.20	8	302.46	8	319.10	4	5.7	4
防城港	118.04	14	124.59	14	136.25	14	149.33	14	162.60	12	6.3	1
钦州	314.19	4	333.42	4	360.14	4	377.75	4	248.68	9	5.5	7
贵港	278.65	5	301.46	5	331.42	5	334.75	5	341.67	2	5.5	9
玉林	426.92	3	448.04	3	483.72	3	475.97	3			5.6	5
百色	257.50	7	275.49	7	298.22	7	307.56	7	316.17	5	5.2	11
贺州	157.65	13	166.40	13	181.29	13	186.38	13	190.93	11	5.4	10
河池	231.68	10	238.00	10	257.36	10	271.75	10	275.47	7	5.6	6
来宾	219.07	11	224.22	11	243.05	11	263.16	11	271.37	8	6.1	2
崇左	240.69	8	254.25	9	275.60	9	295.81	9	310.86	6	5.0	13

续表 42

城市	规模以上工业总产值									
	2014 年		2015 年		2016 年		2017 年		2018 年	
	总量(亿元)	位次	总量(亿元)	位次	总量(亿元)	位次	总量(亿元)	位次	比上年增长(%)	位次
全区	20460.30		22461.63		24524.33		27138.43		7.8	–
南宁	2872.85	2	3242.74	2	3537.05	2	3989.82	2	5.2	11
柳州	4308.68	1	4450.31	1	4685.11	1	5025.22	1	2.1	13
桂林	2116.65	3	2355.68	3	2521.04	3	1980.39	5	4.7	12
梧州	1917.18	4	2141.27	4	2310.03	4	2659.65	3	−4.3	14
北海	1597.86	5	1871.38	5	2180.74	5	2537.29	4	14.5	5
防城港	1138.20	8	1323.06	8	1501.24	8	1770.10	9	9.7	7
钦州	1291.44	7	1373.88	7	1524.14	7	1846.31	7	8.6	8
贵港	796.81	10	865.92	10	985.66	10	1182.25	10	22.6	2
玉林	1439.27	6	1590.49	6	1675.97	6	1901.38	6	7.3	10
百色	1110.38	9	1284.75	9	1480.63	9	1824.91	8	13.8	6
贺州	381.73	13	422.59	13	483.60	13	431.64	13	31.9	1
河池	374.33	14	376.43	14	340.80	14	403.05	14	14.8	4
来宾	517.70	12	505.44	12	526.81	12	611.11	12	8.6	8
崇左	584.21	11	657.69	11	747.06	11	938.86	11	18.3	3

城市	固定资产投资									
	2014 年		2015 年		2016 年		2017 年		2018 年	
	总量(亿元)	位次	总量(亿元)	位次	总量(亿元)	位次	总量(亿元)	位次	比上年增长(%)	位次
全区	13287.60		15654.95		17652.95		19908.27		10.8	–
南宁	2886.68	1	3366.89	1	3824.73	1	4307.95	1	11.8	8
柳州	1765.49	2	2050.55	2	2338.61	2	2697.20	2	15.4	5
桂林	1536.88	3	1837.32	3	2131.62	3	2234.24	3	14.6	7
梧州	876.04	6	1045.51	5	1168.51	5	1330.15	5	9.8	10
北海	786.16	7	920.37	7	1011.10	7	1099.68	7	8.0	11
防城港	478.31	12	526.15	12	600.14	12	672.77	12	−0.9	13
钦州	658.97	8	810.10	8	950.89	8	1088.85	8	11.7	9
贵港	547.17	10	689.67	10	841.69	9	983.81	9	19.8	1
玉林	1123.71	4	1332.12	4	1467.10	4	1689.33	4	14.7	6
百色	895.23	5	1022.05	6	1061.40	6	1226.41	6	−16.4	14
贺州	530.28	11	625.93	11	650.83	11	722.02	11	0.8	12
河池	343.22	14	395.69	14	404.02	13	453.20	13	15.4	4
来宾	431.18	13	449.07	13	370.91	14	432.16	14	18.2	3
崇左	548.64	9	691.57	9	831.41	10	970.50	10	18.3	2

续表 42

城市	社会消费品零售总额									
	2014 年		2015 年		2016 年		2017 年		2018 年	
	总量(亿元)	位次	总量(亿元)	位次	总量(亿元)	位次	总量(亿元)	位次	比上年增长(%)	位次
全区	5716.60		6348.06		7027.31		7813.03		9.3	–
南宁	1616.90	1	1786.68	1	1980.36	1	2204.16	1	9.0	10
柳州	858.20	2	944.11	2	1045.13	2	1155.64	2	9.6	4
桂林	682.87	3	751.96	3	836.45	3	928.12	3	9.5	7
梧州	328.30	6	364.93	6	395.95	6	445.87	6	9.5	9
北海	185.81	10	202.93	10	225.34	10	250.13	10	7.0	14
防城港	91.67	14	101.03	14	111.89	14	124.02	14	8.8	11
钦州	303.25	7	333.50	7	373.63	7	411.75	7	9.5	7
贵港	359.56	5	389.06	5	431.89	5	480.70	5	7.6	13
玉林	545.71	4	600.34	4	660.43	4	728.86	4	10.6	2
百色	201.06	9	221.18	9	246.84	9	277.35	9	8.2	12
贺州	133.63	12	146.94	11	160.98	11	178.85	12	9.7	3
河池	223.79	8	243.38	8	267.96	8	301.20	8	9.6	5
来宾	134.17	11	145.11	12	159.11	12	180.29	11	9.6	5
崇左	108.44	13	119.39	13	131.34	13	146.09	13	10.8	1

城市	进出口总额											
	2014 年		2015 年		2016 年		2017 年		2018 年			
	总量(万美元)	位次	总量	单位	总量	单位	总量(万元)	位次	总量(万元)	位次	比上年增长(%)	位次
全区	4055300		31903100	万元	31704215	万元	38663400		41067094	–	5.0	–
南宁	481410	4	3644564	万元	4162345	万元	6070900	3	7387917	2	21.7	4
柳州	226825	6	222657	万美元	1353756	万元	1722399	7	1730927	7	0.6	11
桂林	94327	8	573196	万元	590191	万元	704009	8	727554	8	3.9	9
梧州	124948	7	567181	万元	405743	万元	602406	9	508292	9	−15.6	13
北海	350016	5	379048	万美元	2047465	万元	2308562	5	3207537	4	38.9	3
防城港	546866	2	860140	万美元	5789124	万元	7685445	2	7214933	3	−0.6	12
钦州	533447	3	582738	万美元	442813	万美元	3404683	4	2273090	5	−33.2	14
贵港	30603	12	32258	万美元	187879	万元	238816	11	276015	12	15.3	6
玉林	44654	11	45092	万美元	267161	万元	339935	10	348593	10	3.1	10
百色	72845	9	164091	万美元	1380719	万元	1890278	6	2179662	6	16.3	5
贺州	17306	13	64120	万元	51915	万元	48443	14	98973	13	104.3	1
河池	47929	10	39168	万美元	181096	万元	195498	12	279816	11	43.1	2
来宾	10688	14	6722	万美元	58873	万元	77312	13	84037	14	8.7	7
崇左	1469407	1	2013277	万美元	1856300	万美元	13394020	1	14756902	1	6.4	8

说明：2015 年、2016 年海关进出口数因各市计量单位不同，故不予排位；崇左市与防城港市外贸进出口额自 2015 年起含互市贸易额

续表 42

城市	金融机构存款余额											
	2014年		2015年		2016年		2017年		2018年			
	总量(亿元)	位次	总量(亿元)	位次	总量(亿元)	位次	总量(亿元)	位次	总量(亿元)	位次	比上年增长(%)	位次
全区	20078.97		22566.96		25477.80		27899.64		29620.03	–	6.9	–
南宁	7064.49	1	8257.77	1	8901.72	1	9367.53	1	10093.13	1	7.8	6
柳州	2553.66	2	2807.12	2	3305.14	2	3700.55	2	3784.66	2	2.3	14
桂林	2269.76	3	2607.11	3	2979.80	3	3284.51	3	3470.12	3	6.3	9
梧州	853.32	7	918.23	7	1044.91	7	1133.48	7	1218.21	7	7.5	7
北海	699.52	10	748.49	10	815.63	10	938.84	10	1092.06	9	16.3	1
防城港	470.24	13	508.27	14	562.31	14	618.88	14	700.44	14	13.2	2
钦州	768.10	9	818.40	9	906.42	9	976.54	9	1066.51	10	9.2	4
贵港	905.75	5	972.95	5	1089.92	6	1262.28	5	1371.06	5	8.6	5
玉林	1302.45	4	1445.26	4	1636.12	4	1876.23	4	2059.52	4	9.8	3
百色	880.56	6	948.11	6	1111.76	5	1235.81	6	1273.24	6	3.0	13
贺州	459.85	14	535.32	12	615.07	12	724.80	12	771.43	12	6.4	8
河池	812.26	8	883.18	8	1001.37	8	1126.69	8	1170.04	8	3.8	11
来宾	494.84	12	528.09	13	606.68	13	702.47	13	724.20	13	3.1	12
崇左	561.55	11	606.78	11	699.48	11	784.81	11	825.41	11	5.2	10

城市	住户存款余额											
	2014年		2015年		2016年		2017年		2018年			
	总量(亿元)	位次	总量(亿元)	位次	总量(亿元)	位次	总量(亿元)	位次	总量(亿元)	位次	比上年增长(%)	位次
全区	10499.47											
南宁	2321.74	1	2700.37	1	2924.55	1	3176.69	1	3542.83	1	11.5	7
柳州	1061.01	3	1207.59	3	1313.64	3	1447.92	3	1621.01	3	12.0	5
桂林	1334.22	2	1564.00	2	1699.98	2	1820.69	2	2026.53	2	12.0	4
梧州	529.52	6	594.87	6	658.14	7	729.86	6	801.11	6	9.8	11
北海	432.53	10	483.45	10	524.15	10	578.55	10	653.75	10	13.0	2
防城港	272.87	14	289.11	14	320.34	14	341.84	14	387.53	14	13.4	1
钦州	486.35	9	529.10	9	586.01	9	652.17	9	722.82	9	10.8	8
贵港	659.96	5	733.37	5	817.33	5	912.82	5	1004.24	5	10.0	10
玉林	993.04	4	1127.09	4	1253.03	4	1379.83	4	1494.37	4	8.3	14
百色	528.67	7	583.36	7	659.95	6	729.01	7	799.00	7	9.6	13
贺州	284.53	13	328.04	12	378.75	12	424.11	12	477.56	12	12.6	3
河池	506.86	8	551.71	8	624.90	8	694.33	8	775.72	8	11.7	6
来宾	285.47	12	307.83	13	346.75	13	389.49	13	427.36	13	9.7	12
崇左	355.91	11	401.26	11	453.17	11	495.12	11	548.25	11	10.7	9

续表 42

城市	金融机构贷款余额											
	2014 年		2015 年		2016 年		2017 年		2018 年			
	总量(亿元)	位次	总量(亿元)	位次	总量(亿元)	位次	总量(亿元)	位次	总量(亿元)	位次	比上年增长(%)	位次
全区	15585.46		17656.76		20640.54		23226.14		26143.38	–	14.8	–
南宁	7091.46	1	8228.66	1	9423.79	1	10470.44	1	12052.13	1	15.1	6
柳州	1770.26	2	2032.08	2	2273.90	2	2459.49	2	2938.16	2	19.5	1
桂林	1389.55	3	1580.79	3	1862.14	3	2149.77	3	2485.14	3	15.8	4
梧州	620.27	6	665.61	6	721.92	6	787.52	7	869.29	7	10.4	11
北海	434.02	10	484.13	10	535.15	10	654.52	10	753.77	8	15.2	5
防城港	380.21	11	425.34	11	511.47	11	629.76	11	639.92	11	1.6	14
钦州	524.37	8	547.13	8	594.98	8	661.13	8	739.49	9	11.9	10
贵港	546.92	7	596.71	7	683.85	7	814.51	6	958.93	6	17.7	2
玉林	747.87	4	843.68	4	1014.94	4	1205.05	4	1412.20	4	17.2	3
百色	673.33	5	711.66	5	815.08	5	922.29	5	1013.37	5	9.9	12
贺州	279.00	14	310.13	14	370.36	14	454.68	13	521.07	13	14.6	7
河池	467.18	9	505.18	9	575.04	9	660.19	9	722.05	10	9.4	13
来宾	330.15	13	358.50	13	405.46	12	467.14	12	534.29	12	14.4	8
崇左	335.72	12	373.06	12	390.23	13	449.33	14	503.58	14	12.1	9

城市	财政收入											
	2014 年		2015 年		2016 年		2017 年		2018 年			
	总量(亿元)	位次	总量(亿元)	位次	总量(亿元)	位次	总量(亿元)	位次	总量(亿元)	位次	比上年增长(%)	位次
全区	2162.40		2332.96		2454.05		2604.21		2790.35		7.1	
南宁	526.59	1	572.48	1	613.83	1	687.98	1	753.20	1	9.5	6
柳州	316.55	2	343.81	2	370.16	2	403.82	2	436.22	2	8.0	7
桂林	195.18	3	209.19	3	223.76	3	239.54	3	257.01	3	7.3	9
梧州	122.42	7	123.74	7	127.59	7	121.09	8	121.77	8	0.6	14
北海	127.39	6	142.99	5	166.31	4	200.67	4	225.19	4	12.2	2
防城港	65.33	11	70.64	11	75.61	10	74.51	10	82.76	10	11.1	4
钦州	138.31	4	162.23	4	154.08	5	145.08	6	148.01	6	2.0	13
贵港	66.11	10	72.75	10	78.96	9	90.03	9	106.57	9	18.4	1
玉林	128.17	5	139.57	6	148.95	6	160.18	5	171.25	5	6.9	10
百色	108.70	8	114.51	8	123.22	8	135.05	7	145.87	7	8.0	8
贺州	40.60	14	47.14	14	50.90	13	53.11	13	58.16	12	9.5	5
河池	54.67	13	56.14	12	62.24	11	69.45	11	77.54	11	11.7	3
来宾	58.11	12	50.02	13	49.60	14	48.25	14	50.73	14	5.2	11
崇左	73.16	9	75.15	9	58.20	12	55.25	12	57.58	13	4.2	12

续表 42

城　市	一般公共预算收入											
	2014 年		2015 年		2016 年		2017 年		2018 年			
	总量（亿元）	位　次	总量（亿元）	位　次	总量（亿元）	位　次	总量（亿元）	位　次	总量（亿元）	位　次	比上年增长(%)	位　次
全　区	1422.05		1515.08		1556.24		1615.03		1681.48		4.1	
南　宁	274.85	1	297.05	1	312.76	1	332.15	1	358.96	1	8.1	4
柳　州	133.16	2	146.68	2	159.16	2	179.79	2	193.78	2	7.8	5
桂　林	123.89	3	134.53	3	145.33	3	144.16	3	150.85	3	4.6	7
梧　州	90.45	4	92.37	5	95.61	5	84.55	5	79.96	6	−5.4	12
北　海	47.25	9	47.61	10	50.07	8	64.34	7	71.64	7	11.3	2
防城港	45.45	10	52.05	7	55.65	7	47.60	10	43.98	10	−7.6	13
钦　州	47.64	8	50.34	8	49.50	9	52.81	8	54.10	9	2.5	9
贵　港	36.45	12	42.57	11	47.62	10	50.41	9	57.22	8	13.5	1
玉　林	88.81	5	97.16	4	104.81	4	105.55	4	106.13	4	0.5	11
百　色	70.91	6	72.98	6	79.48	6	82.50	6	84.72	5	2.7	8
贺　州	24.41	14	28.97	14	32.42	13	30.89	13	32.50	12	5.2	6
河　池	29.93	13	31.45	12	33.36	12	36.22	11	39.93	11	10.2	3
来　宾	37.95	11	30.29	13	30.32	14	27.64	14	28.04	14	1.5	10
崇　左	48.40	7	50.12	9	40.76	11	34.07	12	31.05	13	−8.8	14

城　市	一般公共预算支出											
	2014 年		2015 年		2016 年		2017 年		2018 年			
	总量（亿元）	位　次	总量（亿元）	位　次	总量（亿元）	位　次	总量（亿元）	位　次	总量（亿元）	位　次	比上年增长(%)	位　次
全　区	3455.44		4076.42		4472.48		4912.89		5310.89		8.2	
南　宁	465.77	1	527.70	1	587.07	1	646.31	1	697.93	1	8.0	8
柳　州	261.11	4	308.64	4	339.62	4	374.28	4	424.38	3	13.4	2
桂　林	304.43	2	356.04	2	399.70	2	434.71	2	455.72	2	5.0	11
梧　州	184.05	7	214.55	7	228.26	7	242.15	7	261.82	8	8.1	7
北　海	104.97	13	131.76	14	150.06	13	157.54	13	175.55	13	11.4	4
防城港	97.52	14	136.94	13	127.07	14	122.16	14	127.20	14	5.6	10
钦　州	141.27	10	192.54	8	200.08	10	205.94	10	222.08	10	8.2	6
贵　港	146.84	9	186.68	9	212.12	8	233.82	8	263.92	7	12.8	3
玉　林	229.10	5	285.76	5	318.09	5	351.63	5	367.96	5	4.9	12
百　色	261.13	3	310.99	3	340.28	3	376.52	3	393.33	4	3.6	13
贺　州	118.32	12	154.75	11	163.88	11	181.60	11	194.77	11	8.2	5
河　池	222.24	6	259.12	6	290.68	6	328.92	6	352.09	6	7.0	9
来　宾	129.05	11	139.33	12	159.61	12	179.78	12	183.33	12	2.9	14
崇　左	155.51	8	185.10	10	204.88	9	221.62	9	258.12	9	16.5	1

城　市	居民消费价格总指数											
	2014 年		2015 年		2016 年		2017 年		2018 年			
	指　数	位　次	指　数	位　次	指　数	位　次	指　数	位　次	指　数	位　次	比上年增长(%)	位次
全　区	102.1		101.9		101.6		101.6		102.3		2.3	

续表 42

城市	居民消费价格总指数											
	2014年		2015年		2016年		2017年		2018年			
	指数	位次	指数	位次	指数	位次	指数	位次	指数	位次	比上年增长(%)	位次
南宁	101.6	13	101.9	1	101.4	7	102.3	3	102.5	4	2.5	4
柳州	102.6	3	101.7	5	101.8	4	101.3	14	102.5	3	2.5	3
桂林	102.0	10	101.9	3	102.3	2	101.6	8	102.2	9	2.2	9
梧州	102.1	9	101.0	11	101.2	10	102.3	3	102.3	8	2.3	8
北海	102.8	1	100.4	13	101.1	11	102.9	1	101.4	14	1.4	14
防城港	102.6	3	101.1	9	101.1	11	102.7	2	103.4	1	3.4	1
钦州	102.5	6	101.1	9	101.6	5	102.1	6	102.2	9	2.2	9
贵港	101.8	12	101.4	7	101.2	9	101.6	7	103.0	2	3.0	2
玉林	102.6	3	101.7	5	102.4	1	102.2	5	102.2	9	2.2	9
百色	102.3	8	101.9	1	101.1	11	101.4	10	102.5	4	2.5	4
贺州	101.9	11	101.8	4	101.4	7	101.4	10	102.5	4	2.5	4
河池	102.8	1	100.7	12	101.0	14	101.4	10	102.5	4	2.5	4
来宾	101.5	14	101.2	8	102.0	3	101.4	10	101.9	12	1.9	12
崇左	102.4	7	100.4	13	101.6	5	101.6	8	101.7	13	1.7	13

城市	全体居民人均可支配收入							
	2016年		2017年		2018年			
	总量(元)	位次	总量(元)	位次	总量(元)	位次	比上年增长(%)	位次
全区	18305		19905		21485		7.9	
南宁	22862	2	24984	2	26798	2	7.3	13
柳州	23009	1	25075	1	27041	1	7.8	9
桂林	20543	6	22480	5	24289	5	8.0	5
梧州	18657	7	20330	8	21936	7	7.9	8
北海	21467	4	23536	4	25374	4	7.8	9
防城港	21841	3	23916	3	25824	3	8.0	5
钦州	17765	9	19215	10	20749	10	8.0	2
贵港	18642	8	20344	7	21894	8	7.6	11
玉林	20726	5	22371	6	24041	6	7.5	12
百色	15340	13	16841	13	18065	13	7.3	13
贺州	16940	11	18590	11	20160	11	8.4	3
河池	13175	14	14529	14	15865	14	9.2	1
来宾	17607	10	19269	9	20844	9	8.2	4
崇左	15897	12	17541	12	19140	12	9.1	2

城市	城镇居民人均可支配收入											
	2014年		2015年		2016年		2017年		2018年			
	总量(元)	位次	总量(元)	位次	总量(元)	位次	总量(元)	位次	总量(元)	位次	比上年增长(%)	位次
全区	24669		26416		28234		30502		32436		6.3	
南宁	27075	1	29106	1	30728	1	33217	1	35276	1	6.2	10

续表 42

城市	城镇居民人均可支配收入											
	2014 年		2015 年		2016 年		2017 年		2018 年			
	总量(元)	位次	总量(元)	位次	总量(元)	位次	总量(元)	位次	总量(元)	位次	比上年增长(%)	位次
柳州	26693	3	28722	4	30270	2	32661	2	34849	2	6.7	5
桂林	26811	2	28768	3	30124	3	32534	3	34649	3	6.5	7
梧州	24272	9	25898	9	27260	9	29359	9	31209	9	6.3	9
北海	25818	6	27729	6	29412	6	31912	6	33954	6	6.4	8
防城港	26523	5	28433	5	29758	5	32079	5	34325	4	7.0	3
钦州	25425	7	27281	7	29360	7	31415	7	33488	7	6.6	6
贵港	23262	12	24890	12	26771	12	28806	13	30506	13	5.9	12
玉林	26681	4	28842	2	30083	4	32159	4	33960	5	5.6	13
百色	23282	11	24958	11	26919	10	29126	10	30611	12	5.1	14
贺州	23590	10	25194	10	26883	11	28899	11	30864	11	6.8	4
河池	21363	14	22752	14	23660	14	25647	14	27468	14	7.1	2
来宾	25401	8	27077	8	28962	8	31047	8	32910	8	6.0	11
崇左	23184	13	24668	13	26605	13	28813	12	30916	10	7.3	1

城市	农村居民人均可支配收入											
	2014 年 *		2015 年		2016 年		2017 年		2018 年			
	总量(元)	位次	总量(元)	位次	总量(元)	位次	总量(元)	位次	总量(元)	位次	比上年增长(%)	位次
全区	7565		9467		10359		11325		12435		9.8	
南宁	8576	8	9408★	8	11398	6	12515	6	13654	6	9.1	12
柳州	8606	7	9449★	7	11107	7	12151	7	13451	7	10.7	2
桂林	9431	2	10365★	2	12176	2	13345	3	14626	2	9.6	10
梧州	8342	7	9051★	9	10142	9	11085	9	12238	9	10.4	4
北海	9079	5	9923★	5	11622	4	12749	4	13998	4	9.8	9
防城港	9524	1	10429★	1	12113	3	13373	2	14617	3	9.3	11
钦州	8892	6	9710★	6	10947	8	11801	8	12816	8	8.6	14
贵港	9131	4	10017★	4	11572	5	12544	5	13786	5	9.9	8
玉林	9314	3	10292★	3	12590	1	13597	1	14984	1	10.2	5
百色	6145	13	6766★	13	9348	13	10171	13	11086	13	9.0	13
贺州	7337	12	8056★	12	9552	12	10498	14	11548	12	10.0	7
河池	5723	14	6164★	14	7509	14	8260	14	9177	14	11.1	1
来宾	7751	10	8379★	10	9820	10	10674	11	11752	11	10.1	6
崇左	7707	11	8308★	11	9801	11	10860	10	12000	10	10.5	3

说明：带“★”数据统计口径为农村居民人均纯收入，与农村居民人均可支配收入的统计口径不同

表 43 2018 年全国 37 个大中城市综合经济竞争力

城市	经济竞争力		综合增量竞争力		综合效率竞争力	
	指数	排名	指数	排名	指数	排名
南宁	0.072	31	0.186	27	0.005	35
深圳	0.667	1	0.853	3	0.523	1
上海	0.419	2	0.955	2	0.207	2
广州	0.306	3	0.764	5	0.132	3
北京	0.259	4	1.000	1	0.073	8
苏州	0.222	5	0.521	8	0.091	6
南京	0.200	6	0.480	9	0.077	7
武汉	0.195	7	0.562	7	0.063	9
无锡	0.183	8	0.272	19	0.101	4
成都	0.155	9	0.579	6	0.032	17
天津	0.153	10	0.364	13	0.051	10
厦门	0.148	11	0.160	28	0.095	5
杭州	0.144	12	0.474	10	0.032	16
长沙	0.144	13	0.416	11	0.038	14
郑州	0.142	14	0.354	14	0.043	11
青岛	0.142	15	0.381	12	0.040	13
宁波	0.131	16	0.302	16	0.040	12
重庆	0.130	17	0.827	4	0.007	31
济南	0.115	18	0.251	20	0.034	15
合肥	0.108	19	0.303	15	0.021	21
西安	0.107	20	0.278	18	0.023	20
福州	0.103	21	0.285	17	0.019	23
南昌	0.096	22	0.203	26	0.023	19
石家庄	0.089	23	0.222	23	0.014	26
贵阳	0.087	24	0.215	25	0.014	27
长春	0.087	25	0.236	21	0.011	28
沈阳	0.080	26	0.128	30	0.021	22
昆明	0.079	27	0.216	24	0.007	30
大连	0.076	28	0.100	34	0.023	18
哈尔滨	0.076	29	0.223	22	0.004	37
太原	0.073	30	0.122	32	0.015	25
呼和浩特	0.068	32	0.135	29	0.008	29
海口	0.068	33	0.088	36	0.017	24

续表 43

城 市	经济竞争力		综合增量竞争力		综合效率竞争力	
	指 数	排 名	指 数	排 名	指 数	排 名
兰 州	0.064	34	0.125	31	0.006	34
乌鲁木齐	0.063	35	0.111	33	0.006	33
银 川	0.060	36	0.097	35	0.007	32
西 宁	0.056	37	0.081	37	0.005	36

表 44 2018 年全国 37 个大中城市宜居竞争力

城 市	宜居竞争力		优质的教育环境	健康的医疗环境	安全的社会环境	绿色的生态环境	舒适的居住环境	便捷的基础设施	活跃的经济环境
	指 数	排 名	排 名	排 名	排 名	排 名	排 名	排 名	排 名
南 宁	0.540	31	25	34	37	6	9	33	29
无 锡	0.780	1	15	31	9	19	2	1	9
杭 州	0.741	2	23	4	16	15	19	6	4
广 州	0.732	3	12	9	33	5	16	16	5
南 京	0.732	4	10	18	2	10	33	22	6
深 圳	0.708	5	16	16	30	2	37	7	7
宁 波	0.707	6	24	33	25	11	7	2	8
厦 门	0.704	7	3	28	29	3	34	15	10
上 海	0.703	8	2	21	31	8	30	10	2
北 京	0.703	9	1	7	18	17	35	12	3
长 沙	0.702	10	8	8	21	22	3	27	11
武 汉	0.701	11	6	5	28	20	13	9	14
苏 州	0.697	12	28	37	6	18	18	5	1
大 连	0.696	13	5	25	3	9	21	34	19
济 南	0.692	14	27	6	1	32	10	14	13
青 岛	0.688	15	30	20	15	7	29	3	12
成 都	0.674	16	11	3	26	21	5	18	21
沈 阳	0.666	17	9	15	10	25	15	29	17
南 昌	0.648	18	34	11	19	12	1	30	24
福 州	0.644	19	31	30	22	4	24	19	18
呼和浩特	0.623	20	20	19	14	27	17	25	15
昆 明	0.615	21	21	23	32	13	11	28	20
合 肥	0.610	22	19	29	4	24	31	32	22
天 津	0.607	23	4	32	13	31	32	8	16
海 口	0.586	24	36	14	36	1	36	4	28
郑 州	0.584	25	22	13	8	35	12	26	26
太 原	0.580	26	13	1	23	33	27	13	35
贵 阳	0.564	27	18	12	34	14	8	24	34

续表 44

城市	宜居竞争力		优质的教育环境	健康的医疗环境	安全的社会环境	绿色的生态环境	舒适的居住环境	便捷的基础设施	活跃的经济环境
	指数	排名	排名	排名	排名	排名	排名	排名	排名
西安	0.561	28	7	22	27	34	14	21	23
哈尔滨	0.561	29	17	17	11	30	26	37	27
银川	0.559	30	29	26	24	26	4	17	31
乌鲁木齐	0.539	32	26	2	20	36	22	11	25
重庆	0.538	33	33	35	5	23	6	36	33
长春	0.478	34	14	27	7	16	28	35	37
兰州	0.462	35	32	24	35	28	20	20	32
西宁	0.449	36	35	10	12	29	25	31	36
石家庄	0.355	37	37	36	17	37	23	23	30

表 45 2018 年全国 37 个大中城市可持续竞争力

城市	可持续竞争力		知识城市竞争力	和谐城市竞争力	生态城市竞争力	文化城市竞争力	全域城市竞争力	信息城市竞争力
	指数	排名	排名	排名	排名	排名	排名	排名
南宁	0.395	33	30	37	7	32	32	34
北京	0.846	1	1	2	9	1	4	2
上海	0.834	2	2	15	4	2	1	1
深圳	0.706	3	3	12	3	33	12	3
广州	0.677	4	6	22	6	9	9	4
杭州	0.674	5	5	17	14	4	3	7
南京	0.666	6	7	9	10	3	8	15
成都	0.625	7	4	26	15	5	14	6
苏州	0.622	8	9	5	30	20	2	10
青岛	0.618	9	12	6	2	17	21	8
大连	0.601	10	27	1	1	31	16	16
厦门	0.597	11	18	10	5	28	15	5
武汉	0.572	12	11	23	19	7	13	11
重庆	0.571	13	8	3	27	24	11	23
济南	0.560	14	15	4	29	8	23	20
天津	0.551	15	22	21	24	14	6	13
宁波	0.544	16	13	25	26	22	7	9
无锡	0.540	17	17	20	21	23	5	18
郑州	0.530	18	16	14	31	10	20	17
长沙	0.527	19	19	28	17	12	10	27
西安	0.525	20	10	35	13	6	31	12
沈阳	0.520	21	26	8	23	15	22	22
长春	0.517	22	21	7	11	21	27	33

续表 45

城 市	可持续竞争力		知识城市竞争力	和谐城市竞争力	生态城市竞争力	文化城市竞争力	全域城市竞争力	信息城市竞争力
	指 数	排 名	排 名	排 名	排 名	排 名	排 名	排 名
合 肥	0.510	23	14	11	12	34	19	30
太 原	0.485	24	29	24	32	16	18	14
南 昌	0.464	25	28	29	18	11	28	32
福 州	0.463	26	23	31	20	18	25	19
哈尔滨	0.457	27	20	13	28	19	24	36
银 川	0.453	28	36	18	16	25	29	28
昆 明	0.444	29	24	32	25	13	33	24
呼和浩特	0.431	30	34	27	8	27	30	35
海 口	0.409	31	32	30	22	26	35	21
乌鲁木齐	0.406	32	35	16	34	36	17	25
兰 州	0.360	34	25	36	33	30	37	29
贵 阳	0.338	35	31	34	35	35	26	26
石家庄	0.327	36	33	33	36	29	34	31
西 宁	0.287	37	37	19	37	37	36	37

表 46

2018 年全国 37 个城市宜商竞争力

城 市	宜商城市竞争力		当地要素	当地需求	软件环境	硬件环境	对外联系
	指 数	排 名	排 名	排 名	排 名	排 名	排 名
南 宁	0.453	31	35	28	26	23	31
北 京	0.934	1	1	2	4	20	1
上 海	0.833	2	4	1	32	6	2
深 圳	0.776	3	2	4	23	10	6
广 州	0.741	4	11	3	33	3	4
南 京	0.718	5	3	11	11	13	10
杭 州	0.705	6	5	8	21	8	8
天 津	0.704	7	9	7	6	16	12
重 庆	0.694	8	24	6	10	18	5
青 岛	0.689	9	19	12	5	2	13
成 都	0.669	10	15	9	24	29	3
苏 州	0.649	11	7	5	15	17	18
大 连	0.645	12	20	19	7	5	14
厦 门	0.641	13	8	26	18	11	9
西 安	0.634	14	6	21	17	31	7
济 南	0.631	15	14	16	1	19	28
无 锡	0.611	16	18	15	16	4	22

续表 46

城市	宜商城市竞争力		当地要素	当地需求	软件环境	硬件环境	对外联系
	指数	排名	排名	排名	排名	排名	排名
合肥	0.597	17	13	22	2	25	30
郑州	0.593	18	12	18	13	32	11
武汉	0.588	19	10	10	27	21	15
宁波	0.583	20	17	13	36	1	17
沈阳	0.571	21	27	17	14	12	20
长沙	0.538	22	16	14	30	14	32
长春	0.515	23	26	32	3	28	29
海口	0.509	24	28	35	12	15	25
福州	0.503	25	29	20	35	9	24
昆明	0.478	26	30	24	20	35	16
南昌	0.477	27	25	27	29	22	26
石家庄	0.475	28	31	25	9	36	27
太原	0.464	29	21	33	19	34	19
哈尔滨	0.461	30	23	23	28	27	33
呼和浩特	0.425	32	36	29	25	7	37
银川	0.412	33	33	36	22	26	35
贵阳	0.405	34	32	31	31	24	34
兰州	0.373	35	22	34	37	33	21
乌鲁木齐	0.369	36	34	30	8	37	23
西宁	0.255	37	37	37	34	30	36

表 47 2018 年度全国部分西部省会城市综合经济竞争力

城市	经济竞争力		综合增量竞争力		综合效率竞争力	
	指数	排名	指数	排名	指数	排名
南宁	0.072	5	0.186	5	0.005	9
成都	0.155	1	0.579	1	0.032	1
西安	0.107	2	0.278	2	0.023	2
贵阳	0.087	3	0.215	4	0.014	3
昆明	0.079	4	0.216	3	0.007	5
呼和浩特	0.068	6	0.135	6	0.008	4
兰州	0.064	7	0.125	7	0.006	8
乌鲁木齐	0.063	8	0.111	8	0.006	7
银川	0.060	9	0.097	9	0.007	6
西宁	0.056	10	0.081	10	0.005	10

表 48 2018 年全国部分西部省会城市宜居竞争力

城市	宜居竞争力		优质的教育环境	健康的医疗环境	安全的社会环境	绿色的生态环境	舒适的居住环境	便捷的基础设施	活跃的经济环境
	指数	排名	排名	排名	排名	排名	排名	排名	排名
南宁	0.540	7	6	10	10	1	4	10	6
成都	0.674	1	2	2	5	4	2	3	3
呼和浩特	0.623	2	4	5	2	6	7	7	1
昆明	0.615	3	5	7	7	2	5	8	2
贵阳	0.564	4	3	4	8	3	3	6	9
西安	0.561	5	1	6	6	9	6	5	4
银川	0.559	6	8	9	4	5	1	2	7
乌鲁木齐	0.539	8	7	1	3	10	9	1	5
兰州	0.462	9	9	8	9	7	8	4	8
西宁	0.449	10	10	3	1	8	10	9	10

表 49 2018 年全国部分西部省会城市可持续竞争力

城市	可持续竞争力		知识城市竞争力	和谐城市竞争力	生态城市竞争力	文化城市竞争力	全域城市竞争力	信息城市竞争力
	指数	排名	排名	排名	排名	排名	排名	排名
南宁	0.395	7	5	10	1	7	7	8
成都	0.625	1	1	4	4	1	1	1
西安	0.525	2	2	8	3	2	6	2
银川	0.453	3	9	2	5	4	4	6
昆明	0.444	4	3	6	6	3	8	3
呼和浩特	0.431	5	7	5	2	5	5	9
乌鲁木齐	0.406	6	8	1	8	9	2	4
兰州	0.360	8	4	9	7	6	10	7
贵阳	0.338	9	6	7	9	8	3	5
西宁	0.287	10	10	3	10	10	9	10

表 50 2018 年全国部分西部省会城市宜商竞争力

城市	宜商城市竞争力		当地要素	当地需求	软件环境	硬件环境	对外联系
	指数	排名	排名	排名	排名	排名	排名
南宁	0.453	4	8	4	7	2	6
成都	0.669	1	2	1	5	5	1

续表 50

城市	宜商城市竞争力		当地要素	当地需求	软件环境	硬件环境	对外联系
	指数	排名	排名	排名	排名	排名	排名
西安	0.634	2	1	2	2	7	2
昆明	0.478	3	4	3	3	9	3
呼和浩特	0.425	5	9	5	6	1	10
银川	0.412	6	6	9	4	4	8
贵阳	0.405	7	5	7	8	3	7
兰州	0.373	8	3	8	10	8	4
乌鲁木齐	0.369	9	7	6	1	10	5
西宁	0.255	10	10	10	9	6	9

表 51　2018 年广西壮族自治区城市综合经济竞争力

城市	经济竞争力		综合增量竞争力		综合效率竞争力	
	指数	排名	指数	排名	指数	排名
南宁	0.072	1	0.186	1	0.005	2
柳州	0.063	2	0.124	2	0.004	3
北海	0.061	3	0.085	5	0.010	1
桂林	0.057	4	0.106	3	0.002	8
玉林	0.054	5	0.087	4	0.002	6
梧州	0.052	6	0.078	8	0.002	5
钦州	0.052	7	0.079	7	0.002	7
百色	0.051	8	0.079	6	0.001	13
防城港	0.050	9	0.059	11	0.004	4
贵港	0.049	10	0.066	9	0.001	9
崇左	0.048	11	0.060	10	0.001	10
贺州	0.045	12	0.049	12	0.001	12
河池	0.044	13	0.047	13	0.000	14
来宾	0.043	14	0.043	14	0.001	11

表 52　2018 年广西壮族自治区城市宜居竞争力

城市	宜居竞争力		优质的教育环境	健康的医疗环境	安全的社会环境	绿色的生态环境	舒适的居住环境	便捷的基础设施	活跃的经济环境
	指数	排名	排名	排名	排名	排名	排名	排名	排名
南宁	0.540	1	1	1	13	2	13	14	1

续表 52

城 市	宜居竞争力		优质的教育环境	健康的医疗环境	安全的社会环境	绿色的生态环境	舒适的居住环境	便捷的基础设施	活跃的经济环境
	指 数	排 名	排 名	排 名	排 名	排 名	排 名	排 名	排 名
桂 林	0.480	2	2	3	10	6	11	12	3
柳 州	0.388	3	3	2	14	9	14	13	2
钦 州	0.379	4	4	5	12	4	7	10	7
北 海	0.348	5	10	6	5	3	3	6	6
玉 林	0.326	6	6	10	11	5	8	3	4
防城港	0.303	7	13	11	3	10	5	1	5
来 宾	0.297	8	12	9	4	13	1	2	8
梧 州	0.282	9	8	7	2	7	4	7	9
百 色	0.260	10	5	4	6	12	12	9	10
河 池	0.250	11	7	8	1	8	6	8	14
贺 州	0.209	12	9	14	9	11	2	4	11
崇 左	0.163	13	11	12	7	1	10	11	13
贵 港	0.114	14	14	13	8	14	9	5	12

表 53 2018 年广西壮族自治区城市可持续竞争力

城 市	可持续竞争力		知识城市竞争力	和谐城市竞争力	生态城市竞争力	文化城市竞争力	全域城市竞争力	信息城市竞争力
	指 数	排 名	排 名	排 名	排 名	排 名	排 名	排 名
南 宁	0.395	1	1	10	2	2	1	4
桂 林	0.340	2	2	11	3	1	3	8
柳 州	0.318	3	3	7	6	3	2	6
北 海	0.275	4	8	12	4	4	4	3
河 池	0.224	5	10	1	8	6	14	10
梧 州	0.223	6	5	2	7	5	6	9
崇 左	0.210	7	11	13	1	10	11	2
钦 州	0.199	8	7	4	5	11	8	5
百 色	0.194	9	4	6	9	7	10	7
防城港	0.134	10	12	3	12	12	7	1
贺 州	0.103	11	6	5	11	8	12	13
玉 林	0.096	12	9	14	10	9	5	11
来 宾	0.026	13	14	8	13	13	13	14
贵 港	0.000	14	13	9	14	14	9	12

表 54　2018 年广西壮族自治区城市宜商竞争力

城　市	宜商城市竞争力		当地要素	当地需求	软件环境	硬件环境	对外联系
	指　数	排　名	排　名	排　名	排　名	排　名	排　名
南　宁	0.453	1	1	1	11	1	1
钦　州	0.313	2	10	5	2	3	4
北　海	0.311	3	4	7	7	5	2
桂　林	0.297	4	2	3	13	6	6
柳　州	0.296	5	3	4	6	9	8
河　池	0.232	6	11	14	1	12	10
梧　州	0.223	7	7	9	3	11	9
崇　左	0.192	8	14	13	10	4	5
贺　州	0.191	9	6	12	4	8	13
百　色	0.187	10	5	10	9	14	7
防城港	0.179	11	8	11	14	2	3
来　宾	0.174	12	12	6	5	7	14
玉　林	0.159	13	9	2	12	10	12
贵　港	0.129	14	13	8	8	13	11

说明:《城市竞争力》中的数据来源于中国社会科学院出版的《中国城市竞争力报告 No.17 住房,关系国与家》一书

表 55　《南宁政报》2018 年总目录

类　别	文　件	发文字号	期　数	页　码
政府工作报告	2018 年 1 月 13 日在南宁市第十四届人民代表大会第三次会议上　　市长周红波		2	1
政府令	南宁市人民政府关于废止部分规章的决定	第 5 号	1	1
	南宁市人民政府关于修改《南宁市已购公有住房上市出售管理办法》的决定	第 6 号	2	21
	南宁市公共租赁住房保障办法	第 7 号	2	24
	南宁市建设工程施工现场管理若干规定	第 8 号	20	1
	南宁市人民政府关于委托广西南宁五象新区规划建设管理委员会行使有关行政管理权的决定	第 9 号	23	1
	南宁市人民政府关于废止《南宁市建设工程造价管理办法》和《南宁市河道采砂管理办法》的决定	第 10 号	24	1
南府规	南宁市人民政府关于印发南宁市全民健身和全民健康深度融合试点工作实施方案的通知	南府规〔2017〕41 号	1	1
	南宁市人民政府关于宣布失效一批文件的决定	南府规〔2017〕42 号	5	1

续表 55

类 别	文 件	发文字号	期 数	页 码
南府规	南宁市人民政府关于宣布失效一批文件的决定	南府规〔2017〕42号	6	1
	南宁市人民政府关于公布继续有效的2017年6月30日以前制定的规范性文件目录的通知	南府规〔2017〕43号	2	30
	南宁市人民政府关于加强石油天然气管道保护工作的意见	南府规〔2018〕1号	1	14
	南宁市人民政府关于印发南宁市相对集中行政许可和事中事后监督管理暂行办法的通知	南府规〔2018〕2号	2	47
	南宁市人民政府关于进一步贯彻落实南宁市无偿献血奖励办法“三免奖励”政策的通知	南府规〔2018〕3号	4	1
	南宁市人民政府关于加快推进快递行业持续健康发展的实施意见	南府规〔2018〕4号	4	3
	南宁市人民政府关于印发南宁市国际友好城市留学生奖学金管理办法的通知	南府规〔2018〕5号	7	1
	南宁市人民政府关于印发南宁市房屋建筑和市政基础设施工程总承包管理实施细则(试行)的通知	南府规〔2018〕6号	7	3
	南宁市人民政府关于印发南宁市“零星地块”协议出让管理办法的通知	南府规〔2018〕7号	7	8
	南宁市人民政府关于加强市区排水设施规划建设管理工作的实施意见	南府规〔2018〕8号	8	1
	南宁市人民政府关于调整南宁市市区城镇土地使用税年税额标准的通告	南府规〔2018〕9号	8	4
	南宁市人民政府关于进一步降低实体经济企业成本的若干意见	南府规〔2018〕10号	10	5
	南宁市人民政府关于印发南宁市资助社会科学研究项目实施办法(修订)的通知	南府规〔2018〕11号	10	7
	南宁市人民政府关于2018年高考中考期间严格控制环境噪声污染的通告	南府规〔2018〕12号	10	9
	南宁市人民政府关于印发支持五象新区总部基地金融街商业开业暂行办法的通知	南府规〔2018〕13号	11	1
	南宁市人民政府关于印发南宁市与茂名市扶贫协作优惠政策的通知	南府规〔2018〕14号	11	2
	南宁市人民政府关于国有土地上房屋征收补偿奖励政策有关问题的补充通知	南府规〔2018〕15号	12	1
	南宁市人民政府关于印发南宁市海绵城市规划建设管理暂行办法的通知	南府规〔2018〕16号	12	2
	南宁市人民政府关于做好中小学生校内课后服务工作的实施意见	南府规〔2018〕17号	13	1
	南宁市人民政府关于提高城乡居民最低生活保障标准的通知	南府规〔2018〕18号	15	1
	南宁市人民政府关于印发南宁市国有建设用地使用权二级市场交易管理办法(试行)的通知	南府规〔2018〕19号	15	1
	南宁市人民政府关于印发加快南宁市人力资源服务业发展实施办法的通知	南府规〔2018〕20号	16	7
	南宁市人民政府关于印发提升自主创新能力促进产业优化升级发展若干政策措施的通知	南府规〔2018〕21号	16	10
	南宁市人民政府关于印发南宁市新型产业技术研究机构建设与资助管理办法的通知	南府规〔2018〕22号	17	1
	南宁市人民政府关于印发促进南宁高新技术产业开发区创新发展若干措施的通知	南府规〔2018〕23号	18	1
	南宁市人民政府关于依法严厉打击传销行为的通告	南府规〔2018〕24号	18	3
	南宁市人民政府关于调整南宁市社会保险费率的通知	南府规〔2018〕25号	18	5
	南宁市人民政府关于促进工业企业技术改造若干政策的意见	南府规〔2018〕26号	19	1
	南宁市人民政府关于印发南宁市储备粮管理办法的通知	南府规〔2018〕27号	19	2
	南宁市人民政府关于印发房改住房底层封闭架空层出售问题的通知	南府规〔2018〕28号	20	6
	南宁市人民政府关于印发南宁市实行投资项目审批简化若干措施的通知	南府规〔2018〕29号	22	1
	南宁市人民政府关于废止《南宁市科学技术奖励办法》的通知	南府规〔2018〕30号	22	2
	南宁市人民政府关于切实盘活闲置和低效工业用地的通知	南府规〔2018〕31号	22	3

续表 55

类别	文件	发文字号	期数	页码
南府规	南宁市人民政府关于废止《南宁市华侨农林场住房制度改革实施方案》的通知	南府规〔2018〕32 号	23	3
	南宁市人民政府关于印发南宁市举报传销奖励办法的通知	南府规〔2018〕33 号	23	3
	南宁市人民政府关于调整完善我市新能源汽车地方财政补贴政策的通知	南府规〔2018〕34 号	24	1
	南宁市人民政府关于印发南宁市测绘地理信息管理办法(试行)的通知	南府规〔2018〕35 号	24	2
	南宁市人民政府关于印发加强已出让土地调整土地使用条件管理有关问题的通知	南府规〔2018〕36 号	24	6
南办发	中共南宁市委南宁市人民政府关于深化投融资体制改革的实施意见	南办发〔2018〕2 号	2	15
	中共南宁市委办公厅南宁市人民政府办公厅关于印发《南宁市关于落实食品安全党政同责的实施意见》的通知	南办发〔2018〕37 号	9	18
	中共南宁市委办公厅南宁市人民政府办公厅关于印发《南宁市湖泊湖长名单》的通知	南办发〔2018〕47 号	12	5
	中共南宁市委办公厅南宁市人民政府办公厅关于废止《南宁市文明村镇、文明社区、文明单位评选表彰管理办法》的通知	南办发〔2018〕48 号	12	8
	中共南宁市委办公厅南宁市人民政府办公厅关于表扬 2017 年度南宁市优秀改革创新项目的通报	南办发〔2018〕58 号	14	1
	中共南宁市委办公厅南宁市人民政府办公厅印发《关于支持青年人才留邕创业就业的若干措施》等 4 个文件的通知	南办发〔2018〕70 号	17	7
南府发	南宁市人民政府关于印发南宁市安全生产工作考核办法的通知	南府发〔2018〕1 号	1	24
	南宁市人民政府关于陈颖、伍娟同志工作分工的通知	南府发〔2018〕2 号	1	26
	南宁市人民政府关于市政府领导同志工作分工调整的通知	南府发〔2018〕3 号	3	1
	南宁市人民政府关于市本级国有资本经营预算收入划转税务部门征收的通知	南府发〔2018〕4 号	15	6
	南宁市人民政府关于 2017 年度南宁市科学技术奖励的决定	南府发〔2018〕7 号	7	9
	南宁市人民政府关于市政府领导工作分工调整的通知	南府发〔2018〕10 号	8	5
	南宁市人民政府关于做好当前和今后一段时期就业创业工作的通知	南府发〔2018〕11 号	8	6
	南宁市人民政府关于印发南宁市保留为行政审批必要条件的中介服务事项目录的通知	南府发〔2018〕13 号	8	11
	南宁市人民政府关于秦运彪同志工作分工的通知	南府发〔2018〕14 号	8	21
	南宁市人民政府关于印发南宁市供给侧结构性改革的实施意见	南府发〔2018〕16 号	10	10
	南宁市人民政府关于公布第十批南宁市新世纪学术和技术带头人第一、第二、第三层次培养人选名单的通知	南府发〔2018〕17 号	11	4
	南宁市人民政府关于周中同志工作分工的通知	南府发〔2018〕18 号	11	8
	南宁市人民政府关于印发南宁市创建国家生态文明建设示范市规划(2018—2022 年)的通知	南府发〔2018〕19 号	13	4
	南宁市人民政府关于明确我市价格审批权限的通知	南府发〔2018〕20 号	16	13
	南宁市人民政府关于市政府领导工作分工调整的通知	南府发〔2018〕22 号	17	5
	南宁市人民政府关于调整全市行政许可事项目录的通知	南府发〔2018〕23 号	22	6
	南宁市人民政府关于授予广西南南铝加工有限公司等企业第三届南宁市市长质量奖的决定	南府发〔2018〕24 号	18	6
	南宁市人民政府关于聘任第四届南宁仲裁委员会组成人员的通知	南府发〔2018〕26 号	24	7
	南宁市人民政府办公厅关于完善南宁市卫生计生事业财政投入保障机制的实施意见	南府办〔2017〕72 号	1	26
	南宁市人民政府办公厅关于印发南宁市医疗机构设置规划(2016—2020 年)的通知	南府办〔2017〕73 号	1	29

续表 55

类 别	文 件	发文字号	期 数	页 码
南府办	南宁市人民政府办公厅关于印发南宁市人民政府及其各部门任命的国家工作人员宪法宣誓组织办法(试行)的通知	南府办〔2017〕74号	2	51
	南宁市人民政府办公厅关于印发贯彻落实支持农业转移人口市民化若干财政政策实施方案的通知	南府办〔2017〕75号	2	52
	南宁市人民政府办公厅关于表彰2017年南宁市自然科学优秀论文奖获奖论文及作者的通报	南府办〔2017〕76号	2	56
	南宁市人民政府办公厅关于印发南宁市开展集体林地林权登记发证查缺补漏纠错工作方案的通知	南府办〔2017〕79号	3	1
	南宁市人民政府办公厅关于印发新能源汽车专用号牌推广应用工作方案的通知	南府办〔2017〕80号	3	5
	南宁市人民政府办公厅关于印发南宁市食品安全工作评议考核办法的通知	南府办〔2017〕82号	3	8
	南宁市人民政府办公厅关于印发南宁市突发环境事件应急预案(2017年修订)的通知	南府办〔2017〕83号	3	10
	南宁市人民政府办公厅关于印发南宁市财政专项扶贫资金管理办法的通知	南府办〔2017〕84号	3	17
	南宁市人民政府办公厅关于印发南宁市政府投资项目代建制管理办法的通知	南府办〔2017〕85号	3	27
	南宁市人民政府办公厅关于印发南宁市市本级基本公共文化服务目录的通知	南府办〔2017〕86号	3	33
	南宁市人民政府办公厅关于正确使用地图的指导意见	南府办〔2017〕87号	3	35
	南宁市人民政府办公厅关于印发南宁市第三期学前教育行动计划(2017—2020年)的通知	南府办〔2017〕88号	3	36
	南宁市人民政府办公厅关于加强和规范南宁市房地产开发项目备案管理的通知	南府办〔2018〕1号	3	43
	南宁市人民政府办公厅关于印发市长公开电话工作规定的通知	南府办〔2018〕2号	3	44
	南宁市人民政府办公厅关于印发南宁市装配式建筑发展规划(2017—2020)的通知	南府办〔2018〕3号	3	48
	南宁市人民政府办公厅印发关于明确开发区农机监理等农业行政管理事权的通知	南府办〔2018〕4号	3	57
	南宁市人民政府办公厅关于推行规范南宁市市属国有企业董事会建设的实施意见(试行)	南府办〔2018〕5号	3	58
	南宁市人民政府办公厅关于印发南宁市结核病防治“十三五”规划的通知	南府办〔2018〕7号	4	6
	南宁市人民政府办公厅关于市人民政府秘书长副秘书长工作分工的通知	南府办〔2018〕8号	8	21
	南宁市人民政府办公厅关于印发南宁市气象灾害应急预案的通知	南府办〔2018〕10号	7	13
	南宁市人民政府办公厅关于印发南宁市船舶污染事故应急预案的通知	南府办〔2018〕15号	7	25
	南宁市人民政府办公厅关于2017年度全市安全生产工作考核结果的通报	南府办〔2018〕16号	7	33
	南宁市人民政府办公厅关于印发南宁市人民政府及其各部门任命的国家工作人员宪法宣誓组织办法(2018年修订)的通知	南府办〔2018〕17号	8	23
	南宁市人民政府办公厅关于成立南宁高新区国家大众创业万众创新示范基地建设领导小组的通知	南府办〔2018〕20号	9	21
	南宁市人民政府办公厅关于印发2018年南宁市公共资源交易监管目录的通知	南府办〔2018〕23号	10	16
	南宁市人民政府办公厅关于表扬2017年度全市法治政府建设工作表现优异的单位、集体、个人和推进法治政府建设工作表现优异的单位的通报	南府办〔2018〕24号	10	19
	南宁市人民政府办公厅关于印发南宁市供给侧结构性改革去产能实施方案(2017—2020年)的通知	南府办〔2018〕25号	10	22
	南宁市人民政府办公厅关于聘任莫方前等9名同志为南宁市第三批首席技师的通知	南府办〔2018〕27号	10	25
	南宁市人民政府办公厅关于印发南宁市辐射事故应急预案(2018年修订)的通知	南府办〔2018〕29号	12	8
	南宁市人民政府办公厅关于印发南宁市保护发展森林资源目标责任制考核办法的通知	南府办〔2018〕30号	12	16

续表 55

类别	文件	发文字号	期数	页码
南府办	南宁市人民政府办公厅关于印发南宁市防治慢性病中长期规划(2017—2025年)的通知	南府办〔2018〕31号	14	4
	南宁市人民政府办公厅关于市人民政府张芳副秘书长工作分工的通知	南府办〔2018〕32号	14	11
	南宁市人民政府办公厅关于印发南宁市深入推进医疗联合体建设实施方案的通知	南府办〔2018〕33号	14	12
	南宁市人民政府办公厅关于印发南宁市市区内涝应急抢险工作预案的通知	南府办〔2018〕35号	15	7
	南宁市人民政府办公厅关于印发南宁市深化简政放权放管结合优化服务改革重点任务分工方案的通知	南府办〔2018〕36号	14	21
	南宁市人民政府办公厅关于印发南宁市政府投资项目电力设施搬迁实施办法的通知	南府办〔2018〕37号	14	27
	南宁市人民政府办公厅关于印发南宁市城镇人口密集区危险化学品生产企业搬迁改造实施方案的通知	南府办〔2018〕38号	16	17
	南宁市人民政府办公厅关于市人民政府熊剑副秘书长工作分工的通知	南府办〔2018〕39号	15	39
	南宁市人民政府办公厅关于印发南宁市环境空气质量持续稳定达标规划的通知	南府办〔2018〕40号	16	20
	南宁市人民政府办公厅关于印发南宁市畜禽养殖废弃物资源化利用工作考核办法(试行)的通知	南府办〔2018〕42号	16	52
	南宁市人民政府办公厅关于公布南宁市第一批“一事通办”利企便民改革清单材料的通知	南府办〔2018〕43号	17	15
	南宁市人民政府办公厅关于市人民政府秘书长副秘书长工作分工的通知	南府办〔2018〕44号	18	6
	南宁市人民政府办公厅关于成立南宁市未成年人保护委员会的通知	南府办〔2018〕47号	19	7
	南宁市人民政府办公厅关于公布南宁市第二批“一事通办”利企便民改革清单材料的通知	南府办〔2018〕51号	19	8
	南宁市人民政府办公厅关于进一步调整完善脱贫攻坚有关政策的通知	南府办〔2018〕52号	20	7
	南宁市人民政府办公厅关于印发南宁市县(区)开发区工业招商引资工作督查考核方案(试行)的通知	南府办〔2018〕53号	21	1
	南宁市人民政府办公厅关于印发南宁市行政规范性文件建议审查规定的通知	南府办〔2018〕54号	21	3
	南宁市人民政府办公厅关于表彰2018年南宁市自然科学优秀论文奖获奖论文及作者的通报	南府办〔2018〕55号	21	5
	南宁市人民政府办公厅关于延长南宁市行政执法监督员任期的通知	南府办〔2018〕56号	21	8
	南宁市人民政府办公厅关于印发南宁市推进“一事通办”改革若干措施的通知	南府办〔2018〕60号	23	5
	南宁市人民政府办公厅关于印发南宁市全面推行“证照分离”改革实施方案的通知	南府办〔2018〕61号	23	16
南府干	关于张沛同志免职的通知	南府干〔2018〕1号	2	79
	关于伍光清等同志试用期满正式任用的通知	南府干〔2018〕2号	2	79
	关于程良德等同志退休的通知	南府干〔2018〕3号	2	80
	关于王隽同志挂职的通知	南府干〔2018〕4号	4	47
	关于李志明同志任职的通知	南府干〔2018〕5号	4	47
	关于林兢、黄海韬同志任免职的通知	南府干〔2018〕6号	4	47
	关于傅隆政等同志退休的通知	南府干〔2018〕7号	4	48
	关于臧伟洲等同志任职的通知	南府干〔2018〕8号	8	48
	关于刘英杰、钱冰同志任免职的通知	南府干〔2018〕9号	8	48
	关于王义等同志退休的通知	南府干〔2018〕10号	8	48

续表 55

类 别	文 件	发文字号	期 数	页 码
南府干	关于周圣果等同志试用期满正式任用的通知	南府干〔2018〕11 号	8	49
	关于谢文华同志任职的通知	南府干〔2018〕12 号	8	50
	南宁市人民政府关于任叙新等同志退休的通知	南府干〔2018〕13 号	9	50
	南宁市人民政府关于陈远程同志免职的通知	南府干〔2018〕14 号	9	50
	南宁市人民政府关于边文艺等同志退休的通知	南府干〔2018〕15 号	10	52
	南宁市人民政府关于彭敏等同志试用期满正式任用的通知	南府干〔2018〕16 号	10	52
	南宁市人民政府关于黄瑜、刘彪同志任免职的通知	南府干〔2018〕17 号	10	53
	南宁市人民政府关于秦运彪、唐斌同志任免职的通知	南府干〔2018〕18 号	12	22
	南宁市人民政府关于田家全、洪奔同志免职的通知	南府干〔2018〕19 号	12	22
	南宁市人民政府关于张芳同志挂职的通知	南府干〔2018〕20 号	12	22
	南宁市人民政府关于田家全等同志任职的通知	南府干〔2018〕21 号	12	23
	南宁市人民政府关于朱国良等同志退休的通知	南府干〔2018〕22 号	12	23
	南宁市人民政府关于冯步广同志免职的通知	南府干〔2018〕23 号	14	38
	南宁市人民政府关于何韬佑等同志试用期满正式任用的通知	南府干〔2018〕24 号	14	38
	南宁市人民政府关于吴凯等同志免职的通知	南府干〔2018〕25 号	14	39
	南宁市人民政府关于方仲等同志退休的通知	南府干〔2018〕26 号	14	39
	南宁市人民政府关于兰云杰等同志退休的通知	南府干〔2018〕27 号	17	38
	南宁市人民政府关于何明耿同志免职的通知	南府干〔2018〕28 号	17	38
	南宁市人民政府关于李文锋等同志退休的通知	南府干〔2018〕29 号	18	13
	南宁市人民政府关于安瑜等同志退休的通知	南府干〔2018〕30 号	21	18
	南宁市人民政府关于黄瑞华等同志任职的通知	南府干〔2018〕31 号	21	18
	南宁市人民政府关于游志新等同志退休的通知	南府干〔2018〕32 号	22	32
	南宁市人民政府关于刘桂发同志任职的通知	南府干〔2018〕33 号	22	32
	南宁市人民政府关于梁群等同志试用期满正式任用的通知	南府干〔2018〕34 号	24	37
	南宁市人民政府关于张璋等同志退休的通知	南府干〔2018〕35 号	24	37

（罗 宁）

表 56 2018 年南宁市工业产品获广西品牌名录(80 个)

企 业	产品名称	产品品牌
广西博世科环保科技股份有限公司	博世科热脱附系统	博世科
广西博世科环保科技股份有限公司	MCO 点源污水处理系统	博世科
广西春茂电气自动化工程有限公司	高低压成套及控制设备	春茂电气
广西德源冶金有限公司	钢筋混凝土用热轧钢筋	双冠
广西地凯科技有限公司	后备保护器	地凯

续表 56

企 业	产品名称	产品品牌
广西电控电气集团有限公司	SF6 气体全绝缘高压交流金属封闭开关设备	GXDK
广西电控电气集团有限公司	低压无功功率补偿装置	GXDK
广西电力线路器材厂有限责任公司	电力金具	力
广西福美耀节能门窗有限公司	FM160 重型推拉门	福美耀
广西福美耀节能门窗有限公司	FM55 节能环保高性能内开窗	福美耀
广西福美耀节能门窗有限公司	FM100 窗纱一体节能防盗窗	福美耀
广西广缆科技集团有限公司	电力电缆、架空绝缘电缆	GXOED
广西桂越电力科技有限公司	高低压成套及控制设备	桂越科技
广西桂越电力科技有限公司	电表箱(配电板)	桂越科技
广西宏泰水泥制品有限责任公司	环形混凝土电杆(全系列)	GHT
广西鸿芙轩商贸有限公司	文教办公家具	鸿芙轩
广西佳微科技股份有限公司	商务型投影仪	海微
广西佳微科技股份有限公司	户外投影仪	海微
广西捷佳润科技股份有限公司	无线智能阀门控制器	JJR 捷佳润
西牛皮防水科技有限公司 (广西金雨伞防水装饰有限公司)	自能长效防水膏	橡皮金
广西景典钢结构有限公司	建筑钢结构	景典钢构
广西九翔农牧有限责任公司	快而美牌猪配合饲料	快而美牌
广西巨星医疗器械有限公司	医用牙科 X 射线胶片	Yestar(Guargxi)
广西凌晨教学设备有限公司	水擦式教学墨水	易书宝
广西凌晨教学设备有限公司	水擦教学板	易书宝
广西绿友农生物科技股份有限公司	桉树专用肥料(复混肥料)	广桉
广西绿友农生物科技股份有限公司	柑桔专用肥料(生物有机肥)	广桔
广西南宝特电气制造有限公司	油浸式电力变压器	南林
广西南宝特电气制造有限公司	非金合金干式变压器	南林
广西南宝特电气制造有限公司	环氧树脂干式变压器	南林
广西南南铝加工有限公司	超高塑性 3XXX 铝合金氧化圆片	南南
广西南南铝加工有限公司	高强耐蚀海洋工程用 5XXX 铝合金板材	南南
广西南南铝加工有限公司	高表面 3C 电子外观件用 6N61 铝合金板带材	南南
广西南南铝加工有限公司	航空专用 6061 铝合金挤压型材	南南
广西南宁宾阳县聚丰米业有限公司	国色天香米	帝之享
广西南宁东糖新凯糖业有限公司	白砂糖	蜜蜂牌

续表 56

企 业	产品名称	产品品牌
广西南宁新源泉饮料有限公司	瓶(桶)装饮用水	新然
广西侨旺纸模制品股份有限公司	一次性纸浆模塑餐具	侨旺
广西勤德科技股份有限公司	有机肥料	活力高
广西森合高新科技股份有限公司	黄金选矿剂	金蝉
广西天正钢结构有限公司	H 型钢	金陇川钢构
广西易多收生物科技有限公司	58% 甲·灭·敌草隆可湿性粉剂	易多收
广西正田节能玻璃有限责任公司	明框玻璃幕墙	正田玻璃
广西正田节能玻璃有限责任公司	单元式玻璃幕墙	正田玻璃
横县东糖糖业有限公司	白砂糖	晨露
皇氏集团股份有限公司	爱克酸奶(红枣味、原味、益生菌风味发酵乳、浓缩酸奶、益生沅风味酸奶)	皇氏乳业
皇氏集团股份有限公司	玻璃瓶奶(鲜牛奶、水牛鲜牛奶、AD 奶、铁锌奶)	皇氏乳业
南宁八菱科技股份有限公司	汽车中冷器	八菱
南宁富莱欣生物科技有限公司	大豆磷脂软胶囊	富莱欣
南宁富莱欣生物科技有限公司	褪黑素维生素 B6 片	富莱欣
南宁富莱欣生物科技有限公司	鱼油软胶囊	富莱欣
南宁富莱欣生物科技有限公司	纤纤片	惠普生
南宁汉和生物科技股份有限公司	普罗施旺(普滋素中量元素水溶肥)	普罗施旺
南宁汉和生物科技股份有限公司	普罗施旺(普滋钙中量元素水溶肥)	普罗施旺
南宁汉和生物科技股份有限公司	普罗施旺(普滋丰大量元素水溶肥)	普罗施旺
南宁锦虹棉纺织有限责任公司	涤粘 AB 纱线系列	锦虹纺织
南宁锦虹棉纺织有限责任公司	粘棉混纺纱线系列	锦虹纺织
南宁良庆东糖糖业有限公司	白砂糖	唐牌
南宁市佳达纸业有限责任公司	生活用纸	卡西雅
南宁市南昌电缆有限责任公司	塑料绝缘控制电缆	桂昌
南宁市南昌电缆有限责任公司	架空绞线	桂昌
南宁市南昌电缆有限责任公司	架空绝缘电缆	桂昌
南宁市泽威尔饲料有限责任公司	泽威尔牌富马酸亚铁	泽威尔牌
南宁市泽威尔饲料有限责任公司	泽威尔牌柠檬酸钙	泽威尔牌
广西电力线路器材厂有限责任公司	输电线路铁塔	黎塔
广西电力线路器材厂有限责任公司	环形混凝土电杆	广力
广西华宏水泥股份有限公司	普通硅酸盐水泥	华宏牌

续表 56

企　业	产品名称	产品品牌
广西辽大农业科技集团股份有限公司	辽大牌猪配合饲料	辽大牌
广西舒雅护理用品有限公司	婴儿纸尿裤	舒雅宝宝
广西雄塑科技发展有限公司	塑料管	HOMS0 雄塑
广西正田节能玻璃有限责任公司	节能玻璃	正田玻璃
南宁八菱科技股份有限公司	汽车散热器	八菱
南宁燎旺车灯股份有限公司	汽车灯具	燎旺车灯
南宁四轩科教办公用品有限公司	四轩办公家具	四轩
南宁糖业股份有限公司(东江糖厂)	白砂糖	古府
南宁糖业股份有限公司(伶俐糖厂)	白砂糖	云鸥
南宁糖业股份有限公司(明阳糖厂)	白砂糖	明阳
南宁糖业股份有限公司(香山糖厂)	白砂糖	大明山
广西建工集团建筑机械制造有限责任公司	施工升降机	牛头牌
广西金花茶业有限公司	茉莉花茶	金花

(白国盛)

表 57　2018 年南宁市重点建设项目情况表

建设阶段	名　称	总投资(万元)	建设规模和内容	年计划投资(万元)	项目业主
新开工	张村至六景公路	117205	全长 47.70 千米,其中一级公路全长 7.70 千米,二级公路全长 40 千米	25000	南宁交通投资集团有限公司
	G324 横县南绕城线(含横州大桥)	117000	一级公路,全长 18.20 千米,桥梁及引道工程 2.10 千米	10000	横县交通运输局
	南宁市邕宁区蒲庙经新江至百济二级公路	62300	二级公路,全长 37.20 千米,设计时速每小时 80 千米,路基宽 12 米,路面宽 7.50 米	10000	邕宁区交通运输局
	南宁教育园区基础设施建设项目(三期)	216375	东片区市政道路 7 条,全长 14.30 千米,包括纬二路、纬三路、经五路北段、经九路、经十路、安平路及城厢大道;西片区市政道路 6 条,全长 11.50 千米,包括思源南路、联杰路、百威英博大道、发展大道、长岗大道东延长线、永和北路	100000	南宁华强产业投资有限公司南宁富鸣集团有限公司
	南宁市智能数控机械加工装备及 PC 生产基地	38107	建设智能数控钢筋加工设备生产和年产 150 万平方米 PC 构件智能制造生产厂房、科研楼、办公楼以及生活配套用房等,总建筑面积 3.20 万平方米	10000	广西桂泰耕源投资有限公司
	南宁市千亿电子信息产业园 C 区(二期)	603111	C 厂区计划建设厂房 18 栋,综合楼 3 栋,产品展示中心 1 栋及其他多栋附属建筑,总建筑面积 70 万平方米	30000	南宁城市建设投资集团有限责任公司
	广西源正新能源汽车有限公司新能源客车及物流车生产项目	295507	年产新能源客车 1 万辆、新能源物流车 3 万辆	30000	广西源正新能源汽车有限公司
	泰康医养综合社区项目(一期)	250000	建设高品质养老社区 12 万平方米,健康养生社区 22 万平方米等配套设施,总建筑面积 34 万平方米	20000	泰康保险集团股份有限公司

续表 57

建设阶段	名 称	总投资（万元）	建设规模和内容	年计划投资（万元）	项目业主
新开工	京东南宁电子商务产业园及运营结算中心项目(一期)	94000	建设4栋双层仓库及配套生活用房、附属用房,仓储建筑面积13.80万平方米,总建筑面积15万平方米	15000	北京京东世纪贸易有限公司
	南国乡村·农村综合旅游景区项目(一期)	60000	建设农村建筑科技博览园,总建筑面积20万平方米	20000	广西那园旅游投资有限公司
	南宁市青秀区二塘煤矿片区棚户区改造工程	497305	总建筑面积97.50万平方米(其中安置住房14.20万平方米),配套建设道路、学校等配套设施	20000	广西南宁晟宁资产经营投资有限公司
	南宁市羁押中心	107636	建设第二、三、四看守所,武警中队营房,安康医院,预审监管支队业务技术用房,警犬训练基地等,总建筑面积14.40万平方米	20000	南宁市公安局
	广西乐林林业开发有限公司年产25万立方米高密度薄板生产线技改项目	27000	年产25万立方米厚度为1毫米~5毫米的高档木质人造板材,总建筑面积3万平方米	5000	广西乐林林业开发有限公司
	宾阳双桥风电场项目	47503	总装机容量5万千瓦时	10000	国家电投广西宾阳新能源发电有限责任公司
	南宁启迪东盟科技城—科技研孵中心、高科技企业总部	230000	建设科技总部港、科技研孵中心;总建筑面积35万平方米,其中,科技研孵中心面积12万平方米、高科技企业总部面积23万平方米	10000	南宁启迪创新科技投资有限公司
	南宁市陈村水厂三期工程	39613	陈村水厂三期净水工程、三期原水输水管及对原有一、二期工程的更新改造工程;新建规模每天20万立方米,新建后陈村水厂规模每天60万立方米	1500	广西绿城水务股份有限公司
	武鸣区流域水环境综合整治项目	263186	1. 污水处理厂:新建宁武镇、陆斡镇、府城镇等9个乡镇污水处理厂,规模总计每天0.76万立方米、管网长度67.04千米,建成后厂站出水达到一级A标准的要求;南宁市教育园区污水处理厂及配套管网工程规模每天1万立方米,管网长度28.30千米;2. 三河两岸整治:新建香山河3.80千米、东门河1.80千米、西江河5.90千米、武鸣河4.60千米等主要内河河道清淤,满足50年一遇的防洪标准建设	10000	南宁桑德环境治理有限公司
投产	南宁市凤岭综合客运枢纽站(长途客运站部分)一期工程	53449	一级汽车客运站,总建筑面积6.90万平方米	30000	南宁交通投资集团有限责任公司
	南宁市邕宁水利枢纽工程	628900	正常蓄水位67米,水电站装机5.80万千瓦	52000	南宁交通投资集团有限责任公司
	南宁蒲津路改造工程二期(邕宁区人民医院至五合大桥)	34418	城市主干道,长4.73千米,路基宽35米~68米	5000	南宁交通投资集团有限责任公司
	南宁大明山朝阳林区防火道路工程	38595	全长28千米,其中二级公路4.50千米,四级公路23.50千米,路基宽6米~30米	5000	南宁市城市建设投资发展有限责任公司
	南宁园博园项目	441905	按国家级展会公园和国内最高等级综合性公园进行建设,主要建筑有园林艺术馆、东盟馆、地方非物质文化遗产展示馆、体验馆、游客服务中心、演艺中心及清泉塔,建筑面积6.40万平方米	130000	南宁园博园管理中心
	南宁会展中心升级改造工程	560000	新建展厅及功能用房和室外配套工程,旧场馆技术改造;总建筑面积4.90万平方米	60000	南宁纵横时代建设投资有限公司
	南宁五象新区总部基地地下空间	191455	包括地下人行系统及地下车库联络道两个部分;地下人行系统建筑面积5.60万平方米,地下车库联络道主环总长1.30千米,副环总长1千米,暗埋段总长3.30千米	52000	南宁五象新区建设投资有限责任公司

续表 57

建设阶段	名称	总投资(万元)	建设规模和内容	年计划投资(万元)	项目业主
投产	南宁市主城区地下综合管廊	170000	包含12个管廊试点项目,建设管廊总长度41.40千米,采用现浇方形断面,断面尺寸双舱至四舱	70000	南宁市城市建设投资发展有限责任公司、南宁纵横时代建设投资有限公司、南宁交通投资集团有限责任公司、广西中建综合管廊有限公司
	南宁教育园区基础设施建设项目(一期)	272646	主干路网共7条(武鸣),长约19千米,路基宽40米~60米,包括经三路、经六路、经五路南段、经八路、长岗大道西段、长岗大道东段、长庆路东段;配建路网6条(东盟经开区),长15.60千米,路基宽40米~60米,包括宝源南路、发展大道、建设南路、永和南路、新庆南路、里建大道东路	38000	广西武鸣东翰投资发展有限责任公司、广西武鸣乾鸣投资发展有限责任公司、南宁华强产业投资有限公司等
	园博园田园风光区(EPC)公益性建设项目	27181	生态综合示范村建设5个(孟连村孟达坡,梁村伏坛坡、美梨坡,新新村九碗旧坡、九碗新坡);旅游配套设施;园区路网建设;景观建设:两个花海(贝丘花海、香怡花海),新建道路6.60千米,改建道路3.50千米	15000	南宁市邕宁区人民政府
	诺博医疗移动终端设备生产建设项目	51800	年产医疗无线工作站2万套,医疗平板电脑1.50万台,移动掌上电脑1.50万台	3000	南宁诺博科技有限公司
	南宁禾田信息港项目	150000	建设技术研发中心、软件工程招标中心、数据中心、软件测试中心、人才交流与评测中心等,总建筑面积23万平方米	5000	南宁禾田信息港发展有限公司
	南宁农产品交易中心项目(一期)	310000	建设会展功能区、果蔬现货交易区、果蔬冷藏区、物流配送、检验检疫及信息结算中心、综合性商务配套等,总建筑面积78万平方米	70000	南宁农产品交易中心有限责任公司
	南宁东盟文化旅游项目	280000	建设内容包括青秀山东盟文化博览园、青秀山东盟文化中心及青秀山青环路停车场	9080	南宁东盟文化博览园有限公司、南宁青秀山风景名胜旅游开发有限公司
	广西职业技能公共实训基地(一期)	37200	建设综合楼(含现代电子信息技术实训中心和现代服务业及民族工艺实训中心)、现代制造技术实训中心、食品工程及生物医药实训中心等,总建筑面积7.60万平方米	9450	南宁市人力资源和社会保障局
	邕江综合整治和开发利用工程项目(清川大桥—五象大桥)	288269	南岸长15.10千米,北岸长18.20千米,建设护岸工程、园林景观工程、旅游码头建设工程和两岸街区建筑整治工程	20000	南宁交通投资集团有限责任公司、广西金水建设有限公司
	沙江河流域综合整治PPP工程	200752	开展河道整治工程、流域截污工程、污水厂建设工程、水环境修复工程(补水)、河道景观工程、海绵城市工程、河道信息化管理工程等	70000	南宁北排水环境科技有限公司
续建	南宁伶俐通用机场	85000	建设水陆两用机场,配套建设航管综合楼、塔台、机库、航管、气象站、油料供应库等基础设施	20000	南宁产投通用航空有限责任公司
	南宁新江镇至崇左扶绥县一级公路(南宁段)	208400	一级公路,全长47.60千米,路基宽24.50米	40000	葛洲坝新扶(南宁)公路建设投资有限公司
	南宁屯里油库整体搬迁及配套项目	120000	新建油罐27座,总库容28.20万立方米;铁路专用线2.50千米;新建管输站场及配套设备设施	30000	中国石化销售有限公司、广西南宁石油分公司
	南宁轨道交通3号线一期工程(科园大道—平乐大道)	2068065	南起平乐大道站,北至科园东站,全长27.65千米,设置车站23座	430000	南宁轨道交通集团有限责任公司

续表 57

建设阶段	名　称	总投资（万元）	建设规模和内容	年计划投资（万元）	项目业主
续建	南宁轨道交通4号线一期工程	1740865	西起南宁南站，东至新村，全长24.50千米，设置车站19座	220000	南宁轨道交通集团有限责任公司
	南宁轨道交通2号线东延工程（玉洞—坛兴村）	489776	全长6.30千米；设车站5座，均为地下站，其中换乘站1座（平乐大道站），与3号线换乘；设停车场1处，主变1座	50000	南宁轨道交通集团有限责任公司
	南宁轨道交通5号线一期工程	1649906	线路全长20.38千米；设车站17座，均为地下站，其中换乘站6座；设综合基地1座，主变3座，其中新建旱塘和金桥主变各1座，利用在建五里亭主变1座（仅作为远期支援供电用）	150000	南宁轨道交通集团有限责任公司
	南宁市长堽路延长线工程（高环至新外高环）	131210	城市主干道，长13.20千米，路基宽60米	20000	南宁纵横时代建设投资有限公司
	南宁市现有高速公路东环改快速路一期工程	271930	对现东环高速路进行路面维修，道路全长45千米；建设安吉大道连接线1.80千米、8座立交桥及相关配套工程等	90000	南宁纵横时代建设投资有限公司
	柳南高速公路改快速路工程（三岸收费站—那容互通立交）	89890	全长13千米，按城市快速路标准对现有柳南高速（三岸收费站—那容互通立交段）进行改造	30000	南宁纵横时代建设投资有限公司
	南宁生物医药产业园二期基础设施建设工程	59051	市政道路，总长10千米，包括铁山港西路、高岭西路、那历路南延长线、留村路南延长线、铁山港一、二、三支路及海城路	10000	南宁绿港建设投资集团有限公司
	南宁教育园区基础设施建设项目（二期）	150335	主干路网含经二路、经四路、经六路支路、经七路、经十一路、纬一路及长庆路西段，有7条，道路总长13千米	50000	广西武鸣东翰投资发展有限责任公司广西武鸣乾鸣投资发展有限责任公司
	第十二届中国（南宁）国际园林博览会园博园配套基础设施项目（一期）	315751	包含6个子项目，分别为：仲龙路八尺江大桥，龙岗大道三期工程（玉洞大道—茶泉大道段），长1346米，宽60米；玉洞大道南北侧道路（那黄大道—龙岗大道）长4350米，按新路幅标准（120米）扩建；仲龙路，邕宁区防洪工程（二期），八尺江环境综合整治（一期）	95000	南宁纵横时代建设投资有限责任公司南宁市城市建设投资发展有限责任公司南宁交通投资集团有限责任公司
	南南电子汽车新材料精深加工技术改造项目	214180	分三期建设：一期建设智能制造精深加工中心（年产20万套新能源汽车轻质合金车身及零部件项目）；二期建设汽车新材料制造中心，年产6万吨汽车新材料系列产品；三期建设电子新材料制造中心，年产4万吨电子新材料系列产品	30000	南南铝业股份有限公司
	广西马中粮油有限公司稻谷深加工项目	12000	年加工稻谷10.80万吨，年产优质大米7.56万吨	5000	广西马中粮油有限公司
	南宁浮法玻璃有限公司浮法玻璃生产线整体搬迁升级改造项目	115724	年产Low-E镀膜玻璃240万平方米，双钢化Low-E中空玻璃360万平方米，平弯钢化玻璃615万平方米，双钢化夹层玻璃40万平方米，超薄超白电子玻璃51.10万箱	36000	南宁浮法玻璃有限责任公司
	南宁现代化建材加工及物流配送中心一期	360000	建设原料仓储、钢管件加工厂房、成型钢筋厂房等，总建筑面积63万平方米	50000	广西源盛仓储物流股份有限公司
	广西建工集团建筑材料智能生产项目	47000	建材料深加工能力每年20万吨，每年可生产PC构件产品150万平方米	10000	广西建工集团大都物流有限责任公司
	广西丰林木业集团股份有限公司年产30万立方米均质刨花板生产线技改项目	42008	技改建设1条年产30万立方米均质刨花板生产线，引进国外生产线设备一套，新建仓库、车间、办公楼、配套设置及保留建筑面积24.90万平方米	10000	广西丰林木业集团股份有限公司

续表 57

建设阶段	名　称	总投资（万元）	建设规模和内容	年计划投资（万元）	项目业主
续建	广西横县新威林板业有限公司年产22万立方米定向刨花板生产线项目	42000	建设年产22万立方米定向刨花板(OSB)生产线及相关配套设施	6000	广西横县新威林板业有限公司
	宾阳马王风电场	90632	总装机规模10万千瓦	25000	广西大唐桂冠马王风力发电有限公司
	广西科天水性科技产业园项目	287958	年产水性聚氨酯10万吨、水性木工板/胶合板600万张、水性生态板400万张、水性木地板500万平方米、水性密度板20万立方米、水性刨花板25万立方米、水性超细纤维革2000万米、水性涂料10万吨、水性聚氨酯超薄避孕套10亿只、无毒全屋定制家具15万套	60000	南宁科天水性科技有限责任公司
	南宁海王健康生物科技有限公司保健品生产项目	151750	年产花草养生茶2000吨、金菊饮料1000万瓶、海王金樽30亿片，维生素C30亿片、海王金牡蛎胶囊20亿粒、黄精参芝颗粒1亿袋、博力达软胶囊34亿粒、逸韵软胶囊20亿粒、银杏叶片50亿片、乳清蛋白粉2000万罐、牛初乳1000万罐等	5000	南宁海王健康生物科技有限公司
	广西建工集团第一安装有限公司智能制造项目	56000	建设年产压力容器设备及其他非标设备4.70万吨，糖机设备50台套，钢结构筑5万吨的制糖、造纸、化工、冶炼、锅炉发电、粮油、食品、制药等行业所需容器及配套设备	15000	广西建工集团第一安装有限公司
	自治区社会化养老服务试点项目——广西和正康乐城二期项目	650600	建设颐养公寓、颐养会议中心、职工公寓、中华传统文化院、医院及配套设施等，总建筑面积116.73万平方米	40000	太和自在城股份有限公司
	南宁公路枢纽物流基地牛湾物流园区(一期)	180000	建设物流信息交易、城际快运、城市配送、电子商务、智能停车、甩挂运输、仓储物流、后勤配套、展示展销、物流商务和加工等设施，总建筑面积30万平方米	10000	南宁港开发投资有限公司
	南宁·肉禽集散中心项目	54300	建设市场交易中心、冷链仓储、展示楼(电子交易结算平台)等，总建筑面积13.40万平方米	20000	广西清川农贸市场开发有限公司
	上林县大庙江生态旅游景区项目	76100	建设大庙江音乐漂流、户外运动、星空帐篷营地、树屋、休闲养生度假村、红色旅游、廉政教育基地、乡村生态农业观光体验等生态观览设施;总建筑面积40万平方米	10000	广西上林县大庙江旅游投资有限公司
	南宁市扬美古镇景区配套设施建设项目	24000	江南区江西至扬美二级公路，全长7.94千米；扬美新村建设，总建筑面积14万平方米	6000	江南区人民政府
	南宁圣名岭东盟文化旅游区项目(一期)	93000	建设景区大门、特色民宿、休闲木屋、宗教文化交流中心、祈福广场、园区路网、停车场、旅游区休闲配套设施等，总建筑面积28万平方米	30000	广西南粤森林旅游开发有限公司
	广西壮都(一期)建设项目	80000	建设展示中心、骆越广场、湖滨天地、运动中心、温泉酒店、景区升级改造工程等，总建筑面积19万平方米	20000	广西吉大丽原投资有限公司
	南宁水锦·顺庄旅游综合开发项目	21050	建设旅游度假区、现代观光农业、农家乐等旅游设施，总建筑面积2.60万平方米	5500	广西顺庄房地产开发有限责任公司
	广西隆安养生休闲旅游项目	61953	建设综合服务区、休闲度假区、休闲养生区、生态农业体验区及相关配套设施等，总建筑面积9.90万平方米	5000	广西郭仁佳吉投资有限公司
	上林县鼓鸣寨养生旅游度假基地项目(一期)	30000	建设生态农业、生态林业示范区和休闲养生度假区等，总建筑面积约5万平方米	5000	上林县鼓鸣寨旅游开发有限公司
	广西上林云里湖现代农业观光园建设项目一期	120000	建设农业种植观光园，休闲旅游设施以及配套服务设施，总建筑面积53万平方米	10000	广西上林云里湖现代农业发展有限公司
	广西一遍天原种猪有限公司种猪产业园优质种猪推广示范项目	30000	建设标准化猪舍及附属设施，总建筑面积7.90万平方米，存栏新美系、丹系等原种母猪9000头，年出栏优质美系原种猪20万头	3000	广西一遍天原种猪有限公司

续表 57

建设阶段	名　称	总投资（万元）	建设规模和内容	年计划投资（万元）	项目业主
续建	南宁市青秀区生态养殖示范基地建设项目	70720	建设肉牛标准化生态养殖基地、饲草饲料种植处理基地、刘圩镇那床村标准化养殖小区一期、刘圩镇那度村标准化养殖小区一期、刘圩镇谭村标准化养殖小区、刘圩镇农村电子商务服务中心等；总建筑面积10万平方米	10000	广西四野牧业有限公司
	南宁市体育运动学校工程	109203	建设班级中等专科学校18个、小学班级24个、幼儿园班级10个、南宁市公共健身活动中心1个（配套运动场馆），总建筑面积13.80万平方米	40000	南宁市体育局
	南宁明安医院	200000	总建筑面积20.50万平方米，拟设置1000张床位，分二期建设；其中，一期规划建筑面积15.50万平方米，设置600张综合床位；二期规划建筑面积5万平方米，设置400张专科床位	30000	南宁市明安医院管理有限公司
	上林县明亮扶贫移民安置项目	76840	建设12.50万平方米安置房，安置人口5000人，修建道路15千米，配套建设公共服务设施、就业基地等	15000	上林县振林投资发展有限公司
	隆安县震东扶贫移民与城镇化结合示范工程一期	450160	建设安居、公共服务、市政基础设施等，总建筑面积148万平方米，计划安置6461户2.60万人	50000	广西隆安公共投资有限公司
	南宁市江南污水处理厂水质提标及三期工程	165927	新建一套日处理24万立方米污水处理系统及配套设施，建成后江南污水处理厂总规模达到日处理72万立方米	50000	广西绿城水务股份有限公司
预备	北部湾航空基地建设项目（一期）	38800	一期项目建设主要满足基础保障性需求，包括航空业务楼、候工楼、车辆中心、安保训练中心、后勤保障中心等		广西北部湾航空有限责任公司
	横县年产3000万吨优质骨料项目	100000	年产3000万吨建筑新材料（优质骨料）；主要建设矿山原料基地、骨料加工厂；配套建设矿石运输廊道等		横县日昌升新材料有限公司
	南宁华润水泥投资有限公司装配式建筑构件厂项目	106000	新建预制混凝土构件生产线6条；配套建设商品混凝土搅拌站、研发楼、创意工厂、综合办公楼等，年产混凝土构件40万立方米		华润水泥投资有限公司
	广西颐养综合服务生态园	380000	建设健康医疗板块，建筑面积7.80万平方米；度假疗养板块，建筑面积12万平方米；养生养老板块，建筑面积7万平方米；文化商业街区，建筑面积7.20万平方米；农业观光体验区，大数据公共服务平台及配套设施等，总建筑面积34万平方米		广西名都生态科技发展有限公司
	中新南宁国际物流园（一期）	78000	建成集信息交易、集中仓储、配送加工、多式联运、辅助服务和产品批发交易中心、物流金融中心等；总建筑面积27万平方米		广西新中产业投资有限公司
	南宁农产品交易中心（二期）	100000	建设仓储交易区、仓储加工及配送区、仓储分拣区、仓储服务综合楼、电子商务综合楼、展销综合服务中心、冷库、地下车库、物业用房及配套设施等；总建筑面积25万平方米		南宁农产品交易中心有限责任公司
	马山县易地扶贫搬迁后续产业农产品交易中心	52839	建设农产品展示区、交易区、仓储物流区、综合服务区等，总建筑面积30万平方米		广西铭鹏产业园投资有限公司
	东盟国际生物科技谷	81000	建设全细胞储存库、基因数据库、生物样本库、科研中心、临床医疗、康复中心、健康产业化中心、综合性生物医药和干细胞产业中心；建设可储存100万人份的干细胞储存库，用于自体储存和慈善储存；总建筑面积10.20万平方米		广西嘎米生物科技有限公司
	南宁刘圩市民农庄项目（一期）	55000	建设市民体验农场、鲜美稀特果林、庭院共享果林、农业科技实验和培训中心、农业展示中心、农业创客和孵化基地、手工陶艺坊、农业博物馆、水稻主题乐园、体验区和稻田景观带等配套设施建设，总建筑面积6万平方米		广西邻里乡村投资有限公司

续表 57

建设阶段	名称	总投资（万元）	建设规模和内容	年计划投资（万元）	项目业主
预备	柳州至南宁高速公路长塘互通式立交项目	12100	在柳州至南宁高速公路上(南宁市青秀区长塘镇)增设互通式立交,为出口互通,收费车道为“3进6出”,高速公路等级,设计行车速度每小时120千米,主线为宽42米		广西桂海高速公路有限公司
	南宁三燃液化气有限公司储灌容检厂搬迁项目	15000	建设罐区、罐瓶间、装卸棚、实瓶间、空瓶间、检瓶间、新瓶间、机泵房、消防泵房及发配电室等配套设施,总筑物面积为17505平方米,周转液化气每年7.5万吨		南宁三燃液化气有限公司
	东南智慧电商产业项目	130000	建设苏宁广西电商运营总部、自动化智慧云仓、智能化拣选中心、供应链管理中心及配套服务区,建筑面积34万平方米		苏宁易购集团有限公司(意向业主)
	广西浩源再生资源利用有限公司废钢铁加工仓储配送中心项目	180000	建设废钢回收区、分拣区、仓储配送区、交易中心、办公楼等配套设施,年回收分拣处理各类废钢铁800万吨		广西浩源再生资源利用有限公司
	南宁·桃李春风·健康颐养文旅项目	400000	建设养老养生社区、全龄颐养服务中心、智慧颐养体验中心、健康颐养公寓、文化体验步行街、休闲健身区、游客服务中心、商业综合体等,总建筑面积85万平方米		广西云天绿城文化旅游有限公司

表 58 2018 年南宁市市区道路、桥梁命名情况表

标准名称	起止	走向	长(米)	宽(米)	城区
点山路	南起壮乐路,北至金居路	南北	2850	30	武鸣区
平顺路	南起壮乐路,北至宾隆公路	南北	4500	40	武鸣区
坛龙路	南起壮乐路,北至平稳路	南北	6300	30	武鸣区
宏图路	南起那内路,北至新能路	南北	3100	30	武鸣区
敢石路	南起那内路,北至平稳路	南北	7900	40	武鸣区
顶斤山北路	南起新能路,北至金居路	南北	1080	30	武鸣区
顶斤山南路	南起壮乐路,北至顶斤路	南北	600	30	武鸣区
敢水路	南起壮乐路,北至双平路	南北	5250	40	武鸣区
顶斤山西路	东起敢水路,西至岜卜路	东西	400	30	武鸣区
敢梯路	南起壮乐路,北至双平路	南北	5700	50	武鸣区
金居路	东起邕武公路,西至敢梯路;路段南临平洪路	南北	4100	40	武鸣区
平洪路	东起邕武公路,西至敢梯路;路段南临新能路	东西	400	40	武鸣区
新能路	东起邕武公路,西至敢梯路;路段南临顶斤山东路	东西	4200	30	武鸣区
顶斤山东路	东起邕武公路,西至敢石路	东西	2000	30	武鸣区
顶斤路	东起邕武公路,西至敢梯路;路段南临那龙路	东西	4300	40	武鸣区
那龙路	东起邕武公路,西至敢水路	东西	3900	30	武鸣区
壮乐路	东起邕武公路,西至敢梯路;路段北临那龙路	南北	5300	36	武鸣区
岜卜路	南起顶斤路,北至金居路	南北	2000	30	武鸣区
那内路	东起邕武公路,往西转北至敢梯路	东西	7600	40	武鸣区
壮龙路	南起壮乐路,北至那龙路	东西	1300	30	武鸣区

续表 58

标准名称	起 止	走 向	长(米)	宽(米)	城 区
平稳路	东起定罗路,西至敢石路	东西	1600	40	武鸣区
双平路	东起定罗路,西至敢梯路	东西	5800	40	武鸣区
定坤路	东起香山大道,西至上河路	东西	6120	36	武鸣区
上河路	南起武华大道,北至定坤路	南北	5500	40	武鸣区
北门路	南起红岭大道,北至定坤路	南北	3800	36	武鸣区
九联路	南起东风路,北至定坤路	东西	2500	36	武鸣区
荷塘路	南起五岭路,北至定坤路	南北	5000	36	武鸣区
敢章岭路	南起荷香路,北至定坤路	南北	2000	36	武鸣区
马草岭路	东起城东大道(暂名),西至上河路	东西	5800	36	武鸣区
荷香路	东起香山大道,西至荷塘路	东西	1200	36	武鸣区
新宁路北一里	南起新宁路,北至城北大道(暂名)	南北	750	25	武鸣区
新宁路(新命名段)	东起城东大道(暂名),西至上河路	东西	5568	36	武鸣区
东风路(新命名段)	东起梁同路,西至上河路	东西	5240	25	武鸣区
北源路	南起西江河边,北至城北大道(暂名)	南北	2200	36	武鸣区
河西路	南起武华大道,北至城北大道(暂名)	南北	3060	36	武鸣区
雷宏路	南起武华大道,北至城北大道(暂名);路段西临金桔路	南北	2600	40	武鸣区
中旺路	东起河西路,西至汀浙路;路段南临红岭大道	东西	1470	36	武鸣区
汀浙路	南起武华大道,北至城北大道(暂名);路段东临金桔路	南北	2600	40	武鸣区
金桔路	南起武华大道,北至红岭大道	南北	1400	30	武鸣区
雷宏路西一里	东起雷宏路,西至汀浙路;路段北临红岭大道	东西	840	36	武鸣区
雷宏路西二里	东起雷宏路,西至汀浙路;路段南临武华大道	东西	700	30	武鸣区
金桃路	东起河西路,西至汀浙路;路段北临雷宏路西一里	东西	1500	36	武鸣区
新兴路(新命名段)	东起东鸣路,西至上河路	东西	2400	36	武鸣区
壮武路	南起城南大道(暂名),北至东风路	南北	3900	50	武鸣区
梁同路	南起兴武大道,北至城北大道(暂名)	南北	2550	30	武鸣区
渡头巷	北起灵源路,南至武鸣河边	南北	350	15	武鸣区
灵西路	东起灵水路,西至宁武路	东西	1060	16	武鸣区
宁武路南一里	南起展望路,北至宁武路	南北	250	15	武鸣区
五海路南一里	南起展望路,北至宁武路	南北	350	15	武鸣区
展望路	东起春霞路,西至灵西路	东西	400	15	武鸣区
展望路南一里	南起灵西路,北至展望路	南北	350	10	武鸣区
财富路	东起灵西路,西至春霞路	东西	350	20	武鸣区
武定路	东起富鸣路,西至定罗路;路段南临凤鸣路	东西	350	20	武鸣区
凤鸣路	东起富鸣路,西至定罗路;路段南临壮罗路	东西	250	20	武鸣区
壮罗路	东起富鸣路,西至定罗路;路段南临头塘路	东西	350	25	武鸣区
定塘路	南起头塘农行住宅区,北至汀蟒路	南北	350	20	武鸣区

续表 58

标准名称	起　止	走　向	长(米)	宽(米)	城　区
汀蟒路	东起富鸣路,西至定罗路;路段南临武定路	东西	350	15	武鸣区
头塘路	东起富鸣路,西至定罗路;路段北临壮罗路	东西	350	15	武鸣区
健民路	南起城南大道(暂名),北至江滨南路	南北	1500	30	武鸣区
管塘路	南起平稳路延长线(规划),北至江滨南路	南北	4400	30	武鸣区
富鸣路(新命名段)	南起平稳路延长线(规划),北至城南大道(暂名)	南北	200	30	武鸣区
农坛路西一里	东起农坛路,西至荷塘路;路段西临新宁路	东西	480	12	武鸣区
农坛路西二里	东起农坛路,西至荷塘路;路段东临东风路	东西	480	12	武鸣区
农坛路西三里	东起农坛路,西至荷塘路;路段西临东风路	东西	480	12	武鸣区
农坛路西四里	东起农坛路,西至五里路;路段西临东风路西三里	东西	450	12	武鸣区
农坛路西五里	东起农坛路,西至五里路;路段西临东风路西六里	东西	450	12	武鸣区
农坛路西六里	东起农坛路,西至机动车检测站	东西	240	12	武鸣区
昆仑大道	东起五塘收费站,西至三塘镇下丹桥	东西	12400	60	兴宁区
平云大道	南起昆仑大道,北至新外环高速	南北	6000	60	兴宁区
新苑路西一里	东起新苑路,西至大岭路	东西	280	12	西乡塘区
新苑路西二里	东起新苑路,西至大岭路	东西	280	13	西乡塘区
新苑路西二里北巷	南起新苑路西二里,北至本巷末	南北	140	12	西乡塘区
丰达一支路	东起丰达路,西至创业路	东西	310	12	西乡塘区
丰达二支路	东起丰达路,西至创业路	东西	320	12	西乡塘区
高岸路	东起科创路,西至新际路	东西	750	24	西乡塘区
高岸路南巷	南起高新大道,北至高岸路	南北	250	20	西乡塘区
大塘街	西起发展大道,东至安福路北一里	东西	880	20	青秀区
安福路北一里	南起安福路,北至高安路;路段东临安吉大道	南北	400	20	青秀区
安福路北二里	南起安福路,北至高安路;路段西临发展大道	南北	480	20	青秀区
安里巷	北起高安路,往南转西至安福路北二里	南北	500	10	西乡塘区
吉里巷	东起安吉大道,西至安里巷	东西	400	10	西乡塘区
西耐路(新命名段)	南起新阳路,北至西耐路	南北	1000	20	西乡塘区
西耐路东一里	东起时西巷,西至西耐路	东西	270	15	西乡塘区
西耐路东二里	东至明秀西路,西起西耐路	东西	570	20	西乡塘区
西耐路西二里	东起西耐路,西至鲁班路	东西	300	20	西乡塘区
时西巷	南起西耐路东二里,北至大学东路	南北	330	12	西乡塘区
鲁班路西一巷	东起鲁班路,西至木塘路;路段北临清厢快速路	东西	620	20	西乡塘区
鲁班路西二巷	东起鲁班路,西至木塘路;路段南临新阳路	东西	410	20	西乡塘区
鲁班路东二巷	东起明秀西路,西至鲁班路	东西	900	20	西乡塘区
新尧里	南起新阳路,北至鲁班路	南北	1100	15	西乡塘区
祥邕路	南起新邕路,北至江湾路	南北	1600	36	邕宁区
楼岭路	南起五象大道,北至新邕路	南北	1100	30	邕宁区

续表 58

标准名称	起 止	走 向	长(米)	宽(米)	城 区
黄茅坪路	南起国凯大道,北至那洪大道	南北	600	20	江南区
德育街	东起黄茅坪路,西至朋展路;路段西临朋展路	东西	250	20	江南区
朋展路(新命名段)	北起高岭路,南至友谊路	南北	1300	40	江南区
洪凯路	南起国凯大道,北至那洪大道;路段东临科发路	南北	530	30	江南区
洪凯路东一里	东起科发路,西至洪凯路	东西	420	20	江南区
洪凯路西一里	东起洪凯路,往西转北至那洪大道	东西	480	20	江南区
通源路(新命名段)	南起金凯路,北至白沙大道	南北	1000	30	江南区
凤冠岭街	北起亭洪路,往南转西至星光大道	南北	580	16	江南区
凤郡街	南起凤江路,北至水塘江河堤;路段东临银沙大道	南北	230	16	江南区
凤云街	南起凤江路,北至水塘江河堤;路段西临盘岭路	南北	365	20	江南区
三月三大道	南起武缘大道,北至香山大道	南北	6900	60	武鸣区
骆越大道	南起武缘大道,北至龙母大道	南北	5800	60	武鸣区
武缘大道	东起三月三大道,西至骆越大道(靠近定罗湖)	东西	5700	60	武鸣区
龙母大道	东起三月三大道,西至骆越大道(靠近规划道路东风路)	东西	6000	60	武鸣区
五塘路	东起昆仑大道,西至西龙村牛头桥	东西	4200		兴宁区
昆宾巷	南起邕宾路,北至昆仑大道	南北	300		兴宁区
垒岭路	南起昆仑大道,北至规划路长岭大道延长线	南北	2500		兴宁区
万国巷	西起当阳街,东至本巷末	东西	230		兴宁区
金龙巷	北起万国巷,往南转东至金狮巷	南北	40		兴宁区
银龙巷	北起万国巷,南至金狮巷	南北	55		兴宁区
金狮巷	东起兴宁路,西至当阳街	东西	280		兴宁区
银狮巷	东起兴宁路,西至民族大道	东西	170		兴宁区
怀忠巷	东起城隍庙西巷,西至大戏院东巷	东西	40		兴宁区
考棚巷	东起城隍庙东巷,西至城隍庙西巷	东西	50		兴宁区
城隍庙东巷	位于城隍庙东侧,南起民族大道,北至金狮巷	南北	170		兴宁区
城隍庙西巷	位于城隍庙西侧,南起民族大道,北至金狮巷	南北	120		兴宁区
大戏院东巷	位于大戏院东侧,南起银狮巷,北至金狮巷	南北	30		兴宁区
大戏院西巷	位于大戏院西侧,南起银狮巷,北至金狮巷	南北	55		兴宁区
仓西门巷	南起银狮巷,北至民生路	南北	180		兴宁区
镇江门巷	北起万国巷,往南转东至仓西门巷	南北	90		兴宁区
银杉东路	西起银杉路,东至凤凰岭路	东西	450	15	高新区
景荣巷	南起民族大道,转东至凤凰岭路	南北	550	12	邕宁区
凤民巷	南起民族大道,北至凤凰岭路	南北	1100	12	邕宁区
新林巷	南起长凤巷,北至枫林路	南北	500	12	邕宁区
长凤巷	西起凤凰岭路,东至望民路	东西	1100	12	邕宁区
望民路	南起民族大道,北至枫林路	南北	260	25	邕宁区

续表 58

标准名称	起止	走向	长(米)	宽(米)	城区
枫桥路	西起枫林路，东至高坡岭路	东西	800	25	邕宁区
大枫路	西起枫林路，东至大渌岭路	东西	600	12	邕宁区
云景路	西起高坡岭路，向东约 4500 米至(未命名)规划道路	东西	4500	50	邕宁区
沙帽岭路	北起云景路，南至那怀岭路；路段西临杨屋路	南北	1600	24	邕宁区
古庙路	北起云景路，南至那怀岭路；路段东临那怀岭路	东西	6300	55	邕宁区
大团岭路	西起杨屋路，东至那怀岭路	南北	530	20	邕宁区
那怀岭路	南起杨屋路，北至凤岭北路	南北	2200	45	邕宁区
三甲路	南起泉南高速(原名)，北至凤岭北路	南北	1680	30	邕宁区
平环路	北起长岭大道，南至长岭大道(环状道路)	南北	1740	30	邕宁区
平天岭路	西起三甲路，东至长岭大道；路段北临迎客路	东西	1200	30	邕宁区
井塘路	西起三甲路，东至长岭大道；路段南临云景路	东西	1500	45	邕宁区
贝田路	西起大渌岭路，东至古庙路	南北	1020	30	邕宁区
盘古路(新命名段)	南起仙葫大道，北至通福路	南北	680	30	邕宁区
迎客路	西起三甲路，东至长岭大道；路段北临凤岭北路	南北	580	36	邕宁区
杨屋路	北起云景路，南至那怀岭路；路段东临那安快速路	南北	320	25	邕宁区
丰备岭路东一里	东起连畴路，西至丰备岭路	东西	250	12	西乡塘区
永林路	东起罗伞岭西路，西至金猫岭路；路段南临那安快速路	东西	3760	35	西乡塘区
连园路	东起罗伞岭西路，西至连畴路	东西	1300	20	西乡塘区
芦村岭路	东起罗伞岭西路，西至金猫岭路；路段北临望天岭路	东西	4000	50	西乡塘区
天蓬街	东起南武大道，转北至同心岭路	东西	600	15	西乡塘区
四维路	东起园北路，西至连畴路	东西	600	20	西乡塘区
望天岭路	东起罗伞岭西路，西至南武大道	东西	3400	35	西乡塘区
园北路	南起永林路，北至望天岭路；路段东临园艺路	南北	1300	35	西乡塘区
鸡帽岭路	南起永林路，北至望天岭路；路段东临连畴路	南北	1000	35	西乡塘区
宁吉路	南起永林路，北至同心岭路	南北	1100	20	西乡塘区
丰备岭路	南起连兴路，北至西津路；路段东临连畴路	南北	1000	20	西乡塘区
西连里	南起连兴路，北至西津路；路段东临秀安路	南北	1000	12	西乡塘区
大王岭路	西起吉园街，东至连庄路	东西	950	20	西乡塘区
津福路	南起西津路，转西至南武大道	南北	960	25	西乡塘区
罗伞岭西路	南起那安快速路，北至望天岭路；路段西临园艺路	南北	1600	50	西乡塘区
连畴路(新命名段)	南起那安快速路，北至望天岭路；路段西临鸡帽岭路	南北	1400	40	西乡塘区
金猫岭路	南起永林路，转东至南武大道；路段东临芦村岭路	南北	1250	35	西乡塘区
同心岭路	南起永林路，转东至南武大道；路段东临金猫岭路	南北	1900	20	西乡塘区
坛奉路	东起顶埠北路，西至金村路；路段南临金良路	东西	1700	25	江南区
新保路	东起金村路，西至银海大道	东西	330	30	江南区
力浪路	东起顶埠北路，西至杜鹃路	东西	1300	25	江南区

续表 58

标准名称	起 止	走 向	长(米)	宽(米)	城 区
银顶路	东起顶墇北路,西至银海大道	东西	1900	30	江南区
磨岭路	东起顶墇北路,西至金村路;路段南临金良路	东西	1360	25	江南区
金顶路	东起顶墇北路,西至金村路;路段南临金海路	东西	1180	25	江南区
细山路	东起顶墇南路,西至金海路	东西	1170	25	江南区
平联里	东起华安路,西至金村路	东西	1000	11	江南区
顶墇北路	南起金顶路,北至坛奉路	南北	1200	25	江南区
顶墇南路	北起细山路,南至华安路	南北	630	20	江南区
立田路	南起华安路,北至坛奉路;路段东临顶墇北路	南北	2080	25	江南区
六连路	南起华安路,北至坛奉路;路段西临海坛路	南北	2140	30	江南区
海坛路	南起金海路,北至坛奉路;路段东临六连路	南北	1500	25	江南区
杜鹃路	南起金海路,北至坛奉路;路段西临金村路	南北	1600	30	江南区
建政东路	西起建政葛村路口,东至长堽村南路	东西	350	25	青秀区
七星路一巷(新命名段)	南接七星路一巷,北至纬武路	南北	310	10	青秀区
开泰路(新命名段)	北起风岭南路,南至灵龟路	南北	900	30	青秀区
平宋立交桥	平乐大道与宋厢路交汇处				良庆区
平歌立交桥	平乐大道与歌海路交汇处				良庆区
平秋立交桥	平乐大道与秋月路交汇处				良庆区
茶泉大道(原名“仲龙路”)	西起平良路,东至蒲灵路				邕宁区

说明：因测量和各方面原因，部分道路、桥梁的长度、宽度，无法提供准确数据

（莫毅恒）

表 59 2018 年南宁市文物保护单位情况表

级 别	名 称	时间(年代、时期)	公布年份	位置(地址)
国家级	顶蛳山贝丘遗址	新石器	2001 年	邕宁区蒲庙镇新新村九碗坡东面
	昆仑关战役旧址	民国	2006 年	南宁市南梧公路(国道三号线)兴宁区与宾阳县交界处
	智城城址	唐代	2006 年	上林县白圩镇爱长村下石检屯
	南宁育才学校旧址(越南中央学舍区)	1951 年	2009 年	西乡塘区心圩街道和德村九冬坡
	伏波庙	明清	1994 年	横县云表镇站圩村东南 3 千米
自治区级	豹子头遗址	新石器	1981 年	青秀区柳沙园艺场(那坝村)
	灰窑田遗址	新石器	1981 年	青秀区三岸园艺场
	中共广西省第二次代表大会旧址	民国 18 年(1929)	1981 年	青秀区河堤路雷屋
	青龙江口遗址	新石器	1981 年	青秀区长塘镇定西村北面的青龙江口
	天窝遗址	新石器	1981 年	青秀区长塘镇天窝村东面的邕江南岸
	共青团南宁地委旧址	1926 年	1981 年	兴宁区北宁街 47 号
	革命烈士纪念碑	1956 年	1963 年	兴宁区人民公园内

续表 59

级 别	名 称	时间(年代、时期)	公布年份	位置(地址)
自治区级	新会书院	清代	2000 年	兴宁区解放路 42 号
	石船头遗址	新石器	1981 年	良庆区良庆镇那黄村北面邕江南岸
	明秀园	民国	2000 年	武鸣区城区西侧蒙村附近
	思恩府试院	清代	2000 年	宾阳县宾州镇宾阳职业中专内
	宾州南桥	明代	2009 年	宾阳县宾州镇南街与三联街交接处
	魁星楼	清代	2009 年	江南区江西镇扬美村希望小学内
	邕江防洪古堤	清代	2009 年	青秀区邕江北岸距邕江大桥以东约 300 米处
	邕宁五圣宫	清代	2009 年	邕宁区蒲庙镇团结街
	惠迪公祠	清代	2009 年	隆安县南圩镇发立村积发屯
	镇宁炮台	民国	2009 年	兴宁区公园路人民公园望仙坡西南
	广西高等法院办公楼旧址	民国	2009 年	兴宁区朝阳路 3-5 号
	施恒益大院	民国	2009 年	横县横州镇城司街东二巷
	广西省土改工作团第二团团部旧址	1951 年至 1952 年	2009 年	江南区江西镇锦江村麻子畲坡
	冬泳亭	1974 年	2017 年	兴宁区邕江一桥北端西南面
	邕州知州苏缄殉难遗址	北宋	2017 年	兴宁区兴宁路西二里
	南宁会议旧址	1958 年	2017 年	兴宁区新民路明园饭店内
	桂南战役阵亡将士纪念亭	民国 30 年(1941)	2017 年	青秀区植物路自治区第一保育院内
	斑峰书院	清代	2017 年	青秀区刘圩镇刘圩街
	南宁古城墙	明、清	2017 年	青秀区邕江一桥北端
	梁烈亚故居	清代	2017 年	江南区江西镇扬美村解放路 35 号
	三江坡汉城遗址	汉代	2017 年	江南区江西镇同江村三江坡东面约 200 米那城顶上
	新江桥(皇赐桥)	清代	2017 年	邕宁区新江镇新江街北端
	雷婆岭石刻	清代	2017 年	邕宁区那楼镇那蒙村雷婆岭
	徐汉林烈士陵园	1950 年	2017 年	邕宁区新江镇汉林村
	广西民族大学礼堂	1955 年	2017 年	西乡塘区大学东路 118 号广西民族大学内
	元龙坡、安等秧坡古墓群	西周、战国	2017 年	武鸣县马头镇马头社区东面 500 米处
	蔡氏古宅	清代	2017 年	宾阳县古辣镇蔡村
	汇水桥畔碑林	明清	2017 年	上林县三里镇汇水桥畔船山
	南陔革命旧址	民国 31 年(1942)	2017 年	上林县巷贤镇卢柱村大卢屯
	承露塔	清代	2017 年	横县峦城镇高村西南 2 千米金龟岭
	输桥三昆堂(原李萼楼大院)	清代	2017 年	横县马山镇输桥村

续表 59

级 别	名 称	时间(年代、时期)	公布年份	位置(地址)
自治区级	笔山花屋	清代	2017 年	横县平朗镇笔山村
	石塘北帝庙	清代	2017 年	马山县周鹿镇石塘村北侧
	大龙潭古遗址	新石器时代	2017 年	隆安县乔建镇博浪村
	娅怀洞石器时代遗址	新石器时代	2017 年	隆安县乔建镇博浪村北面大苍头山
	鲤鱼坡遗址	新石器时代	2017 年	隆安县丁当镇佥安村更也屯鲤鱼坡
市 级	新华路水塔	民国 26 年(1937)	1994 年	兴宁区新华路南段
	望火楼	1953 年	2001 年	兴宁区新华路 1 号
	西关路铁桥	国民 23 年(1934)	2001 年	兴宁区西关路北段
	两湖会馆	清代	2001 年	兴宁区解放路 38-40 号
	南宁商会旧址	清代	2002 年	兴宁区解放路 54 号
	安徽会馆	清代	2002 年	兴宁区石巷口 12 号
	董达庭商住楼	民国	2002 年	兴宁区解放路 351 号、37 号
	金狮巷民居群	清代至民国	2002 年	兴宁区兴宁路西二里 50、52、54、56、58、60、62、64、66、68 号
	腾甫墓	宋代	1989 年	兴宁区五塘镇沙平村
	广西壮族自治区展览馆	1958 年	2017 年	兴宁区民主路 12 号
	五塘耕读大学旧址	1964 年	2017 年	兴宁区五塘镇
	黄旭初旧居	民国	2002 年	青秀区明德街 53 号
	邕宁电报局旧址	民国 11 年(1922)	2002 年	青秀区明德街 55 号
	雷沛鸿故居	清代	2001 年	青秀区河堤路雷屋 16 号
	陶公馆	1935 年	2002 年	青秀区河堤一街 37 号
	广西省体育场门楼	1954 年	2002 年	青秀区桃源路 62 号
	中共广西省委机关秘书处旧址(雷经天故居)	民国 18 年(1929)	2001 年	青秀区河堤路雷屋 17 号
	那北咀贝丘遗址	新石器	1989 年	青秀区长塘镇五合村那窝坡南面邕江边
	凌屋贝丘遗址	新石器	1989 年	青秀区长塘镇五合村
	青秀山摩崖石刻	明代	1983 年	青秀山管委会青秀山风景名胜旅游区内
	董泉	明代	1983 年	青秀山管委会青秀山风景名胜旅游区内
	凌铁水塔	民国 23 年(1934)	2010 年	青秀区植物路 53 号凌铁水厂内
	刘圩大寨屋	20 世纪 70 年代	2010 年	青秀区刘圩镇麓阳村新阳坡和启蒙坡
	宗圣源祠	明万历三十七年(1609)	2010 年	青秀区七星路一巷 25 号
	南宁孔庙	明清	2017 年	青秀区青环路 9 号
	钟德祥墓	明清	2017 年	青秀区刘圩镇斑山脚下

续表 59

级　别	名　称	时间(年代、时期)	公布年份	位置(地址)
市　级	北府庙	明清	2017 年	青秀区柳沙园艺场滕村
	林氏民居	民国	2017 年	青秀区七星路 97 号
	三岸园艺场明清窑址群	明清	2017 年	青秀区津头街道三岸园艺场三队及五队
	广西学生军抗日烈士纪念碑	20 世纪 80 年代	2017 年	青秀山风景区帽子岭山顶
	烟墩岭烽火台	明代	1996 年	江南区福建园街道烟墩脚村烟墩岭
	千人坟	民国 30 年(1941)	1996 年	江南区沙井街道乐贤村黄樟岭
	周家坡古建筑群	清末至民国	2010 年	江南区江南街道东南村周家坡
	莫文骅故居	清道光十年(1830)	2010 年	江南区亭子莫屋角 12 号
	皇姑坟	明代	2017 年	江南区江西镇同江村三江坡
	苏氏宗祠	清代	2017 年	江南区苏圩镇苏保村
	扬美五叠堂	清代	2017 年	江南区江西镇扬美村解放街
	扬美黄氏庄园	清代	2017 年	江南区江西镇扬美村
	扬美举人屋	清代	2017 年	江南区江西镇扬美村临江街 13 号
	扬美临江街明代民居	清代	2017 年	江南区江西镇扬美村临江街 20 号
	扬美慕义门	清代	2017 年	江南区江西镇扬美村中山街 40 号
	王氏祖祠	清代	2017 年	江南区江西镇智信村坛仓坡
	镇海祠	清代	2017 年	江南区五一东路新屋三里
	慕村小学旧址	民国 34 年(1945)	2017 年	江南区苏圩镇慕村小学
	粤东会馆	清代	1982 年	西乡塘区壮志路 22 号
	那龙恐龙出土点	中生代白垩纪	1996 年	西乡塘区金陵镇大石村石火岭
	黄氏家族民居	清代	2001 年	西乡塘区中尧南路东三里 88 号
	林氏祖屋	明、清	2002 年	西乡塘区心圩街道四联村林屋
	罗文村韦氏祖屋	明、清	2002 年	西乡塘区石埠街道罗文村
	铜鼓陂水利	清代	2002 年	西乡塘区安宁街道永宁村东北面
	老口村覃氏民居和宗祠	清代	2010 年	西乡塘区石埠街道老口村那告坡
	老口村李氏民居	清代	2010 年	西乡塘区石埠街道老口村建宁坡
	驮罕码头	民国初年	2010 年	西乡塘区金陵镇龙达村龙江街
	驮罕炮楼	民国初年	2010 年	西乡塘区金陵镇龙达村龙江街
	邕宁县第十三区政府旧址	1956 年	2010 年	西乡塘区石埠街道老口村贤湾街 19 号
	老口村黄氏宗祠	清代	2010 年	西乡塘区石埠街道老口村三民坡

续表 59

级 别	名 称	时间(年代、时期)	公布年份	位置(地址)
市 级	刚德村卢氏民居	清同治年间	2010 年	西乡塘区金陵镇刚德村大石坡 154 号
	义利酱园坊	民国时期至 20 世纪 70 年代	2017 年	西乡塘区金陵镇邓圩村农乐坡
	潘氏宗祠	清代	2017 年	西乡塘区安吉街道大塘村东坡
	周都和烈士纪念塔	1955 年	2017 年	西乡塘区双定镇兴平村兴隆街
	华强坡美伦四方井	清道光年间	2017 年	西乡塘区双定镇和强村华强坡
	定内坡定内宗祠	清代	2017 年	西乡塘区坛洛镇朱湖村定内坡
	稔生坡九龙石桥	清嘉庆六年(1801)	2017 年	西乡塘区坛洛镇合志村稔生坡
	楞增渡槽	1975 年	2017 年	西乡塘区坛洛镇中北村楞丁坡
	陈东村陈氏宗祠	清乾隆年间	2017 年	西乡塘区上饶街道陈东村岭头坡 1 号
	陈东村陈氏祖屋	清代	2017 年	西乡塘区上饶街道陈东村
	陈东村陈氏老宅	清代	2017 年	西乡塘区上饶街道陈东村
	广西机电职业技术学院苏式建筑群	1958 年	2017 年	西乡塘区大学东路 101 号广西机电职业技术学院
	那莲戏台	清代	1989 年	邕宁区蒲庙镇孟莲村那莲街
	北帝庙	清代	1989 年	邕宁区蒲庙镇孟莲村那莲街
	团阳杨宅	清代	2017 年	邕宁区新江镇团阳村团阳坡 160 号
	康浪平烈士纪念碑	1989 年	2017 年	邕宁区蒲庙镇孟莲村
	那莲正码头	清代	2017 年	邕宁区蒲庙镇孟莲村那莲街
	北觥古民居	清代	2017 年	邕宁区蒲庙镇仁福村北觥坡
	蕾帽岭摩崖石刻	清代	2010 年	良庆区那陈镇那徐村委和平丙坡之间的蕾帽岭顶峰
	良庆五帝庙	清同治十二年(1873)	2010 年	良庆区良庆镇良庆街西二巷
	孔总桥	20 世纪 70 年代	2010 年	良庆区南晓镇团东村平朗坡
	雷般故居	清末	2010 年	良庆区南晓镇晓元村达庄坡 32 号
	陵桂村钟氏民居	清光绪二十年(1894)	2010 年	良庆区南晓镇陵桂村大陵坡
	林景云烈士故居	清末	2017 年	良庆区良庆镇缸瓦窑村
	良庆粮仓群	20 世纪 70 年代	2017 年	良庆区良庆镇良庆社区
	黄氏炮楼	明清	2017 年	良庆区那马镇那僚村天龙坡
	水月庵塔林	明清	2017 年	五象新区青龙岗墓园东侧五象岭
	敕勒圳桥	清同治三年(1864)	2017 年	南宁高新区滨河路明月湖公园内

（周梅清）

表 60

2018 年南宁市非物质文化遗产名录

项目分类（代码）	名　称	保护单位	批　次	批准时间
民间文学（Ⅰ）	宾阳“老穷”故事	宾阳县文化馆	第三批自治区级名录	2010 年
	上林四六联民歌	上林县文化馆	第四批自治区级名录	2012 年
	隆安壮族排歌	隆安县文化馆	第四批自治区级名录	2012 年
	上林瑶族山歌	上林县文化馆	第四批自治区级名录	2012 年
	青秀山传说	青秀区文化馆	第七批自治区级名录	2012 年
	壮族百鸟衣故事	横县文化馆	第四批国家级名录	2014 年
	妈勒访天边传说	南宁市民族文化艺术研究院（市非遗保护中心）	第五批自治区级名录	2014 年
	壮族信歌	南宁市民族文化艺术研究院（市非遗保护中心）	第五批自治区级名录	2014 年
	南宁五象传说	南宁市民族文化艺术研究院（市非遗保护中心）	第五批自治区级名录	2014 年
	白话童谣	南宁市民族文化艺术研究院（市非遗保护中心）	第五批自治区级名录	2014 年
	南宁民谣	兴宁区文化馆	第五批自治区级名录	2014 年
	良庆壮族嘹啰山歌	良庆区文化馆	第五批自治区级名录	2014 年
	壮族传扬歌	马山县文化馆	第五批自治区级名录	2014 年
	起凤山传说	武鸣区文化馆	第六批自治区级名录	2016 年
	壮族特掘传说	武鸣区文化馆	第七批自治区级名录	2018 年
传统音乐（Ⅱ）	广西八音	邕宁区文化馆	第一批自治区级名录	2007 年
	壮族三声部民歌	马山县文化馆	第二批国家级名录	2008 年
	壮族嘹啰山歌	邕宁区文化馆	第二批自治区级名录	2008 年
	壮族会鼓	马山县文化馆	第二批自治区级名录	2008 年
	松柏汉族多声部平话山歌	兴宁区文化馆	第二批自治区级名录	2008 年
	宾阳八音	宾阳县文化馆	第二批市级名录	2008 年
	南宁多声部民歌	南宁市民族文化艺术研究院（市非遗保护中心）	第三批自治区级名录	2010 年
	南宁平话民歌	南宁市民族文化艺术研究院（市非遗保护中心）	第三批自治区级名录	2010 年
	武鸣壮族山歌	武鸣区文化馆	第四批自治区级名录	2012 年
	南宁壮族哭嫁歌	兴宁区文化馆	第四批自治区级名录	2012 年
	上林壮族八音	上林县文化馆	第四批自治区级名录	2012 年
	三津八音	江南区文化馆	第六批市级名录	2015 年
	上林瑶族鼓乐	上林县文化馆	第六批市级名录	2015 年
	南宁壮族高腔民歌	南宁市民族文化艺术研究院（市非遗保护中心）	第六批自治区级名录	2016 年
	南宁江南平话民歌	江南区文化馆	第六批自治区级名录	2016 年
	瑶族剪刀歌	马山县文化馆	第七批自治区级名录	2018 年
传统舞蹈（Ⅲ）	壮族骆垌舞	武鸣区文化馆	第三批自治区级名录	2010 年
	青秀区芭蕉香火龙舞	青秀区文化馆	第三批自治区级名录	2010 年
	南宁壮族春牛舞	江南区文化馆	第三批自治区级名录	2010 年
	良庆区香火龙舞	良庆区文化馆	第三批自治区级名录	2010 年
	壮族打扁担	马山县文化馆	第三批自治区级名录	2010 年
	壮族九莲灯	隆安县文化馆	第三批自治区级名录	2010 年
	壮族打砻（榔）舞	马山县文化馆	第三批自治区级名录	2010 年
	南宁傩舞	西乡塘区文化馆	第四批自治区级名录	2012 年

续表 60

项目分类(代码)	名　称	保护单位	批　次	批准时间
传统舞蹈(Ⅲ)	壮族麒麟舞	青秀区文化馆	第四批自治区级名录	2012 年
	马山壮族踩花灯	马山县文化馆	第四批自治区级名录	2012 年
	上林壮族师公舞	上林县文化馆	第四批自治区级名录	2012 年
	上林瑶族猴鼓舞	上林县文化馆	第四批自治区级名录	2012 年
	横县百合茅山舞	横县文化馆	第五批自治区级名录	2014 年
	瑶族蚩尤舞	马山县文化馆	第五批自治区级名录	2014 年
	壮族竹竿舞	武鸣区文化馆	第六批市级名录	2015 年
	隆安壮族狮舞	隆安县文化馆	第七批自治区级名录	2018 年
传统戏剧(Ⅳ)	邕剧	南宁市民族文化艺术研究院(市非遗保护中心)	第二批国家级名录	2008 年
	丝弦戏	宾阳县文化馆	第二批自治区级名录	2008 年
	宾阳师公戏	宾阳县文化馆	第三批自治区级名录	2010 年
	横县壮族采茶戏	横县文化馆	第三批自治区级名录	2010 年
	邕宁壮族采茶戏	邕宁区文化馆	第三批自治区级名录	2010 年
	上林壮族师公戏	上林县文化馆	第四批自治区级名录	2012 年
	粤剧	南宁市民族文化艺术研究院(市非遗保护中心)	第四批国家级名录	2014 年
	南宁平话师公戏	高新区文体局	第五批自治区级名录	2014 年
	古潭邕剧	隆安县文化馆	第六批自治区级名录	2016 年
	马山丝弦戏	马山县文化馆	第六批自治区级名录	2016 年
	上林傩戏	上林县文化馆	第七批自治区级名录	2018 年
曲艺(Ⅴ)	校椅临江壮歌剧	横县文化馆	第一批市级名录	2007 年
传统体育、游艺与杂技(Ⅵ)	壮族香火球	良庆区文化馆	第二批自治区级名录	2008 年
	壮族斗竹马	青秀区文化馆	第三批自治区级名录	2010 年
	壮族迪尺	南宁市民族文化艺术研究院(市非遗保护中心)	第五批自治区级名录	2014 年
	壮族功夫	南宁市民族文化艺术研究院(市非遗保护中心)	第六批市级名录	2015 年
	加方上刀山下火海	马山县文化馆	第七批自治区级名录	2018 年
	宾阳露圩传统武术	露圩镇文化体育和广播影视站	第七批自治区级名录	2018 年
传统美术(Ⅶ)	点米成画	邕宁区文化馆	第六批自治区级名录	2016 年
	壮族刺绣	马山县文化馆	第六批自治区级名录	2016 年
传统技艺(Ⅷ)	南宁老友粉	南宁市民族文化艺术研究院(市非遗保护中心)	第二批自治区级名录	2008 年
	壮族五色糯米饭制作技艺	武鸣区文化馆	第三批自治区级名录	2010 年
	红良打铁技艺	隆安县文化馆	第三批自治区级名录	2010 年
	扬美豆豉制作技艺	江南区文化馆	第三批自治区级名录	2010 年
	宾阳壮族织锦技艺	宾阳县文化馆	第三批自治区级名录	2010 年
	宾阳酸粉制作技艺	宾阳县文化馆	第三批自治区级名录	2010 年
	横县鱼生制作技艺	横县文化馆	第三批自治区级名录	2010 年
	横县大粽制作技艺	横县文化馆	第三批自治区级名录	2010 年

续表 60

项目分类(代码)	名 称	保护单位	批 次	批准时间
传统技艺(Ⅷ)	扬美梅菜制作技艺	江南区文化馆	第四批市级名录	2011 年
	扬美沙糕制作技艺	江南区文化馆	第四批自治区级名录	2012 年
	横县茉莉花茶制作技艺	横县文化馆	第四批自治区级名录	2012 年
	横县南山白毛茶制作技艺	横县文化馆	第四批自治区级名录	2012 年
	南宁铁鸟酱料制作技艺	兴宁区文化馆	第四批自治区级名录	2012 年
	雁江粉利制作技艺	隆安县文化馆	第五批市级名录	2013 年
	灵马鲶鱼制作技艺	武鸣区文化馆	第五批市级名录	2013 年
	隆安构树造纸技艺	隆安县文化馆	第五批自治区级名录	2014 年
	宾阳油纸伞制作技艺	宾阳县文化馆	第五批自治区级名录	2014 年
	大罗毛笔制作技艺	宾阳县文化馆	第五批自治区级名录	2014 年
	横县鱼宴制作技艺	横县文化馆	第五批自治区级名录	2014 年
	壮族服饰制作技艺	南宁市民族文化艺术研究院(市非遗保护中心)	第五批自治区级名录	2014 年
	武鸣壮酒制作技艺	武鸣区文化馆	第六批市级名录	2015 年
	宋家米酒酿造技艺	江南区文化馆	第六批市级名录	2015 年
	都结豆腐制作技艺	隆安县文化馆	第六批市级名录	2015 年
	南宁壮族干栏建筑营造技艺	南宁市民族文化艺术研究院(市非遗保护中心)	第六批市级名录	2015 年
	化皮猪脚制作技艺	西乡塘区文化馆	第六批市级名录	2015 年
	武鸣壮族刘氏“药仙翁”药茶制作技艺	武鸣区文化馆	第六批市级名录	2015 年
	南宁生榨米粉制作技艺	西乡塘区文化馆	第六批自治区级名录	2016 年
	宾阳邹圩陶器制作技艺	宾阳县文化馆	第六批自治区级名录	2016 年
	永州米酒制作技艺	马山县文化馆	第七批市级名录	2017 年
	永州鱼片制作技艺	马山县文化馆	第七批市级名录	2017 年
	永州豆腐制作技艺	马山县文化馆	第七批市级名录	2017 年
	横县红枣马蹄糕制作技艺	横县文化馆	第七批市级名录	2017 年
	横县青桐壮族织锦技艺	横县文化馆	第七批市级名录	2017 年
	武鸣柠檬鸭制作技艺	武鸣区文化馆	第七批自治区级名录	2018 年
	武鸣榨粉制作技艺	武鸣区文化馆	第七批自治区级名录	2018 年
	横县簪僧簸箕粉制作技艺	横县文化馆	第七批自治区级名录	2018 年
	武鸣灵马旱藕粉制作技艺	武鸣区文化馆	第七批自治区级名录	2018 年
	府城土制红糖制作技艺	武鸣区文化馆	第七批自治区级名录	2018 年
	横县芝麻饼制作技艺	横县文化馆	第七批自治区级名录	2018 年
	布泉酸鱼制作技艺	隆安县文化馆	第七批自治区级名录	2018 年
	宾阳竹编技艺	宾阳县文化馆	第七批自治区级名录	2018 年
	宾阳莞(草)席制作技艺	宾阳县文化馆	第七批自治区级名录	2018 年
	南宁制陶技艺	南宁市民族文化艺术研究院(市非遗保护中心)	第七批自治区级名录	2018 年

续表 60

项目分类(代码)	名 称	保护单位	批 次	批准时间
传统医药(Ⅸ)	龚氏痛症疗法	江南区文化馆	第五批市级名录	2013 年
	宾阳封氏烧伤创疡治疗术	宾阳县文化馆	第五批自治区级名录	2014 年
	壮族谭氏草药疗骨法	隆安县文化馆	第五批自治区级名录	2014 年
	壮医经筋疗法	南宁市民族文化艺术研究院(市非遗保护中心)	第六批自治区级名录	2016 年
	壮医药物竹罐疗法	南宁市民族文化艺术研究院(市非遗保护中心)	第六批自治区级名录	2016 年
	瑶族壁和骨伤疗法	江南区文化馆	第七批市级名录	2017 年
	壮医目诊	南宁市民族文化艺术研究院(市非遗保护中心)	第七批自治区级名录	2018 年
民俗(Ⅹ)	壮族歌圩	南宁市民族文化艺术研究院(市非遗保护中心)	第一批国家级名录	2006 年
	宾阳炮龙节	宾阳县文化馆	第二批国家级名录	2008 年
	壮族抢花炮	邕宁区文化馆	第一批自治区级名录	2007 年
	壮族伏波庙会	横县文化馆	第一批自治区级名录	2007 年
	那马龙狮	良庆区文化馆	第一批市级名录	2007 年
	上林县渡河公	上林县文化馆	第二批自治区级名录	2008 年
	疍家婚礼	江南区文化馆	第二批自治区级名录	2008 年
	宾阳游彩架	宾阳县文化馆	第二批自治区级名录	2008 年
	甘棠彩凤	宾阳县文化馆	第二批市级名录	2008 年
	宾阳关公诞	宾阳县文化馆	第二批市级名录	2008 年
	横县炮会	横县文化馆	第三批自治区级名录	2010 年
	那桐农具节	隆安县文化馆	第三批自治区级名录	2010 年
	壮族亥日	隆安县文化馆	第三批自治区级名录	2010 年
	上林壮族灯酒节	上林县文化馆	第三批自治区级名录	2010 年
	壮族芒那节	隆安县文化馆	第三批自治区级名录	2010 年
	上林壮族万寿节	上林县文化馆	第四批自治区级名录	2012 年
	军山庙会	青秀区文化馆	第四批自治区级名录	2012 年
	横县云表壮族歌圩	横县文化馆	第四批自治区级名录	2012 年
	宾阳“三娘乖”习俗	宾阳县文化馆	第四批自治区级名录	2012 年
	壮族婚俗	隆安县文化馆	第五批市级名录	2013 年
	壮族三月三	武鸣区文化馆	第四批国家级名录	2014 年
	南宁花婆节	南宁市民族文化艺术研究院(市非遗保护中心)	第五批自治区级名录	2014 年
	南宁土地诞	南宁市民族文化艺术研究院(市非遗保护中心)	第五批自治区级名录	2014 年

续表 60

项目分类(代码)	名　称	保护单位	批　次	批准时间
民俗(X)	壮族毯丝歌会	良庆区文化馆	第五批自治区级名录	2014 年
	壮族罗波庙会	武鸣区文化馆	第五批自治区级名录	2014 年
	壮族“四月四”	武鸣区文化馆	第五批自治区级名录	2014 年
	横县壮族三相圩逢	横县文化馆	第五批自治区级名录	2014 年
	露圩壮族圩逢	宾阳县文化馆	第五批自治区级名录	2014 年
	上林壮族龙母节	上林县文化馆	第五批自治区级名录	2014 年
	更望湖壮族歌圩	隆安县文化馆	第五批自治区级名录	2014 年
	扬美龙舟上水节	江南区文化馆	第五批自治区级名录	2014 年
	南宁元宵花灯节	江南区文化馆	第五批自治区级名录	2014 年
	斑山庙会	青秀区文化馆	第五批自治区级名录	2014 年
	壮族安龙歌会	西乡塘区文化馆	第五批自治区级名录	2014 年
	那莲赛巧节	邕宁区文化馆	第五批自治区级名录	2014 年
	横县笔山人生礼仪	横县文化馆	第五批自治区级名录	2014 年
	武鸣壮族服饰	武鸣区文化馆	第六批市级名录	2015 年
	布泉天王庙会	隆安县文化馆	第六批市级名录	2015 年
	宾阳甘棠圩逢	宾阳县文化馆	第六批市级名录	2015 年
	吴门农氏婆祈福祭典	宾阳县文化馆	第六批市级名录	2015 年
	壮族添粮补寿习俗	兴宁区文化馆	第六批自治区级名录	2016 年
	南宁大王节	西乡塘区文化馆	第六批自治区级名录	2016 年
	南宁下楞龙舟节	西乡塘区文化馆	第六批自治区级名录	2016 年
	西乡塘歌圩	西乡塘区文化馆	第六批自治区级名录	2016 年
	灵水壮族歌圩	武鸣区文化馆	第六批自治区级名录	2016 年
	三里壮族歌圩	上林县文化馆	第六批自治区级名录	2016 年
	隆安稻草龙	隆安县文化馆	第六批自治区级名录	2016 年
	上林县祭冬民俗	上林县文化馆	第七批市级名录	2017 年
	南宁观音诞习俗	兴宁区文化馆	第七批市级名录	2017 年
	横县民间“无人售卖市场”习俗	横县文化馆	第七批市级名录	2017 年

续表 60

项目分类(代码)	名　称	保护单位	批　次	批准时间
民俗(X)	横县青铜壮族圩逢	横县文化馆	第七批市级名录	2017 年
	南宁开年习俗	兴宁区文化馆	第七批自治区级名录	2018 年
	蒲庙花婆节	邕宁区文化馆	第七批自治区级名录	2018 年
	横县青桐壮族圩逢	横县文化馆	第七批自治区级名录	2018 年
	上林县二月二卢於春社	上林县文化馆	第七批自治区级名录	2018 年
	大明山歌圩	广西大明山国家级自然保护区管理局南宁大明山风景旅游区管理委员会	第七批自治区级名录	2018 年

表 61　2018 年南宁市非物质文化遗产代表性项目传承人情况表

等　级	名　称	姓　名	性　别	出生(年)	保护单位	批　次
国家级	壮族歌圩	刘正诚	男	1935	南宁市民族文化艺术研究院(市非遗保护中心)	2008 年第二批
	邕剧	洪　琪	女	1944		2009 年第三批
	壮族三声部民歌	温桂元	男	1934	马山县文化馆	2009 年第三批
	粤剧	冯杏元	男	1945	南宁市民族文化艺术研究院(市非遗保护中心)	2018 年第五批
	壮族三月三	卢超元	男	1948	武鸣区文化馆	2018 年第五批
自治区级	壮族三声部民歌	莫花美	女	1957	马山县文化馆	2009 年第二批
	广西八音	黄才定	男	1954	邕宁区文化馆	2009 年第二批
	广西八音	梁贵加	男	1961		2009 年第二批
	壮族会鼓	赖承辉	男	1949	马山县文化馆	2009 年第二批
	邕剧	冯杏元	男	1945	南宁市民族文化艺术研究院(市非遗保护中心)	2008 年第二批
	邕剧	梁克俭	男	1945		2009年第一批
	丝弦戏	磨长永	男	1943	宾阳县文化馆	2009 年第二批
	丝弦戏	关　艳	女	1978		2009 年第二批
	宾阳炮龙节	伍学规	男	1949		2009 年第二批
	宾阳炮龙节	邹玉特	男	1953		2009 年第二批
	游彩架	覃凤梧	男	1937		2009 年第二批
	扬美豆豉制作技艺	杜学芬	男	1969	江南区文化馆	2011 年第三批
	南宁壮族春牛舞	奚均仁	男	1932		2011 年第三批
	香火龙舞	罗新有	男	1966	良庆区文化馆	2011 年第三批
	壮族采茶戏	腾思队	男	1962	邕宁区文化馆	2011 年第三批
	宾阳师公戏	莫旭先	男	1951	宾阳县文化馆	2011 年第三批
	宾阳织锦技艺	谭湘光	女	1955		2011 年第三批

续表 61

等级	名称	姓名	性别	出生(年)	保护单位	批次
自治区级	壮族“打扁担”	莫菊花	女	1954	马山县文化馆	2011 年第三批
	壮族会鼓	韦建廷	男	1953		2011 年第三批
	壮族九莲灯	何方仕	男	1948	隆安县文化馆	2011 年第三批
	壮族采茶戏	甘美芬	女	1945	横县文化馆	2011 年第三批
	上林县渡河公	黄福连	女	1946	上林县文化馆	2011 年第三批
	广西粤剧	梁素梅	女	1963	南宁市民族文化艺术研究院(市非遗保护中心)	2015 年第四批
	南宁平话民歌	莫若珍	女	1965		2015 年第四批
	扬美沙糕制作技艺	杨文凯	男	1980	江南区文化馆	2015 年第四批
	马山壮族踩花灯	潘庆福	男	1959	马山县文化馆	2015 年第四批
	壮族打榔舞	蓝日志	男	1949		2015 年第四批
	横县炮会	黄道敬	男	1940	横县文化馆	2015 年第四批
	横县大粽制作技艺	彭金妹	女	1952		2015 年第四批
	红良打铁技艺	林仁超	男	1964	隆安县文化馆	2015 年第四批
	隆安壮族排歌	林　碧	男	1953		2015 年第四批
	邕剧	宁　靖	男	1980	南宁市民族文化艺术研究院(市非遗保护中心)	2017 年第五批
	粤剧	黄俊成	男	1975		2017 年第五批
	壮族服饰制作技艺	蓝　轲	女	1978		2017 年第五批
	壮医药物竹罐疗法	李凤珍	女	1967		2017 年第五批
	武鸣壮族山歌	韦秋岑	女	1977	武鸣区文化馆	2017 年第五批
	壮族骆垌舞	潘家明	男	1948		2017 年第五批
	壮族罗波庙会	陆映春	男	1954		2017 年第五批
	壮族五色糯米饭制作技艺	黄硕英	女	1952		2017 年第五批
	南宁壮族哭嫁歌	黄翠荣	女	1951	兴宁区文化馆	2017 年第五批
	南宁元宵花灯节	黎炳生	男	1934	江南区文化馆	2017 年第五批
	那莲赛巧节	曹文碧	女	1964	邕宁区文化馆	2017 年第五批
	壮族抢花炮	孙子奇	男	1957		2017 年第五批
	大罗毛笔制作技艺	罗儒供	男	1952	宾阳县文化馆	2017 年第五批
	壮族刺绣	蓝　淋	女	1974	马山县文化馆	2017 年第五批
	壮族传扬歌	蓝日茂	男	1981		2017 年第五批
	壮族谭氏草药疗骨法	谭润丹	男	1976	隆安县文化馆	2017 年第五批

续表 61

等级	名称	姓名	性别	出生(年)	保护单位	批次
市级	游彩架	周宏年	男	1946	宾阳县文化馆	2009 年第一批
	邕剧	李传湘	女	1941	南宁市民族文化艺术研究院(市非遗保护中心)	2010 年第二批
	壮族骆垌舞	潘腾宗	男	1929	武鸣区文化馆	2010 年第二批
	宾阳炮龙节	吴荣新	男	1956	宾阳县文化馆	2010 年第二批
	丝弦戏	熊兴亮	男	1949		2010 年第二批
	宾阳游彩架	何丹健	男	1953		2010 年第二批
	壮族百鸟衣故事	韦其本	男	1941	横县文化馆	2010 年第二批
	莴麻十六炮会	邓亨朝	男	1959		2010 年第二批
	百合茅山舞	李祖树	男	1950		2011 年第三批
	邕剧	黄学超	男	1941	南宁市民族文化艺术研究院(市非遗保护中心)	2011 年第三批
	宾阳织锦技艺	黄其梅	女	1964	宾阳县文化馆	2011 年第三批
	宾阳“老窍”故事	黄红新	男	1951		2011 年第三批
	南宁平话民歌	梁世华	男	1931	南宁市民族文化艺术研究院(市非遗保护中心)	2011 年第三批
	上林四六联民歌	韦有创	男	1963	上林县文化馆	2011 年第三批
	壮族会鼓	王政勤	男	1954	马山县文化馆	2011 年第三批
	壮族打榔	陆荣艳	女	1965		2011 年第三批
	壮族打扁担	蒙雪凤	女	1942		2011 年第三批
	壮族芭蕉香火龙舞	李武康	男	1945	青秀区文化馆	2013 年第四批
	扬美梅菜制作技艺	梁彩丽	女	1963	江南区文化馆	2013 年第四批
	南宁傩舞	陈亚弟	男	1966	西乡塘区文化馆	2013 年第四批
	校椅临江壮歌剧	李建伟	男	1943	横县文化馆	2013 年第四批
	横县芝麻饼制作技艺	袁广武	男	1965		2013 年第四批
	隆安壮族排歌	陆金席	男	1952		2013 年第四批
	壮族三声部民歌	蓝海群	男	1972	马山县文化馆	2013 年第四批
	上林壮族八音	王志新	男	1938	上林县文化馆	2013 年第四批
	上林瑶族猴鼓舞	罗廷武	男	1961		2013 年第四批
	上林瑶族山歌	卢 成	男	1967		2013 年第四批
	壮族师公戏	周宗美	男	1960		2013 年第四批
	邕剧	梁素梅	女	1963	南宁市民族文化艺术研究院(市非遗保护中心)	2013 年第四批
	邕剧	何惠临	男	1980		2013 年第四批
	邕剧	张铁锋	男	1975		2013 年第四批
	南宁平话民歌	赖钟林	男	1950		2013 年第四批

续表 61

等级	名称	姓名	性别	出生(年)	保护单位	批次
市级	白话童谣	刘子林	男	1942	南宁市民族文化艺术研究院(市非遗保护中心)	2015年第五批
	白话童谣	万立仁	男	1942		2015年第五批
	广西粤剧	姚艳	女	1975		2015年第五批
	广西粤剧	钟晓俊	男	1970		2015年第五批
	壮族迪尺	陆显通	男	1989		2015年第五批
	壮医经筋疗法	韦英才	男	1966		2015年第五批
	壮医目诊	李珪	女	1960		2015年第五批
	灵马鲶鱼制作技艺	朱宝书	男	1974	武鸣区文化馆	2015年第五批
	壮族三月三	黄天恒	男	1952		2015年第五批
	横县南山白毛茶制作技艺	陈雄	男	1959	横县文化馆	2015年第五批
	横县茉莉花茶制作技艺	谢大高	男	1964		2015年第五批
	横县茉莉花茶制作技艺	徐炳奇	男	1962		2015年第五批
	横县鱼生制作技艺	余富	男	1976		2015年第五批
	宾阳油纸伞制作技艺	陆云岗	男	1986	宾阳县文化馆	2015年第五批
	宾阳封氏烧伤创疡治疗术	封大为	男	1976		2015年第五批
	露圩壮族圩逢节	黄桂梅	女	1963		2015年第五批
	上林壮族师公舞	雷桂丰	男	1956	上林县文化馆	2015年第五批
	上林壮族灯酒节	石二海	男	1978		2015年第五批
	更望湖壮族歌圩	黄权海	男	1965	隆安县文化馆	2015年第五批
	南宁铁鸟酱料制作技艺	杜瑜玲	女	1963	兴宁区文化馆	2015年第五批
	龚氏痛症疗法	龚俭仪	男	1969	江南区文化馆	2015年第五批
	壮族香火球	班继联	男	1961	良庆区文化馆	2015年第五批
	起凤山传说	曾麒璋	男	1952	武鸣区文化馆	2017年第六批
	壮族竹竿舞	何艺华	女	1973		2017年第六批
	武鸣壮酒制作技艺	阮朝鑫	男	1972		2017年第六批
	武鸣壮族刘氏“药仙翁”药茶制作技艺	刘力瑞	男	1977		2017年第六批
	武鸣壮族服饰	陆兰珍	女	1952		2017年第六批
	灵水壮族歌圩	潘宝山	男	1958		2017年第六批
	南宁民谣	谢桂友	男	1953	兴宁区文化馆	2017年第六批
	松柏汉族多声部平话山歌	潘英雄	女	1937		2017年第六批

续表 61

等 级	名 称	姓 名	性 别	出生(年)	保护单位	批 次
市 级	妈勒访天边传说	罗世周	男	1964	南宁市民族文化艺术研究院(市非遗保护中心)	2017 年第六批
	南宁五象传说	莫 炜	男	1974		2017 年第六批
	南宁壮族高腔民歌	陆锦福	男	1962		2017 年第六批
	邕剧	郝 芸	女	1970		2017 年第六批
	粤剧	颜 怡	女	1942		2017 年第六批
	南宁土地诞	黄焕金	男	1939		2017 年第六批
	瑶族剪刀歌	陆建情	男	1969	马山县文化馆	2017 年第六批
	马山丝弦戏	廖玉兰	女	1968		2017 年第六批
	加方上刀山下火海	蒋智杰	男	1948		2017 年第六批
	三津八音	黄树华	男	1946	江南区文化馆	2017 年第六批
	壮族嘹啰山歌	苏兰育	男	1949	邕宁区文化馆	2017 年第六批
	古潭邕剧	闭加良	男	1944	隆安县文化馆	2017 年第六批
	都结豆腐制作技艺	梁丽卿	女	1972		2017 年第六批
	上林傩戏	谭少玉	女	1969	上林县文化馆	2017 年第六批
	三里壮族歌圩	韦家林	男	1953		2017 年第六批
	南宁生榨米粉制作技艺	黄天玲	女	1967	西乡塘区文化馆	2017 年第六批
	化皮猪脚制作技艺	神华生	男	1966		2017 年第六批
	宾阳邹圩陶器制作技艺	颜长希	男	1962	宾阳县邹圩镇文化体育和广播影视站	2017 年第六批

责任编辑 唐祯鳞

索引

说明

一、本索引是《南宁年鉴 2019》内容分析索引。正文（包括条目、文献、资料、图片和表格）中凡具有独立检索意义的完整资料，都可以通过本索引进行检索。

二、本索引按汉语拼音字母（同音字按声调）顺序排列。类目、分目、次分目作索引款目用黑体字排印，其余款目均用宋体字排印。表格、图片、示意图在其款目后分别注明“表”“图”或“示意图”。

三、索引款目后的数字表示内容所在的页码，数字后的拉丁字母（a、b、c）表示栏别（即版面的1、2、3栏）。空2字起排的款目为上一主题的“附见”。同一主题的“参见”，只标页码。内容有交叉的款目，为便于读者检索，在本索引中重复出现。

四、阿拉伯数字开头的款目排在索引的末尾。

A

B

C

D

E

F

G

H

I

J

N

P

Q

R

S

T

W

X

Z

数字索引

南宁市地方志编纂委员会

《南宁年鉴》编辑部